COLLECTION DE DOCUMENTS INÉDITS

SUR

L'HISTOIRE ÉCONOMIQUE DE LA RÉVOLUTION FRANÇAISE

PUBLIÉS PAR LE MINISTÈRE DE L'INSTRUCTION PUBLIQUE

DÉPARTEMENT DE LA MANCHE

CAHIERS DE DOLÉANCES

DU BAILLIAGE DE COTENTIN

(COUTANCES ET SECONDAIRES)

POUR

LES ÉTATS GÉNÉRAUX DE 1789

PUBLIÉS

PAR ÉMILE BRIDREY

DOCTEUR EN DROIT

TOME PREMIER

PARIS

IMPRIMERIE NATIONALE

MDCCCCVII

COLLECTION

DE

DOCUMENTS INÉDITS

SUR L'HISTOIRE ÉCONOMIQUE

DE LA RÉVOLUTION FRANÇAISE

PUBLIÉS PAR LES SOINS

DU MINISTRE DE L'INSTRUCTION PUBLIQUE

COLLECTION

DE

DOCUMENTS INÉDITS

SUR L'HISTOIRE ÉCONOMIQUE

DE LA RÉVOLUTION FRANÇAISE

PUBLIÉS PAR LES SOINS

DU MINISTRE DE L'INSTRUCTION PUBLIQUE

Par arrêté du 4 août 1905, le Ministre de l'Instruction publique, sur la proposition de la Commission chargée de rechercher et de publier les documents d'archives relatifs à la vie économique de la Révolution, a chargé M. É. BRIDREY, docteur en droit, de publier, en deux volumes, les *Cahiers de doléances du bailliage de Cotentin (Coutances et secondaires) pour les États généraux de 1789*.

M. A. BRETTE, membre de la Commission, a suivi l'impression de cette publication en qualité de commissaire responsable.

SE TROUVE À PARIS

À LA LIBRAIRIE ERNEST LEROUX,

RUE BONAPARTE, 28.

COLLECTION DE DOCUMENTS INÉDITS
SUR
L'HISTOIRE ÉCONOMIQUE DE LA RÉVOLUTION FRANÇAISE
PUBLIÉS PAR LE MINISTÈRE DE L'INSTRUCTION PUBLIQUE

DÉPARTEMENT DE LA MANCHE

CAHIERS DE DOLÉANCES
DU BAILLIAGE DE COTENTIN
(COUTANCES ET SECONDAIRES)

POUR

LES ÉTATS GÉNÉRAUX DE 1789

PUBLIÉS

PAR ÉMILE BRIDREY

DOCTEUR EN DROIT

TOME PREMIER

PARIS
IMPRIMERIE NATIONALE

MDCCCCVII

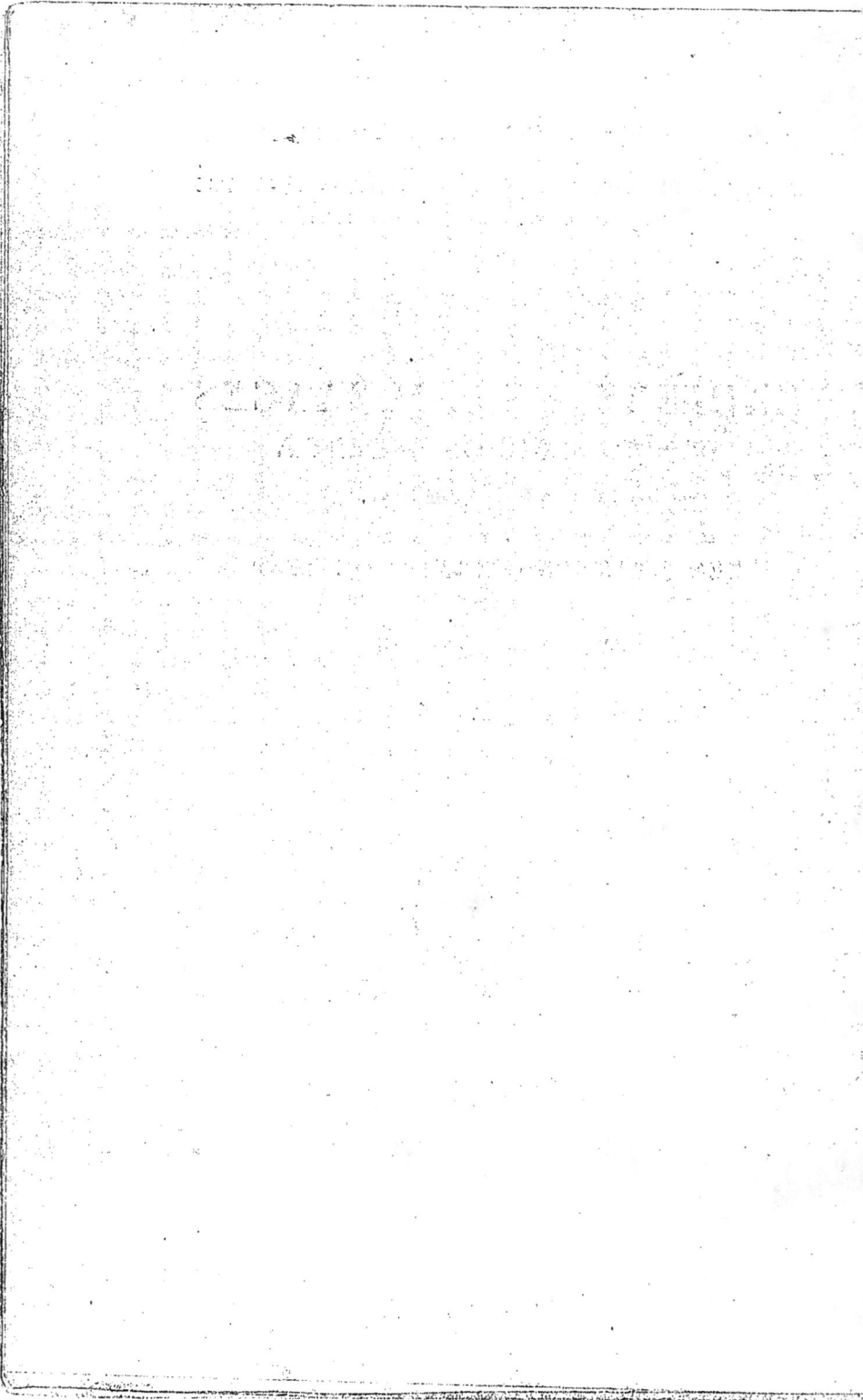

CAHIERS DE DOLÉANCES

DU BAILLIAGE DE COTENTIN

(COUTANCES ET SECONDAIRES)

POUR

LES ÉTATS GÉNÉRAUX DE 1789

INTRODUCTION.

Le bailliage de Cotentin, dont nous publions aujourd'hui les Cahiers de doléances pour les États Généraux de 1789, correspondait, pour la très grande partie de son ressort, au département actuel de la Manche. Les limites de la circonscription moderne coïncident même souvent avec celles du bailliage, tel qu'il fut formé en 1789 pour la convocation. Sur la plus grande partie, il est vrai, ces limites étaient tracées par la nature; mais au Sud, respectant la frontière traditionnelle des pays normands, le département a suivi exactement les contours des ressorts secondaires d'Avranches et de Mortain, qui séparaient notre bailliage de la sénéchaussée du Maine, et, par Domfront, du bailliage principal d'Alençon [1]. A l'Est seulement, s'avançant sur une partie de son développement, un peu plus loin que l'ancien bailliage, le département a absorbé une paroisse du bailliage de Bayeux [2], une vingtaine de communautés du bailliage de Vire [3], et la majeure partie de celui de Torigny [4], tous trois ressorts qualifiés secondaires pour la convocation du

[1] Cf. Armand Brette, *Atlas des bailliages ou juridictions assimilées ayant formé unité électorale en 1789.* (Coll. Doc. In.) Paris, Impr. nat., 1904, in-fol. Le bailliage de Cotentin se trouve sur la carte n° 17. (*Généralité de Caen.*)

[2] Cerisy-la-Forêt (arrond. de St-Lô, c°° de St-Clair). La paroisse appartenait, en 1789, au bailliage de Bayeux, auquel elle a comparu. (*Liste des députés du tiers État des bailliages de Caen, Bayeux, Falaise, etc.* Imprimé. Caen 1789, in-4°; — reproduit dans Hippeau, *Les Cahiers de doléances de 1789 en Normandie.* Paris, Aubry, 1869, in-4°, t. I, p. 350.)

[3] Exactement dix-sept communautés : Beslou, Boisbenâtre (réuni à Coulouvray), la Chapelle-Cécelin, Gathemo, Gouvets, Margueray, Morigny, Percy-Mouchamp, Sainte-Cécile, Saint-Fra-

gnères, Saint-Martin-de-Chaulieu, Saint-Maur-des-Bois, Sainte-Marie-des-Monts, Saint-Pierre-du-Tronchet (réuni à Saultechevreuil), Saint-Sauveur-de-Chaulieu, Saint-Vigor-des-Monts, Saint-Martin-de-Chaulieu. (*Procès-verbal de l'Assemblée préliminaire du tiers État du bailliage de Vire.* Ms. Greffe de la Cour d'Appel de Caen, reg. *Procès-verbaux de l'ordre du tiers État.* 1789, in-fol., pièce n° 8. Original signé. Inédit.)

[4] Quarante-deux communautés, sur les soixante-deux que comprenait le bailliage : Airel, Berigny, Beuvrigny, Bieville, Bractouville, Clouay (réuni à Saint-Clair), Condé-sur-Vire, Gouvains, Domjean, Fourneaux, Saint-Martin-de-Giéville, Guilberville, Lamberville, la Chapelle-Heuzebroq (réunie à Domjean), la Chapelle-du-Fest, le Perrou, la Luzerne, la Meauffe, Montaign (réuni

IMPRIMERIE NATIONALE.

bailliage principal de Caen. Mais, d'autre part, il a perdu totalement, en plus d'une enclave sans importance dans le Bessin [1], son satellite un peu lointain, le bailliage secondaire de Tinchebray, ressort excentrique et d'ailleurs mal rattaché, dont la mouvance ne se composait que d'une trentaine de paroisses éparses [2], égrenées jusqu'aux portes de Caen et pour la plupart d'ailleurs traditionnellement contestées avec les sièges des secondaires relevant d'Alençon et de Caen, dans lesquels elles se trouvaient enclavées. Ces quelques paroisses, qui ont échappé à la circonscription moderne, appartiennent aujourd'hui, pour part à peu près égale, aux départements limitrophes du Calvados et de l'Orne.

A ces quelques exceptions près, la présente publication intéresse proprement et uniquement le département de la Manche. Il convient d'ajouter que, dans les limites ainsi déterminées, aucun territoire ne lui échappe. Le ressort du bailliage de Cotentin formait un groupe d'une homogénéité assez rare. Une seule enclave doit être signalée : la paroisse de Milly [3], située au milieu du bailliage secondaire de Mortain, relevait, en qualité d'arrière-fief, du bailliage d'Argentan, et de ce fait, elle fut convoquée, et, quoique éloignée de dix-huit lieues de son chef-lieu, comparut par ses députés à l'assemblée préliminaire d'Argentan, secondaire pour la convocation du bailliage principal d'Alençon [4]. Mais cette communauté est la seule qui fasse tache dans le bloc compact de notre bailliage.

La publication normale des Cahiers *réguliers* d'un bailliage ayant, comme celui du Cotentin, des sièges qualifiés secondaires, comprend théoriquement

à Placy, Montralbot, Moon, Notre-Dame-des-Bois-d'Elle, Placy-Montaigu, Précorbin, Rampan, Rouxeville, Surgon-sur-Elle, Saint-Amand-de-Torigny, Saint-André-de-l'Épine, Saint-Clair, Saint-Ebremond-de-la-Barre, Saint-Georges-d'Elle, Saint-Germain-d'Elle, Saint-Jean-de-Savigny, Saint-Jean-des-Baisants, Saint-Louët-sur-Vire, Saint-Pierre-de-Semilly, Saint-Quentin-d'Elle (réuni à Saint-Georges-d'Elle), Saint-Symphorien, Sainte-Suzanne, Torigny, Vidouville. (*Procès-verbal de l'Assemblée du tiers État du bailliage secondaire de Torigny.* Ms. Greffe de la Cour d'appel de Caen, même registre, pièce n° 7. Copie collationnée, signée du greffier du bailliage.)

[1] La paroisse de Geffosse-en-Bessin (arrondissement de Bayeux, canton d'Isigny) relevait, en 1789, du bailliage de Saint-Sauveur-Lendelin et y fut convoquée à l'Assemblée préliminaire; elle fit d'ailleurs défaut, pour comparaître au siège de Bayeux, auquel elle était simultanément convoquée. La paroisse de Maisy (même canton) relevait de même, par la haute justice de Varenguebecq, du bailliage de Carentan; mais elle n'y fut pas convoquée. (*Procès-verbal de l'Assemblée préliminaire du tiers État du bailliage secondaire de Saint-Sauveur-Lendelin.* Ms. Greffe du Tribunal de première instance de Coutances, liasse Cahiers de doléances, pièce n° 10. Original signé. Inédit.)

[2] On trouvera la liste de ces paroisses à l'appel du Procès-verbal de l'Assemblée préliminaire du tiers État du bailliage secondaire de Tinchebray, qui sera imprimé plus loin.

[3] Milly (commune de l'arrondissement de Mortain, canton de Saint-Hilaire-du-Harcouët). Nombre de feux en 1789 : 130. Population actuelle : 626 habitants.

[4] *Procès-verbal de l'Assemblée préliminaire du tiers État du bailliage secondaire d'Argentan*, séance du 5 mars. (Arch. nat., BIII, 2, p. 1019.) Les députés de la paroisse furent les sieurs Louet dit *la Ressource*, et Pierre Hélouin.

quatre ordres de pièces, correspondant aux degrés successifs d'assemblées régulières prévus par le *Règlement royal* du 24 janvier 1789 [1]. Au premier degré, les assemblées primaires des communautés de paroisses, dont la convocation était réglée par les articles 24 et 25 du Règlement, devaient rédiger des cahiers, dits communément *cahiers de paroisses*, arrêtés dans l'assemblée générale de « tous les habitants du tiers état, nés Français ou naturalisés, âgés de 25 ans, et compris au rôle des impositions ». A un degré intermédiaire, les assemblées dites *préliminaires*, prescrites par l'article 33 du même règlement dans les sièges des bailliages qualifiés secondaires et dans le ressort particulier du bailliage principal, recevaient des mains des députés des paroisses ces premiers cahiers, pour en faire la réduction en un cahier commun dit *Cahier de l'Assemblée préliminaire du tiers état du bailliage* [2]. Au degré supérieur, enfin, les assemblées générales de l'ordre du tiers état, obtenues par réduction au quart des membres des précédentes assemblées, devaient tirer, par réduction également, des Cahiers des assemblées préliminaires, un mémoire unique, qui serait le *Cahier de l'Ordre du tiers état*, directement porté aux États généraux par les députés du bailliage principal. La noblesse et le clergé, qui étaient convoqués directement au siège du bailliage principal, ne tenaient qu'une seule assemblée, et n'avaient, par suite, à rédiger que cet unique cahier d'Ordre sans échelons intermédiaires. Enfin, dans l'ordre du tiers état, immédiatement au-dessous des cahiers primaires, un quatrième degré de cahiers pouvait exister de ce fait, que, dans un certain nombre de villes nominativement désignées, il devait se tenir (art. 26, 27 et 28), préalablement à l'assemblée générale de la ville, des réunions dites *préparatoires* des corporations, et que ces réunions pouvaient, — le Règlement ne leur en faisait point une obligation formelle, — charger les députés qu'elles déléguaient à l'assemblée de ville, de cahiers et mémoires particuliers, exposant et précisant les doléances et les vœux qu'elles souhaitaient voir insérer dans le cahier commun.

Les quatre degrés réguliers d'assemblées prévus au Règlement du 24 janvier ont été représentés dans notre ressort de Cotentin, et il n'y a point eu chez nous, comme il est fréquemment arrivé dans d'autres circonscriptions de la Convocation, d'échelon vacant.

Le bailliage de Coutances avait, en effet, sous sa discipline des ressorts qualifiés secondaires. D'après le premier État annexé au Règlement royal du 24 janvier [3], neuf sièges secondaires étaient rangés pour la convocation à la

[1] *Règlement fait par le Roi pour l'exécution des lettres de convocation.* (Texte dans la *Collection des lois*, de Duvergier, I, 49; et dans A. Brette, *Recueil de documents relatifs à la convocation des États généraux de 1789* [*Coll. doc. in.*]. Paris, Imp. nat., 4°, t. 1er, p. 77, pièce cataloguée n° XXXVIII.
[2] Ce fut du moins la façon de procéder la plus commune et qui fut uniformément suivie dans les bailliages normands; dans d'autres régions, la suite des assemblées régulières fut un peu plus compliquée.
[3] *État par ordre alphabétique des bailliages et des sénéchaussées royales des pays d'élection qui députeront directement ou indirectement aux États généraux, avec le nombre de leurs députations, chaque députation composé*

suite du bailliage principal de Coutances ; c'étaient, dans l'ordre alphabétique, les bailliages de : Avranches, Carentan, Gérences, Mortain, Saint-Lô, Saint-Sauveur-Lendelin séant à Périers, Saint-Sauveur-le-Vicomte, Tinchebray et Valognes. Avec le siège principal de Coutances, qui tenait également pour son ressort propre une assemblée préliminaire, nous n'avions ainsi pas moins de dix circonscriptions, qui devaient, aux termes de l'article 33 du Règlement, tenir des assemblées préliminaires du tiers État [1] et rédiger un cahier pour le porter à l'assemblée générale de l'Ordre.

D'autre part, le second État annexé au Règlement royal du 24 janvier, et dénommé officiellement «État par ordre alphabétique des villes des pays d'élection qui doivent envoyer plus de quatre députés aux assemblées de bailliage» [2], plus sommairement, dans la correspondance des lieutenants généraux, *État des villes*, alors qu'on dénommait le précédent *État des bail-*

---

d'un député du Clergé, d'un de la Noblesse et de deux du Tiers État. Imp. royale, 1789. (Exemplaire original, portant de la main du Roi le mot : *Approuvé.* Ms. aux Archives nationales,

B[a] 1, liasse 6, reproduit dans A. Brette, *op. cit.,* pièce n° XXXVIII A, t. 1er, p. 88.) On y lit pour le bailliage du Cotentin :

BAILLIAGES QUI DÉPUTERONT COMME EN 1614.

DIRECTEMENT.	INDIRECTEMENT.	NOMBRE DE DÉPUTATIONS.
Bailliage de COUTANCES :	Saint-Lô................	
	Avranches...............	
Coutances.	Carentan................	
	Gérences................	
	Mortain.................	
	Saint-Sauveur-Lendelin, séant à Périers................	4
	Valognes................	
	Saint-Sauveur-le-Vicomte.......	
	Tinchebray..............	

---

[1] Il n'est pas inutile d'observer que si la liste établie à l'état annexe resta définitive, ce ne fut pas sans de vives réclamations de plusieurs sièges. Le bailliage de Saint-Sauveur-le-Vicomte prétendait avoir droit à la députation directe (*Lettre du bailli de robe longue de Saint-Sauveur-le-Vicomte à M. le Garde des Sceaux, du 17 février.* Arch. nat., B[a] 35, l. 70), et les sièges de Mortain et de Tinchebray démontrèrent qu'ils avaient toujours été, historiquement et traditionnellement, indépen-

dants de Coutances. (Voir les *Mémoires envoyés au Garde des Sceaux, par M. de Géraldin, grand bailli de Mortain.* Arch. nat., B[a] 35, l. 70, dossier Mortain, 23 pièces.)

[2] *État par ordre alphabétique, contenant les noms des villes des pays d'élection qui doivent envoyer plus de quatre députés. Impr. royale 1789, 4°.* (Texte reproduit dans A. Brette, *op. cit.,* pièce XXXVIII[d], t. 1er, p. 101.) Nous y relevons pour notre bailliage :

NOMS DES VILLES.	NOMBRE DE DÉPUTÉS.	BAILLIAGE SECONDAIRE AUQUEL ELLES APPARTIENNENT.
Cherbourg..........	10	Valognes.
Coutances..........	6	Coutances.
Granville	8	Coutances.
Valognes..........	6	Valognes.

liages, désignait nominativement, comme devant avoir plus de quatre députés, et, par conséquent, aux termes des articles 26 et 27 sainement interprétés, comme devant tenir des réunions préparatoires de corporations, les villes de Coutances, Cherbourg, Granville et Valognes, toutes quatre situées dans le ressort du bailliage de Cotentin. Les quatre degrés d'assemblées régulières devaient donc se tenir dans notre bailliage, les quatre séries de cahiers de doléances réguliers pourraient donc se trouver aujourd'hui représentées dans cette publication.

Il n'en est point ainsi toutefois. Une des quatre séries prévues, celle des cahiers de corporations, fait totalement défaut dans la présente publication. Sur les trois autres, seuls les deux groupements supérieurs, les cahiers des Ordres au bailliage principal, les cahiers du tiers état des dix bailliages secondaires, sont au complet; la série des cahiers paroissiaux, quoique nombreuse, se présente visiblement avec de grosses lacunes. Jusqu'à quel point toutefois ces lacunes sont-elles réelles, jusqu'à quel point, dans les diverses séries, des cahiers avaient-ils été véritablement rédigés, c'est ce qu'il importe de préciser; et comme c'est là uniquement une question de fait, comme c'est uniquement à des particularités locales qu'a tenu l'existence de certains cahiers ou même de certaines séries de cahiers, il est nécessaire, croyons-nous, de retracer tout d'abord en quelques lignes rapides l'historique du mouvement de la convocation dans notre bailliage, et de noter comment y fut effectuée aux différents degrés la rédaction des cahiers.

§ 1.

Le 12 février 1789, le lieutenant général du bailliage de Coutances, M. Desmarets de Montchaton, faisant fonctions pour le grand bailli d'épée, M. le marquis de Blangy, qui résidait à Caen, avait reçu de M. le duc d'Harcourt, gouverneur de la province de Normandie, l'exemplaire authentique des *Lettres du Roi* du 24 janvier, *portant convocation des États libres et généraux du royaume*, ainsi qu'un exemplaire du Règlement royal du même jour et autres pièces y annexées [1]. Conformément aux instructions particulières qui y étaient jointes et à la lettre circulaire du Garde des sceaux, en date du 7 février, à lui adressée, il fit procéder sans délai, le lendemain 13 février, à l'enregistrement des lettres de convocation, et rendit, audience tenante, sur réquisitoire du procureur du Roi, l'ordonnance prescrite par l'article 8, pour régler les opérations de la convocation dans le ressort du bailliage principal de Cotentin.

Cette ordonnance, dont plusieurs exemplaires authentiques nous sont par-

[1] *Lettre de M. le duc d'Harcourt à M. de Blangy, grand bailli d'épée, ou à son lieutenant; de Versailles, 6 février.* (Greffe de Coutances, liasse Cahiers de doléances, pièce n° 3. A cette lettre est joint un exemplaire imprimé des lettres du roi, signé, *Louis*, avec la mention manuscrite «pour Coutances».)
— Par lettre du 12 février 1789, le lieutenant général Desmarets de Montchaton accuse réception au Garde des sceaux «d'un paquet contenant douze exemplaires in-4°, six exemplaires in-8°, et six affiches de la lettre du Roi et du

venus[1], est rédigée sur le plan du modèle, général imprimé envoyé de Versailles aux baillis d'épée et leurs lieutenants généraux, et ne nous intéresse que par quelques détails particuliers. D'une part, elle fixe au 16 mars, date généralement adoptée dans toute la région, la réunion de l'assemblée des trois ordres à Coutances; de l'autre, elle désigne nominativement, dans son article 6, les villes dans lesquelles doivent, conformément aux articles 26 et 27 du Règlement, se tenir préalablement des réunions préparatoires des corps et corporations d'arts et métiers.

Les villes indiquées sont au nombre de dix : Coutances, Saint-Lô, Avranches, Carentan, Cérences, Mortain, Saint-Sauveur-le-Vicomte, Périers, Tinchebray et Valognes. Beaucoup de ces localités, simples bourgs, n'avaient point de corporations ayant une existence légale, que l'on pût régulièrement convoquer. Évidemment, en établissant sa liste, le lieutenant général avait commis une erreur : il s'était référé, — la méprise paraît s'être fréquemment produite, — au premier état annexé au Règlement général, où étaient portées toutes les villes chefs-lieux des bailliages secondaires. Lorsqu'on se fut aperçu de la méprise, il lui fallut, par une lettre-circulaire du 18 février, prescrire aux lieutenants généraux des ressorts secondaires de «rectifier promptement», dans leurs propres ordonnances, la faute qui s'était glissée dans son article 6[2]. Rectification ainsi faite, la liste définitive des villes où devaient être convoquées préalablement des réunions corporatives fut, comme il était régulier, celle même portée au second État annexé, et comprit les quatre villes de Coutances, Granville, Cherbourg et Valognes, dépendant respectivement, les deux premières, du ressort du bailliage particulier de Coutances, les deux dernières, du siège secondaire de Valognes.

Rien dans l'ordonnance du lieutenant général, ni dans l'ordonnance rectificative du grand bailli, qui fut rendue le 19 février, ne déterminait la nomenclature des paroisses et communautés qui devaient tenir les assemblées primaires. Ce fut aux lieutenants généraux des sièges secondaires qu'incomba le soin d'arrêter, chacun en son ressort, la liste des communautés de pa-

---

Règlement», nombre manifestement insuffisant, qu'il fallut aussitôt compléter. (Arch. nat., B² 35, l. 70.)

[1] Ordonnance de Monsieur le grand bailli du 13 février 1789. A Coutances, de l'Impr. G. Joubert, 1789, 8 p, in-4°. (Greffe de Coutances, ibid., pièce n° 3. Minute signée Desmarets; trente mots rayés nuls à l'article 6.)

[2] Lettre de M. Desmarets de Montchaton, du 18 février : «Le grand nombre de mes occupations, Monsieur, m'ayant obligé de charger une personne de confiance de l'impression de mon ordonnance, je m'aperçois qu'on y a commis une erreur considérable. L'article 6 de cette ordonnance dénomme les villes de Saint-Lô, Avranches, Carentan, Mortain, Saint-Sauveur-le-Vicomte, le bourg de

Périers, où est séant le bailliage de Saint-Sauveur-Lendelin, et le bourg de Tinchebray. Toutes ces villes et bourgs, n'étant point désignés dans l'état annexé au règlement, ne peuvent estre compris dans cet article; celles de Coutances et de Vallognes doivent seules y subsister, et celles de Grandville et de Cherbourg qui ont été omises doivent y estre ajoutées. Je vous aurai, Monsieur, une sincère obligation de vouloir bien avoir la complaisance de faire ce changement, etc... Cette erreur, Monsieur, est provenue de ce qu'on a pris l'état des bailliages pour celui des villes qui doivent envoyer plus de quatre députés aux assemblées de bailliage. Je suis avec un sincère attachement, etc... (Ms. Arch. de la Manche, série B, n. cl.)

roisses qui devraient envoyer des députés à leur assemblée préliminaire. Cette opération n'était point sans offrir de sérieuses difficultés, parce que rien n'était plus incertain, plus contesté, plus ignoré des officiers royaux des bailliages eux-mêmes, que le ressort réel des différents sièges. Dans l'enchevêtrement inouï des circonscriptions[1], beaucoup de paroisses étaient traditionnellement contestées, d'autres divisées entre plusieurs juridictions; aucun criterium régulier n'était universellement reconnu, qui pût fixer les incertitudes, aucune mesure générale ne fut prise par l'administration royale pour faciliter les opérations et prévenir les conflits. Parfois, dans notre bailliage, des arrangements locaux intervinrent entre les sièges; des transactions furent passées entre les prétentions rivales, qui fixèrent pour quelques ressorts la liste des communautés que chacun des officiers royaux devrait assigner à son siège[2]; mais les conflits ne furent point partout évités de même, et sur plus d'un point, comme nous aurons à le dire tout à l'heure, la confusion aboutit à des convocations multiples d'une même communauté.

C'est dans l'appel des paroisses aux assemblées préliminaires du tiers état de chaque bailliage que nous avons régulièrement puisé les éléments de la liste des assemblées primaires. Nous avons eu la bonne fortune de retrouver pour tous les ressorts secondaires de notre bailliage les procès-verbaux des assemblées préliminaires, et tous ces procès-verbaux, sauf celui d'Avranches (qui n'est qu'un extrait et ne donne que l'élection des députés)[3], contiennent l'appel par paroisses, nominativement, des députés des assemblées primaires. La liste de celles-ci a donc pu être presque partout très sûrement dressée. Pour le ressort d'Avranches même, où l'appel officiel nous fait défaut, nous avons pu y suppléer par la liste, beaucoup moins sûre évidemment, mais contrôlée heureusement par d'autres pièces authentiques, de l'appel par bailliages et paroisses des ecclésiastiques, au procès-verbal d'assemblée de l'ordre du clergé[4].

[1] A. Brette, Atlas cité, carte n° 17. Il est indispensable, pour bien se rendre compte du mélange des circonscriptions, de compléter les indications de la carte par les listes de paroisses mixtes jointes à la fin de l'ouvrage. (Voir en particulier les tableaux n° 1, 2 et 6.)

[2] Lettre du lieutenant général de Valognes, Girard de Beaulieu, à M. le Garde des Sceaux, du 12 février: «Pour éviter aux difficultés résultant du mélange des ressorts dans différentes paroisses relevantes partiellement de plusieurs bailliages secondaires, je me propose d'écrire à mes confrères voisins pour leur proposer de convenir provisoirement, et sans attribution d'aucuns droits, d'envoyer les ordres de convocation chacun dans les paroisses qui déposent leurs registres au greffe de chaque siège, pour en faire son arrondissement du moment. J'espère qu'animés des mêmes intentions que moy, ils ne se refuseront pas à un tempérament seul propre à écarter les incertitudes de plusieurs paroisses, qui pourraient être convoquées par deux lieutenants généraux différents, et douter ainsi du véritable lieu de leur réunion.» (Arch. nat., B⁹ 35, l. 70.) Par lettre du 17 février, le même annonce qu'il a déjà reçu réponse d'un de ses confrères qui accepte l'arrangement, et qu'il espère incessamment des autres la même acceptation. (Ibidem.)

[3] Cf. infrà : Introduction, p. 32.

[4] Plusieurs pièces ont permis de contrôler utilement la liste de l'appel du clergé. Ce sont, en premier lieu,

Numériquement, le chiffre des communautés convoquées dans chaque bailliage et, par suite, le nombre des cahiers de paroisses qui auraient dû être rédigés, s'établit ainsi qu'il suit[1] :

		NOMBRE de PAROISSES CONVOQUÉES.
Bailliage principal de Coutances		127
Bailliage secondaire	d'Avranches	97
	de Carentan	49
	de Cérences	11
	de Mortain	71
	de Saint-Lô	36
	de Saint-Sauveur-Lendelin, séant à Périers	50
	de Saint-Sauveur-le-Vicomte	65
	de Tinchebray	36
	de Valognes	131

Au total, pour les différents sièges, 673 assemblées primaires étaient convoquées[2]. Par suite de l'insuffisance des précautions prises toutefois, un certain nombre de paroisses se trouvaient, comme nous avons dit, convoquées simultanément à des sièges différents. La liste de ces paroisses, dites *mixtes* (soit qu'elles fussent contestées pour le tout, ou mi-parties), doit être expressément relevée, parce que le plus souvent elles ne comparurent qu'à un seul siège, et que, même lorsqu'elles répondirent à une double convocation, il est à croire qu'elles ne s'embarrassèrent point de rédiger pour chaque siège un cahier différent. Elles furent, pour notre bailliage, au nombre de 15 :

les *Rôles des députés du tiers état qui ont dû comparaître aux Assemblées tenues à Coutances en mars 1789*; le rôle pour Avranches donne, par paroisses, les députés ayant fait partie du quart réduit; en second lieu, les *Rôles de comparution des ecclésiastiques, bénéficiers,* etc., et le *Rôle de MM. les nobles possédant fief ou non dans l'étendue du bailliage de Coutances*. Ces pièces rangent également, par paroisses, les personnes à assigner. Enfin l'*Extrait de l'état général de la taxe des frais de voyage, séjour,* etc... *des députés du tiers État*, imprimé, Coutances 1789, donne encore la liste des paroisses dont les députés ont fait partie du quart réduit. Ces pièces coïncident généralement sans difficulté.

[1] Les chiffres ci-dessus, que nous avons établis directement par le relevé des appels aux procès-verbaux des assemblées préliminaires, se trouvent con-

trôlés par la mention du nombre de paroisses de chaque bailliage, que M. de Montchaton, lieutenant général, a portée en tête du procès-verbal de l'assemblée des Trois Ordres. (Cette pièce sera donnée en extrait dans le second volume.)

[2] Ce chiffre excède légèrement celui des communes actuelles du département, (643); et si l'on tient compte des 60 communautés que le département a prises aux bailliages voisins, il apparaît encore sensiblement plus fort. Il y a eu, en effet, depuis 1789, de nombreuses extinctions. En 1790, le nombre des communes du département avait été arrêté à 691. (Arch. nat., D iv *bis*, 67.) De nombreuses réunions ont eu lieu dans les premières années de la Révolution et au cours du dernier siècle. En revanche, des communes nouvelles ont été créées : la Glacerie, Pont-Hébert, etc...

NOMS DES PAROISSES.	BAILLIAGES SECONDAIRES auxquelles ELLES FURENT CONVOQUÉES.	COMPARUTION.
Audouville-la-Hubert.	Saint-Sauveur-le-Vicomte et Valognes.	Comparaît aux deux sièges.
Balleroy.	Tinchebray et Bayeux.	Défaut à Tinchebray, comparaît à Bayeux.
Cahagnes.	Tinchebray et Torigny.	Défaut à Tinchebray, comparaît à Torigny.
Cauquigny.	Carentan et Valognes.	Défaut à Carentan, comparaît à Valognes.
Cérences.	Coutances et Cérences.	Défaut à Coutances, comparaît à Cérences.
Coulvain.	Tinchebray et Bayeux.	Comparaît à Tinchebray.
Le Détroit.	Tinchebray et Falaise.	Comparaît aux deux sièges.
Durcet.	Tinchebray et Falaise.	Défaut à Tinchebray, comparaît à Falaise.
Espins.	Tinchebray et Falaise.	Comparaît aux deux sièges.
Fresnes.	Tinchebray et Vire.	Comparaît aux deux sièges.
Geffosse-en-Bessin.	Saint-Sauveur-Lendelin et Bayeux.	Défaut à Saint-Sauveur, comparaît à Bayeux.
Le Hommet-d'Arthenay.	Saint-Lô et Saint-Sauveur-Lendelin.	Comparaît aux deux sièges.
Montsecret.	Tinchebray et Vire.	Défaut à Tinchebray, comparaît à Vire.
Les Pieux.	Saint-Sauveur-le-Vicomte et Valognes.	Défaut à Valognes, comparaît à Saint-Sauveur.
Les Tourailles.	Tinchebray et Falaise.	Défaut à Tinchebray, comparaît à Falaise.

Il n'est pas très aisé de dire dans quelle proportion il convient, à raison de ces paroisses mixtes, de réduire le nombre des assemblées primaires ayant dû rédiger un cahier. Rien ne montre, en effet, dans la plupart des cas, si nous avons affaire à des paroisses contestées pour le tout, qui n'ont dû probablement rédiger qu'un cahier, ou à des paroisses simplement mi-parties pour lesquelles un double cahier était possible. En tenant compte des circonstances de fait, des communautés mixtes qui furent attirées dans les sphères d'action de bailliages voisins, nous croyons que, pour le bailliage de Cotentin, le chiffre moyen de 660 assemblées primaires ayant dû rédiger un cahier doit être fort près de la vérité.

Il n'entre point dans notre plan de suivre ici par le menu l'histoire des opérations de la convocation dans les paroisses, bien que ce soit une étude intéressante, pleine de détails pittoresques parfois, et pour laquelle dans le bailliage de Cotentin, avec la correspondance conservée des lieutenants généraux, avec les nombreuses pièces comptables du greffe de Coutances, les renseignements ne manqueraient point. Une chose seulement nous intéresse ici : la tenue régulière des assemblées et la rédaction de leurs cahiers.

Dans l'ensemble, les assemblées primaires, c'est le point important, se sont très régulièrement réunies. La correspondance des lieutenants généraux, les procès-verbaux des assemblées préliminaires, lors même que les procès-verbaux authentiques des assemblées de paroisses ne se sont point conservés, nous fournissent à cet égard les renseignements les plus précis. D'après les procès-verbaux des assemblées préliminaires, la moitié des bailliages n'ont point eu à relever de défauts[1]; pour les cinq ressorts où la comparation fut incomplète, le total des paroisses défaillantes ne s'est élevé qu'à 17; et, sur ce nombre même, la plupart étaient des paroisses mixtes, qui ont comparu à d'autres sièges et qui avaient régulièrement tenu assemblée et rédigé leurs cahiers. Sept paroisses seulement ont fait défaut d'une façon absolue, sans se présenter à aucun bailliage; et encore le défaut a-t-il dû provenir de quelque faute personnelle des députés, car pour plusieurs d'entre elles nous avons retrouvé les cahiers, régulièrement rédigés, qu'une négligence a probablement seule empêchés d'être remis en temps utile à l'assemblée préliminaire.

NOMS des bailliages secondaires.	PAROISSES AYANT FAIT DÉFAUT.	NOMBRE DE FEUX.	OBSERVATIONS.
Coutances.....	Cérences.............	.....	Mixte. La paroisse a comparu à Cérences.
	*Hérenguerville	55	Le cahier authentique existe.
	*Mesnildrey........	69	....
	*Pontbrocard.......	10	La paroisse a délibéré avec Dangy.
	*Sourdeval-les-Bois..	88	Le cahier authentique existe.
	*Sainte-Marguerite..	50	Le cahier authentique existe.
Carentan.....	Cauquigny........	12	Mixte. La paroisse a comparu à Valognes.
Saint-Sauveur-Lendelin.	Geffosse-en-Bessin..	.....	Mixte. La paroisse a comparu à Bayeux.
Tinchebray....	Balleroy...........	.....	Mixte. La paroisse a comparu à Bayeux.
	Cahagnes.........	.....	Mixte. La paroisse a comparu à Torigny.
	Durcet...........	.....	Mixte. La paroisse a comparu à Falaise.
	*Espins...........	.....	Mixte. La paroisse a comparu à Falaise.
	Landes...........	.....	Défaut des députés. «La représentation faite par un envoyé du procès-verbal et du cahier».
	Montsecret	250	Mixte. La paroisse a comparu à Vire.
	Les Tourailles....	.....	Mixte. La paroisse a comparu à Falaise.
Valognes......	Le Hommet.......	3	Défaut absolu. Très petit hameau.
	Les Pieux........	270	Mixte. La paroisse a comparu à Saint-Sauveur-le-Vicomte.

Mais parmi les communautés mêmes qui ont tenu leur assemblée régulière et qui ont régulièrement député à l'Assemblée préliminaire, toutes n'ont point pour cela nécessairement rédigé de cahier. Les procès-verbaux des assemblées préliminaires et pièces annexes nous signalent à cet égard une série de

[1] Procès-verbaux des assemblées préliminaires d'Avranches, Mortain, Cérences, Saint-Lô, Saint-Sauveur-le-Vicomte. Le procès-verbal d'Avranches ne contenant point l'appel des paroisses, la complète comparution de ce bailliage ne paraît pas absolument certaine.

A Saint-Sauveur-le-Vicomte, le bailli de robe longue écrit en termes exprès : «Il n'y a pas une paroisse de mon bailliage qui n'ait envoyé ses députés et son cahier de doléances.» (Lettre du bailli Ango à M. le Garde des sceaux, du 11 mars. Arch. nat., B* 35, l. 70.)

situations intéressantes. Il y est question de paroisses qui se sont présentées «sans cahier» [1], de paroisses qui ont «déclaré avoir donné adhésion» simplement à un cahier voisin [2], de paroisses qui ont «réuni leurs cahiers» [3]. Ce sont là autant de combinaisons particulières, dont il importe évidemment de tenir compte si nous ne voulons pas nous exposer à compter dans notre total et à rechercher, par suite, des pièces qui n'ont jamais existé.

Malheureusement, il n'est pas toujours facile d'établir sûrement la liste des paroisses qui n'ont ainsi pas rédigé de cahier propre. Quelquefois les procès-verbaux sont explicites à cet égard; à Coutances, à Mortain, les lieutenants généraux ont pris soin de relever nominativement les paroisses qui n'ont point remis de cahier, ou qui ont remis un cahier commun. Quelquefois aussi, à Carentan, à Cérences, à Saint-Lô, ils nous indiquent expressément que toutes les paroisses comparantes se sont présentées chacune avec leur cahier de doléances [4]. D'autres fois encore, comme à Saint-Sauveur-le-Vicomte, la même assurance nous est fournie par la correspondance du lieutenant général [5]. Mais en l'absence de ces indications formelles, à Avranches, à Périers, à Tinchebray, nous ne pouvons plus légitimement rien affirmer. Voici, en tout cas, la liste des paroisses pour lesquelles nous somme informés, de source certaine, qu'il n'a point été rédigé de cahier :

[1] *État des députés des villes, paroisses et communautés du bailliage de Coutances, qui doivent comparaître à l'Assemblée préliminaire.* — On y lit, à leur ordre alphabétique : Anctoville, point de cahier; Gouville, *sans cahier*; Grimouville, *point de cahier*; La Haye-Bellefond, *cahier commun avec Maupertuis*; Pirou, *point de cahier*; Ponthrocard, *compris avec Dangy*; Regnéville, *point de cahier*; Saint-Sauveur-de-Bonfossé, *point de cahier.* (Greffe de Coutances, pièce n° 339. Tableau non signé.)

[2] La paroisse de Fleury (bailliage de Coutances) a remis une simple feuille signée, sur laquelle elle déclare «donner purement et simplement adhésion au cahier de la Bloutière». (Ms. Greffe de Coutances, pièce n° 63. Original signé.)

[3] *Procès-verbal de l'assemblée préliminaire du bailliage de Mortain, séance du 5 mars au matin* : «Lesquels députés nous ont représenté le procès-verbal de leur nomination et leur cahier de doléances, à la réserve de ceux de la paroisse de Brouains, qui n'ont point représenté de cahier, et de ceux des paroisses de Savigny, Saint-Laurent, Chasseguô, Mesnilard et Fontenay, dont les pouvoirs et cahiers sont réunis.» (Ms. Greffe de Coutances, pièce n° 9. Original signé.)

[4] *Procès-verbal de l'assemblée préliminaire du bailliage de Carentan, séance du 5 mars au matin* : «Avons, en donnant défaut sur les députés de Cauquigny, accordé acte à tous les députés des autres paroisses ci-dessus dénommées de leur présence, et du dépôt qu'ils nous ont fait de chacun leur délibération de nomination des députés pour cette assemblée *et de leurs cahiers de doléances*, du nombre desquelles délibérations il s'en trouve plusieurs qui ne sont pas conformes au modèle qui leur a été remis, etc...» (Ms. Greffe de Coutances, pièce n° 8. Original signé.) Mentions analogues dans les procès-verbaux des assemblées préliminaires de Saint-Lô et de Cérences. (Mss. Greffe de Coutances, pièces n° 12 et 5. Originaux signés.)

[5] *Lettre du bailli de robe longue de Saint-Sauveur-le-Vicomte, du 11 mars* : «L'assemblée des paroisses de mon bailliage s'est tenue le 9 et le 10 de ce mois, avec tout l'ordre, la tranquillité et la régularité qu'il était possible de désirer... Il n'y a pas une paroisse de mon bailliage qui n'ait envoyé ses députés et son cahier de doléances.» (Arch. nat., B³ 35, l. 70.)

PAROISSES.	NOMBRE DE FEUX.	EXPLICATION FOURNIE AU PROCÈS-VERBAL.
Bailliage particulier de Coutances. Anctoville	40	«Lesquels députés nous ont déclaré que leurs communautés ne les ont chargés d'aucuns cahiers de plaintes et doléances.»
Gouville	120	
Grimouville	125	
Pirou	200	
Regnéville	50	
Saint-Sauveur-de-Bon Fossé.	27	
La Haye-Bellefond		«Cahier commun avec Maupertuis.»
Brouains	70	«Les députés n'ont point représenté de cahier.»
Bailliage secondaire de Mortain. Chassegué	36	
Fontenay	100	
Mesnillard	180	«Les pouvoirs et les cahiers sont réunis.»
Savigny	255	
Saint-Laurent	250	

Ces communautés une fois déduites de la liste des assemblées primaires, telle que nous l'avons établie, on voit que le nombre des cahiers primaires se trouve ramené à moins de 650 pour notre bailliage; encore ce chiffre peut-il être sensiblement trop fort, puisque, pour les trois bailliages d'Avranches, de Périers et de Tinchebray, il nous est impossible de savoir jusqu'à quel point la rédaction des cahiers de doléances des paroisses y a été régulière.

Une difficulté d'un autre ordre se présentait pour les villes ayant eu des réunions corporatives *préparatoires*. Les quatre villes de notre bailliage qui se trouvaient dans ce cas ont bien en fait tenu régulièrement les assemblées prescrites; les procès-verbaux d'assemblée de ville, que nous avons conservés, nous le font savoir sûrement pour Granville, Cherbourg et Valognes et une lettre du subdélégué n'est pas moins explicite pour Coutances [1]. Nous pouvons même pour les deux premières, grâce à l'appel qui y est inséré des députés des différents corps et corporations, rétablir avec exactitude la liste des assemblées corporatives qui s'y sont tenues, et déterminer celles qui, régulièrement convoquées, ne se sont point réunies et ont fait défaut.

Mais ces assemblées corporatives ont-elles rédigé des cahiers? La chose paraît fort douteuse. En fait, nous n'avons pu retrouver aucun cahier de cette provenance. Nous savons bien que ce défaut de pièces ne serait pas probant, puisque nous ne retrouvons pas non plus les procès-verbaux d'assemblée des corporations [2], alors que certainement les corporations en ont dû rédiger pour authentiquer les pouvoirs de leurs députés à l'assemblée de ville. Mais ce qui

[1] *Lettre de M. de Mombrière à l'intendant*, du 27 février 1789. (Arch. Calvados, C 6358.) — Cf. le procès-verbal de Granville, *infrà*, p. 114.

[2] Nous n'avons conservé d'autres procès-verbaux de corporations ou corps régulièrement assimilés, que les procès-verbaux de l'assemblée préparatoire des officiers des bailliages de Coutances et de Valognes (*Registre plumitif du bailliage*, année 1789, aux Greffes de ces villes, n. cl.) et celui de l'assemblée du tiers état non compris dans les corporations de la ville de Granville. (*Registre des délibérations de l'année 1789*, aux Archives municipales de Granville, coté BB 1, f° 4.)

est plus décisif, c'est qu'en droit, semble-t-il bien, rien n'obligeait les corporations à rédiger des cahiers de doléances.

A lire de près, en effet, soit le modèle de *procès-verbal pour les corporations* que l'administration avait fait rédiger [1], soit le modèle de *procès-verbal pour les assemblées de villes* [2], il apparaît nettement, croyons-nous, qu'à Versailles on n'avait considéré les réunions de corporations que comme de simples assemblées d'élection, destinées à prévenir la confusion qui résulterait de trop nombreuses assemblées urbaines, et qu'on n'avait aucunement prévu qu'elles pussent avoir besoin de remettre des cahiers. S'il en a été autrement quelquefois, c'est que les corps de ville, chargés de convoquer les corporations et corps autorisés, ont pris sur eux, dans quelques endroits [3], d'inviter les réunions corporatives à rédiger elles-mêmes des mémoires qu'elles remettraient à leurs députés. Mais en Cotentin justement, pareille initiative paraît avoir fait défaut. Nous avons conservé dans les archives de plusieurs villes les modèles originaux des billets de convocation qui furent adressés aux syndics des corporations par le corps municipal. La formule de ces billets est significative [4]. Nous y lisons que la corporation est invitée à se réunir à l'hôtel de ville pour y choisir, conformément à l'article 26 du règlement, des députés qui se rendront à l'assemblée générale pour concourir à la rédaction du cahier de doléances : il n'y est point question de cahiers à rédiger dans cette réunion, et les procès-verbaux d'assemblée générale de villes que nous avons conservés [5] ne font point non plus mention, lors de l'appel des dé-

[1]. *Procès-verbal d'assemblée des corporations.* — Modèle imprimé reproduit dans les Archives parlementaires, I, p. 629, col. 2.

[2] *Procès-verbal d'assemblée du tiers État des villes dénommées dans l'ordonnance.* — Modèle imprimé reproduit dans les Archives parlementaires, I, p. 627, col. 1.

[3] Formules manuscrites de billets d'invitation pour Caen (Arch. munic. de Caen, reg. B. 101, n° 2, f° 140 et 141), Falaise (Arch. munic., cart. BB unique, pièces 1, 2 et 3), Alençon (Arch. de l'Orne, série B, n. cl., liasse des Cahiers de corporations).

[4] Voici la formule adoptée à Cherbourg : M.

« Est invité à se trouver vendredi prochain 27 du mois de février 1789, à l'hôtel de ville de Cherbourg, à 8 heures précises *du matin*, pour y choisir, conformément au Règlement du Roi du 24 janvier dernier et à l'Ordonnance de M. le lieutenant général du bailliage de Valognes, du 17 février, pour la convocation des États généraux, le nombre de députés prescrit par le règlement dans les corporations des *mar-*

chans tanneurs et teinturiers selliers et bourreliers.

« Fait à l'hôtel de ville de Cherbourg par Nous, Maire et Échevins, le 26 février 1789.

DE FONTENELLE POSTEL.

DE MONS DE GARANTOT.

DE CHANTEREYNE.

(Arch. munic. de Cherbourg, AA 64. Original imprimé, feuille oblongue, 20 × 12 centimètres environ. Les passages en italiques sont remplis à la main sur l'imprimé.)

Formule analogue à Granville (Arch. munic., registre BB 1, f° 2 v°). A Coutances seulement, les communautés sont invitées, « si elles ont quelque chose à présenter, à le remettre à l'assemblée de ville » (Arch. munic., carton BB unique). Les termes de cette invitation restent encore bien vagues, pour qu'on puisse croire à l'existence de cahiers réguliers.

[5] V. *infrà*, p. 114, le procès-verbal de la ville de Granville. — Les procès-verbaux de Cherbourg et Valognes seront publiés dans le second volume.

putés des corporations, de remise de cahiers ou mémoires quelconques, dont le dépôt entre les mains des commissaires-rédacteurs du cahier commun eût été dans ce cas vraisemblablement relaté.

Il nous paraît légitime dans ces conditions de conclure que les corporations, dans notre bailliage, n'ont point rédigé de cahier. Elles se sont réunies en assemblées régulières; elles ont élu régulièrement des députés; elles ont pu confier verbalement peut-être, — le cahier de la ville de Cherbourg semble en porter encore des traces [1], — mission à ces députés de faire insérer dans le cahier de ville certaines doléances ou certains vœux; elles n'ont pas, pour cela, rédigé de cahier véritable.

En passant aux degrés supérieurs, la rédaction des cahiers dans notre bailliage ne laisse place à aucune difficulté pour les assemblées préliminaires du tiers état. Les procès-verbaux que nous avons tous conservés, et la correspondance des lieutenants généraux, nous apprennent que tout se passa dans ces assemblées normalement et «avec tranquillité» [2], que la rédaction des cahiers des paroisses, généralement confiée à des commissaires, s'y effectua partout sans difficultés [3]. Il faudrait noter peut-être, parce que le procédé n'était pas, semble-t-il, très régulier, que dans plusieurs bailliages, à Avranches, à Périers, à Saint-Lô, les membres de l'assemblée, pressés, nous disent les procès-verbaux, de rentrer dans leurs fermes «pour faire les mars», et prévoyant que la réduction des cahiers paroissiaux prendrait un certain temps, se sont séparés après avoir nommé des commissaires-rédacteurs, en laissant au quart réduit qui devait se rendre à Coutances le soin d'arrêter et de signer au nom de tous le cahier qui serait présenté par les commissaires [4].

[1] *Cahier de doléances de la ville de Cherbourg*, art. 58, 59 et 60. (Chacun de ces articles contient les doléances particulières d'une corporation.)

[2] Bailliage de Carentan : *Lettre du lieutenant général Lavalley, à M. le G. d. S.*, du 16 mars : «L'assemblée de la ville et du bailliage ont été paisibles et sans tumulte; néanmoins ai-je remarqué de la cabale, ou tout au moins de l'influence.» (Arch. nat., B⁰ 35, l. 70.) Cf. dans des termes analogues, à Coutances : *Lettre du lieutenant général Desmarets de Montchaton*, du 16 mars (il y a régné «la concorde et l'esprit de patriotisme»); à Cérences : *Lettre du lieutenant général Brohon*, du 10 mars; à Mortain : *Lettre du grand bailli de Géraldin*, du 13 mars; à Saint-Lô : *Lettre du lieutenant général de Robillard*, du 7 mars (il a remarqué «beaucoup d'harmonie»); à Périers : *Lettre du lieutenant général bailli de robe longue de Muneval*, du 10 mars «tout s'est passé avec décence», etc. (*Ibidem.*)

[3] *Lettre du lieutenant général du bailliage de Tinchebray à M. le G. d. S.*, du 4 mars : «Malgré le peu de temps que nous avons eu pour assigner les paroisses de notre ressort, dont quelques-unes sont assez éloignées, nous sommes parvenus, sur les cahiers des différentes paroisses, à n'en composer qu'un seul, dans l'assemblée qui s'est tenue devant moy des différents députés des paroisses. :... Nous avons eu la satisfaction que tout s'est passé avec la plus grande tranquillité.» (Arch. nat., B⁰ 35, l. 70.)

[4] *Procès-verbal de l'assemblée préliminaire du tiers État du bailliage d'Avranches, séance du 5 mars au matin :* «Auxquels députés lesdits délibérants ont donné plein pouvoir d'arrêter et signer le cayer général de plaintes, demandes et doléances, tel et en l'état qu'il aura été rédigé par lesdits sieurs commissaires et qu'il sera par eux représenté..... voulant et entendant que ledit cayer ait la même force et

Sauf cette simplification de la procédure, qui n'apparaît point, au point, de vue de la forme, comme très correcte, la rédaction des cahiers préliminaires, dans nos dix secondaires, s'est partout normalement et régulièrement effectuée.

La réunion de l'assemblée des trois ordres du bailliage principal à Coutances avait été fixée, avons-nous dit, au 16 mars. Les procès-verbaux nous ont conservé, avec un luxe de détails souvent pittoresque, les menus incidents de la session assez longue des ordres, soit dans l'assemblée générale, soit dans leurs chambres séparées. Au point de vue particulier qui nous occupe, une grosse question se posait : celle de la réunion des cahiers. La rédaction d'un cahier commun pour les trois ordres était, on le sait, autorisée, conseillée même par le règlement royal. A Coutances, le tiers état parut d'abord vouloir prendre l'initiative de la fusion : le procès-verbal nous apprend que, dès sa première réunion, le 20 mars, la Chambre du tiers état décida d'envoyer aux autres ordres une députation pour les inviter à venir procéder à une rédaction commune[1]. Mais cette première résolution ne fut point suivie d'effet; dès le même jour, le tiers, qui prévoyait peut-être le sort qui serait fait à sa proposition, et qui probablement aussi se rendait compte à quel point le nombre moindre de ses membres le mettrait en état d'infériorité dans une assemblée générale, avait décidé de commencer, par provision, le dépouillement de ses propres cahiers; l'exécution traîna en suite en longueur, la rédaction des cahiers particuliers s'acheva de part et d'autre; et lorsque, le 26 mars, revint la question de l'envoi d'une députation aux autres ordres, le lieutenant général n'eut pas de mal à faire comprendre que l'heure était tardive pour entreprendre un nouveau travail. Les cahiers restèrent séparés; il fut convenu seulement, par une formule polie, que les députés des trois ordres « se communiqueraient leurs cahiers ».

Ce résultat était à prévoir; les ordres avaient assez de mal déjà à s'entendre dans leurs chambres séparées pour la rédaction de leur propre cahier. Dans la Chambre du clergé, les débats avaient été houleux. Une lutte très vive s'était engagée, lors de la rédaction du cahier, entre l'élément conservateur, représenté par le haut clergé et les procureurs des riches abbayes, et la plèbe des curés à portion congrue. Les commissaires, élus en majorité dans le bas clergé, étaient revenus avec un cahier où ils proposaient de renoncer, par un sacrifice généreux, aux privilèges pécuniaires de l'ordre. Mais le clan des hauts dignitaires, à la lecture de ces propositions, jeta de tels cris, les évêques présents jouèrent si bien de leur influence, qu'après une discus-

valeur que s'il était signé de tous lesdits délibérants. » (Ms. Greffe de Coutances, pièce n° 7, p. 4.) — Même formule dans les procès-verbaux de Saint-Sauveur-Lendelin et Saint-Lô. (*Ibidem*, pièces n°s 10 et 12. Une analyse de ces pièces sera donnée dans ce volume et le suivant.)

[1] *Procès-verbal d'assemblée de l'ordre du tiers État du bailliage de Coutances,*

séance du 20 mars : « A été mûrement délibéré et arrêté d'une voix unanime qu'il était à propos et même avantageux de se réunir aux deux ordres du clergé et de la noblesse pour ne former tous ensemble qu'un seul et même cahier de plaintes et doléances... qu'ils attendraient la communication de leurs arrêtés sur cet objet important, etc... » (Arch. nat., B^a 35, I, 70.)

sion scandaleuse l'élément libéral fut vaincu, et la proposition de désintéressement effacée du cahier, qui maintint au contraire expressément le droit
du clergé de s'imposer lui-même et de répartir lui-même ses impositions[1].
Une grosse minorité cependant refusa de s'associer à cette âpre revendica-
tion, et par une protestation solennelle, qu'elle alla communiquer à la
chambre du tiers, voulut déclarer publiquement son vœu de voir le clergé,
en abandonnant ses privilèges pécuniaires, contribuer comme les autres
ordres et dans les mêmes formes aux besoins généraux de la nation. Cette
protestation[2], il n'est pas besoin de le dire, ne doit pas être considérée
comme modifiant en quelque façon le cahier arrêté par la majorité; elle
est cependant, par le nombre même des signataires, un document assez
important, et surtout elle révèle, dans l'ordre du clergé, un état de l'opinion
assez intéressant à noter pour qu'il soit, croyons-nous, indispensable de la
joindre au cahier lui-même.

Dans la chambre de la noblesse et dans celle du tiers, les choses s'étaient
passées plus paisiblement, et sans trop de longueurs, puisque, dès le 26 mars,
la rédaction des cahiers était définitivement arrêtée. Les membres de l'ordre
de la noblesse avaient décidé, avant de se séparer, de joindre à leur cahier
proprement dit des *Instructions* en 30 articles, qui doivent en être considérées
pour cela comme inséparables[3]. Le 1er avril, le lieutenant général, président,
put prononcer la clôture de l'assemblée, après avoir reçu les serments des
députés des trois ordres et leur avoir remis, avec les procès-verbaux contenant
leurs pouvoirs, les trois cahiers où se trouvaient définitivement condensés
les vœux et doléances des trois ordres du bailliage[4].

De ce très rapide historique, — nous en avons volontairement retranché ce
qui n'avait pas directement trait à notre objet, — ce qui doit ressortir pour
nous, c'est que la rédaction des cahiers s'était faite, dans notre bailliage, de
la façon, dans l'ensemble, la plus régulière. Nous savons maintenant quelles
séries de cahiers, et dans chaque série, quels cahiers précisément nous pouvons rechercher; et, bien qu'une série, celle des cahiers de corporations, paraisse avoir originairement fait défaut, l'ensemble de la consultation, avec
les trois cahiers d'ordres, les dix cahiers des assemblées préliminaires du
tiers État et la masse de près de six cent cinquante cahiers primaires, se pré-

[1] *Procès-verbal d'assemblée de l'ordre
du clergé du bailliage de Coutances*,
séances des 27 et 28 mars. — Cf. une
*Lettre de M. de Mombrière à l'intendant, du
16 mars 1789.* (Arch. Calvados, C 6358.)

[2] *Protestation.* — Inc. « *Par devant
les conseillers du Roi, notaires de . . . .* »
Pièce imprimée, sans nom d'imprimeur
ni date, 4 p. in-16. (Arch. nat., B^a 35,
l. 70.) Cette pièce a été publiée dans
HIPPEAU : *Cahiers*, t. II, p. 6. Elle est
accompagnée aux Archives d'une lettre
d'envoi au Garde des sceaux, datée

du 27 mars et signée du curé de la
Fouillie, au nom des membres de la
minorité du clergé.

[3] *Procès-verbal d'assemblée de l'ordre
de la noblesse*, séance du 27 mars.
Les *Instructions de la noblesse du
bailliage de Cotentin* ont été éditées en
1789 à la suite du cahier, et elles sont
reproduites dans les *Archives parlementaires*, t. III, p. 54.

[4] *Lettre du lieutenant général de
Montchaton à M. le G. d. S., du 2 avril.*
(Arch. nat., B^a 35, l. 70.)

sente évidemment comme une enquête économique des plus vastes et du plus haut intérêt.

§ 2.

Que nous est-il parvenu de cette considérable collection, et que pouvons-nous aujourd'hui en donner dans cette publication? Le résultat, toutes recherches faites, ne se trouve qu'à demi satisfaisant.

Nous n'avons point, il est vrai, à déplorer de vides dans les degrés supérieurs de la convocation. Par des voies différentes et en des dépôts divers, ainsi que nous l'expliquerons tout à l'heure, la double collection des procès-verbaux et des cahiers des trois ordres du bailliage principal, celle aussi des procès-verbaux et des cahiers des assemblées préliminaires du tiers état dans nos dix ressorts secondaires, nous sont parvenues au complet, en exemplaires d'excellente valeur; les deux premières séries peuvent être restituées sans une lacune, avec toutes les garanties d'authenticité désirable.

La série des paroisses se présente, au contraire, malencontreusement mutilée. Sur nos dix bailliages secondaires, deux seulement, — de beaucoup il est vrai les plus importants, — nous sont parvenus en bloc compact et presque intacts : le bailliage particulier de Coutances, avec 117 cahiers primaires sur 126 communautés convoquées et 119 pièces rédigées; le bailliage secondaire de Valognes, avec 123 cahiers sur 131 paroisses convoquées et 129 pièces rédigées. Et nous avons l'heureuse fortune de retrouver dans le nombre les cahiers des quatre villes considérables du bailliage auxquelles l'*État annexe* avait accordé des assemblées préparatoires de corporations, des quatre villes qui par leur commerce et leur industrie avaient seules un mouvement économique important qui ne fût pas exclusivement agricole : Cherbourg, Coutances, Granville et Valognes.

Mais pour le reste nous n'avons que des débris lamentables. Deux cahiers et quatre procès-verbaux sur les 47 paroisses qui composaient le ressort de Carentan; deux cahiers aussi et deux procès-verbaux pour le ressort de Saint-Lô, deux cahiers pour celui de Saint-Sauveur-Lendelin, deux cahiers de paroisses mixtes pour celui de Tinchebray; quelques lignes extraites des cahiers de trois paroisses pour le bailliage de Saint-Sauveur-le-Vicomte; aucune pièce primaire enfin, que de rares procès-verbaux, pour les ressorts importants d'Avranches et de Mortain, et pour le petit bailliage de Gérences. Au total, à peine une vingtaine de pièces péniblement recueillies, de côté et d'autre, dans tous les dépôts publics.

Il n'est pas inutile, semble-t-il, dans ces conditions, d'entrer dans quelques détails sur les recherches que nous avons entreprises, sur les dépôts explorés et sur ce qu'ils nous ont donné. Cet exposé, outre qu'il pourra nous servir de justification, donnera, croyons-nous, sur plus d'un point la raison trop certaine du résultat négatif de nos recherches.

Nous avons successivement exploré, par ordre méthodique, les quatre ordres de dépôts publics dans lesquels se rencontrent normalement aujourd'hui les cahiers de doléances : les Archives nationales, les archives départementales, les greffes de tribunaux et les archives communales.

A. Nos premières recherches ont porté tout naturellement aux Archives nationales. La majeure partie des fonds relatifs à la convocation y est, comme on sait, répartie entre les trois sous-séries B⁴ 1 à 90, – B ɪɪɪ 1 à 176, – C 14 à 134 [1]. Au bailliage de Cotentin reviennent : dans le premier de ces groupements, la liasse cotée B⁴ 35, l. 70, contenant au total, plus ou moins correctement réparties par bailliages secondaires, 166 pièces, tant originaux que copies, provenant de l'Assemblée constituante ou des envois faits par les officiers des bailliages à la Chancellerie ; – dans la série des B ɪɪɪ (dite quelquefois, mais paraît-il inexactement, Collection Camus), les volumes B ɪɪɪ 53 (636 pages) et B ɪɪɪ 54 (697 pages), simples transcriptions le plus souvent de pièces du groupe précédent ; – enfin, dans la série C, la liasse cotée C 18, l. 62, qui renferme un petit nombre de pièces originales provenant directement des secrétariats des ordres aux États généraux.

L'ensemble de ces collections réunies fournit beaucoup moins de pièces utilisables que le poids respectable des cartons ou la grosseur des in-folios ne pourrait le laisser croire. Trop souvent les liasses sont bourrées de pièces de correspondance ou de mémoires sans grand intérêt, de pièces recopiées en double, triple et quadruple exemplaires. Toutes inutilités élaguées, le dépouillement d'ensemble nous a donné seulement :

Au complet, en pièces manuscrites, originaux ou copies certifiées, la collection des pièces des trois ordres du bailliage principal (procès-verbal de l'Assemblée générale, procès-verbaux particuliers et cahiers des trois ordres, avec quelques pièces annexes importantes : protestation de la minorité du clergé, protestation des trois ordres du bailliage de Mortain). En plus, un imprimé de 1789, qui reproduit tout l'ensemble des opérations, et qui est authentiqué par une mention manuscrite «certifié conforme» et signé de la main du lieutenant général [2].

[1] Sur l'origine de ces diverses collections, voir A. Brette : Recueil des documents relatifs à la convocation des États généraux, Paris, 1894, in-4°, Introduction, p. cxxi sq. Les pièces relatives au bailliage de Cotentin paraissent n'être parvenues que difficilement et assez tard à la Chancellerie. Le Registre du Bureau de M. Desgardes, premier commis d'État, qui donne le relevé, jour par jour, des pièces entrées à la Chancellerie, entre le 19 novembre 1788 et le 21 mars 1789, ne mentionne encore, à cette dernière date, que la réception de mémoires et de placets des villes de Saint-Lô, Cherbourg et Coutances, tous datés de la fin de l'année 1788. Un relevé sur fiches, qui doit être de quelques mois postérieur, ne mentionne non plus, avec le procès-verbal de l'assemblée générale, que celui de l'ordre du tiers état, et ceux des assemblées préliminaires de Coutances, Carentan, Mortain, Périers et Valognes. En pièces des assemblées primaires, on voit que la chancellerie n'avait alors reçu que le procès-verbal de la ville de Carentan. (Arch. nat.; B⁴ 89, fiche 54.)

[2] «Procès-verbal de l'assemblée générale des trois ordres du grand bailliage du Cotentin... dans lequel sont insérés les listes des trois ordres, les procès-verbaux et les cahiers de do-

Parmi les pièces des assemblées préliminaires des bailliages secondaires, les lacunes sont déjà nombreuses. Nous n'avons aux Archives le procès-verbal et le cahier simultanément que pour deux secondaires sur dix, Coutances et Saint-Lô (ce dernier en transcription seulement pour le cahier) [1]. Nous n'avons que le procès-verbal pour les bailliages de Carentan, Mortain, Périers et Valognes ; que le cahier, en transcription seulement, pour Saint-Sauveur-le-Vicomte [2]. Il n'est rien venu d'Avranches, ni de Gérences, ni de Tinchebray, que des mémoires et quelques pièces de correspondance inutilisables pour la présente publication.

En cahiers primaires, la disette est complète. Les cartons ne nous ont fourni que cinq pièces : le procès-verbal et le cahier de la ville de Saint-Lô, le procès-verbal et le cahier de la ville de Carentan, et le cahier de la paroisse de Saint-Jean-d'Agneaux, au bailliage de Saint-Lô, pièce, comme nous verrons, assez suspecte, envoyée par un des députés du lieu au directeur général des Finances [3]. Si l'on veut joindre quelques lignes extraites des demandes particulières des paroisses de Turqueville, le Vast et Neville, et reproduites à la suite du cahier du tiers État du bailliage de Saint-Sauveur-le-Vicomte, dans la transcription de Camus [4], nous n'aurons encore, et difficilement, que six paroisses représentées sur près de 650, une misère ! La fin de la collection des B_III, dans la partie dite *des villes* (B III 164-176) ne fournit non plus, pour le ressort de notre bailliage, que des adresses, des mémoires inutilisables, pour la plupart antérieurs à la convocation [5].

Des recherches dans les papiers du Comité de constitution nous ont heureusement donné un autre cahier primaire, de très grand intérêt, celui de la Haye-du-Puits, au bailliage de Carentan [6]. Mais nous n'avons point trouvé pour notre bailliage, ainsi qu'il nous est arrivé pour d'autres ressorts, de cahiers versés dans les papiers du Comité des droits féodaux [7] ; quelques pièces

---

léances et pouvoirs, etc... A Coutances, de l'imprimerie de G. Joubert, 1789, in-8°.» (Exemplaire authentiqué aux Arch. nat., B^a 35, l. 70.)

[1] Arch. nat., B III 54, p. 307. — Le texte du cahier est aussi dans l'exemplaire imprimé, qui contient, en 64 pages in-16, les procès-verbaux et cahiers de la ville et du bailliage. (Arch. nat., B^a 35, l. 70.)

[2] Arch. nat., B III 54, p. 66.

[3] Toutes ces pièces sont dans le carton B^a 35, l. 70. — Il convient de noter qu'un certain nombre de pièces du bailliage de Cotentin, relatives à Barfleur, Briquebec et Cherbourg (ce ne sont d'ailleurs pas des cahiers) se sont trouvées portées dans le carton du bailliage de Caen, B^a 27, l. 45.

[4] Arch. nat., B III 54, p. 70.

[5] Adresse de Barfleur sur le rétablissement des États généraux, du 20 décembre 1788 (Arch. nat., B III 166, p. 57). — Supplications de Briquebec et paroisses circonvoisines (B III 160, 745). — Adresse de Granville, des 7 décembre 1788 et 26 février 1789 (*Ibid.*, B III 168, p. 664) ; — de Coutances, du 8 février (B III 167, p. 1036) ; — de Cherbourg, du 22 décembre (B III 167, p. 758).

[6] Arch. nat., D iv^bis, 10, 231. (Nous devons la connaissance de l'existence de ce cahier à M. Mourlot, inspecteur d'Académie, président du Comité départemental de l'Orne.) A ce cahier est jointe une lettre d'envoi au Comité de division de Regnauld de Bretel, en date de septembre 1789. — Le cahier est l'original même signé, rédigé le 1er mars 1789.

[7] Arch. nat., D xiv 5, l. 48 (Manche).

de correspondance seulement sont à signaler, d'un autre côté, dans le carton K 679.

B. Les pièces qui sont parvenues aux archives départementales proviennent presque exclusivement des collections qui s'étaient originairement formées dans les greffes de bailliages, et dont nous aurons à reparler tout à l'heure. Les anciens bailliages du ressort de Cotentin ayant tous été, sauf Tinchebray, englobés dans le département de la Manche, c'est aux archives de ce département que, par le jeu des réorganisations successives de l'ordre judiciaire[1] et en fin de compte en exécution des circulaires combinées des Ministères de l'Intérieur et de la Justice de 1860, auraient dû être concentrés tous les papiers anciens provenant des greffes des bailliages. Des versements considérables ont été faits, en effet, par les greffes des tribunaux d'arrondissement; le greffe de Saint-Lô a déposé intégralement ses papiers anciens; d'autres tribunaux, ceux d'Avranches, de Mortain et de Valognes, successeurs directs des bailliages secondaires de 1789, ont remis des portions plus ou moins considérables des fonds de leurs greffes respectifs[2].

Les recherches dans ces collections assez compactes sont assez aisées à Saint-Lô. Les pièces des bailliages sont actuellement toutes classées. Un inventaire détaillé manuscrit existe même pour toute la partie la plus anciennement versée, et le supplément est en cours. M. Dolbet, archiviste, secrétaire du Comité départemental, a bien voulu d'ailleurs nous prêter ici son précieux concours.

En pièces de la convocation, les archives de Saint-Lô ne possèdent pour notre bailliage de Cotentin (elles ont aussi pour le bailliage de Torigny, secondaire de Caen, une assez riche collection de cahiers primaires) que la collection, à peu près complète, des cahiers des paroisses de Valognes (124 procès-verbaux, 120 cahiers) et les débris, très mutilés, de la collection du bailliage de Carentan, qui ne renferme plus que les procès-verbaux et cahiers de la ville et de l'assemblée préliminaire. Il ne s'est rien rencontré, en fait de cahiers ou procès-verbaux, dans les fonds provenant des anciens bailliages d'Avranches et de Mortain.

Il n'est pas inutile d'ajouter qu'en dehors du département, le fonds du greffe de l'un de nos secondaires, celui de Tinchebray, est parvenu, par l'intermédiaire du district de Domfront, aux archives de l'Orne. Nous y avons

---

[1] Cf. infrà, Introduction, p. 21.

[2] L'État général des archives départementales, au 1er janvier 1903, Paris, Impr. nat., 1903, dresse ainsi qu'il suit l'inventaire des fonds de nos anciens bailliages de 1789 versés aux archives de la Manche :
Série B. — 1. Bailliages (1662 articles) : Bailliage de Carentan (1521-1790), 747 reg. et liasses; — Mortain (1682-1790), 900 reg. et l.; — Saint-Sauveur-Lendelin (1686-1790), 3 reg.;

— Saint-Sauveur-le-Vicomte (1546-1790), 4 reg.
Supplément. — 1. Bailliages (1625 articles) : Bailliage d'Avranches (1674-1790), 5 liasses; — Carentan (1581-1789), 58 reg. et l.; — Coutances (1466-1790), 72 reg.; — Mortain (1587-1790), 149 l.; — Saint-Lô (1638-1790), 951 reg. et l.; — Saint-Sauveur-Lendelin (1606-1790), 58 reg. et l.; — Saint-Sauveur-le-Vic. (1686-1789), 5 l.; — Valognes (1682-1790), 2 l.

retrouvé un exemplaire (incomplet) du procès-verbal de l'assemblée préliminaire; mais aucun cahier de paroisse [1].

C. Nous avons essayé, dans un travail spécial, de montrer dans quelles conditions les greffes des bailliages ont, en 1789, recueilli les cahiers de doléances des divers degrés, et par quelle filière les pièces dont ils avaient ainsi assuré la conservation ont passé, à travers les remaniements successifs de notre organisation judiciaire, pour parvenir (en s'arrêtant souvent d'ailleurs aux échelons intermédiaires, greffes des districts et greffes des tribunaux de départments) aux greffes de nos tribunaux actuels de première instance, et tout récemment, en vertu des circulaires de 1860, aux archives départementales. Nous y signalons l'importance toute spéciale de ces collections qui, presque partout, peuvent être considérées comme la source la plus riche des cahiers de doléances, et la nécessité de s'attacher très scrupuleusement d'abord à la reconstitution de la filière suivie par les papiers des greffes anciens, lorsque l'on veut procéder méthodiquement à la recherche des cahiers de doléances.

Nous n'avons fait dans notre bailliage de Cotentin qu'appliquer à un cas particulier la méthode que nous préconisons; nous n'avons, par suite, à en donner ici que les résultats.

En fait, d'abord, nous avons dû observer que, dans le bailliage de Cotentin, les collections des greffes se sont formées originairement d'une façon très irrégulière. Les procès-verbaux des assemblées préliminaires, la correspondance des lieutenants généraux, nous assurent bien que, dans presque tous les bailliages, la minute du cahier de l'assemblée préliminaire, et dans une moitié au moins des sièges, à Carentan, Coutances, Mortain, Tinchebray et Valognes, la collection complète des cahiers primaires apportés par les députés des paroisses ont été régulièrement déposés au greffe, après la séparation de l'assemblée du tiers état [2]. Mais pour les autres sièges, nominativement pour Avranches, Cérences, Saint-Lô, Saint-Sauveur-Lendelin et Saint-Sauveur-le-Vicomte, nous ne savons rien directement; et comme la mesure n'avait rien de légal, qu'elle dépendait uniquement de l'initiative des officiers du bailliage, la formation des collections des greffes demeure en somme dans ces ressorts extrêmement douteuse.

Les fonds originaires des greffes de nos nombreux bailliages secondaires se sont trouvés d'autre part, à la suite des remaniements successifs de l'organisation et des circonscriptions judiciaires, singulièrement bouleversés. Une partie, nous le savons, est venue en ces temps derniers aux archives départementales. Mais le greffe du tribunal de première instance de Coutances

---

[1] *Bailliage de Tinchebray, Appel des députés*, 1789, Ms., 10 pages in-fol. Orig. signé. (Arch. de l'Orne, série B, n. cl.)

[2] *Procès-verbal de l'assemblée préliminaire du tiers état du bailliage de Carentan*, séance du 5 mars. «Avons le présent signé ainsi que le duplicata que nous avons remis aux dits sieurs députés pour constater leurs pouvoirs; et le présent *avec tous les cahiers de doléances* sera déposé au greffe de ce bailliage, cedit jour et an, le....». Voir le texte complet, *infrà*, p. 764. Mention analogue dans le procès-verbal de Mortain, qui sera donné dans le prochain volume.

a conservé, en totalité, le fond du bailliage auquel il a succédé. Il a recueilli même, avec le fond de son propre bailliage, ceux des ressorts mineurs de Cérences, de Saint-Sauveur-Lendelin, de Saint-Sauveur-le-Vicomte et de Carentan, venus, pour la plupart, par le district de cette dernière ville. Les greffes de Mortain et d'Avranches ont conservé, malgré les versements déjà faits, la plus grande partie de leurs pièces de l'année 1789.

Les recherches dans les fonds ainsi conservés sont aujourd'hui malaisées. Nous nous plaisons à rendre hommage à l'empressement courtois avec lequel MM. les greffiers nous ont facilité notre tâche; mais le défaut de tout classement dans des masses de papiers de cette nature est, on le conviendra, un obstacle terriblement inquiétant. En fait, le fonds de Coutances seul nous a fourni des cahiers; il est vrai qu'il en a fourni beaucoup.

Il a conservé, en effet, plus ou moins confondues sans doute, par le fait de remaniements successifs, mais reconnaissables encore dans l'ensemble, les deux collections formées originairement au siège; d'une part, celle de l'assemblée générale du bailliage principal, avec la série complète des procès-verbaux et cahiers originaux des trois ordres et la série presque complète aussi (9 procès-verbaux et 10 cahiers; la seule lacune, difficile à comprendre, porte sur le procès-verbal de l'assemblée du bailliage particulier) des procès-verbaux et cahiers des assemblées préliminaires du tiers état des bailliages secondaires, apportés par leurs députés à l'assemblée générale; et, d'autre part, la collection des pièces du ressort propre de Coutances, contenant une belle série de 118 cahiers paroissiaux et quelques procès-verbaux[1]. Il faut y joindre, dans l'une et l'autre collection, des liasses abondantes de pièces annexes, ordonnances, assignations aux membres des ordres privilégiés, procurations, surtout une série remarquable et rare, croyons-nous, de rôles de taxes des députés du tiers état[2]. Ces pièces, qui indiquent la profession, l'origine de députation, la présence ou absence des députés à l'assemblée préliminaire et à l'assemblée générale, leur acceptation ou leur refus de la taxe, la durée de leur séjour, etc., sont extrêmement précieuses pour l'histoire de la convocation dans les paroisses.

Les fonds des petits bailliages absorbés par le siège de Coutances ne nous ont au contraire rien donné. Les pièces des assemblées préliminaires, procès-verbaux et cahiers, que nous avons retrouvées à Coutances, proviennent en effet, — il ne peut subsister aucun doute à cet égard, la plupart des pièces

---

[1] Les archives anciennes du greffe ne sont pas classées, et la collection des cahiers n'a point de cote particulière. Nous les désignerons par la référence : *Greffe Coutances, Cahiers de doléances.* Les pièces portent une double série de numéros d'ordre, la première seule visiblement ancienne. C'est celle-ci que nous avons adoptée pour citer les pièces.

[2] *Taxe des frais de voyage, séjour et retour de chacun des députés...* etc., dans *État général des dépenses faites par l'assemblée des trois ordres du bailliage de Cotentin réunis en la ville de Coutances,* en exécution des lettres de convocation de S. M. pour les États généraux, dressé par Nous Thomas-Louis-Antoine Desmarets, chevalier, seigneur de Montchaton, lieutenant général dudit bailliage, aux termes du Règlement du 30 may dernier, etc...». Ms. Greffe Coutances. Cahiers de doléances, pièce n° 339. Original signé, 54 pages fol.

étant seulement des expéditions, dans la forme de celles que les officiers des bailliages remettaient couramment aux députés [1], — non point des fonds des bailliages secondaires, mais de la collection du bailliage principal lui-même. Rien ne se serait donc conservé par la voie des greffes, en supposant que les collections s'y soient formées, des fonds des anciens sièges de Cérences, Saint-Sauveur-Lendelin, Saint-Sauveur-le-Vicomte, conservés au greffe de Coutances, pas plus que de ceux des sièges d'Avranches et de Mortain, en partie versés aux archives départementales, en partie demeurés dans les greffes des tribunaux de ces villes.

D. Les recherches dans les archives communales ont été faites quelques-unes directement sur place, tout le reste par un procédé d'enquête. Nous avons cru devoir visiter directement les archives des localités qui étaient en 1789 chef-lieu de bailliage secondaire, ou qui ont eu, comme désignées à l'État nominatif des villes devant envoyer plus de quatre députés, des assemblées préparatoires de corporations ; on pouvait, en effet, espérer retrouver dans toutes ces archives plus que de simples unités, des collections compactes de pièces. La recherche a été le plus souvent infructueuse ; les cahiers, s'ils ont été déposés à l'origine en pièces isolées, ont disparu ; les registres de délibérations eux-mêmes ou bien ne partent que d'une date postérieure, ou bien, par une singulière coïncidence, présentent presque invariablement une lacune pour l'année 1789 et les premières années de la Révolution [2]. A Granville et Cherbourg seulement nous avons pu recueillir quelques pièces intéressantes ; à Granville, sur le registre des délibérations, les deux procès-verbaux de l'assemblée préparatoire des membres du tiers état non compris dans les corporations et de l'assemblée générale de la ville [3] ; à Cherbourg, avec la liste authentique des corporations convoquées, de curieux exemplaires des billets de convocation envoyés aux syndics des corporations [4]. Nulle part nous n'avons retrouvé de cahier proprement dit soit de l'assemblée de ville, soit des corporations ; encore moins de collections de cahiers primaires de l'ancien bailliage.

Pour les 643 communes du département, nous ne pouvions évidemment recourir qu'à l'enquête [5]. L'enquête a été entreprise dans une double forme. Par une note insérée au *Bulletin des actes administratifs*, M. le préfet de la

[1] Voir le texte du procès-verbal et le cahier de Cérences, *infrà*, p. 786, 788 ; les procès-verbaux de Saint-Lô, de Valognes, sont également des expéditions conformes à la minute.

[2] Voir *infrà*. Introduction, p. 27.

[3] Archives municipales de Granville, reg. BB1, fol. 1 à 4.

[4] Archives municipales de Cherbourg, carton AA 64.

[5] Nous n'avons pu tirer aucun profit des Inventaires des archives communales, conservés en double aux Archives nationales, F. 89.093-89.094.

Les nombreuses pièces de ces inventaires ont été rédigées à la hâte par les secrétaires de mairie, pour satisfaire par un envoi quelconque aux exigences de l'administration préfectorale ; ils n'ont été précédés d'aucune recherche sérieuse dans le fonds ancien, auquel on s'est bien gardé de toucher. Il faut d'ailleurs tenir pour principe que ces inventaires, rédigés en 1863 et 1864, ne correspondent jamais à l'état actuel des dépôts ; les cotes de pièces qui y figurent n'ont jamais eu, excepté dans quelques villes, qu'une existence fictive.

Manche a bien voulu inviter MM. les maires du département à faire connaître, en réponse à un questionnaire rédigé en la forme du modèle annexé à la circulaire du 5 avril 1905, les cahiers et procès-verbaux qui pouvaient se rencontrer dans les archives communales. D'autre part, par une note un peu plus étendue, insérée au *Bulletin de l'enseignement primaire,* M. l'inspecteur d'Académie, président du Comité départemental, avait attiré particulièrement l'attention des instituteurs du département sur les conditions dans lesquelles les cahiers se trouvent généralement conservés dans les archives communales, et avait indiqué les pièces sur lesquelles les recherches paraissaient devoir porter avec le plus de fruit. Dans cette double enquête, c'est aux instituteurs, qui sont en même temps dans la plupart de nos communes secrétaires de mairie, qu'a incombé en réalité presque partout le travail de recherches. Il nous plaît d'avoir ici à les remercier publiquement de leur zèle intelligent et de leur concours dévoué. Grâce à leurs recherches vraiment soigneuses, les résultats ont dépassé tout ce que nous avions pu espérer. Nous n'avons pas reçu moins de 456 réponses, pour autant de communes correspondant à 463 anciennes paroisses de 1789, et il ne nous a pas été signalé moins de 68 cahiers et 12 procès-verbaux. En défalquant de ce chiffre un certain nombre de communautés qui relevaient du bailliage de Torigny et qui sont en dehors de la présente étude, le nombre des cahiers restants qui appartiennent proprement au bailliage de Cotentin est de 53, celui des procès-verbaux d'assemblées primaires est de 11.

Ce chiffre est très satisfaisant. Il est vrai que dans le nombre toutes les pièces ne sont point des originaux; il s'y trouve un certain nombre de copies, exécutées en 1889, à l'occasion du centenaire de la Révolution, suivant les originaux conservés aux archives de la Manche [1]. Mais le nombre des originaux, qui est de seize pour les cahiers, est encore digne d'attention. Et les copies elles-mêmes sont loin d'être aujourd'hui à dédaigner, puisque, depuis leur exécution, un certain nombre d'originaux se trouvent avoir disparu, et que nous aurions sans elles, dans le ressort de Valognes particulièrement, à regretter des lacunes beaucoup plus considérables.

Toutes recherches aussi consciencieusement faites que possible dans les divers dépôts publics, il nous manque encore, comme nous disions, beaucoup de cahiers primaires. Mais le système méthodique de recherches suivi nous a conduits au moins à ce résultat, que nous pouvons presque assurer avoir retrouvé ce que l'on pouvait raisonnablement attendre, et que les lacunes qui subsistent nous apparaissent de celles que l'on ne saurait guère espérer combler.

A ces lacunes nous pouvons en effet, maintenant que nous connaissons l'histoire de la transmission des cahiers, assigner deux causes aujourd'hui irréparables: l'irrégularité du dépôt originaire, et par la suite les conditions déplorables de la conservation.

Le dépôt, nous le savons, s'est fait, pour les cahiers primaires, — nous

[1] Cf. *infrà,* Introduction, p. 39.

n'avons plus à nous occuper que de ceux-là, puisque pour les autres degrés nous avons retrouvé des collections complètes, — soit au greffe, soit à la paroisse. Mais l'un et l'autre dépôt ont été malheureusement des plus irréguliers.

La collection des greffes, comme nous avons vu, ne s'est pas formée partout; elle n'était point légalement ordonnée; elle était laissée à l'initiative locale du lieutenant général; l'administration royale même, quand on lui demandait des instructions à ce sujet, donnait les plus singuliers conseils, déclarait, par exemple, que, après la clôture de l'assemblée préliminaire, les cahiers des paroisses devaient être remis aux députés qui en étaient porteurs [1]. En fait, et mis à part les quelques procès-verbaux qui s'expliquent nettement sur ce dépôt, nous croyons bien que dans cinq de nos bailliages, à Avranches, à Cérences, à Saint-Lô, à Périers et à Saint-Sauveur-le-Vicomte, il fut procédé ainsi : les cahiers ne furent point déposés au greffe, ils furent, ou rendus, comme le conseillait la Chancellerie, aux députés, ou laissés aux mains de quelques particuliers sans mandat [2]. Que sont-ils devenus alors? Rapportés au village, ont-ils été versés au coffre de la communauté? Ont-ils été gardés par des députés, en souvenir de leur mission? Ont-ils été détruits comme des papiers désormais sans objet? De toute façon, il paraît bien que nous ne devons guère nous étonner de ne plus en retrouver aujourd'hui que des épaves.

Dans certains bailliages pourtant, à Carentan, à Mortain, à Tinchebray, nous savons, de source sûre, que des collections ont été formées, le procès-verbal mentionnant expressément le dépôt au greffe de tous les cahiers de doléances [3]. Comment se fait-il que nous n'en retrouvions rien ?

Les fonds des greffes de ces bailliages sont en effet conservés; mais les cahiers ne s'y retrouvent plus.

C'est que peut-être ils ont pris une autre voie. Il convient de ne pas oublier, quand il s'agit d'archives anciennes, que, dans l'ancien régime, la démarcation était peu comprise souvent, qui doit séparer les papiers publics des papiers privés des personnes chargées d'un service public. En 1789

---

[1] *Dépêche du Garde des Sceaux au lieutenant général de Beaune, du 7 avril:* «Les cahiers des paroisses doivent être remis aux députés qui en étaient porteurs, pour les remettre à leurs communautés; le cahier général de votre bailliage doit être remis au député du bailliage principal, avec le procès-verbal de votre nomination, et vous être rapporté ensuite, pour être déposé à votre greffe.» (Arch. nat., B III 6, p. 505.)

[2] C'est cette dernière éventualité qui peut seule s'être réalisée à Avranches, Saint-Lô et Périers, puisque, d'après les procès-verbaux de l'assemblée préliminaire, les députés étaient retournés chez eux avant la rédaction du cahier, en laissant les originaux des cahiers paroissiaux aux mains de leurs commissaires. Il n'est pas probable que, dans ce cas, ni les membres du quart réduit, ni le lieutenant général, aient songé à les leur redemander.

[3] *Procès-verbal de l'assemblée préliminaire du tiers État du bailliage de Mortain,* séance du 9 mars : «Ordonnons au surplus que les délibérations des différentes paroisses, les cahiers des doléances, ainsi que la minute réduite du cahier général resteront également déposés dans notre greffe.» (Greffe Coutances, cahiers de doléances, pièce n° 9; copie collationnée.)

encore, après bien des efforts de l'administration royale, un officier de bailliage, ayant acheté son office, considérait encore assez bien comme son patrimoine propre ceux des papiers déposés à son greffe qui n'étaient pas strictement judiciaires. Nous avons eu occasion de retrouver, dans des départements voisins, des cahiers paroissiaux qui sont ainsi venus aux archives dans les papiers de famille d'anciens lieutenants généraux ou greffiers de bailliages. Qui nous dit que dans les ressorts qui nous occupent, il n'en fut point ainsi? Un fait significatif viendrait confirmer, pour un de nos bailliages au moins, cette supposition. M. l'abbé Pigeon, dans son travail sur le grand bailliage de Mortain [1], a signalé que, chez les descendants du dernier des grands baillis, on conserve des pièces nombreuses du greffe; il a même édité, d'après ces papiers privés, plusieurs documents de la convocation, l'ordonnance du grand bailli, la protestation des trois ordres de bailliage de Mortain, et de nombreuses pièces de correspondance. Les cahiers paroissiaux de Mortain, expressément signalés dans le procès-verbal, comme déposés au greffe du bailliage, n'auraient-ils pas, par occasion, suivi la même voie? C'est ce qu'il nous a été jusqu'ici impossible de contrôler [2].

Le dépôt à la paroisse pouvait-il nous promettre davantage? Le nombre d'originaux que nous avons retrouvés dans les Archives communales (défalcation faite des copies modernes) est infime; mais pouvait-on espérer beaucoup plus? Nous hésitons fort à le croire, tant à raison de l'imperfection du dépôt originaire que des conditions généralement déplorables dans lesquelles les pièces ont été conservées.

En fait, dès l'origine, les cahiers paraissent avoir été assez rarement déposés. Nous avons relevé, sur ceux que nous possédons dans les deux bailliages à peu près complets qui nous sont parvenus, les mentions de *fait en double* et de dépôt au secrétariat de la communauté. Avec 47 mentions à Valognes sur 120 cahiers, 36 à Coutances sur 118, la proportion ne s'élève guère au delà du tiers des cahiers, en moyenne. La formule même des mentions de dépôt est généralement peu rassurante. Quand il est dit que le cahier sera déposé «aux archives de la communauté [2]», «à l'hôtel de ville [3]», «au secrétariat [4]», qu'il restera «au greffe de la communauté pour minute [5]», nous entendons bien qu'il pourra être parvenu sans difficulté aux archives communales. Mais qu'a pu devenir un cahier dont il est dit, — le fait est trop fréquent, — qu'il sera «mis aux mains du syndic, à charge de le représenter au besoin [6]», — qu'il sera «déposé au banc du trésor», — «mis au

---

[1] Abbé Pigeon, *Le grand bailliage de Mortain en 1789*, dans *Mémoires de la Société académique de Cotentin*, t. III, Coutances, Salettes, 1880, in-8°, p. 63, note 1.

[2] Cahiers du Vicel, Rideauville, Sauxemesnil (bailliage de Valognes).

[3] Cahier de Granville, *infrà*, p. 127.

[4] Cahiers de la Balcine, de Hambye

(bailliage de Coutances), *infrà*, p. 144, 344.

[5] Cahiers de Gavray-village, Le Guislain, Lengronne, Mesnilbonnant (bailliage de Coutances, *infrà*, p. 329, 339, 400, 423); de Saint-Georges-de-la-Rivière (bailliage de Valognes).

[6] Cahiers de Dragueville, Champrepus, Mesnilrogues, Mesnilbonnant, Montmartin, Ver, Saint-Martin-de-

coffre de la sacristie [1]»? N'est-il pas à craindre que dans ce cas les pièces ne se soient égarées, soit dans des papiers privés, soit dans les archives de la fabrique?

D'ailleurs, il faut bien le dire, le dépôt dans les archives communales fut loin d'être pour les cahiers un sûr asile. On sait trop ce qu'a été, dans la première moitié du siècle dernier, la conservation des archives communales. Les résultats de l'enquête que nous avons entreprise pour la recherche de nos cahiers nous en ont fourni une preuve de plus. Nous avions pensé, en vue de préciser les localités où, pour ce travail ou pour quelque autre de même nature, on pouvait espérer dans le département trouver quelques ressources, à insérer dans notre *Questionnaire* une demande spéciale relative à la conservation des papiers communaux antérieurs à 1790 et particulièrement des registres de l'année 1789. Les réponses nous ont révélé un état général désolant. Presque nulle part, quelques villes exceptées, les archives communales n'ont conservé de pièces antérieures à la Révolution; la série des registres de délibérations ne remonte que très rarement à 1789, et alors même elle est, pour l'époque révolutionnaire, partout extrêmement mutilée. Dans les villes où la série remonte à une époque plus ancienne, presque toujours, par un hasard singulier (est-ce bien hasard qu'il faudrait dire?), le registre 1789 a disparu.

Dans ces conditions, n'est-il pas téméraire de croire à la conservation des cahiers de doléances, écrits sur feuilles volantes, exposés à toutes les vicissitudes des déménagements, alors que les archives communales, logées dans la maison de M. le Maire, changeaient d'asile au souffle de la faveur populaire? Les quelques pièces originales que nous a révélées l'enquête des instituteurs, très soigneusement, nous le répétons, et très intelligemment faite, sont bien probablement tout ce qui existe aujourd'hui. Dirons-nous que même la découverte de ces quelques pièces dans des mairies de campagne nous a été une surprise, et que, après les recherches infructueuses que nous avions faites dans de plus grands dépôts communaux, nous avons dû considérer ces trouvailles comme un résultat presque inespéré?

§ 3.

Toutes les pièces retrouvées ont dû être examinées au double point de vue de leur régularité et de leur authenticité.

Semilly (bailliage de Coutances, *infrà*, p. 264, 307, 346, 426, 475, 575, 630).

[1] Cahier de Ozeville (bailliage de Valognes). Il ne faut point s'étonner de cette confusion des Archives ecclésiastiques et des Archives civiles; dans beaucoup de localités, il n'y avait pas d'autre maison commune, ou lieu de réunion, que l'église paroissiale. A Saint-Pierre de Tinchebray, par exemple, nous savons, par une délibération de l'année 1790, que les archives de la municipalité étaient déposées dans une des armoires de la sacristie. (*Registre des délibérations de la municipalité de Saint-Pierre de Tinchebray, 1790, f° 26 v°, aux Archives communales.*) A Périers même qui est un gros bourg, une délibération du commun des habitants de l'année 1780 nous apprend qu'il n'y a pas d'autre registre municipal que celui de la Fabrique. (*Registre des délibérations du Trésor et fabrique de l'église de Périers, commencé le 16 juillet 1775, f° 10, aux Archives municipales de Périers.*)

Sous le premier rapport, nous n'avons guère eu, dans ce bailliage, à rejeter de pièces irrégulières ou étrangères à la convocation. Les cahiers de particuliers, de curés principalement, qui se rencontrent si nombreux dans certains ressorts voisins, et qu'on a souvent à tort fait entrer dans les collections, font ici totalement défaut. D'autre part, s'il est certain qu'il y eut des cahiers d'assemblées irrégulières, des cahiers d'assemblées de doyennés, par exemple, pour l'ordre du clergé [1], peut-être des cahiers irréguliers des trois ordres pour le bailliage de Mortain, aucune de ces pièces n'est, en tout cas, parvenue jusqu'à nous.

Les cahiers des bailliages secondaires sont sans difficulté réguliers. Dans la série des cahiers de paroisses seulement, quelques pièces prêtent à discussion. Une certainement est irrégulière. C'est le cahier de la portion de la paroisse de Quettreville, appelée Monceaux [2], qui nous a été conservé dans la liasse des cahiers primaires du bailliage de Coutances. La portion de paroisse en question (45 feux) était séparée du reste par la rivière de Sienne; elle avait, nous est-il expliqué, les plus grandes difficultés matérielles à communiquer avec le chef-lieu de commune, les jours d'assemblée; elle avait, évidemment, de par sa situation, des intérêts économiques tout particuliers. La rédaction d'un cahier propre pour cette section s'explique donc parfaitement en fait; mais pour nous, nous devons considérer qu'elle n'était pas dans les conditions régulières, prévues au règlement de janvier, pour avoir une assemblée particulière; nous devons observer qu'elle n'a point été convoquée régulièrement, qu'elle n'a point eu, comme d'autres sections de paroisse l'ont obtenu quelquefois [3], de députation admise à l'assemblée préliminaire. Son prétendu cahier, rédigé d'ailleurs hors la présence de tout officier public, ne peut donc, si intéressant qu'il soit à certains égards, être regardé que comme un mémoire sans caractère officiel.

Le cas est plus embarrassant des paroisses de Regnéville, Saint-Sauveur-de-Bonfossé, Hérenguerville, Mesnildrey, Sourdeval-les-Bois et Sainte-Marguerite, toutes ressortantes au bailliage particulier de Coutances. Les deux premières de ces communautés ont comparu par leurs députés à l'appel de l'assemblée préliminaire; mais lorsque le lieutenant général a demandé de déposer les cahiers, elles ont déclaré que leurs commettants « ne les avaient chargées d'aucuns cahiers de plaintes et doléances, s'en rapportant entièrement à ce qui sera demandé ou accordé..... par les députés de leur ordre qui seront élus pour sister aux États généraux, etc.... [4] ». Les quatre dernières ont fait défaut à l'appel des paroisses, et elles ne se sont point présentées par la suite à l'assemblée, car leur défaut n'a point été expressément rabattu, comme il

[1] L'existence des cahiers de doyenné est formellement visée dans la *Protestation de la minorité du clergé*. (Éd. Hippeau, II, p. 7.)

[2] Monceaux, hameau de la commune de Quettreville, arrondissement de Coutances, canton de Montmartin. (Voir le cahier, *infrà*, p. 514.)

[3] Orbeville, section de Saint-Denis-le-Gast (bailliage de Coutances). Voir le cahier et la restitution du procès-verbal, *infrà*, p. 489.

[4] *Procès-verbal de l'assemblée préliminaire du tiers État du bailliage principal de Coutances*, séance du 2 mars. (Texte *infrà*, p. 653.)

est arrivé pour quelques autres paroisses, dont il est nominativement fait mention au procès-verbal ; le rôle même de la taxe des frais de voyage et de séjour des députés, pièce dressée bien après la clôture de l'assemblée, au courant du mois de juin, porte encore formellement, en face du nom de chacune de ces paroisses, que «les députés n'ont point comparu[1]».

Pourtant les cahiers de ces paroisses, de celles qui ont fait défaut, comme de celles qui ont déclaré simplement ne pas avoir de cahier, se retrouvent aujourd'hui dans la liasse des pièces du greffe de Coutances. Que fallait-il penser et que devions-nous décider à l'égard de ces cahiers ?

Nous avons cru qu'une solution différente s'imposait pour l'un et l'autre cas. Pour les cahiers des paroisses défaillantes, nous ne pouvions logiquement refuser de les admettre. Ces cahiers ont été rédigés en assemblée régulière et régulièrement convoquée ; ils sont régulièrement signés des habitants, datés, contresignés du syndic de l'assemblée paroissiale ; des députés avaient même été nommés pour les porter à l'assemblée préliminaire. De ce que ces députés ont été négligents ou infidèles à leur mandat, on ne peut véritablement rien inférer contre la légitimité du cahier que, par d'autres voies, les communautés ont ensuite réussi à faire parvenir au greffe du bailliage : le soin même qu'elles ont pris de l'envoyer après la réunion de l'assemblée, alors qu'il se trouvait peut-être sans objet direct, montre tout l'intérêt qu'elles y avaient attaché[2].

Il en est tout autrement des deux cahiers de Regnéville et de Saint-Sauveur-de-Bonfossé. L'affirmation produite par les députés, dans la séance du 2 mars, que «leurs communautés ne les ont chargés d'aucunes plaintes et doléances», rend plus que suspectes les pièces qui nous sont parvenues sous leur nom. En fait toutefois, les pièces sont signées ; elles sont cotées, paraphées par un officier public ; elles ont même l'allure de cahiers réguliers. La seule singularité, c'est qu'elles sont datées, la première du 2 mars, la seconde du 8 mars, c'est-à-dire après l'ouverture de l'assemblée du bailliage[3]. Là est, croyons-nous, la clef de l'énigme. Il est évident que les députés ont dit vrai le 2 mars, à Coutances, quand ils ont déclaré qu'on ne leur avait remis aucun cahier. Mais après coup, les communautés ont dû se raviser, n'ont pas voulu peut-être, parmi leurs voisines, rester seules sans cahier de doléances, et tardivement, après l'ouverture de l'assemblée et le départ de leurs députés,

[1] *Taxe des frais de voyage, séjour et retour de chacun des députés*, etc., dans *État général des dépenses, dressé aux termes du règlement du 3o may dernier*. (Ms. Greffe Coutances, pièce n° 339. Original signé.)

[2] Cette hypothèse se trouve, croyons-nous, confirmée par l'exemple de ce qui s'est passé, dans une situation analogue, dans le ressort de Tinchebray. Le procès-verbal de l'assemblée préliminaire de ce bailliage nous apprend qu'à l'appel des paroisses, les députés de la communauté de Landes ont fait défaut ; mais «représentation a été faite par un envoyé du procès-verbal de leur assemblée et du cahier des plaintes, doléances et réclamations de ladite paroisse». (*Procès-verbal de l'assemblée préliminaire du bailliage de Tinchebray*, séance du 2 mars. Ms. Greffe de Coutances, pièce n° 6. Original signé. Cette pièce sera donnée dans le volume suivant.)

[3] Voir le texte de ces cahiers, *infrà*, p. 519, 598.

mais vraisemblablement aussi avant la seconde réunion du 14 mars, dans
l'intervalle réservé aux commissaires pour la rédaction du cahier, elles ont
fait tenir à l'assemblée leurs cahiers de doléances. Elles ne se sont pas d'ailleurs, semble-t-il, mises pour cela en grands frais d'imagination : le cahier
de Regnéville est textuellement copié sur celui de la paroisse voisine de
Montmartin, celui de Saint-Sauveur-de-Bonfossé reproduit celui de Saint-
Martin-de-Bonfossé, communauté également limitrophe[1].

Les pièces qui nous sont parvenues sous le nom d'assemblées régulières
sont-elles, d'autre part, authentiques? La question, quand il s'agit de cahiers de
1789, doit être discutée de très près, car les falsifications ont été innombrables.
    Il convient de distinguer évidemment suivant la forme matérielle dans la-
quelle les cahiers nous sont parvenus.
    Les cahiers que nous possédons sont ou des pièces originales, ou des copies
plus ou moins authentiques, ou des transcriptions et des imprimés.
    La très grande majorité des cahiers se sont présentés en originaux.
Presque tous les cahiers de paroisses, la majeure partie des cahiers des assemblées préliminaires et les cahiers des trois ordres sont les pièces mêmes
remises en 1789 aux députés des assemblées graduelles, pièces souvent
accompagnées des procès-verbaux des assemblées elles-mêmes qui en attes-
tent la remise, pièces normalement revêtues des caractères de l'authenticité
la mieux assurée, datées, signées, visées, cotées et paraphées par les officiers
publics qui ont tenu l'assemblée.
    Le danger, pour ces pièces, est de prendre pour des cahiers de simples
projets, qui n'en diffèrent pas toujours d'une façon bien visible; car des projets peuvent être signés, par exemple quand ils sont rédigés par des commissaires, et le véritable caractère de la pièce ne peut apparaître alors que par
l'identification des noms et qualités des signataires. Le moyen de contrôle
couramment préconisé, et évidemment le meilleur, est le rapprochement du
procès-verbal d'assemblée[2]. Le procès-verbal, quand on le peut retrouver,
nous renseigne en effet sur les particularités et les circonstances de la rédaction du cahier, nous apprend si cette rédaction a été confiée à des commissaires, nous donne en même temps les noms de ces commissaires, les noms,
plus importants encore à connaître, du président de l'assemblée, du greffier
quand il y en eut un. Il est aisé dès lors, par le rapprochement des dates des
deux pièces, par la confrontation des signatures, de passer à une sûre critique les pièces qui nous sont parvenues, de discerner nettement un simple
projet du cahier véritable, adopté par l'assemblée[3].
    Malheureusement, ce moyen de contrôle excellent nous a fait trop souvent
défaut. Non point aux degrés supérieurs de la convocation. Pour les assemblées des trois ordres et pour les assemblées préliminaires du tiers état des

[1] Pour l'influence de ces cahiers-
types dans le ressort, voir *infrà*, Introduction, p. 56.
    [2] A. Brette, *Les Cahiers de 1789 et
les Archives parlementaires*, dans *Révolu-

tion française*, n° du 14 juillet 1904, p. 16.
    [3] A. Brette, *Recueil de documents
relatifs à la convocation des États généraux de 1789*, Paris, Imp. nat., 1894,
in-4°, Introduction, p. LXXXI sq.

bailliages secondaires, nous avons, comme nous l'avons dit, retrouvé tous les procès-verbaux authentiques, de sorte que l'authenticité des cahiers eux-mêmes se peut établir avec beaucoup de sûreté. Mais pour les assemblées primaires, les lacunes sont nombreuses. Nous n'avons, en réalité, retrouvé normalement le procès-verbal en même temps que le cahier paroissial que pour les communautés du bailliage secondaire de Valognes. Pour le bailliage particulier de Coutances, la belle série de cahiers primaires qui nous est parvenue est dépourvue presque entièrement de procès-verbaux[1]; et ce ne sont pas les quelques pièces isolées que nous avons pu retrouver çà et là dans les archives municipales, sur des registres de délibérations, qui peuvent arriver à combler le vide[2]. Plus d'une centaine de cahiers paroissiaux se trouvent ainsi isolés, sans le procès-verbal d'assemblée correspondant.

Leur authenticité ne peut néanmoins faire aucun doute, dans la plupart des cas. Elle ressort de l'aspect matériel du cahier lui-même, des précautions régulières mentionnées pour en assurer l'authenticité. Les cahiers sont datés, paraphés, cotés par première et dernière, contresignés *ne varietur* par l'officier public président; cet officier public a porté souvent le scrupule, par habitude juridique, jusqu'à compter les surcharges et les mots rayés nuls, à contresigner les passages biffés, à relever toutes les particularités de la rédaction. Enfin, et surtout, ils sont signés.

Sur les signatures, toutefois, quelques observations sont nécessaires. Il serait inopportun d'exiger pour l'authenticité que le cahier, particulièrement lorsqu'il s'agit d'un cahier de paroisse, fût signé de tous les délibérants. Sans doute, un certain nombre de cahiers ont été ainsi revêtus des signatures de toute l'assemblée paroissiale délibérante; mais très souvent aussi, les cahiers ne portent que quelques signatures, en nombre bien inférieur à celui des comparants mentionnés. La question se pose alors de savoir quand ces quelques signatures pourront être considérées comme suffisantes pour authentiquer le cahier.

C'est là, plus qu'une question de droit, croyons-nous, une question de fait. Deux ou trois signatures peuvent être suffisantes dans des paroisses de campagne, où le cahier a été rédigé en assemblée, parce que les délibérants ont pu ne pas estimer nécessaire, — quelques communautés nous le disent formellement, — de faire signer le cahier, comme le procès-verbal, par tous les membres présents[3]. Une dizaine de signatures peuvent, au contraire, être insuffisantes pour un cahier de bailliage ou pour un cahier de ville rédigé par commissaires, car ces signatures peuvent être celles des commissaires seulement, et ne recouvrir qu'un projet de cahier. La garantie la plus sûre, la

[1] Nous n'avons conservé en tout au greffe que cinq procès-verbaux : Hérenguerville, Mesnilherman, Saint-Aubin-des-Préaux, Saint-Jean-des-Champs et Saint-Planchers, rédigés avec le cahier *uno textu*.

[2] Les archives communales ont donné les procès-verbaux de : Caillebot,

alias Montpinchon, Granville, La Haye-Bellefond, Saultchevreuil.

[3] A Caen, le lieutenant général avait pris le soin de faire savoir, dans une *Instruction aux communautés*, que les cahiers devaient être signés de tous les habitants sachant signer, et arrêtés par le président et le greffier. (Arch.

plus désirable, est évidemment la signature de l'officier public, président de l'assemblée, lieutenant général, syndic ou autre, lorsqu'il a couvert, de sa signature et de son titre formellement exprimé, l'ensemble des autres signatures.

A cet égard, les cahiers du bailliage de Cotentin se présentent dans l'ensemble dans les meilleures conditions. Nous avons dit que, pour les pièces des assemblées préliminaires et pour les cahiers des ordres, nous avons le contrôle excellent des procès-verbaux conservés. Ces procès-verbaux nous permettent de nous rendre compte de certaines particularités qui n'auraient pas laissé que d'être embarrassantes. Par exemple, les cahiers du tiers état des bailliages d'Avranches, de Saint-Lô, de Saint-Sauveur-Lendelin, ne sont signés que du quart réduit des députés des paroisses. Cette situation, qui aurait pu justement sembler suspecte, se justifie, puisque les procès-verbaux conservés nous apprennent expressément que l'assemblée, pressée par le temps, s'est séparée après avoir seulement procédé à la réduction au quart, et en donnant mandat exprès aux députés ainsi élus d'arrêter et signer en son nom le cahier commun de doléances, *voulant et entendant,* comme dit par exemple le procès-verbal d'Avranches, *que ledit cahier ait la même force et valeur que s'il était signé de tous les délibérants* [1]. Une indication aussi nette lève évidemment tous les doutes.

Les cahiers des autres bailliages secondaires sont signés de tous les membres de l'assemblée, à l'exception encore de celui de Tinchebray, qui ne porte que six signatures. Ces signatures sont-elles suffisantes? Ce sont, vérification faite, celles des commissaires-rédacteurs nommés par l'assemblée préliminaire dans son procès-verbal du 2 mars; l'une d'entre elles est bien celle du lieutenant général président de l'assemblée, mais il se trouve que le lieutenant général est en même temps commissaire-rédacteur, en sorte que rien ne paraît distinguer le cahier d'un simple projet. En fait, cependant, dans ce cas particulier, par suite de circonstances spéciales, le cahier doit être considéré comme le cahier même du bailliage. Voici pourquoi : le tiers état du bailliage de Tinchebray n'a, aux termes de son procès-verbal, tenu qu'une seule séance. Après s'être constitués en assemblée, avoir, conformément au règlement, élu le quart d'entre eux pour se rendre à Coutances, les députés des paroisses se sont, le procès-verbal nous l'apprend, séparés en laissant à six commissaires élus le soin de rédiger à loisir le cahier commun du bailliage. Ils ont ratifié par avance, et sans réserves, le cahier que ces commissaires auraient arrêté en leur nom, demandant seulement, pour l'authenticité, que les articles «en fussent paraphés par M. le lieutenant civil et criminel du bailliage de Tinchebray». Le lieutenant civil étant en même temps un des six commissaires-rédacteurs, c'était en somme un blanc-seing que l'assemblée donnait ainsi à la commission. Le cahier qui nous est parvenu, signé des six commissaires, paraphé, comme on avait demandé,

---

Calvados, C 6350.) Aucune mesure de ce genre n'a été prise en Cotentin.

[1] *Procès-verbal de l'assemblée préliminaire d'Avranches (infrà,* p. 690).

du lieutenant général, peut donc être tenu en l'espèce pour le cahier authentique du bailliage [1].

Aucune difficulté particulière ne peut s'élever pour les cahiers des trois ordres au bailliage principal. Parmi les exemplaires assez nombreux qui nous en sont parvenus, nous avons pu faire choix pour chacun d'eux d'originaux authentiques, signés de tous les membres des assemblées. Nous avons, aux Archives nationales, pour le clergé, le cahier enregistré et vérifié au secrétariat de l'ordre aux États généraux. Nous avons, au greffe de Coutances, les originaux mêmes, surchargés et raturés, du travail des commissaires de la noblesse et du clergé, revu et modifié, et ensuite définitivement arrêté par les assemblées [2]. Il a même été donné du tout, en 1789, à côté d'impressions dues à l'initiative privée, une édition d'allure officielle [3], dont quelques exemplaires, collationnés, sont revêtus de la signature des officiers du bailliage. Nous serions plutôt embarrassés, à ce degré, de l'abondance des pièces authentiques.

Il n'en est plus naturellement de même pour les cahiers de paroisses.

Les cahiers pourtant sont très généralement signés. Nous n'avons relevé que deux cahiers non signés : celui de Pontflambard au bailliage de Coutances [4], et celui de Hautmoitié, au bailliage de Valognes [5]. Ces pièces (la dernière est sans aucune formule finale) ne sont-elles que des projets? Ont-elles été adoptées par l'assemblée paroissiale? C'est ce qu'il est difficile de décider. Dans l'état actuel, évidemment rien ne prouve qu'elles aient été admises comme cahiers définitifs; et cependant, si ce ne furent que des projets non adoptés, comment se fait-il qu'elles se trouvent parmi les autres, et avec des procès-verbaux authentiques, dans les liasses officielles des greffes? Elles ne sont pas signées, il est vrai. Mais il n'est pas inutile peut-être de faire observer, — nous en avons des exemples dans le bailliage même, — que les paroisses n'étaient pas très fixées sur la nécessité qu'il pouvait y avoir de signer en double les deux pièces, procès-verbal et cahier. Au bailliage de Carentan, le lieutenant général a été obligé de relever expressément que plusieurs des pouvoirs qui lui ont été présentés ne paraissaient point conformes au modèle demandé [6]; au bailliage de Mortain, les députés de Montigny ont

[1] Voir le texte du cahier au tome II.
[2] Greffe de Coutances, pièces nᵒˢ 22 et 45.
[3] Procès-verbal de l'assemblée générale des trois ordres du grand bailliage de Cotentin, tenue à Coutances et présidée par M. Desmarelz de Montchaton, lieutenant général civil audit bailliage, dans lequel sont insérés les listes des trois ordres, les procès-verbaux et les cahiers de doléances et pouvoirs, ainsi que les discours de MM. les présidents. A Coutances, de l'imprimerie de G. Joubert, 1789, in-12, paginé 1-232. (Exemplaire aux Arch. nat., Bᴬ 35, l. 70, portant la signature manuscrite du lieutenant général.)
[4] Ms. Greffe de Coutances, pièce nᵒ 390. (Texte infrà, p. 509.)
[5] Ms. Archives de la Manche, série B, n. cl. (Le texte du cahier sera donné dans le second volume.)
[6] Procès-verbal de l'assemblée préliminaire du tiers état du bailliage de Carentan, séance du 5 mars. (Texte infrà, p. 762.)

I.

3

présenté leur procès-verbal de nomination non signé, et leur cahier signé[1]. Le contraire, en l'absence de modèle de formule pour le cahier, a pu encore bien mieux se produire quelquefois, sans que le cahier doive être pour cela, croyons-nous, considéré comme absolument suspect.

Tous les autres cahiers primaires peuvent être considérés, pour le très grand nombre, comme *suffisamment* signés. Nous ne devons signaler, comme vraiment peu satisfaisants à cet égard, que le cahier de Héauville au bailliage de Valognes[2], et ceux de Montcarville et Villebaudon au bailliage de Coutances[3], qui se présentent avec deux ou trois signatures seulement, celles des députés de la paroisse seulement pour les deux premiers cahiers, celles du syndic et du greffier pour le cahier de Villebaudon. Incontestablement, ces validations sont peu satisfaisantes; nous croyons pourtant les cahiers authentiques. Car outre que nous voyons qu'ils ont été admis sans difficulté en cet état par les assemblées préliminaires, et que, comme nous disions tout à l'heure, ils se retrouvent aujourd'hui dans la liasse, nous pouvons observer, par les formules finales de ces cahiers mêmes et par d'autres du même type, que les communautés, peu au courant des signes de validation des actes, ne savaient guère à quelles formalités au juste elles devaient s'arrêter pour authentiquer leurs cahiers. Quelquefois, comme à Annoville-Tourneville[4], le cahier est signé des deux députés et du syndic, et cela peut être considéré comme parfaitement régulier; mais il est dit aussi, dans des paroisses comme Héauville, qu'on a jugé suffisant de le faire signer des députés seulement. Il convient donc de ne pas oublier dans tout ceci, avant de rejeter des cahiers qui se présentent insuffisamment signés, que nous avons affaire à des paysans appelés pour la première fois à faire acte de vie publique; et quand le cahier, comme celui de Héauville précité, porte par ailleurs toutes les apparences d'une rédaction régulière, qu'il est daté, qu'il porte les noms des députés de la paroisse, il ne faut pas se montrer trop exigeant peut-être pour des validations évidemment imparfaites, mais que les délibérants, dans leur inexpérience, ont pu estimer suffisantes.

En sens inverse, nous devons nous montrer au contraire tout à fait rigoureux à l'égard d'un cahier comme celui de Montcarville[5], de même apparence et signé aussi des députés seulement, parce qu'ici les signataires nous apprennent qu'ils ont rédigé le cahier entre eux, et après la tenue de l'assemblée paroissiale. Rien ne prouve, en effet, que cette rédaction des députés, que rien n'a autorisée, nous rende réellement les vœux de leurs commettants. Nous serions, à cet égard, plus rigoureux que l'assemblée préliminaire de Coutances, qui a admis sans difficulté, semble-t-il, un tel cahier.

---

[1] *Procès-verbal de l'assemblée préliminaire du tiers état du bailliage de Mortain*, séance du 5 mars. (Le texte sera donné dans le second volume.)

[2] Archives de la Manche, série B, n. cl. (Même observation.)

[3] Greffe de Coutances, pièces n°ˢ 408 et 442. (Texte *infrà*, p. 446 et 633.)

[4] Ms. Greffe de Coutances, pièce n° 389. (Texte *infrà*, p. 138.)

[5] «*Les députés des habitants taillables* de Montcarville, nommés en la délibération jointe au présent, représentent le bon plaisir de S. M.», etc. (*infrà*, p. 455.)

Il convient d'ajouter, pour finir, que la forme dans laquelle nous sont parvenus les cahiers de deux grandes villes du ressort, celles de Coutances et de Cherbourg, ne nous paraît guère satisfaisante. Le cahier de Coutances ne porte que sept signatures [1]. On peut craindre que ces signatures ne soient celles des commissaires-rédacteurs seulement. En l'absence du procès-verbal, il est difficile de dire si l'un des signataires avait en plus, comme greffier de la municipalité ou comme officier public, qualité pour authentiquer le cahier. Nous relevons bien, parmi les signataires, le nom du maire de Coutances, mais il peut figurer comme commissaire-rédacteur; nous aurions voulu, pour clore le cahier, une formule plus nette d'adoption par l'assemblée de ville, et des traces plus visibles de la présence des officiers municipaux qui devaient la présider.

A Cherbourg, la situation est meilleure, sans être suffisamment claire. Nous avons conservé cette fois le procès-verbal, et nous savons que la rédaction du cahier fut confiée à six commissaires, nominativement désignés. Le cahier porte neuf signatures [2], et les trois signataires en sus sont, vérification faite, les officiers municipaux qui présidaient l'assemblée; le cahier est donc bien authentiqué; mais dans ce cahier, sans formule finale encore, leur titre n'apparaissait point assez clairement, et si nous n'avions pas le procès-verbal à joindre, le doute serait permis. La forme du cahier de Granville est incontestablement plus correcte, puisque le maire, avant de contre-signer la pièce en sa qualité, a eu soin de clore la pièce par une formule dans laquelle il mentionne expressément l'adoption du cahier par l'assemblée générale [3].

Tous les autres cahiers primaires, — et c'est, comme nous disions, l'immense majorité, — apparaissent *suffisamment* signés. Suffisamment signés, nous l'entendons, pour être tenus comme authentiques; quant à savoir ce que les signatures représentent vraiment, si, par leur nombre, par la situation sociale des signataires, on peut dire que la communauté est vraiment en chaque cas représentée, c'est une question extrêmement délicate et que nous ne pouvons point aborder ici, parce que, certainement, elle nous entraînerait très loin.

Une observation seulement est nécessaire, parce qu'il est une difficulté dont le lecteur se rendra compte par lui-même, pour peu qu'il prenne la peine d'étudier d'un peu près les textes de la présente publication; il est bon dès lors d'aller au-devant de l'objection.

La comparaison des signatures des procès-verbaux et des cahiers, la comparaison du nombre et des noms des signataires et de ceux des comparants

[1] Ms Greffe de Coutances, pièce n° 453. (Texte *infrà*, p. 96.)
[2] Ms Arch. de la Manche, série B, n. cl. (Le texte sera donné au tome II.)
[3] Ms. Greffe Coutances, pièce n° 345. (Texte *infrà*, p. 127.) Il est notable que le manuscrit du cahier édité par Hippeau, *Les Cahiers de doléances de 1789 en Normandie*, t. II, p. 77, ne portait que quatre signatures et n'avait point non plus de formule finale. C'est, selon toute apparence la copie non authentique envoyée par le subdélégué Couraye du Parc à l'intendant de Caen. (Arch. Calv., C 6354.)

annoncés, pourra paraître pleine de surprises. Il est, en effet, on ne plus rare que les listes de comparants et de signataires coïncident. Tantôt plus, tantôt moins, il y a presque toujours des noms qui manquent dans l'une ou l'autre liste.

Évidemment, plusieurs de ces différences sont très explicables, et on se rend compte très aisément de certaines situations. On comprend, par exemple, que les signataires soient moins nombreux que les comparants, qu'il manque des noms à la signature, et cela tout simplement parce qu'il y a des habitants qui ne savent pas signer, et que, comme le dit la formule, le cahier n'a pu être «arrêté et signé que de ceux des habitants qui savent signer [1]». Bien peu de présidents ont songé à faire marquer une croix aux illettrés [2].

On comprend encore, quoique plus difficilement déjà, qu'il y ait plus de signataires au cahier que de comparants [3] : des paroissiens sont survenus en retard, après l'appel fait, l'assemblée encore tenante, et tandis qu'on rédigeait le cahier; leur nom manque alors parmi les comparants, mais leurs signatures doivent en bonne méthode se trouver parallèlement sur le cahier et le procès-verbal.

Mais il y a aussi des communautés dont le procès-verbal porte un plus grand nombre de signatures que le cahier, et réciproquement [4]. Que conclure alors? Et si, comme il est arrivé fréquemment, le procès-verbal a disparu, comment

[1] Cahiers de Briqueville-près-la-Mer, Bourcy, Hambye, Saint-Jean-des-Champs, Saint-Martin-de-Cenilly (bailliage de Coutances), de Benoîtville, Émondeville, Englesqueville, Fontenay-en-Cotentin, Montebourg, etc. (bailliage de Valognes). La différence est quelquefois considérable. A Octeville-sur-Cherbourg (bailliage de Valognes), nous n'avons que *dix* signatures pour *trente-deux* comparants.

[2] Voyez, par exemple, au *procès-verbal de l'assemblée générale de la ville de Granville*, «la marque de Chalamon», indiquée par une croix. (Arch. municipales de Granville, reg. BB1 (2ª), fol. 4 vº.)

[3] Cahiers et procès-verbaux de Carneville (5 comparants, 12 signatures), Bretteville (8 comparants, 18 signatures), Hainneville (2 comparants, 14 signatures), Nonainville (2 comparants, 6 signatures), Vasteville (20 comparants, 42 signatures). La raison du fait est clairement exposée à la fin du procès-verbal de Maupertus. Le cahier et le procès-verbal de cette paroisse ont été dressés dans une première réunion le 2 mars, en présence de 6 habitants seulement qui ont signé, puis lecture en a été derechef faite le dimanche suivant, *issue de la grande messe paroissiale, de-*

vant la communauté présente et assemblée, et dix nouvelles signatures sont venues alors s'ajouter aux premières. Le fait s'est produit encore tout naturellement, lorsque les habitants ont voulu faire usage, pour leur procès-verbal, de la formule imprimée qui leur avait été envoyée; comme ils n'ont pu faire tenir dans les deux ou trois lignes de blanc réservées toute la liste de comparants, ils se sont contentés d'en énumérer quelques-uns seulement; quelquefois, dans ce cas, ils ont pris soin de faire suivre l'énumération de la formule assez élastique *et les autres*. (Procès-verbaux de Tréauville : 4 comparants, 37 signataires, de Siouville, de Picauville. Toutes ces paroisses appartiennent au bailliage de Valognes.)

[4] Paroisses de Crasville (bailliage de Valognes), 23 signatures au procès-verbal, 11 au cahier; de Hainneville (bailliage de Valognes), 14 signatures au procès-verbal, 7 au cahier. La situation pour cette paroisse se complique, comme nous verrons plus loin, de l'existence d'un *supplément au cahier* portant un nombre de signatures encore moindre; il semble bien qu'il y ait eu, parmi les délibérants, une minorité d'opposants qui s'est retirée sans vouloir signer le cahier tel qu'il a été arrêté.

pouvons-nous savoir ce que représentent les quelques signatures que nous trouvons sur le cahier? Qu'est-ce que huit ou dix signatures pour une paroisse de deux cents, trois cents feux? Qui pourra nous dire la proportion des comparants au nombre réel d'électeurs? Que signifient des formules comme «les présents faisant fort pour les absents»[1]? Que vaut une énumération de trois ou quatre comparants suivie de la formule «et tous autres»[2]? Quelle est la valeur d'un cahier dont les signataires disent l'avoir arrêté comme «chefs de la paroisse»[3], d'un cahier que l'on a dit avoir été «lu en présence d'un grand nombre de peuple du *deuxième ordre du tiers état*»[4]? Encore une fois, tout ceci ne touche plus expressément à l'authenticité des cahiers, mais à leur valeur documentaire, et nous n'avons pas à nous en préoccuper directement pour la présente publication. Nous ne pouvions pas cependant rester sans signaler la difficulté, car il faut bien qu'on sache qu'à cet égard, lorsqu'on voudra mettre en œuvre les matériaux ainsi amassés, lorsqu'on voudra en extraire les renseignements d'ordre économique en particulier, une discussion des plus sévères des pièces s'imposera.

En présence de l'abondance des pièces originales, nous n'avons eu que très exceptionnellement besoin de recourir à de simples copies. On ne peut guère compter même au nombre des copies les expéditions *certifiées conformes* et collationnées aux pièces de leur dépôt que les greffes des bailliages délivraient soit pour les remettre aux députés, soit pour les envoyer à la Chancellerie. A cette catégorie appartient, avec une forte minorité de procès-verbaux d'assemblées préliminaires (Cérences, Saint-Lô, Valognes), le cahier du tiers état de l'assemblée du bailliage secondaire de Cérences[5]. Mais ces pièces, délivrées dans les conditions régulières par des officiers publics ayant pouvoir d'authentiquer les actes, valent légalement, sinon historiquement, les originaux signés.

De valeur très sûre également nous apparaît, bien qu'il ne soit point régulièrement signé, l'unique exemplaire du procès-verbal de l'assemblée préliminaire du bailliage particulier de Coutances, conservé aux Archives nationales[6]. La pièce n'est qu'une copie évidemment, mais elle a été envoyée au Garde des sceaux par le lieutenant général immédiatement après la tenue de l'assemblée; la présence dans la même liasse de la lettre d'envoi, datée et signée[7], elle, ne peut laisser aucun doute sur la provenance.

---

[1] Cahiers de Gavray-village, le Chefresne, Montabot, Saint-André-des-Préaux (bailliage de Coutances). La formule est fréquente surtout dans le bailliage de Valognes : cahiers d'Acqueville, Benoîtville, Bretteville, Grenneville, le Ham, etc.

[2] Cahiers de Tréauville, de Picauville, etc. (bailliage de Valognes).

[3] Cahier de Hainneville, supplément (bailliage de Valognes). Le cahier du Ham est signé, par une formule analogue, de

«tous les communs principaux habitants taillables».

[4] Cahier de Courcy, au bailliage de Coutances. (Texte, *infrà*, p. 292.)

[5] Cahier de l'assemblée préliminaire du tiers état de Cérences, *infrà*, p. 792.

[6] *Copie du procès-verbal de l'assemblée préliminaire du tiers état du bailliage de Coutances*, ms. Arch. nat., B^A 35, l. 70, et en transcription B III, 53, p. 33.

[7] *Lettre de M. Desmarets de Mont-*

Beaucoup plus discutable au contraire nous apparaît le «cahier de griefs, plaintes et doléances» des habitants de la paroisse de Saint-Jean-d'Agneaux, au bailliage de Saint-Lô, qui fut envoyé au Garde des sceaux par l'un des députés de la paroisse, et dont l'exemplaire est conservé, avec la lettre d'envoi, dans le même carton des Archives nationales, et par transcription reproduit dans la collection des B III[1]. C'est une simple copie, d'allure en général satisfaisante, où même des signatures sont indiquées. Mais évidemment la pièce, provenant d'un simple particulier, n'a point tout le caractère d'authenticité désirable. Tant de pseudo-cahiers ont été envoyés ainsi, comme nous savons, à l'administration centrale par des particuliers qui désiraient se mettre en vue! Le cahier, considération aggravante, a été rédigé, comme il nous est dit, par commissaires; on peut se demander dès lors si les signatures rappelées ne sont pas celles d'un simple projet non adopté.

Nous avons cru devoir mettre à part, sous le nom de transcriptions, les pièces qui nous sont venues par une source spéciale, par la grande collection Camus des Archives nationales[2]. Les pièces de cette origine ont en effet ce caractère particulier, que leur valeur réelle ne peut le plus souvent être directement contrôlée. Quelquefois elles peuvent valoir des originaux, si la transcription a été directement faite sur des pièces authentiques. Mais elles peuvent être aussi des plus suspectes, si elles ont été reproduites d'après des envois de particuliers dont rien ne garantissait la provenance. Dans le doute où cette collection nous laisse toujours, nous n'y avons recouru qu'en l'absence de tout autre exemplaire. Nous n'avons demandé à la transcription des B III que le procès-verbal de la ville de Saint-Lô[3] et les quelques lignes de demandes particulières des paroisses de Turqueville, le Vast et Néville, insérées à la suite du cahier du bailliage secondaire de Saint-Sauveur-le-Vicomte[4].

Les apocryphes abondent, comme on sait, parmi les cahiers ou prétendus cahiers imprimés en 1789; celles mêmes de ces impressions qui reproduisent des pièces authentiques, faites le plus souvent hâtivement, sur de mauvaises copies, foisonnent d'inexactitudes. Nous nous sommes par suite imposé pour règle générale d'écarter toute pièce de cette nature, chaque fois que nous pouvions trouver une source manuscrite. Nous n'avons demandé aux imprimés de 1789 que le cahier d'un bailliage secondaire, celui de Saint-Lô[5], mais, pour ce cahier, le texte imprimé est en quelque sorte l'original lui-même.

La genèse du cahier nous est racontée en effet par le procès-verbal annexe. Elle est des plus singulières. Il n'a pas été en réalité dans le bailliage rédigé proprement de manuscrit; les vingt députés qui formaient le quart réduit, chargés par l'assemblée de dresser le cahier de bailliage, se sont contentés, — le fait nous est nettement exposé[6], — de prendre tout simplement un exemplaire

chaton, lieutenant général, à M. le G. de
S., du 16 mars. (Arch. nat., B^A 35, l. 70.)
   [1] Lettre de M. Gonfrey à Mgr. (?),
du 11 mars. (Arch. nat., B^A 55, l. 70.)
   [2] Arch. nat., B III 1-174.
   [3] Arch. nat., B III 54, p. 204.

   [4] Arch. nat., B III 54, p. 66.
   [5] Sur cette édition, voir infrà, Introd., p. 45.
   [6] Procès-verbal d'assemblée du bailliage de Saint-Lô, séance du 11 mars. «Il a été procédé par continuation en

du cahier imprimé de la ville de Saint-Lô, et d'y porter en marge quelques modifications, pour en faire le cahier du bailliage. Le texte que nous reproduisons est celui de l'exemplaire imprimé ainsi retouché, signé *in fine* des députés, coté et paraphé par le lieutenant général du bailliage, qui est conservé aux Archives nationales, dans le carton C 18, l. 62.

Toutes les pièces dont nous avons parlé jusqu'ici étaient contemporaines de 1789. Des réserves d'un tout autre ordre doivent naturellement être faites à l'égard de quelques autres cahiers dont les originaux se sont perdus au cours du temps, et qui aujourd'hui ne nous sont plus connus que par des copies ou des éditions modernes. Un certain nombre de paroisses du bailliage de Valognes se trouvent dans ce cas, par suite de circonstances toutes spéciales. Les archives départementales possédaient, vers le milieu du siècle dernier, la liasse, probablement complète, des cahiers primaires du bailliage de Valognes. Un certain nombre de ces pièces furent alors éditées par Hippeau et par M. l'abbé Lecacheux. Mais en 1889, à l'occasion du centenaire des États généraux, le préfet de la Manche fit confier aux municipalités un certain nombre d'originaux, pour qu'elles en pussent donner lecture en une réunion extraordinaire du conseil municipal, et les faire transcrire sur les registres de délibérations.

Les pièces dont les archives s'étaient dessaisies en cette occasion s'égarèrent-elles en route? Quelques municipalités conservèrent-elles indûment les originaux? Le fait certain est que plusieurs de ces cahiers, sûrement existants avant cette date, ne peuvent être aujourd'hui retrouvés en originaux. Nous avons été, dans ce cas, obligés de remplacer quelques pièces par les transcriptions retrouvées dans les archives communales [1]; quelquefois même, ces transcriptions n'existant point elles-mêmes, par la reproduction des textes édités de Hippeau ou de M. Lecacheux [2]. Mais nous tenons, pour les cahiers de cette dernière origine surtout, à faire les plus expresses réserves. Si les textes de M. Lecacheux peuvent être estimés des plus corrects, nous savons trop, par contre, avec quelle légèreté Hippeau a traité les textes des cahiers aujourd'hui survivants; nous ne pouvons guère espérer qu'il ait plus scrupuleusement respecté et la forme et le fond de ceux dont les originaux ont aujourd'hui disparu. Le texte de ces cahiers, qu'il nous a paru inopportun

notre présence par lesdits sieurs commissaires députés à la lecture et réunion des cahiers des différentes communautés de notre arrondissement en un seul, et *il nous a esté remis par lesdits sieurs députés un exemplaire imprimé du cahier du tiers état de la ville de Saint-Lô, avec les additions que lesdits sieurs députés, en vertu des pouvoirs qu'ils en ont reçus, ont jugé à propos d'y faire,* lequel cahier réduit, signé desdits sieurs députés, paraphé et signé par nous, restera joint à notre présent procès-verbal.» (Ms. Greffe Coutances, pièce n° 12.)

Cf. sur cette procédure deux lettres du subdélégué de Robillard, en date des 7 et 19 mars. (Arch. Calvados, C. 6356.)

[1] Ont été ainsi retrouvés les cahiers de : Carneville, la Haye-d'Ectot, Montgardon, Quettetot, Saint-Floxel, Sainte-Geneviève, Urville-Bocage, Videcosville.

[2] Nous avons ainsi dû emprunter à Hippeau les cahiers de : Canteloup, Carteret, Morseline, Octeville-la-Venelle, Pierreville, Saint-Martin-d'Audouville; et à M. Lecacheux, ceux de Audouville-la-Hubert, Hemevez, Saint-Cyr, Saint-Germain-de-Tournebut.

de rejeter complètement, ne devra donc être consulté qu'avec la plus extrême circonspection.

Dans les cahiers d'authenticité certaine eux-mêmes, quelques difficultés se sont trouvées soulevées pour l'établissement du texte, sur lesquelles nous devons, croyons-nous, nous expliquer. Il s'agit de ratures, de surcharges d'une part; d'additions ou suppléments, de doubles cahiers même de l'autre. Ces différentes situations ont demandé à être envisagées d'un peu près.

1° Un assez grand nombre de cahiers portent des *ratures;* des articles y sont biffés, d'autres au contraire ajoutés; les textes sont maintes fois surchargés, interlignés.

Le texte qu'il convenait d'adopter est évidemment la forme corrigée, qui doit être normalement considérée comme l'expression définitive de la pensée des délibérants[1]. On pouvait craindre pourtant quelquefois que certaines ratures n'aient été faites après coup, que des interlignes, des surcharges n'aient été glissées, qui n'étaient pas le vœu de l'assemblée paroissiale. De pareilles falsifications de cahiers, de pareils tripatouillages, dirions-nous, nous avons assez souvent trouvé des preuves, hors de notre bailliage, dans la correspondance relative à la convocation, dans les réclamations des habitants des communautés contre les procédés de députés malhonnêtes[2]. La plus grande prudence s'imposait donc à l'égard des retouches que nous trouvions dans les cahiers.

Souvent il n'y a pas de difficultés; le président de l'assemblée et le greffier ont relevé expressément en fin d'acte, et avant les signatures, les articles biffés ou interlignés; ils ont compté les mots *rayés nuls*, les mots *ajoutés bons*, paraphé en marge les remaniements du texte[3]. Mais ces précautions, fréquentes au bailliage et dans les villes, sont plus rares dans les petites paroisses; les remaniements du texte y sont restés trop souvent inexpliqués. Dans le doute, nous avons cru devoir adopter une solution de prudence : nous avons relevé les variantes, bien entendu lorsqu'elles ne sont pas purement orthographiques, lorsqu'elles portent sur le fond même, lorsqu'elles sont grosses d'une idée. Au surplus, il n'y a rien, croyons-nous, qui soit plus instructif pour la compréhension des cahiers eux-mêmes que de pouvoir suivre, à travers les ratures successives, les tâtonnements par lesquels l'assemblée paroissiale est arrivée à donner forme à sa pensée; que de voir comment plus d'une fois, mise en face d'une œuvre qu'on lui avait apportée toute rédigée, elle a fait retoucher et remanier des articles qui ne répondaient point à son opinion. Il n'est pas moins intéressant, plus tard, au bailliage, de pouvoir saisir en quelque sorte sur le vif les luttes entre les intérêts économiques divers ou les partis politiques, qui font successivement remanier dans

[1] Voir les cahiers de Branville, Clitourps, Helleville (bailliage de Valognes).

[2] Lettre du syndic des habitants de Pressagny-l'Orgueilleuse, au bailliage de Vernon, à M. le D. G. d. F., sans date. (Arch. nat., B III 171, p. 427.)

[3] *Mots rayés nuls :* cahiers de Camprond, Gavray, la Haye-Comtesse, etc. (*infrà*, p. 249, 320, 370); de Senoville, Bricquebosq, etc. (bailliage de Valognes). *Remaniements du texte paraphés* en marge : cahier de Tourlaville (bailliage de Valognes).

des sens opposés la rédaction de certains articles d'actualité brûlante (dîmes, privilèges pécuniaires des ordres, biens du clergé, etc.) jusqu'à ce qu'on ait trouvé la formule définitive, trop souvent terne et volontairement équivoque, par laquelle on s'est efforcé en dernier lieu de concilier les opinions en présence.

2° Quelques cahiers authentiques ont des *additions*, des *suppléments*, pour lesquels l'hésitation est permise. On peut craindre en effet que ces additions ne soient point proprement l'œuvre de l'assemblée paroissiale, qu'elles n'aient été ajoutées après coup par des particuliers sans mandat ; on peut craindre même que les députés des paroisses n'aient, — le fait nous a été attesté plus d'une fois dans des ressorts voisins, — plus ou moins consciemment altéré, après qu'elle leur avait été remise, l'œuvre de leurs commettants par des adjonctions de leur cru. Bien que, dans les cahiers qui nous sont ainsi parvenus, ils se soient prétendus quelquefois les porte-paroles autorisés de la communauté, il est manifeste que nous ne pouvions accepter sans critique toutes les additions de ce genre et qu'une discussion des pièces s'imposait.

Tout doit dépendre, à ce que nous avons estimé, de la place matérielle de l'addition dans le cahier. Aucune difficulté ne saurait être soulevée si l'addition, si étrangère qu'elle puisse paraître à la forme générale de la rédaction, est couverte par les signatures. Car, dans ce cas, fût-elle même placée, comme il arrive, après les formules finales habituelles, elle a été manifestement connue des délibérants, elle est avouée par eux, et elle fait en réalité partie intégrante du cahier et participe à son authenticité. L'existence d'une addition de ce genre, postposée à un texte complètement arrêté, prouve seulement que, après lecture de l'ensemble, l'assemblée s'est aperçue, — quelques cahiers l'expriment très naturellement d'ailleurs, — qu'elle avait omis quelque chose. Plus souvent encore peut-être (le fait se trahit matériellement en quelque sorte lorsque l'addition est d'une autre écriture ou d'une encre différente), elle prouve que le cahier primitif avait été apporté tout rédigé dans l'assemblée, qu'après lecture on a trouvé l'œuvre du rédacteur incomplète ou insuffisante, et qu'en séance même on y a ajouté à la suite ce qui paraissait avoir été oublié.

Toutes les additions de ce genre, nous les avons jugées parfaitement régulières et correctes, et nous les donnons sans difficulté comme le texte même des cahiers. Telles sont les *Observations* que «avant de signer» ou «par suite de réflections» ou «lecture derechef faite» ont ajoutées sur les dîmes, sur les réparations presbytérales, sur le mauvais état du sol de la paroisse ou les ravages du gibier, les habitants de Cosqueville (bailliage de Valognes), de l'Orbehaye (bailliage de Coutances)[1], de Gatteville, de Crosville (bailliage de Valognes). Telles sont aussi les additions plus ou moins longues, qui ne sont plus comme les précédentes expliquées, mais qui sont toujours couvertes par les signatures, des cahiers du Ham, de Vretot, d'Yvetot (bailliage

[1] Cahier de l'Orbehaye, ms. Greffe Coutances, pièce n° 415. (Texte *infrà*, p. 405.)

Le cahier de Cosqueville et les autres cahiers du bailliage de Valognes seront publiés dans le volume suivant.

de Valognes)[1] ou les doléances locales du cahier de Pierreville (bailliage de Valognes)[2] dont le bailli seigneurial de Bricquebec, président de l'assemblée, avait refusé l'insertion, et que la communauté, réunie à nouveau en dehors de sa présence, a fait rétablir à la suite du cahier qu'on lui avait imposé. On peut observer que ces additions portent presque toujours sur les mêmes objets, qu'avaient négligés comme trop terre à terre les rédacteurs urbains des modèles de cahiers, mais dont le paysan ne pouvait oublier l'importance économique et l'intérêt journalier : les lapins, les corneilles, les pigeons, les dîmes, les presbytères. Nous avons considéré comme partie intégrante du cahier, pour la même raison, aussi bien le dernier paragraphe, que des délibérants, qui craignent vraiment de rien omettre, ont fait ajouter aux 107 articles du cahier de Briqueville-la-Blouette (bailliage de Coutances)[3], que la très longue addition, pleine de faits, et qui fait en réalité comme un cahier nouveau, que les habitants du Rozel (bailliage de Valognes) ont accolée après la formule finale du cahier proposé par leur rédacteur, le jugeant évidemment d'allure trop vague et trop générale[4]. Nous avons admis même le supplément du cahier de Hainneville (bailliage de Valognes) bien qu'écrit sur une feuille séparée et d'une autre écriture, parce que les deux pièces sont également datées, également signées et paraphées de l'officier public et des mêmes signataires. Pour cette paroisse, il apparaît même manifestement que le supplément est le cahier véritable, et qu'on a voulu, à la réflexion, donner une forme plus étendue et mieux rédigée aux quelques lignes brèves qu'on avait, primitivement, tenté de dresser dans l'étroit espace laissé en blanc au dos de la feuille imprimée du modèle de procès-verbal[5].

En revanche, nous avons estimé des plus suspectes, et difficilement admissible en bonne méthode, l'addition faite, après les signatures, au cahier de Clitourps (bailliage de Valognes)[6] signée d'un seul individu, bien qu'il soit député de la paroisse, et qu'il prétende y développer de source autorisée la pensée de ses commettants en un point sur lequel le cahier ne s'était pas suffisamment expliqué. Et nous avons jugé tout à fait irrégulières, et nettement à écarter cette fois, d'une part une addition que le député de Hautteville-sur-Mer (bailliage de Coutances) a jointe, *en son nom personnel*, et sous sa seule signature, au cahier de sa paroisse[7]; et aussi, bien qu'ils les aient matériellement annexées au cahier original, les «doléances municipales» que les membres de la municipalité de Benoîtville (bailliage de Valognes) ont rédigées *en l'assemblée municipale* huit jours après la rédaction du cahier. Ajoutées à la suite du cahier primitif, elles sont signées de leurs cinq noms seule-

---

[1] Cahiers du Ham, du Vrétot, d'Yvetot. (Ms. Arch. de la Manche, s., B.; n. cl.)

[2] Éd., d'une façon très incorrecte, dans Hippeau, *Cahiers*, t. II, p. 452-455. Le texte intégral sera donné dans le volume suivant.

[3] Ms. greffe Coutances, pièce n° 451.

(Texte *infrà*, p. 292, art. 108.)

[4] Ms. Arch. de la Manche, série B. (Le texte sera donné dans le second volume.)

[5] Même observation.

[6] Même observation.

[7] Ms. greffe de Coutances, pièce n° 401. (Texte *infrà*, p. 352.)

ment, alors que 3 a signataires avaient sur la même feuille approuvé le cahier régulier [1].

Tous ces passages suspects, que nous n'avons pas cru devoir absolument détacher des cahiers, pour ne pas mutiler le texte, seront au moins distingués par une graphie spéciale, de même qu'en général toutes les additions seront marquées, dans la publication, d'un signe particulier très visible, de façon qu'on ne risque point de s'y tromper.

3° Beaucoup plus épineuse encore est la question des *doubles cahiers*. Mais nous n'en avons, dans les cahiers primaires qui nous sont parvenus dans ce bailliage, rencontré qu'un seul exemple. La paroisse de la Lande-d'Airou, du ressort propre de Coutances, paroisse qui ne fut point mixte, semble-t-il [2], et qui ne fut point convoquée à un double siège, nous a transmis deux cahiers fort dissemblables dans la même liasse du greffe de Coutances. Lequel doit être considéré comme le véritable cahier? Nous n'avons point conservé le procès-verbal de l'assemblée paroissiale, qui nous permettrait de discerner sûrement, par la confrontation, la pièce régulière. Et ce qui complique la difficulté, c'est que les deux cahiers sont extérieurement dressés en forme très correcte, datés, signés, l'un de 15 signataires, l'autre de 29, les signataires étant d'ailleurs différents pour l'un et pour l'autre. Y a-t-il eu formation de sections plus ou moins régulières dans la paroisse? Y a-t-il eu plus simplement partage des habitants entre deux camps rivaux, dont chacun a rédigé son cahier suivant ses propres idées? Toutes les hypothèses semblent permises. Dans le doute, nous avons, pour trancher la question, attribué le caractère de régularité au premier cahier seulement, celui qui porte la signature ès *qualités* du syndic, président régulier de l'assemblée primaire. Mais en réalité nous reconnaissons que la preuve n'est pas sans objection, puisque aussi bien les noms des députés admis à l'assemblée préliminaire de Coutances figurent justement sur l'autre cahier [3].

§ 4.

Il nous reste à dire quelques mots de la façon dont a été comprise la présente publication.

Conformément au plan général adopté, cette publication comprendra intégralement pour les cahiers, par extrait pour les procès-verbaux, toutes les pièces régulières authentiques qui ont pu être retrouvées du bailliage de Cotentin, et ne comprendra que ces pièces. Nous avons systématiquement écarté du texte, sauf à en tenir dans les notes autant de compte qu'il appartiendra, lorsqu'elles pourront servir à éclairer ou commenter un fait de la convocation

[1] Ms. Arch. de la Manche, série B. (Même remarque que pour les précédents.)

[2] Nous faisons une réserve au texte, parce qu'en réalité la paroisse est limitrophe d'Avranches et que l'absence de tout appel des paroisses au procès-verbal de l'assemblée préliminaire du bailliage d'Avranches laisse toujours planer quelque incertitude sur la liste des paroisses réellement convoquées à ce siège.

[3] Mss. greffe de Coutances, pièces n°⁵ 448 et 45 a. (Texte *infrà*, p. 388 et 390.)

ou une particularité intéressante de la rédaction des cahiers eux-mêmes, toutes les pièces annexes, discours, correspondances, mémoires ou cahiers non réguliers, états de feux, états de frais, etc., que l'on rencontre le plus souvent joints aux cahiers proprement dits.

Nous donnons, en principe, tous les cahiers *in extenso*. La règle de la publication intégrale peut souffrir, dans les principes généraux qui ont été adoptés pour la publication, une double exception, soit du fait de l'existence de publications antérieures suffisantes, soit du fait de répétitions dans les cahiers eux-mêmes. Il n'est pas inutile peut-être d'expliquer le parti auquel nous nous sommes arrêtés dans ce double cas.

A. La très grande majorité de nos cahiers est inédite. Cependant un certain nombre ont été publiés; il convient de dire pour quelles raisons nous n'avons pas cru devoir tenir compte de ces précédentes publications.

Nous ne parlons que pour mémoire des cahiers imprimés en 1789. Les cahiers ainsi imprimés dans notre bailliage ont été en si petit nombre [1], les

[1] L'intendant de Caen, Cordier de Launay, auquel le ministère avait demandé l'envoi des cahiers qui pourraient être imprimés dans sa circonscription, répond, le 8 avril, qu'il envoie le cahier de Saint-Lô, «le seul qu'il y ait dans sa généralité». (Arch. nat., B^A 35, l. 70.)

Le lieutenant général de Montchaton écrit de même, le 14 avril, au Garde des Sceaux: «Il n'a point été arrêté dans les différentes assemblées que les cahiers et les procès-verbaux seraient imprimés. Il n'y a donc aucune apparence qu'ils le soient.» (Arch. nat., B^A 35, l. 70.)

Il y eut pourtant, mais évidemment après cette date, un certain nombre de pièces imprimées dans le bailliage. Voici celles que nous avons pu retrouver:

1° Procès-verbal de l'assemblée générale des trois ordres du grand bailliage de Cotentin, tenue à Coutances et présidée par M. Desmaretz de Montchaton, lieutenant général civil audit bailliage, dans lequel sont insérées les listes des trois Ordres, les procès-verbaux et les cahiers de doléances et pouvoirs, ainsi que les discours de MM. les présidents. A Coutances, de l'imprimerie de G. Joubert, in-12. (Exemplaire aux Arch. nat., B^A 35, l. 70.)

2° Procès-verbal de l'assemblée du clergé du grand bailliage de Cotentin... (Coutances, Joubert, 1789), 22 p. in-12 (contient le cahier).

3° Protestation. — Par-devant les conseillers du Roi, etc... [*factum de la minorité du clergé*], s. l. n. d., 4 p. in-16.

4° Procès-verbal de l'assemblée générale de la noblesse (avec le cahier des pouvoirs), s. l. n. d., 20 p. in-8°.

5° Cahier de l'ordre de la noblesse du bailliage de Cotentin (avec les Instructions), s. l. n. d., 26 p. in-16. Exemplaires aux Arch. nat., A^{III}, 10, et à la Bibliothèque de Cherbourg, n° 2609.

6° Procès-verbal de l'élection et nomination faite par les députés du bailliage de Coutances, Saint-Lô, Avranches, Cérences, Périers, Mortain, Carentan, Valognes, Saint-Sauveur-le-Vicomte et Tinchebray, de 8 députés aux États généraux du royaume, marqués à Versailles le 27 avril 1789, avec les pouvoirs à eux donnés par les électeurs. 1789, 17 p. in-8°.

7° Cahier des demandes, remontrances, plaintes et doléances de l'assemblée du tiers État du bailliage de Cotentin, tenue en la ville de Coutances, au mois de mars 1789, s. l. n. d., 16 p. in-8°.

8° Cahier du tiers État à l'assemblée des États généraux de l'année 1789, s. l., 1er janvier 1789, 36 p. in-8°.

(*La plupart de ces pièces se trouvent réunies dans un recueil factice, conservé à la Bibliothèque municipale de Cou-*

exemplaires qui nous en restent sont devenus si rares, que pratiquement ils peuvent être considérés comme inédits. La plupart ne se trouvent même pas à la Bibliothèque nationale, mais aux Archives, ou dans quelques collections particulières.

Mais au courant du siècle dernier, un certain nombre de publications de cahiers ont été faites pour notre bailliage. Les unes sont plus particulièrement locales, et ne portent le plus souvent que sur des pièces isolées, les autres, au contraire, embrassent un assez grand nombre de pièces et affectent l'allure de collections plus ou moins générales.

La revue des publications locales est assez vite faite. La plupart ont paru dans des monographies communales ou des recueils, annuaires départementaux, mémoires de sociétés savantes, difficiles à se procurer en dehors de la région, même dans les grandes bibliothèques. M. F. Dolbet, archiviste du département, a publié, dans l'*Annuaire départemental* pour l'année 1890, le procès-verbal de l'assemblée préliminaire du tiers état du bailliage de Carentan, d'après l'original manuscrit des archives de Saint-Lô [1]. M. l'abbé Dumaine a inséré, dans son *Histoire de Tinchebray*, une sorte d'analyse, moitié texte, moitié commentaire, du procès-verbal et du cahier de l'assemblée préliminaire du tiers état de ce bailliage [2]. M. l'abbé Pigeon a pour partie également publié, pour partie analysé, dans le tome III des *Mémoires de la Société académique du Cotentin*, les procès-verbaux et cahiers du tiers état des bailliages de Mortain et de Tinchebray, avec, parmi beaucoup d'autres pièces, la protestation des trois ordres de ce bailliage [3]. MM. Joseph Grente et Oscar Havard ont donné, dans leur monographie sur Villedieu-les-Poêles, le texte intégral des cahiers de ce bourg et de son annexe de Saultechevreuil [4], M. L. Drouet celui de Saint-Pierre-Église [5]; M. A. Le Canellier, enfin, a publié tout récemment dans les *Mémoires de la Société archéologique de Valognes* le cahier des doléances de la communauté de Carteret [6].

tances, n° 9307, paginé 1-232, 1-22, 1-20, 1-16, 1-17.)

9° Procès-verbal de l'assemblée du tiers État du bailliage de Saint-Lô, s. l., 1789, 64 p. in-16 (contient le procès-verbal de la *ville*, le discours du président et le cahier). Exemplaire aux Arch. nat., B^a 35, l. 70.

10° Rôle des députés du tiers état du bailliage de Coutances, avec les professions et domiciles, 1789, s. l., 8 p. in-f° (Archives mun. de Cherbourg, carton AA 64, pièce 4.)

[1] F. DOLBET : *Procès-verbal de l'assemblée du tiers état du bailliage de Carentan, en 1789*, dans *Annuaire du département de la Manche*. Saint-Lô, Le Tual, 1890, in-8°, p. 54 à 60.

[2] Abbé DUMAINE : *Tinchebray et sa région au Bocage normand*. Paris, Champion, t. III, 1885, p. 1 à 32.

[3] Abbé PIGEON : *Le grand bailliage de Mortain en 1789*, dans *Mémoires de la Société académique du Cotentin*. Coutances, Salettes, t. III, 1880, p. 35 à 161 et 497 à 535.

[4] Jos. GRENTE et Oscar HAVARD : *Villedieu-les-Poêles, sa commanderie, sa bourgeoisie, ses métiers*. Paris, Champion, 1900, t. II, p. 11 et 17.

[5] L. DROUET, *Recherches historiques sur les vingt communes du canton de Saint-Pierre-Église*. Cherbourg, 1893, in-8°, p. 123-126.

[6] Le CANELLIER : *Doléance, plainte et remontrance de la communauté de Cartret, élection de Valognes*, dans *Mémoires de la Société archéologique, littéraire et scientifique de l'arrondissement de Valognes*. Valognes, Adelis, t. VI, 1903, in-8°, p. 61.

La seule publication locale un peu considérable est celle de M. l'abbé Lecacheux. Dans ses *Documents pour servir à l'histoire de Montebourg* [1], dont le tome Ier seul a paru, M. Lecacheux a donné le texte *in extenso* d'un certain nombre de cahiers de paroisses du bailliage de Valognes, qui formaient le doyenné de Montebourg. Bien que le cadre de l'auteur soit au regard de la convocation essentiellement factice, la publication, en tant que textes, est certainement très recommandable. Les textes sont très sûrs; ils ont été établis d'après les meilleures sources, les originaux authentiques des archives de la Manche ou des archives communales; ils sont reproduits intégralement, avec le respect même des irrégularités orthographiques, avec surtout le titre, les signatures, tout ce qui peut en assurer l'authenticité; l'auteur a même pris le soin fort louable de rapprocher de chaque cahier les parties essentielles des procès-verbaux conservés. La publication est plus précieuse encore de ce fait que certains des cahiers qu'elle nous donne ne se retrouvent plus, comme nous avons dit, aujourd'hui aux archives départementales, ou proviennent d'archives de fabriques difficilement accessibles. Le seul défaut de la publication de M. Lecacheux, mais il est fort sensible, c'est qu'elle a été tirée à si petit nombre (200 exemplaires, dont la plupart paraissent n'avoir pas été mis dans le commerce) que les exemplaires ne se trouvent guère qu'entre les mains de quelques privilégiés, et qu'on ne peut espérer la rencontrer dans les bibliothèques publiques [2].

Pour tout ce premier groupe de publications [3], aucun doute n'était possible.

[1] Abbé A. Lecacheux : *Documents pour servir à l'histoire de Montebourg et de ses environs...* t. Ier, 1874, in-8°. (La publication et l'analyse des cahiers occupent les pages 77 à 219.)

[2] Exemplaire à la Bibliothèque nationale : Lk[7], 2376a.

[3] Nous avons laissé de côté, parce que ce ne sont point véritablement des publications de textes, un certain nombre de travaux sur la convocation ou sur les cahiers du bailliage qui ne sont point sans intérêt. Voici ceux qui nous ont paru les plus importants à consulter, de valeur d'ailleurs très inégale :

Th. Desdevises du Dézert. Études sur la Basse-Normandie. Le Cotentin en 1789; les États généraux. Caen, Le Blanc - Hardel, 1878, in-8°, p. 54 (Exemplaire Bibl. nat., Lk[2], 3012);

E. Sarot. Notes sur l'histoire de la Révolution dans le département de la Manche et en particulier dans la ville de Coutances; Coutances, 1875, in-8° (Exemplaire Bibl. nat., Lk[4], 1533);— De l'organisation des pouvoirs publics dans le département de la Manche pendant la première Révolution. Coutances,

Salettes, 1880, in-8° (travail plusieurs fois remanié). Ex. Bibl. nat., Lk[4], 1654.

Lechanteur. Histoire de l'ancienne élection de Carentan (dans *Mémoires de la Société académique de Cherbourg*, t. IX, 1867);

A. Lenosey. Histoire religieuse et civile de Périers et de ses notabilités; Paris, s. d., in-8° (voir p. 105 à 117);

G. Dubois. Une épisode de la convocation des États généraux; Le conflit de deux bailliages (dans *Revue de la Révolution française*, XXXIV, p. 8-19);

Lefavrais. Mémoire sur Tinchebray, son château et son bailliage (dans *Mémoires de la Société académique du Cotentin*, t. III. Coutances, 1880, in-8°, p. 1-34);

G. Dupont. Histoire du Cotentin et de ses îles. Caen, Le Blanc-Hardel, 1870-1885, 4 vol. in-8° (t. IV, p. 638-647);

J. Guimond : *Les derniers jours du bailliage de Valognes*, dans *Mémoires de la Société archéologique, artistique, littéraire et scientifique de l'arrondissement de Valognes*. Valognes, Luce, t. IV, 1887, p. 55-93.

La valeur en est très inégale. Si certaines sont très bonnes, faites avec beaucoup de méthode et de critique, d'autres sont manifestement insuffisantes. Les pièces, pour la plupart isolées, sont disséminées dans des recueils locaux peu répandus et difficiles à se procurer hors de la région. La publication plus complète de M. Lecacheux est, comme nous venons de dire, de longtemps épuisée et introuvable dans la plupart des bibliothèques publiques. L'absence de ces pièces, peu nombreuses d'ailleurs, dans notre publication eût laissé dans les séries des vides aussi malencontreux que certainement impossibles à combler pour le plus grand nombre des lecteurs. Nous n'avons pas hésité un instant à reproduire à nouveau les pièces ainsi déjà publiées.

La question se posait beaucoup plus délicate à l'égard de deux publications d'ordre général : les *Archives parlementaires*, et le recueil des *Cahiers de 1789 en Normandie*, d'Hippeau; car il s'agissait cette fois de recueils beaucoup plus répandus et d'un nombre de pièces déjà considérable.

Les *Archives parlementaires* [1], — il faut bien jusqu'à nouvel ordre citer toujours en première ligne ce recueil, malgré ses imperfections, puisque c'est le seul que l'on rencontre encore dans la plupart des bibliothèques, — n'ont donné pour notre bailliage qu'un nombre très restreint de pièces. Les cahiers du clergé [2], de la noblesse [3] et de l'ordre du tiers état [4] du bailliage principal, d'après les transcriptions de la collection Camus, ou même d'après des imprimés de 1789 sans autorité [5], les cahiers du tiers état des assemblées préliminaires de Saint-Lô [6], également d'après l'imprimé, et de Saint-Sauveur-le-Vicomte [7], d'après la transcription des B III, voilà, avec un unique cahier de paroisse, celui de Saint-Jean-d'Agneaux [8], que les éditeurs ont pris dans la même collection, tout ce que connaissent les Archives parlementaires. La collection évidemment est maigre.

Elle est surtout, en tant que publication, notoirement insuffisante. Tout a été dit maintes fois, et dit excellemment [9], sur l'imperfection et les dangers en général du recueil des Archives parlementaires. Les pièces publiées par notre bailliage ne font point, naturellement, exception à la règle. Les pièces ont été éditées, sans références le plus souvent, d'après des transcriptions ou des imprimés sans valeur contrôlable, alors que les éditeurs avaient sous la

---

[1] *Archives parlementaires de 1787 à 1860*. Recueil complet des débats législatifs et politiques des Chambres françaises, imprimé par ordre du Sénat et de la Chambre des députés, sous la direction de J. MAVIDAL et E. LAURENT, tomes I à VII. Paris, 1867-1873, in-4°.

[2] Arch. parl., III, 48-51.

[3] Arch. parl., III, 51-54.

[4] Arch. parl., III, 54-57.

[5] Le cahier de la noblesse est indiqué comme publié «d'après un imprimé

de la bibliothèque du Sénat» (*loc. cit.*, III, 51).

[6] Arch. parl., III, 57-62.

[7] Arch. parl., III, 66.

[8] Arch. parl., III, 62-66.

[9] Voir particulièrement à ce sujet : J. GUIFFREY, *Étude sur la collection publiée sous le nom de Archives parlementaires*, Paris, Charavay, 1889, in-8° (Bibl. nat., Le¹ 57 *ter*, pièce) et A. BRETTE, *Les cahiers de 1789 et les Archives parlementaires*, dans *Révolution française*, numéro du 14 juillet 1904.

main, dans la série parallèle des Ba, d'excellents originaux et copies dûment collationnées. Aucun des cahiers, suivant l'usage des éditeurs, n'est accompagné des procès-verbaux, que cependant la collection des B III leur fournissait concurremment ; les pièces sont maladroitement tronquées, privées, comme à plaisir, de titre, de date, de signatures, de tout ce qui aurait pu en assurer l'authenticité ; l'unique cahier paroissial édité est, par une ironie du sort, à peu près le seul cahier suspect que nous ayons dans le bailliage.

La publication d'Hippeau [1] est autrement considérable. Hippeau a consacré, comme on sait, spécialement aux cahiers de doléances de 1789, les deux derniers tomes de son *Gouvernement de Normandie*; des pièces de notre bailliage y ont été données à deux reprises et en deux séries distinctes.

Dans la partie générale, d'abord, au commencement du tome II, sous la rubrique de «Grand bailliage de Cotentin», il a successivement réédité les cahiers des trois ordres [2], en y joignant les cahiers des assemblées préliminaires du tiers état de Carentan [3], de Saint-Lô [4] et de Saint-Sauveur-le-Vicomte [5], et quatre cahiers primaires seulement (ville de Granville, paroisses d'Agneaux, de Saint-Germain-la-Campagne, ville de Carentan [6]). Puis, à la fin du même volume, dans une partie qualifiée «Appendice», il a reproduit en bloc, par extraits plus ou moins écourtés, une longue suite de cahiers de paroisses du bailliage secondaire de Valognes [7]. Le tout constitue une collection considérable, une quarantaine de pièces environ.

Hippeau, au rebours du recueil des *Archives parlementaires*, indique le plus souvent ses sources. Nous savons ainsi qu'il a reproduit, lui aussi, les cahiers des trois ordres, d'après la transcription de Camus (sauf le cahier de la noblesse, pour lequel il a connu un exemplaire des archives de Saint-Lô). Il a pris aussi simplement à la collection Camus les cahiers de Saint-Lô et de Saint-Sauveur-le-Vicomte. Mais les cahiers de la ville et du bailliage de Carentan, et toute la série des cahiers primaires de Valognes, proviennent directement des originaux des archives de la Manche. Nous ignorons seulement où il a pu puiser les cahiers de la ville de Granville et de Saint-Germain-la-Campagne, puisqu'il ne paraît pas avoir connu le dépôt du greffe de Coutances.

Il faut certainement tenir grand compte à Hippeau de l'idée même de son livre, de l'initiative qu'il a eue surtout d'éditer un grand nombre de cahiers

[1] C. HIPPEAU, *Les Cahiers de doléances de 1789*, formant les tomes VI et VII *du Gouvernement de Normandie*. Paris, Aubry, 1869, 2 vol. in-8°. Le tome V, qui contient les *Élections de 1789 en Normandie* (Paris, 1869, in-8°), doit être naturellement rapproché.

[2] Cahier de l'ordre du clergé du bailliage de Cotentin (HIPPEAU, t. II, p. 1); de l'ordre la noblesse (t. II, p. 7); de l'ordre du tiers état (t. II, p. 13).

[3] Cahier du tiers état du bailliage de Carentan. (Voir HIPPEAU, II, 28.)

[4] Cahier du tiers état du bailliage de Saint-Lô. (HIPPEAU, II, 60.)

[5] Cahier du tiers état du bailliage de Saint-Sauveur-le-Vicomte. (HIPPEAU, II, 39.)

[6] Cahier de la ville de Granville (HIPPEAU, II, 77); de la paroisse d'Agneaux (II, 87); de Saint-Germain-la-Campagne (II, 99); de la ville de Carentan (II, 101).

[7] Cahiers des paroisses du bailliage de Valognes. (HIPPEAU, II, 380 à 512.)

ruraux. L'idée, à son époque, était toute neuve, les sources auxquelles il puisa furent généralement excellentes, et sa publication a été, en somme, utile pour attirer l'attention sur les Cahiers primaires, presque totalement négligés dans la publication de MM. Mavidal et Laurent.

Malheureusement, l'exécution a été fort loin de répondre à ce que l'on pouvait attendre du plan lui-même, et de très graves défauts font de la publication d'Hippeau, pour les cahiers paroissiaux particulièrement, un ouvrage des plus imparfaits, pis que cela, un instrument de travail certainement plus dangereux à l'usage, pour l'historien économiste, que le recueil des *Archives parlementaires.*

D'une part, en effet, la connaissance extrêmement imparfaite que l'on avait alors des circonscriptions bailliagères a induit l'auteur à des attributions regrettables. Pour nous borner à ce qui concerne spécialement notre bailliage de Cotentin, nous trouvons ainsi rangés, sous le titre général de *Grand bailliage de Cotentin* (nous ne voulons pas insister sur cette appellation, qui par elle-même est déjà fautive), le cahier de l'assemblée préliminaire du tiers état de Vire[1], considéré comme ressort secondaire du grand bailliage de Cotentin, au même titre que Saint-Lô et Saint-Sauveur, alors qu'il était secondaire de Caen; puis, sous la même rubrique aussi, le cahier du bailliage de Torigny, également secondaire de Caen, avec cette circonstance aggravante que ce cahier est reproduit textuellement deux fois, la première comme cahier de bailliage[2], la seconde comme cahier primaire de la ville de Torigny[3], classée alors de la façon la plus inattendue comme communauté du bailliage de Valognes.

D'autre part, les textes, tels qu'Hippeau les a édités, ne sont rien moins que sûrs. Nous avons déjà dit comment, à l'exemple des éditeurs des *Archives parlementaires,* il a employé sans discernement, à côté de sources excellentes, d'autres sources extrêmement critiquables, publiant, par exemple, le cahier de Saint-Sauveur-le-Vicomte d'après la transcription suspecte des Bin, alors que nous avons aux archives du greffe de Coutances l'original authentique signé des députés. Les textes eux-mêmes, comme ceux des *Archives parlementaires,* sont communément mutilés; Hippeau a supprimé les signatures (cahier de l'ordre du clergé, celui du tiers état de Saint-Sauveur-le-Vicomte)[4], les dates, le titre même; il n'a pas songé une fois à rapprocher les procès-verbaux, à se demander s'il avait bien affaire à des textes authentiques. Il insère sans observations le cahier d'Agneaux[5], qui est peut-être un simple mémoire de particulier; le cahier de Granville, qui n'est signé dans son manuscrit que des quatre commissaires, sans formule d'acceptation

---

[1] Cahiers du tiers état du bailliage de Vire (Hippeau, II, 82).

[2] Cahier du tiers état du bailliage de Torigny (Hippeau, II, 82).

[3] Cahier de la ville de Torigny (II, 502). On comprend peu la méprise qui a pu faire classer cette dernière pièce comme cahier primaire; elle

débute, en effet, par les mots : *La corporation des communes du bailliage réunie,* etc.

[4] Cahier du clergé (Hippeau, II, 6); de Saint-Sauveur-le-Vicomte (II, 60).

[5] Cahier de la paroisse d'Agneaux (Hippeau, II, 87).

IMPRIMERIE NATIONALE.

par l'assemblée de ville [1] ; il reproduit sans un mot d'avertissement des passages biffés, des surcharges, des additions qui ne sont pas couvertes par les signatures [2]. Tout cela est déjà assez embarrassant.

Mais ce qui est autrement grave, c'est la façon véritablement singulière dont il a compris la publication des cahiers de paroisses du bailliage de Valognes. Les textes, cette fois, sont à tel point tronqués, remaniés, corrigés, qu'à côté de leur inexactitude la publication des *Archives parlementaires* pourrait sans difficulté paraître un modèle d'exactitude et de sincérité.

Comme c'est là, croyons-nous, une constatation toute nouvelle que nous apportons, comme il s'agit de justifier la décision radicale que nous avons dû prendre vis-à-vis d'un nombre considérable de pièces que nul, jusqu'ici, sur la foi de l'auteur, n'avait paru suspecter, on nous permettra d'entrer dans quelques détails.

Les cahiers, disons-nous, sont *tronqués*. Les lignes de points qu'Hippeau a insérées de temps en temps dans le texte des cahiers ne remplacent point, le plus souvent, comme on pourrait le penser, des répétitions dans les cahiers; ils marquent la place de développements que l'éditeur a supprimés au hasard, parce que, vraisemblablement, il trouvait les cahiers trop longs et qu'il fallait abréger. D'ailleurs, les lignes de points sont encore un excès de scrupules dont il s'est bientôt débarrassé. En réalité, quand on collationne les textes, on s'aperçoit que, sans prévenir le plus souvent, l'auteur a taillé et tranché à son gré dans les cahiers, retirant ce qui lui semblait de peu d'intérêt, reliant au besoin les fragments mutilés par des morceaux de son cru, qui ne sont pas toujours heureux. Et comme par hasard, il s'est trouvé que ces suppressions ont porté sur des vœux de tendance politique significative, ou sur des détails locaux dont l'importance économique était de premier ordre. Pourrait-on savoir, par exemple, pourquoi il a supprimé, dans le cahier d'Helleville, un passage plus que vif sur l'origine frauduleuse des dîmes ecclésiastiques [3] ? Pourquoi il a oublié (?), dans le cahier de Benoîtville, les ecclésiastiques parmi les privilégiés exempts de tailles [4] ? Pourquoi il a, dans le cahier de Le Vicel, laissé de côté l'argument très pressant en faveur de l'égalité devant l'impôt, tiré de la protestation des ducs et pairs du 10 janvier [5] ? N'est-il pas regrettable aussi que, dans le cahier de Fierville, nous ayons été privés de tout un développement intéressant, plein de détails pris sur le vif, sur la réforme à faire dans la forme matérielle des rôles d'imposition [6] ? dans le cahier de Saint-Georges-la-Rivière, de renseignements précieux pour la géographie économique, comme le récit de l'envahissement progressif par les sables du havre de Carteret et des baies de la côte Est du Cotentin [7] ? dans

[1] Cahier de la ville de Granville. (Hippeau, II, 77.)

[2] Passage biffé sur l'original : cahier d'Helleville, A. 12 (Hippeau, 430); addition suspecte : cahier de Benoîtville, Hippeau, II, 383). Nous donnerons dans notre second volume le texte intégral de ces cahiers.

[3] Cahier d'Helleville, A. 5 (II, 429).

[4] Cahier de Benoîtville (II, 382).

[5] Cahier du Vicel, A. 2 (II, 435).

[6] Cahier de Fierville, A. 4 (II, 406).

[7] Cahier de Saint-Georges-de-la-Rivière (II, 470). — Cf., sur ce phénomène naturel intéressant, les cahiers de Montcarville (*infrà*, p. 448), de Car-

le cahier de Tréauville, de détails typiques sur l'enlèvement et le brûlement des varechs pour la fabrication de la soude[1]? N'eût-il point été préférable, si l'espace faisait défaut, de nous donner ces choses précises, plutôt que les phrases pompeusement vagues et la rhétorique creuse des discours de M. Lemennet à l'assemblée du bailliage de Saint-Lô, ou le mémoire du baron de Wimpffen sur la nécessité d'une cocarde distinctive pour l'ordre de la noblesse?

Les cahiers surtout sont *inexacts*. Hippeau avait évidemment, — nous ne pouvons croire que de pareilles erreurs proviennent de lui, — confié à des copistes inexpérimentés le soin d'établir le texte des cahiers des paroisses du bailliage de Valognes. Et il eut grand tort certainement de ne pas revoir sur les originaux les leçons qu'ils lui ont établies, car, par de mauvaises lectures, par des remaniements et des corrections extraordinaires, ils sont arrivés à en faire quelque chose dont on n'a point idée.

On ne saurait compter les fautes qui proviennent d'une simple erreur de lecture. Il s'en trouve qui ne sont que plaisantes. Qu'est-ce, par exemple, que le *recensement* des forêts que demande, d'une façon inattendue, le cahier de Montebourg[2]? Vérification faite, il s'agit du *réensemencement*. Les habitants de Rideauville auraient eu une idée bien singulière, de demander que les possesseurs de salines fussent tenus de verser le montant de leur recette au bureau de la *douane*[3]; mais, en réalité, ils n'ont parlé que du bureau du *domaine*. Le lecteur peut être inquiet de voir certains cahiers demander, comme une réforme judiciaire urgente, la suppression de la *banalité des fours*. Qu'il se rassure, il ne s'agit que de la *vénalité des offices*! Ne croyons pas non plus que ceux qui font payer les dîmes de tremaine soient toujours de *grands diffamateurs*; ce ne sont, en orthographe paysanne, que des «*gros dissimateurs*». Et les formalités exigées pour la fondation d'écoles dans les campagnes ne font pas, comme on voudrait nous le faire croire, «obstacle au *Dieu* de l'humanité»[4]; le *bien* de l'humanité seul est en cause.

Ces erreurs sont plaisantes sans inconvénient. Mais quelquefois la mauvaise lecture mène aux contresens dangereux. Ce n'est pas la même chose tout de même de dire que le port de la Hougue est *formé par la nature* ou *fermé par la nation*[5]; que le décimateur de Benoîtville possède les deux tiers de la commune[6] ou les deux tiers des dîmes de la paroisse. Autre chose est se plaindre des frais des *répartitions*[7], ou des *réparations* des églises. Est-il aussi indifférent de demander pour les digues, le long de la mer, des travaux *préservatifs*[7], ou *conservatifs*? de dire que l'ordonnance militaire *forme* le tiers état pour les grades et honneurs[8], ou qu'elle lui en *ferme* l'entrée? N'y a-t-il point quelque distance aussi d'une contribution *pécuniaire* à une contribution

terot, la Haye d'Ectot. (bailliage de Valognes).
[1] Cahier de Tréauville (II, 511).
[2] Cahier de Montebourg (II, 441).
[3] Cahier de Rideauville, A. 5 (II, 465).
[4] Cahier de Fierville, A. 22 (II, 410).

[5] Cahier de Saint-Vaast-La Hougue (II, 489).
[6] Cahier de Benoîtville (II, 382).
[7] Cahier de Greneville (II, 417 et 418).
[8] Cahier de Montebourg (II, 440).

4.

particulière[1]; des appartenances du château d'un grand seigneur à ses splendides appartements; de gens qui vivent dans la mollesse à ceux qui vivent dans la noblesse[2]? Il conviendrait peut-être encore de ne pas confondre de pauvres pasteurs, parce que *résidents*, avec des *présidents*, des *personnes d'office* avec des *possesseurs d'office*[3]? de ne pas dire que les seigneurs « font toutes sortes de misères » aux paysans, alors qu'ils se contentent de percevoir leurs rentes « en toutes sortes sortes de magnieres »[4]. Sans doute, il serait souhaitable que la Constitution pût assurer à la fois la liberté individuelle et la *prospérité* de tous les sujets; mais, modestement, les habitants de Saint-Pierre-Église ne lui demandaient que d'assurer leur *propriété*[5]. Sans doute, le contribuable devant les tribunaux administratifs, où la justice est rendue par le fonctionnaire lui-même, n'a pas lieu d'être très rassuré; mais il est peut-être excessif d'affirmer qu'il sera *grugé*[6], il suffit qu'il *soit jugé par sa partie*. Et pour finir, ce n'est tout de même pas la même chose, semble-t-il, de demander la *réforme de la marine* ou la *réforme des marins âgés*, et aussi bien le résultat peut être quelque peu différent, si l'on partage les communaux selon les *usages*, ou entre les *usagers*[7] !

Le pis est que, non content de mal lire, le copiste a voulu *corriger* les cahiers.

Les cahiers sont bien mal écrits, en effet. Orthographe grossière de paysans, style incorrect, tournures lourdes et malhabiles. Peut-on décemment imprimer de telles choses? Non, évidemment, et notre copiste, épris de beau style, a dû refaire les cahiers! Il a redressé les phrases, poli le langage fruste, rajusté les tournures mal venues, équilibré les périodes; au besoin, quand l'idée lui a paru peu admissible, il a mis la sienne à la place.

Le résultat, alors, est inattendu. Le copiste a, paraît-il, des pudeurs étranges; il a la haine du mot propre et bas. Peut-on souffrir que les habitants de Fierville se plaignent du « *man* ou *ta*, qui dévore les blés jusqu'à la racine »[8]? Il convient de paraphraser académiquement, de mettre « qu'un fléau dévore les productions ». La nuille des blés est une chose bien vulgaire; on n'en parlera point[9]. En style noble, les « bordiers des rivières » deviendront des « riverains de l'eau »[10]; les « corneilles » qui « désumencent les blés », des « volatiles malfaisants », qui « font du tort aux moissons ».

Il est plus noble, paraît-il, de dire que les habitants de Senoville travaillent « à la sueur de leur front » qu'« à la peine de leurs bras ». Image pour image, celle-ci aurait pourtant moins servi. Mais toute expression un peu forte, tout mot qui se détache, choque visiblement notre copiste. Il ne peut lire que les maladies ont « submergé » la commune de Saint-Georges-de-

---

[1] Cahier de Saint-Marcouf-de-l'Isle, Art. 5 (II, 480).

[2] Cahier de Saint-Marcouf-de-l'Isle, Art. 8 (II, 481).

[3] Cahier de Siouville, A. 8 (II, 496).

[4] Cahier de Saint-Pierre-Église, A. 6 (II, 482).

[5] Cahier de Giéville, A. 9 (II, 422).

[6] Cahier de Sottevast (II, 501).

[7] Cahier de Fierville, A. 32 (II, 413). Cf. les cahiers de Montcuit, art. 1er; Saint-Aubin des Préaux, art. 1er (*infra*, p. 466, 543).

[8] Cahier de Senoville (II, 492).

[9] Cahier de Helleville, A. 6 (II, 429).

[10] Cahier de Senoville (II, 491).

la-Rivière, on doit dire que la commune en fut accablée[1]. Dans sa langue châtiée, monotone et plate, toute couleur, toute vie disparaissent; toute plainte un peu vive s'édulcore. Les marins ne seront point *péris* en mer, ils seront *perdus*[2]; les pigeons ne mangeront point, suivant la forte expression des paysans, la *substance* du laboureur, mais sa *subsistance;* les voleurs mêmes ne feront pas leur *proie* dans sa pauvre cabane, ils se contenteront de le *dérober*[3].

Tout cela peut à l'abord ne paraître que plaisant. La méthode pourtant est, si l'on veut réfléchir, de conséquences très graves au fond. C'est par de tels remaniements, c'est en polissant les phrases, en ornant le style de nos paysans, qu'on est arrivé à faire croire aux lecteurs, mal renseignés, que nos cahiers ruraux furent des œuvres toutes faites de citadins; c'est en publiant de tels cahiers remaniés qu'on est arrivé à donner apparence de raison aux accusations si graves de Taine contre l'authenticité de la provenance de nos cahiers paroissiaux.

Il serait bien surprenant, d'ailleurs, qu'à retoucher ainsi les textes, le sens ne se fût pas trouvé gravement altéré. Tant qu'il ne s'agit que d'institutions générales, de choses bien connues, le copiste a pu, par ses phrases rajustées ou ses mauvaises lectures, ne pas compromettre irrémédiablement le fond de l'idée. Que les justices locales relèvent *duement* ou *nuement,* sans appel, de la Cour souveraine[4], la différence n'est pas très importante; que les impôts soient «aussi» au marc la livre ou «assis» au marc la livre[5], le résultat pratique sera à peu près le même pour le contribuable. Mais il ne lui serait pas indifférent déjà peut-être que les contributions soient établies à proportion de ses *biens* ou de ses *revenus*[6]. Et lorsque les cahiers viennent à parler d'institutions anciennes, que le copiste ignore, ses remaniements conduisent naturellement à des conséquences extraordinaires.

Les exemples fourmillent de son ignorance. Comme il n'a pas compris l'expression «taille et suite», par deux fois il l'a corrigée en «taille et autres», qui n'offre plus aucun sens[7]. Sous sa plume, le «vingtième et impôt territorial» sont devenus bonnement «les deux impôts territoriaux»; les bénéfices *simples,* des bénéfices *simplement*[8]. Quand, à la lecture, un mot l'a embarrassé, il en est sorti victorieusement par une création de son cru. Il a créé de sa grâce des *précures*[9], qui ne sont que de modestes *prieurés.* Comme il n'a pas compris qu'une paroisse puisse être ruinée par des *dépouillants étrangers,* il en a fait simplement des *étrangers privilégiés*[10]. S'il n'a pu lire qu'un seigneur ne veut pas *déduire les dixièmes,* il mettra vaguement qu'il ne veut tenir compte d'aucune dépense[11]; s'il ne comprend point comment

---

[1] Cahier de Saint-Georges-de-la-Rivière (II, 469).

[2] Cahier de Senoville (II, 491).

[3] Cahier de Siouville, A. 2 (II, 495).

[4] Cahier de Cherbourg, A.22 (II, 399).

[5] Cahier de Siouville, A.2 (II, 495).

[6] Cahier de Siouville, A.1 (II, 494).

[7] Cahier de Siouville, A.2 (II, 494); Helleville, A.2 (II, 427).

[8] Cahier de Huberville (II, 432).

[9] Cahier de Senoville, A.6 (II, 493).

[10] Cahier de Tréauville (II, 510).

[11] Cahier de Senoville, préambule (II, 491). — Sur la déduction des vingtièmes, voir la note sur le cahier de Dangy, *infrà,* p. 300.

les non-domiciliés peuvent payer sous prétexte de *ferme* dans les paroisses voisines, il fera dire au cahier que le fisc cherche des raisons de *forme* [1] pour les faire payer.

Il y a telles de ces corrections qui sont typiques. Le cahier de Benoîtville parle des prétentions de l'archidiacre *gros décimateur*. L'expression, que le copiste ne comprend plus, lui semble pleine d'irrévérence vis-à-vis d'un ecclésiastique constitué en dignité; et il corrige, en un langage, à ce qu'il croit plus décent : l'archidiacre *grand* décimateur [2]. Ailleurs, il est question de l'abbé *commendataire* de Lessay; le mot évidemment ne lui dit plus rien. Mais, comme on vient de parler des revenus de l'abbaye et qu'il fut question d'argent, il corrige galamment : l'abbé *et ses commanditaires !*

Nous en passons et des meilleures. La litanie pourrait interminablement s'allonger. Mais laissant maintenant le côté plaisant, il ressort de tout ceci une grave constatation : c'est que, avec ses remaniements, avec ses inexactitudes, avec ses textes tronqués et ses textes suspects, l'édition considérable de Hippeau est plus dangereuse encore pour le travailleur, s'il est possible, que les leçons simplement peu sûres des Archives parlementaires. Et cette constatation nous dictait impérativement, sans la moindre hésitation possible, la conduite que nous devions tenir.

Nous avons estimé, dans l'état peu satisfaisant des publications antérieures, les unes isolées et introuvables, les autres plus fournies mais plus qu'inexactes, qu'il convenait de reprendre franchement, de toutes pièces, la publication des cahiers des paroisses de notre bailliage. Ce sera, croyons-nous, rendre un service utile à l'histoire et à la vérité que d'opposer à des textes tronqués et remaniés de la sorte la lettre fidèle et correcte de nos cahiers : cahiers de paysans, mal bâtis, mal rédigés, pleins en la forme de tournures maladroites, au fond de petits détails vulgaires, de questions de dîmes, de pigeons et de lapins; mais, par cela même, cahiers sincères, cahiers loyaux, cahiers vrais.

Si nous avons cru devoir reproduire à nouveau un certain nombre de cahiers incorrectement édités, nous avons pu, en revanche, dans la publication des textes, éviter, par une étude attentive des cahiers, de nombreuses répétitions. Un nombre appréciable de cahiers, presque uniquement parmi les cahiers primaires, se reproduisent en effet textuellement, soit en totalité, soit en partie, dans des développements considérables.

Toutes les répétitions ne sont point de même nature : il y a la reproduction pure et simple, la vulgaire copie, et il y a l'influence du type, du cahier modèle. Les deux cas ne sont point tout à fait à confondre. De la paroisse qui a copié servilement un cahier voisin, par négligence ou par défaut de rédacteur capable, on pourrait presque dire qu'elle fut personnellement sans cahier. L'influence d'un type nous révèle tout autre chose. Les cahiers de ce genre se sont copiés sans doute, mais non point servilement. Ils ont une partie

---

[1] Cahier de Sortoville-près-Valognes, A. 13 (II, 498). — [2] Cahier de Benoîtville (II, 382).

commune, qu'ils disposent d'ailleurs souvent dans un ordre variable, qu'ils modifient par des corrections au besoin, mais ils ont aussi presque toujours une partie personnelle, où la paroisse expose, à la suite des vœux communs, ses propres doléances. La partie commune, même, n'est pas, comme on pourrait croire, exclusivement composée de vœux d'ordre général, de réformes d'ordre politique ; elle est plus souvent, au contraire, économique ; mais elle expose des questions qui intéressent plus d'une seule communauté, qui sont communes à un ensemble de paroisses voisines : elle est en somme d'intérêt régional, et le groupement des cahiers autour d'un type, — c'est là une idée que nous ne pouvons pour le moment qu'indiquer, — décèle le plus souvent, si l'on veut bien y prendre garde, l'existence d'une petite unité économique, qui par-dessus, au besoin, les frontières artificielles des circonscriptions administratives, fait connaître ses besoins, ses souffrances, ses idées de réformes particulières.

Nous avons, de l'une et l'autre situation, des exemples dans les cahiers primaires qui nous sont conservés. Nous avons de pures copies : les cahiers de Montmartin et de Régneville[1], de Bricqueville-le-Blouette et de Savigny[2], de Saint-Martin et Saint-Sauveur-de-Bonfossé[3], au bailliage particulier de Coutances, ceux de Helleville et de Siouville[4], de Héauville et de Cauquigny[5], aux bailliages de Carentan et de Valognes, sont, pour le tout ou pour partie, des décalques purs et simples.

Le groupement de cahiers-types n'est, au contraire, commun que dans le bailliage particulier de Coutances. A Valognes, semble-t-il, le morcellement extrême du ressort en a empêché la formation. Mais à Coutances, sur environ 120 cahiers de paroisses, nous n'avons pas moins d'une demi-douzaine de groupements bien caractérisés[6], quelques-uns peu considérables, de deux à trois cahiers, mais deux au moins importants et recouvrant une région déjà considérable : le type du cahier de Beaucoudray avec neuf cahiers paroissiaux formant masse compacte à l'extrémité Est du bailliage[7], le type du cahier de Cerisy avec six cahiers encore vers le Centre[8].

[1] Cahier de Montmartin, *infrà*, p. 472 ; de Regnéville, *infrà*, p. 519.

[2] Cahier de Bricqueville-la-Blouette, *infrà*, p. 197 ; de Savigny, *infrà*, p. 533.

[3] Cahier de Saint-Martin-de-Bonfossé, *infrà*, p. 570 ; de Saint-Sauveur-de-Bonfossé, *infrà*, p. 599.

[4] Ce cahier sera reproduit dans le volume suivant.

[5] Cahier de Cauquigny, *infrà*, p. 728.

[6] Groupements de cahiers dans le bailliage de Coutances : I. Contrières, Guéhebert et Saussey ; II. La Haye-Comtesse, l'Orbehaye, Mesnilbonnant ; III. Belval, Caillebot, Soulles ; IV. Gavray-Village, Lengronne ; V. Cametours, Marigny ; VI. Mesnilaubert, Trelly ; VII.

Saint-André-du-Valjouais, Pontflambard ; VIII. Saint-Jean-des-Champs et Saint-Ursin.

[7] Au type du *cahier de Beaucoudray*, dans le bailliage de Coutances, appartiennent les cahiers de Beaucoudray, le Chefresne, Fervaches, Mesnil-Opac, Mesnilraoult, Montabot, Moyon, Tessy, Troisgots. Le type, comme nous verrons, a des ramifications dans le bailliage de Torigny. (Voir *infrà*, p. 144, note 3.)

[8] Type du *cahier de Cerisy* : Caillebot, Cerisy, Donville, le Guislain, le Lorey, Notre-Dame-de-Cenilly, Saint-Martin-de-Cenilly. Il y a de fortes divergences entre certains cahiers du groupe.

Ce n'est point ici, évidemment, le lieu d'étudier ces groupements, d'en rechercher la répartition régionale ni les causes originaires de leur formation. Ce qu'il nous importe de noter au point de vue publication, c'est que ces répétitions dans les cahiers permettaient de faire des coupures et d'abréger considérablement les dimensions de la publication. Nous en avons tout naturellement profité ne reproduisant qu'une fois le cahier-type, nous contentant d'y renvoyer pour tous les développements textuels que nous avons rencontrés par la suite.

On pouvait se demander seulement, à ce propos, sous quel nom de paroisse il convenait de placer le cahier-type. Le cahier de groupe a, en effet, une origine, parfois un rédacteur qu'il est possible de déterminer [1]. Quand cela a pu être fait, quand le cahier est apparu manifestement l'œuvre d'une paroisse, d'un individu, c'est tout naturellement à la paroisse-mère que nous avons rattaché le cahier. Mais dans le doute, ce qui est fréquent et même le cas le plus ordinaire, quand rien n'a transpiré qui nous permette aujourd'hui d'attribuer sûrement, formellement, tel cahier à telle communauté, c'est sous le premier nom de paroisse du groupe dans l'ordre alphabétique que nous avons tout simplement placé le cahier ; il eût été illusoire et souvent trompeur de le vouloir rattacher à la communauté la plus considérable ; tout au contraire, les cahiers-types paraissent être le plus souvent issus d'une toute petite communauté [2], parce que là se trouvait résider, par hasard, un individu plus instruit ou plus habile à rédiger.

Quelques mots suffiront pour les procès-verbaux d'assemblées qui accompagnent les cahiers. Conformément au plan adopté, nous n'en avons donné, en général, que des analyses et les extraits nécessaires pour authentiquer et identifier le cahier. La rédaction du procès-verbal est, d'ailleurs, le plus souvent sans intérêt particulier, n'étant que la reproduction textuelle d'un modèle général.

Ceci est vrai seulement pour les cahiers primaires. Pour ce degré de la convocation, un modèle général imprimé [3] avait été envoyé à chaque communauté de paroisse en même temps que les lettres de convocation, et les assemblées se sont contentées de le reproduire uniformément, en y ajoutant les indications de date, de comparants, etc., demandées. Certaines mêmes, dans le ressort de Valognes tout particulièrement, paraissent avoir cru qu'elles devaient se servir de la feuille même imprimée, et se sont appliquées, non sans difficulté, à cause de l'exiguïté des blancs laissés sur le modèle, à remplir simplement celui-ci. — Nous avons donc reproduit une fois pour toutes, *in extenso*,

---

[1] Dans le bailliage de Valognes, une quinzaine de paroisses ont été présidées par M° Vincent Mariage, juge haut-justicier de Bricquebec. Les cahiers sont très fortement apparentés.

[2] Voir *infrà*, pour le type *Beaucoudray*, p. 146, note 3. Dans ce groupe, qui comprend des communautés de 310 et 267 feux, comme Tessy et Moyon, c'est la petite paroisse de Mesnil-Opac,

77 feux, qui a fourni le prototype, parce qu'il s'y est trouvé un avocat politicien.

[3] *Procès-verbal d'assemblée des villes, bourgs, villages et communautés, pour la nomination des députés.* — Feuille in-4° imprimée. — Plusieurs exemplaires en blanc se trouvent aux Archives de la Manche, dans la liasse des cahiers de Valognes.

le premier procès-verbal que nous avons rencontré; des autres, nous avons extrait seulement les parties qui nous ont paru substantielles, c'est-à-dire la date d'abord, qu'il conviendra de rapprocher de celle du cahier, les noms des comparants, lorsque le procès-verbal veut bien les donner, ceux des députés, et les signatures. Nous avons laissé de côté, comme sans intérêt, les mentions de la date de la lecture au prône et publication des lettres royales, le nom du desservant qui a fait cette lecture; nous reproduisons au contraire, mais en faisant sur la valeur absolue de cette indication toutes réserves nécessaires, la mention du nombre de feux de la paroisse. Cette mention, étant donnée la façon dont elle fut souvent établie, ne devra fort souvent être utilisée qu'avec prudence ; elle peut servir utilement pourtant, — c'était là, en somme, son rôle dans la convocation, — à contrôler le nombre des députés de la communauté.

Pour les quatre villes seulement dénommées à l'état annexe, c'est-à-dire pour Coutances, Granville, Cherbourg et Valognes, nous avons cru devoir, quand nous l'avons pu retrouver, donner *in extenso* le procès-verbal d'assemblée [1]. Pour ces villes, en effet, le texte s'écarte de la rédaction figée des formulaires. Il présente d'abord un intérêt particulier, en ce qu'il nous donne, par l'appel des députés, la liste des corporations et corps autorisés qui avaient été appelés à se réunir en assemblées préparatoires; il mentionne en outre divers incidents particuliers, nomination de commissaires-rédacteurs, adhésion ou protestation d'une partie de l'assemblée contre la rédaction du cahier proposé, exclusion des députés incorrectement nommés, etc., qui touchent d'assez près, quelquefois, la question de l'authenticité ou de la valeur documentaire du cahier, pour qu'il ait paru nécessaire de les reproduire.

Nous n'avons guère eu à abréger, en général, les procès-verbaux des assemblées préliminaires du tiers état aux bailliages secondaires. A part certaines formules initiales qu'il est aisé de retrancher, ces procès-verbaux sont, en effet, courts, et ne disent que l'essentiel. Leur seul développement un peu long est l'appel des députés, partie capitale toutefois, puisque c'est elle seule qui nous fournit la liste des assemblées primaires, qui nous renseigne sur la comparance ou le défaut, qui nous apprend la remise des cahiers ou leur non-rédaction par les paroisses. Ils nous fournissent d'ailleurs, dans cet appel même, un renseignement des plus intéressants, en indiquant le plus souvent les professions des députés des paroisses. Il y a là certainement, pour qui veut se rendre compte d'un peu près de la représentation des classes sociales dans la rédaction des cahiers, un élément d'information capital, qui n'a pas été suffisamment mis en valeur. Nous avons donné donc *in extenso*, dans ce cas, les procès-verbaux d'assemblées préliminaires ; mais tout naturellement, si à côté de ces détails substantiels il s'est trouvé des développements oiseux, détails compliqués des opérations d'élection, longs discours pompeux et vagues des présidents de l'assemblée, nous les avons sans remords sacrifiés.

Il **a fallu** procéder beaucoup plus radicalement avec les procès-verbaux des

[1] Procès-verbal de Granville, *infrà*, p. 114. Ceux de Cherbourg et de Valo- gnes seront donnés dans le second volume.

assemblées des trois ordres au bailliage principal. Ces procès-verbaux sont fort longs, diffus, pleins de menus incidents, rivalités de préséance entre les membres des ordres privilégiés, procédés de courtoisie entre les Chambres des ordres qui s'envoient «faire la révérence», etc. Les détails, quelquefois, ne manquent pas de pittoresque, mais on ne peut guère dire, en somme, qu'ils aient affecté proprement la rédaction des cahiers. Nous avons réduit en sommaire et en analyse très brève toute cette partie des procès-verbaux ; nous conservons au contraire soigneusement, parce que l'intérêt nous en paraît capital, le récit des incidents qui ont marqué la rédaction des cahiers, par exemple, dans la Chambre du Clergé, les démêlés assez vifs entre la majorité conduite par les évêques et une forte minorité de curés sur la question des privilèges pécuniaires de l'ordre. Ces démêlés se sont traduits, en définitive, en vœux formels dans le cahier ; ils sont de l'histoire vivante, et malgré la forme diplomatiquement réservée des procès-verbaux, ils nous en disent long sur l'état des esprits dans une portion des ordres privilégiés.

Toutes les pièces, dans l'ensemble, ont été aussi fidèlement reproduites qu'il a été possible. Nous avons cependant, conformément au plan général, dû corriger l'orthographe des cahiers, pour les rendre de lecture moins pénible. Nous tenons à faire absolument cette remarque, parce qu'il faut qu'il soit bien compris que l'orthographe dans les cahiers de paroisses, surtout pour le bailliage de Valognes, est extrêmement loin de la régularité. Il ne faudrait point qu'on pût venir un jour arguer, comme on l'a fait, de la régularité d'orthographe de nos cahiers, pour prétendre qu'ils ne sont point l'œuvre des paysans eux-mêmes. Nous tenons à ce qu'on sache bien que l'orthographe des originaux ne peut, à cet égard, laisser le moindre doute ; la plupart des cahiers sont écrits par des mains qui, certainement, ne devaient pas souvent manier la plume ; ils ont été rédigés par des paysans qui n'avaient guère eu assurément de fréquentations avec la grammaire. Les caractères péniblement tracés, les mots mal compris, presque toujours orthographiés avec la déformation que leur fait subir la prononciation locale, en seraient une preuve suffisante.

Les signatures sont une partie très intéressante dans les cahiers. Outre leur rôle pour authentiquer les pièces, elles ont localement, nous en sommes persuadés, un intérêt considérable ; dans ce pays agricole, de population en général stable, bien des familles pourront reconnaître la signature de leur grand-père ou arrière grand-père sur le cahier de la paroisse, et ne verront pas, croyons-nous, sans utilité, quelles étaient ses souffrances, quels vœux de réforme il appelait. Nous avons donc relevé avec soin les signatures. Il convient cependant de faire une observation relativement à leur orthographe. Certaines d'entre elles étaient difficilement lisibles ; nous avons normalement réussi à les identifier par les noms des comparants. Mais il est arrivé aussi, assez fréquemment, que le nom était écrit de façon différente dans la liste des comparants et à la signature, écrit de façon différente sur le procès-verbal et sur le cahier. Il est manifeste, à notre avis, qu'il n'y avait point, pour beaucoup de noms propres, d'orthographe arrêtée ; dans la même famille, le père, le fils, des frères, écrivent différemment le nom familial [1]. Dans l'impossibilité de tenter une rectification, nous avons donc laissé subsister les différences dans les noms, telles que nous les avons lues : il est bon que le lecteur en soit prévenu.

Les pièces publiées se suivront suivant l'ordre des bailliages secondaires, en commençant par le bailliage principal de Coutances, et successivement ensuite dans l'ordre alphabétique des sièges, ordre qui nous a semblé plus correct que celui tout arbitraire dans lequel ils sont rangés à l'état annexe du 24 janvier 1789. Dans le groupe de chaque bailliage, nous donnons successivement les pièces des paroisses, procès-verbal et cahier, suivant l'ordre alphabétique des communautés elles-mêmes. Le procès-verbal et le cahier de l'assemblée préliminaire ferment chaque série. La suite des bailliages secondaires épuisée, nous terminerons par les procès-verbaux et cahiers des trois ordres au bailliage principal.

Nous avons cru cet ordre préférable à celui qui eût consisté à donner successivement tous les cahiers des paroisses, puis tous ceux des assemblées préliminaires, en bloc, et enfin les cahiers des ordres. Le cahier préliminaire, en effet, est intimement lié à ses cahiers de paroisses, par son origine et par son contenu ; en le classant immédiatement après les cahiers primaires de son ressort, on pourra l'étudier à la place même qu'il a occupée dans la convocation, et dans son rôle vrai. Compilé et «réduit», comme on disait, des cahiers primaires, il doit apparaître comme la synthèse des pièces de paroisses et ne se comprend bien qu'à leur suite ; car par la lecture antérieure des cahiers paroissiaux, plus détaillés et plus abondants chacun sur les questions qui les intéressent, bien des choses pourront apparaître claires, qui, dans la forme concise quelquefois jusqu'à la sécheresse des cahiers de bailliage, demeureraient vagues et imprécises. Par cette disposition, il est vrai, le cahier de l'ordre du tiers état se trouvera, lui, rejeté seul à la fin, éloigné de la plupart des cahiers des assemblées préliminaires dont il doit procéder ; mais cet inconvénient inévitable est, croyons-nous, de conséquences beaucoup moins fâcheuses, le cahier d'ordre ayant bien moins que les précédents, en général, obéi aux lois de la réduction, et ayant beaucoup plus souvent été simplement l'œuvre personnelle des commissaires rédacteurs.

Il nous reste à dire un mot seulement du travail personnel qui accompagne les textes.

Ce travail, nous l'avons délibérément borné à quelques annotations et à la rédaction d'une table et d'un court glossaire. La présente publication a été conçue, en effet, uniquement comme devant être un instrument de travail. Nous donnons les matériaux nécessaires pour entreprendre une étude de l'état économique de notre bailliage en 1789; nous n'avons pas un instant songé à aborder cette étude même. Toutefois nous avons cru que, pour être

---

[1] On écrit par exemple et on signe indifféremment *Roussel* ou *Rouxel*, *Marais* et *Marest*, *Labarre* et *Labart*. Il est à observer que si la façon d'orthographier varie, le son prononcé reste le même.

un instrument utilisable, pour pouvoir rendre les services qu'on attend d'elle, cette publication devait contenir en elle-même tout ce qui peut faciliter, amorcer même au besoin l'étude historique future.

Pour faciliter l'étude des cahiers, ce qui avant tout s'imposait, c'est évidemment la rédaction de tables. Les cahiers sont une mine incomparable de faits précis, mais ils sont de forme ingrate et pénible à consulter. Ils contiennent sur presque tous les grands problèmes de la fin de l'ancien régime, problèmes politiques, économiques, questions administratives, financières, religieuses, instruction publique, des détails que l'on ne trouverait, peut-être, nulle part ailleurs. Mais toutes ces matières y sont jetées sans ordre, et dans la multiplicité des pièces, les unes les ont abordées, les autres non. Quand il faut chercher, ne serait-ce que dans les pièces d'un seul bailliage, un renseignement précis, on est immédiatement arrêté. On pourrait feuilleter cent pages au hasard, et passer à côté de la seule où se trouve le renseignement souhaité; on est vite rebuté, dans la lecture suivie même, si l'on n'y est guidé, par l'apparente dispersion des idées.

Nous avons donc entrepris des tables des vœux des cahiers. C'était un travail assez ingrat, mais qui seul pouvait les rendre utilisables. Ces tables, nous avons essayé de les donner vraiment analytiques. Nous n'avons pas cru, par exemple, qu'il suffit, sous le mot dîme, de donner une énumération fastidieuse des noms de paroisses qui ont parlé de la dîme : nous avons, entrant dans le détail de la question, sérié et subdivisé, distinguant les vœux des cahiers qui ne traitent qu'en termes généraux de la dîme, ceux qui abordent son origine, ceux qui nous renseignent sur sa quotité, ses espèces, sur les difficultés locales qu'elle soulève, sur son produit annuel, sur les possédants-dîme de la paroisse ; ceux qui en souhaitent l'abolition, ou la réforme, ou la réglementation sur certains points seulement (dîmes solites, etc.). Cette rédaction analytique, classifiée, des doléances et vœux des cahiers, pour laquelle nous avons procédé à un scrupuleux dépouillement sur fiches, pourra être à certains égards comme le premier aperçu, en raccourci, des vœux des cahiers sur les principales questions économiques; mais surtout, elle donnera aux travailleurs le fil qui peut seul leur éviter de se perdre dans la multiplicité des pièces et rendre, comme nous disions, les cahiers utilisables. Il est bien évident, en effet, que la majorité des travailleurs n'ont pas le loisir de feuilleter de douze à quinze cents pages, pour trouver un renseignement de quelques lignes.

Nous avons joint aux cahiers un glossaire très réduit. Le glossaire des termes locaux employés dans les cahiers sera, pour certaines régions de la France, très probablement une œuvre considérable. Dans notre région, il ne pouvait avoir que des dimensions fort modestes. En Cotentin, si la langue parfois est chargée de tournures incorrectes, de formes orthographiques locales, le mot, sous son habit patois, n'est le plus souvent qu'une faute d'orthographe à corriger, et ne demande point le Glossaire. Il est cependant quelques termes qui veulent être mis à part, termes désignant le plus souvent des redevances féodales particulières à la contrée, des mesures locales; dans le bailliage de Valognes plus spécialement, des usages et des objets propres à la côte maritime et à la vie du pêcheur normand. Le tout, au demeurant, ne fait qu'un ensemble peu considérable; et si nous l'avons réuni en forme de glossaire, c'est que l'explication de ces termes, fréquemment répétés dans les cahiers, s'y retrouvera plus commodément, dans une suite alphabétique, que dispersée au travers du volume, sous le premier cahier où nous aurions dû la donner.

Enfin nous avons, conformément au plan général adopté pour ces publications, joint aux cahiers des notes sous le texte. Ces annotations se réfèrent essentiellement à un double objet : les unes, d'ordre plus général, visent à faciliter, par des explications sur quelques institutions locales, la lecture des cahiers dans leur ensemble; les autres, plus particulièrement nourries de chiffres et d'indications statistiques, ont pour but de donner à chaque cahier de paroisse, pris isolément, toute sa valeur documentaire, en permettant de contrôler, au besoin de justifier, par l'apport de faits et de chiffres précis, la vérité de ses assertions sur l'état économique de la communauté. Dans notre pensée même, cette dernière catégorie d'annotations devra avoir aussi une utilité moins prochaine, mais qu'il est bon dès aujourd'hui de prévoir. Par la précision qu'elles permettent de donner au tableau tracé par les cahiers de l'état économique de chaque communauté en 1789, elles donneront une base beaucoup plus ferme et plus sûre aux tableaux comparatifs qui pourront être tentés plus tard, — à la suite de publications de documents économiques d'un autre ordre, des *États des biens nationaux* particulièrement, — de la situation économique de ces mêmes communautés en d'autres moments caractéristiques de la période révolutionnaire. C'est là d'ailleurs un point sur lequel nous devrons revenir tout à l'heure.

Pour ne parler pour le moment que des notes proprement consacrées aux institutions, il n'est point besoin d'en justifier longuement l'utilité. Les cahiers ont évidemment besoin par endroits d'explications. Les paysans qui les rédigèrent y ont fait des allusions à quantités de faits locaux, de coutumes et d'institutions particulières, qui pour eux étaient très claires, parce que ces faits appartenaient à la vie journalière d'alors, mais qui, pour le lecteur moderne, demandent à être précisées et expliquées. Nous nous sommes efforcés d'apporter dans les notes les indications brèves et précises indispensables pour que, suivant les termes mêmes de la circulaire du 5 avril 1905, la lecture et la compréhension des cahiers devinssent, pour un lecteur même peu familier avec les institutions anciennes, une chose relativement aisée.

On ne trouvera point dans ces notes de renseignements sur les institutions d'ordre général, communes à la plupart des provinces de l'ancienne France. Nous nous sommes systématiquement abstenus de toute annotation relative aux matières d'administration générale (impositions royales, régie et fermes, organisation judiciaire, etc.). Sur tous ces objets, les cahiers s'expliquent en général d'une façon suffisamment claire; et, au besoin, lorsque quelque endroit moins satisfaisant d'un cahier paraît l'exiger, on peut recourir aux traités généraux d'histoire dans lesquels ces institutions bien connues peuvent être aisément étudiées.

Il en est tout autrement des institutions locales, de certaines coutumes propres à la province, et même, à quelques égards, de certaines institutions considérées comme générales, relativement aux conditions dans lesquelles elles se trouvaient localement appliquées. Ces matières ont besoin d'explications très précises, parce qu'elles ont été généralement négligées par les historiens, et parce que justement leur méconnaissance peut conduire plus d'une fois à de fâcheuses méprises. On est trop souvent porté, croyons-nous, à oublier, dans les ouvrages d'histoire générale, et même, ce qui est moins pardonnable, dans les travaux d'histoire locale, que les institutions et l'état économique d'une province comme la Normandie, à la fin du xviiie siècle, ne peuvent être bien compris et jugés avec le seul secours de la législation générale du royaume; qu'une province comme la Normandie, qui a une coutume, un Parlement, une jurisprudence, possède par là même à certains égards un régime d'institutions propres, et des habitudes administratives et financières qui lui font, sur beaucoup de points, un régime économique nettement caractérisé. La connaissance, pourtant, de ces particularités est utile, indispensable même, pour comprendre et juger sainement les vœux des cahiers, que la seule connaissance des institutions générales rendrait parfois inintelligibles. N'est-il pas évident, par exemple, que les vœux répétés de nos cahiers pour l'abolition du déport et du droit des archidiacres, leurs réclamations en matière de réparations presbytérales, de droit de colombier, sont inexplicables à qui ne connaît pas l'importance locale de l'institution du déport [1] ou la jurisprudence spéciale du Parlement de Normandie sur les deux autres objets, l'interprétation particulière qu'il avait donnée à la déclaration de 1694 pour la construction des presbytères [2], les refus persistants qu'il avait opposés, sous prétexte d'atteinte au droit de la province, à l'enregistrement des déclarations royales du milieu du siècle, sur la fermeture des colombiers pendant la moisson et le temps des semailles [3]? De même encore, les doléances d'une partie de nos cahiers sur les plantations et le déboisement, leurs réclamations au sujet de la vente des pailles des dîmes, ne seraient-elles pas lettre morte pour qui ne connaît pas l'arrêt de Règlement de 1757 sur les plantations dans la province [4] et la nécessité particulière des amendements dans le pays de Bocage [5]? — D'une manière générale, on peut affirmer, croyons-nous, que beaucoup de vœux des cahiers, qui paraissaient d'abord inutiles ou superflus, parce qu'il avait été statué depuis longtemps sur la matière par mesure législative générale, se justifient localement, ou bien parce que cette prétendue législation générale n'avait été édictée que

[1] Cahier de la ville de Coutances, art. 47; cahier de Cambernon, art. 4, *infrà*, p. 95, 247 et la note sous ce dernier texte.

[2] Cahiers d'Annoville-Tourneville, art. 4 et la note, *infrà*, p. 135, de Montchaton, art. 31 et la note, *infrà*, p. 462.

[3] Cahier de La Baleine, *infrà*, p. 142, et la note 2.

[4] Cahiers de Bricqueville-la-Blouette, art. 34, de Camprond, art. 6 (*infrà*, p. 204, 247) et la note sous ce dernier.

[5] Cahier de Belval, art. 9, et la note, *infrà*, p. 153.

sous réserve du droit des coutumes locales, ou encore parce que le Parlement de la province avait refusé de l'enregistrer, ou enfin, parce que l'usage, plus fort que la loi, en avait jusque-là localement paralysé l'effet[1].

Il n'existe point encore, pour les institutions locales de la Normandie dans les derniers siècles de la monarchie, de travail d'ensemble satisfaisant. Sur quelques points particuliers seulement, nous avons des travaux estimables, auxquels nous avons pu directement renvoyer. Mais le plus souvent c'est dans les monuments mêmes de notre droit provincial, dans les travaux

[1] Rien ne montre mieux peut-être la nécessité d'étudier de très près, dans son application locale, la législation générale du xviii° siècle, et de faire avant tout le départ des mesures appliquées, et de celles qui sont restées, au moins localement, à l'état théorique, que les méprises dans lesquelles a pu tomber M. Lecacheux dans ses appréciations sur les cahiers de Montebourg et des paroisses environnantes. Les cahiers dont il a donné, comme nous disons ailleurs, le texte très correct, seraient remplis, à l'entendre, de griefs imaginaires, de plaintes mal fondées, relatives à des abus depuis longtemps réformés; tout ce qu'ils demandent si âprement était depuis longtemps déjà accordé, et leurs plaintes persistantes ne peuvent être regardées que «comme une preuve matérielle de l'ingratitude nationale». M. Lecacheux donne des exemples. Les cahiers, remarque-t-il, se plaignent de la mauvaise administration de la justice, qui oblige à faire des 50 et 60 lieues pour plaider «alors que le 8 mai 1788, un an auparavant, 47 tribunaux d'appel ou grands bailliages créés par le roi, dont un à Caen, deux fois plus nombreux que nos cours d'appel, rendaient par conséquent la justice deux fois plus facile et plus prompte». Les cahiers réclament âprement la suppression des tribunaux d'exception, «et depuis un an toutes ces juridictions, bureaux des finances, élections, juridictions des traites, maîtrises des eaux et forêts, avaient été radicalement supprimées». Ils se plaignent que l'entretien des chemins soit exclusivement à la charge du tiers état, «alors que, dans l'assemblée provinciale de 1787, la noblesse et le clergé avaient expressément demandé à être autorisés à s'imposer d'une somme extraordinaire de 50,000 livres sur leurs biens propres» pour venir en aide au

troisième Ordre. De toutes ces réformes, observe M. Lecacheux, les cahiers ne tiennent point de compte; «ils feignent de les ignorer pour grossir leurs doléances»; ils se plaignent d'abus supprimés comme s'ils existaient encore, «pour le plaisir de montrer de la mauvaise humeur».(Lecacheux, *Documents pour servir à l'histoire de Montebourg*, p. 287-240.)

S'il en était ainsi vraiment, les doléances de nos cahiers mériteraient bien peu de confiance, et l'on pourrait avec quelque justice souscrire à l'appellation que leur inflige l'auteur de «monuments de l'ingratitude nationale». Mais la vérité est qu'ici ce sont les cahiers qui se sont montrés bien renseignés, et que M. Lecacheux, trompé par les formules générales de la législation royale, a pris à chaque fois des intentions pour la réalité. L'édit de mai 1788, créateur des grands bailliages, n'a point été enregistré dans nos sièges, et n'a jamais reçu dans la province un commencement d'exécution. Les tribunaux d'exception supprimés à la même date, bureau des finances, élections, traites, maîtrises des eaux et forêts, greniers à sel, avaient à peine cessé un instant de fonctionner, du milieu de juin au milieu d'octobre 1788, et avaient partout, en 1789, repris leurs fonctions; et les excellentes intentions dont avait fait preuve l'Assemblée provinciale de 1787 dans son vœu pour la réforme des chemins vicinaux, étaient restées à l'état d'intentions qu'aucun acte positif n'avait suivies. Les paroissiens de Montebourg savaient cela mieux que personne, sans doute; ils savaient par expérience quelle distance il y avait des belles promesses d'un Édit royal à l'application; et si dans leurs cahiers ils demandent aux États généraux la suppression de ces mêmes abus, c'est qu'ils voyaient, pour en souffrir encore, que les abus exis-

particuliers des jurisconsultes normands, Commentaires de la Coutume réformée, Recueils d'arrêts du Parlement, Pratiques et Dictionnaires spéciaux de la fin du xviii° siècle, que nous avons dû puiser les éléments de nos informations. Est-il besoin d'ajouter que nous nous sommes efforcé, puisqu'il nous fallait toucher de si près à des sources purement juridiques, d'en user aussi discrètement que possible, de dire seulement le nécessaire et d'éviter scrupuleusement tout langage trop technique? En tout cas, en recourant, lorsqu'il le fallait, à des arrêts de jurisprudence, nous avons tenu à choisir toujours ceux qui étaient relatifs à des litiges soulevés dans la région de Cotentin : et cela non point seulement parce que les exemples ainsi choisis pouvaient illustrer de façon plus vivante les doléances locales, mais aussi et surtout parce que, dans une jurisprudence aussi touffue et aussi peu fixée que celle de notre ancien droit, la décision est si souvent emportée par des usages locaux ou des arguments d'espèce, qu'il eût été bien souvent téméraire, croyons-nous, de vouloir généraliser une solution en dehors de la région même pour laquelle est intervenue la sentence.

C'est dans un but de contrôle, avons-nous dit, pour permettre de vérifier, sur des éléments positifs d'appréciation, les assertions du texte, que nous avons réuni, dans d'autres notes assez étendues, des faits et des chiffres précis relatifs à l'état économique de chacune des paroisses dont nous publions les cahiers. Souvent ces détails concrets étaient appelés par le texte même du cahier, et l'annotation ne fait, dans ce cas, que confirmer le texte par des indications plus précises. Le cahier, par exemple, parle de la construction d'une route, se plaint des frais entraînés par un procès soutenu contre les décimateurs ou par la réédification du presbytère[1], se lamente sur les charges qui incombent à la paroisse du fait de l'accroissement des impôts, de la vérification des vingtièmes[2], de la fermeture de la forêt et du marais communal[3]. Ce sont là des faits positifs auxquels le cahier se contente souvent de faire une rapide allusion, comme étant bien connus de tous; mais pour nous, aujourd'hui, ces faits n'ont d'intérêt évidemment, ils ne prennent toute leur valeur documentaire, que s'ils sont éclairés par des dates et par des chiffres précis (date de la vérification des vingtièmes dans la paroisse ou de la réédification des bâtiments curiaux, chiffre des impositions ou des dîmes de la paroisse, nombre des privilégiés et importance de leurs exemptions, etc.). Chaque fois qu'il a été possible, par conséquent, nous nous sommes imposé pour règle de restituer au lecteur ces éléments positifs d'appréciation.

Mais nous avons aussi étendu cette précision des chiffres et des faits à d'autres cahiers qui, à première vue, ne semblaient pas les appeler nécessairement, à des textes qui se plaignent, en termes généraux et assez vagues, du fardeau des impôts, de la charge des dîmes ou des redevances féodales,

---

taient autant que jamais, et que le roi, tout absolu qu'il fût, n'avait pu réussir à lui seul à les en débarrasser.

[1] Cahiers de Bourey (b° de Coutances), art. 3, *infrà*, p. 182; de la Haye-d'Ectot (HIPPEAU, II, 534), etc.

[2] Cahier de Pierreville, b° de Valognes (HIPPEAU, II, 452).

[3] Cahiers de Coudeville, 5; de Mesnilbonnant, 9 (*infrà*, p. 286, 425).

sans plus préciser. La considération à laquelle nous avons obéi dans ce cas était d'une autre nature. Il nous a semblé que cette forme impersonnelle et vague qu'ont adoptée certains cahiers était, pour les études d'ensemble futures, particulièrement dangereuse. Elle pouvait donner lieu de croire que les communautés en question n'avaient point à se plaindre particulièrement de leur situation économique; que localement, sans doute, les maux dont se plaignent les autres cahiers ne devaient point se faire sentir, puisque ceux-ci n'apportent dans leurs doléances aucun fait précis et personnel. Trop souvent déjà, les historiens modernes ont argué de cette rédaction impersonnelle de certains cahiers pour affecter de ne voir dans ce genre de documents que des développements littéraires sans consistance[1]. Il était utile, nous a-t-il semblé, de parer par avance à un genre d'objections particulièrement à craindre; de montrer par le même apport de faits et de chiffres précis, que ces communautés mêmes, dont les cahiers se sont tenus dans des formules volontairement imprécises, eussent pu, elles aussi, produire à l'enquête générale un témoignage plus vivant, et que leur condition économique ne différait point, dans la réalité, de celle des communautés voisines, dont les doléances ont revêtu l'aspect de tableaux plus matériellement saisissables.

Au reste, en apportant ainsi sous les cahiers des éléments de contrôle, au besoin même de précision et de correction, nous obéissions, comme nous l'avons déjà laissé entendre, à une considération de méthode d'ordre plus général, sur laquelle nous voudrions maintenant nous expliquer.

Dans le plan de travaux qui a été tracé à l'activité des Comités départementaux, une publication de cahiers de doléances comme celle-ci n'est point destinée à rester isolée. Elle ne doit être que la première assise d'un vaste ensemble de documents, destinés à éclairer la situation économique d'une même région à diverses périodes de l'époque révolutionnaire. Si même les cahiers de 1789 ont été appelés à figurer en première ligne dans cet ensemble, c'est manifestement parce qu'on a estimé qu'ils dressent, dans une forme particulièrement saisissante et brève, une sorte de bilan précis de l'état économique des communautés d'habitants aux derniers jours de l'ancien régime, et que par là ils peuvent offrir un point de départ suffisamment net à l'étude des évolutions postérieures de cet état économique.

Cette considération était certainement fondée, et les cahiers, dans notre région de Cotentin, répondent en très grande majorité à ce qu'on pouvait attendre d'eux. Ils ont dressé de la condition économique des paroisses à la fin de l'ancien régime un tableau suffisamment complet, et ils peuvent offrir en général, par les détails précis qu'ils contiennent, une base suffisamment ferme aux travaux comparatifs futurs. Pourtant, comme nous disions tout à l'heure, il se trouve dans l'ensemble des cahiers moins explicites, des cahiers de forme plus lâche, qui se sont contentés de formules vagues et de généralisations sans fondement solide. Ces cahiers-là seraient, pour les études pos-

---

[1] Taine : *Les origines de la France contemporaine.* — L'ancien régime, t. II, p. 308. — Adalbert Wahl : *Studien zu* *Vorgeschichte der Französischen Revolution*, Tübingen, 1901, in-8°, p. 22 et 90.

I. 5

térieures, des points de départ bien imparfaits, s'ils n'étaient soutenus de faits et de chiffres précis; c'est seulement en les englobant dans un plan général de documentation plus exacte, en restituant sous leurs formules un peu flottantes la netteté des chiffres et des faits concrets qu'ils nous ont dérobés, que nous pouvions, nous a-t-il semblé, les faire entrer utilement avec les autres dans le plan général, et donner par suite au tableau d'ensemble de l'état économique de 1789, avec toute son ampleur, le degré de vérité nécessaire.

Dans cette voie, toutefois, il était nécessaire de savoir se restreindre, et, pour ne pas disperser inutilement l'attention, de resserrer autour de quelques points fondamentaux les renseignements complémentaires que nous devions donner sur la situation économique des communautés. Nous nous sommes imposés à cet égard un plan auquel nous n'avons par la suite, sauf quelques exceptions justifiées par une situation locale particulière, aucunement dérogé; nous nous sommes attaché exclusivement à donner, pour chaque communauté, les indications nécessaires pour élucider trois questions qui, dans une région agricole comme le Cotentin, résument en 1789 à peu près tout le problème économique : la répartition des terres, avec la détermination aussi précise que possible des privilégiés et de l'importance de leurs possessions privilégiées; l'estimation du produit commun de la terre; l'énumération enfin, aussi détaillée qu'il pouvait être utile, des charges de toute nature qui pèsent sur la production.

Il est nécessaire de faire connaître à quelles sources a été puisée la matière de ces notes, pour qu'on puisse apprécier le degré de confiance qu'on devra leur accorder.

Le tableau de la répartition des terres, plus précisément la détermination des biens des ordres privilégiés, ont pu être tracés dans l'ensemble avec beaucoup de précision. Pour les propriétés ecclésiastiques d'abord, nous avions à la fois les *Pouillés* des diocèses, les *Lots et États des biens des abbayes*, de la fin du XVIIIe siècle; et les *Déclarations* faites en 1790 par les ecclésiastiques et leurs fermiers, avec les *États des biens nationaux de première origine* dressés par les municipalités, tous documents de provenance différente, inspirés par des intérêts divergents, qui par cela même se contrôlent réciproquement, et dont la concordance doit donner une grande certitude aux résultats[1]. Pour les biens domaniaux, nous avions de même, dans les *États*

---

[1] Entre ces documents, ce sont régulièrement les *États* dressés par les municipalités que nous avons pris pour base, partout où nous avons pu les retrouver; ils constituent, en effet, des tableaux d'ensemble en général très complets et très bien dressés, par chapitres, dans le même cadre paroissial qui est celui des cahiers. Nous les avons contrôlés toujours cependant par les *Déclarations*, et au besoin par les *Pouillés*. Quand il y a concordance, — et c'est le cas le plus fréquent, — nous avons reproduit sans observation le chiffre de la municipalité; quand il y a divergence, nous l'avons expressément noté, et nous avons relevé l'écart des chiffres. Les *États des biens nationaux de première origine* existent pour presque toutes les communautés dont nous avons les cahiers dans les districts de Coutances, Carentan, Saint-Lô, Valognes et Cherbourg; les *Déclarations des ecclésiastiques* n'existent plus au complet que pour Coutances et Cherbourg,

de 1790 et dans les derniers *Journaux du domaine*, des éléments d'information aussi complets et aussi sûrs qu'on pouvait souhaiter. Seule l'énumération des biens des privilégiés laïcs pouvait laisser parfois à désirer, puisqu'en principe il n'en a point été dressé d'états spéciaux, qu'ils ne sont apparus que lorsque leurs possesseurs ont émigré. Mais souvent nous avons pu retrouver dans des documents d'une autre nature, dans les *Déclarations des fermiers*, dans les *Terriers* des seigneuries, les indications nécessaires pour combler sur ce point les lacunes les plus graves et pour donner, croyons-nous, à l'ensemble une précision suffisante.

Pour l'évaluation du produit commun, nous ne pouvions point songer évidemment à donner de chiffre direct; le rendement des terres est une chose qui le plus souvent échappe aux statistiques, et qui n'a pas plus été déclarée en 1789 qu'à une autre époque. Toutefois nous possédons en 1789 un élément d'appréciation que quelques cahiers ont d'eux-mêmes adopté pour base de calcul[1], et dont l'emploi peut, croyons-nous, dans une région exclusivement agricole comme le Cotentin, être sans grand inconvénient généralisé et doit permettre de serrer de fort près la vérité; nous voulons parler du produit commun de la dîme dans les paroisses. Les chiffres que nous avons donnés sont ceux des *Déclarations des bénéficiers* en 1790. A la vérité, les chiffres de ces déclarations pourraient être suspectés; les déclarants ayant eu alors un intérêt évident à forcer certaines évaluations. Mais en fait, dans notre région, les velléités d'exagération des déclarants se sont trouvées arrêtées par cette circonstance qu'en 1790, dans presque toutes les paroisses, les dîmes se trouvaient affermées par voie d'adjudication. Les bénéficiers n'ont pu, dans ces conditions, déclarer devant les municipalités que le chiffre réel des adjudications, qui était bien connu de tous, et que nous pouvons d'ailleurs très aisément contrôler par les *Déclarations des fermiers* eux-mêmes; comme celles-ci nous donnent non seulement le principal, mais l'indication des pots-de-vin, des contre-lettres qui ont pu altérer le prix apparent des baux, nous pouvons espérer, par la confrontation de ces différentes pièces, rétablir sans erreur appréciable l'exacte vérité.

La grosse question en 1789, dans nos campagnes, celle sur laquelle reviennent à tout instant nos cahiers, ce sont les charges de la production. Et de fait, impôts royaux, dîmes, rentes seigneuriales et foncières dues aux ecclésiastiques ou aux laïcs, cette accumulation de prélèvements successifs sur le produit des terres est l'aspect le plus caractéristique de l'état économique des communautés rurales en 1789. Nous avons pu à cet égard apporter aux plaintes des cahiers le secours des faits les plus précis et les plus probants. Pour les impôts royaux, nous pouvons, sous leurs doléances de-

---

et manquent en général pour Saint-Lô, Carentan, Valognes, et pour les quelques paroisses du bailliage principal de Coutances qui sont entrées dans le district d'Avranches. Comme nous n'avons qu'un très petit nombre de déclarations de 1790 pour les abbayes, nous avons

dû, le plus souvent, y suppléer par les *Déclarations des fermiers* et par les *Journaux de rentes* de la fin du XVIIIe siècle, qu'on trouvera indiqués à la Bibliographie, *infrà*, p. 73 sq.

[1] Cahier de Tourville (b° de Coutances), *infrà*, p. 609.

meurées souvent vagues, mettre la précision des chiffres officiels. Nous avons, pour chacune des impositions directes, les *Rôles* mêmes de 1789[1]; nous avons les listes nominatives des privilégiés; nous pouvons, à l'aide des *Rôles de supplément* dressés pour les six derniers mois de 1789[2], reconstituer mathématiquement l'importance de leurs privilèges pécuniaires. Nous venons de dire comment nous pouvons dresser des dîmes, d'après les *Déclarations* com-

[1] Les Archives de la Manche n'ont conservé qu'un très petit nombre de rôles paroissiaux d'impositions, et, pour les paroisses du bailliage principal de Coutances en particulier, auxquelles est consacré presque exclusivement ce premier volume, les rôles de 1789 font totalement défaut. C'est aux Archives du Calvados, dans les fonds de l'Intendance et de la Commission intermédiaire, que nous avons puisé nos renseignements. La pièce capitale dont nous nous sommes servi est le *Prospectus général des opérations pour le département des tailles, contenant les sommes à imposer pour l'année 1789, principal de la taille, impositions accessoires et capitation taillable*, original arrêté le 23 décembre 1788. (Arch. Calvados, C 4468.) Nous y avons joint les pièces suivantes : *Rôle des taxes d'office pour le département des tailles de la généralité de Caen en l'année prochaine 1789*, arrêté le 23 décembre 1788. (*Ibid.*, C 4468.) — *Rôle de capitation des privilégiés et employés des fermes de la généralité pour 1789*, arrêté le 16 mai 1789. (*Ibid.*, C 4465.) — *Rôle de la capitation à payer par les nobles, tant en principal que 4ᵉ pour livre de chaque cote pour l'année 1789.* (*Ibid.*, C 4628.) — *Rôle des sommes que le roi en son conseil veut et ordonne être payées par les officiers de judicature de la généralité de Caen*, arrêté le 16 mai 1789. (*Ibid.*, C 4446.) — Pour l'imposition représentative de la corvée, il n'a point été dressé d'état nouveau en 1789. Nous avons employé l'*État de ce que doivent payer les communautés des neuf élections de la généralité de Caen, pour l'année 1788, pour leur contribution aux travaux des routes.* (*Ibid.*, C 8272.) — Pour les vingtièmes, l'*État général du rôle des xxᵐᵉ et 4ᵉ pour livre, tant des biens-fonds que de l'industrie et des offices et droits de l'année 1789* (*Ibid.*, C 8162), avec, pour le détail par pa-

roisses, le *Relevé des vingtièmes de la généralité de Caen divisé en ses neuf élections*, minute courante depuis 1776. (*Ibid.*, C 5964.) — Enfin le fonds de la Commission intermédiaire nous a fourni les deux *Rôles des sommes que doivent payer les communautés de la généralité de Caen pour l'imposition territoriale (et pour les bâtiments de justice)* pour l'année 1789, arrêtés le 29 décembre 1788. (Arch. Calvados C 8188, 8198.)

[2] L'article 9 du décret du 4-11 août 1789 portant abolition du régime féodal ayant posé le principe du payement d'une contribution proportionnelle par les privilégiés pour les six derniers mois de 1789, en exécution de ce décret, un nouveau décret des 26-27 septembre et une proclamation du Roi du 14 octobre avaient décidé qu'il serait dressé dans chaque communauté un *Rôle de supplément* des impositions ordinaires et directes autres que les vingtièmes, « dans lequel seraient compris les noms et les biens de tous les privilégiés, à raison de leurs propriétés, exploitations et autres facultés». Ces rôles, dans lesquels les privilégiés furent portés non au lieu de leur domicile, mais dans celui de la situation de leurs biens, demandèrent de très longues recherches et ne furent définitivement arrêtés en Cotentin que dans les derniers mois de 1789. Nous nous sommes servi principalement, pour ce premier volume, du *Bordereau du montant des rôles de supplément sur les ci-devant privilégiés de l'élection de Coutances pour les six derniers mois de 1789, arrêtés par les différentes municipalités du département, rendus exécutoires par MM. les officiers de l'élection dudit département* (Arch. Manche, C 487). Des pièces analogues existent pour chacune des élections dans le fonds de la Commission intermédiaire de Basse-Normandie, aux Archives du Calvados.

binées et contrôlées des ecclésiastiques et des fermiers, un tableau aussi exact qu'on peut le souhaiter. Et pour les rentes et redevances seigneuriales et foncières des ecclésiastiques, des abbayes en particulier, et du domaine, nous avons dans les documents multiples que nous énumérions tout à l'heure, dans les *Journaux de rentes et de recettes* des abbayes et du domaine pour les dernières années de l'ancien régime, des éléments d'information qui se contrôlent et se suppléent au besoin, et qui en certaines paroisses ont été assez rigoureusement tenus pour qu'on puisse espérer posséder, à un sou et une géline près, le catalogue complet, en quelque sorte, des redevances ecclésiastiques et domaniales de la communauté.

La difficulté, ici encore, réside dans les redevances dues aux privilégiés laïcs. De celles-ci, nous avons relevé un grand nombre; mais il eût été illusoire, évidemment, d'espérer en dresser le tableau complet. Elles n'ont point été l'objet, comme les précédentes, de déclaration d'ensemble. Parfois, quand le seigneur a plus tard émigré, on a rédigé, vers 1792 et 1793, des états des rentes seigneuriales et foncières qui lui étaient dues; parfois aussi, les charges de cette nature sont apparues par des demandes en rachat, dans des adresses ou des pétitions contre le régime féodal. Mais d'abord ces documents pour notre région de Cotentin sont très inégalement conservés. Nous n'avons d'*État de rentes* dressé au complet, par communautés, que pour le seul district de Valognes [1], et les registres de demandes en amortissement de rentes ont été partout, à en juger par ce qui nous en reste, fort irrégulièrement tenus. D'ailleurs, ces états fussent-ils tous parvenus jusqu'à nous, il faut bien se pénétrer de cette idée, qu'ils ne sauraient nullement nous donner un tableau exact de la situation économique en 1789. Dès 1790, et à plus forte raison en 1792 et 1793, années où ont été faits la plupart de ces relevés, beaucoup de charges ont disparu certainement sans laisser de traces. A la suite des décrets de l'Assemblée nationale qui supprimaient le régime féodal, beaucoup de redevances seigneuriales sont tombées définitivement, sans aucune compensation, et un grand nombre de redevances foncières les ont certainement suivies, parce que les créanciers, à une époque troublée, n'ont guère osé réclamer. Pour retrouver le véritable aspect économique de 1789, il faudrait que nous eussions partout conservé les registres terriers des seigneuries, les *Journaux de rentes* de la fin du XVIIIᵉ siècle. Mais, exception faite pour le domaine du roi, pour les apanages et pour quelques grandes seigneuries dont les archives sont venues dans les dépôts publics, les documents de cette nature ont disparu, soit qu'ils aient été brûlés en 1793 comme titres féodaux, soit qu'ils soient restés dans les papiers privés des familles. Trop souvent, par conséquent, nous n'avons pu dresser avec précision cette partie du bilan des communautés; nous nous sommes vu obligé d'inscrire *pour mémoire* seulement les redevances dues aux privilégiés laïcs, et à défaut de moyens de contrôle, nous n'avons pu

[1] *États des propriétaires débiteurs de rentes en argent et autres redevances de différentes natures, concernant le domaine, les églises, mains-mortes, les fiefs et seigneuries ecclésiastiques et laïques, dont les vingtièmes doivent être déduits, District de Valognes.* (Arch. Manche. Q⁴⁻¹ 20.)

qu'accepter, *avec toutes réserves nécessaires,* les chiffres que nous donnent parfois les cahiers eux-mêmes.

Quoi qu'il en soit d'ailleurs de ce point particulier, avec ce que nous possédons par ailleurs, avec les *Rôles d'impositions,* les *Déclarations de bénéfices,* les *Déclarations des fermiers,* les *Journaux de rentes* des abbayes et du domaine, nous avons entre les mains déjà, pour le plus grand nombre des paroisses, des éléments suffisants pour donner à la description que font les cahiers de l'état économique de leurs communautés un caractère singulièrement plus précis et plus vivant; nous avons surtout les éléments nécessaires, à ce qu'il nous semble, pour procéder à un contrôle sérieux des allégations des cahiers, et pour trancher par là, et définitivement cette fois, la question de leur valeur documentaire.

La valeur documentaire des cahiers au point de vue économique a toujours été discutée, et comme le disait excellemment en ces temps derniers encore M. Onou[1], elle le sera toujours probablement, tant qu'on n'apportera pas autre chose dans la discussion que des arguments de sentiment ou des raisonnements abstraits, tant qu'on n'aura pas versé au débat des documents positifs, permettant de contrôler, en chacune de leurs allégations, les cahiers eux-mêmes. Les faits que les cahiers allèguent sont-ils exacts? les chiffres en particulier qu'ils avouent, chiffres d'impôts, de redevances, de possessions privilégiées, sont-ils contrôlés par des pièces authentiques? Toute la question en réalité est là, et ce n'est que par l'apport d'éléments de comparaison, puisés dans des documents contemporains incontestés, qu'on peut la résoudre. Les faits précis, les chiffres authentiques que nous avons versés dans les notes répondent avant tout à cet objet; nous avons tenu à les donner intégralement, sans aucune espèce de commentaire, de façon à ce que le lecteur puisse procéder lui-même, sur les pièces, aux comparaisons nécessaires, et porter lui-même, en connaissance de cause, son jugement motivé.

Est-il besoin de dire, d'ailleurs, que de cet examen documenté nous avons la confiance que c'est la justification des cahiers qui sortira, sans aucun doute; que c'est la véracité des cahiers qui apparaîtra, comme elle nous est apparue, éclatante et indéniable. Dans toute la région de Cotentin, on peut en toute confiance rapprocher les cahiers des sources les plus officielles et les plus détaillées; sur les faits qu'ils avancent, les cahiers ont dit vrai; sur les chiffres qu'ils ont produits, chiffres des impôts royaux, chiffres des redevances seigneuriales, chiffres des dîmes, tous les documents les plus sûrs, les *Rôles de 1789,* les *Journaux de rentes,* les *Déclarations de bénéfices,* nous montrent qu'ils ont été exacts, souvent à une livre et à un boisseau d'avoine près. Une seule ombre peut-être au tableau, à propos de la milice; les cahiers sur ce point ont forcé la note sombre, mais en somme ils n'ont pas

---

[1] A. Onou : *La valeur des cahiers de 1789 au point de vue économique et social,* dans *La Révolution française,* n° du 14 septembre 1905, t. XLIX, p. 385 et suiv. Cf. G. Bloch, *Cahiers de doléances du bailliage d'Orléans,* 1906, in-8°, t. I, Introduction, p. IX.

donné de chiffres. L'ensemble certainement est vrai, est franc, est loyal; et c'est là, sans doute, une constatation tellement capitale à apporter pour les études futures sur l'histoire économique de la Révolution, qu'elle nous fera pardonner, nous l'espérons, les longues et minutieuses énumérations de rentes en deniers, de pains, d'œufs et de poules, que nous avons cru devoir reproduire intégralement. En ces matières, en effet, rien ne vaut, pour imposer la force de la vérité, la précision et la netteté du document tout nu, et rien non plus peut-être ne peut donner une idée plus juste de la situation économique de nos paroisses rurales en mars-avril 1789, rien ne peut faire sentir de façon plus saisissante la formidable puissance qu'y détenaient encore les ordres privilégiés, que l'impression singulière, à la fin comme obsédante, qui se dégage à la lecture, paroisse par paroisse, de la longue et monotone litanie de leurs droits et redevances.

ABRÉVIATIONS

ADOPTÉES DANS LES NOTES POUR DÉSIGNER LES SOURCES OU LES TRAVAUX
LES PLUS FRÉQUEMMENT CITÉS[1].

I. SOURCES MANUSCRITES.

Apprécis de Cotentin. — Appréciation des rentes en grains dues au domaine de Cotentin, perçues aux mesures d'Aubigny, de Coutances et de Périers, au terme de Pâques de chaque année, 1741-1790. (Arch. Manche, A. 3368.)

Assemblée d'élection, Saint-Lô. — Registre des délibérations de l'assemblée d'élection (1787-1788), 233 feuillets. (Arch. Manche, C 628.) — Les mêmes registres pour Coutances, Avranches, Carentan, Mortain, Valognes. (Arch. Calvados, C 7699-7700; 7645-7646; 7690-7691; 7706-7707; 7720-7721.)

Bureau intermédiaire de Saint-Lô. — Registre des délibérations du Bureau intermédiaire de l'assemblée d'élection de Saint-Lô (1787-1788), 195 feuillets. (Arch. Manche, C 629.) Les mêmes registres pour Avranches (C 628), Valognes (C. 633). En lacune pour Carentan, Coutances, Mortain.

Déclarations de bénéfices, Coutances. — Déclarations des revenus de l'évêque, du chapitre et du clergé dans l'arrondissement de Coutances, avec les avis du directoire du district. — Registre-minute arrêté le 13 novembre 1791, 131 folios. (Arch. Manche, Q⁴⁻¹ 4.) Les mêmes déclarations en liasses originales pour le district de Cherbourg (Q⁴⁻¹ 18), et pour quelques paroisses seulement de celui de Saint-Lô (Q⁴⁻¹ 15). En lacune pour Avranches, Carentan, Mortain, Valognes.

Déclarations de fermiers, Coutances. — Registre des déclarations faites par les fermiers des biens nationaux provenant des émigrés ou de tout autre origine, de la nature et de la quotité des denrées énoncées en l'article 1ᵉʳ de la loi du 16 frimaire an 11ᵉ de la République, qu'ils ont recueillis en la présente année 1793, etc.... Tableaux sur colonnes, reliés, pour les communes du district de Coutances, non foliotés. (Arch. Manche Q⁴⁻¹ 6.) Le même registre pour Avranches. (Arch. Manche, Q⁴⁻¹ 1.) Extraits pour les autres districts. (Arch. nat., Q² 97.)

Déclarations des baux, Avranches. — Registre des déclarations des fermiers des biens des ci-devant ecclésiastiques, commencé le 11 octobre 1790, fini le 20 août 1791. (Arch. Manche, Q⁴⁻¹ 1.) Les mêmes registres pour Carentan (Q⁴⁻¹ 9), Cherbourg (Q⁴⁻¹ 10), Saint-Lô (Q⁴⁻¹ 16) et Valognes (Q⁴⁻¹ 17). En lacune pour Coutances et Mortain.

État des bénéfices, Avranches. — Extrait fait et relevé sur les déclarations fournies du revenu des bénéfices par les titulaires desdits bénéfices, en exécution de la dé-

---

[1] Il nous a paru sans utilité de dresser une liste complète des ouvrages, principalement des travaux modernes, dont nous nous sommes servis pour l'annotation des cahiers. Un très grand nombre de ces travaux, d'intérêt plus particulièrement local, ne nous ont servi qu'une ou deux fois, et on les trouvera, croyons-nous, suffisamment indiqués sous les textes qu'ils ont aidé à commenter. Nous avons fait exception seulement pour les sources et les travaux mentionnés ci-dessus, à la fois parce qu'ils sont revenus couramment dans nos annotations, et parce que, pour épargner les redites, nous avons dû adopter pour les citer une formule abrégée.

libération de l'Assemblée générale du clergé de France, du 12 décembre 1726, xviii° siècle, avec des remaniements de l'année 1773, 242 feuillets. (Ms. Bibl. Avranches, n° 201.)

État des bénéfices, Coutances. — État général de l'évêché de Coutances, contenant les noms des bénéfices, des patrons et des collateurs, et le revenu de chaque bénéfice (xviii° siècle) [1], 115 folios. (Ms. Bibl. Coutances, n° 48.)

État des biens nationaux, Coutances. — État estimatif des biens nationaux (de première origine), dressé par les officiers des municipalités, conformément à la loi, tableaux imprimés non reliés, 1790-1792, pour le district de Coutances. (Arch. Manche, Q$^{4-1}$ 12-13.) — Les mêmes tableaux pour les districts de Carentan (Q$^{4-1}$ 8-9), de Cherbourg (Q$^{4-1}$ 11), de Saint-Lô (Q$^{4-1}$ 14-15), de Valognes (Q$^{4-1}$ 16-17). En lacune pour Avranches et Mortain.

État des feux, Coutances. — État des paroisses dépendant du bailliage principal de Coutances, avec le nombre de leurs feux, et leurs députés à l'Assemblée du tiers-État de ce bailliage, tenue en la ville de Coutances, au mois de mars 1789. (Arch. Nat., Ba 35, l. 70.) Des états analogues existent pour la plupart des autres ressorts secondaires.

État des fiefs. — Dénombrement des fiefs nobles de l'élection de Coutances. (Ms. Bibl. Coutances, n° 17, f° 1-26.)

États de population. — États de population, par ordre de généralités, dont partie est le résultat du travail de Necker, 1787-1794. Généralité de Caen, année 1787, bailliage de Coutances, etc... (Arch. nat., D iv *bis*, 44) [2].

États du mouvement de la population. — État général du mouvement de la population de la généralité de Caen, divisée par élections, naissances, mariages et décès. (Arch. Calvados, C 159 Avranches, 170 Coutances, 171 Mortain, 172 Saint-Lô, 173 Valognes.)

États des rentes, Valognes. — États des propriétaires débiteurs de rentes en argent ou autres redevances de différentes natures, concernant le domaine, les églises, mains-mortes, les fiefs et seigneuries laïques et ecclésiastiques, dont les vingtièmes doivent être déduits. 1790. (Arch. Manche, Q$^{4-1}$ 20.) En lacune pour les autres districts.

Hommages de Normandie. — Dictionnaire des actes d'hommages, et déclarations de temporel des bénéfices de la province de Normandie et du Perche, qui sont gardés en la Chambre des Comptes de Paris, par M. Brussel, conseiller du roi, auditeur en la Chambre des Comptes [1745]. (Arch. nat., P 1176².)

Journal de l'abbaye Blanche. — Journal de recepte concernant les rentes et redevances en argent de l'abbaye royale de N.-D. de la Blanche-lèz-Mortain, ordre de Cîteaux, diocèse d'Avranches, 1702, continué jusqu'en 1788. (Arch. Manche, H, n. cl.)

Journaux de Blanchelande. — Journal des rentes dues à la manse abbatiale de l'abbaye royale de Blanchelande pour l'année 1787 et suivantes. — Journal des rentes et revenus dus aux prieur et religieux de Blanchelande. (Arch. Manche, H 1173, H 1187.)

Journaux de Cerisy. — Journal de recepte de l'abbaye de Saint-Vigor de Cerisy, en argent, grains, pains, oiseaux, pour l'année 1788. (Arch. Manche, H 1883.)

---

[1] Le manuscrit porte, *in fine*, cette mention : «Cet état date du temps de M. de Lesseville, évêque de Coutances, mort le 3 décembre 1665. Retouché, corrigé et augmenté par M. de Brienne son successeur, et cette copie prise sur celle de M. l'abbé Paner, curé à Périers en 1725.»

[2] Ces États se rapportent pour le Cotentin à l'année 1787. Les paroisses y sont réparties par bailliages, et dans les suivants elles sont rangées par élections.

Journaux de Cherbourg. — Journal des rentes de l'abbaye de Cherbourg, xviii° siècle. — Journal de recepte des rentes dues à l'obiterie pour l'année 1758. (Arch. Manche, H 3o58, H 4o13.)

Journaux de Hambye. — État des rentes dues à la baillie de l'abbaye de Hambye, relevé sur le journal de 1781. — État des rentes dues aux obits et pitances de l'abbaye de Hambye, relevé sur le journal de 1781, lesdites rentes consistant en grains, pains, volailles, œufs et argent. (Arch. Manche, H 4331.)

Journaux de la Luzerne. — Journaux des rentes et revenus de l'abbaye de Sainte-Trinité de la Luzerne, commencé à la Saint-Michel 1716. Mense abbatiale. (Arch. Manche, H 8367.) Mense conventuelle et tiers lot. (H 8365.)

Journaux de Torigny. — État du revenu annuel de l'abbaye de Torigny en l'année 1790. Mense conventuelle. (Arch. Manche, Q⁴⁻¹ 15.) — Registre des rentes foncières et hypothèques de l'abbaye de Torigny, 1784-1788. Mense abbatiale. (Arch. Manche, *Versement du bureau d'enregistrement de Torigny, l. 26.*)

Journaux de Savigny. — État général ou journal de toutes les recettes de la mense abbatiale de l'abbaye de Savigny, par dom Santerre, procureur, à commencer du 11 octobre 1779 jusqu'à 1780. (Arch. Manche, H, *Savigny, l. 28.*)

Lots de Blanchelande. — Lots et partages de l'abbaye de Blanchelande, détail des biens et revenus composant les lots de l'abbé et de la mense conventuelle, 1750. (Arch. Manche, H 147.)

Lots de Lessay. — Partage des biens de l'abbaye de Lessay, suivant les lots du 12 septembre 1710, xviii° siècle. — Extraits de déclaration du revenu temporel de la royale abbaye de Lessay, pour le fief ou prieuré d'Orval, pour la paroisse de Tourville, xviii° siècle. (Arch. Manche, H 4637, 5416, 6448.)

Mémoires statistiques, Coutances. — Mémoires statistiques des paroisses de la généralité de Caen, avec le nombre de leurs feux, les impositions, la contenance, nature et qualité des terres [dressés pour les premiers par l'intendant Foucault], 1724-1731-1708. (Arch. Calvados, C 281-283.) Mêmes pièces pour les élections de Saint-Lô (C 284-286), Carentan (C 280), Mortain (C 287), Valognes (C 288-289).

Population, 1793, Coutances. — Dénombrement du département de la Manche, année 1793, district de Coutances, donnant la population, les marchés, foires, et le produit en grains de chaque commune. (Arch. nat., D iv bis 51.) Mêmes états pour les districts de Mortain et de Valognes. (*Ibid.*)

Pouillé de Coutances. — Pouillé du diocèse de Coutances, xviii° siècle. (Arch. Manche, G 5.) [1]

[1] Nous considérons ce pouillé comme la source la plus sûre que nous possédions sur l'état des bénéfices et l'étendue des possessions ecclésiastiques dans les paroisses à la fin du xviii° siècle. Les précieux pouillés des Archives de l'Évêché (Livre noir du xiii° siècle; Livre blanc du xiv° siècle), auxquels les monographies locales se réfèrent presque exclusivement, seraient, pour notre époque, des causes d'erreurs certaines, la situation des bénéfices ayant été considérablement remaniée depuis le xvii° siècle. Celui-ci a été rédigé vers le milieu du xviii° siècle, à une date qui (si l'on veut bien prendre garde que l'estimation des bénéfices est presque toujours faite sur la valeur des baux des années 1745 à 1757) doit être de peu postérieure à cette dernière année. Mais il a été par la suite constamment tenu à jour, et les nombreuses corrections dont il est chargé, et dont certaines descendent jusqu'aux années 1781 et 1784, nous ont fait penser qu'il peut être estimé comme très sûr pour 1789 même, dans l'énumération qu'il donne des biens et des dîmes ecclésiastiques. Les chiffres seuls des estimations doivent être réservés, d'abord parce qu'ils ont été établis

Recettes du domaine, Coutances. — Compte que rend à S. A. S. Monseigneur L.-Philippe-Joseph, duc d'Orléans, le sieur Guillaume Laurent, receveur des domaines de Coutances, de la recette et dépense dudit domaine pendant l'année 1788. (Arch. Manche, A 200.)

Rentes du domaine, Coutances. — État des rentes qui appartiennent à S. A. S. Mᵍʳ le duc d'Orléans, en tant que de son domaine de Coutances et dépendances. — États estimatifs du produit commun 1787-88-89-90. (Arch. Manche, A 201.) [1].

Rentes du domaine, Avranches. — État général des revenus du Roi, tel qu'en jouit la dame veuve Ozenne, suivant le bail consenti à son mari, pour vingt années, le 21 avril 1773. (Arch. Manche, A 4.)

Rentes du domaine, Carentan. — Journal des rentes du domaine de Carentan, 1757-1776. (Arch. Manche, A 71.)

Rentes du domaine, Mortain. — État des rentes en deniers de la châtellenie de Mortain, 1788. — État des rentes en grains de la même châtellenie, 1787. (Arch. Manche, A 327 et 328.)

Rentes du domaine, Saint-Sauveur-Lendelin. — État des rentes dues au domaine de Saint-Sauveur-Lendelin, avec les noms des débiteurs, la nature et la quotité de la redevance, 1789-1791. (Arch. Manche, A 2189-2190.) — État des droits de toute espèce appartenant à Mᵍʳ le duc d'Orléans dans les différentes paroisses du domaine de Saint-Sauveur-Lendelin (A 3365).

Rentes ecclésiastiques. — État des rentes ecclésiastiques, dues par des laïques, avec les paroisses, noms des rentrées, nature et quotité des redevances, 1745-1753. (Arch. Calvados, C 1498.)

Revenus de l'Abbaye-Blanche. — Table des tenures, pâturages, dîmes et rentes de l'abbaye Blanche, fin du XVIIIᵉ siècle. (Arch. Manche, A 744.)

Revenus de la Luzerne. — État et déclaration des revenus et des charges de l'abbaye de Sainte-Trinité de la Luzerne, ordre et réforme des Prémontrés, diocèse d'Avranches, que donne frère Charles-Jacques Vellecocq, religieux procureur du roy à ladite abbaye, conformément aux lots et partages, aux baux actuels et au produit des redevances, 1766. (Ms. Bibl. Avranches, n° 205, pièce 5, 3 folios.)

Revenus de Montmorel. — Journal des revenus de l'abbaye de Montmorel, dressé par les officiers municipaux, le lundi 13 mai 1790. (Bibl. Avranches, Ms. n° 203, pièce 6.)

Revenus du Mont-Saint-Michel. — État désignatif et estimatif des biens et revenus de toute nature de la mense abbatiale du Mont-Saint-Michel, actuellement en économat, dont le chef-lieu est dans la paroisse de Saint-Planchers, décembre 1789. (Arch. Calvados, C 6953.)

Revenus de l'abbaye de Savigny. — État du spirituel et du temporel de l'abbaye de Savigny, fin du XVIIIᵉ siècle. (Bibl. Avranches, Ms. n° 205, pièce 7.)

sans contrôle par la Chambre ecclésiastique, et aussi parce qu'ils sont restés souvent sans modification tels qu'ils avaient été donnés dans la première rédaction, vers le milieu du siècle. C'est là au surplus une lacune sans grand inconvénient, puisque ces chiffres sont justement donnés par les Déclarations de 1790. Les deux documents se complètent en ce sens très utilement, le Pouillé donnant l'énumération dé-

taillée des biens et la distribution des dîmes, que les Déclarations négligent trop souvent, et les Déclarations fournissant les chiffres d'estimation de ces biens pour l'époque même de 1789.

[1] Cet état est établi très soigneusement par paroisses, et par nature de redevances, sur des tableaux à colonnes; et il est accompagné d'un état estimatif du produit commun, pour chacune des années précitées.

Revenus de Saint-Lô. — Registre du revenu de la mense conventuelle de l'abbaye de Saint-Lô, 1700-1770. (Arch. Manche, H, *Saint-Lô*, 17.)

Rôle des miliciens, Carentan. — État général et nominatif des hommes échus au sort dans les tirages de l'élection de Carentan, lesquels doivent servir en qualité de soldats provinciaux, 1788-1789. (Arch. Manche, C 816.) États identiques pour Coutances. (Arch. Calvados, C 1861; Avranches, C 1864; Mortain, C 1875; Saint-Lô, C 1878; Valognes, C 1881.)

Rôle du clergé. — Rôle de MM. les ecclésiastiques possédant bénéfices dans le bailliage de Coutances. Ensuit le rôle de MM. les ecclésiastiques engagés dans les ordres, non possédant bénéfices, domiciliés sous l'étendue du bailliage de Coutances. (Ms. Greffe du Tribunal de Coutances, liasse Cahiers de doléances, pièces n⁰ˢ 18 à 27.)

Rôle de la Noblesse. — Rôle de MM. les nobles possédant fiefs dans l'étendue du bailliage principal de Coutances, assignés à l'effet de comparaître à l'assemblée générale des Trois États dudit bailliage, indiquée au lundi 16 mars 1789, huit heures du matin; à la suite duquel rôle est celui des nobles non possédant fiefs, ayant la noblesse acquise et transmissible, âgés de 25 ans, français ou naturalisés, et domiciliés dans le ressort dudit bailliage. (Ms. Greffe du tribunal de Coutances, même liasse, pièces n⁰ˢ 29 à 41.)

Rôle du tiers. — Rôle des députés du tiers État qui ont dû comparaître aux assemblées tenues à Coutances en mars 1789. — I. État des députés des villes, paroisses et communautés du bailliage de Coutances, qui doivent comparaître à l'assemblée préliminaire. II. États des députés du tiers état des bailliages secondaires, qui ont comparu à l'assemblée générale, du 16 mars au 1ᵉʳ avril. (Ms. Greffe du tribunal de Coutances, même liasse, pièce n° 339.)

Rôle des taxes. — Taxe des frais de voyage, séjour et retour de chacun des députés des villes, bourgs et communautés qui ont composé l'assemblée préliminaire du tiers état du bailliage principal de Coutances, ladite taxe faite eu égard au séjour pendant ladite assemblée, et à la distance des lieux, à raison de 3 livres par jour. (Ms. Greffe du tribunal de Coutances, même liasse, pièce n° 339.) [1]

Supplément des privilégiés, Coutances. — Bordereau du montant des rôles de supplément sur les ci-devant privilégiés de l'élection de Coutances pour les six derniers mois de 1789, arrêtés par les différentes municipalités du département, rendus exécutoires par MM. les officiers de l'élection dudit département, et dont une expédition de chacun desdits rôles rectifiés est déposée au Secrétariat de l'assemblée générale de la Généralité de Caen. (Arch. Manche, C 487.) — Pièces identiques pour Carentan (C 300), Saint-Lô (C 654), Valognes (C 634).

Table des mesures. — Mémoire sur les mesures de la Généralité, et tables de leur valeur, xviiiᵉ siècle. (Arch. Calvados, C 2707.)

Terrier du Mont Saint-Michel. — Terrier ou livre de recettes de l'abbaye du Mont Saint-Michel, xviiiᵉ siècle. (Ms. Bibl. Avranches, n° 217.)

---

[1] Le *Rôle des taxes* donne sur trois colonnes: le nombre de jours passés en taxe, le chiffre de la taxe accordée, la mention de l'acceptation ou du refus. Nous avons cru utile de reproduire, par abréviation, dans la reconstitution des procès-verbaux, ces indications. Une formule comme celle du procès-verbal de Coutances : Pierre-Joseph-Marie Bonté, 13 jours, 39 l. et 17 jours, 68 l., Ref. devra se lire par suite : «P.-J.-M. Bonté, 13 jours de présence et de voyage passés en taxe, donnant 39 livres pour l'assemblée préliminaire; et 17 jours de même, donnant 68 livres pour l'assemblée générale; le député a refusé.» Souvent les refus de la taxe sont accompagnés de quelques manifestations patriotiques, comme celle-ci : «A refusé, trop flatté d'avoir été utile à la nation», qui se lit justement en face du nom de P.-J.-M. Bonté.

II. Sources imprimées.

A. Textes législatifs.

Coutume réformée. — *Coutumes du pays de Normandie, anciens ressorts et enclaves d'iceluy* (1583) dans **Bourdot de Richebourg** : *Nouveau coutumier général, ou Corps des coutumes générales ou particulières de France et des provinces connues sous le nom des Gaules, exactement vérifiées sur les originaux.* Paris, 1724, in-f°, t. IV, p. 59.

Isambert. — *Recueil général des anciennes lois françaises depuis l'an 420 jusqu'à la Révolution de 1789, par MM. Jourdan, Décrusy et Isambert,* Paris, 1822-1833, 28 vol. in-8°.

Placités. — *Règlement de la Cour du Parlement de Normandie, donné sur plusieurs articles de la coutume de Normandie, ci-devant résolus, les chambres assemblées,* (6 avril 1666) dans **Bourdot de Richebourg**, *op. cit,* t. IV, p. 155.

Recueil des Aides. — *Recueil des ordonnances, édits, arrêts et règlements sur le fait des Aides de Normandie* (sans nom d'auteur), Rouen, Besongne, 1733, in-24. (Bibl. Caen, M 9, 6-1.)

Recueil des Édits. — *Recueil des Édits, déclarations, lettres-patentes, arrests et règlements du roy, registrés en la Cour du Parlement de Normandie,* Rouen, 1755, 8 vol. (pour les années 1643-1753) et Rouen, 1774, 2 vol. (années 1754-1771). (Bibl. nat., Inventaire, F 12740.)

Recueil des Gabelles. — *Recueil des Édits, déclarations, arrêts et règlements rendus sur le fait des Gabelles, pour servir de preuves au Commentaire de l'ordonnance de mars 1680,* Nouvelle édition. — A Rouen, chez Richard Lallemand, 1764, 2 vol. in-8°. (Bibl. Caen, 184/5-3.)

Recueil des Traites. — *Recueil alphabétique des droits de traite uniformes, et de ceux d'entrée et de sortie des cinq grosses fermes,* 1786, 4 vol. in-8°. (Bibl. nat., F 42572-42575.)

Règlement de 1769. — *Règlement pour l'administration de la justice dans la province de Normandie,* du 13 juin 1769, dans *Recueil des Édits,* t. IX, p. 1157 à 1216.

B. Jurisconsultes.

D'Aviron, *Coustumes.* — *Les coustumes du pays et duché de Normandie.* (V. Bérault.)

Basnage. — *Commentaires sur la coutume de Normandie,* dans *Les œuvres de maître Henri Basnage, écuyer, seigneur de Franquenei, avocat au Parlement,* 3° édition. — Rouen, Maurry, 1709. 2 vol. in-f°.

Bérault, *Commentaires.* — *Coutumes du pays et duché de Normandie, avec les commentaires de J. Bérault, Godefroy et d'Aviron.* — Rouen, 1776. In-f°.

Bosquet, *Dictionnaire.* — *Dictionnaire raisonné des domaines et droits domaniaux, par M. Bosquet, directeur de la régie des domaines.* — Rouen, 1762. 3 vol. in-4°.

Ferrière, *Dictionnaire.* — *Dictionnaire de droit et de pratique, contenant l'explication des termes de droit, d'ordonnances, de coutumes et de pratiques, avec les juridictions de France, par M. Claude-Joseph de Ferrière, doyen des docteurs-régens de la Faculté des droits de Paris, et ancien avocat en Parlement.* 3° édit. revue, corrigée et augmentée. — Paris, Le Gras, 1749. In-4°.

Flaust, *Explication.* — *Explication de la coutume et de la jurisprudence de Norman-*

die dans un ordre simple et facile, par M. J.-B. Flaust, avocat au Parlement, Syndic perpétuel du collège de MM. les avocats en la Cour des comptes, aides et finances de Normandie. A Rouen, chez l'auteur, 1781. 2 vol. in-f°.

FORGET, *Matières bénéficiales.* — *Traité des matières bénéficiales, dixmales et décimales, par M. Germ. Forget.* Rouen, 1654. In-4°.

FROLAND, *Arrêts.* — *Recueil d'arrêts de règlement et autres arrêts notables, donnés au Parlement de Normandie, et des lettres-patentes, édits, déclarations et arrêts du Conseil concernant particulièrement la Normandie.* Paris, 1740. In-4°. (Bibl. Fac. droit Paris, 10136.)

GODEFROY, *Coutume réformée.* — *Commentaire sur la coutume réformée du pays de Normandie, par M. Godefroy, avocat.* Rouen, 1620. 2 vol. in-f°.

HOUARD, *Dictionn. analyt.* — *Dictionnaire analytique, historique, étymologique, critique et interprétatif, de la Coutume de Normandie, par Mr Houard, avocat au Parlement, correspondant de l'Académie des Inscriptions et Belles-Lettres.* Rouen, Le Boucher, 1780 sq. 4 vol. in-4°.

PESNELLE, *Cout. expliquée.* — *Coutume de Normandie, expliquée par M. Pesnelle, avocat au Parlement, 3e édition, avec les observations de M. Roupnel, seigneur de Chenilly, conseiller au bailliage et siège présidial de Rouen.* Rouen, Lallemant, 1759. In-4°.

ROUTIER, *Prat. bénéf.* — *Pratiques bénéficiales, suivant l'usage général et celui de la province de Normandie, par M. Charles Routier, avocat.* 2e édition revue, corrigée et augmentée. Rouen, Lallemant, 1757. In-4°.

DE LA TOURNERIE, *Fiefs.* — *Traité des fiefs, à l'usage de la province de Normandie, conformément à la nouvelle jurisprudence, par M. Le Royer de la Tournerie, procureur du Roi au bailliage de Domfront.* Nouvelle édition. Rouen, Lallemant, 1782. In-12.

C. Sources diverses.

Aperçu des cahiers. — *Aperçu des cahiers des États généraux de la province de Normandie* (s. l.), 1788. In-8°. (Bibl. nat. L[k²] 1284.)

Avis des Bons Normands. — *Avis des bons Normands à leurs frères tous les Bons Français de toutes les provinces et de tous les ordres, sur l'envoi des lettres de convocation aux États généraux* [par Thouret, avocat au Parlement], S. l. [Rouen], février 1789. In-8°. (Bibl. nat., Lb[30], 1249, pièce.)

Suite de l'Avis. — *Suite de l'Avis des bons Normands, dédié aux assemblées de bailliage, sur la rédaction du cahier des pouvoirs et instructions* [par le même]. S. l. [Rouen], février 1789. In-8°. (Bibl. nat., Lb[30], 1250.)

Archiv. Parl. — *Archives Parlementaires, de 1787 à 1860. Recueil complet des débats législatifs et politiques des Chambres françaises, imprimé par ordre du Sénat et de la Chambre des députés, sous la direction de J. Mavidal et E. Laurent.* 1re série, t. I à VII (Cahiers des États généraux de 1789).

DE BEAUREPAIRE, *Cahiers de Normandie.* — *Cahiers des États de Normandie sous les règnes de Henri III* (— de Henri IV, — de Louis XIII et de Louis XIV). *Documents relatifs à ces assemblées recueillis et annotés par Ch. de Robillard de Beaurepaire.* Rouen, Ch. Métérie, Soc. hist. de Normandie, 1876-1887 (2 + 2 + 3 volumes in-8°).

Compte rendu. — *Compte rendu par la Commission intermédiaire provinciale de son administration, depuis le 7 décembre 1787 jusqu'au 4 août 1790.* A Caen, chez G. Leroy, 1790. In-4°.

Compte rendu aux commettants. — Compte rendu à leurs commettans par les dépu-

tés de la noblesse du grand bailliage de Cotentin aux États généraux de France
de 1789. A Paris, de l'imprimerie J.-J. Rainville, rue de Seine, 1791, in-8°.
(Bibl. nat., Lb 39/5455.)

Constitution de Normandie. — *Constitution du duché ou État souverain de Normandie*
[par Delafoy, avocat]. Rouen, 1789. In-8°. (Bibl. Caen, M11/6-2.)

DELAMARRE, *Police.* — *Traité de la police, où l'on trouvera l'histoire de son établissement, etc...* par M. *Delamarre, conseiller commissaire du roy au Châtelet de
Paris.* Paris, 1719. 4 vol. in-fol.

Dictionnaire œconomique. — *Le grand Dictionnaire œconomique, contenant divers
moyens d'augmenter son bien et de conserver sa santé,* par M. *Noel Chomel, prêtre
de Saint-Vincent de Lyon.* 4° éd. Paris, 1740. 4 vol. in-fol.

DUVAL, *Cahiers d'Alençon.* — *Cahiers de doléances des villes, bourgs et paroisses du
bailliage d'Alençon, en 1789, publiés avec table, introduction, notes explicatives et
remarques philologiques,* par *Louis Duval, archiviste du département de l'Orne.*
Alençon, Guy, 1887. In-12.

DUMOULIN, *Géographie.* — *La Géographie ou Description générale du royaume de
France, divisé en ses généralités,* par M. *Dumoulin, officier réformé.* Tome 5°, qui
contient la Généralité de Caen. A Paris, Simon-Leclerc, 1765. In-12.

Étrennes coutançaises. — *Étrennes coutançaises ou Annuaire ecclésiastique et civil
du diocèse de Coutances et des îles de la Manche,* par *un prêtre coutançais.* Coutances, Voisin, 1832, sq. In-12. (Bibl. nat., Le 31, 145-146.)

EXPILLY. — *Dictionnaire géographique, historique et politique des Gaules et de
la France,* par M. *l'abbé Expilly.* Paris, 1762-1770. 6 vol. in-fol. (non terminé)[1].

Gallia Christiana. — *Gallia Christiana, in provincias ecclesiasticas distributa.....
opera et studio monachorum congregationis S^{ti} Mauri ordinis S^{ti} Benedicti,* tomus XI
de provincia rothomagensi. Parisiis, ex typ. reg. 1759. In-fol.

HIPPEAU, *Cahiers.* — *Les cahiers de 1789 en Normandie, recueillis et publiés par
C. Hippeau, professeur de Faculté honoraire,...* Paris, Aubry, 1869. 2 vol. in-8°
(formant les tomes VII et VIII du *Gouvernement de Normandie*).

HIPPEAU, *Élections.* — *Les élections de 1789 en Normandie, documents inédits publiés
par C. Hippeau,...* Paris, Aubry, 1869. In-8° (tome VI du même ouvrage).

LA MARTINIÈRE, *Dictionn. géogr.* — *Le Dictionnaire géographique, historique et critique,* par M. *Ant-Aug. Bruzen de la Martinière, Géographe de Sa Majesté Philippe V.* Paris, 1768. 4 vol. in-fol.

DE MASSEVILLE, *État géographique.* — *État géographique de la province de Normandie,* par le Sr *de Masseville.* A Rouen, chez J.-B. Besongne le fils, 1722.
6 vol. in-12.

[MOREAU DE BEAUMONT.] — *Mémoires concernant les impositions et droits en Europe.*
Paris, 1788-1789. 4 vol. in-4°.

Neustria Pia. — *Neustria Pia, sive de omnibus et singulis abbatiis et prioratibus
totius Normaniæ* [par A. du Monstier]. Rothomagi, 1663. In-fol.

NECKER, *Administration.* — *De l'Administration des finances de la France,* par
M. *Necker* (s. l.), 1784. 3 vol. in-12.

------

[1] Le dictionnaire d'Expilly contient
sur quelques-unes des villes du Cotentin
des monographies extrêmement intéressantes, dressées d'après des mémoires
rédigés, comme l'auteur nous l'apprend
lui-même, sur les lieux à la fin du
XVIII° siècle. (Voir tout particulièrement
l'art. Granville, III, col. 647-651.)

Parallèle des assemblées. — *Parallèle des assemblées provinciales établies en Normandie, avec l'assemblée des États de ce duché* (sans nom d'auteur). Rouen, 1788. In-8°. (Bibl. nat., Lb³⁹, 798.) — *Addition au Parallèle.* (*Ibid.*, Lb³⁹, 799, pièce.)

Prenez-y-garde. — *Prenez-y-garde, ou Avis à toutes les assemblées d'élection qui seront convoquées pour nommer les représentants des trois Ordres aux États généraux; précédé d'une Observation importante pour les Normands* (sans nom d'auteur). Rouen, 1788. In-8°. (Bibl. nat., Lb³⁹, 1040, pièce.)

Procès-verbal des trois Ordres. — *Procès-verbal de l'Assemblée générale des trois Ordres du grand bailliage de Cotentin, tenue à Coutances, et présidée par M. Desmaretz de Montchaton, lieutenant général civil audit bailliage, dans lequel sont insérées les listes des trois Ordres, les procès-verbaux et les cahiers de doléances et pouvoirs, ainsi que les discours de MM. les Présidents.* A Coutances, de l'imprimerie de G. Joubert, 1789. In-12. (Exemplaire : Bibl. Coutances, n° 9307.)

Procès-verbal des notables. — *Procès-verbal de l'Assemblée des notables tenue à Versailles, en l'année 1787.* Paris, Impr. royale, 1788.

Procès-verbal de Basse-Normandie. — *Procès-verbaux de l'Assemblée provinciale de Basse-Normandie, tenue à Caen, en l'année 1787.* Caen, 1787. In-8°.

Projet de cahier général. — *Projet d'un cahier général destiné à l'instruction des députés aux assemblées générales des bailliages et sièges provinciaux et des députés aux États généraux, fait par un gentilhomme de Normandie, ami de la Nation.* S. l. n. d. [Rouen, 1789.] In-8°. (Bibl. nat., Lb³⁹, 732.)

TOUSTAIN DE BILLY. — *Histoire ecclésiastique du diocèse de Coutances, par Toustain de Billy, publiée par F. Dolbet.* Rouen, 1874 sq. 3 vol. in-8° (Soc. hist. de Normandie.)

YOUNG, *Voyage en France.* — *Voyages en France pendant les années 1787-1788-1789, par Arthur Young,* nouvelle traduction par M. Lesage, précédée d'introduction par M. Léonce de Lavergne. Paris, Guillaumin, 1859-1860. 2 vol. in-8°.

III. TRAVAUX MODERNES.

A. Monographies locales.

BERNIER, *Tiers état rural.* — *Essai sur le tiers état rural, ou les paysans de Basse-Normandie au XVIII⁰ siècle, par l'abbé P.-D. Bernier* (Thèse Fac. lettres Caen). Mayenne, 1891. In-8°. (Bibl. nat., Ll⁶ 112.)

BOUDENT-GODELINIÈRE, *Essai sur l'Avranchin.* — *Essai historique et statistique sur l'Avranchin, par Boudent-Godelinière.* Avranches, Tostain, 1844. 2 vol. in-8°. (Bibl. nat., Lk² 222.)

DELISLE, *Classe agricole.* — *Études sur la condition de la classe agricole et de l'agriculture en Normandie, au moyen âge, par Léopold Delisle.* Évreux, 1851. In-8°.

Abbé DESROCHES. — *Annales religieuses de l'Avranchin.* Caen, Le Blanc-Hardel, 1847. In-4°. (Bibl. nat., Lk², 224.)

Abbé DESROCHES. — *Annales civiles, militaires et généalogiques du pays d'Avranches.* Caen, Le Blanc-Hardel, 1856. In-4°. (Bibl. nat., Lk² 225.)

DUPONT, *Cotentin.* — *Histoire du Cotentin et de ses îles, par G. Dupont.* Caen, Le Blanc-Hardel, 1870-1885. 4 vol. in-8°. (Bibl. nat., Lk²2776.)

DE GERVILLE, *Études.* — *Études géographiques et historiques sur le département de la Manche, par Ch. Duhérissier de Gerville.* Cherbourg. (Bibl. nat., Lk⁴ 365.)

De Gerville, *Abbayes.* — *Notice sur les abbayes du département de la Manche.* (Extrait des Mémoires de la Société des antiquaires de Normandie.) Rouen, 1825. In-8°.

Harvard, *Villedieu.* — *Villedieu les poêles, sa commanderie, sa bourgeoisie, ses métiers.* Paris, Champion, 1899. 2 vol. in-8°. (Bibl. nat., Lk⁷ 31536.)

Le Héricher, *Avranchin.* — *L'Avranchin monumental et historique*, par Éd. Le Héricher. Avranches, Tostain, 1845-1846. 2 vol. in-8°. (Bibl. nat., Lk² 223.)

Leloup, *Laboureurs.* — *De la situation économique des laboureurs au xvIIIᵉ siècle en France et principalement dans le Cotentin*, par M. Richard Leloup, avocat. Coutances, Daireaux, 1869. In-8°. (Bibl. nat., Ll⁶ 87.)

Pezet. — *Étude sur l'administration de la justice en Basse-Normandie et particulièrement dans le Bessin avant la suppression des anciens tribunaux en 1790.* Bayeux, 1845. In-8°. (Bibl. nat., Lk² 1297.)

Abbé Pigeon, *Avranches.* — *Le diocèse d'Avranches, sa topographie, ses origines*, par M. l'abbé Pigeon, chanoine honoraire. Coutances, Salettes, 1888. 2 vol. in-8°. (Bibl. nat., Lk³ 1255.)

De Pontaumont, *Carentan.* — *Histoire de l'ancienne élection de Carentan, d'après les monuments paléographiques*, par de Pontaumont, trésorier-archiviste de la Société académique de Cherbourg. Cherbourg, Feuardent, 1806. In-8°. (Bibl. nat., Lk⁷ 12938.)

Renault, *Coutances.* — *Revue monumentale et historique de l'arrondissement de Coutances*, par M. E. Renault, conseiller à la cour impériale de Caen. Saint-Lô, Élie fils, 1852-1859. In-8°. (Bibl. nat., Ll⁷ 10.)

Sarot, *Tribunal révolutionnaire.* — *Les habitants de la Manche traduits devant le tribunal révolutionnaire de Paris, étude historique*, par M. E. Sarot, avocat. Coutances, Salettes, 1877. In-8°. (Bibl. nat., Lb⁴¹ 4957.)

Sarot, *Notes.* — *Notes sur l'histoire de la Révolution dans le département de la Manche, et en particulier dans la ville de Coutances.* I. État du pays au moment où éclata la Révolution, par M. E. Sarot, avocat. Coutances, 1875. In-8°. (Bibl. nat., Lk⁴ 1533.)

Sauvage. — *Mortainais. Mortainais historique et monumental*, série de brochures par H. Sauvage. Mortain, Lebel, 1855-1860. In-8°. (Bibl. nat., Lk² 2197.)

Veuclin, *Assistance publique.* — *L'Assistance publique avant la Révolution dans le diocèse de Coutances*, par M. L. Veuclin. Caen, Hardel, 1901. (Extrait de l'*Annuaire de l'Association normande.*)

B. *Périodiques.*

Annuaire de la Manche. — *Annuaire administratif du département de la Manche.* Saint-Lô, Élie fils, 1829 sq. 77 vol. in-8°. (Bibl. nat., Lc30, 204.)

Association normande. — *Annuaire des cinq départements de l'ancienne Normandie*, publié par l'Association normande. Caen, Le Blanc-Hardel, 1834 sq. 75 vol. in-8°. (Bibl. nat., Lc30 265.)

Antiquaires de Normandie. — *Mémoires de la Société des antiquaires de Normandie.* Rouen, Le Brument, 1824-1892. 33 vol. in-8°, puis in-4°.

Société départementale de la Manche. — *Notices, mémoires et documents publiés par la Société d'agriculture, archéologie et histoire naturelle du département de la Manche.* Saint-Lô, Élie, 1857-1900. 18 vol. in-8°. (Bibl. nat., Inventaire, S 17701.)

Société d'Avranches-Mortain, Mémoires. — *Mémoires de la Société d'archéologie, litté-*

rature, sciences et arts, des arrondissements d'Avranches et de Mortain. Avranches, Durand, 1835-1903. 15 vol. in-8°. (Bibl. nat., Lc²¹ 5.)

Société d'Avranches-Mortain, Revue. — Revue trimestrielle de la Société d'archéologie, de littérature, sciences et arts d'Avranches et de Mortain. Avranches, Durand, 1882-1903. 9 vol. in-4°. (Bibl. nat., Lc²¹ 10 ter.)

Société académique de Cherbourg. — Mémoires de la Société (royale) (impériale) académique de Cherbourg. Cherbourg, Feuardent, 1835-1905. 25 vol. in-8°. (Bibl. nat., 8° Z 2660.)

Société académique du Cotentin. Coutances, Salettes, 1876-1894. 10 vol. in-8°. (Bibl. nat., 8° Z 1318.)

Société archéologique de Valognes. —Mémoires de la Société archéologique, artistique, littéraire et scientifique de l'arrondissement de Valognes. Valognes, G. Martin, puis Luce, 1878-1903. 6 vol. in-8°. (Bibl. nat., Lc²¹ 69.)

I

BAILLIAGE PRINCIPAL DE COUTANCES.

Le ressort propre du bailliage de Coutances comprenait pour la convocation 127 communautés de paroisses, parmi lesquelles deux villes, celles de Coutances et de Granville, étaient portées à l'*État* annexé au *Règlement général du 24 janvier*, et devaient, aux termes de l'article 28, tenir des assemblées préparatoires de corporations. L'*État des feux des paroisses du bailliage de Coutances*, dressé par le lieutenant général et annexé au procès-verbal préliminaire, accuse pour l'ensemble de ces communautés, celle de Cérences non comptée, un chiffre total de 22,872 feux [1], et les *États de population*, dressés en 1785 pour ce

---

[1] Arch. nat., B³ 35, l. 70. Il est fort délicat de préciser ce qu'il convient d'entendre en 1789 par ce mot de *feu*, employé dans les procès-verbaux des assemblées préliminaires. Le terme, suivant les régions, paraît avoir revêtu des significations très différentes. En Cotentin, les lieutenants généraux l'ont employé sans le définir; cependant on ne saurait guère douter qu'ils n'entendissent par là quelque chose de tout matériel, une maison d'habitation, plus précisément peut-être la maison d'habitation d'une famille. Le lieutenant général de Mortain le laisse entrevoir on ne peut plus nettement, quand il fait observer que le nombre de feux du faubourg du Rocher ne peut être donné qu'avec une certaine approximation «parce qu'on y bâtit continuellement». (Lettre à M. le G. d. S., du 15 avril, Arch. nat., B³ 35, l. 80.) Cette façon d'envisager la portée du mot *feu* fait qu'il n'y a point de lien nécessaire entre les feux et la population d'une paroisse; comme équivalent pourtant, et à condition d'envisager seulement de grands nombres, nous avons observé que le feu correspond, sans variation bien sensible, à un chiffre de 4 à 5 personnes.

Quelle valeur convient-il de reconnaître aux chiffres de feux énoncés dans les procès-verbaux? Ces chiffres ne sont naturellement point les résultats d'un recensement officiel: ils ont été, comme nous l'apprennent les lieutenants généraux (Coutances, 20 avril; Carentan, 6 avril, *ibid.*), copiés sur les procès-verbaux des assemblées primaires, c'est-à-dire qu'ils sont dus, en somme, à la déclaration des habitants. On pourrait, par suite, suspecter leur véracité; pourtant une double considération nous porte à les tenir pour très proches de la vérité. C'est d'abord que, dans la plupart des sièges, les déclarations ont été contrôlées; à Valognes, par exemple, le lieutenant général affirme «qu'il a fait un examen rigoureux des chiffres des procès-verbaux et qu'il a établi aussi exactement que possible le nombre de feux»; à Carentan, à Coutances, les lieutenants généraux ont envoyé à plusieurs reprises des chiffres complémentaires ou rectificatifs (Carentan, 25 avril; Coutances, 1er, 14, 20 avril, *ibid.*). Et, d'autre part, pour cette vérification même, les officiers royaux avaient entre les mains des éléments d'information très sérieux. Chaque année, en effet, pour la détermination du privilège de quart-bouillon dans les paroisses, le chiffre des feux des communautés était en Cotentin scrupuleusement revisé par l'administration; chaque année, au mois de janvier, aux termes de la *Déclaration royale du 19 mai 1711*, qui est comme la loi organique des pays de quart-bouillon, les collecteurs royaux, échevins ou syndics des villes et communautés, réunis chez le curé, devaient arrêter le nombre de familles de la communauté, et le nombre de personnes dont chacune d'elles se composait, la levée du sel blanc se faisant *par familles* ou par *feux*. Une copie de l'état ainsi arrêté,

6.

bailliage, lui donnent une population de 87,308 habitants, avec un mouvement annuel de 3,358 naissances (1,714 garçons, 1,644 filles), de 803 mariages et de 2,440 décès (1,154 hommes, 1,886 femmes[1]). Les *Rôles d'assignation* des ordres privilégiés font ressortir, en outre, pour la même circonscription, en dehors des réguliers, un chiffre de 143 ecclésiastiques possédant bénéfices, dont 126 curés, 4 prieurs-curés et 13 chapelains, et de 20 ecclésiastiques sans bénéfices, non compris les prêtres habitués dans les villes de Coutances et de Granville. La noblesse compte 82 gentilshommes possédant fiefs, et 53 non possédant fiefs[2].

Administrativement, les paroisses du bailliage étaient toutes comprises dans la généralité de Caen. La majeure partie était de l'élection de Coutances; une vingtaine seulement appartenaient à l'élection de Saint-Lô, et le seul bourg de Villedieu relevait de l'élection de Vire. Pour les droits du roi, elles se partageaient inégalement entre les domaines de Coutances[3], de Saint-Sauveur-Lendelin, de Gavray et de Saint-Lô, engagés pour lors au duc d'Orléans. Pour les eaux et forêts, elles relevaient de la maîtrise de Mortain, pour les traites et la gabelle, il y avait bureau et juridiction de quart-bouillon à Coutances, Granville et Saint-Lô[4]. Les 130 paroisses de l'élection de Coutances, qui ne correspondaient, d'ailleurs, qu'assez inexactement au bailliage, avaient payé, en 1788, 746,072 l. 11 s. 6 d. d'impositions directes (taille : 247,298 l. 2 s.; accessoires : 153,095 l. 13 s. 6 d.; capitation: 150,942 l. 15 s. 6 d.; corvée: 81,672 l. 19 s. 6 d.; vingtièmes : 170,095 l. 16 s. 1 d.; territorial : 13,984 livres; bâtiments de justice : 4,661 l. 6 s. 8 d.[5]).

signée et certifiée du curé et des maires ou syndics, était conservée à la paroisse; une autre était transmise aux fermiers des adjudicataires de l'impôt, pour être soumise à la vérification de commissaires nommés par l'intendant. Les lieutenants généraux de nos bailliages, pouvaient donc, en s'adressant aux juridictions de quart-bouillon, procéder à un contrôle sérieux des chiffres avancés par les communautés.

On voudra bien prendre garde que les chiffres de feux que nous donnons d'après les procès-verbaux présentent le plus souvent un écart considérable avec ceux que l'on trouve dans les tableaux de Dumoulin, *Géographie descriptive*, t. IV. *Généralité de Caen*, ou dans le *Dictionnaire* d'Expilly. La chose ne doit pas surprendre outre mesure, car les chiffres de ces auteurs ont été établis pour une époque assez antérieure (Dumoulin, 1765; Expilly, 1762). Ces listes, d'ailleurs, et tout particulièrement celle de Dumoulin, ont été établies avec une si grande négligence, qu'il ne paraît pas possible d'instituer sur les divergences qu'elles présentent aucune discussion sérieuse.

[1] Arch. nat., D-iv *bis*, 47, pièce 4. — Les chiffres pour l'élection, en 1787, ont été : naissances, 3,469 (1,793 garçons, 1,676 filles); mariages, 931; décès, 3,469 (1,219 hommes, 1,870 femmes). (Arch. Calvados, C 170.)

[2] *Rôle du Clergé*. Greffe Coutances, pièce n° 18; *Rôle de la noblesse*, pièce n° 29.

[3] Le domaine de Granville avait été réuni à Coutances, par arrêt du Conseil du 13 décembre 1746. (Arch. Manche, A 147.)

[4] *Arrêt du Conseil d'État du roi portant règlement pour le ressort des différentes juridictions des traites et quart-bouillon, 5 juillet 1746*, avec tableaux annexés des paroisses ressortissant à chacune d'entre elles. (*Recueil des gabelles*, II, p. 393.)

[5] Arch. Calvados, C 4468, 6162, 8180, 8190. Le chiffre total des vingtièmes comprend : biens-fonds, 165,866 l. 7 s.; industrie, 2,025 l.

Au point de vue ecclésiastique, les paroisses appartenaient toutes au diocèse de Coutances. On comptait dans le ressort, avec l'évêché (revenu déclaré : 58,711 l. 12 s.; taxe : 2,500 florins[1]), un séminaire (revenu : 7,485 livres), un chapitre cathédral de 8 dignitaires, 26 chanoines et 62 ecclésiastiques (revenu commun déclaré : 106,836 l. 8 s., sans les prébendes) et trois hôpitaux rentés, à Coutances, Granville et Villedieu. Les réguliers avaient une abbaye d'hommes : Hambye, de l'ordre de Saint-Benoît (revenu déclaré affermé par bail général : 21,133 l. 6 s. 8 d.; décimes : 3,400 livres; taxe : 73 florins), un prieuré conventuel : la Bloutière, de chanoines réguliers de Saint-Augustin revenu : 8,677 livres), une commanderie de Saint-Jean à Villedieu-les-Poêles (revenu : 3,410 livres), et une abbaye de femmes, dite *Notre-Dame-des-Anges*, à Coutances (revenu : 6,348 l. 1 s. 8 d.). Il y avait en outre cinq communautés de religieux mendiants : Dominicains, Capucins et Hospitaliers de Saint-Augustin à Coutances, Cordeliers à Granville et Jacobins à Mesnilgarnier. — Ces derniers établissements seuls étaient florissants; les abbayes étaient désertes : Hambye et le prieuré de la Bloutière n'avaient plus de religieux depuis 1771; et pour l'ensemble des établissements religieux, les *États de population* de 1785 ne relèvent dans le bailliage que cinq décès en religion (4 hommes, 1 femme) et une seule profession nouvelle, de femmes [2].

Le personnel judiciaire du bailliage comprenait, en 1789, avec le grand bailli d'épée, marquis de Blangy, lieutenant général des armées du roi, résidant à Caen, le lieutenant général, Desmarets de Montchaton, le lieutenant particulier, Pierre Duprey, et 8 conseillers; Mᵉ Ch. Le Brun était procureur du roi, Mᵉ Delamarre de Crux, avocat du roi, et le greffier était Pierre Thomas Blondel; le commis greffier assermenté Tarouilly a signé seul un certain nombre de pièces.

18 s. 3 d.; offices et droits, 2,200 l. 10 s. 9 d. (*Ibid.*, C 5967.) — Il faut ajouter pour les *privilégiés :* capitation noble (131 personnes), 6,272 livres; officiers de judicature (157 personnes), 6,909 l. 12 s. 4 d.; exempts, 106 l. 10 s.; employés des fermes, 1,859 l. 2 s.; bourgeois (villes de Coutances et Granville), 14,412 l. 6 s. Au total, pour la capitation des privilégiés, 29,539 l. 8 s., ou en principal, 28,648 l. 3 s. seulement. (Arch. Calvados, C 4468.) Le *Rôle de Supplément des privilégiés* pour les six derniers mois de 1789 a donné, dans l'élection de Coutances, une somme totale de

32,123 l. 6 s. 2 d. (Arch. Manche, C 487.)

[1] Les chiffres que nous donnons sont ceux des *Déclarations de 1790.* (Arch. Manche, Q⁴·¹ 4.) Ils sont notablement supérieurs à ceux de l'*Almanach royal*, qui donne, par exemple, pour l'évêché 44,000 livres et pour Hambye 4,500 livres, pour Notre-Dame-des-Anges 4,000 livres seulement.

[2] Arch. nat., D ɪᴠ *bis*, 44. — En 1787, pour l'élection, les chiffres sont de 1 profession de femmes contre cinq décès en religion (3 hommes, 1 femme). (Arch. Calvados, C 270.)

ASSEMBLÉES PRIMAIRES.

VILLE DE COUTANCES.

A. Assemblées préparatoires de corporations.

1. Procès-verbal d'assemblée des officiers du bailliage et siège présidial [1].

(Ms. *Greffe du Tribunal de première instance de Coutances*, Registre de la Chambre du Conseil du Bailliage et siège présidial de Coutances, commencé le 25 janvier 1788, f° 42 r°. *Inédit.*)

Aujourd'hui jeudi 26° jour de février 1789, en la Chambre du Conseil, se sont assemblés extraordinairement MM. les officiers du bailliage et siège présidial, présents par devant M. Desmarets de Montchaton, lieutenant général, par M. Pierre Duprey, lieutenant ancien civil et criminel en ce siège, MM. Charles-Nicolas Bonté-Martinière, Lecouvey de l'Epinerie, Varin de Franqueville, Lecarpentier, Alex.-Adrien Blouet de Ranville, Leprêtre d'Argences et Closet, conseillers, Pierre Quesnel, conseiller d'honneur, et MM. Le Brun, procureur du Roy, Delamare de Crux, avocat du Roy; absents : MM. Jean-Baptiste Alexandre, conseiller d'honneur, P. Augustin Lhermitte, Tanquerey de la Mombrière, Letouzey et de la Couture, conseillers, et Charles Lescaudey, substitut, empêché. Lesquels, en exécution des Lettres du Roi, données à

[1] Nous n'avons pu retrouver aucune autre pièce des corporations que ce procès-verbal. Les registres des corporations de la ville de Coutances ont disparu, et ne se retrouvent ni aux archives de la Manche, ni aux Archives municipales. On ne saurait même fixer avec certitude la liste des communautés et corporations qui purent être appelées à délibérer au mois de février 1789. L'Édit d'avril 1779, qui avait rétabli dans cette ville le régime corporatif supprimé en 1776, y avait institué, comme dans la plupart des autres villes normandes de grande importance, 26 communautés de métiers, dont on pourra consulter la liste dans Hovard, *Dictionn. analyt.*, v° Arts et métiers, I, p. 108. La ville possédait, en outre, 7 juridictions : bailliage et siège présidial, élection, amirauté, consulat, échevinage, vicomté et police, traites et quart-bouillon, qui, avec les corps assimilés, avocats, procureurs, notaires, greffiers, huissiers, et quelques communautés d'arts libéraux, appelées à participer également aux réunions préparatoires, auraient pu donner une quarantaine d'assemblées de ce degré. Mais il est très fréquemment arrivé, pour la convocation, que des juridictions ou des communautés d'arts libéraux composées de quelques individus seulement ont été réunies, et très fréquemment aussi qu'elles n'ont pas même été convoquées. Il serait donc erroné de croire qu'un aussi grand nombre d'assemblées préparatoires aient été tenues à Coutances en février 1789.

Versailles le 24 janvier dernier pour la convocation et tenue des États Généraux du Royaume, de l'Ordonnance de M. le Lieutenant Général de ce siège, rendue, audience tenante, le 13 février aussi dernier [1], comme aussi conformément à l'invitation qui leur a été faite par MM. les officiers municipaux de cette ville, de procéder à la nomination de députés, dans la proportion déterminée par l'article 26 dudit Règlement, à l'effet de se rendre à l'assemblée du tiers état qui sera tenue en cette ville le samedi 28 février prochain, pour rédiger le cahier dont il est parlé en ladite Ordonnance, et nommer des députés pour porter ledit cahier en l'assemblée qui est indiquée par M. le Lieutenant Général de ce siège pour le lundi 2 mars prochain.

Ont, après que lecture leur a été donnée de rechef des susdites Lettres du Roi, Règlement annexé et Ordonnance susdatée, d'un consentement unanime, fait choix et nomination, pour leurs députés, des personnes de *M. Ch. Le Brun, procureur du Roy*, et *Nicolas Bonté-Martinière, conseiller*, à l'effet de les représenter à l'assemblée générale du tiers état de cette ville, et de là concourir, comme tous les autres membres de ladite assemblée, à la rédaction des cahiers de doléances, plaintes et remontrances [2] ; et après la rédaction dudit cahier, concourir pareillement à l'élection des députés qui seront nommés pour porter ledit cahier à l'assemblée qui sera tenue par Monsieur le Lieutenant général de ce bailliage le lundi 2 mars prochain, donner auxdits députés tous pouvoirs généraux et suffisants de proposer, remontrer, aviser et consentir tout ce qui peut concerner les besoins de l'État, la réforme des abus, l'établissement d'un ordre fixe et durable dans toutes les parties de l'administration, la prospérité générale du royaume et le bien de tous et chacun les sujets du Roy. Promettant lesdits sieurs électeurs et

[1] L'ordonnance est transcrite, en effet, *in extenso*, à cette date, sur le *Registre plumitif du Bailliage, commencé le 11 février 1788, fini le jeudi 2 février 1791*, f° 46 r°. (Greffe du Tribunal de première instance de Coutances, n. cl.)

[2] Les députés des officiers du bailliage et siège présidial ont fait défaut à l'assemblée de la ville. Nous n'avons pas le procès-verbal de cette assemblée, mais dans une lettre en date du 27 février 1789, dans laquelle il rend compte des assemblées de la ville, le subdélégué de Coutances, de Montlieu, apprend à l'intendant que les officiers du bailliage ne s'y sont pas trouvés : «Je n'ai aucune connaissance, ajoute-t-il, des motifs qui ont pu déterminer MM. les officiers du bailliage à s'absenter; on dit qu'ils se proposent d'aller dans les paroisses où leurs biens sont situés et les maisons de campagne qu'ils habitent pendant les vacances, pour y concourir à la nomination des députés». Et le 3 mars, le même subdélégué confirme cette nouvelle, et annonce que «MM. les officiers du bailliage s'étant transportés dans les paroisses où leurs biens sont situés, presque tous y ont été nommés députés». (Arch. Calvados, C 6858.)

députés agréer et approuver tout ce que lesdits députés qui seront nommés auront fait, délibéré et signé en vertu des présentes, de la même manière que si lesdits sieurs comparants y avaient assisté en personne.

Fait en la Chambre du Conseil, lesdits jour et an que dessus, dont une expédition en forme sera donnée à MM. les députés élus, pour leur servir de pouvoirs autant que besoin.

Bonté, *conseiller-député;* Lebrun, *procureur du Roi, député;* Desmarets de Montchaton; Blondel, *greffier.*

B. Assemblée générale de la ville.

1. Procès-verbal d'assemblée générale.
(Le procès verbal authentique n'a pu être retrouvé [1].)

Date de l'assemblée : 26 février. — Nombre de feux : 1,462 [2]. — Députés : Mᵉ *Pierre-Joseph-Marie Bonté, *docteur-médecin*, Com. Réd. (13 jours,

[1] Le registre des délibérations de la municipalité de Coutances pour l'année 1789 est perdu. La série des registres de délibérations, qui commence en 1693, présente une lacune, du 4 février 1786 au 22 septembre 1790. (Arch. municipales, reg. BB 18 *en déficit*.)

Le 27 février 1789, le subdélégué de Montifier écrivait à l'intendant de Caen : «J'ai l'honneur de vous informer que MM. les officiers municipaux ont tenu deux assemblées : la première, composée des habitants du tiers état qui ne sont compris dans aucun corps, communauté ou corporation, dans laquelle il s'en est trouvé 71, qui ont nommé deux députés; la seconde, tenue le 26 février, composée des habitants choisis dans les différentes assemblées particulières, pour rédiger le cahier des plaintes et doléances de cette ville. Je puis vous assurer, Monsieur, que la régularité et la liberté n'ont éprouvé aucunes atteintes dans les délibérations de ces assemblées». (Arch. Calvados, C 6358.)

[2] Population actuelle : 6,991 habitants; les communes distinctes de Saint-Nicolas et Saint-Pierre-de-Coutances comptent respectivement 658 et 180 ha-

bitants. Le chiffre de 1,462 feux n'était pas donné, paraît-il, dans le procès-verbal de la ville; il a été suppléé, dans l'*État des feux des paroisses*, joint au procès-verbal de l'assemblée préliminaire, sur les réclamations expresses de la Chancellerie, et il a été été établi alors directement sur les rôles d'impositions de l'élection. (*Lettre du lieutenant général au G. d. S., du 20 avril*, Arch. nat., Bᵃ 35, l. 70.)

Ce chiffre de 1,462 feux suppose pour la ville proprement dite une population d'environ 6,000 âmes. Nous avons par ailleurs, pour la dernière moitié du xviiiᵉ, des chiffres en apparence beaucoup plus précis, mais, en fait, ils le sont malaisément interprétables. En 1764, dans un dénombrement fait par l'intendant, la ville est portée comme comptant 8,674 habitants qu'il décompose ainsi : 1,332 h., 1,875 f., 1,999 garçons, 2,409 filles, et 542 petits garçons et 517 petites filles au-dessous de 8 ans. (Arch. Calvados; C 181.) Dix ans plus tard, un autre dénombrement relève 7,317 habitants seulement, qui sont répartis en 3,778 pour la paroisse Saint-Nicolas, 3,589 pour la paroisse Saint-Pierre. (Arch. Calvados, C. 182.) Enfin

3g l., et 17 jours, 68 l., Ref. [1]); Mᵉ *Pierre-Louis-Alexandre Drogy, *avocat* (13 jours, 3g l., et 17 jours, 68 l., Ref.); Mᵉ Jacques de la Lande Mesnildrey, *avocat* (2 jours, 6 l., Ref.); Mᵉ Denis Tesson, *avocat* (2 jours, 6 l., Ref.); Jacques-Philippe Chanette, *orfèvre* (2 jours, 6 l., Ref.); Jean-François Lepigeon, *président en l'élection* (2 jours, 6 l., Ref.) [2].

l'*État de population dressé par villes du royaume de France*, qui est de 1787 pour notre région, ne donne à la ville de Coutances que 5,824 habitants. (Arch. nat., D ıv *bis*, 47, pièce 7.)

La comparaison entre ces différents chiffres est malaisée, parce qu'à chaque dénombrement la méthode suivie a été manifestement différente. En 1764 et 1774, on a compris les faubourgs dans la ville, en prenant pour unité la paroisse ecclésiastique; en 1787, au contraire, on n'a fait entrer dans le dénombrement que la partie proprement urbaine de chaque paroisse. En 1774 d'autre part, on paraît avoir négligé de compter les enfants en bas âge. Le dernier chiffre, celui de 5,824 habitants en 1787 paraît en tout cas trop faible, il ne correspond ni au nombre de feux indiqué, ni surtout aux chiffres du mouvement de la population donnés pour cette même année 1787 : naissances, 224 (127 garçons, 97 filles); mariages, 79; décès, 144 (64 hommes, 80 femmes). (Arch. nat., D ıv *bis*, 44.) En 1793, le dénombrement relève 7,922 habitants (N. 236, M. 64, D. 278). (Arch. nat., D ıv *bis*, 51.)

[1] *Rôle des taxes.* «A refusé, trop flatté d'être utile à la nation.»

[2] Les députés de Coutances ont, pour la plupart, eu un rôle fort en vue dans la suite de la période révolutionnaire :

Bonté (Pierre-Joseph-Marie), né à Coutances, le 16 avril 1730, mort le 2 août 1806. Il était, depuis 1787, membre de l'assemblée d'élection ou de département de Coutances, pour l'ordre du tiers état, et faisait partie du bureau intermédiaire de cette assemblée. Il fut en 1789 membre du Conseil national de la ville de Coutances, fut élu notable le 15 nivôse an ııı et membre du Conseil d'arrondissement en l'an vııı. Docteur en médecine de l'Université de Montpellier, membre correspondant de l'Académie des sciences, arts et belles-lettres de Rouen, adjoint de la Société royale de médecine de Paris, et plus

tard membre correspondant de l'Institut, il a laissé des mémoires de science médicale et d'histoire naturelle. (Voir Notice biographique dans *Annuaire de la Manche*, année 1829, p. 303.)

Drogy (Pierre-Louis-Alexandre), avocat au présidial de Coutances, fut élu successivement officier municipal en juillet et décembre 1790, membre du bureau de conciliation du district la même année, et notable en 1792. Destitué par le représentant en mission Lecarpentier le 8 septembre 1793, il revint maire de la ville en nivôse an ııı, commissaire du gouvernement près le tribunal civil de la Manche en l'an ıv, administrateur du département en l'an vııı, et membre du tribunal criminel spécial de la Manche, de l'an ıx à l'Empire.

De la Lande Mesnildrey (Jacques), avocat au présidial, était membre de l'assemblée provinciale de Basse-Normandie, pour l'ordre du tiers état, et faisait partie de la Commission intermédiaire de cette assemblée. Nommé par la municipalité membre du bureau de conciliation du district en 1790, confirmé dans les mêmes fonctions par l'élection populaire en 1792, il fut destitué par Legot, le 1ᵉʳ nivôse an ıı.

Tesson (Denis), de Monthuchon, avocat au présidial, fut officier municipal en janvier 1790, membre du directoire du département la même année, et député de la Manche à l'Assemblée législative. Rentré à Coutances en 1792, il fut à nouveau membre du Conseil général au remaniement de l'an ııı, et en l'an vı président de l'administration municipale du canton rural de Coutances. (V. Kuscinski, *Les députés à la Législative*, p. 72 et 153.)

Lepigeon de Boisval (Jean-François), né à Avranches le 3 juin 1759, mort à Coutances le 13 août 1831. Avocat au Parlement de Paris, il était depuis 1786 président en l'élection de Coutances. Élu successivement juge suppléant au tribunal du district en 1790, maire de

2. CAHIER DE DOLÉANCES.

(Ms. Greffe du Tribunal de première instance de Coutances, pièce n° 458.
Original signé. Inédit.)

Doléances, Plaintes et Remontrances de la Ville de Coutances, pour satisfaire à la lettre du Roi du 24 janvier dernier pour la convocation des États généraux et au Réglement y annexé.

Sa Majesté sera suppliée d'accorder :

1° Que le cahier pour le tiers état soit présenté de la même manière que le seront le cahier des deux autres ordres[1] ;

2° Qu'il sera demandé que tous les privilèges pécuniaires soient anéantis et que la proposition préliminaire en sera faite aux deux autres ordres ;

3° Qu'on pourra délibérer par ordre, et que toutes les fois qu'il n'y aura pas unanimité d'avis des trois Ordres, alors ils se réuniront pour délibérer par tête ;

4° Qu'il soit arrêté qu'aucun impôt ne soit levé, aucun emprunt ne soit fait, sans être librement accordés par les États généraux, dont le retour périodique sera fixé de quatre à cinq ans ;

5° Que le rétablissement des États provinciaux de la Normandie sera demandé, suivant le vœu de la ville dans sa délibération arrêtée le 7 novembre dernier[2]. Ce rétablissement procurerait une économie réelle par la suppression des bureaux d'intendance ;

Coutances en 1793, il fut enfin député de la Manche à l'Assemblée législative. Redevenu titulaire au tribunal de district en floréal an III, et vice-président de ce tribunal, il fut, de l'an VIII à l'Empire, membre du Conseil d'arrondissement de Coutances.

[1] Le cahier du tiers état de l'assemblée préliminaire du bailliage voisin d'Alençon peut aider à saisir le sens un peu obscur de cet article : « Demander avant tout, dit l'article 1er de ce cahier, que l'on votera aux États généraux par tête et non par ordre, et qu'en aucun cas l'ordre du tiers état ne soit assujetti aux postures humiliantes imposées notamment en 1614 ». (Dans COURTILLOLES : *Documents relatifs à la tenue des États-Généraux du bailliage d'Alençon*, 1866, in-8°, p 302.) Aux États de 1614, les députés du tiers état avaient dû présenter *à genoux* les doléances de leur ordre. Les assemblées de notre basse-province paraissent avoir été tout par-

ticulièrement préoccupées d'affranchir leurs députés de cette posture humiliante. (Cahier de Saint-Pierre-Église, art. 1; Tiers B° Tinchebray, art. 7; tiers état de Cotentin, art. 5.)

[2] *Extrait du registre des délibérations de l'Hôtel de ville de Coutances, du vendredi 7e jour de novembre 1788.* Impr., s. l. n. d., 12 p. in-4°. (Arch. Calvados, C 6358.) Cette délibération ne diffère aucunement pour le fond de celles qu'à cette même date la plupart des villes de Normandie ont fait parvenir à la Direction générale des finances, en faveur du rétablissement des anciens États de la province. Nous avons retrouvé les adresses d'Avranches, du 16 octobre 1788; de Granville, du 17 octobre; de Saint-Lô, du 26 octobre; de Mortain, du 2 novembre; de Cherbourg, du 17 novembre. La plupart de ces pièces ont été réimprimées par HIPPEAU, *Gouvernement de Normandie*, V, p. 435 et suiv.

6° Que toutes les impositions du royaume soient supportées par toutes les provinces, en raison de leurs forces respectives et de sorte qu'un juste équilibre de répartition soit établi entre elles, sans acception de privilège;

7° Que la contribution fixée par les États généraux pour la Normandie soit répartie par ses États provinciaux, qui règleront les objets, la forme et le mode de répartition et de perception;

8° Que les impôts sur les propriétés soient, autant qu'il sera possible, réduits en un seul, le plus facile à percevoir et le moins onéreux au cultivateur, et qui porterait sur les fruits;

9° Que les impositions des villes [1] soient supportées spécialement par les objets de luxe, par les marchandises provenant de l'étranger, et par les denrées de consommation, dont on exceptera celles de première nécessité;

10° Que les impositions personnelles soient le moins arbitraires possible, que les billets à ordre, billets au porteur, lettres de change et autres de cette espèce soient assujettis à un timbre très modéré, et que les brevets de grâce en supportent un plus fort;

11° Que la quotité des impositions soit déterminée en raison des dettes actuelles de l'État et de ses dépenses nécessaires; qu'elle diminue en proportion de l'extinction des dettes, et qu'il soit fourni chaque année un compte de recettes et dépenses de l'État, lequel sera rendu public;

12° Que la masse énorme des pensions soit réduite;

13° Que tous les impôts tant réels que personnels, qui sont ou pourraient être établis pour la commodité, sûreté, défense et splendeur de l'État, soient indistinctement supportés par tous les ordres sans aucune réclamation de privilèges;

14° Que les préposés actuels de la régie et des fermes générales, mettant beaucoup d'entraves au commerce et gênant extrêmement la liberté des citoyens dans la perception des droits de

[1] La ville de Coutances était privilégiée pour la taille depuis le xviie siècle; ses bourgeois avaient obtenu, par arrêt du 21 juillet 1662, l'imposition tarifée, pour laquelle ils s'imposaient eux-mêmes. Ils payaient les autres impôts royaux. Impositions en 1789 : tarif, 14,000 livres; capitation bourgeoise (compris les 4 sols pour livre), 7,141 l. 1 s.; corvée, 2,000 l.; vingtièmes, 10,221 livres (dont biens-fonds, 8,003 l. 3 s.; industrie, 704 l. 10 s.; offices et droits, 1,510 livres); impôt territorial, 977 livres; bâtiments de justice, 326 livres. Au total, 34,781 l. 14 s. — Le dernier rôle de la ville comprend, en 1788, 838 contribuables payant les impôts roturiers, dont 618 bourgeois et marchands, et 165 domestiques et manouvriers. (Arch. Calvados, C 4555.) Le rôle de capitation des nobles comprend 33 personnes payant 1,797 livres en principal; celui des officiers de judicature, 112 personnes payant 5,226 l. 13 s. 4 d. (Arch. Calvados, C 8133, 4468.) Supplément des privilégiés : 810 livres, dont 447 l. 17 s. pour les prêtres composant le ci-devant clergé de la ville. (Arch. Manche, G 487.)

gabelles, quart-bouillon[1] et aides, et dans celle qui s'exerce pour la marque des cuirs, viandes et des métaux, la régie en soit accordée aux États provinciaux sollicités;

15° Que tous les droits d'entrée et de sortie de province à province soient supprimés;

16° Que les études dans les Universités subissent une réforme;

17° Que les anciennes ordonnances concernant les examens des juges soient rigoureusement observées;

18° Qu'il serait très intéressant que les opinions des juges fussent données à haute voix;

19° Que les procédures, tant civiles que criminelles, soient simplifiées pour accélérer les jugements, et que l'instruction des cas prévôtaux soit confiée aux juges ordinaires;

20° Que les juridictions soient, autant que faire se pourra, réunies dans les villes;

21° Qu'il soit fait des arrondissements et qu'il n'y ait plus de paroisses mixtes[2];

22° Que la compétence des présidiaux soit augmentée et portée à 4,000 livres[3] et que toutes les affaires qui n'excéderaient pas cette somme, même les clameurs, le petit crime, les rentes seigneuriales, rentes des églises et autres y soient portées;

23° Que les privilèges des évocations soient anéantis;

24° Qu'il ne soit, dans aucun cas, accordé des arrêts de surséances;

25° Que toutes les lois concernant les banqueroutes, malheureusement trop fréquentes, soient remises en vigueur;

26° Que l'édit des hypothèques[4] soit supprimé;

27° Qu'il soit permis de faire produire à l'argent l'intérêt fixé par la loi sans en aliéner le capital;

28° Que l'intérêt des deniers donnés à rente viagère ne soit pas arbitraire et soit fixé par une loi;

29° Que les droits de contrôle et insinuation, si excessifs et si arbitrairement interprétés, soient réduits par un nouveau tarif qui

---

[1] Pour le droit de quart-bouillon, v. le cahier de Bréville, art. 4, *infrà*, p. 193.

[2] V. *infrà*, Cérences, p. 356, note 2.

[3] Ce chiffre de 4,000 livres est celui même qu'avaient établi, pour fixer la compétence des nouveaux grands bailliages, les *Édits*, non appliqués, de mai 1788, *sur l'administration de la justice* (ISAMBERT, XXVIII, n° 2466, p. 535).

[4] *Édit portant création de conservateurs des hypothèques, et abrogation du décret volontaire, donné à Versailles, juin* 1771 (texte dans ISAMBERT, XXII, n° 1014, p. 530). Sur les raisons particulières qui, en Normandie, avaient fait accueillir avec défaveur la nouvelle législation, voir le cahier de Bricqueville-la-Blouette, art. 45, et la note, *infrà*, p. 207.

s'exprime en termes clairs et précis, et que les contestations qui peuvent s'élever sur ces droits soient portées aux tribunaux ordinaires;

30° Que les droits sur les contrats de mariage et sur les partages soient si modérés, qu'ils puissent déterminer à les passer devant notaire;

31° Que les édits et déclarations qui ont dispensé les notaires, greffiers, procureurs et autres du nombre de syllabes soient abrogés [1];

32° Que les notariats qui ont été créés dans les villes ou ailleurs ne puissent être réunis, que les fonctions n'en puissent être faites par la même personne, et que les études soient séparées [2];

[1] Les anciennes ordonnances avaient réglementé à maintes reprises le nombre de lignes que les officiers publics, notaires, greffiers, procureurs et autres, devaient employer par rôle d'écriture, et le nombre de syllabes ou de lettres que devait contenir chaque ligne. D'après l'article 23 d'une Ordonnance de Charles VII de 1453, la ligne devait contenir 70 lettres; d'après une Ordonnance de Charles IX, de 1560, «toutes escriptures, enquestes, procès-verbaux, déclarations de dépens et autres expéditions de justices, fors et excepté les arrests et sentences interlocutoires et définitives», devaient être «raisonnablement escrites en raison de 25 lignes en chacune page, et 15 syllabes en chacune ligne». Mais, depuis la fin du XVIᵉ siècle (Ordonnance de Blois, 1579, art. 160), le pouvoir royal avait remis aux juridictions locales le soin de réglementer cette matière «le plus justement que faire se pourra». En vertu de cette faculté, le Parlement de Normandie avait fait divers règlements, dont le dernier, en vigueur en 1789, était le Règlement pour l'administration de la justice, du 18 juin 1769 (texte dans Recueil des Édits, t. IX, p. 1212). Ce règlement détermine avec les détails les plus minutieux le nombre de syllabes et de lignes que doivent contenir les écritures des greffiers (titre XXII); mais il est muet, et c'est de cela sans doute que se plaint notre cahier, à l'égard des écritures des notaires (titre VII). Cf. en droit moderne, loi du 13 brumaire,

an VII, art. 20, et décret du 26 août 1898, art. 21 (les copies des actes notariés doivent contenir 50 lignes à la page et 15 syllabes à la ligne).

[2] Depuis le milieu du siècle environ, en Normandie, et particulièrement en Basse-Normandie, l'administration royale s'était appliquée à réunir les anciens offices de notaires, trop multipliés dans les campagnes (arrêt du Conseil du mois d'octobre 1756, dans Recueil des édits, t. IX, p. 122). La réforme avait pour but d'exiger des titulaires de plus grandes garanties, en faisant disparaître les petites études besogneuses, mais elle n'avait pas été sans entraîner pour le public quelques inconvénients, bien que le Règlement de 1769 (tit. VII, art. 6 et 7) ait pris soin de défendre aux notaires possesseurs de plusieurs charges de se faire payer des droits de déplacement pour les actes qu'ils accomplissaient dans les diverses localités où ils étaient titulaires. Un appel fait à l'assise du bailliage de Coutances, le lundi 20 avril 1789, nous fait connaître d'une façon précise le nombre des études existantes dans le ressort. Il y en avait 19 : 4 à Coutances, 2 à Granville, et 1 dans chacune des localités suivantes : Bréhal, Cerisy, Gavray, Hambye, la Lande-d'Airou, Linverville, Marigny, Mesnilgarnier, Montmartin, Percy, Tessy, Trelly et Villedieu. Le même territoire, aujourd'hui, donne presque le même nombre, soit 22 études, qui presque toujours se sont succédé dans les mêmes localités.

33° Que les priseurs-vendeurs soient supprimés, leurs droits étant exorbitants et leurs fonctions à charge au public;

34° Que les anciennes ordonnances concernant les délivrances des arrêts, jugements et sentences soient strictement observées, et qu'il soit défendu aux greffiers de les allonger par les plaidoyers des parties, les qualités des juges et l'extrait des écritures et autres pièces produites;

35° Que les lettres patentes de 1769 soient revisées [1], spécialement par rapport aux droits accordés aux procureurs;

36° Que les bureaux des finances et les maîtrises des eaux et forêts soient supprimés, également que les chambres de commission et attribution extraordinaire;

37° Qu'il existe dans l'État des charges inutiles comme celles de secrétaires du Roi, qui donnent la noblesse, et la multiplient à l'infini. Qu'elles devaient être supprimés, pour dorénavant n'accorder la noblesse qu'à ceux qui méritent de l'État par leur service et leurs talents;

38° Que les maîtrises, excluant des villes l'industrie et les talents, et nuisant de plus à la liberté du commerce, doivent être supprimées, sauf le remboursement graduel et modéré par ceux qui exerceront les mêmes arts et métiers [2];

39° Qu'on ne doit point porter atteinte à la liberté d'aucun citoyen en surprenant du Roi des lettres de cachet et des gouverneurs de province des ordres sous prétexte de port d'armes et de braconnage;

[1] *Lettres patentes portant approbation du règlement pour l'administration de la justice dans la province de Normandie, du 18 juin 1769* (dans Recueil des Édits, t. IX, 1157). Le tarif des procureurs est établi dans ce règlement au chapitre XX; les droits n'apparaissent pas sensiblement supérieurs, quoique dise le cahier, à ceux réglés par le tarif de mai 1778 dans le ressort du Parlement de Paris, qui ont été, comme on sait, en vigueur dans toute la France pendant l'époque révolutionnaire, et jusqu'à 1807. (ISAMBERT, XXV, n° 886, p. 291.)

[2] *Contrà :* le cahier de Cherbourg, art. 60 (dans HIPPEAU, *Cahiers*, II, 405). Les vœux des cahiers de notre bailliage présentent sur la question des maîtrises des contradictions qui tiennent à une situation locale particulière. En 1789, le Cotentin se trouvait soumis à un régime bâtard. Les anciennes maîtrises, établies dans la plupart des villes et bourgs, avaient été abolies par Turgot, et les maîtrises nouvelles, rétablies après sa chute, n'avaient été concédées qu'à un très petit nombre de villes, nominativement à Coutances, Valognes et Saint-Lô. (*Édit portant rétablissement des communautés d'arts et métiers dans les villes du ressort du Parlement de Normandie, avril 1779*, dans HOUARD, *Dict. anal.*, v° Arts et Métiers, I, 194.) Dans les autres villes du ressort, qui avaient autrefois possédé des maîtrises, le commerce était demeuré libre. Cette situation ambiguë explique comment nous avons dans le bailliage à la fois des cahiers comme celui-ci, qui demandent la suppression du régime des corporations, et d'autres, comme celui de Cherbourg, qui demandent la restauration des maîtrises.

40° Que les propriétés de l'État étant sacrées, on ne doit s'emparer d'aucun terrain pour travaux publics sans préalablement avoir payé la vraie valeur aux propriétaires;

41° Dans le cas de continuation des vingtièmes, les propriétaires de fiefs qui n'ont pas déclaré leurs gages-plèges doivent en faire la déduction sur leurs rentes seigneuriales;

42° Que les privilèges pécuniaires accordés aux maîtres de poste et aux garde-étalons sont exorbitants et abusifs, et doivent être supprimés;

43° Que les offices de substituts des gens du Roi étant supprimés, il ne devrait plus en être accordé de provisions, ce qui anéantirait la perception du quart en sus;

44° Que la reconstruction, réparations et entretien des presbytères, des tours, nefs et sacristies des églises soient, comme les chœurs, à la charge des dîmes [1];

45° Qu'il soit fait un nouveau règlement pour fixer d'une manière claire et positive la quotité et la perception des dîmes;

46° Qu'il ne soit payé aucuns deniers en cour de Rome pour droits d'annates, pour dispenser et pour obtenir des bénéfices;

47° Que le droit de déport [2] soit anéanti comme contraire à la charité et à l'intérêt des pasteurs et des fidèles;

48° Que successivement un certain nombre d'abbayes soient mises en économat, pour acquitter les dettes du clergé et faire un fond pour obvier aux inconvénients de la mendicité [3];

---

[1] Voir le cahier de Belval, art. 6 et 7, et la note, *infrà*, p. 153.

[2] Voir le cahier de Cambernon, art. 4, et la note, *infrà*, p. 237.

[3] La ville de Coutances et ses faubourgs ne renfermaient qu'une seule abbaye, celle de Notre-Dame-des-Anges, de l'Ordre de Saint-Benoît (*B. Maria de Angelis*, dans *Gallia Christiana*, IX, col. 935), de date récente, puisque sa fondation remontait seulement à 1633. Mais il y avait un certain nombre de communautés d'ordres mendiants : des Dominicains, des Capucins, et des religieuses hospitalières de Saint-Augustin, qui, de concert avec quelques religieux du même ordre, desservaient l'Hôtel-Dieu et l'Hôpital général. — Au 15 mai 1792, nous voyons qu'il se trouvait dans l'abbaye Notre-Dame-des-Anges 33 Bénédictines, à l'Hôpital 39 Augustines et 12 religieux, et chez les Jacobins 7 Frères prêcheurs seulement; ce qui permet de penser qu'en 1789, avant l'émigration, la population monastique de la ville devait être de près d'une centaine d'individus. En 1787, compris le chapitre et le séminaire, le mouvement de la population ecclésiastique de la ville accusait 5 décès (3 hommes, 2 femmes), contre une seule profession de femmes. (Arch. Calvados, C 170.)

Biens ecclésiastiques. — 1° D'après les *Déclarations de 1790*, les revenus de l'abbaye Notre-Dame-des-Anges s'élevaient à 6,340 l. 1 s. 8 d.; 2° l'Hôtel-Dieu avait 20,080 livres de rentes, dont la plus grande partie en terres situées à Saussey, Orval et Bricqueville (*legs Encoignard*, dit aussi *legs des Espagnols*); 3° l'hôpital général : 11,276 l. 4 s. 4 d., fournis en grande partie par les droits d'octroi, de havage et par le travail des pauvres; 4° les biens des religieuses hospitalières, distincts de ceux de l'hôpital, comprenaient dans la ville et les

49° Que les portions congrues doivent encore être augmentées;

50° Que les chemins vicinaux étant d'une utilité publique doivent être à la charge publique;

51° Que le tiers état ne soit point exclu des grades distingués du clergé, de la robe, et du militaire, cette exclusion étant nuisible au bien général du royaume;

52° Que la rareté du bois exige des précautions pour en prévenir la disette, qu'on pourrait éviter par le repeuplement des forêts mieux administrées et en ordonnant la plantation d'une partie des bruyères, landes et communes;

53° Que les progrès de l'agriculture sont arrêtés par la liberté dont sont privés les cultivateurs de prendre gratuitement et à volonté les sables appelés tangues dans le pays, malgré la réclamation déjà faite aux derniers États[1] et par l'opposition des agents des fermes à l'enlèvement du sable empreint de sel marin préparé par les sauniers, ainsi qu'au transport de l'eau de mer.

> Bonté D. M. M., Le Tullier, Fremin de Beaumont[2], maire, Delalande Mesnildrey, Drogy, Jacques Charette, D. Tesson.

---

faubourgs deux terres nommées la *Grande* et la *Petite-Brannière*, des moulins, maisons, boutiques, et des rentes hypothécaires. Au 10 mars 1770, l'ensemble de leurs revenus est déclaré monter, y compris la pension de quinze jeunes élèves, à 6,814 l. 11 s. (Arch. nat., S 7,483); 5°-6° Jacobins. Capucins, *biens inconnus*.

[1] Sur l'emploi des tangues comme amendement, voir cahier de Bréhal, art. 9. — Le cahier des derniers États provinciaux de Normandie, ceux de février 1655, avait très vivement réclamé contre les entraves apportées au libre enlèvement des tangues de la baie du Mont Saint-Michel. «A. 63. Le feu Roy, sur l'article 20 de nos plaintes de l'an 1617, défendit à toutes personnes d'empescher l'usage de la tangue, qui est une espèce de sable propre à engraisser la terre, que la nature offre à tout le monde, et qui n'est sujette à aucun tribut. Néantmoins depuis quelques temps, aucuns se sont enhardis de contrevenir à cet ordre, et ne permettre

cette commodité qu'à ceux qui la veulent achapter d'eux à prix d'argent. Ce qui nous fait demander qu'itérativement défenses soient faites, à qui que ce soit, d'empescher ledit usage, ny d'en tirer tribut, sous prétexte de son fief.» (De Beaurepaire : *Cahiers*, III, 161; une erreur typographique a fait, dans ce volume, dater ce cahier de 1658.)

[2] Le Tullier (Antoine-David-Roger), procureur du roi en l'élection de Coutances. Il était syndic du bureau intermédiaire de l'Assemblée du département. Commissaire-rédacteur du cahier de l'Assemblée préliminaire et de celui du tiers état au bailliage de Cotentin, il fut la même année membre du Comité national, et en 1790 officier municipal, et l'un des trois commissaires délégués pour les opérations de formation du département de la Manche. Secrétaire du Conseil général du nouveau département en 1790, il fut encore, en 1792, membre du Directoire.

Fremin de Beaumont (Nicolas), né à Coutances en 1744, était maire de la

SAINT-NICOLAS-DE-COUTANCES [1].

1. Procès-verbal d'assemblée.
(Le procès-verbal authentique n'a pu être retrouvé.)

Date de l'assemblée : 1ᵉʳ mars. — Nombre de feux : 350 [2]. — Députés :
*Mᵉ Pierre Quesnel, *conseiller du roi au bailliage de Coutances* (3 jours, 9 l.,
Ref.); les sieurs François-Bonnet Desroques, *laboureur* (2 jours, 6 l., Ref.);
Jacques-Guillaume Le Foulon, *laboureur* (2 jours, 6 l., Ref.); Michel Leloup
La Mondière, *laboureur* (2 jours, 6 l., Ref.).

2. Cahier de doléances.
(Ms. *Greffe du Tribunal de première instance de Coutances,* pièce n° 847.
Original signé. *Inédit.*)

Très humbles et très respectueuses doléances, plaintes et remon-
trances des habitants du village, de la paroisse et communauté
de Saint-Nicolas-de-Coutances, conformément à la lettre du Roi
pour la convocation des États généraux et au règlement qui y
est annexé.

1° Ils pensent qu'il est de l'intérêt de la province de supplier
Sa Majesté de rétablir les États provinciaux, d'ordonner que le
tiers état y soit en nombre égal à celui des deux ordres réunis, que
les voix soient comptées par tête et non par ordres, qu'il n'y ait
point de voix prépondérante, que les États soient tenus alternativement dans les trois généralités, que le temps de leurs assem-

la ville depuis l'année précédente. Ancien président du Conseil supérieur de
Bayeux, membre de l'Assemblée provinciale de Basse-Normandie pour l'ordre
de la noblesse, et syndic du bureau
intermédiaire du département de Coutances, il fut membre du Comité national en 1789, maire élu de Coutances
en janvier 1790, et comme tel un des
trois commissaires délégués aux opérations de formation du département de
la Manche. Procureur général syndic du
département la même année, nous ne
le retrouvons plus qu'en l'an VIII sous-
préfet de l'arrondissement, et en l'an XII
représentant de la Manche au Corps
législatif. Il fut, sous l'Empire, préfet
du département des Bouches-du-Rhône

et sous la Restauration, préfet de la
Vendée. Rentré dans la vie privée en
1815, il mourut le 30 décembre 1820
(voir Notice biographique dans *Annuaire
de la Manche,* 1829, p. 284).
[1] Arrondissement de Coutances,
canton de Coutances.
[2] Ce chiffre ne s'applique qu'à la
partie de la paroisse située en dehors
de la ville, dont la population est portée en 1793 à 1,775 habitants. Saint-Nicolas avait avant 1790 une partie urbaine
considérable; les *États de population* de
1774, qui s'appliquent à la paroisse
entière, lui donnent un chiffre de 3,539
habitants. (Arch. Calvados, C 182.) Population de la commune actuelle : 658
habitants.

I.

blées soit réglé, qu'il y en ait des commissions intermédiaires dans les différentes élections;

2° De demander qu'il y ait une somme d'imposition déterminée pour la province, dont la répartition serait faite par les États provinciaux de la manière qui serait la plus propre à conserver l'égalité graduellement entre les généralités, les communautés et les citoyens;

3° Qu'il ne puisse être fait d'autres impositions que celles qui seront accordées par les États généraux, et quant à la province par les États provinciaux, sauf, si les circonstances en exigeaient une augmentation, à convoquer les États généraux et les provinciaux;

4° Que leur tenue soit marquée périodiquement;

5° D'observer que les sommes qui se perçoivent ayant une destination générale pour soutenir la splendeur de l'État, pour sa défense, le soutien du commerce, la sûreté des citoyens, la commodité des routes et autres choses qui se rapportent à l'intérêt général, l'équité exige qu'elles soient supportées par les individus de tous les ordres sans exception, et qu'il n'y ait point de privilèges qui puissent dispenser du payement [1];

---

[1] Les privilégiés étaient peu nombreux dans la partie rurale de la paroisse Saint-Nicolas-de-Coutances. Le *Rôle du clergé* mentionne bien, outre le curé, M° Drogy, et le titulaire de la chapelle Saint-Joseph, sieur Marais, présents à l'assemblée de leur ordre, l'existence de dix-huit prêtres habitués non possédant bénéfices, qui furent représentés par deux d'entre eux, et qui, d'après les *Déclarations de 1790*, jouissaient en commun d'un revenu de 1,919 livres en rentes foncières et hypothèques. Mais aucun d'entre eux n'était, paraît-il, domicilié dans le village. Les huit nobles, quatre possédant fiefs et quatre non possédant fiefs, qui furent, d'après le *Rôle de la noblesse*, assignés dans la paroisse Saint-Nicolas, doivent être également reportés à la partie urbaine, puisque le *Rôle de capitation des nobles pour 1789* (Arch. Calvados, C 4628) ne compte dans le village qu'un seul noble, le sieur Potier de la Verguisière, pour une capitation de 35 livres. *Supplément des privilégiés* : 566 l. 17 s. 10 d.

Biens des privilégiés. — Nous n'avons de renseignements complets que sur les biens ecclésiastiques et sur ceux des quelques nobles ayant émigré.

A. Ecclésiastiques. — I. *Biensfonds* : 1° la cure (*infrà*, p. 100, n. 1); 2° l'évêché : bois du Parc, extension de Saint-Pierre-de-Coutances, 105 vergées de terre, dont 25 en prairies, le reste en haute futaie, maisons de gardes (non estimé); moulin de Quesnay, bâtiment, jardin, pré, 1 vergée 1/2, affermé 900 livres, 6 poulardes grasses et l'impôt territorial à la décharge du bailleur; moulin de Pille-de-Haut, bâtiment, affermé 775 livres, 6 poulardes et 6 canards gras; 3° le chapitre : terre dite *la Bourrelière*, bâtiment, 100 vergées de terre s'entretenant en labour, prairie et plant, louée 450 livres, 14 boisseaux de froment, 87 rais d'avoine, 1 pain, 1 poule, 12 sols et 2 livres de poivre, 2 journées de charrues à quatre bêtes et diverses prestations à la décharge des bailleurs, au total 495 l. 18 s. 10 d. (chiffre un peu différent dans la *Déclaration du chapitre* : 522 l. 7 s. 7 d.); le pré Pastis affermé 287 l. 10 s. et 15 livres à payer au collège d'Harcourt; la terre de Beauvais, bâti-

6° Qu'il est d'un intérêt général que la répartition des impositions soit faite avec égalité entre les provinces, les généralités, les paroisses et les citoyens, chose presque impossible tant que la répartition se fera en argent, que le seul moyen d'atteindre au but serait une perception sur les fruits. A ce moyen, l'autorité ne pourrait se soustraire au payement, l'imposition serait payée sur le champ, chacun la payerait en proportion de ce qu'il aurait; plus d'*asséeurs*, plus de collecteurs, plus de rôles dont la multiplicité est très onéreuse, plus de déplacements coûteux des cultivateurs. En faisant cette perception avant les dîmes des ecclésiastiques, ne les percevant que sur ce qui resterait, ils contribueraient à l'imposition dans la même proportion que les autres sujets de l'État;

7° Que les réparations, reconstruction et entretien des églises, sacristies, tours et presbytères, doivent être mis à la charge des dîmes, comme elles y étaient anciennement;

8° Que les portions congrues doivent être augmentées et portées à une somme convenable pour procurer aux curés une subsistance honnête et conforme au rang qu'ils tiennent dans la société et à leur utilité; qu'il devrait y avoir dans les paroisses un nombre

ments, 28 vergées de terre, louée par bail emphytéotique de quatre-vingt-dix-neuf ans, 185 l. 10 s. en argent et 25 boisseaux de froment, au total 350 l. 7 s.; moulin de Pille-de-Bas, bâtiment, jardin, 4 vergées de plant, loué de même 400 livres; 4° le chapelain de Sainte-Anne en la cathédrale; 2 pièces de terre faisant 3/4 de vergée (non estimées); 5° les Bénédictines : terre de la Martinière, bâtiment, 70 vergées de terre s'entretenant, affermée 1,150 livres, 6 chapons, 4 journées de charrue; les deux moulins Angot, bâtiments, prairie 4 vergées, loués par emphytéose 511 l. 18 s. 8 d.; le clos Vernier, 5 vergées 1/2 (non estimé); 6° l'Hôtel-Dieu : 110 vergées de terre, labour, plan, pré, dont partie relevant de la ferme de la Quibouquière, sise en Saint-Pierre, le reste affermé à divers pour 1,241 l. 3 s. (*État des biens nationaux*, Coutances.)

II. *Rentes.* Elles n'ont pas été portées à l'*État de 1790.* Dans les *Déclarations* et dans les derniers *Journaux* des abbayes, nous relevons : 1° chapitre de Coutances, pour sa prévôté, rentes seigneuriales comprises dans un total de 2,896 l. 13 s. 2 d.; 2° chapitre d'A-

vranches, pour le fief de la Vallière, 400 livres; 3° abbaye de la Lazerne, fiefs Clivonnet, la Faillerie et la Criquette, rentes affermées 450 livres; 4° abbaye de la Bloutière, 2 boisseaux de froment; 5° abbaye Blanche, 10 livres à payer au chapitre; 6° les vicaires du grand autel, 5 boisseaux de froment; 7° le petit collège, 14 rentes donnant 354 l. 19 s. 6 d.

III. *Dîmes.* (Voir *infrà*, p. 100, n. 1.)

B. NOBLES AYANT ÉMIGRÉ. — 1° Poupinel, terre et fief de la Porte, bâtiments, 155 vergées de terre, donnant 727 boisseaux de grain, affermés 1,386 livres; rentes féodales de 250 livres et 38 boisseaux de froment; 2° Guérin, dit d'*Agon*, ferme de la Mombrière, bâtiment, 54 vergées de terre, donnant 328 boisseaux de grain, et 12 vergées de pré affermée 661 livres; 3° Chevru, ferme de la petite Godefrairie, 66 vergées, donnant 310 boisseaux de grain, et 16 vergées de pré affermé 570 livres; 4° Hue Calligny, terre et fief de la Mare, estimés, en l'an III, 3,300 livres. (Arch. Manche, Q⁴⁺¹ 12.)

Pour le *domaine du roi*, voir Saint-Pierre-de-Coutances, note sur article 11, *infrà*, p. 106.

7.

de vicaires suffisant; que leur établissement ne devrait point être arbitraire, mais déterminé par un nombre fixé d'habitants pour chaque vicaire. Qu'il devrait être accordé aux prêtres nécessaires pour le service des églises et travaillant aux fonctions ecclésiastiques, des honoraires suffisants pour les mettre en état de subsister honnêtement, ce qui peut s'opérer aisément au moyen de menses conventuelles et autres biens ecclésiastiques qui pourraient y être appliqués [1];

9° Que la liberté des citoyens ne doit point être exposée aux surprises qui se font journellement au gouverneur de la province, sous prétexte de port d'armes et de braconnage;

10° Que les propriétaires de rentes seigneuriales qui n'ont point déclaré leurs gages-plèges et qui, par conséquent, n'en payent pas de dixièmes, en doivent faire la déduction aux débiteurs qui, dans la confiance qu'elle leur serait faite, n'en ont point demandé la défalcation dans leurs déclarations [2];

11° Que par les accessoires de la taille qui ont considérablement augmenté, l'on a fait supporter aux taillables des impositions auxquelles ceux qui jusqu'à présent n'ont point participé à l'imposition de la taille auraient dû contribuer [3];

12° Que les droits accordés aux priseurs-vendeurs sont ruineux et exorbitants, et qu'on en demande la suppression;

13° Que l'édit des hypothèques compromet la fortune des citoyens et met des entraves considérables aux contrats commu-

---

[1] Sur le chiffre des portions congrues en 1789, voir le cahier de Dangy, article 16. Le présent article a été visiblement inspiré par les conditions particulières dans lesquelles se trouvait la paroisse Saint-Nicolas-de-Coutances. La cure de la paroisse appartenait au chapitre de la cathédrale et formait le titre d'une prébende. Le chanoine prébendé avait le tiers de toutes les dîmes, grosses, vertes et menues, estimées, dans les *Déclarations de 1790*, valoir 2,200 livres pour le titulaire; avec 800 livres de paille de froment et le tiers de 5 boisseaux qu'il recueillait aussi, la prébende valait 2,348 l. 12 s. 6 d. Le curé, au contraire, qui était à la nomination du chapitre, n'avait, avec sa portion congrue de 700 livres, que son presbytère et un jardin, son casuel 600 livres, les obits 200 livres, une rente de 28 boisseaux de froment due par la paroisse, et 10 l. de menues rentes; au total, d'après

sa déclaration, 1,632 l. 8 s. 9 d., sur lesquels il était obligé, par sentence du 31 mars 1785, de pourvoir à l'entretien de deux vicaires. (*Pouillé de Coutances*, f° 4 v°; *Déclarations de bénéfices*, f° 1.)

La chapitre d'Avranches possédait la *dîme des saumons* de la rivière de Soulles, qui était comprise en 1785, avec quelques droits de coutume et des terres, dans un bail général de 1,240 livres. (*Compte du revenu de la commune du chapitre d'Avranches*, 1785, Arch. Manche, G. n. cl.)

[2] Voir le cahier de Dangy, article 29, et la note, *infra*, p. 300.

[3] Impositions de la paroisse de Saint-Nicolas-de-Coutances en 1789 : taille, 3,217 livres; accessoires, 2,111 l. 2 s.; capitation, 2,081 l. 9 s.; corvée, 1,052 l. 1 s. 7 d.; vingtièmes, 2,631 l. 17 s. 3 d.; territorial, 221 livres; bâtiments de justice, 74 livres. Au total, 11,388 l. 10 s. 2 d.

tatifs, et est fort onéreux pour la dépense de renouveler de trois ans en trois les oppositions;

14° Qu'il serait très à désirer que les frais judiciaires fussent diminués; qu'il y eût des arrondissements, qu'il n'y eût point de paroisses mixtes, ce qui occasionne les plus grands embarras; que la compétence des présidiaux fût augmentée, qu'elle fût réglée sans frais, et qu'on ne fût point obligé de plaider pour faire décider le juge qui devrait connaître d'une affaire;

15° Que les droits de contrôle et insinuation ne fussent point soumis à l'arbitraire et qu'il en fût fait un tarif nouveau, clair et précis; que les droits sur les contrats de mariage fussent modérés et qu'ils fussent passés devant notaire;

16° Que dans les campagnes il est très onéreux et à charge d'être obligé de prendre un billet pour aller pressurer à un pressoir étranger [1];

17° Qu'il serait très instant de prendre des précautions pour les bois qui deviennent très rares;

18° Que les maîtrises apportent des entraves à l'industrie, qu'on les étend même dans les campagnes à une lieue des villes [2], ce qui fait une surcharge et une augmentation des impositions qu'elles supportent, qui sont déjà trop onéreuses;

19° Qu'il résulterait un grand avantage pour le commerce et pour les citoyens en général, si l'on rendait l'argent commerçable, et s'il était permis d'en tirer l'intérêt à un taux qui serait fixé par une loi qui serait donnée pour accorder cette liberté, qui procurerait la circulation des sommes qui sont souvent inutiles pour la société;

20° Que les chemins vicinaux étant d'une utilité publique, il serait juste que leur entretien fût une charge publique; il serait aussi utile que les contestations qui les regardent fussent portées

[1] Le billet de pressoir n'était guère coûteux par lui-même : il valait 5 liards (cahier de Tourville, art. 144, *infrà*, p. 614; ce qui était onéreux, et ce dont se plaignent les cahiers, c'étaient les formalités qu'entraînait la délivrance de ce papier, et les courses multipliées qu'il fallait faire au bureau pour l'obtenir. (Voir cahier de Carantilly, chapitre II, *infrà*, p. 251 et la note.)

[2] *Édit du Roi concernant les communautés d'arts et métiers des villes du ressort du Parlement de Rouen*, avril 1779. ART. 1er. «Les fabricants, marchands et artisans des villes, *faubourgs et banlieue* de Caen, Alençon, Bayeux..., Coutances... seront classés et réunis suivant le genre de leur commerce, profession et métier, etc.» — ART. 2. «Les communautés établies par l'article précédent jouiront exclusivement du droit et faculté d'exercer dans lesdites villes, *faubourgs et banlieue*, les commerces, métiers ou professions qui sont attribués à chacune d'elles par lesdits États arrêtés en notre conseil.» (Dans HOUARD, *Dict. anal.*, sub. v° Arts et Métiers, I, 94.)

devant les juges ordinaires, et non devant des tribunaux d'attribution, dont l'existence deviendrait inutile;

21° Que le sel étant de première nécessité, les formes pour en
obtenir très gênantes, le transport entre deux soleils très incom-
mode[1]; que l'eau de mer pour la fécondité des terres étant très
utile, la ferme du sel fût supprimée, le sel rendu marchand, et
libre à chaque particulier de puiser et de se servir d'eau de mer;

22° Que les déports fussent supprimés, étant onéreux pour les
paroisses, qui pendant ce temps sont privées d'un pasteur, et des
aumônes même les plus nécessaires; et dans le cas où Sa Majesté
ne se porterait pas à les supprimer, elle voudrait bien ordonner
que le tiers de la valeur des cures fût versé entre les mains de
députés choisis par les paroisses pour ensuite être distribué dans
le sein des pauvres.

Le présent cahier de doléances, plaintes et remontrances fait,
arrêté et signé dans l'assemblée générale et communauté de Saint-
Nicolas de Coutances, pour être icelui remis à messieurs les députés, pour être par eux porté avec notre délibération à l'assemblée du tiers état le deux de ce mois, conformément à la lettre du
Roy et règlement y annexé, pour la convocation des États généraux
et à l'ordonnance de monsieur le lieutenant général.

A Coutances, le premier mars 1789.

Pierre VALLÉE, *syndic*, LEROUX, J. JOVARD, J.-G. LEFOULON,
R. FAUVEL, Charles HÉDOUIN, J. MAUGER, G. TESSON,
François BONNET, Michel LELOUP, J. GELÉE, Charles-

---

[1] Les pays de quart-bouillon du Cotentin se trouvaient en contact immé-
diat avec les régions normandes de
grande gabelle, où le sel valait plus de
quatre fois plus; il avait fallu multiplier par suite les formalités pour empêcher que leur privilège ne favorisât
une importation en fraude dans l'intérieur du pays. (Voir *Déclaration du Roi
pour le quart-bouillon en Normandie, du
19 mai 1711.*) L'administration faisait
dresser chaque année par les syndics la
liste des habitants de chaque paroisse,
avec le nombre de personnes dont
chaque famille était composée, le sel
n'étant délivré qu'à chaque chef de famille et à raison de 25 livres ou demi-
ruche par chaque tête au-dessus de huit
ans (art. 13). Il était défendu de prendre
au grenier plus que la mesure accordée
pour la famille, défendu de voiturer
pour autrui et en plus grande quantité
que celle à laquelle on avait personnellement droit, défendu de faire plus de
quatre voyages par an (art. 3, 7, 14).
L'article 6, auquel fait spécialement
allusion notre texte, enjoint à tous voi-
turiers conduisant du sel, soit pour les
reventes ou pour les usagers et provi-
sionnaires, de marcher *entre deux soleils*, et de conduire leurs sels directement et sans entrepôt aux lieux et
maisons destinés par les lettres de voiture et par les passavants des commis
aux contrôles des passages, dont ils seront porteurs, à peine de confiscation
du sel, chevaux, équipages, et de 300
livres d'amende et d'être punis comme
faux-sauniers. (*Recueil des gabelles, II,
p. 143.*)

François Gallet, Pierre Godet, Michel Leloup, J. Ge-
lée, Charles-François Gallet, Pierre Godey, Jacques
Quesnel, L. Dupuy, J.-Jacques-François Lelièvre,
Delisle, J. Got, Gille Launey, Pierre Lair, Jacques
Montcuit, Charles Harivelle, L. Lhermitte, Bloche,
Poury, Jacques Boulan, Pierre Boulan, Pierre Bur-
nel, Guilles Lecuir, Nicolas Mahé, Pierre Quesney,
Nicolas Boudot, Jean Gaut, P. Voisin, Nicolas
Bernard, N. Hédouin, G. Leroy, Quesnel.

SAINT-PIERRE-DE-COUTANCES [1].

1. Procès-verbal d'assemblée.
(Le procès-verbal authentique n'a pu être retrouvé.)

Date de l'assemblée : 1er mars. — Nombre de feux : 52 [2]. — Députés :
*Louis-Marie Duhamel, *lieutenant général de police* de Coutances (3 jours,
9 l., et 17 jours, 68 l., Ref.) [3]; le sieur Eleonord-François Lelong (2 jours,
6 l., Ref.) [3].

2. Cahier de doléances.
(Ms. *Greffe du Tribunal de première instance de Coutances*, pièce n° 400.
Original signé. *Inédit.*)

*Cahier des doléances et des vœux que fait le village
de la paroisse Saint-Pierre-de-Coutances.*

Cette communauté demande très humblement à Sa Majesté :

1° La tenue des États généraux du royaume, tous les cinq ans,
dans la forme adoptée par ceux-ci;

2° Le rétablissement des États du duché de Normandie, leur
assemblée tous les trois ans dans la ville de Rouen et celle de Caen
alternativement, et leur composition égale et dans la même proportion que celle déterminée pour les présents États généraux;

En cas où les trois ordres ne seraient pas d'avis uniforme sur

[1] Arrondissement de Coutances,
canton de Coutances.

[2] Ce chiffre ne s'applique qu'à la
partie extra-urbaine de la paroisse
(228 hab. en 1793); la communauté entière, d'après les calculs de l'intendant,
comptait, en 1774, 3,539 habitants.
(Arch. Calvados, C 182.)

[3] «Refusé et remis comme don patriotique.» (*Rôle des taxes.*)

les objets qui seront traités soit aux Etats généraux, soit à ceux de Normandie, on prendrait alors les suffrages par tête et la pluralité ferait la décision;

3° La suppression des assemblées provinciales, de département, etc. ;

4° Une Commission intermédiaire des États de Normandie établie l'une à Rouen et l'autre à Caen, à cause de la diversité du sol, des affaires du commerce et l'éloignement de ces deux villes; les États et les Commissions établiront dans chaque département la forme dans laquelle les impositions seront réparties et la manière dont s'en fera le recouvrement;

5° Diviser absolument, en matière d'imposition, l'administration et le contentieux; confier l'une aux Etats et à leurs commissions intermédiaires, réserver entièrement l'autre aux officiers du Roy par lui commis pour faire justice à ses sujets qui se trouvent lésés;

6° Rendre aux villes le droit d'élire leurs officiers municipaux et ordonner l'exécution de l'édit de 1766, concernant les administrations des villes de Normandie [1], loi sage et qui depuis son abolition a toujours servi de base à leur régime;

---

[1] *Édit du Roi, portant règlement sur l'administration des revenus des villes du pays de Normandie, et la nomination de leurs officiers, juillet 1766* (dans *Recueil des Édits*, IX, p. 827). Cet édit avait consacré pour la Normandie, avec des modifications locales assez considérables, le principe de l'élection et la suppression des offices municipaux déjà prononcés pour le reste du royaume, dans les édits et déclarations d'août 1764, mai 1765, juin 1766. (ISAMBERT, XXV, n°ˢ 877, 895 et 913.) Mais, en 1789, il n'était plus uniformément appliqué, des déclarations particulières en avaient localement suspendu l'effet, et à Coutances, notamment, une déclaration du roi avait, dès 1771, supprimé l'élection et rétabli les charges municipales en titres d'offices.

Biens des privilégiés. — Nous n'avons de renseignements précis et complets que pour les biens ecclésiastiques.

I. *Biens-fonds.* — 1° La cure, maison presbytérale (non estimée) ; 2° l'évêque de Coutances, prairie nom-

mée le pré l'Évêque, 9 vergées, affermée 170 livres; moulin de Soulles, affermé 430 livres; bois du Parc, 800 vergées de haute futaie et 600 de mauvaise prairie, le tout clos de murs (non estimé); 3° le chapitre, ferme dite la *Dairie*, bâtiment, 65 vergées de plant, prairie et labour, affermée 510 livres; et 20 boisseaux de froment avec quelques corvées et pot-de-vin, le tout estimé 666 l. 17 s. 4 d.; 4° l'Hôtel-Dieu, ferme de *la Quibouquière*, avec extension sur Saint-Nicolas et Bricqueville, affermée 1,700 livres; plusieurs prairies, contenant 48 vergées, affermées à plusieurs particuliers pour un total de 1,870 livres; un grand pré, 8 vergées, affermé 300 livres; un clos et un bois taillis, 10 vergées (non estimés); 5° l'hôpital général, 2 prairies de 8 vergées, fait valoir, valant 120 livres; 6° les religieuses hospitalières, 2 prairies contenant 13 vergées, fait valoir, valant 500 livres.

II. *Dîmes* (*infrà*, p. 107, note 2). III. *Rentes* (*infrà*, p. 106, n. 1, et 109, n. 1).

7° Ordonner que les trois ordres supporteront également toutes les impositions [1] et qu'elles seront réparties et recouvertes (*sic*) d'une manière égale; ce qui est juste, puisque les trois ordres figurent dans la même proportion aux États généraux et ont le même intérêt au bien général;

8° Réunir les diverses impositions sous une seule dénomination, mettre la plus grande économie dans le recouvrement des deniers du Roy; et supprimer à cet effet le plus d'agents intermédiaires qu'il sera possible, afin que le versement se fasse plus directement au Trésor royal;

9° Supprimer la taille d'industrie, qui est nécessairement une imposition arbitraire et fondée sur l'opinion; supprimer aussi et par la même raison la capitation d'industrie dans les villes; abolir l'abonnement des vingtièmes, en ôter les sols pour livre, et en répartir plus également le principal;

10° Remplacer ces impositions, s'il est nécessaire, par l'impôt du timbre.

Cet impôt est le seul moyen de faire payer le commerce; il ne pèse absolument que sur le riche et sur l'aisé. Le projet de loi présenté à cet égard [2] a besoin d'être rectifié dans beaucoup de ses dispositions;

11° S'il existe un vide dans les finances aussi considérable qu'on le dit, le moyen de le remplir n'est pas de créer de nouveaux impôts, le royaume en est surchargé de toutes les espèces; les dettes qui forment ce vide ne peuvent d'ailleurs être regardées

[1] Impositions de la paroisse pour 1789 : taille, 1,475 livres; accessoires, 967 l. 19 s.; capitation, 954 l. 6 s.; corvée, 489 l. 4 s. 10 d.; vingtièmes, 1,076 l. 9 s. 3 d.; territorial, 90 livres; bâtiments, 30 livres. Au total, 5,082 l. 19 s. 1 d.
Lignes : 197, dont 109 jouissants. — La partie extra-urbaine de la paroisse comptait fort peu de privilégiés. Sur le *Rôle de la capitation noble pour 1789*, nous ne trouvons qu'un seul noble domicilié, le sieur Jean-Louis du Châtel de Carbonnel (c. n. 4 livres). Les privilégiés ecclésiastiques étaient nombreux, puisque outre le curé, M° Pierre Dubreuil, et son vicaire on ne comptait pas moins de 18 prêtres habitués, non possédant bénéfices, mais jouissant en commun

de rentes qui, dans les Déclarations de 1790, sont évaluées être de 2,214 l. 12 s. en argent, 3 boisseaux 1/2 de froment, 3 boisseaux d'orge, 3 gélines et un pain, estimé le tout valoir 2,243 l. 12 s. 7 d. (*Déclaration n° 85*, fol 117.) Mais aucun d'entre eux n'était, paraît-il, domicilié dans le village. *Supplément des privilégiés* : 180 l. 4 s. 5 d.
[2] *Déclaration concernant le timbre*, 4 août 1787. (ISAMBERT, XXVIII, n° 2317, p. 320.) Cette déclaration n'avait pu être enregistrée au Parlement de Normandie, et devant l'opposition générale, le gouvernement royal avait dû la révoquer dès le mois suivant. (*Édit portant révocation de ceux du mois d'août sur l'impôt territorial et le timbre*, *ibid.*, n° 2387, p. 432.)

comme les dettes de la nation, puisqu'elles n'ont pas été consenties par les États généraux; au reste, l'aliénation a perpétuité des domaines du Roy paraît être le seul parti à prendre pour combler le déficit. Deux raisons militent fortement pour que les États généraux adoptent ce plan :

a. Le capital serait au moins du double de celui du revenu annuel;

b. Ces biens, appartenant à des propriétaires, seraient mieux cultivés; l'amortissement des rentes domaniales, payables presque toutes en essence [1], et dès lors très gênantes pour le redevable, produirait un capital immense et encouragerait l'agriculture en lui donnant plus de liberté. L'aliénation des forêts du Roy ne serait pas moins intéresante et produirait un double avantage, celui d'être parfaitement conservées par le propriétaire qui ne pourrait les défricher, et de libérer Sa Majesté des gages considérables qu'elle paye à des officiers qui les conservent mal;

1 2° Donner aux présidiaux une compétence plus considérable jusqu'à six mille livres par exemple, en tout état de cause ; ordonner que les trois chambres qui les composent, celle du civil, de la police et du crime, connaîtraient en dernier ressort chacun des objets de sa compétence, car il est criant que, pour des gages de domestique ou des salaires d'ouvrier, un maître fasse traduire à la Cour son domestique ou son compagnon, et que pour 1 o livres d'intérêt dans un procès de sottises il faille aller au Parlement;

1 3° Supprimer tous les tribunaux d'exception sans réserve et en donner la connaissance aux trois chambres de bailliages, à chacune ce qui la concerne. Supprimer aussi toutes les hautes justices et vicomtés [2]; et les bailliages qui y seraient situés seraient composés d'un nombre suffisant de juges;

[1] Les rentes domaniales en essence dans la ville de Coutances et ses deux faubourgs n'étaient pas très considérables. D'après le tableau des *Rentes du domaine* dressé en 1788 pour le duc d'Orléans, engagiste, il était dû à Coutances seulement 1 2 boisseaux de froment, mesure de la ville, de 18 pots au boisseau, 4 boisseaux d'orge même mesure, 84 livres de rentes en deniers, et 1 éperon doré. L'*État estimatif du produit commun*, qui accompagne les tableaux, porte à 1,127 livres 10 sols la valeur de ces redevances. (Arch. Manche, A 201.) Mais le domaine avait à Coutances d'autres recettes beaucoup plus fructueuses dans les droits et offices affermés : le greffe du bailliage avec les affirmations, était affermé au sieur Blondel, pour 2,520 livres, le greffe des droits de coutume et poids le roi était affermé en deux parties, aux sieurs L. Cariot et Denis Parette, pour 1,300 et 900 livres. (Arch. Manche, A 3361.) Avec quelques autres menus offices, sergenteries, droits de halle, la ville fournissait au domaine du roi bien près de 6,000 livres par an.

[2] Depuis le milieu du siècle, en Cotentin comme dans toute la Nor-

14° Augmenter le corps de la maréchaussée, étant infiniment utile pour le repos et la sûreté publique, mais supprimer sa juridiction, la vie d'un citoyen étant trop précieuse pour qu'un seul tribunal en décide;

15° Ordonner que l'arrêt du Parlement, portant règlement pour les plantations en Normandie[1], n'aura pas son exécution; que chaque propriétaire sera tenu d'avoir en bois la vingtième partie de son terrain et, s'il ne l'a pas, de l'ensemencer sous un délai fixé;

16° Ordonner que les landes et marais seront partagés entre ceux y ayant droit, sous un délai fixé, et faute de l'avoir fait dans le délai et de clore leur terre dans les six mois suivants, ordonner que l'adjudication s'en fera, à charge de payer par l'adjudicataire une part quelconque des impositions de la communauté et d'ensemencer en bois le dixième du terrain au moins;

17° Faire repeupler les forêts du Roy et semer de nouveau les endroits défrichés; confier le soin d'y veiller aux syndics des paroisses, sous l'inspection des officiers des bailliages;

18° Ordonner que les curés pourront avoir les grosses et menues dîmes de leurs paroisses[2], en en payant aux propriétaires la

mandie, un grand nombre de sièges anciens de vicomtés avaient été supprimés et réunis aux bailliages royaux. L'*Édit d'avril* 1749 avait éteint d'abord toutes les juridictions royales situées dans les villes où il y avait un siège de bailliage royal; et depuis, des Édits particuliers avaient supprimé aussi les vicomtés de Saint-Sauveur-Lendelin, de Lithaire séante à Lessay, de Mortain, de Saint-Hilaire-du-Harcouët, de Tinchebray, de Granville, de Cherbourg. (*Édits de décembre* 1746, *janvier* 1748, *juin* 1749, etc., dans *Recueil des Édits*, VIII, p. 309, 893, et IX, p. 376.) Quelques vicomtés et bailliages subsistaient cependant encore en 1789 : celles de Gavray, dans le bailliage de Coutances, de Barfleur, dans celui de Valognes, le petit bailliage de Périers-en-Beaufice, dans le ressort de Mortain. Les hautes justices subsistantes dans le ressort propre n'étaient pas très nombreuses: aux assises du bailliage du lundi 2 mars 1789, nous ne voyons appeler que trois hauts justiciers : celui de la baronnie de Moyon, séant à Tessy, qui était alors

Me Jean-Baptiste Regnault; celui de la haute justice de la commanderie de Villedieu, le sieur Pierre Polinière; et celui de la moyenne justice de la baronnie de Saint-Pair, appartenant au Mont Saint-Michel, Me Pierre-Jacques-Julien Mesquin. (*Registre plumitif du bailliage de Coutances*, 1788-1791, fol. 46, aux Archives du Greffe de Coutances.)

[1] *Arrêt du Parlement de Normandie*, *portant règlement sur les plantations*, 17 *août* 1751 (dans *Recueil des Édits*, VIII, 489.) Cf. le cahier de Camprond, art. 6, et la note, *infrà*, p. 247.

[2] La cure de Saint-Pierre-de-Coutances était, comme celle de Saint-Nicolas, entre les mains du chapitre de la cathédrale; trois prébendés s'en partageaient les grosses dîmes; et les menues, avec le patronage, appartenaient à l'Hôtel-Dieu. (*Pouillé*, fol. 4 r°.) Le curé, qui était un religieux de l'Hôtel-Dieu, n'avait, avec sa portion congrue, payée pour 60 livres par les prébendés, et pour le reste par l'Hôtel-Dieu, que le revenu de quatre petites maisons à Coutances, provenant de fondations,

valeur, qui en sera constatée à l'amiable ou autrement, par des experts nommés de gré à gré ou par justice, sur laquelle valeur sera diminué le taux de la pension du curé et de celle du vicaire, que le curé prendra alors sur son compte;

19° Supprimer les déports, abolis déjà dans plusieurs diocèses, comme un vol fait aux pauvres de la paroisses d'une subsistance que l'on aurait partagée avec eux; d'ailleurs les déports ne sont établis par aucune loi et seulement étayés sur l'usage;

20° Ordonner que les décimateurs en général seront tenus d'engranger les pailles des blés dans la paroisse qui les aura produits, et de les donner aux habitants au taux qui sera fixé par le juge en temps convenable;

21° Ordonner que dans aucun cas les églises et les presbytères ne seront à la charge des paroissiens, mais toujours à celle des gros décimateurs, qui dès lors seront bien intéressés à ce que les réparations soient faites; et afin que les décimateurs ne soient jamais dans le cas de ne pas maintenir les églises, presbytères et autres bâtiments en bon et dit état, ordonner qu'ils seront tenus de fournir, pour cet effet, aux paroissiens en entrant aux bénéfices et de renouveler tous les dix ans une caution connue bonne et suffisante en fonds de terre; qui s'obligera solidairement avec eux à la réparation et reconstruction des églises et des bâtiments du bénéfice, laquelle caution sera inscrite au greffe, afin de mettre le procureur du Roy en état de veiller à ce que cela s'exécute [1];

22° Supprimer les privilèges des maîtres de poste et tous autres privilèges réels, à quelque personne et sous quelque prétexte qu'ils aient été accordés;

23° Ordonner la suppression des colombiers et garennes. Ces prérogatives des fiefs ne sont, pour les seigneurs, de presque aucun profit et sont infiniment nuisibles à l'agriculture; ordonner aussi la suppression des banalités des fours et des moulins, comme contraire à la liberté publique [2];

---

140 livres de rente d'une emphytéose, les obits et le casuel. En 1790, il déclare pour le tout un revenu de 1,730 livres. La valeur de chaque tiers des dîmes, d'après les déclarations des prébendés, varie de 2,200 livres à 2,700 livres, parce qu'ils y comprennent quelques menues redevances. Chacun d'eux ne donne au curé que 20 livres par an, pour servir à l'entretien d'un vicaire.

(*Déclarations* n° 70, 88, 104, fol. 74 et 76.)

[1] Cf. le cahier d'Annoville, art. 4, et la note, *infrà*, p. 135.

[2] Il y avait dans la paroisse un moulin à blé et à eau, avec banalité, dit *le moulin de Soulles*, qui appartenait à l'évêque de Coutances. Il était affermé, en 1789, pour neuf années, au sieur Pierre Hélouin, au prix de

24° Ordonner que le clergé et les communautés de gens de mainmorte soient tenus de recevoir le montant des rentes qui leur sont dues. Les capitaux qu'ils en tireraient serviraient à acquitter les dettes qu'elles ont contractées et libéreront le laboureur d'une grande charge [1];

25° La suppression de l'office de jurés-priseurs. Ces offices sont singulièrement à charge par les droits qui leur sont accordés. Les quatre deniers pour livre perçus au profit du Roy l'indemniseraient et au delà de la finance qu'ils ont payée, et le public gagnerait beaucoup à ce que les choses fussent remises dans le même état qu'elles étaient avant que Sa Majesté eût levé la surséance mise à la vente de ces offices [2];

26° La liberté du commerce, la suppression des maîtrises des arts et métiers et l'exécution de l'édit sage de M. Turgot concernant cet objet; mais il serait juste de rembourser ceux qui ont payé pour obtenir ces privilèges exclusifs;

27° L'abolition de l'octroi accordé à la ville de Granville sur les boissons qui entrent dans ce port. Cet impôt est uniquement à la charge des consommateurs de la généralité de Caen et, d'ailleurs, l'objet pour lequel il avait été accordé est rempli et bien au delà [3];

530 livres en argent et 123 boisseaux de froment à payer, à l'acquit de l'évêque, à plusieurs chanoines. Estimé au total 1,106 l. 10 s.

Les officiers municipaux déclarent qu'il n'y a dans la paroisse aucun *four banal*. (Arch. Manche, Q⁴⁻¹ 12.)

[1] Les rentes ecclésiastiques étaient particulièrement nombreuses dans la paroisse de Saint-Pierre-de-Coutances. Sur l'*État* dressé par la municipalité en 1790, nous en avons relevé plus de cinquante de toute nature, féodales, foncières ou hypothécaires, d'importance fort variable, depuis 200 et 300 livres jusqu'à quelques sous et deniers. L'addition donne, par chaque établissement, les chiffres suivants : 1° chapitre de Coutances, pour sa prévôté, 389 boisseaux de froment, 4 boisseaux d'orge, 19 rais d'avoines, 2 oies grasses, 15 pains, 10 œufs, 10 chapons, 1 livre de poivre, estimé le tout 2,396 l. 13 s. 2 d.; 2° les Jacobins, 25 livres; 3° les Bénédictines, 940 l. 16 s. 8 d.; 4° les reli-

gieuses hospitalières, 720 livres; 5° le séminaire, 151 livres; 6° le petit collège, 36 boisseaux de froment, 1 pain, 2 poules et 168 l. 10 s.; 7° les petits vicaires, 23 l. 18 s. 9 d.; 8° la chapelle Saint-Clair, 1 l. 11 s.; 9° la chapelle du Sépulcre, 11 livres; 10° les prêtres de Saint-Pierre, 173 l. 10 s. Au total, à l'apprécis commun de 5 livres le boisseau, 4,801 l. 19 s. 7 d. de rentes ecclésiastiques dans la paroisse. (Arch. Manche, Q⁴⁻¹ 12.)

[2] *Arrêt du Conseil qui lève la surséance de la vente des offices de jurés-priseurs,* 25 novembre 1780 (dans ISAMBERT, XXVI, 398). Voir le cahier de Cambernon, art. 14, et la note, *infra,* p. 241.

[3] L'octroi avait été établi une première fois à Granville en 1767, mais supprimé dès 1773. En 1786, la ville, qui n'avait aucuns deniers patrimoniaux (ses seules ressources consistaient, d'après la déclaration des officiers municipaux, en une maison d'un revenu de 315 livres et dans le produit du

28° Ordonner que les commis aux aides ne pourront faire de procès à aucuns particuliers, parce qu'ils auraient consommé une quantité de boissons qui leur paraîtrait exorbitante eu égard à l'état des personnes[1]; ils sont, par état, faits pour veiller aux fraudes, et si l'on faisait payer un droit de consommation à des personnes qui ne vendent et ne débitent aucunes boissons, cette multitude de commis deviendrait absolument inutile.

Telles sont, entre autres choses, les doléances et les vœux du village de Saint-Pierre-de-Coutances.

Quinze mots rayés nuls. Les mots *et garennes que, paié pour obtenir les privilèges exclusifs,* en marges, et les interlignes, bons.

DUBOSCQ, F. HARIVEL, J. MÉNARD, G. HENNEQUIN, Léonord LERIVEREND, J. L'HUILLIER, Jean LEFRANÇOIS, Gille LERENDU, Pierre HÉDOUIN, P. MÉNARD, François LELONG, Jean ANNE, Julien LEFRANÇOIS, Jacques MÉNARD, François LANSOT, J. HUSLIN, Charles CORBET, Pierre HENNEQUIN, J. FOUCHÉ, Jean LERENDU, Michel LERENDU, Ch. LEPETIT, J. LERIVEREND, Lucien LERENDU, R. YON, LERIVEREND, Léonord LELONG, PHOENIXENT, DUHAMEL.

---

franc-salé, qui donnait cette année-là 1,635 l. 8 s. 6 d.), et qui se trouvait alors endettée de 73,449 livres, avait obtenu, en considération des dépenses qu'entraînaient les nouveaux travaux du port, le rétablissement pour vingt-cinq années d'un droit d'octroi à l'entrée et à la sortie de la ville. L'arrêt du Conseil portant homologation du tarif et en même temps d'un emprunt de 30,000 livres amortissable en vingt-cinq années est en date du 7 février 1786. (Arch. Calvados, C 1471.) Nous reproduisons en appendice, à la fin de ce volume, les principales dispositions de ce tarif, qui paraît avoir pesé particulièrement sur l'industrie agricole de la région.

[1] «Les artisans et gens du commun, qui font venir chez eux des boissons en quantités excédantes à la consommation qu'ils peuvent faire, eu égard à leurs facultés et à leur état, au nombre de personnes dont leur famille est composée, ainsi qu'aux impositions qu'ils payent en taille ou en capitation, sont tenus de déclarer aux commis, à leur première réquisition, s'ils entendent vendre ces boissons en gros ou en détail, ou les consommer chez eux pour leur provision... Si leur consommation excède celle qu'ils doivent naturellement faire, on leur fait payer les droits de détail sur cet excédent, de la même manière qu'aux cabaretiers; c'est cet excédent qu'on appelle, parmi le peuple, le *trop bu*.» (Encyclopédie méthodique, v° *Finances,* éd. 1784, t. Ier, p. 515.)

VILLE DE GRANVILLE [1].

I. Assemblées préparatoires des corporations.

(Il n'a été retrouvé, dans cette série, que le procès-verbal d'assemblée du tiers état non compris dans les corporations [2].)

(Archives municipales de Granville. Registre des délibérations du 19 décembre 1788 au 13 juillet 1791, coté BB1, n° 2, f° 3 v° [3].)

L'an 1789, le 25 février, sur les 9 heures du matin, en l'Assemblée des habitants composant le tiers état de la ville de Granville qui ne se trouvent compris dans aucuns corps, communautés ou corporations, ou qui ne s'y sont réunis, ladite Assemblée tenue en l'auditoire de ladite ville, pris pour hôtel de ville, en présence de MM. les officiers municipaux soussignés, lesquels, ainsi qu'il résulte du procès-verbal ci-dessus [4], ont fait publier au prône

[1] Arrondissement d'Avranches, canton de Granville. Population actuelle : 11,667 habitants. Le procès-verbal ne donne pas le nombre de feux de la ville en 1789; l'État des feux des paroisses, annexé au procès-verbal de l'Assemblée préliminaire, ne le mentionnait pas non plus primitivement. C'est seulement sur les réclamations instantes de la Chancellerie, que le lieutenant général, dans une lettre datée du 20 avril, fournit, pour compléter l'État, le chiffre de 800 feux. (Arch. nat., B a 35, f. 70.) L'État de la population par ville du royaume de France (Arch. nat., D IV bis, 17) donne pour la même date le chiffre de 8,632 habitants, qui, à moins qu'on n'y comprenne Saint-Nicolas, ne semble guère correspondre au précédent. En avril 1785, les États du mouvement de la population accusent 253 naissances (123 garçons, 130 filles), 59 mariages et 134 décès, l'hôpital non compris. (Arch. nat., D IV bis, 44.)

[2] La ville de Granville n'avait plus, en 1789, de corporations régulièrement constituées. Les maîtrises, supprimées en 1776, n'avaient pas été rétablies dans cette ville par l'Édit d'avril 1779. Le procès-verbal d'assemblée générale de la ville, que nous reproduisons ci-après, donne la liste des communautés qui furent convoquées en assemblées

préparatoires : nous y trouvons 11 corps de métier, 6 corporations d'arts libéraux ayant 2 députés, et 3 juridictions seulement (amirauté, juridiction consulaire, traites et quart-bouillon), en tout 21 assemblées. Il y avait, dans le faubourg de Saint-Nicolas, une juridiction seigneuriale, la haute justice de Saint-Pair, qui avait un sénéchal et un procureur fiscal, mais qui n'a point été convoquée en assemblée préparatoire.

[3] Une copie de ce procès-verbal, envoyée à l'intendant de Caen par le maire et subdélégué de Granville, existe aux Arch. Calvados, C 6354. Elle ne donne pas les signatures.

[4] Le registre des délibérations duquel est extrait ce procès-verbal, renferme, en effet, à la page précédente, en date du 22 février 1789, un curieux procès-verbal que nous croyons devoir ici reproduire, parce qu'il nous fait saisir sur le vif les formes dans lesquelles s'exécutèrent les opérations de convocation : «Du 23 février 1789, en l'Hôtel de ville de Granville; Nous maire et échevin soussigné, avons rédigé le procès-verbal, assisté du secrétaire-greffier aussi soussigné, ainsi qu'il suit, pour nous conformer aux dispositions générales de l'Ordonnance concernant l'Assemblée des trois États du bailliage de Coutances, dont il nous a été délivré une expédi-

de la messe paroissiale le jour de dimanche dernier, la lettre du Roi, le règlement y annexé, et l'ordonnance de M. le bailli de Cotentin, le tout concernant la convocation des États généraux, lesdits actes en date des 24 janvier dernier et 13 de ce mois, les ont publiés eux-mêmes avec toute la solennité possible, le même jour de dimanche dernier, ladite Assemblée ayant pour objet, aux termes de l'article 27 du même règlement et du suivant, de nommer deux députés dans la proportion de 100 individus et au-dessous présents à ladite Assemblée, 4 au-dessus de 100, etc., pour les députés choisis, avec ceux des différentes assemblées particulières, former à l'hôtel de ville de cette ville, sous la présidence de MM. les officiers municipaux, au jour qui sera par eux indiqué, l'Assemblée du tiers état de ladite ville, dans laquelle Assemblée ils rédigeront le cahier des plaintes et doléances de ladite ville, pour le porter au jour et lieu qui ont été indiqués par l'ordonnance de M. le bailli de Cotentin concernant l'Assemblée des trois États du bailliage de Coutances, ayant fait réitérer les avertissements le jourd'hier et ce jour dans toutes les places publiques et lieux accoutumés de cette ville par le tambour et afficheur public et ordinaire.

Se sont assemblés, MM. Pierre-Auguste Louvel, ancien capitaine de navire, demeurant rue Saint-Jean ; le sieur Jacques Caillouet, aussi ancien capitaine de navire, demeurant rue du Parvis ; le sieur Pierre-Jean de la Rue, aussi ancien capitaine de navire,

tion par le ministère de Rabasse, huissier, le 20 de ce mois, requête de M. le procureur du Roi dudit bailliage, nous adressâmes lejourd'hui notre prière et réquisition au sieur Gautier, l'un de MM. les curés de cette ville et paroisse, de publier et faire publier au prône de la messe paroissiale, ce jour, la lettre du Roi pour la convocation des États généraux à Versailles, le 27 avril prochain, le Règlement fait par le Roi pour l'exécution des lettres de convocation, ladite Lettre et ledit Règlement en date du 24 janvier dernier, et la susdite Ordonnance de M. le Bailli de Cotentin par son lieutenant, — à l'effet de quoi nous fîmes remettre audit sieur curé une copie de chacun desdits actes, qui nous avait été aussi délivrée par le susdit huissier, et pour donner de notre part toute la publicité possible à la susdite lettre, règlement et ordonnance, nous nous sommes transportés ce jour en cérémonie, précédés des archers de ville,

des tambours attachés au service de la ville, sur les 11 heures et demie du matin, près de la porte de l'église où se font les proclamations ordinaires, au moment de la sortie du peuple du service divin, après avoir fait rappeller et fait battre un ban militaire, nous avons, de Par le Roi, donné lecture à haute et intelligible voix, par M. le maire, pour l'absence du secrétaire-greffier, de la lettre et du règlement susdit du Roi, et de la susdite ordonnance de M. le Grand Bailli, ensuite de quoi, revenus en l'Hôtel de ville, nous avons procédé à la rédaction du présent, clos et arrêté ledit jour et an que dessus, et signé après lecture.

COURAYE-DUPARC, *maire*; Luc-Lucas DESAULNAIS; LEBOUCHER; Luc HAMEL; BEUST. »

demeurant Grande-Rue; le sieur Jean-Perrée Duhamel, ancien échevin, demeurant rue Saint-Jean; le sieur Gilles-Antoine Daguenet, aussi ancien capitaine de navire, demeurant Grande-Rue; le sieur Michel-Marie-Nicolas Gallien, seigneur de Carolles, demeurant Grande-Rue; le sieur Luc-Lucas Desaulnais, lieutenant de maire, demeurant Grande-Rue; Luc Hamel, échevin, demeurant rue Saint-Michel; Jean Duval, capitaine de navire, demeurant rue du Parvis; Guillaume Berlivet, capitaine de navire, demeurant sur le port; François Louvel, demeurant Grande-Rue; François-Thomas-Clément Leval, demeurant rempart du Midi; Marie-Louis Le Coupé, sieur Desvilles, demeurant rue Saint-Jean; Louis-Henry-Anne Tirel, sieur de la Martinière, demeurant rue Saint-Jean; Robert le Mercere, ancien capitaine de navire, demeurant rue Saint-Gaud; Jacques Longueville, sieur de Beaufougeray, demeurant rue Saint-Michel; François Adam, ancien capitaine de navire, demeurant sur le port, tous paroisse Notre-Dame dudit Granville ..,

Lesquels en exécution de la susdite lettre du Roi, du règlement y annexé et de l'ordonnance de M. le bailli de Cotentin, ont nommé pour députés chargés de rédiger le cahier dont est parlé, et d'élire et députer pour porter ledit cahier à l'Assemblée des trois États du bailliage du Cotentin, au jour indiqué par la susdite ordonnance, nommer et députer aux États généraux, à la pluralité des voix, les personnes de M. Luc-Lucas Desaulnais, lieutenant de maire, et M. Jean Perrée sieur Duhamel[1], ancien échevin, qui ont accepté. Qu'ils chargent en outre de transmettre aux députés qu'ils formeront ou par lesquels ils seront formés dans l'Assemblée du tiers État de cette ville, tous pouvoirs généraux et suffisants de proposer, remontrer, aviser et consentir tout ce qui peut concerner les besoins de l'État, la réforme des abus, l'établissement d'un ordre fixe et

---

[1] PERRÉE-DUHAMEL (Jean-Pierre-Nicolas), chevalier, né à Granville le 8 avril 1747, mort à Paris, le 16 novembre 1816. Négociant et armateur, ancien échevin de la ville, il était depuis l'année précédente membre de l'Assemblée d'élection et du bureau intermédiaire de Coutances, pour l'ordre du tiers état. Choisi successivement, dans les opérations de la convocation, comme rédacteur du cahier de la ville et de celui de l'assemblée préliminaire, député du quart réduit à l'Assemblée du tiers état, il fut enfin élu député de l'ordre aux États généraux, venant le cinquième sur la liste du bailliage. Par la suite, il a été représentant de la Manche au Corps législatif (Conseil des Anciens) en l'an IV, au Tribunat en l'an IX, et sous l'Empire conseiller à la Cour des Comptes et chevalier de l'Empire. (Notice biographique dans LEBRETON, Biographies normandes, III, 201.) On observera que ce député a signé de la première partie de son nom seulement, J. Perrée, le présent procès-verbal et le cahier de la ville; mais sur le manuscrit autographe du Serment du jeu de paume, il a signé tout au long: Perrée-Duhamel. (Voir A. BRETTE : Le Serment du jeu de paume, fac-similé, texte et signatures. Paris, 1896, in-4°, n° 551, pl. IX.)

I. 8

durable dans toutes les parties de l'administration, la prospérité du royaume et le bien de tous et de chacun des sujets du Roi, promettant lesdits sieurs électeurs et députés, agréer et approuver tout ce que lesdits députés qui seront nommés auront fait, délibéré et signé en vertu des présentes, de la même manière que si lesdits sieurs comparans y avaient assisté en personne.

Fait et passé à Granville, ledit jour et an que dessus, et signé après lecture.

Luc-Lucas DESAULNAY, LEBOUCHER, Luc HAMEL, DESVEAUX-LOUVEL, J. CAILLOUÉ, P.-J. DELARUE, J. PERRÉE, LOUVEL, TIREL DE LA MARTINIÈRE, DAGUENET, GALLIEN DE CAROLLES, Jean DUVAL, Clément LEVAL, LECOUPÉ-DESVILLES, Robert LEMERCERE, BEAUFOUGERAY, F. ADAM, BERLIVET.

Pour notre présence et présidence,

COURAYE DU PARC, *maire.*

II. ASSEMBLÉE GÉNÉRALE DE LA VILLE.

1. PROCÈS-VERBAL D'ASSEMBLÉE.

(Archives municipales de Granville. Registre de délibérations, précité, de l'année 1789, coté BB1, 2°, f° 4 r°[3].)

Du 27 février 1789, en l'hôtel de ville de Granville, devant MM. les officiers municipaux présidés par M. Couraye du Parc, *maire* [2].

En Assemblée du tiers état de ladite ville, convoquée par billets d'invitation, dans laquelle se sont trouvés MM. les députés choisis dans les différentes assemblées particulières et à l'auditoire de ce lieu servant d'hôtel de ville, en conséquence des articles 27 et 28

---

[1] Une copie non authentiquée de ce procès-verbal, envoyée par le subdélégué en mars 1789, existe dans le fonds de l'Intendance (Arch. Calvados, C 6354).

[2] COURAYE-DUPARC (17..-18..), vicomte et maire, et subdélégué de Granville. La mairie de Granville, en 1789, n'était pas élective, mais constituée en titre d'office, et unie à la vicomté du lieu. Le corps municipal, dans les premiers jours de 1789, se composait de MM. Couraye-Duparc, *maire;* Luc-Lucas Desaulnais, *lieutenant de maire;* Le Boucher et Duhamel, *échevins;* et Beust Dubourg, *procureur-syndic.* (*Délibération en date du 17 octobre 1788,* dans le registre BB1 n° 1, *in fine,* aux Archives de Granville.)

du règlement du 24 janvier dernier, pour l'exécution des lettres de
convocation des États généraux, ladite Assemblée formée pour la
rédaction des plaintes et doléances de cette ville et pour nommer
huit députés pour porter le cahier qui en sera rédigé à Coutances
lundi prochain en conséquence de l'ordonnance de M. le lieutenant
général du bailliage de Cotentin du 13 de ce mois, a été délibéré
à la pluralité des voix sur le premier chef d'adopter les plans et
vues présentés par MM. Regnault, un des députés de l'ordre des
avocats, Hugon de la Noë et N. Perrée, députés des négociants, et
ces deux derniers ont été priés de faire la rédaction au net dudit
cahier, et autorisés à s'adjoindre, s'ils le jugent à propos, M. Hugon
de la Cour et M. Perrée Duhamel, lesquels commissaires et le sieur
Perrée Duhamel présent ont accepté; passant au second chef, lesdits sieurs députés ont procédé à la nomination à haute et intelligible voix des huit députés pour porter ledit cahier à Coutances le
2 mars prochain, 2 heures de l'après-midi, en l'auditoire dudit
lieu, et la pluralité des voix s'est réunie pour MM. Le Sauvage,
lieutenant général de l'amirauté, Le Mengnonnet, père, négociant, ancien prieur consul [1], Le Boucher, échevin, Hugon de
la Cour, membre de l'Assemblée provinciale et du département
de Coutances [2], *Hugon Delanoë, ancien lieutenant de maire,
Clément Desmaisons [3], négociant, ancien prieur consul, P.-N.
Perrée, négociant, ancien maire, et *Perrée Duhamel, ancien
échevin, parmi lesquels MM. les députés présents ont accepté à
charge de représenter le cahier qui sera par nous coté et paraphé
ne varietur et d'en laisser une expédition qui fera minute aux
archives de la ville, présents et délibérants :

MM. Luc Lucas Desaulnais, lieutenant de maire;
    ledit sieur Perrée Duhamel, députés des gens vivant noble-
        ment;
    ledit sieur Le Sauvage, lieutenant de l'amirauté [4];
    et le sieur Lépron de la Fossardière, procureur du roi et
        député dudit siège;

[1] Lemengnonnet, négociant, fut élu
membre du conseil général de la Manche
en 1790; sorti l'année suivante, il rentra seulement en l'an VIII.

[2] Hugon de la Cour, négociant,
était membre de l'assemblée du département de Coutances pour l'ordre du
tiers état, et du bureau intermédiaire
de cette assemblée.

[3] Clément Desmaisons, négociant,
ancien prieur-consul, élu officier municipal en 1793; il fut tué par les Ven-
déens, la première journée du siège
(15 novembre 1793).

[4] La juridiction de l'amirauté de
Granville s'étendait sur toute la côte
sud du Cotentin, au-dessous de Lingreville, et ressortissoit en appel à la Table

MM. Regnault et Duval Mesquin [1], députés des avocats;

Hugon Grandjardin et Boisnard, députés de la juridiction consulaire [2];

N. Perrée et Hugon de la Noë, députés des négociants et armateurs;

Huë et Salmont, députés des capitaines de navires;

Quesnel, un des députés des chirurgiens;

Follain, député des procureurs;

Moulin, député des apothicaires;

Michel, député des marchands;

Jugan, député des huissiers;

Le Barbier, député des perruquiers;

Deschamps, député des cordonniers;

Blin, député des cabaretiers;

Robe, député des menuisiers;

Chesnay, député des charpentiers;

Le Tellier, député des marins, calfats et crieurs;

Chalamon, député des boulangers;

Le Crosnier Lavalette, député des tonneliers;

Cuqus, député des tailleurs;

Le Cavelier, député des tisserands;

les sieurs Dairon et Pollain des médecins n'ayant comparu;

ainsi que le sieur Marion un des députés des chirurgiens.

Les sièges de vicomté et de police n'ayant député, attendu que M. le maire seul officier de cedit siège est compris dans l'ordre de la noblesse, le siège des traites n'ayant pas non plus député [3].

---

de marbre de Rouen, pour toutes les causes qui dépassaient 150 livres. Le personnel du siège ne se composait, en 1789, que d'un lieutenant général, réunissant les deux charges de lieutenant civil et criminel, d'un procureur du roi et d'un greffier. Il y avait un maître de quai sans appointements, non privilégié, et trois huissiers attachés à la juridiction. D'après Expilly, le greffe était affermé 800 livres et la recette des droits produisait au roi 1,500 livres par an.

[1] Mesquin (Pierre-Jules-Julien), avocat, était sénéchal de la moyenne et haute justice de Saint-Pair, appartenant aux religieux du Mont Saint-Michel. Par la suite, administrateur du département, il fut élu, en 1790, membre suppléant pour la Manche du tribunal de Cassation, et réélu en 1792.

[2] La juridiction consulaire avait été établie à Granville tout récemment, par arrêt du Conseil de février 1769. (Recueil des Édits, IX, 1121.) Elle comprenait, comme toutes celles de la province, 1 prieur, 4 consuls, 1 procureur ayant voix délibérative, et 1 greffier. Les anciens consuls restaient attachés au siège, et pouvaient être appelés à siéger en cas de besoin. On sait qu'en Normandie, le Parlement n'avait pas voulu reconnaître aux juridictions consulaires de territoire, et que leur compétence avait été limitée à 250 livres. (Houard : Dict. anal., v° Consuls, I, 357.)

[3] La vicomté de Granville, portée comme défaillante, n'aurait pas dû en

La nomination cy dessus ainsi faite, les sieurs électeurs repré-sentant le tiers état ont donné aux sieurs députés cy dessus dé-nommés tous pouvoirs requis et nécessaires à l'effet de représenter le tiers état de cette ville en ladite Assemblée préliminaire fixée au 2 mars prochain par la susdite ordonnance de M. le lieutenant général du bailliage; comme aussi d'y donner pouvoirs généraux et suffisans de proposer, remontrer, aviser et consentir tout ce qui peut concerner les besoins de l'État, la réforme des abus, l'établisse-ment d'un ordre fixe et durable dans toutes les parties de l'admi-nistration, la prospérité générale du royaume et de tous et chacun des sujets de Sa Majesté.

Et de leur part lesdits sieurs députés ont promis se charger du cahier des doléances de ladite ville, dès qu'il aura été arrêté par lesdits sieurs commissaires et de nous paraphé, de le porter à ladite Assemblée [1] et de se conformer à tout ce qui est prescrit et ordonné par la lettre du Roi, le règlement y annexé et l'ordon-nance susdatée, desquels nomination de députés et commissaires, pouvoirs et déclarations nous avons à tous les susdits comparans donné acte, et avons signé avec eux notre présent procès-verbal,

réalité être convoquée. La juridiction était supprimée depuis 1753 et réunie au bailliage de Coutances, et l'office de vicomte, qui avait seul survécu, était réuni à la mairie. Voici, d'après le *Rôle de capitation des officiers de judica-ture et des privilégiés*, quelle était, en 1789, la composition des autres juri-dictions :

La police n'avait en propre qu'un seul officier, un conseiller, la lieutenance générale étant réunie à la mairie, et la charge de procureur du roi à celle de procureur de l'amirauté. Il y avait un commissaire et deux huissiers.

Les aides, qui n'avaient qu'un bu-reau de recette sans juridiction, comp-taient : 1 receveur, 1 sous-receveur, 1 contrôleur et 4 commis aux exercices; le contrôle des actes, 1 contrôleur seulement.

Le bureau des traites et quart bouil-lon comprenait un personnel plus nom-breux. Il y avait pour les traites : 1 receveur, 1 contrôleur des recettes, 1 contrôleur aux entrepôts, 1 commis aux expéditions, 1 visiteur et 1 embal-leur; et pour la recette du quart-bouil-lon : 1 receveur, 1 premier commis, 1 contrôleur de magasin, 1 capitaine

général contrôleur des salines et 1 en-treposeur. La surveillance était assurée par une brigade de douaniers, compre-nant : 1 capitaine, 1 lieutenant, 1 bri-gadier, 1 sous-brigadier, 12 gardes et 1 garde-matelot; et pour la mer, il y avait une grande biscayenne montée par 1 premier pilote, 1 second, 4 matelots et 2 gardes.

Tout ce personnel était naturellement privilégié pour les impositions, ou taxé d'office par l'administration. D'après un relevé fait en mars 1790 et certifié par le receveur de la régie, les fermes avaient encaissé à Granville pour le roi, de 1784 à 1788, 103,490 l. 15 s. 7 d. pous les droits de régie, 130,646 l. 16 s. pour l'entrepôt, 120,784 l. 8 s. 4 d. pour le quart-bouillon, 105,084 l. 5 s. 2 d. pour les traites, 2,858 l. 6 s. pour la marque des fers. (Arch. nat., D IV *bis*, 27, 894.)

[1] La taxe de voyage, séjour et retour à l'assemblée préliminaire pour les dé-putés de Granville fut arrêtée à 4 jours, soit 12 livres. *Tous ont refusé.* Pour les sieurs Nicolas-Joseph Hugon de la Noë et Jean Perrée-Duhamel, députés du quart, la taxe fut de 19 jours, 74 livres. *Également refusants.*

et signerons le duplicata qui sera remis auxdits députés pour constater leurs pouvoirs, le présent restant aux archives de l'hôtel de ville, lesdits jour et an que dessus, après lecture.

Luc Lucas Desaulnais, Leboucher, Luc Hamel, Beust, Le Sauvage, Lepron de la Fossardière, J. Perrée, J.-H. Hugon, F. Regnauld, *avocat,* Quesnel, Hugon de la Noë, Duval Méquin, *avocat,* Fr. Michel, Boisnard Grandmaison, F. Hüe, Follain, J.-N. Moulin, *apothicaire,* Jean Deschamps, Pierre Robe, F. Chesnay, Le Barbier, Charles Belin, C. Jugan, ✠ «la marque de Chalamon», Thomas Le Crosnier, P.-L. Cuqus, Auguste Le Cavelier, N. Perrée.

Du vingt-huit février 1789, en l'hôtel de ville de Granville, MM. Le Mengnonnet et Clement Desmaisons élus le jour d'hier, dans l'Assemblée composant le tiers état de la ville, députés pour rédiger les cahiers de doléances et les présenter à l'Assemblée des trois ordres à Coutances, ayant pris communication du procès-verbal cy dessus qui constate leur nomination, ont tous deux accepté, et signé après lecture. M. Hugon de la Cour qui ne faisait point partie de l'Assemblée ayant eu lecture de l'acte cy dessus qui le met au nombre desdits huit députés, a accepté également.

Clément Desmaisons, Le Mengnonnet.

Du premier mars 1789, en l'hôtel de ville de Granville,
Nous François Leonord Couraye sieur Duparc, vicomte et maire de ladite ville, assisté du secrétaire greffier ordinaire, les sieurs commissaires de l'Assemblée du tiers état de cette ville dénommés en la délibération de l'autre part, nous ayant déclaré avoir clos le cahier de plaintes et doléances de cette ville, et nous ayant été représenté, il a été de nous cotté et paraphé, et signé par première et dernière page; ensuite de quoi une des copies remise au sieur Jean Perrée Duhamel, un des commissaires, et l'autre conservée pour être déposée aux archives de cette ville, de tout quoi nous avons rédigé le présent procès-verbal, et signé après lecture.

J. Perrée, Couraye du Parc, J. Girard-Barière.

2. Cahier de doléances.

(Ms. *Greffe du Tribunal de première instance de Coutances, pièce n° 345.* Original signé [1].
Éd. Hippeau, *Les cahiers de 1789 en Normandie*, t. II, faisant le tome VII du *Gouvernement de Normandie*, 1869, in-8°, p. 82.)

Cahier contenant les doléances de la commune de la ville de Granville telles qu'elle a chargé ses députés de les présenter à l'assemblée générale qui sera tenue à Coutances, le 2 mars 1789.

Constitution.

Art. 1er. L'opinion et le désir de cette commune est que le tiers état ne puisse être représenté dans aucun cas que par des députés tirés de son ordre, sans qu'aucun noble ou privilégié y puisse être admis; que dans toutes les délibérations particulières ou générales le tiers état doit avoir un nombre de représentants égal à celui des deux autres ordres réunis; que la loi qui interviendra à cet égard prescrive que les suffrages soient pris dans cette proportion et comptés par tête, et qu'elle devienne loi fondamentale du royaume [2].

Art. 2. Que la nation détermine un retour d'États généraux dans une période fixe, qui n'excède pas l'intervalle de cinq ans dans le temps de paix, et plus souvent si les besoins de l'État l'exigent.

Art. 3. Qu'aucun impôt ou augmentation d'impôt ne soit consenti qu'après l'examen des créances sur l'État, qui ne seront légitimées que par l'arrêté qui en sera fait par les États généraux, d'après les vues bienfaisantes que Sa Majesté a annoncées à ses peuples. Ils espèrent qu'elle voudra bien fixer elle-même les

[1] Une copie authentique du cahier, délivrée le 2 mars 1789 par le greffier municipal, se trouve dans le fonds de l'Intendance. (Arch. Calvados, C 6354.) C'est cette copie très vraisemblablement qu'Hippeau a reproduite.

[2] Dans sa lettre du 2 mars 1789, qui accompagne l'envoi du cahier de Granville, le subdélégué et maire Couraye-Duparc apprécie très justement le caractère de ce cahier : «Monsieur l'Intendant, J'ai l'honneur de vous remettre les différents procès-verbaux que j'ai eu occasion de rédiger en exécution des lettres de convocation et du règlement, ainsi que le cahier de doléances qui a été formé par les commissaires nommés dans l'assemblée du tiers État de cette ville, le 27 mars de ce mois. *Vous remarquerez que l'on est tiers État à Granville,* et que le cahier est bon, à cela près que quelques-unes des demandes ne sont pas suffisamment développées.» (Arch. Calvados, C 6354.)

dépenses pour sa maison, les pensions et celles des départements dont les ministres devront être comptables.

Art. 4. Qu'aucun impôt consenti par les États généraux ne puisse être prorogé au delà du terme fixé pour le retour des-dits États.

Impôt.

Art. 5. Que tous les impôts et charges, sous quelque déno-mination que ce puisse être, soient supportés également par tous les ordres et leurs membres respectifs, en proportion des propriétés de chacun, sans que nul ne puisse à l'avenir réclamer aucun privilège, soit à titre de services ou de charges, qui l'exempte de l'imposition publique [1].

Liberté individuelle et civile.

Art. 6. La commune pense que tout citoyen Français étant personnellement libre et franc sous la protection des lois, l'usage des lettres de cachet doit être aboli, et qu'on doit au contraire accorder la liberté de la presse, pour peu que l'ouvrage soit souscrit du nom de l'auteur et de l'imprimeur.

Réforme de la justice.

Art. 7. Le désir de l'Assemblée est qu'il soit fait dans les formes de la procédure et dans la manière de rendre la justice

---

[1] Granville était *ville franche*. En vertu de privilèges concédés par Charles VII en 1445, successivement renouvelés et confirmés par Henri IV, Louis XIII, Louis XIV et Louis XV (la dernière confirmation est du mois de mai 1745), les bourgeois de la ville étaient exempts de toutes tailles, aides, gabelles, logement des gens de guerre; mais ils payaient les impositions de nouvelle création, la capitation bour-geoise, les vingtièmes, l'impôt territo-rial, les bâtiments de justice, et de même les nouveaux droits d'aides, ceux de jauge et courtage, inspecteurs des boissons, etc. (Expilly : *Dict. géogr.*, v° Granville.) Pour 1789, les divers impôts montaient à : capitation bour-geoise, 7,271 l. 5 s.; vingtièmes, 2,458 l. 14 s. 6 d.; vingtième d'in-dustrie, 1,321 l. 8 s. 3 d.; offices et droits, 690 l. 11 s. 9 d.; corvée des che-mins, 2,816 l. 14 s. 7 d.; territorial, 207 livres; bâtiment, 69 livres. Au total, 13,656 l. 18 s. 4 d. (Arch. Cal-vados, C 4556, 8120, 8188, 8198.) Le dernier rôle détaillé que nous ayons est de 1787. La ville compte alors 547 contribuables, y compris les domestiques et journaliers. (Arch. Cal-vados, C 4556.) Les privilégiés, en 1789, sont au nombre de 125, savoir : 37 ecclésiastiques, les deux curés, M°° Gautier et Sorin de Lespesse, 2 vicaires et 33 prêtres habitués; 5 nobles possédant fief, MM. George Demay, écuyer, Girard Quinette de Cloisel, écuyer, Pierre Lemarié, écuyer, Jacques Lemarié Leslandelles, écuyer, F. Couraye du Parc, écuyer, et pour le tiers état, 26 officiers de judicature ou assimilés (8 magistrats, 10 avocats, 3 procureurs, 5 huissiers) et 47 em-ployés des fermes (traites 11, quart-bouillon 27, aides 8, contrôle 1). — *Supplément des privilégiés :* 582 l. 4 s.

distributive tous les amendements nécessaires; que les lettres de répit ne puissent suspendre l'effet des lois que par le consentement des créanciers qui formeront la plus forte portion des créances; que les arrêts du conseil sur requête, les droits de committimus à tels tribunaux que ce soit ne puissent porter atteinte au droit qu'a tout Normand de n'être jugé que dans sa province [1]. Qu'il est nécessaire de supprimer les juridictions d'exception qui ne sont d'aucune utilité, de former des bailliages ressortant nuement à la cour, dans une étendue de districts qui mette les justiciables à portée de leur tribunal.

Réformes.

Art. 8. Que les États généraux avisent aux moyens les plus prompts et les plus efficaces de détruire les gabelles, et que ce nom soit à jamais proscrit de la langue d'un peuple auquel il a produit tant de maux : parce que toutes les provinces de France, animées d'un esprit de justice, se chargeront sans doute, dans une proportion déterminée par leurs facultés, d'une quote-part des impositions qui doivent compenser le produit des gabelles [2].

Art. 9. Qu'il plaise au Roi permettre la révision des échanges faits avec les biens domaniaux et concessions accordées par Sa Majesté, et d'aliéner s'il est nécessaire, pour un temps ou pour toujours, les domaines de la Couronne, excepté les bois et forêts dont la garde pourrait être confiée aux États provinciaux.

Établissement des États provinciaux.

Art. 10. Que l'établissement des États provinciaux [3] promis

[1] *Ordonnance de juillet 1315*, dite *Seconde Charte aux Normands*, art. 21 (dans Isambert, III, n° 497, p. 111). En janvier 1790, lorsque fut établi la nouvelle organisation judiciaire, la ville de Granville présenta, pour obtenir un siège de tribunal de district, une pétition appuyée des adresses conjointes d'une trentaine de communes voisines. (Arch. Manche, D iv *bis*, 27, 394.)

[2] La ville de Granville jouissait du franc-salé. Par déclaration du roi du 1er octobre 1770, ses bourgeois avaient obtenu l'usage du gros sel gris de Brouage pour les armements des navires et la consommation de l'habitant. La municipalité achetait elle-même le sel sur les lieux et le bénéfice sur la revente constituait un des principaux revenus de la ville, revenu fort variable d'ailleurs, parce qu'il dépendait de l'armement annuel. En 1776, d'après les comptes, il avait été de 7,806 l. 8 s. 6 d.; en 1781, il ne se montait plus, déduction faite de tous frais de transport et de bureau, qu'à 1,635 l. 8 s. 6 d. (Arch. Calvados, C 1467.)

[3] Le Conseil général de la ville de

par Sa Majesté sera la principale source de la prospérité publique, et un lien nécessaire avec les États généraux; que la province de Normandie a d'autant plus de droits de solliciter cet ancien régime, qu'il est consacré dans sa Charte de réunion à la France.

ART. 11. Que la répartition des impôts de tout genre destinés à chaque province soit faite par les États provinciaux, et qu'ils soient chargés de la perception des droits d'aides, et d'en verser le montant au Trésor royal, d'après le produit de la régie actuelle.

ART. 12. Que pour fixer la variation subite qu'une simple décision du Conseil met dans les droits des traites, il soit arrêté aux États généraux un tarif clair, et dont la durée constante s'étende depuis la tenue des présents États généraux jusqu'au moment où ils devront se rassembler.

Commerce.

ART. 13. La suppression des gabelles est d'autant plus désirable, qu'elle seule retarde l'exécution des vues bienfaisantes que le Roi a manifestées pour rendre libre le commerce intérieur du royaume.

ART. 14. Le désir de la commune de Granville est de voir tomber enfin ces barrières qui rendent les Français étrangers les uns aux autres, et empêchent la communication réciproque des fruits de leur sol et de leur industrie.

ART. 15. La révision de l'arrêt du Conseil de 1784 [1] pour

Granville avait envoyé, dès l'année précédente, une *Adresse au Roi pour le rétablissement des États provinciaux de Normandie*, arrêtée par délibération du 17 octobre 1788. (Exempl. impr., 6 p. in-4°, s. l. n. d. Arch. nat., Ba 35, l. 70.)

[1] *Arrêt du Conseil concernant le commerce étranger dans les îles françaises d'Amérique*, Versailles, 30 août 1784 (dans ISAMBERT, XXVII, n° 1984, p. 459). Cet arrêt, dérogeant au système de prohibition absolue en vigueur depuis les *Lettres patentes d'octobre* 1727 (*ibid.*, XXI, p. 306), avait créé dans les îles, à la Martinique, la Guadeloupe, Tabago et Saint-Domingue, un certain nombre de ports d'entrepôt (art. 1er) et déterminé (art. 2) toute une série de marchandises dont l'im-

portation était permise sous pavillon étranger, moyennant un droit général de 1 p. 100 *ad valorem*. Cette ouverture des colonies au commerce étranger, pour restreinte qu'elle fût encore, avait soulevé les réclamations les plus vives et les ports de l'Océan sont unanimes, dans leurs cahiers, pour demander la révocation de l'arrêt de 1784. (Ville de Rouen, art. 58, dans HIPPEAU, *Cahiers*, I, 326; noblesse de Caux, art. 40, *ibid.*, I, 478; juges-consuls de Caen, art. 25, Ms. Arch. municipales de Caen, AA 20. Cf. *Lettre du Parlement de Rouen au roi au sujet de l'arrêt du Conseil, du 30 août 1784, concernant le commerce étranger dans les îles françaises de l'Amérique*, Paris, 1785, in-8°, br.; BONNASSIEUX, *Examen des ca-*

l'admission des étrangers dans les colonies sera sollicitée par toutes les places de commerce. Cette importante question intéresse la prospérité de l'État et l'existence de la marine de France.

La commune de Granville espère que cet arrêt sera rapporté et que le régime des colonies françaises sera semblable à celui des colonies des royaumes voisins.

ART. 16. L'admission des morues et huiles de pêche étrangère, les lettres patentes accordées à Bayonne comme privilège particulier [1], sont destructives de la pêche nationale.

ART. 17. Il est à désirer que la circulation du poisson sec et salé soit libre et sans droits par tout le royaume; les droits de consommation sur le poisson frais et salé, établis en Normandie [2]

<hr />

hiers de 1789 au point de vue commercial. Paris, 1884, in-8°, p. 18.)

Le nouveau régime atteignait particulièrement la place de Granville, en ce que la *morue* et le *poisson salé*, pour lequel elle avait eu jusque-là le monopole dans les îles, étaient compris parmi les marchandises dont l'art. 2 de l'Arrêt du Conseil permettait l'importation sous pavillon étranger. Bien que le droit de 1 p. 100 *ad valorem* fût augmenté pour cet article d'un droit de 3 livres par quintal (art. 5), dont le produit était destiné à être converti en primes à l'exportation du poisson salé de production française, et bien que le droit eût été porté successivement de 3 à 5 et 8 livres par quintal, la prime pour les îles de 10 à 12 livres, et qu'on y eût même joint une prime de 5 livres pour les Échelles du Levant (*arrêts du Conseil des 25 sept. 1786, 11 févr. 1787*, Arch. Calv., C 108), le commerce de Granville avait certainement beaucoup souffert. V° la note sous Saint-Nicolas-de-Granville, *infra*, p. 128. Le vœu de Granville a passé dans le cahier du bailliage (art. 6, § 1).

[1] *Lettres patentes concernant les privilèges de la ville de Bayonne et du pays de Labourt, Versailles, 4 juillet 1784* (ISAMBERT, XXVII, n° 1947, p. 431) et *Arrêt du Conseil d'État du roi* rendu en interprétation, le 25 septembre 1784 (dans *Recueil des traites*, III, 342 et 369). Les lettres en question avaient accordé à la ville de Bayonne et Saint-Jean-de-Luz un port franc, et ouvert par là aux produits de la pêche étrangère les marchés de cette partie du royaume

(art. 2 et 3). Les armateurs de Granville, qui faisaient la pêche de la morue au Grand Banc de Terre-Neuve, et qui allaient traditionnellement, depuis de longues années, les vendre sans concurrence à Bordeaux et dans les ports du Sud, avaient été directement atteints par la nouvelle législation. (LA MARTINIÈRE, *Le Grand Dictionnaire géographique, historique et critique*, 1768, fol., v° Grandville.) Le cahier de l'ordre du tiers de Cotentin a accueilli sur ce point les doléances du cahier de Granville.

[2] Les droits de circulation sur le poisson frais et salé étaient réglés en dernier lieu par l'*Arrêt du Conseil du 13 avril 1775*. (*Recueil des traites*, t. II, v° Poisson; aux pages 261-265, on trouve un tableau de calcul des droits sur les morues, objet principal du commerce du port de Granville.) Les chiffres de ce tarif sont, il convient de l'observer, en très sensible diminution sur ceux établis par l'*Ordonnance sur le fait des aides pour la province de Normandie, de juin 1681 (ibid.*, IV, 254), et l'assemblée provinciale de Haute-Normandie l'avait elle-même considéré comme un avantage très appréciable pour la province. Les droits sur les poissons frais s'y trouvaient réduits de moitié environ, ceux sur le poisson salé étaient complètement supprimés, sauf les droits de domaine et de barrage, perçus pour le roi à l'entrée de certaines villes. Tout droit d'entrée était même suspendu, à l'entrée de la ville de Paris, depuis le premier jour de carême jusqu'à Pâques. (*Déclaration du 8 jan-*

et Picardie, sont une surcharge d'impôt pour ces provinces, et pèsent particulièrement sur la classe du pauvre.

Art. 18. La visite des navires est abusive et particulièrement à charge à la place de Granville. Les droits sur les prisées et ventes de navires doivent être supprimés[1], les formes dans les réceptions de capitaines doivent être rétablies suivant l'ordonnance de 1681.

Art. 19. Les représentants du tiers état au bailliage de Cotentin solliciteront avec le zèle le plus pressant la perfection du port de Granville[2], d'après des plans économiques et propor-

vier 1775, dans Isambert, XXIII, n° 125, p. 131.) — Par droits de consommation, il faut entendre le droit spécial, établi par l'Ordonnance de 1681, titre des droits d'abord et consommation, art. 9, sur le poisson de mer frais, sec et salé, entrant par les ports et havres de Normandie et Picardie, et dont était seul exempt le poisson déclaré pour Paris. (Recueil des traités, 1, p. xxiii.)

[1] Les droits sur les prisées et ventes des navires n'étaient autre chose, en principe, que les 4 deniers par livre que le roi percevait sur le prix de toutes les ventes de biens meubles faites judiciairement, et le titre IV du livre Ier de l'Ordonnance de la marine avait déterminé les formes assez simples suivant lesquelles ces ventes devaient avoir lieu dans la législation générale du royaume (Isambert, XIX, n° 981, p. 300). Mais en Normandie, la procédure se trouvait compliquée, et les frais naturellement multipliés, par ce fait que la coutume, traitant les navires comme des immeubles, les soumettait aux formalités lentes et coûteuses de la procédure par décret. Il fallait dès lors, suivant les prescriptions combinées de l'art. 581 de la Coutume réformée, et des articles 6, 7 et 8 du titre précité de l'Ordonnance, toute une série d'actes de procédure (commandement, procès-verbal de saisie, significations, criées par trois dimanches subsécutifs sur les quais et à l'issue de la messe paroissiale, affiches, enchères de huitaine en huitaine, adjudication) dont le moindre inconvénient était d'entraîner des retards extraordinaires, et qui, par la présence même des nombreux officiers de justice qu'ils nécessitaient,

multipliaient singulièrement les frais. (Houard, Dictionn. analyt., v° Décret, I, 449.)

L'Ordonnance de la marine, d'août 1681, exigeait de celui qui demandait à être reçu capitaine, maître ou patron de navire, qu'il eût navigué pendant cinq ans, et eût été examiné publiquement sur le fait de la navigation, et trouvé capable par deux anciens maîtres, en présence des officiers de l'amirauté et du professeur d'hydrographie (liv. II, t. Ier. Du capitaine, maître ou patron, dans Isambert, XIX, n° 981, p. 302).

[2] Les travaux pour le rétablissement du port de Granville, dont parle notre article, étaient commencés depuis le milieu du siècle, et en 1789 ils étaient encore loin d'être achevés. De 1749 à 1757, on avait travaillé à l'approfondissement du port et à la construction d'un quai; en 1768, les travaux avaient été repris, et une somme de 50,000 livres avait été imposée sur la Généralité de Caen, dans laquelle l'élection de Coutances contribuait pour 21,300 livres et la ville de Granville pour 6,000 livres. (Arrêt du Conseil du 7 juin 1768. Arch. Calvados, C 1763.) Mais ces travaux avaient été insuffisants. En 1786, un nouveau plan était reçu, qui comportait l'agrandissement du port et la création d'une nouvelle jetée (Arch. Calvados, C 1765); mais le Ministère de la guerre avait exigé qu'on incorporât dans les nouveaux devis la reconstruction d'une partie considérable des fortifications, et, dans l'état précaire des finances de la Généralité, ces exigences avaient forcément entraîné l'ajournement du projet tout

tionnés aux besoins d'un port de commerce; ils demanderont que les sommes destinées pour la confection de ce port ne soient plus détournées à des travaux étrangers.

ART. 20. Ils demandent que si le traité de commerce avec l'Angleterre[1] existe, le port de Granville soit regardé comme

entier. (*Rapport de la Commission inter-médiaire*, § Impositions, p. 312.) On s'explique facilement les réclamations de la place de Granville, qui demandait seulement un port de commerce, conçu sur un plan économique. En 1788, elle avait adressé à l'assemblée de département un mémoire dans lequel elle demandait «qu'au lieu d'un ouvrage en maçonnerie, qui coûterait des sommes immenses, on adaptât au môle neuf une chaussée en pierres sèches, bâtie à bon marché», ce qui permettrait de reprendre de suite les travaux, et de «ne plus détourner, pour l'embellissement de la capitale de la généralité, l'impôt levé pour ces travaux nécessaires». (*Ass. d'élection, Coutances*, 1788, arrêtés, art. 19.)

[1] Il s'agit du traité de navigation et de commerce entre la France et la Grande-Bretagne, conclu à Versailles, le 20 septembre 1785 (ISAMBERT, XXVIII, n° 2281, p. 248), qui, avec la convention additionnelle et explicative du 15 janvier 1787 (*ibid*, n° 2311, p. 309), avait établi le principe de la liberté du commerce entre les sujets des deux nations. Le commerce français, principalement dans les villes normandes, protestait très vivement contre ce nouveau régime économique. Voir les *Observations de la Chambre de commerce de Rouen*. Rouen, 1787, in-4° (Bibl. nat., Z f¹, 2284) et le *Rapport de la Commission intermédiaire de Haute-Normandie*. Rouen, 1790, in-4°. (*Ibid.*, Lk¹⁶, 45.) La convocation des États généraux parut évidemment l'occasion toute offerte d'organiser un vaste pétitionnement des cahiers en faveur d'un retour au système prohibitif. L'*Avis des Bons Normands* tente d'y intéresser les campagnes, et recommande instamment de demander, dans les plus petites paroisses, la dénonciation du traité. Mais si ce conseil fut suivi sans difficulté en Haute-Normandie, pays de manufactures, où la crise économique s'était fait directement sentir (cahiers de la ville de Rouen, art. 58,

d'Elbeuf, art. 67; cahiers du tiers état d'Andelys, art. 47, de Pont-de-l'Arche; de Gisors, art. 26, d'Évreux, art. 38, de Caux, dans HIPPEAU, *Cahiers*, I, 326, 297, 377, 407, 417, 244, II, 342), en Basse-Normandie, au contraire, les villes de commerce seules, comme Granville, Cherbourg, Saint-Lô et Caen, ont suivi le mouvement: Les campagnes s'en sont absolument désintéressées; à Coutances, une seule paroisse, celle de Heugueville, s'associe au vœu des places de commerce; et les cahiers des assemblées préliminaires sont muets pour la plupart, ou même, comme celui de Périers, franchement hostiles à un retour en arrière. Le vœu en faveur de la dénonciation du traité, reproduit par les seuls cahiers des bailliages de Saint-Lô, art. 6, et de Coutances, art. 6, § 1 (*infrà*, p. 673), a passé cependant, mais sous une forme très atténuée, dans le cahier de l'ordre du tiers de Cotentin. Sur la question toujours discutée des conséquences du traité de 1786, on pourra consulter, en opposition avec le *Mémoire de la chambre de commerce de Rouen*, précité, A. YOUNG, *Voyage en France*, II, 374, et la *Réfutation*, par un anonyme (D. P.), *des observations de la chambre de commerce de Rouen* (Bibl. nat., Z f¹ 2234). — Travaux modernes: ANNISSON-DUPERRON, *Essai sur les traités de commerce de Methuen et de 1786*, dans *Journal des économistes*, 1847, t. XVII; — BUTENVAL, *Précis historique et économique du traité de commerce signé à Versailles, le 26 septembre 1786*. Paris, 1869, in-8°; — STOURM, *Les finances de l'ancien régime et de la Révolution*. Paris, 1885, in-8°, II, p. 11 à 60; — C. BLOCH, *Le Traité de commerce de 1786*, dans *Études sur l'histoire économique de la France*. Paris, 1900, in-8°, p. 239-269; — et, à notre point de vue particulier: DANSIN, *Le Traité de commerce de 1786 et les intérêts de la Normandie*. 1868, broch. in-8° (Bibl. nat., Lk², pièce 2336) et L. DESCHAMPS,

port d'entrepôt; son commerce, sa proximité avec l'Angleterre, les anciennes faveurs qui lui ont été accordées, exigent qu'il soit assimilé à cet égard au port de Saint-Malo.

ART. 21. Nous recommandons encore expressément à nos députés de demander qu'il soit libre à tout propriétaire de bâtir sur ses héritages ou propriétés, et que les obstacles que les ingénieurs militaires apportent depuis longtemps à la prospérité de Granville et de son commerce soient anéantis pour toujours.

ART. 22. Le bailliage de Cotentin réclame avec confiance de la justice des États généraux, que l'ordonnance pour le tirage des canonniers auxiliaires de la marine [1] soit supprimée, comme destructive de l'agriculture et la cause certaine de la dépopulation des contrées voisines de la mer.

ART. 23. Il serait inutile de détailler dans le cahier de nos doléances les nombreux abus, ouvrage du temps et du pouvoir ministériel, qui se sont introduits dans toutes les branches de l'administration; il nous est bien doux d'en attendre le remède d'un nouvel ordre de choses, qui promet à la nation un bonheur constant; il sera l'ouvrage d'un prince juste, d'une nation généreuse et sensible. Cet espoir si consolant nous engage à donner à nos représentants aux États généraux tous pouvoirs de faire en notre

Le traité de 1786 et la chambre de commerce de Rouen. Rouen 1889, in-8° (non trouvé à la Bibl. nat.).

[1] *Ordonnance portant création de neuf divisions de canonniers-matelots, sous le titre de corps royal de canonniers-matelots. Versailles, 1er janvier 1786* (ISAMBERT, XXVIII, n° 2165, p. 124). L'institution des canonniers auxiliaires de la marine était ainsi toute récente. Le but était de compléter le nombre des matelots nécessaires à la marine royale, par des hommes pris au sort dans les paroisses voisines de la mer. On avait levé, l'année précédente, pour le service de mer, 651 hommes dans la généralité de Caen, et sur ce nombre, plus précisément, 307 canonniers auxiliaires. (Arch. Calvados, C 1862.) La charge ne paraît pas bien lourde évidemment; mais il convient de ne pas oublier qu'elle pesait uniquement sur les paroisses maritimes, qui supportaient déjà le service de l'inscription, la garde-côte, le guet de la mer et quelques autres obligations assez onéreuses. Les réclamations fort vives des cahiers à cet endroit sont d'ailleurs en quelque sorte justifiées par l'administration royale elle-même; en octobre 1788, le commissaire des guerres du département de Caen, M. de Lambarède, écrivant à l'intendant de la Généralité, s'exprime ainsi : «Les paroisses voisines de la mer se trouvent assujetties à quatre services : la levée des canonniers auxiliaires de la marine, celle des canonniers garde-côtes, celle des classes, et celle des batteries en temps de guerre, pour les hommes depuis 40 ans jusqu'à 60 ans. Il n'est pas possible que les paroisses puissent à l'avenir fournir le nombre d'hommes nécessaire au remplacement de ceux licenciés chaque année.» (Arch. Calv., C 1862.) — Sur la dépopulation des côtes, v° la note sous le cahier du bailliage, art. 3, § 2, *infrà*, p 669.

nom toutes les représentations que les circonstances rendront nécessaires. Nous désirons entretenir avec eux une correspondance pendant la tenue des États généraux, et nous nous ferons un devoir de leur adresser toutes les instructions particulières dont ils pourront avoir besoin.

Ce qui a été signé par les sieurs commissaires dénommés et autorisés par la délibération dans l'assemblée du tiers état de cette ville, le 27 de ce mois. Après lecture à Granville, le 1ᵉʳ mars 1789.

N. PERRÉE, HUGON DE LA COUR, J. PERRÉE,
HUGON DE LA NOË.

Le présent cahier des plaintes et doléances du tiers état de la ville et communauté de Granville rédigé par MM. les commissaires sussignés nommés à cet effet, coté, paraphé et signé par première et dernière page jusques y compris la présente, par nous François-Léonord Couraye, écuyer, sieur du Parc, vicomte et maire de cette ville, à Granville en l'hôtel commun, le 1ᵉʳ mars 1789.

COURAYE DU PARC.

Autant du présent a été déposé en l'hôtel de ville, ledit jour et an.

COURAYE DU PARC.

SAINT-NICOLAS-DE-GRANVILLE[1].

1. PROCÈS-VERBAL D'ASSEMBLÉE.

(Le procès-verbal authentique n'a pu être retrouvé.)

Date de l'assemblée : 1ᵉʳ mars. — Nombre de feux : 800[2]. — Députés : *Jean-François-Louis-René PIQUELIN DE GREENVILLE (4 jours, 12 l., Ref.); Maurice BOISNARD, *laboureur* (3 jours, 9 l., Ref.); Louis BOUGOURD, *laboureur* (3 jours, 9 l., Acc.); Jacques EPRON, *laboureur* (3 jours, 9 l., Acc.); Pierre EPRON LES VALLÉES, *laboureur* (3 jours, 9 l., Acc.); Jean BULOT, *laboureur* (3 jours, 9 l. et 19 jours, 74 l., Acc.); Nicolas JOVIN, *laboureur* (3 jours, 9 l., Acc.); François HERPIN, *laboureur* (3 jours, 9 l., Acc.).

[1] Arrondissement d'Avranches, canton de Granville.

[2] Population en 1787 : 3,500 habitants; actuelle : 1,369.

2. Cahier de doléances.

(Ms *Greffe du Tribunal de première instance de Coutances*, pièce n° 356.
Original signé. *Inédit.*)

Cahier des plaintes et doléances des habitants de la paroisse de Saint-Nicolas-de-Granville.

Les habitants de la communauté de Saint-Nicolas sont pénétrés de respect et de reconnaissance de l'amour paternel que le Roy marque à ses peuples dans ce moment, en les rapprochant de sa personne, et en les faisant concourir avec lui pour remédier aux abus de tout genre qui se sont introduits dans le royaume, et particulièrement pour rétablir l'ordre dans les finances, et trouver moyen de payer les dettes de l'État. Mais que peuvent faire des malheureux, qui n'ont que de très petites possessions pour lesquelles ils payent de très gros impôts? Gémir sur leur sort, faire des vœux pour la conservation du Roy et la prospérité de l'État.

La paroisse de Saint-Nicolas est d'une très petite étendue [1], relativement à sa population, les propriétés sont très divisées et ne peuvent suffire à nourrir la sixième partie des habitants, par conséquent leur industrie fait leur ressource. A portée d'un port dont le commerce pour la pêche de la morue a de la célébrité, on aurait lieu de penser qu'ils trouveraient à chaque moment les moyens de l'exercer, mais les pertes énormes qu'ont faites les armateurs les a forcés de diminuer de moitié leurs armements [2]. Les

[1] Superficie de la commune actuelle: 737 hectares. La paroisse, avant 1790, était plus étendue; elle comprenait toute la partie de la ville de Granville située en dehors des remparts, le Roc, le port, une partie de la rue aux Juifs et la rue Couraye actuelle, qui ne furent réunis à la ville qu'en 1790. (Arch. nat., D iv *bis*, 85.)

[2] La crise des armements dont se plaint le cahier de Saint-Nicolas remontait à plusieurs années déjà, et paraît avoir été la conséquence de la guerre d'Amérique, qui avait arrêté bien fâcheusement le mouvement ascendant considérable qui s'était dessiné dans le commerce de la place après le traité de Paris. Elle paraît bien n'avoir été que toute récente et momentanée, car si l'on rapproche les chiffres qui nous ont été conservés pour diverses époques, c'est au contraire un mouve-

ment de reprise que l'on doit constater, après une longue période de dépression, dans les dernières années du xviii° siècle.

Au commencement du xviii° siècle, d'après Piganiol de la Force, on estimait à 40 ou 50 gros navires l'armement de la place de Granville. (*Description de la France*, 1722, t. VI, p. 418.) A la fin du siècle, la décadence était visible, puisqu'en 1688 Vauban ne comptait plus que 27 navires allant à la pêche à la morue. La crise, aggravée par les longues guerres de Louis XIV, s'était prolongée, semble-t-il, pendant la plus grande partie du règne de Louis XV, où les guerres maritimes n'avaient guère laissé de répit à la navigation. En 1722, de Masseville peut seulement, parlant au passé, rappeler ce que le commerce de la ville était avant la dernière guerre et espérer que la paix pourra le réta-

ouvriers sans ouvrage, les matelots sans occupation, restent à la charge de leurs familles, en attendant qu'une heureuse révolution, en donnant de l'activité au commerce, les mette dans le cas de gagner leurs vies. C'est ce qui les détermine à charger leurs députés à l'assemblée générale d'exhorter ceux qui seront choisis pour les représenter aux États généraux, de remontrer combien ce commerce est intéressant pour l'État, en ce que c'est l'école d'une prodigieuse quantité de bons matelots, et pour le pays en ce qu'il procure le débouché des denrées de plus de quinze lieues à la ronde, et fait vivre plus de cinquante mille personnes.

blir (*État géographique*, I, 177) et, en 1768, La Martinière (*Dictionnaire géographique*, v° Granville) constate toujours que «la place est bien déchue de ce qu'elle était, puisqu'au lieu de 30 à 40 bâtiments de 100 à 200 tonneaux qui allaient tous les ans, partie en Terre-Neuve, partie sur le banc, il n'y en a que 10 ou 12 qui font ce commerce». Quelques années plus tard, au contraire, nous pouvons constater un effort considérable. En 1773, Gourdon de Léglisière, envoyé en inspection sur le littoral, affirme que la place a armé cette année 70 vaisseaux, et qu'on en attend 30 qu'elle compte mettre en mer incessamment, «de sorte qu'ils auront l'année prochaine près de 100 navires en mer, du poids de 80 jusqu'à 400 tonneaux». (*Mémoire sur l'état des ports et côtes de haute et basse Normandie*, reproduit dans Hippeau, *Gouvernement*, IX, 103.) En 1778, le mouvement ascendant s'était continué, puisque, au témoignage de Follain, on comptait cette année-là, outre les bâtiments de cabotage, 110 navires allant à la grande pêche, et que la municipalité demandait l'agrandissement du port, incapable de les contenir. (Arch. Calvados, C 1765.) Gourdon de Léglisière, dans son rapport officiel, n'estimait pas à moins de 2 millions de livres la circulation due à cette industrie. Il comptait, dans la seule ville de Granville, 800 inscrits et déclarait ce département «le plus fort du royaume aujourd'hui pour les matelots». (*Mémoire cité*, p. 104.) Mais la guerre d'Amérique avait porté un coup fatal à ces progrès; pendant plusieurs années, le départ des caravanes avait été arrêté par les hos-

tilités, et, depuis la paix, les armateurs n'avaient pu ressaisir un courant commercial qui leur avait échappé. Les Archives du Calvados possèdent un intéressant tableau, dressé en février 1790 par les officiers municipaux, où sont portés en détail le nombre de bâtiments armés de 1783 à 1789, avec le produit de la pêche, le montant des frais et le résultat net de chaque campagne. On y voit que les premières années seulement, de 1784 à 1787, le commerce de la place s'était sensiblement relevé; les armements avaient passé de 27 à 46 bâtiments, de 4,000 tonneaux environ à près de 8,000; les campagnes s'étaient soldées par des bénéfices assez importants, plus de 500,000 livres en 1783, plus de 100,000 encore en 1784. Mais depuis cette date, bien que l'armement fût plus considérable encore de 1785 à 1788, le résultat s'était traduit par des pertes, la pêche ayant été constamment mauvaise et les frais généraux considérablement accrus. Les armateurs s'étant découragés, l'année 1789 marquait une diminution très sensible de l'armement, revenu, avec 37 bâtiments, presque au chiffre de 1784, et n'embarquant plus que 2,162 hommes contre 3,500 qu'il avait pris en 1786. Malgré cette réduction, on enregistrait encore, à la fin de l'année, une perte de 200,000 livres. Au total, d'après les officiers municipaux, la perte du commerce de Granville depuis la paix ne montait pas à moins de 3,039,076 l. 5 s. (*État comparatif du produit brut de la pêche faite par les navires armés à Granville depuis 1783 jusques et y compris 1789*, Arch. Calvados, C 8151.)

IMPRIMERIE NATIONALE.

Cette basse province n'a aucune manufacture. L'argent qui sort tous les ans de ce canton, tant en impôts qu'en revenus des grands seigneurs, ne peut par conséquent y rentrer que par cette seule branche de commerce, qu'on pourrait aisément ramener, en interdisant aux puissances étrangères l'entrée libre qu'ils ont dans plusieurs ports de ce royaume et dans les îles françaises de l'Amérique [1].

Lesdits habitants espèrent que les deux premiers Ordres de l'État seront assez raisonnables pour accepter une répartition égale des impôts qui sont accordés au Roy pour la défense commune; leurs biens sont, comme ceux du tiers état, sous la protection des lois et du Roy, qui doit les défendre contre l'ennemi et leur rendre justice au dedans. Ils ne peuvent point regarder cette égalité comme un attentat à leurs privilèges, parce qu'il ne peut y en avoir qui dispense tout citoyen de contribuer aux charges de l'État dont il est membre; et ils conviendront que possédant seuls les emplois, les honneurs du royaume et la faveur du prince, il est injuste de faire supporter toutes les charges à la classe qui ne peut prétendre à ces distinctions [2].

Nous recommandons à nos députés de solliciter, autant qu'ils le pourront, qu'il soit fait mention de cette égalité dans la répartition des impôts dans le cahier des plaintes et doléances qui sera fait dans l'assemblée générale, et nous observons aussi qu'il serait à désirer qu'on réunît tous les impôts en un seul, qu'on percevrait en nature, c'est-à-dire une dîme royale, qui se prélèverait avant celle des décimateurs, qui à ce moyen en supporteraient leur part; on y trouverait un avantage réel pour l'État, les frais de recette et de régie pouvant être diminués considérablement en chargeant de payer dans le chef-lieu de la généralité; et pour les peuples, qui ne payeraient que proportionnellement à leurs récoltes et dans des temps et d'une manière bien moins gênants pour eux; à ce moyen, ils seraient à l'abri des vexations et des poursuites rigoureuses qu'emploient journellement contre eux les rece-

(1) Cf. le Cahier de Granville, art. 15 et 16, suprà, p. 122.

(2) Impositions de la paroisse pour 1789 : taille, 3,214 livres; accessoires, 2,109 l. 2 s.; capitation, 2,079 l. 10 s.; corvée, 1,066 l. 1 s. 7 d.; vingtièmes, 2,172 l. 6 s. 7 d.; territorial, 185 livres; bâtiments, 62 livres. Au total, 10,887 l. 17 s. 3 d.

Privilégiés. — Il n'y avait point à proprement parler, à Saint-Nicolas, de privilégiés du premier ordre, les ecclésiastiques de la paroisse étant portés sur les rôles de Granville. Le *Rôle de capitation des nobles* fait connaître l'existence dans la paroisse de dix privilégiés de cet ordre, payant ensemble une capitation de 494 l. 10 s.; il s'y trouvait encore deux privilégiés du tiers état, un receveur et un commis des aides. *Supplément des privilégiés,* 840 l. 10 s. 1 d.

veurs du fisc pour les contraindre à payer, dans des temps où leurs récoltes épuisées ne leur laissent aucunes ressources.

Pourquoi la nature a-t-elle mis une si grande distance entre le monarque et nous? Pourquoi ne peut-il apercevoir les maux que nous souffrons?

Son cœur paternel en serait attendri; il ne pourrait voir sans émotion une troupe d'huissiers arracher en son nom le pain de l'orphelin et la subsistance de la veuve; il verrait que le malheureux mercenaire chargé d'enfants [1], n'ayant pour tout bien que ses bras, est obligé de lui payer un impôt; que si, par malheur, une maladie ou tout autre événement le met dans l'impossibilité de s'acquitter, il voit vendre à sa porte son malheureux grabat, qui est souvent le seul meuble qu'il ait en sa possession.

Nous espérons que ces maux n'existeront plus à l'avenir; les États généraux trouveront sûrement dans une sage administration les moyens de payer les dettes de l'État sans lever de nouveaux impôts; s'il n'en était point ainsi, que ferions-nous? Quelle ressource nous resterait-il? Nous payons déjà, tant en dîmes ecclésiastiques [2] qu'en deux vingtièmes et les deux sols pour livres, le

[1] Les *États de mouvement de la population* signalent en effet, dans la paroisse de Saint-Nicolas, une natalité particulièrement élevée : 74 naissances en 1787, dont 59 légitimes (garçons 32, filles 27) et 15 enfants trouvés, pour 16 mariages et 67 décès, sur une population totale de 3,500 habitants (Arch. Calvados, C 170.) En 1787 et 1788, la paroisse figure, avec celles de Quettreville, d'Ouville, de Montmartin-sur-Mer et de Gouville, parmi celles qui doivent obtenir les secours accordés aux nombreuses familles dans l'élection : on y signale plusieurs familles de 9, 10 et 11 enfants. (Arch. Manche, C 492.)

Quelques requêtes de cette même année sont caractéristiques : Maurice Meslier, garde-magasin des poudres et salpêtres, expose qu'il a 12 enfants : 8 garçons et 4 filles; il n'a pour vivre que son traitement, variant de 120 à 150 livres, et demande à être déchargé des impositions. — Pierre Leviotrel, 10 enfants, a servi 181 mois 10 jours comme pilote, lieutenant et capitaine; il demande un secours pour attendre la campagne de pêche. (Arch. Calvados, C 1004.)

[2] La ville de Granville et Saint-Nicolas ne formaient qu'une seule cure, divisée en deux portions, et desservie par deux curés, chacun leur semaine alternativement. L'église de Saint-Nicolas, autrefois église paroissiale, n'était plus considérée en 1789 que comme succursale, et les curés s'y faisaient représenter chacun par un vicaire. (*Pouillé de Coutances*, fol. 8, r°.) La cure était de patronage laïque, et les curés percevaient par moitié toutes les dîmes, qui donnaient, d'après les *Déclarations*, de 4,000 à 5,000 gerbes de tout blé, faisant 800 ruches à 25 pots, mesure de Granville; avec les menues et vertes dîmes, le casuel et la jouissance de quelques vergées de terre, chacune des portions est estimée valoir 1,500 livres de revenu environ. *Décimes ecclésiastiques* : 124 livres 5 sols. (*Déclarations de bénéfices*, Avranches. Arch. Manche, Q⁴⁻¹ 1.)

Biens ecclésiastiques. — Nous n'avons pas d'état de 1790. Les seuls établissements ecclésiastiques ayant leur siège dans la ville et le faubourg, en dehors des cures, étaient un couvent de Cordeliers (Frères mineurs) et un hôpital, qui servait en même temps d'Hôtel-

9.

premier et le second brevet de la taille, la capitation, l'impôt territorial, le fouage, les chemins, la reconstruction des tribunaux de justice, le bassin et port de Granville, plus des deux tiers du produit de nos terres.

Nos députés représenteront aussi combien il est onéreux pour les paroisses d'être obligées de bâtir les presbytères à leurs frais, et combien il résulte d'abus à cet égard. On est presque obligé de les reconstruire à chaque mutation; les architectes nommés par les paroisses pour faire les visites sont intéressés à ce qu'il se fasse des reconstructions; à ce moyen, le plus petit défaut les fait déclarer mauvais un ouvrage qui pourrait subsister cent ans, et le malheureux père de famille, qui n'a pas le moyen de raccommoder sa maison, est obligé de sacrifier une année au moins de son bien pour faire bâtir un palais à son pasteur, qui en comptant les frais de récolte et de labourage perçoit le quart des revenus de sa paroisse [1].

Dieu, et recevait les marins infirmes et les enfants trouvés.

Le couvent des Frères mineurs se composait, d'après l'inventaire dressé le 18 février 1793, de sept prêtres, dont deux étaient aumôniers à la côte de Terre-Neuve pendant la saison de la pêche, et de deux convers. Il n'avait comme revenus qu'un enclos valant 600 livres, une rente de 48 demeaux de froment, les quêtes et le casuel de la sacristie. Le tout atteignait péniblement 2,965 livres, année commune. (Arch. nat., S 7483.)

L'hôpital était fort pauvre. D'après un *État dressé par les administrateurs en 1786*, il ne possédait en biens fonds qu'une petite maison, une boulangerie pour les navires et un magasin de corderie, le tout loué 306 livres. Il avait 604 livres de différentes rentes, un secours du roi de 1,000 livres, et un droit de 20 sous par tonneau sur les boissons entrant dans le port, qui produisait 1,702 l. 15 s. Au total, année commune, 3,337 l. 8 s. 9 d. de revenus fixes, alors que les dépenses s'élevaient à 11,942 l. 11 s. 4 d. L'établissement était naturellement fort endetté; en 1788, le contrôleur général avait dû lui accorder un secours extraordinaire de 5,176 l. 6 s. 8 d., et il n'aurait pu subsister, disent les administrateurs, et nourrir, comme il le faisait, 120 pauvres

environ, sans le produit de la corderie à laquelle travaillaient les infirmes et les enfants recueillis. (Arch. Calvados, C 773, C 816.)

Des sommes assez considérables sortaient de la paroisse pour des établissements ecclésiastiques étrangers :

1° Le Mont Saint-Michel possédait cinq portions de terre, faisant 65 vergées, louées à différents particuliers pour un total de 482 livres. Il percevait, pour sa baronnie de Saint-Pair, une quinzaine de rentes seigneuriales, montant à 250 ruches de froment, 2 d'orge, 172 livres de menues rentes et 172 livres pour un petit trait de dîme. Au total, 950 livres de revenu fixe; en outre, 185 ruches de froment et 21 l. 10 s. 7 d. de menues rentes, faisant 500 livres, en revenu contesté. (*Revenus du Mont Saint-Michel*, Arch. Calvados, G 6953.)

2° L'abbaye de la Luzerne percevait dans la paroisse des rentes foncières, montant à 2 demeaux de froment, mesure de Saint-Pair, et 50 livres en argent. (*Revenus de la Luzerne*, Ms. Avranches, 205.)

Domaine du roi : 120 l. 10 s., et avec le domaine affermé, 2,532 l. 19 s. 9 d.

[1] Au temps où écrivait Expilly, les presbytères des deux portions de Granville étaient situés au village de la

Approuvé trois mots rayés.

Le présent cahier a été arrêté à l'église Saint-Nicolas, lieu ordinaire des délibérations, du consentement, de l'avis de tous les présents; et il a été remis, ainsi que le procès-verbal de nomination des députés, à M. Picquelin de Grainville, notre premier député, ce 1ᵉʳ mars 1789.

> BOISNARD–GRANDMAISON, J. BUTOT, PICQUELIN DE GRAINVILLE, Jacques ÉPRON, Pierre ÉPRON, Jean DUFRESNE, J. LEMENAGER, Nicolas JOUVIN, Bon–François GARDIN, Julien TOUZET, J. HERPIN, L. BOUGOURD, DURIER, Charles JUSTIN, Pierre LAMORT.

Ne varietur : RENAUDET.

ANCTOVILLE [1].

1. PROCÈS-VERBAL D'ASSEMBLÉE.
(Le procès-verbal authentique n'a pu être retrouvé.)

Date de l'assemblée : 1ᵉʳ mars. — Nombre de feux : 40 [2]. — Député : Pierre DESHAYES (4 jours, 12 l., Acc.), «lequel a déclaré que Jean LAMORT, autre député de cette paroisse, n'a pu comparaître, étant malade».

2. CAHIER DE DOLÉANCES.
(La paroisse n'a pas rédigé de cahier de doléances [3].)

Houle, «afin, dit-il, qu'ils fussent à portée de la ville et de la campagne». Mais, depuis, le presbytère de la seconde portion avait été reconstruit, et avait coûté 6,000 livres. (*Arrêt du Conseil du 18 février 1777.* Arch. Calvados, C 1325.) À la date du 18 mars 1779, nous voyons encore le curé demander le remboursement d'une somme de 625 livres 5 sols 6 deniers, tant pour frais par lui faits au presbytère que pour quatre années de loyer d'une maison dont il avait été obligé de se pourvoir. (Arch. Calvados, C 1340.)

[1] Arrondissement de Coutances, canton de Bréhal.

[2] Population actuelle : 146 habitants.

[3] *Procès-verbal de l'assemblée du bailliage particulier de Coutances.* «Les députés présents nous ont déposé leurs cahiers de plaintes et doléances sur le bureau, excepté cependant les députés des paroisses d'Anctoville...., lesquels nous ont déclaré que leurs communautés ne les ont chargés d'aucuns cahiers de plaintes et doléances, s'en rapportant entièrement à ce qui sera demandé, réclamé ou accordé pour l'avantage de tous les sujets de Sa Majesté, la gloire et la prospérité du royaume par les députés de leur ordre qui seront élus pour assister aux États généraux et y présenter le cahier de ce bailliage.» (Original, Ms. Arch. nat., Bᵃ 35, l. 70, c. 2 f° 5 v°.)

ANNOVILLE-TOURNEVILLE[1].

1. Procès-verbal d'assemblée.
(Le procès-verbal authentique n'a pu être retrouvé.)

Date de l'assemblée : 1er mars. — Nombre de feux : 150[2]. — Députés : André BILLARD, *laboureur* (4 jours, 12 l.); Jean-Philippe HARASSE, *laboureur* (4 jours, 12 l.).

2. Cahier de doléances.
(Ms. *Greffe du Tribunal de première instance de Coutances, pièce n° 389*. Original signé. *Inédit.*)

La paroisse d'Annoville-Tourneville propose d'insérer dans le cahier de doléances du grand bailliage de Cotentin, pour le tiers état, les articles ci-après :

ART. 1er. Sa Majesté sera suppliée de faire à l'avenir convoquer les États généraux de cinq ans en cinq ans.

ART. 2. Les biens du clergé et de la noblesse payeront comme les biens du tiers état[3], sauf ordonner des appointements aux nobles qui sont actuellement et seront employés au service.

[1] Arrondissement de Coutances, canton de Montmartin-sur-Mer. Les paroisses d'Annoville et de Tourneville, autrefois distinctes, étaient, depuis le XIVe siècle, réunies en une seule cure. Il n'y avait qu'un seul rôle d'impôt; mais il restait toujours deux églises, dont les revenus étaient distincts.

[2] Population d'après la déclaration de 1790 : 983 habitants (N. 30, M. 1, D. 27); population actuelle, 772.

[3] Impositions de la paroisse d'Annoville pour 1789 : taille, 1,798 livres; access., 1,179 l. 18 s.; capit., 1,163 l. 6 s.; corvée, 597 l. 3 s. 8 d.; vingtièmes, 1,004 l. 1 s. 7 d.; territorial, 86 livres; bâtiments, 29 livres; au total, sans les frais de perception, 5,087 l. 9 s. 3 d.

Il n'y avait dans la paroisse, en plus de la cure, d'autre bien ecclésiastique qu'un franc-fief de l'abbaye de Hambye, sur la partie de Tourneville. Les biens nobles laïques étaient beaucoup plus considérables; l'*État des fiefs* mentionne cinq terres nobles : les fiefs d'Annoville et de Villiers, appartenant au sieur de Villiers, le fief du seigneur de Tourneville, qui avait extension sur Lingreville, et deux terres appelées le grand et le petit Thot, avec des dépendances sur Quettreville et Bricqueville-sur-Mer. En 1789, les *Rôles des ordres privilégiés* ne mentionnent dans la paroisse que le curé, Charles-François-Marie Vallée, et deux nobles possédant fiefs : les sieurs Pierre Michel, écuyer, seigneur et patron d'Annoville et Villiers, possédant les fiefs du grand et du petit Thot (c. n. 28 livres); et Jean-Baptiste Lecourtois, chevalier, seigneur et patron de Sainte-Colombe, propriétaire du fief et seigneurie de Tourville (c. n. 35 livres). Les enfants de la dame Vve de Lepinay, non assignés, payent au *Rôle de la capitation noble* une somme de 6 livres. *Supplément des privilégiés :* 457 l. 14 s. 1 d.

ART. 3. Les dîmes emportent le produit effectif du cinquième au moins des fonds en culture, puisque le décimateur[1] perçoit sans contribuer à la semence, à la nourriture des bestiaux, aux payements des domestiques et aux entretiens nécessaires pour la *faisance valloir*; il paraît naturel et juste que cette partie soit imposée plus cher que les biens ordinaires.

ART. 4. Les curés se logent à leurs dépens dans quelques endroits du royaume. En Normandie, il faut leur fournir à grands frais un logement pour y consommer la substance du cultivateur. On demande qu'ils logent à leurs dépens[2].

[1] *Pouillé de Coutances*, f° 6. «Annoville-Tourneville. Patron, le seigneur du lieu. Le curé possède toutes les grosses et menues dîmes de la paroisse, à l'exception d'un petit trait, nommé de la Quarantaine, qui appartient à l'abbaye de la Luzerne. Il a, en outre, 8 à 10 vergées de terre d'aumône.» Dans sa déclaration de 1790, le curé estime à 90 livres le revenu des aumônes; les dîmes produisent 140 boisseaux de froment mesure de Coutances, 140 de seigle, 350 de hâtiveau, 500 d'orge, 55 de sarrasin; avec quelques bottes de lin et de chanvre, de pois, vesce et lentilles, 4 à 5 tonneaux de cidre, et 10,000 de paille, l'ensemble du revenu vaut 5,262 livres, dont il faut déduire 1,000 livres pour frais de récolte, 99 l. 16 s. 7 d. de rentes diverses, et la pension d'un vicaire. (*Déclaration n° 120*, f° 25.) Décimes ecclésiastiques: 211 livres.

Le petit trait de la Quarantaine est estimé, dans les partages de l'abbaye de la Luzerne, en 1776, valoir 60 livres de revenu. (*Journal de la Luzerne*, 3° lot, f° 18.)

[2] La législation presbytérale dont se plaint le cahier n'était pas, comme il semble vouloir le dire, particulière à la Normandie; c'était l'application du droit commun en vigueur dans tout le royaume depuis le xvie siècle, mais, à certains égards, cette application était effectivement de date récente dans la province.

Jusqu'aux premières années du xviiie siècle, la pratique bénéficiale normande avait considéré l'entretien et la simple réparation des presbytères comme une charge de la jouissance incombant aux possesseurs des bénéfices, et, après leur décès, à leurs héritiers. A défaut de succession solvable ou suffisante, la tradition, qui se concilie bien avec la pratique locale du déport, voulait que les promoteurs et les doyens ruraux fussent tenus responsables, les communautés des paroisses étant en tout cas hors de cause (BÉRAULT, *Coutume réformée*, sur art. 312; BASNAGE, *Commentaire*, sur art. 3, I, 19). Mais, en 1789, cet ancien état du droit s'était totalement modifié. A la suite de remontrances faites à l'Assemblée du clergé tenue à Paris en 1715 par les députés du clergé normand, une déclaration royale du 27 janvier 1716 était intervenue, enregistrée au Parlement de Rouen le 20 février, qui avait reconnu applicables dans la province les dispositions de la législation générale du royaume, notamment les édits de Blois de 1579, art. 52, de Melun 1580, art. 3, et d'avril 1695, art. 22, qui prescrivaient aux paroissiens de fournir à leurs curés un «logement convenable»; et mettant complètement hors de cause les doyens ruraux et promoteurs, avait décidé qu'en cas d'insuffisance des successions des curés, les réparations incomberaient nécessairement et pour le tout aux communautés des paroisses (voir le texte dans ROUTIER, *Pratique bénéficiale*, p. 239).

Cette nouvelle législation n'avait été reçue en Normandie, paraît-il, qu'avec les plus grandes difficultés; et on ne saurait douter qu'elle ne mît à la charge des communautés de très lourdes dépenses; car, en fait, les bénéficiers ne réparaient point, et les successions des curés se trouvant le plus souvent insol-

Art. 5. Si on ne supprime pas les communautés riches, au moins on peut mettre leurs revenus en économat; on payerait une pension convenable par tête de moine existant. Ils n'auront pas à se plaindre; des gens qui ont fait vœu de pauvreté ne doivent pas vivre dans l'opulence. On peut encore vendre leurs superbes bâtiments, et leur en donner de conformes à leur institution; des reclus ne doivent pas être logés comme des princes, et avoir le quadruple et au delà des appartements qu'ils peuvent occuper.

Art. 6. Exemption de dîme sur les luzernes, lins, chanvres, foins et tremaines ou trèfles, qui mettent les cultivateurs à portée de nourrir plus de bestiaux, à l'aide desquels la terre en labour est mieux cultivée, mieux graissée, et produit des récoltes plus abondantes dont le décimateur profite. Les lins et chanvres sont absolument nécessaires à l'entretien des attelages [1].

Art. 7. Un impôt unique sur les marchandises à l'entrée du royaume, ensuite leur libre circulation dans le royaume. C'est le moyen de simplifier le nombre prodigieux d'une armée coûteuse de commis, qui rendraient plus de services en portant le mousquet dans les armées.

Art. 8. Suppression des droits locaux à payer pour le transport d'une province dans une autre province. Il paraît révoltant que les Normands, par exemple, payent pour subvenir au luxe des Bretons [2], etc.

---

vables, à chaque changement de titulaire, les paroisses étaient mises à contribution. Les Archives du Calvados ont conservé, dans le fonds de l'Intendance, la collection, malheureusement incomplète pour certaines années, des arrêts du Conseil intervenus pour autoriser les impositions extraordinaires levées à cet effet dans les communautés. (Arch. Calvados, C 1321-1354.) Les dépenses, pour les dernières années du xviii° siècle, y apparaissent extrêmement lourdes et multipliées. Nous n'y avons relevé toutefois aucune pièce intéressant particulièrement la paroisse d'Annoville.

[1] Sur la dîme de tremaine et les *dîmes vertes* en général, voir le cahier de Montmartin, art. 9 et la note (*infrà*, p. 474).

[2] La province de Bretagne, n'ayant pas adhéré à la réforme de Colbert de 1664, était *réputée province étrangère*. Les marchandises entrant ou sortant des provinces faisant partie des cinq grosses fermes, comme la Normandie, étaient soumises en conséquence, à la sortie, au droit de traite foraine, et à l'entrée, aux droits locaux, traite morte, prévôté de Nantes, ports et hâvres, qui étaient particuliers à la Bretagne. (Moreau de Beaumont, *Mémoire*, III, 478.) Les droits des tarifs de 1667 et 1671, qui étaient ceux des provinces réputées étrangères, étaient notablement plus élevés que ceux du tarif de 1664, appliqué en Normandie; et le pays de Cotentin, limitrophe de la Bretagne, se croyait particulièrement lésé par cette différence. (Voir *Recueil alphabétique des droits de traite, uniformes, de ceux d'entrée et de sortie des cinq grosses fermes*, 1786, in-4°, t. 1er, p. xv-xvi.)

Art. 9. Suppression des pensions et gratifications que l'on accorde sans mesure et sans prétexte, et qui ruinent les finances.

Art. 10. Que toutes les provinces soient à l'instar les unes des autres; que leurs impositions soient réglées en proportion de leur valeur et de leur population; que l'impôt de chacune soit établi et réparti dans des États particuliers, auxquels chaque canton puisse adresser des réclamations, plaintes et doléances.

Art. 11. Obligation à chaque paroisse de nourrir ses pauvres, ce qui peut empêcher de beaucoup le coquinisme, et diminuer le nombre des vagabonds.

Art. 12. La permission aux habitants de la Basse-Normandie d'avoir chez eux des fusils, armes qui leur sont absolument nécessaires en plusieurs occasions[1].

Art. 13. La justice se rend à trop grands frais. En particulier, [celui] à qui il est dû cinquante livres, par billet sous seing ou sans billet, dépensera plus de trente livres pour avoir un jugement qui l'autorise à exécuter les meubles de son débiteur; les frais d'exécution et ceux dont on vient de parler excéderont le principal de la dette, avant de pouvoir faire vendre le débiteur saisi. Si le créancier n'est pas en état de suivre, il perd souvent ses avances, et se ruine avec son débiteur.

Art. 14. Il sort tous les ans de France des sommes considérables, qui sont versées en Cour de Rome pour dispenses ou autrement; on peut remonter, l'histoire à la main, à l'origine des

---

[1] La sévérité des nombreuses ordonnances qui avaient interdit dans le royaume le port des armes à feu (Ordonn. 28 nov. 1549, Isambert, XIII, 66, n° 74; 23 déc. 1559, XIV, 1, n° 1; 18 déc. 1660, XVII, 387; 9 sept. 1700, XX, 369, n° 1730, etc.) se trouvait encore aggravée en Normandie par une jurisprudence récente du Parlement. L'arrêt de règlement du 4 septembre 1767 ne se contente pas d'interdire, sous les peines des ordonnances, le port et l'usage des armes à feu prohibées, il défend à toutes personnes autres que les gentilshommes de *garder* et de *retenir chez eux* aucuns fusils, pistolets ou autres armes à feu, enjoignant à toutes personnes roturières de venir les déposer au greffe des juridictions, «à peine de 50 francs d'amende, et en cas de non payement, du bannissement pour trois ans pour la première fois, des galères pour la seconde, et même de plus grandes peines s'il y échet». (*Recueil des édits*, IX, p. 1018.) La campagne normande, parcourue en 1789 par de nombreuses bandes de nomades sans aveu, paraît avoir souffert très impatiemment cette législation draconienne (cahier de la Beslière, art. 7, *infrà*, p. 160; de Carantilly, chap. 11, art. 4, *infrà*, p. 253, etc.). La véritable cause des clameurs du tiers état n'était-elle pas aussi un peu la privation du droit de chasse? Nous pencherions fort à le croire. (Voir Houard, *Dict. analyt.*, v° Port d'armes, III, 561; Ferrière, *Dictionnaire*, h. v., II, 498.)

choses, et donner à l'ordinaire les droits qu'ils avaient originairement.

ART. 15. L'intérêt particulier ne devrait pas empêcher de supprimer l'usage des déports si onéreux et dommageables au bien public.

Coté et paraphé et contresigné, *ne varietur*, par nous syndic soussigné avec les sieurs députés, le général de lad. p^{sse} s'en rapportant à nous soussignés.

HARASSE, BILLARD, BILLARD-LEHAMEL.

LA BALEINE [1].

1. PROCÈS-VERBAL D'ASSEMBLÉE.
(Le procès-verbal authentique n'a pu être retrouvé.)

Date de l'assemblée : 1er mars? — Nombre de feux : 90 [2]. — Députés : Philippe DUPONT, *laboureur* (4 jours, 12 l.); François LE BARGY, *laboureur* (4 jours, 12 l.).

2. CAHIER DE DOLÉANCES.
(Ms. *Greffe du Tribunal de première instance de Coutances*, pièce n° 395. Original signé. *Inédit.*)

Cahier de doléances, plaintes et remontrances de la paroisse de la Baleine.

La paroisse de la Baleine est peut-être de toutes les paroisses du diocèse, pour ne pas dire de toutes les provinces, la plus pauvre et la plus malheureuse, et par conséquent la moins possible d'impositions. Le portrait le plus naturel et le plus succinct qu'elle va faire de sa position et de ses ressources va le démontrer.

La paroisse de la Baleine est formée par deux hautes montagnes, d'une lieue environ de longueur sur un quart de lieue de largeur, bornée à son midi par la forêt de Gavray, et à son nord par la rivière de Sienne. La moitié environ de son territoire est une lande et coteaux incultes et de nulle valeur ; à peine un quart est susceptible de culture, le reste absolument infructueux et peu capable

---

[1] Arrondissement de Coutances, canton de Gavray.
[2] Population déclarée en 1790 :
400 communiants; au dénombrement de 1793 : 445 habitants (N. 17, M. 6, D. 9); population actuelle, 249.

d'être amélioré par sa position, qui dans tout le courant de l'année ne lui permet pas de voir le soleil, que lui dérobe le sommet de ces montagnes.

Le fonds du plus grand produit et le plus fructueux dans les années pluvieuses est inondé par le débordement de la rivière de Sienne, qui serpente autour de cette légère portion dans un circuit d'au moins lieue et demie; la partie également cultivée au midi de ces mêmes montagnes, par son élévation et son fond aride et pierreux dans les années de sécheresse, est entièrement brûlée par les ardeurs du soleil, et n'offre qu'un théâtre affreux de la plus grande misère; d'ailleurs, la culture de ce terrain est la plus dispendieuse à ses cultivateurs à raison de la rapidité de ces montagnes, et de l'éloignement des villages ou hameaux, presque tous à l'extrémité de cette paroisse.

Chaque année, elle souffre les pertes les plus considérables par le sauvage (*sic*) de la forêt de Gavray, relativement à sa proximité, sans espoir de recevoir aucunes indemnités, puisque depuis plusieurs années on l'a privée des droits qu'elle avait dans cette même forêt, et qui lui devenaient d'un grand secours; l'éloignement où elle est de cinq à six lieues de la mer et des villes les plus voisines, ainsi que l'impossibilité de les accéder à raison de ses mauvais chemins, lui ôte encore toutes les ressources qu'elle y trouverait pour ses engrais relativement à son sol. Elle ne peut même tirer aucun parti du peu de denrées que les années les moins malheureuses lui procurent, puisqu'elle n'a d'accès aux marchés voisins que par la rivière de Sienne, par des planches si dangereuses qu'elles n'offrent chaque jour que le cruel spectacle d'y voir périr les malheureux qui s'y exposent [1].

---

[1] L'exactitude de ce tableau, qui pourrait sembler un peu poussé au noir, est confirmée pourtant par les mémoires officiels des intendants du xviii° siècle. Le *Mémoire statistique* de Foucault en 1698 est d'une regrettable concision. «La Baleine. Terrain de moyenne valeur; labour, plant et prairies; landes de la Baleine.» Mais l'État de 1727 entre dans des détails très intéressants. Il classe la paroisse dans le nombre de celles «dont le terrain ne permet pas grand labour». «Ces paroisses, dit-il, ne produisent que rarement du froment; elles produisent en première récolte des blés noirs ou sarrasins, en seconde récolte des seigles, et en troisième des avoines, après lesquelles récoltes il faut laisser reposer les terres, sans quoi elles deviendraient de nul produit. Pendant le temps de repos, elles nourrissent de médiocres bestiaux, comme vaches, génissons, des poulains de médiocre valeur, qui ne laissent cependant pas de faciliter aux fermiers le moyen de payer leurs maîtres. Ces mêmes terres, pendant leur repos, produisent des genêts et des boisjeans, dont on se sert au bout de quelques années, en les brûlant, pour engraisser les terres. Elles sont extrêmement plantées en pommiers, qui rapportent abondamment de deux en deux ans des cidres; mais, dans la plupart, la vente et le débit de ces cidres est difficile, parce que la plupart sont éloignées des villes

Pour le comble de ses malheurs, cette paroisse vient de supporter une répartition de deniers la plus considérable pour reconstruction d'un nouveau presbytère[1]; un coup aussi frappant la menace encore, pour réparer la nef de son église, qui menace à chaque instant de crouler. Elle n'est pas moins à plaindre du côté de ses ressources, car elle n'est pas de ces paroisses heureuses où l'abondance du riche prévient les besoins du pauvre; presque tous sans commerce, sans industrie, n'ont que le funeste(?) art d'exposer chaque jour au bailli le cruel état de leurs besoins et de leurs misères; la preuve en est si sensible, que, dans un seul village composé de dix-huit feux, un seul particulier par une sage économie peut se soustraire aux charités publiques.

Si on examine encore ses autres charges personnelles, elle est la plus vexée dans ses servitudes par rapport aux droits et devoirs seigneuriaux, et paye annuellement une quantité de rentes seigneuriales à différents seigneurs et abbayes [2]; et notamment l'abbaye de la Blanche près Mortain [3], comme titulaire, emporte annuellement

et bourgs les plus considérables où s'en ferait la consommation.» (Arch. Calvados, C 282.)

[1] Nous n'avons pu retrouver le chiffre des dépenses engagées pour la reconstruction du presbytère de la Baleine; la charge devait être toute récente, car, à la date de mai 1782, nous trouvons une lettre du curé, M° Blouët, qui se plaint de ce que le presbytère, l'écurie et la boulangerie sont en très mauvais état, et ne peuvent être habités sans danger. (Arch. Calvados, C 1341.)

[2] L'État des biens nationaux ne signale pas d'autres rentes dans la paroisse que des redevances en grain envers le domaine, estimées 18 livres, et deux rentes foncières, de 8 demeaux de froment mesure de Gavray et 2 l. 10 s. en argent, dues à l'abbaye d'Hambye, pour un total de 49 livres. (Arch. Manche, Q⁴⁻¹, 12.) Il est dû, d'après d'autres sources : 1° au seigneur de Juigné, 150 livres de rentes seigneuriales (Ibid., Q⁴⁻¹, 6); 2° à l'abbaye de la Blanche, d'après la déclaration de 1754, 80 livres. (Arch. Calvados, C 4382.)

[3] Il s'agit du prieuré de La Blanche (Morelonium, dans Neustria Pia, p. 840) situé près Mortain, dans le village du Neubourg, prieuré de femmes qui, d'ailleurs, n'existait plus en 1789 d'une façon indépendante, et était réuni de-

puis 1773 pour les revenus à l'Abbaye Blanche de Mortain. Les religieuses avaient effectivement, à la fin du XVIII° siècle, le patronage de la paroisse de la Baleine, et prélevaient deux gerbes sur les grosses dîmes. (Revenus de l'Abbaye Blanche, n° 53.) Le curé n'avait que la troisième gerbe des grosses dîmes, toutes les menues, et environ 20 vergées de terre aumônée (10 verg. 36 perches 17 pieds seulement, suivant les officiers municipaux).

En 1790, la part de dîmes de l'abbaye est déclarée affermée, «tant par bail devant Jullien, notaire, du 10 juin 1785, que par contre-lettre, à Jacques Hinet, pour 9 années commencées à la récolte de 1786», au prix principal de 400 livres et 10 livres de sucre par an, et à charge d'acquitter pendant ledit bail l'abbaye de toutes espèces de réparations et charges généralement quelconques. En plus, 96 livres une fois payées, pour pot-de-vin non porté au bail. (Arch. Calvados, C 6783.)

De son côté, le curé estime l'ensemble du produit de ses aumônes à 100 livres, son tiers de grosses dîmes, avec les novales, à 400 livres, les menues à 500 livres. La chapelle Notre-Dame, annexée à la cure, et autour de laquelle il y a trois quarts de terre inculte plantés en hêtres et chênes formant bosquet, lui

les deux tiers des dîmes de cette paroisse, dont les pauvres ne tirent aucun secours ni soutien ; ainsi on peut le dire, de quelques côtés qu'on l'envisage, elle est, comme nous l'avons dit ci-dessus, la plus pauvre et la plus malheureuse qu'on connaisse.

Les faits de plaintes qu'elle annonce sont la plus exacte vérité, et elle réclame à cet égard le suffrage de tous ceux que le hasard a pu conduire dans son enceinte.

Eu égard à toutes les circonstances ci-dessus énoncées, la paroisse de la Baleine espère :

1° Que, par une juste répartition, elle aura une diminution sur ses impôts[1] ;

2° L'anéantissement des juridictions subalternes et d'exception ne peut, suivant le faible sentiment de la communauté, que contribuer au soulagement du peuple, les bailliages et présidiaux ayant une compétence suffisante pour régler les difficultés qui pourraient naître entre les citoyens ;

3° Le clergé ne devrait pas avoir un régime particulier dans la répartition des impôts ; les réparations et reconstructions des presbytères devraient être à leur charge ; et si la communauté est encore contrainte par l'état supérieur de contribuer aux réparations de la nef dont [elle] a ci-devant parlé, il n'est pas possible à la communauté de la Baleine de supporter un pareil fardeau ;

4° La communauté de la Baleine demanderait aussi la suppression des banalités[2], et d'être affranchie des droits de gabelles qui surchargent considérablement le public ; .

5° Il serait avantageux que la taille fût [territoriale ?] et que la capitation ne fût que pour ceux qui ont du mobilier, parce que toutes fois cette capitation roturière ne serait proportionnée qu'à celle des nobles ; elle ne se refusera point à contribuer aux diffi-

---

vaut 5 l. 5 s., et une rente en argent de 10 livres. Total : 1,010 l. 5 s., sur lesquels il paye 70 livres de décimes, et entretient un vicaire. (*Déclaration n° 110, f° 38.*)

La paroisse ne renfermait que deux fiefs laïques, appartenant au seigneur, Leclerc de Juigné, qui fut élu député de la noblesse du bailliage de Cotentin. D'après la déclaration faite par le fermier le 11 pluviôse an II, les biens de l'émigré Juigné comprenaient un corps de ferme et 180 vergées de terre, dont 70 en terre labourable, donnant 247 boisseaux de tout grain, le reste en prés et bois taillis. Rentes seigneuriales dé-

clarées : 150 livres. (Arch. Manche, Q⁴⁻¹ 6.)

[1] Impositions de la paroisse pour 1789 : taille, 558 livres ; access., 366 l. 3 s. ; capit., 361 livres ; corvée, 185 l. 6 s. 7 d. ; vingtièmes, 425 l. 5 s. 3 d. ; territorial, 40 livres ; bâtiments, 13 livres. Au total, 1,954 l. 14 s. 10 d. — Nombre de lignes : 101.

[2] Il y avait sur la paroisse un moulin banal appartenant au seigneur Leclerc de Juigné. Il était loué, par bail emphytéotique datant du 29 octobre 1757, pour 120 livres de redevance annuelle. (*État des biens nationaux*, Bureau de Gavray, Arch. Manche, Q⁴⁺¹ 6.)

cultés des finances, mais elle pense que sans nouvelles impositions on peut trouver des ressources chez les gros bénéficiers;

6° La communauté a l'honneur de représenter que les droits d'actes, de tutelle, sont exorbitants; très souvent les meubles des mineurs ne suffisent pas pour les acquitter, et souvent les tuteurs sont hors d'état de les avancer; ces actes devraient être donnés aux notaires des lieux, sans qu'il fût besoin d'homologation, et la communauté de la Baleine espère qu'on fera droit sur cet objet, et qu'on devrait supprimer les priseurs-vendeurs qui souvent impunément multiplient leurs vacations;

7° La communauté représente également que les droits des contrats sont si considérables, surtout pour les contrats de mariage, que la fortune de la plupart ne leur permet pas d'en passer que très peu devant les sieurs notaires;

8° Ladite communauté réclame les États provinciaux de Normandie, et que les deux premiers ordres contribuent comme le tiers état au fardeau de tous les impôts, en raison des forces respectives d'un chacun [1];

9° Elle demanderait aussi qu'il lui fût fait par les seigneurs propriétaires des lieux un passage solide, pour avoir sortie avec voitures, tant pour le transport du peu de denrées qu'elle pourrait avoir, que pour aller chercher des engrais de mer qui lui sont si nécessaires, demeurant constant qu'elle n'a aucune sortie que sur la rivière de Sienne;

10° Cette même communauté espère qu'on la rétablira dans ses droits sur la forêt de Gavray, en apparaissant de ses titres, qui ne lui ont été accordés qu'en considération des pertes qu'elle en souffrait;

*11° Elle demanderait encore qu'on ferait supprimer quantité de colombiers [2] ou volières, la quantité des pigeons causant un tort considérable aux grains;

---

[1] La paroisse de la Baleine ne comptait d'autres privilégiés que le curé, Me Gilles-Blouet, qui comparut à l'assemblée de son ordre, et le marquis de Juigné et ses cohéritiers à la succession de M. de Saint-Germain, seigneur de la paroisse, non résidants, et représentés à l'assemblée de Coutances par M. Leonord Marguerite Leclerc, baron de Juigné. *Supplément des privilégiés:* 98 l. 1 s. 4 d.

[2] *Addition au cahier primitif,* d'une autre écriture dans le manuscrit original.

La question des colombiers est l'une de celles qui, en Basse-Normandie, préoccupent le plus les cahiers ruraux. La situation économique dont ils se plaignent avait sa source dans des dispositions de droit local, sur lesquelles quelques explications paraissent nécessaires.

«Il n'y a rien de moins uniforme, dit Basnage, par les coutumes de

12° Et en cas de suppression de quelques officiers, il est juste de les rembourser de leurs offices, et non pas sur le pied des

France, que le droit de colombier.» En Normandie, le texte fondamental était l'article 137 de la *Coutume réformée de 1583*, qui disposait «qu'en cas de division de fief, le droit de colombier doit demeurer à l'un des cohéritiers, sans que les autres le puissent avoir, encores que chacune part prenne titre et qualité de fief avec les autres droits appartenans à fief noble par coutume». De cet article on avait conclu implicitement dans la doctrine que le droit de colombier devait appartenir (sans aucune autre condition, contrairement à ce qu'exigeaient certaines coutumes, comme celles de Paris, art. 70, d'Orléans, art. 168) à tous seigneurs possédant un fief de haubert, et qu'il ne devait appartenir qu'à eux seuls; et la jurisprudence du Parlement, faisant application du caractère purement féodal du droit, avait jugé à plusieurs reprises qu'aucune prescription, même quadragénaire, ne pouvait couvrir l'érection d'un colombier en terre roturière (*Placités*, art. 20); qu'un colombier, même séculaire, élevé sans titre sur une roture, devait être détruit; qu'une terre non noble, même possédée en franche aumône par des ecclésiastiques, ne pouvait servir à asseoir un droit de colombier. (*Arrêt du 11 janvier 1732*, condamnant le propriétaire d'une vavassorie à détruire un colombier édifié sur cette terre depuis 1587; *arrêt du 28 mars 1717*, ordonnant, à la requête du seigneur et des habitants de Tourlaville, la destruction d'un colombier à pied existant déjà sur le terrain du presbytère dans un dénombrement de 1541, dans Houard, *Dict. analyt.*, v° Colombier, 1, 217.)

Il semble donc que la coutume ayant sagement mis des bornes à la multiplication exagérée du droit seigneurial de colombier, et la jurisprudence interprétant très strictement ces prohibitions, le nombre des colombiers eût dû demeurer fixe dans la province, sans pouvoir s'accroître, puisque en cas de division de fief même, il ne devait passer qu'à l'un des cohéritiers.

Mais l'article 137 lui-même ouvrait la porte aux abus; il décidait dans sa dernière partie, qu'en cas de parage «si les paragers ont basti un colombier en leur portion de fief, et joui d'icelui par quarante ans paisiblement, ils ne pourront être contraints de le démolir». Cette disposition avait multiplié les colombiers sur les terres nobles, car, ainsi que le remarque Flaust, «des vassaux ne sont pas hardis à s'opposer à la construction d'un colombier par leur seigneur, et d'un autre côté on perd souvent de vue l'origine d'un fief; on ignore qu'il procède d'un parage; on le regarde comme un fief d'existence primitive et ancienne, et comme l'on est persuadé que chaque fief par sa nature a droit de colombier, on souffre que chaque seigneur établisse un colombier sur son fief». (*Explication de la Coutume*, sur titre XVIII, chap. 7, 11, 457.)

D'autre part, l'usage du *jeu de fief*, permis aussi par l'article 204 de la Coutume, qui donnait au seigneur la faculté d'aliéner pour partie les terres de sa seigneurie, amena fréquemment, en dépit des restrictions édictées, et avec l'adhésion plus ou moins expresse du roi, la création de nouveaux colombiers sur les portions démembrées du fief primitif.

Enfin il est bien certain que, bien qu'ils n'eussent point le droit de colombier, de nombreux propriétaires de terres roturières s'étaient fait construire sans titre des *volières* où ils élevaient quantité de pigeons. Leur possession était évidemment illégitime; mais tant qu'un seigneur voisin ne s'avisait pas de l'attaquer, ils en jouissaient en fait sans empêchement. Houard, v° Volière, IV, 513, et Flaust, *loc. cit.*, constatant que la multitude de colombiers ainsi construits sans droit désolait les campagnes, et demandent, comme nos cahiers, qu'ils soient réduits, ainsi que le veut la loi, à un seul par fief de haubert.

Le présent cahier ne s'explique pas sur les lacunes de la législation normande relativement aux époques de fermeture légale des colombiers. Pour cette autre face de la question, voir le cahier de Dangy, art. 31.

évaluations qu'ils en ont faites; ces évaluations ne peuvent point être faites librement.

Le présent cahier fait et signé après lecture faite, coté et paraphé par nousdit Dupont, et un double d'icelui resté à la municipalité.

J. Vimond, G.-M. Dupont, D.-S. Anquetil, J. Alexandre, A. Vincent, F. Robert, J. Goutière, Louis Michel, Jean Michel, F. Dupont, L. Cartier, P. Dupont, Blouët, F. Lebargy, M. Cauvet, Rouelle, A. Dupont.

BEAUCOUDREY [1].

1. Procès-verbal d'assemblée.
(Le procès-verbal authentique n'a pu être retrouvé.)

Date de l'assemblée : 1er mars. — Nombre de feux : 68 [2]. — Députés : Léonard Papillon, *laboureur* (4 jours, 12 l. et 19 jours, 74 l., Acc.); Louis Le Roy, *laboureur* (3 jours, 9 l., Acc.).

2. Cahier de doléances.
(Ms. *Greffe du Tribunal de première instance de Coutances*, pièce n° 392. Original signé. *Inédit.*)

La communauté de Beaucoudrey, considérant [3] que le roy, informé des malheurs qui affligent la France depuis un nombre

---

[1] Arrondissement de Saint-Lô, canton de Tessy.

[2] Mouv. 1787 : N. 9, M. 2, D. 5. — Population actuelle : 243 hab.

[3] Ce cahier est le premier que nous rencontrons d'une série fortement caractérisée, dont nous avons eu déjà occasion de parler dans notre Introduction, qui ne comprend pas moins, compris le présent cahier, de 6 cahiers du bailliage de Coutances, Beaucoudray, le Chefresne, Mesnilopac, Montabot, Moyon et Tessy, et qui a influencé d'autre part considérablement dans leur rédaction la sous-série de 3 cahiers : Fervaches, Mesnilrault et Troisgots, toutes paroisses formant un bloc territorial compact à l'extrémité orientale du bailliage.

Il serait intéressant, étant donnée l'importance exceptionnelle du groupement, de pouvoir préciser l'origine du type. Un fait significatif doit à cet égard s'imposer à notre attention. Toutes les paroisses du groupe, celles de Montabot et du Chefresne seules exceptées, font partie de la haute justice et baronnie de Moyon, séant à Tessy, et appartenant en 1789 au prince de Monaco. Les officiers des hautes justices seigneuriales étaient appelés, comme on sait, aussi bien que les officiers royaux, à présider les assemblées primaires. Il n'est pas défendu de croire que cette circonstance ait pu influer considérablement sur la formation du type qui nous occupe, et de penser que le cahier identique adopté par les paroisses de la baronnie de Moyon ait été un modèle proposé, peut-être imposé, aux sujets du prince. L'absence dans les doléances locales de toute ré-

d'années, a cherché tous les moyens [d'assurer] son bonheur, en portant la réforme sur toutes les parties de l'administration; des obstacles sans nombre se sont opposés aux opérations de son conseil; sans cesse occupé du même projet, il se porte actuellement à convoquer les États généraux du royaume, et il espère trouver dans les représentations des députés des différents ordres, et dans les remontrances et diligences (?) des différents corps et communautés, les moyens de faire le bien de son peuple et d'en assurer la prospérité.

L'opération à laquelle le monarque se livre, et à laquelle tout Français doit concourir, est importante par les objets qu'elle doit embrasser et délicate à conduire à sa perfection; le bonheur des provinces de la France et de chaque citoyen en particulier dépend d'un nouvel ordre de choses.

La constitution ne paraît point établie sur des principes invariables. L'autorité du roy et les droits des sujets ne sont pas déterminés d'une manière positive.

Les ordres ont des prétentions plus ou moins étendues, sans qu'il ait jamais existé des règles que l'on puisse consulter; les premiers ordres jouissent de privilèges très étendus dont l'origine tient à des causes inconnues, ou qui n'existent plus, et dont les effets devraient avoir cessé.

Le troisième ordre est encore composé d'une prodigieuse quantité de privilégiés, qui depuis un siècle se sont multipliés à l'infini; les deux premiers ordres jouissent de bénéfices et de pensions considérables et trouvent dans une quantité d'établissements des ressources assurées; la noblesse possède exclusivement des charges dans le militaire et les plus importantes de la magistrature.

La noblesse et le clergé et les privilégiés qui font partie du tiers état ont les plus belles propriétés du royaume, et des provinces

---

clamation au sujet des droits féodaux, la place considérable donnée aux vœux sur la réforme judiciaire et aux projets de politique générale, ne permet guère de douter d'autre part que le rédacteur n'ait été un homme de loi.

Peut-être pourrait-on mettre un nom sur l'œuvre elle-même. La plupart des députés des paroisses qui ont adopté ce cahier sont de simples laboureurs, qui n'en peuvent être les auteurs. Un seul nom se détache sur l'ensemble, celui de Me Léonard Havin, avocat au bailliage de Torigny, membre de l'assemblée d'élection de Saint-Lô et du bureau du bien public, qui est député de la petite paroisse de Mesnil-Opac. Nous le retrouvons à Coutances, commissaire-rédacteur du cahier du bailliage, puis à l'assemblée générale, comme député du quart réduit. Cette accumulation d'honneurs sur une même tête ne paraît-elle point significative? Sans doute, les électeurs des assemblées successives, en choisissant Me Léonard Havin pour leur député et en lui confiant la rédaction du cahier réduit, entendaient bien reconnaître en lui l'auteur d'un type de cahier adopté par un groupe important de paroisses, dont il apparaissait comme le représentant autorisé.

entières jouissent d'exemptions dont les autres sont privées et qui ne font qu'augmenter les charges des dernières.

L'impôt levé sous différentes dénominations pendant la guerre et rendu perpétuel pendant la paix, vicieux dans la répartition comme dans ses effets, est aujourd'hui porté à un taux effrayant et pèse en majeure partie sur la classe la moins aisée du troisième ordre; le peuple des campagnes et des villes, le nerf de l'État, le commerce et l'agriculture languissent obstrués par les entraves que les impôts et les agents trop multipliés qui les perçoivent y apportent.

Il est question, dit-on, de combler un déficit énorme et auquel l'économie dans la perception de l'impôt, la suppression de quelques offices créés en faveur de personnes employées à son recouvrement et quelque autre réforme ne peuvent [y] faire face, et l'on annonce comme l'unique remède l'augmentation de l'impôt. Cette augmentation, supportée par quelques provinces dans une proportion plus forte que dans d'autres, et par une classe qui ne s'acquitte qu'avec peine de celui qui existe actuellement et qui n'a pour principale ressource que ses bras, le commerce et l'agriculture, présente les plus grands obstacles et une multitude d'inconvénients.

Les lois, civiles et criminelles, ne sont pas bien plus claires, sous certains rapports, que celles qui fixent les droits du souverain et des sujets et des différents ordres; celles relatives aux impôts en favorisent trop la répartition arbitraire; des formalités sans nombre, des abus introduits dans l'administration de la justice, une jurisprudence sujette aux plus grandes variations, une multitude de tribunaux ordinaires, extraordinaires, de première instance ou d'appel, avec un territoire déterminé plus par les circonstances que par l'intérêt des justiciables, et avec une compétence qui souvent n'est connue que de ceux qui fréquentent le barreau.

Quoique chaque province, chaque canton paie pour la confection des routes et d'ouvrages d'arts de différentes espèces, des cantons n'ont aucune espèce de routes et de débouchés, et ne tirent aucun avantage des différentes communications ouvertes ou des ouvrages exécutés chez leurs voisins.

Déterminer le pouvoir du souverain et les droits de la nation, faire taire les prétentions des différents ordres, anéantir ou réduire les privilèges de plusieurs provinces, ceux des deux premiers ordres et de nombre du troisième;

Supprimer l'impôt actuel et une foule d'agents qui le perçoivent, établir un nouvel impôt qui porte indistinctement sur toutes les provinces, les propriétés et tous les ordres, atteindre à une parfaite économie dans la perception de l'impôt ; fixer la compétence des tribunaux, peut-être les supprimer pour les remplacer par de nouveaux dont la compétence et le pouvoir soient assurés sur des règles invariables et prises dans les intérêts des justiciables ; porter une réforme de quantité d'abus dans l'administration de la justice et porter des lois claires et précises sur différentes parties de la législation, et procurer à chaque province et à chaque citoyen des ressources et former des établissements ; obtenir à la prochaine tenue des États généraux l'unanimité, assurer le retour de pareilles assemblées et établir une correspondance perpétuelle entre le souverain et les sujets, tous ces objets en général et chacun en particulier présentent de grands intérêts à discuter, beaucoup d'abus à réformer et de nouveautés à établir, qui présenteront une infinité d'obstacles.

Tous ces divers objets pris en considération par la communauté[1] la déterminent à donner par le [présent] cahier plein pouvoir aux députés qui seront choisies (*sic*) dans l'assemblée générale qui se tiendra en la ville de Coutances le seize de ce mois, de demander aux États généraux :

1° Que la constitution de la France soit établie sur des principes fixes et durables, de manière que le patriotisme forme la base fondamentale de la monarchie ;

2° Que les Etats généraux reviennent périodiquement ; que l'on y opine par tête, les trois ordres réunis, même dès la prochaine tenue ; et que les convocations nécessaires pour la nomination des députés des différents ordres se fassent à l'avenir par département[2], et dont la population détermine le nombre des députés ;

---

[1] Le long préambule qui précède a joui, semble-t-il, d'une grande vogue : nous l'avons trouvé reproduit, presque sans modifications, non seulement dans les 6 cahiers du groupe, mais aussi dans les 3 cahiers du type voisin, Fervaches-Mesnilraoult-Troisgots, et même au dehors, dans ceux de plusieurs paroisses qui appartiennent au bailliage de Torigny : Bures, Brectouville, Couvains ; il a même, pour ses traits les plus caractéristiques, passé dans le cahier du tiers état de l'assemblée préliminaire de Torigny. (HIPPEAU, *Cahiers*, II, p. 502.)

La valeur intrinsèque de ce morceau ne méritait peut-être pas tant d'honneur. Vraisemblablement d'ailleurs, les développements assez diffus en sont empruntés à quelque factum répandu dans la région. Ce qui nous le fait penser, c'est qu'on le retrouve, presque dans les mêmes termes, dans le discours prononcé par le lieutenant général de Montchaton à l'assemblée générale du tiers état du bailliage (Arch. nat., Ba 35, l. 70).

[2] Les départements dont il s'agit sont les circonscriptions dans lesquelles l'*Edit de juin 1787, portant création d'assemblées provinciales et municipales*, avait établi des assemblées de second degré, intermédiaires entre les assemblées de paroisses et l'assemblée provinciale. Les six élections auxquelles correspondait à peu près le bailliage de

10.

3° Que les assemblées provinciales, de département et municipalités continuent d'exister, telles qu'elles ont été formées d'après l'édit de formation du mois de juillet 1787 [1], et qu'elles soient chargées de la répartition des impôts et de la correspondance entre le souverain et ses sujets;

4° Que d'accord avec le souverain et les représentants de la nation, les limites de l'autorité royale et le droit des sujets soient déterminés;

5° D'arrêter que nul impôt ne puisse être accordé qu'à temps, et tout au plus d'une tenue d'États à la prochaine, et par la nation duement assemblée en États généraux;

6° Que nulles autres lois que celle qui appartient au pouvoir exécutif ne puissent être faites que par le concours de la nation;

7° D'approfondir avec la plus mûre réflexion la dette nationale et son origine, afin d'en prévenir l'accroissement et d'y proportionner les sacrifices de la nation;

8° De demander que tous les impôts perçus jusqu'à ce jour sur les propriétés, possessions, facultés, commerce et consommation, soient entièrement supprimés et remplacés par des contributions arrêtées aux États, dont nul fonds, pas même les domaniaux, et nuls individus des trois ordres ne soient exempts, et que l'on préfère celles d'une perception plus simple et moins coûteuse, et celles qui sont susceptibles d'une répartition plus proportionnelle aux propriétés et facultés de chaque province et [de] chaque individu, et qui peuvent le moins gêner le commerce et l'agriculture;

9° D'insister pour que la proportion que chaque province et

Cotentin avaient donné en 1787 les départements d'Avranches, Carentan, Coutances, Mortain, Saint-Lô et Valognes, tous relevants de l'assemblée provinciale de Basse-Normandie, qui siégeait à Caen. Une paroisse du bailliage de Coutances, celle de Villedieu, appartenait au département de Vire.

L'idée de faire suivant le cadre départemental nouveau les convocations aux États généraux avait été à plusieurs reprises mise en avant l'année précédente dans la région. L'assemblée du département de Coutances avait inséré dans ses vœux l'article suivant : Art. 5. « La convocation par grand bailliage présentant de très grandes difficultés et des embarras inévitables, les trois états s'assembleront par élection ou par département pour nommer 22 électeurs.»

(*Procès-verbal*, § États généraux, Arch. Calvados, C 7700.) Cf. Procès-verbal de Saint-Lô, s. du 28 oct. 1788. (Arch. Manche, C 628.)

[1] *Édit portant création d'assemblées provinciales et municipales*, Versailles, juin 1787 (dans ISAMBERT, XXVIII, n° 2350, p. 364). Il convient de joindre, pour les détails d'application, dans notre région, le *Règlement sur la formation et la composition des assemblées qui auront lieu dans la généralité de Caen*, Versailles, 15 juillet 1787 (dans HIPPEAU, *Gouvernement*, V, 345). Le vœu en faveur de la conservation des assemblées créées en 1787 avait été encore, on peut le remarquer, formellement exprimé dans un *Projet pour la convocation des États généraux* présenté par le Bureau intermédiaire du département de Carentan.

chaque généralité doit supporter dans l'impôt soit déterminée aux
États généraux d'après les propriétés de chaque canton et ses
ressources, et que les assemblées provinciales, de département
et municipales soient tenues de suivre la même proportion dans
la répartition de l'impôt sur les départements, communautés et
individus [1];

10° De demander que l'on confie aux assemblées provinciales,
de département et municipales, le droit de déterminer chacune
dans sa province, département et communauté, par la voie d'adjudication au rabais, les gages et salaires des personnes qu'il est
utile de préposer au recouvrement des différents impôts, et qui en
deviendront un accessoire;

11° D'insister aux États généraux pour que tous les tribunaux
actuellement existants, tant ordinaires qu'extraordinaires, royaux
et seigneuriaux de première instance, que cours et juridictions
qui ont la compétence en dernier ressort, soient supprimés et remplacés, les premiers par des bailliages avec pouvoir de juger en dernier ressort jusqu'à deux cents livres, et qui seraient établis dans
les villes et bourgs du royaume où sont actuellement établies des
juridictions royales ou seigneuriales [2], et les derniers par des cours
souveraines dans toutes les villes où il existe des parlements,
cours souveraines ou généralités, et que le territoire de chaque tribunal soit déterminé par l'importance [du] lieu de son établissement et sa distance des lieux circonvoisins où seront établis de
pareils tribunaux;

12° De faire tous leurs efforts pour qu'il soit fait une réformation de la justice civile et criminelle, et qu'il soit porté sur les
différentes parties de la législation des lois claires et précises; que
l'instruction tienne à des principes invariables et soit dégagée de
toute espèce de formalités superflues et embarrassantes, et qu'il
ne puisse être attenté à la liberté individuelle des citoyens;

[1] Impositions de la paroisse pour
1789 : taille, 806 l. 15 s.; acc., 548 l.
12 s.; cap., 522 l. 5 s.; corvée, 274 l.
2 s. 7 d.; vingtièmes, 723 l. 5 s.; territorial, 63 livres; bâtiments, 21 livres.
Au total, 2,958 l. 19 s. 7 d.

Lignes : 85. — *Privilégiés :* le curé,
Mᵉ Allenume, et le titulaire de la cha-
pelle de Beaucoudray, Mᵉ Gallien de
Préval; le seigneur et patron Jean-
Jullien Ganne (c. n. 72 livres), et le sʳ
Letellier de Montaure (c. n. 64 l. 16 s.),
seuls nobles de la paroisse. *Supplément
des privilégiés :* 72 l. 32 s. 4 d.

[2] La baronnie de Moyon, à laquelle
appartenait Beaucoudray, avec les paroisses voisines de Tessy, Villebaudon,
Mesnilopac, Mesnilherman, avait une
haute justice, dont le siège avait été
transporté à Tessy depuis le milieu du
xviiᵉ siècle. Le haut justicier en 1789
était Mᵉ Jean-Baptiste Regnault, présent en ce titre à Coutances à l'assise
du lundi 20 avril. (*Registre plumitif du
bailliage de Coutances, commencé le
11 février 1788, fini le jeudi 3 février
1791,* fᵒ 52, aux Archives du greffe de
Coutances.)

13° De faire en sorte que les charges des nouveaux tribunaux soient conférées au mérite, indépendamment de la fortune et de la naissance, et qu'il soit pourvu incessamment au rembours (*sic*) des charges et offices des tribunaux actuels, ainsi qu'à tous ceux des finances;

14° De consentir l'aliénation des domaines, à l'exception des forêts, et de demander la vente des biens des menses abbatiales de plusieurs communautés supprimées, et que les deniers qui en proviendront soient employés à combler le déficit en totalité ou partie et au rembours des charges et offices de magistrature et de finances;

15° De solliciter qu'il soit ouvert des routes dans les cantons où il n'a pas encore été possible de le faire, et qu'il soit établi des dépôts de mendicité dans les villes et bourgs où il n'existe pas d'hôpitaux, et même dans les campagnes de distance en distance, aussitôt que les ressources de l'État pourront le permettre;

16° De supprimer la milice et de demander qu'il fût fait des fonds aux dépens de l'impôt pour acheter des hommes pour la formation des régiments provinciaux [1];

17° Qu'il soit porté des règles propres à fixer l'étendue des dîmes insolites et sur la manière d'en faire la perception [2];

[1] La charge de la milice était-elle tout à fait aussi lourde que le cahier veut bien le dire? D'après les derniers *États des troupes provinciales*, les deux subdélégations de Coutances et Granville, auxquelles appartenaient la plupart des paroisses du bailliage de Coutances, n'avaient fourni respectivement, pour l'année 1788, que 29 et 8 miliciens, pour un chiffre d'inscrits qui était, dans les 43 paroisses de la subdélégation de Coutances, de 1,987 hommes, et de 394 seulement dans les 30 paroisses de la subdélégation de Granville sujettes au service des troupes provinciales. (Arch. Calvados, C 1916.) La paroisse de Beaucoudray, qui faisait partie de l'élection de Saint-Lô, tirait avec celles de la Haye-Bellefond, Villebaudon, Maupertuis et Montabot, pour fournir annuellement ensemble *un* milicien. En 1788, d'après le *Procès-verbal du tirage*, ces paroisses réunies avaient présenté au tirage 97 garçons et veufs sans enfants; on avait écarté sur ce nombre 79 exempts à des titres divers, 6 infirmes et 4 garçons n'ayant pas la taille de 5 pieds 3 pouces; les conscrits étaient restés à 8 seulement

pour tirer l'unique milicien, qui était échu à la paroisse de Maupertuis. (Arch. Manche, C 822.)

La véritable charge de la milice, celle qui excède visiblement les communautés, ce sont les déplacements et les frais de toute sorte qu'elle entraînait. L'intendant de Fontette, dans une lettre au duc de Choiseul, du 26 décembre 1768, reconnaissait «qu'elle est devenue une véritable imposition, tant par la contribution pécuniaire que par les dépenses qu'occasionnent les substitutions auxquelles il faut nécessairement se prêter en cas de guerre, pour ne pas jeter le désespoir dans les esprits». (Arch. Calvados, C 1849.) La communauté de la Haye-Bellefond, dans son cahier, n'estime pas à moins de 500 livres ce que coûte un milicien à sa paroisse, alors que l'engagement d'un soldat ne revient pas au roi à plus de 150 livres (*infrà*, p. 365).

[2] Sur ce qu'il faut entendre précisément par *dîme insolite*, dans la région de Cotentin, voir le cahier de Bréville, art. 9 (*infrà*, p. 193).

Les dîmes de la paroisse de Beaucoudray appartenaient en entier au curé,

18° Que les bénéficiaires (*sic*) et curés soient chargés de l'entretien et reconstruction de tous les bâtiments servant à leur usage.

La communauté donne au surplus pouvoir aux députés, de suivre le vœu de leur conscience dans tout ce qui sera proposé sur une infinité d'autres abus, s'en rapportant à leur lumière et leur honneur, et de voter au surplus ce qu'ils croiront de plus utile et avantageux pour la félicité publique.

Et arrêté ce premier mars.

> J.-B. PAPILLON, (*illisible*), LEMONNIER, G. LEBEDEL, REGNOUT, P. BIGOT, F. AUBER, J. MONTIGNY, J.-P. PARIS, Louis MONTIGNY, F. TALBOT, Jean LE PELLEY, L.-F. LEROY, Louis LEPELLEY, J.-P. LEBEDEL, L. PAPILLON, *député*, L.-F. TANQUERAY, N. GENDRIN, L. LEROY, *député*, J. LEMARCEY, F. LANGLOIS, JEAN LECOCQ.

BELVAL [1].

1. PROCÈS-VERBAL D'ASSEMBLÉE.

(Le procès-verbal authentique n'a pu être retrouvé.)

Date de l'assemblée : 1er mars. — Nombre de feux : 102 [2]. Comparants : 15 (d'après le cahier). — Députés : Jacques Joachim DE LA LANDE, *laboureur* (3 jours, 9 l.); Charles LEGRAVEREND, *laboureur* (3 jours, 9 l.).

---

sauf sur le trait dit *de la Trinité*, d'une étendue de 400 vergées faisant le tiers de la paroisse, où elles revenaient à la chapelle Saint-Sauveur de la Trinité dudit lieu. — *Déclarations de 1790* non retrouvées. Les dîmes valaient dans le milieu du siècle, d'après le *Pouillé*, 800 livres pour le curé, 300 pour le chapelain. D'après les officiers municipaux, la cure consiste en bâtiments, jardin, pré, terres d'aumône d'une étendue de 32 verg. 3/4, que le curé fait valoir lui-même, le tout non estimé; la chapelle de la Trinité a jardin à

pommiers, 2 pièces de terre tenant 9 verg. 1/2, «le tout affermé à un prix inconnu». (*État des biens nationaux*, Saint-Lô.)

L'abbaye de Hambye perçoit dans la paroisse 16 demeaux de froment, 4 poules et 4 pains en deux redevances. (*Journaux de Hambye*, 1781. Arch. Manche, H 4331.)

[1] Arrondissement de Coutances, canton de Cerisy-la-Salle.

[2] Population au recensement de 1793 : 556 habitants (N. 11, M. 5, D. 12). Population actuelle : 304.

2. CAHIER DE DOLÉANCES.

(Ms. *Greffe du Tribunal de première instance de Coutances*, pièce n° 384.
Original signé. *Inédit.*)

Représentations et doléances de la paroisse de Belval.

1° Que les États provinciaux de Normandie soient rétablis et tenus tous les ans alternativement dans les trois généralités qu'elle renferme, qu'il y ait une commission intermédiaire toujours séante dans une des villes de chaque généralité, avec une Assemblée d'élection et un bureau intermédiaire toujours en activité dans toutes les villes où il y a siège d'élection, pour faciliter et maintenir une correspondance nécessaire du peuple aux États, et de là au souverain [1] ;

2° Que les tailles, vingtièmes, impôt territorial et autres de pareille nature, qui sont tous impôts réels, soient assis sur tous les fonds des trois ordres indistinctement, et payés sur tous lesdits fonds sans distinction, soit que les possesseurs et propriétaires soient privilégiés ou non [2] ;

3° Que les impôts pour la capitation, l'industrie, le commerce quel qu'il soit, et autres de pareille nature, qui sont tous impôts personnels, soient supportés et payés par chacun des ordres séparément, sans toucher à leurs privilèges, et cependant en proportion de la richesse des uns et des autres;

4° Que les États, en considérant les faibles facultés de la province, et en n'accordant qu'une levée d'impôts à proportion, demeurent chargés d'en faire les départements, la recette et le transport au Trésor royal, parce que Sa Majesté sera suppliée

[1] Cf. *Lettre du Parlement de Normandie au roi, pour demander les anciens États de la province, novembre 1788.* Impr. s. l. n. d., in-8°. (Bibl. nat., Lb³⁹, pièce 793.)

[2] Impositions de la paroisse pour 1789 : taille, 1,427 livres; acc., 936 l. 9 s.; cap., 925 l. 5 s.; corvée, 403 l. 17 s. 10 d.; vingtièmes, 1,037 l. 8 s. 3 d.; territ., 92 livres; bâtiments, 31 livres. Au total, 4,851 l. 19 s. 3 d. Les exempts et privilégiés étaient au nombre de six : deux ecclésiastiques possédant bénéfices, le curé, M° Jullien, le titulaire de la chapelle de Belval, M. de Martinvast, qui ne résidait pas, et un prêtre habitué sans bénéfice, M° Jean-Baptiste Lallouet. Trois nobles, dont un possédant fief, Jean-Louis Le Carbonnel, baron de Marcey, chevalier de Saint-Louis, possesseur du fief noble de Belval et seigneur de la paroisse; et deux non possédant fief, Étienne-Louis-Léonor-Michel de Vesly, chevalier de Saint-Louis, ancien major d'infanterie, et Hervé Michel, sieur de Chambert, avocat au Parlement de Normandie. *Supplément des privilégiés :* 109 l. 17 s.

Les biens de l'émigré Carbonnel dans la paroisse sont déclarés, en l'an III, consister en une ferme dite *le Manoir de Belval*, bâtiments, 160 vergées de terre dont 125 labourables, donnant 568 boisseaux de tout grain, le reste en pâturages, le tout non estimé. (Arch. Manche, Q⁶·¹ 12.)

d'ordonner que les recettes générales et particulières seront faites par simple commission, avec les sûretés et cautions nécessaires; à ce moyen le roi y gagnera beaucoup, et ses peuples en seront déchargés d'autant;

5° Que toutes les pensions et autres deniers dus sur le trésor royal ou autrement, soit à des particuliers, soit à des communautés, ne soient point portées au trésor royal, mais payées par les receveurs particuliers sur les états qui leur en seront donnés, à tous ceux à qui ils seront dus dans l'étendue de leur ressort, tant pour en accélérer le payement que pour éviter les abus et les frais d'aller et de retour de l'argent, en observant néanmoins toutes les formes convenables et nécessaires pour assurer les payements;

6° Que toutes les communautés des paroisses soient entièrement déchargées, à l'avenir, de toutes espèces de réparations, reconstructions, entretien et autres de pareille nature, tant des maisons presbytérales que de tout ce qui dépend des bénéfices-cures, et généralement de tous autres bénéfices sans exception[1];

7° Que lesdites communautés des paroisses soient également déchargées de toutes réparations, reconstruction et entretien tant des églises paroissiales, succursales et autres[2], de façon que, dans

[1] Le cahier ne dit point que les paroissiens de Belval aient eu quelque raison personnelle de se plaindre. La correspondance de l'intendant nous apprend pourtant qu'une demande venait justement d'être faite par les habitants, à la date du 7 septembre 1787, pour être autorisés à s'imposer extraordinairement, en vue des réparations reconnues nécessaires à leur presbytère, suivant expertise de M. Jacques Hédouin, architecte. (Arch. Calvados, C 1340.)

[2] D'après la législation commune du royaume, les réparations et reconstructions des églises paroissiales se partageaient entre les gros décimateurs et les habitants des paroisses, de telle façon que les ecclésiastiques jouissant des dîmes avaient à leur charge le chœur et chancel, avec la fourniture des ornements nécessaires à la célébration du culte, et les habitants la nef de l'église et la clôture du cimetière. (Édit portant règlement pour la juridiction ecclésiastique, avril 1695, art. 21 et 23, dans Isambert, XX, n° 574, p. 1574). L'édit avait réglé très minutieusement la pro-

cédure suivant laquelle devait être constatée la nécessité des réparations (procès-verbaux de visite des archidiacres, ordonnances des évêques transmises à l'intendant, rapports d'experts) et aussi les formes par lesquelles l'autorité civile pouvait contraindre l'une ou l'autre partie à s'acquitter de ses obligations (assemblée générale des habitants, réquisition des procureurs du Roi, saisie au besoin des dîmes, etc.). Mais si les paroisses étaient en général impitoyablement poursuivies pour leur part, il paraît bien que les décimateurs, par connivence des autorités ecclésiastiques ou civiles, laissaient la leur en fort mauvais état, et qu'au décès des bénéficiaires, faute d'actif suffisant, de lourdes réparations incombaient souvent, par leur négligence, aux communautés. Les anciens États de la province avaient exprimé leurs doléances à ce sujet. (Cahier de 1618, art. 19; de 1623, art. 6; de 1629, art. 4; dans DE BEAUREPAIRE, Cahiers, I, 190; II, 27, 148.) Cf. ROUTIER, Pratique bénéficiale, ch. VI, 4e, 6e et 7e q., p. 210 sq.; ROUSSEAU

tous les cas, lesdites réparations et reconstructions et entretien en
soient faits et supportés tant par les dîmes que par les autres fruits
et fonds des bénéfices, et que chaque bénéficier, à quelque titre
que ce soit, sera tenu de prendre le bénéfice auquel il aura été
nommé en tel état qu'il se trouvera au décès du titulaire son prédécesseur, sans que lesdites communautés des paroisses, non plus
que les héritiers des titulaires prédécesseurs, puissent jamais être
tenus ni obligés à aucune reconstruction ni réparation, de quelque
espèce que ce puisse être, grosses ou menues, directement ni indirectement, pour raison desdites églises, maisons presbytérales et
dépendances, le tout devant être à la charge de tous les fruits du
bénéfice;

8° Que tout bénéficier sera obligé de faire toutes lesdites reconstructions, réparations et entretien, et pourra y être contraint
par les poursuites de Messieurs les archidiacres, ou procureurs de
Sa Majesté, sur la simple dénonciation qui leur en sera faite;

9° Que les décimateurs, quels qu'ils soient, soient tenus et obligés de reporter dans l'étendue de la paroisse toutes les dîmes qui
y ont excru, et que, pour aider à fertiliser les fonds, tout décimateur soit tenu et obligé de vendre aux seuls habitants de la même
paroisse toutes les pailles, grosses et menues, provenant des dîmes
de la même paroisse, au prix de l'estimation qui en sera faite par le
juge des lieux, sur le pied du dixième de la valeur des grains, laquelle valeur des grains sera aisément faite et supportée en fixant
deux charges communes de grains pour produit du cent commun
de gerbes de blé, et ce ne sera qu'au refus des habitants que le
décimateur pourra les vendre à l'étranger [1];

DE LA COMBE, *Dictionnaire de jurisprudence canonique et bénéficiale*, v° Réparations, éd. 1748, in-f°, II, 170.

[1] Ce vœu, qui ne demande en réalité
que le retour aux anciens usages de la
province en matière de pailles des dîmes,
se retrouve dans un très grand nombre
de nos cahiers; il touche en effet à une
question capitale pour l'agriculture de la
région, et sur laquelle quelques explications ne seront pas superflues.
En Basse-Normandie, toute une vaste
région, plus particulièrement, comme
l'observe Flaust, qui connaît le pays, le
Bocage et l'intérieur du Cotentin, ne
possède point de dépôts minéraux,
marnes ou calcaires, pouvant servir à
l'amendement des fonds; les tangues du
littoral, qui enrichiraient ce sol en gé-

néral très maigre, n'y parviennent que
très difficilement; la culture ne peut se
faire qu'avec l'engrais animal, sous la
forme de fumier de ferme. Dans toute
cette région, la conservation des pailles
est par suite une véritable nécessité
économique, et les usages locaux
l'avaient reconnu en y réglementant plus
scrupuleusement que dans le reste de la
province la quantité de paille et de fumier que le fermier devait laisser à sa
sortie de l'exploitation (arrêt du 7 juillet 1726, dans BÉRAULT, *Coutume réformée*, sur art. 3, p. 21).
Il importait particulièrement d'éviter,
dans ces conditions, que, par suite du
prélèvement des dîmes, une partie considérable des pailles ne fût portée au
dehors. L'usage ancien avait pour cela

10° Que, pour le bien général des paroisses et l'assistance des pauvres en particulier, les portions congrues soient portées à douze cents livres[1], et payées aux curés, sur ce pied, par les gros décimateurs, si mieux n'aiment les uns et les autres s'arranger ensemble pour toutes ou portion des dîmes en équivalent, sans que, pour raison de ladite pension de 1,200 francs ou des dîmes en équivalent, les curés soient tenus à autre chose qu'à la réparation

imposé aux décimateurs, quels qu'ils fussent, la double obligation d'engranger dans la paroisse même le produit de leur dîme, et de ne pas vendre les pailles à d'autres que leurs décimables, tant qu'ils manifesteraient l'intention de les acheter au prix convenable. Une jurisprudence constante avait consacré cet usage (*Arrêt Tournay, 27 mai 1587, arrêt du 3° mars 1602*, dans BASNAGE, *Commentaire*, sur art. 3, I, 26). On hésitait bien sur le point de savoir si le prix compétent devait être fixé d'autorité par le juge (*Sentence curé de Coulerne, du bailliage de Falaise, confirmée, 17 juillet 1749*) ou déterminé régulièrement par le prix moyen des pailles dans les paroisses voisines (*Arrêt Percy 1729, Arrêt Millesavattes, 1696*). Mais sur le principe, il n'y avait aucun doute. On reconnaissait qu'il importait, comme le dit très clairement l'arrêt précité de 1587, «que les habitants du lieu ne demeurassent pas privés de la commodité qu'ils pouvaient tirer desdites pailles et engrais, et qu'ils pussent en acheter à prix compétent». Routier lui-même, qui écrit en 1757, ne soulève sur le principe aucune objection, et réclame seulement pour le décimateur le droit de transporter au dehors l'excédent du produit de la récolte, lorsque les habitants seront préalablement fournis. (ROUTIER, *Prat. bénéf.*, part. I, ch. X, p. 110.)

Mais à partir du milieu du XVIII° siècle, les décimateurs avaient tenté un effort considérable pour se libérer de cette charge, et sous l'influence de causes malaisées à apprécier, la jurisprudence du Parlement avait progressivement évolué. Le mouvement est facile à suivre dans les arrêts. En 1752 d'abord, un premier arrêt (*Affaire Clinchamps, 20 juin 1752*) dispose, contrairement aux sentences des bailliages de Basse-Normandie, que les curés seront libres de vendre au prix moyen des productions dans le pays, sans être soumis à un prix tarifé d'autorité ou déterminé par le courant des paroisses voisines. Puis, successivement, la Cour reconnaît que les décimateurs peuvent disposer des pailles dont leurs paroissiens ne leur offrent qu'un prix inférieur (*Arrêt 21 mars 1778*), jusqu'à ce qu'enfin elle proclame, dans un arrêt de principe, que le curé, étant propriétaire de sa dîme, a le droit de disposer comme il avisera bon, des pailles en provenant, en donnant seulement, à la dernière et meilleure offre, la préférence à ses paroissiens. (*Arrêt Beaulieu, cassant une sentence du bailliage de Vire, 21 juin 1779*, dans DENISART, v° *Dîme.*)

Cet arrêt, comme observe Flaust, qui a étudié de fort près la question, renversait entièrement l'usage ancien; sans motifs suffisants, il inaugurait un régime nouveau dont les conséquences devaient être désastreuses dans tout le pays de Bocage. A la suite de l'arrêt Clinchamps déjà, comme il nous apprend, les fermiers déportuaires avaient élevé d'un coup de 12 à 24 livres le cent de grosses pailles, de 10 à 20 celui de menues pailles. L'arrêt Beaulieu porta aux dernières limites les prétentions des décimateurs, et comme il n'avait point le caractère de règlement, et que les bailliages de Basse-Normandie persistaient dans leur ancienne jurisprudence, des contestations avaient surgi partout entre les curés et leurs paroissiens. (FLAUST, *Explications*, II, 773.) Aussi les cahiers demandent-ils, presque partout en Basse-Normandie, une jurisprudence plus sûre, comme celle que le Parlement de Paris venait de consacrer pour ses bailliages du Perche. (*Arrêt du 21 mars 1778*, dans DUPERRAY, *Essai sur les dîmes*, II, 190.)

[1] Sur le chiffre des *portions congrues* en 1789, voir le cahier de Dangy, art. 16 (*infrà*, p. 297).

et entretien des maisons presbytérales et dépendances du bénéfice seulement, les églises et dépendances restant à la charge des gros décimateurs[1];

11° Que les honoraires des vicaires soient payés par les gros décimateurs, à raison de six cents livres par an;

12° Que les deniers levés pour la confection, entretien des chemins et les indemnités ne soient employés que pour les chemins les plus voisins des lieux où lesdits deniers auront été levés;

13° Que, pour faciliter la confection des grandes routes et même la réparation des chemins de traverse qui sont dans le plus mauvais état, il plaise à Sa Majesté permettre que ses troupes y soient employées; ce serait le moyen de leur procurer une subsistance plus considérable, d'accélérer les ouvrages et à moins de frais, et de faire en même temps le bien commun des peuples;

14° Que les habitants des paroisses soient affranchis de la banalité, et aient la liberté de faire moudre leurs grains là où ils jugeront à propos, sans contrainte ni taxe.

Le présent ainsi fait arrêté cejourd'hui et signé par les paroissiens et habitants taillables en général de la paroisse de Belleval, présents par Jacques-Joachim de la Lande, Charles Legraverend, Jean Lerendu, Pierre-Guillaume-François Raoult, Le Môquet, Julien Le Rendu, Pierre Le Rendu, Bonaventure Le Môquet, Jacques Levionnois, François Le Moine, Jean Le Moine, Thomas Marie, Jacques Lalouet, Nicolas Havard, Pierre Le Môquet, pour être mis aux députés qui vont être nommés, pour par eux le porter et déposer demain deux du présent mois à l'assemblée générale qui sera faite à Coutances devant Monsieur le Lieutenant du bailliage de Cotentin.

Jr LERENDU, Ch. LEGRAVEREND, DELALANDE, Julien LERENDU, F. HÉLAINE, J. LERENDU, P. LEMOSQUET, P. LERENDU,

[1] La cure de Belval était à portion congrue. Le chapitre de Coutances, collateur et patron, percevait toutes les dîmes, grosses et menues. (*Pouillé de Coutances*, f° 12 v°.) En 1790, les dîmes sont affermées pour 2,231 l. 5 sols, prix principal qui, avec une prestation de 145 boisseaux de froment, le pot-de-vin et l'entretien des couvertures et vitres du chœur, monte à 2,544 l. 12 s. 1 d. La commune du chapitre a encore deux petites pièces de terre, de 5 vergées 1/2 de contenance, louées 49 l. 2 s. 6 d. Le curé, de son côté, déclare que son revenu consiste, outre sa portion congrue de 750 livres, en la jouissance de 12 vergées 1/4 d'aumône en plant, terre labourable, prés et bois-jean, estimées 150 livres; il a 73 livres de fondations. Au total, 973 livres, sur lesquels il paye 30 l. 5 sols de décimes. (*Déclarations*, f° 48, 81, 83.)

La chapelle dite *de Belval*, sise en Camprond, possédait dans la paroisse, pour extension de sa ferme, 13 vergées de terre, valant 150 livres. Rentes non exprimées. (*État des biens nationaux*, Saint-Lô.)

J. Lemoyne, J.-M. Guérin, Louis Lemosquet, J. Levionnois, G. Lemosquet, Jean Lerouge, François Lemoine, Julien Jean, G. Jean, F. Lemoine, J. Lemosquet, F. Guérin, Lemoyne, P.-J.-F.-R. Lemôquet,
F. Havard, J. Lemoyne, N.-F.-J. Girard, J. Lerendu, T. Legraverend, Jacques Levionnois, Thomas
Marie, J. Lemosquet, Pierre Lerendu, J. Leneslet,
M. Lerendu, F. Lemoyne, Michel de Chambert.

LA BESLIÈRE [1].

1. Procès-verbal d'assemblée.
(Le procès-verbal authentique n'a pu être retrouvé.)

Date de l'assemblée : 1er mars. — Nombre de feux : 67 [2]. — Députés : *Joseph-André Hubert, laboureur (6 jours, 18 l., et 19 jours, 74 l.,
Acc.); Étienne Gallouet, laboureur (4 jours, 12 l., Acc.).

2. Cahier de doléances.
(Ms. Greffe du Tribunal de première instance de Coutances, pièce n° 393.
Original signé. Inédit.)

Cahier de la paroisse de la Bellierre.

Du premier mars mil sept cent quatre vingt-neuf, à l'issue des
vespres de ladite paroisse, au son de la cloche se sont assemblés
en général les paroissiens de ladite paroisse de Bellierre au lieu
ordinaire à faire toutes délibérations, et suivant la convocation de
l'officier municipal de ladite paroisse, pour obéir aux ordres de
Sa Majesté pour la convocation et tenue des États généraux de ce
royaume, ainsi qu'il est porté par les lettres données à Versailles le
24 janvier 1789, et satisfaire aux dispositions du règlement y
annexé, ainsi qu'à l'ordonnance du sieur le bailli de Cotentin rendue
par M. son lieutenant général, ont l'honneur de représenter que la
paroisse de la Bellierre est petite [3], sans commerçants, éloignée de

[1] Arrondissement d'Avranches, canton de la Haye-Pesnel.
[2] Mouv. 1787 : N. 16, M. 2, D. 15.
Population actuelle : 224.
[3] Superficie au cadastre de la commune actuelle : 349 hectares. — Le
Mémoire statistique de Foucault ne lui

donne qu'une ligne : «La Beslière. Terrain en labour, en froment et bled meslé».
(Arch. Calvados, C 280.)
La paroisse relevait en partie du
bailliage de Cérences, pour le hameau
du Sap; elle n'a d'ailleurs pas été convoquée à ce bailliage.

la grande route et mauvais chemins pour y arriver, est un fonds argileux et terre légère qui rapporte beaucoup de ronces et de fougères. La plus grande partie est de fiefs de seigneurs, l'autre doit beaucoup de rentes seigneuriales tant audit seigneur qu'au seigneur de Briqueville, à l'abbaye de la Luzerne et l'hôpital de Hocquigny[1], doit encore charroyer tous les matériaux nécessaires pour la construction et entretien de la maison et basse-cour du seigneur qui a été brûlée il y a deux ans en intégrité, doit faire, et charroyer ses foins, les fournitures de sa maison, des journées de charrue et les matériaux de son moulin[2];

2° Le seigneur pour le bien de ses sujets, qui ne pouvaient payer annuellement leurs rentes, a laissé quantité d'arrérages derrière (*sic*). Si les héritiers, lorsque les affaires seront finies, exigent les arrérages et fassent rebâtir ses maisons brûlées, la plus grande part seront obligés d'*abandonner leurs propriétés*[3]. Malgré les charges

[1] Toutes ces rentes étaient-elles si lourdes que le cahier veut bien le dire? Il est permis d'en douter pour quelques-unes. Le *Registre de la cure d'Hocquigny*, où sont consignées très minutieusement toutes les redevances dues à cet établissement, ne fait mention, dans la paroisse de la Beslière, que d'une seule rente foncière, consistant en 8 boisseaux de froment, et 30 sols de rente. (Ms. Bibl. Avranches, n° 219, f° 117.) Les rentes de la Luzerne, d'après les derniers *Journaux* de cette abbaye, consistaient en 37 demeaux et 6 boisseaux de froment mesure de Saint-Pair, 1 poule et 1 pain, dus par trois tenanciers sur le fief dit *de la Chevalerie*, d'une étendue de 44 acres. (Arch. Manche, H 8265, registre, f° 70.) Le tout ne devait pas monter à 150 livres. Nous ignorons, il est vrai, le chiffre des rentes dues aux seigneurs laïcs.

[2] L'énumération de corvées féodales de cet article est intéressante, d'autant que les renseignements précis sont rares dans les Cahiers du Cotentin sur les droits de cette nature subsistants à la fin du XVIII° siècle. L'obligation de charroyer les matériaux nécessaires à la construction de la maison du seigneur était peu commune en Normandie; le charriage des matériaux du moulin n'était pas non plus considéré dans la province comme une suite nécessaire de la banalité; il fallait, nous apprend Pesnelle (*Coutume réfor-*

mée, art. 210, p. 174), un titre soutenu de la possession, pour pouvoir y assujettir les vassaux.

La rédaction du texte pourrait faire croire que les obligations en question étaient indéfinies; il faut observer, pour être juste, qu'en Normandie l'usage avait limité à 12 par an les corvées *à merci et à volonté*. (LA TOURNERIE, *Fiefs*, p. 170.)

[3] A la différence des corvées, les rentes seigneuriales, tant en argent qu'en nature, s'arréragent dans l'usage commun des fiefs. En Normandie, la *Coutume réformée* de 1587 ne permet au bas-justicier de réclamer que 3 années d'arrérages (Art. 21), mais elle reconnaît au haut-justicier, par une distinction dont Basnage lui-même avoue ne pas saisir la raison, le droit d'exiger jusqu'à 29 années de rentes échues. (BASNAGE, *Commentaire sur art.* 21, I, 79; LA TOURNERIE, *Fiefs*, p. 150; RAGUEAU, *Glossaire*, v° Arrérages.) Si modique que fût la rente seigneuriale, la réclamation d'un pareil arriéré devait jeter un singulier désarroi dans le modeste budget du paysan qui, après un si long temps, ne pouvait guère s'y attendre. La situation, en 1789, se complique encore dans notre région de ce fait que les recherches des commissaires à terrier, établis par *Lettres patentes du 20 août 1786*, ont fait apparaître un peu partout une foule de redevances oubliées, dont, en vertu de ce principe, les seigneurs

ci-dessus dites, la paroisse est chargée d'impôts au-dessus de ses forces pour sa petite étendue et valeur, ce qui a réduit les sujets à la dernière misère;

3° Ont l'honneur de représenter à ladite Assemblée que la taille emporte plusieurs impositions y jointes qui multiplient les frais d'assiette et de recouvrement; s'ils étaient réunis en un seul impôt, cela faciliterait les collecteurs en exercice, qui les assoieraient par eux-mêmes et en feraient le recouvrement[1];

4° Ont l'honneur de représenter à ladite Assemblée que le sel est un impôt aux citoyens par le grand prix où il est fixé[2], qui empêche bien des pauvres gens de s'en servir. Si l'on pouvait trouver un moyen pour le laisser libre, ce serait le meilleur engrais qu'on peut procurer aux mauvais fonds de la basse Normandie;

5° Ont l'honneur de représenter que les chemins coûtent à entretenir, et des frais énormes devant les officiers à qui la connaissance en est réservée. Il serait bien moins coûteux d'avoir un habitant dans chaque paroisse, qui les ferait raccommoder au moins de frais qu'il serait possible;

6° Ont l'honneur de représenter que les procès ruinent beaucoup de sujets; il serait mieux que les procès de peu de consé-

---

peuvent demander tout d'un coup 29 années d'arrérages. Plusieurs de nos cahiers accusent formellement les seigneurs d'avoir, en certaines paroisses, laissé accumuler tout exprès l'arriéré, afin de pouvoir, en demandant d'un seul coup une somme qu'ils ne pourront payer, expulser les tenanciers féodaux. (*Cahier de Montaigu*, art. 3, *infrà*, p. 443.) Cf. BONCERF, *Inconvénients des droits féodaux*, 1789, in-8°, p. 52; PRUDHOMME, *Traité des droits appartenant aux seigneurs sur les biens possédés en roture*, Toulouse, 1750, in-8°, p. 76.

[1] Impositions de la Beslière pour 1789: taille, 768 livres; acc., 504 livres; cap., 496 l. 18 sols; corvée, 254 l. 14 s. 10 d.; vingt., 450 l. 13 s. 5 d.; terr^t, 40 livres; bât., 13 livres. Au total, 2,527 l. 6 s. 3 d. Lignes : 76. Jouissants : 17. Les seuls privilégiés sont le curé Charles-René Payen, représenté à Coutances par le prieur de Folligny, et le seigneur, M. Lempereur de la Rochelle, non résident, et reporté au bailliage d'Avranches. *Supplément des privilégiés* : 115 l. 12 s. 1 d.

[2] Le Cotentin est en son entier pays de quart bouillon, et par suite le prix du sel y est en 1789 bien moins élevé qu'en pays de gabelle. Alors que le quintal de sel vaut en Isle-de-France, pays de grande gabelle, 60 l. 7 s., et en Mâconnais, pays de petite gabelle, 57 l. 10 s., le prix en est fixé en Cotentin à 13 livres seulement, prix commun. (NECKER, *Compte rendu de 1781*, tableau au bas de la carte des gabelles.)

Les cahiers ne se réfèrent d'ailleurs point à ce mode de calcul par quintal. Ils calculent par *ruche* (mesure de 25 pots d'Arques) ou *cabot*, quelquefois par *demeau*, qui est le sous-multiple de la ruche (mesure de 12 pots chopine). A la fin de 1788, dans la région qui nous occupe, le sel vaut, suivant les salines d'origine, de 6 livres à 8 l. 10 s. la ruche, de 3 livres à 4 l. 10 s. le demeau. En particulier, le sel blanc des salines de Bricqueville, auxquelles devait se fournir la paroisse de la Beslière, vaut le prix moyen de 6 l. 10 s. la ruche, de 3 l. 5 s. le demeau. (*Procès-verbal de l'assemblée d'élection, Coutances, s. du 30 oct. 1788.* (Arch. Calvados, C 7700.)

quence seraient jugés en dernier ressort dans le premier tribunal sans passer par trois[1]; ont l'honneur de représenter que les décimateurs devraient faire les réparations presbytérales, sans les faire faire aux paroissiens[2];

7° Ont l'honneur de représenter que les seigneurs rabattaient aux dixièmes, ils n'en rabattent plus; que leurs pigeons désumencent (*sic*) les terres; les corneilles se sont multipliés depuis qu'il est défendu d'avoir des fusils; que les citoyens seraient dévorés par des chiens enragés faute d'armes à se défendre, et les pièces de blé mangées par les pigeons et corneilles sans pouvoir tirer dessus; qu'ils vont à la chasse avec leurs chiens dans les sarrasins et autres blés.

Le présent fait et arrêté en deux rôles par nous syndic et greffier.

J. Fontaine, Étienne Gallouet, Fr. Le Cat, Jacques Gaillouet, P. Petite, Jacques Bidel, P. Lhomme, A.-A. Villy, J. Lechartier, Louis Lhotelier, Jacque Dairou, Jean Hédouin, Herpin, B. Pestel, *syndic*, J. Hubert.

BLAINVILLE.[3]

1. Procès-verbal d'assemblée.
(Le procès-verbal authentique n'a pu être retrouvé.)

Date de l'assemblée : 1er mars. — *Président :* Lecouvey de Lepinerie. — Nombre de feux : 350[4]. — Députés : Me Pierre Lecouvey de Lepinerie, *conseiller du roi au bailliage de Coutances* (3 jours, 9 l., et 17 jours, 68 l., Ref.); Pierre-François Tanquerey, *capitaine de cette paroisse* (4 jours, 12 l., Acc.); Guillaume Chardot, *laboureur* (4 jours, 12 l., Acc.); Guillaume-François Bucaille, sieur de Gruchy, *laboureur* (4 jours, 12 l., Acc.).

[1] La paroisse était pour partie des bailliages de Coutances et de Cérences; le hameau du Sap appartenait à la haute justice de Saint-Pair, dont les appels se portaient successivement au bailliage de Coutances et au Parlement. (Arch. Calvados, C 6077.)

[2] Le curé de la Beslière était seul décimateur de sa paroisse, ayant racheté, par transaction du 15 avril 1692, les droits que l'abbaye du Mont Saint-Michel avait anciennement sur une partie des dîmes. Il déclare 35 boisseaux de froment, 10 de sarrasin, 40 de seigle, 80 d'avoine, 10 d'orge, 4 tonneaux de cidre, 12 livres de filasse, quelques agneaux, en tout 397 livres. Vraie valeur du bénéfice, 965 livres. Décimes : 60 l. 10 sols. (*Pouillé*, f° 8 v°.)

[3] Arrondissement de Coutances, canton de Saint-Malo-de-la-Lunde.

[4] Population au dénombrement de

2. CAHIER DE DOLÉANCES.

Ms. *Greffe du Tribunal de première instance de Coutances, pièce n° 380.*
Original signé. Inédit.)

Cahier des doléances, plaintes et remontrances, que présentent à Sa Majesté les paroissiens possédant fonds, habitants de la paroisse de Blainville, dressées et rédigées par eux pour être présentées à l'Assemblée qui se tiendra le deux de ce mois devant M. Desmarets de Montchaton, lieutenant général du bailliage de Cotentin, ou tout autre officier du siège en son absence suivant l'ordre du tableau,

Par Messieurs Lecouvey de Lepinerie, président de cette Assemblée, Pierre-François Tanquerey, capitaine de cette paroisse [1], *Guillaume Chardot et Guillaume-François Bucaille, sieur de Gruchy,*

Leurs députés, suppliant lesd. habitants Sa Majesté d'y avoir égard dans la tenue des États généraux, pour leur soulagement particulier et le bien général du Royaume.

Ont donc l'honneur de remontrer :

1° Que leur paroisse est composée de plusieurs fiefs dépendant des deux juridictions de Coutances et Périers, et qu'en cette partie ils demandent de ne dépendre que d'une seule [2];

1793 : 1,834 habitants (N. 19, M. 8, D. 23). Population actuelle : 1,525.

[1] Il ne s'agit point, comme on pourrait penser, de capitainerie garde-côte. La paroisse n'était point siège de capitainerie, elle appartenait à la capitainerie de Regnéville. Il faut entendre capitaine de la *compagnie postiche* ou *du guet*, qui avait été instituée dans chaque paroisse par le *Règlement du 13 décembre 1778*, art. 66 et 67 (dans ISAMBERT, XXV, n° 1001, p. 480). Le rôle de cet officier ne consistait guère, en temps de paix, qu'à présider, lors du tirage annuel, l'assemblée de la paroisse, et à dresser le rôle des hommes propres à fournir la levée des compagnies actives de canonniers.

[2] On comptait dans la paroisse cinq fiefs nobles. Trois terres ecclésiastiques,

celle de Blainville, appartenant à l'évêque de Coutances, qui contenait 180 vergées; celle de Reauville, à l'abbaye de la Luzerne (50 acres), et une prébende du grand-chantre de la cathédrale qui comprenait 7 vergées de terre, le patronage de l'église, des rentes et un droit sur les salines. Les deux fiefs laïques étaient ceux de la Halle et de Gonneville, tous deux possédés en 1789 par M. Charles-Louis-Hervé-Valentin de Bordes de Foligny, capitaine de vaisseau du roi, seigneur et patron de Saint-Malo-de-la-Lande (*État des bénéfices*, f° 1; *État des fiefs*, f° 6). Les fiefs laïques, étant des extensions de terres situées sous la juridiction de Périers, ressortissaient à ce bailliage, tandis que le clocher et les seigneuries ecclésiastiques ressortissaient à Coutances.

J. 11

2° Que les frais des procédures sont devenus exorbitants; qu'il est à propos d'y remédier par un règlement qui les diminue et par l'établissement d'une justice prompte et en dernier ressort plus rapprochée des lieux, et faire des lois qui mettent fin aux procès qui ruinent l'habitant des campagnes, les détourne de l'exercice de leur état et de la culture de leurs terres;

3° Que les impositions de Sa Majesté sont trop fortes sur une paroisse déjà grevée de quantité de rentes seigneuriales en froment dues à des mains-mortes et autres seigneurs qu'il faut payer, ce qui retarde le payement des impositions royales [1];

4° Qu'ils ont à leur tête un curé dont le zèle ne peut soulager les indigents, ne jouissant que d'une portion congrue; les dîmes et les gros revenus de la paroisse étant aux mains d'ecclésiastiques opulents [2] dont il ne reflue presque rien sur les pauvres et orphelins qui ont perdu leurs pères dans les guerres dernières, et dont le peu de fonds qu'ils possèdent est encore sujet aux réparations du presbytère et de la nef de l'église;

5° Que cette paroisse est composée de la partie la plus utile au royaume, en ce que tout l'habitant se destine à la navigation, laquelle a souffert une perte de plus de 250 matelots tués ou morts de maladie dans les deux guerres dernières au service de Sa Majesté et de l'État. Plusieurs ont laissé des enfants petits et des veuves qu'il faut soulager, ne sont pas eux-mêmes capables de sub-

[1] Impositions royales à Blainville pour 1789; taille, 2,550 livres; acc., 1,673 l. 8 s.; cap., 1,649 l. 17 s.; corvée, 846 l. 19 s.; vingt., 925 l. 4 s. 3 d.; terr., 115 livres; bât., 38 livres. Au total, 7,798 l. 8 s. 3 d.
Lignes : 346. Jouissants : 64. — Privilégiés : le curé Me Gannes; le prieur de Boisroger, pour extension de son prieuré. Aucun noble résidant. Pour le tiers état, un garde des traites et gabelles, taxé d'office à 25 l. 12 s., et un invalide, Louis Navarre, taxé à 3 livres. — Supplément des privilégiés : 257 l. 15 s. 10 d.

[2] La cure de Blainville formait une ancienne prébende de l'église cathédrale de Coutances, attribuée à la chantrerie, première dignité du chapitre. Le grand-chantre avait toutes les dîmes, grosses et menues, un petit fief de 7 vergées 1/2 de terre, avec la moitié des treizièmes et le droit de gravage; le tout estimé en 1790 d'un revenu de 6,360 livres; il

payait la pension congrue du curé et d'un vicaire. (Pouillé, f° 2 v°; Déclarations, n° 45, f° 64.)
Autres biens ecclésiastiques : 1° l'évêque de Coutances, pour son fief, rentes seigneuriales, louées en 1790, avec sa moitié des treizièmes, 1,380 livres; 2° l'abbaye de la Luzerne, rentes seigneuriales de même, affermées avec quelques autres parts de rentes dans les faubourgs de Coutances, pour un total de 1,005 livres; 3° la chapelle Sainte-Marthe en la cathédrale, 20 boisseaux de froment; 4° les six vicaires du grand autel, 10 boisseaux de froment; 5° les habitués de la cathédrale, 20 boisseaux de froment. (Déclarations n°° 45, 73, etc., f°° 55, 64 sq.)
Rentes des fiefs laïcs : Mémoire. — Domaine du roi, pour Saint-Sauveur-Lendelin : 6 boisseaux et 2 pots de froment, mesure de 20 pots, et 1 l. 10 s. en argent, estimé au total 25 l. 16 s. (Arch. Manche, A 3365.)

venir à leurs besoins et dont il faut que les autres particuliers payent les impositions;

6° Supplient lesdits habitants Sa Majesté, vu l'article ci-dessus, d'exempter des milices garde-côtes non seulement les garçons natifs de la paroisse, mais encore ceux des paroisses du plat pays qui viennent d'abord comme domestiques pour faire valoir les terres du navigateur. Ensuite se marient, dont les enfants repeuplent cette paroisse de matelots utiles à l'État[1];

7° Que dans ladite paroisse il y a un petit hâvre, et que le commerce par le voisinage de Saint-Malo, Granville et Regnéville serait plus fructueux s'il leur était permis d'y apporter des marchandises dans leurs bateaux, en faisant au bureau le plus prochain une déclaration et payant tous les droits; pourquoi sollicitent lesdits habitants la liberté desdits petits ports pour le commerce, sauf aux fermiers de Sa Majesté d'établir des bureaux de déclaration plus commodes. Observent même que dans leur pays, sur le bord de la mer, ils n'ont aucun bois, et qu'il leur serait bien avantageux par ce moyen de faire venir du charbon de terre de l'étranger en leur petit port, suppliant Sa Majesté à cet égard de modérer les droits d'entrée de cette marchandise de première nécessité[2]; qui sont

[1] Les habitants des paroisses situées sur les bords de la mer, étant assujettis à la garde-côte, étaient en général exempts de fournir des hommes pour les régiments provinciaux. (Voir pourtant cahier de Gérences, infrà, p. 791, et la note.) Mais les habitants de l'intérieur des terres, qui venaient s'y établir, ne pouvaient entrer dans les compagnies de canonniers pendant les deux premières années de leur séjour; ils restaient soumis, pendant ce temps, aux charges de la paroisse qu'ils avaient quittée, et pouvaient, en conséquence, être réclamés comme fuyards par les régiments provinciaux. (Règlement du 15 décembre 1778, art. 24, art. 61, dans ISAMBERT, XXV, n° 1001, p. 464.)

La paroisse de Blainville était exempte de milice; elle fournissait à la garde-côte pour la division de Muneville, compagnie de Montchaton. En 1787, elle avait au service 2 canonniers seulement. (Arch. Calvados, C 1861, 1862.)

[2] L'Assemblée provinciale de la Haute-Normandie avait demandé déjà en 1787 «qu'on encourageât ceux qui, voulant essayer leur terrain, peuvent se flatter d'accroître la découverte des mines de charbon de terre, et surtout d'anéantir à cet égard tout privilège exclusif, et d'excepter de tous droits d'entrée le charbon importé en France sur des navires français». (HIPPEAU, Gouvernement, V, 293.) Le vœu en faveur de la recherche des gisements de charbon se retrouve dans le cahier de Saint-Lô, art. 6, § 4; mais il est au moins surprenant que nos cahiers ne donnent aucun détail sur les tentatives déjà faites dans la région.

Le charbon de terre était, en effet, en ce moment même l'objet de recherches très intéressantes en Cotentin. Déjà dans les premières années du XVIIe siècle, des compagnies s'étaient formées, que l'hostilité des campagnes, inquiètes de voir sonder le terrain pour un but qu'elles ne comprenaient pas, avait réussi à faire supprimer (cahier de 1638, dans DE BEAUREPAIRE, Cahiers, III, 236, 242). En 1750, le créateur de la mine de Littry, Mathieu de Flandre, avait entrepris de façon plus suivie des études dans la paroisse du Plessis, près de Périers; et en 1778, une compagnie avait obtenu la concession de toutes les mines de houille du

exorbitants vu la rareté des bois et l'incommodité du charroyage (*sic*) qu'ils ne peuvent faire que par des paroisses éloignées, et à grands frais;

8° On est dans la ferme confiance que Sa Majesté conservera les propriétés de chacun de ses sujets conformément aux lois du royaume. En payant à Sa Majesté les droits qu'elle exigera, on espère qu'il sera établi un ordre plus simple dans la perception, sans se trouver imposé sur plusieurs rôles différents, ce qui multiplie le nombre des collecteurs dans les paroisses, des receveurs particuliers et généraux qui jouissent de très gros appointements, pour retarder la remise des fonds dans le Trésor de l'État, et qu'à cet égard il sera établi une façon plus prompte et plus directe et moins coûteuse pour cet objet;

9° Sa Majesté voulant la prospérité de son royaume et dégager ses sujets du fardeau que le déficit de ses finances occasionne, peut ordonner l'aliénation de ses domaines et des terres vagues et communes, ce qui pourrait produire un capital considérable. On observe que ces terres entre les mains de propriétaires seront mieux faites valoir, porteront plus de fruits, et pourront par la suite porter de grosses impositions à la décharge de l'État;

10° Les habitants supplient Sa Majesté de traiter favorablement les habitants des paroisses en les déchargeant des banalités, des garennes des seigneurs, dont le lapin fait un dégât considérable dans les terres ensemencées voisines, sauf à pourvoir à l'indemnité des seigneurs qui jouissent de ces droits onéreux à leurs vassaux, qui ne peuvent même avoir un fusil chez eux pour la garde de leurs maisons sans craindre l'emprisonnement, et ce sous prétexte de la chasse du gibier;

11° Supplient lesdits habitants Sa Majesté d'ordonner une diminution considérable et fixer sur les droits de contrôle des actes et des insinuations, dont les droits exorbitants empêchent de les déposer devant des notaires, notamment les contrats de mariage, ce qui fait beaucoup de tort à cette paroisse composée de tous navigants, et on a peine à retrouver leurs filiations quand ils meurent soit dans l'Inde ou l'Amérique, où ils laissent leurs successions

---

diocèse de Coutances. Elle avait arrêté ses travaux dès 1782; mais en 1789 même, des fouilles nouvelles étaient entreprises dans les communes de Saussey et d'Ouville, par M. Duhamel-Grillot. Tous ces essais, à part celui de Litlry, n'avaient d'ailleurs pas donné de résultats bien encourageants; on avait trouvé à une profondeur peu considérable « des pierres noires contenant quelques matières charbonneuses, mais d'un rendement insuffisant ». (V. DE GERVILLE, *Études géographiques sur le département de la Manche*, p. 138, et plusieurs mémoires suivis de discussion, dans *Annuaire de l'association normande*, XLVI, 1876, p. 225-235.)

jacentes [1]. D'ailleurs tous les actes seraient certains et connus, et par leur multiplicité il serait plus perçu de droits au profit de Sa Majesté qu'on n'en perçoit actuellement, et on ne serait [plus] sujet à des recherches inquiétantes pour bien des familles;

12° Lesdits habitants supplient Sa Majesté que le fardeau des impositions sous une même dénomination soit supporté sur tous biens de son royaume appartenant aux gens des trois états ou ordres, le tout à proportion que chacun desdits ordres en possède, ce que les gens du tiers état désirent également; mais que les prérogatives des ordres de la noblesse et du clergé soient conservées dans toute la splendeur qui est digne d'un royaume comme la France. On observe que ces deux ordres privilégiés qui possèdent les fiefs détruiront leurs colombiers multipliés, qui désolent l'espoir des laboureurs en détruisant les semences et les récoltes, qui ne leur portent aucun produit et privent le malheureux du nécessaire; qu'ils ne se serviront plus de leur avocat-conseil pour tenir leurs plaids, mais qu'ils solliciteront que l'un des juges royaux soit autorisé à leur servir de sénéchal [2], sauf à n'en point connaître au cas qu'il se trouvât appel de leur sentence.

[1] La situation de droit dont se plaint le cahier est intéressante, parce qu'elle est, à cette date, particulière à la Normandie. Dans tout le royaume, à la fin du XVIII° siècle, on est arrivé, en arguant de termes assez peu explicites de deux déclarations de Louis XIV (*Déclarations des 19 mars 1696 et 16 décembre 1698*, ISAMBERT, XX, n° 1663, p. 326), à exiger à peu près uniformément que les contrats de mariage soient passés devant notaire. En Normandie, au contraire, l'usage, s'appuyant sur quelques textes de la Coutume (*Cout. réformée*, art. 527; *Placités*, art. 70), a continué de se contenter de contrats sous seing privé. Cet usage, favorisé par l'exagération des droits de contrôle, n'était point sans danger, car, ainsi que l'observe un Mémoire contemporain : «si les signatures des parents qui se trouvent au bas des actes paraissent devoir écarter tout soupçon, cette précaution ne peut obvier à un inconvénient bien grand pour les femmes, celui qui résulte de la perte d'un contrat dont il ne reste plus d'exemplaire dans un dépôt public, ou même de la fraude d'un mari qui peut enlever à sa femme son seul titre contre lui». (DE CHANTEREYNE, *Essai sur la réforme des lois civiles*, Paris et Caen, 1790, in-8°, p. 16.)

[2] Le sénéchal, dans l'organisation judiciaire normande, est l'officier préposé aux plaids du seigneur bas-justicier. Sa compétence étant surtout féodale, et sa fonction essentielle étant de tenir les gages-plèges pour obliger les vassaux à s'acquitter de leurs obligations féodales, la coutume exigeait seulement (art. 190) qu'il fût «personne approuvée en justice, et domiciliée sur le fief ou à trois lieues près d'icelluy». Pesnelle en conclut qu'il n'est pas nécessaire qu'il soit licencié; et en pratique c'était le plus souvent un procureur ou un huissier d'un siège voisin, choisi par le seigneur, et destituable à son gré, qui remplissait cette fonction. La jurisprudence avait consacré formellement cet usage; cependant, comme le sénéchal était juge des contestations relatives aux redevances féodales entre le seigneur et ses vassaux, on comprend aisément que ceux-ci aient pu soupçonner parfois sa justice de n'être pas très impartiale, et qu'ils aient désiré la présence sur le siège d'un juge royal plus indépendant. (Voir HOUARD, *Dict. anal.*, v° Sénéchal, IV, 190; FLAUST, *Explication*, II, 387.)

Enfin demandent lesdits habitants que les droits d'importation
de province en province soient diminués; toutes les provinces étant
sous la domination du Roi doivent participer aux mêmes avantages
et ne doivent point être regardées étrangères les unes envers les
autres.

Telles sont les représentations, remontrances et doléances que
vous fait, sire, et à vos États généraux assemblés, la communauté
du tiers état de la paroisse de Blainville, les soumettant comme
ils le doivent à l'attention et réflexion des députés qui seront nommés pour vous faire le cahier général des représentations et doléances du bailliage de Cotentin, vous suppliant, Sire, par l'avis de
vos bons et fidèles sujets, que vous appelez aujourd'hui à votre
conseil, d'y avoir l'égard que vous jugerez juste dans les circonstances présentes des affaires de votre royaume. Et nous chargeons
les députés de notre paroisse de tous nos pouvoirs à ce nécessaires,
de consentir et accorder ce qui est du bien du royaume, dont nous
souhaitons la prospérité.

Fait et rédigé en l'assemblée de la paroisse de Blainville, ce
premier jour de mars 1789.

> P.-F. TANQUEREY, P. BOYVIN, Guill° CHARDOT, Jⁿ-François
> LA COVEILLE, G.-F. BUCAILLE, G. LEFOURNIER, Charle
> LEGRONIER, J. LE ROY, Fr. NEEL, Adrien CHAR-
> DOT, Gᵘᵉ LEFRANÇOIS, N. MARIE, J. FOUBERT, N.-G.
> JOURNEAUX, LA ROCQUE, LELOUP, H. LECLERC, J.-Bᵗᵉ
> LELOUP, P.-D. MOULARD, Jacques NEEL, P. LEGRONIER,
> Ch. HELAINE, (illisible), M. LEMIÈRE, Pʳᵒ CHARDOT,
> BOYVIN, J.-N. BOYVIN, Pʳᵉ-F. TANQUEREY, N. JEHENNE,
> H. MOULARD, N. LE ROY, J. JEAN, F. LABBÉ, Fᵒⁱˢ-
> H. LEMIERE, F.-C. GANNE, Jean NEEL, GUILLES,
> LEFOURNIER, (illisible), R. ADAM, J.-Bᵗᵉ LEFOUR-
> NIER, N. LA ROCQUE, G.-L. MALOREY, Ch.-Fᵒⁱˢ BOIVIN,
> P. LEROND, Gⁿᵉ SAILLARD, J. LAMBERT, ASSELIN, G.-F.
> LELOUP, (illisible), Clément NEEL, Ch.-F. FORCEL,
> F.-Ch. RIDEY, J.-B. JESORE, F. CHARDOT, H. JEHENNE,
> LECOUVEY DE LEPINNERIE, *président de l'Assemblée;* RO-
> BIN, *greffier.*

LA BLOUTIÈRE [1].

1. Procès-verbal d'assemblée.
(Le procès-verbal authentique n'a pu être retrouvé.)

Date de l'assemblée : 1er mars. — Nombre de feux : 120 [2]. — Députés : Julien Lenoir, *laboureur* (4 jours, 12 l.); Gilles Baisnée, *laboureur* (4 jours, 12 l.).

2. Cahier de doléances.
(Ms. *Greffe du Tribunal de première instance de Coutances, pièce n° 447. Original signé. Inédit.*)

Cahier de la paroisse de la Bloutière, contenant ses remontrances, plaintes, doléances et avis sur l'administration et les affaires générales du royaume.

Fait et rédigé par le général de ladite paroisse, en conformité de la lettre du Roi, du 24 janvier dernier, du règlement fait par Sa Majesté le même jour, et de l'ordonnance de M. le bailli du Cotentin du 13 février précédent mois, le tout lu, publié et affiché dimanche dernier à l'église paroissiale.

Pour se conformer aux ordres du Roi, et en rendant de très humbles actions de grâces à la divine Providence d'avoir donné à la France un si bon prince, qui ne dédaigne pas de consulter les derniers de ses sujets sur les affaires publiques de son royaume, c'est avec la plus profonde et la plus respectueuse soumission que les habitants de la Bloutière osent présenter leurs doléances sur les abus généraux de l'administration, et leurs représentations sur divers moyens aussi généraux qu'il serait possible d'employer pour remédier à ces abus, le tout dans l'ordre et ainsi qu'il suit :

I. *Doléances sur les abus généraux de l'administration relativement au peuple de la campagne.*

Depuis la tenue des derniers États généraux, en 1614, le gouvernement n'a cessé de porter atteinte à la liberté et à la propriété des citoyens.

On a attenté à la liberté par des ordres innombrables, surpris à l'autorité royale et exécutés sans le concours d'aucunes formes ni

---

[1] Arrondissement d'Avranches, canton de Villedieu.

[2] Mouv. 1787 : N. 10, M. 3, D. 3. — Population actuelle : 508.

instructions judiciaires, de sorte qu'à présent, même sous le meilleur et le plus juste des rois, le laboureur craint encore en cultivant son champ que sur de fausses et sourdes dénonciations de fraude ou de braconnage on ne l'enlève, d'un moment à l'autre, à sa femme et à ses enfants, en vertu d'ordres décernés au nom de Sa Majesté par les gouverneurs ou intendants des provinces.

Il arrive souvent aussi que le pauvre éprouve seul judiciairement le châtiment que ses crimes lui ont mérité, pendant que le criminel qui tient à une famille riche ou puissante est soustrait par lettre de cachet à la justice et à la vindicte publique. Mais il arrive plus souvent encore que sur le prétexte spécieux et faux du déshonneur qui rejaillirait sur des familles honnêtes, qu'on arrache à force de sollicitations à l'autorité des ordres qui tombent sur des innocents, à qui on ne laisse ni le droit de se défendre ni celui d'écrire ou de parler, et tout cela contre les principes du droit naturel, contre le droit public d'un peuple libre, et contre les règles de la justice qui doit être commune à tous.

On a attenté à la propriété en créant, entassant et cumulant une foule d'impôts de toute espèce sur le pauvre peuple, en accordant à des particuliers, à des ordres, à des corps entiers, des privilèges et des exemptions qui, en diminuant le nombre des contribuables, augmentent considérablement le poids de l'imposition sur ceux qui y restent assujettis, en rendant même indéfini et illimité le nombre de ces privilégiés par la création de charges qui donnent et transmettent la noblesse, en assujettissant le général d'une province à une charge locale qui ne devrait regarder que les habitants de la ville, du port ou du canton qu'elle peut seulement intéresser, comme entre autres les juridictions de Caen auxquelles la paroisse de la Bloutière ne ressortit pas et pour la reconstruction desquelles elle est néanmoins imposée [1]; en établissant sur tout une forme de

(1) Le cahier veut parler de l'auditoire du bailliage de Caen, l'actuel Palais de Justice, situé place Fontette, dont la construction, commencée en 1780 par la réédification des prisons et des salles d'audience du bailliage, et par la suite considérablement étendue, pesait lourdement sur les finances de la généralité. (Arch. Calvados, C 1293-1296; la dépense au commencement de l'année 1789, d'après le registre des travaux faits, atteignait 383,366 livres 10 s. 4 d.) Les paroisses du bailliage de Cotentin, étrangères à la juridiction de Caen, se plaignent dans plusieurs cahiers, comme celui-ci, de voir passer dans des dépenses qui ne les intéressent point presque tout le produit de l'imposition établie pour les bâtiments de justice. (Cahiers de Brainville, 5; Carantilly, II, 5; Chanteloup, 10; Montebourg, etc.) La situation ainsi présentée n'est pourtant pas tout à fait exacte en 1789. Il est bien vrai que, pendant plusieurs années, l'imposition spéciale, dite des Bâtiments de justice, établie sur la généralité par arrêt du Conseil du 4 avril 1782, avait été affectée en majeure partie aux constructions de

perception qui entraîne prodigieusement des vexations particulières, et qui suscite des haines et des vengeances éternelles dans les paroisses, et qui est tellement aggravante pour les sujets du Roi qu'on peut dire à l'égard de certains droits, comme la gabelle et les aides, qu'elle met les citoyens en guerre avec les préposés à la recette de ces droits; en étendant d'abord la corvée et ensuite la prestation en argent représentative de la corvée[1] [à] des chemins peu utiles au public ou de pur agrément pour de simples particuliers, pendant qu'on néglige les plus nécessaires à l'agriculture et au commerce, comme entre autres la route transversale de Villedieu à Saint-Lô ou à Coutances, qui n'est pas encore commencée, pour le trafic des bestiaux de la Bretagne avec le Cotentin. C'est enfin en faisant tous ces changements contre la loi fondamentale qui veut, ainsi que Sa Majesté l'a reconnu elle-même, qu'il ne puisse jamais être établi aucune espèce d'impôts sur le peuple français sans le consentement de la nation assemblée ou des États généraux.

Qu'est-il résulté d'un pareil bouleversement?

C'est que le peuple de la campagne, accablé par les vingtièmes, la taille, le taillon, la capitation, la corvée ou les chemins, le territorial, les bâtiments de justice, les droits d'aides, la gabelle, la milice, les dîmes, les rentes seigneuriales et les charges particulières de communauté, est tombé dans le découragement le plus absolu[2]. Le pauvre cultivateur, arrosant de ses sueurs et de ses

---

Caen; mais lorsque l'imposition avait été prorogée pour six nouvelles années par arrêt du 18 décembre 1786, il avait été spécifié, en faisant droit justement aux réclamations des contribuables du Cotentin, que le produit en serait affecté exclusivement aux auditoires et prisons des villes *autres que celles de Caen*, « Sa Majesté ayant pourvu d'autre part à la construction de ce qui concerne le bailliage de Caen par une subvention annuelle de 25,000 livres à prendre sur les fonds libres de la Capitation ». (*Compte rendu*, p. 209.) Au fond, d'ailleurs, sous une forme plus déguisée, c'était toujours la généralité tout entière qui se trouvait contribuer à une œuvre entièrement indifférente à la région du Cotentin; et les plaintes de nos cahiers ne sont assurément pas sans fondement.

[1] La contribution en argent représentative de la corvée, établie dans la généralité de Caen, d'abord à titre d'es-

sai, par arrêt du Conseil du 6 novembre 1786, venait d'y être substituée à titre définitif à la corvée en nature, par la Déclaration du roi du 27 mai 1788. La Commission intermédiaire l'avait fixée pour les élections du Cotentin au septième du montant réuni de la taille, capitation et accessoires, alors que dans les départements de Caen et de Bayeux, mieux pourvus de routes, elle l'avait portée au sixième. (*Compte rendu*, p. 158.) En 1789, cet impôt donnait, pour la généralité, une somme de 659,034 l. 15 s., et pour l'élection de Coutances en particulier, 81,672 l. 18 s. 6 d. (Arch. Calvados, C 8272.)

[2] Impositions de La Bloutière pour 1789: taille, 1,820 livres; acc., 1,194 livres 7 s.; cap., 1,177 l. 11 s.; corvée, 608 l. 16 s. 2 d.; vingtièmes, 903 l. 2 s.; territorial, 105 livres; bâtiments, 35 livres. Au total, sans les frais de recouvrement, 5,483 l. 16 s. 2 d. Il n'y avait d'autre privilégié dans la paroisse,

larmes le sillon qu'il laboure, prévoit d'avance qu'il ne pourra jamais lui fournir de quoi remplir toutes ses obligations et nourrir sa malheureuse famille. Il est journellement aux expédients pour payer ce qu'il doit, il ne peut jamais avoir les avances nécessaires pour rendre son champ aussi fructueux qu'il pourrait l'être. Il se refuse même au doux sentiment qu'inspire la nature de devenir père, dans la crainte d'augmenter le nombre des misérables, et le moindre de ses maux est de n'avoir presque toujours que la moitié ou le quart de sa subsistance.

Ce n'est cependant pas tout : si les charges publiques commencent la ruine du laboureur, la chicane l'achève.

Les bourgs, paroisses et villages de ce bas pays sont inondés d'huissiers, de sergents et de solliciteurs de procès qui sèment partout le trouble et la division, de sorte que le nombre des affaires s'étant considérablement accru et s'accroissant tous les jours dans les basses juridictions, il y a nécessité d'autant plus vite l'augmentation du nombre des avocats qui y plaident, que ce sont eux qui, en Normandie, préparent tout le travail des procureurs, et il en résulte que l'habitant de la campagne ayant la facilité de consulter, de plaider à sa porte, ayant presque toujours un avis favorable à cause du labyrinthe des lois, dans lequel les plus habiles jurisconsultes s'égarent, et ne prévoyant pas les suites et les retours inouïs de la chicane, commence le procès, y met beaucoup de temps et d'argent, et l'abandonne avant qu'il soit fini; que les avances qu'il faut faire pour subvenir aux frais énormes de la procédure et des différents degrés de juridictions à parcourir donnent toujours au riche le moyen d'écraser le pauvre, contre lequel il plaide souvent pour le plus mince intérêt; et que ce dernier, après avoir commencé à se défendre, n'est que trop souvent obligé d'abandonner en gémissant, à l'avidité des gens de justice et de son adversaire opulent, la moitié du petit héritage qu'il tient de ses ancêtres, pour en conserver le reste à ses enfants.

Et c'est dans l'état de misère et d'affaissement où se trouve ré-

avec le prieur-curé résidant, que le commendataire, abbé Arnoult, qui résidait en ce moment bien malgré lui, ayant été relégué dans son prieuré, avec injonction de ne pas s'en absenter, par lettre de cachet du 22 janvier 1786. La réunion des États généraux dut paraître à cet exilé une occasion inespérée de sortir pour un jour de son isolement. Nous avons de lui une supplique au D. G. d. F., en date du 28 février, dans laquelle il demande l'autorisation de se rendre à Coutances, «pour remplir son devoir de citoyen». (Arch. nat., Ba 35, i. 70.) La réponse du ministre ne fut sans doute pas favorable, car, au procès-verbal de l'assemblée du clergé, l'abbé Arnoult ne comparaît que par son procureur, l'abbé Daniel, chanoine de Coutances. — *Supplément des privilégiés :* 218 l. 4 s. 10 d.

duit le peuple, surtout celui de la campagne, que le gouvernement annonce un déficit énorme de la recette à la dépense de l'État, une dette arriérée dont la masse ne peut se concevoir; c'est lorsque le peuple demande un soulagement à ses maux, lorsqu'il sollicite une diminution sur les impôts qui le surchargent, qu'on voudrait l'imposer peut-être encore davantage. Cela n'est plus possible dans l'état actuel des choses, car il est démontré qu'il paye plus qu'il ne peut payer; mais pour répondre aux bontés paternelles de Sa Majesté et concourir à ses vues bienfaisantes, les habitants de la Bloutière vont, ainsi qu'il leur est ordonné, indiquer, selon leurs faibles lumières, les moyens qu'on pourrait employer pour remédier aux plus grands abus; et peut-être que, de ces mêmes moyens, naîtra une grande partie des ressources nécessaires pour le rétablissement de la balance entre la recette et la dépense de l'État et pour l'acquittement de la dette arriérée.

II. *Moyens généraux pour remédier aux principaux abus de l'administration, relativement au peuple de la campagne.*

1° Établir, comme premier principe fondamental, que les personnes, de quelque qualité et condition qu'elles soient, et que toutes les propriétés quelque petites qu'elles puissent être, seront sacrées et, en conséquence, qu'elles ne pourront jamais être attaquées individuellement qu'en vertu de jugements émanant de la loi et rendus par les juges ordinaires, ce qui entraîne la suppression absolue de toute lettre de cachet[1] ou actes d'autorité arbitraires,

[1] Le prieur commendataire, relégué par lettre de cachet dans son prieuré, n'aurait-il point eu quelque part à la rédaction du cahier, et de cet article en particulier? Le vœu en faveur de l'abolition des lettres de cachet est d'ailleurs très général en ce moment dans la province. (V. *Projet d'un cahier général*, § Administration, dans HIPPEAU, *Élections*, 397.) Les Archives du Calvados conservent, classée par ordre alphabétique de personnes, la correspondance, à peu près complète de 1749 à 1789, des intendants de Caen relativement aux demandes et à l'octroi des lettres de cachet dans la généralité. (Arch. Calvados, C 315-450.) Le total monte à environ un millier de lettres accordées. M. Joly, qui a dépouillé toute la collection, affirme que, contrairement à ce que l'on pourrait croire, un très petit nombre de lettres, deux seulement, paraissent avoir été dictées par des motifs purement politiques. Le plus grand nombre seraient accordées à la demande des familles, pour sauvegarder, comme on disait, l'honneur du nom, et sur les motifs d'ailleurs les plus variables, depuis le crime avéré, jusqu'aux allégations très vagues de mésalliance, de débauche crapuleuse, de libertinage, de jeu. Aux dernières années avant la Révolution, on en trouve jusqu'à 33 dans une année, et on sent, dit-il, que ce mode de recours à l'arbitraire du prince est devenu, pour les familles nobles, «comme une institution régulière». (A. JOLY, *Les lettres de cachet dans la généralité de Caen au XVIII⁰ siècle, d'après des documents inédits.* Paris 1864, brochure 62 pages, in-8°. Bibl. nat., Lk⁷ 11039.)

en laissant aux cours de la justice ordinaire toutes espèces de délits et en abrogeant par une loi solennelle l'usage et l'opinion barbares, qui regardent comme déshonorée une famille honnête dont
un membre aurait été supplicié;

2° Renouveler la loi reconnue pour constante en France, que
les propriétés générales ne peuvent être attaquées ou lésées par
l'impôt, de quelque espèce qu'il soit, par la forme de prestation
même de l'impôt, ou de toute autre manière généralement quelconque, sans le consentement de la nation assemblée;

3° Pour parvenir à l'observation exacte des deux précédents articles, rendre les États généraux périodiques, en laissant pour le
plus long intervalle d'une tenue des États à la tenue suivante le
terme de dix années; fixer le nombre des députés du tiers état aux
États généraux et aux assemblées préliminaires qui doivent les
précéder, d'après la base unique de la population, la plus petite
propriété étant aussi précieuse pour celui qui la possède que la plus
grande propriété l'est pour son maître opulent.

Établir en Basse-Normandie une seule Assemblée provinciale,
qui se renouvellerait de la manière déjà adoptée par le gouvernement, qui tiendrait ses séances à Saint-Lô comme le centre du
département, sans aucunes assemblées intermédiaires, et en la
composant par la convocation, d'abord des députés des villes et des
communautés d'un certain arrondissement à la ville la plus remarquable et la plus commode, ensuite des députés des arrondissements à la ville où doit se tenir l'Assemblée, et par le choix au
scrutin de tous les députés des membres qui doivent composer
l'Assemblée. Faire voter par tête et non par ordre, tant dans les
États généraux et les bureaux qui y seront formés, que dans les
assemblées préliminaires et provinciales, et composer d'un très
petit nombre de députés aux États généraux, dans la même proportion des trois ordres que celle déterminée par le Roi, un consei.
législatif qui ne commencerait à agir qu'à la cessation des États
généraux jusqu'à l'ouverture des États suivants, lequel conseil serait nommément chargé de vérifier toutes les lois nouvelles et d'y
donner la sanction nécessaire pour leur exécution, après avoir consulté les Parlements ou cours souveraines du royaume, de vérifier
les recettes et les dépenses de l'État dans les différents départements, de dénoncer au Roi les dilapidations de finances qu'ils dé-
couvriraient, les attentats qui pourraient être commis au nom de
Sa Majesté sur les personnes et les biens des citoyens, ainsi que les
abus qui se seraient glissés dans les différentes parties de l'administration, et, généralement, de décider provisoirement tout ce que

les États généraux [ne] pourraient arrêter eux-mêmes et qu'il serait d'une impossibilité absolue de différer jusqu'à la prochaine tenue desdits États généraux;

4° Pour remédier au désastre des finances, les principaux moyens consistent :

À suivre avec la plus grande rigueur le plan d'économie que Sa Majesté s'est tracé et à compléter toutes les réformes qu'elle a annoncées, et qui doivent produire de grandes ressources, si l'opération est conduite à sa perfection par le sage et vertueux ministre qu'elle a bien voulu appeler auprès de sa personne pour l'aider de ses conseils.

À faire rentrer dans la main du Roi, sans autre exception que celle des apanages des princes, tous les domaines de la Couronne qui ont été engagés ou aliénés, à quelque titre que ce soit, comme étant inaliénables suivant les lois du royaume.

À donner à bail emphytéoque (*sic*) ou pour 99 ans tous ceux de ces domaines qu'on en croira susceptibles, au plus offrant et dernier enchérisseur.

À faire contribuer à toutes les charges de l'État les trois Ordres qui le composent, dans la plus égale proportion, sauf les deux seules impositions représentatives du service militaire en personne et de la corvée, justement réduites à leur vraie valeur, dont les États généraux pourraient consentir la décharge ou l'exemption en faveur du clergé et de la noblesse, s'ils trouvaient que ces deux ordres eussent, en effet, le droit d'en être exemptés, de manière qu'aucun corps de magistrature ni aucuns particuliers ne pussent jamais obtenir aucune exemption pour quelques causes et sous quelques prétextes que ce puisse être.

À supprimer, par conséquent, toutes les charges qui donnent et transmettent la noblesse, ainsi que tous les privilèges et exemptions particulières qui peuvent subsister, de quelque nature qu'ils soient ou pour quelque cause qu'ils aient été accordés.

À ne créer que deux espèces d'impôts pour le peuple de la campagne, en attendant que des circonstances plus heureuses puissent permettre d'adopter le système de la dîme royale ou imposition unique : le premier desquels deux impôts remplacerait les vingtièmes, le territorial, les bâtiments de justice et autres impositions foncières pourrait être qualifié de subvention territoriale, serait perçu en nature sur tous les sujets qui en seraient susceptibles; si bien déterminé pour les autres qu'il pourrait être affermé tous les ans par adjudication à la folle enchère pour chaque paroisse ou communauté, et frapperait suivant la quotité déterminée généralement sur tous les biens-fonds et propriétés foncières, d'ecclésiastiques, de nobles, de roturiers, des hôpitaux, sans aucune exception et même sur tous les domaines de la Couronne; et le second desdits deux impôts remplacerait la taillle, le taillon et la prestation en argent représentative de la corvée (sans parler de la capitation, qui ne doit regarder que les habitants des villes), serait fixé en argent en raison moindre de ce que le premier impôt, et serait assis par les Assemblées municipales sur tous les habitants de la paroisse dans une juste proportion, sauf les restrictions ci-devant faites à l'égard du clergé et de la noblesse.

A charger l'État de l'acquittement de la dette du clergé, au moyen de ce qu'il contribuerait comme les deux autres ordres; et, pour y parvenir, vendre tous les biens des bénéfices, maisons religieuses et communautés qui seraient dans le cas d'être supprimés, ainsi que tous les titres honorifiques, droits de patronage et autres, dépendant de toute espèce de bénéfices, qui ne seraient d'aucun produit réel et qui ne porteraient que sur une seule tête d'ecclésiastique, soit séculier, soit régulier [1], après avoir prélevé sur le produit

(1) On ne saurait guère douter que les paroissiens de la Bloutière n'aient eu en vue, en rédigeant cet article, le prieuré conventuel établi dans leur paroisse, qui, depuis 1764, n'avait plus de religieux, et dont les revenus étaient entre les mains d'un prieur-commendataire. Le *Pouillé de Coutances*, f° 18 v°, donne le détail très précis de ses biens. «Le prieuré de la Bloutière, patron le Roy. A de rente 250 demeaux 1/4 de froment, 224 demeaux d'avoine, 2 demeaux 5 godets de seigle, à raison de 13 pots 1/2 demeau ancienne mesure de Gavray; 13 brebis et une livre de poivre, de 3 ans en 3 ans; 7 livres de cire, 28 chapons, 244 poules, 17 coqs, 262 pains, 203 l. 19 s. 6 d. de rente par chacun an, 150 livres en bois taillis en la paroisse de la Bloutière. Les fermes de la Vassonnière, de la Pincerie, de la Cornillière, de la Joudière, de Lebourgent, louées ensemble en 1734 pour 793 l.; en plus, 25 vergées de terre en herbage louées 100 livres; moulins à blé aux paroisses de la Bloutière, de Saultechevreuil et de la Colombe, loués 500 livres. Partie des dîmes de Bricqueville-la-Blouette, 220 livres; une petite portion de dîmes dans la paroisse de Landelle, 9 livres; les fermes de la Dairie et de Lauberdière dans la paroisse de Fleury, louées 1,035 livres; la moitié de la dîme de la paroisse de la Bloutière, 402 livres. En rente hypothèque, 150 livres sur différents particuliers. Total, 4,691 l. 9 s.» Ces chiffres sont du milieu du XVIII° siècle; à la fin du siècle, ils doivent être certainement augmentés. D'après un *État de biens*, dressé en 1784, mais malheureusement moins détaillé, les moulins sont alors affermés 550 livres; les fermes donnent respectivement 500, 400 et 170 livres à la Bloutière, et 1,000 à Fleury, avec une réserve de 370 livres; le bois produit 600 livres, les dîmes 775 et 300 livres; et les droits seigneuriaux donnent près de 2,500 livres. Le revenu total est estimé brut à 8,277 livres. (Arch. nat., G⁹ 70, pièce 15.)

Pour la paroisse même, nous n'avons pas retrouvé l'*État de 1790*. D'après un État des biens nationaux soumissionnés en 1791 par la municipalité de Saint-Lô, les biens-fonds du prieuré dans la paroisse donnaient un revenu de 2,015 livres, faisances non comprises, et furent estimés 35,464 livres en capital. (Arch. nat., Q² 97.)

Autres biens ecclésiastiques. — 1° L'abbaye de Saint-Lô, rente due par le

de la vente de quoi fonder des écoles de charité et des hospices pour les pauvres, infirmes, dans tous les endroits où il serait nécessaire d'en établir, mais principalement pour ceux où il aurait été vendu de ces biens ou droits.

A supprimer la gabelle, en en remplaçant le produit par un droit moins onéreux sur le sel même, dans toutes les provinces du royaume indistinctement, à l'instant de sa fabrication, et tellement établi qu'il puisse être aisément affermé tous les ans par adjudication à la folle enchère pour chaque paroisse ou communauté.

A supprimer les aides, en en remplaçant le produit par un droit sur toutes les boissons au moment de leur fabrication, et déterminant en même temps une prestation en argent qui porterait sur tous les débitants, et qui serait déterminée dans une juste proportion pour les différentes villes, bourgs, villages, grandes routes et campagne, de manière que lesdits droits et prestation en argent puissent être également affermés tous les ans pour chaque ville, paroisse ou communauté.

A percevoir pareillement les droits de marque d'or et d'argent, ainsi que ceux sur fers, cuivre et autres métaux et les droits sur les cuirs au moment de leur fabrication, de manière à pouvoir les affermer de même.

A diminuer très considérablement les droits de contrôle et autres sur les actes notariés, *et à les réduire à un taux extrêmement modique et égal pour toute espèce de conventions, quelles qu'en soient le prix et l'objet, de manière qu'ils ne servent qu'à fixer invariablement la date des actes*[1] pour que les citoyens puissent faire rédiger leurs conventions par des notaires sans être forcés de prendre des tournures ou de les faire faire sous seing privé par des personnes peu instruites, ce qui les expose également à quantité de procès dont ils sont toujours la victime.

A créer, en conséquence, autant de charges de notaires royaux qu'il serait nécessaire, ou à demander des suppléments de finance aux notaires actuellement subsistants[2].

---

prieuré à cause du bénéfice de Faubernon, 30 boisseaux de froment, mesure ancienne de Villedieu; 2° l'abbaye d'Hambye, 2 quartiers ou 16 domeaux de froment, mesure de 13 pots 1/2, et 16 sols, en deux redevances, actuellement contredites. (*Journaux de Saint-Lô, Journaux de Hambye.*)

[1] Le passage entre deux signes * est, dans le manuscrit original, un renvoi en marge, d'une autre écriture que le corps du cahier, mais contre-signé du syndic-président.

[2] Cf. le cahier de Coutances, art. 53, et la note, *suprà*, p. 93. Un *État des offices de notaires royaux dépendant du bailliage de Coutances* établit à 17, en 1788, le nombre des notaires *royaux* du ressort; il y avait encore 2 anciennes études de notaires apostoliques assimi-

A reporter aux confins de la France les droits sur le tabac et ceux sur toute espèce de denrées, marchandises et ouvrages qui sortent du royaume pour passer à l'étranger ou qui viennent de chez l'étranger en France, tant en raison des droits établis chez l'étranger, qu'en raison surtout des demandes respectives de ces mêmes denrées, ouvrages et marchandises.

Et pour remplacement des réformes ci-dessus proposées, ainsi que pour atteindre au taux de recette nécessaire pour les besoins de l'État, établir le droit de timbre à un taux moins haut que celui proposé par le gouvernement[1] et avec les modifications convenables pour ne pas nuire à la liberté du commerce et à la prompte distribution de la justice;

5° Pour entretenir l'abondance dans le royaume, arrêter qu'il ne sera jamais mis d'impôts ni de droits quelconques sur les grains et farines, que l'importation intérieure en sera toujours libre et que l'exportation chez l'étranger en sera permise ou défendue, suivant le vœu des Assemblées provinciales;

6° Pour que les habitants de la campagne soient traités avec la même égalité et qu'il n'y ait pas de charges particulières, dont les compensations sont quelquefois beaucoup plus fortes que les charges mêmes, rétablir les milices sur les côtes, qui seraient gardées par des miliciens enrégimentés[2]. Et comme la milice est très à charge

lées à Coutances, et un notaire apostolique à Hambye. (Arch. Calvados, C 6077.)

[1] Allusion à la *Déclaration concernant le timbre, du 4 août 1787* (Isambert, XXVIII, n° 2,364, p. 460), qui n'avait pas été mise à exécution et, devant l'opposition des Parlements, avait dû être retirée dès le mois de septembre. Elle n'avait pas été enregistrée à Rouen.

[2] L'ancienne milice garde-côte avait été remplacée en effet, depuis une dizaine d'années, par le service des canonniers-garde-côtes. (*Règlement concernant la garde-côte, 15 décembre 1778*, Isambert, XXV, 465, n° 1001.) Toutes les paroisses situées sur le bord de la mer, dans un rayon de deux lieues environ, y étaient assujetties, et déclarées en revanche exemptes de la levée des régiments provinciaux. D'après l'*État de situation des canonniers garde-côte en 1788* (Arch. Calvados, C 1962), 45 paroisses du bailliage de Coutances se trouvaient dans ce cas, et elles fournissaient presque complètement les huit compagnies des

deux divisions de Muneville et Granville. L'effectif de chaque compagnie étant fixé à 50 hommes, c'était un total d'un peu moins de 400 hommes que les tirages annuels devaient maintenir au complet. Évidemment, la charge n'était point excessive pour une région dont la population devait atteindre au moins 40,000 âmes; le service était de cinq années, et les règlements annuels du commissaire des guerres ne demandant guère dans la plupart des paroisses qu'un ou deux miliciens chaque année pour maintenir les effectifs. Ce qui rendait l'institution véritablement lourde, et ce qui provoque partout les doléances des cahiers, ce sont les formalités et les déplacements qu'imposaient à toute la population le tirage et les revues annuelles devant le commissaire des guerres. (V. Cahiers de Hauteville, 26; Tourville, 14, etc., *infrà*, p. 350, 615.)

Il est à peine besoin de faire remarquer que la paroisse de la Bloutière, de par sa situation, n'était pas soumise à la garde-côte. Elle fournissait à la mi-

par elle-même, et que c'est la rendre insupportable et très dispendieuse par les déplacements de paroisses entières à qui l'on fait
faire 7, 8 et 9 lieues pour le tirage, ordonner que ce seront dorénavant les subdélégués de l'intendant de la province qui se dépla-
ceront pour faire faire ces tirages dans les paroisses mêmes, en en
réunissant au plus quatre ou cinq ensemble, suivant leur étendue ;

7° Pour remédier aux abus innombrables qui existent dans l'administration de la justice, on proposerait :

De supprimer les basses juridictions royales et toutes les justices
seigneuriales[1] pour le dédommagement desquelles il serait créé des
juges de police dans l'arrondissement d'une lieue et demie ou de
deux lieues carrées, à la nomination du Roi, du seigneur ou des
seigneurs qui avaient la haute justice dans cet arrondissement.

Cet officier, obligé de résider dans son ressort, n'aurait la connaissance que des affaires de police, pour lesquelles on ne pourrait
se servir du ministère d'aucun huissier, procureur ou avocat, et il
aurait, en outre, les actes de tutelle et d'émancipation, les ventes

---

lice de terre, pour la subdélégation de
Granville ; l'année précédente, elle avait
tiré au sort avec les paroisses de la
Lande d'Airou, Dragueville et Fleury,
pour fournir ensemble un *seul* milicien.
Les paroisses avaient présenté ensemble
59 inscrits, sur lesquels 26 avaient été
déclarés exempts, 28 écartés pour infirmités ou défaut de taille. Cinq seulement avaient tiré, et l'unique milicien
était échu à la paroisse de Fleury. Celle
de la Bloutière n'avait fourni aucun milicien depuis 1785. (Arch. Calvados,
C 1916.)

[1] La paroisse de la Bloutière formait une baronnie, qui appartenait franchement au prieur, par lieferme du roi,
pour 50 livres de rente ; mais le prieur
n'avait que la basse justice, c'est-à-dire,
suivant la règle générale en Normandie,
une juridiction purement féodale et foncière ; pour le reste, la paroisse relevait
de la vicomté royale de Gavray et du
bailliage et présidial de Coutances.

Une lettre du subdélégué de Coutances expose d'une façon très précise
la situation des juridictions inférieures
qui existaient encore en 1789 dans le
ressort propre du bailliage. La *vicomté
royale de Granville* avait été supprimée
en 1753, et réunie au bailliage ; mais
celle de *Gavray*, quoique supprimée également, était toujours en activité, l'of-

fice n'ayant pas été remboursé ; elle
connaissait «du crime, des affaires civiles entre nobles, et des matières bénéficiales». Il y avait en outre trois hautes
justices seigneuriales, celles de Moyon,
séante à Tessy, qui appartenait au prince
de Monaco, celle de Saint-Pair, à l'abbé
du Mont Saint-Michel, et celle de Villedieu, au commandeur de Saint-Jean.
En plus, une petite extension de la
haute justice de Créances, sise en Saint-
Sauveur-Lendelin. (*Lettre de M. de
Mombrière à l'intendant de Caen, 8 juillet 1788*, Arch. Calvados, C 6077.)

L'importance territoriale de ces juridictions était fort inégale. La vicomté
de Gavray, enclavée tout entière dans le
bailliage, comprenait, en totalité ou
partie, plus de 25 paroisses ; la basse
justice de Saint-Pair, devenue, par
usurpation, paraît-il, haute et moyenne
justice, englobait également une vingtaine de paroisses de l'ancienne vicomté
de Granville (*infrà*, p. 581, note 1). Mais
la haute justice de Moyon ne comptait
que les 6 paroisses de Beaucoudray, Mesnilopac, Mesnilherman, Moyon, Tessy
et Villebaudon, et celle de Villedieu ne
s'étendait, en dehors du bourg, que sur
une partie de la paroisse de Pontbrocard. (*État du ressort médiat du bailliage
de Coutances, dressé en 1775*, Arch.
Calvados, C 6074.)

I. 12

et prisées, et appositions de scellés, et tous actes conservatoires après le décès des individus de son arrondissement, de quelque qualité et condition qu'ils soient, ecclésiastiques, nobles ou roturiers, dans tous les cas où lesdites appositions de scellés et actes conservatoires seraient ordonnés par la loi. (Les curatelles ou interdictions exceptées qui, comme intéressant la liberté des citoyens, seraient du bailliage royal.) Il serait encore créé dans chaque paroisse ou communauté de cet arrondissement un procureur fiscal à la nomination de la municipalité de la paroisse, pour remplir par ces différents procureurs fiscaux, chacun à l'égard de la communauté, les fonctions de ministère public vis-à-vis du juge de police toutes les fois que le cas le requerrait.

De ne plus avoir, au moyen de ces suppressions, que deux degrés de juridictions, tant pour les affaires civiles que pour les affaires criminelles. Le premier serait rempli par des bailliages royaux, d'une assez grande étendue pour qu'il y eût au moins vingt juges dans chaque bailliage royal, et qu'on pût mettre la plus grande célérité dans la distribution de la justice. Le second degré serait par appels aux parlements ou cours souveraines du royaume, indépendamment de la cour des cassations, qui continuerait d'être le conseil d'État présidé par le chancelier de France.

De réunir au parlement les cours des aides, et aux bailliages royaux les tribunaux d'exception.

De supprimer la vénalité des charges, et de rendre toutes les places électives, tant dans les bailliages royaux que dans les parlements.

D'établir, dans les uns et dans les autres, des places de conseillers expectants, avec la seule voix consultative, et qui ne pourraient y être admis que de l'agrément des compagnies.

D'accorder le droit d'élection aux seules Assemblées provinciales des ressorts, qui pour [le] faire seraient obligées de se servir de la voie du scrutin.

De ne pouvoir faire tomber les élections que sur des conseillers expectants ou sur des avocats du tribunal ou cour souveraine où la place serait vacante, qui y auraient plaidé au moins cinq années de suite et sans interruption depuis l'âge de 20 ans accomplis et qui auraient une fortune libre et proportionnée à l'éminence de la place éligible, suivant la fixation qui en aurait été faite, les seules places de premiers présidents, de procureurs et avocats généraux réservées à la nomination du Roi.

De rendre tous les sujets du Roi, ecclésiastiques, nobles et roturiers sans distinction, justiciables, tant pour le civil que pour le criminel, chacun dans son ressort, savoir, en première instance, des bailliages royaux, et, par appel, aux parlements ou cours souveraines, sans qu'on puisse exciper d'aucun droit de *committimus* ou autres exemptions et privilèges, de quelque nature qu'ils soient, qui demeureraient abolis.

De supprimer toutes les sergenteries seigneuriales [1], et de fixer au plus petit nombre possible les charges de procureurs et d'huissiers royaux dans les cours souveraines et bailliages royaux.

De supprimer tous les offices d'huissiers, priseurs-vendeurs, et d'en réunir les fonctions à celles des juges de police qui seraient créés dans les différents arrondissements, comme on vient de s'exprimer, en fixant des rétributions très modiques [2].

Pour faciliter toutes lesquelles suppressions, les magistrats des cours souveraines et les juges des bailliages royaux qui subsisteraient (ou) conserveraient leur vie durant leurs offices, qui ne seraient liquidés qu'à leur décès. A l'égard de tous les autres offices supprimés, il en serait fait une masse dont les intérêts seraient payés, et une partie des capitaux remboursés annuellement, par l'effet du sort, sur les fonds des parties casuelles ou autres qu'on y affecterait.

De laisser subsister en titre d'offices les charges de conseillers d'État et de maîtres des requêtes, en exigeant toutefois pour être reçus que les premiers aient servi au moins quinze années de suite et sans interruption, soit comme magistrats dans une cour souveraine, soit comme maîtres des requêtes dans le conseil d'État, et que les seconds aient servi cinq années aussi de suite et sans interruption dans une cour souveraine.

De fixer à Caen la résidence du parlement de Normandie, comme étant à peu près au milieu de son ressort.

De diminuer et simplifier considérablement les formes et les procédures.

---

[1] Sur les sergenteries nobles de Normandie, v. le *Règlement de la Cour du 18 juin 1769*, tit. XIII, articles 1 à 7 (Recueil des Édits, IX, 1212).

Un *Relevé des appels des huissiers et sergents faits aux assises de Coutances en 1788* nous donne le nombre de ces officiers dans le ressort à la veille de la Révolution. Il y avait 15 titres de sergenteries, dites : *les 7 masures, Saint-Pair, la Halle, de Pierre, Maufras, Moyon, Chalons, le Caplain, Frossard, Saint-Gilles, Cambernon, Carteret, la Lande d'Airou, Gavray, la Haye-Pesnel,* et elles étaient desservies par 46 officiers. En outre de ces sergenteries nobles, on comptait 37 huissiers royaux, dont 15 résidaient à Coutances, 5 à Gavray, 1 à Cérences et 11 à Granville, pour les diverses juridictions qui s'y trouvaient établies. (Arch. Calvados, C 6077.)

L'arrond[t] de Coutances compte, en 1905, 16 études d'huissiers seulement, dont 5 audienciers.

[2] *Addition en interligne, signée du syndic.

12.

Et de former une commission de magistrats pris dans les différentes cours souveraines du royaume pour s'occuper :

1° De la réunion de toutes les coutumes de la France en une seule et en former un Code civil français, qui serait le pendant du nouveau Code criminel annoncé et promis par le Roi à ses peuples[1];

2° Et de fixer des poids et des mesures absolument pareils pour toutes les provinces du royaume [2].

Tels sont les sentiments des habitants de la Bloutière sur les moyens généraux de remédier aux plus grands abus de l'administration.

Ils ont cru devoir s'abstenir de tout ce qui a trait aux impositions, entrées et octrois des villes, ainsi qu'au commerce et aux arts et manufactures, comme ne les intéressant que très faiblement, et parce que ces objets seront beaucoup mieux traités par les députés des villes et du commerce intérieur et maritime.

C'est par les mêmes motifs qu'ils se sont aussi abstenus de parler de tout ce qui regarde plus particulièrement le clergé, la noblesse et le militaire.

Ils termineront le présent cahier par les vœux les plus ardents qu'ils font pour la prospérité de cet empire et la conservation des jours précieux du grand et bienfaisant monarque qui les gouverne.

Fait et arrêté double à la Bloutière, ce 1ᵉʳ mars 1789.

J. Jourdan, Laurent Lenoir, G. Lenoir, C.-Michel Hamel, J. Jourdan, J.-Claude Dorée, Lemoyne, (illisible), L.-J. Morel, Pierre Lemarié, J. Briens, J. Esnaut, P. Mariette, N. Fouquier, F. Bertrand, J. Lenoir, Ph. Gémit, Jacque Lenoir, N. Boissel, F. Baisnée, F. Martin, Guillaume Briens, G.-F. Marquet, L.-R.-

---

[1] Lettres patentes qui nomment des magistrats pour s'occuper des moyens d'abréger les longueurs et diminuer les frais des procédures criminelles, 6 janvier 1789 (Isambert, XXVIII, 638, n° 2537). Le vœu en faveur de l'unification de la législation ne se trouve que très rarement dans les cahiers de la province, en général très fortement attachée à sa coutume (e. g. Grimesnil, art. 5, infrà p. 331). On pourra consulter le factum d'un avocat de Cherbourg, qui fut justement député de cette ville à l'assemblée préliminaire de Valognes, et dont les idées peut-être étaient déjà répandues parmi ses confrères du Cotentin : Essai sur la réforme des lois civiles, par Victor Chantereyne, avocat, Paris et Caen, 1790, in-8°.

[2] Cf. l'Addition au cahier de Hautteville-sur-Mer, et la note sous ce texte, infrà, p. 352.

Gille Marquet, G. Loyzel, J. Boissel, A. Loysel, A. Bertrand, G.-F. Martin, Jacques Lejametel, L. Legentil, *syndic*, P. Loysel, *greffier*, G.-J.-Baptiste Marquet, J. Lenoir, G. Baisné.

Signé et paraphé *ne varietur* par première et dernière page ledit jour 1er mars 1789.

Legentil, *syndic*.

BOUREY[1].

1. Procès-verbal d'assemblée.

(Le procès-verbal authentique n'a pu être retrouvé.)

Date de l'assemblée : 1er mars. — Nombre de feux : 60[2]. — Députés : Pierre Guillebert, *laboureur* (4 jours, 12 l., Acc.); François Lechevallier, *laboureur* (4 jours, 12 l., et 19 jours, 74 l., Acc.).

2. Cahier de doléances.

(Ms. *Greffe du Tribunal de première instance de Coutances, pièce n° 877.* Original signé. *Inédit.*)

Cahier des doléances, remontrances et avis des habitants de la paroisse de Bourey.

1° Les habitants de la paroisse de [3]   représentent que leur paroisse, qui est une des plus petites paroisses du diocèse de Coutances[4], relativement au petit terrain qu'elle contient, lequel est en partie très mauvais fonds et possédé par presque autant de pauvres qu'il y a d'habitants;

2° Qu'ils payent au seigneur prince de Monaco plus de seize cents livres de rentes seigneuriales[5];

[1] Arrondissement de Coutances, canton de Bréhal.

[2] Population en 1793 : 226 habitants (N. o, M. 1, D. 1). Population actuelle : 126 habitants.

[3] Le nom de la paroisse est resté en blanc dans le manuscrit.

[4] Superficie de la commune actuelle : 360 hectares; elle est au-dessous de la moyenne du département, mais non pourtant des plus petites.

[5] Honoré-Camille-Léonor, comte de Torigny, duc de Valentinois, prince de Monaco, pair de France (par démission de M. le duc de Valentinois, son père, et non encore reçu en Parlement, d'après l'Almanach royal), né le 17 mai 1758. L'héritière du dernier des Gri-

3° Qu'ils sont obligés de faire un recouvrement [de] cinq mille quelques cents livres pour reconstruction de la nef et tour de leur église, ce qui est décidé par arrêt du conseil et ce qui est très accablant pour eux[1];

4° Que, pour comble de malheur, le presbytère qui est à leur charge est prêt à crouler et ne subsiste que par la tolérance du sieur curé[2], qui, touché de compassion pour la misère de ses paroissiens, aime mieux exposer sa vie entre ces murs menaçants que d'achever de réduire à la mendicité ses pauvres ouailles;

5° Qu'ils désireraient que la taille fût imposée sur tous les habitants du royaume à proportion du revenu d'un chacun[3];

maldi, Louise-Hippolyte, ayant épousé en 1715 J. Fr. Léonor de Matignon, comte de Torigny, avait porté dans cette ancienne famille normande le titre et la principauté de Monaco. À l'assemblée des trois ordres de Coutances, le prince de Monaco, convoqué comme seigneur de Bréhal, Moyon, Tessy, des fiefs de Hambye, de Bourey et du Loreur, fut représenté par Me Charles-Jean-Pierre d'Auxais, chevalier, capitaine d'infanterie.

Dans une demande de secours adressée à l'assemblée provinciale, en date du 2 décembre 1787, et signée du curé, du syndic et des principaux habitants, les paroissiens de Bourey évaluent déjà à « plus de 1,500 livres année commune » la charge des redevances seigneuriales qu'ils doivent au prince de Monaco. (Arch. Calvados, C 7761.)

[1] *Arrêt du Conseil portant autorisation et approbation de la délibération prise par la municipalité de la paroisse de Bourey pour les réparations et constructions à faire à la nef de l'église, etc.,* 3 février 1784 (Archives Calvados, C 1326). La somme prévue est de 4,976 livres seulement; mais avec les frais de recouvrement, 6 deniers pour livre aux collecteurs, on atteint aisément le chiffre indiqué au texte. Le procès-verbal de visite de la nef et du clocher à réparer est daté d'octobre 1785. (Arch. Calvados, G 1340.)

[2] Les paroissiens de Bourey avaient présenté déjà, à la date du 2 décembre 1787, une requête à l'assemblée provinciale, faisant savoir que leur maison presbytérale tombait en ruine et devait être incessamment reconstruite. Les frais faits l'année précédente pour la réédification de l'église les ayant réduits à la dernière misère, ils demandaient que la généralité vînt à leurs secours, en prenant à sa charge les trois quarts des dépenses de l'adjudication. Mais le bureau intermédiaire avait été nettement défavorable; il avait fait observer, dans un avis du 9 juillet 1788, que «quelque malheureuse que fût la situation de la paroisse de Bourey, les malheurs de cette communauté étaient éprouvés successivement par toutes celles du département, et qu'il en était peu qui ne se crussent fondées, dès lors, à demander des secours extraordinaires pour la construction des bâtiments à leur charge». (Arch. Calvados, C 7761.)

Le curé, André-Julien Tanquerey, est un des adhérents à la protestation de la minorité du clergé. Il recueillait toutes les dîmes grosses et menues de sa paroisse, qui fournissent d'après le *Pouillé,* f° 8 v°, 1,250 gerbes de tout blé, dont 100 de froment, 300 d'orge, 200 de mouture, 400 d'avoine, 60 boisseaux de sarrasin, 4 tonneaux de cidre, quelque filasse, brebis et agneaux. Il avait 14 ou 15 vergées de terre d'aumône, sur lesquelles il déclare en 1790 «qu'il peut nourrir un cheval et une vache, en achetant de la paille». Il estime sa dîme valoir 1,600 livres de revenu; il a 34 livres de fondations. (*Déclaration* n° 129, f° 36.)

Il n'y a, d'après les officiers municipaux, aucun autre bien ecclésiastique. Les *Déclarations ecclésiastiques* mentionnent cependant une rente foncière de 6 l. 10 s., due au vicaire du grand-autel. (*Déclar.* n° 79, f° 102.)

[3] Impositions de la paroisse pour

6° Qu'on tînt dans chaque province des États généraux pour faire avec équité la répartition des sommes qui doivent être imposées pour le soutien de la couronne et le gouvernement du royaume;

7° Ils sont d'avis que, pour le bien de l'État et des particuliers, il serait à propos de supprimer le corps des employés dans les fermes, parce qu'ils sont trop coûteux.

Fait et arrêté à Bourey, le 1er mars 1789. Et signé par ceux qui savent signer.

> P. GUILBERT, LECHEVALIER, A. LEGROS, Odé DERAUX, P. COULOMBIER, A. LEGROS, Jean-Odé MAUDUIT, J. COLLIBERT, N. TESSON, P. DERAUX, Jean LENOIR, J. DERAUX, Jean MOREL, L. ROUELLE, VIEL, F. COLLIBERT, Jacques DERAUX, Nicolas VIGOT, J. HUBERT.

BRAINVILLE [1].

1. PROCÈS-VERBAL D'ASSEMBLÉE.

(Le procès-verbal authentique n'a pu être retrouvé.)

Date de l'assemblée : 1er mars. — Nombre de feux : 60 [2]. — Députés : Julien LETOURMY, *laboureur* (3 jours, 9 l., Acc.); Jean-Zacharie THÉZARD, *laboureur* (3 jours, 9 l., Acc.).

1789 : taille, 507 livres; acc., 332 l. 14 s.; cap., 328 livres; corvée, 168 l. 7 s. 10 d.; vingt., 401 l. 1 s. 3 d.; terr., 35 livres; bât., 12 livres. Au total, 1,786 l. 8 s. 13 d.

Lignes : 78; jouissants : 15. La plus forte cote est celle de Jean Lenoir, fermier du seigneur (taille, 38 l. 8 s. 6 d.; acc., 24 l. 17 s. 6 d.; capit., 24 l. 15 s. 3 d.). Aucune autre ne dépasse 21 livres en principal. Les privilégiés sont le curé, André-Julien Tanquerey, représenté à Coutances par le curé de la Meurdraquière, et deux nobles possédant fiefs, M. Coetteval, seigneur et patron, et le prince de Monaco pour ses fiefs qui s'y étendent. *Supplément des privilégiés :* 44 l. 17 s. 1 d.; le curé a obtenu une ordonnance de compensation de décimes pour 23 l. 5 s. (Arch. Manche, C 487.)

Les biens de l'émigré Nicolle Coetteval, terres, prairies et landages, sont déclarés affermés en l'an III, en plusieurs portions, pour 1,230 livres, valeur réelle 1,030; rentes seigneuriales non est. (Arch. Manche, Q⁴⁻¹ 6.)

[1] Arrondissement de Coutances, canton de Saint-Malo-de-la-Lande.

[2] Population déclarée en 1790 : 387 communiants; au dénombrement de 1793 : 357 habitants (N. 2, M. 2, D 5); population actuelle, 207 habitants.

2. Cahier de doléances.

(Ms. Greffe du Tribunal de première instance de Coutances, pièce n° 379.
Original signé. Inédit.)

Cahier des plaintes, doléances, remontrances, que font les paroissiens du tiers état de Brainville, rédigé par ordre de Sa Majesté, et conformément à l'ordonnance de M. le bailli de Cotentin.

1° Remontrent les habitants de Brainville que la multiplicité des impôts occasionne dans les paroisses différents frais de perception, plusieurs déplacements pour faire les rôles, différentes assemblées pour nommer des collecteurs; qu'il serait à propos qu'il n'y eût qu'un seul impôt;

2° Qu'au lieu de nommer comme par le passé des collecteurs de cet impôt, il serait à propos que la perception fût passée par adjudication dans chaque paroisse;

3° Que les impôts étant établis pour subvenir aux biens de l'État, dont tous les Français sont citoyens, il est à propos que, dans le payement des impôts, il n'y ait plus aucune distinction, la noblesse et le clergé devant y contribuer également comme le tiers état à proportion de leurs biens[1];

4° Que les réparations des chemins et les corvées soient supportées par les trois ordres sans distinction;

5° Que les réparations des auditoires et prisons soient, comme elles doivent l'être, à la charge du seigneur engagiste du domaine; et qu'en tout cas il n'y ait que les justiciables d'une contrée qui contribuent pour celles de leur pays, afin qu'il n'arrive plus ce qu'on voit de nos jours, les habitants de Coutances contribuer à une imposition de trente mille livres par an pour la confection de l'auditoire de Caen[2];

[1] Impositions de Brainville pour 1789 : taille, 1,074 livres; acc., 704 l. 16 s.; cap., 694 l. 18 s.; corvée, 356 l. 14 s. 4 d.; vingt., 510 l. 16 s. 10 d.; terr., 44 livres; bât., 15 livres. Au total, 3,402 l. 3 s. 2 d. Il n'y avait de privilégiés dans la paroisse que deux ecclésiastiques : le curé, Grossard de Saint-Jores, et un prêtre habitué sans bénéfice, Charles Mauduit, tous deux présents à l'assemblée de leur ordre. Aucun noble n'est assigné dans la paroisse. *Supplément des privilégiés* : 65 l. 7 s. 8 d.; le curé a obtenu une ordonnance de compensation de décimes pour 48 l. 3 s. 4 d. (Arch. Manche, C 487.)

[2] Cf. la note sous le cahier de la Bloutière, article 2, *supra*, p. 168. Les engagistes du domaine ayant tous les profits de justice du roi dans le domaine engagé : nomination aux offices, amendes, confiscations, étaient tenus en retour de supporter les charges afférant à l'administration de la justice royale : gages des officiers, frais de conduite et d'exécution des prisonniers, salaires des geôliers, etc. (*Édit de mars 1695*, Isambert, XX, 240, n° 1572; *arrêt du*

6° Que dorénavant la réparation des presbytères et des églises soit à la charge des gros décimateurs[1]. On ne peut concevoir combien de frais il en coûte à une paroisse lorsqu'il s'agit de faire ces réparations ou de reconstruire un presbytère;

7° Que les priseurs-vendeurs soient supprimés, ou qu'on réduise leurs droits suivant le tarif actuel, notamment des droits qu'ils ont pour la délivrance des ventes; un priseur-vendeur peut gagner trente livres par jour;

8° Que les droits de contrôle soient diminués, notamment sur les contrats de mariages et les partages, et alors ils seront presque tous passés devant notaire;

9° Qu'on asservisse les notaires à employer un certain nombre

Conseil du 9 octobre 1669, dans Néron et Girard, II, 755.) L'ordonnance criminelle d'août 1670 avait encore mis expressément à leur charge la fourniture du pain des prisonniers, dit *pain du roi.*

Pour l'entretien et réparations des auditoires, prisons et autres bâtiments de justice, il n'y avait point eu pendant longtemps de texte précis; mais un arrêt du Conseil du 6 juin 1722 et une déclaration royale du 7 novembre 1724, enregistrée au parlement de Normandie le 1er mars 1725, ayant décidé que les engagistes du domaine, qui avaient des prisons dans leur engagement, seraient tenus de les entretenir de toutes réparations nécessaires, la doctrine, généralisant le principe, enseignait couramment, à la fin du xviiie siècle, que leur obligation s'étendait à l'entretien et réparation de tous les bâtiments de justice, de quelque nature qu'ils fussent. (Ferrière, *Dictionnaire,* v° Engagement, I, 836; Houard, *Dict. analyt.,* v° Engagiste, II, 133.)

Mais, dans la pratique, les engagistes méconnaissaient singulièrement, paraît-il, leurs obligations. Le procès-verbal de l'assemblée d'élection fait état d'un mémoire des officiers de la vicomté de Gavray, qui se plaignent que, faute des réparations les plus urgentes, l'auditoire de cette juridiction royale tombe en ruines, et ne puisse être fréquenté sans danger. Même situation à Cérences, où la juridiction manquant de greffe, d'auditoire et de prison, la justice n'est plus rendue. A Coutances même, «les évasions fréquentes des accusés témoi-

gnent, comme l'observe ingénument le rapporteur, contre le mauvais état des prisons de cette ville; les murs cèdent au premier effort des prisonniers tentant de recouvrer leur liberté». — L'assemblée avait décidé, vu l'urgence, «qu'attendu les évasions fréquentes des prisonniers détenus dans lesdites prisons, et les alarmes que plusieurs d'entre eux ont répandu récemment dans ce département, elle réclamera une part considérable dans les 6,000 livres que l'assemblée provinciale a réservées pour les réparations urgentes des bâtiments de justice. (*Assemblée d'élection, Coutances, séance du 30 octobre 1788,* Arch. Calvados, C.7700.)

[1] Il n'y avait point à Brainville de gros décimateur. Le curé percevait toutes les dîmes, grosses et menues, qui lui donnaient, d'après le *Pouillé,* f° 3 v°, 30 boisseaux de froment, mesure de Coutances, et 270 de toute autre espèce de blé. Le tout, avec les vertes dîmes, les pommes et le charnage, était loué, en 1790, 2,300 livres. Les terres aumônées, en pré et plant, de la contenance de 24 vergées, donnaient d'autre part 250 livres. Le curé devait 5 boisseaux de froment pour des fondations. (*Déclaration n° 38, f° 18.*)

Aucun autre bien ecclésiastique n'est signalé par les officiers municipaux. Les seules *rentes* relevées sont celles dues au domaine de Saint-Sauveur-Lendelin : 3 boisseaux de froment, 7 rais 1/2 d'avoine, estimés en tout 49 l. 5 s. 8 d., et dus par plusieurs particuliers. (Arch. Manche, Q⁴¹ 12.)

de syllabes dans leurs actes[1], et qu'on les empêche de réunir sur leurs têtes plusieurs offices. Plus il y aura de notaires, et plus il y aura d'émulation entre eux, à qui servira le mieux le public;

10° Que les ordonnances concernant les colombiers soient remises en vigueur; tout le monde s'avise dans la paroisse (de construire) des fuies ou volières sans droit ni qualité, ce qui fait un grand tort aux laboureurs;

11° Que la pêche du varech de rocher et autres engrais de mer et marais soit permise à tous les citoyens, surtout à toutes les paroisses sujettes à la garde-côte, étant très nécessaires à l'agriculture[2];

12° Qu'on ne prononce plus la peine des galères contre les contrebandiers qui n'auront pas de quoi payer l'amende[3]; l'honneur et la liberté d'un Français doivent-ils donc être mis en comparaison avec une faible somme d'argent?

13° Qu'il y ait des arrondissements faits pour les tribunaux, en sorte qu'il ne se voie plus par la suite, comme de nos jours, des paroisses dans lesquelles on voit trois juridictions à la fois avoir des exécutions;

14° Que la réforme si longtemps attendue dans l'administration de la justice tant civile que criminelle paraisse enfin, ainsi qu'une décision sur les dîmes;

15° Que le Roy rende à la Normandie ses États provinciaux, et qu'ils se tiennent au moins tous les trois ans;

16° Que le Roy ordonne que les États généraux se tiendront par la suite au moins tous les vingt ans;

17° Que les maîtrises ou communautés d'arts et métiers soient supprimées; et qu'il soit permis à tout individu de travailler dans

[1] Cf. le cahier de Coutances, art. 31, *suprà*, p. 93 et la note. Le même vœu est déjà exprimé dans le cahier du tiers aux États généraux de 1615, art. 241 (dans MAYER, *États généraux*, t. XVII, p. 325).

[2] Un très petit nombre de cahiers du bailliage de Coutances ont parlé du varech. L'emploi de cette plante comme amendement était infiniment moins répandu, en effet, que celui de la tangue, et presque exclusivement limité aux paroisses bordantes. D'autre part, l'industrie ne s'en servait point dans l'amirauté de Coutances, comme elle faisait dans celle de Cherbourg, pour la fabrication de la soude. Nous réservons par suite,

pour les notes des cahiers du bailliage de Valognes, les explications relatives à la réglementation de la coupe du varech, et à la lutte ardente que soulevait entre les agriculteurs et les industriels l'exploitation du varech de rocher. (Cahiers de Fierville, art. 3; de Senoville, 12-13; de Tourlaville, 4; de Tréauville, etc.)

[3] *Ordonnance portant règlement général sur le fait des gabelles*, mai 1680, tit. XXVI, art. 6. Cette disposition de l'ordonnance avait été renouvelée par la *Déclaration du Roi concernant les lois pénales contre les contrebandiers*, 30 mars 1756, enregistrée à Rouen le 4 juin. (Recueil des Gabelles, II, 427.)

les villes à toute profession, en payant néanmoins un droit pour le remboursement des communautés actuelles;

18° Que les tribunaux d'exception soient supprimés, afin qu'on ne voie plus des particuliers forcés d'aller à trente lieues de leur domicile plaider, par exemple, pour la réparation d'un bout de chemin;

19° Qu'il soit permis d'amortir au denier vingt-cinq toutes les rentes foncières et seigneuriales dues aux gens de main-morte;

20° Qu'il n'y ait plus de déport dans les paroisses, ou qu'en tout cas on prélève le tiers du prix du déport, pour donner aux pauvres de la paroisse pendant l'année;

21° Qu'il soit permis à tout le monde de donner son argent à cinq pour cent d'intérêt, sans aliéner le capital; c'est le seul moyen d'éviter les usures et de mettre l'argent à circulation;

22° Qu'il soit proposé de prendre en considération sérieuse la partie de l'éducation publique, surtout dans les campagnes;

23° Soit exposé à Sa Majesté qu'au moyen de l'établissement des assemblées provinciales et intermédiaires, le ministère des intendants, leurs subdélégués et autres subalternes est surabondant et en double emploi; que la suppression de ces officiers sera en décharge à l'Etat.

Le présent fait et rédigé par les habitants de Brainville, assemblés au lieu ordinaire des délibérations après avoir été dûment convoqués à son de cloche; et signé de tous ceux qui savent signer; et mis aux mains des sieurs Julien Letourmy et Jean-Zacharie Thezard, deux des chefs paroissiens, pour le porter demain en l'assemblée qui se tiendra devant monseigneur le bailly de Cotentin ou monsieur son lieutenant général, iceux dûment autorisés de tous les pouvoirs nécessaires à ce sujet; lesquels députés ont promis s'en acquitter fidèlement et pour le bien de la communauté.

A Brainville, ce 1er mars 1789.

M. LETOURMY, Charles LEBOURG, M. LECAUDEY, M. BATAILLE, J. LECLERC, GUILLEMIN, M. LE BOUTEILLER. P. LEMIÈRE, R. GUILLEMIN, Louis GUERIN, N. LEMIÈRE, Pierre AGNÈS, N. AGNÈS, Gilles LE CAT, J. LAROCQUE, E. LEMIÈRE, J. LEMIÈRE, R. LAROQUE, J. LETOURMY, Jn-Zrio THÉZARD, J.-B. FILLASTRE, C. AGNÈS.

BRÉHAL[1].

1. Procès-verbal d'assemblée.

(Le procès-verbal authentique n'a pu être retrouvé.)

Date de l'assemblée : 1er mars. — Nombre de feux : 214[2]. — Députés : Paul-François-Gratien LEMONNIER, *laboureur*[3] (4 jours, 12 l. et 19 jours, 74 l., Acc.); Jacques-Thomas LEMONNIER, *laboureur* (4 jours, 12 l., Acc.); François LEMONNIER, *laboureur* (4 jours, 12 l., Acc.).

2. Cahier de doléances.

(Ms. *Greffe du Tribunal de première instance de Coutances, pièce n° 375.* Original signé. *Inédit.*)

La communauté de Bréhal, paroisse maritime assemblée sur la convocation faite en résultance des lettres et ordres de Sa Majesté, et d'une ordonnance de monsieur le lieutenant général du bailliage du . . . . .[4].

Après avoir nommé des députés à l'Assemblée de Coutances, a rédigé le présent cahier de leurs doléances, par lequel ils exposent que leur paroisse de Bréhal contient environ dix-huit cents vergées dont moitié de mauvais fonds[5]; qu'à raison de cette quantité la population y est très grande, et en partie par le nombre d'étrangers qui viennent annuellement s'y établir pour être à portée du port de Granville où le commerce de cette place les attire, soit comme navigateurs ou journaliers.

Cette paroisse ne fait aucun commerce ni ne possède aucunes manufactures; voisine de la grande route viable[6], elle est le récep-

---

[1] Arrondissement de Coutances, canton de Bréhal.

[2] Population déclarée en 1790 : 1,400 communiants; au recensement de 1793 : 1,159 habitants (N. 25, M. 9, D. 20); population actuelle : 1,299 habitants.

[3] «N'a point assisté à la lecture du cahier le 14 mars.»

[4] La date est restée en blanc dans le manuscrit; l'ordonnance du lieutenant général est du 13 février 1789.

[5] La vergée normande, de 22 pieds de côté, est le quart de l'acre. Celle-ci, en mesure actuelle, étant comptée pour 0 hect. 8171, elle équivaut par suite à 2,042 mq. 87. La superficie de la paroisse, de 1,800 vergées ou 450 acres,

aurait donc été de 367 hectares environ. La commune actuelle, qui a annexé l'ancienne paroisse de Saint-Martin-de-Bréhal, est cadastrée pour 1,562 hectares. «Terroir en labour, partie en campagne et partie en terre fermée, n'y ayant de plant et de prairie qu'en quelques cantons.» (*Mémoire statistique,* p. 10.)

[6] Route de Cherbourg à Saint-Malo, par Bricquebec, la Haye-du-Puits, Coutances, Granville, Avranches, Pontorson et Dol. Le *Rapport sur les travaux publics* fait en 1787 à l'Assemblée provinciale de Basse-Normandie constate que cette route «est ouverte au moins en partie, et suppléée ailleurs de manière à pouvoir être bientôt rendue prati-

tacle de toutes les issues, continuellement couverte des voitures de
vingt paroisses qui portent ou à celle de Bricqueville y attenante
les bois nécessaires pour la fabrique du sel, ou à Granville les
denrées propres à son commerce, et encore plus par la quantité
considérable de ces mêmes voitures employées à l'enlèvement des
engrais de mer servant à la culture des terres de toutes les paroisses voisines[1], ce qui lèse si généralement tous les bordiers de ces

cables». Pour la fabrique de sel blanc,
voir le cahier de Bricqueville, art. 4,
infrà, p. 225.

[1] Il s'agit de la tangue, que les
cultivateurs de nombreuses paroisses
de l'intérieur des terres vont chercher,
d'après les cahiers, au havre de Bricqueville (*cahiers de Chanteloup; Gavray,
19; Gavray-village, 11; Hambye; Longronne, etc.*). La question occupe dans
les cahiers une si grande place, que
quelques explications semblent nécessaires.

La tangue (le Dictionnaire de l'Académie n'a pas, nous ne savons pourquoi,
admis ce mot, les cahiers disent indifféremment aussi *graisse de mer, engrais
de mer*), est un dépôt vaseux, qui se
trouve en abondance aux embouchures
de certaines rivières, principalement de
celles dont l'écoulement est lent. De
temps immémorial, les agriculteurs du
Cotentin et d'une partie du Bocage,
dont les terres sont généralement maigres, l'ont employée pour amender, et
comme disent les cahiers, pour «graisse-
ser» leurs terres. Ce n'est pas pourtant,
malgré le nom, à proprement parler un
engrais; c'est, d'après les agronomes
compétents, un sable fortement siliceux,
plus ou moins imprégné de sels marins,
et dont l'action est plus mécanique que
chimique; il divise et ameublit les terres
compactes. D'ailleurs, comme il est mé-
langé aussi de débris de coquillages et
de substances organiques, son emploi
est infiniment supérieur à celui des
sables secs, ou même de la plupart des
vases de rivière. (V. Isidore Pierre,
*Étude sur les engrais de mer des côtes
de Basse-Normandie*, Caen, Hardel,
1852, in-8° (Bibl. nat., S 32827),
p. 7; Besnou, *La tangue dans le département de la Manche; et Considérations
sur divers produits sous-marins, tangues, mielles et sables coquilliers*, dans

Annuaire de l'Association normande,
t. XLII (1876), 140 et XLIII (1877),
1-34).

Le Cotentin, dont la côte est ouverte
par de nombreux estuaires de petits
fleuves côtiers, possède un grand nombre de dépôts où traditionnellement les
habitants allaient recueillir les tangues.
Les principaux, en 1789, sont ceux du
havre de Lessay (B° de Périers), des Veys,
à l'embouchure de la Vire (B° de Carentan), de Portbail (B° de Valognes) et
de la baie du Mont Saint-Michel (B°
d'Avranches). Les côtes du bailliage de
Coutances étaient moins riches; sur
deux points seulement on recueillait la
tangue: près de Bréhal, dans la longue
dépression de Bricqueville, et au pont
de la Roque, dans l'estuaire de la
Sienne. L'exploitation séculaire de ces
dépôts sur des points fixes avait tout
naturellement créé dans la contrée un
mouvement de circulation fort remarquable, et pour lequel des routes spéciales s'étaient tracées. Dès le haut
moyen âge, les documents signalent
l'existence de *chemins tangoux* (quemi-
num tangoour, dans une charte rapportée par L. Delisle, *Classe agricole*,
p. 274) par lesquels, à certaines dates,
de longues files de voitures chargées de
tangue remontaient vers le haut pays.
Le bourg de Bréhal, par sa proximité
des dépôts de Bricqueville, était à la
tête, en quelque sorte, de l'une de ces
voies, qui, par Cérences, remontait vers
Gavray, Hambye et le pays de Bocage.

Il n'est pas sans intérêt peut-être
d'observer que l'agriculture moderne
n'a point rejeté l'exploitation traditionnelle des tanguières, et que le mouvement des anciens chemins tangoux
s'est conservé, sans beaucoup de dé-
viations, sur les routes modernes. A
Bréhal en particulier, on voit toujours
passer, lors des marées d'équinoxe, d'in-

routes que chaque toise de chemin coûte au propriétaire plus de trois livres par an d'entretien. Le poids de cette charge si accablant pour la plupart des sujets à cet entretien les met dans l'impuissance d'y subvenir et les expose annuellement à des frais exorbitants que leur occasionne l'abandon des voitures que font sur leur terrain ceux qui exploitent journellement ces mêmes voies et qu'ils devraient eux-mêmes équitablement contribuer à entretenir; étant les seuls qui les dévastent avec une d'autant plus audacieuse impunité qu'ils ne craignent point la représaille, Bréhal n'ayant aucune espèce de denrées à leur porter[1].

Cette paroisse observe qu'elle est imposée à la somme de 2,180 livres en principal de taille, qui avec les suites monte à celle de 4,928 livres[2].

Elle est en outre chargée de plus de trois mille quatre cents livres de rentes seigneuriales, dues au seigneur prince de Monaco; et de deux cents cinquante, dues à l'abbaye de Hambye[3].

Elle fournit au Roi un grand nombre de marins; il en a péri une quantité dans la guerre dernière, dont les veuves et les enfants méritent la commisération de tout patriote, ce qui fait encore un surcroît de charge pour la communauté.

---

terminables processions de voitures chargées de tangue, se dirigeant vers l'intérieur des terres. Le mouvement, toutefois, est loin d'atteindre l'importance de celui de Lessay, où les écrivains locaux n'estiment pas à moins de 2,000 par jour le passage des voitures chargées de tangue. (Voir DE GERVILLE, *Études*, p. 63; A. LEROSEY, *Histoire civile et religieuse de Périers*, Paris, s. d., in-8°, p. 144; abbé PIGEON, *Le diocèse d'Avranches*, Coutances, 1888, II, 579.)

[1] Cf. Chantelou, *infrà*, p. 266. — Une requête en termes presque identiques, signée de M. Duprey, seigneur de Chantelou, avait été présentée en 1788 à l'assemblée d'élection, au sujet des frais qu'entraînait pour la paroisse le passage des bois de construction de Granville et des voitures tanguières. (*Assemblée d'élection, Coutances, séance du 30 octobre 1788*, Arch. Calvados, C 7700.)

[2] Ces chiffres sont loin de comprendre toutes les impositions de la paroisse. Pour 1789, elles s'élèvent en réalité à : taille, 2,156 livres; acc., 1,413 l. 10 s.; capit., 1,393 l. 13 s.;

corvée, 670 l. 7 s.; vingt., 952 livres; terr., 82 livres; bât., 27 livres. Au total, 6,694 l. 10 s. (La différence sur le chiffre de la taille vient de ce que le cahier donne le chiffre réel, augmenté des frais de perception.) — Lignes: 250; jouissants : 41. *Privilégiés* : le curé, abbé Scelles; l'abbé de Hambye et le seigneur, prince de Monaco, pour leurs terres et dîmes; et pour le tiers état, 1 receveur et 1 commis aux aides, 1 capitaine, 1 lieutenant et 4 gardes des traites et quart-bouillon. *Supplément des privilégiés* : 238 l. 15 s. 6 d. Le curé et l'abbé de Hambye ont obtenu des ordonnances de compensation pour 56 livres et 41 l. 10 s. (Arch. Manche, G 487.)

[3] Le bourg de Bréhal était le chef-lieu d'une baronnie appartenant au prince de Monaco, qui s'étendait sur les paroisses de Bréhal, Bourey, Hautteville-sur-Mer en entier, et par extension sur celles d'Hudimesnil, le Loreur et Cérences. (*État des fiefs*, f° 8 v°.) En 1789, le revenu de la baronnie est estimé en bloc valoir 6,000 livres. L'abbaye de Hambye est portée à l'*État des biens nationaux* pour une quinzaine de petits articles, donnant au total environ

Le malheur de l'heure passée ne permet pas la demande légitime d'une diminution d'impôts; l'espoir d'un avenir plus heureux dédommage pour le moment, et la perspective que le clergé et la noblesse participeront à la contribution des taxes indispensables fait renaître dans tous les cœurs la tranquillité et nous invite à bénir à jamais la sagesse d'un gouvernement qui nous rememorise (*sic*) celui de ces rois bienfaisants dont Louis seize est le modèle.

Sous ces auspices, la communauté de Bréhal fondant tout son espoir sur la légimité de ses demandes s'en rapporte à l'auguste Assemblée des États généraux, dont la sagesse et les vues généreuses ne peuvent manquer de lui faire éprouver le soulagement qu'elle espère. Elle prend encore la liberté de représenter qu'à joindre à toutes ses charges la plus onéreuse, quoiqu'accidentelle, est l'entretien ou construction des presbytères; les revenus de MM. les curés, qui se consistent dans les prémices et le plus pur des fruits exercés sur leurs fonds, est une taxe annuelle à laquelle il suffirait de les astreindre; elle croit pouvoir demander que les entretien et construction des maisons presbytérales soient dorénavant à la charge des bénéficiers [1].

Arrêté et signé double, ce 1er mars 1789.

Le Monnyer-Duparc, P. Picard, Le Monnyer, Le Monnyer, F. Delangle, J. Marigny, Pierre Gallien, F. Gallien, Louis Burnouf, P. Marigny, Burnouf, Charles Denise, André Martin, T. Sorel, J.-F. Jourdan, Louis Gallien.

---

20 vergées de terre et 783 l. 12 s. de revenu affermé. Aucune déclaration n'a été faite pour les rentes, les débiteurs craignant de donner titre pour les droits contestés; d'après l'*État des rentes de Hambye en 1781*, elles s'élevaient dans la paroisse à 54 demeaux de froment, 4 poules, 4 pains et 10 sous en sept redevances.

[1] Le décimateur de la paroisse était l'abbé de Hambye, patron collateur, qui percevait toutes les grosses dîmes; le curé avait «les menues avec des novales très considérales, 53 demeaux de froment à prendre dans la grange décimale, 48 demeaux d'orge, 72 d'avoine et 900 gerbes de paille.» (*Pouillé*, f° 10 r°.) L'abbé de Hambye acquittait toutes les impositions ecclésiastiques et payait un vicaire. — Le curé n'a point

fait en 1790 de déclaration. D'après l'*État des bénéfices*, f° 6 r°, la cure avait été déclarée, en 1725, valoir 500 livres et payait 34 livres de décimes. Dans la dernière moitié du siècle, le Pouillé porte la vraie valeur à 1,269 livres; les décimes sont passées à 66 l. 10 s.

Autres biens ecclésiastiques : 1° le trésor, une dizaine de petites rentes, faisant 70 livres; 2° les prêtres habitués, 20 livres; 3° l'abbaye de Hambye, 783 l. 12 s. de revenu foncier, et 250 livres de rentes seigneuriales. (*État des biens nationaux*, Arch. Manche, Q4° 12.) Biens non déclarés : 4° l'abbaye Blanche, 10 quartiers de froment, et 7 livres d'argent sur la coutume; 5° l'abbaye de la Luzerne, 5 demeaux de froment. (*Journal de l'abbaye Blanche*, f° 119; *Journal de la Luzerne*, 3° lot, f° 26.)

BRÉVILLE [1].

1. Procès-verbal d'assemblée.

(Le procès-verbal authentique n'a pu être retrouvé.)

Date de l'assemblée : 22 février. — Nombre de feux : 67 [2]. — Députés : Jean Binet (4 jours, 12 l., Acc.); M° Charles-Laurent Couillard-Vicomterie, docteur-médecin (14 jours, 42 l., et 19 jours, 74 l., Ref.).

2. Cahier de doléances.

(Ms. *Greffe du Tribunal de première instance de Coutances, pièce n° 357. Original signé. Inédit.*)

Il est donc enfin arrivé ce moment heureux et désiré où nous pouvons porter nos plaintes et réclamations aux pieds du trône. Grâces en soient rendues à la Providence, à la bonté du Roy, et au vertueux ministre qui lui a fait connaître notre misère et nos besoins.

Nos représentants voudront bien se charger de témoigner notre humble soumission et vive reconnaissance à Sa Majesté et demander en notre nom :

1° L'égalité des voix vis-à-vis le clergé et la noblesse réunis; le tiers état composant le plus grand nombre, s'il s'agit de protection, les deux premiers ordres ont besoin de celle du dernier pour mettre leurs propriétés à l'abri des incursions de l'ennemi;

2° L'abolition des privilèges pécuniaires [3]. Cette demande est

[1]. Arrondissement de Coutances, canton de Bréhal.

[2] Population en 1793 : 422 habitants (N. 13, M. 4, D. 9). Population actuelle : 343 habitants.

[3] Impositions de la paroisse pour 1789 : taille, 607 livres; acc., 398 l. 7 s.; cap., 392 l. 14 s.; corvée, 201 l. 12 s.; vingt., 603 l. 15 s. 10 d.; terr., 53 livres; bât., 17 livres. Au total, 2,273 l. 8 s. 10 d. *Privilégiés* : le curé, abbé Follain, et le seigneur, Paul-Bernard de Mary, chevalier de Saint-Louis, propriétaire des fiefs de Bréville et de Villers; 1 sous-brigadier et 3 gardes du quart-bouillon, privilégiés du tiers état. *Supplément des privilégiés* : 61 l. 18 s. 10 d.; le curé a obtenu une ordonnance de compensation pour 34 l. 8 s. (Arch. Manche, C 487.)

Biens ecclésiastiques : la cure, bâtiments, jardin à pommiers, enclos, 8 vergées (loué en l'an III 150 livres, valeur 100 livres); le trésor, 3 vergées de terre labourable en plusieurs petits lopins; le trésor de Donville, 1 vergée. *Rentes* : abbaye du Mont Saint-Michel, pour les fiefs de la Piaudière et de la Morandière, 203 ruches 32 godets de froment, mesure de Saint-Pair, 84 livres de menues rentes, et 105 livres sur les dîmes. Au total, 850 livres; Hôtel-Dieu de Coutances, 6 boisseaux de froment. — *Biens des nobles* : P. Bernard de Mary, émigré, terres et prés, 125 vergées de terre, dont 80 labourables donnant 285 ruches de tout blé, louées, en 1791, 147 livres; rentes, 22 livres. Aucune redevance au domaine. (Arch. Manche, Q⁴⁻¹ 12 et 15.)

fondée sur la raison et l'humanité, en vain on réclamerait l'usage; il s'agit de réformer les abus;

3° Les États provinciaux;

4° L'amortissement de la gabelle, qui répugne depuis si long-temps au cœur de Sa Majesté; il faudra sans doute, vu l'état des finances, remplacer par un impôt sur les propriétés et l'industrie le produit qui en revenait au trésor royal. Il est à propos de deman-der l'usage du gros sel dans toute la province; celui qui est fait par l'ébullition est faible et de mauvaise qualité; d'ailleurs, le moyen est dispendieux à cause de la disette du bois[1];

5° La suppression des aides, parce que c'est le pauvre qui paye la majeure partie de cet impôt. On remplacera également le pro-duit sur les propriétés et l'industrie pour dédommagement; et pour éviter les frais de régie, on peut établir partout où on le jugera à propos, des cabarets qui tous les ans passeront par adjudication, et le produit servira à payer la dette commune. A ce moyen, le caba-retier sera le fermier de la communauté, et il n'y aura personne qui n'ait intérêt à déceler l'expoliateur (sic). On pourrait prouver la

---

[1] La Normandie, dans son ensem-ble, était pays de grande gabelle, et l'on y usait de *sel gris*, c'est-à-dire du sel obtenu par l'évaporation de l'eau de mer dans les marais salants; mais le bailliage de Cotentin tout entier, avec la vicomté de Vire et les sergenteries d'Isigny, Saint-Clair-les-Veys et Torigny, en la vicomté de Bayeux, formaient à l'extrémité de la province une circon-scription où l'on ne pouvait user que du *sel blanc*, fabriqué par l'ébullition dans les salines de la côte, et où le sel ordi-naire était déclaré faux sel. (*Ordon-nance des gabelles, mai 1680*, tit. XIV; *Déclarations du Roi concernant l'usage du sel gris dans la province de Nor-mandie, 28 novembre 1728*, art. 1 et 3. Pour la fixation des limites du ressort, voir la *Carte des gabelles*, à la suite du Compte rendu de Necker, ou mieux en-core le tableau par paroisses des dix ju-ridictions de traite et quart-bouillon de Basse-Normandie, annexé à l'*Arrêt du Conseil du 5 juillet 1746*, dans Recueil des gabelles, II, 393.)

Le procédé employé pour la fabrica-tion du sel blanc est rapporté par l'au-teur du *Grand dictionnaire économique*, éd. 1740, v° Sel, II, p. 1082. On re-cueillait à mer basse les sables du ri-vage, on les lessivait dans des caisses de bois avec de l'eau de mer pour ob-tenir une liqueur très concentrée, et on évaporait à siccité dans de grandes bas-sines de plomb chauffées au bois. On mettait ensuite la masse saline obtenue dans de grands paniers suspendus au-dessus des bassins, afin que la vapeur aqueuse qui s'en dégageait lui fît aban-donner les sels déliquescents qu'elle con-tenait. On gardait enfin en magasin pendant quelques mois encore le pro-duit, qui perdait à ce moment jusqu'à 20 et 28 p. 100 de son poids. Le sel ainsi obtenu était très blanc, très divisé et assez neigeux, d'aspect beaucoup plus séduisant que le sel gris de marais; mais on lui reprochait d'être inférieur en qualité, et de saler moins. (SAVARY, *Dictionnaire du commerce*, v° Sel, éd. 1762, in-fol., IV, col. 637.) L'incon-vénient le plus grave, incomparable-ment, c'est que ce procédé exigeait une consommation prodigieuse de bois; B. Palissy, dans son *Traité des sels divers* (dans Œuvres, 1577, in-f°, p. 96) estime que, pour l'entretien d'une seule chaudière, il fallait 1,000 arpents de bois par an. Un grand nombre de nos cahiers lui attribuent le déboisement des forêts du Cotentin.

I.   13

fraude par témoins devant la municipalité sans frais et sans appel. Le prix des boissons serait égal dans chaque endroit;

6° Ne pourrait-on point assimiler le débit du tabac à celui des boissons, car l'esprit humain doit se mettre à la torture pour anéantir ces immenses frais de régie, et pour renvoyer à une profession plus honorable et plus utile à l'humanité des gens qui par état mettent bien des malheureux dans les fers, deviennent par là les objets de la haine et de l'exécration publique, et cependant pourraient estre dignes d'un meilleur sort;

7° Des pensions excessives et trop facilement accordées, des emplois d'un revenu immense, épuisent l'État et doivent être réformés;

8° Il serait à propos que les denrées d'une province entrassent librement dans une autre sans payer d'impôt et que tout le royaume pût jouir sans entraves de toutes ses productions. A ce moyen, on reculerait les barrières jusques sur les frontières;

9° Quand le collecteur des deniers publics paraît avec tous ses rôles, il fait frissonner l'homme le plus intrépide. Nos représentants doivent faire leur possible pour simplifier les impôts, qui seront accordés à raison des besoins de l'État et seront modérés à mesure qu'ils diminueront;

10° Il serait bien avantageux de changer l'ordre dans la justice distributive, d'abréger les formes, de faire des arrondissements pour chaque tribunal, de n'établir que deux degrés de juridiction pour les affaires importantes.

On devrait abolir la vénalité des charges; tous les tribunaux sont remplis d'une multitude de bons avocats, dont quelques-uns, quoique très savants, n'ont pas le don de la parole. Ceux-là surtout pourraient être désignés par leurs confrères ou par les notables de l'arrondissement pour remplir au moins pendant un temps limité la redoutable fonction de juges; on leur accorderait des honneurs et quelques récompenses en proportion de leur mérite.

Il est d'observation qu'un homme seul avec du savoir et de la probité rend souvent un jugement plus équitable qu'une nombreuse assemblée de juges. S'il est injuste, il en porte seul la honte.

Ce serait une bonne méthode d'opiner à haute voix.

Il serait bien avantageux d'établir un juge de paix dans un certain arrondissement. Bien des gens ignorants et entêtés plaident pour une misère ou pour une légère insulte, parce qu'ils ne se sont pas donnés la peine de consulter un homme de bon sens qui leur aurait fait voir le ridicule de dépenser beaucoup d'argent pour obtenir peu de chose.

Cette fonction conviendrait beaucoup à un curé qui serait choisi par plusieurs communautés; elle l'honorerait bien davantage que la faisance valoir de ses dîmes, qui va sans doute être abandonnée par tout le clergé. En effet, il serait plus convenable à un pasteur qui doit uniquement se livrer aux fonctions de son état, d'affermer ses dîmes[1] et de retenir une certaine portion de blé pour l'usage de sa maison et les besoins des pauvres de sa paroisse. L'universalité des baux, qui passeraient publiquement à l'enchère, serait un acheminement à connaître les productions respectives de chaque province;

11° Il serait utile d'avoir un règlement sur les dîmes et particulièrement sur celles qu'on appelle *insolites*, sur la construction des presbytères qui devraient être à la charge de ceux qui les habitent. Si la paroisse était d'un trop modique revenu, ne pourrait-on pas faire des arrondissements? Il est des personnes qui sont voisines d'une église qui n'est pas celle de leur paroisse, pendant que la leur est éloignée d'une lieue.

On ferait bien d'anéantir les déports qui privent pendant un an des paroisses de leur légitime pasteur et les pauvres des secours qu'ils ont droit d'attendre de lui;

12° On devrait confier la vérification des poids et mesures à des gens qui en seraient plus dignes;

13° On fait dans ce moment tous les efforts possibles pour mettre de l'ordre dans les finances et apurer la fortune; mais la santé, ce bien sans [lequel] les autres ne sont rien, ne s'en occupera-t-on point dans les États généraux?

La France est inondée d'une foule d'empiriques qui livrent sans cesse des assauts à la bourse et à la santé[2].

---

[1] Le curé de Bréville avait, depuis le xiii° siècle au moins, toutes les dîmes, grosses et menues, de sa paroisse, sauf sur les petits fiefs du Mont Saint-Michel. Il avait en outre, au xviii° siècle, la jouissance de 7 ou 8 vergées de terre d'aumône (*Pouillé*, f° 11 v°). En 1790, il estime son revenu total à 3,060 livres, dont 3,000 pour les dîmes, «la dîme de pommes donnant en des années 1,800 et en d'autres 2,000 livres», mais cette estimation, sur les réclamations de la municipalité, est ramenée à 2,140 livres. (*Déclaration* n° 143, f° 32.) La part de dîmes du Mont Saint-Michel est déclarée, d'autre part, affermée pour 105 livres au curé lui-même. (Arch. Calvados, C 6953.)

[2] Ce cri d'alarme contre les *charlatans* n'est point isolé, en 1789, en Normandie. Les cahiers de la plupart des bailliages voisins (Tiers Alençon, IX, 2; Tiers Perche, 82; Clergé Évreux, dans HIPPEAU, *Cahiers*, I, 43, 111, 453) révèlent le même état de choses. La constatation peut paraître singulière, car la législation était loin d'être désarmée vis-à-vis des empiriques. De nombreux édits, depuis un siècle, avaient interdit l'exercice de la médecine à tous autres

13.

Les femmes, une multitude de gens qui ne savent pas lire, font la médecine des campagnes, pendant que de très bons médecins sont amoncelés dans les villes et qu'on ignore même leur nom dans les habitations les plus voisines.

Le moyen de remédier à cet abus est d'attirer les médecins des villes à la campagne par quelques petits privilèges et quelques récompenses, quand il sera démontré qu'ils auront secouru gratuitement les malheureux.

N'est-il pas honteux que tel charlatan avec sa poudre charbonnée ait acquis de grands titres et une fortune immense? Ne sera-t-il pas bientôt arrivé à satiété? On devrait le forcer de faire le sacrifice public d'un remède dont la connaissance ferait peut-être la confusion de l'auteur et humilierait tous ceux qui en ont été les partisans.

Toute découverte, si elle est utile à l'humanité, doit être publique et on doit un prix à son auteur.

qu'aux gradués des Facultés, d'abord dans les villes (*Déclaration des 29 mai 1694, 19 juillet 1696,* pour Paris; *Édit du 19 juillet 1698* pour les autres villes, dans ISAMBERT, XX, 265, n° 599, et 273, n° 1668), puis d'une manière générale dans tout le royaume (*Déclaration du 12 janvier 1702, enregistrée au Parlement de Rouen,* dans Recueil des Édits, II, 45). Mais la nécessité avait été plus forte que la législation; les médecins gradués n'habitaient que les villes, et les campagnes, dépourvues de moyens de communication, ne pouvaient guère espérer leurs secours, et par force, peut-être aussi un peu par préférence, restaient livrées à l'ignorance malfaisante de rebouteurs ou de charlatans de passage, qu'on ne pouvait faire autrement que de tolérer. (Voir FENNIÈRE, *Dictionnaire,* v° Médecins, II, 302, et la peinture faite d'un village normand en 1789, par le chevalier Bertin, gentilhomme d'Urou, près Argentan, dans HIPPEAU, *Cahiers,* I, 83.) Le vœu du cahier de Bréville se rattache donc à un courant d'opinion assez général; le cahier du tiers état du bailliage voisin de Falaise est probablement le plus digne d'attention, pour le vœu d'assistance sociale qui y est contenu : il demande expressément « qu'on établisse de 2 lieues en 2 lieues dans les campagnes un médecin et une sage-

femme instruits par chaque paroisse, qui *seront raisonnablement payés par chaque municipalité ou par chaque département». (HIPPEAU, *Cahiers,* II, 82.)

D'après un état officiel dressé par l'intendance, il y avait, en 1787, dans les 7 subdélégations d'Avranches, Carentan, Cherbourg, Coutances, Granville, Saint-Lô, Mortain et Valognes, que comprenait le Cotentin, un chiffre total de 91 médecins et 140 chirurgiens; il y avait, en particulier, 10 médecins, 31 chirurgiens dans la subdélégation de Coutances, 16 médecins, 20 chirurgiens dans celle de Granville. L'instruction professionnelle de ces derniers devait laisser singulièrement à désirer, si nous en croyons une note que le subdélégué de Granville a jointe dans la colonne des observations : « Ils traitent les maladies de toute espèce; mais la plupart des chirurgiens dénommés dans cet état sont des ignorants, qui s'étant fait recevoir pour la navigation de Terre-Neuve, exercent impudemment un art qu'ils ne connaissent pas, au grand préjudice du public, après avoir fait une ou deux campagnes de mer où leur emploi a été d'éventrer des morues.» (Arch. Calvados, C 926.)

Médecins du département de la Manche en 1905 : docteurs médecins, 154, dont 31 pour l'arrondissement de Coutances; officiers de santé : 10, dont 2 pour le même arrondissement.

Un spécifique peut être inventé par un ignorant, qu'il en re-
çoive donc la récompense et qu'il le livre aux gens de l'art. Ce
remède manié par des mains plus habiles peut devenir plus efficace
contre les maux qui nous affligent.

Arrêté le 22 février 1789.

> Pierre LE SUEUR, P. PERRETTE, François DE DOITIL,
> F. RACIQUOT, J. HECQUARD, J. JORET, Jacques BINET,
> Jullien LE BRUN, Nicolas SAILLARD, François LA-
> COURT, Louis LECONTE, François LESAGE, Jean BINET,
> COUILLARD.

BRICQUEVILLE-LA-BLOUETTE [1].

1. PROCÈS-VERBAL D'ASSEMBLÉE.
(Le procès-verbal authentique n'a pu être retrouvé.)

Date de l'assemblée : 1er mars.— Président : Charles LESCAUDEY. — Nombre
de feux : 122 [2]. — Députés : Me Charles LESCAUDEY, *avocat en Parlement de
Paris, conseiller substitut au bailliage de ce lieu* [3] (3 jours, 9 l. et 17 jours,
68 l., Ref.); Me Philippe HERPIN, *avocat* (3 jours, 9 l., Ref.).

2. CAHIER DE DOLÉANCES.
(Ms. *Greffe du Tribunal de première instance de Coutances*, pièce n° 451.
Original signé. *Inédit.*)

*Très humbles et très respectueuses représentations, doléances et
suppliques, que font au Roi ses très fidèles et soumis sujets,
les habitants et communautés de la paroisse de Bricqueville-la-
Blouette.*

1° Qu'il demeure préalablement arrêté, que les États généraux
seront à toujours composés d'un nombre égal de députés pris dans
le tiers état à celui des deux autres ordres, convoqués de la même
manière qu'en 1789.

---

[1] Arrondissement de Coutances, canton de Coutances.

[2] Population déclarée en 1790 :
600 communiants; au recensement de
1793, 664 habitants. (N. 12, M. 1,
D. 12); population actuelle : 366.

[3] Ch. LESCAUDEY a été le rédacteur
du cahier de Bricqueville. Il l'a déclaré
lui-même plus tard; lorsque, devenu

ministère public du tribunal de district,
il fut poursuivi comme suspect de fédéralisme (*Registre du Comité de surveillance de Coutances*, 23 août 1793). Re-
lâché alors, il fut incarcéré de nouveau
en frimaire an II, transféré à Paris, et
finalement guillotiné le 3 thermidor
an II. (Voir SANOT, *Tribunal révolutionnaire*, p. 219.)

2° Qu'il sera toujours délibéré par tête et les arrêtés pris à la pluralité des suffrages ;

3° Qu'il sera arrêté que lesdits États généraux seront à l'avenir convoqués tous les douze ou quinze ans;

4° Qu'il sera établi dans chaque province des États provinciaux, dont la composition et forme des délibérations seront la même que celle des États généraux;

5° Que ces mêmes États provinciaux s'assembleront tous les cinq ans;

6° Qu'ils auront des assemblées intermédiaires toujours en activité, lesquelles s'assembleront deux fois par an, dans le courant des mois d'avril et d'octobre, dans la ville la plus au centre du lieu de leur établissement, autre toutefois que celles où siègent les parlements; dans lesquelles assemblées la même égalité sera observée, pour les députations et délibérations, qu'aux États généraux et provinciaux;

7° Qu'après la tenue des États généraux, les provinces seront tenues de s'assembler pour nommer des députés pour se rendre dans les lieux où les États provinciaux devront se tenir;

8° Qu'il ne sera jamais élu pour députés du tiers état que des membres du même ordre;

9° Que les députés aux États généraux, provinciaux, et assemblées intermédiaires ne pourront consentir l'établissement de nouvelles impositions, prolongation des anciennes ou abonnements, qu'autant qu'ils en auront un pouvoir spécial de leur communauté;

10° Que les États généraux auront seuls le droit de reviser généralement toutes les lois, lesquelles n'auront d'exécution définitive qu'autant qu'elles seront revêtues du consentement des États généraux, sauf cependant leur exécution provisoire après avoir été préalablement visées et consenties par les États provinciaux [1];

___

[1] Avec cet article, commence une assez longue suite de vœux, qui forment (art. 11 à 45) comme un petit traité très complet, très détaillé, sur la réforme judiciaire, et qui ne laisseraient pas que de surprendre dans un cahier rural, si nous ne savions que les députés de la paroisse sont deux hommes de loi, juge et praticien du siège présidial voisin.

Il est impossible de ne pas remarquer la similitude absolument frappante que présentent la plupart de ces vœux avec les tentatives de réforme judiciaire de mai 1788. Les auteurs du cahier sont visiblement très au courant de la législation réformatrice du règne depuis 1774 : la plupart des vœux qu'ils émettent, réduction des degrés d'appel, extension de la compétence des présidiaux, distribution nouvelle des sièges, suppression des justices de village et des tribunaux d'exception, ne sont en réalité que la reproduction des réformes promises en mai 1788, et il est certainement intéressant de constater à quel point le mouvement réformateur, arrêté par l'opposition des Parlements, avait déjà pénétré dans l'opinion publique.

11° Que le parlement de Normandie et son ressort seront conservés, pour n'être composé à l'avenir que de deux seules premières chambres, desquelles sera tiré un nombre égal de députés pour former celle de Tournelle, à laquelle ils feront le service l'année entière, pour éviter à la variation et au changement des rapporteurs, toujours onéreux aux parties et à l'accélération de leurs procès;

12° Que la Cour des aides et Chambres des comptes de la même province doit également conserver son ressort;

13° Toutes les lois consenties par les États généraux ou provinciaux continueront d'être enregistrées librement dans ces cours souveraines, pour être exécutées et ensuite envoyées dans les tribunaux subalternes, sans qu'elles puissent en enregistrer aucunes autres qui leur seraient adressées avant d'avoir été consenties par les dits États, ni faire de leur chef aucuns règlements;

14° Ces deux cours composées d'un trop grand nombre de membres doivent être au moins réduites chacune d'un tiers, pour être moins à charge sans être moins utiles;

15° Qu'à l'avenir le mérite donnera l'entrée dans ces deux cours aux membres du tiers état comme à ceux de la noblesse, après avoir suivi le barreau au moins six ans, avoir donné des preuves non équivoques de leurs lumières et de leurs talents, les voix desquels ne pourront être comptées qu'après qu'ils auront l'âge de vingt-neuf ans accomplis; les émoluments pécuniaires ne devront point concourir avec les honneurs et distinctions qui doivent leur suffire de récompenses aux hommes riches et en place; les États généraux et provinciaux doivent arrêter que MM. les juges des parlements et chambre des comptes et cours des aides ne prendront à l'avenir aucunes épices et vacations, dans toutes espèces de procès et affaires;

16° Qu'il ne sera admis à l'avenir aucuns ecclésiastiques pour juger dans les tribunaux, ceux-ci ne devant s'occuper que du spirituel auquel ils doivent donner tous les instants les plus précieux de leur vie et se vouer tout entier;

17° Supprimer toutes les charges de notaires, secrétaires, référendaires rapporteurs, chanceliers, greffiers, gardes-minutes des chancelleries près desdites cours, comme étant onéreuses et à

On notera, dans les articles qui vont suivre, un grand nombre de vœux tendant à la réformation d'arrêts de règlement ou de jurisprudence locale (édit des plantations, action en clameur, tarifs de 1769, jurisprudence bénéficiale). Le présent cahier, œuvre de praticiens qui connaissent tous les détails de la procédure quotidienne, est à cet égard une source des plus précieuses pour nous faire connaître les conséquences de la législation locale pour l'état économique de la Basse-Normandie à la veille de la Révolution.

charge au public par les émoluments, privilèges, et la noblesse qu'elles transmettent après un certain temps d'exercice. Toutes les fonctions aussi peu laborieuses qu'importantes de ces offices seront aisément suppléées par un conseiller de la cour, avec l'un des greffiers d'icelle;

18° L'établissement comme la distribution des présidiaux ayant été aussi sagement qu'utilement faite dans le royaume, il n'est pas moins avantageux qu'utile de les conserver, mais pour que le public profite davantage de leur établissement, il est singulièrement intéressant d'étendre leur compétence, et de la porter au capital jusqu'à 3,000 livres ou 130 livres de rente[1] et tant en matière civile que criminelle, entre toutes espèces de personnes, et pour toutes espèces de biens, ecclésiastiques, nobles et roturiers; et, dans le cas où il s'élèverait quelques conflits entre les parlements et les présidiaux, il y soit statué sommairement par le conseil sur des mémoires respectifs des parties [et] des gens du Roy desdits parlements et présidiaux, fournis par la voie des commissaires départis, et sans déplacement;

19° Il est également intéressant de conserver les bailliages royaux; mais pour procurer au public l'avantage qu'il peut espérer de leur établissement, il est absolument nécessaire qu'ils soient distribués dans chaque ville, et notamment dans celles où les sièges des élections sont situés; qu'ils aient pour ressort les mêmes paroisses que lesdites élections, ou autrement qu'il soit fait entre chaque ville un arrondissement, au moyen desquels l'égalité des distances soit conservée; et accorder aux bailliages secondaires le droit de juger en dernier ressort jusqu'à la somme de 300 livres;

20° Comme le siège de toutes les juridictions de campagne est souvent le séjour de l'ignorance, de la chicane, et par conséquent de la ruine des justiciables, il est à désirer qu'elles soient entièrement éteintes et supprimées[2];

[1] Il faut lire plus probablement 150 livres (chiffre donné par le cahier de Savigny), le calcul étant fait au denier 20. L'extension de la compétence des présidiaux est une des réformes capitales de l'Édit, non appliqué, de mai 1788. Depuis leur création en janvier 1551, la compétence en dernier ressort des présidiaux avait été constamment croissant; de 250 livres à l'origine, elle se trouvait portée en 1774 à 2,000 livres. (*Édit portant ampliation du pouvoir des présidiaux, no-*vembre 1774. Isambert, XXIII, 57.) Les édits réformateurs de mai 1788 la portaient d'un coup au double, à 4,000 livres, et l'on sait que, d'après ce projet, tous les anciens sièges de bailliages étaient érigés en présidiaux. (*Ordonnance pour l'administration de la justice, mai 1788.* Isambert, XXVIII, n° 2466, p. 538.)

[2] Sur la situation des justices inférieures en 1789 dans le bailliage de Coutances, voir la note sous la Bloullière, art. 7, *suprà*, p. 177. — Le sub-

21° L'éloignement souvent considérable des justiciables des tribunaux extraordinaires d'attribution et d'exception, l'incertitude de leur compétence donnant presque toujours naissance à des conflits de juridiction et par cette raison ruineux pour les parties, ils doivent tous être supprimés et la connaissance des matières de leur compétence attribuée aux juges qui doivent naturellement en connaître ;

22° Comme les connaissances des juges des bailliages ne peuvent s'étendre sur toutes sortes de matières, et que les contestations qui naissent à raison des impôts sont subordonnées à des lois particulières et requièrent une célérité très grande, à laquelle il leur serait impossible de se vouer, vu la grande quantité d'affaires dont les bailliages seront chargés, les seuls tribunaux dans ces circonstances qui méritent d'être conservés de préférence sont les élections; mais il est intéressant que les sujets qui se feront pourvoir dans la suite d'offices dans ces tribunaux soient des personnes instruites, licenciées, et ayant travaillé au moins en pratique et suivi le barreau pendant six ans;

23° Que les juges des parlements, cours des aides, présidiaux, bailliages et élections, seront tenus d'avoir leur domicile réel et effectif dans les villes près de leurs juridictions, sans pouvoir s'absenter que dans le seul temps qui leur sera accordé pour aller en vacances, et se vouer particulièrement à l'expédition des affaires qui languissent dans tous les tribunaux;

24° Que personne ne pourra être pourvu d'offices dans les présidiaux et bailliages, qu'il ne soit âgé de vingt-sept ans accomplis, fait son cours d'études, et suivi le barreau comme avocat au moins l'espace de six ans ;

25° Que les pourvus d'offices qui confèrent la noblesse [1] ne

---

délégué de Coutances, transmettant en 1775 l'état des juridictions inférieures de son ressort, insiste, dans une lettre particulièrement intéressante, sur la nécessité de faire disparaître ces «juridictions de campagne, qui sont la ruine des justiciables». (*Lettre à l'intendant, du 3 avril 1775*, Arch. Calvados, C 6072.)

[1] HOUARD, *Dict. analyt.*, v° Nobles, III, 351 : «Nous tenons pour maxime en cette province, que si le père et l'aïeul ont été magistrats souverains, le fils doit être confirmé en la noblesse dont ils ont joui». Cette coutume, d'après laquelle aucun temps d'exercice n'était

requis, donnait lieu à la fraude; les parents résignaient successivement, au bout d'un temps très court, en faveur de leurs descendants, qui arrivaient ainsi, sans avoir exercé réellement, à acquérir les privilèges de la noblesse. (Cahier de Hocquigny, art. 2, *infrà*, p. 375.)

L'Ordonnance précitée de mai 1788 disposait aussi que «lorsque le père et le fils auront successivement rempli un desdits offices pendant vingt-cinq ans révolus, ou seront décédés dans l'exercice dudit office», la noblesse pouvait être seulement transmise à leur postérité. (*Ibid.*, p. 548.)

l'acquèreront qu'autant que le père et le fils auront possédé le même office chacun pendant trente années, ou seront décédés en charge;

26° Qu'il ne sera pareillement accordé de lettres de vétérance qu'après trente années d'exercice [1];

27° Afin de prévenir les doutes et difficultés sur la compétence des présidiaux et des parlements, dans les affaires portées aux bailliages secondaires, obliger les parties et leurs avocats, dans les causes qui ne porteraient pas par leur nature une valeur déterminée, à évaluer leurs demandes avant d'obtenir aucunes sentences soit interlocutoires ou définitives, sous peine de nullité et d'en répondre personnellement par les juges [2];

28° Comme les justiciables des bailliages secondaires sont à portée de connaître les avocats plaidant et exerçant dans chacun d'iceux, de les consulter et instruire de vive voix de leurs affaires, il paraît assez inutile d'y conserver des procureurs, les avocats pouvant concilier les deux fonctions;

29° Rien de plus à charge à la société que les offices qui donnent la noblesse à prix d'argent; il est contre le bon ordre qu'une personne, souvent sans talent et sans mérite, acquière des distinctions qui le tirent de la classe de ses semblables, sans aucun avantage pour la société, pour laquelle il devient un véritable fardeau. Ces considérations doivent porter à supprimer toutes les charges donnant la noblesse, excepté celles des juges et gens du Roy dans les cours souveraines;

30° Les offices étant un bien dont le commerce a été admis dans la société sont devenus des propriétés aussi sacrées pour les possesseurs que celles de toutes autres espèces de biens; il serait contre la justice et l'équité d'en priver les officiers qui en sont revêtus, sans au préalable avoir pourvu à un entier remboursement et indemnité sur le pied du contrat d'acquisition des provisions et de réception [3];

---

[1] Les *Lettres de vétérance* étaient des «certificats honorables», accordés aux officiers ayant rempli pendant un certain temps, qui fut tantôt de 15, tantôt de 20 années, certaines hautes fonctions et charges de l'État. (*Édit d'août 1669*, ISAMBERT, XVIII, n° 575, p. 327; *d'octobre 1704*, XX, n° 1904, p. 456.) L'intérêt pratique du vœu réside en ce que les officiers pourvus de ces lettres continuaient à être exempts des charges financières du commun, et qu'elles servaient de point de départ pour l'acquisition de la noblesse transmissible.

La durée du temps de service exigée au texte est calquée sur celle que demandait l'article 23 de l'*Ordonnance de mai 1788*, un peu moins sévère pourtant, puisqu'elle se contentait de vingt-quatre années d'exercice. (*Ibid.*, p. 559.)

[2] Cf. l'*Ordonnance de mai 1788*, précitée, art. 28, 29, 30 et 31. (*Ibid.*, p. 543.)

[3] L'*Ordonnance de mai 1788* réservait aussi les droits des propriétaires d'offices. Elle disposait (art. 53, 56) que les titulaires des offices, ne pouvant plus résigner, devraient, dans un délai de trois mois, remettre leurs titres de pro-

31° Il est à désirer que le code criminel de 1670 soit revisé, abrogé en une considérable partie, et interprété dans d'autres comme un travail important mérite un examen long et sérieux; il serait provisoire (*sic*) d'ordonner qu'après l'information, le décret interrogatoire, récolement et confrontation, il fût fourni à l'accusé, par le greffier, une copie fidèle de tout le procès, pour par l'accusé seul ou à l'aide de conseil coter vis-à-vis du procureur du Roy, ou partie civile, s'il y en a, moyens de nullité, d'incompétence, reproches de fait et de droit contre les témoins, faits contraires, justificatifs, destructifs et atténuatifs, et administrer et indiquer témoins au ministère public, qui serait tenu de faire les diligences requises pour les faire entendre[1];

32° L'abolition définitive[2] de toute question ordinaire et extraordinaire, tant avant qu'après le jugement des procès criminels, comme contraire à l'humanité;

33° La revision de l'ordonnance de 1667 est également à désirer pour interpréter, abroger les formes [surannées] qu'elle prescrit, lesquelles occasionnent la longueur des procès et la ruine des parties[3];

34° La province de Normandie, plus particulièrement que les

---

priété et quittances de finances, dont ils seraient remboursés par les nouveaux titulaires. Il importe de noter toutefois que le prix de l'office, dans l'ordonnance, était calculé *sur le pied de l'évaluation qui en serait faite;* notre cahier se montre plus exigeant, puisqu'il demande un entier remboursement, *sur le prix du contrat d'acquisition.*

[1] *Ordonnance criminelle, donnée à Saint-Germain-en-Laye, août 1670* (ISAMBERT, XVIII, n° 623, p. 371). L'article 8 du titre XIV, *de l'interrogatoire des accusés,* dispose : «Les accusés, de quelque qualité qu'ils soient, seront tenus de répondre *par leur bouche,* sans le ministère de conseil, qui ne pourra leur être donné même après la confrontation, nonobstant tous usages».

[2] La torture, en 1789, n'existe plus en fait. La déclaration royale du 24 août 1780 (ISAMBERT, XXVI, 373) avait aboli la *question préparatoire* des accusés; et celle du 1er mai 1788 (*Ibid,* XXVIII, 526) venait de supprimer la *question préalable,* appliquée au condamné pour obtenir la révélation de ses complices. Mais cette réforme n'était

expressément présentée, dans le préambule, que comme provisoire; et le roi se réservait la faculté de rétablir, *quoiqu'à regret,* la torture, si, après quelque temps d'expérience, les rapports des juges apprenaient qu'elle fût indispensable. C'est à cette réserve inquiétante que fait évidemment allusion notre article. — Il convient de noter, à la louange des jurisconsultes normands, qu'ils avaient depuis longtemps protesté contre cet abus de la législation commune. Houard rapporte avec intention la censure vigoureuse que sir J. Fortescue avait faite du droit français, et il observe que la torture n'a été introduite dans la province que depuis la réunion à la couronne, en violation même de la *Charte normande de 1315,* qui défend qu'on puisse appliquer «aucun franc homme à la question», s'il n'y a contre lui des présomptions déjà graves. (HOUARD, *Dict. anal.,* v° Torture, IV, 395.)

[3] *Ordonnance civile touchant la réformation de la justice, donnée à Saint-Germain-en-Laye, avril 1667.* (ISAMBERT, XVIII, 103, n° 1502.)

autres, se trouvera dans peu dépeuplée de bois, [denrée] cependant d'une nécessité journalière et absolue, dépeuplement causé en partie par les dispositions d'un règlement du parlement de Rouen donné en 1751 [1], qui par ses dispositions a fixé les plantations à une distance trop éloignée des fonds voisins pour qu'il [en] puisse exister, s'il n'est incessamment révoqué et annulé;

35° Il a existé un règlement, fait par le même parlement en 1735 [2], qui exige que toute personne qui clame un contrat de rente sera tenue de se purger par serment sur la sincérité de la clameur, s'il est dans l'intention actuelle de garder l'héritage clamé, et s'il ne prête [en] son nom directement ou indirectement à personne. Ce règlement donne lieu journellement à des parjures, auxquels il est aisé de remédier en promulguant une loi qui permettrait aux parents de clamer un héritage vendu, fieffé avec ou sans pot de vin ou emphytéosé, pour en faire l'usage qu'ils jugeraient à propos;

36° La révision des lettres patentes de 1769 portant règlement pour la procédure [3] est indispensable. Il est absolument utile d'y substituer un tarif plus clair, qui détermine tous les droits et émo-

[1] *Arrêt du Parlement, portant Règlement sur les plantations, 17 août 1751.* (Recueil des Édits, VIII, 489.) V. le cahier de Camprond, art. 6, *infrà*, p. 247.

[2] *Arrêt du Parlement, portant Règlement au sujet de la preuve par témoins, en cas de fraude prétendue dans l'action en clameur, 8 août 1735.* (PESNELLE : *Cout. expl.*, p. 697.) On entend par clameur, selon Houard, «le droit qu'ont les seigneurs et les lignagers jusqu'au 7° degré d'exproprier un acquéreur des fonds ou rentes qu'il a acquis à prix d'argent, en prenant pour eux le contrat» dans un délai, qui est en général pour la province de l'an et jour, qui dans quelques régions, et en particulier dans notre bailliage de Cotentin, est de quarante jours seulement. (*Cout. réf.*, art. 452, 454, 601; HOUARD, *Dict. anal.*, v° Clameur, I, 242.)

Comme le droit de clameur avait été reconnu aux lignagers uniquement dans le but de conserver les biens dans les familles (*Placités*, art. 116), il importait que le juge, avant d'accorder la demande, pût s'assurer que le clamant était bien le parent du vendeur, agissant en son nom propre, et qu'il ne prêtait pas son nom à un spéculateur étranger, désireux de s'approprier le bénéfice du contrat. De là le Règlement précité, qui dispose «qu'à l'avenir tout lignager clamant, s'il en est requis, sera tenu de jurer et affirmer, avant sa clameur gagée, qu'il clame pour lui, qu'il ne prête son nom à personne, directement ou indirectement, et qu'il est dans la volonté actuelle de garder l'héritage clamé». Cette disposition était-elle si critiquable que le prétend notre cahier? Houard la trouve au contraire «très judicieuse». Et de fait, il semble bien que rien n'eût été plus contraire à l'intérêt économique général, que d'accorder sans précautions, comme le demande le cahier, une procédure aussi exorbitante du droit commun que l'est l'action en clameur. Le vœu est cependant intéressant à noter, comme une preuve de plus de la persistance en Basse-Normandie de la notion de la propriété familiale.

On consultera utilement, pour différentes situations dans le détail desquelles nous ne pouvons entrer ici (héritage vendu, fieffé, donné en emphytéose, avec ou sans pot-de-vin), de longs développements dans HOUARD, v° Clameur, et aussi FLAUST, *Explication*, II, 271.

[3] *Règlement de la Cour, revêtu de Lettres patentes du 18 juin 1769, pour l'administration de la justice dans la province de Normandie* (dans Recueil des Édits, IX, p. 1157 à 1216).

luments dus aux juges, gens du Roy, avocats, procureurs, notaires, greffiers et huissiers, pour tous les actes quelconques qui peuvent avoir lieu, dans le cours des procès, sans laisser d'arbitraire à aucun des officiers ci-dessus, et de réduire particulièrement ceux des tutelles, curatelles, émancipations, renonciations et ceux des huissiers pour les saisies mobilières, et les dispenser de la nécessité d'en garder minute, ainsi que des autres diligences qui sont aggravantes aux parties ;

37° Les droits de greffe dans la province perçus sous la dénomination de parisis, de maître clerc, contrôleur tiers[1], montant à des sommes exorbitantes ; comme ils ne sont point le salaire d'un travail, mais seulement le fruit trop considérable d'une modique finance

[1] Les droits de greffe dont il est question au texte se trouvent énumérés et réglementés dans le titre XXXII du *Règlement de 1769*.

Parisis est le droit d'un quart en sus sur les chiffres du tarif général. Ce droit n'est point particulier à la province ; dans le tarif des dépens du Parlement de Paris, de 1665, les droits sont également réglés *à la charge du parisis*, c'est-à-dire que le tarif étant réglé en monnaie tournoise, chaque article doit être augmenté d'un cinquième dans le payement réel. (FERRIÈRE, *Dictionnaire*, v° Parisis, II, 432.)

Maître-clerc est en général le droit qui se donne aux clercs d'avocat, de greffier, de procureur, pour leur assistance dans une affaire, et qui se calcule tantôt sur les écritures, tantôt sur une quotité des dépens taxés par le juge. (Les clercs, d'après les anciens règlements de leur corporation, ne recevaient de leurs patrons aucune rétribution pécuniaire.) Le droit particulier dont il est ici question est celui qui est attribué au clerc du greffier pour ses écritures ; il était fixé à 2 sols par livre, auxquels on ajoutait, comme pour le maître, le quart en sus, soit 2 s. 6 d.

Contrôleur-tiers enfin est un droit perçu sur les dépens par ceux qui sont préposés par le roi pour en arrêter la taxe. La vérification des dépens, d'après l'Ordonnance civile d'avril 1667, devait être faite gratuitement par les commissaires ; mais on admettait une rétribution pour leurs clercs, lorsqu'ils auraient fait et arrêté de leurs mains les calculs ;

cette rétribution était tarifée à 6 deniers par livre pour les juridictions inférieures.

Le total de ces trois perceptions accessoires s'élevait ainsi à 5 s. + 2 s. 6 d. + 6 d., soit 8 sous par livre du tarif général. Il est à peine besoin d'ajouter qu'en 1789, depuis longtemps, elles se trouvaient détournées de leur première destination, et que ni le clerc ni le contrôleur n'en touchaient plus rien directement. Suivant l'usage invariable de l'ancien régime, le produit en avait été érigé en offices, et mis en vente au profit du domaine ; et en fait, elles étaient généralement réunies aux greffes et jointes au tarif général. (*Règlement de 1769* précité, *art. 1 à 5*, dans Recueil des Édits, IX, 1252.) Nous avons un Arrêt du Parlement de Rouen, «confirmatif de la sentence rendue au Présidial de Coutances, par laquelle les fermiers des greffes en chef des vicomtés de Coutances et de Gavray sont maintenus dans le droit de percevoir 20 sous par peau de parchemin et 5 autres sous pour le premier *quart en sus*». (Arch. Manche, A 208.)

Ces perceptions accessoires étaient naturellement très mal vues.

Dès le commencement du XVII° siècle, nous voyons les États de Normandie demander la révocation «de ces inventions de parisis, droit de clerc, doublement et tiercement de petit sceau et présentation qui sont pernicieuses nouveautés». (*Cahier de 1610*, art. 29, dans DE BEAUREPAIRE, *Cahiers*, I, 12. Le même vœu se retrouve dans la plupart des cahiers des années suivantes.)

payée pour leur inféodation, il serait intéressant de les éteindre par
le remboursement du prix reçu pour les mêmes inféodations; il
en résulterait encore une autre diminution dans la perception
des 8 sous pour livre auxquels ils donnent lieu;

38° Les émoluments des greffiers sur les vacations des juges
et les délivrances en parchemin sont trop considérables. Il serait
aussi juste qu'avantageux pour le public de les réduire de moitié,
il ne le serait pas moins que le gouvernement rentrât dans l'inféodation qu'il a faite de tous les greffes [1];

39° Les vacations et droits de délivrance accordés aux priseurs-
vendeurs sont exorbitants et aggravants pour les parties; réunis avec
les quatre deniers par livre qu'ils ont perçus, ils leur ont déjà et
au delà procuré la rentrée du prix de l'acquisition de leurs offices;
en les réduisant à la moitié au plus de tous ces droits, ils seraient
encore suffisamment récompensés du peu d'utilité dont ils sont;

40° Les droits de contrôle, insinuation, coutumes, ensaisine-
ment, et autres perçus à raison des qualités des parties forment,
avec les huit et dix sols pour livres perçus en sus, un impôt très
onéreux, tant pour la somme considérable à laquelle ils s'élèvent
que par les abus géminés et sans nombre introduits dans la perception de ces droits, fondés sur des tarifs et des arrêts bursaux,
dont les dispositions obscures prêtent volontiers à chaque article
de perception la facilité de les interpréter toujours à l'avantage
des traitants. Il est de plus intéressant pour le repos et la tranquillité des sujets du Roy, rarement instruits de tous ces tarifs,
réglements, interprétation et augmentations servant de base à la
perception de tous ces droits, que l'abrogation entière [en] soit
ordonnée et arrêtée; qu'il y soit substitué un seul tarif dont les
dispositions claires et précises soient entendues et comprises de tous
les susdits sujets de Sa Majesté, à l'effet de les mettre à portée,
toutes les fois qu'ils contracteront ou qu'ils présenteront un acte
dans un bureau, de savoir précisément quelle somme ils auront à
débourser, dont la perception ne pourra être faite que sous une
seule dénomination;

41° Qu'il ne sera jamais permis au receveur du seul et unique
droit qui sera établi par le nouveau tarif substitué à tous les anciens,
de s'écarter de ces dispositions sous prétexte d'ordre de régie, d'inspecteur, directeur et autres ses supérieurs, ou arrêts et décisions

---

[1] Le droit de délivrance sur parchemin était fixé à 3 l. 6 s. 8 d. par peau
de parchemin, «compris l'écriture des
clercs et commis, et non compris la peau
de parchemin», alors que, pour les
pièces expédiées en papier, il n'était al-
loué que 5 sols du rôle. (Règlement de
1769 précité, t. XXII, art. 1 à 5.)

non revêtus de l'approbation des États généraux ou provinciaux, et en outre enregistrés dans les tribunaux, sous peine de répétition du trop perçu et d'une somme égale à celle répétée;

42° La révocation absolue des chambres de commission souveraines établies dans quelques villes[1] pour juger les contrebandiers serait un bien général; il serait dans l'ordre de renvoyer les matières de leur compétence aux élections, dont elles n'auraient jamais dû être distraites, afin de faire cesser le cri général contre ces sortes de commissions;

43° Les affaires contentieuses, jusqu'à présent soumises à l'admission de MM. les commissaires départis, leur donnant par la longueur de leurs instructions une surcharge de travail qui, en retardant la décision, constituent les parties dans des voyages longs et coûteux, il serait avantageux de renvoyer la compétence de toutes ces matières sans exception devant les juges des lieux, qui en doivent naturellement connaître;

44° Au moyen d'une réduction considérable dans les droits qui se perçoivent actuellement sur les actes, il est intéressant d'assujettir les contrats de mariage et les lots et partages d'immeubles à être passés par devant les notaires pour en assurer l'existence, sans toutefois qu'on puisse être exposé à encourir aucunes peines, pour raison des déclarations et estimations contenues dans lesdits actes;

45° L'édit donné en **1771** pour la conservation des hypothèques[2], en assujettissant les créanciers à renouveler leur oppo-

---

[1] Une commission souveraine avait été établie en 1768 à Caen pour six années, pour connaître des crimes de contrebande dans la généralité, soustraits à la juridiction ordinaire. (*Lettres patentes des 9 octobre 1768 et 26 décembre 1775*, ISAMBERT, XXVII, 292, n° 342.) Successivement prorogée, cette commission était toujours en fonctions en 1789. (*Édit portant continuation en la ville de Caen, jusqu'à décembre 1789, de la commission établie pour les contrebandiers*, mai 1782, Arch. Calvados, C 91.)

[2] *Édit portant création de conservateurs des hypothèques, et abrogation du décret volontaire*, juin 1771. (ISAMBERT, XXII, 530, n° 1014.) La législation introduite par cet édit est très mal accueillie dans les cahiers, comme elle l'était d'ailleurs par les jurisconsultes les plus autorisés de la province. On lui reprochait d'être encombrée de formalités gênantes et coûteuses (la Norman-

die n'avait pas connu le régime du décret volontaire); on se plaignait des frais qu'entraînait le renouvellement triennal des oppositions; on prétendait que le délai de deux mois de publicité requis après l'affichage au tableau était manifestement insuffisant, et pouvait donner lieu à des fraudes; on assurait enfin que, par les dangers qu'elle faisait courir aux prêteurs, la nouvelle législation immobiliserait sûrement la circulation de l'argent. (Cahier de Chantelou, art. 7, *infrà*, p. 269.) Il faut avouer que la plupart de ces reproches, inspirés par les prêteurs d'argent, nous paraissent aujourd'hui procéder d'une singulière conception du crédit public. En tout cas, le vœu final de notre article est certainement inadmissible : reconnaître aux oppositions une durée indéterminée, une durée variable avec la durée même de la créance, c'est ouvrir la porte à des fraudes et à des contes-

sition de trois ans en trois ans, les constitue dans une dépense très onéreuse par la multiplicité des oppositions qu'ils peuvent être obligés de faire dans différentes juridictions. Pour éviter à cet inconvénient et éviter cette dépense, il serait utile de donner une durée à ces oppositions qui soit égale à celle de la créance pour laquelle elles seraient formées;

46° Les banalités tant de moutures, fours, que pressoirs, favorisant les vexations et concussions que trop ordinaires de ceux qui les font valoir, gênant en outre la liberté publique, sollicitent leur conversion en une indemnité équivalente à la diminution de revenu que les propriétaires éprouveront;

47° La multiplicité des colombiers, fuies et volières à pigeons étant très onéreuse dans les campagnes, par le préjudice que les habitants en éprouvent, il serait intéressant de les réduire tous à un seul pour chaque fief de haubert ou à un par chaque paroisse sur le fief principal;

48° La perception des dîmes dans tous les temps a été une source abondante de contestations entre les décimateurs et les décimables; il n'y aurait qu'un moyen de les tarir, ce serait d'en régler la perception sur toutes espèces de fruits naturels et artificiels, que toutes espèces de terrains donneraient, excepté cependant les jardins légumiers et les cours; et comme (parce que) cette perception ainsi faite donnerait un plus grand revenu, il est juste d'en réduire la quotité comme au vingtième ou vingt-cinquième, parce qu'à l'avenir les décimables seront exempts de celles de tout autre genre;

49° La reconstruction des églises, chœurs, sacristies et presbytères [1] a fourni dans tous les temps matière à contestations entre les gros décimateurs et les habitants des paroisses, qui souvent coûtent autant en frais de procédures que le montant des ouvrages; il est intéressant pour la société d'en détruire le prétexte, en affectant pour l'avenir les revenus des fabriques, des dîmes et bénéfices

tations sans fin, et on ne conçoit guère que les praticiens auteurs du cahier ne l'aient pas immédiatement senti. Notons pourtant que l'influence des prêteurs d'argent a été assez puissante pour faire passer ce vœu fantastique dans le cahier de l'Ordre du tiers de Cotentin. (A 3, § 24, dans HIPPEAU, Cahiers, II, 318.)

[1] La paroisse de Bricqueville-la-Blouette venait d'être obligée de s'imposer par deux fois pour les réparations de ses deux presbytères, qui avaient coûté respectivement 2,490 et 4,500 livres. (Arrêts du Conseil des 2 août 1763 et 1777, Arch. Calvados, C 1322 et 1325.) L'inventaire des biens nationaux de 1790 se termine par une note des officiers municipaux, faisant observer «que les deux presbytères de cette paroisse sont tous les deux nouvellement bâtis depuis 5 à 6 ans; que l'église aussi est nouvellement bâtie, et par conséquent en très bon état de réparations». (Arch. Manche, Q⁴⁻¹ 12.)

auxquels elles sont annexées, ainsi que ceux des cures, aux réédifications, réparations desdites églises, chœurs, sacristies, presbytères et bâtiments en dépendant, ainsi qu'à la fourniture des vases sacrés, linges et ornements;

50° Les curés dans l'ordre du clergé étant les personnes les plus utiles, et supportant le plus de fatigues et exposés à des dépenses inévitables à raison de leur état, le taux actuel des portions congrues n'est point à beaucoup près suffisant pour les mettre en état d'y faire face[1]. Il serait du plus grand intérêt de porter leurs portions congrues jusqu'à 1,200 livres, et celles de leurs vicaires à 600 livres, et d'abolir les déports si préjudiciables en Normandie;

51° Toutes les provinces sans exception doivent payer les impositions à raison de leur étendue, de la production de leur sol, des avantages de leur position, des profits faits dans leur commerce et de leurs richesses respectives;

52° L'ordre du clergé et celui de la noblesse ayant des possessions et richesses considérables[2] et éprouvant comme l'ordre du tiers les avantages des dépenses que le gouvernement est obligé de faire pour la défense de l'État au dehors et son utilité intérieure, il est

[1] La cure de Bricqueville était une des plus importantes du diocèse. Le curé de la première portion avait la moitié des dîmes, qu'il n'estime pas, en 1790, à moins de 5,426 livres, année commune; le curé de la seconde portion avait le sixième seulement des grosses dîmes, et la moitié des menues; il ne donne pas de déclaration, mais mentionne que le déport fut affermé 1,600 livres. (*Déclarations, nos 26 et 125, fos 4 et 5.*)

Le prieuré-cure de la Bloutière avait dans la paroisse un trait de dîmes, affermé 490 l. 3 s. 8 d. (*État exact du revenu annuel de la Bloutière, en 1784,* Arch. Manche H, n. cl.)

[2] Biens des privilégiés. A. *Ecclésiastiques :* 1° la cure, 1re portion, maison presbytérale, jardin, demi-vergée; 2° portion, bâtiments, jardin, plant, 2 vergées; 2° abbaye de la Bloutière, une grange décimale; 3° hôtel-Dieu, la ferme dite du Manoir, louée 2,200 livres, et quelques pièces de terre, 400 livres, avec des bois et deux moulins affermés 800 livres; 4° religieuses hospitalières, une ferme dite la Ferme-des-Champs, bât., 80 vergées de terre, dont 59 lab., donnant 268 boisseaux de grain et

1,100 bottes de foin, louée 800 livres. — *Rentes :* 1° chapitre de Coutances, 59 boisseaux de froment, 19 rais d'avoine et 3 oies; — 2° hôtel-Dieu de Coutances, 52 boisseaux de froment, 10 livres en argent; — 3° le petit collège de Coutances, 10 l. 14 s. (*déclar. omise*); — 4° l'abbaye de Hambye, un quartier de sel (*déclar. omise*).

B. *Nobles :* à la date du 9 pluviôse an II, les fermiers des biens du sieur Desilles, émigré, déclarent tenir pour la nation deux fermes nommées la Bretonnière et la ferme Cambernon, consistant la première en 149 vergées de terre, dont 123 labourables et 14 en pré, donnant 630 boisseaux de tout grain et 3,000 bottes de foin; la seconde en 85 vergées de terre, dont 75 labourables, donnant 380 boisseaux de grain, affermées pour des prix non portés. — La ferme de la Dartinière, appartenant à l'émigré Morel, bâtiment, 152 vergées de terre dont 140 labourables, donnant 618 boisseaux de tout grain, louée 1,500 livres. (*Déclar. des fermiers.* Coutances.) Il est dû au domaine du roi 6 boisseaux de froment à 13 pots, et 40 l. 13 s. 4 d. en deniers.

I. 14

de toute justice et équité que ces deux premiers ordres contribuent dans la fixation, répartition et payement généralement de toutes les impositions sans exception, à raison de leurs possessions et richesses ;

53° Pour éviter aux frais des répartitions d'impôts sous différentes dénominations, aux abus qui s'y introduisent, aux fonctions très onéreuses des différentes collections (sic) et préjudiciables à la culture, aux voyages et dépenses qui en résultent et frais géminés des contraintes, il serait intéressant, pour le bien et avantage de la société, que généralement tous les impôts actuels connus sous la dénomination de vingtièmes, impôt territorial, capitation, taille, taillon, corvées et logements des gens de guerre, et les réparations des auditoires[1], etc., fussent à l'avenir considérablement réduits dans leurs taux excessifs et accablants, imposés et prélevés sous deux seules et uniques dénominations et par deux seuls rôles, la première classe d'impositions sous la dénomination de territorial affectant tous les immeubles réels en valeur ou non, eu égard néanmoins à icelles sans aucune exception, privilèges, ni abonnements, qui ne pourront à l'avenir pour les propriétaires en particulier avoir lieu ;

54° La seconde classe d'impositions sous la dénomination de capitation, sera payée par tous les individus de l'un et de l'autre sexe, de tout état et condition, majeurs et mineurs, ayant la propriété de leurs biens, et ce à raison de leurs facultés ;

55° Que dans la répartition de la capitation, l'impôt territorial sera mis en considération, vis-à-vis de celui qui en sera déjà grevé, en observant qu'entre deux propriétaires dont l'un exploite par lui-même ses fonds et l'autre les afferme, le premier profitant du bénéfice qu'un fermier ferait à sa place, doit payer par comparaison au second une somme plus forte ;

56° La répartition de ces impositions devrait être faite à l'avenir par une députation de six personnes dans chaque paroisse, composée du curé, de deux gentilshommes, et de trois habitants du tiers état qui seront changés tous les ans, et au cas de partage

---

[1] Impositions pour 1789 : taille, 1,602 livres; acc., 1,051 l. 6 s.; cap., 1,036 l. 10 s.; corvée, 532 l. 1 s. 7 d.; vingt., 1,452 l. 19 s. 10 d.; terr., 142 livres; bât., 47 livres. Au total, 5,863 l. 17 s. 4 d.

Lignes : 116. — *Privilégiés* : les deux curés, Mᵉ Desplanques et Mᵉ Nicolas Hennequin ; le seigneur Louis-Guillaume Desisles, pour les fiefs de Bricqueville et de la Bretonnière (c. n. 62 livres); la veuve et fils du sieur des Isles (c. n. 78 livres); et pour le tiers état, les employés des traites et quart-bouillon (2 contrôleurs et 1 brigade composée d'un brigadier, un sous-brigadier, 3 gardes et 1 garde matelot). *Supplément des privilégiés* : 295 l. 19 s.

d'opinions, le commissaire à qui il appartiendra de rendre les rôles exécutoires lèvera le partage;

57° Chaque année, il doit être élu deux collecteurs, l'un pour l'impôt territorial et l'autre pour la capitation, lesquels ne sisteront à la répartition ni de l'une ni de l'autre imposition, auxquels il devrait être attribué six deniers pour livre du montant des impositions qu'ils recueilleront [1];

58° Les indemnités accordées pour les terrains pris soit pour les grands chemins ou pour toute autre utilité publique doivent être payées aux propriétaires non à raison seulement du toisé et de la quotité, mais encore à raison du dommage que les propriétaires en éprouvent;

59° Il est intéressant qu'à l'avenir le dépôt soit fait au greffe de chaque élection, des plans et cahiers d'adjudication de chaque route, dont la confection sera entreprise dans l'étendue d'icelle, afin que toutes personnes puissent en prendre une libre communication sans déplacement;

60° Il serait du bien public que les États généraux s'employassent à solliciter un abonnement général de toutes les impositions quelconques pour les trois ordres, dont ils feraient la répartition par provinces, et ensuite les États provinciaux, dans la leur par chaque généralité, et chaque généralité par élection, etc.;

61° Il serait encore de l'intérêt public que les chemins dans l'intérieur des paroisses fussent réparés à frais communs et sur le compte de chaque généralité;

62° Les pensions accordées par le gouvernement s'élèvent à une somme énorme et trop considérable; le peuple en éprouve une surcharge qui mérite particulièrement de fixer l'attention et le zèle des États généraux, pour réclamer contre l'abus qui s'est introduit par les largesses qui les ont versées avec profusion, et en demander avec instance la réduction à l'unique taux d'une récompense justement méritée;

63° Il existe un autre abus dans l'ordre de la société, contraire au bien de l'État, à la liberté et au droit des gens : ce sont les enlèvements usités jusqu'à ce jour, soit en vertu des ordres surpris du monarque, soit de ses ministres, gouverneurs de provinces et com-

---

[1] Ce projet de réforme des impositions (art. 51 à 57) doit encore être rapproché de l'*Édit d'août 1787, portant suppression des deux vingtièmes, et établissement d'une subvention territoriale dans tout le royaume.* (ISAMBERT, XXVIII, 391, n° 2363). On consultera également, pour les dispositions particulières concernant les collecteurs, l'*Arrêt du Conseil portant règlement pour les assemblées provinciales,* 8 août 1788 (*ibid.*, XXVIII, 604, n° 2507).

missaires départis en icelles, qui plongent ceux qui en sont les victimes dans des prisons où, livrés à l'horreur de la détention, ils languissent et périssent souvent ignorés de leur famille et de leurs concitoyens, sans avoir pu faire parvenir leur juste réclamation.

Les États généraux doivent encore employer tout leur zèle et leurs instances pour faire révoquer à jamais cet abus d'autorité, et faire arrêter qu'à l'avenir aucun sujet domicilié ne pourra être arrêté et détenu qu'en vertu d'une condamnation légalement prononcée par les tribunaux et dûment notifiée à l'accusé ou condamné;

64° Les États doivent encore insister à ce qu'il n'existe et ne soit fait choix d'aucun ministre, qu'ils ne soient agréés par eux, soit par les États provinciaux, lesquels ministres seront assujettis à rendre un compte public chaque année de leur administration ou aux États généraux ou provinciaux, dans le cas où l'intérêt de l'État ne permettrait pas de le rendre tel;

65° Les landes, marais et communes devraient être mis en valeur. Le moyen le plus sûr d'y parvenir serait d'arrêter que chaque communauté ou paroisse en ferait entre les habitants une distribution, à l'effet que chacun d'eux fût tenu d'améliorer et mettre en culture la portion qui lui échoirait[1];

66° Les abus sans nombre introduits dans plusieurs maisons religieuses les rend[ent] maintenant à charge à la société. Il est un

[1] La préoccupation de mettre en valeur les communaux est, comme on sait, courante à la fin du XVIIIe siècle, dans l'école économique; et depuis une dizaine d'années, la législation royale est entrée dans cette voie pour quelques provinces (*Arrêts du Conseil du 31 juillet 1778 pour la généralité de Bourgogne, du 25 février 1779 pour l'Artois*, dans ISAMBERT, XXV, 371, XXVI, 36, etc.).

L'attitude des cahiers normands mérite une très sérieuse attention. La majorité des cahiers primaires sont résolument hostiles au partage et très attachés à la conservation des communaux. (Cahiers de Coudeville, 5, de Hugueville, de Hambye, 39, etc.) Cet attachement paraît traditionnel en Normandie; les anciens États ont demandé maintes fois à racheter les communaux aliénés, et à plusieurs reprises des dispositions spéciales sont intervenues pour les satisfaire (*Cahier de 1611, art. 45; de septembre 1613, art. 29; de février 1618,*

art. 60, dans DE BEAUREPAIRE, *Cahiers*, I, 44, 204; III, 160). Un vœu comme celui du présent cahier doit donc être considéré comme assez suspect; ce n'est pas un vœu de cahier primaire, mais un de ceux que l'on rencontre dans les cahiers de bailliage, un vœu de philosophe-économiste, et de propriétaire.

Les propriétaires de biens-fonds avaient en effet tout à gagner en 1789, en Normandie, au partage des communaux. Depuis le milieu du siècle, la jurisprudence du Parlement de Rouen était nettement arrêtée, en ce sens que le partage devait se faire non par tête d'habitants, non par feux, mais uniquement entre les possédants fonds et proportionnellement à leurs propriétés. (*Arrêts des 9 mars 1747, 2 avril 1767*, dans HOUARD, *Dict. anal.*, v° Communes, I, 310 sq.) Cette circonstance explique pourquoi le vœu en faveur du partage des communaux a prévalu en général dans les assemblées de bailliage, où dominaient les propriétaires fonciers.

moyen d'en retirer quelque utilité, ce serait de les réduire en une seule dans chaque ville où il y a cour de parlement, chambre des comptes, évêché et siège présidial, pour y tenir un collège public et gratuit pour l'instruction de la jeunesse, en leur laissant un revenu honnête pour subsister; que le surplus de leurs biens serait inféodé et les revenus appliqués au bien de l'État;

67° Le nombre, les appointements, traitements et gratifications des receveurs généraux et particuliers des finances sont trop considérables; les États généraux doivent s'en occuper et solliciter la réduction au moins d'une moitié; même que leurs traitements et appointements à l'avenir soient déterminés à une somme fixe et non relative à la variation des impositions;

68° Le tiers ordre fournissant presque tous les marins qui ont acquis par de longues et continuelles navigations les connaissances et l'expérience qui constituent le véritable marin, devrait être appelé en concurrence pour commander les vaisseaux de Sa Majesté avec les membres de la noblesse. Les États généraux doivent s'employer avec persévérance à demander qu'à l'avenir le mérite seul entre les marins des deux ordres défère le commandement[1].

C'est l'unique moyen de former, par l'émulation qui régnera entre les deux États, des marins qui puissent procurer les avantages que l'État a le droit d'attendre de sa marine et (de) la rendre respectable aux ennemis de l'État;

69° Les officiers des troupes de terre sont en nombre trop considérable; il serait à désirer qu'il y eût un tiers de supprimés pour le bien de l'État;

70° Les différents inspecteurs des troupes et commissaires de guerres, dont les appointements sont trop considérables, eu égard

[1] Depuis la création des écoles royales de marine (*Ordonnances des 29. août 1773 et 1er janvier 1780, et règlements des 28 janvier 1787, 29 janvier 1788*, Isambert, XXII, n° 1046, XXVIII, n°° 317; 594, et pour le dernier texte, Arch. Calvados, C 108), le corps des officiers de marine se trouvait partagé en deux ordres séparés. Les nouvelles écoles, qui n'étaient ouvertes, comme les écoles militaires de l'armée de terre créées en 1751, qu'aux jeunes gens pouvant justifier de quatre quartiers de noblesse, devaient fournir exclusivement les grades supérieurs; et les roturiers sortis des anciennes écoles créées par Colbert n'étaient plus appelés sur les bâtiments de l'État qu'à titre d'officiers auxiliaires, (*officiers bleus*), sans espérance de parvenir jamais aux grades supérieurs, exclusivement réservés aux élèves nobles. Les cahiers des régions maritimes ont réclamé un peu partout contre cette classification humiliante. Le cahier d'Auray (*Arch. Parlem.*, VI, 113) demande que les écoles de marine soient ouvertes aux enfants de tous les âges et de toutes les conditions. La noblesse de la Rochelle elle-même affirme «voir avec regret les variations que le corps de la marine éprouve depuis quelques années». (*Arch. Parlem.*, III, 475.)

à leur peu d'utilité, pourraient et même devraient être réformés, sans qu'il en résultât aucun préjudice pour le bien du service;

71° Tous les financiers en général, excepté ceux de la dernière classe, ont des appointements et des gratifications trop considérables, qui ne servent qu'à entretenir un luxe et une profusion révoltante pour la nation; il serait du bon ordre d'y mettre un frein par le retranchement d'une partie considérable de leurs appointements; il devrait en être de même dans tous les états qui donnent la direction des affaires et deniers publics, qui devraient être réduits à une récompense proportionnée au service et au travail que leur emploi peut mériter;

72° Les États généraux doivent encore demander l'abolition du concordat fait entre François Ier et Léon X en 1515[1], et que la pragmatique sanction ou règlement fait sous Charles VII soit remis en vigueur dans toutes ses dispositions, afin de conserver chaque année dans le royaume des sommes considérables qui passent dans un pays étranger, et que les sujets jouissent des autres avantages qui leur étaient attribués par ce même règlement;

73° Il ne serait pas moins à désirer que les États généraux pussent obtenir l'abolition des droits exigés par les dispenses de parenté, alliances, publications de bans, fiançailles et de temps, dont le produit forme sur le peuple un impôt considérable, sans que l'on sache qu'il en résulte aucune utilité pour le public;

74° Les usuriers et agioteurs se sont multipliés dans toutes les parties du royaume où ils exercent un empire absolu sur toutes espèces de personnes qui se trouvent dans le besoin, dont ils opèrent en peu de temps la ruine entière; il serait à désirer que le prêt d'argent avec intérêts au taux du roi fût permis, à terme d'un, deux ou trois ans, même davantage, suivant la convention des parties; ce serait le moyen de ruiner les opérations iniques et vexatoires de ces sangsues publiques, et de vivifier le commerce et l'agriculture en mettant en circulation un numéraire considérable qui reste oiseux dans les coffres des riches, à leur propre désavantage et celui de la société;

[1] *Lettres patentes contenant Concordat entre le pape Léon X et le roi François Ier, conclu à Bologne en décembre 1515, enregistrées de l'exprès commandement du roi, le 22 mars 1517* (Isambert, XII, 75, n° 36). Les Annates, auxquelles notre article fait allusion, ne sont point mentionnées au Concordat; la Bulle du pape sur les annates, datée de *Rome, calendes d'octobre 1516*, est un acte indépendant qui n'a point été enregistré au Parlement. Les Mémoires du Clergé, t. X, p. 159, enseignent expressément qu'elle n'a point été reçue en France, et que l'erreur commune, qui attribue au Concordat la reconnaissance du droit d'exiger les annates, ne provient que de quelques éditions de ce document, où l'on a réuni plusieurs actes très distincts.

75° Il est encore une autre classe de gens dont l'esprit d'iniquité et de mensonge est un fléau aussi dangereux que nuisible dans l'ordre de la société; ce sont les faux témoins, qui se sont également propagés dans tous les cantons, où ils font maintenant un trafic odieux de leurs témoignages; il serait à désirer que les États généraux demandassent que les anciennes ordonnances fussent remises en vigueur et qu'il y fût même ajouté des peines plus sévères[1], desquelles lois lecture devrait être donnée au moins une fois ou deux par an au prône des messes de paroisses;

76° Les banqueroutiers sont encore des gens dangereux et un fléau dans l'ordre de la société.

L'impudence et la mauvaise foi avec laquelle ils trompent la bonne foi qui est l'âme du commerce méritent l'attention des États-généraux, pour demander que les anciennes ordonnances en cette partie soient remises en vigueur et qu'il soit fait des exemples fréquents de ces voleurs publics;

77° Les privilèges de *committimus* accordés à certains corps, dignités et charges, sont contraires au droit naturel et au bien public, en forçant les citoyens de quitter leurs foyers et leurs occupations pour aller plaider à des distances considérables et très onéreuses, devant des juges rarement instruits des usages locaux et coutumes du pays; d'où il s'ensuit presque toujours un désavantage certain pour le défendeur. Ces considérations doivent mériter l'attention des États généraux et les porter à demander la révocation de ces privilèges[2];

[1] Il semble assez difficile qu'on ait pu ajouter des peines plus sévères aux anciennes ordonnances sur les faux témoins, la peine prévue étant toujours la mort, « telle et en telle manière que les juges l'arbitreront selon l'exigence du cas». (*Ord. de François Ier, de mars 1531*, dans ISAMBERT, XII, 357, n° 182. — *Édit sur l'abréviation des procès, du 30 août 1536*, ch. III, art. 8, *ibid.*, XII, 526, n° 255. — *Ordonnance de Louis XIV, de mars 1680, ibid.*, XIX, 238, n° 919.) Mais dans la pratique, comme nous l'apprend Ferrière, les juges ne suivaient pas toujours les ordonnances à la rigueur»; et dans les affaires criminelles en général, à moins qu'il ne s'agit d'un crime capital, et toujours dans les affaires civiles, ils se contentaient de moindres peines, «comme de faire amende honorable». (FERRIÈRE : *Dict. de droit et de pratique*,

v° Faux témoins, éd. Paris, 1741, I, p. 899.)

[2] La liste assez longue des personnes qui jouissaient du privilège de *committimus*, du grand et du petit sceau, est établie dans l'*Ordonnance sur la réformation de la justice, d'août 1669*, titre IVe, art. 13 et 14 (dans ISAMBERT : XVIII, n° 581, p. 345). Comment cette pratique pouvait-elle se concilier en Normandie avec le droit reconnu par la Charte de 1315 aux habitants de n'être jugés que par les tribunaux de la province? (*Ordonnance de juillet 1315, Art. 17 et 21, ibid.*, III, n° 497, p. 110 et 111.) Les commentateurs normands sont à cet égard d'une regrettable discrétion (voir pourtant HOUARD, *Dict. Anal.*, v° Évocation, et v° Requêtes du Palais, et Pesnelle, *sur Art. 594*, p. 607). La vérité est que, moins heureuse que certaines autres provinces

78° Toutes les forêts sont négligées et dans une totale dévastation. Le repeuplement doit occuper l'attention des États généraux et provinciaux, pour prévenir la disette générale et prochaine de bois de toute espèce par des précautions plus sages et plus sûres que celles usitées jusqu'à ce moment pour leur conservation;

79° Les États généraux et provinciaux ne doivent pas s'occuper avec moins de zèle à demander que les lois qui ont défendu la pluralité des bénéfices sur plusieurs têtes et la résidence stricte de chaque bénéficier dans le lieu principal de son bénéfice soient remises en vigueur et exécutées ponctuellement et à la lettre, sous peine d'en être privés;

80° Il est à désirer également qu'il n'y ait plus aucune vacance pour tous les bénéfices, que le successeur prenne possession et entre en fonctions immédiatement après sa nomination, et perçoive (sur) tous les fruits du bénéfice à compter du même jour;

81° Que les héritiers du dernier titulaire soient assujettis à laisser un paraphernal composé des effets et meubles indispensables eu égard à la qualité du bénéfice;

82° Qu'à l'instant du décès de tout bénéficiaire, ses héritiers ou gardiens soient tenus, sous peine d'amende, d'avertir sans délai le ministère public du tribunal dans le ressort duquel le chef-lieu du bénéfice sera assis, pour par l'homme du roi s'y rendre et faire faire en sa présence l'apposition des scellés et bref état qui se trouveront nécessaires pour la conservation des titres du bénéfice et de la masse mobilière de la succession, grevée des réparations de l'église et bâtiments du bénéfice et dépendances;

83° L'état et l'occupation actuelle des enfants mâles trouvés et répandus dans les campagnes et renfermés dans les hôpitaux où ils végètent et périssent avant l'âge[1], réclament spécialement de la

---

(Bretagne, Artois, Flandre), la Normandie n'avait point réussi à défendre son privilège de juridiction. La dernière protestation publique nous paraît avoir été celle des États de 1658; encore les États protestent-ils plutôt contre l'abus du *committimus* que contre le principe lui-même. (*Cahier de février 1658, A. 54*, dans DE BEAUREPAIRE : *Cahiers*, III, 157.)

[1] La question des enfants trouvés, qui préoccupait beaucoup à ce moment l'opinion, était dans la région particulièrement urgente. Le nombre d'enfants trouvés était considérable. A Coutances, en 1787, on ne recueillait pas moins

de 39 enfants; à Granville, 15; avec les paroisses rurales, le chiffre montait dans le bailliage à près de 80. Comme, en Normandie, la nourriture des enfants trouvés n'incombait pas, ainsi que cela se pratiquait ailleurs, aux hauts-justiciers, c'était sur les paroisses et communautés que la charge retombait. Les enfants étaient recueillis, conformément aux *Règlements de 1719*, dans les hôpitaux généraux du ressort, c'est-à-dire à Coutances et à Granville; le premier de ces établissements nourrissait, en 1785, 62 enfants, le second 55.

La dépense d'un enfant trouvé est évaluée, par les administrateurs, à

sollicitude des États généraux et provinciaux des règlements, dont
la sagesse rende ces êtres plus utiles à l'État, en substituant à leurs
occupations de carder le coton, la laine et autres travaux de ce
genre, qui ne conviennent nullement aux hommes, les rendent
contrefaits et malsains, celle de s'instruire jusqu'à 16 ans, ensuite
les faire passer chez les maîtres des professions dans les ports de
mer, sur les navires et dans les campagnes, où ils acquéreraient
plus de force, et dans le cours de deux années leur travail donnerait plus qu'il n'aurait fait dans les six précédentes;

84° L'abolition générale de toutes les maîtrises rétablies par
l'édit d'avril 1779. Quoiqu'elles aient versé des finances dans le
Trésor royal à tout le public pour la révocation de cet édit, apportant des entraves à l'industrie, au commerce, et donnant naissance
à multitude de contestations que les vues de sagesse, de bienfaisance du vertueux ministre M. Turgot l'avoient porté à anéantir par
son édit de février 1776. Les motifs de son préambule sont con-
cluants autant que convaincants pour déterminer les États généraux
et provinciaux à demander qu'il soit remis [en vigueur] au moins
pour toutes les villes du second ordre[1];

85° Les déclarations et visites et marques géminées auxquelles

6 livres par mois, compris l'entretien,
pendant qu'il est, à la campagne, à 8
livres après qu'il est sevré. A Granville,
en 1785, la dépense pour 55 enfants
monte à 2,000 livres par an. Les très
modiques revenus des hôpitaux de la
région n'auraient pas suffi évidemment
à couvrir ces dépenses; aussi était-on
obligé de faire travailler les enfants,
comme d'ailleurs les indigents. A Granville, en 1785, tandis que les vieillards décordent de vieux câbles pour
faire de l'étoupe, les enfants de 6 à
7 ans font de la dentelle; à 10 ou
11 ans, les garçons sont enrôlés comme
mousses sur les navires. A Coutances,
— c'est à ce fait évidemment que le
cahier fait allusion, — les enfants
sont employés à carder le coton, et ce
travail produit 6,446 l. 8 s. par an
et, déduction faite des frais d'achat des
matières premières, laisse un bénéfice
net de 3,786 livres (Arch. Calvados,
C 1047).
  Mortalité considérable : 25 décès
d'enfants trouvés au seul hôpital de
Coutances, en 1787 (Arch. nat., D
IV bis, 44). (Voir QUENAULT : L'Hôpi-
tal-général, dans Mémoires de la Société

Académique du Cotentin, II, 61, et du
même, L'extinction de la mendicité à
Coutances en 1726, ibid., p. 36.)
  [1] Édit portant suppression des jurandes et communautés de commerce,
6 février 1776. Préambule... «Nous
voulons abroger ces institutions arbitraires qui ne permettent pas à l'indigent de vivre de son travail, qui re-
poussent un sexe à qui sa faiblesse a
donné plus de besoins et moins de ressources, et semblent, en les condamnant
à une misère inévitable, seconder la sé-
duction et la débauche; qui éloignent
l'émulation et l'industrie, et rendent
inutiles les talents de ceux que les circonstances excluent de l'entrée des communautés; qui retardent le progrès des
arts par les difficultés multipliées que
rencontrent les inventeurs, auxquels différentes communautés disputent le droit
d'exécuter des découvertes qu'elles n'ont
point faites.» (ISAMBERT, XXIII, n° 391,
p. 375.)
  Sur les corporations de Coutances en
particulier, v. Tardif : Les corporations
d'arts et métiers de la ville de Coutances,
dans Ann. de la Manche, XXIV (1852),
p. 712.

les manufactures, fabricants et ouvriers en tout genre sont assujettis, autres que par leurs propres gardes, sont autant d'entraves onéreuses qui augmentent le prix des ouvrages, en empêchent le débit, opèrent bientôt le découragement, la ruine du commerçant ou fabricant, et favorisent l'étranger et lui assurent la préférence. Il est urgent d'y apporter un prompt remède en dégageant nos manufactures, fabricants et commerçants de toutes ces gênes et contraintes qui souvent accélèrent sa ruine par des procès dispendieux;

86° Les armées de terre et de mer, levées et entretenues par l'État, sont pour maintenir la police et le bon ordre dans son intérieur, défendre au dehors que les ennemis ne viennent par des incursions subites envahir et ravager les possessions mobilières et immobilières de tous les individus des trois ordres; pourquoi donc les deux premiers, qui comme les plus riches ont le plus d'intérêt à la conservation de ses armées, ne sont-ils, par les ordonnances de 1331, 1750 et 1768, assujettis au logement que dans les seuls cas où le troisième, surchargé, écrasé, est réduit sans grabat pour reposer sa tête; l'axiome qui dit que celui qui profite doit payer peut-il trouver plus juste application? Tous les individus des trois ordres ont des intérêts communs, des possessions plus ou moins considérables à conserver, toutes les charges de cette conservation doivent également être communes; les deux premiers ordres doivent donc cesser de jouir de tout privilège pour le logement des troupes en nature ou pour contribution de fournitures, ustensiles et casernements, comme contraires au bien public. Les États généraux et provinciaux doivent demander que les ordonnances précitées[1], no-

---

[1] Nous ne connaissons aucun texte général des années indiquées qui soit relatif au logement des gens de guerre. L'exemption des ecclésiastiques, des seigneurs et des officiers de justice ne fait d'ailleurs aucun doute. Les textes que les commentateurs invoquent le plus communément, sont une *Déclaration du 13 novembre 1638*, un *Règlement du 18 octobre 1641*, et un *Arrêt du Conseil du 5 décembre 1693* (ISAMBERT, XVI, 497, XX, 203). Dans l'interprétation généralement admise, l'exemption embrasse tous les ecclésiastiques sans distinction, puis «les gentilshommes faisant profession des armes, les chefs des compagnies de justice, présidents, lieutenants généraux et particuliers, les gens du roi dans les sièges royaux, les maires et échevins, receveurs des tailles en exercice, commis des gabelles, traites foraines et autres fermiers ayant le maniement des deniers de Sa Majesté.» (FERRIÈRE : *Dictionnaire*, I, p. 876, v° Exemption.) Mais la plupart de ces cas étaient mal établis, et l'application soulevait des contestations incessantes. Le rédacteur du cahier avait peut-être présentes encore à la mémoire les difficultés plus que vives qui s'étaient élevées à Valognes entre le corps de la noblesse et l'administration municipale, à l'occasion du logement de deux bataillons du régiment de Turenne. La noblesse, invoquant ses privilèges, s'était refusée à contribuer au logement; le maire, arguant du *cas de foule*, avait fait envoyer quelques fusiliers chez un

tamment celles de 1768, ne fassent plus aucune distinction de personnes ni de circonstances;

87° Les importations de toutes espèces de productions, denrées, ouvrages, marchandises, vins, bières, cidres, poirés[1], grains, grenailles, fourrages doivent être permises dans tous les lieux du royaume et dégagées des déclarations, congés, visites et droits généralement quelconques;

88° La fabrication du sel faite avec l'eau ou le sable, ainsi que la vente et transport, doivent être libres à toutes personnes et en tout temps, afin de débarrasser le peuple des gênes et contestations qu'il éprouve pour l'approvisionnement de cette denrée d'une nécessité journalière et absolue. C'est aussi le moyen le plus sûr de purger la société des fraudeurs, dont l'occupation à différents travaux procurerait plus d'utilité;

89° Les droits prélevés sur les boissons sous différentes dénominations ont, comme ceux sur le sel, pour base des lois en nombre presque infini s'interprétant, modifiant, révoquant certains droits, en établissant d'autres; c'est un labyrinthe pour le peuple, qui à chaque pas est menacé d'un procès-verbal, d'une confiscation, d'une amende, et d'un procès dans lequel il est presque toujours sûr d'un désavantage; il est intéressant d'abolir le dédale obscur, pour soustraire le peuple aux inquiétudes sans cesse renaissantes qu'il en éprouve;

90° Comme il faut des impôts pour faire honneur aux charges contractées et journalières de l'État, il pourrait en être établi de nouveaux, augmenté d'anciens, pour remplir le vide de ceux supprimés;

91° Augmenter de moitié les droits sur le tabac;

92° Mettre en ferme ou régie les eaux-de-vie et liqueurs, et en augmentant également les droits de moitié[2];

93° Le café, thé, chocolat, sucres, épiceries, en quadrupler les droits;

94° La poudre à tirer et poudrer, en quadrupler les droits;

---

des principaux protestataires, et à la suite de cet éclat, pendant plus d'une année, une agitation extraordinaire avait régné dans la ville, que l'intervention du duc d'Harcourt, gouverneur de la province, était seule parvenue à calmer. (Voir les pièces de correspondance réunies dans HIPPEAU : Gouvernement, IX, 405-422.)

[1] Pour les droits sur les cidres, voir le cahier de CARANTILLY, II, 1 et 2, infrà, p. 251, et le Recueil des règlements sur le fait des aides en Normandie, 1733, in-4°.

[2] L'eau-de-vie de cidre et de poiré payait 2 l. 5 s. de droits par muid de 144 pots. En outre, pour entrées, 2 d. 7/9 par pot, 9 d. 1/3 pour subvention, et 3 d. 3/4 pour jauge et courtage. (Recueil des traites, t. Ier. v° Eau-de-vie.)

95° Les cartes et dés à jouer, en quadrupler les droits[1];

96° Doubler les droits sur les mousselines, batistes, gazes, linons, dentelles et rubans;

97° Doubler les droits sur toutes les pelleteries et fourrures;

98° Doubler les droits sur tous les vins et liqueurs du royaume et de l'étranger;

99° Doubler les droits sur les fromages de l'étranger;

100° Quadrupler les droits de marque sur tous les ouvrages d'or et d'argent;

101° Imposer une taxe par chaque domestique mâle non occupé à la culture, commerce et profession de son maître; c'est le vrai moyen de restituer beaucoup de bras à l'utilité publique, à la marine et aux troupes de terre;

102° L'augmentation survenue progressivement dans le prix de toutes les choses nécessaires à l'entretien et subsistance de l'homme devrait mériter aux matelots et soldats une augmentation de paye et particulièrement pour leur route; il serait enfin à désirer que le matelot n'éprouvât plus de retardement pour le payement de ses salaires, et notamment de la part de bourgeois armateurs[2];

[1] *Contra* le cahier du tiers état du bailliage de Mortain, art. Doléances locales (*l. c.*, p. 160). Le vœu du cahier de Bricqueville doit être considéré comme isolé en Basse-Normandie. Ce pays, où il y avait un grand nombre de papeteries fabriquant les tarots et cartes à jouer, avait au contraire toujours protesté contre l'imposition des cartes à jouer. Les députés de Normandie en avaient même obtenu, en 1587, la révocation par Henri III, et le cahier du tiers de 1614 rappelle expressément «qu'à raison dudit impôt, plusieurs familles de *Normandie* ont abandonné la France et ont passé en Angleterre». (Art. 451, dans MAYER. *États généraux*, XVII, 2° part. p. 15.)

[2] Depuis l'*Ordonnance du 15 décembre 1786*, portant règlement sur la *Caisse des gens de mer* (ISAMBERT, XXVIII, 275), le payement des loyers des matelots devait être assuré dans chaque quartier par le commissaire de l'inscription maritime, auquel l'armateur remettait directement, après le désarmement, le montant des salaires échus. Des dispositions antérieures avaient prohibé le paiement d'avances au départ, ou d'acomptes en cours de route

entre les mains des matelots eux-mêmes. (*Déclaration royale du 18 décembre 1728, arrêt du Conseil du 19 janvier 1734.*) Est-ce contre cette législation restrictive que proteste le cahier? Peut-être donnait-elle lieu en pratique, par la faiblesse des commissaires, à des abus et des *retardements*, de la part des armateurs (voir cahier de Saint-Nicolas-de-Granville, *suprà*, p. 128); elle procédait cependant d'une intention excellente en soi: on voulait éviter que les marins ne dépensassent en route leurs salaires, au préjudice d'eux-mêmes et de leurs familles; et la précaution a paru assez nécessaire pour que la législation moderne l'ait, avec quelques réserves, expressément maintenue. (*Décret du 4 mars 1852. — Arrêté ministériel du 22 mars 1862.*)

Par *route*, dans notre article, il faut probablement entendre le rapatriement et la conduite, c'est-à-dire le retour en France et jusque dans leur quartier d'inscription, des marins conduits à l'étranger par le contrat d'engagement. Ces frais étaient mis à la charge de l'armateur par l'*Ordonnance d'août 1681* (dans ISAMBERT, tit. IV, A 10, XIX, p. 319).

103° Il est à désirer que les États généraux et provinciaux daignent s'occuper de toutes les inféodations, échanges, droits, établis et perçus soit au préjudice du souverain et de ses sujets en général, ou particuliers;

104° Que les États s'occupent de la reddition des comptes de tous ceux qui ont eu l'administration des deniers publics et de [pour]suivre ceux qui les auraient détournés;

105° De la réduction des frais énormes de procédure dans les cours souveraines, qui écrasent les riches et en ferment l'entrée aux pauvres;

106° Les États n'ignorent pas que tous les hommes des paroisses bordant la mer sont presque tous marins; que, pendant leurs voyages, leurs femmes cultivent leurs héritages; dans les intervalles, elles vont pêcher; le fruit des dangers, des fatigues et de l'intempérie des saisons doit une déclaration, des droits au bureau du domaine et le coût d'un acquit qu'il faut garder scrupuleusement, pour le présenter à la halle où ces femmes portent en la majeure partie le poisson sur leur dos; à défaut de représentation, elles encourent le danger de le perdre, d'un procès-verbal et d'une amende [1];

On ose espérer avec confiance que le sort de ces habitants intéressera la sensibilité des États, qu'ils emploieront leur crédit pour les libérer de cet impôt prélevé sur une classe aussi indigente qu'elle est utile;

107° Le dernier vœu et le plus particulier des habitants de Bricqueville est pour le rétablissement des États provinciaux de la Normandie; que les États puissent obtenir l'abonnement de tous les impôts prélevés dans la même province, sous quelque espèce de dénomination que ce puisse être, avec la liberté d'en faire la

[1] Pour la réglementation de la petite pêche côtière, dite *pêche à la main*, voir les dispositions générales de l'*Ordonnance de la marine d'août 1681*, livre V (ISAMBERT XIX, p. 356) et les nombreuses restrictions de la législation subséquente (*Ordonnance du 7 septembre 1716, qui défend de pêcher des moules, huîtres et autres espèces de coquillages le long des quais, jetées et forts, construits dans la mer.* — *Déclarations des 23 avril 1726, 18 mars 1727; 20 décembre 1729.* — *Lettres patentes du 21 février 1759.* — *Arrêt de la Cour du 23 mai 1765,* tous relatifs à la détermination des engins de pêche permis. Les cahiers de Hauteville-sur-Mer, A. 27, et du Tiers État du Bailliage de Coutances, A. 5, § 5, *infrà*, p. 350 et 675, nous renseignent sur les entraves qui étaient mises à la pêche du *lançon*. Les formalités dont il est question au texte viennent de ce que, le poisson étranger étant soumis aux droits de douane, les habitants du littoral devaient, pour justifier de leur qualité, produire un acquit-à-caution, délivré par le domaine, lorsqu'ils portaient à la halle le produit de leur pêche. (Voir HÉGUERRY : *Remarques sur plusieurs branches de commerce et de navigation,* et SAVARY : *Dictionnaire universel du Commerce,* v° *Pêche.*)

répartition suivant le mode, les connaissances que la sagesse de leurs lumières leur suggéreront.

Les mêmes habitants auraient bien désiré mettre plus d'ordre dans ce mémoire et le rendre plus concis, mais le temps leur a manqué.

Arrêté par les soussignés dans la sacristie de leur église paroissiale, au désir de leur délibération de ce jour premier mars mil sept cent quatre-vingt-neuf;

*[1] 108° Ils omettaient de représenter aux États que le tarif pour le port des lettres pourrait être augmenté de moitié; cet impôt porterait plus particulièrement sur les riches de tous les ordres; mais, pour en retirer tous les fruits désirés, il serait indispensable de veiller plus scrupuleusement à ce que les courriers des malles et les piétons ne portassent volontiers autant de lettres en fraude que de timbrées.

Arrêté définitivement cedit jour et an, lieu et heure qui vient d'être dit.

Vingt-trois mots rayés nuls.

G. Barbe, Barbe, P. Hervin, F. Lemaresquier, Jacques Yber, G. Martin, Jean Ameline, J. Caruel, S. Gambillon, Jean Dujardin, Jean Gambillon, P^d Gambillon, Huet, Jean Gambillon, Pierre Hennequin, L. Dujardin, Jean Gambillon, Charles Môquet, J. Asselin, P. Riquier, Jean Dujardin, Jean-Baptiste Dubreuil, *Lescaudey*.

[1] *Addition. — Le tarif des ports de lettres, établi par la déclaration royale du 8 décembre 1703, avait été augmenté déjà par la déclaration du 8 juillet 1759, enregistrée au Parlement de Rouen (*Recueil des Édits*, IX, 246). Il fallait, en 1789, 4 jours à une lettre pour venir de Paris à Coutances. Les lettres partaient trois fois par semaine, les lundi, mercredi et samedi à 2 heures, pour Coutances et le Cotentin, Cherbourg, Saint-Lô, Valognes, Granville, Avranches et Pontorson. Les bureaux de la région sud, Condé, Mortain, Villedieu et Avranches, étaient desservis les mercredi et samedi seulement, par une correspondance de Falaise. Le port coûtait de Paris à Coutances, pour une lettre simple, 8 sous; pour une lettre sous enveloppe, 9 sous; pour une lettre double, 14 sous. Les paquets payaient 32 sols l'once, et les journaux 8 deniers la feuille, sauf la *Gazette de France* et le *Mercure*, qui étaient privilégiés et ne payaient que 5 deniers. L'or et l'argent payaient 5 p. 100 de la valeur déclarée. Voyez *Tarif général des droits que le roi veut être payés à l'avenir à commencer du 1er août 1759, pour le port des lettres et paquets de lettres. — Haute et basse Normandie*, art. LXIII, LXXII, LXXIII. (*Ibid.*, p. 249.)

BRICQUEVILLE-PRÈS-LA-MER [1].

1. Procès-verbal d'assemblée.
(Le procès-verbal authentique n'a pu être retrouvé.)

Date de l'assemblée : 1er mars. — Nombre de feux : 365 [2]. — Députés : Pierre Boutot, *laboureur* (3 jours, 9 l., Acc.); *Me Jean-Baptiste Hastey, *chirurgien* (4 jours, 12 l. et 19 jours, 74 l., Acc.); Jullien Alaterre, *laboureur* (3 jours, 9 l., Acc.); Jacques Guérin, *laboureur* (3 jours, 9 l., Acc.).

2. Cahier de doléances.
(Ms. *Greffe du Tribunal de première instance de Coutances*, pièce n° 378. Original signé. *Inédit.*)

Doléances de la paroisse de Bricqueville-près-la-Mer.

Cette paroisse maritime a une très grande population, relativement à son étroit territoire [3]. Elle fournit environ deux cents hommes à la marine royale en temps de guerre et autant à la marine marchande pendant la paix. La dernière guerre y a laissé plus de quatre-vingts veuves et un nombre proportionné d'orphelins, tous malheureux qui ne peuvent guère partager la charge accablante des impôts publics.

Elle n'a aucun commerce particulier, aucunes manufactures, excepté la fabrique du sel blanc qui est dans les mains d'une petite partie de sa communauté, fabrique chère à la province qui la met au nombre de ses privilèges, fabrique sans laquelle ne pourraient vivre les nombreux pauvres habitans que la cherté de la main-d'œuvre a fixés sur son territoire [4].

[1] Arrondissement de Coutances, canton de Bréhal.

[2] Population déclarée en 1790 : 2,500 communiants ; au dénombrement de 1793 : 1,890 habitants. Mouvement en 1787 : N. 63 (37 G. + 26 F.), M. 13, D. 37. Population actuelle (avec Sainte-Marguerite) : 1,154 habitants.

[3] Superficie de la commune actuelle : 1,474 hectares; mais elle a englobé l'ancienne paroisse de Sainte-Marguerite. Mouvement de la population en 1787 : 63 naissances, 13 mariages, 37 décès. (Arch. Calvados, C 170.)

[4] La fabrication du sel blanc étant un privilège, l'administration royale avait réglementé très étroitement le nombre des salines qui pouvaient le préparer, et les localités où elles seraient établies. Le *Dictionnaire universel du Commerce* de Savary donne, v° Sel, la liste des paroisses dont les habitants jouissaient de la faculté d'établir des salines, sur le littoral du Cotentin. «Les lieux où l'on fabrique du sel blanc en Normandie sont : Marcé, Vains, Genêts, le Val-Saint-Pair, Céaux, Courtils et Huynes, dans l'élection d'Avranches; Bricqueville, Bréhal et Créances, en l'élection de Coutances; Lessay, Saint-Germain-sur-Ay et Montmartin, dans celle de Carentan; Portbail, Gouey,

Outre le poids des impôts, cette paroisse est extrêmement grevée de l'entretien d'une multitude de chemins incessamment couverts de voitures qui viennent de bien loin enlever les engrais de mer, de manière que bien des malheureux propriétaires ont plus de dépenses à faire pour l'entretien de ces chemins que de revenus à recueillir des fonds qui les bornent.

Ladite paroisse ose attendre de l'équité des États généraux quelque amélioration qui doit résulter des opérations d'une si auguste assemblée, qui, sous les yeux d'un Roy bienfaisant, s'occupera sans doute du soulagement de la plus pauvre partie de ses sujets. C'est dans cette espérance que ladite paroisse demande et supplie :

1° Qu'on lui accorde, dès qu'il sera possible, quelque modération dans les impôts qui l'écrasent;

2° Qu'on cherche les moyens de soulagement dans la juste contribution aux impôts publics de la part des riches propriétaires, tant ecclésiastiques que nobles, qui doivent au moins partager les charges des malheureux laboureurs [1];

Carteret, Rideauville, Saint-Vast, et Quinéville, dans celle de Valognes. (Éd. Copenhague, 1752, t. IV, col. 682.)

Dans les paroisses privilégiées elles-mêmes, quelques habitants seulement avaient obtenu le droit de se livrer à cette industrie; il leur fallait une autorisation délivrée après enquête par le commissaire départi de la généralité. L'exercice de leur profession était strictement réglementé : l'administration avait fixé les conditions de la fabrication, la quantité de sel que chaque saline pouvait produire, le nombre de chaudrons ou plombs que chacun pourrait employer, les mesures dont il devait se servir; elle avait établi entre les saulniers d'un même havre une sorte de solidarité forcée, les obligeant à remplir à tour de rôle les fonctions de syndic, à répondre en commun des infractions au règlement, à se réunir chaque semaine pour arrêter les jours et heures où ils auraient dessein de travailler. (Ordonnance des gabelles, mai 1680, titre XIV; Déclaration du roi portant règlement pour la levée du droit de quart-bouillon sur les salines de Normandie, 2 janvier 1691; Déclaration pour le quart-bouillon en Normandie, 19 mai 1711, dans le Recueil des Gabelles, II, 43, 141.)

Il y avait à Briqueville, au temps du Mémoire statistique, 70 salines. On n'en comptait plus, en 1788, que 48 à Bricqueville, 8 à Bréhal et 14 à Créances. Chaque saline avait alors le droit de bouillir 80 jours par an, à raison de 40 jours par semestre, et les plombs destinés à cuire le sel devaient contenir 11 pots. On se plaignait fort, en 1788, de cette réglementation. Les saulniers, paraît-il, pour faire davantage de sel dans le temps fixé, ne lui donnaient pas une cuisson suffisante; et ce sel mal cuit, outre qu'il pesait davantage et occasionnait une perte à l'acheteur, gardait, comme disent les habitants de Muneville, «une grande quantité de mucosité acrimoniale, qui produit des effets nuisibles à la santé. (Assemblée d'élection, Coutances, s. du 30 oct. 1788, Arch. Calvados, C. 7700.)

Cf. pour les antécédents, les Cahiers des Etats de Normandie de septembre 1631, art. 19; décembre 1634, art. 89, dans DE BEAUREPAIRE : Cahiers de Normandie, II, 209; III, 30.

[1] Impositions de la paroisse pour 1789 : taille, 2,991 livres; acc., 1,962 l. 15 s.; cap., 1,935 l. 4 s.; corvée, 993 l. 8 s. 7 d.; vingt., 1,084 l. 5 s. 5 d.; terr., 93 livres; bât., 31 livres. Au total, 9,086 l. 2 s.

Privilégiés : 1° ecclésiastiques : 2 curés, Me Gallien de Préval, pro 1ª, et Guillaume Lerond pro 2ª, qui déclarent res-

3° Qu'on diminue les frais immenses de la perception des impôts, et qu'on adoucisse les rigueurs de la contrainte contre les pauvres qui ne peuvent payer;

4° Qu'on conserve à ladite paroisse et qu'on soulage de quelques droits le privilège de sa fabrique de sel blanc [1];

5° Qu'on décharge les pauvres habitans de ladite paroisse de l'entretien ruineux des chemins qui servent à l'enlèvement des engrais de la mer pour un canton considérable, et qu'il soit fait à cet effet un chemin public et plus commode que ceux qui existent;

6° Enfin que, par la réforme des abus, des vexations de toutes espèces qui pèsent sur le pauvre, on lui donne occasion de bénir à jamais l'époque heureuse et si longtemps désirée de la tenue des États généraux.

Fait et arrêté par les habitants soussignés pour être mis aux mains de leurs députés à l'Assemblée préliminaire, à Bricqueville près la mer, ce 1er mars 1789.

> J.-B. HASTEY, *chirurgien*, P. BOUTOT, P. GUÉRIN, N. THUILLET, Barnabé GUÉRIN, Julien LEBERT, Joachim DUPONT, J. GUÉRIN, Jacques GUÉRIN, V. THUILLET, Jean JOURDAN, G. DELISLES, Vigor GUÉRIN, Jean LECONTE, P. ADAM,

pectivement, en 1790, 2,500 et 900 livres de revenus. *Biens ecclésiastiques :* les deux cures, maison presbytérale et 5 à 6 vergées de terre; Hôtel-Dieu de Coutances, une grange décimale, maison avec jardin louée à emphytéose; Trésor de Bricqueville, 2 portions de terre en labour et luzerne, d'une vergée et 30 perches; Trésor de Bréhal, une pièce de terre, 3 vergées; le curé de Chanteloup, une pièce de terre, 6 vergées; Fr. Allix, comme plus ancien prêtre, un champ en bois-jean, 2 vergées. — *Rentes :* abbayes du Mont-Saint-Michel, 150 livres; de la Luzerne, 6 demeaux de froment; d'Hambye, 8 demeaux; Hôtel-Dieu de Coutances, Dominicains de Coutances, rentes en blé, de quantité non déclarée. — 2° *laïcs :* les sieurs Pierre Duprey, ancien lieutenant civil et criminel, seigneur patron, possédant les fiefs de la Grande Sieurie, de Saint-Éloy et des Maizières; les sieurs Jean-Claude Fr. Hue, et Ch. Roland Hue, non possédant fiefs. «La municipalité observe qu'elle n'a pas été autorisée à exiger des déclarations des seigneurs laïcs.» (Arch. Manche, Q⁴⁻¹ 12.) *Supplément des privilégiés :* 307 l. 1 s. 7 d.

[1] Les droits de la ferme sur le sel blanc montaient en 1788 à 31. 5 s. 8 d. par ruche dans les salines de Bricqueville et de Bréhal, à 5 livres dans celles de Créances. La ruche de sel de 50 livres se vendant de 6 l. 10 s. à 7 livres à Bricqueville et Bréhal, de 8 livres à 8 livres 10 s. à Créances, c'était, ainsi que l'observent les membres de l'assemblée d'élection, plus de moitié du prix de la denrée que le fisc prélevait dans les pays de quart-bouillon. (*Assemblée d'élection, Coutances, année 1788,* séance du 20 octobre, 8 Salines.)

Nombre de ruches de sel fabriquées en 1778 à Bricqueville : 23,271 ruches 3/4; à Bréhal, 4,280 ruches 1/2; à Créances, 3,648 ruches 1/2. Au total, pour les 70 salines de l'élection de Coutances, du 1er octobre 1777 au 1er octobre 1778, 32,200 ruches 1/2. En 1776, la production avait été de 41,160 ruches. (Arch. Calvados, C 6006.)

I.

15

M. GODEFROY, Pierre GUÉRIN, Jean GODEFROY, Jean-Paul GODEFROY, Laurent ADAM, Nicolas LEBERT, N. LEBERT, Philippe HASTEY, V. ALATERRE, A. GARDIN, P. FREMIN, ALLIX, Jean BECHEREL, Nicolas GUÉRIN, V. GUÉRIN, P. GUÉRIN, A. ADAM, Richard ADAM, Laurent ALATERRE, A. GUÉRIN, P. DELEPINNE.

CAILLEBOT-LA-SALLE[1], *ALIAS* MONTPINÇON.

1. PROCÈS-VERBAL D'ASSEMBLÉE.

(Archives communales de Montpinchon, registre de délibérations de l'année 1789.)

Nomination de députés pour porter à Coutances le cahier de doléances.

Du dimanche 1ᵉʳ mars, en exécution de la délibération générale des paroissiens et habitants de la paroisse de Caillebot-la-Salle [2], du dimanche 22 février dernier, se sont assemblés à la place ordinaire, issue de la grand'messe paroissiale dudit lieu, les habitants en général de ladite paroisse, les présents faisant fort pour les absents, lesquels pour obéir aux ordres de Sa Majesté portés par ses lettres données à Versailles le 24 janvier 1789 pour la convocation et tenue des États généraux du royaume, et satisfaire aux dispositions du règlement y annexé ainsi que l'ordonnance de Monseigneur le bailli de Cotentin, rendue par Monsieur son lieutenant général le 13 février dernier, et de la signification qui a été faite desdits actes le 18 février, dont ils nous ont déclaré avoir connaissance tant par la lecture qui vient de leur en être faite que par la lecture, publication et affiches pareillement faites le même jour à l'issue de la grand'messe paroissiale, au devant de la porte

---

(1) Montpinchon, arrondissement de Coutances, canton de Cerisy-la-Salle. Le nom de la paroisse était Montpinçon; mais, en 1732, le marquis de Caillebot ayant obtenu des lettres de commutation de sa terre et seigneurie, elle avait pris le nom de la Salle : la carte de Cassini la désigne sous le nom de *La Salle, alias Montpinchon*. Postérieurement, lors de la réunion des deux marquisats de la Salle et de la Haye-du-Puits, la paroisse avait encore changé de nom, pour devenir *Caillebot-la-Salle*. Elle reprit, dès 1789, son nom de Montpinchon.

(2) Nombre de feux : 343. Population en 1793 : 1,851 habitants (N. 53, M. 6, D. 26). Population actuelle : 1,141 habitants.

principale de l'église, nous ont déclaré qu'ils allaient d'abord s'occuper de la rédaction de leur cahier de doléances, plaintes et remontrances; et en effet y ayant vaqué, ils nous ont représenté ledit cahier, signé desdits habitants propriétaires de ladite paroisse, et par nous, après l'avoir coté et paraphé par première et dernière page au bas d'icelle,

Et de suite lesdits communs et habitants après avoir mûrement délibéré sur le choix des députés qu'ils sont tenus de nommer en conformité desdites lettres du Roi et du règlement y annexé, et les voix ayant été à cet effet par nous recueillies, la pluralité des suffrages s'est réunie en faveur des personnes de : *Bon-Pierre Levionnois, Louis Eudes, Guillaume Le Lièvre et Pierre Bidel [1], qui ont accepté ladite commission et promis de s'en acquitter fidèlement.

Ce fait lesdits habitants ont en notre présence remis auxdits : Bon-Pierre Levionnois, Louis Eudes, Guillaume Le Lièvre et Pierre Bidel, leurs quatre députés, le cahier pour le porter à l'Assemblée qui se tiendra à Coutances demain deux du présent mois devant M. le lieutenant général, et leur ont donné comme ils leur donnent par la présente tous pouvoirs requis et nécessaires à l'effet de les représenter en ladite Assemblée pour toutes les opérations prescrites par la susdite ordonnance de mondit sieur le lieutenant général, comme aussi de donner tous pouvoirs généraux et suffisants : de proposer, aviser, remontrer et consentir tout ce qui peut concerner le bien des peuples et de l'État, la réforme des abus, l'établissement d'un ordre fixe et permanent dans toutes les parties de l'administration, la propriété (sic) générale du royaume et le bien de tous et de chacun des sujets de Sa Majesté,

Et de leur part lesdits députés se sont présentement chargés du cahier de remontrances, plaintes et doléances de ladite paroisse de Caillebot-la-Salle, et ont promis de le porter à ladite Assemblée et de se conformer à tout ce qui est prescrit et ordonné par lesdites lettres du Roy, le règlement y annexé et ordonnances susdatées; desquelles nominations de députés et remise de cahier, pouvoir et déclaration, nous avons, à tous les comparants, donné acte, et avons signé avec eux et lesdits députés la présente délibération et procès-verbal, ainsi qu'un duplicata qui a été présentement remis auxdits députés pour constater leurs pouvoirs. Et le présent sera au

[1] Le procès-verbal de l'Assemblée préliminaire, ainsi que le rôle de taxes, leur attribue à tous quatre la qualification de laboureurs. Taxe : pour 4 jours de voyage, séjour et retour, 12 l., sauf pour Bon-Pierre Levionnois, député du quart réduit pour l'assemblée générale, pour lequel la taxe est de 5 journées, soit 15 l., et 18 journées, 71 livres. Tous acceptants.

15.

surplus déposé aux archives de la municipalité de cette paroisse, lesdits jours et an que dessus, ce que lesdits députés ont signé.

J.-G. LELIÈVRE, G. HÉDOUIN, L. VIMOND, Jean MÉNARD, BASSET, *curé*, F. SAVARY, B.-P. LEVIONNOIS, P. JORET, J. SAVARY, LENOIR.

2. CAHIER DE DOLÉANCES.

(Ms. *Greffe du Tribunal de première instance de Coutances, pièce n° 364.*
(Original signé. *Inédit*[1].)

Cahier de doléances, plaintes et remontrances de la paroisse de Caillebot-la-Salle, alias Montpinçon, près Coutances en basse Normandie.

Du premier jour de mars 1789.

En conséquence des ordres du Roy, se sont assemblés les habitants en général de ladite paroisse, pour procéder à la rédaction de leur cahier de plaintes et doléances qui sera remis aux députés pour le représenter à l'Assemblée générale des trois ordres du royaume, présidée par M. le grand bailli de Cotentin, ou son représentant, qui se tiendra à Coutances le seize du présent mois, auxquels dits députés lesdits paroissiens donnent pouvoir de demander :

1° La continuation des assemblées municipales et provinciales, ainsi qu'elles ont été établies par Sa Majesté en la dernière année 1788[2].

2° Que les tailles vingtièmes, impôt territorial, etc.[3]

3° Que les assemblées municipales et provinciales, en considérant les faibles facultés de la province, et en n'accordant qu'une levée d'impôts à proportion, demeurent chargées d'en faire les départements, la recette et le transport au Trésor royal, parce que Sa Majesté sera suppliée d'ordonner que les recettes générales et

---

[1] Le cahier est, sur certains points, inspiré du cahier de Belval; sur d'autres points, du type de cahier de Cerisy-la-Salle. Nous avons reproduit seulement la partie originale.

[2] Il faut lire 1787; l'*Édit portant création d'assemblées provinciales et municipales* est de juin 1787; et le *Règlement particulier sur la formation et la* composition des assemblées qui auront lieu dans la généralité de Caen, en vertu de l'édit portant création des assemblées provinciales, est lui-même daté du 15 juillet 1787. (ISAMBERT, XXVIII, n°* 2350 et 2351, p. 364, 366.)

[3] L'article 2 est textuellement la reproduction de l'article 2 du cahier de Belval.

particulières seront faites par simple commission, avec les sûretés et cautions nécessaires[1]. A ce moyen, le Roy y gagnera beaucoup et ses peuples en seront déchargés d'autant.

4° Qu'il soit permis aux laboureurs de prendre sur les grèves et rivages de la mer, les sables, tangues et autres engrais, seules ressources qu'ils aient pour faire valoir et fumer leurs terres, sans aucun empêchement ni aucuns droits à payer à qui que ce soit, sous quelque prétexte que ce soit, et veuille Sa Majesté déroger à toutes commissions accordées à cet égard, comme surprise faite à la religion de nos souverains[2], et même accorder à ses sujets un chemin facile pour le transport desdites tangues ou engrais de mer.

5° Qu'il plaise à Sa Majesté de régler la perception des droits, de sorte que ses fidèles sujets ne soient plus vexés par les commis de ses fermes, droits réunis et autres, qui poussent le despotisme dans ceux qui les exercent, lesquels commis d'ailleurs dressent tels procès-verbaux qu'ils veulent, étant toujours sûrs d'être crus; et supplient que s'il est possible, tels droits si onéreux soient remplacés par d'autres réglés et connus de tous.

6° Que les lois portant établissement ou confirmation d'impôts quelconques soient accompagnées d'un tarif clair, précis et rendu public, de sorte que le contribuable sache exactement ce qu'il doit, et que le préposé au recouvrement dudit impôt ne puisse interpréter à sa volonté la disposition de la loi.

7° Que la justice et les lois soient réformées dans les abus sans nombre qui s'y sont glissés, que les justiciables soient assurés d'une prompte justice dans tous les tribunaux sans essuyer des retards très préjudiciables à leur fortune, et sans être obligés de

---

[1] Necker avait tenté, durant son premier ministère, de supprimer les offices de receveurs des finances, et de les remplacer par une compagnie fermière, simplement commissionnée. (*Édit d'avril 1780*, ISAMBERT, XXVI, 357.) Mais il avait dû les rétablir dès l'année suivante. (*Édit d'octobre 1781*, ibid., XXVII, n° 3.) Dans le *Traité de l'Administration des finances*, il expose longuement les économies qu'il était possible de réaliser sur les frais de recouvrement alloués aux receveurs généraux des finances et receveurs des tailles (éd. 1784, chap. IV, I, 73).

[2] Cf. les cahiers de Coutances, art. 53; Gratot, art. 15; Monthuchon, art. 2, et la note sous ce dernier texte, *infrà*, p. 469. Il s'agit, dans l'espèce,

comme le montre le cahier de Monthuchon, de l'enlèvement des sables au *pont de la Roque*, et des redevances exigées par le seigneur du lieu, M. Desmarets de Montchaton. Ce seigneur faisait payer chaque année 16 sols par charrette et 8 sols par cheval, à tous les cultivateurs qui venaient chercher la tangue «au lieu où la rivière de Sienne se décharge dans la mer». «M. Desmarets, écrit à cette occasion le subdélégué, n'a aucune propriété du terrain sur lequel on enlève le sable ; le droit qu'il perçoit, et pour lequel il a des titres, paraît *domanial*. Je n'ai toutefois aucune connaissance de la finance qu'il a pu payer, ni de la rente qu'il peut se faire.» (*Lettre à l'intendant*, avril 1778, Arch. Calvados, C 3038.)

s'épuiser en frais pour solliciter des audiences ou rapports, qu'ils n'obtiennent souvent qu'après plusieurs années. Que les charges des procureurs soient supprimées dans toutes les juridictions, les avocats pouvant remplir leurs fonctions, suppression qui soulagera infiniment les sujets de Sa Majesté et abrégera les chicanes; que les lois criminelles soient également réformées, si besoin est, que les criminels prisonniers soient jugés suivant la teneur de ces lois, et sans de longs délais souvent préjudiciables au public par l'évasion des coupables, aux lois par les sollicitations, aux malheureux mêmes par les longues souffrances, le tout en consultant l'humanité et l'équité; que l'accusé puisse appeler des jugements prévôtaux; et les gens du Roy ou même les accusateurs poursuivants les obliger d'en appeler a minima.

8° Que les taxes des juges soient modérées, etc. [1].

12° Qu'il soit pris des précautions nécessaires pour que les assemblées provinciales puissent veiller avec le plus grand soin à l'entretien des chemins dans leur district, et que les frais des réparations des chemins soient supportés par tous les membres de la société indistinctement.

13° Que les droits de déports pour les bénéfices-cures, dont les évêques de cette province se sont jusqu'ici emparés, contre l'usage de toute l'Église de France, soient abolis comme injustes et odieux, préjudiciables au bien des paroisses, qui ne sont pas suffisamment desservies pendant la première année du titulaire qui est privé de son droit, et aux pauvres des paroisses qui ne peuvent être assistés dans leurs besoins pendant cette année et même pendant la suivante.

14° Que comme il est de droit que tout bénéficier soit assujetti aux réparations de son bénéfice, il soit statué que les curés gros décimateurs soient tenus à toutes les réparations et même à la reconstruction de leurs presbytères, et que s'ils ne sont gros décimateurs, ceux qui possèdent les dîmes dans les paroisses y soient tenus sans que les paroissiens puissent y être appelés pour y contribuer [2].

----

[1] Les articles 8 à 11 sont textuellement copiés sur le cahier de Gerisy-la-Salle.

[2] La répartition des dîmes de la paroisse était des plus compliquées. *Pouillé de Coutances*, f° 12 v° : «Montpinchon ou Caillebot-la-Salle. Patron, le seigneur du lieu; il y a cinq décimateurs : le chapitre de Coutances, le chapelain de Saint-Gatien, dont le titre est situé dans la paroisse de Mesnil-Amand, le chapelain de Saint-François, dont le titre est dans la cathédrale de Coutances, le trésor de ladite paroisse, et le curé, qui a un cinquième, mais beaucoup de redevances sur tous les traits pour les novales et menues dîmes. — Le curé a 8 ou 10 vergées de terre d'aumône; il reçoit du chapitre chacun an 50 livres pour les anciennes novales qui se trouvent sur les trois traits du canton dîmé par le chapitre, qui sont

15° Que Sa Majesté veuille supprimer, s'il est possible, les droits de contrôle, si onéreux à son peuple, si multipliés, et susceptibles de tant d'abus ; ces droits ainsi que plusieurs autres semblables peuvent être compris dans un autre impôt général, de facile perception et moins dispendieux au peuple ; ou au moins que lesdits droits de contrôle soient modérés et taxés par un tarif clair et précis et à la portée de tout le monde, pour empêcher les taxes inconnues et arbitraires qui n'ont malheureusement eu que trop lieu jusqu'à présent.

16° Il serait à désirer qu'il n'y eût qu'un seul impôt[1] ; les différentes espèces d'impositions étant sans nombre, sont devenues à tous les redevables comme un labyrinthe où ils se perdent aveuglément, sans savoir ce qu'ils payent, ni les amendes auxquelles ils s'exposent et qui les ruinent. Et dans le cas où l'impôt territorial aurait lieu, il faut avoir égard à la qualité des fonds, aux rentes qu'ils doivent soit aux seigneurs, dont ils ne font aucune diminution des vingtièmes et suite, sous prétexte d'exemption, ou à d'autres particuliers. Un impôt fixe et proportionné à la qualité et à la quantité des fonds préviendrait les injustices, les procès de taille, et les inimitiés qui ajoutent encore aux malheurs des cultivateurs.

les plus considérables ; il reçoit 45 livres du chapelain de Saint-Gatien pour les novales anciennes du trait où il perçoit les dîmes ; il jouit du trait du trésor pour 100 livres par an, par accord fait avec les paroissiens l'an 1682. Jouit de tous les sarrasins, et toutes les menues et vertes dîmes, et de plus une gerbe sur trois des grosses dîmes des traits appartenants aux chapelains de Saint-François et Saint-Gatien.» En 1790, le curé estime le rendement de tout cet ensemble à 3,000 gerbes de froment, 200 de seigle, 500 d'orge, 1,000 d'avoine, 700 de lin, 200 boisseaux de sarrasin, 5 tonneaux de cidre ; le tout lui fait, avec 45 livres d'obits et 64 livres de location des aumônes, un revenu total de 5,435 l. 12 s. 2 d. (*Déclaration n° 156, f° 46.*)

[1] Impositions pour 1789 : taille, 4,347 livres ; acc., 2,852 l. 13 s. ; cap., 2,812 l. 10 s. ; corvée, 1,760 l. 6 s. ; vingt., 2,922 l. 10 s. ; terr., 248 livres ; bât., 83 livres. Au total, 14,709 l. 5 s. 2 d. Lignes : 400.

Privilégiés. 1° *ecclésiastiques* : le curé, Me Adrien Basset, et le sieur Vimond, prêtre titulaire de la chapelle Saint-Gatien ; 2° *laïcs* : le marquis de La Salle, seigneur et patron ; et Louis, marquis de Caillebot, major en second au régiment de Vintimille, non possédant fief. — *Supplément des privilégiés* : 748 l. 8 s. 6 d.

Biens des privilégiés. 1° *ecclésiastiques* : la cure, bâtiments, jardins et 8 vergées de terre ; hôtel-Dieu de Coutances, une grange décimale. *Rentes* : hôtel-Dieu de Coutances, 62 boisseaux de froment et 9 l. 12 s. en argent ; — abbaye d'Aunay, 71 boisseaux 1 demeau un quart de froment, 1 chapon, et 2 l. 4 s. ; — abbaye d'Hambye, 31 boisseaux et 11 pots de froment ; — abbaye de la Luzerne, 28 boisseaux et 28 livres en argent ; — petit séminaire de Coutances, 7 demeaux et 4 pots de froment ; — Trésor de Saint-Pierre de Coutances, 1 boisseau de froment et 31 l. 6 s. 8 d. en argent ; — de Saint-Nicolas, 34 l. 10 s. ; — de Roncey, 3 livres ; — de Cerisy, 6 livres ; — d'Ouville, 8 livres ; — de Savigny, 1 boisseau de froment et 24 livres ; —

17° Que les impositions ne soient plus arbitraires et taxées au gré des intendants ni réparties suivant les intérêts des membres préposés à la rédaction des rôles à taille et autres, mais suivant l'étendue et la fertilité de chaque paroisse, ses charges et privilèges, opulence ou pauvreté, et plaise à notre Roy qui se déclare notre protecteur qu'on ne voie plus dans une paroisse une augmentation subite et ruineuse l'atteindre sans aucune cause, et souvent même à la suite d'une mauvaise récolte et après des maladies épidémiques et une misère affreuse; ni un inspecteur de dixièmes imposer tyranniquement et donner une augmentation à un malheureux laboureur chargé d'enfants, parce qu'il osera dire un mot pour représenter sa misère [1].

18° Que le nombre des volières et des colombiers est si multiplié que les pigeons font un tort considérable aux laboureurs lors de la semence de leur terre et de leur récolte; pourquoi il plaise à Sa Majesté ordonner que lesdites volières et colombiers de ceux qui ne sont pas par lui revêtus de titres suffisants, soient couchés et détruits pour toujours; même il est à désirer que ceux qui ont droit d'en avoir renfermassent leurs pigeons pendant le temps de la récolte, temps où ils font plus de dommages aux laboureurs.

19° Qu'il plaise à Sa Majesté de supprimer dans les paroisses toutes les dîmes insolites qui sont perçues par les gros décimateurs et qui occasionnent des chicanes infinies aux laboureurs.

Tels sont les vœux, les doléances, les remontrances que forment les fidèles sujets de Sa Majesté, habitants de la paroisse de Caillebot-la-Salle, *alias* Montpinçon, qui prient MM. les députés aux États généraux de porter au pied du trône, en présence de la nation,

---

de Saint-Denis-le-Gast, 1 demeau de froment; — de la Salle, 24 boisseaux de froment et 70 livres; — curé d'Ouville, 3 demeaux de froment; 2° *laics :* à la date des 9 et 11 pluviôse an 11, les sieurs Jacques Savary et Jacques et Jean Ménard font déclaration de deux terres qu'ils tiennent à bail de la nation, comme ayant appartenu au «ci-devant Caillebot, émigré», la première nommée le Château, consistant en corps de ferme, 200 vergées de terre, dont 170 en terre labourable, donnant 668 boisseaux de grains, la seconde nommée la ferme du hameau Guilbert, consistant en corps de ferme, 240 vergées de terre, dont 204 en terre labourable, donnant 650 boisseaux de grains, le reste en prés et pâturages». Le tout porté à l'*État des biens des émigrés*, terre, bois, 3 moulins et rentes, pour un revenu de 3,600 livres. (Arch. Manche, Q⁴·¹ 12 et Q⁴·¹ 6 et 15.)

Il est dû au *domaine du roi*, pour la vicomté de Coutances, 2 livres; et en une autre part, 4 boisseaux de froment, mesure de 18 pots. (Arch. Manche, A 201.)

[1] Le *Mouvement de la population* indique pour 1787 une natalité élevée dans la paroisse : 53 naissances contre 26 décès (Arch. nat., D IV *bis*, 51). La paroisse figure sur l'*État des nombreuses familles* auxquelles un secours est accordé en 1788, pour 2 familles de 7 et 9 enfants.

avec les sentiments d'amour, de fidélité, de respect, de dévouement inviolable dont ils sont pénétrés à l'égard de leur Roy Louis seize le bienfaisant, le juste, le populaire et le père de la France. Le présent fait et signé double, l'an et jour susdits.

M. VIMOND, L. VIMOND, L. VIMOND, Jean MESNARD, A. GROUALLE, H. JOLIVET, TH. JOLIVET, A. LAVALLÉE, Pierre NICOLLE, J. VIMOND, EUDES, P. SAVARY, J.-B. LELIÈVRE, Jean SAVARY, G. LELIÈVRE, P. BIDEL, C. HAVARD, P. HAREL, LINDET, HÉDOUIN, L. LEVIONNOIS.

CAMBERNON [1].

---

1. PROCÈS-VERBAL D'ASSEMBLÉE.
(Le procès-verbal authentique n'a pu être retrouvé.)

Date de l'assemblée : 1ᵉʳ mars. — Nombre de feux : 269 [2]. — Députés : Mᵉ *Jean-Léonard VARIN DE FRANQUEVILLE, *conseiller du roi au bailliage de Coutances et procureur du roi de la maréchaussée* (3 jours, 9 l. et 17 jours, 68 l., Acc.) ; Pierre COLETTE, *syndic, laboureur* (3 jours, 9 l., Acc.) ; Louis LAISNEY, *laboureur* (3 jours, 9 l., Acc.).

2. CAHIERS DE DOLÉANCES.
(Ms. *Greffe du Tribunal de première instance de Coutances*, pièce n° 370. Original signé. *Inédit*.)

Très humbles et très respectueuses doléances que présentent au Roi les habitants de la paroisse de Cambernon, en exécution de la lettre du Roi pour la convocation des États généraux au 29 avril 1789, et du règlement y annexé.

I. IMPÔT.

Les habitants prennent la liberté d'exposer que des privilégiés en grand nombre dépouillent dans cette paroisse un terrain considérable, sans participer aux charges publiques. Tels sont le chapitre de Coutances, le sieur curé, les dames religieuses de l'abbaye de Cordillon [3], et des gentilshommes. Que leurs charges

---

[1] Arrondissement de Coutances, canton de Coutances.

[2] Population en 1793 : 1,138 habi-
tants (N. 36, M. 8, D. 17). — Population actuelle : 821 habitants.

[3] L'abbaye de Saint-Laurent de

viennent encore de s'augmenter, par une transaction entre le sieur curé et lesdites dames de Cordillon, par laquelle le sieur curé vient de réunir à son bénéfice, au moyen d'une redevance annuelle, les deux tiers des dîmes qui leur appartenaient, parce que ci-devant les fermiers desdites dames contribuaient aux charges publiques, et que le sieur curé jouissant par indivis de ses dîmes n'y contribuera en rien[1].

Lesdits habitants, pénétrés de respect pour les deux premiers ordres de l'État, n'attaqueront jamais les prérogatives de rang et d'honneur dont jouissent ces deux premiers ordres; mais ils osent aujourd'hui élever la voix contre un privilège essentiellement injuste, tel est celui de participer aux avantages de la société sans en supporter les charges dans la même proportion que les autres citoyens.

La multiplicité des impôts sous des dénominations différentes est encore une charge pour le tiers état, puisqu'il est tenu d'en faire les recouvrements. Un seul impôt, en diminuant les charges

---

Cordillon (CORDILLIUM, dans *Neustria-pia*, p. 919), de l'ordre de Saint-Benoît, au diocèse de Bayeux, avait en 1789 pour abbesse Mme d'Anneville. L'*Almanach royal* lui donne 10,000 livres de revenus. C'est à peu près le chiffre auquel atteint un *état des biens*, dressé le 25 octobre 1770. (Biens affermés : 5,860 livres ; dîmes : 2,535 livres ; rentes foncières et seigneuriales : 549 livres ; rentes hypothèques : 399 livres ; terres réservées : 450 livres. Au total, 9,793 livres.) L'abbaye comptait alors 30 religieuses et, avec le personnel domestique, faisait vivre 55 personnes. (Arch. nat., S 7477.)
[1] Biens des privilégiés à Cambernon. — I. Biens-fonds. — *Ecclésiastiques* : 1° la cure, maison presbytérale, jardin, 4 vergées 1/2 de terre d'aumône (louée, en l'an III, 250 livres) ; 2° chapitre de Coutances, un ténement nommé la Chasse-Meslier, déclaré valoir pour la partie affermée 1,386 l. 15 s., pour la part en réserve 1,425 livres, et une emphytéose 163 livres ; 3° le maître d'école de Coutances, maison et terres, 350 livres. — *Nobles* : prévôté du roi (aff. en 1769 : 500 livres) ; fiefs de Marivaux, de Cambernon, au seigneur ; de Rhodes, d'Isigny, au sieur de Mary, écuyer (non

estimés). — II. *Rentes.* Le domaine du roi, 7 l. 12 s. pour Coutances, et 3 l. 16 s. 4 d. pour Saint-Sauveur ; le chapitre, 10 livres ; l'abbaye de Cordillon, 4 boisseaux de froment ; le petit collège, 5 boisseaux et un pain ; le curé, 9 boisseaux et 45 livres ; G. Nicolas Léonord Potier, 2 rentes de 200 et 250 livres, et 4 chapons. *Rentes omises :* les vicaires du grand autel, 11 boisseaux de froment ; les habitués, 13 l. 18 s. ; le chapelain de Sainte-Anne en la cathédrale, 4 boisseaux de froment, 2 poules, 1 pain et 4 sols en argent. (*Déclarations*, Coutances.) — III. *Dîmes.* Un tiers au curé, avec les novales et toutes les menues ; les deux autres tiers des grosses dîmes à l'abbaye de Cordillon. Le curé, dans sa déclaration du 7 décembre 1790, dit qu'il jouit par accord de toutes les dîmes de la paroisse ; il fait valoir par lui-même 4 quartiers, qui lui rapportent, année commune, 6,507 l. 17 s. 9 d. ; il a affermé le reste à plusieurs fermiers pour une somme de 4,962 l. 8 s. 5 d. ; il se fait encore 450 fagots à deux harres, 950 gerbes de bois-jean. Déclare au total 12,307 l. 17 s. 6 d., sur lesquels il paye à l'abbaye de Cordillon, pour le rachat de sa part de dîmes, 2,400 livres par an.

du troisième ordre, diminuerait également celles de l'État, en diminuant les frais de perception.

D'après ces motifs, le vœu des habitants de Cambernon est qu'il soit établi un seul impôt sous la dénomination de subvention territoriale ou dîme royale, lequel sera perçu en nature sur tous les fonds, sans aucune distinction ni fiction d'ordres privilégiés, de même et ainsi que se perçoivent les dîmes ecclésiastiques, seul moyen de mettre l'égalité dans les contribuables et d'ôter l'arbitraire dans la répartition [1].

II. Chemins vicinaux.

Les bordiers d'un chemin public, et qui sert à toute une communauté, sont néanmoins tenus de le réparer; lesdits habitants, frappés de cette injustice, sont entièrement convaincus que la réparation de ces chemins devrait faire partie des charges publiques, par la raison naturelle que ceux qui participent aux avantages de la société doivent en supporter les charges. [Ils] espèrent de la bonté du roi et de sa justice qu'il convertira cette charge particulière en charges publiques et qu'il les délivrera de l'assujettissement d'aller plaider pour le fait de voirie au bureau des finances, et en donnera la connaissance aux juges des lieux [2].

Se plaignent aussi lesdits habitants des indues vexations que la plupart des seigneurs exercent dans les paroisses, s'essayant à avoir des chemins sous le nom d'ateliers de charité, qui est pour

[1] Il n'est pas sans intérêt de rapprocher de cet article un passage d'une lettre qu'écrivait le 17 février 1789, au G. des S. la châtelaine de Cambernon, Mme Hébert-l'Heure, « non noble, comme elle nous l'apprend elle-même, mais gérant trois fiefs nobles au nom de ses enfants». — « J'ai remarqué, Mgr, que lorsqu'il est question de la refonte des cloches dans une paroisse, on fait la répartition des frais à tant la vergée, l'acre ou l'arpent, suivant l'usage des lieux; elle est toujours légale, cette répartition, personne ne se plaint. Le désir le plus général des habitants des campagnes m'a paru être qu'il n'y eût qu'une seule imposition, répartie de la même manière, qui comprendrait les vingtièmes, la capitation, la taille, le taillon, l'imposition territoriale, celle pour le bailliage de Caen, les prisons,

qui oppresse les indigents et les autres. Une taxe à la vergée rendrait tout le monde heureux, surtout les pauvres qui, ne possédant rien, seraient absolument soulagés, tandis qu'on fait payer dans les paroisses la taille personnelle à un homme qui gagne 15 sous par jour, et qui a souvent une femme et 6 à 7 enfants. (Arch. nat., Ba 35, l. 70.)

[2] Une série de décisions récentes du Conseil avaient retiré aux juridictions royales ordinaires la connaissance des contestations en matière de voirie, pour la confier exclusivement aux bureaux des finances établis dans le siège de chaque généralité. (*Arrêt du conseil d'août 1783*, rendu contre le bailli de Saint-Sauveur-le-Vicomte; *arrêt de septembre 1786*, contre le lieutenant général d'Avranches, Arch. Calvados, C 95, C 106.)

donner du lustre à leurs châteaux et non pour le bien public, comme ils osent l'assurer à la justice dont ils ont surpris la sagesse [1].

III. Presbytères.

Les paroissiens, aux termes des ordonnances de Blois et de Melun, et de l'édit de 1695, sont tenus de fournir un logement au curé [2].

Ces lois dictées par la religion étaient sages alors, dans ces temps où les ministres de la religion n'étaient pas dotés de biens suffisants, et sûrement que la loi qui a voulu que les ministres ne manquassent pas du nécessaire n'avait pas prévu que ces mêmes ministres seraient un jour possesseurs de grands biens. Il serait donc ridicule que les habitants des paroisses fussent grevés à perpétuité, et tenus au logement dans les paroisses, surtout où soit les curés, soit les gros décimateurs possèdent des biens suffisants.

Lesdits habitants espèrent donc de la bonté du roi qu'il les délivrera de cet assujettissement, que le clergé lui-même fera un noble sacrifice et renoncera aussi à ce droit.

---

[1] Un atelier de charité avait été établi en 1785 dans la paroisse, sur la demande de M. de Leure, et doté annuellement, sur les fonds du roi, de sommes allant de 200 à 1,000 livres (*Compte rendu*, tableau G, p. 41). Les cahiers de paroisses de notre région se montrent le plus souvent hostiles à l'institution des ateliers de charité. Les paysans prétendent que ces travaux ne servent qu'à la commodité des seigneurs; et il faut bien croire qu'ils avaient quelque raison de se plaindre. Une lettre de l'intendant de Fontette au duc d'Harcourt, en date du 28 octobre 1765, est à cet égard bien édifiante. Il lui propose une idée de l'ingénieur des ponts et chaussées «qui aurait bien son mérite, si le *local* ne s'y oppose pas». Nous citons textuellement : «Ce serait de *vous* faire un grand chemin de Falaise à Harcourt et d'Harcourt à Bayeux, en faisant un pont à peu près où est *votre* bac, et ce pont servirait à *votre* chemin pour Caen, qui aboutirait en ligne droite, etc... Il est certain que le chemin d'Harcourt par Bretteville se-rait beaucoup plus court, mais comme on arriverait sous les fenêtres du château, on tournerait votre avant-cour pour y entrer, *ce qui aplanirait les difficultés de vous faire une belle arrivée*, etc.» (Hippeau, *Gouvernement*, IX, 252.)

[2] *Ordonnance rendue sur les plaintes et doléances des États généraux assemblés à Blois en novembre 1576, mai 1579*, art. 52. — *Édit sur les plaintes et remontrances du clergé assemblé à Melun, mai 1679* (Isambert XIV, n°° 103 et 108, p. 396 et 465). Ces deux textes ne mentionnent point expressément, dans les charges qui incombent aux paroissiens, les réparations presbytérales; l'*Édit portant règlement pour la juridiction ecclésiastique, avril 1695*, enjoint au contraire aux habitants, dans son article 22, de «fournir aux curés un logement convenable», — et aux intendants des provinces de «faire dresser par experts des devis des réparations nécessaires, et donner ordre pour qu'elles soient faites incessamment». (Isambert, XX, n° 1574, p. 249.)

IV. Déport.

Un abus non moins frappant, introduit dans cette province et autorisé par l'usage, est le droit que le seigneur évêque et les sieurs archidiacres ont de percevoir pendant la première année à chaque mutation des curés, soit par mort, soit par résignation, les fruits des bénéfices-cures, et de proposer des ecclésiastiques pour desservir des bénéfices, pendant la durée de leur droit.

Lesdits habitants ne peuvent s'empêcher d'observer que, quoique le seigneur évêque et les sieurs archidiacres prennent les précautions suffisantes pour ne proposer que des sujets capables, et qu'ils versent des aumônes dans le sein des pauvres, ces ecclésiastiques cependant ne peuvent faire le bien que ferait le véritable curé, et il est bien rare que ces apôtres d'un moment et stipendiés s'attirent la confiance des paroissiens dont ils ne sont pas les pasteurs naturels; et si ce droit est contraire au bien spirituel des paroissiens, il ne l'est pas moins à leur bien temporel, car qui ne sait qu'un curé vertueux et sage a la plus grande influence dans l'administration temporelle? Quels maux n'occasionne pas cette interruption! Mais comment les faire cesser, car, d'un autre côté, les fonctions des sieurs archidiacres sont importantes et nécessaires, et il est de fait qu'ils n'ont pour la plupart d'autres revenus attachés à leur titre que celui provenant de ce prétendu droit[1].

[1] Le vœu relatif à la suppression du déport revient fréquemment dans nos cahiers, qui le considèrent même comme un abus particulier à la Normandie (Caillebot-la-Salle, 13; Cambernon, 4; Chanteloup, 10). Cette idée n'est pas tout à fait exacte, et il paraît bien (voir HÉRICOURT : *Lois ecclésiastiques*, p. 654) que la pratique du déport n'était pas inconnue dans d'autres diocèses. Mais il est incontestable qu'elle avait pris en Normandie une extension beaucoup plus grande, et qu'elle y était régie par des conditions infiniment plus rigoureuses, sur lesquelles quelques explications sont nécessaires.

Routier définit le déport «un droit qui attribue aux évêques et aux archidiacres, *en Normandie*, tous les fruits et revenus d'une cure pendant une année, de quelque manière qu'elle soit vacante, à condition de commettre un prêtre pour la desservir». C'est cette généralité du droit, étendu à toutes les cures de campagne, et non plus seulement restreint à quelques hauts bénéfices, qui est la caractéristique du déport normand. En Cotentin, toutes les paroisses des deux diocèses y étaient uniformément soumises, et il n'y avait d'exception que pour les cures qui avaient pour collateurs de hauts dignitaires étrangers au diocèse, comme étaient, dans le bailliage de Coutances, celles de Gavray, Mesnilamand, Ouville, Pontbrocard, Savigny, Saint-Louet-sur-Sienne, Urville, Ver, à la collation des chanoines de Bayeux. Le produit du droit était par suite considérable; l'évêque de Coutances, dans sa déclaration, n'estime pas à moins de 20,000 livres sa part de deux tiers dans le déport annuel.

L'autre tiers appartenait en entier aux archidiacres. On ne faisait point, dans les diocèses de Coutances et d'Avranches, la retenue de 6 deniers pour

Lesdits habitants n'ont donc d'autre ressource que dans la bonté du roy qui seul peut l'anéantir et assigner d'autres revenus aux sieurs archidiacres.

V. Port d'armes.

La liberté des citoyens ne doit [pas] être exposée aux surprises que font journellement aux gouverneurs de la province des possesseurs de fiefs, sous prétexte de port d'armes et de braconnage. Ces possesseurs de fiefs se servent souvent de ce moyen pour satisfaire leurs haines, étant assurés que leurs dénonciations secrètes opéreront l'emprisonnement des vassaux qu'ils veulent vexer. Les habitants des campagnes doivent être armés pour leur sûreté, et le juge royal seul doit instruire, soit à la requête du procureur du roi, soit à un dénonciateur connu, contre ceux qui se rendront coupables de port d'armes et autres abus provenant du fait des armes.

livre qui était attribuée dans d'autres diocèses aux doyens ruraux; chaque archidiacre percevait le tiers du prix d'adjudication des bénéfices vacants dans son archidiaconé. Il y avait dans le diocèse de Coutances quatre archidiaconés, dits respectivement de Chrétienté ou de Coutances, de Beauptois, de Cotentin et du Val-de-Vire; le diocèse d'Avranches n'en comptait que deux, ceux de Chrétienté et de Mortain. D'après les déclarations, le produit commun du déport varie, pour ceux de Coutances, de 3,000 à 4,000 livres (4,652 livres pour l'archidiaconé le plus riche, celui de Cotentin); il est beaucoup plus modeste dans le diocèse d'Avranches, et ne dépasse pas 1,200 livres.

Les archidiacres des deux diocèses paraissent bien n'avoir guère eu, comme le dit notre cahier, d'autre revenu que leur part de déport. Dans les déclarations de bénéfices de 1790, on ne leur voit attribué (sauf à celui de Cotentin, qui a la moitié des dîmes d'Yvetot et des rentes) aucun bénéfice particulier; et à Avranches, il est expressément noté que «les sieurs archidiacres n'ont aucun revenu fixe, et le casuel consiste dans le tiers du droit de déport des paroisses qu'ils visitent en qualité d'archidiacre, *et est tout le revenu du dit archidiaconé*». Ils avaient pourtant aussi un droit de visite et procuration, lorsqu'ils n'étaient

pas hébergés dans leur tournée; mais ce droit était d'un produit infime; un *Arrêt de règlement du 27 février 1687* l'avait fixé, pour l'archidiaconé de Cotentin, à 2 l. 12 s. 6 d., sans qu'il pût être exigé plus d'une fois dans chaque année, ni demandé à plusieurs curés dans la même journée. Les archidiacres avaient eu autrefois à leur charge la réparation des presbytères; mais la nouvelle jurisprudence du Parlement les en avait, comme on sait, déchargés. (Rouïer : *Pratiq. bénéf.*, p. 302 sq. — Houard : *Dict. anal.*, v° Déport, I, 471; v° Archidiacre, I, 80.)

A titre de document, voici la *Déclaration de revenus ecclésiastiques* de l'un des principaux archidiacres en 1790 :

«*M. Paul Fauvel, chanoine, archidiacre de la Chrétienté, principal du collège.* Déclare : 1° son canonicat, 10 livres; 2° une part de 1,200 bûches dans le bois du Parc, 560 livres; 3° sa part dans la commune du chapitre, *mémoire*; 4° une maison, comme principal du collège, 500 livres; 5° sa part de déport, moyenne calculée sur les 10 dernières années, 3,834 l. 17 s.; 6° une redevance de l'évêché, 100 livres; 7° le revenu de la chapelle Saint-Jacques de Genne, au diocèse du Mans, 500 livres. Au total, 5,004 l. 17 s., pour lesquels il paie 33 livres de décimes.» (*Déclarations*, n° 69, f° 50.)

VI. États provinciaux.

Lesdits habitants demandent que les États de la province soient rétablis sous le même régime et la même forme que les États généraux actuels, qu'ils soient convoqués alternativement et périodiquement dans chaque généralité, qu'ils aient seuls le droit de répartir les subsides, et d'en accorder de nouveaux; qu'il y ait dans l'intervalle desdits États une assemblée intermédiaire.

VII. Sel et tabac.

Lesdits habitants demandent la suppression des peines et flétrissures prononcées contre ceux qui sont atteints de fraude, et que les peines flétrissantes soient converties en peines pécuniaires. Ils demandent même que le sel et tabac soient rendus libres et marchands, et à ce moyen la suppression de ces millions de receveurs et commis.

VIII. Maîtrises.

Lesdits habitants demandent la suppression des maîtrises, comme contraires au bien public, à la liberté du commerce, à l'approvisionnement des villes, et à la classe la plus indigente de l'État, en ce que un malheureux ouvrier, qui sait un métier et qui n'a point de facultés pour subvenir aux frais des lettres de maîtrises, est privé de l'exercer.

IX. Tribunaux de justice.

Lesdits habitants, attachés aux propriétés, ne demandent pas la suppression totale des procureurs, quoique inutiles, et quoique les avocats puissent les remplacer; mais ils demandent la réduction de leurs droits, qui sont excessifs et ruineux; ils demandent encore un nouveau code tant civil que criminel, qu'il se fasse un nouvel arrondissement, afin qu'il n'y ait plus de paroisses mixtes, et qu'on puisse connaître son juge, et l'ampliation des présidiaux.

X. Juges de paix.

Lesdits habitants demandent qu'il soit établi dans chaque paroisse des juges de paix; que les sieurs curés, seigneurs et gentilshommes se chargent de cette commission avec deux notables et

principaux paroissiens, qui seront choisis et nommés par les paroissiens, par devant lesquels seront tenus de se retirer ceux des paroissiens qui auraient eu quelques rixes entre eux, notamment pour
tout ce qui concerne le petit crime, et pareillement pour toutes les
contestations au civil de peu de conséquence.

XI. Receveurs généraux et particuliers des finances.

Lesdits habitants demandent la suppression ou réduction des
receveurs tant généraux que particuliers des finances; il est de
fait qu'il existe par chaque élection deux receveurs particuliers,
un seul suffit; on doit même diminuer de beaucoup les frais de
recettes [1].

XII. Contrôle et notaires.

Lesdits habitants demandent que les droits de contrôle et des
notaires soient diminués pour les actes de mariages.

XIII. Dettes de l'État.

Lesdits habitants, pénétrés d'amour et de respect pour leur roi,
consentent, quoique déjà excédés par les impôts [2], [à] racheter au
prix de leurs sueurs les dettes de l'État, mais ils demandent avant
tout impôt, qu'il soit rendu à leurs représentants aux États géné-

---

[1] Les receveurs généraux des finances étaient chargés du recouvrement
de la taille, des vingtièmes, et de la capitation, dans les généralités des pays
d'élection, et ils étaient au nombre
de 48, deux par généralité, chargés des
recouvrements alternativement une année sur deux. Les receveurs particuliers
des impositions, autrement dit receveurs des tailles, étaient chargés des
mêmes fonctions dans chaque élection.
Necker, durant son premier ministère,
avait essayé de supprimer les 48 offices
de receveurs généraux et de les remplacer par une seule compagnie, qui
eût centralisé les opérations et versé directement au Trésor (*Édit. d'avril 1780*,
Isambert, XXVI, 310, n° 1309). Mais
l'année suivante, les s receveurs généraux
avaient été rétablis, toujours en double,
et on avait même étendu la dualité aux
offices des receveurs des tailles, pour
y introduire aussi le service alternatif

(*Édit d'octobre 1781*, Isambert, XXVII,
1606, v° 1504). Sur les inconvénients
de cette dualité qui, multipliant les offices, multipliait les frais de perception
et les privilégiés, voir Necker : *Administration des finances*, I, 98.

[2] Impositions de Cambernon pour
1789 : taille, 3,649 livres; acc., 2,394 l.
12 s.; cap., 2,360 l. 19 s.; corvée,
1,212 l. 12 s. 10 d.; vingt., 2,563 l.
11 s.; terr., 225 l.; bât., 75. Au total,
12,480 l. 14 s. 10 d.
Lignes : 327, dont *jouissants*, 93. —
Privilégiés : 4 ecclésiastiques : le curé,
M° Robillard et trois sans bénéfice, les
sieurs Le Caplain et Quesnel prêtres,
et Pierre Dupont, sous-diacre. Deux
nobles : Jean-Louis de Carbonel, seigneur, propriétaire du fief Marivaux,
et Ph.-Bon-Marie-Anne de Mary, écuyer,
tous présents à l'assemblée de leurs
ordres. *Supplément des privilégiés*, 701 l.
15 s. 6 d.

raux, un compte fidèle des finances de l'État, qu'il soit avisé au moyen de préserver l'État d'une pareille crise à l'avenir, en ordonnant la comptabilité des ministres, et par tous autres moyens sages et prudents que suggéreront aux représentants de la nation leurs lumières supérieures ; que le nouvel impôt ne soit que provisoire, et ne puisse durer plus de trois ans.

XIV. Priseurs-vendeurs.

Lesdits habitants sollicitent de la bonté du roi la suppression des charges des jurés priseurs-vendeurs, comme étant fort à charge au public, et notamment à la classe indigente. Empressés de fourrager dans les successions les moins opulentes, ils les absorbent par leurs frais et vacations [1].

Le présent cahier, fait et rédigé en l'assemblée de Cambernon, ce dimanche 1er mars 1789, pour être remis aux députés de ladite paroisse de Cambernon.

COLLETTE, N. LECHEVALLIER, P. LECHEVALLIER, CAPELAIN, RABECQ, R. LAISNEY, F. LEGUIR, J. LEGARDINIER, L. SAVARY, P. JOURDAN, BELLAIT, Louis JOURDAN, B. GIRARD, G. MARIE, COLLETTE, J. LEMAÎTRE, J.-P. LECHEVALLIER, Jacques LEGUIR, P. LETROUIT, MACÉ, J. HÉLENNE, Henry LAISNEY, Denis LEGUIR, VARIN DE FRANQUEVILLE, *président de l'assemblée.*

[1] Cf. le cahier de Saint-Pierre-de-Coutances, art. 25, *suprà*, p. 109, et la note sous ce texte. Le fond des émoluments des priseurs-vendeurs était constitué par le droit fixe de 4 d. pour livre sur les ventes, qui formait le titre d'inféodation de l'office. Mais il s'y joignait des droits accessoires de vacation, expéditions, dont le tarif, autrefois arrêté par le Parlement de Normandie à un taux assez bas (*Règlement du 2 avril 1768, renouvelé le 18 juin 1769, art. XI,* dans *Recueil des édits,* VIII, 1178), avait considérablement été relevé, depuis que les *Lettres royales du 3 janvier 1782* (ISAMBERT, XXVII, 140, n° 1600) avaient, sous prétexte d'uniformiser les perceptions, mais en réalité pour faciliter la vente des nouveaux offices, étendu dans le ressort de Rouen les tarifs du Parlement de Paris. C'est contre cette innovation que protestent, en termes d'ailleurs souvent peu clairs, les cahiers de notre région.

IMPRIMERIE NATIONALE.

CAMETOUR[1].

1. Procès-verbal d'assemblée.

(Le procès-verbal authentique n'a pu être retrouvé.)

Date de l'assemblée : 28 février. — Nombre de feux : 222 [2]. — Députés : Gilles-François Osouf, *laboureur* (3 jours, 9 l., Acc.); Bon-François Blanchard, *laboureur* (3 jours, 9 l., Acc.) ; Pierre Lechevallier, *laboureur* (3 jours, 9 l., Acc.).

2. Cahier de doléances.

(Ms. *Greffe du Tribunal de première instance de Coutances*, pièce n° 371. Original signé. *Inédit.*)

L'Assemblée du tiers état, assemblée et formée en la manière prescrite par le règlement étant à la suite des lettres de convocation expédiées par Sa Majesté pour la tenue des états libres et généraux du royaume, procédant à la rédaction de ses cahiers de remontrances, plaintes et doléances, a arrêté ce qui suit :

1.° Ladite assemblée donne pouvoir aux députés qui seront élus par la voie du scrutin à l'assemblée générale des trois États du bailliage de Cotentin, de remontrer, consentir et aviser tout ce qui peut intéresser le bien et l'avantage du royaume, l'établissement d'un ordre fixe et immuable dans les finances, le retranchement des abus dans l'administration de la justice et la répartition des subsides jugés nécessaires, et enfin ce qui peut intéresser la prospérité générale et particulière de chaque citoyen ;

2° L'assemblée recommande aux députés qui seront élus de la manière ci-devant dite, de ne délibérer l'octroi et consentir aucun subside, qu'on ne se soit occupé avant tout d'une bonne solide constitution, au moyen de laquelle les droits du souverain seront reconnus et de nouveau sanctionnés, et ceux de la nation [assurés], de manière à éviter les désordres et malheurs dans lesquels le royaume se trouve actuellement plongé ;

3° Pour que cette constitution assure le bonheur invariable de

[1] Arrondissement de Coutances, canton de Cerisy-la-Salle.
[2] Population déclarée en 1790 : 1,308 communiants ; au dénombrement de 1793 : 1,383 habitants (N. 41, M. 3, 21); population actuelle : 659.

la France, les députés élus demanderont le retour périodique des États à époque fixe, tellement que les subsides qui seront consentis, ne le soient que pour l'espace de temps qui doit s'écouler d'une tenue à l'autre, et qu'ils ne puissent sous aucun prétexte être prorogés au delà du terme pour lequel ils auront été consentis;

4° Que les assemblées provinciales soient maintenues, étant regardées seules capables de parvenir à une juste répartition dans les impôts qui seront établis;

5° Qu'aucuns emprunts d'anticipation, voie indirecte d'augmenter, multiplier les impôts, ne puissent avoir lieu, et que la nation n'en soit garante qu'après un consentement libre donné par ses représentants, sauf à la nation dans la prochaine assemblée à prendre les mesures convenables pour satisfaire aux besoins imprévus nécessités par le cas de guerre;

6° Que tous les impôts actuellement existants soient supprimés, pour être remplacés par un seul et même impôt sur tous les ordres de l'État, sans aucune distinction séculière[1], attendu que la raison et la justice, qui doivent l'emporter sur les abus les plus invétérés, exigent que tous les membres d'un même État contribuent à son soutien en proportion de leur faculté;

7° Que particulièrement la taille, les impositions accessoires, les capitations de toute espèce, les vingtièmes de tous genres, l'impôt territorial, les impôts ecclésiastiques avec tous les produits des droits d'aides et des traites et quart-bouillon, soient réunis pour éviter les frais immenses de régie;

[1] Les délibérants ont évidemment voulu dire *pécuniaire*, mot savant qu'ils ont mal compris, ou plutôt mal copié sur quelque modèle. Impositions de Cametour pour 1789: taille, 2,241 livres; acc., 1,405 livres, cap., 738 l. 5 s.; corvée, 710 l. 15 s. 5 d.; vingt., 1,336 l. 12 s. 7 d.; terr., 114 livres; bât., 38 livres. Au total, 7,430 l. 13 s. *Privilégiés*: le curé, M° Hocquebecq, présent à Coutances, et le seigneur, Léonord Hervé de Mons. *Supplément des privilégiés*, 108 l. 25 s. 5 d.

Biens des privilégiés. Ecclésiastiques: 1° la cure, maison presbytérale, jardin, 2 vergées 1/4 de terre aumônée (louée, en l'an III, 210 livres); 2° hôtel-Dieu de Coutances, une grange décimale; la dîme louée par bail de 1783, 1,727 livres et 80 livres pour les novales. — *Nobles*: 1° le seigneur, bien non estimé; 2° Cadot de Sébeville, terres (estimées, en l'an III, 180 livres de rente).

Rentes: 1° *Ecclésiastiques*, hôtel-Dieu de Coutances, 30 boisseaux de froment, 2 pains, 2 poules et 44 l. 2 s. 6 d. en plusieurs parties, estimé le tout, à l'apprécis de 1788, valoir 229 l. 9 s. 6 d.; chapitre de Coutances, 16 boisseaux de froment, pour 64 l. 6 s. 3 d.; abbaye d'Aunay, 57 pots de froment et 40 sols en argent, estimé le tout 18 l. 11 s. 3 d.; abbaye de Hambye, 7 dem. de froment, estimés 21 l. 8 s. 9 d. — 2° *Laïcs*, Domaine du roi, 6 livres; Cadot de Sébeville, 27 livres de rente foncière; le seigneur, rentes et droits non estimés.

16.

8° Que le nombre des tribunaux soit diminué; que les tribunaux d'exception, tels que les bureaux des finances, cours des aides, tailles, gabelles et quart-bouillon, la maîtrise des eaux et forêts soient supprimés ; et les réunir au bailliage; qu'il soit fait des arrondissements plus analogues à l'avantage des justiciables ; que la vénalité des offices de judicature soit supprimée ; qu'on restitue à la nation, ainsi qu'on le demanda aux États de 1561, le droit de choisir des juges par la voie d'élection[1], qu'on augmente la compétence des bailliages et des présidiaux, et qu'on établisse une cour souveraine au centre de la basse province de Normandie, enfin qu'on améliore les lois civile et criminelle, de manière à ce que l'honneur et la vie des citoyens soient à couvert d'aucuns funestes mépris, et qu'on puisse obtenir une justice prompte et peu dispendieuse ;

9° Que la liberté individuelle de chaque citoyen soit sous la sauvegarde des lois, tellement qu'il ne puisse y être attenté que par l'application immédiate de la loi même;

10° Que les entretiens et reconstructions des presbytères soient à la charge des gros décimateurs[2];

11° Qu'il soit, dans la prochaine assemblée des États généraux, irrévocablement statué sur leur forme, la manière de convoquer et de délibérer, recommandant auxdits députés d'employer tous les moyens que présente la raison pour faire admettre la forme de délibérer par tête et non par ordre ;

12° Qu'il soit accordé et fait raccommoder la route à prendre de la Croix-Rouge, rendre aux chemins des quart [d'écart??] qui conduit à la grande route neuve de Saint-Lô à Coutances, vu que

---

[1] Aux États généraux réunis à Orléans en 1560-1561, les trois ordres avaient été d'accord pour demander l'élection des magistrats, l'institution seulement étant réservée au roi. (Cahier de la noblesse, art. 12; du clergé, art. 98; du tiers, art. 143, dans Recueil des États généraux, Paris, Barrois, 1789.) Le système d'élection, qui n'était d'ailleurs qu'un retour aux anciennes traditions du xive siècle, est formellement consacré par l'Ordonnance d'Orléans, art. 39, et celle de Moulins, art. 9 et 10. (ISAMBERT, XIV, 63 et 189.)

[2] Les dîmes de la paroisse de Cametour se partageaient entre l'Hôtel-Dieu de Coutances et le curé. L'hôtel-Dieu, aux termes d'un ancien accord de 1221 (Gallia christ., XI, Instrum., col. 255), recueillait deux gerbes de grosses dîmes, et le curé la tierce. Ils devaient avoir par moitié les terres d'aumône et les maisons bâties dessus. Mais, à la fin du xviii siècle, le curé jouit des aumônes pour sa pension congrue, et l'Hôtel-Dieu lui paye 80 livres par an pour et au lieu des novales. (Pouillé, f° 12 v°.) En 1790, le curé déclare son tiers de dîmes fournir 1,000 gerbes de froment, 1,500 d'orge, 50 de seigle, 60 boisseaux d'avoine. Il a 7 tonneaux de cidre, 4 cents de lin, et 4 vergées d'aumônes. Estime le tout valoir 1,700 livres, sur lesquels il doit les réparations et un vicaire. (Déclaration n° 43, f° 48.)

la paroisse et paroisses circonvoisines n'ont aucune route commode pour sortir ses engrais [1];

13° Enfin qu'on prenne les mesures les plus propres à rétablir les bonnes mœurs, l'amour de la patrie, le respect pour la religion, le soulagement des pauvres, la réforme des monastères et les abus résultant de la multiplicité des bénéfices, de la médiocrité de ceux à charge d'âme, de la non-résidence des principaux bénéficiaires et autres objets qu'il serait trop long de détailler; et pour porter le présent cahier à l'assemblée particulière du bailliage de Coutances, l'assemblée a nommé les personnes de Gilles-François Osouf, Bon-François Blanchard et Pierre Lechevallier, auxquels ils donnent plein pouvoir à ce nécessaire.

Fait et arrêté audit Cametour, ce 28 février 1789.

P. LECHEVALLIER, G. OSOUF, B.-F. BLANCHARD, (*illisible*), PH. LAMARE, C.-L. GINARD, G. OSOUF, J.-C. CAUCHARD, J. MENAND, OSOUF, J.-B. CAUCHARD, P. DELALANDE, OSOUF, P. LEVALLOIS, H. GUÉRIN, J. DUBOSCQ, R. CAUCHARD, B. LEMARCHAND, F. POTIGNY, J. GUÉRIN.

CAMPROND [2].

1. PROCÈS-VERBAL D'ASSEMBLÉE.

(Le procès-verbal authentique n'a pu être retrouvé.)

Date de l'assemblée : 1ᵉʳ mars. — Nombre de feux : 120 [3]. — Députés : Jean CLÉMENT, *laboureur* (4 jours, 12 l., Acc.); Charles LETOURMY, *laboureur* (4 jours, 12 l., Acc.).

---

[1] Même vœu dans le cahier de Marigny, art. 11. La route de Coutances à Saint-Lô, qualifiée dans les documents officiels d'alors de « portion de la grande route de Rouen à Granville » (route nationale n° 172), était, en 1789, à peu près complètement achevée. Toute la partie comprise dans le département de Saint-Lô, de la demi-lune de Bérigny au ruisseau Saint-Benoît, n'est plus portée dans les comptes que pour des travaux d'entretien. Dans le département de Coutances, il restait encore en 1788

une adjudication de travaux neufs, pour 309 toises 5 pieds. En 1790, au moment où la Commission intermédiaire se sépare, ces travaux sont qualifiés d'*ébauchés*, et une somme de 5,934 livres y a été appliquée, sur une dépense prévue de 29,500 livres. (*Compte rendu*, tableau K, à l'appendice.)

[2] Arrondissement de Coutances, canton de Saint-Sauveur-Lendelin.

[3] Population en 1793 : 715 habitants (N. 19, M. 7, D. 18); population actuelle : 419 habitants.

2. CAHIER DE DOLÉANCES.

(Ms. *Greffe du Tribunal de première instance de Coutances*, pièce n° 374. Original signé. *Inédit.*)

Des plaintes et doléances des paroissiens de Camprond.

1° Ils se plaignent que les presbytères soient à la charge des paroissiens. Ils demandent qu'ils soient entretenus et réparés par MM. les gros décimateurs [1];

2° Ils se plaignent de la tolérance des déports, qui privent pendant un an des paroissiens d'un curé qui leur est utile; les évêques et archidiacres sont assez riches pour être privés de ce droit, qui n'existe plus qu'en Normandie;

3° Ils se plaignent que le clergé et la noblesse ne contribuent à aucuns impôts, quoiqu'ils aient plus d'intérêts que le tiers état, et que profitant de tous les emplois, dignités et places distinctives, et de plusieurs qui chargent l'État, ils se refusent à une contribution qu'ils devraient offrir [2];

4° Que tous les contrats de mariage soient faits ou déposés de-

---

[1] Le curé de Camprond était seul décimateur de sa paroisse; il percevait les grosses et menues dîmes, à l'exception de la dîme des blés sur deux petits fiefs appartenant à la chapelle de Belval. (*Pouillé*, f° 15 v°.) A la fin du XVIII° siècle, il y avait autour de la maison presbytérale un enclos de 20 vergées de terre d'aumône. En 1790, il déclare que le tout lui vaut, comptant les aumônes, 2,700 livres, sans détail. (*Déclaration n° 132*, f° 50.)

[2] Impositions pour 1789 : taille, 928 livres; acc., 605 l. 14 s.; cap., 597 l. 3 s.; corvée, 299 l. 18 s. 5 d.; vingt., 825 l. 4 s. ; terr., 71 l.; bât., 24 l. Au total, 3,430 l. 19 s. 5 d.

Lignes : 170, dont exploitants : 10. — *Privilégiés* : le curé, M° Desbarre, le titulaire de la chapelle de Belval sise en Camprond, J.-Fr. du Moncel de Martinvast, et le seigneur Jean-Louis de Carbonnel. — *Supplément des privilégiés*, 95 l. 7 s. 4 d.

Biens des privilégiés. *Ecclésiastiques :* 1° la cure, bâtiments, jardin, 20 vergées de terre, dont 13 en terre labou-

rable, le reste en plant, pré et bois-jean (non estimée); 2° la chapelle de Belval, bâtiments, 22 vergées de terre, 8 de landes, loué le tout, par bail de 1782, 525 livres et 6 chapons par an. — *Rentes ecclésiastiques :* 1° la chapelle de Belval, 3 boisseaux 1/2 et 4 demeaux de froment, 20 sols en argent en plusieurs parties; 2° le trésor de Camprond, 22 boisseaux 1/2 de froment, 223 l. 15 s. 6 d. en deniers, 2 chapons et 4 poules; 3° Dominicains de Coutances, 38 livres sur plusieurs particuliers; 4° chapitre de Coutances, 5 boisseaux de froment, et 23 livres; 5° clergé de Saint-Nicolas, 3 livres; 6° les vicaires du grand autel (*décl. omise*), 37 livres de rentes foncières. — *Noblesse :* A la date du 9 pluviôse an II, Jacques Coquière, fermier, déclare tenir pour la nation, de l'émigré Carbonnel, une ferme nommée la Metterie ou la Métairie, bâtiments, 228 vergées de terre, dont 192 en labour, donnant 686 boisseaux de tout grain. Louée en l'an III, divisément, 3,125 livres et 140 livres. (Arch. Manche Q$^{4-1}$ 12 et Q$^{4-1}$ 6.)

vant notaires pour les biens et intérêts des familles, parce qu'il ne sera perçu par les contrôleurs qu'un droit modique, suivant la classe des parties;

5° Ils demandent le rapport du règlement du Parlement de Rouen de 1751, comme destructif des bois de haute futaie dans la province, [dont on] voit avec peine la diminution journalière et la destruction prochaine;

6° Ils demandent que le délai de trente jours accordé aux marchands de chevaux pour les faire reprendre comme poussifs soit fixé à dix jours, en rapportant l'arrêt de règlement de la Cour du 30 janvier 1728 [1];

7° Ils demandent la suppression du bureau des finances et des eaux et forêts, comme aggravant au public éloigné des lieux où ils sont établis;

8° L'arrondissement des juridictions;

9° Ils demandent qu'il soit fait défense aux personnes condamnées par défaut en jugement, d'opposer un appel sans l'avis de deux avocats qui autorisent l'appel ou opposition en l'assurant fondé;

10° Ils se plaignent des indues vexations qu'exercent dans la province la plupart des seigneurs, s'essayant [à] avoir des chemins sous le nom d'ateliers de charité, pour donner du lustre à leurs châteaux, et non pour le bien public, comme ils osent l'assurer à la justice dont ils surprennent la sagesse [2];

11° Ils se plaignent du trop grand nombre de receveurs des deniers royaux, comme à charge à l'État;

---

[1] *Arrêt portant règlement pour la durée des actions rédhibitoires, 30 janvier 1728.* (Recueil des Édits, VII, p. 129.) Cet arrêt avait limité à 30 jours uniformément la durée de l'action en garantie pour vices cachés, en matière de vente de chevaux, sur laquelle la coutume était muette. Mais cette décision était très diversement appréciée, et la longueur du délai donnait lieu, paraît-il, à des fraudes que l'on trouvera exposées dans le cahier de Courcy, art. 7. (Voir BASNAGE : *Commentaires*, sur art. 40, I, 96; PESNELLE, *Cout. expl.*, 17.) Le délai de 10 jours demandé au texte est évidemment le délai de 9 jours francs, qu'avait adopté la jurisprudence du Parlement de Paris, et qu'un certain nombre de déclarations royales avaient récemment introduit dans d'autres régions. (*Déclaration du 14 août 1777, art. 4; Règlement du 12 janvier 1785*, ISAMBERT, XXIV, 93, n° 737, XXVII, 3, n° 2033.) C'est, comme on sait, ce délai de 9 jours francs qui, après être resté en vigueur pendant tout le siècle dernier sur la base de la Déclaration de 1777, a été à nouveau confirmé par le Code rural, pour les vices rédhibitoires donnant lieu à l'action en garantie. (*Loi du 2 août 1884 faisant partie du Code rural*, art. 5.)

[2] Voir le cahier de Cambernon, article 2, *supra*, p. 236, note 1.

12° Demandent que, conformément au saint Concile de Trente[1], il soit défendu aux ecclésiastiques de retenir plusieurs bénéfices lorsqu'un seul est suffisant pour leur honnête entretien, pour n'avoir pas les désagréments de voir une infinité de pieux et saints prêtres, qui ont blanchi et se sont épuisés dans les travaux apostoliques, presque réduits à l'indigence, tandis que quantité de jeunes ecclésiastiques, parce qu'ils sont de naissance et fortune, et plus à portée de la faveur des grands, accumulent bénéfices sur bénéfices;

13° Demandent que tous les hommes veufs ou femmes veuves convolants à de secondes noces soient privés des douaires qu'ils ont droit d'exiger en vertu de leur premier mariage, comme ruinant les enfants du premier lit[2];

14° Demandent que la loi qui autorise les femmes à être divisées de biens d'avec leur mari soit abrogée, en ce qu'elles n'agissent ainsi que pour éluder les dettes de leur mari qu'elles ont souvent occasionnées, ou aidé à contracter[3];

[1] Concil. Tridentinum, *de Reformatione Ecclesiae*, sess. 7, cap. 4. Cf. pour la législation civile, *Ordonnance de Blois*, mai 1579, article 11, ISAMBERT, XIV, 385, n° 103;.*Déclaration concernant les bénéfices incompatibles*, 7 janvier 1681, ibid., XIX, 258, etc. Ces textes étaient lettre morte. En 1789, en Cotentin, tous les hauts dignitaires ecclésiastiques cumulent des bénéfices. L'évêque de Coutances, Ange-François de Talaru de Chalmazel, joint aux 44,000 livres de rente de son bénéfice les 5,000 livres de revenus de l'abbaye de Blanchelande, les 12,000 livres de celle de Montebourg. L'évêque d'Avranches, Pierre-Augustin Godard de Belbœuf, qui n'a que 20,000 livres de son évêché, est commendataire de l'abbaye Blanche, avec 8,000 livres de revenus, de Bonneval-Saint-Florentin au diocèse de Chartres, avec 4,500 livres. Les grandes abbayes bénédictines de Lessay, de Cerisy, du Mont Saint-Michel, avec leurs revenus de 9,000, 16,000, 40,000 livres, sont entre les mains de prélats gros bénéficiers, l'archevêque de Besançon, l'évêque de Metz. Les plaintes du cahier de Camprond ne sont donc pas localement sans objet.

[2] Cet article est peu clair. D'après l'*Édit de juillet 1560*, vulgairement appelé *Édit des secondes noces*, les veuves, et aussi bien les maris veufs qui se remariaient étaient tenus de réserver aux enfants du premier lit «les biens acquis par dons et libéralités de leurs défunts époux». Mais ces expressions de l'édit n'avaient jamais paru pouvoir s'appliquer au douaire, qui n'est qu'une pension viagère, et qui n'a jamais été considéré en Normandie comme une libéralité, mais comme l'acquittement d'une obligation. Si le vœu du cahier de Camprond signifie qu'ils demandent, comme nous le croyons, l'extension au douaire des dispositions de l'*Édit des secondes noces*, un pareil vœu dénote chez les rédacteurs la méconnaissance absolue de la nature juridique du douaire normand.

[3] La séparation de biens laissait, dans les dispositions de la Coutume de Normandie, une ouverture facile à la fraude. La Coutume faisait remonter, en effet, au jour du contrat de mariage l'hypothèque de la femme relativement à l'aliénation de ses biens dotaux (arg. art. 542. *Cout. Réf.*, au titre de *Mariage encombré*). Si un mari, après avoir vendu ou engagé ses biens personnels, vendait ceux de sa femme et en mettait les deniers à couvert, la femme, en se faisant séparer, pouvait exercer

15° Demandent l'abolition de ·[la] loi qui autorise les banqueroutes[1], comme ruineuse des familles et destructive du commerce;

16° Demandent la destruction des colombiers et lapiniers (*sic*),
comme désolant leur moisson; qu'il soit permis aux seigneurs de
détruire les bêtes fauves qui se trouvent dans leurs bois, à en
excepter la disséante (?) qu'il plaira à Sa Majesté de fixer pour ses
plaisirs, par rapport aux dégâts que ces animaux causent à leurs
récoltes, arbres et fruits;

17° Se plaignent que les seigneurs ne diminuent aucuns
dixièmes et vingtièmes sur leurs rentes seigneuriales[2];

18° Fait ce premier mars 1789, arrêté et signé par lesdits
paroissiens à l'issue des vêpres. Approuvé deux ratures en la seconde
page, de nulle valeur.

M. Lecluze, P. Vigot, G. Vigot, N. Létourmy, J. Tessier,
F. Chapel, J. Savary, (*illisible*), G. Lecluze, P. Le-
cluze, M. Lecluze, Ch. Bellait, G. Clément, *sindic*,
Létourmy, Jean Clément, J. Clément.

---

son hypothèque au préjudice de créanciers et d'acquéreurs qui avaient traité
de bonne foi. Les commentateurs de la
fin du xviii° siècle discutent fort sur
l'opportunité qu'il pourrait y avoir de
réformer à cet égard les dispositions de
la Coutume. (V. de Chanterevne, *l'Essai
sur la réformation des lois civiles*, Caen,
1790, p. 42.)

[1] Il n'y a pas, il est à peine besoin
de le dire, dans l'ancien droit, de loi
qui *autorise les banqueroutes*. Vraisemblablement, le cahier veut entendre la
Déclaration du 5 août 1721, par laquelle,
à l'époque de la faillite du système de
Law, Louis XV avait décidé «pour prévenir la totale ruine de plusieurs marchands et négociants de bonne foi», que
les faillites et banqueroutes seraient
portées temporairement devant la juridiction des juges-consuls. La compétence
des juridictions commerciales ainsi introduite dans un cas particulier avait
été, depuis, successivement prorogée;

mais l'opinion publique lui reprochait
de se montrer trop clémente; beaucoup
de nos cahiers demandent le retour aux
sévérités des anciennes ordonnances.
(Voir Bricqueville-la-Blouette, art. 76.)
Dans l'application, la jurisprudence
normande s'était créé un assez grand
nombre de règles particulières, sur lesquelles nous ne pouvons insister ici. On
consultera utilement le *Recueil d'édits,
déclarations du roi, règlements et arrêts
du Conseil et de la Cour, concernant la
juridiction consulaire de Rouen, sa compétence en matière de commerce, les faillites et banqueroutes*. Rouen, Oursel,
1755, in-4°.

[2] Il n'y avait dans la paroisse qu'un
seul fief laïque, celui de Lorey, qui
appartenait au seigneur Jean-Louis de
Carbonnel, seigneur de Belval, Camprond, des fiefs de la Duranderie, de la
Grande-Jacquerie et la Levrière en Anctoville, et du fief de Marivaux en Cambernon.

CARANTILLY[1].

1. Procès-verbal d'assemblée.

(Le procès-verbal authentique n'a pu être retrouvé.)

Date de l'assemblée : 26 février. — Nombre de feux : 330 [2]. — Députés : Jean Chardin, *laboureur* (4 jours, 12 l., Acc.); Jacques Ribouey, *laboureur* (4 jours, 12 l., Acc.); Jean Guillotte, *laboureur* (4 jours, 12 l., Acc.); Guillaume Blanchard, *laboureur* (4 jours, 12 l., Acc.).

2. Cahier de doléances.

(Ms. *Greffe du Tribunal de première instance de Coutances, pièce n° 368.* Original signé. *Inédit.*)

Cahier des plaintes, doléances et remontrances de la paroisse de Carantilly, bailliage de Coutances.

Les doléances de cette paroisse ont pour objet les maux qui lui sont particuliers, ceux qui lui sont communs avec son bailliage et sa province, et ceux qui l'affligent avec le reste du royaume.

CHAPITRE PREMIER.

SUR LES MAUX PARTICULIERS.

1° La paroisse de Carantilly se plaint de l'énorme surcharge dans sa contribution à la taille, contre laquelle elle a réclamé sans fruit depuis bien des années; cet impôt avec ses suites absorbe au delà de la moitié de ses revenus, puisque chaque vergée de terre qui peut y valoir cent sols paye vingt sols du gros, ce qui avec les accessoires fait près de trois livres; qu'on y joigne les vingtièmes et les autres droits, et on verra qu'il lui reste à peine un quart de son produit pour nourrir une multitude d'habitants, qui va à près de dix-huit cents [3].

2° Elle se plaint de dépendre d'un bailliage d'une ville, et de

---

[1] Arrondissement de Saint-Lô, canton de Marigny.

[2] Population actuelle : 739 habitants.

[3] Impositions de Carantilly pour 1789 : taille, 3,530 l. 10 s.; acc., 2,401 l. 16 s.; cap., 2,285 l. 9 s.; corvée, 1,184 l. 12 s. 10 d.; vingt., 2,553 l. 13 s.; terr., 217 livres; bât., 72 livres. Au total, 12,343 l. 10 s. 10 d. *Privilégiés :* le curé, Fr. le Rouvillois, un prêtre habitué, Fr. Lepesant, et le seigneur Léonor-Hervé de Mons, seigneur de Carantilly et Cametour, qui paye 124 l. 10 s. de capitation noble; et pour le tiers état, Jean de la Haye, commis-distributeur des lettres, taxé d'office à 15 livres. *Supplément des privilégiés :* 530 l. 5 s. 5 d.

l'élection de l'autre[1]; elle sollicite des arrondissements, et d'être réunie à l'élection de Coutances, dont les paroisses limitrophes relèvent, et dont la cotisation est plus de moitié moindre que la sienne.

3° Elle se plaint de la vexation qu'elle éprouve de la municipalité de Saint-Lô, qui l'oblige à fournir des lits à ses casernes[2] quand elle a des troupes, pendant qu'elle paye le taillon dont la destination est de remplir son obligation relative aux troupes.

CHAPITRE II.

SUR LES MAUX, QUI LUI SONT COMMUNS AVEC LE BAILLIAGE ET LA PROVINCE.

Les maux qui lui sont communs avec le bailliage et la province sont :

1° Les droits énormes sur les boissons, les peines trop rigoureuses de la contravention, qui étend sur une cave entière, quelque garnie qu'elle soit, le droit de quatrième, qui avec les droits additionnels vont jusqu'à la moitié de la valeur de la chose.

2° Le droit de brassage, qu'on lève sur un habitant qui n'ayant point de pressoir, est obligé d'user de celui d'un voisin sur les limites d'une autre paroisse[3].

[1] La paroisse appartenait au bailliage de Coutances et à l'élection de Saint-Lô, juridiction des traites et quart-bouillon de Saint-Lô. (*Arrêt du Conseil, du 5 juillet 1740,* dans Recueil des Gabelles, II, 393.)

[2] Il n'y avait point, en 1789, de casernes à Saint-Lô; il n'en existait, dans la généralité, qu'à Caen et à Granville (455 lits à Caen, 292 à Granville). «Les casernes de Saint-Lô, écrit en 1787 l'administrateur des guerres, M. de Montcarville, sont des maisons appartenant à des bourgeois et dont on a fait déguerpir les occupants pour faire place à la troupe; les couches sont fournies par les contribuables au logement, ainsi que les lits, paillasses, draps, couvertures, et la province pour leur indemnité paye tant par an.» (*Lettre à l'intendant, 18 février 1787,* Arch. Calvados, C 2321.)
Une lettre de l'intendant, en date du 29 mai 1787, explique très clairement les doléances du cahier de Camprond : «Il n'y a aucune ville de ma généralité, écrit-il, qui soit spécialement tenue de

fournir des lits militaires au soldat. Les lits que fournissent les habitants sont de toutes sortes de dimensions, et servent à coucher leurs familles quand les troupes sont retirées. Il y a des villes, telles que *Saint-Lô* et *Avranches,* qui ne peuvent pas elles-mêmes faire fournir par leurs habitants la quantité de lits nécessaires; *on y supplée par les lits des paroisses.»* (*Lettre au maréchal de Ségur, 29 mai 1787,* Ibidem.)

[3] Tout ce qui touche aux cidres et poirés doit, toujours, en terre normande, retenir l'attention. Les cahiers ne se sont guère expliqués que par brèves allusions sur la législation fiscale des boissons. Évidemment, c'était là une chose que tout le monde connaissait trop bien; aujourd'hui, il est nécessaire, pour bien comprendre ces allusions, de coordonner un peu les idées.
En matière d'aides, la Normandie était toujours régie en principe par le tarif spécial de 1680 (ISAMBERT, XIX, 251, n° 929), assez peu différent pour le fond de celui qui régissait le ressort de la Cour des aides de Paris. Le sys-

3° Les entraves qu'on lui donne pour se procurer le sel dont il a besoin pour sa consommation; ils sont innombrables : il faut déclarer de combien de personnes son ménage est composé, qu'il n'y comprenne pas les enfants en dessous de huit ans, en eût-il six à sept, qu'il signe sa déclaration, ou fasse attester par deux témoins; que le curé et les collecteurs s'y joignent, qu'il paye trois feuilles de papier timbré pour la moindre provision, qu'il ne la transporte que depuis le lever jusqu'au coucher du soleil; s'il en cède une légère

tème fiscal comportait un premier *droit de brassage*, levé sur tous les cultivateurs qui ne «pilaient» pas à leur propre pressoir, et pour l'acquit duquel on délivrait un *billet de pressoir* (Saint-Nicolas de Coutances, 28; Tourville, 4); 2° un droit de circulation, appelé *remuage*, indifféremment exigé de tous ceux qui transportaient le liquide d'une cave à l'autre, qu'il changeât ou non de propriétaire (la Bloutière, 4; Saint-Jean-des-Champs, 2); 3° un droit de *gros* en cas de vente par tonneau, qui était du *sol pour livre*, et dont étaient seuls exempts les nobles, quelques ecclésiastiques et quelques localités privilégiées; 4° un droit de vente au *détail*, dit *quatrième*, parce qu'il était effectivement du quatrième du prix de vente, et qui était levé dans toute la région, à l'exception des villes de Cherbourg, Granville et Pontorson; 5° un autre droit de consommation, dit *subvention au détail*, perçu en Normandie, bien que pays de quatrième, dans toutes les villes et bourgs, et dû non seulement par les débitants, mais par tous les gens du commun, même propriétaires récoltants, dès que leurs provisions paraissaient dépasser ce qui était nécessaire à leur consommation; 6° enfin, un droit dit *annuel*, imposé sur tous les débitants, marchands de vin, hôteliers et taverniers.

Mentionnons pour mémoire encore, si le liquide était destiné à être porté dans les villes ou à sortir de la région, toute la série des droits d'entrée, tant pour le roi que pour les villes (*octrois, jauge et courtage, péages, douanes provinciales*, etc.).

L'ensemble, bien que plusieurs de ces droits fussent assez minimes, montait rapidement assez haut. Le *billet de pressoir* ne coûtait que 1 s. 3 d. (Tour-

ville, 4); mais le *billet de remuage*, qui était au quatrième dans la généralité, allait année commune à 31 s. 9 d. par tonneau (Saint-Jean-des-Champs, 8). Le droit de gros était de 5 °/₀ originairement, mais il avait été doublé (*anciens et nouveaux 5 sols*). Le droit de détail était au quatrième du prix, celui de *subvention* de 4 livres 1 sol par tonneau de cidre de 3 muids; de 2 livres 11 sols 6 deniers par tonneau de poiré. Aux traites, le tonneau de cidre payait 5 livres, venant des provinces réputées étrangères; et 1 livre 6 sous sortant des cinq grosses fermes. (*Recueil des traites*, v° Cidre.)

Il était perçu en plus, en Cotentin, un droit de *jauge et courtage*, de 9 sols par muid, et des octrois locaux assez élevés dans les villes (Saint-Planchers, 11; Saint-Pierre de Coutances, 27). En outre, un *Arrêt du Conseil, du 28 juin 1721*, avait ordonné la perception, pour les établissements de charité de la généralité de Caen, d'un droit d'entrée levé dans toutes les villes où il y aurait un hôpital, et fixé à 20 sols par chaque tonneau de cidre ou chaque muid de vin. Le droit produisait, aux environs de 1789, 1,702 livres à Granville, 1,500 à Avranches, près de 2,000 à Coutances. (Arch. Calvados, 773, 764, etc.)

Ce qui, pourtant, paraissait le plus exorbitant, c'étaient les multiples formalités auxquelles donnaient lieu ces perceptions, les déclarations, les courses à des bureaux éloignés, par-dessus tout l'exercice, auquel était soumis tout propriétaire, commerçant ou non, et les perquisitions auxquelles donnait lieu la recherche du *trop bû*. (Voir les cahiers de Tourville, art. 14; Saint-Pierre de Coutances, art. 28, *suprà*, p. 110, et la note sous ce dernier texte.)

portion à un malheureux voisin qui n'a pu lever la sienne, il sera ruiné ou condamné aux galères [1].

4° Cette paroisse se plaint de la loi trop rigoureuse du gouverneur de la province quant aux fusils, qui sont presque toujours utiles aux laboureurs, soit pour se défendre des animaux carnassiers, des chiens enragés, quelquefois des voleurs; un laboureur dénoncé par un gentilhomme ennemi sera sans vérification des plaintes, sur une délation obscure, enlevé du sein de sa famille, transféré comme un criminel, mis en prison avec des scélérats pour trois ou six mois comme l'a jugé son délateur, si l'accusateur, content de l'humiliation de l'accusé, ne devient enfin son intercesseur par la crainte du ressentiment qu'une telle humiliation peut lui inspirer.

5° Elle se plaint de sa contribution à la réparation des prisons, édifices de justice et ouvrages publics qui ne sont pas dans son bailliage, et auxquels elle n'a nul intérêt.

CHAPITRE III.

SUR LES MAUX QUI LUI SONT COMMUNS AVEC LE RESTE DU ROYAUME.

La paroisse de Carantilly fait ses doléances :

1° Sur les droits excessifs du contrôle, sur l'entortillement de ces droits et leur labyrinthe, dont le fil n'est presque connu de personne, sur le tribunal où les contestations à ce sujet sont portées, où le directeur des contrôles est pour ainsi dire juge et partie;

2° Sur la longueur des procès, les frais énormes qu'ils entraînent, les détours de la chicane et l'obscurité de bien des lois;

3° Sur le tirage de la milice, dont elle préférerait de se racheter par un léger impôt [2], et plus encore sur l'obligation de sa comparution devant le subdélégué, souvent à de grandes distances, devant qui toute une paroisse est obligée souvent de comparaître, parce

---

[1] Pour le détail des formalités qu'entraînait la perception du *quart-bouillon*, voir l'*Ordonnance de mai 1680*, titre X (ISAMBERT, XIX, p. 239, n° 923), et surtout la *Déclaration du roi portant règlement pour la levée du quart-bouillon sur les salines de Normandie, du 2 janvier 1691*. (*Recueil des Gabelles*, II, p. 43 et suiv.)

[2] Le rachat de la milice était toujours interdit sous les peines les plus sévères. (*Ordonnance portant peine du fouet et de la fleur de lis contre les garçons nommés pour la milice, qui se sont absentés de leur paroisse, et ceux qui* achèteront *des soldats pour servir à leur place, 1er février 1705*. ISAMBERT, XX, 461, n° 1941.) En fait, par divers subterfuges, les communautés tournaient la loi, et les intendants fermaient les yeux.

La paroisse de Carantilly présentait annuellement au tirage une soixantaine de garçons sujets à la milice (62 en 1787, 64 en 1788). À ce dernier tirage, 16 avaient été déclarés exempts, 25 dispensés pour infirmité et défaut de taille, 23 seulement avaient tiré, et 2 étaient tombés au sort pour cinq années. (Arch. Calvados, C 1916.)

qu'il se soutient être le seul interprète de la loi dans le cas
d'exemption ;

4° Sur la perception trop rigoureuse des droits sur les cuirs ; un
laboureur qui a eu le malheur de perdre un bœuf, une vache, et
qui, pour sauver du moins [la peau], la fera tanner, devrait jouir
de cette exemption dans un cas aussi malheureux [1] ;

5° Sur l'assujettissement prononcé par les derniers arrêts du
conseil sur les fonctions de collecteur, qui obligent un habitant imposé à trente livres à la fonction de collecteur-chef [2] ; il faudrait que
cette paroisse fût déchargée de plus de la moitié de sa cotisation,
pour qu'un homme de cette classe pût le faire sans être ruiné.

CHAPITRE IV.

DEMANDES QUE FAIT LADITE PAROISSE.

Cette paroisse désire :

1° Que les différentes impositions, taille, taillon, capitation,
vingtièmes, soient réduites en une seule, qu'il n'y ait qu'un seul
rôle de répartition, que l'arbitraire, ce fléau terrible, en soit banni,
que cette imposition porte sur le clergé et la noblesse, comme sur le
tiers état ;

2° Que les grosses réparations des presbytères soient à prendre
sur les dîmes [3] ;

3° Que tous les receveurs particuliers des tailles, les receveurs
généraux des finances soient supprimés, et chaque province ou élection chargée de faire parvenir directement ses impositions au Trésor
royal ;

4° Que les procureurs, dans toute justice, soient supprimés

---

[1] *Édit. portant établissement d'un droit sur les cuirs*, avril 1759 (dans *Recueil des Édits*, IX, 276).

[2] *Arrêt du Conseil concernant les contestations relatives à la collecte, et les règles générales de la perception*, août 1788 (ISAMBERT, XXVIII, 612, n° 2509). Cf. aussi les arrêts et déclarations des 30 septembre et 28 octobre, *ibid.*, n°² 2518 et 2521, p. 613, 622.

[3] La cure de Carantilly était de patronage laïque, et les dîmes appartenaient en entier au curé. (*Pouillé*,
fol. 12 r°.) En 1754, il déclare que sa
dîme produit 2,000 gerbes de froment,
200 de seigle, 4,900 d'orge et mouture,
100 d'avoine, 600 de lin, 160 boisseaux
de sarrasin. Il a 10 vergées de terre

d'aumônes, louées 60 livres (soumission-
nées en 1791 par la ville de Saint-Lô
pour 1,284 l. 10 s.). Au total, 2,291 l.
10 s. sur lesquels il paye un vicaire.

L'*État de 1790* est incomplet et ne
donne pas les rentes. L'abbaye d'Aunay
avait dans la paroisse une extension de
son fief de la Motinière, pour laquelle
elle percevait diverses rentes. Par traité
annexé à un bail emphytéotique de
1725, les rentes foncières et seigneuriales de l'abbaye dans les paroisses de
Cametour, Cerisy, Carantilly, Marigny et
Saint-Sauveur étaient affermées à Louis
Larsonneur, laboureur de N.-D. de Cenilly, pour 99 ans, moyennant une redevance annuelle de 174 livres. (Arch.
Manche, H 101.)

et les avocats chargés de tout sans percevoir de plus grands droits.

✛ *5° Cette paroisse faisant un peu de commerce en coutils et en toile demande que les loix sur les banqueroutes soient ou revisés, ou remis en vigueur, afin d'être sauvés des maux qu'ils en souffrent, qui vont à plus de 4,000 livres depuis deux ans* [1].

Et nous nous plaignons que les seigneurs, depuis au moins vingt-cinq années, ne nous ont point diminué les dixièmes des rentes seigneuriales, ce qui nous a été à grande charge et nous a emporté notre substance, parce que les impositions n'ont pas pour cela diminué, mais au contraire augmenté; il serait juste qu'ils restituent ces années de dixièmes injustement à eux attribuées, parce qu'ils n'ont jamais été imposés sur les rôles des dixièmes.

Telles sont les plaintes, doléances et demandes de la paroisse de Carantilly, qu'elle charge ses députés de porter à l'assemblée du bailliage de Coutances le deux mars prochain, leur donnant pouvoir en plus outre d'accéder à toutes les autres qui leur paraîtront justes et raisonnables, et ont signé les paroissiens les présentes le 26 février 1789.

GUILLOTTE, P. BIARD, J. LEPAGE, B. B. G. LECLUSE, BLANCHARD, Jean LECLUSE, TESSIER, P. HUARD, CORBET, P. BIARD, F. CORBET, C. BLANCHARD, J. BERNARD, (*illisible*), CORBET, BLANCHARD, J. BLANCHARD, VIVIER, J. HÉLIARD, P. CHARDIN, N. HÉLIARD, G. BLANCHARD, Jean LEJOLI-VET, J. PAISANT, P. LECROSNIER, VIVIER, F. HULMEL, RIBOÜEY, J. OUTREQUIN, P. PAGARY.

---

[1] Ce passage est raturé dans le manuscrit. Cf. *Mém. Stat.* 1727, p. 10. «Il y a sept ou huit paroisses (voisines de l'élection de Saint-Lô), qui, outre la culture des terres, s'occupent plus particulièrement que les autres du métier de toile. Dans cette paroisse, le peuple subsiste de ces petites industrie; les femmes et filles filent journellement et les hommes font de la toile commune, qu'ils vendent tous les vendredis au marché de Canisy, et le samedi au marché de Cerisy... Les marchands de Caen, Rouen et Paris y viennent enlever les grosses toiles, les coutils rayés pour les tapisseries, etc.» L'annotateur de 1760 a marqué en marge que «ce commerce est tombé entièrement». (Arch. Calvados, C 283.)

Les rédacteurs du cahier font allusion à un événement qui, l'année précédente, avait apporté un grand trouble dans la région. En 1788, le sieur Dubuisson, négociant à Saint-Lô, avait fait de mauvaises affaires, et la succession ayant été abandonnée par ses héritiers, un grand nombre de petits fabricants de toiles et coutils des villages environnants s'étaient trouvés réduits à la misère. La chute de l'un entraînant celle des autres, nous voyons à Carantilly, le 26 août 1788, un sr Pierre Paisant demander secours, ayant essuyé des pertes dans quatre banqueroutes successives, pour 1,412 livres. A Cametour, paroisse voisine, le subdélégué évalue à 5,282 livres les pertes éprouvées par une vingtaine d'individus. L'intendant de Caen avait dû intervenir et faire distribuer un secours de 1,910 livres aux ou-

CÉRENCES [1].

PAROISSE DÉFAILLANTE [2].

CERISY-CAILLEBOT [3].

1. Procès-verbal d'assemblée.
(Le procès-verbal authentique n'a pu être retrouvé.)

Date de l'assemblée : 1er mars. — Nombre de feux : 500 [4]. — Députés : Me *Pierre-Joseph Planchon, *notaire* [5] (4 jours, 12 l. et 18 jours, Ref.); *Jean-François Marie, *laboureur* (4 jours, 12 l. et 19 jours, 741., Acc.); Joseph Rouelle, *laboureur* (4 jours, 12 l., Acc.); Pierre Affichard, *laboureur* (4 jours, 12 l., Acc.); Augustin Doublet, *laboureur* (4 jours, 12 l., Acc.).

2. Cahier de doléances.
(Ms. *Greffe du Tribunal de première instance de Coutances, pièce n° 358,
Original signé. Inédit.*)

Cahier des doléances, plaintes et remontrances du bourg et paroisse de Cerisy-la-Salle.

Du premier jour de mars, l'an 1789.

En conséquence des ordres du Roy, se sont assemblés les habitants en général de la paroisse de Cerisy-la-Salle, pour procéder à la rédaction de leur cahier de plaintes et doléances, qui sera remis aux députés pour le représenter à l'assemblée générale du grand bailliage de Cotentin qui se tiendra à Coutances, le seize du présent mois, auxquels dits députés lesdits paroissiens donnent pouvoir de demander :

1° Le rétablissement des États en la province, dont tous les membres soient librement élus et choisis par ceux qu'ils devront

---

vriers sans ouvrage. (Arch. Calvados, C 1477 et C 7761.)

[1] Arrondissement de Coutances, canton de Bréhal.

[2] La paroisse était mixte avec le bailliage de Cérences. Le rôle des taxes porte expressément : « Les députés ont comparu à l'assemblée du bailliage de Saint-Sauveur-Lendelin (!) séant à Périers et à Cérences». — Cf. *suprà*, Introd., p. 10.

[3] Aujourd'hui Cerisy-la-Salle, arrondissement de Coutances, canton de Cerisy-la-Salle.

[4] Population en 1793 : 2,357 habitants (N. 72, M. 20, D. 47). Population actuelle : 1,450 habitants.

[5] «Malade pendant l'assemblée du 16 avril et avant, et non présent à la lecture du cahier le 14 mars.» (*Rôle des taxes.*)

représenter, et parce que le tiers état y aura autant de représentants pour son corps que l'ordre du clergé et de la noblesse réunis;

2° Que toutes les impositions généralement quelconques soient supportées également par tout le monde, eu égard aux possessions d'un chacun, de quelque état et condition qu'il puisse être, sans distinction [1];

3° Que les droits exclusifs de grève, péage, passages et autres de cette nature, contraires au bien général et à la libre circulation, soient abolis, sauf à pourvoir à l'indemnité des possesseurs desdits droits s'il y a lieu [2];

4° Qu'il y ait de nouvelles lois pour la répartition des impositions, qui en règlent la contribution avec plus d'égalité;

[1] Impositions de Cerisy pour 1789 : taille, 4,037 livres; acc., 2,649 l. 4 s.; cap., 2,611 l. 19 s.; corvée, 1341 l. 3 s. 9 d.; vingt., 3,205 l. 11 s. 10 d.; terr., 273 livres; bât., 91 livres. Au total, 14,208 l. 18 s. 7 d. *Privilégiés:* le curé, abbé Surville, un ecclésiastique sans bénéfice, Pierre Houët, le seigneur, Jean-François Gédéon Richier, et la dame veuve du sieur de la Halle, qui payent 167 livres et 62 livres de capitation noble. *Supplément des privilégiés :*

Possessions des privilégiés : I *Biensfonds :* Ecclésiastiques : 1° la cure, bâtiments et 2 vergées et demi de terre (loué en l'an III, 310 livres); 2° le chapitre de Coutances, une grange décimale; 3° la cure de Pontbrocard, bois taillis, estimé 28 livres. — Nobles : 1° Fr. Gédéon Richier : la terre du château, bât., 145 verg. de terre, louée par bail de 1785, 2,100 livres, la terre du Bray, 120 verg. de terre, louée par bail de 1790, 1,100 livres; la Huttière, 139 verg. de terre, louée par bail de 1789, 1,000 livres; la Rebrissinière, 80 verg. de terre, louée par bail de 1793, 430 livres; 2° veuve de la Halle, terres non estimées. — II *Rentes :* domaine du roi, 24 l. 4 s.; chapitre de Coutances, 22 demeaux de froment; Hôtel-Dieu de Coutances, 14 l. 4 s. 9 d. en deux redevances ; chapelle Saint-Joseph en Saint-Nicolas, 25 l. 6 s. 8 d.; le trésor, 75 demeaux et demi de froment et 67 l. 16 s. sur différents particuliers (déclaration omise); le seigneur, 316 demeaux de froment, 207 d'avoine, 9 pains, estimé le tout 1,656 livres; rentes en argent et poules pour 179 livres, 195 livres et 2,333 livres. — III *Dîmes :* part du curé 3,727 livres; part des gros décimateurs 3,653 l. 17 s. 6 d., dont 1,717 l. 5 s. 6 d. pour le chapelain de la chapelle Saint-Georges. (*États des biens nationaux,* Arch. Manche, Q⁴⁻¹ 12 et Q⁴⁻¹ 15.)

[2] Le vœu du cahier doit être considéré comme d'ordre général, et sans objet direct dans la région. L'*État des bacs, passages et péages dans l'étendue de la généralité de Caen,* dressé en 1777, ne mentionne aucun droit de cette nature, soit sur terre, soit par eau, dans l'élection de Coutances; et le subdélégué écrivait à cette occasion : «Je ne connais aucuns droits de péages, pontonnage et passage dans l'élection de Coutances... Il y a un bateau pour passer pendant l'hiver de la paroisse de Remilly, élection de Coutances, dans celle de Marchésieux, élection de Carentan, et M. de La Rochelle, seigneur de Remilly a un batelier qui en retire une rétribution... Ce batelier prend 1 sol par cheval et 3 deniers par personne pour passer d'une rive à l'autre, et plus ou moins suivant la distance qu'on parcourt le long de cette petite rivière. Les habitants de Remilly prétendent que le seigneur est obligé de fournir et entretenir ce bateau. M. de La Rochelle prétend le contraire, et il dit que lorsque celui qui sert actuellement sera hors d'état de servir, il n'en remettra pas un autre.» (*Lettres de M. de Mombrière à l'intendant,* 29 sept. et 6 nov. 1777, Arch. Calvados, C 3038.)

I. 17

5° Que les lois portant établissement et confirmation d'un impôt quelconque, soient accompagnées d'un tarif clair et précis, de sorte que le contribuable sache exactement ce qu'il doit, et que le préposé au recouvrement ne puisse interpeller (*sic*) à sa volonté les dispositions de la loi;

6° Que la justice et les lois soient réformés dans les abus sans nombre qui s'y sont glissés, que les justiciables soient assurés d'une prompte justice dans tous les tribunaux, sans essuyer des retards très préjudiciables à leur fortune, et sans être obligés de s'épuiser en frais pour solliciter des audiences ou un rapport qu'ils sont souvent plusieurs années sans pouvoir obtenir; que les lois criminelles soient également réformées, et que les prisonniers soient jugés le plus promptement possible, sans les laisser languir et périr en prison faute de jugement;

7° Que les taxes des juges soient modérées, surtout celles qui regardent spécialement les pauvres, telles que les tutelles, actes indispensables dans tous les états, et dont les frais emportent souvent au delà du mobilier du décédé;

8° Que les offices de priseur-vendeur nouvellement rétablis, et dont l'aliénation n'a sûrement pas indemnisé l'État des quatre deniers pour livres qu'il percevait auparavant, soient supprimés de nouveau comme étant le fardeau le plus onéreux au peuple, puisque en quantité d'occasions les frais excèdent de beaucoup le capital de ce qui lui est demandé[1];

9° Que toutes les juridictions d'exception qui déplacent le justi-

---

[1] Le présent cahier se plaint qu'on ait rétabli les priseurs-vendeurs; d'autres cahiers en demandent le rétablissement. La contradiction n'est qu'apparente, car la situation de ces officiers, aux environs de 1789, est très variable dans la province. Un édit d'avril 1768, enregistré au Parlement de Normandie le 28 août 1770 (*Recueil des Édits*, IX, 1066 et 1279) avait supprimé tous les offices de priseurs alors existants et mis entre les mains du roi le droit de 4 deniers pour livre qu'ils percevaient sur les ventes de meubles. Le but, très nettement avoué dans le préambule d'un autre édit de février 1771, était de mettre à nouveau en vente ces offices, pour en tirer de plus grandes finances. Mais le résultat avait trompé les espérances du fisc; les anciens titulaires n'avaient point racheté, et il avait fallu successivement

surseoir à la vente annoncée, et les autoriser à continuer provisoirement de faire les prisées et ventes (*Déclarations des 13 juillet, 17 août 1771*; Isambert, XXII, 539, n° 1017). En 1780, pour faire un exemple, le roi avait déclaré lever la surséance, et avait affermé directement la recette d'un certain nombre d'offices, ce qui avait décidé quelques titulaires à racheter (*Arrêt du Conseil, 25 novembre 1780*, XXVI, 378); de sorte qu'en 1789 la situation était très différente suivant les régions. Dans quelques localités, les nouveaux offices avaient été levés; dans d'autres, ils étaient toujours tenus en la main du roi, et administrés à titre provisoire par les huissiers des juridictions.

Sur ce qu'avait produit dans le bailliage l'aliénation des offices de priseurs-vendeurs, voir le cahier de Hambye, art. 41, et la note *infrà*, p. 341.

ciable de son territoire, telles que le bureau des finances, maîtrise des eaux et forêts et autres, soient supprimées, du moins quant à la partie contentieuse, ainsi que toutes lettres d'attribution et droit de committimus;

10° Que toutes les attributions accordées à monsieur le commissaire départi soient renvoyées aux juges ordinaires, et que tout ce qui regarde l'imposition et répartition de l'impôt soit du ressort des États provinciaux;

11° Qu'il soit pris des précautions nécessaires, pour que les États provinciaux ou assemblées provinciales puissent veiller avec le plus grand soin à l'entretien des chemins dans leur ressort, et que les frais indispensables que les réparations occasionnent soient supportés par tout le monde indistinctement;

12° Que la rétribution des curés à portion congrue [1] soit augmentée à raison de leurs besoins, de l'importance de leurs états et de leur utilité;

13° Que tous les ecclésiastiques sans distinction, dont les bénéfices exigent la présence, soient assujettis à la résidence au moins neuf mois de l'année, à peine de perdre les fruits de leurs bénéfices pendant leur absence, lesquels seront appliqués au soulagement des pauvres;

14° Que les droits de déport, dont le nom est odieux et l'usage abusif, qui ne sont fondés sur aucune loi ni titre, et qui se sont conservés que dans la province, soient abolis pour toujours;

15° Que comme il est de droit que tout bénéficier soit assujetti aux réparations de son bénéfice, et que les dîmes sont plus que suffisantes pour acquitter cette charge, il soit ordonné que tous les curés ou possesseurs des dîmes soient tenus à l'entretien et construction de la maison presbytérale, sans que les paroissiens puissent être appelés en contribution [2];

[1] Le curé de Cerisy n'était point à portion congrue; il n'avait, il est vrai, que «la tierce gerbe des grosses dîmes, avec l'intégrité des menues», les deux autres tiers appartenant au chapitre de la cathédrale et à la chapelle Saint-Georges en la cathédrale «sauf en un canton nommé la Fougerie, dont les habitants ne payent ni droits ni dîmes, comme fondés au droit des religieux d'Aunay». (*Pouillé*, fol. 13 v°.) En 1790, le curé déclare sa dîme rapporter année commune 200 gerbes de seigle, 2,000 de froment, 4,500 d'orge, avec les pailles, 180 boisseaux de sarrasin,

7 tonneaux de cidre, quelque lin, 200 fagots, estimés pour le tout 4,430 l. 16 s. Il n'a point d'aumônes en dehors d'un jardin fruitier de 2 vergées et demi, et il paye 2 vicaires. (*Déclaration* n° 165, fol. 45.)

[2] Les paroissiens de Cerisy ne paraissent pas avoir été depuis assez longtemps mis à contribution à cet égard; le dernier arrêt du Conseil que nous rencontrons, autorisant une imposition pour construction d'une chapelle et élargissement de l'église, est en date du 21 mars 1752. (Arch. Calvados, C 1321.)

16° Que les curés ou leurs vicaires ne pourront prendre dans les bourgs et campagnes aucun droit pour l'administration des sacrements et autres cérémonies de l'église; ce qui est un véritable impôt d'autant plus injuste que le paroissien paye également la dîme, soit au curé ou à un étranger [1];

17° Qu'il soit fait, pour régler les droits de contrôle, un tarif moins onéreux que celui qui existe à présent, et que ce tarif soit clair et précis, sans qu'aucun contrôleur puisse lui donner d'interprétation à sa fantaisie;

18° Et enfin que tout ce qui sera proposé à l'assemblée des États généraux pour le bien général y soit délibéré et définitivement arrêté à la pluralité des voix, sans distinction d'ordres.

Le présent cahier fait et signé double par tous ceux desdits paroissiens qui savent signer, un desquels doubles resté aux mains du greffier de la municipalité de la communauté, et le présent mis aux mains de nousdit notaire, président de l'assemblée préliminaire, conjointement avec les autres députés qui vont être ci-après nommés au terme des ordres du Roy.

Et avant de signer le présent cahier, lesdits paroissiens ont prié les députés de demander à l'assemblée :

1° Qu'il n'existe qu'un seul et unique impôt; qu'en conséquence la cour des aides soit supprimée, et l'État n'aura plus à soudoyer une multitude de commis haïs et détestés de tout le monde, et à ce moyen chaque particulier sera libre de vendre et disposer de sa boisson, et le peuple se verra déchargé avec la plus grande joie du fardeau le plus onéreux qu'il ait à supporter;

2° Que toutes les communautés religieuses d'hommes tels que Bénédictins, Bernardins [2], etc., qui ne sont d'aucune utilité pour l'État,

---

[1] Cf. le *Cahier du tiers aux États généraux de 1614*, art. 28 (dans MAYER, *États généraux*, XVII, p. 242). La gratuité des sacrements est, il convient de le dire, réclamée en 1789 par la plupart des curés de campagne de Basse-Normandie. Dans les cahiers particuliers qu'ils ont fait parvenir à l'assemblée de leur ordre, ils demandent le plus souvent « qu'en conformité d'un arrêt du Parlement de Normandie, il soit fait défense à tous curés d'exiger aucuns droits pour les baptêmes, mariages et sépultures, et qu'il fût seulement permis de prendre ce qui serait offert» (*Chapitre de Car-

rouges*, 15, dans HIPPEAU, *Cahiers*, I, 143); ils demandent surtout la révocation de l'Édit de mai 1768, qui pour éviter aux décimateurs d'avoir à élever les pensions congrues, leur a fait abandon des oblations, offrandes et casuel «répugnant, comme dit l'un d'eux, à l'humanité d'exiger des honoraires de pauvres misérables qui n'ont pas de pain». (*Curé de Nécy*, 2, *ibid.*, I, 148.)

[2] Cf. le cahier de Saint-Martin-de-Cenilly, art. 19, *infra*, p. 575. Les rédacteurs ont visiblement en vue les deux abbayes voisines d'Hambye et d'Aunay, la première de l'ordre de Saint Benoît

soient supprimées sans délai, et que leurs biens et revenus soient régis et administrés de manière à secourir les besoins de l'État;

3° Qu'il soit établi dans tous les bourgs un hôpital, pour servir de retraite à tous les malheureux qui souvent sont exposés à la plus grande misère et périssent faute de secours; cet hôpital sera régi et administré par des sœurs de charité, pour procurer l'instruction aux petits garçons et petites filles. Cet établissement ferait le plus grand bien, et il serait également pris pour y subvenir sur les revenus des abbayes supprimées;

5° Que tous ceux qui dans les paroisses ont des volières sans aucun droit, et qui, par le grand nombre de pigeons qui s'y retirent, causent le plus grand dommage aux récoltes du laboureur, soient bouchés sans aucun retardement.

Le présent signé double comme est ci-devant dit.

MARIE, J. ROUELLE, DOUBLED, H.-P. GUILLON, P. DESHAYES, DESHAYES, J.-G. GUILLON, P. AFFICHARD, L. LEMASSON, F. RABEC, A. LESAGE, J. FOSSARD, P. OUTREQUIN, J. CALENGE, LEPAISANT, André BEAUFILS, SAROT, Jullien LESAGE, J. DUBOURG, J. ESTONNIÈRE, BEAUVAL, *avocat et notaire*, ALIX, *greffier*.

CHAMPREPUS [1].

1. PROCÈS-VERBAL D'ASSEMBLÉE.

(Le procès-verbal authentique n'a pu être retrouvé.)

Date de l'assemblée : 1er mars. — Nombre de feux : 191 [2]. — Députés : Denis LE HODDEY, *laboureur* (2 jours 6 l.); Jacques-Franç. ALLAIN, *laboureur* (2 jours 6 l.). — D'après le procès-verbal, les députés n'ont pas comparu à l'assemblée préliminaire; — le rôle de taxes porte plus nettement : «n'ont comparu que le 3 mars après midy».

non réformé, la seconde de Bénédictins de Citeaux, dits *Bernardins*. Ces derniers possédaient dans la paroisse un petit fief non dîmable, de revenu inconnu.

[1] Arrondissement d'Avranches, canton de Villedieu-les-Poëles.
[2] Population en 1793 : *inconnue*. Mouvement (en 1787) : N. 24, M. 9, D. 28. — Population actuelle : 513 habitants.

2. CAHIER DE DOLÉANCES.

(Ms. *Greffe du Tribunal de première instance de Coutances, pièce n° 443.*
Original signé. *Inédit.*)

*Cahier des doléances et plaintes de la paroisse de Champrepus,
année présente mil sept cent quatre-vingt-neuf, faite par nous
syndic et habitants communs taillables de la paroisse de
Champrepus. En fait de ce qui concerne l'ordonnance à nous
adressée par Sa Majesté.*

La commune des habitants de ladite paroisse remontre à Sa Majesté :

1° Qu'en fait de ce qui concerne la commune des habitants, naturalisés au rôle à taille, ils prient Sa Majesté que toutes les impositions soient portées dans un seul et même rôle et que les deniers seront rendus à Sa Majesté par la messagerie; que Sa Majesté aura la bonté de taxer les frais;

2° La commune des habitants prie Sa Majesté de supprimer les receveurs des tailles, les fermiers généraux, les aides et les gabelles;

3° La commune des habitants remontre à Sa Majesté que ladite paroisse est trop vexée d'impositions, attendu qu'elle est en coteaux et sujette à grandes secresses (*sic*); la grande route de Villedieu à Granville passant le long de la paroisse faisant un tort considérable sur la commune [1];

4° La commune prie Sa Majesté d'ordonner que les presbytères soient faits et entretenus par les sieurs curés et leurs prédécesseurs comme bon ils aviseront, sans inquiéter leurs paroissiens. Attendu que cela leur cause de grands frais, et que c'est dans les paroisses une source de chicane et de procès;

5° On prie Sa Majesté d'ordonner qu'un chacun de la commune puisse se libérer et s'affranchir des rentes seigneuriales dues aux seigneurs et églises, en payant les capitaux, arrérages et proratas,

---

[1] *Mém. stat. 1698*, p. 47. «Terrain de moyenne valeur, plant, prairies et taillis.» La grande route de Paris à Granville, par Vire et Villedieu (R. N^le n° 24 *bis*) était tout récemment terminée dans le bailliage. La Commission intermédiaire, depuis sa création, n'avait eu qu'à veiller à l'entretien, qui était adjugé, en 1788, en deux sections, de Villedieu au village du Repas, et du village du Repas à Granville, sur des soumissions de 13,970 livres et 21,940 livres respectivement. (*Compte rendu,* tableaux K et L.) Les indemnités d'expropriation étaient loin toutefois d'être réglées, et certains cahiers réclament vivement à cet égard (Saint-Planchers, 1; Saulte-Chevreuil, 8).

vu que la commune est vexée, et que l'on ne fait aucune déduction
des droits royaux sur lesdites;

6° La commune prie Sa Majesté d'ordonner qu'un chacun qui
passera à la *collecte* soit libre d'allouer, vu qu'il n'y en a pas un
dixième capable de recueillir les deniers, attendu qu'ils ne savent
ni lire ni écrire;

7° La commune prie Sa Majesté que, suivant son ordonnance et
arrêt de l'année dernière [1], les nobles, seigneurs et curés payent
tailles, vu qu'ils tirent le bénéfice de la commune, ou qu'au moins
il plaise à Sa Majesté de réduire les sieurs curés à une pension
congrue et faire revertir le surplus du bénéfice au soulagement des
pauvres de la paroisse, qui sont en très grand nombre;

8° La commune demande un arrêt fixe et permanent qui constate les dîmes dues aux sieurs curés, leur quotité; et qu'il soit
libre à la commune qui n'a pas assez de prés pour l'exploitation de
sa terre de pouvoir en réduire en prés, jusqu'à la concurrence d'un
tiers [2];

On demande à Sa Majesté qu'il lui plaise d'ordonner que tous
procès de fonds et de familles soient jugés sous six mois ou un an
au plus tard, attendu que les sieurs justiciers font durer et traîner

---

[1] Il n'y a point eu, il est à peine
besoin de l'observer, d'ordonnance de
l'année 1788 qui assujettit les nobles,
seigneurs et curés, au payement de la
taille. Visiblement, les paroissiens de
Champrepus ont en vue l'*Édit* (non
appliqué) *portant suppression des deux
vingtièmes et 4 deniers pour livre, et établissement d'une subvention territoriale*,
août 1787 (ISAMBERT, XXVII, 394,
n° 2363). Quant à l'arrêt du conseil
visé, c'est peut-être l'*Arrêt portant règlement pour les assemblées provinciales,
... sur les formes de la répartition et collecte de la taille, capitation et impositions, 8 août 1788 (ibid.*, 604 n° 2507).
Il ne touchait point aux exemptions des
privilégiés, mais il confiait du moins
aux assemblées élues le soin de répartir
les contributions. D'ailleurs, il n'avait
pu être mis en application en Normandie pour l'année 1789, à cause de l'opposition du Parlement. (*Compte rendu*,
p. 7 à 11.)

[2] Sur le *couchage* des terres, voir
LA HAYE-BELLEFOND, p. 362. La conversion des terres de labour en prairies devait
entraîner d'autant plus de difficultés à
Champrepus, que les dîmes y étaient
partagées de la façon la plus compliquée.
«Le curé, dit le *Pouillé*, f° 19 v°, perçoit le tiers des grosses dîmes sur un
canton de la paroisse, sur lequel l'abbé
de Saint-Lô perçoit les deux autres
tiers; et sur un autre canton le curé n'a
que la neuvième part vis-à-vis du chapitre de Mortain, qui perçoit les huit
autres parts. Il possède toutes les menues dîmes, avec 28 ou 30 vergées de
terre en aumônes.» Déclare le curé sa
dîme donner pour le premier canton
800 gerbes de grain, faisant 68 demeaux, sur le deuxième 50 gerbes de
seigle, 50 d'orge, 50 de mouture et
150 d'avoine. Avec les aumônes, 5 tonneaux de cidre, filasse, fagots, et sarrasin, il se fait, année commune,
825 l. 10 s.

Les deux traits de Mortain et de
Saint-Lô sont affermés, en 1756, pour
208 et 370 livres réciproquement. (*Revenus de Saint-Lô*, f° 37.) En 1768,
le trait de Saint-Lô seul est affermé
400 livres. (Arch. nat., S 7483.)

les procès en longueur pendant dix ou quinze ans, de façon que cela ruine les familles;

10° La commune remontre à Sa Majesté que ladite paroisse est située en cinq côtes, brûlée par la chaleur et réduite à la misère, étant d'ailleurs chargée de rentes seigneuriales et foncières.

Ladite paroisse peut contenir deux mille ou deux mille cinq cents vergées[1], et que lesdits fonds ne sont pas suffisants pour nourrir la moitié des habitants, et que beaucoup des habitants sont obligés d'aller gagner leur pain pour nourrir leur famille et pour payer les impôts et rentes qu'ils doivent, dont ils sont surchargés.

Les impôts de ladite communauté se montent en total à la somme de cinq mille huit cent trente-huit livres, huit sols[2]. Le présent fait double après lecture faite, un pour rester au secrétariat à Coutances et l'autre entre les mains du syndic de ladite commune. Délibéré à Champrepus, ce 1er mars 1789.

PREVEL, Claude JAQUETTE, Jean MAHEU, J. ALLAIN, J. LE MONNIER, J.-F. CHAUVAIN, G. JACQUETTE, P. AUCQOC, Guillaume BLIN, HÉBERT, Joseph BLIN, Denis LEHODEY, Jean VAUGNON, Th. PREVEL, S. VIBERT.

---

[1] Superficie de la commune actuelle : 912 hectares. Le chiffre de 5,838 l. 8 s. est celui des impositions de 1789, avec les frais de recouvrement probablement. Les chiffres des rôles sont : taille, 1,624 livres, acc. 1,065 l. 14 s., cap. 1,050 l. 14 s., corvée 539 l. 7 s. 10 d., vingt. 1,361 l. 3 s., terr. 123 l., bât. 41. Au total, 5,803 l. 8 s. 10 d.
Lignes 193. — *Privilégiés* : le curé, M° Barbet, présent à Coutances, et Fr.-Alexis Duchastel, écuyer. *Supplément des privilégiés* : 89 l. 8 s. 2 d.
Etat de 1790 non retrouvé. Dans la soumission de la municipalité de Saint-Lô pour le district d'Avranches, figurent seulement : 1° la cure, terres d'aumônes, non estimées; 2° le prieuré de la Bloutière, terres en labour et pré dit de la Noë-Morin, aff. 100 livres. (Arch. nat. Q² 97.)

Rentes. Il est dû à l'abbaye Blanche, d'après le *Journal* de 1788, 6 livres de rentes foncières en deux parties, et 80 livres pour fieffe de dîmes et de la grange; à la Bloutière, d'après l'*Etat de 1764*, 12 demeaux de froment, 5 gélines, 5 pains et 6 l. 17 s. en argent; à la Luzerne, d'après des reconnaissances de 1769 et 1785 (Arch. nat., S 3303⁴), 4 demeaux de froment et 12 livres de rente. Les Dominicains de Mesnilgarnier possèdent dans la paroisse le fief dit *de Champrepus*, avec moulin banal aff. 60 livres, et des rentes et treizièmes non estimés. Un bois taillis et un pré sont déclarés, en 1791, loués 76 livres, avec 36 livres de pot-de-vin. (*Déclarations des fermiers*, Avranches, f° 7.)
[2] Ce chiffre est celui des impositions, augmenté des frais de perception. Chiffre brut des rôles : 5,797 l. 15 s. 10 d.

CHANTELOU[1].

1. Procès-verbal d'assemblée.

(Le procès-verbal authentique n'a pu être retrouvé.)

Date de l'assemblée : 1er mars. — Nombre de feux : 90, «qui fournissent 460 personnes» [2]. — Députés : *M. Pierre Duprey, *seigneur de ladite paroisse et conseiller du Roi, lieutenant ancien civil et criminel au bailliage de Coutances* (3 jours, 9 l. et 17 jours, 68 l., Ref.[3]); Pierre Toupet, *laboureur et syndic* (4 jours, 12 l., Acc.).

2. Cahier de doléances.

(Ms. *Greffe du Tribunal de première instance de Coutances*, *pièce* n° 355. Original signé. *Inédit.*)

Cahier de remontrances, supplications et doléances de la paroisse de Chanteloup, dépendant du bailliage principal de Coutances, que présentent les habitants en général et en commun de ladite paroisse à l'Assemblée préliminaire dudit bailliage, prescrite par l'article 33 du règlement fait par le Roi le 24 janvier dernier, concernant la convocation des États généraux, à laquelle Assemblée préliminaire le présent cahier sera porté par les personnes de MM. Duprey, seigneur et patron de cette paroisse, et Pierre Toupet-Desparcs, syndic de l'Assemblée municipale, députés par le général de ladite paroisse, suivant sa délibération du dimanche premier jour de mars mil sept cent quatre-vingt-neuf.

La paroisse de Chantelou est très petite, et très peuplée relativement à son étendue[4]. Elle est composée de 90 feux, qui fournissent environ quatre cent soixante personnes, d'où il suit que

---

[1] Arrondissement de Coutances, canton de Bréhal.

[2] (D'après le cahier des doléances.) Population en 1793 : 527 habitants (N. 18, M. 14, D. 16). Population actuelle : 283 habitants.

[3] «Refusé au profit des pauvres. Celui qui a mérité la confiance de ses concitoyens ni ne devant ni ne pouvant prétendre aucuns émoluments.» (*Rôle de taxes.*) V. *in fine*, la ratification que ce noble, ainsi élu, a apposée au cahier.

[4] *Mém. stat.*, p. 42. «On a dit autrefois que cette paroisse n'avait qu'une

lieue et demie de tour.» (La commune actuelle est cadastrée pour 328 hectares.) Les chiffres d'impôts donnés au texte sont ceux de l'exercice 1789, mais augmentés pour quelques-uns des frais de recouvrement, et pour d'autres confondus en une seule masse. Les chiffres exacts des rôles pour 1789 sont les suivants : taille, 1,008 livres; acc., 661 livres 10 s.; cap., 65a l. 4 s.; corvée, 334 l. 15 s. 10 d.; vingt. 816 l. 12 s. 10 d. terr., 71 livres; bât., 24 livres. Au total, brut : 3,538 l. 2 s. 8 d.

Lignes : 115, dont 17 exploitants.

chaque propriétaire qui l'habite n'a que de très faibles propriétés; et pour le prouver en peu de mots, il suffit de dire qu'il n'y a dans toute la paroisse que deux habitants qui aient chacun un harnais complet. Cependant cette paroisse absolument pauvre est surchargée de 3,630ˡ 12ˢ 8ᵈ d'impositions royales, savoir : 1,035ˡ 4ˢ pour principal de la taille, 1,339ˡ 10ˢ pour imposition accessoire et la capitation, 344 livres pour la prestation en argent représentative de la corvée, 96 livres pour l'impôt territorial et pour la réparation des prisons et bâtiments de la justice, et 816ʰ 18ˢ 8ᵈ pour les vingtièmes, sans parler de toutes les autres rentes, tant seigneuriales, foncières et hypothèques, que lesdits habitants sont reliquataires, qui excède encore plus que les impôts qu'ils payent à Sa Majesté. En outre les subsides que les habitants sont obligés de payer pour le débit de leurs denrées, tels que les octrois, les droits sur les boissons et autres.

La plupart d'entre eux sont encore assujettis à une espèce d'impôt qui ne leur est pas moins à charge que les précédents. Cette paroisse est traversée d'une vieille route allant du grand chemin de Bréhal au Loreur et au bourg de la Haye-Pesnel. Cette grande route est extrêmement fréquentée dans tout le cours de l'été; il y passe chaque jour plus de deux cents charrettes attelées de six, huit et dix bêtes et six à sept cents chevaux de somme des paroisses voisines.

Toutes ces voitures étrangères à la paroisse de Chantelou portent annuellement des quantités prodigieuses de fagots aux salines de Bricqueville-près-la-Mer, pour la fabrication du sel blanc, et en rapportent de la tangue ou sable de mer pour engraisser les terres; d'autres portent des bois de construction à Granville et en reviennent chargées d'écallin ou écailles d'huîtres pour le même usage[1]. Dans les moindres saisons de pluies, ces chemins sont défoncés et coupés en un jour par les ornières profondes qui s'y font, parce que cette route est assise sur un sol partie sablonneuse et partie argileuse, et les réparations que l'on y fait le matin sont disparues le soir.

Ce sont cependant les malheureux bordiers de cette route qui sont obligés de les entretenir, malgré la disette des pierres dans le canton[2]. Outre les dépenses énormes que cet entretien leur occa-

---

[1] Sur le mouvement des voitures tanquières, voir le cahier de Bréhal, *suprà*, p. 189. A propos de l'emploi des coquilles d'huîtres comme engrais, on consultera une note dans le *Recueil pu-* blié par la Société d'agriculture de l'arrondissement d'Avranches, Avranches, Tostain, 1841, in-8°, p. 30-32.

[2] «La jurisprudence locale, en Normandie, condamne les propriétaires

sionne, il leur enlève une considérable partie de leur temps, qu'ils emploient à cultiver leurs fonds et à se procurer leurs subsistances. Ces réparations leur sont tellement à charge que quelques-uns de ces riverains vont se trouver dans la dure nécessité d'abandonner leurs fonds, par l'impuissance où ils sont d'entretenir la route qu'ils bordent; et dans ces circonstances que la paroisse est encore imposée à 344 livres pour la corvée et à 72 livres pour l'impôt territorial. Cette observation, commune à un assez grand nombre de paroisses, fait voir combien il est intéressant et juste que les dépenses nécessaires pour l'entretien, la confection et les réparations de toutes espèces des chemins et routes soient portées et mises à la charge commune, et justement proportionnelles des propriétés tant ecclésiastiques que nobles et autres, puisqu'elles profitent également de l'avantage de la facilité des routes.

Cette juste translation déchargerait encore les malheureux habitants des campagnes d'une espèce d'impôts auxquels ils se trouvent assujettis par les courses trop mal ordonnées des huissiers du bureau des finances qui, à leurs fantaisies, dressent des procès-verbaux des différentes routes appelées petites routes ou chemin de traverse, procès-verbaux qui, la plupart, demeurent sans suites, quand les habitants ont payé les dépenses, pour être recommencés; s'ils sont suivis, c'est toujours sans règles, et absolument au détriment des malheureux bordiers, qui sont ruinés sans que la réparation puisse être profitable, par l'impuissance de ceux qui la doivent de la faire régulièrement et complète.

Les habitants de Chantelou observent encore qu'il est de l'intérêt public que : 1° les réparations, l'entretien, les reconstructions de toutes espèces des églises en entier et des presbytères, soient mises à la charge seule des décimateurs[1];

bordiers à l'entretien des chemins qui les touchent. Il naît de cette loi des iniquités réelles, qui accablent le pauvre sans soulager le riche. Dans un pays comme la Basse-Normandie, où toutes les propriétés sont divisées par une infinité de cultures, où le peuple attaché au sol partage la plus petite succession de son père pour y bâtir sa cabane... souvent les chemins touchent par deux côtés cette portioncule d'héritage, et le principal des fonds ne suffirait pas à la dépense de leur entretien.» (Mémoire de M. le comte de Montfarville sur les chemins vicinaux, présenté à l'assemblée provinciale de Basse-Normandie

(1787) dans HIPPEAU, Gouvernement, V 347. — La jurisprudence à laquelle il est fait allusion avait été fondée par un Arrêt du parlement concernant l'entretien des chemins vicinaux par les propriétaires des héritages, 18 juin 1759. Elle était très discutée avec raison dans la doctrine. Voir HOUARD, Dict. anal., v° Chemin I, 229.

[1] Les dîmes de la paroisse de Chantelou étaient partagées. Les grosses dîmes appartenaient pour les deux tiers à l'abbaye de Hambye; le curé avait la troisième gerbe; toutes les menues, avec beaucoup de novales, plus un petit trait de dîme en Saint-Martin-le-Vieil

2° Que les droits exorbitants attribués aux officiers de priseur-vendeur, surtout pour les délivrances des grosses de vente, soient réduits à un juste salaire, et que les vacations par heure soient supprimées[1], que pour les délivrances le nombre de lignes à la page et de lettres à la ligne soit au moins double. Attendu que les droits énormes qu'ils perçoivent actuellement ruinent les mineurs et les malheureux que la nécessité contraint de laisser vendre, dont le produit ne suffirait pas pour payer le priseur-vendeur;

3° Que tous les impôts soient réduits en un seul, autant que faire se pourra, et répartis avec la plus grande égalité possible, et en proportion sur tous les revenus tant ecclésiastiques que nobles et roturiers[2];

4° Que pour la manutention et juste répartition de l'impôt, les États provinciaux de la province soient établis, et que le nombre proportionnel des députés entre le clergé, la noblesse et le tiers état soit fixé dans la proportion prescrite par l'arrêté du conseil du 27 décembre dernier et le règlement du 24 janvier dernier, dans lesquels États, les suffrages seraient reçus par tête et non par ordres, et avec lesquels les assemblées intermédiaires d'élection et des municipalités correspondraient[3];

5° Qu'il serait de la justice que l'impôt perçu sur chaque paroisse ou sur chaque district, il y en demeurât la partie qui serait nécessaire et destinée aux ouvrages communs de la paroisse ou district, sans que jamais cette partie pût être distraite pour d'autres ouvrages ou dépenses étrangères à cette paroisse ou district;

6° Qu'il serait avantageux, pour la simplification des frais de re-

---

(*Pouillé*, f° 10 v°). En 1790, le curé déclare sa part de dîme valoir 900 livres. Il a jardin et plant, 14 vergées de terre dans Chantelou, estimées 170 livres; 5 vergées 1/2 à Hudimesnil, louées 40 l. 10 s.; 6 vergées à Saint-Martin, louées 60 livres; 6 à Bricqueville, louées 24 livres. Il reçoit encore 2 chapons dans chacune de ces paroisses, et 42 demeaux de froment en rentes sur plusieurs particuliers. Au total, 1,350 l. 17 s., sur lesquels il paye un vicaire. (*Déclar.*, n° 40, f° 29.)

L'ensemble des biens ecclésiastiques de la paroisse est évalué en 1787, pour les xx°°, à 1,970 livres. (Arch. Calv., C 6549.)

[1] Cf. le cahier de Bricqueville-la-Blouette, art, 39, *supra*, p. 206. Le droit de 4 deniers pour livre qui faisait le fond de l'office des priseurs-vendeurs, depuis leur création en octobre 1696,

venait d'être accru, dans tous les bailliages, d'un droit de vacation uniforme de 3 livres par vacation de 3 heures, non compris leurs frais de voyage; les droits de délivrance étaient portés à 6 sols par rôle de grosse des procès-verbaux, et 30 sols par chaque extrait, ce qui faisait plus du double de l'ancien tarif. (*Lettres patentes portant règlement pour la réforme des droits des jureurs-priseurs*, 3 janvier 1782, ISAMBERT, XXVII, 141 n° 1600.)

[2] Les seuls privilégiés de la paroisse étaient le curé, M° Jean-Baptiste Jourdan, et les religieux de Hambye. Aucun noble n'a été assigné. *Supplément des privilégiés*, 209 l. 11 s. 7 d.

[3] Il s'agit du *Résultat du Conseil, touchant les États généraux*, daté de *Versailles, 27 décembre 1788.* (DUVERGIER, I, 5.)

cette, que les collecteurs de chaque paroisse ou communauté, à la caution et garanties du général, et en leur accordant une taxation justement proportionnée, seraient tenus de verser immédiatement à la Caisse générale et dans les termes prescrits par le gouvernement, la masse de l'impôt de la paroisse ;

7° Que vu que la circulation de l'argent est absolument interrompue, tant par l'aversion que l'on a pour les rentes hypothèques, à cause des dangers que courent les propriétaires de ces rentes, par les formalités prescrites par l'édit du mois de juin 1771, portant création de conservateurs des hypothèques, que par le système ruineux des rentes viagères et par la défense de donner de l'argent à intérêts pour un temps limité, ce qui prive de toute ressources les citoyens qui ont essuyé quelques pertes soit par incendie, naufrage ou faillites de leurs débiteurs, il serait intéressant qu'il fût permis de donner et emprunter de l'argent pour un temps convenu, pour l'intérêt au taux de l'ordonnance, avec défense sous peine capitale et même de mort, de percevoir un intérêt plus fort.

8° Que vu que les baux à loyer faits pour plus de neuf ans sont clamables par la coutume de cette province, tandis que les baux à rente perpétuelle ou contrats de fieffe, maintenant si communs, ne sont point clamables par les lignagers, ce qui enfante tous les jours des fraudes, des procès et trop souvent des parjures. Il serait bon que les contrats de fieffe pure et simple qui se feraient à l'avenir seraient retrayables par les parents des fieffants, comme et dans la même forme que les contrats de vente, sans qu'ils donnassent ouvertures à d'autres droits seigneuriaux, et parce que la lecture du contrat réduirait également le délai de la clameur à un an[1] ;

9° Qu'il serait très intéressant de simplifier les formalités et diminuer les frais des décrets d'immeubles, des séparations de corps et de biens, des bénéfices d'inventaire et contumace d'héritier et de créanciers, en général et particulier, vu qu'il est facile de donner la même publicité à une vente forcée et les mêmes délais au débiteur pour payer, et à tous les connaissances nécessaires pour conserver leurs droits ;

10° Qu'il existe un droit en faveur des évêques et des archidiacres qui n'est commun presque qu'en Normandie, c'est le droit de déport sur les cures, auquel on ne craint pas d'assujettir jusqu'au presbytère et au jardin, droit ruineux pour les malheureux curés, droit meurtrier pour les pauvres des paroisses, droit scandaleux pour la religion, droit cependant, dont il paraît presque impossible

---

[1] Cf. la note sous le cahier de Bricqueville-la-Blouette, art, 35, suprà, p. 204.

de démontrer la légalité, mais toujours dont il est impossible de prouver la justice. On sait que pendant l'année de déport, l'ecclésiastique qui se donne à meilleur marché est le meilleur desservant, que pendant ce temps nulle instruction de religion, nulle aumône aux pauvres, que le curé entrant ne peut en faire jusqu'à ce qu'il ait récolté et ait profité de sa récolte, ou que si sa sensibilité le porte à outrepasser son devoir, les aumônes qu'il fait sortent de sa famille et souvent l'épuisent. Les droits de cette classe précieuse du clergé, les curés, sur laquelle reposent particulièrement les fondements de la religion et les secours spirituels et corporels des malheureux, l'intérêt de la province, la prospérité de la religion, tout se réunit pour solliciter de la bonté et de la justice du monarque et de la nation assemblée la suppression de ces droits de déports, et de la part de MM. les évêques et archidiacres un juste et généreux sacrifice de cette faible portion de leurs revenus.

[11°] Les habitants de Chantelou sollicitent la bonté et la justice du monarque de réunir les biens et revenus que le sieur abbé de Hambie possède dans ladite paroisse de Chantelou, soient réunis à la cure de ladite paroisse, vu que ce seigneur qui possède plus que les deux tiers du bénéfice de ladite paroisse[1] ne fait aucune aumône ni aucun soulagement aux pauvres de ladite paroisse, et que le sieur curé est chargé, vu son peu de revenus, du soulagement des pauvres; sa bonté, sa commisération l'obligerait volontiers à se priver d'une partie de ses aliments pour procurer le soulagement des pauvres.

[12°] Au surplus, les habitants de Chantelou pensent que des personnes plus instruites qu'eux auront soin de faire le détail et de solliciter la réforme des abus qui se sont glissés dans la perception des mêmes impôts tels que le taillon, l'impôt territorial, et les distractions qui s'en font pour des usages auxquels il n'est point destiné; l'impôt pour la réparation des prisons et bâtiments de la justice, pour les ports de Granville, pour la rivière de Caen et autres[2].

---

[1] Les deux tiers de dîmes appartenant à l'abbaye sont déclarés être affermés 1,200 livres. L'abbaye avait aussi de sterres et rentes. «Le sieur abbé de Hambye afferme une pièce de terre au sieur curé la somme de 30 livres, nommée le Clos de la Grange, contenant 3 vergées environ. Item, le sieur abbé de Hambye perçoit 8 demeaux 7 godets de froment, 1 chapon, sur différents

particuliers. (*État des biens nationaux*, déclaration du 5 novembre 1790.)

[2] Il s'agit de la rivière d'Orne, de Caen à la mer, dont le redressement avait été entrepris en 1780, et dont les travaux venaient d'être adjugés, le 24 avril 1786, devant l'intendant de la généralité, au sieur Mignot, sur une soumission de 757,922 l. 7 s. 4 d (Arch., Calvados, C 4106).

L'emploi mal ordonné de la corvée assez ordinairement appliquée à des ouvrages inutiles pour ceux qui la payent, tandis qu'en outre cet impôt, ils sont obligés d'entretenir les chemins de traverse qui bordent leur héritage.

[13°] De solliciter l'amendement des règles et des formalités de justice, tant civile que criminelle, des frais qu'il faut faire pour obtenir un jugement, de la multiplicité des tribunaux par lesquels il faut passer avant que d'avoir une décision définitive, sur des questions dont l'objet est assez souvent de très petite conséquence.

[14°] Du préjudice qui résulte pour le bien public des règles des plantations, et notamment du règlement du parlement de Rouen du 19 août 1751 [1], qui a tant enfanté de procès, qui a fait détruire des quantités innombrables de jeunes arbres qui ne nuisaient à rien, et qui a empêché et empêche tous les jours d'en planter d'autres malgré la disette du bois; des torts que cause au commerce

Un arrêt du Conseil du 20 août 1785 avait affecté à cette dépense une somme de 100,000 livres par an, à prendre sur le montant de l'imposition territoriale de la généralité. Les six élections de Cotentin se trouvaient ainsi fournir la plus grosse part (leur contribution dans le total de l'imposition territoriale de la généralité est de 87,132 livres) pour un travail qui ne les intéressait pas directement. Il ne faut point s'étonner que nous retrouvions plus d'une fois des plaintes à cet égard dans les cahiers (cahier de Saint-Jean-d'Agneaux, au bailliage de Saint-Lô, de Montebourg, au bailliage de Valognes, etc.).

[1] *Arrêt de la Cour du Parlement de Normandie, portant règlement sur les plantations, 17 août 1751,* (Recueil des Édits, VIII, 489.) — Voici les dispositions essentielles auxquelles le cahier fait allusion. «Art. 1er. La cour, en donnant Règlement, ordonne que le long des chemins vicinaux et des chemins de traverse, on ne pourra planter, dans les terres non closes, qu'à 10 pieds de distance du bord desdits chemins. — Art. 6. Les arbres de haute futaie ne pourront être plantés à pied dans les terres non closes qu'à 7 pieds de distance du fonds du voisin; lequel pourra pareillement contraindre le propriétaire desdits arbres de les élaguer ou ébrancher, jusqu'à la hauteur de 15 pieds; et en outre de faire couper la partie des branches qui s'étendrait sur son terrain. — Art. 10. Les haies à pied ne pourront être plantées qu'à pied et demi du voisin et seront réduites à la hauteur de 5 à 6 pieds au plus, sans qu'il soit permis, dans lesdites haies, de laisser échapper aucuns baliveaux ou grands arbres. — Art. 14. Ne pourront être plantés sur les fossés d'arbres de haute futaie, qu'à 7 pieds de distance du fonds voisin, à l'exception des fossés étant entre les herbages et masures des terrains vagues, pour lesquels il en sera usé comme par le passé, etc.» Flaust qualifie ce règlement de *monument d'erreur*. Les dispositions en sont manifestement inspirées de l'Ordonnance des eaux et forêts, et de la jurisprudence du Parlement de Paris; mais l'imitation était en effet pour la province des plus maladroites. Il fallait ne pas connaître la Basse-Normandie, et l'extrême morcellement du sol dans le Bocage pour avoir l'idée de prescrire pour les plantations des distances, qui excéderaient certainement le plus souvent la largeur des fonds (l'article 8 exige une distance de 24 pieds pour la plantation des arbres de haute futaie). Une pareille législation bouleversait complètement les habitudes du Bocage, où de toute ancienneté les fonds étaient coupés de fossés et plantés de grands arbres. Flaust, qui est du pays, en fait très vivement ressortir les inconvénients. (*Explication*, t. XVI, c. 5, II, 43.)

de toute espèce la trop grande facilité des banqueroutes et des faillites.

Les habitants de Chantelou finiront leurs représentations par une observation qui, quoiqu'elle paraisse leur être particulière, est néanmoins commune à plusieurs autres paroisses. Ils mettent en fait que si on considère la population, l'étendue et la valeur des différentes paroisses de l'élection et peut-être même de toute la généralité, il n'y en a pas une qui, en suivant les justes proportions, paye une masse d'impôts aussi considérables que celle de Chantelou. Il est clair que cette répartition absolument inégale sous tous les regards, ne provient que de ce que la répartition de la plupart des impôts est arbitraire et faite par des personnes auxquelles il n'est pas possible de connaître assez le fort et le faible des différentes paroisses. Inutilement les habitants de Chantelou ont-ils fait leurs justes représentations à cet égard, la seule réponse qu'ils aient eue a été qu'ils doivent se trouver heureux si on n'augmentait pas encore leur taxe. Cette observation fait voir combien il serait intéressant que l'impôt fût réparti dans tous les degrés par des comités de personnes choisis par tous les contribuables et qui fussent en état de connaître la véritable position et l'état certain des forces de chaque élection et de chaque paroisse; c'est à quoi on parviendrait par l'établissement des États provinciaux et des commissions intermédiaires bien ordonnées.

Tel est le vœu des habitants de la paroisse de Chanteloup.

Fait et arrêté dans l'Assemblée du général de ladite paroisse, tenue le dimanche premier de mars 1789, et remis auxdits députés suivant la délibération du même jour pour la nomination desdits députés.

Le tout fait et arrêté dans les formes prescrites par l'ordonnance de Sa Majesté.

FOLLAIN, *prêtre*, N. FREMIN, A FOLLAIN, A. DUPONT, Phillippe PIMOR, J. TOUPET, Jacques DUPONT, P. FOLLAIN, Pierre PARIS, J. DUY, J. PARIS, A. FOLLAIN, P. PARIS, J.-P. BONNIER, Jean-François CLÉMENT, J. PARIS, J. PIMOR, B. LE GENDRE, Pierre MASUÈRE, DUTACQ, Victor DUY, Ch. POULLAIN, N. FREMIN, PIMOR, Pierre LEPAGE, Nicolas TOUPET. J. TOUPET, *membre*, J.-B. CLÉMENT, *membre*, J. DUY, *greffier*, JOURDAN, C. DE CH., TOUPET, *syndic*.

Nous, seigneur de la paroisse de Chantelou, après avoir pris
lecture du cahier de doléances des autres parts, déclarons l'approuver et ratifier en tout son contenu, et promettons en notre qualité de député, conjointement avec le sieur Pierre Toupet Les Parcs,
de le présenter, en exécution de la déclaration du général de Chantelou du 1er de ce mois, à l'assemblée du tiers état de ce jour,
qui se tiendra devant Monsieur le lieutenant général du bailliage
de Cotentin. Fait à Coutances, le 2 mars 1789.

DUPREY.

LE CHEFRESNE [1].

1. PROCÈS-VERBAL D'ASSEMBLÉE.

(Le procès-verbal authentique n'a pu être retrouvé.)

Date de l'assemblée : 1er mars. — Nombre de feux : 145 [2]. — Députés :
Jean-Alexandre LE BRUN, *laboureur* (4 jours, 12 l., Acc.); François-Louis
LARIGOT, *laboureur* (4 jours, 12 l., Acc.).

2. CAHIER DE DOLÉANCES.

(Ms. *Greffe du Tribunal de première instance de Coutances, pièce n° 391.*
Original signé. *Inédit* [3].)

La communauté du Chefresne, considérant que le Roy, informé
des malheurs qui affligent la France depuis nombre d'années, a
cherché tous les moyens d'assurer son bonheur en portant la réforme sur toutes les parties de l'administration... [4].

Tous ces divers objets pris en considération par la communauté
la déterminent à donner, par le présent cahier, plein pouvoir aux
députés, qui seront choisis dans l'assemblée générale qui se tiendra
dans la ville de Coutances le seize de ce mois, de demander aux
États généraux :

1° Que la constitution de la France... [5];

[1] Arrondissement de Saint-Lô, canton de Percy.
[2] Mouv. 1787 : N. 26, M. 4, D. 10.
— Population actuelle : 626 habitants.
[3] Le cahier est en grande partie la
reproduction *textuelle* du cahier de
Beaucoudray. Nous n'en reproduisons
que les parties originales.

[4] Le préambule est textuellement
la reproduction du préambule du cahier
de Beaucoudray.
[5] Les art. 1 à 10 sont la reproduction
textuelle des art. 1 à 10 de Beaucoudray.
Impositions du Chefresne pour 1789 :
taille, 2308 l. 7 s.; acc., 1,570 l. 5 s.;
cap., 1,494 l. 17 s.; corvée, 778 l. 5 s.;

I.   18

11.° De demander que la milice soit supprimée et qu'il soit permis de faire un fond aux dépens de l'impôt, pour acheter des hommes pour la formation des régiments provinciaux[1];

12° D'insister aux États généraux pour que tous les tribunaux actuellement existants, tant ordinaires qu'extraordinaires, royaux et seigneuriaux de première instance, que cours et juridictions qui ont la compétence en dernier ressort, soient supprimés et remplacés, les premiers par des bailliages, avec pouvoir de juger en dernier ressort jusqu'à deux cents livres, et qui seraient établis dans les villes et bourgs du royaume où sont actuellement établies des juridictions royales et seigneuriales, et les derniers par des cours souveraines ou généralités, et que le territoire de chaque tribunal soit déterminé par l'importance du lieu de son établissement et la distance des lieux circonvoisins où seront établis de pareils tribunaux[2];

13° De faire tous leurs efforts pour qu'il soit fait une réformation de la justice;

14° De faire en sorte que les charges des nouveaux tribunaux... [3];

15° De consentir l'aliénation des domaines, à l'exception des forêts et de demander la vente des biens des menses abbatiales de plusieurs communautés supprimées et *autres qui pourront l'être*, et que les deniers qui en proviendront soient employés à combler le déficit en totalité ou partie et au rembours des charges et offices de magistrature et de finances[4];

16° De demander que les dîmes insolites soient abolies, et fixer

---

vingt., 2,328 l. 13 s. 10 d.; terr., 182 liv.; bât., 37 livres. Au total 6,899 l. 7 s. 10 d. Lignes : 172, dont 32 jouissants. — *Seul privilégié* : le curé, M° Regnault. *Supplément des privilégiés* : 187 l. 5 s. 7 d.

[1] Cf. le cahier de Beaucoudray, art. 16. La paroisse du Chefresne tire pour la milice avec les paroisses voisines de la baronnie, Beaucoudray, Chevry, Fervaches, le Guislain, Mauperthuis, Montabot, Villebaudon, et quelquefois la Haye-Bellefond. Inscrits en 1788, 156; exempts, 144; 6 seulement ont tiré, pour fournir 1 milicien. (Arch. Calvados, C 1916.)

[2] Cf. le cahier de Beaucoudray, art. 11; le présent cahier, maladroitement copié, a passé quelques lignes devant les mots *ou généralités*.

[3] Les art. 13 et 14 sont la repro-

duction textuelle des art. 12 et 13 de Beaucoudray.

[4] Cf. le cahier de Beaucoudray, art. 14; le présent cahier en a singulièrement élargi la portée par l'addition des mots *et autres qui pourraient l'être*.

Biens ecclésiastiques du Chefresne : 1° la cure, bâtiments, jardin, 1 vergée 1/2 de pré (louée en l'an III 24 l.); 2° chapitre de Coutances, une portion de terre de nulle valeur, nommée la Motte, 1/2 vergée; grange décimable (affermée avec les dîmes 1,230 l. et 5 s. pour livre de pot-de-vin). *Rentes* : 1° Abbaye de Hambye, 1 quartier de froment et 4 livres, par 2 fieffataires; 2° La Bloutière, 2 demeaux 59 pots de seigle, estimés 7 l. 12 s; 3° La Luzerne, gélines et œufs, 7 livres année commune. (Arch. Manche Q⁴ 15.)

des lois pour établir la perception des dîmes solites, et que les curés et autres bénéficiers ecclésiastiques soient chargés de l'entretien et reconstruction de tous les bâtiments servant à leur usage[1];

17° Demander la suppression des priseurs-vendeurs;

18° De solliciter qu'il soit ouvert des routes dans ces cantons où il n'a pas encore été possible de les faire . . . [2].

La communauté donne au surplus pleins pouvoirs auxdits députés de suivre le vœu de leur conscience dans tout ce qui sera proposé sur une infinité d'autres abus, s'en rapportant à leurs lumières et à leur honneur, et de voter au surplus ce qu'ils croiront le plus utile et avantageux pour la félicité publique.

Fait et arrêté au Chefresne, à l'issue de la messe paroissiale, les présents faisant fort pour les absents, aujourd'hui 1er mars 1789.

Pierre LEVILLAIN, D. VILLAIN, P. PANNIER, J.-Fr. MESANT, LE-VALLOIS, F. DELAUNEY, L.-P. DELAUNEY, DUBOIS, J.-P. LEMAISTRE, L. VILLAIN, F. GAUTIER, P. HINET, (*illisible*), J.-F. COSTIL, A. DUDESERT, RAOULT, L. VILLAIN, DU-SOIS, F. LEHUREL, J. VILLAIN, P. ALLAIN, J. COSTIL, DUBOIS, P. VOISIN, Ch. RAOULT, J.-B. LARSONNEUR, G. HINET, F. VILLAIN, P.-L. LARIGOT, J. DUBOIS, F.-Gilles LEMONNIER, J. DELAUNAY, P. LAINÉ, A. LE MAISTRE, P. LANNE, RAOULT, M. LE ROBEC, Étienne GUENIER, SILVAIN, J. LEBRUN, *syndic municipal*, J. LAR-SONNEUR, *greffier*.

---

[1] Cf. Beaucoudray, art. 17, 18. Les gros décimateurs du Chefresne sont le chapitre de Coutances et l'abbaye de Fontenay, chacun pour 1/3 des grosses dîmes. Le curé n'a que le tiers restant, les menues, et 5 ou 6 vergées de terre. (*Pouillé, f° 26 r°.*) *Déclaration de 1790*, non retrouvée. En 1754, le curé déclarait sa dîme valoir 20 boisseaux de froment, 150 d'avoine, 10 de sarrasin, 6 tonneaux de cidre ou poiré. Au total, avec les aumônes, 720 livres. En 1790, la part de grosses dîmes seule est affermée, et pro-

duit, par adjudication, 1,306 livres. (*Déclar. des fermiers*, Saint-Lô, f° 27.) A la même date, la part de l'abbaye de Fontenay est louée 1,400 livres. (*Ibid.*, f° 31.) Celle du chapitre est affermée pour 1,291 l. 10 s., avec l'entretien de la grange, couvertures et vitres du chœur, estimé 18 livres par an, et un pot-de-vin de 3 l. 4 s. 8 d. Au total, 1,312 l. 14 s. 6 d. (*Déclar. Coutances, f° 33.*)

[2] L'article 13 est la reproduction textuelle de l'article 15 de Beaucoudray.

CHEVRY [1].

1. Procès-verbal d'assemblée.

(Le procès-verbal authentique n'a pu être retrouvé.)

Date de l'assemblée : 1er mars. — Nombre de feux : 69 [2]. — Députés : Jacques Cahours, *laboureur* (4 jours, 12 l., Acc.); François Addes, *laboureur* (4 jours, 12 l., Acc.).

2. Cahier de doléances.

(Le cahier de doléances n'a pu être retrouvé [3].)

LA COLOMBE [4].

1. Procès-verbal d'assemblée.

(Le procès-verbal authentique n'a pu être retrouvé.)

Date de l'assemblée : 1er mars. — Nombre de feux : 180 [5]. — Députés : Louis-Maurice Lebourg, *laboureur*; Charles Lepesant-Lemanoir, *laboureur*.

2. Cahier de doléances.

(Ms. *Greffe du Tribunal de première instance de Coutances*, pièce n° 394. Original signé. *Inédit.*)

Cahier de doléances de la paroisse de la Colombe arrêté dans l'Assemblée générale du 1er mars 1789.

Remontrent lesdits habitants qu'ils partagent l'excès des charges et impositions portées par le tiers état, et qu'ils sont même plus surchargés que la plupart des autres paroisses.

---

[1] Arrondissement de Saint-Lô, canton de Tessy-sur-Vire.
[2] Mouv. 1787 : N. 3, M. 4, D. 1. — Population actuelle : 192 hab.
[3] La paroisse a sûrement rédigé et porté au bailliage un cahier de doléances, car elle ne figure pas dans les listes authentiques des paroisses qui se sont présentées *sans cahier*. Le cahier pourtant ne s'est pas retrouvé dans la liasse conservée au greffe du tribunal de Coutances. Les archives communales ne l'ont pas non plus conservé, si tant est qu'il y en ait eu un double de déposé alors au secrétariat de la municipalité.

[4] Arrondissement de Saint-Lô, canton de Percy.
[5] Mouv. 1787 : N. 28, M. 7, D 16. — Population actuelle : 769 habitants.

Ils en tirent un motif plus pressant de solliciter notamment :

1° Les rétablissement des États particuliers de la province;

2° Que les États généraux du royaume soient assemblés à époques fixes et périodiques, et que le tiers état ait l'égalité des suffrages comme l'égalité du nombre de ses députés vis-à-vis de ceux de l'état ecclésiastique et de la noblesse réunis, dans les assemblées desdits États généraux et provinciaux;

3° Que la noblesse et l'état ecclésiastique n'aient aucunes exemptions pécuniaires d'impôts quelconques, et qu'ils y contribuent à toujours avec le tiers état, dans la proportion des fortunes de tous, tant pour les impositions subsistantes que pour celles qui pourraient être consenties par la nation; et que la simplicité de ces impositions suive l'uniformité de la contribution qui sera réglée par des administrateurs choisis par la province[1];

4° Que par une conséquence de ce dernier article, et dans tous les cas possibles, les impôts sur le sel et les denrées de première nécessité, pressant autant les pauvres que les riches, sans proportion aux biens, soient à jamais supprimés;

5° Que la liberté individuelle des citoyens soit assurée, et que tous crimes et délits soient soumis aux tribunaux ordinaires; de même que, dans les autres matières, il n'y ait aucun privilège d'évocation et autres, tendant à faire distraire les affaires du ressort de chaque province; et qu'enfin, il n'y ait que deux degrés de juridiction;

6° Qu'il y ait une réforme dans l'administration de la justice, et que les parents de mineurs ne puissent être forcés d'élire des tuteurs auxdits mineurs devant les juges, qu'autant qu'ils n'en auraient pas élu gracieusement devant notaire, et que les tuteurs n'auraient pas fait mettre un vu par les substituts du procureur général ou par les procureurs fiscaux sur lesdits actes de tutelle notariés, le tout sous le délai de trois mois; et enfin que les droits de contrôle, d'insinuation et autres sur les inventaires et contrats de mariages, soient diminués;

7° Que le tirage des milices de terre soit supprimé ou rendu moins onéreux[2];

[1] Impositions de la Colombe pour 1789 : taille, 2,778 livres; acc., 1,823 livres; cap., 1,797 l. 7 s.; corvée, 922 l. 13 s. 5 d.; vingt., 1,519 l. 2 s.; terr., 185 l.; bât., 45 livres. Au total, 9,010 l. 2 s. 5 d. *Privilégiés* : le curé, Me Fleury, présent à Coutances, le prince de Monaco, seigneur non rési-

dant, pour sa baronnie, et Auguste Gaspard Poitevin de Rosey écuyer (capitation noble, 22 livres). *Supplément des privilégiés* : 219 l. 1 s. 8 d,

[2] La paroisse avait tiré en 1788 avec celles de Grimesnil, Pontflambard et le Valjouais, pour fournir un milicien. Garçons inscrits : 44; exempts,

8° Que les procureurs dans les juridictions inférieures et les priseurs-vendeurs soient également supprimés;

9° Que les députés aux États généraux ne soient officiers, receveurs ou agents du clergé, de la noblesse ou des financiers [1];

10° Il y a dans cette paroisse environ 170 feux, jouissant de fonds, tant propriétaires que fermiers. Les héritages les plus considérables sont possédés par des fermiers;

11° Les habitants taillables, non compris la noblesse, sont chargés de rentes seigneuriales dues à Monsieur le prince de Monaco. Ces rentes sont excessives au point que, chaque année, le tiers état de cette communauté paye à notredit seigneur le nombre de environ dix-sept cents demaux d'avoine, vingt-huit demaux de froment, vingt-six moutons, soixante-un chapons, deux cent trente-deux gélines, quatorze videcoqs, six cents livres en argent et quantités d'œufs, mançois et autres droits seigneuriaux, les susdites rentes et charges seigneuriales montant au moins à quatre mille cinq cents livres par an, vu que presque le tout se paye à l'apprécis, à l'occasion que les tenants sont toujours redevables de deux, trois et quatre années [2];

12° Qu'il n'y a pas vingt chefs de maison qui récoltent du blé à suffire pour nourrir leur famille chaque année, tout le restant desdits habitants sont obligés d'acheter du blé, vu que cette paroisse est un fond argileux, marécageux, partie en bois et bruyères [3], une

---

23; ont tiré, 7; 1 milicien échu à la paroisse de Pontflambard. (Arch. Calvados, C 1916.) La paroisse n'était naturellement pas sujette à la garde-côte.

[1] «Les personnes exclues par les demandes du tiers état seront les hommes de place, les personnes chargées du recouvrement des deniers royaux, les entrepreneurs et adjudicataires des travaux publics, leurs agents et cautions, les subdélégués des commandants et intendants, les syndics des diocèses en Languedoc, les juges des seigneurs, leurs officiers et procureurs, les fermiers des seigneurs et du clergé, ainsi que leurs cautions.» (Prenez-y garde, § des exclusions, reproduit dans HIPPEAU, Élections, p. 311.)

[2] La majeure partie de la paroisse relevait du fief de la verge de la Colombe, dépendance de la baronnie de Roche-Tesson, au prince de Monaco, qui avait en 1789 pour sénéchal le bailli de Moyon. — Les rentes seigneuriales

en essence sont en principe portables au grenier du seigneur, au terme échu. Mais quand les tenanciers sont, ainsi que le suppose le cahier, en retard pour le payement, celui-ci ne se fait plus en essence, mais en argent, sur le prix des apprécis faits par le bailli royal dans le ressort duquel le fief est enclavé. (Arrêt du Parlement du 18 janvier 1665, et Placités, art. 140, dans PESNELLE, Cout. réf., p. 646.) L'évaluation se fait pratiquement en prenant la moyenne arithmétique des prix des grains aux quatre saisons de l'année. Les auteurs spéciaux sont unanimes à estimer les rentes en essence beaucoup plus onéreuses, justement à cause de ces variations de prix. (LA TOURNERIE, Fiefs, 156; HOUARD, Dict. anal., v° Appréciations, I, 77.)

[3] Mém. stat. 1698, p. 53: «Terroir en labour de tous blés, plant et prairie, bois taillis et landages.» Le mémoire de 1727 ajoute: «Le terrain ne permet

autre partie en terres de nouvelles fieffes, autrefois en bois achou-
queté[1], et qui ne produit qu'à force de graisse, dont la plus majeure
partie ne peuvent s'en procurer, n'ayant point de voitures ni harnais
capables d'aller soit aux sables de mer au delà d'Avranches, où il
y a six lieues, soit à Granville, où il y en a sept, dont la pesanteur
de ces graisses est la ruine des voitures et harnais, soit aussi à la
chaux, à Montchaton, où il y a dix lieues, et à autres endroits
encore plus éloignés. Les routes de ces derniers endroits sont très
difficiles et souvent impraticables, les terres de cette paroisse étant
si légères qu'elles ne peuvent s'accommoder avec la chaux;

13° Cette paroisse est placée entre quatre bois taillis qui sont :
1° celui de Beslon; 2° celui de la Bloutière; 3° celui de Sienne;
4° celui de cette paroisse dans lequel se réfugient les bêtes sauvages, comme biches, cerfs, sangliers, loups et renards, qui désolent, pillent et ruinent les récoltes des laboureurs;

14° Il n'y a aucunes routes, pavée ni cailloutée, qui arrivent
dans cette paroisse, tous les chemins, tant grands que petits, sont
remplis de boues, lizes (sic) et très impraticables. La majeure
partie sont très étroits, creusés, et qu'on ne peut exploiter qu'avec
grande difficulté;

15° Cette paroisse, comme on a ci-devant dit, n'est que très
peu fructueuse en blés, ce qui fait qu'on a très peu de paille pour
faire des engrais, entre autres de froment, jusqu'au point que le
sieur curé de cette paroisse, unique décimateur, ne récolte pas, à
beaucoup près, du froment pour son utilité[2].

---

pas grand labour. Ces paroisses ne produisent que rarement du froment, elles
produisent en première récolte des blés
noirs ou sarrasins, en seconde récolte
des seigles, et en troisième des avoines,
après lesquelles récoltes il faut laisser
nécessairement reposer les terres, sans
quoi elles deviendraient de nul produit... Elles ont des prairies suffisamment bien plantées en bois, chêne,
orme et autres propres à l'ouvrage et à
brûler; mais le débit et la vente en sont
difficiles..... parce que la plupart sont
éloignées des villes et bourgs».

[1] Sic. — Chouquet, dans Littré, di-
minutif de l'anc. fr. choque = souche,
est un terme de marine, désignant une
forte pièce de bois.

[2] La cure de la Colombe était sous
le patronage et à la présentation de
l'abbaye de Saint-Sauveur-le-Vicomte.
Le curé était pourtant seul décimateur;

il avait 20 vergées de terre d'aumône,
et un trait de dîme dans la paroisse de
Percy. (Pouillé, f° 26, v°.) Déclare en
1743 sa dîme donner 10 boisseaux de
froment, 1,200 gerbes de seigle, 2,500
d'avoine, 100 boisseaux de sarrasin, 12
tonneaux de cidre, qui avec chanvre,
brebis et agneaux, lui valent 1,759 livres année commune. Il paye un vicaire
et doit des redevances sur ses dîmes.

Autres biens ecclésiastiques : 1° l'abbaye
de Saint-Sauveur : fief dit *de la Couperie,*
chapelle de l'Hermitage, 5 ou 6 vergées de terre ; bois de Sienne, moulins (non estimé); 2° la Bloutière, pré
dit *la Halainière,* affermé 17 livres;
moulin de la Roche (non estimé). —
Rentes : 1° abbaye de Saint-Sauveur,
60 boisseaux de froment, 5 demeaux
d'avoine, 16 l. 2 s. 7 d. en argent et poules;
2° abbaye de Hambye (décl. omise) :
1 l. 10 s. en argent, et 2 quartiers de

Fait, arrêté et signé après lecture le présent jour, pour être remis auxdits sieurs Louis Monnier, laboureur, et Charles Le Pesant Le Manoir, députés, ce 1ᵉʳ mars 1789.

L. Maurice, D.-J. Martin, A. Vivien, J.-F. Bray, Du Breuil, J.-P. Lepesant, J. Lepesant, Ch. Lepesant, N. Laurent, J.-P. Furet, J. Laisnée, F.-J. Guenier, J.-F. Vivien, P. Tetrel, J.-F. Larigot, B. Lemouchel, J. Has, Ch.-F. Beurrier, P.-G. Baisnée, Michel Lebeurier, G. Jardin, J.-T. Vasy, C. Larigot, J.-P. Larigot, J.-P. Bourdon, P. Cornu, G. Lehot, J. Vivien, F. Villain, (illisible), J. Danjou, J. Lepesant, G. Baisnée, Pierre Lepesant, Ch.-F. Lepesant, L. Jardin, Bourdon, Leprince, P. Boscher, J. Bobé, J. Hue, J. Guenier, (illisible), M. Laurens, Martin, M. Quaisney.

CONTRIÈRES [1].

1. Procès-verbal d'assemblée.

(Le procès-verbal authentique n'a pu être retrouvé.)

Date de l'assemblée : 1ᵉʳ mars. — Nombre de feux : 140 [2]. — Députés : Jean-François Guiard, *laboureur* (4 jours, 12 l., Acc.); *François Vastel, *laboureur* (5 jours, 15 l., et 17 jours, 70 l., Acc.).

2. Cahier de doléances.

(Ms. *Greffe du Tribunal de première instance de Coutances*, pièce n° 361. Original signé. Inédit.)

Cahier des plaintes, doléances et remontrances des paroissiens taillables, composant le tiers état de la paroisse de Contrières, rédigé par ordre de Sa Majesté et par ordonnance de M. le bailli de Cotentin.

1° Remontrent les habitants taillables du tiers état de la paroisse de Contrières, qu'ils désirent que tous les impôts soient

---

froment, mesure de Saint-Pair, en contredit; 3° chapelle de l'hermitage (décl. omise): 60 boisseaux de froment, 5 demeaux d'avoine, et 16 l. 2 s. 7 d. en poules et en argent.

L'ensemble des biens eccl. de la Colombe est porté en 1787, par les con-

trôleurs des xxᵉˢ, à 7,260 livres. (Arch. Calv., C 6519.)

[1] Arrondissement de Coutances, canton de Montmartin.

[2] Population en 1793 : 754 habitants (N. 26, M. 9, D. 11). — Population actuelle (avec Quesnay) : 546 habitants.

réduits à une seule masse, et qu'il n'y ait qu'un seul rôle, pour
éviter aux collecteurs ses frais et dépenses, qu'ils sont obligés de
faire, pour faire différentes sortes de rôles, et éviter les différentes
assemblées pour la nomination des différents collecteurs, et éviter
en même temps les difficultés des marcs la livre[1]. Que la répartition
en soit faite proportionnellement sur tous les habitants en général,
ecclésiastiques séculiers ou réguliers, nobles ou non nobles, et généralement sur tous les particuliers sans exception, privilégiés ou
non privilégiés;

2° Que les biens des communautés des religieux des deux sexes,
ainsi que des chapitres et curés et autres prêtres qui possèdent des
bénéfices, soient imposés dans la paroisse ou communauté où leurs
biens sont situés soit en terres, dîmes ou autres biens, comme les
autres habitants des paroisses et communautés[2];

[1] De nombreux cahiers se plaignent, comme celui-ci, de la multiplicité des impôts, des rôles et des collecteurs. Il n'est pas inutile peut-être de fixer une fois pour toutes les idées à cet égard. Les impôts directs perçus dans le bailliage en 1789 sont au nombre de 6. D'abord les trois impôts royaux géné-raux : la *taille*, en principal et *acces-soires*, la *capitation*, les deux *vingtièmes* et 4 sols pour livre du premier vingtième, sur lesquels il ne sera besoin d'aucune explication particulière, après qu'on aura observé que la taille, dans la pro-vince, était personnelle, mais se répar-tissait «sur le pied et à proportion des biens, facultés et industries», ce qui, ainsi que le remarque l'assemblée pro-vinciale en 1789, la rendait en quelque sorte mixte. Les autres impositions étaient parti-culières à la province. La prestation en argent représentative de la *corvée des chemins*, remplaçait dans la généralité de Caen la prestation en nature depuis 1787; elle avait été fixée par la Com-mission intermédiaire pour l'année 1789 au septième du montant réuni de la taille, capitation et accessoires. (*Compte rendu*, p. 159.) L'*imposition territoriale* était établie depuis 1774 pour différents objets de travaux publics, en particu-lier pour le redressement de la rivière de Caen, et les indemnités d'expro-priation nécessitées par l'ouverture des grandes routes; la part contributive des élections du Cotentin, sur les 150,000

livres de cet impôt, était de 87,132 li-vres. Enfin l'impôt relatif aux *bâtiments de justice* avait été établi en avril 1782 seulement; il produisait 50,000 livres, dont le Cotentin fournissait 27,044 li-vres pour sa part.
On ne dressait point de rôle spécial pour chacune de ces impositions; la taille et ses accessoires, avec la capita-tion taillable, autrefois dressées séparé-ment, étaient réunies depuis 1778 sur un même rôle. Mais l'impôt de la corvée, les vingtièmes, le territorial, les bâti-ments de justice, les impositions locales lorsqu'il y en avait, devaient se porter sur des rôles spéciaux. Le nombre des rôles n'était peut-être pas, comme le prétend le cahier de Bréville, art. 9, de nature à «faire frémir l'homme le plus intrépide», mais trop sûrement il mul-tipliait hors de toute proportion les frais de perception.
Pour tous ces rôles, il fallait de mul-tiples collecteurs. On avait bien donné au même collecteur la taille, les acces-soires, la capitation et la corvée, établie au marc la livre du principal de la taille; mais il fallait un préposé spécial pour les vingtièmes, un pour le territorial, un pour les bâtiments de justice. Un *Arrêt du Conseil* du 4 octobre 1788 avait tenté de réduire la charge à un collecteur unique par paroisse; mais cette réforme n'avait pu être encore ap-pliquée en temps utile. (*Compte rendu*, p. 9.)
[2] *Biens ecclésiastiques* de Contrières :

3° Que les biens des nobles et non nobles privilégiés soient pareillement imposés où ils sont situés;

4° Que la perception des impôts soit passée au rabais, et que le prix de l'adjudication en soit réparti au marc la livre sur tous les contribuables; que la répartition en soit faite par des députés, qui seront choisis par une assemblée de la communauté;

5° Que la répartition des impôts sur chaque paroisse ou communauté soit scrupuleusement observée par les officiers qui en seront chargés, justice et équité négligées depuis un temps immémorial. Il serait à désirer que chaque paroisse ou communauté qui se trouverait surchargée puisse s'en plaindre, et s'en justifier;

6° Remontrent pareillement lesdits habitants que les laboureurs ont été jusqu'ici les seuls qui aient été chargés du fardeau des impôts, quoique exposés à des pertes considérables et sujets à des grands entretiens d'ustensiles de labourage, aux charriages des engrais et de l'État, au payement des rentes seigneuriales, sur lesquelles les seigneurs ne font depuis plusieurs années aucune diminution de droits royaux, ce qui est une aggravation considérable, au lieu que le paysan est obligé de faire la diminution sur le peu qui lui est dû, ce qui oblige les laboureurs et paysans à vendre leur propre substance, et à se réduire à une très mauvaise nourriture, ne pouvant s'en procurer une meilleure;

7° Que les réparations et entretiens des presbytères et des églises ne soient plus à la charge des paroissiens: l'institution des dîmes ayant été originairement établie pour bâtir et entretenir les églises et presbytères, ces bâtiments et édifices doivent être à la charge seule des décimateurs comme une dépendance réelle et véritable de leur bénéfice[1];

1° la cure, bâtiments, grange, pressoir, jardin légumier, 2 pièces de terre en herbage, 1 en labour, 12 vergées 1/2 pour le tout (non estimé); 2° abbaye de Saint-Lô, une terre nommée la Leu, 2 vergées, avec une grange décimale (non estimé); 3° hôtel-Dieu de Coutances, une ferme importante nommée la Brannière, 10 articles (non estimé; par bail de 1785 elle était louée 1,389 livres). — *Rentes ecclésiastiques* : la cure, 62 l. 11 s., et une retenue sur la dîme; le trésor de l'église, 11 l. 6 s. et 78 pots de froment, en rentes sur plusieurs particuliers. (Arch. Manche, Q⁴⁻¹ 12.)

Rente non déclarée : le prieuré de la Perrine, 4 boisseaux de froment et 20 livres, en deux parties de rentes foncières. (*État des rentes de la maison de la Perrine*, 1790, Arch. Manche, H, n, cl.)

[1] Les gros décimateurs de Contrières étaient les religieux de l'abbaye de Saint-Lô, et le prieuré blanc de Mortain. L'abbaye, qui avait le patronage et la nomination à la cure, percevait 2/3 des grosses dîmes, et les religieuses l'autre tiers; Le curé n'avait que les menues, les novales, 8 à 10 vergées de terre d'aumône et un prélèvement (40 boisseaux de froment, 40 d'orge,

8° Que les aides et les gabelles et leurs commis sont un mal général et causent des torts et dommages inappréciables dans le royaume. La multitude innombrable de commis et d'employés sont une charge accablante pour l'État et pour le peuple, ce qui demande une réforme urgente;

9° Que les priseurs-vendeurs soient supprimés, et qu'il soit permis à tous particuliers de vendre ou faire vendre ses meubles comme bon lui semble;

10° Demande pareillement que les frais d'acte de tutelle soient diminués; que les inventaires soient faits par les tuteurs et parents des mineurs sans le ministère des notaires, qui écrasent les pauvres veuves et leurs enfants par leurs grands frais;

11° Que les élections et bureaux d'exception soient supprimés;

12° Que les tailles d'exploitations qui se trouveront jointes aux lignes des particuliers qui auront pris quelques terres à ferme puissent leur être ôtées, après qu'ils auront quitté leur jouissance, dès que la paroisse l'aura prescrit par la liste qu'ils fourniront aux collecteurs, sans qu'il soit besoin de requêtes des officiers d'élection, s'il plaisait à Sa Majesté les continuer, qu'il y ait des parents ou non dans la collecte, sans qu'il puisse y avoir matière d'abus[1].

13° Demandent que la réparation des chemins soit à la charge des ecclésiastiques, des nobles, des privilégiés, comme des paysans;

14° Que les États de la province soient rétablis; que la coutume et charte de la province soit conservée;

---

mesure de Saint-Lô, 600 gerbes de froment et 400 d'orge) sur la part de l'abbaye. (*Pouillé*, f° 12 v°.)

Pas de déclaration pour la cure en 1790; en 1750, dans le *Pouillé*, la Chambre ecclésiastique portait le bénéfice à 938 l. 7 s., vraie valeur. Décimes, 57 l. 12 s.

La part de dîmes de l'abbaye Blanche, sur le trait dit *do la Réauté*, est affermée, en 1785, pour neuf années, au sieur Fauchon, pour le prix de 450 livres. (*Journal de recettes de l'abbaye Blanche*, f° 115, Arch. Manche, H, n. cl.)

Celle de l'abbaye de Saint-Lô était affermée, en 1733, avec la grange et une terre adjacente, pour 400 livres et 120 livres de pot-de-vin. (*Journal de recettes de l'abbaye de Saint-Lô*. f° 17,

ibid.) Même prix de bail en 1739. (Arch. nat., S 7483.)

[1] Impositions pour 1789 : taille, 2,205 livres; acc., 1,447 livres; cap., 1,426 l. 13 s.; corvée, 725 l. 14 s. 4 d.; vingt., 1,358 l. 14 s. 7 d.; terr., 124 livres; bât., 41 livres. Au total, 7,117 l. 2 s. 7 d. Lignes : 148. Il y a 15 *exploitants*, pour des cotes généralement élevées (162 livres, 63 l. 16 s., 40 l., 37 l., etc. au principal de la taille seulement).

Privilégiés : le curé, M° René Doyen, présent à Coutances, et le seigneur, Jean-Baptiste Bernard Louvel, propriétaire du fief de Contrières, porté au bailliage de Saint-Lô (c. n. 123 l.). *Supplément des privilégiés :* 256 l. 19 s. 6 d. (le seigneur payait 123 livres de capitation noble).

15° Que pour ôter tout sujet de contestation entre les propriétaires et les décimateurs et établir l'uniformité dans la perception des dîmes, relativement aux paroisses qui produisent les mêmes fruits, il sera statué quelle espèce de fruit sera sujette à dîme; comment et à quel taux elle sera perçue. Que le produit desdites dîmes, devant servir à l'entretien des ministres, les paroissiens seront autorisés à se saisir du temporel des bénéfices, lors de leurs vacances, parce qu'ils seront tenus de se fournir des prêtres pour l'administration des sacrements et la célébration de l'office divin, jusqu'à la prise de possession du nouveau titulaire, ainsi qu'il se pratique dans quelques provinces voisines;

16° Enfin ladite communauté se plaint que plusieurs nobles et bourgeois des villes et des campagnes ont, en outre des seigneurs, des *colombiers* et volières sans droit ni qualité, et fournissent une multitude de pigeons qui désumence (*sic*) et détruisent entièrement nos semences et nos récoltes.

Au surplus, nous osons élever la voix de la reconnaissance et remercier le digne Monarque qui nous gouverne de ce qu'il veut bien s'occuper de notre bonheur, et nous attendons tout de sa justice et du zèle éclairé de ceux qui seront appelés au pied de son trône pour l'aider dans la réforme des abus et la confirmation de nos privilèges.

Fait et rédigé en l'assemblée générale de la paroisse de Contrières, diocèse et élection de Coutances, le premier jour de mars 1789, et mis aux mains des députés de ladite communauté.

J. DE LA RUE, J. DANIEL, M. DEGRAIN, C. BENOIST, J. GILLES, Michel DUMONT, J. LECLERC, Jean MONTAIGNE, J. LANGENAIS, P. BLANCHET, P. CASTEL, Jean HARDIT, R. GUENON, B. MARTIN, F.-L.-D^{que} VASTEL, J. MARTIN, Jean GUENON, F. LE GRAVEREND, P. VASTEL, J. MARTIN, DUMONT, *syndic*.

COUDEVILLE[1].

---

1. Procès-verbal d'assemblée.

(Le procès-verbal authentique n'a pu être retrouvé.)

Date de l'assemblée : 25 février. — Président : J. DE LA COUR. — Nombre de feux : 200[2]. — Députés : M° JACQUES DE LA COUR, *chirurgien* (4 jours, 12 l., Acc.); M° André-François RABASSE, *laboureur* (4 jours, 12 l., Acc.).

2. Cahier de doléances.

(Ms. *Greffe du Tribunal de première instance de Coutances, pièce n° 360. Original signé. Inédit.*)

Doléances, plaintes et remontrances.

Cahier des doléances, plaintes et remontrances fait sous le bon plaisir du Roy, par le tiers état de la paroisse de Coudeville, dépendant du bailliage de Cotentin, en conséquence de l'ordonnance de Sa Majesté et des lettres patentes du 24 janvier dernier, à nous signifiées, publiées et affichées, lesquelles remontrances à la pluralité des suffrages, animés du respect et de la fidélité inviolable pour le monarque, consistent :

1° Dans une fidèle soumission de contribuer aux payements des impôts à proportion des biens que chacun peut posséder, parce que Sa Majesté sera respectueusement suppliée qu'il en sera fait une juste répartition sur les trois ordres composant la nation, sans aucune distinction quelconque, consistant seulement à rendre aux deux premiers États les honneurs, rangs et séances qui leur sont dûs[3];

2° Qu'il sera pris des moyens pour la juste répartition des impôts et ôter l'arbitraire, toujours nuisible à la classe la plus indigente;

3° Demande aussi ladite communauté que tous les impôts soient réduits à un seul et même rôle, et qu'il ne soit nommé qu'un

---

[1] Arrondissement de Coutances, canton de Bréhal.

[2] Population en 1793 : 1,030 habitants (N. 33, M. 10, D. 28). — Population actuelle : 646 habitants.

[3] *Sic. Lege préséances?* — Impositions de Coudeville pour 1789 : taille, 1,140 livres; acc., 748 l. 2 s.; capit.; 737 l. 12 s.; corvée, 378 l. 12 s. 8 d.; vingt., 1,224 l. 12 s. 7 d.,

terr., 109 livres; bât., 37 livres. Au total, 4,274 l. 19 s. 3 d,

Lignes : 210, dont 43 exploitants. — *Privilégiés* : le curé, M° Jean-Baptiste Giroult, présent à l'assemblée de Coutances; la dame patronne Godard de Bussy, pour les fiefs de la Verge et de Donville (c. n. 35 l.), et le sieur Pierre Martin, dit Bouillon. *Supplément des privilégiés* : 176 l. 11 s.

séul collecteur, qui tiendra bureau dans une maison proche de l'église, où les redevables seront tenus de payer tous les mois leur dû, ce qui éviterait beaucoup de frais de façon de rôle;

4° Remontre ladite communauté que les seigneurs religieux du Mont Saint-Michel possèdent des biens considérables en cette paroisse en terres, moulin et en rentes, tant en argent qu'en blés de toutes espèces et autres prestations, de même que la majeure partie des grosses dîmes[1], sans contribuer à aucunes charges et sans faire aucune déduction de deniers royaux sur les rentes qu'ils perçoivent sur leurs vassaux, ce qui les réduit dans l'impuissance de faire face aux charges de l'État;

5° Qu'il y a dans ladite paroisse des terrains vagues, tant en landes que marais, ce qui en diminue le produit; et que pour le bien de la communauté et pour se procurer des engrais de la mer, les chemins qui y conduisent, tant sur cette paroisse que passant par Saint-Martin-le-Vieux, doivent être libres et réparés, et que

[1] D'après l'État des biens nationaux, dressé le 4 décembre 1790, l'abbaye du Mont Saint-Michel possédait dans la paroisse : I. Terre labourable, 3 portions, de contenance totale de 5 vergées 1/4, non estimées. II. Le moulin du Bosq, en mauvais état, avec l'étang. (aff. 590 livres). III. Toutes les grosses dîmes, à la réserve du trait de la Rivière, où elle partage avec le curé. Cette part est louée, par bail de 1784, au curé, pour une redevance de 600 livres; le reste est affermé 2,370 livres; l'abbaye doit au curé un supplément de 36 ruches de froment, mesure de Granville, et un vicaire.
Rentes. L'inventaire des officiers municipaux ne donne point les rentes. D'après l'État estimatif dressé en 1790, la paroisse devait à la mense abbatiale 994 ruches de froment, 70 d'avoine, 24 de mouture, et des menues rentes évaluées 148 livres. Plus, en contredit, 170 livres de rentes diverses. Treizièmes, non est.; service de prévôté, affermé 100 livres. Au total, pour l'abbaye, 6,250 livres de revenu dans la paroisse. (Arch. Calvados, C 6953.)
Autres biens des privilégiés. Ecclésiastiques : 1° la cure. Le curé possède toutes les dîmes vertes et menues, les novales, la moitié des grosses sur le trait de la Rivière, donnant année commune 1,200 gerbes de tout grain; bâtiments, grange et pressoir, 7 à 8 vergées de terre d'aumône. Il déclare en 1790 que les dîmes sont affermées 2,400 livres, avec un pot-de-vin de 600 livres; les aumônes, déclarées 100 livres, sont louées 66 livres; il a 50 livres de filasse, 300 gerbes de paille, 86 livres de fondations, et une rente de 291 livres par l'abbaye. Au total, 3,047 livres. (Déclaration n° 19, f° 30.). — 2° le sieur Félix Louvel, prêtre, petite ferme, 28 vergées, louée 76 ruches de tout grain. — 3° l'hôpital de Coutances : 1 quartier de froment, — 4° le chapelain de Mesnilceron, 30 sols. — 5° l'abbaye de Hambye (décl. omise), 16 demeaux de froment, mesure de Saint-Pair, en contredit. — Nobles : En pluviôse an II, les fermiers de la paroisse déclarent tenir pour la nation : 1° du sieur Godard Bussy, émigré, une ferme nommée le Manoir, 98 vergées en labour, 19 en herbe, donnant 316 ruches de tout grain, et plusieurs portions de contenance totale de 69 vergées, donnant 168 ruches; 2° du sieur Martin dit Bouillon, émigré, 130 vergées de terre en plusieurs portions, donnant 307 ruches 3/4 de grain (louée en l'an III 108 livres, valeur 170); avec des rentes montant à 258 l. 19 s. 4 d.; 3° rente au domaine du roi : 2 livres pour Coutances, et 5 l. 3 d. pour Saint-Sauveur-Lendelin.

les habitants de Saint-Martin ne peuvent s'opposer à l'enlèvement des engrais et à l'exploitation du marais commun, et relativement aux titres d'inféodation de l'abbaye du Mont-Saint-Michel et à raison de quoi les habitants de Coudeville sont grevés de rentes seigneuriales;

6° Demande ladite communauté qu'il soit discuté à l'assemblée sur le droit des colombiers; et ceux où il se trouvera établi il soit ordonné qu'ils soient bouchés ou grillés pendant la semence et la récolte, afin que les terres ne soient pas désemencées et les récoltes battues comme il arrive souvent;

7° Que lesdits habitants de cette communauté ayant été grevés par la reconstruction d'un presbytère et de la nef de leur église en neuf presque successivement[1] supplient respectueusement Sa Majesté de les décharger pour l'avenir de l'entretien dudit presbytère et d'en charger les possesseurs du bénéfice, et qu'ils seront tenus d'administrer les sacrements et la sépulture des fidèles sans aucune rétribution, si mieux ils n'aiment abandonner les dîmes qu'ils perçoivent et s'en tenir à la portion congrue;

8° Que Sa Majesté sera aussi suppliée de simplifier la procédure et de rapprocher les justiciables de leurs juges; l'éloignement des juridictions étant à charge à la communauté située à la porte de Granville et éloignée de Coutances de près de cinq lieues, car il serait bien gracieux dans chaque arrondissement d'avoir un juge qui connaîtrait de toutes affaires;

9° Demande ladite communauté la suppression des gabelles, aides, élections, greniers à sel, traites foraines, quart bouillon, bureau des finances et autres charges onéreuses à l'Etat.

En supposant que Sa Majesté retire une livre dix sols par *demeau* de sel blanc[2], il est aisé de prouver qu'il ne lui en revient pas dix

[1] *Arrêt du Conseil, portant autorisation aux habitants de la paroisse de Coudeville de s'imposer extraordinairement de la somme de 7,000 livres pour la reconstruction de la nef de leur église, 3 février 1784.* (Arch. Calvados, C 1326.)

Les religieux du Mont Saint-Michel, tenus de leur côté, comme décimateurs, à la réparation du chœur, s'étaient refusés en cette circonstance à faire quoi que ce fût, en sorte qu'à la date du 2 décembre 1789, le sr Giroult, curé, qu'ils laissaient manquer, paraît-il, des objets nécessaires à la célébration du culte, venait de faire pratiquer arrêt de deniers entre les mains des décimables de la paroisse; au 5 février 1789, les religieux demandaient encore mainlevée de cette opposition. (Arch. Calvados, C 6953.)

[2] C'est le droit moyen sur le sel en 1788; dans la région de Bricqueville et Créances, le droit est un peu supérieur (3 l. 6 s. 8 d. par ruche, ou 1 l. 13 s. 8 d. par demeau à Bricqueville, 4 livres et 2 livres à Créances); mais à Avranches, le droit reste un peu inférieur (2 l. 17 s. 1 d. par ruche, ou 1 l. 8 s. 7 d. par demeau. (*Procèsverbal de l'assemblée d'élection, Coutances, s. du 30 oct. 1788, n. pag.*).

sols par l'administration qu'il lui en coûte; si au contraire toutes personnes portées sur les rôles depuis l'âge de huit ans payaient au Roy vingt sols par an pour avoir le sel libre, il lui en reviendrait beaucoup plus davantage (*sic*) qu'il ne lui en revient; et ses sujets y profiteraient aussi de beaucoup, en établissant à ce sujet un bureau dans chaque communauté, entretenu par icelle, tenu d'emporter le produit chez le receveur qu'il plairait à Sa Majesté d'établir pour ce sujet dans chaque arrondissement;

10° Demandent également lesdits habitants obligés de fournir la garde-côte[1], la permission d'être armés pour la défense de la patrie et la conservation de leur campagne; que les chasses pendant que les blés sont industriez (*sic*) soient défendues à toutes personnes quelconques; que Sa Majesté accorde aux députés de la municipalité de chaque communauté d'arranger bien des contestations qui s'élèvent entre les habitants, comme usurpation de raye de terre (*sic*), engrossissement de fossés (*sic*), abattis d'arbres, dommages faits par les bestiaux, et autres minuties dont il survient des procès qui causent la ruine de bien des familles puisque ces sortes de procès après de longues chicanes viennent toujours à une arbitration (*sic*) de deux experts, qui se trouvent souvent corrompus par l'intrigue des plaideurs.

Toutes lesquelles doléances, plaintes et remontrances respectueuses ont été faites par le tiers état de la paroisse de Coudeville, arrêtées et signées relativement à l'ordonnance de Sa Majesté, pour en être ainsi qu'il est prescrit. Le tout après lecture faite audit Coudeville, le vingt-cinquième jour de février 1789.

---

[1] Il s'agit de la milice nouvelle des *canonniers garde-côtes* (voir cahier de la Bloutière, art. 6, *suprà*, p. 176, et la note). — La généralité de Caen était partagée en 1789, pour le service de la garde-côtes, en 8 divisions, dont 6, celles des Veys, des Pieux, de la Haye-du-Puits, de Muneville, de Granville, d'Avranches et de Pontorson, étaient fournies exclusivement par les paroisses du Cotentin. Les divisions étaient uniformément, sauf celles des Veys, à 4 compagnies de 50 hommes; et l'effectif total à maintenir au complet s'élevait à 1,700 hommes, dont 1,200 pour le Cotentin seul. Le service étant de 5 années, c'était de 400 à 500 hommes que l'on demandait au tirage annuel dans la généralité, et de 300 à 400 en Cotentin.

Les paroisses côtières du bailliage particulier de Coutances soumises à la garde-côte étaient au nombre de 45. Elles fournissaient en 1788 deux divisions, celle de Muneville (compagnies de Muneville, Montchaton, Lingreville et Quettreville ou Hyenville), et celle de Granville (compagnies de Longueville, Bréhal, Saint-Aubin et Sartilly), à l'effectif chacune de 200 hommes, et pour lesquelles on demandait annuellement au tirage une cinquantaine de recrues.

La paroisse de Coudeville, bien que non bordante, appartenait à la division de Granville, compagnie du même lieu. En 1787, elle avait présenté 27 inscrits: 15 étant exempts à des titres divers, 12 seulement avaient tiré, sur lesquels il avait été levé 3 canonniers. (*État de la situation des garde-côtes*, 1788. Arch. Calvados, C 1861-1862.)

Le présent cahier contenant six pages, la présente comprise, a été par nous, Jacques DE LA COUR, s' DES FONTENELLES, coté, paraphé et arrêté ce jour et an que dessus :

J.-D. SIRON, N. SIRON, N. JOUENNE, (*illisible*), A. HAMEL, F. AVIN, F. PERRÉE, Jean ERNOUL, PIVET, G. COSTARD, J.-C.-V. TOUPET, A.-François RABASSE, B. GIRARD, DELACOUR, *syndic*.

COURCY[1].

1. PROCÈS-VERBAL D'ASSEMBLÉE.
(Le procès-verbal authentique n'a pu être retrouvé.)

Date de l'assemblée : 1er mars. — Président : J. VAULTIER, *syndic*. — Nombre de feux : 209[2]. — Députés : *Charles LE CROSNIER, *laboureur* (5 jours, 15 l., et 17 jours, 68 l., Acc.); François-Marie LA FONTAINE, *laboureur* (3 jours, 9 l., Acc.); François SAVARY, *laboureur* (3 jours, 9 l., Acc.).

2. CAHIER DE DOLÉANCES.
(Ms. *Greffe du Tribunal de première instance de Coutances, pièce n° 359.* Original signé. *Inédit.*)

Doléances, plaintes et remontrances.

Ce sont les doléances, plaintes et remontrances [que présente] très humblement à Sa Majesté le tiers état de la paroisse de Courcy, conformément à sa lettre pour la convocation des États généraux donnée à Versailles le 24 janvier 1789. Signé : LOUIS, et plus bas : Laurent de VILLEDEUIL.

PREMIÈREMENT.

Le tiers état de cette paroisse supplie Sa Majesté, que toutes les impositions du royaume soient réduites en une seule, qui soit faite impôt territorial sur les possédants fonds des trois états du royaume, vu que le tiers état se trouve très lésé vis-à-vis des deux premiers états;

[1] Arrondissement de Coutances, canton de Coutances.
[2] Population au dénombrement de 1793 : 1,356 habitants (N. 37, M. 7, D. 29). Population actuelle : 709 habitants.

IMPRIMERIE NATIONALE.

2° Que tous les décimateurs des dîmes et communautés et abbayes de ce royaume emportent la plus grande part des biens et
revenus de chaque paroisse, et ne portent aucun soulagement aux
mêmes peuples, et ne payent aucun impôt à Sa Majesté en soulagement du tiers état.

Nota. Que dans cette paroisse le seigneur évêque de Coutances possède un fief considérable, le tiers des dîmes, et grand
nombre de rentes seigneuriales [et] foncières.

Le sieur abbé de Saint-Lô possède l'autre tiers des dîmes.

Le sieur curé l'autre tiers [1].

Et grand nombre de rentes foncières dues aux abbayes, chanoines et communautés, qui ne font aucun soulagement aux pauvres
de paroisse, excepté le sieur curé qui les a à sa charge, avec nous
paroissiens séants.

Et vu que plusieurs gros décimateurs possèdent plusieurs bénéfices considérables, il serait à désirer, sous le bon plaisir de Sa
Majesté, qu'un seul bénéfice pût suffire, ce qui donnerait place à
bien des sujets, vu que le trop grand nombre de revenus de ces
messieurs, pourvus de trop grands bénéfices, les engage à s'ex-

---

[1] Possessions ecclésiastiques dans la paroisse. I. *Biens fonds*, 1° la cure, maison presbytérale, bâtiments d'exploitation, jardins légumiers, 1 vergée de pré, 12 vergées de terre labourable, bois (fait valoir, en l'an III loué 300 livres); 2° le chapitre de Coutances, pour la prébende de Saint-Sauveur, pré dit du Chapitre, 4 vergées, affermé 105 livres, pré de *la Lande des Images*, 2 vergées (non estimé) et extension de la ferme de la Dairie en Saint-Pierre de Coutances; 3° l'évêque de Coutances, grange décimale, affermée avec le tiers des dîmes 1,250 livres, 600 gerbes de froment, 12 gélinottes; extension du bois du Parc en Saint-Pierre et Saint-Nicolas, 10 vergées (non estimé); droit de pêche, affermé avec les rentes; 4° l'écolâtre, une petite portion de terre, 12 perches (louée en l'an III 13 livres).

II. *Rentes*. 1° l'évêque de Coutances, pour la sieurie de Courcy, rentes seigneuriales de 66 boisseaux et demi de froment, 42 pains, 42 poules, 1 chapon et demi maigre, 3 douzaines d'œufs, 1 gâteau de froment, 3 quarterons de poivre, 8 l. 9 s. 7 d. en argent, et le droit de treizième, année commune 50 à

60 livres, le tout affermé, d'après la déclaration, 450 livres; les reliefs des terres nobles sont réservés, ainsi que la moitié des treizièmes, et une redevance de 50 boisseaux de froment; 2° le chapitre, 41 boisseaux de froment et 111 livres; 3° l'hôtel-Dieu, 8 boisseaux de froment, 1 pain, 1 poule et 3 s. 3 d.; 4° l'hôpital, 20 livres; 5° le chapelain de Belval, 5 demeaux de froment; 6° les Jacobins, 3 boisseaux de froment; 7° les habitués de la cathédrale, 6 livres de rente hypothèque.

III. *Dîmes*. «Le curé possède un tiers des grosses dîmes, avec la totalité des menues et des novales, et 13 ou 14 vergées de terre en aumône. Le seigneur évêque de Coutances possède un tiers des grosses dîmes, et l'abbaye de Saint-Lô l'autre.» (*Pouillé*, f° 2, v°.) En 1790, le curé déclare son tiers des grosses valoir 1,350 livres, les menues 700 livres; il a 140 livres des aumônes, 55 livres d'obits. Au total, 2,245 livres, sur lesquelles il paye un vicaire. (*Déclaration* n° 80, f° 8.) Le tiers de l'évêque, celui du chapitre sont déclarés loués 1,250 et 1,252 livres, avec de menues redevances. (*Déclarations* n° 73 et 48, f° 55 et f° 83.)

patrier, et ne font aucunes dépenses à l'endroit de leurs bénéfices;

3° Qu'il y a grande quantité de nobles possédant la plus
grande partie des fonds et rentes des paroisses, qui ne font point
le soulagement du tiers état suivant et à proportion de leur
revenu [1].

NOTA. Que la plus grande partie des terres appartient à autres
privilégiés non nobles et bourgeois des villes circonvoisines, qui
possèdent au moins en fonds et revenu les deux tiers des paroisses,
ce qui met notre état en souffrance sur les impôts de Sa Majesté,
tant reconstruction et entretien des grandes routes, que autres
impositions de cette nature [2];

4° On demande la suppression de plusieurs juridictions; telles
sont les élections, étant un autre multiplié sans nécessité à la
charge de notre état, et que toutes connaissances soient connues
au grand bailliage, sans qu'il soit besoin de procureurs dans
aucun état.

Les avocats font des écrits ou les envoient copier et signifier
chez les procureurs, ce qui engrave (*sic*) le malheureux à ne pouvoir se faire rendre justice, par les frais multipliés.

Il serait à désirer que Sa Majesté ordonnerait d'établir *des juges
de paix* pour établir la paix et la tranquillité dans chaque paroisse,
qui ne pourraient plaider au grand bailliage qu'après qu'ils n'auraient pu s'arranger devant leurs juges et en ayant un certificat.

NOTA. Quand les pauvres malheureux mineurs ont perdu leur
chef de famille, et en même temps ils perdent leur peu de bien,
par le grand nombre de dépens; tels sont ceux des notaires,

---

[1] Il y avait à Courcy 3 fiefs nobles :
le fief de l'évêque, et ceux de Courcy et
de la Haulle, appartenant tous deux au
seigneur, Léonor Clair de Potier.
Possessions des nobles. I. *Biens-fonds* :
1° Nicolas Potier, ferme de la Pomme-
raye, bâtiments, 60 vergées de terre,
dont 52 en labour, donnant 260 boisseaux de tout grain (aff. 300 livres);
2° Sébastien du Coudray, 7 vergées en
plusieurs portions et 2 maisons (loué
en l'an III, 130 livres). — II. *Rentes* :
1° Léonor Potier, sur ses fiefs, rentes
seigneuriales de 1,460 livres, 60 boisseaux de froment, 10 chapons; 2° N. Potier, rentes foncières de 329 livres et
6 chapons, en deux portions. — La

seigneurie de Courcy possède 2 moulins
à blé et à eau, avec banalité (aff. au
XVIIIe s., 250 livres et 150 livres).

[2] Impositions pour 1789 : taille
2,693 livres; acc., 1,767 l. 5 s., cap.,
1,742 l. 7 s.; corvée, 394 l. 8 s. 10 d.;
vingt., 2,207 l. 3 s.; terr., 189 livres;
bât., 68 livres. Au total, 9,060 l. 3 s. 10 d.
Privilégiés : Ecclésiastiques, le curé,
Pierre Ledran, présent à Coutances, et
Pierre Lerendu, prêtre habitué sans
bénéfice; *Nobles*, le seigneur, Léonor
Clair de Potier, pour les fiefs de Courcy
et de la Haulle, et Séb. du Coudray et
G.-N. Léonor Potier, écuyers, non possédant fiefs. *Supplément des privilégiés* :
144 l. 10 s. 4 d.

contrôle, tutelle que autres droits, ce qui réduit la plus grande partie des petites familles à la mendicité. On désirerait que cesdits juges de paix y connaîtraient;

5° Notre État supplie Sa Majesté de laisser la liberté du sel de pot et salière, vu que la plus grande partie de notre État ne peut en avoir pour leur substance (*sic*), étant tenu d'un si grand prix dans notre province;

6° Il est à observer qu'il y a dans cette province grand nombre de colombiers et volières garnis de pigeons, qui font un tort considérable au public, tant sur la semence que sur la récolte de la campagne;

7° On prie Sa Majesté de remédier à un grand abus qui se commet parmi les marchands de chevaux; la plupart ne les achètent que pour faire de longs voyages et les mettent en ruine et les font reprendre au bout de vingt-neuf jours, sous prétexte de vice *retibitoir* (*sic*), ce qui cause un grand dommage aux laboureurs, parce que la plupart vendent leurs bestiaux pour payer leurs affaires, ce qui met la plupart hors d'état de poursuite contre leurs marchands; à cet égard donc supplient Sa Majesté de fixer un temps plus court pour le bien du public [1];

8° Quant aux réparations d'églises et de presbytères, il serait à souhaiter que les gros décimateurs et communautés qui ont des rentes foncières logeraient le sieur curé et contribueraient de leur part aux réparations de l'église [2];

9° On demande à Sa Majesté d'établir un pontife en France pour connaître les dispenses de mariage [3].

Le présent fait double et arrêté par Jean Vaultier La Chaussée, syndic de la paroisse, en représentant l'officier public, n'en ayant aucun dans la paroisse, et par nous, Charles-François Godefroy Lafontaine, greffier de ladite paroisse, en présence d'un grand nombre de peuple du tiers état, âgés de vingt-cinq ans, et tous naturalisés français, ci-après soussignés après lecture faite:

J. Vaultier, F. Savary, P. Legardinier, M. Lemoyne, Fleury, Adrien Savary, Jean Marie, Robin, J. Marie,

---

[1] Cf. le cahier de Camprond, art. 6 et la note, *suprà*, p. 247.

[2] La paroisse de Courcy devait avoir contribué tout récemment à la réédification de son église. Nous n'avons pas l'arrêt du Conseil, mais M. Renault, dans son étude sur les communes de l'arrondissement de Coutances, note que la chapelle méridionale et les murs de la nef portent la date de 1780, inscrite dans le mur; la voûte en bois porte les dates de 1789 et 1790. (*Op. cit.*, p. 30.)

[3] Cf. le cahier du tiers état du bailliage de Tinchebray, art. 49 et 50. (Éd. abbé Dumaine, *Tinchebray*, III, p. 28.)

L. Vaultier, P. Lelong, Challe, J. Macé, C. Grandin,
G. Savary, R. Fauvel, Savary, H. Lelong, P. Girard,
Louis Legraverend, J. Heleine, F. Godefroy, J. Macé.

DANGY[1].

---

1. Procès-verbal d'assemblée.
(Le procès-verbal authentique n'a pu être retrouvé.)

Date de l'assemblée : 1er mars. — Nombre de feux : 200[2]. — Députés :
*Thomas-Antoine Le Comte, *laboureur* (5 jours, 15 l., et 19 jours, 74 l., Acc.);
Gilles-Laurent Duchesne, *laboureur* (4 jours, 12 l., Acc.).

2. Cahier de doléances.
(Ms. *Greffe du Tribunal de première instance de Coutances, pièce n° 386.*
Original signé. *Inédit.*)

Remontrances, plaintes et doléances.

Mémoire ou cahier de remontrances, plaintes et doléances de
la communauté de la paroisse de Dangy, fait et rédigé pour être
représenté à l'assemblée du tiers état du bailliage de Coutances,
qui se tiendra le 2 mars prochain, suivant qu'il est indiqué par
l'ordonnance de M. le lieutenant général dudit siège.

Nous, députés par la communauté de ladite paroisse, nous
demandons et sommes d'avis que les délibérations aux États généraux soient prises par les trois ordres réunis et les suffrages comptés
par tête. On sent assez l'utilité de cette méthode, sans qu'il soit
besoin de la prouver; nous dirons cependant que chaque député
des trois ordres doit se regarder comme le député de la nation;
qu'à ce titre, un seul objet doit l'occuper : celui du bien public;
que l'esprit de rivalité doit être banni de cette auguste assemblée; que les trois ordres doivent se participer leurs lumières,
leurs connaissances relativement aux objets sur lesquels Sa Majesté
demande leurs conseils; que ce serait contrevenir en quelque sorte
au but que l'on se propose, en délibérant par ordre et dans des
assemblées particulières, introduire une espèce de rivalité et de
schisme propre à détruire l'harmonie qui doit régner parmi
les députés, et sans laquelle ils deviennent inhabiles au grand
œuvre qui leur est confié;

---

[1] Arrondissement de Saint-Lô, canton de Canisy. — [2] Mouvement en 1787 :
N. 37, M. 4, D. 24. Population actuelle (avec Pontbrocard réuni) : 706 habitants.

2° Qu'après avoir reconnu que le gouvernement monarchique est le seul propre à la nation française dont le Roi est le chef, l'autorité du Roi en matière d'impôts doit être déclarée ne pouvoir s'exercer que par le consentement de la nation[1];

3° Que tout Français doit être sous la protection des lois du Roi, que sa liberté doit être sacrée; qu'en conséquence, la corvée et le service militaire soient abolis. Que l'invention des lettres de cachet doit être regardée comme un abus de l'autorité aux lois et à l'existence civile des citoyens; qu'en conséquence nul ne pourra être séquestré de la société sans décret et ordonnance de justice;

4° Que les États généraux ayant été jugés le seul moyen de remédier efficacement aux maux de l'État, ils seront tenus de cinq ans en cinq ans, ou même plus souvent s'il est besoin;

5° Que l'administration de la justice important singulièrement au bonheur des peuples, elle sera rendue au nom du Roy, dans tous les tribunaux, lesquels vaqueront à l'examen et jugement des procès sans aucune discontinuation (*sic*), sous quelques causes ou prétexte que ce soit;

6° Les lois civiles s'étant considérablement multipliées, surtout celles qui concernent la procédure étant devenues inextricables, et les praticiens en ayant profité pour réduire en principe l'art de se tourmenter par procès interminables, [de] nommer des commissaires instruits, opérer dans cette partie une réforme salutaire. Nos lois criminelles en sont également susceptibles; le sang innocent de plusieurs infortunés qui ont péri par la main du bourreau, victimes de l'imperfection de nos lois, en est une preuve convaincante, et cette vérité est si généralement sentie qu'il serait inutile de le démontrer;

7° La multiplicité des tribunaux est toujours à charge aux justiciables. Les juges regardent le malheureux plaideur comme leur proie, se le disputent de manière qu'il s'écoule plusieurs années sans qu'il sache auquel tribunal il sera jugé. Il est donc bien à désirer qu'il n'y ait qu'un seul juge, dont le territoire sera de nouveau déterminé, qui connaîtra indifféremment de toutes matières; il est encore à désirer qu'il juge souverainement jusqu'à certaine somme, comme de deux mille livres;

---

[1] Pour toute cette réforme constitutionnelle (art. 2 à 8), le rédacteur paraît s'être inspiré directement du *Projet d'un cahier général par un gentilhomme de Normandie, ami de la Nation.* (HIPPEAU, *Élections*, 382.) Des passages entiers sont textuellement reproduits.

Il convient de rapprocher aussi les arrêtés (art. 1 à 9) pris l'année précédente par l'assemblée de Saint-Lô, sur le rapport de son bureau du Bien public. (*Assemblée d'élection, Saint-Lô*, séance du 29 octobre 1788. Arch. Manche, C 628.)

8° La vénalité des charges, que le malheur des temps a introduite, doit être supprimée; en conséquence, les charges et offices donnés et accordés au mérite. Les juges seront élus par les justiciables, et seront choisis parmi ceux qui, par leur travail et leur application à l'étude des lois, auront donné des preuves authentiques de leur capacité; ainsi les tribunaux ne seront plus remplis de juges peu instruits, et qui n'embrassent cet état que parce qu'ils sont inaptes à en exercer un autre. Les juges qui auront été élus ne percevront aucunes espèces ni aucuns présents des parties, mais seront payés au dépens de l'État;

9° Que Messieurs les archevêques et évêques, les curés, prieurs, etc., seront obligés de résider, sans pouvoir quitter la culture des cures que pour des raisons de la dernière importance et sans en avoir obtenu la permission, savoir les archevêques et évêques du conseil de Sa Majesté et les autres bénéficiers, du juge des lieux de leur résidence;

10° Qu'aucun ecclésiastique ne pourra tenir en même temps deux bénéfices, pourvu que leur [montant] soit suffisant pour la subsistance et soit de valeur au moins de 1,000 livres, sans distinction des bénéfices simples ou à charges d'âmes [1];

11° Que toute maison religieuse qui ne sera pas composée du nombre de religieux fixé par la loi [2] sera détruite et les revenus et biens qu'elles [possèdent] employés au soulagement des pauvres ou reversés au domaine pour être appliqués à payer les dettes de l'État;

12° Que le Roi sera supplié de jeter les yeux sur les immenses revenus de plusieurs ordres religieux, sur leur inutilité dans l'État [3], et de considérer [que], les membres étant à charge au corps po-

[1] Cf. le cahier de Camprond, art. 12, *suprà*, p. 248. Le même vœu contre la pluralité des bénéfices est déjà examiné dans le cahier du Tiers aux États généraux de 1614 (art. 21, dans MAYER, *États généraux*, XVII, p. 140).

[2] *Édit concernant les ordres religieux, mai 1768.* (Isambert, XXII, 946, p. 476.) — D'après l'art. 7, tous les monastères d'hommes comptant moins de 15 religieux pour ceux non réunis en congrégation, ou de 8, compris le supérieur, pour ceux formant congrégation, devaient être supprimés et réunis à un établissement voisin du même ordre. — Le cahier doit viser l'abbaye voisine de Hambye, sans religieux depuis 1742 (*infrà*, p. 344, n. 1).

[3] L'expropriation des biens ecclésiastiques et leur affectation au payement des dettes communes de l'État paraît admise sans difficulté par la majorité des cahiers (voir surtout Orval, art. 4; Gavray, art. 15). L'idée était, semble-t-il, traditionnelle dans les cahiers de la région. Voici comment s'exprimaient déjà les trois ordres réunis à Saint-Lô, en 1614, pour choisir des députés aux États généraux :

« L'assemblée est d'avis qu'il soit prins le revenu temporel pour 6 ans, ou plus longtemps, si besoin est, des évêchés, abbayes, prieurés, églises cathédrales et collégiales, ainsi que des commanderies du royaume, délaissant aux ministres le revenu des dixmes pour les nourrir.

litique, il est naturel de les retrancher; que ce ne sera point blesser la loi des propriétés qui ne peut jamais être invoquée par un citoyen inutile, et même à charge à sa patrie; que d'ailleurs les propriétés de la plupart des ordres religieux n'ont d'autres principes que dans le pieux aveuglement de nos pères qui ont dépouillé leurs descendants pour en enrichir les monastères;

13° Le clergé sera tenu incessamment d'acquitter les capitaux et arrérages des emprunts par lui faits jusqu'à ce jour, à l'effet de quoi il sera autorisé à vendre ses terres, biens et seigneuries, fiefs, justices, etc., pour mettre les deniers sous l'inspection des États particuliers de chaque province employés auxdits remboursements;

14° Que le droit décimal sera restreint au seul droit de percevoir la dîme du gros fruit, sans qu'elle puisse être prétendue sur les lins, chanvres, poires et pommes[1], nonobstant toute loi ou pos-

---

entendant que les biens ecclésiastiques soient réduits en leur vray et légitime usage.

« Que tout or et argent estant aux temples, à quelque usage qu'il soit dédié, soit prins pour la délivrance du domaine du Roy et pour le soulagement du peuple. » (Arch. Manche, B. n. cl.)

[1] La perception des dîmes énumérées dans cet article donnait lieu en Normandie à de perpétuelles contestations. Le Règlement de 1666 ne les avait points nommées parmi celles qui étaient incontestablement solites ou insolites, et la jurisprudence, pas plus que les auteurs, n'étaient arrivés à s'entendre sur la nature qu'il convenait de leur reconnaître.

Pour les lins et les chanvres, la Cour avait paru un moment vouloir en considérer la dîme comme solite (arrêt du 13 janvier 1724). Mais cet arrêt n'avait point fait loi; un arrêt rendu pour la paroisse d'Agneaux, en date du 22 juin 1736, n'est plus du tout affirmatif (dans ROUTIER, Prat. bénéf., Appendice, p. 86). La doctrine était divisée. Routier, par esprit de corps, s'en tient au principe de l'arrêt de 1724; mais Houard et Flaust au contraire font les plus expresses réserves.

Pour la dîme des poires et pommes, on eût assez aisément compris, comme le remarque Pesnelle, qu'en Normandie la dîme de ces fruits fût considérée

comme solite. Il n'en était rien pourtant, le Parlement les avait déclarées à plusieurs reprises vertes dîmes, et insolites, et décidé en conséquence que les curés ne pourraient les réclamer qu'en faisant la preuve d'une possession de quarante années (arrêts des 8 mars 1629, 16 juillet 1666, 28 mai 1782, dans ROUTIER, op. cit., p. 41, 83). Il est vrai que le Parlement admettait en même temps que les pommiers plantés dans un champ anciennement dîmable devaient la dîme, à titre de substitution.

En fait, en Cotentin, il apparaît bien, d'après le Pouillé et d'après les Déclarations de dîmes, que les curés avaient presque universellement la dîme des lins et des pommes dans leurs paroisses. Le produit en est naturellement fort variable, depuis « un tonneau de cidre et quelque filasse », dans de pauvres paroisses, jusqu'à des 500 gerbes de lin et des 15 et 28 tonneaux de cidre dans de grosses cures comme le Lorey ou Nicorps. Il n'y avait point, semble-t-il, comme en matière de tremaines, d'usages locaux particuliers; Houard observe seulement, pour le bailliage d'Avranches, qu'un arrêt du 17 août 1676 rendu en forme de règlement, a confirmé le droit des décimateurs de lever dans tout ce ressort la dîme des lins et des chanvres, et en a fixé uniformément la quotité à l'onzième boisseau. Ce n'est, sem-

session contraires, si mieux n'aime la nation et ne juge plus convenable d'anéantir entièrement ce droit, parce qu'alors chaque paroisse serait tenue de fournir à son pasteur une subsistance honnête.

Il est vrai que plusieurs gros décimateurs perdraient considérablement à cet arrangement, mais pourraient-ils s'en plaindre avec fondement? N'est-il pas ridicule que celui qui cultive la vigne la voie dépouillée par une main étrangère?

15° Qu'enfin, dans le cas où on jugerait à propos de conserver ce droit, les décimateurs soient tenus, suivant l'ancienne destination des dîmes, de toutes réparations des églises, presbytères et autres bâtiments des bénéfices[1], et qu'un tiers des dîmes soit employé au soulagement des pauvres de la paroisse; que le droit de déport resté dans cette province sera anéanti comme onéreux et préjudiciable aux citoyens, dont le salut pendant l'année du déport se trouve confié à un pasteur étranger, qui n'a jamais, pour les ouailles qui lui sont confiées, le même zèle, la même sollicitude que celui auquel elles appartiennent;

16° Que les pensions ou portions congrues seront fixées à 1,000 livres et celles des vicaires à 400 livres, lesquelles seront établies en nombre proportionnel des habitants de la paroisse à desservir;

17° Que toutes les provinces, et la Normandie en particulier, réintégrées dans leurs anciens privilèges, soient régies par leurs États particuliers, créés et composés à l'instar des États généraux,

---

ble-t-il, que l'application du droit commun. (HOUARD, *Dict. anal.*, v° Dixme, I. 541.)

[1] La paroisse de Dangy avait dû s'imposer, il y avait une vingtaine d'années, de la somme de 775 livres pour la réparation du presbytère. (*Arrêt du Conseil, 22 décembre 1772*, Arch. Calvados, C 1324.) Les dîmes étaient partagées de la façon la plus compliquée. *Pouillé*, f° 12, r°. «Dangy, patronage alternatif entre le seigneur du lieu et les prieurs et religieux de l'hôtel-Dieu de Coutances. L'hôtel-Dieu de Coutances possède la moitié des grosses dîmes de la grande Sieurie; sur l'autre moitié des grosses dîmes, les deux tiers sont pour la chapelle du Verbois au diocèse d'Avranches, et l'autre tiers pour le curé du Grippon dans le même diocèse. Dans un autre canton de la paroisse, dit le fief Yacouf, de 3 gerbes

il y en a 2 pour le curé de Saint-Sauveur, et la troisième pour le curé de Dangy; plus dans la petite Sieurie (autrement le fief Saint-Martin) de 3 gerbes il y en a 2 pour le curé de Dangy, et 1 pour le trésor de l'église. Plus le curé jouit de ses novales, et de toutes les menues dîmes, et de 15 vergées de terre en aumône.» En 1790, le curé déclare sa dîme valoir, avec les aumônes, 1,200 livres de rente année commune; la part de la chapelle du Vertbois, valait de son côté 120 livres de rentes en 1785.

La cure de Pontbrocard était de son côté, sous le patronage du commandeur de Villedieu, seigneur et patron. En 1790, le curé n'a que son presbytère, un jardin potager de 7 perches, une rente de 3 livres et 300 livres de pension payées par le commandeur. (Arch. Manche, Q⁴⁻¹ 14.)

lesquels dirigeront tous les objets d'administration dans chaque province;

18° Que tous les impôts actuels doivent être révoqués pour être remplacés par un impôt unique, dont la répartition se fasse également sur toutes les propriétés de tous genres, en quelques [mains] qu'elles soient, après et néanmoins que les dettes de l'État auront été liquidées afin de [dé]terminer convenablement la nature et la quotité de l'impôt, lequel n'aura lieu que jusqu'aux prochains États généraux, parce qu'alors il sera diminué, supprimé ou conservé, ainsi que la nation le jugera convenable[1];

19° Qu'il ne pourra être fait aucuns emprunts que du consentement et par l'avis des États généraux, et que la nation doit être déclarée non garante de ceux qui auraient lieu arrière d'elle, sans qu'il puisse y être dérogé en quelque manière que ce soit.

Que les circonstances exigent la plus grande économie dans toutes les parties de l'administration; qu'en conséquence les pensions doivent être ou supprimées ou réduites, et ne s'accorder à l'avenir que pour des services très importants.

Qu'il doit être avisé aux moyens de simplifier la perception, afin de décharger l'État de cette foule de préposés, de receveurs, qui s'engraisse de leur substance; et qu'il doit être pourvu à leurs remboursements;

21° Que le commerce doit être libre, favorisé, et qu'on doit éviter soigneusement toutes espèces d'entraves qui pourraient ou gêner ou retarder les opérations des commerçants;

22° Que cette faveur néanmoins qui leur est due ne doit pas empêcher de jeter les yeux sur les abus que l'usage des banqueroutes[2] et la facilité avec laquelle elles se sont introduites; qu'en conséquence tout failli sera tenu de [dé]poser au greffe de la juridiction de son domicile actuel son bilan; qu'il ne pourra présenter comme déficit les dépenses extraordinaires de sa maison, comme il

[1] Impositions pour 1789 (Dangy et Pontbrocard réunis) : taille, 1,755 l. 2 s.; acc., 1,194 livres; cap., 1,136 l. 3 s.; corvée, 589 l. 3 s. 5 d.; vingt., 2,030 l. 18 s. 7 d., terr., 172 livres; bât., 57 livres. Au total, 6,934 l. 6 s. 5 d. — *Privilégiés* : le curé, M. Houlmel, le seigneur, Jullien Yon, seigneur aussi de Saint-Hilaire en Carentan, le commandeur de Villedieu, et le sieur Guérin, propriétaire de la seigneurie de Fayes. *Suppl. des privilégiés* : 227 l. 4 s. 9 d. Biens des privilégiés. *Ecclésiastiques.* 1° la cure, maison presbytérale, jardin à pommiers, 3 pièces de terre labourable, 13 vergées (non estimé); 2° hôtel-Dieu de Coutances, grange décimale; 3° le commandeur, terres et rentes, 1,500 livres. — *Nobles* : 1° le seigneur, terres, rentes (non estimé); 2° le sieur Guérin, ferme de Fayes (louée 1,600 livres); rentes diverses, 621 l. 5 s., 31 boisseaux de froment, 6 chapons.

[2] Cf. Carantilly, 5°, *suprà*, p. 322. Des habitants de Dangy avaient été compris dans la banqueroute locale dont parle ce cahier. (Arch. Calv. G 7761.)

s'est pratiqué jusqu'ici, parce que ce n'est point aux dépens de ceux qui ont confiance en lui qu'il peut étaler un luxe coupable; et ceux qui seront tant soit peu convaincus de négligence dans l'administration de leurs affaires, d'avoir abusé de la confiance publique, seront condamnés à porter le bonnet vert, sans pouvoir être admis, ni voter dans aucune assemblée publique[1];

23° Que l'usure s'étant déguisée sous mille formes différentes n'a pu en prendre une plus funeste pour quantité de gens que celle des constitutions viagères, dont l'intérêt ne connaît d'autre borne que [celles que] la nécessité de l'emprunteur et l'avidité du créancier peut y mettre; qu'il est de la sagesse de la nation de remédier à cet abus en fixant les différents taux des intérêts suivant les différents âges de la personne sur la tête de laquelle on se constitue, et sans qu'il puisse à l'avenir se constituer sur la tête de plusieurs personnes, malgré toutes les bonnes raisons que l'on apporte pour favoriser cette espèce de contrat;

24° Que tous les biens domaniaux soient aliénés pour payer les dettes de l'État, et qu'il soit pourvu au remplacement et à la conservation des forêts;

25° Que les communes, landes, marais et grèves, soient déclarés appartenir aux communautés dans l'enclave desquelles ils sont situés, sauf néanmoins le droit des seigneurs et des particuliers;

26° Que les lois qui interdisent au tiers état dans le service militaire soient proscrites et abolies, comme monument d'opprobre pour cet ordre qu'il n'a jamais mérité[2];

27° Que les tribunaux soient composés indistinctement des sujets des trois ordres, et disparaissent à jamais les distinctions humiliantes qui ferment la porte au mérite et à la solide vertu;

28° Que les administrateurs des finances ne regardent plus le Trésor royal comme un champ de pillage, mais comme un dépôt sacré qui leur est confié; et qu'à l'invitation du vertueux [Necker] ils soient tenus de rendre à la nation un compte exact de leur administration;

29° Qu'on ne perde pas de vue que depuis l'année 1769 les

[1] Le cahier du Tiers aux États généraux de 1614 demande pareillement : «Que les banqueroutiers portent le bonnet vert, sans chapeau» (art. 242, dans MAYER, États généraux, XVII, p. 356).

[2] Règlement portant que nul ne pourra être proposé à des sous-lieutenances, s'il n'a pas fait preuve de quatre générations de noblesse, 22 mai 1781. (ISAMBERT, XXVII, 29, n° 1500.) Cf. le Mémoire sur la forme des preuves nécessaires pour être reçu sous-lieutenant dans les régiments d'infanterie, de cavalerie, de chevau-légers, de dragons et de chasseurs à cheval. (Ibid., n° 1501.)

seigneurs des paroisses se sont dits en droit de ne point diminuer
à leurs vassaux les dixièmes sur leurs rentes seigneuriales [1], ce qui
leur fait un produit bien plus considérable que les impôts qu'ils
payent à Sa Majesté;

3o° Qu'il serait à souhaiter pour l'État et pour le peuple que

[1] La déduction de l'impôt du dixième ou des deux vingtièmes, sur les rentes seigneuriales, est une des questions qui préoccupent le plus nos cahiers (la Beslière, 7; Carantilly IV, 4; Camprond, 17, etc.). Elle touche à une question de droit financier des plus délicates, et, en 1789, des plus discutées dans la jurisprudence.

En principe, l'impôt des vingtièmes est un impôt sur le *revenu net*. Dans l'esprit de ses auteurs, et dans l'interprétation autorisée qu'en ont donnée à plusieurs reprises les déclarations royales (*Déclaration du 29 mai 1741*, art. 2; *édit de Marly*, mai 1749, art. 5), il ne doit être prélevé sur les produits des fonds, loyers des maisons et autres objets frappés, «qu'eu égard au revenu», et déduction faite des charges passives qui en diminuent la valeur réelle. En fait, le fisc, pour des raisons de commodité faciles à apercevoir, le demandait pour le tout aux propriétaires apparents, sauf à ceux-ci à retenir à leur décharge, en payant les rentes dont ils étaient grevés, la part d'impôt afférente à la rente, qu'ils se trouvaient avoir avancée en payant le vingtième sur le revenu total. Cette retenue est légitime, ainsi que le dit expressément l'édit de Marly, mai 1749, pour les rentes constituées ou viagères, pour les rentes foncières garanties par hypothèque pour les rentes et pensions qui grèvent les revenus patrimoniaux des villes.

Pour les rentes seigneuriales, les textes ne se sont pas expliqués. Devait-on les assimiler aux autres charges passives, et admettre les fieffataires à déduire eux-mêmes le dixième? L'affirmative avait été admise quelque temps en jurisprudence, dans le ressort de certains Parlements. En Normandie, la déduction s'était opérée couramment jusque vers 1769; mais à cette date, un *arrêt du Parlement du 20 mai 1770*, rendu en faveur du duc d'Harcourt, et qui avait fait règlement, avait décidé

que les rentes foncières remboursables et les cens et rentes seigneuriales, étant de véritables démembrements de la propriété, devaient être déclarés et taxés séparément, que le montant de l'impôt devait être demandé divisément au seigneur et au vassal, et qu'en tout cas celui-ci n'avait aucun droit de retenir lui-même la part par lui avancée sur le montant de ses rentes; il avait seulement le droit de se pourvoir devant l'intendant, pour demander remboursement de la part de l'impôt y afférente. (HOUARD, *Dict. anal.*, v° Dixième, I, 407.)

Les conséquences de ce revirement de la jurisprudence n'apparaissent pas immédiatement, et en droit la situation du vassal ne semble pas empirée. En pratique, pourtant, il y avait une fort grande différence pour le paysan, à pouvoir retenir automatiquement en quelque sorte le dixième sur la rente à payer, ou à être obligé d'en solliciter le remboursement à l'intendance, avec des formalités compliquées, et sans être sûr d'être toujours écouté. La situation pouvait d'ailleurs devenir inquiétante, si le seigneur de son côté n'avait pas fait déclaration de ses rentes et ne tenait point de gages-plèges (*Saint-Nicolas de Coutances*, 10); elle était critique, si les seigneurs qui avaient subi jusque-là la retenue s'avisaient, en présence de la nouvelle jurisprudence, d'en demander tout d'un coup la restitution depuis vingt ans et plus. (Carantilly IV, 5, *suprà*, p. 255.)

Voir *Dissertation sur les biens nobles, avec des observations sur les vingtièmes*, Paris, 1787, in-8°; — A. RIOCHE, *De l'administration des vingtièmes sous l'ancien régime*, thèse Fac. droit. Paris, 1904; — P. DUCHEMIN, *L'impôt sur le revenu en Normandie, dixièmes et vingtièmes avant la Révolution*, dans Recueil des travaux de la Société libre d'Agr. Sc. B. L. et Arts de l'Eure, 1897. (5° sér., t. V.)

tous les commis et buralistes fussent supprimés, et notamment
ceux du petit sel, vu [que] cette suppression ne diminuerait aucunement les revenus de Sa Majesté. Pour en donner la preuve, il
ne faut qu'examiner combien que chaque hâvre produit de revenus
à Sa Majesté, faire supporter le même tribut à chaque hâvre,
qui serait perçu et compris au rôle de chaque endroit; par ce
moyen on verrait naître la tranquillité de bordereaux et la faculté
du peuple, et beaucoup de gens ramenés à l'agriculture qui est très
intéressante à l'État, tant les commis, buralistes, que les fraudeurs,
par le commerce libre du sel;

31° Qu'il serait à souhaiter que tous les colombiers et fuies
fussent totalement détruits, n'étant propres qu'à ravager, piller le
pauvre cultivateur, surtout dans la saison de la moisson; et dans le
cas même où Sa Majesté en accorderait aux seigneurs, qu'il est
abusif que quantité de roturiers jouissent de ce privilège;

32° Qu'enfin que tous les impôts fussent compris dans un
même rôle et en un seul article, pour un et chacun des contribuables; les calculs du marc la livre et autres, c'est [ce] que tout
le monde ne peut opérer, (ce) qui ne devine que la difficulté de
ladite opération ?

33° Déclare au surplus ladite communauté donner adjonction
aux plaintes, doléances du tiers état, tant du bailliage principal
de Coutances que des autres bailliages de Cotentin, s'en rapportant à la sagesse des députés aux États généraux d'augmenter,
diminuer les demandes, plaintes et doléances, suivant qu'il sera
trouvé convenable.

Et supplient Sa Majesté d'avoir pour agréable ouïr et entendre
les doléances de ses fidèles sujets et d'y pourvoir de concert avec lesdits États généraux; ce que les membres de ladite paroisse ont
signé après lecture faite, ce 1er mars 1789.

J. PERROTTE, J. LEMASSON, François VASTEL, F. LECLUZE,
P. HULMEL, H. LEMOINE, J. GERMAIN, J. VASTEL,
H. LEMOINE, P. PRUNIER, A. DRIEU, BASNIER, J.-B.
LEMASSON, P. LEMASSON, GOSSET, Louis-Auguste
VIVIER.

DONVILLE [1].

1. Procès-verbal d'assemblée.
(Le procès-verbal authentique n'a pu être retrouvé.)

Date de l'assemblée : 1er mars. — Nombre de feux : 220 [2]. — Députés : Jacques Hubert, *laboureur* (4 jours, 12 l., Acc.); Guillaume Cambernon, *laboureur* (4 jours, 12 l., Acc.); Jean Helaine, *laboureur* (4 jours, 12 l., Acc.).

2. Cahier de doléances.
(Ms. *Greffe du Tribunal de première instance de Coutances*, pièce n° 450. Original signé. *Inédit.*)

Cahier des instructions pour les députés de la paroisse de Donville à l'Assemblée des États particuliers du bailliage de Coutances [3].

Article 1er. Que toutes les impositions générales soient imposées sur tout le monde, eu égard aux possessions d'un chacun, de quelque état et condition qu'il puisse être [4].

Art. 2. Qu'il y ait de nouvelles lois pour la répartition des impôts, qui en règlent la contribution.

Art. 3. Que les lois portant établissement ou confirmation des impôts quelconques soient accompagnée[s] d'un tarif précis, de sorte que les contribuables sachent exactement ce qu'ils doivent, et que le préposé au recouvrement ne puisse interpréter à sa volonté les dispositions de la loi [5].

Art. 4. Que la justice et les lois soient réformées dans les abus sans nombre qui [s'y] sont glissés, que les justiciables soient

---

[1] Arrondissement d'Avranches, canton de Granville.

[2] Mouv. 1787 : N. 52, M. 14, D. 20. — Population actuelle : 990 h.

[3] Le cahier est en grande partie la reproduction tantôt plus ou moins textuelle, tantôt remaniée, du cahier de Cerisy-Caillebot. Nous en donnons par suite les passages originaux.

[4] Cf. le cahier de Cerisy, article 2. — Impositions de Donville pour 1789 : taille, 1017 l.; acc., 667 l. 8 s.; cap., 658 l.; corv., 336 l. 15 s. 8 d.; vingt., 506 l.; terr., 45 l.; bât., 15 l.

Au total, 3,245 l. 3 s. 8 d. Lignes : 254, dont 43 exploitants. — *Privilégiés* : le curé, M. David, l'abbaye Blanche et le Mont-Saint-Michel, pour leurs fiefs; et pour la noblesse, Mme Godard de Bussy, dame de Coudeville et Donville. Il y avait aussi aux Blancs Arbres 1 sous-brigadier et 3 gardes des traites et quart bouillon, privilégiés du tiers état. *Supplément des privilégiés* : 168 l. 1 s. 6 d.

[5] Les articles 2 et 3 reproduisent, en les abrégeant extrêmement, les articles 4 et 5 de Cerisy.

assurés d'une prompte justice dans tous les tribunaux, sans essuyer des retards très préjudiciables à leur fortune, et sans être liés [obligés?] de s'épuiser en frais pour solliciter les audiences ou un rapport, qui est souvent plusieurs années sans pouvoir l'obtenir, vu le nombre des affaires et le peu d'expédition.

ART. 5. Que les taxes des juges soient modérées, etc. [1]

ART. 6. Comme il est de droit que tous les bénéficiers soient assujettis aux réparations de leur bénéfice, et que les dîmes sont plus que suffisantes pour acquitter cette charge, il soit ordonné que tous les curés ou possesseurs de dîmes, chacun à raison de ce qu'il percevait, soit lié à l'entretien et réparation ou bâtir en neuf de la maison presbytérale, sans que les paroissiens puissent y être appelés [2].

ART. 7. Que tout ce qui sera présenté à l'Assemblée des États, pour le bien général du royaume, soit délibéré à la pluralité des voix, sans distinction d'ordres, et que le tiers état y ait moitié en députés.

ART. 8. Et pour vous représenter que, à l'égard de la misère de ladite paroisse, nous avons l'honneur de vous représenter que la paroisse est possédée par plusieurs habitants d'autres paroisses, et chargée de rentes seigneuriales, et dépendant du domaine du roi et aux abbayes du Mont-Saint-Michel et de l'abbaye Blanche [3].

[1] Cf. le cahier de Cerisy, articles 6 et 17. (Toute la fin de l'article 6 n'a pas été reproduite.)

[2] Reproduction de l'art. 15 de Cerisy. La question des presbytères était à Donville toute d'actualité. Nous avons une lettre de l'année 1789 de Mᵉ David, curé de Donville, dans laquelle il se plaint que depuis 4 ans ses paroissiens s'opposent à l'exécution d'un devis dressé pour la reconstruction de son presbytère. (Arch. Calvados C 1340.) Les dîmes de la paroisse étaient partagées. Le curé avait la moitié des grosses dîmes sur 2 traits, dont l'autre moitié appartenait à l'abbaye de la Luzerne, et le 1/3 sur l'autre moitié, qui appartenait aux dames religieuses de l'abbaye Blanche. (Pouillé, fol. 9 v°.) Nous n'avons pas de déclaration de 1790. En 1754, le curé déclarait, avec les menues, 15 ou 16 vergées de terre d'au-

mône, 6 l. d'obits, brebis, agneaux, etc., soit un revenu total de 304 l. 13 s. 4 d. En 1766, la part de l'abbaye de la Luzerne est affermée 200 l. (Revenus de la Luzerne, fol. 2.)

[3] Biens des privilégiés. Ecclésiastiques : I. Biens fonds, 1° la cure, bâtiments, 15 à 16 vergées de terre (n. estimée);

II. Rentes : 1° le Mont Saint-Michel, sur le fief dit d'Etoupefour, extension du fief Coudeville, en la baronnie de Saint-Pair : 85 ruches de froment, et 131 livres de menues rentes; au total 380 livres; 2° l'abbaye Blanche, sur le fief dit de Montmorel, 44 demeaux de froment rouge, 100 s. 2 d., 10 poules, droit de gravage, varech et autres aventures de mer, le tout compris depuis 1785 dans un bail général de 800 livres.

III. Dîmes (voir la note précédente). — L'abbaye de la Luzerne avait aussi dans

Art. 9. — Et pour vous représenter que, à l'égard de la misère de ladite, et vu le rechargement, comme il est expliqué ci-devant, c'est pour que le public et habitants ne puissent pas se retirer suivant le mauvais fonds de ladite paroisse et autres adversités[1], comme ladite paroisse est habitée en moyenne partie d'habitants dans les faubourgs de Granville dépendant de notredite paroisse, qui ont eu le malheur d'être incendiés le vingt au vingt-un juillet mil sept cent quatre-vingt-six, ce qui a occasionné la ruine de ladite paroisse, et dont que les propriétaires ont été obligés d'hypothéquer leur fonds pour pouvoir se rétablir. Les suppliants et incendiés du faubourg demandent la suppression des entrées et octrois, ainsi que la suppression du gros sel et admission du sel blanc et exemption de guet et de garde, vu qu'ils payent les impôts comme autres habitants de ladite paroisse.

Art. 10. Et au cas que Sa Majesté ne jugerait pas à propos de changer les lois, ont supplié de vouloir bien régler les dîmes insolites et solites pour abréger toutes les poursuites qui se peuvent faire vis-à-vis du clergé, dont les habitants sont souvent la dupe.

Le présent cahier ainsi fait, rédigé et arrêté, et mis aux mains du sieur Jacques-Hubert-Guillaume Cambernon et Jean Heleinne, députés, pour par eux le porter à l'Assemblée particulière, qui ont accepté le présent, ladite Assemblée qui se tiendra le 2 du présent mois devant M. le bailli de Cotentin ou devant M. son lieutenant général. Ce qui a été arrêté en présence des habitants qui

la paroisse un droit de pêcherie. (Arch. Manche, H 7977.)

Biens laïcs : le domaine du roi, une masure, rentes de 31 boisseaux de froment, mesure de 20 pots, et 8 pots en plusieurs redevances, est. produit commun 174 l. 19 s.

Aucune autre terre noble.

[1] *Mém. Stat.,* p. 39 : « Donville. Terrain de labour, orge et menus blés, très peu de plant et de prairie; la paroisse s'étend à la moitié du faubourg de Granville.» — Nous trouvons dans la correspondance de l'intendant quelques détails sur le sinistre du 26 juillet 1786. Le feu avait pris dans la maison du sieur Fougeray, échevin, située dans le quartier de la tranchée. Le chaume qui couvrait cette maison produisit des flammèches, qui mirent le feu à 45 maisons, entre autres à l'établissement du sieur Fretel, aubergiste et maître de poste, et aux auberges, magasins et demeures des pêcheurs, qui y perdirent leurs filets et leurs meubles. Un état des maisons brûlées est joint aux demandes de secours : on y voit que 291 personnes avaient été réduites à la misère, et que la perte totale était évaluée à 131,101 livres. L'intendant avait fait faire une distribution provisoire de 407 l. 16 s. aux plus malheureux, et il fut distribué par plusieurs fois des sommes qui s'élevèrent à près de 10,000 livres, sur les fonds de l'abbaye du Mont-Saint-Michel. (Arch. Calvados, C 972.)

Sur le privilège du gros sel de Brouage, et le franc-salé de Granville, voir *supra,* cahier de Granville, art. 8, p. 121, note 2.

ont signé, après lecture faite, le premier mars mil sept cent quatre-vingt-neuf.

J. Hubert, François Lenore, Picqueard, G. Dufoinel, G. Cambernon, M. Tetrel, Jacques Lejamtel, René Closet, Jean Lebas, F. Deschamps, Mᵃˢ Simonne, François Quinette, J. Mauduit, Jean Belin, Pierre Letestu, Nᵃˢ Simonne, Pierre Lenormand, Pierre Rabot, Michel Rogerry, P. Coupard, Jacques Brière, F. Lemaître, Jean Saillard, Louis Méquin, Jean fils Adam, René Lemaistre, Jean Lemaistre, Nicolas Joret, Maurice Lamort, Gilles Tetrel, Jacques Gautier, *faisant les fonctions de syndic.*

DRAGUEVILLE[1].

1. Procès-verbal d'assemblée.
(Le procès-verbal authentique n'a pu être retrouvé.)

Date de l'assemblée : 2 mars (d'après le cahier). — Nombre de feux : 46 [2]. — Députés : Louis Le Brun, *laboureur* (2 jours, 6 l., Acc.); Julien Guedras, *laboureur* (2 jours, 6 l., Acc.). — D'après le procès-verbal, les députés ont fait défaut à l'Assemblée préliminaire; le rôle des taxes indique plus précisément qu'ils n'ont comparu que le 3 mars après-midi.

2. Cahier de doléances.
(Ms. *Greffe du Tribunal de première instance de Coutances*, pièce n° 444. Original signé. Inédit.)

Les habitants de la paroisse de Dragueville ont l'honneur de représenter à Sa Majesté, que leur paroisse est extraordinairement chargée d'impôts, maculée de rentes seigneuriales et autres, et que le terrain est très mauvais à faire valoir, vu sa situation, étant partie en côteaux pour ainsi dire de nulle valeur, dont le meilleur terrain n'est que d'un très léger produit, ne produisant qu'un peu de sarrasin ou blé noir, un peu de seigle et avoine, n'y en croissant pas pour nourrir les habitants un quart de l'année, de façon

---

[1] Ancienne paroisse, réunie à Mesnil-Villeman, arrondissement de Coutances, canton de Gavray.

[2] Population au recensement de 1793 : 271 habitants (N. 7, M. 3, D. 6).

même qu'il n'est pas possible que les habitants supportent plus longtemps le poids de tant de charges [1];

Qu'ils regardent le seul moyen de contribuer actuellement à l'acquit des dettes de l'État, [est] de faire contribuer la noblesse à proportion de leurs revenus, contribution si désirable et si juste que ce serait prendre sur sa gloire de les en dispenser, le seigneur occupant le plus beau de la paroisse [2].

Passant de la noblesse au haut clergé, on y trouve les plus grandes ressources; les évêques représentent les apôtres; successeurs de leurs titres, ils doivent tester de leurs vertus; arrivés à ce degré de perfection, de bienfaisance et de sainteté, loin qu'il leur en coûte de contribuer aux dettes de l'État, à proportion de leurs revenus, on en verra la plupart se dépouiller pour la cause commune.

Il est juste que les curés ou les décimateurs [3] soient seuls susceptibles de toutes les grosses et menues réparations des presbytères; cet acte de justice ne fera point manquer de prêtres à remplir les places.

Il est encore d'observation que l'église dudit lieu de Dragueville est très pauvre, n'y ayant aucune ressource au trésor, ce qui fait que les pauvres habitants sont vexés pour les réparations d'icelle [4].

[1] *Mém. stat. 1698*; p. 66 «Dragueville, terre labourable de moyenne valeur; plant et prairies. Ces paroisses ne produisent que rarement du froment; elles donnent en première récolte des blés noirs ou sarrasins, en seconde récolte des seigles, et en troisième des avoines, après lesquelles il faut de toute nécessité reposer la terre, sans quoi elle serait de nul produit.»

[2] Impositions pour 1789 : taille, 453 l.; acc., 297 l. 5 s; cap., 293 l. 2 s.; corvée, 146 l. 16 s.; vingt., 309 l.; terr., 29 l.; bât., 10 l. Au total 1,538 l. 3 s.

Lignes : 65. Jouissants : 16. — *Privilégiés :* le curé, Me Moncel, représenté à Coutances par le curé d'Equilly; et pour la noblesse la dame v^e du s^r de Nehou et le s^r Charles de Gourmont, héritiers du seigneur de Dragueville, qui paient une capitation noble de 326 l.; la dame veuve et les enfants du Mesnil Adelée, 14 l. et 50 l. *Suplément des privilégiés :* 155 l. 7 s. 6 d.

Il n'y a dans la paroisse d'autre bien ecclésiastique que la cure, maison presbytérale, et plusieurs portions de terre, 10 vergées, est. 123 l. Au total, pour les XXes avec les dîmes, 925 livres.

[3] *Pouillé*, fol. 25 r°. «Dragueville, patron le seigneur du lieu. Le curé est seul décimateur dans sa paroisse; il jouit de 10 à 12 vergées de terre en aumône.» Déclare en 1790 un revenu de 600 l. en bloc. Au milieu du siècle, il détaillait plus explicitement pour la chambre ecclésiastique : «Dîme : 250 gerbes de seigle, 200 de mouture, 300 d'avoine, qui donnent 20 demeaux de seigle mesure de Gavray, 20 de mouture et 26 d'avoine, mesure comble de 20 pots. Un tonneau et demi de cidre, 29 demeaux de sarrazin; menues et vertes dîmes, brebis, agneaux, estimés 26 l. Décimes ecclésiastiques : 30 l.» (*État des bénéfices, Coutances*, fol. 10 v°.)

[4] *Inventaire, au 16 novembre 1790 :* «Enfin pour ce qui regarde l'église presbytérale, elle est en réparation passable, à la réserve pourtant que le plat fond (sic) d'icelle manque de réparations, et principalement la nef. Le sieur curé, comme unique décimateur,

Il est à désirer que les juridictions extraordinaires soient supprimées, la compétence réunie aux juges ordinaires, en pourvoyant à l'indemnité des titulaires des offices.

L'arrondissement des juridictions dans trois à quatre lieues est encore un objet à désirer ; l'éloignement fait souvent qu'il est plus avantageux de perdre des droits légitimes que de les demander, parce que l'éloignement consomme souvent plus que le revenant bon. Il est encore juste de supprimer cette foule de bureaux par lesquels le denier parvient au Trésor royal en se diminuant.

Il serait encore à désirer, si c'était le bon plaisir de Sa Majesté, qu'il n'y eût qu'un seul et même rôle pour tous les impôts qu'il lui plaira lever sur ladite paroisse.

Tous ces objets de demandes sont utiles, et procureront du soulagement à la classe indigente.

Ce que lesdits paroissiens ont arrêté double à la pluralité des voix, un a été remis au syndic de la communauté, et l'autre aux députés, pour le présenter à l'assemblée du grand bailliage et être inséré en tout ou partie dans le cahier général.

Lecture faite, ce 2 mars 1789.

P. LEMARE, Jacques PREVEL, Pierre LEBRUN, J.-B. VACHOT, S. LEBRUN, Étienne-M. BLONDEL, N. PREVEL, Jean DOMMY, Pierre VACHOT, CRUEL, *syndic*, P. LEMARE, Jean TÉTREL, Julien GUÉRARD.

FERVACHES [1].

---

1. PROCÈS-VERBAL D'ASSEMBLÉE.
(Le procès-verbal authentique n'a pu être retrouvé.)

Date de l'assemblée : 1er mars. — Nombre de feux : 91 [2]. — Députés : Charles LEMARIÉ, *laboureur* (4 jours, 12 l.); François OSMOND, *laboureur* (4 jours, 12 l.).

est sujet en partie aux réparations du chœur de ladite église, et le seigneur à l'autre partie, et les paroissiens à celles de la nef. Ledit sieur curé n'a reçu aucune somme tant pour faire les réparations presbytérales que pour celles de ladite église, des héritiers de son prédécesseur." (Arch. Manche Q 4-1 12.)

[1] Arrondissement de Saint-Lô, canton de Tessy.

[2] Mouv. 1787 : N. 18, M (?), D. 8. — Population actuelle : 404 habitants.

2. CAHIER DE DOLÉANCES.

(Ms. *Greffe du Tribunal de première instance de Coutances, pièce n° 409.* Original signé. *Inédit.*)

Cahier des plaintes et doléances de la communauté des habitants de la paroisse de Fervaches.

La communauté considérant que tous les malheurs qui ont affligé la France depuis une longue suite de siècles sont uniquement provenus de ce que jamais elle n'a eu de constitution fixe et déterminée, croit devoir mettre à l'écart toutes plaintes et doléances personnelles, qu'elle pourrait faire, pour ne s'occuper que des grands intérêts nationaux, parce que de la prospérité publique naîtra pour chaque province de la France et même pour chaque citoyen un nouvel ordre de choses, qui assurera son bonheur.

Il est certain que le nombre des privilégiés, que Louis XIV, dans un édit de 1705 [1] reconnaissait s'être accru au point qu'il ne restait point assez de contribuables pour acquitter les impositions, s'est prodigieusement multiplié, quoique les impôts soient portés à un taux effrayant. La plupart de ces impôts, vicieux dans leur régime, malfaisants dans leurs effets, créés dans un temps de guerre, rendus perpétuels pendant la paix, pèsent en majeure partie sur le peuple, qui est le nerf de l'État. Le commerce et l'agriculture de la France, ces deux principales sources de la prospérité publique, languissent. Dans une circonstance où il s'agit de combler un déficit énorme, le seul remède aux maux publics doit donc être d'en tarir la source.

En conséquence, ladite communauté donne par le présent cahier plein et absolu pouvoir aux députés qui seront choisis par la voie du scrutin dans l'assemblée qui se tiendra à Coutances le 16 mars prochain :

1° De demander aux États généraux que la constitution de la France soit établie d'une manière fixe et durable, de telle manière que le patriotisme forme la base fondamentale de la monarchie;

---

[1] *Édit portant révocation des privilèges accordés pour l'établissement des offices de judicature, finances et police, créés depuis 1er janvier 1698, Versailles août 1705.* Louis XIV s'y exprime ainsi dans le préambule : « Nous avons créé différents offices de judicature, police et finances, auxquels nous avions attribué des exemptions et des privilèges, pour nous en assurer le débit avec facilité. Les plus riches habitants de nos provinces sujettes aux impositions et aux charges ordinaires les ayant acquis, *nous nous sommes aperçus que le nombre des exempts était tellement multiplié, qu'à peine restait-il un nombre suffisant de contribuables pour porter les charges,* etc. » (Isambert XX, 472.)

Pour le chiffre des privilégiés de l'élection de Coutances, v. *infrà*, p. 347, n. 1.

qu'à cet effet ils insistent fortement pour que toutes les provinces soient au sein même des États généraux formées en États provinciaux sur le modèle de ceux du Dauphiné, qu'ils aient ensemble une corrélation nécessaire pour rendre l'édifice de la puissance publique inébranlable, et pour que les États généraux reviennent périodiquement[1];

2° De déterminer, d'accord avec Sa Majesté et les représentants de la nation, les limites de l'autorité royale et les droits de la nation;

3° D'arrêter comme loi inviolable que nul impôt ne pourra être accordé qu'à temps, et tout au plus pour l'intervalle d'une tenue d'États à la prochaine, par la nation duement assemblée en États généraux, et que désormais nulle loi autre que les règlements qui appartiennent à la puissance exécutive ne puisse être faite que par concours de la nation;

4° D'approfondir avec la plus mûre réflexion la dette nationale, pour y proportionner le sacrifice des peuples;

5° De demander que tous les impôts perçus jusqu'à ce jour, soient supprimés et remplacés par des contributions arrêtées aux États, dont nul fonds, pas même les fonds domaniaux, et nul individu des trois ordres [ne] soient exempts[2];

6° De consentir à l'aliénation des domaines, pour faire face en tout ou partie au déficit, à l'exception toutefois des forêts;

Donne au surplus pouvoir aux députés de suivre le vœu de leur conscience dans tout ce qui sera proposé pour la réformation de la justice civile et criminelle, l'apurement des tribunaux, leur enjoint d'insister fortement pour que désormais il ne puisse être attenté à la liberté individuelle des citoyens, et de demander la liberté de la presse; et sur la réformation de tous autres abus quels qu'ils soient, ladite communauté s'en rapporte aux lumières et à l'honneur des députés de voter ce qu'ils croiront de plus utile pour la félicité [publique?]];

[1] Le cahier de Fervaches est très fortement inspiré du type du cahier de Beaucoudray; le préambule et les articles 1 et 2 reproduisent plusieurs idées du préambule de Beaucoudray. Voir aussi le cahier de Cerisy, article 1.

[2] Les articles 4, 5 et 6 reproduisent, avec quelques modifications, les articles 5, 6, 7 et 8 de Beaucoudray.— *Impositions pour 1789* : taille, 1,219 l.; acc., 836 l. 2 s.; cap., 795 l. 12 s.,

corvée, 412 l. 11 s. 12 d.; vingt., 970 l. 4 s.; terr., 82 l.; bât., 16 l. Au total, 4,141 l. 9 s. 2 d.

Lignes : 102, dont 8 occupants, pour 88 l. 12 s. de principal. — *Privilégiés* : le curé, M° Jacques Brisson, et le seigneur Nicolas-Jean-Adrien-Louis de Golier, chevalier de Saint-Louis (cap. noble, 7 l. 4 s.) tous deux présents à Coutances. *Supplément des privilégiés* : 92 l. 15 s. 5 d.

*7° De solliciter qu'il soit ouvert des routes dans les cantons où il n'a pas encore été possible d'en faire [1] ;

8° Demander que le tirage au sort pour les troupes provinciales soit supprimé, et qu'il soit formé des fonds pour l'achat d'hommes, pour compléter et former les régiments provinciaux ou bataillons de garnison ; et, dans le cas où cette proposition rencontrerait des obstacles, qu'il n'y eût d'exemption pour les valets et domestiques d'autres individus, des différents ordres du clergé et de la noblesse et de la classe des privilégiés, que pour ceux qui servent ou ont servi l'État [2] ;

9° Que Messieurs les curés et bénéficiers soient tenus et susceptibles de l'entretien et reconstruction de leurs maisons [3] ;

10° Que la banalité des moulins soit entièrement abolie et supprimée.

Fait et arrêté cedit jour et an.

F. AUMONT, Ch. LEMARIEY, P. OSMOND, Louis DESHÉES, Pierre HENAULT, Gille ETACE, P.-V. LASTELLE, L.-F. HÉLIE, P. ETACE, G. HELIE, (*illisible*), A.-C. GODARD, J. COUSIN, P. SOULLIGNY, SIMON, P. SOULLIGNE, J. NIOBEY, C.-M. OSMOND, F. HERVIEU, J. AUMOND-DUHAMEL, P. GILLETTE, *syndic*, (*illisible*), Thomas JAME.

---

[1] La dernière partie du cahier (art. 7-10) paraît une addition faite en séance. Le cahier préparé par le rédacteur, et qui se trouve d'ailleurs exactement reproduit par les communautés de Troisgots et de Mesnilrault, devait s'arrêter après l'article 6, dont les dernières lignes, avec les pouvoirs qui y sont donnés, appartiennent visiblement à une formule finale. Les quatre articles ajoutés se rapportent d'ailleurs à des préoccupations toutes locales.

[2] La paroisse de Fervaches tirait à la milice avec la plupart des autres paroisses de la baronnie de Moyon, le Chefresne, Montabot, etc. En 1788, pour huit paroisses, nous trouvons 156 garçons inscrits, 144 exempts ou réformés; 6 seulement ont tiré, pour fournir un milicien. (Arch. Calvados C 1916).

Le nombre des exempts est extraordinaire. Les exemptions étaient réglées dans la généralité par une ordonnance toute récente de l'intendant, du 30 mars 1788. L'exemption des valets et domestiques de privilégiés donnait lieu à des fraudes manifestes. Nous voyons, par exemple, un laboureur de la paroisse de Pirou se faire exempter en 1780 comme gros fermier, l'année suivante comme valet de gentilhomme; un autre demande à être exempté comme greffier de l'assemblée municipale; d'autres comme commis à la perception des droits de coutume et poids-le-roi du duc d'Orléans dans la ville de Cherbourg, etc. (Arch. Calvados C 1846.)

[3] La répartition des dîmes était fort compliquée à Fervaches. — *Pouillé*, fol. 27 v° «Le curé possède le tiers des grosses dîmes, des novales, et toutes les menues. Les religieux de l'abbaye de Thorigny possèdent un autre tiers des grosses, M. le marquis de Rancey, comme patron, les deux tiers d'un tiers et le troisième tiers dudit tiers est possédé par la fabrique de l'église.» Pas de dé-

FLEURY[1].

1. Procès-verbal d'assemblée.

(Le procès-verbal authentique n'a pu être retrouvé.)

Date de l'assemblée : 1ᵉʳ mars. — Nombre de feux : 200[2]. — Députés : Guillaume Hamel, laboureur (4 jours, 12 l.); Michel Chauvet, laboureur (4 jours, 12 l.).

2. Cahier de doléances.

(Ms. Greffe du Tribunal de première instance de Coutances, pièce n° 408. Original signé. Inédit.)

Paroisse de Fleury.

Cahier des remontrances, plaintes et doléances et avis que la paroisse de Fleury doit donner sur l'administration et les affaires générales du royaume, en conformité de la lettre du Roy du 24 janvier dernier, du règlement fait par Sa Majesté le même jour, et des ordonnances de M. le bailli du Cotentin, du 13 février précédent mois, le tout lu et affiché et publié dimanche dernier à la porte de l'église paroissiale :

Tous les habitants de la paroisse de Fleury, soussignés, qui viennent d'avoir lecture et communication du cahier desdites doléances, remontrances et avis, arrêté par les habitants de la Bloutière, paroisse limitrophe de celle de Fleury, ont déclaré unanimement y adhérer en son contenu[3], comme rendant avec exac-

claration de 1790. Le curé, d'après les officiers municipaux, a 8 ou 9 vergées d'aumônes et 50 livres de pension de l'abbaye. Le 19 novembre 1790, il déclare tenir à ferme le tiers des dîmes de l'abbaye, pour 350 livres par an, 4 chapons et 6 poulardes grasses. Il a payé 178 livres de pot-de-vin. (Déclar. des fermiers, Saint-Lô, f° 1.)

[4] Arrondissement d'Avranches, canton de Villedieu-les-Poêles.

[5] Mouv. 1787 : N. 42, M. 4, D. 24. — Population actuelle : 774 hab.

[6] Impositions de Fleury pour 1789 : taille, 2,789 l.; acc., 1816 l.; cap., 1,790 l. 19 s.; corvée, 916 l. 7 s. 4 d.; vingt., 1584 l.; terr., 144 l.; bât., 48 l. Au total 9,100 l. 19 s. 7 d. Privilégiés : le prieur-curé, M. Delafosse, et le chapelain de Fleury, Mᵉ de Guerpele,

curé de la Poterie. Aucun noble. Privilégiés du tiers état : le maître de poste de Villedieu, qui ayant affermé les dîmes et les terres du prieuré de la Bloutière, fait valoir plus de 6,600 livres dans la paroisse. — Supplément des privilégiés : 206 l. 8 s. 7 d.

La paroisse formait un prieuré-cure dépendant de la Bloutière qui possédait la plus grande partie de la paroisse, avec les dîmes et des rentes foncières et seigneuriales. En 1784, les dîmes sont affermées par le commandataire de la Bloutière, 1,750 l. (Arch. nat., G°, 170, p. 15.) Les fermes de la Dairie et de Lamberdière, appartenant au prieuré, sont louées, d'après les déclarations des fermiers, 700 et 560 livres, avec des faisances et 240 l. de pot-de-vin. (Déclarat. des fermiers, Avranches, f° 12.)

titude la misère du peuple et comme contenant leurs véritables sentiments sur les moyens généraux de remédier aux plus grands abus de l'administration.

Fait et arrêté à Fleury, ce premier mars mil sept cent quatre-vingt-neuf.

[Comparants :] Michel Le Chevalier, député; Jean-Baptiste Briens, député; Louis Boudet, député; Jean Godefroy, député; Louis-François Godefroy, adjoint; Michel Chauvel, adjoint; Jean-François Le Riche, Guillaume Le Petit, Jean Laurence, Pierre Hamel, Laurent Chauvel, Laurent Troussel, Guillaume Beaufils, Guillaume Le Chevalier et Michel Hamel, syndic pour l'absence de son père.

LAURENCE, *avocat*, J.-B. BRIENS, Louis BOUDET, *député*, M. LECHEVALIER, *député*, J.-F. LERICHE, L.-F. GODE-FROY, G. LEPETIT, Jean LAURENCE, P. HAMEL, M. CHAUVEL, *adjoint*, Michel HAMEL, *syndic*, G. LE RICHE, *greffier de la municipalité*, L. TROUSSEL, G. BEAUFILS.

GAVRAY [1].

1. PROCÈS-VERBAL D'ASSEMBLÉE.
(Le procès-verbal authentique n'a pu être retrouvé.)

Date de l'assemblée : 1ᵉʳ mars. — Président : J.-J.-N. GUICHARD. — Nombre de feux : 302 [2]. — Députés : *M* Jean-Jacques-Nicolas GUICHARD, *vicomte* [3]

Rentes : 1° l'abbaye de Hambye, une petite portion de 12 sous, contestée; 2° la Bloutière, 24 demeaux de froment, 13 poules, 12 pains, 2 videcoqs et 95 l. 7 s. 10 d. en argent.

[1] Arrondissement de Coutances, canton de Gavray.

[2] Population déclarée en 1790 : 853 communiants : au dénombrement de 1793 : 803 habitants (N. 49, M. 10, D. 39, avec Gavray-village). — Population actuelle (avec Gavray-village et Saint-André-de-Valjouais réunis : 1,270 habitants).

[3] «A refusé et fait don patriotique». (*Rôle des taxes*) J.-J. Nicolas Guichard, avocat au Parlement de Normandie, conseiller du roi, était vicomte de Ga-vray depuis 1776, et figure en ce titre aux assises du bailliage de Coutances des 2 mars et 20 avril. (*Registre plumitif du bailliage de Coutances, 1788-1791*, fol. 48 et 52.) L'office était comme héréditaire dans sa famille depuis près d'un siècle, depuis que le 11 septembre 1697 le domaine de Gavray avait été engagé au comte de Toulouse.

Député à l'assemblée générale du bailliage, maire de Gavray et électeur en 1790, J.-J.-N. Guichard, fut décrété comme suspect en l'an II, arrêté à Bayeux et transféré à Paris, condamné et exécuté le 3 thermidor an II. La vente de ses biens meubles à Gavray, produisit 15,270 livres. (Voir SABOT, *Tribunal révolutionnaire*, p. 248.)

(4 jours, 12 l. et 19 jours, 74 l., Ref.); *Me Jean-Richard LETANNEUR, avocat (4 jours, 12 l. et 19 jours, 74 l., Acc.); *Mo Jean-Michel LECERVOISIER, avocat (4 jours, 12 l. et 19 jours, 74 l., Acc.); Me Charles-François-Alexis LE MAÎTRE DE LA MORTIÈRES, avocat (4 jours, 12 l., Ref.).

2. CAHIER DE DOLÉANCES.

(Ms. Greffe du Tribunal de première instance de Coutances, pièce n° 407.
Original signé. Inédit.)

Cahier de doléances.

Le tiers état du bourg de Gavray, pénétré de la plus vive reconnaissance des bontés paternelles du Roy, qui dans sa sagesse s'est déterminé à appeler aux pieds du trône les citoyens de tous les ordres de l'État, pour entendre leurs doléances et écouter leurs avis pour la réformation des abus qui règnent depuis longtemps dans les différentes parties de l'administration, et se procurer les moyens propres à alléger le fardeau des impositions, en un mot pour rendre toujours heureux ses fidèles sujets,

A arrêté qu'il sera très respectueusement représenté à Sa Majesté, par ses députés, et tels sont les vœux qu'ils forment :

1° Dans l'assemblée prochaine des États généraux il sera arrêté qu'à l'avenir aucunes impositions ne pourront être levées sur les peuples que du consentement de la nation, les États généraux assemblés ;

2° Pour répondre au vœu de Sa Majesté, que tout citoyen, de quelque ordre qu'il soit, exempt ou non exempt, privilégié et non privilégié, contribue aux charges de l'État en proportion de ses biens et revenus, sans aucune exemption pécuniaire, il sera établi une subvention territoriale [1];

3° Pour parvenir à l'égalité, tout citoyen sera tenu, ou par gens porteurs de ses pouvoirs ad hoc, passer sa déclaration sous serment de la valeur annuelle et réelle de ses biens et revenus ;

4° Seront pareillement tenus les gros décimateurs, et aussi sous la foi du serment, passer leur déclaration de la valeur annuelle

---

[1] Impositions pour 1789 : taille, 1,459 livres; acc., 957 l. 9 s.; corvée, 483 l. 5 s. 3 d., vingt., 6261 l. terr., 56 l., bât. 19 l. Au total, 4,543 l. 13 s. 3 d.

Lignes : 211, dont 63 exploitants. *Privilégiés* : Le bourg et le village de Gavray ne formant qu'une paroisse, il n'y a qu'un curé, Me Tocquet, et son vicaire. Aucun noble. Mais il y a de nombreux exempts et privilégiés du tiers état : les officiers de la vicomté et le personnel judiciaire y attaché, 19 personnes (voir *infrà*, p. 315, note 1); le personnel des aides (1 receveur, 1 commis en second), du contrôle et domaine (1 contrôleur aux actes), des gabelles et traites (1 commis à la revente), en tout 23 privilégiés du tiers état. *Supplément des privilégiés* : 90 l. 14 s. 9 d.

et réelle de leurs dîmes en toutes espèces; et les propriétaires des
fiefs de la valeur de leurs gages exigés pour une année commune
sur les cinq dernières années, des treizièmes[1] et droits de lods et
ventes par eux perçus ou dûs percevoir;

5° Les déclarations des biens seront reçues par les officiers municipaux des villes, bourgs et villages, et ceux qui seront convaincus de fausses déclarations seront condamnés par les juges des
lieux, sur la dénonciation des officiers municipaux ou tous autres
habitants des villes, bourgs et villages, en une amende du quadruple, laquelle vertira au profit de la communauté desdits
villes, bourgs et villages, en outre le payement de ce qu'ils auraient
dû payer[2];

6° Les droits sur les boissons et sur le sel seront supprimés; et
pour tenir lieu de ces droits, dans le cas où l'impôt qui sera établi
sur les terres et ceux qui se perçoivent par les administrateurs du
domaine, qui seront cependant réduits, sans aucuns sols pour
livres, sur les postes et les messageries, ne seraient pas suffisantes
pour acquitter les charges de l'État, pour tenir lieu des droits qui
se perçoivent sur les boissons et sur le sel, chaque ville, bourg ou
village seront abonnés, et les communautés s'imposeront elles-
mêmes suivant et de la manière qu'elles aviseront le plus convenable;

7° Tous les droits généralement quelconques, qui seront levés

[1] On appelait *treizième* en Normandie
ce que dans le royaume on nommait
plus communément *lods et ventes*, le
droit payé au seigneur féodal « pour la
mutation de vassal qui arrive par contrat de vente ou autre contrat qui équi-
polle à vente». Ce droit, qui incombe
au vendeur, se paye en Cotentin, n'y
ayant point d'usages locaux particuliers,
suivant la règle générale, c'est-à-dire
sur le pied de 20 deniers pour livre,
du prix des biens vendus. (*Cout. réf.*,
art. 174.) Les héritages tenus en bour-
gage en sont exempts. Pour les détails
d'application et pour les difficultés particulières que soulèvent les aliénations
de rentes, voir LA TOURNERIE, *Fiefs*,
p. 210-225.

Le *treizième* des ventes, qui n'intéressait que la Normandie, fut aboli par le
Décret du 18 décembre 1790, titre VI,
art. 3, malgré de très vives protestations
des députés de la noblesse du Cotentin.
(*Compte rendu aux commettants*, p. 97.)

[2] Le bourg de Gavray venait de
s'imposer à plusieurs reprises, en quelques années, d'abord pour la construction d'une écurie et d'un cellier pour
le presbytère, pour une somme de 550
livres, puis pour de grosses réparations
au presbytère et à l'église elle-même,
pour la somme de 3,679 livres. (*Arrêts du Conseil*, 24 avril 1753, 5 juillet
1785, Arch. Calvados, G 1321, 1326,
1340.)

La cure de Gavray avait été donnée
en aumône à la cathédrale de Bayeux
par Henri II Plantagenêt, avec toutes
les chapelles, dîmes, terres, cens
d'hommes, qui en dépendaient; elle
faisait le titre d'une prébende; le chanoine prébendé était seul décimateur,
et le curé n'avait qu'une portion
congrue. Le bénéfice n'était pas
sujet à déport. (*Pouillé*, f° 17 v°.)
Le curé, en 1790, n'a point voulu
donner de déclaration. (*Déclar.*,
f° 38.)

dans les villes, bourgs et villages seront perçus par un seul et même collecteur, lequel, pour prévenir tous abus, sera tenu de leur expédier quittances des sommes qui seront payées en ses mains par les contribuables, conformes aux endos qu'il sera tenu porter sur ses rôles.

Pour cet effet, la collecte sera passée par adjudication au rabais, pour une ou plusieurs années, en donnant par l'adjudicataire bonne et suffisante caution; et seront les prix de l'adjudication imposés par les officiers municipaux au marc la livre de l'imposition territoriale;

8° Il sera établi dans chaque arrondissement un receveur à gages suffisants, auxquels les collecteurs des villes, bourgs et villages recueilleront leurs recettes de mois en mois sur quittances triples.

Ce receveur particulier fera ensuite tenir au Trésor royal par la voie des messageries et sans frais les deniers par lui reçus, avec un double des quittances par lui expédiées aux collecteurs et d'eux contresignées;

9° Les curés et gros décimateurs seront à l'avenir sujets à l'entretien des réparations des presbytères, tant grosses que menues[1];

10° Les tribunaux d'exception seront supprimés, et il n'y aura à l'avenir que deux degrés de juridiction;

11° Pour rapprocher les justiciables de leurs juges, de manière qu'ils puissent aller et revenir chez eux le même jour, il sera fait des arrondissements, de manière que le justiciable le plus éloigné du lieu de sa juridiction ne le soit pas au delà de trois lieues ou trois lieues et demie;

12° Le bourg de Gavray, par sa position au milieu des villes de

[1] Le bourg de Gavray était le siège d'une vicomté créée en 1636, qui n'étant pas coexistante à un siège de bailliage royal, n'avait pas été touchée par l'édit de 1749, et subsistait encore en 1789. Elle comprenait, d'après le *Rôle des Officiers de judicature de l'élection de Coutances pour l'année* 1789, le vicomte M° N. Guichard, un conseiller, M° Letanneur, l'avocat du roi Onfroy, le procureur du roi Dufour, et un commis au greffe, Olivier; 7 avocats, 4 procureurs, 4 huissiers, 1 commissaire aux saisies réelles; et 1 commissaire de police étaient attachés à la juridiction. (Arch. Calvados, C 4646.)

La compétence des vicomtés nor-mandes, sièges de juridiction inférieurs aux bailliages, était réglée par les articles 5 à 10 de la coutume réformée: mais c'était traditionnellement une des plus grosses difficultés de notre droit municipal que de délimiter en pratique les bornes de cette compétence et de celle des bailliages. (Voir PESNELLE, *Cout. expl.*, 12-20.) Le vœu de la plupart de ces vicomtés, en 1789, est de se voir transformées en sièges de bailliages royaux; le bourg de Gavray a renouvelé, l'année suivante, avec l'appui de pétitions d'un certain nombre de paroisses environnantes, ses démarches pour obtenir un district et un siège de tribunal. (Arch. nat., D IV *bis*, 10, 231.)

Coutances, Saint-Lô, Vire, Avranches et Granville, est un lieu
propre à établir un bailliage, son éloignement de Coutances étant
de près de cinq lieues, et étant éloigné des autres villes de six et
même sept lieues ;

13° Les bailliages d'arrondissement connaîtront en dernier
ressort, et au nombre de sept juges, jusqu'à la concurrence de
mille à douze cents livres, et ils ressortiront par appel aux présidiaux de leurs ressorts, qui en connaîtront jusqu'à la concurrence
de la somme de huit ou dix mille livres, au nombre de neuf juges,
et pour les affaires au-dessus de la compétence des présidiaux, les
bailliages ressortiront aux Parlements ;

14° Les offices de judicature ne seront accordés qu'à ceux qui
auront donné des preuves d'honnêteté et de capacité, et qui auront
suivi le barreau, en qualité d'avocats, au moins cinq ans ;

15° Pour rembourser les pourvus d'offices supprimés, sur les
prix de leurs contrats ou sur le prix de leur évaluation à leur volonté, et pour acquitter les dettes de l'État, les biens des maisons religieuses qui ne sont pas suffisants pour recevoir le nombre des religieux prévus par les statuts de leurs ordres, et les biens domaniaux comme landes et communes et autres biens de la nature de
ceux qui [ne] sont dans le commerce, seront vendus ;

16° Il sera établi dans les villes et bourgs où il n'y en a point
d'établis, et dans les paroisses les plus considérables, des hospices
pour recevoir les pauvres [1].

(1) Cf. les cahiers de Cerisy, Addition art. 3 ; Orval, art. 4. — Un *État de situation des hôpitaux*, dressé en 1788, nous renseigne d'une façon très précise sur ce qu'était le service hospitalier en Cotentin à la veille de la Révolution. Il existait dans le ressort entier du bailliage 15 établissements hospitaliers. Huit d'entre eux, de fondation généralement ancienne et qualifiés *hôtels-Dieu* ou *charités*, recevaient indistinctement les ma-lades, les vieillards, les infirmes et les enfants trouvés (hôtels-Dieu de Cou-tances, d'Avranches, de Granville, de Carentan, de Périers et de Condé-sur-Noireau, charités de Pontorson et de Saint-James, celle-ci pour les femmes seulement). Les établissements plus ré-cents appelés *hôpitaux généraux*, fondés en suite de l'Édit de juin 1662, et dont il existait à Coutances, Saint-Lô, Ca-rentan, Valognes et Cherbourg, devaient seulement recevoir les mendiants in-firmes et les enfants trouvés ; mais ces établissements ayant le plus souvent absorbé des fondations antérieures, la distinction primitive n'était pas géné-ralement observée, et ils s'ouvraient généralement aux malades. Il y avait en outre à Coutances un hôpital pour les filles malades, et un établissement pour les enfants trouvés, réuni pour l'admi-nistration et les revenus à l'hôpital gé-néral. Au total, le chiffre des lits dispo-nibles en 1788 dans ces divers établis-sements s'élevait à 1,197, et ils étaient occupés au 1er janvier de cette année par 1,797 personnes, indigents et enfants trouvés. Le mouvement de la population hospitalière accusait 62 naissances et 262 décès. (Arch. Calvados, C 1044.)

Nota. — Il semble bien que cette statistique officielle de 1788 ait laissé en dehors un certain nombre d'établis-sements hospitaliers de fondation privée : tels l'hôtel-Dieu d'Hocquigny et celui

Ces hospices seront administrés par des sœurs grises, un chapelain et un médecin.

Pour l'entretien de ces hospices, en outre du produit du travail
des pauvres, il sera perçu dans chaque paroisse, sur chaque habitant, le sol pour livre de l'impôt territorial, et les curés et gros décimateurs auxquels les dîmes ont été concédées pour leur nourriture
et celle des pauvres, qui se trouveront par ce moyen déchargés du
soin de faire l'aumône, payeront [à] l'hospice de leur arrondissement le cinquième de leurs revenus, distraction faite de la portion
congrue ;

17° Il sera tenu tous les trois mois une assemblée au bureau
général de l'hospice, où tous les curés et les syndics ou autres députés [des] paroisses [de l'] arrondissement seront tenus d'assister, pour vérifier les comptes qui seront rendus par les administrateurs, et pour vérifier si les pauvres de leurs paroisses
reçoivent dans l'hospice tous les secours nécessaires ;

18° Si dans les paroisses il y avait quelques pauvres pères ou
mères de famille qui tombassent malades et qui ne pussent être
portés à l'hospice, il leur serait fourni, sur les certificats des curés
de leurs paroisses et des syndics, viandes, linges, drogues et médi-
caments convenables ;

19° Aucun pauvre ne pourra mendier, et celui qui sera trouvé
mendiant sera arrêté et constitué prisonnier comme vagabond et
sans aveu ;

20° Le bourg de Gavray, du domaine du Roy, est un lieu de
passage pour les troupes qui de la Bretagne vont dans le Cotentin,
il est le siège d'une vicomté fort étendue et d'un marché fort considérable [1].

Depuis l'imposition des corvées pour la confection des grandes

---

de Villedieu dans le bailliage de Coutances, ou les hôpitaux de Montebourg
et de Bricquebec, dans le ressort de
Valognes, etc., et surtout les nombreuses
fondations pour les pauvres attribuées à
certaines cures, et que détaillent plus
complètement des déclarations de 1775.
(Arch. Calvados, C 1047.)

Il est difficile par suite d'apprécier
l'importance des revenus consacrés aux
services hospitaliers. Seuls, les hôpitaux
de Coutances, d'Avranches et de Saint-
Lô, d'après les déclarations, paraissent
avoir eu des revenus assez importants,
entre 15 et 20,000 livres ; la plupart
des autres criaient famine, et approxi-

mativement le chiffre global de 100,000
livres ne devait guère être dépassé pour
l'ensemble de leurs revenus annuels.
(Voir *Mémoire sur les hôpitaux de la
généralité de Caen, leurs revenus, les
octrois qui leur ont été accordés*, etc.,
vers 1780, Arch. Calvados, C 6656.)

[1] *Mém. stat.*, 1698, p. 45 «Gavray.
Il y a marché le samedi, et tombe foire
le jour de Saint-Luc. Trafic, grain,
sassière. Ce bourg est ruiné par le passage des gens de guerre.» D'après l'*Almanach royal*, cette foire, qui tombe le
18 octobre, «dure jusqu'au lendemain
pour les bestiaux, et principalement les
moutons».

routes ; le bourg de Gavray et les paroisses du canton ont toujours payé des sommes très considérables , sans qu'ils aient eu l'avantage des grandes routes, quelques réclamations qu'ils aient faites.

Le bourg de Gavray demande, ce qui ne peut lui être refusé, et ce que l'Assemblée du département de Coutances lui a déjà accordé[1], la confection de la grande route de Coutances à Gavray, ensuite de Gavray aux villes d'Avranches, Vire, Saint-Lô et Granville.

Il demande également qu'il soit fait une route de Gavray à Bricqueville-les-Salines[2].

[1] *Registre des procès-verbaux de l'assemblée d'élection de Coutances, année 1788*, séance du 30 octobre, § Travaux publics, arrêté n° 3. (Arch. Calvados, C 7700.)

[2] Les routes dont il est question au texte appartiennent à un plan d'ensemble qui avait été dressé avant 1787 par l'Intendance, et dont la Commission intermédiaire, forcée d'aller à l'économie, avait dû faire ajourner l'exécution. Les deux plus importantes, à des égards différents, celles dont s'occupent le plus grand nombre de nos cahiers, sont celle de Gavray à Coutances et celle de Gavray à Bricqueville-les-Salines.

La première de ces routes, d'Avranches à Coutances, par Gavray, est qualifiée fréquemment dans les documents officiels, de « route de Cherbourg à Saint-Malo ». C'était en 1789 un assemblage de tronçons assez peu liés (Chemins Gdo Com nos 3, 2 et 7) qui devait, partant de Cherbourg, longer à quelque distance, en passant par Briquebec, la Haye-du-Puits, Périers, Coutances, Gavray, Avranches, Pontorson, et Dol, la côte Ouest de la presqu'île. Un rapport à l'Assemblée provinciale, à la fin de l'année 1787, la considère comme « ouverte en partie et suppléée d'ailleurs de manière à pouvoir être bientôt rendue praticable. » (HIPPEAU, Gouvern. V, p. 334.) Ce rapport nous paraît bien optimiste. En fait, en 1789, dans les élections de Valognes et de Carentan, ainsi que nous aurons occasion de le constater en parcourant les cahiers de cette région, des tronçons de route seulement étaient ébauchés, les adjudications passées en 1787 ayant dû, faute

d'argent, être résiliées. Dans l'élection de Coutances, la route était en construction entre Coutances et Périers ; mais toute la partie de Coutances à Avranches n'était encore qu'à l'état de projet. Le grand nombre de cahiers où il en est question fait voir à quel point elle était jugée nécessaire à tout cet arrondissement, qui n'avait que des chemins *périssables* pour se rendre au chef-lieu du bailliage (Gavray-village, 11 ; la Bloutière, 1 ; Lengronne, 9 ; Mesnil-aubert, 1 ; Mesnilbonnant, 8 ; Montaigu ; Percy, 2 ; Trelly, 1, etc.).

La route de Bricqueville n'est pas moins demandée par toute la région du bailliage qui répond aux cantons actuels de Bréhal, Gavray, Villedieu et Percy, à la fois pour conduire aux salines de Bricqueville, et pour permettre aux paroisses du haut pays de s'approvisionner de tangue aux marais de Saint-Martin. La voie que demandent en général les cahiers (Gavray, 20 ; Mesnilamant, 7 ; Trelly, 1 ; Saint-Denis-le-Gast, 4) se détacherait de la précédente à Gavray, et rejoindrait par Cérences la route de Granville à Coutances, au bourg de Bréhal, d'où un tronçon spécial mènerait aux salines. Elle était d'ailleurs sur quelques points amorcée déjà en 1789. De Cérences à Bréhal, la municipalité de Cérences avait obtenu un atelier de charité, auquel une somme de 800 livres est affectée sur les fonds accordés par le roi en 1788 en juin 1790, le mandat en avait été expédié, sans que le travail fût à l'oeil leurs complètement achevé. (*Compte rendu de la Commission intermédiaire*, tableaux G et H, p. 42, 44.) Mais, de Bréhal à Bricqueville, il n'existait

La confection de ces routes sera une source de richesses pour tout le canton, avantage dont jusqu'à ce jour le pays a été privé; elles seront un accroissement au commerce dont Gavray, par sa position près d'une forêt royale et sur les bords d'une grande rivière, est susceptible [1].

La confection de ces routes facilitera le transport des engrais de mer, propres à fertiliser les terres de toutes les paroisses voisines, dont le sol est de mauvaise nature, et qu'on ne peut rendre fécond par la difficulté de se procurer des engrais ;

21° Les chemins vicinaux seront entretenus par les communautés des villes, bourgs et villages, et tous chemins qui ne seront point d'utilité publique seront supprimés ;

22° Le tiers état du bourg de Gavray finira par une dernière observation. Les terres qui sont voisines de la forêt du lieu sont annuellement pillées et dévastées par les bêtes fauves et sangliers et autres animaux destructeurs. Souvent le laboureur ne perçoit que peu et même aucune récolte ; le Roy sera très humblement supplié de permettre de courir sus et les tuer, sans encourir aucunes peines.

Le tiers état a au surplus autorisé ses députés à faire telles autres observations qu'ils croiront les plus convenables pour l'hon-

qu'un chemin de traverse, entretenu aux frais des bordiers, qui se lamentent fort dans nos cahiers sur les dépenses continuelles que leur impose le passage d'un si grand nombre de voitures allant à la langue (Bréhal, 2 ; Saint-Martin-le-Vieux, 2 ; Bricqueville-près-la-Mer, 5). La nécessité de la construction d'une route avait été admise en principe, ainsi que le dit le cahier, par l'assemblée départementale de Coutances ; mais il y avait des divergences de vues sur la direction à lui donner. Le cahier de Chanteloup, art. 1er, voudrait la route plus au sud, de Bréhal à la Haye-Pesnel ; les paroisses du haut pays semblent vouloir se contenter de la route de Gavray à Coutances, avec une « demi-route » de Bréhal à Bricqueville-les-Salines (Gavray-village, 11 ; Longronne, 9 ; la Haye-Comtesse, 4).

[1] Un projet beaucoup plus considérable avait été exposé dès 1778 par le subdélégué de Coutances : il s'agissait de rendre navigable la rivière de Sienne au-dessous de Gavray. « Les eaux de cette rivière, faisait-il remarquer, sont très fortes au bourg de Gavray, à quatre lieues de Coutances, et depuis ce bourg jusqu'à l'embouchure de la rivière..... Les fagots et les bûches sont vendus à Gavray et paroisses voisines 12 à 15 sols la charge de cheval, et à Coutances 35 à 40 sols; la facilité de transport de ces bois augmenterait considérablement le revenu des terres, et procurerait à Coutances l'approvisionnement du bois au moindre prix. On pourrait encore tirer un autre parti de cette navigation; en faisant remonter la rivière de Sienne, depuis le pont de la Roque jusqu'à Gavray, on transporterait des langues qui fertiliseraient les terres, et en doubleraient la valeur. » — L'obstacle principal à ce projet était que de Gavray à la mer il se trouvait 10 moulins, dont plusieurs à deux tournants et une pêcherie de saumons, qu'il eût fallu exproprier. Le subdélégué évalue la dépense d'expropriation à 150,000 livres, et comptant 250,000 livres de frais pour l'aménagement de la rivière, il arrête par aperçu

neur et l'avantage de son ordre, celui de tous les autres ordres, et
pour la prospérité et le bonheur de la nation en général. Ce qu'ils
ont fait et arrêté, ce 1ᵉʳ mars 1789, dans l'assemblée tenue dans
l'auditoire de la vicomté de Gavray, devant M. le vicomte, en
conformité des lettres du Roy du 24 janvier, des règlements y
annexés, et en exécution de l'ordonnance de M. Desmarets de
Montchaton, lieutenant général au bailliage de Coutances, le 13 février aussi dernier.

En interligne, *de Gavray, par,* bon, et deux mots rayés nuls.

DUFOUR, *procureur du Roy,* ONFROY, *avocat du Roy,* LETANNEUR,
LE CERVOISIER, LE FRANC[7], HERVIEU, *avocat,* LEMAISTRE,
LEFÈVRE père, LEMAÎTRE fils, *avocat*[2], BRANDIN, ONFROY
DE LA PORTE, LE COINTE, LE MONNIER, GRITTON, GRITTON,
avocat, J. JOURDAN, Étienne PERROTTE, F. ECROIGNARD,
YVER, GAUVRAY, J. HERVIEU, LEMOINE, DELAFOSSE,
DELAFOSSE, LEMOYNE, MAILLARD, LECHEVALLIER, J. BADIN,
LEMOUCHEL, VIBERT, LEMONNIER, PARIS, LEFEBVRE,
L. VIDIER, J.-L. LESOUËF, J. MANGIN, PERROTTE, J.
LELOUP, LECROSNIER, BEHAUT, ANQUETIL, J.-Marie
LECHEVRAIN, P. LEVALLOIS, PERROTTE, PERROTTE,
J.-S. BERTRAND, L.-F. SOUEF, G. CLEMANT, J. MARTIN,
GUICHARD, Julien DOUBLET, OLIVIER.

Le présent cahier des doléances a été par nous, conseiller du
Roy, vicomte de Gavray et lieutenant général de police audit lieu,
coté depuis une et première jusqu'à huit et dernière, et paraphé
ne varietur à la fin de chaque page.

J.-J.-N. GUICHARD.

à 400,000 livres la dépense totale du projet; mais, ajoute-t-il, le produit serait de plus de 100,000 livres par an. (Arch. Calvados, C 3038.)

(1) LEFRANC, notaire royal à Gavray;

il fut en 1792 président du tribunal du district de Coutances.

(2) LEMAÎTRE, juge suppléant en l'an VIII du tribunal criminel ordinaire de la Manche.

GAVRAY-VILLAGE [1].

1. Procès-verbal d'assemblée.
(Le procès-verbal authentique n'a pu être retrouvé.)

Date de l'assemblée : 1er mars. — Nombre de feux; 119 [2]. — Députés : *Jean-Michel Guidon, *laboureur* (4 jours, 12 l. et 19 jours, 74 l., Acc.); Jacques-François Daniel, *laboureur* (3 jours, 9 l., Acc.).

2. Cahier de doléances.
(Ms. *Greffe du Tribunal de première instance de Coutances, pièce n° 449. Original signé. Inédit.*)

Remontrances, plaintes et doléances.

Cahier des remontrances, plaintes et doléances [des habitants règnicoles] composant la commune du village et paroisse de Gavray, pour être par les sieurs *H.-Jean-Michel Guidon et Jacques-François-Daniel,*

Députés, porté en l'Assemblée préliminaire du bailliage de Coutances le 2 de ce mois.

Les vœux de la commune sont la gloire du Roy et la prospérité de l'État. Sous le bon plaisir du Roy, la commune [demande] :

1° Que les deux premiers ordres payent les impôts également avec le tiers état, de manière qu'il n'y ait plus aucunes exemptions pécuniaires, et sans que cela puisse porter atteinte aux honneurs et au respect dus aux ecclésiastiques et aux nobles;

2° Qu'on simplifie les impôts, qu'on les réduise à un seul s'il est possible; qu'on calcule les charges annuelles de l'État, y compris la dette nationale, et qu'on impose le tout sur les fonds, sur le commerce et industrie, et sur les marchandises qui entrent dans le royaume et qui en sortent, et dans la proportion de chaque objet impossible [3];

3° Qu'on supprime les fermes générales, les gabelles, les régies, les aides, les contrôles, les receveurs généraux des tailles;

4° Qu'on charge la municipalité de la perception des deniers du fisc, que les municipalités les envoient aux assemblées intermédiaires provinciales, et celles-ci au Trésor royal par la voie des messageries, sans autres frais que celui de transports;

[1] Hameau réuni à Gavray, arrondissement de Coutances, canton de Gavray.

[2] Population au dénombrement de 1793 : 649 habitants.
[3] *Sic*; lege *imposable ?*

5° Qu'on supprime tous les tribunaux d'exception;

6° Qu'on établisse des juridictions d'arrondissements, afin que les citoyens ne soient plus obligés d'aller chercher au loin la justice;

7° Qu'on rende à la province de Normandie ses anciens États;

8° Que les assemblées intermédiaires provinciales soient composées des députés aux États de la province;

9° Que le tiers état soit au moins en égal aux deux premiers ordres, tant aux États qu'aux assemblées intermédiaires;

10° Que les constructions des églises paroissiales et des presbytères soient remises à la charge des décimateurs[1];

11° Quant à ce qui concerne particulièrement la commune, elle supplie Sa Majesté d'ordonner le rétablissement des grandes routes, de Saint-Lô à Granville, et de Coutances à Villedieu, et à Avranches, avec la construction d'une demi-route pour Bricqueville-les-Salines. —— Ces objets faisant augmenter la valeur des fonds, en procurant la facilité des engrais, et d'y porter des denrées, plus de deux cents paroisses profiteront de cet avantage, et d'un tel engrais on en fera des terres fertiles;

12° Que Sa Majesté ait égard que la paroisse de Gavray-village ne contient que trois cent quarante arpents en terre en culture, le surplus étant en forêts et en lande[2], que cette paroisse paye en rentes seigneuriales et domaniales annuellement une somme de trois cents livres;

---

[1] Le village de Gavray faisait partie de la paroisse de Gavray, mais il avait un rôle d'impôts séparé. En 1788, le bourg de Gavray avait demandé à l'annexer complètement. Mais cette réunion, qui eût amené la fusion des rôles d'impôts, avait été formellement repoussée par les habitants du village. L'assemblée d'élection, à laquelle le bureau intermédiaire, « frappé », comme dit le rapporteur, « des avantages d'une simplification générale, mais effrayé des suites d'une réunion forcée », avait cru devoir laisser la décision, avait conclu « au maintien de l'état antérieur » pour ces communautés, ainsi que pour celles de Saint-Denis-le-Gast et d'Orbeville. (*Assemblée d'élection, Coutances, s. du 27 oct. 1788, art. 7 des arrêtés; Arch. Calvados, C 7700.*)

[2] *Mém. stat.*, p. 45 « Gavray. Terroir en froment et orge, plant, prairies, landes et bruyères... Le village de Gavray, terres labourables en froment et orge, plants et pommiers. » *L'État des rentes dues qui appartiennent à S. A. S. Mgr le duc d'Orléans, en tant que de son domaine de Coutances,* ne distingue pas le village du bourg. En 1789, d'après cet état, la paroisse entière paye au domaine 94 boisseaux 1/4 de froment, mesure de Gavray de 27 pots, 18 boisseaux d'avoine, 6 pains, 5 poules, 4 chapons, et 22 l. 11 s. 6 d. en argent; le produit commun du domaine (où entrent d'ailleurs le greffe pour 300 livres, le droit de coutume pour 900 livres) monte, à Gavray à 2,932 l. 19 s. 9 d. (Arch. Manche, A 201.)

Le domaine possède aussi deux moulins avec banalité, dits le *moulin de*

Que tous les impôts réunis se montent à trois mille neuf cent cinquante-deux livres deux sols[1], somme exorbitante.

Au surplus la commune toujours fidèle à son Roy s'en rapporte à sa sagesse et à sa bonté.

Fait double et signé par les habitants présents et le président rassemblés, l'un pour être déposé au greffe de cette municipalité, et l'autre remis aux sieurs députés pour être porté le deux de ce mois au bailliage de Coutances. Ce 1ᵉʳ mars 1789, après lecture, les présents faisant fort pour les absents et non contredisant.

LEPAGE, HARDOUIN, G. DURVILLE, L. FEUILLET, Jean PARIS, BLOUËT, F. DOUILLET, F.-G. GOSSE, Jean LEROYER, M. CANPAIN, Pierre GENDRIN, G. GAUTIER, G. LEBRE-TON, J. GENDRIN, Charles BERTRAND, Pierre LEPENTEUX, Jean PARIS, Louis LANGLOIS, Athanase BRIENS, GUIDON, B. LEGENTIL, G. LANGLOIS, G. DAIROU, Jean LELOUP, Julien POTREL, J. LAMY, Pierre-Jean GUIDON, ROBI-NET, J.-M. GUIDON, Jean-Louis ROUELLE, J.-F .DANIEL.

GOUVILLE [2].

1. PROCÈS-VERBAL D'ASSEMBLÉE.

(Le procès-verbal authentique n'a pu être retrouvé.)

Date de l'assemblée : 1ᵉʳ mars (?). — Nombre de feux : 120[3]. — Députés : *Mᵉ Antoine BOIVIN, *notaire* (5 jours, 15 l. et 19 jours, 74 l., Acc.); le sieur Jean LAISNEY, *laboureur et marchand* (3 jours, 9 l., Acc.).

2. CAHIER DE DOLÉANCES.

(La paroisse n'a pas rédigé de cahier de doléances [4].)

Gavray (aff. 480 livres), et le *moulin Huet* (aff. 450 livres). (Arch. Calvados, C 3038.)

La forêt de Gavray, comprise dans le domaine engagé, est portée en 1787 par les contrôleurs des vingtièmes, à 4,500 livres de revenu annuel. (Arch. Calvados, C 6519.)

[1] Exactement, d'après les rôles de 1789, 3,986 l. 3 s. 2 d. (taille, 1,238 l. acc., 812 l. 8 s.; cap., 801 livres; corvée, 412 l. 10 s. 2 d.; vingt., 647 l. 5 s.; terr., 56 l.; bât., 19 l. Ces chiffres ne com-prennent point les frais de recouvre-ment). — Lignes : 166, dont 52 exploi-tants. — *Supplément des privilégiés* : 86 l. 1 s. 1 d.

[2] Arrondissement de Coutances, canton de Saint-Malo-de-la-Lande.

[3] Population en 1793 : 800 ha-bitants (N. 10, M. 0, D. 7). Po-pulation actuelle (avec Linverville, du bailliage de Périers, réuni) : 1,585 ha-bitants.

[4] Voir le procès-verbal de l'assem-blée préliminaire, *infra*, p. 653.

21.

GRATOT [1].

1. Procès-verbal d'assemblée.
(Le procès-verbal authentique n'a pu être retrouvé.)

Date de l'assemblée : 1er mars . — Nombre de feux : 150 [2]. — Députés : *Me Michel - Aimé Dufouc de Maisoncel, *seigneur de Maisoncel, présentateur à l'hospice ou maison-Dieu de la ville de Mortain, et avocat au Parlement,* Com. Réd. (14 jours, 42 l. et 19 jours, 71 l., Ref.[3]); Me Charles Herpin de la Moricerie, *avocat* (3 jours, 9 l., Ref.[4]).

2. Cahier de doléances.
(Ms. *Greffe du Tribunal de première instance de Coutances, pièce* n° 352. Original signé. *Inédit.*)

Au roi.

Sire,

Les habitants de la paroisse de Grâtot, comme tous vos fidèles ujets, ont entendu avec autant d'attendrissement que de respect a lecture de la lettre que Votre Majesté vient d'adresser à M. le rand bailli de Coutances :

Chaque mot de cette lettre est une preuve de votre amour pour eux, et Votre Majesté y donne encore à l'Europe étonnée le spectacle touchant d'un roi qui sait accorder sa puissance avec la liberté de son peuple.

Franchissant par vos soins paternels l'intervalle immense qui sépare la cabane et le trône, le pauvre oublie sa misère pour se souvenir encore qu'il est homme et français. Daignez, Sire, agréer le tribut de notre reconnaissance, que nous mettons à vos pieds avec l'offre de nos vies et de nos fortunes ; le titre de Père du peuple dont le bon Louis XII fut si jaloux, et que nous décernons à jamais à Votre Majesté, est l'expression trop faible de notre admiration et de notre fidélité.

[1] Arrondissement de Coutances, canton de Saint-Malo-de-la-Lande.
[2] Population au recensement de 1793 : 501 habitants (N. 14, M. 10, D. 16). — Population actuelle (avec le Hommécl, du bailliage de Périers, réuni) : 568 habitants.
[3] «A refusé, avec le regret sincère de n'avoir pas un plus grand sacrifice à faire à la patrie. » Dufouc de Maisoncelles

fut en 1790 procureur syndic du conseil général du district de Coutances ; et député de la Manche aux Anciens, aux élections de l'an v.
[4] «A refusé avec le même regret.» Herpin, de Gratot, est en 1792 juge de paix du canton rural de Coutances ; destitué par Le Carpentier, le 13 septembre 1793, il fut rétabli en l'an iv, mais démissionna à la fin de l'année.

Ce n'est pas de simples matelots, ni de pauvres laboureurs qui composent cette paroisse, que Votre Majesté peut attendre de longs détails sur l'administration; ils n'ont que des idées générales, mais qu'ils croient justes.

Le premier pas à faire pour l'accroissement et la prospérité d'un État est d'en réparer les malheurs et de pourvoir à ses besoins. Ceux de la France devenus pressants, peut-être par le défaut d'une sage économie, exigent un prompt secours, et votre peuple, Sire, sent avec quel zèle il doit vous offrir le sien; mais nous ne croyons pas que, pour remplir le déficit actuel, il soit besoin d'une augmentation dans les impôts. Il est un moyen aussi facile que juste, celui d'une contribution égale dans les trois ordres : une vérité éternelle et qui doit être indépendante de toute convention, c'est que les secours que l'on doit à son pays doivent être en proportion des biens dont il nous laisse jouir.

Déjà, Sire, les deux premiers ordres de l'État, se prêtant aux vues bienfaisantes de Votre Majesté, semblent pénétrés de cette vérité. Le clergé du royaume, adoptant un principe dicté par la religion et la justice, va donner l'exemple d'un dévouement aussi utile [1]; votre noblesse, ne trouvant plus de véritable gloire que dans l'amour du bien public, dans sa valeur, son courage et dans son attachement à votre personne sacrée, va connaître enfin que les actions héroïques ne peuvent se payer par des exceptions onéreuses pour le peuple et contraires aux saintes lois de la nature et de l'équité; que les vertus ne peuvent se vendre à prix d'argent, et que ce n'est qu'en donnant au peuple français l'exemple du désintéressement et de la soumission, qu'elle peut mériter l'honneur de le commander.

C'est donc, Sire, par une imposition générale et qui ne connaît aucune exception, que vous pouvez rétablir vos finances épuisées : mais ce serait peu pour Votre Majesté, attentive au bonheur de ses sujets, si sa prévoyante bonté ne réformait les abus inconcevables qui ont amené cet épuisement, et qui pourraient encore le faire renaître. Nous les apercevons, Sire, ces abus, dans l'administration cachée; ils naissent, de la multiplicité des impôts, dont le recouvrement et la perception, immense par ses détails, enlève à votre trésor, à la nation, une moitié de ses ressources, et à l'agriculture tant de bras qui lui seraient utiles. On les retrouve encore dans la

[1] Le tiers état du bailliage de Verneuil, secondaire d'Alençon, demande plus précisément : «Que le bon exemple de désintéressement donné par MM. les archevêques de Vienne et évêque de Chartres soit imité et suivi.» (*Cahier de l'assemblée préliminaire de Verneuil,* art. 23, dans BIPPEAU, *Cahiers,* I, 70.)

prodigalité des pensions, accordées souvent sous un prétexte frivole, aux grands qui, déjà riches de leur patrimoine ou par les places qu'ils occupent, ne songent peut-être pas que ces pensions sont autant de pris sur la subsistance du pauvre.

Mais lorsque Votre Majesté sera libre de toute inquiétude sur l'état de ses finances, ses regards se porteront sans doute sur trois objets bien intéressants pour la prospérité de son royaume, sur les lois, sur les sciences, et sur le commerce.

Les lois sont les colonnes des empires;

Les sciences et le commerce en sont la richesse et la splendeur;

Mais nos lois, offusquées par une forme ridicule, deviennent souvent inutiles pour celui qui les invoque, parce que sa fortune né peut suffire aux dépenses étonnantes que ces formes et l'éloignement des tribunaux supérieurs entraînent nécessairement.

Nous laissons, Sire, aux académies honorées de la protection de Votre Majesté[1], le soin de vous parler des sciences en général; celle qui nous intéresse le plus, sans laquelle les autres ne sont rien, puisqu'elle seule est la source de toute richesse, c'est l'agriculture. Pourquoi paraît-elle si négligée? Vous êtes, Sire, le souverain d'un peuple spirituel et industrieux; le sol de la France et son heureuse situation est pour nos voisins des objets d'envie, pourquoi la fécondité paraît-elle faite pour d'autres climats? C'est sans doute parce que les arts de simple agrément, presque toujours frivoles et souvent pernicieux, sont chez-nous en possession des faveurs de la fortune, tandis que les arts utiles souvent arides, toujours négligés, supportent le fardeau des impôts publics. Une autre raison, c'est que l'agriculture ne trouve que des obstacles partout où elle devrait trouver de la protection; tels sont les droit anciens ou usurpés sur tout ce qui convient à l'amélioration. De ce genre sont les engrais que procure le voisinage de la mer, la difficulté des routes qui dans ces contrées sont impraticables; mais peut-être plus que tout cela, le peu de considération que l'on accorde au cultivateur. Ce n'est qu'en rendant son état honorable que l'on peut l'obliger à le continuer; c'est en favorisant l'agriculture, en écartant toutes les entraves qui l'entourent, que Votre Majesté peut agrandir cette source de richesses, la plus féconde sans doute. Alors la France, produisant au delà de sa propre consommation et mettant en com-

---

[1] Il n'y avait en 1789 d'Académie royale en Cotentin, que la Société académique de Cherbourg, fondée en 1755, qui avait reçu en 1773 le titre d'Académie royale. (Noël, *Notice historique sur la Société académique de Cherbourg*, dans Mém. Soc. Ac. de Cherbourg, t. III, 1843, p. 4.)

merce cet excédent, donnera une nouvelle activité aux arts de seconde utilité, et reprendra sur les puissances voisines une prépondérance qu'elle n'eût jamais dû perdre.

Telles sont, Sire, les humbles réflexions, les respectueuses doléances de cette classe de votre peuple qui, supportant sans murmurer la plus grande partie des impositions, comme elle supporte les plus pénibles travaux, n'apprit jamais qu'à vous bénir. Les laboureurs et tous les habitants de cette paroisse demandent à Votre Majesté et la supplient d'ordonner :

1° Qu'il n'y aura nulle exception pour la charge publique; que tout privilège cessant pour jamais, les trois ordres de l'État payeront en raison de leur fortune et propriété[1];

2° Qu'il n'y aura plus qu'un seul impôt comme la dîme royale, ou que si les connaissances profondes du vertueux Neker lui font regarder ce projet comme impossible[2] le nombre des impôts actuels

---

[1] Impositions pour 1789 : taille, 1,535 livres; acc., 1,007 l. 5 s.; cap., 993 l. 3 s.; corvée, 509 l. 3 s. 3 d.; vingt., 1,555 l. 16 s. 10 d.; terr., 130 livres; bât., 43 livres. Au total, 5,783 l. 8 s. 3 1 d.

Lignes : 151, dont 33 jouissants. — Privilégiés : 2 curés, la cure étant divisée en deux portions, qui sont alors M° Louis-Noel Maillard, pro 1ª et M° Savary pro 2ª, et un prêtre habitué, Jean Antoine Lavalley, desservant l'ermitage St-Gerbold. Un seul noble possédant fief, Guillaume-François Donessey, conseiller au Parlement de Normandie, seigneur et patron de Gratot, Brainville, Montcarville, Tessy en partie et portion de S.-Georges de Rouelley; et un non possédant fief, René Destouches, sieur de Langotière. Supplément des privilégiés : 281 l. 14 s. 6 d.

Possessions des privilégiés. Ecclésiastiques : I. Biens fonds 1° la cure, 1° portion, maison presbytérale, jardin, 13 à 14 vergées de terre d'aumône, estimées 160 livres de rente; 2° la cure, 2° portion, maison, jardin, pressoir, 6 vergées d'aumônes, estimées 120 livres; 3° la chapelle St Gerbold, ermitage, jardin 1/2 vergée, 2 perches de terrain (n. est.) 4° le maître d'école, maison et terres (affermées en l'an III 315 livres). — II. Rentes. Il n'y a d'après les officiers municipaux, aucune autre rente ecclésiastique que des redevances dues au

Trésor par la cure, 29 livres pour la 1° portion, 53 livres pour la 2° (d'anciennes rentes des abbayes de Montebourg et de Blanchelande paraissent avoir disparu; il est dû, d'après des états postérieurs, 31 l. 10 s. aux Jacobins de Coutances, 13 boisseaux de froment et 8 l. 15 s. au trésor; 1 l. 7 s. aux vicaires du grand autel; et 4 boisseaux 1/2 de froment, 1 pain et 1 géline à la chapelle du S épulcre). — III. Dîmes. Les curés n'avaient encore au milieu du siècle d'après le Pouillé, f° 27 r°, qu'une part des grosses dîmes; en 1790, d'après leurs déclarations, ils jouissent de toutes les dîmes grosses et menues. Le curé de la 1° portion déclare sa dîme être affermée, tout compris, pour 1,982 livres; il a 123 livres d'obits et 160 livres de ses aumônes; au total 2,215 livres. Celui de la 2° a affermé sa dîme 1,780 livres; il a 120 livres d'aumônes et 150 d'obits. Au total 2,215 livres, sur lesquelles il paye 53 livres au Trésor et 82 l. 10 s de décimes. (Déclar. n°ˢ 87 et 17, f° 3.)

Biens nobles : 1° le domaine du roi (table de Gratot, en la vicomté de St Sauveur) 130 boisseaux de froment, et 120 rais d'avoine (est., pour le produit commun, 921 l. 13 s. 10 d.); le seigneur pour ses fiefs, terres, bois et rentes (n. est.)

[2] Necker s'est en effet très nettement prononcé contre le projet de dîme royale qu'il juge, non sans raison, inapplicable.

sera réduit à un très petit nombre, duquel la subvention territoriale ferait partie; mais que dans tous les cas la gabelle soit supprimée;

3° Que tous les deux ans il sera rendu aux trois États ou à leurs députés un compte exact de l'emploi des finances;

4° Qu'il sera fait une recherche des motifs qui ont déterminé les pensions depuis l'année 1770; que dans le cas où ces motifs ne seraient que frivoles, elles demeurent éteintes; et qu'à l'avenir il n'en soit accordé que lorsque Votre Majesté et les trois ordres en auront la nécessité;

5° Que la province de Normandie aura ses États particuliers qui se tiendront tous les trois ans;

6° Qu'il sera choisi parmi les jurisconsultes les plus distingués par leur probité et leurs talents, un nombre suffisant pour corriger, réformer les abus et obvier à la longueur et à la forme dispendieuse des procédures;

7° Que les grands bailliages répartis et placés à des distances convenables auront droit de juger jusqu'à la concurrence de vingt mille livres;

8° Que les procureurs, officiers fort estimables, mais dont le ministère, qui peut être rempli par les avocats, est d'une inutilité reconnue et devient une charge de plus pour le malheureux plaideur, seront et demeureront supprimés;

9° Que les avocats, se souvenant que leur profession doit être aussi désintéressée qu'elle est noble, et que le droit de défendre son semblable est peut-être autant honorable que celui de le juger, ne pourront refuser de plaider aucune cause dont la bonté sera confirmée par leur avis, sans qu'ils puissent exiger d'autres honoraires que ceux proportionnés à la fortune de leur client, et au genre de travail qu'ils auront fait, suivant les anciennes ordonnances;

10° Que les premières charges de la magistrature, cessant d'être vénales, seront désormais la récompense de l'avocat distingué qui aura exercé pendant vingt ans, avec délicatesse et intégrité;

11° Que les municipalités resteront dans l'état et sur le pied où elles étaient au commencement de l'année mil sept cents quatre-vingt-huit;

12° Que dans toutes les paroisses ou il n'y aura pas d'école, il en soit établi une où tous les enfants pourront prendre l'instruction *gratis*; que distinction sera faite du genre d'instruction convenable à chaque pays. Par exemple sur les côtes, le maître devra savoir

---

Il ne faudrait pas moins, observe-t-il, de 15 ou 16 vingtièmes, du rapport actuel, pour remplacer l'ensemble des impositions. (NECKER : *Administration des finances de la France*, chap. VI, I, 121.)

un peu de géographie et d'hydrographie, afin que les écoliers qui peuvent devenir matelots soient à portée de se rendre utiles au commerce et à la marine royale[1];

13° Que dans la ville de Coutances il sera formé une société royale d'agriculture à laquelle tous les plus anciens cultivateurs seront inscrits de droit[2];

14° Que tous les droits anciens ou nouveaux fondés ou non fondés qui pourraient nuire au progrès d'un art si utile seront anéantis et regardés comme contraires au droit des gens;

15° Qu'il sera défendu à tous seigneurs ou autres, d'exiger ou faire exiger aucun droit sur la tangue ou sable de mer, engrais que la nature offre à tout le monde, qui ne peut sans injustice être assujetti à aucun tribut, et que les défenses faites en 1617 seront renouvelées pour toujours[3];

16° Que des routes commodes seront percées partout où besoin sera, notamment dans ces contrées, et surtout dans cette paroisse où le plus grand produit des terres est consommé par le grand nombre des bêtes de trait, les chemins en exigeant le double pour une charge à laquelle deux suffiraient partout ailleurs;

17° Enfin que personne ne pourra être assujetti à aucune banalité.

HERPIN DE LA MORICERIE, DUFOUC DE MAISONCELLE, J. GODE-
FROY, F. DE MAUDOUIT, J. LEMIÈRE, Jean BOCHÉ, Jean
GRANDIN, J. JAQUET, J. DELAROQUE, J.-B. PIQUET, Louis
PITON, G. LECOQ, Charles-François LE MIÈRE, J.-F.
GODEFROY, G. GODEFROY, L. LEMALLIER, Jacques-Robert
LEFÉVRE, Jacques PINEL.

[1] Cf. le cahier de Fierville (bailliage de Valognes), art. 10 et 22 (dans HIPPEAU, Cahiers, II, 407, 410). Nous donnerons sous ce cahier les renseignements que nous avons pu recueillir sur l'état de l'instruction publique en 1789 dans le bailliage de Cotentin. Le cahier des trois Ordres réunis à Saint-Lô pour élire des députés aux États généraux de 1614 demandait déjà : « Qu'il soit permis à chaque ville d'avoir un collège et des escholes pour l'instruction de la jeunesse; et que à ceste fin les bourgeois, manants et habitans des villes pourvoient par élection de personnes ydoines. » (Arch. Manche, B, n. cl.)

[2] Les sociétés royales d'agriculture sont en France une création de l'école physiocratique, et ne remontent pas plus loin que le dernier tiers du xviii° siècle. Les plus anciennes, celles de Tours et de Paris, ont été fondées en 1761. Il n'y en avait encore aucune en Cotentin en 1789; la seule qui existât en Basse-Normandie, celle de Caen, avait été établie par arrêt du Conseil du 25 juillet 1762. Toutes les sociétés d'agriculture de France venaient d'être réorganisées sur un plan d'ensemble, et rattachées au centre commun de la Société de Paris. (Règlement du roi concernant la Société royale d'agriculture, 30 mai 1788, Isambert, XXVIII, 578, n° 2479.)

[3] Cf. le cahier de Coutances, art. 53 et la note, suprà, p. 96.

GRIMESNIL [1].

1. Procès-verbal d'assemblée.
(Le procès verbal authentique n'a pu être retrouvé.)

Date de l'assemblée : 1er mars. — Nombre de feux : 39 [2]. — Députés : Michel Le Chevallier, *laboureur* (3 jours, 9 l., Acc.); François Cordier, *journalier* (3 jours, 9 l., Acc.).

2. Cahier de doléances.
(Ms. *Greffe du Tribunal de première instance de Coutances, pièce n° 402. Original signé. Inédit.*)

Cahier de doléances et de représentations des paroissiens taillables de la paroisse de Grimesnil rédigé par ordre de Sa Majesté et par ordonnance de M. le bailli de Cotentin, à Coutances.

1° Remontrent qu'ils désirent que tous les impôts [3] soient réduits à un seul rôle, pour éviter quantité de dépenses, de temps et de frais;

2° Que le luxe soit modéré, et que le laboureur soit traité de manière à l'encourager de donner à l'agriculture toute l'étendue, les soins et les peines, que demande un art si précieux, dont l'abondance et la stérilité refluent sur toutes les parties du royaume. Le laboureur se trouve réduit à vivre de pain d'orge souvent sec, et à vendre sa propre substance (*sic*) pour subvenir aux dépenses continuelles et journalières des ouvriers, de ses ustensiles et des engrais de ses fonds, salaires des domestiques, payement des rentes seigneuriales, sur lesquelles on ne fait aucune diminution de droits royaux [4];

3° Que le prix du sel soit taxé avec modération ou libre, que le grand nombre de commis et d'employés soit réduit ou anéanti; cette troupe de commis est d'un poids accablant pour l'État et pour le peuple;

[1] Arrondissement de Coutances, canton de Gavray.

[2] Population en 1793 : 243 habitants (N. 6, M. 1, D. 6). Population actuelle : 153 habitants.

[3] Impositions pour 1789 : taille, 527 livres; acc., 362 l. 8 s.; cap., 347 l. 8 s.; corvée, 178 l. 7 s.; vingt., 332 l. 16 s. 7 d.; terr., 29 livres; bât., 10 livres. Au total, 1,786 l. 15 s. 7 d.

Le seul *privilégié* de la paroisse est le prieur-curé Me Jullien Hébert, présent à l'assemblée de Coutances. Aucun noble n'est assigné dans la paroisse. *Supplément des privilégiés* : 79 l. 13 s. 7 d.

[4] Les deux fiefs nobles de la paroisse, fief de la Masaube et fief Allain Houdin, étaient réunis en 1789 dans la main de Fr. Levaillant, marquis de St-Denis-le-Gast.

4° Que les exemptions et privilèges, qui mettent les roturiers à l'abri des contributions à la taille et autres charges pour et au moyen de la finance d'offices *otieux* (*sic*) et superflus, soient supprimés;

5° Que les privilèges de la province de Normandie et sa coutume, appelée sage par tous les auteurs, soient gardés [1];

6° Que tous les biens ecclésiastiques, communautés et abbayes [2], payent à la décharge des laboureurs qui portent la généralité des charges;

7° Qu'il y ait une diminution de juridictions subalternes [3] et de gens de pratique.

Le présent fait et rédigé par nous paroissiens soussignés ce 1er mars 1789.

> J.-F. Leconte, P. Revel, Nicolas Lemorel, Le Chevallier,
> P. Leclerc, Jacques Bottin, L.-P.-Antoine Bottin,
> J. Lesieur, Louis Heduard, Charle Chevalier,
> P. Levionnois, Charles Chevallier, J. Germain,
> A. Mollier, Leclerc, N. Piquet, J. Germain, Jean-
> Fr. Cordier, M. Leloup, P. Coquerel.

[1] «Nous nous sommes opposés à l'abolition de notre *sage coutume*, parce qu'elle avait été réformée et corrigée par les plus doctes personnes de la province, sans distinction d'ordres, et consentie par les gens des trois états; parce que nous avons reconnu que le vœu général était de la conserver, vœu manifesté unanimement par toutes les communes qui nous ont fait parvenir le résultat de leurs délibérations, et par celles même dont les délibérations, interceptées par les promoteurs du nouveau régime, ne nous sont point parvenues; nous avons protesté formellement contre cette abolition, ainsi que plusieurs communes; et des cantons entiers, au nom de 1,500 citoyens actifs, nous en ont requis expressément par des actes légaux qui sont en notre possession.» (*Compte rendu aux commettants*, p. 35.)

[2] La paroisse de Grimesnil était sous le patronage de l'abbaye de St-Lô,

et le prieur-curé de la Rouelle y percevait toutes les dîmes, avec la jouissance de 7 à 8 vergées de terre d'aumône. (*Pouillé*, f° 6 v°.) Le prieur déclare en 1790 que sa dîme donne 700 gerbes de froment, 102 de seigle, 1,248 d'orge, 364 d'avoine, 320 demeaux de sarrasin, autant de pommes, 2,300 de pailles de tout grain, 920 de lin, qui lui font, avec ses aumônes, année commune 2,110 l. 17 s. 6 d. Doit un demeau de froment à la chapelle du château de Chantelou. (*Déclar.* n° 104, f° 45.)

[3] La paroisse appartenait à la vicomté royale de Gavray, enclavée dans le bailliage de Coutances (v. *suprà*, Gavray, p. 315, n. 1). La vicomté de Gavray ne connaissait que des matières de faible importance; le crime, les affaires civiles et les matières bénéficiales, étaient réservés au siège du bailliage, à Coutances. (*Lettre du subdélégué à l'intendant*, mai 1788; Arch. Calvados, C 6079.)

GRIMOUVILLE[1].

1. Procès-verbal d'assemblée.
(Le procès-verbal authentique n'a pu être retrouvé.)

Date de l'assemblée : 1er mars? — Nombre de feux : 125[2]. — Députés : Jean Vauvert les Jardins, *architecte* (3 jours, 9 l., Acc.); Louis Esnol, *laboureur* (3 jours, 9 l., Acc.).

2. Cahier de doléances.
(La paroisse n'a pas rédigé de cahier.)

LE GUÉ-HÉBERT[3].

1. Procès-verbal d'assemblée.
(Le procès-verbal authentique n'a pu être retrouvé.)

Date de l'assemblée : 2 mars. — Président : Fr.-René de Brucourt, *syndic municipal.* — Nombre de feux : 80[4]. — Députés : Pierre Davy, *laboureur* (3 jours, 9 l., Acc.); Jean-Baptiste Jonet, *laboureur* (3 jours, 9 l., Acc.).

2. Cahier de doléances.
(Ms. *Greffe du Tribunal de première instance de Coutances, pièce n° 404.*
Original signé. *Inédit*[5].)

Cahier de doléances et de remontrances des paroissiens taillables de Gué-Hébert, rédigé par ordre de Sa Majesté, et par ordonnance de M. le bailli de Cotentin.

1° Remontrent les habitants taillables de Guéhébert qu'ils désirent que tous les impôts soient contenus en une seule masse, et qu'il n'y ait qu'un seul rôle, pour éviter aux collecteurs les frais,

[1] Ancienne paroisse réunie à Regnéville, arrondissement de Coutances, canton de Montmartin.
[2] Population déclarée en 1790 : 862 communiants; au recensement de 1793 : 898 habitants (N. 28, M. 10, D. 25).
[3] Arrondissement de Coutances, canton de Cerisy-la-Salle.
[4] Population déclarée en 1790 :

512 communiants; au recensement de 1793 : 520 habitants (N. 16, M. 2, D. 11). Population actuelle, 277.
[5] Le cahier est en grande partie fortement inspiré du cahier de Contrières. Les remaniements et les additions sont cependant assez nombreux pour lui donner un caractère particulier; nous avons cru devoir le reproduire *in extenso.*

dépenses et peines qu'il faut soutenir pour faire quantité de rôles en différents temps, les difficultés des marcs la livre, les différentes assemblées pour la nomination des collecteurs de plusieurs espèces d'impôts[1];

2° Que le nombre des collecteurs soit diminué, afin de passer plus rarement à la collecte, étant forcés dans cette paroisse de faire le service tous les huit ans, ce qui est un objet de plus de cent écus par an pour les alloues de tous les droits et pour les frais et les dépenses; les allouants de paroisses étrangères ont à la fin de la récolte quelquefois le tiers de tous les impôts en avance, dont ils se font rembourser le plus souvent à force de frais sur les contribuables;

3° Que la proportion des impôts sur les paroisses soit scrupuleusement observée, celle-ci contenant quatre-vingts feux et trois cent cinquante communiants se trouvant imposée à quatorze cent quarante-une livres en principal de taille[2], pendant que d'autres de six à sept cents communiants et de fonds de qualité beaucoup supérieure, à proximité de ville, sont imposées à moins de onze cents livres de capital;

4° Que le luxe soit modéré, et que le laboureur soit traité de manière à l'encourager à donner à l'agriculture toute l'étendue, les soins et l'administration qu'exige un art si précieux, dont l'abondance ou la stérilité par les facultés ou par l'indigence se font sentir et rejaillissent (s'il était permis de le dire) jusqu'au trône. Le laboureur se trouvant actuellement réduit à vivre de pain d'orge souvent sec et à vendre sa propre subsistance pour subvenir aux dépenses et hauts salaires des ouvriers, des domestiques[3], à la

[1] Cf. l'article 1er du cahier de Contrières (fortement remanié).

[2] Impositions pour 1789 : taille, 1,441 livres; acc., 945 l. 12 s.; cap., 932 l. 6 s. : corvée, 478 l. 12 s. 2 d.; vingt., 1,007 l. 18 s. 7 d.; terr., 92 livres; bât., 31 livres. Au total, 4,928 l. 8 s. 7 d.

Lignes : 126. — Privilégiés : Il n'y a d'autre privilégié dans la paroisse que le prieur-curé, qui est porté absent à l'assemblée de Coutances. Supplément des privilégiés: 116 l. 19 s. 7 d.

[3] A Young (Voyage en France, II, 376) estime à 19 sols le prix moyen de la journée de l'ouvrier rural en France; dans les manufactures, le salaire moyen est pour les hommes de 26 sous, pour les femmes de 15 sous, pour les fileuses

de 9 sous. Ces chiffres, remarque-t-il, sont beaucoup au-dessous des salaires anglais : 20 d. = 40 s. pour les hommes, 9 d. = 18 s. pour les femmes, 6 d. 1/4 = 12 s. 1/2 pour les fileuses. En Basse-Normandie pourtant, ces chiffres sont certainement beaucoup trop hauts. D'après l'estimation de l'intendant de Caen, dans le Bocage, les journaliers gagnent en 1789 3 à 4 sols par jour, les fileuses 5 à 8 sols, sur lesquels il leur faut se nourrir eux et leurs enfants (Arch. Calvados, C 8073.) Les cahiers de la région d'Auge paraissent confirmer ces chiffres; en 1788, dit le cahier de N.-D. d'Aunay le salaire des fileuses est tombé de 15 sols à 2 sols. N'y a-t-il point pourtant quelque exagération?

La situation en tout cas est grave, si

cherté des entretiens de ses ustensiles, aux *cherriages* (*sic*) des engrais, et aux charges de l'État, au payement des rentes seigneuriales, sur lesquelles les seigneurs ne font depuis plusieurs années aucune diminution de droits royaux, ce qui est une aggravation considérable. La volonté du grand roi Henry (nom encore si chéri dans les foyers à l'extrémité du royaume, au bord de notre océan) était que le pauvre laboureur jouisse au moins de la satisfaction de goûter le premier des fruits du travail de ses mains[1];

5° Que le prix du sel soit taxé avec modération ou libre; nous l'avons vu à vingt-cinq sols le cabot ou demi-demeau et à présent il vaut soixante-six à soixante-dix sols[2]. Les indigents ne peuvent prendre leur provision et s'en passent, ce qu'il est facile de justifier sur les rôles; les multitudes d'employés sont une charge onéreuse et très accablante pour l'État et pour le peuple;

6° Que de certains bourgeois résidant et passant la plus grande partie de l'année en toutes saisons à leurs campagnes, soient imposés personnellement pour les grandes propriétés qu'ils possèdent dans les paroisses, en outre leurs fermiers, au soulagement et à l'aide des laboureurs taillables du même lieu. Ces fonds de prétendus privilégiés composent quelquefois avec les fonds et aumônes ecclésiastiques le tiers d'une paroisse et de la meilleure qualité[3].

l'on songe que le pain en 1789 va coûter de 3 à 4 sols la livre; le pain de seigle, que mange le peuple, coûte d'après Young, 2 sols; la viande vaut 7 sols la livre sur l'étal, donc est inabordable; un tonneau de gros cidre se vend 25 livres, de petit cidre 15 livres; une poule vaut 30 sols, un chapon 5 livres. (Arch. Manche, A 3368.)

[1] Cf. l'article 7 du cahier de Contrières (*additions*).

[2] La paroisse de Guéhébert prenait son sel aux salines de Bricqueville, où le sel se payait en effet en 1788 de 6 l. 10 s. à 7 l. la ruche, de 3 l. 5 s. à 3 l. 10 s. le demeau, cabot ou demi-ruche. Voir *suprà* Bricqueville-sur-Mer, note, p. 225, note 1.

Le souvenir évoqué par le cahier nous reporte aux premières années du siècle. Le sel de quart-bouillon avait été fixé primitivement en 1680 au quart de 38 livres, soit à 9 l. 10 s. le *minot* d'un pied-de-roi cube ou 39 litres. (*Ordonnance de mars 1680, titre V.*) Mais dès 1709 il avait été élevé à 50 l. 15 s.

6 d. en pays de grande gabelle, et à 12 l. 14 s. le minot en pays de quart-bouillon. (*Recueil des gabelles*, II, p. 123). C'est à ce chiffre, qui donne précisément 1 l. 5 s. 6 d. par demeau de 4 litres, que se réfère visiblement le cahier.

[3] Cf. le cahier de Courcy, art. 3. — Un édit du roi, de juillet 1766, *concernant les privilèges d'exemption des tailles*, avait cependant décidé, art. 6 et 7 que «les habitants des villes franches qui jouissent de l'exemption des tailles, s'ils font quelque exploitation dans l'étendue des paroisses taillables, seront imposés dans la paroisse où lesdits biens sont situés et où se fera ladite exploitation». (*Recueil des édits*, IX, 843.) Le vœu du cahier montre que, ici encore, la loi était restée pratiquement lettre morte.

Possessions des privilégiés. — *Ecclésiastiques* : Le prieuré-cure de la Rouelle en Guéhébert, dépendant de l'abbaye de St-Lô, de l'ordre de St Augustin, manoir prieural, bâtiments d'exploitation, jardin, 122 vergées de terre labourable, 6 de prairie, 55 de bois

Ces propriétaires de grandes fermes se disant bourgeois de villes, où ils ne payent peut-être rien ou peu de chose, font accroire aux bourgeois qu'ils demeurent à la campagne où étaient leurs pères taillables, et à ceux de la campagne qu'ils ont le droit de bourgeoisie, et ont cependant toujours quelque exploitation à cette campagne, sans qu'on ose les imposer, regardant les laboureurs et les gens taillables comme une troupe d'hébétés faits pour la charge et pour la somme, se riant à les voir assemblés à rédiger avec des peines extrêmes une délibération pour les affaires de notre roi, blâmant et critiquant avec dédain un ouvrage auquel ils n'ont nulle part et qu'ils ne seraient pas capables de faire eux-mêmes. Toute leur faveur consiste à accepter, avec un sourire mêlé d'un air et d'un geste que nous ne pouvons rendre, le respect, la crainte et la soumission que nous leur faisons paraître. Nous ne pouvons empêcher de le répéter, qu'une imposition personnelle serait placée à propos et avec équité sur les membres inutiles à l'Etat et au peuple, sur ces biens et biens d'aumônes, au soulagement du laboureur chargé de famille et d'affaires, du laboureur occupé du matin au soir à la plus rude fatigue de tous les états, du laboureur craintif, soumis, indigent, mal vêtu, prenant tout en bonne part, s'inclinant et respectant les hommes par l'aspect de la parure, de leurs habits, et tremblant aux premières et moindres paroles menaçantes.

Nous ne pouvons rien dire sur les juridictions d'exception ni sur la quantité de ces gens de pratique. Cette matière est au-dessus de nos lumières et de notre pénétration.

Le système de M. de Vauban aurait été un bien inestimable pour le roi, pour l'État et pour le peuple s'il avait pu être exécuté.

Aurons-nous le bonheur que nos doléances soient écoutées et qu'on y ait égard?

Nous l'espérons de la bonté du roi et de nos seigneurs qui composeront les Etats, et que les immunités, franchises, privilèges et chartes de la province seront conservés.

Fait et rédigé par nous paroissiens taillables de Guéhébert con-

taillis, 12 de jonc marin. Le prieur est de droit curé de la paroisse, et perçoit toutes les dîmes, qui sont de 1,500 gerbes de tout blé, 200 boisseaux de sarrasin, lin, brebis, agneaux, deux tonneaux de cidre. Déclare en 1790 l'ensemble de son bénéfice valoir 5,000 livres. Il paye un vicaire: (*Déclar.* n° 64, f° 44.) — *Rentes* : 1° la cure, néant; l'hôtel-Dieu de Coutances, 20 livres sur les bois taillis du prieuré; 2° l'abbaye de Hambye (*décl. omise*) : 17 demeaux 3/4 de froment, 1 pain et 1 poule, pour ses pitances; et 14 sous de rentes contestées, en deux parties.

Biens nobles : le fief du Guéhébert, appartenant à des roturiers, terres, rentes, moulin à eau et à blé (non est.).

jointement avec François-René de Brucourt, un de nous, syndic municipal requis d'y sister, pour être le présent mis aux mains des députés, pour être par eux porté à l'assemblée du bailliage le 2 mars 1789 au terme des ordonnances à eux notifiées, et avons signé lecture faite.

BRUCOURT, BOUDIER, P. MARESCHAL, P. LECORDIER, C. BOS-
QUET, G. DUHAMEL, Jullien DE LÉPINE, N. BOUDIER,
G. LEROUX, Ph. LEHÉRICEY, L. LEHODEY, L. BRETON-
NIÈRE, P. ALLIX, A. LELONG, J. CROÜIN, D. LEHODEY,
René DAVY, Pierre LELONG, P. DAVY, H. BRUCOURT,
J.-B. JORET.

LE GUISLAIN [1].

1. PROCÈS-VERBAL D'ASSEMBLÉE.
(Le procès-verbal authentique n'a pu être retrouvé.)

Date de l'assemblée : 1ᵉʳ mars, — Nombre de feux : 86 [2]. — Députés : * Mᵉ Henri HOUSSIN DE SAINT-LAURENS, *laboureur* (6 jours, 18 l., et 19 jours, 74 l., Acc.); Bon-Philippe HOUSSIN LES CARRIÈRES, *laboureur* (4 jours, 12 l., Acc.).

2. CAHIER DE DOLÉANCES.
(Ms. *Greffe du Tribunal de première instance de Coutances, pièce n° 410.*
Original signé. *Inédit.*)

*Cahier de plaintes, doléances et remontrances que présente
la paroisse du Guislain [3].*

Du 1ᵉʳ mars 1789, en conséquence des ordres du roi, se sont assemblés les habitants en général de la paroisse du Guislain pour procéder à la rédaction du cahier de leurs plaintes, doléances et demandes, qui doit être remis aux députés qu'ils vont nommer pour les représenter. Lesdits paroissiens après avoir mûrement délibéré entre eux, sont unanimement convenus de demander :

1° Le rétablissement des États de la province etc. . . . [4];

[1] Arrondissement de Saint-Lô, can-ton de Percy.
[2] Mouv. 1787 : N. 11, M. 7., D. 6.—
Population actuelle : 301 habitants.
[3] Le cahier est en grande partie la reproduction plus ou moins textuelle du cahier de Cerisy; nous n'en donnons que les passages originaux.
[4] Reproduction textuelle de l'ar-ticle 1ᵉʳ du cahier de Cerisy.

2° Que toutes les impositions généralement quelconques soient supportées également par toutes les propriétés, quel qu'en puisse être le possesseur[1];

3° Que les droits exclusifs de grève, péage . . .[2];

4° Que les lois portant établissement de tous impôts et droits quelconques à la charge des peuples soient claires et expressives, et qu'il en soit mis un tableau complet dans tous les bureaux où ils se lèvent, afin d'éviter l'arbitraire des préposés à leur recouvrement;

5° Qu'il soit établi des règles générales qui assurent l'égalité proportionnelle de la répartition entre les contribuables;

6° Que les abus sans nombre qui se sont glissés dans l'administration de la justice, et les longueurs que les formes mettent dans les procédures, soient réformés, et que les justiciables ne soient plus exposés à s'épuiser en frais, pour solliciter et obtenir jugement dans des affaires qui ne demandaient souvent que peu de jours pour être décidées;

7° Que les lois criminelles soient également réformées, que l'accusé coupable ne languisse pas longtemps dans l'attente cruelle de son jugement, et que l'innocence ne gémisse pas dans le fond des prisons, par les formes vicieuses de ces lois[3];

8° Que, dans tous les cas, les tribunaux qui occasionnent un troisième degré de juridiction[4] soient supprimés, et qu'il soit formé des arrondissements nouveaux, qui rapprochent autant que faire se pourra les justiciables du tribunal dans le ressort duquel ils sont situés;

9° Que les charges des juges soient modérées . . .[5];

13° Que toutes les attributions accordées au *commissaire des partyes*[6] soient à l'avenir du ressort des juges ordinaires, et que tout le contentieux relatif à l'imposition et répartition des impôts soit de celui des États provinciaux;

---

[1] Cf. le cahier de Cerisy, art. 2. Impositions pour 1789 : taille, 1185 l. 5 s.; acc., 860 l. 6 s.; cap., 767 l. 5 s.; corvée, 398 l. 2 s. 4 d.; vingt., 848 l. 10 s; terr., 72 livres, bât., 12 livres. Au total, 4,192 l, 8 s. 4 d.

Lignes : 92, dont 24 occupants. — *Privilégiés :* le curé, M° Louis-Jean Lavallette Le Bouteillier, et le seigneur, Jean-Pierre-Louis-Anne Letellier. *Supplément des privilégiés :* 37 l. 2 s.

[2] Reproduction textuelle de l'article 3 du cahier de Cerisy.

[3] Les articles 4, 5, 6, 7 reprodui-

sent respectivement, avec quelques changements, surtout de forme, les articles 5, 4 et 6 du cahier de Cerisy.

[4] La paroisse appartenait à la vicomté de Gavray, dont les appels étaient portés successivement au bailliage de Coutances et au Parlement.

[5] Les articles 9, 10, 11, 12 sont la reproduction littérale des articles 7, 8 et 9 de Cerisy.

[6] Cf. le cahier de Cerisy, art. 10. (On saisit comment le copiste du présent cahier n'a pas compris le terme de *commissaire départi*.)

i.

22

14° Que la rétribution des curés à portion congrue soit augmentée à raison de leur charge et qu'elle soit au moins portée à douze cents livres, et celle des vicaires pour moitié; que dans tous les cas où les curés trouveraient cette somme insuffisante relativement aux besoins des pauvres et à l'étendue de la paroisse, ils eussent droit d'opter par compensation la moitié des dîmes, pourquoi ils seraient obligés d'administrer les sacrements et les autres cérémonies de l'église gratuitement, ce qui éviterait une réelle imposition, d'autant plus injuste sur les paroissiens qu'ils ne payent la dîme qu'à cette condition [1];

15° Que les droits de déport, dont l'usurpation faite par les évêques n'est prétextée ni voilée par aucune loi ni titre, et dont l'exercice abusif et odieux n'existe que dans la province, soient pour toujours abolis;

16° Que tous ecclésiastiques sans distinction dont les bénéfices exigent la présence soient assujettis à y résider au moins onze mois de l'année, à peine de perdre les fruits de leur bénéfice pendant leur absence, lesquels seront appliqués au soulagement des pauvres, et seront toutes personnes capables autorisées à être leurs dénonciatrices auprès des gens du roi;

17° Que l'entretien et les réparations des bénéfices soient effectués sur les dîmes ainsi que ceux des églises au droit desquelles ils se perçoivent, et que les décimables en soient à l'avenir déchargés [2];

---

[1] «Le Guislain. Patron le seigneur du lieu. Le chapitre de Coutances possède les 2/3 des dîmes de la paroisse; le curé jouit du 1/3 restant des grosses, de toutes les menues, et de quelques novales; il a 8 ou 10 vergées de terre en aumônes.» (*Pouillé*, fol. 29 v°). Déclare en 1742 sa dîme donner 520 boiss. de tout grain, 400 de lin et chanvre, 6 tonneaux de cidre, brebis et agneaux. Il a 130 livres en argent et froment de fondations. Au total, vraie valeur, 920 livres.

Déclaration de 1790 non retrouvée. A cette date, la part du chapitre est affermée pour 1,113 livres, 14 boisseaux de froment, l'entretien des couvertures et vitres du chœur, estimé 10 livres, et 10 l. 19 s. de pot-de-vin. Au total, 1,196 l. 17 s. 7 d. (*Déclar.* n° 79 . *fol.* 83.)

Aucun autre bien ecclésiastique, ni rente, d'après la municipalité; le trésor seulement a 22 l. 13 s. 9 d. en plusieurs petites rentes.

[2] Les articles 14, 15, 16, 17 reproduisent respectivement, avec quelques remaniements, les articles 12, 14, 13 et 15 du cahier de Cerisy. Les paroissiens du Guislain paraissent, aux environs de 1789, particulièrement poursuivis par la malchance pour leurs bâtiments. Ils ont dû refaire la charpente et la couverture de la nef de leur église (*Arrêt du Conseil*, 24 avril 1763); puis il a fallu refondre les cloches, rebâtir la tour et la nef, le tout montant à 3,375 l. (*Arrêt du 9 mai 1769*.) Enfin, pour terminer, la reconstruction du presbytère a mis à leur charge une dépense nouvelle de 3,000 l. (*Arrêt du 9 septembre 1777*.) Arch. Calvados C 1321, 1323, 1325.

Déclarations omises : 1° les habitués de la cathédrale, 3 livres de rente foncière; 2° l'abbaye de Hambye, 6 demeaux de froment pour ses pitances, sur deux redevables. (Arch. Manche, H 4331.)

18° Que les biens domaniaux, les forêts exceptées, soient aliénés pour servir au payement des dettes de l'État, et qu'il soit pourvu à la conservation des forêts;

19° Que tous les articles sur lesquels l'assemblée des États généraux délibérera ne puissent être arrêtés définitivement qu'à la pluralité des voix, sans distinction d'ordres [1].

Le présent cahier signé et arrêté double, dont un restera déposé au greffe de la municipalité, et l'autre remis aux députés qui vont être nommés pour le porter demain et le présenter à l'assemblée des députés du tiers état du bailliage, à Coutances.

> J.-B.-Ph. HOUSSIN, J.-B. LEGOUPY, C. HOUSSIN, Benjamin LEGOUPY, LEPELLEY, *syndic*, J.-B. BOTTIN, J. LEFRANC, J. COLLET, G. BATON, J.-B. LEFRANC, HOUSSIN DE SAINT-LAURENT.

HAMBYE [2].

1. PROCÈS-VERBAL D'ASSEMBLÉE.
(Le procès-verbal authentique n'a pu être retrouvé.)

Date de l'assemblée : 22 février. — *Président* : Mᵉ Roger-André BAUDRY, *notaire*. — Nombre de feux : 700 [3]. — Députés : *Antoine-David-Roger LE TULLIER, *procureur du roi en l'élection de Coutances*, Com. Réd. (13 jours, 39 l., et 19 jours, 74 l., Ref.); *Roger-André BAUDRY, *avocat et notaire* (4 jours, 12 l.); François-Jean-Antoine LEFRANC BOUILLONNIÈRE, *huissier priseur-vendeur* (4 jours, 12 l., et 19 jours, 74 l., Acc.); Joachim BAUDRY, *laboureur* (4 jours, 12 l.); Jacques-Antoine CALLIPET, *laboureur* (4 jours, 12 l.); Antoine ALLIET, *laboureur* (absent pour cause de maladie); Antoine-David TISON-BOURDIÈRE, *laboureur* (4 jours, 12 l.).

2. CAHIER DE DOLÉANCES.
(Ms. *Greffe du Tribunal de première instance de Coutances*, pièce n° 405. Original signé. Inédit.)

Doléances, plaintes et remontrances que les habitants en général de la paroisse de Hambye font pour satisfaire aux dispositions de la lettre du Roi, du 24 janvier, pour la convocation des États généraux, et conformément au règlement annexé à ladite lettre.

Sa Majesté sera très humblement suppliée d'accorder :

1° Que les États généraux seront convoqués tous les cinq ans;

---

[1] Cf. le cahier de Cerisy, art. 18.
[2] Arrondissement de Coutances, canton de Gavray.

[3] Population en 1793 : 3,530 habitants (N. 101, M. 33, D. 74.) — Population actuelle : 1,961 habitants.

2° Qu'à l'avenir les représentants de l'ordre du tiers soient toujours, et pour le moins, en nombre égal au nombre réuni des deux autres ordres;

3° Que pour accélérer la décision des différentes matières, on pourra délibérer par ordres, mais toutes les fois qu'il n'y aura pas unanimité d'avis des trois ordres sur l'objet de délibération, alors les trois ordres seront obligés de se réunir pour délibérer par tête;

4° Que le cahier de l'ordre du tiers sera présenté de la même manière que ceux des deux autres ordres [1];

5° Que toutes les différentes impositions n'ayant pour but que le bien général, toutes les provinces doivent en supporter le fardeau en raison de leur force respective, sans aucune acception de privilège;

6° Que des États provinciaux ne sont pas moins essentiels pour chaque province que des États généraux pour le royaume; qu'il doit être décidé que dans les États provinciaux l'ordre du tiers y sera toujours représenté en nombre égal aux représentants des deux autres ordres, et qu'on y délibérera toujours par tête, sans que la voix du président puisse avoir de prépondérance; que sans ces conditions les assemblées provinciales, telles qu'elles sont constituées, seraient préférables;

7° Que le rétablissement des États provinciaux démontre évidemment l'inutilité absolue des intendants;

8° Qu'une commission intermédiaire des États généraux serait dangereuse, parce que les membres de cette commission pourraient devenir assez puissants pour d'abord retarder, et ensuite s'opposer au retour de l'assemblée nationale, et que bientôt ils se persuaderaient être les seuls véritables représentants de la nation;

9° Qu'il est important de rappeler, en termes clairs et positifs, toute l'étendue des droits de l'assemblée nationale;

10° Que les cours souveraines soient conservées; qu'en augmentant la compétence des présidiaux, le ressort du parlement de Normandie n'est pas trop étendu;

11° Qu'autant qu'il sera possible il ne doit y avoir que deux degrés de juridiction; que pour cet effet il faudrait supprimer les hautes et moyennes justices et vicomtés [2];

[1] Cf. le cahier de Coutances, art. 1 et la note, *suprà*, p. 90.

[2] Le bourg de Hambye était le chef-lieu d'une baronnie avec basse justice, s'étendant sur les paroisses de Percy, Montabot, Chevry, Ouville, Montmartin, Hauteville-sur-Mer et Bourey, qui était réunie depuis 1720 au comté de Torigny, et appartenait en 1789 à M. de Matignon, prince de Monaco. Le sénéchal était Me Jean-Baptiste Regnault avocat, bailli haut-justicier de Tessy. Pour la juridiction royale, il relevait de la vicomté de Gavray.

12° Qu'il soit fait des arrondissements à l'effet que les juridictions soient toutes placées dans la ville;

13° Que la vérification libre et l'enregistrement des lois concernant la justice soient comme ci-devant attribués aux parlements, sans qu'ils puissent autoriser l'établissement ou la continuation d'aucun nouvel impôt, parce que dans le cas où des besoins urgents exigeraient l'un ou l'autre, on serait tenu de convoquer une assemblée qui serait composée des députés choisis par les États provinciaux;

14° Que tous les tribunaux d'exception soient supprimés pour en être érigé un nouveau dans le chef-lieu de chaque élection, auquel la connaissance de tous les cas exceptés serait attribuée, projet préférable à celui de donner cette connaissance aux juges ordinaires, qui déjà sont trop surchargés;

15° Que les titulaires des offices qui pourraient être supprimés soient remboursés sur le prix de leur contrat d'acquêt et même de leurs provisions, parce qu'il ne serait pas juste que le bien général fût fait aux dépens de quelques individus;

16° Que les ordonnances civiles et criminelles soient réformées et surtout que tout accusé puisse choisir un défenseur;

17° Que tout Français, comme homme libre, ne doit perdre sa liberté que dans les cas prévus par les lois et d'après une stricte observation des formes; que par suite il ne soit plus permis de surprendre du roi des lettres de cachet et des gouverneurs de provinces des ordres d'emprisonnement, sous le prétexte de port d'armes et de braconnage;

18° Que la reconstruction et réparation des églises en totalité, ainsi que des presbytères, soient comme celles des chœurs et chapelles, à la charge des dîmes [1];

19° Qu'il soit fait un nouveau règlement pour régler, en termes clairs et positifs, la quotité et la perception des dîmes solites et insolites;

20° Que les portions congrues soient encore augmentées;

---

[1] Les habitants de Hambye venaient d'être entraînés sur ce dernier objet à des frais particulièrement considérables. La nef de l'église paroissiale avait été totalement refaite et agrandie depuis 1785; les travaux, entrepris sur un plan très vaste contre lequel les habitants avaient dès l'abord protesté (*Lettre du 5 avril 1785*, Arch. Calvados, C 1341) avaient obligé la communauté à s'imposer extraordinairement d'une somme de 20,000 livres (*arrêt du Conseil du 27 mars 1787*) et cette somme avait même été dépassée, puisqu'à la date du 10 octobre 1788, nous voyons l'intendant mettre en recouvrement les rôles de répartition d'une imposition extraordinaire de 21,953 l. 11 s., à percevoir en trois années. (Arch. Calvados, C 1341.) Cf. aussi *Procès-verbal de l'assemblée d'élection, 1788.* (*Ibid.*, C 7700.)

21° Que tout bénéficier soit obligé à la résidence et ne puisse cumuler plusieurs bénéfices [1];

22° Qu'il soit demandé un abonnement général suffisant pour faire face aux dettes de l'État et à ses dépenses annuelles absolument nécessaires, pour le total des abonnements être réparti entre les provinces, suivant leurs forces respectives, sauf aux États provinciaux de chaque province à régler la forme de répartition en objets et la forme de perception qui leur seraient propres;

23° Que toutes impositions soit réelles, soit personnelles, pour la commodité, la sûreté, la défense et la splendeur de l'État, soient supportées par tous les ordres indistinctement [2];

24° Que les denrées de première nécessité soient exemptes de droits, autant que faire se pourra;

25° Que la perception des droits de gabelle, quart-bouillon et tous autres droits, tant des fermes générales que de la régie, étant extraordinairement onéreuse au peuple, il convient d'en attribuer la régie aux États provinciaux;

26° Que les pensions soient réduites;

27° Que les droits d'entrée et de sortie de province à province soient supprimés comme nuisibles au commerce;

28° Que les droits de contrôle et d'insinuation gênent la liberté dans les conventions, encore moins parce qu'ils sont excessifs qu'à cause de l'insuffisance des règles de perception; on demande que ces matières soient réglées par un nouveau tarif, qui s'exprime de manière à ôter autant qu'il serait possible l'arbitraire aux percepteurs;

29° Que les droits de greffe n'exigent pas une révision moins sérieuse;

30° Que toute contestation sur les droits de contrôle, d'insi-

---

[1] Les gros décimateurs de la paroisse étaient l'abbé et les religieux de Hambye, qui dîmaient de droit tout, grosses et menues, même le lin et le chanvre. A la fin du xviiie siècle, ils avaient abandonné au curé, pour ses aumônes et novales, plusieurs traits de dîmes dans la paroisse. En 1790, ces divers traits sont déclarés vendus et adjugés, pour 5,922 l. 19 s. 6 d. Le curé a maison, jardin, pré, contenant 1 vergée 1/2, 73 livres d'obits, 75 livres de rente. Au total 6,060 l. 19 s. 6 d., sur lesquels il doit 2 demeaux de froment, des messes, et paye 2 vicaires. (Déclar. n° 159, fol. 42.)

La dîme entière, d'après le Pouillé,

donnait 16,000 gerbes. L'ensemble des revenus ecclésiastiques de la paroisse n'est pas évalué en 1787, pour les vingtièmes, à moins de 13,823 livres. (Arch. Calvados, G 6519.)

[2] Impositions pour 1789 : taille, 8,832 livres; acc., 5,795 l. 10 s.; cap. 5,714 l. 19 s.; corvée, 2931 l. 10 s.; vingt., 4,518 l.; terr., 435, bât., 145 l. Au total, 28,432 l. 2 s. 3 d.

Lignes : 649, dont 71 exploitants.— Privilégiés : le curé, Me Durville et ses vicaires, l'abbé de Hambye, le prince de Monaco pour ses fiefs, 1 contrôleur aux actes du domaine et contrôle. Supplément des privilégiés, 678 l. 6 s. 6 d.

nuation, de greffes et autres droits domaniaux soient de la compétence du juge d'arrondissement;

31° Que les maîtrises dans les villes, dont les inconvénients sont si énergiquement peints dans un édit de 1776 [1], soient supprimées;

32° Qu'il soit fourni tous les ans un compte de recettes et dépenses des revenus de l'État, lequel sera rendu public;

33° Qu'en cas de continuation des vingtièmes, tous les propriétaires de fiefs qui n'auraient pas déclaré leur gage-plège soient tenus à la déduction des droits royaux sur leurs rentes seigneuriales;

34° Qu'il ne soit plus payé en cour de Rome de droit d'annates ni aucuns droits pour dispenses, obtention de bénéfices, ni pour quelque cause que ce soit;

35° Que l'intérêt des pasteurs comme celui des fidèles exige l'anéantissement des droits de déport;

36° Que l'édit des hypothèques soit supprimé;

37° Que les droits de contrat de mariage et de partage soient assujettis à un droit si modéré qu'il puisse déterminer les parties à les passer devant notaire;

38° Que les fonctions de notaire apostolique soient réunies à celles de notaires royaux dans chaque arrondissement, sauf le remboursement par ces derniers;

39° Qu'il est important d'ordonner la division des droits communaux, qui sera faite par les États provinciaux, suivant le degré d'utilité et de justice relatif à chaque province;

40° Qu'il soit permis de donner l'argent à temps et à cinq pour cent, même sans déduction de droits royaux;

41° Que les priseurs-vendeurs soient supprimés, en les remboursant sur le prix de la valeur actuelle de leurs offices et le coût de leurs provisions [2];

42° Que la loi récente qui ne permet pas à l'ordre du tiers d'aspirer aux premières places militaires [3], soit abolie;

[1] *Édit portant suppression des jurandes et communautés de commerce, arts et métiers, février 1776* (Isambert, XXIII, 370).

[2] Sur les priseurs-vendeurs, voir le cahier de Cerisy, art. 8 et la note, *supra*, p. 258. — Le montant des offices des priseurs aliénés en vertu de l'Édit d'avril 1770 s'était élevé, dans le ressort du bailliage de Coutances, à 56,100 livres; mais dans les autres ressorts secondaires de Cotentin, il était en général bien inférieur : 18,700 livres à Avranches, 39,100 à Carentan, 30,600 dans les trois ressorts réunis de Saint-Sauveur-le-Vicomte, Périers et Saint-Lô, 26,800 dans ceux de Cérences, Mortain, Tinchebray et Vire. Celui de Valognes seul avait donné 90,100 livres (Arch. Calvados, C 85).

[3] Cf. le cahier de Dangy, art. 26 et la note, *supra*, p. 299.

43° Qu'il ne subsiste de colombiers que ceux accordés par la coutume, et qu'on soit autorisé à faire démolir ceux qui existent sans droit;

44° Que les chemins vicinaux d'une utilité publique doivent être à la charge publique;

45° Qu'on croit plusieurs ordres religieux inutiles et qui comme tels doivent être supprimés [1], en donnant à chaque religieux une pension honnête, pour ensuite leurs biens être inféodés, et le produit d'iceux employé pour obvier aux inconvénients de la mendicité.

Le présent cahier fait et signé par ceux desdits habitants qui savent signer en la présence de nous, Roger-André Baudry, avocat et notaire audit Hambye, ayant présidé la délibération de ce jour 22 février 1789, et nous avons aussi signé, coté et paraphé le présent en trois rôles, *ne varietur*, dont un double resté à la municipalité.

LEFRANC, BAUDRY, J. CALLIPET, TISON, J. CALLIPET, Pierre HUREL, J.-M. LEMARE, Pierre LEMARE, M. ONFROY, J. LEBASTARD, Antoine DANIEL, J. LEBOULANGER, Jullien GARDIN, Jullien HÉBERT, LETENNEUR, Jean MARIETTE, Jean MARIETTE, J. HUREL, BAUDRY, *notaire*.

---

[1] Le vœu du cahier vise manifestement l'abbaye de Hambye (HAMBEYA, dans *Neustria pia*, p. 821) de l'ordre de Saint-Benoît non réformé, qui avait son siège dans la paroisse. Cette très ancienne et riche abbaye (elle est portée à l'Almanach royal pour 4,500 livres de rente et 72 flor. de taxe, mais ce chiffre est certainement insuffisant, et les déclarations ne l'ont jamais estimée à moins de 15 à 20,000 livres) était en 1769 une maison morte. Depuis 1742, il n'y avait plus de religieux, et l'abbé commendataire, qui était depuis 1771 Marie-François de la Prune-Montbrun, vicaire général de Senlis, naturellement non résidant, se contentait de faire célébrer l'office et acquitter les fondations par 3 ou 4 prêtres séculiers, auxquels il donnait par an 280 livres chacun. La charge ne devait pas lui peser beaucoup. La mense conventuelle de l'abbaye, après la suppression avait été réunie, en avril 1782, pour partie à l'abbaye N.-D.-des-Anges et pour partie au collège de Coutances. (*Demande de secours des religieux de N.-D.-des-Anges, en date du 6 février 1788*, Arch. nat., G° 130.) Mais le revenu de la mense abbatiale était toujours conservé au titulaire, et le 6 décembre 1790, M. de la Prune-Montbrun déclare que ce revenu «consistant en dîmes, terres labourables, rentes en grains et en argent, seigneuries», a été affermé par bail général devant notaire, le 19 juin 1789, au sieur Colleville de Saint-Lô, pour neuf années et pour le prix de 21,336 l. 6 s. 8 d.; et en outre 1,200 livres de pot-de-vin avec 2,400 livres d'avances. (*Déclarat. n° 141*, fol 80.)

Dans la paroisse même de Hambye, l'abbaye possédait en outre de ses biens-fonds, des dîmes, un moulin banal d'un revenu de 300 livres, et un fief noble sur lequel elle recueillait des rentes seigneuriales s'élevant au total à 9 quartiers 3 carsonniers, 1 boisseau et 44 de-

HAUTEVILLE-PRÈS-LA-MER [1].

1. Procès-verbal d'assemblée.
(Le procès-verbal authentique n'a pu être retrouvé.)

Date de l'assemblée : 1er mars. — Nombre de feux : 75 [2]. — Députés :
*Me Charles-Nicolas Bonté de la Martinière, conseiller au bailliage de Cou-
tances (3 j. 9 l. et 17 j. 68 L., Ref.[3]); François Tiphaine, laboureur (3 j. 9 l.,
Ref. [3]).

2. Cahier de doléances.
(Ms. Greffe du Tribunal de première instance de Coutances, pièces nos 401 et 401 bis.
Originaux signés. Inédits.)

Cahier des doléances donné par la paroisse de Hauteville-près-
la-Mer, le 1er mars 1789, suivant le règlement du 24 janvier 1789, pour la convocation des États généraux à Versailles, le 27 avril 1789.

1° Églises et presbytères. — Demande ladite paroisse qu'on oblige
les gros décimateurs [4] à refaire et réparer la totalité des églises
et des presbytères, ne paraissant pas juste d'y assujettir des paroissiens qui ont peine à labourer et récolter les blés dont les
dîmes vont sans aucune peine au profit des décimateurs.

2° Dîmes. — Que l'on ne paye point de dîmes de charnage [5],

---

meaux de froment, mesure de Cérences,
1 quartier mesure de Gavray, 10 pains,
10 gélines, 13 chapons et 12 l. 3 s. 2 d.
en argent; plus 5 l. 19 s., 1 pain,
1 chapon et 8 gélines de rentes en contredit. Au total, à l'apprécis, près de
700 livres, année commune. (Journal de
Hambye, Arch. Manche, H 4401, 4441.)
    Le tiers état de Saint-Sauveur-le-Vi-
comte n'avait peut-être pas tort de dire
dans son cahier «qu'il est absurde qu'il
y ait des abbayes sans religieux». (Hippeau, Cahiers, II, 42.)
    [1] Arrondissement de Coutances,
canton de Montmartin.
    [2] Population en 1793 : 452 habi-
tants (N. 13, M. 4, D. 7). Population
actuelle : 530 habitants.
    [3] «Refusé; désirant être utile à l'État
en toutes autres choses, il le fera gratis,
comme il le fait gratis.»

[4] Les gros décimateurs de la paroisse étaient l'abbé et les religieux de
Savigny, patrons et présentateurs à la
cure, qui à la fin du xviiie siècle percevaient toutes les dîmes, et payaient au
curé une portion congrue. (Pouillé,
fol. 17.) En 1790, les dîmes de Hauteville, Quettreville et Montmartin, appartenant à l'abbaye, sont affermées, par bail
général, 2,000 livres; de son côté le
curé déclare n'avoir, outre sa pension de
750 livres, que quelques aumônes, 10 à
12 vergées en plusieurs petites pièces,
évaluées à moins de 50 livres. Au total,
1,185 l. 10 s.; mais il rembourse au
vicaire sa pension de 350 livres. (Déclar.
n° 134, fol. 26.)
    [5] On appelait du terme générique
de charnage, quelquefois aussi en Normandie abatage, la dîme du croît des
animaux, qui d'ailleurs dans la pro-

luzerne, trèfle, et tremaine, semence qui n'est mise en terre que dans le temps qu'elle repose, et pour nourrir les animaux qui la cultivent, soit plus considérable lorsqu'on vient à la relabourer, dîme aussi qui, de tout temps a occasionné quantité de procès par les différentes manières et usage de les percevoir dans différentes paroisses.

3° *Déports.* — Que l'on supprime les déports, chose qui n'est presque qu'en Normandie, et qui oblige les curés pendant l'année d'iceux à ne faire aucunes aumônes, ou du moins s'ils le font les mettent mal à leur aise, pendant qu'un évêque et un archidiacre, qui n'entend point crier misère en cette paroisse, met ce déport à grossir la masse de ses biens.

4° *Annates.* — Que l'on ne fasse plus passer en Italie aucun argent pour résignations, et que ces deniers restent en France.

5° *Pensions congrues.* — Que l'on augmente les pensions congrues, afin que les curés aient plus de facilité à faire l'aumône.

6° *Communautés.* — Que l'on supprime toutes les communautés qui ne sont point utiles au public pour l'instruction de la jeunesse ni pour soulager les malades; que leurs biens passent en vente et entrent en commerce.

7° *Landes et communes.* — Que toutes les landes et communes soient cultivées, et en conséquence rendues et mises en commerce, ou du moins qu'elles soient plantées, le bois devenant rare.

---

vince ne s'appliquait proprement qu'aux moutons, porcs et volailles, rarement aux veaux, « étant sans exemple, ainsi que l'observe Houard, qu'elle eût été levée sur les chevaux et autres bêtes de trait ». (HOUARD, *Dict. anal.*, v° Dixme, I, 503.) Ces dîmes étaient généralement considérées, sauf celles des agneaux, comme *insolites*, c'est-à-dire que le décimateur ne pouvait les réclamer qu'en faisant la preuve qu'elles avaient été d'ancienneté perçues dans la paroisse. En Cotentin, il ne semble pas qu'elles aient été, à l'exception de celle des agneaux, d'un usage fréquent; le cahier de Hauteville est le seul, dans le ressort de Coutances, qui en fasse mention, et dans le *Pouillé* et les *Déclarations*, nous ne voyons mentionnées que les

dîmes de brebis et agneaux, et encore très irrégulièrement. — La jurisprudence du Parlement de Rouen avait établi que la dîme de charnage devoit se payer en essence dès qu'il y avait nombre d'animaux suffisant, le jour de la Saint-Jean pour les agneaux; les décimables qui ne pouvaient payer en nature devaient 3 sous par agneau. (*Arrêts des 27 mai 1639, 13 juin 1684,* dans Basnage, *sur art. 3,* I, 25.) Malgré ces arrêts, la perception de la dîme de charnage était dans la pratique la source de contestations incessantes, notamment entre les décimateurs, lorsque les troupeaux par exemple pâturaient dans une paroisse et étaient parqués dans une autre. (ROUPIER, *Prat. bénéf.,* 56 et 92.)

8° *Aides*. — Demande qu'on anéantisse tous les commis et receveurs des aides, répandus en si grand nombre dans les villes et paroisses de cette province de Normandie [1], qui absorbent quantité d'argent, jeunes gens qui, en la plus grande partie, restent oisifs et incapables dans la suite d'être utiles à l'Etat. Qu'il soit mis à leur place pour chaque denrée un impôt, qui débarrasserait le public et lui laisserait vendre ses denrées à son aise.

9° *Sel blanc*. — Que le sel blanc soit mis en commerce, et vendu à charge d'un droit modique sur icelui.

10° *Droits au sujet des changements de province*. — Que les droits qui se perçoivent des denrées sortant d'une province à l'autre soient supprimés ou du moins diminués.

11° *Contrôle*. — Que le contrôle sur les actes soit diminué, ce qui occasionnerait moins d'actes sous seing, et assurerait le bien dans des familles, qui souvent s'y perd à cause d'actes qui se trouvent perdus.

---

[1] Il y avait à Hauteville un garde des traites et gabelles, privilégié, qui, d'après le rôle de 1789, était taxé d'office à 29 l. 6 s. de capitation seulement, pour un revenu de 2,160 livres.

La question des privilégiés du tiers état est posée très peu nettement dans les cahiers, et il n'est pas inutile de préciser sur ce point. Il convient de distinguer les privilégiés pour la taille et accessoires et ceux pour la capitation.

Pour la taille, des exemptions sont accordées en 1789, soit totales à certains fonctionnaires supérieurs (officiers des bailliages, receveurs particuliers des finances, officiers de vénerie, conseillers du point d'honneur), soit jusqu'à un certain chiffre d'exploitation, à certains agents de l'administration (garde-étalons, maîtres de poste, commis buralistes et distributeurs, gardes des forêts, cavaliers de la maréchaussée) ou à titre de secours et en compensation de certaines charges (invalides de la marine, incendiés, miliciens, etc.). En 1789, le nombre des *exempts* pour l'élection de Coutances est de 4 seulement; celui des *taxés d'office* et *privilégiés* monte au contraire à 40, dont le plus fort contingent est fourni par les garde-étalons (18 personnes) et les employés de la

poste (12 personnes). [Arch. Calvados, C 4670.]

Pour la capitation, le nombre des privilégiés s'étend encore; on ne compte pas moins, dans l'élection de Coutances, de 350 privilégiés du tiers état, à des titres divers. Le plus fort contingent était fourni par les officiers de judicature, magistrats, avocats, procureurs, etc., 177 personnes imposées d'office pour un total de 6,909 l. 12 s. de capitation; les employés des traites et gabelles fournissaient 78 privilégiés, ceux des aides 64, ceux du contrôle 7, en tout 149 employés des fermes, taxés pour une capitation de 1,859 l. 2 d. Avec 106 l. 10 s., produits par la capitation de quatre fonctionnaires royaux supérieurs qualifiés exempts de tailles, la capitation des privilégiés du tiers état monte pour l'élection à 8,875 l. 2 s. 2 d. (*Rôle de la capitation des exempts, privilégiés et employés des fermes pour 1789*, Arch. Calvados C 4665).

Il n'est pas sans intérêt de noter que le rôle de capitation des nobles comprend de son côté 131 personnes, pour une somme de 5,226 l. 13 s. 4 d. en principal, qui font 6,272 l., avec les 4 s. pour livre compris. (Arch. Calvados, C 4628.)

12° *Taille.* — Demande la suppression de la taille; que le clergé, la noblesse et le tiers état payent tous à raison de leurs fonds, qu'ils payent également les réparations des chemins, corvées, prisons, etc., se servant des dits chemins et bâtiments de justice comme les roturiers; qu'en conséquence il y ait dans la Normandie un abonnement ou somme fixe pour imposer relativement aux biens fonds d'un chacun [1].

13° *Juridiction des bourgs et paroisses.* — Demande qu'on abolisse toutes les justices tant royales qu'autres qui sont dans l'entretien des bourgs et paroisses, très ruineuses et coûteuses aux plaideurs.

14° *Juridiction des villes.* — Que les justices royales soient dans les villes, et qu'il soit fait un arrondissement, afin que chaque paroisse ne soit point éloignée de sa juridiction, et qu'elle ne passe point par-dessus une autre.

15° *Degrés de juridiction.* — Que l'on ne donne que deux degrés de juridiction à ceux qui auront des procès qui surpasseront en principal la somme de 10,000 livres, et qu'un seul pour la somme au-dessous.

16° *Réformation de l'ordonnance de 1667 et du règlement de 1769.* — Que l'on réforme l'ordonnance de 1667 et le règlement de 1769, ce dernier ruinant par la taxe trop exorbitante les pauvres plaideurs [2]; qu'en conséquence, il soit donné une manière plus courte et moins dispendieuse pour finir les procédures, qui, par l'avidité d'un grand nombre d'avocats et de procureurs, traînent en longueur par les écrits et diligences énormes qu'ils suggèrent à leurs parties la procédure, et qui à la fin, ruine une des parties et même toutes les deux.

---

[1] Impositions pour 1789 : taille, 862 livres; acc., 565 l. 13 s.; cap., 557 l. 14 s.; corvée, 286 l. 6 s.; vingt., 412 l. 8 s. 5 d.; terr., 35 livres; bât., 12 livres. Au total 2,730 l. 6 s. 3 d.

Privilégiés : le curé, M° Guillaume le Mesle, la dame fille mineure du sieur Christian de la Morinière, écuyer, dame patronne non résidente, et un employé des traites et gabelles, taxé à 29 l. 6 s. de capitation. *Supplément des privilégiés :* 83 l. 6 d.

Il n'y a d'autre bien ecclésiastique dans la paroisse que la cure, bâtiments et 10 vergées de terre (louée en l'an III, 35 livres) et la grange décimale, appartenant à l'abbaye de Savigny. *Rentes ecclésiastiques*, néant. Les biens nobles ne sont pas estimés. Le domaine du roi perçoit 65 l. 1 s. en deniers.

[2] *Ordonnance civile touchant la réformation de la justice, Saint-Germain-en-Laye, avril 1667* (Isambert, XVIII, 183, n° 502). — *Règlement du Parlement pour l'administration de la justice dans la province de Normandie, revêtu de Lettres Patentes du 18 juin 1769.* (Recueil des Édits, IX, 1212.)

17° *Procédure criminelle.* — Que dans la procédure criminelle, il soit donné à un accusé plus d'un juge pour assister à l'instruction de son procès. Ce criminel, souvent, n'entendant le style dont le juge se sert et ne lui donnant plus assez à entendre, répond oui ou non, sans savoir ce qu'on lui demande; saisi de crainte et même étant par lui-même le plus souvent un homme grossier et sans idée que celle de voler ; et qu'il soit donné au dit accusé un conseil.

18° *Maréchaussée.* — Que la maréchaussée, étant sur le pied de troupe, ne soit faite que pour arrêter les voleurs, et non pour instruire leur procès, cette troupe étant censée connaître plutôt l'art militaire que les ordonnances criminelles; et que si on la laisse. il lui soit donné, pour l'instruction des dits procès, au moins deux assesseurs pris dans les conseillers du siège de leur ressort.

19° *Emprisonnements faits par les seigneurs.* — Que les commandants de la province, pas plus que les seigneurs de paroisse ne fassent emprisonner leurs vassaux, sans qu'au préalable ils ne leur aient justifié le délit qu'ils ont commis, pour être en état de se défendre et d'éviter l'emprisonnement et une amende, chose odieuse à tout citoyen.

20° *Suppression des procureurs.* — Que l'on supprime les procureurs dans les juridictions, personnages inutiles dans l'instruction des procès, faits seulement pour manger le public et s'engraisser de la chicane qu'ils suggèrent aux clients.

21° *Suppression des juridictions d'exception.* — Demande que l'on supprime toutes les juridictions d'exception.

22° *Priseurs-Vendeurs.* — Que l'on supprime les priseurs-vendeurs, charge qui absorbe en la plus grande partie par les frais tout ce qu'un créancier pourrait prétendre du débiteur, et qui met ce débiteur dans la noire misère.

23° *Maîtrises.* — Demande que l'on supprime les maîtrises établies dans les villes, laissant à chaque individu la liberté de faire de son industrie et talent, et à ceux des villes le droit de se choisir un bon ouvrier, qui, par son peu de fortune, ne peut venir demeurer en ville [1].

[1] L'édit d'avril 1779, qui avait rétabli les communautés d'arts et métiers dans un certain nombre de villes de Normandie, dont Coutances, ne laissait aux habitants de ces villes la faculté d'employer des ouvriers non agrégés

24° *Achat de noblesse.* — Demande qu'il ne soit permis à aucunes personnes d'acheter par argent la noblesse, mais l'acquérir par la valeur et les armes.

25° *Entrée des roturiers dans le militaire.* — Demande que les roturiers rentrent comme la noblesse dans le militaire, et qu'il n'y ait que par la valeur et le courage que chaque individu ait des places.

26° *Tirage des matelots pendant la paix.* — Demande que dans les paroisses de dessus le bord de la mer, l'on ne tire point pour matelot pendant la paix, laissant à un père et à une mère au moins l'enfant seul qu'il a sauvé des guerres dernières, afin de procurer plus de population [1].

27° *Pêche en mer.* — Que la liberté soit à toutes personnes de dessus le bord de la mer de pêcher sans aucuns droits toutes sortes de poissons, même le lançon, dans la mer et dans les embouchures des rivières, ainsi que d'y prendre des sables [2].

---

aux corporations, qu'à la condition qu'ils ne fussent pas domiciliés. «N'entendons pareillement empêcher les particuliers, habitants desdites villes, d'employer comme par le passé, à journées, les maçons et autres ouvriers parcourant les provinces, sans que lesdits ouvriers, *non domiciliés*, puissent être inquiétés par les maîtres des communautés.» (*Édit portant rétablissement des communautés d'arts et métiers*, art. 3, dans HOUARD, *Dict. anal.*, v° Arts et métiers, I, 94.)

[1] La paroisse de Hautteville appartenait pour la garde-côte à la division de Muneville, compagnie de Hyenville. En 1787, d'après le dernier rôle retrouvé, elle avait présenté 27 inscrits, garçons ou hommes mariés de 18 à 45 ans, dont 2 seulement avaient été pris comme canonniers. (Arch. Calvados, C 1861.) La paroisse ne fournissait pas à la milice de terre.

[2] Le vœu du cahier peut surprendre. La pêche maritime, dans notre ancien droit, était, en effet, libre en principe, tant en pleine mer que sur les grèves. (*Ordonnance de la marine*, août 1681, tit. X, et Commentaire dans Delamarre, *Traité de la police*, liv. V, tit. 25, III,

p. 33.) En Normandie, tout particulièrement, la jurisprudence, comme les auteurs, enseignaient que le droit du seigneur de fief s'arrêtait au rivage, et qu'aucune personne, fût-elle concessionnaire du domaine ou seigneur du fief riverain, ne pouvait exiger aucun droit, en deniers ou en espèces, sur les produits de la pêche faite au regard du rivage, sur les grèves ou dans l'embouchure des rivières. (*Arrêts des 16 juin 1615, 18 mai 1624, 14 décembre 1636*, rapportés par Basnage, *sous art. 104*, II, 480, et Flaust, II, 537.) Mais en fait, l'ordonnance reconnaissait la validité d'exceptions fondées sur des droits anciens «constatés par aveux ou dénombrements reçus en nos chambres des comptes avant l'année 1544, ou par concessions en bonne forme». Tel était le cas de la paroisse de Hautteville et des autres paroisses voisines de l'embouchure de la rivière de Sienne; le seigneur de Montchaton qui avait le droit de pêche en la rivière, prétendait que son droit devait s'exercer à deux lieues en mer, et Foucault nous apprend que de son temps il avait affermé pour 900 livres par an ce droit et celui à la langue à l'embouchure de la Sienne,

28° *Emprunt d'argent.* — Demande qu'il soit permis d'emprunter de l'argent à 5 p. o/o et de le rendre au temps fixé par l'emprunt, afin d'éviter la ruine des familles par le grand nombre d'usuriers et filous qui se trouvent aujourd'hui, chose encore qui procurerait beaucoup d'avantage au commerce, ne pouvant plus trouver d'argent en rente de constitution, mais bien à prêt pour un temps limité, si cette permission était accordée.

29° *Colombiers.* — Demande que les colombiers des seigneurs soient supprimés et bouchés, le pigeon faisant un dégât très considérable.

30° *Sables de mer. Pont de la Roque.* — Demande que l'on rétablisse et répare le pont de la Roque, très utile pour le passage des paroisses d'au-dessus d'icelui[1], ainsi que pour le petit port de Regnéville, et principalement pour les engrais des sables de mer appelés tangues, que l'on vient chercher de plus de six lieues à la ronde.

Le présent cahier de doléances, mis aux mains de M. Bonté, conseiller au présidial de Coutances et de François Tiphaigne, pour être porté à l'assemblée du 2 mars 1789, à charge de se conformer à tout ce qui est prescrit et ordonné par les lettres du Roi, et réglement du 24 janvier dernier; un double duquel dit cahier a été déposé dans l'instant dans les Archives de la communauté, ainsi que les lettres, réglements et ordonnances, pour y avoir recours au cas appartenant. Ainsi délibération de ce jour 1er mars 1789.

VIARD, J. BILLARD, A. VIARD, J. LELOUP, N.-F. LEMESLE, J. GUICHARD, Julien HUE, J.-G. LEMESLE, Fr. LEMESLE, Jean LEMESLE, Pierre LEGUILLAIS, F. TIPHAIGNE, G. LEMESLE, P. FAUVEL, G. TIPHAINE, G. TIPHAIGNE, G. LEPEU, J. LE ROUSSEL, F. LEMESLE, Philippe LEMESLE, J. BILLARD, N. POULAIN, F. TIPHAIGNE, F. VIARD, Pierre JEAN, J. LELOUP, Jean TIPHAIGNE, A. BLAISOT, BONTÉ, *conseiller.*

---

et que le fermier n'en laissait profiter les riverains que moyennant une redevance. (*Mém. stat.* 1698, p. 37.)

[1] Sur le pont de la Roque, voir des détails circonstanciés dans le cahier de Montchaton, art. 32, *infrà*, p. 461.

*Addition au cahier de doléances donné à MM. les députés, pour la rédaction des cahiers en un, par les paroissiens de la paroisse de Hauteville-près-la-Mer [1].

Demandent que les comptes des taxes et impositions quelconques faites dans chaque ville par MM. les maires et échevins, et reçues par les receveurs des villes, soient apurées tous les ans en présence de MM. les maires et échevins et députés de chaque corps d'icelles, afin d'éviter les grands frais que les comptes occasionnent à chaque ville, par la taxe exorbitante qu'exigent ces Messieurs de la Chambre des comptes pour l'apurement d'iceux ; et que MM. les maires et échevins des villes rendent compte à icelle tous les ans des deniers qui pourraient leur rester oisifs, ce que l'on ne peut savoir desdits maires et échevins, soutenant ne pas devoir donner cette déclaration aux villes, et afin d'employer ces dits deniers oisifs où il paraîtrait nécessaire, au lieu de les laisser entre les mains d'un receveur, duquel ou de ses héritiers on a peine quelquefois à les faire sortir [2].

Demandent que toutes les mesures de grains et autres soient les mêmes dans toutes les villes, afin que toutes personnes sachent où s'en tenir et d'éviter toutes contestations et assurer un commerce égal.

Le présent cahier d'addition donné à MM. les députés pour la rédaction des cahiers en un par M. Charles-Nicolas Bonté, conseiller au bailliage et siège présidial de Coutances, un des députés de la dite paroisse, et autant du présent mis dans les archives de la communauté ce 6 mars 1789.

BONTÉ, *conseiller*.

---

[1] Cette addition, signée d'un seul des députés, est irrégulière. Voir Introduction, p. 42.

[2] L'auteur de l'addition s'est manifestement inspiré des dispositions de l'*Édit contenant règlement pour l'administration des villes et principaux bourgs du royaume*, Compiègne, août 1764. Les articles 32, 33 et 40 règlent la façon dont les comptes des receveurs des villes et bourgs devaient être rendus devant une assemblée de notables, et arrêtés, *sans frais ni droits*; par les juges des bailliages. (Isambert, XXII, n° 877, p. 405.) Cet édit avait été enregistré difficilement au Parlement de Normandie, et la Chambre des comptes avait obtenu dès juillet 1766 un nouvel édit, qui réservait au contraire, dans la province, à la Chambre et au bureau des finances, le droit exclusif d'apurer et arrêter les comptes des receveurs des villes «sans toutefois que les épices desdits comptes pussent excéder 1 p. 100 du montant de la recette effectuée.» (*Édit portant règlement pour l'administration des villes du pays de Normandie*, juillet 1766, dans Recueil des édits, IX, 827.)

Cf. aussi *Édit relatif aux comptes des communautés du ressort du Parlement de*

LA HAYE-BELLEFOND [1].

1. Procès-verbal d'assemblée.

(Ms. Archives communales de la Haye-Bellefond, registre des délibérations de 1789.)

Procès-verbal de l'Assemblée générale de la paroisse de la Haye-Bellefond, tenue par les ordres du Roi.

Analyse : (Formule générale du modèle imprimé).—Date de l'assemblée : 1er mars. — Président : Jacques Le Diot, syndic. — Comparants : Pierre Voisin, syndic municipal; Hervé, Estur, Bon Philippe, Enault, Jacques Le Diot, François Duval, François Voisin, Jacques Voisin, Jacques Le Clerc, François Estur, J.-B. De la Fosse, Jean-François Duval, J.-B. Le Chanoine, François Le Neveu, Laurent Le Canuet, Nicolas Voisin, André Estur, Jean-Pierre Duval, Henri-François Bellenger, André Duval, Pierre Le Canuet, Jacques Le Bailly, François Le Chanoine.—Nombre de feux : 60 [2].—Mention de rédaction et remise du cahier de doléances. — Députés : Pierre Estur, avocat (6 j. 18 l., et 19 j. 74 l., Acc.); Pierre Voisin, laboureur (4 j. 12 l., Acc.). — Signatures : P. Estur, député; F. Voisin, député; H. Estur, Bon Philippe, Enault, F. Duval, F. Voisin, J.-B. Duval, François Estur, B. Le Chanoine, L. Lecanuet, F. Le Chanoine, J. Leclerc, J.-P. Duval, H.-F. Bel-langer, A. Duval, J.-A. Lediot, syndic de la communauté.

---

2. Cahier de doléances.

(Ms. Greffe du Tribunal de première instance de Coutances, pièce n° 455. Original signé. Inédit.)

Doléances et remontrances que présentent très respectueusement à leur souverain ses fidèles sujets, les habitants des paroisses de la Haye-Bellefond et de Maupertuis [3]. (Département de Saint-Lô, généralité de Caen, grand bailliage de Cotentin.)

La multitude des impôts, leur inégale répartition, les frais im-menses de perception, les privilèges attachés aux moindres charges

Rouen, septembre 1785 (Arch. Calvados, C 102).

[1] Arrondissement de Saint-Lô, canton de Percy.

[2] Population en 1793 : (?). Mouvement: N. 7, M. 5, D. 9. — Population actuelle : 166 habitants.

[3] Le cahier de la Haye-Bellefond offre un exemple intéressant de ces cahiers de paroisses réunis, dont nous

avons parlé à l'Introduction (p. 11). Il est, dans l'original, signé sur deux colonnes, par les habitants de chacune des paroisses séparément. Les paroisses qui ont ainsi «réuni leurs cahiers» n'avaient pas agi de même pour les «pouvoirs»; chacune d'elles a dressé à part son procès-verbal d'assemblée. Nous n'avons pu retrouver que celui de la Haye-Bellefond, qui est analysé ci-dessus.

1.

23

et emplois multipliés par leur vénalité, le nombre infini de taxes, de droits particuliers inventés par le génie rapace de la fiscalité qui existent dans le royaume et principalement dans la province de Normandie, écrasent partout l'agriculteur, ruinent le commerçant et anéantissent l'industrie.

Les droits d'aides et gabelles qui ouvrent l'asile sacré des maisons aux recherches et à l'inquisition des suppôts des fermiers de ces droits, pour la plupart sortis de la lie du peuple, compromettent journellement la fortune, la vie et l'honneur des habitants de tout ordre, de tout âge, et de tout sexe.

Un tribunal dont le nom seul fait frémir l'humanité (la Chambre ardente[1]) créé pour ces fermiers salariés, et absolument dépendant d'eux, qui juge sans appel et sans formes légales le citoyen entraîné dans ses cachots par la violence, et souvent accusé par le mensonge et la supercherie, le condamne à l'amende, à la flétrissure ou à la mort, ont répandu partout la consternation et la douleur parmi tous les habitants de cette province.

Les formes tortueuses, la longueur et les frais des procédures, l'obscurité de la plupart des lois civiles, l'injustice et l'humanité dont de mauvaises lois ont rempli les formes des procédures criminelles, la multiplicité des tribunaux graduels qu'il faut parcourir, les différentes espèces auxquels on est forcé de recourir dans les différents cas, rendent fréquemment la justice impuissante contre l'adresse du plaideur de mauvaise foi, et exposent journellement l'honneur et la vie des citoyens innocents aux effets d'une injustice d'autant plus cruelle, qu'elle est souvent nécessitée par les lois mêmes faites pour les protéger.

Le despotisme des commissaires départis auxquels l'administration de la généralité a été confiée ci-devant, les désordres qu'ils y ont introduits, la déprédation des impôts levés pour être employés aux travaux publics, l'injuste application qu'ils en ont faite, le droit qu'ils se sont arrogé de dépouiller les citoyens de leurs propriétés sans les indemniser, quoiqu'ils n'aient pas fait de constructions pour la moitié des sommes immenses qu'ils ont fait payer à la généralité, mettent le comble aux maux de toute espèce qui les accablent, et les font gémir sous l'oppression la plus cruelle.

Tous ces abus, tous ces impôts, toutes ces vexations, portent principalement sur la classe la moins riche du peuple, celle qui fournit des bras à l'agriculture et aux arts, qui n'a ni protection,

---

[1] On appelait ainsi couramment, dans le peuple, la commission établie à Caen pour juger les contrebandiers, par lettres patentes des 9 octobre 1768 et 26 décembre 1775. (Isambert, XXIII, n° 342, p. 292.)

ni ressource contre l'injustice et l'oppression à laquelle elle est exposée, et qui a été jusqu'à ce jour privée de tous moyens de faire parvenir ses gémissements et sa douleur jusqu'aux pieds du trône.

Les habitants des paroisses de la Haye-Bellefond et de Maupertuis, attachés à un sol infertile et ingrat, situé dans un canton qui n'est percé d'aucunes routes praticables, éloignés de six et huit lieues des villes où ils pourraient vendre le plus avantageusement leurs denrées et trouver les engrais nécessaires à leur agriculture, ressentent plus qu'aucune autre partie de la province les désastreux effets des abus et des désordres qui règnent dans toutes les parties de l'administration. Ils en sollicitent, sous le bon plaisir de leur souverain, la réforme la plus prompte, et pour y parvenir ils osent faire entendre leur vœu parmi celui de leurs concitoyens.

La formation des États généraux, dans lesquels doit résider le pouvoir de la nation et qui doivent être à l'avenir le nœud indissoluble qui lie à jamais les peuples et le souverain en leur tenant toujours ouvert un accès libre au pied de son trône, a fixé leur première attention.

Ils désirent : 1° Que les députés qui vont être élus pour les États prochains, s'occupent d'abord de donner à cette assemblée auguste une forme constitutionnelle et permanente qui soit agréée par le souverain.

Il leur paraît inconstitutionnel que la nation, qui est entièrement partagée entre deux ordres qui en renferment tous les individus (la noblesse et la roture) reconnaisse un troisième ordre dont tous les membres ont pris naissance dans l'un ou dans l'autre, sont attachés à un corps particulier, dont les fonctions doivent sous ce regard les écarter de toutes vues politiques, et dont les droits comme simples citoyens ne peuvent être différents de ceux des individus de l'ordre dans lequel ils sont nés.

La prérogative que s'est arrogé le clergé à cet égard ne doit plus subsister dans un siècle de justice et de lumières. Comme corps il doit dépendre des deux ordres constitutifs de l'État; comme voué au culte des autels, il doit jouir de leur protection particulière; mais il ne doit avoir aucune influence dans le système politique du gouvernement et encore moins s'y arroger une prééminence qu'il ne doit avoir que dans les lieux où il remplit le ministère sacré qui lui est confié. Ses membres doivent être reçus suivant le droit de leur naissance dans les deux ordres de l'État, et y jouir concurremment du droit de suffrage dans toutes les délibérations qui concernent les affaires publiques;

2° Que dorénavant les députés qui composeront ces assemblées

23.

soient moitié de l'ordre de la noblesse, moitié de celui de l'ordre de la roture, et choisis par la voie de l'élection populaire, indifféremment parmi les ecclésiastiques comme parmi les laïques, suivant les talents et le mérite personnel de chacun;

3° Qu'il soit obtenu de la bonté du souverain, que les États généraux seront convoqués à l'avenir à des époques fixes, qui ne seront ni trop éloignées pour pouvoir remédier aux abus, réformer les lois qui en auraient besoin et décider des affaires générales de la nation, ni assez prochaines pour être à charge à l'État;

4° Que les députés qui formeront les États prochains et ceux qu'il conviendra au souverain de convoquer à l'avenir soient entretenus et défrayés aux dépens des provinces, afin qu'elles ne puissent jamais être privées des services des hommes les plus méritants, dont la fortune n'est pas toujours proportionnée aux vertus et aux talents;

5° L'établissement des États provinciaux doit être la suite nécessaire de celui des États généraux, et devenir commun à toutes les provinces. Il est principalement utile pour celle de Normandie et lesdits habitants sollicitent particulièrement cette grâce du souverain.

Leur vœu serait en conséquence [1] :

1° Que cet établissement fût permanent; que la formation en fût faite d'après les principes de celle des États généraux, et que comme ces derniers sont autorisés à connaître de toutes les affaires de la nation et du gouvernement, les premiers connussent aussi de toutes celles de la province et fussent les interprètes de ses habitants auprès de Sa Majesté, par le moyen des assemblées graduelles qui leur seraient subordonnées dans leurs fonctions sous le nom d'assemblées de département et d'assemblées municipales. Que leur vœu serait toujours consulté dans toutes les affaires qui intéresseraient la province, avant que par lesdits États provinciaux il fût pris une résolution, et statué définitivement sur les objets importants de son administration [2];

2° Que lesdits États fussent autorisés, sous les formes susdites, à arrêter tout ce qui serait utile pour l'avantage de la province dans toutes les parties sur lesquelles les droits du souverain sont indiffé-

[1] Ce plan très détaillé de réorganisation des assemblées provinciales paraît inspiré à la fois d'un Mémoire rédigé au mois d'octobre de l'année précédente par les officiers municipaux de Saint-Lô, et adressé à la Commission intermédiaire de Basse-Normandie (texte dans HIPPEAU, Gouvernement, V, 454), et des vœux émis par l'assemblée de Saint-Lô, dans sa dernière session. (Assemblée d'élection, Saint-Lô, s. du 28 oct. 1788. § États provinciaux, art. 1 à 18.)

[2] Cf. Beaucoudray, supra, art. 3, p. 148.

rents à la forme d'opérer et ne peuvent être lésés, afin que cette administration puisse avoir une activité que rien ne ralentirait; que tous les six mois le cahier de leurs arrêtés serait envoyé au ministre, et rendu public chaque année par la voie de l'impression;

3° Que lesdits États provinciaux fussent chargés, exclusivement à tout corps particulier, de l'enregistrement des impôts qu'il plairait au Roi de demander à l'avenir à la province, les assemblées municipales et de département consultées;

4° Que vu l'étendue de la province il soit formé autant d'États provinciaux qu'elle contient de généralités et que ces États ou assemblées aient leur siège dans les villes qui seront les plus au centre de chaque généralité;

5° Que ces États puissent être tous ensemble représentés au besoin par une commission intermédiaire provinciale lorsqu'il s'agira des intérêts généraux de la province, et en particulier par une commission intermédiaire dite de la généralité, qui sera toujours en activité et composée des membres de l'assemblée ou États provinciaux qu'elle représentera, lesquels seront choisis par les assemblées inférieures, de la même manière qu'ils l'ont été pour l'assemblée dont ils font partie;

6° Que toutes les assemblées graduelles de la province soient formées des députés pris en nombre égal dans les deux ordres par la voie de l'élection, qui sera toujours réglée par la majorité et de la manière la plus populaire;

7° Que, chaque année, les membres composant chaque assemblée se réunissent dans la ville principale de leur département et la plus commode à cet effet, pour s'occuper des différentes parties d'administration qui leur sera confiée;

8° Que chaque assemblée ait le droit de se choisir un greffier, louer ou acheter des emplacements convenables pour y tenir leurs bureaux, dont le loyer ou l'achat seront aux frais de la province [1];

9° Que tous les députés des assemblées qui auront des commissions intermédiaires soient, ainsi que les membres desdites commissions, défrayés pendant leurs déplacements; et que les pro-

[1] La question de frais de bureau, de location d'une salle, d'appointements d'un greffier, avait été une des plus grosses difficultés auxquelles s'étaient heurtées l'année précédente les nouvelles assemblées provinciales. (*Procès-verbal de Basse-Normandie*, 8 Rapports divers.) Les frais d'administration des assemblées et des commissions intermédiaires de Basse-Normandie étaient montés en 1788, bien que l'on n'eût proposé de traitement que pour le secrétaire provincial et les secrétaires de département, à 58,981 livres, et ce n'avait pas été une mince affaire de trouver des fonds libres sur lesquels on pût imputer cette dépense. (*Compte rendu*, p. 66 et suiv.)

cureurs, syndics et greffiers desdites assemblées et commissions
aient des appointements fixes capables de les attacher à leur place
et relatifs à l'importance des travaux dont ils seront chargés;

10° Que les députés de toutes les assemblées et membres composant toutes les commissions intermédiaires soient sans exception
renouvelés dans trois ans, les seuls syndics et greffiers pouvant
être les premiers continués pendant six ans et les derniers à toujours;

11° Que les assemblées de département aient le pouvoir d'arrêter et de faire exécuter, dans toutes les matières provisoires, tout
ce qui leur sera demandé par les particuliers et par les assemblées
municipales de leur arrondissement, les règlements observés, afin
de ne pas surcharger le travail des assemblées supérieures de détails et de correspondances inutiles, qui les fatiguent et apportent
souvent un retard préjudiciable aux opérations les plus urgentes;

12° Que ces assemblées soient tenues d'avoir des cahiers et registres authentiques de toute leur administration, et d'en faire un
sommaire chaque année, lequel sera rendu public par la voie de
l'impression, et contiendra surtout le tableau de dépenses et de recettes, des impôts et droits dont le recouvrement sera fait sous leur
autorité, et l'état des travaux publics faits dans leur arrondissement.

Le vœu desdits habitants serait après ces établissements faits et
agréés par le Roi :

1° Que l'état des finances fut mis à découvert sous les yeux des
députés formant les États généraux afin qu'ils puissent savoir au
juste quels sont les revenus fixes du royaume et ses charges;

2° Que les plaies de l'État ne leur soient pas cachées, afin qu'ils
cherchent plus sûrement les vrais moyens de les fermer; et que
d'après cet aperçu ils puissent connaître si par le redressement des
abus et la simplification dans la perception des revenus de l'État,
il est possible d'amender la portion qui entre dans les coffres du
souverain au point de faire face aux dettes les plus pressantes,
et rappeler le crédit que la dissipation et la déprédation des finances
sous les ministères précédents a fait perdre à l'État; ou s'il serait
nécessaire d'augmenter momentanément le fardeau des peuples
par un surcroît d'impôts, par des emprunts dont la nation deviendrait la caution, ou par toute autre voie ;

Que la quantité des impôts nécessaires une fois arrêtée, le zèle
des députés se porterait à en étudier le régime particulier et l'influence sur le bonheur des peuples;

Que lesdits députés chercheraient à en simplifier la régie, de manière qu'ils produisissent au Roi le plus possible, en exigeant le moins possible sur ses peuples ;

Que toutes les propriétés indistinctement fussent susceptibles de toutes les impositions, qui peuvent être converties en un impôt direct et réel, sans que jamais la vénalité pût introduire de privilèges capables d'en soustraire une partie à la taxe proportionnelle qu'ils doivent supporter relativement à leur produit net;

Qu'après une profonde étude de l'effet des impôts personnels, qui seuls peuvent faire contribuer l'homme opulent industrieux ou commerçant, qui n'a point de propriété foncière, ils arrêtassent l'espèce de cet impôt, pour ensuite le proportionner à la masse des richesses qu'on voudrait soumettre à sa contribution [1];

Qu'ils prissent en considération les revenus qui ne peuvent donner qu'un produit casuel, tels que ceux qui parviennent de tous les droits perçus à l'intérieur et aux frontières du royaume;

Ceux que produisent les droits de contrôles, la régie des aides et gabelles et tous autres de cette espèce, afin de déterminer s'il n'est pas réellement avantageux :

1° De supprimer toutes les douanes intérieures du royaume et les reculer aux frontières;

2° De supprimer ou de modifier ceux des contrôles sur tous les actes civils et de justice;

3° De supprimer les aides et gabelles, qui coûtent infiniment à régir, écrasent les peuples, compromettent à chaque moment sa liberté et sa sûreté, et d'en convertir le produit réel en un impôt qui ferait partie de celui levé directement sur les propriétés;

D'étudier particulièrement les effets que peuvent produire chaque espèce de droit et d'impôt sur l'agriculture et le commerce, qu'on ne peut trop protéger et encourager, comme les seules vraies sources des richesses de l'État, afin d'en régler la quotité et la perception de la manière la moins onéreuse pour les contribuables;

---

[1] *Impositions pour 1789* : La Haye-Bellefond : taille, 800 l. 8 s.; acc., 544 l. 11 s.; cap., 518 l. 2 s.; corvée, 268 l. 17 s. 3 d.; vingt., 909 l. 14 s.; terr., 80 livres; bât., 27 livres. Au total, 3,118 l. 6 s. 3 d. — Maupertuis : taille, 1,106 l. 11 s.; acc., 752 l. 16 s.; cap., 716 l. 6 s.; corvée, 371 l. 7 s. 3 d.; vingt., 781 livres; terr., 71 livres; bât., 24 livres. Au total, 3,852 l. 14 s. 3 d.

Lignes : 81, dont 14 occupants et 1 hors-tenant. — *Privilégiés :* pour la

Haye-Bellefond, M° Thomas-Jean-Jacques Cosnard, curé et chapelain de la chapelle Notre-Dame de Soulles et le seigneur Jean-Pierre-Anne Letellier, seigneur aussi du Guislain et du fief de cens à Moyon; — pour Maupertuis, le curé, M° Hamel, et la dame marquise de Campigny, possédant le fief de la paroisse, représentée à Coutances par M. Jean-Pierre-Anne Letellier de Monteure. *Supplément des privilégiés :* la Haye-Bellefond, 83 l. 9 s.; Maupertuis, 232 l. 13 s. 8 d.

Que les espèces d'impôts arrêtées, il serait pourvu à en fixer la quotité et la nature par chaque province, qui aurait la liberté de faire faire la levée de la manière la plus avantageuse pour les habitants, relativement aux différentes productions de leurs terres, à la nature de leur commerce et à leur industrie particulière ;

Que la province aura dans chaque département une caisse où les collecteurs et receveurs de tous les droits et impôts seront tenus de verser tous les deniers de leur collecte ou recettes par quartiers, sous une honnête remise ;

Que cette caisse payerait tous les mandats qui seraient tirés sur elle au nom du Roi ou par l'administration de la province, soit pour le payement des troupes, des pensions, des travaux publics et de toutes autres parties ; et le surplus serait versé dans la caisse de chaque généralité, qui serait chargée de faire passer à moindres frais possibles l'excédent du produit des impôts et contributions de la province dans la caisse nationale et dans le Trésor royal ;

Qu'il serait établi des receveurs particuliers pour chaque caisse, lesquels donneraient caution jusqu'à une somme fixée par la province suivant la conséquence de chaque recette, et auraient des émoluments proportionnels au travail dont ils seraient chargés, sous la direction de l'assemblée de département ;

Que les charges de receveur des tailles seraient à cet effet supprimées et remboursées sur le prix de la finance qu'ils auraient payée au Roi, et les bénéfices provenant de l'économie des frais de recette employés aux rembours desdites charges, lesquels pourraient être faits annuellement par quatrième, cinquième ou sixième partie ; que les places nouvelles de receveurs seraient données de préférence à ceux des anciens receveurs qui les demanderaient, ou à leurs commis lorsqu'ils seraient reconnus gens capables et solvables, et ce par l'assemblée qui en aurait la régie.

Lesdits habitants sollicitent également de la bonté du Roi de consentir à l'aliénation de ses domaines, dont les frais de régie excèdent plus de la moitié du revenu, et ne lui donnent qu'un produit médiocre, pour en appliquer les capitaux à l'acquittement des dettes de l'État, à laquelle fin la forme de ces aliénations serait fixée par l'assemblée nationale, et ladite aliénation approuvée et sanctionnée ; de manière à ce que ce contrat fût sous sa garantie, et que les acquéreurs ne pussent jamais être troublés en vertu du droit d'inaliénabilité prétendu, auquel et vu le cas urgent le Roi en son particulier et la [nation] de sa part renonceraient en pleine connaissance de cause et en toute liberté ; il serait aussi arrêté que chaque partie des domaines ne serait aliénée que par petites portions, afin d'augmenter le nombre des adjudicataires, et d'éviter les funestes effets de l'agiotage;

Que les rentes qui resteraient dues pour la portion des capitaux non payés seraient portées par les redevables dans les caisses du département où les fonds seraient situés.

Demandent lesdits habitants :

1° Que le clergé ne jouisse plus à l'avenir du privilège d'être imposé particulièrement, et que tous ses biens soient taxés comme tous les autres fonds du royaume, à quelque ordre ou communauté qu'ils appartiennent, sans exception;

2° Que les biens appartenant à toute maison religieuse qui ne sera plus habitée ou n'aura pas au moins neuf religieux [1], soient vendus pour en être les fonds appliqués :

1° A l'acquit des fondations établies pour les donateurs, qui seront transportées dans les paroisses les plus voisines pour y être acquittées au moyen d'une rétribution convenable;

2° A l'acquit des dettes de l'État ou en établissements utiles à la province ;

Que les communautés religieuses de tout sexe soient réduites à un très petit nombre de maisons, et qu'il leur soit défendu de recevoir des sujets dans celles dont la suppression serait arrêtée, et d'en admettre aucun avant l'âge de 25 ans dans les autres;

Que tous les gros décimateurs, soit séculiers, réguliers ou privilégiés soient chargés de l'entretien et reconstruction des presbytères de toutes les paroisses où ils perçoivent des dîmes, et que les habitants en soient déchargés [2];

---

[1] Le cahier ne demande que l'application de la loi existante. L'*Édit concernant les ordres religieux*, mars 1768, avait disposé expressément, article 7 : « Tous les monastères d'hommes, autres que les hôpitaux, les cures, les séminaires et écoles publiques dûment autorisés, devront être composés du nombre de religieux ci-après, savoir : les monastères réunis en congrégation, de 8 religieux au moins, sans compter le supérieur». (Isambert, XXII, 481, n° 946.) Le vœu du cahier vise manifestement l'abbaye située dans la paroisse limitrophe de Hambye, sans religieux depuis 1742. Voir le *Cahier d'Hambye*, p. 344, note 1.

[2] Les paroisses de la Haye-Bellefond et de Maupertuis n'avaient pas à proprement parler de gros décimateurs étrangers. A Maupertuis, le curé jouissait de toutes les dîmes, et à la Haye-Bellefond, il réunissait, comme chapelain de la chapelle du Château, le sixième des grosses dîmes attribué à cette chapelle aux cinq sixièmes qui appartenaient à la cure. Dîmes de la Haye-Bellefond : 35 demeaux de froment, 20 de seigle, 50 de sarrasin, 80 d'avoine, 4 tonneaux de cidre, 30 livres d'obits.

Déclaration de 1790 non retrouvée; la cure, d'après les officiers municipaux, possède 3 vergées 3/4 d'auniônes, valant le tout 45 livres, et 6 vergées pour la chapelle du château, estimées 30 livres. — A Maupertuis, la dîme donne 400 boisseaux de tout blé, mesure de Coutances, dont 50 seulement de froment et 50 de seigle; le curé a 8 à 10 vergées de terre d'aumônes, le tout estimé par la chambre ecclésiastique, vraie valeur, 1,144 l. 10 s. (*Pouillé,*

Qu'il soit fait un règlement général et uniforme pour fixer dans toute la province l'espèce et la quotité des dîmes qui seront payées à l'avenir par les décimables, afin d'éviter toutes les questions que font naître les prétentions journalières des décimateurs, et arrêter les usurpations auxquelles la simplicité des peuples, l'obscurité des lois sur cette matière et la diversité des usages a donné lieu jusqu'à ce jour, et qu'il soit libre à la paroisse qui n'a pas assez de prés pour l'exploitation de sa terre, de pouvoir en réduire en prés jusqu'à la concurrence d'un tiers[1] ;

fol. 26 v°.) *Rentes ecclésiastiques* omises. L'abbaye de Hambye recueillait, d'après le *Journal de 1782*, 12 demeaux de froment et 7 s. 6 d. en deux portions de rentes foncières. (Arch. Manche, H 4331.)

[1] Un mouvement très remarquable s'était dessiné à la fin du XVIII° siècle en Normandie en faveur du *couchage*, c'est-à-dire de la conversion en prairies des terres arables (*Cahier de Montmartin*, 6°, p. 474.) Mais cette transformation posait en matière de dîmes une question des plus délicates. Les terres couchées devaient-elles être comme herbages, affranchies de la dîme, ou bien celle-ci devait-elle, par subrogation, continuer à se lever sur les champs autrefois labourés et décimables? Ni la jurisprudence, ni la doctrine n'étaient encore parvenues en 1789 à donner à cette question une solution satisfaisante.

La jurisprudence était incohérente. La Cour avait commencé, dans ses premiers arrêts, par repousser toute prétention du clergé sur les terres couchées, et elle avait même rendu un arrêt en forme de Règlement (*Arrêt de Fréville*, 28 février 1647, cité par Basnage, *sur art. 3*, I, 24) dans lequel elle posait en principe que les décimateurs ne pourraient aucunement réclamer, et que leurs droits seraient estimés suffisamment sauvegardés, si une part des terres, que l'arrêt fixait à un tiers, était conservée en labour. Quelques années plus tard, elle avait de même refusé d'enregistrer un Règlement royal de 1657, qui établissait comme règle commune la dîme de substitution.

Mais depuis le milieu du XVIII° siècle, la jurisprudence avait lentement évolué. Routier, qui écrit avant 1751, considère déjà qu'elle tend à devenir plus favo-

rable aux décimateurs, et cite quelques arrêts de la première moitié du siècle. Après lui, la tendance nouvelle était allée continuellement en s'affirmant, et par un nouvel arrêt portant règlement pour le bailliage de Cotentin et celui de Bayeux, la Cour, revenant sur l'arrêt Fréville, avait autorisé les décimateurs à percevoir dans tous les cas par subrogation la dîme sur les terres labourables converties en labour depuis moins de quarante ans, pourvu qu'il fût établi que ces herbages servaient à l'élevage de bestiaux destinés à être vendus; l'exemption de dîme ne subsistait plus, quelle que fût la proportion laissée en labour, que pour les prairies destinées à la pâture des animaux domestiques de l'exploitation. (*Arrêt du 16 juillet 1749*; dans *Recueil des édits*, VIII, 601.)

Cette jurisprudence était certainement fort mal assise. La distinction de fait ainsi introduite, l'exigence de la preuve d'une prescription quadragénaire qu'on y ajoutait, étaient autant de portes ouvertes aux contestations. Les juridictions inférieures, les bailliages de Coutances et de Carentan en particulier, avaient refusé de s'incliner devant le nouveau règlement, et elles persistaient à rendre en faveur des décimables des sentences que la Cour devait successivement casser (arrêts contre les paroisses de Carolles, 1754; de Soulles, 1755; de Saint-Pierre-d'Arthenay, 1762; de Genilly, 1765; de Lessay, 1765; de Carentan, 1769; de Tessy, 1771, tous rendus pour le Cotentin). Les appels s'étaient dans les dernières années à ce point multipliés que la Cour, ébranlée, avait cru devoir revenir sur sa jurisprudence, et dans un nouvel *Arrêt portant règlement pour les dîmes de la province de Normandie, du 3 mai 1784*,

Qu'il soit établi dans toutes les paroisses des écoles pour les deux sexes, avec des honoraires suffisants dont les fonds seront pris sur la masse des revenus des communautés religieuses, qui sont ou se trouveront par la suite abandonnées ou détruites;

Que chaque paroisse soit chargée du soin de ses pauvres, et qu'à cette fin il soit fait un fonds suffisant, tant par les habitants que par les décimateurs pour soulager et bannir la mendicité;

Que tous les biens communaux soient partagés par têtes entre les usagers, afin de mettre cette portion considérable de terres en valeur et la rendre profitable à ses propriétaires;

Que tous les évêques, abbés, prieurs, commendataires et autres gros bénéficiers soient tenus de résider dans leurs bénéfices, et que leurs revenus soient réduits par la nation assemblée à des sommes proportionnelles à leurs différentes dignités, pour être le surplus employé au soulagement de l'État;

Que les droits de déports, qui privent pendant un an les habitants de chaque paroisse de la présence utile de leur vrai pasteur à chaque mutation de titulaire, soient anéantis et abrogés;

Que les droits d'annates, les dispenses et autres, qui sont une véritable contribution que la cour de Rome lève sur le royaume, soient supprimés à l'avenir.

Lesdits habitants sollicitent une réforme générale dans l'admi-

---

avait consacré à nouveau la distinction primitivement admise, suivant laquelle les décimateurs n'étaient tenus qu'à réserver en labour un tiers de leurs cultures.

Le règlement de 1784 eût tranché définitivement toutes les questions en litige; mais en 1789 ce règlement n'avait pu encore être appliqué. Les décimateurs, dont il contrariait sur plusieurs points les prétentions, s'étaient pourvus devant le Conseil du roi; un *Arrêt du 8 juin 1785*, rendu en leur faveur, avait suspendu l'exécution du règlement du Parlement; et quelques mois plus tard, une *Déclaration royale du 29 mai 1786* était intervenue pour réglementer dans un sens plus favorable aux décimateurs l'ensemble du droit décimal. Mais cette fois, à son tour, le Parlement avait résisté; il avait refusé d'enregistrer la déclaration royale, nommé des commissaires pour présenter des remontrances au roi, et ordonné que par provision son

règlement de 1786 soit exécuté. D'où nouvel *arrêt du Conseil du 27 juillet 1786*, cassant la délibération du Parlement, et ordonnant itérativement que l'exécution de l'arrêt de 1784 resterait suspendue jusqu'à ce qu'il fût ordonné du tout par le roi.

Les choses en étaient là en 1789. Dans l'incertitude de la législation, les procès s'étaient multipliés de toutes parts, et une quantité de litiges restaient pendants depuis des années dans les juridictions. Cette situation locale et les débats un peu longs de cette lutte du Parlement et du Conseil sont nécessaires à connaître pour comprendre les allusions des cahiers qui, suivant qu'ils émanent du tiers état ou bien du clergé, réclament naturellement l'exécution de l'arrêt du Parlement ou de la déclaration royale. (Voir *Cahier de la noblesse de Cotentin*, art. 18, dans Hippeau, *Cahiers*, II, p. 6; *cahier de Champrepus*, art. 8, *supra*, p. 263.)

nistration de la justice, qui la rende moins à charge aux justiciables ;
à cet effet ils désirent :

1° Que dans toutes les affaires il ne puisse y avoir à l'avenir
plus de deux degrés de juridiction à parcourir ;

2° Que les tribunaux d'instruction soient en assez grand nombre
pour que l'étendue de leur arrondissement ne soit pas trop considérable ;

3° Qu'ils aient la connaissance des affaires contentieuses de
quelque genre qu'elles soient ;

4° Qu'à cet effet les bureaux des finances, les eaux et forêts,
les élections et tous autres de cette espèce soient supprimés, et leur
compétence attribuée auxdits tribunaux ;

5° Qu'il soit établi trois ou au moins deux tribunaux supérieurs
pour la province, où les appels de toutes les affaires soient portés ;
que tous ces tribunaux, tant d'instruction que d'appel, soient placés le plus que faire se pourra au milieu des pays de leurs ressorts ;

Que le nombre des juges qui composeront ces tribunaux soit
fixé seulement à celui nécessaire, et toujours tenu complet ; qu'à la
mort de chaque officier propriétaire d'une charge de judicature,
il soit pourvu par l'État au remboursement de la finance qu'elle
lui a coûté ;

Que les charges dans ces nouveaux tribunaux cessent d'être vénales, ne s'accordent qu'au mérite, et soient partagées entre les
deux ordres en nombre égal ; qu'elles ne puissent s'obtenir que
par la voie de l'élection, et que ce soit toujours dans l'ordre des
avocats ; que ceux qui en seront pourvus aient, pour les tribunaux
supérieurs, au moins dix ans d'exercice, et dans les inférieurs au
moins six ;

Que la distinction et le mérite dans ces charges puisse conduire
à l'anoblissement, et qu'après vingt-cinq ans d'exercice, chaque
magistrat des tribunaux supérieurs jouisse pendant sa vie des privilèges de la noblesse et de la moitié de ses appointements après
sa retraite ;

Que dans les tribunaux inférieurs, après le même temps d'exercice, les magistrats puissent se retirer également avec la moitié de
leurs appointements ;

Que ces appointements soient assez considérables pour ne pas
donner à celui qui serait élu l'occasion de refuser ses services dans
la crainte de compromettre ses intérêts ;

Que dans les divers tribunaux les charges des procureurs soient supprimées et qu'il soit pourvu à leur remboursement sur le prix de la finance;

Que les juges ne puissent jamais toucher d'épices dans toutes les affaires soit d'audience, soit de rapport; et que les lois criminelles soient entièrement réformées, le titre des décrets[1] abrogé comme ruineux pour le créancier et le débiteur, par la difficulté des formes qu'il prescrit et des frais qu'elles entraînent;

Que les formes de procédure civile soient changées, et les abus auxquelles elles donnent lieu soient réformés;

Que les matières consulaires soient toujours jugées expéditivement dans les formes qui leur sont particulières, et que tous les tribunaux en puissent également connaître;

Qu'il plaise à Sa Majesté de décharger les communautés de la levée des milices, ou leur permettre de s'en racheter; cette levée est chaque année pour elles la source de dépenses considérables qui sous regard sont un impôt aggravant[2].

Chaque soldat ne coûte pas au Roi 150 francs pour son engagement, et il n'est pas de milicien qui ne coûte au moins 500 francs de frais à sa communauté.

S'il ne plaisait pas à Sa Majesté de les libérer de cette soumission qui enlève souvent à une famille pauvre un sujet qui en est le soutien, qu'au moins sa bonté leur épargne les frais de déplacement, en statuant qu'à l'avenir les subdélégués ou autres officiers chargés de faire faire les tirages se transporteraient sur les lieux, comme ils y étaient obligés autrefois.

Que l'Assemblée nationale prenne en considération l'état actuel des forêts du royaume, le vice de leur régie, l'importance et la ressource dont elles seraient pour les arts et pour la marine; que leur conservation soit confiée au zèle des administrations provinciales et qu'elles soient autorisées à y faire toutes les bonifications qui leur paraîtront nécessaires.

Que les adjudications des coupes qui seront faites dans les levés appartenant à Sa Majesté ne puissent être passées qu'en présence

[1] On appeloit décret, d'après Houard, «la procédure nécessaire pour se procurer sur la vente judiciaire d'un immeuble le payement d'une dette légitime et authentique». (Dict. anal., v° Décret, I, p. 407.) La procédure du décret forcé est réglée par un titre spécial de la Cout. réf., Titre des exécutions par décret, articles 546 à 596.

[2] La paroisse de la Haye-Bellefond avait tiré à la milice en 1788 avec celle de Soulles; celle de Maupertuis faisait partie d'un groupe de huit paroisses appartenant pour la plupart à la baronnie de Moyon. A la Haye-Bellefond, il y avait eu 41 garçons inscrits, dont 26 exempts; 7 avaient tiré pour fournir un milicien. Dans l'autre circonscription, 156 garçons s'étaient présentés au tirage, il y avait eu 144 exempts; 6 seulement avaient tiré pour fournir un milicien. (Arch. Calvados, C 1916.)

de trois des députés de l'assemblée du département, dans lequel elles se trouveraient situées, lesquels députés seraient nommés commissaires à cet effet.

Que les députés de l'Assemblée nationale daignent s'occuper de la question suivante et la résoudre.

« Est-il avantageux pour l'État de donner un libre cours à l'ar-« gent, en permettant qu'il puisse produire un intérêt légal sans « aliénation du capital? Ne serait-il pas à craindre que la facilité « qui en résulterait pour se procurer des capitaux lucratifs ne dé-« tournât les citoyens du désir de posséder des terres, et ne fût « préjudiciable à l'agriculture? »

Et si l'opinion de l'Assemblée est pour l'affirmative fixer l'intérêt légal de l'argent par une loi authentique, que le bien de l'État exige.

Que la noblesse ne puisse être vénale à l'avenir et ne s'accorde plus qu'au mérite et à la vertu, afin de ne pas augmenter le nombre des privilèges qui pèsent sur la roture.

Supplient Sa Majesté lesdits habitants de vouloir bien permettre que tous les brevets des pensions dont l'État est chargé, que les appointements des ministres, les gages des commis de tous les bureaux, soient pris en considération par l'Assemblée nationale, pour y être fait telle réforme que le bien de l'État l'exigerait.

Qu'il soit statué qu'aucun ministre ne pourra se retirer avec des pensions, s'il n'a pas bien mérité de la patrie.

Que tout ministre des finances réponde sur sa tête de leurs déprédations, qu'il soit tenu en se retirant de rendre un compte exact de son administration.

Que la bonté de Sa Majesté ne puisse dorénavant soustraire aucun ministre prévaricateur à la rigueur des lois, ni empêcher que son procès lui soit fait dans les formes[1].

Que Sa Majesté veuille bien aussi accorder à la nation de con-

---

[1] Un vœu analogue se rencontre dans beaucoup de cahiers normands. Cf. le cahier de la noblesse du bailliage d'Alençon, § VIII, 5° : « Qu'il soit statué que les ministres seront désormais comptables aux États généraux de l'emploi des fonds qui seront confiés à chacun d'eux, responsables de leur conduite en tout ce qui sera relatif aux finances, auxdits États généraux, qui pourront les poursuivre et les faire juger par les tribunaux ordinaires ». (HIPPEAU, Cahiers, I, 23.) Il n'est pas malaisé de discerner quelle menace particulière se cache sous ces périphrases. Le cahier du bourg d'Essai dit tout crûment : « Que le sieur de Calonne, ci-devant contrôleur général des finances, soit dénoncé au Parlement, pour son procès être fait et parfait de la même manière qu'il arriva à Pierre-Rémi de Montigny, intendant des finances de Philippe le Bel, lequel fut dénoncé par les États de 1328. » (DUVAL, Cahiers d'Alençon, p. 131.)

server toujours le ministre que ses talents, son zèle et ses vertus lui rendent cher, et qu'elle ne le laisse jamais devenir la victime des cabales que l'ambition ou une basse jalousie pourraient former contre lui. Tel est le vœu que ses fidèles et respectueux sujets forment pour sa gloire et la prospérité du royaume.

Paroisse de Maupertuis :

DELAFOSSE, *député,* F. LEGOUPIL, G.-P. LEGOUPIL, P. CHA-PELLE, Ch. VOISIN, *Illisible,* B. EPAULLE, F. DELA-FOSSE, PAPILLON, J.-F. LEGOUPIL, J.-B. LEGOUPIL, F. LEGOUPIL.

Paroisse de la Haye-Bellefond :

P. ESTUR, *député,* J.-A. LEDIOT, H. ESTUR, P. VOISIN, *dé-puté,* Bon PHILIPPE, F. DUVAL, J. ENAULT, F. VOISIN, LÉCLERC, J.-B. DELAFOSSE, François ESTUR, J.-P. DU-VAL, B. LECHANOINE, GUILLAUME, LE BASTARD, B. ALLIX, B. LÉLÉGARD, J. ALLIX, G. LENEVEU, L. LECANUET, VOI-SIN, André ESTUR, J.-P. DUVAL, H.-F. BELLANGER, DUVAL, J. LEBAILLY, Pierre LECANUT, F. LECHANOINE.

LA HAYE-COMTESSE [1].

1. PROCÈS-VERBAL D'ASSEMBLÉE.

(Le procès-verbal authentique n'a pu être retrouvé.)

Date de l'assemblée : 1er mars. — Nombre de feux : 65 [2]. — Président : LEFRANC, *syndic.* — Comparants : 11. — Députés : Guillaume LEFRANC, *labou-reur* (4 jours, 12 l., Acc.); Denis QUESNEL, *laboureur* (4 jours, 12 l., Acc.).

2. CAHIER DE DOLÉANCES.

(Ms. *Greffe du Tribunal de première instance de Coutances, pièce n° 872.* Original signé. *Inédit.*)

Cahier des doléances, plaintes et remontrances du tiers état de la paroisse de la Haye-Comtesse.

Du dimanche premier jour de mars mil sept cent quatre-vingt-neuf, à l'issue des vêpres.

[1] Ancienne paroisse, réunie à Sour-deval-les-Bois, arrondissement de Cou-tances, canton de Gavray.

[2] Population déclarée en 1790 :

3oo communiants; au dénombrement de 1793, 276 habitants. (N. 6, M. 2, D. 3). — Population actuelle (avec Sourdeval) : 35o habitants.

Les habitants en général de la paroisse de La Haye-Comtesse, dépendante de la généralité de Caen, élection de Coutances, vicomté de Gavray, assemblés au son de la cloche, hors le lieu saint, à la place accoutumée à faire tous actes publics, lesdits habitants présents par Thomas Auber, Pierre Douville, Charles Lempereur, François Robinne, Denis Quesnel, Guillaume Lefranc, Guillaume Gravey, François Forget, Pierre et Thomas Galmel et Charles Lefranc, tous âgés de vingt-cinq ans et plus, et compris dans les rôles des impositions de ladite paroisse, lesquels pour se conformer aux ordres de Sa Majesté, portés par ses lettres données à Versailles le 24 janvier dernier pour la convocation et tenue des États généraux de ce royaume et satisfaire aux dispositions du règlement y annexé, ainsi que l'ordonnance de M. le bailli de Cotentin, rendue par Monsieur son lieutenant général, dont lecture leur aurait été donnée dimanche dernier au prône de la messe paroissiale par M. le curé dudit lieu, et réitérée à l'issue de la messe paroissiale le même jour, et affichée devant la principale porte de l'église, et dont lecture leur a été donnée ce jourd'hui, prennent la liberté de représenter à Sa Majesté, puisqu'elle veut bien leur permettre de lui adresser leurs vœux et leurs réclamations, leurs doléances, plaintes et remontrances :

1° Que, comme ils espèrent, que des arrêtés de l'Assemblée des États généraux il en résultera le plus grand bien pour Sa Majesté, pour l'état général du royaume, et pour tous ses sujets, ils supplient Sa Majesté de convoquer la même Assemblée de dix ans en dix ans, et toutes les fois que les besoins de l'État l'exigeront.

2° Qu'il serait du bien-être de l'État, et du peuple en général, qu'il n'y aurait qu'un seul impôt qui serait réparti sur tous les sujets de Sa Majesté également et sans distinction, eu égard à leurs facultés, et sans avoir égard à leur condition, qualité, dignité et privilèges [1].

3° Qu'il serait du bien-être public, que tous les tribunaux d'exception fussent supprimés, que toutes les affaires qui y sont portées quant au contentieux fussent portées aux juridictions ordinaires des

---

[1] Impositions pour 1789 : taille, 496 livres; acc., 325 l. 10 s.; cap., 320 l. 18 s.; corvée, 164 l. 14 s. 8 d.; vingt., 219 l. 15 s. 7 d.; terr., 22 livres; bât., 7 livres. Au total, 1,605 l. 5 s. 1 d. — *Privilégiés* : le curé, Mre Ligot, représenté à Coutances par le curé de Hambye; le seigneur, Ernault de Chanterolouer, non résidant (cap. noble, 224 l.), et le seigneur du Lorey, pour extension de terre (cap., 60 l.). *Supplément des privilégiés* : 123 l. 2 s. 4 d.

lieux d'où dépendent les parties, à l'effet de quoi la vicomté de Gavray fût érigée en bailliage, en lui donnant un arrondissement proportionné.

4° Que les habitants des paroisses devraient être quittes envers
MM. les curés au moyen de la dîme qu'ils leur payent [1], que cependant l'on voit qu'ils exigent en outre que leurs paroissiens leur
fassent des presbytères, qui coûtent des sommes immenses, ce qui
met fort souvent de pauvres paroissiens dans la dernière misère;
qu'il serait juste par conséquent que Sa Majesté rendrait un édit
qui porterait que MM. les curés et bénéficiers se logeraient à leurs
dépens et qu'à commencer comme de ce jour, les paroissiens ne
seraient plus tenus à aucune réparation de presbytères.

5° Qu'il serait du bien-être public, que tous les chemins vicinaux et publics de chaque paroisse ne fussent plus à la charge des
propriétaires des fonds bordants, mais bien à la charge de chaque
paroisse.

6° Que, quoiqu'il y ait plus de trente ans que lesdits habitants
payent pour la confection des grandes routes, il n'y en a cependant
aucune qui leur soit utile, en étant éloignés de plus de trois lieues;
qu'il serait par conséquent juste de leur accorder, ainsi qu'aux paroisses voisines, une route de Villedieu à Gavray et de Gavray à
Briqueville-sur-la-Mer, pour leur faciliter le transport des engrais
de mer, sans lesquels leur fonds ne peut produire [2].

7° Qu'il serait du bien-être public que les priseurs-vendeurs
fussent supprimés, surtout pour le bien et avantage des pauvres
mineurs.

8° Que les seigneurs de cette paroisse possèdent à peu près la
moitié du terrain [3], qu'en outre lesdits paroissiens leur payent à peu

[1] La cure de la Haye-Comtesse était
de patronage laïque, et le curé était
seul décimateur, «avec 18 ou 20 vergées de terre d'aumône, dont 2 1/2 en
jardin à pommiers, 2 en pré, et le surplus labourable». (*Pouillé*, fol. 19 v°.)
Déclare en 1790 sa dîme valoir année
commune 900 livres, les aumônes
100 livres. Il y a 9 livres d'obits. Au
total, 1,000 livres environ. (*Déclar.*
n° 127, fol. 43.)

[2] *Mém. stat.*, p. 58 : «Terroir de
moyenne valeur pour le labour; plant
et prairies.» Sur les projets de routes,
voir Gavray, art. 20, *suprà*, p. 318,
et la note.

[3] Il y avait dans la paroisse trois
terres nobles : le fief de la Haye-Comtesse, appartenant au seigneur (terres
et rentes non est.) et deux petits fiefs,
dits de la Rouxelinière et de la Sa-
brière, relevant du marquisat de Marigny, qui appartenaient en 1789 à M. de
Guer. Ceux-ci rapportaient seulement,
le premier 3 l. 10 s. à Noël et 3 chapons et 3 pains, le second 4 boisseaux
de froment à Saint-Michel, 8 chapons,
3 gélines et 80 œufs à Pâques. (*Journal
des rentes du marquisat de Marigny* [an-
née 1785], ms. Bibl. Coutances, n° 14,
fol. 126.) Deux moulins banaux à eau
et grain, estimés au commencement du

I.

24

près deux demeaux de froment par vergée, en outre une quantité de menues rentes; qu'en outre les seigneurs exigent des droits de banalité considérables, ce qui les écrase, pourquoi ils supplieraient Sa Majesté de supprimer tous droits de banalité ainsi que toutes corvées.

Le présent cahier contenant dix pages, la présente comprise, a été fait et signé double par lesdits habitants de La Haye-Comtesse ci-dessus dénommés, et signé par Guillaume Lefranc, syndic de la municipalité dudit lieu, et dont le double du présent déposé au greffe de ladite municipalité, et le présent fait pour être mis aux mains des députés pour le présenter à l'Assemblée du bailliage de Coutances.

Cedit jour et an.

(Un mot en interligne dans la quatrième page pour bon et deux mots rayés nuls dans cette page.)

P. Douville, T. Auber, T. Galmel, C. Lempereur, F. Ro-binné, F. Forget, G. Lefranc, J. Lefranc, D. Quesnel, J. Chatel, P. Galmel, G. Gravey, C. Lefranc.

---

siècle. 300 livres de revenus. (*État des fiefs*, fol. 17.)

Biens ecclésiastiques : I. *Biens-fonds.* 1° La cure, maison presbytérale, grange, boulangerie, 13 vergées de terre, dont 3 en plant à pommiers, 2 en pré, 1/2 en bois taillis, le reste terre labourable (loué en l'an III 80 l.); 2° Abbaye de Hambye, un pré de 20 vergées, affermé par bail 110 livres et 2 chapons.

II. *Rentes.* 1° L'abbaye de Hambye, 150 demeaux de blé, dont la majeure partie en froment, le reste en seigle et avoine, avec d'autres menues rentes en argent, pains, poules et œufs «dont on n'a pu, disent les officiers municipaux, former un état précis, vu que les rede-vables ont refusé de faire des déclara-tions, crainte de se compromettre. Il y a environ 200 vergées de terres qui re-lèvent de ladite abbaye». (D'après les *États de rentes* de l'abbaye, l'ensemble monterait, y compris quelques rede-vances contestées, à 96 demeaux 1/2 de froment, mesure de Cérences, 27 poules 1/2, 1/2 chapon, 15 pains, 48 œufs, et 35 l. 17 s. 10 d. pour la baillie de l'abbaye, dus par une ving-taine de fieffataires; plus 64 demeaux de froment, 10 pains, 10 poules et 6 l. 10 s. 6 d. en argent, dus d'autre part aux pitances de l'abbaye. Arch. Manche, H 4331.)

III. *Dîmes* (voir *suprà*, p. 369, note 1). D'après le *Pouillé*, la dîme donne en nature 10 demeaux de froment, 25 de seigle, 40 d'orge, 50 d'avoine, 80 de sarrasin, 12 de mouture et bois et 2 tonneaux de cidre. Menues dîmes, 80 l.

HÉRENGUERVILLE[1].

1. Procès-verbal d'assemblée.

(Ms. Greffe du Tribunal de première instance de Coutances, pièce n° 457.
Original signé. Inédit.)

Analyse (Formule du modèle général imprimé). — Date de l'assemblée :
1er mars[2]. — Président : Jean-François de la Lande, syndic de la communauté « pour le deffaut d'autre officier public ». — Les comparants ne sont pas énumérés. — Nombre de feux : 60[3]. — Mention de rédaction et de representation du cahier. — Députés : Anne-François Binet ; Jacques Adam.
(Les députés ont fait défaut à l'Asssemblée préliminaire de Coutances)[4]. — Ont signé (12 signatures) : A. Binet, J.-B. Lemarchand, J. Adam, J. Lefevre, Jean Thomas, René Viel, Philippe Depierre, Jacques Olivier, Charles Mahé, Jean Blanchet, Jacques Vadet, P. Vadet.

2. Cahier de doléances.

(Ms. Greffe du Tribunal de première instance de Coutances, pièce n° 460.
Original signé. Inédit.)

Cahier que présente la paroisse de Hérenguerville à MM. les députés aux États généraux.

Nous soussignés, habitant ladite paroisse de Hérenguerville, tous nés Français, âgés de vingt-cinq ans, et compris aux rôles des impositions royales, nous nous sommes assemblés en conséquence des ordonnances de Sa Majesté et règlements y annexés, aux fins de rédiger le cahier de doléances, plaintes et remontrances de ladite communauté ; et puisque Sa Majesté par un effet de son amour pour ses sujets et par une marque authentique de la protection qu'il leur a toujours accordée, a bien voulu nous donner la liberté de réclamer par nous-mêmes sa bonté paternelle, pour parvenir par une voie sûre à la connaissance de nos besoins et de nos misères, et y appliquer les remèdes que sa tendresse et sa générosité lui inspirent, nous avons l'honneur de vous représenter ce qui suit :

Suplions d'observer que les fonds dépendants de ladite communauté sont d'une très petite étendue[5], chargés de rentes et de

[1] Arrondissement de Coutances, canton de Montmartin.
[2] Le cahier est daté du 5 mars.
[3] Population déclarée en 1790 : 240 communiants ; au recensement de

1793, 313 habitants (N. 7, M. 2, D. 8) ; population actuelle 234.
[4] Au rôle de taxes il est porté : « Les députés n'ont point comparu. »
[5] Superficie de la commune actuelle :

très peu de valeur ; ils sont presque tous argileux et aquatiques (*sic*), ce qui en rend la culture difficile et ingrate ; et ce qui met le comble à la misère des habitants, c'est qu'il n'y a aucun commerce qui puisse les dédommager de la stérilité du sol.

Il est à observer que la communauté, composée de soixante feux, ne possède que la moitié des fonds, le reste appartenant au seigneur dudit lieu[1] ; et à l'exception de quelques habitants qui tirent à peine leur subsistance d'un revenu très modique, tous les autres sont artisans ou obligés de prendre le parti de la mer, pour pouvoir subvenir aux besoins de leurs familles.

D'après ces considérations, il est aisé de juger combien il leur est difficile de satisfaire à la multitude des impôts dont ils se trouvent suchargés, et qui montent à la somme de quatorze cent quatre-vingt-sept livres dix-sept sols dix deniers [2].

Savoir :

Pour le principal de la taille.......... 467 l. 7 s.
Pour les impositions accessoires........ 302 l. 18 s.
Pour capitation .... 300 l. 17 s. 4 d.

271 hectares. Le *Mém. stat.* de 1698 s'exprime ainsi : « Terrain à froment, orge, plant et taillis ; bois de haute futaie abattu. »

[1] La paroisse d'Hérenguerville comprenait deux fiefs nobles, celui de Montaigu et celui d'Hérenguerville. Tous deux appartenaient en 1789 à Louis-Charles-François, comte de Bérenger, qui comparaît à l'assemblée de l'ordre de la noblesse comme seigneur et patron de Hérenguerville, Montaigu et Canteloup. Les biens de l'émigré Bérenger dans la paroisse, loués en plusieurs portions, sont déclarés en pluviôse an II se consister en 375 vergées de terre (dont 145 pour la ferme de Montaigu, louée au s' Vincent de la Lande, et 192 pour celle du Manoir, louée au s' Guillaume de la Lande), produisant le tout 1,105 boisseaux de tout grain ; la partie en herbage et bois non évaluée. (*Déclarat. des fermiers, Coutances.*)

Il n'y a de biens ecclésiastiques dans la paroisse que la cure, maison, pressoir, jardin, 2 vergées 3/4 d'aumônes (louée en l'an III 160 l.). Le curé jouit des 5/6 des dîmes, le reste appartient à l'abbaye de la Luzerne. N'a point fait de déclaration en 1790 ; d'après le *Pouillé, f" 15 v°,* sa part de dîme donnait 200 boisseaux de tout grain,

mesure de Coutances, avec quelque lin, chanvre, pois, bois-jean, brebis, agneaux, pour une somme de 90 livres année commune. Il faudrait donc estimer le bénéfice de 1,000 à 1,200 livres pour 1789.

La part de dîmes de la Luzerne était affermée à la fin du XVII° siècle 30 livres, et 4 livres de sucre. (Arch. Manche, H 8365.)

Rentes non déclarées : l'abbaye de Hambye : 8 demeaux de froment (*ibid.,* H 4331) ; l'abbaye de la Luzerne, 50 livres. (Arch. Calvados, C 4382.)

En 1787, l'ensemble des revenus ecclésiastiques de la paroisse est estimé, par les contrôleurs des vingtièmes, à 3,220 livres. (Arch. Calvados, C 6519.)

[2] Ces chiffres sont ceux des impositions de 1789, augmentés des frais de perception. Les chiffres bruts des rôles sont : taille, 457 livres ; acc., 299 l. 18 s. ; cap., 295 l. 13 s. ; corvée, 150 l. 15 s. 7 d. ; vingt., 407 livres ; terr., 37 livres ; bât., 12 livres. Au total 1,558 l. 16 s. 9 d.

Lignes : 68. — *Privilégiés :* le curé, m° Jean-Jacques Lemaître, représenté à Coutances par le curé d'Hyenville, et Louis-Charles-François de Bérenger, seigneur et patron. *Supplément des privilégiés :* 31 l. 13 s. 8 d.

Pour le vingtième.................. 4,5 l. 4 s. 6 d.
Pour impôt territorial.............. 37 l.
Pour prestation représentative de la corvée. 154 l. 11 s.
Pour bâtiment de justice............. 12 l.

Nous avons l'honneur de vous représenter que le vœu universel de la communauté serait de réduire à un seul et même rôle tout le tribut qu'exigerait Sa Majesté de ses sujets pour le bien de l'État. Une multitude de rôles ne sert qu'à augmenter les frais de recette, et tant de collecteurs qui se succèdent rappellent trop souvent au malheureux la triste nécessité de se retrancher du nécessaire, pour satisfaire à leurs dettes.

Ce qui pourrait beaucoup contribuer à notre soulagement, ce serait une répartition à faire sur tous les biens-fonds de chacun, sans distinction d'état ni de condition; il nous paraît que ce serait un excellent remède pour le bien de l'État et le soutien des malheureux.

Sa Majesté ayant toujours le bien public en vue, et s'appliquant à corriger les différents abus qui auraient pu s'introduire, nous avons l'honneur de lui représenter très respectueusement qu'il nous paraîtrait à propos de diminuer le grand nombre de ses receveurs, qui absorbent une partie considérable des deniers destinés pour le bien de l'État, et de les réduire à un salaire plus modique; tant de deniers employés pour ce sujet ne nous paraît pas un des moindres abus.

Notre peu de capacité nous retient dans des bornes nécessaires; notre unique espoir est dans la bonté et la clémence du sage monarque à qui nous nous ferons toujours gloire d'obéir, et qui s'est toujours montré le père de ses sujets. Fasse le ciel que nos vœux soient exaucés pour la conservation de sa personne sacrée, et que ses sages projets fassent le bonheur de ses peuples.

Arrêté à Hérenguerville par l'assemblée paroissiale, ce cinquième jour de mars 1789.

Jean Thomas, Philippe DE Pierre, Laurent Viel, Jean Blanchet, Gille Viel, Pierre Hédoin, Lemarchand, Jacques Vadet, Jacques Lefevre, J. Adam, Pierre Adde, P. Vadet, A. Binet.

HOCQUIGNY [1].

———

1. Procès-verbal d'assemblée.
(Le procès-verbal authentique n'a pu être retrouvé.)

Date de l'assemblée : 1er mars. — Nombre de feux : 136 [2]. — Députés : *Louis-Jean-Baptiste Dupont, *laboureur* (4 jours, 12 l. et 19 jours, 74 l., Acc.); Pierre Pinot, *laboureur* (4 jours, 12 l., Acc.).

2. Cahier de doléances.
(Ms. *Greffe du Tribunal de première instance de Coutances*, pièce n° 398. Original signé. *Inédit.*)

En conséquence de la lettre du Roi du 24 janvier dernier, de l'ordonnance de M. le lieutenant général du bailliage de Coutances du 13 février dernier, de l'affiche et lecture faite dimanche dernier au prône de la messe paroissiale de ce lieu, de la convocation faite au susdit prône et fixée à ce jour, nous habitants de la paroisse de Hocquigny, nous sommes assemblés pour faire et rédiger le présent cahier de plaintes et doléances, pour être remis à ceux qui seront ci-après nommés par acte à part pour porter le susdit cahier à l'Assemblée fixée demain deux heures après-midi en notre bonne ville de Coutances par M. le lieutenant général dudit siège.

Les députés de Hocquigny représenteront à l'Assemblée que :

1° Le tiers état doit sister aux États généraux en aussi grand nombre que l'ordre de la noblesse et du clergé; c'est-à-dire qu'il doit y avoir autant de députés; que les suffrages doivent y être comptés par tête et non par ordre.

2° Que tous les impôts [3] seront payés indistinctement par la

---

[1] Arrondissement d'Avranches, canton de la Haye-Pesnel.

[2] Mouvement en 1787 : N. 4, M. 4, D. 5. — Population actuelle : 232 habitants.

[3] Impositions pour 1789 : taille, 681 livres; acc., 446 l. 18 s.; cap., 440 l. 12 s.; corvée, 226 l. 3 s. 7 d.; vingt., 370 l. 7 s. 5 d.; terr., 31 livres; bât., 10 livres. Au total, 2,206 l. 1 s. 2 d. Lignes : 64. Jouissants : 3. — *Privilégiés* : le prieur-curé, Jacques-Fran-

çois Josme, présent à Coutances, et le seigneur, M. de Guer, marquis de Pontcaley, seigneur de Hocquigny et la Haye-Pesnel. *Supplément des privilégiés* : 50 l. 14 s. 9 d.

Biens des privilégiés : 1° *Ecclésiastiques*. Le prieuré-cure, maison, jardin, terres d'aumône, bois taillis, 53 vergées pour le tout (loué par bail de 1782 à Jacques Doublet, pour un prix déclaré «sincère» en 1790, mais non donné; était afferme à l'époque du *Pouillé*,

noblesse, le clergé et le tiers état, eu égard aux possessions d'un chacun; s'il en était autrement on verrait le tiers état succomber sous le poids de ces impôts si multipliés, et qui depuis des années si reculées n'a eu aucun espoir pour son soulagement que l'assemblée des États généraux; on verrait plus que jamais ceux du tiers état qui ont un peu de fortune acheter des charges qui les exemptent de ces impôts, les posséder le temps fixé pour jouir du privilège, et vendre encore avec profit; et bientôt le royaume serait rempli de ces privilégiés, et les plus pauvres de l'État obligés de payer les impôts. Depuis quelques siècles, combien n'en voit-on pas d'exemples? dans les premiers temps on ne voyait d'anoblis et de privilégiés que ceux qui se sacrifiaient pour l'État; aujourd'hui ceux à qui la fortune permet d'acheter ces charges sont assimilés à ceux du plus grand mérite. Le clergé qui possède au moins un tiers du royaume ne doit-il pas contribuer aux impôts de l'État? Nous connaissons par exemple un évêché de cent cinquante mille livres de revenus et qui ne paye que trois mille livres de décimes[1], pendant qu'il n'est personne du tiers état qui ne paye au moins moitié de sa fortune au Roi. Quelle disproportion!

Combien de communautés de deux cents, trois cents mille livres de revenus et qui n'ont que dix ou douze religieux à entretenir! Ne serait-il pas juste que le surplus du nécessaire à ces religieux servît à des maisons de charité, au soulagement des pauvres, et que ces biens payassent des impôts pour le soulagement de l'État?

3° Que tous les impôts soient levés sous une seule et même [dé]nomination, de façon que chacun sache ce qu'il doit.

---

423 l. 10 s. et estimé en 1791 d'un revenu de 734 l. 11 s. 1 d., impôts non déduits); 2° le trésor, 2 portions de terre, louées 49 l. 5 s. sans pot-de-vin; 3° l'abbaye de la Luzerne, terre de la Garenne, 60 vergées, louée par bail de 1787, 280 livres, et 24 livres de pot-de-vin non portées au bail; une autre terre en labour, non dénommée, affermée 204 l. 10 s. (*Déclaration des fermiers, Avranches*, f° 10 et suiv.)

Rentes : 1° Le prieuré-cure, 6 l. 16 s., 1 chapon, 2 gélines, 3 poules, par plusieurs particuliers; 2° la mense conventuelle de l'abbaye de la Luzerne, 33 l. 10 s. en trois parties de rentes foncières; 3° le prieuré-cure de la Bloutière, 1 livre.

[1] Il ne nous paraît pas que les paroissiens de Hocquigny aient voulu parler ici de leur évêque: l'évêché de Coutances était loin, en 1789, de valoir pareil revenu. L'Almanach royal ne l'estime qu'à 44,000 livres, et bien que cette évaluation soit probablement trop faible (l'évêque, en 1790, déclare 58,711 l. 12 s. de revenu, dont: terres, 37,656 livres; rentes, 1,055 l. 12 s.; déports, 20,000 livres; droits de treizième et bois non évalués), la différence est trop considérable avec le chiffre avancé au texte. Beaucoup plus probablement les rédacteurs ont dû penser à l'évêché de Bayeux, diocèse voisin de renommée fastueuse, que l'Almanach estime, somme sûrement trop faible, à 90,000 livres, et qui, d'après la commune opinion, valait bien les 150,000 livres qui scandalisent les paroissiens d'Hocquigny.

Aujourd'hui un collecteur demande pour la taille, demain pour le taillon, un autre pour la capitation, et enfin d'autres fois pour les dixièmes et vingtièmes ou autres impôts territoriaux, de sorte que les habitants savent qu'on leur demande tous les jours et ne savent ce qu'ils doivent; s'il n'était connu qu'un seul impôt, l'assiette et la perception en serait plus facile.

4° Que les édifications et entretien de presbytères seront à la charge des décimateurs[1]; et que pour les maintenir en bon état, on obligera les procureurs du Roi d'y veiller, afin qu'après la mort d'un bénéficier, le nouveau pourvu ne trouve pas le presbytère en totale ruine.

5° Que le Roi sera supplié de donner un nouveau tarif des droits de contrôle et de centième dernier, de façon que tout le monde sache ce qu'il devra pour le contrôle de tel ou tel acte. Aujourd'hui, qu'on porte un acte à contrôler, on voit un commis du contrôle donner toute son attention pour faire quelques découvertes dans cet acte, chercher des moyens de verbaliser, ce qui, pour ne pas avoir affaire à ces gens, fait promettre tout ce qu'ils demandent; voilà cependant où on est exposé tous les jours, ce qui par crainte empêche le contrôle de bien des actes, qui souvent par la suite deviennent fort intéressants; si on n'avait pas toutes ces craintes, on ferait contrôler tous les actes; les droits seraient plus considérables et on serait tranquille. S'il échet par exemple une succession à Pierre et à Paul, ces deux hommes courent promptement au bureau de la situation de ces héritages déclarer la valeur de cette succession, ils en payent les droits de centième denier, et

---

[1] La cure d'Hocquigny était unie au prieuré et à l'hôtel-Dieu du lieu. *Pouillé*, f° 9 r° : «Hocquigny, Patron l'abbaye de la Bloutière. Le prieur-curé est obligé, à cause de l'hôtel-Dieu, de nourrir et entretenir 6 pauvres sains et malades. A cause dudit hôtel-Dieu, il possède dans la paroisse 16 vergées de terre en aumône, plus un tènement d'héritage, contenant 25 vergées de terre. Possède encore 8 acres de bois taillis dans la paroisse de la Luzerne, et 4 vergées aussi en bois taillis dans la paroisse de Hocquigny. Possède en outre toutes les dîmes, tant grosses que menues, de la paroisse de Hocquigny, plus 8 demeaux de froment dans la paroisse de la Beslière, à 13 pots le demeau, et 30 sols de rente. Plus possède 2 demeaux de froment dans la paroisse de Saint-Sauveur-la-Pommeraye, et 12 livres de rentes foncières, et les dîmes de la paroisse du Tanu, etc.»

Les dîmes de la paroisse d'Hocquigny donnent, d'après le *Pouillé*, 12 à 15 boisseaux de froment, 35 à 40 de seigle, 18 à 20 de mouture, 70 à 80 d'avoine, 60 de sarrasin, mesure de 18 pots le boisseau, et 3 tonneaux de cidre. Dans le *Compte des revenus de la cure d'Hocquigny* (Ms. Bibl. Avranches, n° 219, fol. 139) elles sont portées pour 350 livres; mais ce chiffre est évidemment beaucoup trop faible pour la fin du xviiie siècle. Le revenu total, dans le *Pouillé*, est déclaré, vraie valeur, à 1,213 livres; il est déjà porté, en 1775, à 1,862 l. 18 s. (Arch. Calvados, C 1047.) — Décimes : 85 livres. Nous n'avons point de déclaration de 1790.

si après leur partage fait il se trouve que quelque partie de ces biens conviennent à un de ces cohéritiers, il cherche tous les moyens de l'avoir, son cohéritier de son côté profite de ce moment pour la vendre quelquefois plus de moitié plus qu'elle ne vaut; dès que l'on porte le contract de vente au bureau du contrôle, le commis ne perd pas le moment, cherche vite la déclaration en centième denier, voit que l'objet vendu n'a pas été estimé si cher (ils n'oublient pas à faire estimer dans les déclarations en centième denier les fonds article par article), arrête le contrat, verbalise, concluant à la restitution des droits et en une amende considérable. Le misérable épouvanté d'un droit qu'il ne connaît pas, met tous ses amis en peine pour arrêter les suites de ce procès-verbal, et cela finit en payant tout ce qu'il demande.

6° Qu'il ne soit permis à aucun pauvre de sortir de sa paroisse pour mendier, sous peine d'être arrêté[1]. On voit tous les jours dans nos campagnes des pauvres de huit à dix lieues. Qu'est-ce qui peut faire écarter ces gens si loin? Y a-t-il paroisse qui ne soit capable de nourrir ses pauvres? Il y en a parmi eux qui ne sortent que pour voler; si on les voit, on ne sait d'où ils sont et ils ne [vont] pas [re]venir dans le hameau où ils ont volé.

Telles sont les plaintes et doléances des habitants de Hocquigny, s'en rapportant au surplus aux députés qu'ils vont nommer; ce qu'ils ont signé ce premier jour de mars 1789.

J. DUVAL, P. PINOT, DUVAL, J. LATOUCHE, J.-B. FIZE, L. TIREL, G. LATOUCHE, T. CLÉMENT, L.-P. PINOT, PINOT,

---

[1] *Arrêt du Parlement de Rouen, qui enjoint à tous mendiants valides et étrangers, de l'un et de l'autre sexe, de sortir de la ville dans le jour, et de la province dans la huitaine de la publication du présent arrêt, 18 mai 1752.* — Art. 2. «A pareillement enjoint aux mendiants de l'un et l'autre sexe, originaires et domiciliés de la province, de se retirer dans pareil délai de huitaine dans la paroisse de leur origine ou de leur domicile, si aucune ils ont, sans qu'il leur soit permis de mendier dans aucune autre, sous peine, pour la première fois, d'être marqués de la lettre M; et pour la seconde, de cinq ans de galères contre les hommes, du fouet et

bannissement, pendant pareil temps, contre les femmes, et d'être marqués une seconde fois de ladite lettre M.» (*Recueil des Édits*, VIII, p. 560.)

Le prieuré-hôpital d'Hocquigny recevait, comme on a déjà noté, «six pauvres sains et malades, élus par le général des quatre paroisses» où s'étendaient ses biens : Hocquigny, Folligny, la Haye-Pesnel et le Tanu. Il faisait en outre, chaque semaine, des distributions de pain et des aumônes aux pauvres qui se présentaient à la porte. (*Mémoire concernant le prieuré d'Hocquigny, remis par Dom Jacques Fr. Jérôme, prieur-curé, janvier 1775.* Arch. Calvados, C 1047.)

T. Pinot, L. Pinot, J. Lebuffe, P. Lair, Dupont-Neslierre, F. Augoin, *greffier.*

Contresigné *ne varietur.*

Dupont-Neslierre, *syndic municipal.*

HUDIMESNIL.[1]

---

1. Procès-verbal d'assemblée.

(Le procès-verbal authentique n'a pu être retrouvé.)

Date de l'assemblée : 1ᵉʳ mars. — Nombre de feux : 210 [2]. — Députés : Philippe-Antoine Estorey, *laboureur* (4 jours, 12 l., Acc.); *André-Jacques Pimor, *laboureur* (6 jours, 18 l. et 19 jours, 74 l., Acc.); Luc-Pierre Ernour, *laboureur* (4 jours, 12 l., Acc.).

2. Cahier de doléances.

(Ms. *Greffe du Tribunal de première instance de Coutances*, pièce n° 396. Original signé. *Inédit.*)

Le dimanche 1ᵉʳ mars 1789, à Hudimesnil, à l'issue de la messe paroissiale dudit lieu, a été fait et arrêté par les paroissiens soussignés le présent cahier de remontrances et doléances comme il suit :

1° Rien ne paraît plus juste et plus avantageux pour le peuple que l'institution des assemblées municipales, pour régler les impositions, à cause du bon ordre qui nous y paraît établi suivant les instructions qui nous sont parvenues à cet effet [3], qui font aisément connaître qu'en suivant l'ordre prescrit par lesdites instructions les impôts ne peuvent être qu'équitablement répartis, ce qui évitera beaucoup de frais et de procédure entre les peuples.

2° Cette paroisse se trouve beaucoup surchargée d'impôts [4], tant

---

[1] Arrondissement de Coutances, canton de Bréhal.

[2] Population en 1793 : 1,715 habitants (N. 41, M. 14, D. 34). — Population actuelle : 1,009 habitants.

[3] Il s'agit du *Règlement pour la formation et la composition des assemblées municipales*, arrêté conformément aux Instructions royales par l'assemblée provinciale de Basse-Normandie, dans sa session d'août 1787. (Texte dans Hippeau, *Gouvernement*, V, 345.)

[4] Impositions d'Hudimesnil pour 1789 : taille, 2,815 livres; acc., 1,847 l. 6 s.; cap., 1,821 l. 5 s.; corvée, 926 l. 6 s. 7 d.; vingt., 1,952 l. 18 s. 10 d.; terr., 166 livres; bât., 55 livres. Au total : 9,593 l. 18 s. 7 d. *Privilégiés* : Le seul privilégié résidant était le curé, mᵉ Ponsardin; mais il y avait un certain

à cause des biens possédés par des nobles, par des bourgeois de ville et autres propriétaires externes, exempts quant à présent des impositions de tailles personnelles; comme aussi presque tous les biens-fonds sont considérablement redevables aux seigneurs dont ils relèvent, qui ne font pas même déduction sur leurs rentes des droits royaux, ce qui fait que la plus grande partie du peuple ne sont que comme fermiers des fonds qu'ils possèdent; pourquoi il serait très à propos que le clergé et la noblesse, qui possèdent tous les plus beaux biens, fussent susceptibles de toutes les impositions à proportion de leur revenu, ce qui pourrait procurer un grand soulagement au peuple.

3° Il serait très à propos que les sieurs curés, tous pourvus de bénéfices assez considérables, feraient leurs logements comme ils aviseraient bien, sans y appeler les habitants de leurs paroisses. Il arrive fort souvent qu'au changement de curé il faut un presbytère neuf ou des réparations considérables[1], et qui ruinent une grande

nombre de propriétaires non résidants privilégiés pour des biens considérables. *Supplément des privilégiés :* 275 l. 15 s. 5 d.

Biens des privilégiés. Ecclésiastiques. I. *Biens-fonds :* 1° la cure, bâtiments, onclos, 3/4 de vergée, aucune aumône d'après les officiers municipaux (louée en l'an III 22 l. 10 s.); 2° chapelle Sainte-Suzanne, terres, 180 livres de revenu. (*Déclar.* n° 130, f° 119.) — II. *Rentes :* 1° le trésor (n. est.); 2° abbaye de Savigny, fief noble dit *de Savigny,* s'étendant sur 100 vergées dans la paroisse, et autant dans le Lorcur, rentes féodales de 119 demeaux de froment et un carsonnier, 1 poule, 1 géline, 3 l. 16 s. 6 d. en argent, et des casualités; 3° abbaye de Fougères, pour le fief dit *de Rilley,* rentes féodales et casualités (n. est., étaient déclarées en 1754 pour 363 livres en argent, et 14 livres de sucre); 4° prieuré-cure d'Hocquigny, 2 l. 10 s. et 2 poules et 20 œufs à Noël. *Rentes omises :* 5° abbaye de la Luzerne, 17 demeaux de froment en trois parties de rente foncière (Arch. Manche, H 8365); 6° abbaye de Hambye, deux rentes et un quartier de froment et 12 demeaux, mesure de Coutances. (Arch. Manche, H 4332.) — III. *Dîmes* (v. *infrà,* p. 380, note 1).

Laïcs. I. *Biens-fonds :* 1° le sieur Léonor Guillaume de Potier, maison manable

et jardin (n. est.); ferme de Catillon, bâtiments, 80 vergées de terre, dont 50 en labour, le reste en pré, donnant 190 ruches de grain et 1,400 bottes de foin (louée en 1792, 850 livres); ferme du Bourg, bâtiments, 50 vergées de terre, dont 36 en labour, donnant 117 ruches de tout grain (louée en l'an II 630 livres); en tout 156 vergées de terre, valeur 1,600 livres de revenu; 2° le sieur Nicolas Lebachelier, prêtre, 15 vergées de terre, dont 7 en labour, donnant 24 ruches de tout grain et 400 bottes de foin (loué par bail de 1785 180 livres, estimé 413 livres.). II. *Rentes :* le domaine du roi, 7 l. 15; 2° le prince de Monaco, pour extension de sa baronnie de Bréhal (n. est.). III. *Moulins, etc. :* le moulin du port, à la sieurie de Hudimesnil, 150 livres; le moulin Paquet, 100 livres; le bois taillis d'Autot (n. est.).

[1] La paroisse venait de s'imposer extraordinairement de la somme de 7,800 livres pour construction d'un nouveau presbytère. (*Arrêt du Conseil, 4 sept. 1781,* et correspondance de l'intendant, 16 mars 1782, Arch. Calvados, C 1325 et 1341.) En 1790, les officiers municipaux observent dans leur inventaire que «le presbytère est en bon état, n'ayant besoin d'aucunes réparations, ayant été fini en 1784». (Arch. Manche, Q⁴·¹ 13.)

partie du peuple, qui à grande peine peuvent suffire et parvenir à payer les impôts et rentes dont les fonds qu'ils possèdent sont maculés.

4° Pareillement il serait à propos que les sieurs abbés qui possèdent des dîmes et biens considérables[1] payassent en l'acquit et décharge des paroisses où leurs biens sont situés, les impôts de taille, vingtième, et autres impôts, à raison et proportion de leurs revenus, comme aussi que tous décimateurs soient seuls suceptibles des reconstructions et réparations nécessaires être faites aux tour et nef des églises.

5° Il serait aussi d'un grand avantage pour le peuple, que tous les impôts comme taille, taillon, capitation, chemins, impôt territorial, et tous autres excepté les vingtièmes, seraient contenus en un même rôle.

Le présent ainsi fait et arrêté ledit jour et an que dessus.

BOUREY, HARASSE, P. BOUREY, J.-F. FOLLAIN, J. GALTIER, F. HERPIN, J. BINET, LEMONNYER, D. ADE, L. DAMIAN, J. GRESSAC, P. LAINÉ, J. LEBRETON, François LE BACHELIER, G. ESTOREY, ESTOREY, Jean LEGROS, J. LENFANT, LEBOULLEY, PIMORT, DETORVE, Jacques LEGROS, P. TOUROUDE, Antoine LECOCQ, HECQUARD, Richard LEGRAND, Adrien BOUREY, LENFANT, François ERNOUF, Jean LENFANT, Jean VIVIEN, Jean LEBRETON, Anthoine LEHERISSEY, Jacques PREGIN, Philippe HARASSE, Antoine LAISNÉ, Fr. LE BRETON, B. LUCAS, *syndic*, L.-P. ERNOUF.

---

[1] Les dîmes de la paroisse appartenaient presque pour le tout aux abbayes. L'abbaye de Savigny, qui avait le patronage et la nomination, avait une gerbe de grosses dîmes, l'abbé et les religieux de Rillé et le prieur de la Trinité de Fougères avaient chacun une gerbe également. Le curé n'avait part aux dîmes que par suite d'une transaction avec l'abbaye de Savigny, qui lui avait abandonné le trait lui appartenant sur le fief dit de *Savigny*, avec les rentes et casualités, pour 5oo livres de rente par an et les réparations. (*Pouillé, fol. 1 o v°.*) Déclare en 1790 sa dîme, qu'il évalue à un tiers du tout, être affermée depuis 1772 pour 9 années pour 4,000 livres net, payée la redevance à l'abbaye. Il a 8 demeaux de froment et 1 l. 5 s. d'obits. Au total 4,028 l. 5 s., sur lesquels il paye un vicaire. (*Déclar. n° 118, f° 3o.*) En 1787, l'ensemble des revenus ecclésiastiques de la paroisse est estimé, par les contrôleurs des vingtièmes, à 6,53o livres. (Arch. Calvados, C 6519.)

HUGUEVILLE [1].

1. Procès-verbal d'assemblée.

Le procès-verbal authentique n'a pu être retrouvé.)

Date de l'assemblée : 1ᵉʳ mars (d'après le cahier). — Nombre de feux : 122 [2]. — Députés : Mᵉ Robert-Jacques Clasel, *conseiller au bailliage de Coutances* (2 jours, 6 l.; Ref.); *Vincent-Jacques Dubreuil, *laboureur* (4 jours, 12 l., et 18 jours 71 l., Acc.).

2. Cahier de doléances.

(Ms. *Greffe du Tribunal de première instance de Coutances*, pièce n° 399. Original signé. *Inédit.*)

Doléances, plaintes et remontrances de la paroisse et communauté d'Hugueville.

Elle prend la liberté de représenter à Sa Majesté, d'après les ordres qu'elle en a reçus, que sa taille et ses impôts sont trop onéreux vu son étendue et les charges dont elle est maculée [3]. Elle

---

[1] Orthographié aujourd'hui *Heugueville*. Arrondissement de Coutances, canton de Saint-Malo-de-la-Lande.

[2] Population en 1793 : 688 habitants (N. 22, M. 9, D. 19). — Population actuelle : 459 habitants.

[3] *Biens des privilégiés à Hugueville.* Ecclésiastiques. I. *Biens-fonds.* Il n'y a d'autres biens ecclésiastiques, d'après l'état des officiers municipaux, que la cure, maison presbytérale, jardin, 9 vergées de terre d'aumône (louée en l'an 111 235 livres), et la grange décimale du chapitre avec un petit champ en labour, nommé les Roques (n. est.). II. *Rentes :* 1° la cure, parties de rentes foncières de 2 livres et 2 l. 14 s.; 2° le chapitre de Coutances, 26 boisseaux 1/2 de froment mesure de Coutances; 3° les Jacobins (ou Dominicains) de Coutances, 17 boisseaux de froment et 1/4 de poule; 4° l'Hôtel-Dieu de Coutances, 19 boisseaux de froment, 3 pains, 2 chapons, 2 poules et 15 l. 11 s. 9 d.; 5° La Luzerne, 6 b. 1/2 de froment, mesure de Hugueville; 6° la commune capitulaire de Saint-Pierre-de-Coutances, 14 l. 3 d.; 7° la commune de Saint-Nicolas, 16 livres; 8° le petit collège du chapitre de la Cathédrale, 2 boisseaux de froment et 1 livre. (Total des rentes ecclésiastiques, 70 boisseaux 1/2 de froment et 48 l. 8 s.) III. *Dîmes :* au chapitre de Coutances (v. *infrà*, p. 382, note 1) : 3,821 l. 5 s.

Laïcs. Il y a dans la paroisse d'Hugueville 5 terres nobles : 1° la prévôté du roi, partie engagée au duc d'Orléans, rentes de 71 boisseaux 1/4 de froment à 13 pots et 3 livres en argent; partie engagée aux dames religieuses de l'hôtel-Dieu, consistant en 13 vergées 1/2 de terre labourable en plusieurs portions (n. est.) et rentes féodales de 442 boisseaux de froment à 5 pots et pinte, mesure d'Hugueville, 53 livres en argent et 3 livres de poivre, et 55 boisseaux à 4 pots chopine en une autre partie; 2° le fief de Heugueville, au seigneur : ferme de la Halle en Orval, bâtiments, 160 vergées de terre dont 115 en labour, le reste en pâturage, déclarée au 6 ventôse an 11 donner 692 boisseaux de tout blé (n. est.); moulin de Caesel, afferme 750 livres; rentes seigneuriales de 63 livres, 4 chapons, 160 boisseaux de froment; 3° le fief de Condé, à la dame veuve du sieur des Isles, terres (n. est.), rentes 20 boisseaux de froment;

paye au domaine de S. A. S. Monseigneur le duc d'Orléans quatre-vingt boisseaux de froment; aux dames religieuses hospitalières de Coutances, engagistes du domaine, cinq cent vingt-deux boisseaux de froment et des menues rentes; à la sieurie d'Hugueville cent soixante boisseaux de froment et vingt-cinq boisseaux d'orge et avoine et des menues rentes; à la sieurie de Montfort, cent dix boisseaux de froment et des menues rentes; à la sieurie de Condé, vingt boisseaux de froment; à l'église cathédrale de Coutances, aux religieux dominicains de ladite ville et autres particuliers privilégiés, cent cinquante boisseaux de froment; ce qui donne en total mille quarante-deux boisseaux de froment et vingt-cinq boisseaux d'orge et avoine, sans compter les menues rentes, et quatre mille livres de rentes foncières en argent aux églises et à différents particuliers privilégiés qui ne contribuent nullement à la taille et accessoires. Ses pauvres ne peuvent être secourus par leur zélé pasteur, n'ayant qu'une simple pension congrue, le chapitre de Coutances possédant toutes les dîmes.[1]

Elle a reconstruit depuis peu son presbytère, qui a coûté cinq mille livres et son église est en totale ruine, ce qui occasionnera pour le moins une pareille dépense.[2] Cette paroisse avait un marais où elle puisait des engrais pour fertiliser son sol; elle en est totalement privée par le changement du lit de la rivière de Sienne, sur laquelle elle est située; ce qui lui occasionne une diminution considérable sur ses fonds, et des frais, étant obligés de passer la rivière qui n'est guéable que dans certaines saisons de l'année et de payer des droits qui n'avaient jamais été exigés.

Elle est traversée par des chemins vicinaux, à la charge des bordiers, pour la plupart du [tiers] état, de les entretenir, et cependant souvent grevées par les courses des officiers du bureau des

4° le fief de Coudrans, au s[r] René Potier, seigneur de Courcy, terre et rentes (n. est.); 5° le fief de Montfort, terre (n. est.), rentes seigneuriales, 110 boisseaux de froment. (Nous n'avons aucun renseignement sur les *Rentes foncières*, que le texte dit s'être montées à 4,000 livres.)

[1] La cure d'Hugueville était sous le patronage et à la nomination du chapitre de Coutances, qui percevait toutes les grosses dîmes. Le curé avait, à la fin du XVIII° siècle, toutes les menues et novales, 7 à 8 vergées de terre d'aumônes, et une rente du chapitre de 114 l. 14 s., 25 boisseaux d'orge et 200 de paille de

froment. (*Pouillé*, f° 3 v°.) Déclare en 1797 son bénéfice valoir, tout compris, 720 livres, sur lesquelles il paye un vicaire. (*Déclar.* n° 42, f° 22.)

La dîme, avec grange décimale, est donnée à bail pour 3,570 livres, et 32 boisseaux de froment, 1 cent 1/2 de grain, 50 de paille, reconstruction des couvertures, faisant le tout, pot-de-vin compris, 3,821 l. 5-s. 4 d. de revenu annuel. (*Déclar. du chapitre*, f° 82.)

[2] *Arrêt du Conseil* portant autorisation d'un emprunt de 347 l. 12 s. pour solde des travaux de reconstruction du presbytère, 19 septembre 1786. (Arch. Calvados, C 1326.)

finances. Il serait à désirer que la connaissance de la petite voirie fût attribuée aux bailliages, chacun dans leur ressort, et que la réparation de ces chemins fût à la charge de tous les possédants-fonds de chaque communauté et non à celle des bordiers.

Elle fournit en temps de guerre plus de cinquante matelots. Sur une de ses extrémités est situé le pont de la Roque prêt à crouler faute d'entretien, et dont la ruine privera la paroisse et toutes celles qui l'avoisinent des ports de Regnéville, Granville et des salines de Briqueville, dont la communication lui est absolument nécessaire [1].

Cette communauté ose attendre de la bonté paternelle de Sa Majesté, dont elle donne à la nation entière des preuves si éclatantes de sa vigilance infatigable, de son digne et vertueux ministre, un soulagement à ses maux en modérant et simplifiant les impôts [2], en établissant la subvention territoriale ou la gerbe royale au lieu et place de la taille, accessoires et autres impositions, toujours très mal réparties, en réformant les abus, en supprimant tout privilège pécuniaire, en faisant supporter également aux trois ordres la prestation de la corvée, en imposant à la charge des décimateurs la confection et entretien des églises et presbytères, en faisant surveiller surtout les agents du fisc, qui dans toutes les parties aggravent le sort de ses sujets, en simplifiant et réduisant les droits de procédure, en donnant une augmentation de compétence aux anciens présidiaux établis dans les bailliages secondaires, qui ne devraient être que dans les villes, en protégeant le commerce et les manufactures qui ont beaucoup souffert depuis le dernier traité fait avec les Anglais; en ne permettant pas qu'on fît passer aucunes

[1] L'assemblée d'élection de Coutances avait déjà décidé à la fin de l'année précédente : «Que l'on chargera l'ingénieur du département de visiter le port de Regnéville et d'indiquer les moyens de mettre la rivière de Sienne dans son lit, afin de débarrasser ce port des sables amoncelés qui en bouchent l'entrée, et visiter également le pont de la Roque, et le chemin qui conduit de ce pont à Regnéville, pour en faire son rapport au bureau.» (*Assemblée d'élection, Coutances,* séance du 29 octobre 1788, art. 20, Arch. Calvados, C 7700.)

[2] Impositions pour 1789 : taille, 2,210 livres; acc., 1,450 l. 6 s.; cap., 1,429 l. 17 s.; corvée, 754 l. 5 s.; vingt.,1,275 l. 6 s. 10 d.; terr.,103 livres; bât., 34 livres. Au total, 7,236 l. 14 s. 10 d. — *Privilégiés :* le curé, m° Thomas-Michel Ovin, présent à Coutances, le seigneur et patron Alexis-Antoine Desmarets de Hugueville (cap. noble, 10 livres), la dame Élisabeth, v° du sieur des Isles, propriétaire du fief Condé (cap. 5 livres), et 4 non possédant fiefs, G. Alexandre-Clair Desmarets, officier de canonniers d'Hyenville, division de Montsurvent; le s' Demarets de Villeneuve (cap., 4 livres); la v° du s' Destouches de le Fresnaye et son fils (cap., 52 livres), la v° et enfants du sieur d'Yberville (cap., 14 livres). En outre, 1 brigadier, 1 sous-brigadier et 3 gardes des traites et quart-bouillon, privilégiés du tiers état. *Supplément des privilégiés :* . . .

sommes pour les droits d'annates et des dispenses, en rétablissant la *pragmatique sanction* supprimée sous Léon X et François Ier, et enfin en accordant des États généraux périodiques et des États provinciaux annuels. La reconnaissance respectueuse de cette paroisse sera éternelle et ses vœux pour la prospérité du règne du meilleur des rois sont les plus vifs et sincères.

Le présent cahier rédigé dans l'assemblée de ladite communauté, le 1er mars 1789.

> Le Maître Lengallerie, J. Lemaistre, J. Carin, Dubreuil, Charles Lesage, C. Macé, F. Lemaresquier, J. Hébert, A. Lefrançois, Charles Macé, Jean-B^{te} Roger, Dubreuil, Malo Macé, Pierre Hébert, Guillaume Helaine, J. Lemaistre, Jean Macé, Jean Gautier, Jean David, Jacques Dubreuil, J. Roger, C. Boscher, C. Macé, Joseph Lemosquet, J. Ledoux, C. Robiquet, Charles Dubreuil, P. Leloup, Gilles Robiquet, Antoine de Saint-Jorres, Pierre Quentin, Jacques Le Roux, N. Lerendu, J.-B. Legallais, G. Legallais, Clouet.

HYENVILLE [1].

---

1. Procès-verbal d'assemblée.
(Le procès-verbal authentique n'a pu être retrouvé.)

Date de l'assemblée : 1er mars. — Président : J. Delacour, *syndic*. — Nombre de feux : 71 [2]. — Députés : François Belin, *laboureur* (3 jours, 9 l., Acc.); Valentin de La Mare, *laboureur* (3 jours, 9 l., Acc.).

2. Cahier de doléances.

(Ms. *Greffe du Tribunal de première instance de Coutances, pièce n° 397.* Original signé. *Inédit.*)

Aujourd'hui, premier jour de mars mil sept cent quatre-vingt-neuf, après vêpres.

Nous, habitants de la paroisse de Hyenville, tous nés Français, âgés de vingt-cinq ans, compris dans les rôles des impositions, convoqués au son de la cloche, après que lecture a été donnée des lettre du Roi, règlement y annexé et ordonnance de Monsieur le

---

[1] Arrondissement de Coutances, canton de Montmartin.

[2] Le cahier porte 77 feux. — Population en 1793 : 405 habitants (N. 9, M. 6, D. 6); population actuelle : 264 habitants.

bailli de Cotentin, avons procédé à la rédaction de notre cahier de doléances, plaintes et remontrances, qui sera porté, demain deux mars, par les députés que nous allons nommer à l'assemblée préliminaire du tiers état à Coutances, en la manière qui suit :

1° *Plaintes.*

Il n'est pas nécessaire d'entrer dans un grand détail pour prouver notre insuffisance à payer les impôts dont nous sommes chargés ; il suffit d'exposer l'état de notre paroisse et de ses habitants.

Il y a soixante-dix-sept feux taillables, dont cinquante-cinq ne sont que des journaliers, maçons, manœuvres, qui n'ont d'autres biens pour faire subsister leurs nombreuses familles que le seul fruit de leur travail, n'ayant qu'une petite maison avec un petit jardin, et peu ont quelques vergées de terre ; le reste ne sont que de petits propriétaires et des fermiers.

À peine les productions de la paroisse suffisent pour nourrir et faire subsister la moitié de ses habitants ; la plus grande partie du terrain est d'une très mauvaise qualité, argileux, glaiseux, pierreux, tufier et sablonneux ; le tout couvert d'une mince couche végétale, baigné d'eau dans l'hiver, resserré, endurci dans l'été par l'ardeur du soleil et du vent, et qui la rend impénétrable aux influences de l'air, et ce qui fait que la culture en est très difficile et très ingrate[1].

L'autre partie, la moins susceptible de culture, est abandonnée à la production du jonc marin, dont les fermiers se servent pour faire de la chaux[2].

---

[1] *Mém. stat.* 1698, p. 36. «Hyenville. Terroir de labour de froment et orges, plant et prairies ; une petite lande.» Le *Mém. de* 1727 ajoute : «La qualité des terres de ces paroisses n'est pas de la meilleure ; le terrain est léger et sablonneux, sujet à des stérilités causées par une sécheresse continuelle, ce qui fait que l'on n'y sème aucuns blés d'hiver, tels que sont les froments et seigles, mais seulement des sarrasins ou blés noirs, et ensuite des blés mêlés d'orge, avoine et lentilles, dont le peuple vit, et appelle ce genre de blé *moture.* L'on y sème aussi quelque vesce, pois et fèves, après lesquels labours on est obligé de laisser reposer les terres pendant deux ou trois années... Celles de ces paroisses où il se fait de la chaux sont la plupart plan-

tées en bois-jean, qui sert à cuire cette chaux, et il en faut pour un seul fourneau des 20, 30 ou 40,000 gerbes, selon la grandeur du fourneau» (p. 2 et 10).

[2] Il est fort peu question, dans les cahiers, de l'emploi de la chaux comme amendement. Le *Mém. stat. de* 1727 prétend même, à l'article des chaux de Montmartin, «qu'on ne s'en sert pas pour engraisser les terres, comme ailleurs, et que tout le commerce s'en fait par mer, pour aller à Saint-Malo et dans les villes de Bretagne». Il est incontestable pourtant qu'en 1789 on commençait à employer la chaux dans la culture, particulièrement celle de Montmartin et d'Hyenville ; plusieurs cahiers, ceux de la Colombe, du Percy, de Saint-Romphaire, y font expressé-

I. 25

Il ne faut pas croire que le petit commerce que font ces fermiers de cette chaux provienne du seul jonc marin qui croît sur leur terre; ce n'est qu'en partie une espèce de bruyère, le reste est en trop petite quantité; ils sont obligés de chercher, dans les paroisses voisines, cette espèce de bois qui leur est nécessaire pour soutenir le petit commerce qui leur est indispensable, n'ayant pas d'autres ressources pour payer leur maître et acquitter leur contribution aux impôts.

Il est à observer qu'il n'y a dans la paroisse d'Hyenville que très peu de prairies, si ce n'est quelques petites portions qui sont sur la grande route de Coutances à Granville.

2° Impositions.

Notre paroisse, quoique si pauvre et si misérable, comme il est aisé d'en juger par le tableau ci-dessous, est cependant imposée à la somme de cinq cent quatre livres du capital de la taille, ci. . . . .   504 ᵗᵗ

Pour les impositions accessoires.   322

Pour la capitation.   325

Pour la prestation annuelle.   164

Pour les vingtièmes   594

Pour l'impôt territorial   71

TOTAL . . . .   1,980 ᵗᵗ

---

ment allusion, et on venait même d'assez loin, comme on voit, pour la chercher. Pourtant on n'en usait encore qu'à défaut de tangue; et les cahiers eux-mêmes montrent qu'on ne se rendait pas bien compte de leur action propre, et qu'on les confondait mal à propos avec des engrais dont le mode d'action est tout différent. (Percy, art. 1, *infrà*, p. 503.)

Sur les gisements de chaux de la région, on pourra consulter une étude de M. QUÉNAULT : *La chaux de Montmartin-sur-Mer et d'Hyenville*, dans Annuaire de l'Association normande, XLII, 1876, p. 730. L'auteur donne quelques détails intéressants sur le procédé de fabrication, et sur l'époque où l'on substitua comme combustible le charbon de terre : « De tout temps on a fabriqué, dit-il, de la chaux avec le calcaire de Montmartin; mais avant 1838, c'était avec le bois et le jonc marin seulement; on n'avait pas jusque là es-

sayé le charbon de terre. Les fours pouvaient contenir 100 tonnes de chaux chacun. On emplissait ces fours de pierres calcaires s'appuyant sur une voûte dont les pierres étaient destinées à la cuisson comme les autres, et cinq ou six hommes entretenaient par un orifice inférieur un feu ardent jusqu'à ce que la chaux fût entièrement cuite. Il fallait cinq à huit jours pour que l'opération soit terminée; cinq jours quand le temps était sec, huit quand il était pluvieux. La chaux était parfaitement cuite, et ne contenait presque pas de pierres réfractaires. » (*Op. cit.*, p. 236.)

D'après le *Mém. stat. de 1727*, on tirait à Hyenville de chaque fourneau, 50 à 60, et même jusqu'à 100 tonneaux de chaux, « selon la grandeur du fourneau ». Le prix était alors « à peu près de 10 livres chaque tonneau, qui a été ci-devant jusqu'à 20 et 22 livres ».

Il est incroyable comment on a pu tirer une somme si exorbitante sur un peuple si petit, si pauvre et si dénué de ressources[1]; ce n'a pas été sans beaucoup de larmes et de gémissements.

L'espérance d'un soulagement prochain, que nous fait attendre la bienfaisance du monarque sage et compatissant qui nous gouverne, nous rassure pour l'avenir, nous promet quelque soulagement. Que de larmes vont être essuyées; quelle paix dans les familles; quelle consolation pour les malheureux.

3° *Sentiments sur les impôts.*

Mais pour entrer dans les vues toujours bienfaisantes de notre bon Roi, qui permet indistinctement à tous ses sujets la liberté de s'expliquer sur la manière de lever les impôts; de remédier aux abus et à cette affreuse inégalité qui se trouve dans leur répartition, celui qui nous paraît le plus sage et plus capable de remédier à tant de maux, est la taxe sur les terres sans exemption ni distinction d'états quelconques; pourvu que l'estimation en fût vraie et exacte, ce serait le plus sûr [moyen] d'observer l'égalité et de faire porter aux riches, qui ne payent pas, leur juste contribution et soulager le malheureux écrasé depuis si longtemps sous le poids t la multiplicité des impôts. Il n'y aurait qu'un seul et unique

[1] Ces chiffres sont manifestement ceux de l'année 1789, mais paraissent pour quelques-uns avoir été augmentés des frais de perception. Les chiffres bruts des rôles sont : taille, 490 livres; acc., 321 l. 10 s.; cap., 317 livres; corvée, 163 l. 14 s. 8 d.; vingt., 595 l. a s.; terr., 50 livres; bât., 17 livres. Au total, 1,594 l. 6 s. 8 d.

Lignes : 91; jouissants : 13. — *Privilégiés* : le curé, M° Louis-Sébastien Lescaudey, présent à Coutances; le seigneur Louis-Antoine Tanquerey, de la Mombrière, conseiller au bailliage; seigneur du fief de la Champagne en Saint-Sauveur-Lendelin ; et 4 nobles non possédant fiefs : Charles-Antoine Tanquerey, capitaine de dragons; Jacques-François-Pierre Potier, écuyer; Jacques Yvelin, écuyer, et Bon-Armand-Henry Yvelin, officier garde-côte. *Supplément des privilégiés* : 35 l. 6 s. 1 d.

Biens des privilégiés. Ecclésiastiques: 1° la cure, manoir presbytéral, jardin potager, terres 19 vergées, estimées en tout 300 livres (louées en l'an 111 150 livres). Le curé est seul décimateur. N'a point donné en 1790 de déclaration; au *Pouillé*, sa dîme est estimée donner 5 boisseaux de froment, 16 de hâtivau, 20 de mouture, 8 de pois, 2 de vesce, 15 de sarrasin, évalués en tout par la Chambre, avec lin, chanvre, brebis, agneaux et boisjean, vraie valeur, à 833 livres. (*Pouillé*, f° 5 r°.) Aucun autre bien ecclésiastique; biens des nobles non est. Moulins de Montchaton, à eau et à blé, affermés au commencement du siècle, 450 livres, et en 1778, 900 livres (*État des fiefs*, f° 12 r°.)

Rentes. 1° la cure, 6 livres de rente sur des particuliers; 2° le trésor, 1 boisseau de froment, mesure de Coutances, 5 demeaux mesure de Cérences et 6 livres en argent, dont remboursement est offert le 20 brumaire an 11; 3° le domaine du roi, 1 livre. (*État des biens nat., district de Coutances*, Arch. Manche, reg. Q! 12.)

impôt, et on verrait disparaître cette foule de rôles et de collecteurs qui, chaque jour, effraient et tourmentent le pauvre peuple.

Puissent nos vœux les plus ardents et les plus sincères pour la personne sacrée du Roi et pour la prospérité de l'État être exaucés! Jamais monarque ne sera plus grand, plus glorieux et plus chéri, État plus heureux et plus florissant.

Fait et signé par nousdits, syndics et habitants, cedit jour et an que dessus.

Belin DESMAREST, V. DELAMARE, Guille LE ROUX, Jean DU-CHEMIN, Louis HEREL, Jean BASSET, J. LAURENT, Philippe DELALANDE, J. LAURENT, J. PAINNEY, A. CHEVREUL, Nicolas LECAPLAIN, Charles ALEXANDRE, J. PENNET, J. LEMENAGER, J. DELACOUR, *syndic ayant tenu l'assemblée.*

LA LANDE-D'AIROU.[1]

1. PROCÈS-VERBAL D'ASSEMBLÉE.
(Le procès-verbal authentique n'a pu être retrouvé.)

Date de l'assemblée : 26 février. — Nombre de feux : 250 [2]. — Députés : *Mᵉ Jean-François CHAUVEL, notaire 6 jours, 18 l., et 19 jours, 74 l., Ref.); Joachim DE L'ÉPINE, laboureur (4 jours, 12 l., Ref.); Charles-François MORIN, laboureur (4 jours, 12 l., Ref.).

2. CAHIERS DE DOLÉANCES.
A. (Ms. *Greffe du Tribunal de première instance de Coutances, pièce n° 448.* Original signé. *Inédit.*)

Le jeudi 26 de février 1789, à la Lande-d'Airou, après lecture et publication des lettres et règlement du Roi du 24 janvier présente année, ensemble de l'ordonnance de Monsieur Desmarets de Montchaton, lieutenant général du bailliage de Coutances du treize du présent mois, faites tant au prône de la messe paroissiale par le sieur curé de la Lande-d'Airou, qu'à l'issue de ladite messe par Jacques Hinet, syndic de ladite paroisse, cloche sonnée et affiche mise, le général s'est assemblé, et instruit des grandes et salutaires réformes que le Roi, comme un bon père de famille, veut opérer dans son royaume, fait les vœux les plus ardents

---

[1] Arrondissement d'Avranches, canton de Villedieu.

[2] Mouv. 1787 : N. 32, M. 8, D. 22.
— Population actuelle : 770 habitants.

pour que les États généraux convoqués aient dans leur tenue le succès que se propose Sa Majesté.

Une communauté telle que celle de la Lande-d'Airou, composée de deux cent cinquante feux, tous petits propriétaires de terre froide, argileuse ou de coteaux arides, sans commerce, sans industrie, et dans le site le plus défavorable pour l'exploitation[1], chargée et grevée d'impôts excessifs relativement à la qualité de son terrain ingrat et de son défaut de commerce[2], offre, malgré sa misère, de fournir la juste et équitable contribution aux charges de l'État; et puisque le Souverain veut bien descendre du trône pour écouter la voix plaintive de ses peuples, cette petite portion de son royaume ose lui demander et lui demande avec confiance l'unité, la modicité et la simplicité dans les impositions, répartition universelle et proportionnelle sur tous les fonds, commutation de droits peu lucratifs aux propriétaires et très onéreux aux redevables, abrogation de la gabelle, liberté de commerce, abréviation et simplification dans la forme judiciaire, arrondissement dans les juridictions et suppression de tribunaux subalternes[3], qui multiplient les procédures, ruinent les familles, et éloignent les jugements. Au reste, la communauté de la Lande-d'Airou met toute sa confiance dans la bonté du cœur de son Roi et s'en rapporte à la sagesse des États généraux.

[1] *Mém. stat.* 1698, p. 36. «La Lande d'Airou. Ce n'est qu'un petit bourg qui était autrefois ville, qui fut âlée par un phénomène extraordinaire l'an 1198. Terroir différent, de labour, plant et prairies; beaucoup de bruyères.» Le curé, dans sa déclaration, à la chambre ecclésiastique, lors de la confection du Pouillé, dit de même la paroisse «d'une très grande étendue et de très mauvaise terre; il y a plus de 2,500 vergées en bois et en landes». En 1790, il est encore observé dans la déclaration «que la paroisse de la Lande d'Airou est dans un site et un sol ingrat et défavorable, composé de 252 feux ou ménages épars et jetés aux extrémités d'une vaste étendue de terrain coupé de coteaux arides et de landages froids; fournit 1,200 individus.» (Arch. Manche Q⁴·³ n. cl.)

[2] Impositions pour 1789 : taille, 2,605 livres; acc., 1,709 l. 10 s.; cap., 1,685 l. 8 s.; corvée, 865 l. 4 s. 5 d.; vingt., 1,799 l. 14 s. 10 d.; terr., 154 livres; bât., 51 livres. Au total, 8,869 l. 17 s. 3 d.

Lignes : 252, dont 19 exploitants. — *Privilégiés* : le curé, M° Alexis-Pierre Jouin, membre de l'assemblée d'élection, et le seigneur Jean-Malo-Jullien Lequet (cap. noble, 112 livres), tous deux présents à Coutances. *Supplément des privilégiés :* 242 l. 14 s. 7 d. Biens des privilégiés : 1° la cure (voir note 2 *infrà* p. 395); 2° le trésor, 100 livres de rente; 3° l'abbaye de la Luzerne, 2 rentes foncières, faisant ensemble 3 quartiers de froment, 79 sols en argent à la Saint-Michel, 2 chapons et 5 gélines à Noël; 4° l'abbaye de Hambye, 6 sols, 2 pains et 2 gélines, en contredit; 5° la Chapelle Saint-Martin, plusieurs portions de terre et un pré en friche, affermés pour 180 livres. Au total, pour les vingtièmes, 4,850 livres de revenu ecclésiastique. — Laïcs : 1° le domaine, rente de 7 l. 12 s. 6 d.; 2° le seigneur, terres, bois, étangs, rentes n. est. Foucault évaluait cette terre, à la fin du xvii° siècle, 5 à 600 livres de rente.

[3] Voir *infrà*, le second cahier, art 18, p. 394.

Fait et délibéré cedit jour et an que dessus, et signé après lecture. (De l'autre part, un bout de ligne rayée nul.)

L. Renault, J. Desrue, G. Lherault, J. Letrone, G. Herbert, L. Jardin, J. Terrien, Jacques Huard, L. Huard, G. Huard, F. Hamel, Ch. Frémond, Louis Lefranc, G. Hamel, J. Hiné, *syndic*.

B. (Ms. *Greffe du Tribunal de première instance de Coutances, pièce n° 452.* Original signé. *Inédit*.)

Plaintes et doléances pour être portées par les députés de la paroisse de la Lande-d'Airou à l'Assemblée des trois ordres du bailliage et siège présidial de Coutances.

1° Les habitants de la Lande-d'Airou redemandent les États de la province, qu'elle semble n'avoir perdus que par le non-usage, ou plutôt parce que le parlement s'imagina les suppléer par des remontrances. Cette prétention n'est pas aussi vieille que l'on se l'imaginerait. Elle n'a pas un siècle et demi.

2° Ils se refusent, en gémissant, à aucune contribution, de quelque impôt que ce soit, créé depuis Louis XIII. On sait que, depuis ce monarque, le despotisme le plus affreux les a quelquefois exigés, ou qu'ils n'ont été consentis d'autres fois que par l'abus horrible d'un pouvoir qui n'avait été ni donné, ni consenti. C'est une opération nécessaire : supposé le déficit actuel comblé, une guerre heureuse ou malheureuse, qui arrivera tôt ou tard, formera encore un autre déficit. Faudra-t-il combler celui-là ? Faudra-t-il combler ceux qui le suivront ? Cela sera absolument impossible, parce que cela est même très difficile en ce moment. Il vaut donc autant aujourd'hui employer ce grand remède, qui sera d'une conséquence très salutaire. Il n'y aura pas, après cela, de particulier qui ne trouve plus aisément un écu à emprunter qu'un monarque. Voilà le bien.

Le passé effraie, le présent rassure; mais rien ne garantit l'avenir. Les Louis XVI et les Necker sont des présents dont la nature est bien avare.

3° Ils demandent l'abolition de toutes distinctions entre le tiers état, le clergé et la noblesse pour le payement des impôts, et que chaque individu de ces ordres y contribue à l'avenir.

Ces distinctions sont offensantes pour le tiers état et le surchargent outre mesure.

4° La taille est de tous les impôts, excepté celui du contrôle des actes, le plus horrible. Son arbitraire dans la répartition, outre qu'il entretient des injustices et fait tort aux mœurs, donne naissance à une infinité de haines et de procès toujours ruineux.

5° Les dixièmes sont encore très injustement répartis, etne pèsent que sur la classe indigente.

6° On demande donc la suppression de ces impôts, et qu'ils soient convertis en une subvention territoriale ou une dîme royale, à laquelle tous les revenus fonciers soient assujettis sans aucune distinction, qu'ils soient possédés par des communautés des ordres séculiers ou réguliers, bénéficiers ou autres, et surtout les dîmes, nature d'impôt qui, en Normandie, écrase les cultivateurs.

7° Dans la majeure partie du royaume, la capitation qui monte à environ 400 millions 500 livres[1], le tiers état contribue pour plus de trois quarts; toute la cour, toute la noblesse du royaume, tous les propriétaires de charges, tous les habitants de Paris et tous ceux des grandes villes, dont la capitation est séparée de la taille, n'y contribuent que pour environ neuf millions. (*Traité de l'administration des finances*, t. II, p.322.) C'est là la plus énorme injustice qu'on puisse faire au tiers état.

Toute la cour, toute la noblesse, tous les propriétaires de charges, tous les habitants de Paris et des grandes villes, ajoutez-y tout le clergé, et voilà entre les mains de qui est plus de la moitié des revenus du royaume. Une portion considérable par ses revenus est exempte de cet impôt, l'autre n'en paye pas un quart, le tiers état supporte le reste. Voilà l'effet du malheureux gouvernement oligarchique qui a, jusqu'ici, écrasé le tiers état. Il demande à ne participer que pour un quart dans cet impôt.

8° Il est encore une autre nature d'impôt, le plus terrible, la source d'une multitude effrayante de procès et la ruine d'une plus grande multitude de familles. Un vrai fléau dans un État : c'est l'impôt du contrôle des actes[2]. On sait que, pour s'y soustraire, on

---

[1] Ce chiffre est manifestement erroné. Dans le *Traité de l'administration des finances*, Necker estime seulement le produit de la capitation, «déduction faite des décharges, modérations accordées à des contribuables», à environ 41 millions 500,000 livres. (Éd. 1784, t. Ier, p. 7.) Le chiffre donné au texte provient évidemment d'une erreur de transcription.

[2] Les articles 8 à 17 forment un réquisitoire très serré et très précis sur les abus du droit de contrôle. Point n'est besoin de chercher longtemps d'où provient ce hors-d'œuvre juridique dans un cahier rural. La paroisse a en effet nommé pour député Me Jean-François Chauvel, notaire, et la corporation des notaires a partout protesté contre les tarifs exorbitants du contrôle des actes. Les notaires de Caen, dans leur cahier, donnent des détails très précis : «Le droit de contrôle a eu pour objet originairement d'assurer la date des actes;

ne contracte que sous seing, et que ces actes, toujours vicieux par leur forme, leur construction, leur défaut d'hypothèque et d'exécution, donnent naissance à ces multitudes de procès dont les tribunaux sont surchargés; que, de là, il en résulte la ruine d'une immensité de familles (car tout procès aujourd'hui est ruineux) et, par une conséquence nécessaire, les haines irréconciliables, la ruine des mœurs.

9° La manière arbitraire et toujours aggravante pour le public avec laquelle ces droits sont perçus est connue et fait frémir. A ce mal, point de remède, et tous les jours le mal augmente et il est impossible de s'y opposer.

10° La raison en est simple. Les régisseurs, après avoir fait bon au Roi de la somme à laquelle ils se sont obligés par chaque année, ont un partage avec Sa Majesté dans l'excédent. Et pour grossir cet excédent, auquel ils ont un intérêt si sensible, ils envoient tous les jours des ordres à leurs commis de percevoir de telle ou telle manière, suivant les circonstances, et ce n'est jamais pour modérer les droits, mais, au contraire, pour les faire toujours monter. Ces petits édits bursaux s'appellent des « ordres de tournées » et sont écrits, dans chaque bureau, dans un manuscrit appelé « sommier », et exécutés très fidèlement par leurs dociles commis, qui, de leur chef, ne manquent pas de les commenter et de les étendre; c'est un mérite pour eux aux yeux de leurs commettants, et cela leur donne la réputation de très bons contrôleurs.

N'est-il pas scandaleux, n'est-il pas humiliant pour la nation, et serait-il croyable qu'en France, au dix-huitième siècle, une troupe de publicains, ne connaissant d'autres règles que la cupidité et usurpant la souveraineté la plus sacrée, ramassés autour de leur table ronde au tapis vert, aient l'insolence de faire des décisions pour rançonner le public? Des décisions de l'Hôtel des fermes

---

on en a fait un objet de finance, et la liberté est devenue une contrainte. Les administrateurs font fixer chaque année le produit de chaque pancarte; ce qui excède les fixations est partagé entre l'administration et les employés. . . Le droit de contrôle sur les immeubles est de 24 sols sur le premier cent ; il n'est que de 10 sols sur les autres jusqu'à 10,000 livres, pour laquelle somme on paye 50 livres; et au-dessus de 10,000 livres on ne paye que 20 sols du mille. Ceci prouve évidemment que la classe des malheureux est toujours la plus foulée. » (*Observations et doléances sur le droit de contrôle, de MM. les notaires royaux de Caen,* Arch. mun. Caen, carton AA 20, pièce 16ᵉ.) — On rapprochera aussi utilement, pour notre région, les *Doléances et objets d'utilité publique à adresser aux États Généraux,* par M. Aveline, notaire à Caumont en Basse-Normandie (connu quelquefois sous le nom de *Cahier du Bocage*), § Du contrôle et autres droits. (Arch. nat., B 111/166, p. 447.)

imposer des millions sur le public, cela seul suffirait pour déshonorer une nation qui le souffrirait volontairement! La puissance législative et exécutive, qui se trouve réunie en de pareilles mains, est donc un vrai monstre, dont on ne peut trop tôt être délivré.

11° Il faut tout dire sur cette matière, puisqu'on y est invité. Le tribunal compétent des plaintes à ce sujet est toujours muet. En vain on présente des requêtes en modération de droits, on n'en entend pas parler; et il est tout naturel de croire que ce silence est raisonné; mais, sans vouloir inculper le juge unique, on peut toujours dire que l'homme du fisc a toujours l'esprit fiscal, et qu'il ne doit pas juger le public dans la cause du fisc; mais un autre inconvénient plus frappant, le juge de ce tribunal peut bien être soupçonné, sans s'en trouver offensé, d'ignorer absolument la science des droits de contrôle, car elle n'est pas simple et demande beaucoup de connaissances difficiles et désagréables à acquérir. Il faut donc s'en rapporter à un commis; mais si ce commis était dévoué aux régisseurs, ce qui ne paraît point impossible, c'est comme si le public n'avait pas de tribunal, ou, pour mieux dire, ce serait lui en donner un où on le trahirait.

12° Voilà dans quelle position est le public en première instance; elle n'est pas fort agréable. Change-t-elle au conseil, soit qu'il faille y suivre un appel ou l'y porter?

13° D'abord, il faut définir ce que c'est qu'une décision du conseil. Il y a, dans le bureau du contrôle général, un bureau particulier où ces sortes d'affaires doivent être examinées, parce qu'on peut soupçonner un directeur général des finances, sans l'offenser, de ne pas savoir un mot des droits de contrôle; d'ailleurs, des intérêts de bien autre conséquence doivent l'occuper.

Il faut donc qu'il s'en rapporte aux commis, qui doivent être instruits de ces droits.

L'examen supposé fait des raisons de part et d'autre, le commis dit : la réclamation est fondée ou ne l'est pas. Alors, Monsieur le Directeur général signe. Et voilà une décision du conseil, ou un arrêt!

14° Il peut être qu'il existe dans ces emplois en sous-ordre des hommes assez vertueux et assez heureusement nés pour écarter absolument toute espèce de partialité dans ces examens et pour n'avoir pas l'esprit de leur état, ce qui serait encore une plus grande vertu. Mais si, par malheur, cet homme, qui devrait être, en quelque sorte, un ange, était un-fiscal; si, par un plus grand malheur encore, cet homme était corrompu par les régisseurs, qui ont un intérêt si grand à corrompre; si encore il était raisonnable de dire : « les vertus des Necker et des Sully ne peuvent préserver de ces malheurs », alors les plaintes du public devraient être écoutées.

15° Est-ce la décision du conseil rendue il y a huit à dix ans, qui ordonne de percevoir les droits de délégation, qui peut tranquilliser le public? Jusqu'alors, il était inouï que l'on eût perçu cumulativement les droits de contrôle d'un acte sur la disposition principale et sur celles accessoires. Cette seule décision a imposé des millions sur le public, et n'est-il pas trop désespérant pour ce public d'imaginer qu'un simple commis de bureau peut imposer des millions sur la nation?

16° On demande donc la suppression des droits de contrôle sur les actes, et de ceux de l'insinuation au tarif, qui ne peuvent pas avoir plus de règle que ceux du contrôle, parce que, pour rendre publics les actes qu'il est de l'intérêt de la société qu'ils le soient, on peut leur donner cette publicité de la même manière que l'on publie les contrats de mutations d'immeubles.

On peut conserver les droits de centième denier, tels qu'ils sont, et ceux du contrôle des exploits.

17° Inutilement on se proposerait de faire des tarifs. Autant d'actes, autant de différentes conventions; par conséquent, impossibilité de prévoir tout. Peut-être quinze mille décisions du conseil et des in-folios d'arrêts en très grand nombre rendus sur cette matière, au lieu de l'éclaircir, n'ont fait que l'obscurcir[1].

Les contrôleurs, aujourd'hui, ne connaissent d'autres règles que l'arbitraire, et on peut dire sans exagération qu'ils mettent le public à contribution.

18° Les habitants de la Lande-d'Airou demandent encore la suppression des hautes justices, de tous ces petits bailliages de campagne. Des tribunaux de justice doivent être plus respectables que ne le sont ceux-là, et ne doivent avoir leurs sièges que dans des chefs-lieux, des grandes villes enfin.

Dans tous ces petits tribunaux de villages, le public y est égorgé. Juges, procureurs, avocats le rançonnent horriblement. Ceux-ci

[1] Le recueil, classique à cette date, auquel fait vraisemblablement allusion le rédacteur du cahier, est le *Recueil des règlements et tarifs concernant les droits de controlle des actes des notaires et sous signature privée, insinuations laïques, etc...* Paris 1724-1759, 7 vol. in-4°; auquel il convient de joindre le *Recueil des droits d'amortissements, francs-fiefs, nouveaux acquêts et usages, avec les décisions du Conseil de l'année 1689 et autres*, Paris, 1729-1770, 7 vol. in-4°. Pour n'être pas in-folio, ces volumes ne forment pas moins une collection de dimensions, comme on voit, respectables.

passent les concussions, parce que ceux-là passent les exactions, et le plus grand malheur encore, c'est que la justice y est incalculablement plus chère qu'elle ne vaut. Leurs respectables membres habitent les campagnes, y jouissent de privilèges d'autant plus à charge du public que ces privilégiés sont fort riches; leurs suppôts ont le même lieu d'habitation et, dans ces endroits, où le calme et la tranquillité devraient régner, on n'y est agité que par le démon de la discorde et par les fâcheuses divisions que tous ces gens ont intérêt d'y fomenter et d'y entretenir.

On citerait des exemples de petits intérêts civils, de moins de quinze sous, qui ont fait naître des procès ruineux. Ces horreurs ne se passent pas dans les grandes villes.

Les juges, les avocats, y sont à trop de distance les uns des autres et se surveillent trop; dans les campagnes, ils sont trop rapprochés. Enfin, à la suppression de ces espèces de tribunaux de justice, les mœurs y gagneront[1].

19° Comme le privilège d'être jugé présidialement en première instance ne doit pas dépendre du local, on demande que le reste des tribunaux qui seront conservés dans les grandes villes soient tous érigés en présidiaux, jusqu'à la concurrence de trois mille livres.

20° Si les États de la province lui sont rendus, les tribunaux d'élection deviennent inutiles; s'ils lui sont refusés, les assemblées provinciales peuvent les suppléer.

La suppression de ces tribunaux devient donc nécessaire.

21° Les habitants de la Lande-d'Airou demandent encore que les presbytères des paroisses soient et demeurent à la charge des décimateurs, soit dans les cas de réparations, reconstructions ou réédifications en neuf[2].

22° Ils désireraient trois espèces d'impôts : un sur les fonds de

---

[1] Cf. la note sous le cahier de la Bloutière, art. 7, *supra*, p. 177. — On consultera utilement, sur la question des justices seigneuriales en Normandie, en 1789, un *Mémoire sur les abus des hautes justices et le moyen de les réformer, d'une manière également avantageuse au roi et aux hauts justiciers.* (Arch. Calvados, C 6219.)

[2] La paroisse de la Lande d'Airou avait, il y avait une vingtaine d'années, fait construire un nouveau presbytère. (*Arrêt du conseil autorisant un emprunt de 2,600 livres, 4 juin 1771,* Arch. Calvados, C. 1324.)

La cure était de patronage laïque,

et le curé seul décimateur. (*Pouillé,* f° 18 v°). Le curé déclare en 1790 sa dîme donner 300 gerbes de froment de mauvaise qualité, 1,600 de seigle, 750 d'orge mêlé, 3,000 d'avoine, 260 razières de sarrasin mesure de 20 pots, 100 bottes de chanvre et lin, 7 tonneaux de cidre, au total, 3,277 livres 10 sols. Il a vol du chapon de 6 vergées autour de sa cure, planté en pommiers, plusieurs pièces en labour, pré et landages, de 35 à 40 vergées le tout, donnant 300 livres de revenu (en janvier 1791, deux de ces prés sont déclarés par les fermiers être loués 186 livres et 50 livres). Au total,

terre et fruits d'icelle, soit une subvention territoriale ou une dîme royale, ayant attention de modérer cet impôt et le rendre le plus léger possible. Le laboureur n'obtient qu'à grands frais et avec beaucoup de travaux ce que la terre lui produit.

23° La seconde nature d'impôt serait une capitation personnelle, qui se lèverait sur toutes les professions et conditions possibles, qui procurent un revenu quelconque*[1] autre que celui des fonds de terre depuis les premières dignités jusqu'aux arts mécaniques*.

Trop de monde, cessant ce moyen, regorge de richesses, en regorgera et ne payera rien.

24° La troisième serait l'impôt du timbre. Il ne faut pas prendre de fausses alarmes, cela ne fera aucun tort au commerce, il n'y en aura pas un porte-balle de moins en France. Le commerce n'y paye rien, et il est en possession d'un grand numéraire. Quelle est la maison autre que celle du commerçant ou de l'homme de finance où il se trouve de l'argent?

Il n'en existe pas, ou elles sont fort rares. On a peut-être répété les plaintes de ceux que cet impôt frappait, sans faire attention que leur intérêt personnel seul les excitait.

25° L'ordonnance civile pour l'instruction des procès offre encore matière à une grande réforme. Un fatras de formalités vaines et ridicules, et qui ne profitent qu'aux gens de pratique, rend les procès éternels et extrêmement coûteux. On demande donc la réforme de cette ordonnance, avec une loi qui enjoigne que tout procès soit jugé et mis en état de l'être dans le plus court délai, qui sera déterminé. Sans cette précaution, une ordonnance, quelque simple, quelque précise qu'elle soit, sera presque toujours étendue, commentée, interprétée par ceux qui y ont intérêt, pour surcharger les procès de formalités et les éterniser.

26° Les habitants de la Lande-d'Airou se plaignent, mais avec bien du regret et dans l'amertume de leur cœur, qu'il sorte tous les ans du royaume des millions pour la Cour de Rome. Les annates y en attirent beaucoup et il ne revient rien en échange; pour le reste, il en revient, à la vérité, des choses si inappréciables qu'il est plus que surprenant qu'on y ait mis un prix.

Ne serait-il point possible qu'on gardât cet argent en France?

3,577 l. 10 s. Il tient, pour une rente de 100 livres, une école gratuite pour les garçons, qu'il instruit «même dans la langue latine, jusqu'à la classe de quatrième». Il paye 1,000 livres pour deux vicaires, et 184 livres de décimes. (Arch. Manche Q⁴⁵¹, n. cl.)

[1]* Addition en marge, d'une autre écriture, paraphée par le président de l'assemblée.

Le roi de Naples vient de refuser de donner, avec son argent, le petit cheval blanc dont il devait l'hommage à Sa Sainteté, et son royaume n'a pas eu le malheur d'être mis en interdit. Les paroissiens de la Lande-d'Airou demandent donc un concile national pour élire un chef de l'Église en France, mais à la condition qu'il n'aurait point d'annates, parce qu'on dit qu'il y a un concile qui les a déclarées simoniaques. Le Roi, à sa place, les percevra et cela servira au soulagement de la nation.

D. Lépine, J. Delamare, P. Blin, G. Lhermitte, J. Blin, J. Blin, L. Chauvel, J. Blin, Robert le Maistre, J.-B. Le Boucher, J. Lhermitte, Julien Le Tonseur, A. Lherault, Ane Herbert, G. Lepeltier, Le Drey, (illisible), L. Herbet, J. Le Herissey, F. Delépine, André David, G. Chauvel, J. Tisserand, Jean Huard, N. Lefranc, G. Lepeltier, (illisible), J. Lherault, C. Blin, Delamarre, Chauvel.

***

LENGRONNE[1].

1. Procès-verbal d'assemblée.
(Le procès-verbal authentique n'a pu être retrouvé.)

Date de l'assemblée : 1er mars. — Nombre de feux : 165 [2]. — Députés : Michel-Ambroise Hüe, *laboureur* (3 jours, 9 l., Acc.); Nicolas-Jean Lefevre, *laboureur* (3 jours, 9 l., Acc.).

2. Cahier de doléances.
(Ms. *Greffe du Tribunal de première instance de Coutances, pièce n° 382.* Original signé. *Inédit* [3].)

Cahier des doléances, plaintes et remontrances de la commune de la paroisse de Lengronne, pour être porté le 2 de ce mois à l'Assemblée préliminaire des trois États du bailliage de Coutances.

Les vœux de la commune sont la gloire du Roi et la prospérité de l'État.

---

[1] Arrondissement de Coutances, canton de Gavray.

[2] Population en 1793 : 1,052 habitants (N. 24, M. 4, D 17). — Population actuelle : 666 habitants.

[3] Le cahier est, sur beaucoup de points, dans sa première partie, la reproduction du cahier de Gavray-village. Nous n'en donnons au texte que les parties originales.

Pour cela les habitants composant le tiers état supplient d'ordonner :

1° Que les trois ordres payent également tous les impôts sans aucunes *exceptions préliminaires* (*sic*), et sans que cela puisse porter atteinte aux respect et honneur dus aux deux premiers ordres [1];

2° Que les fermes générales... [2];

4° Qu'on supprime tous les tribunaux d'exception, et qu'on établisse des bureaux d'arrondissement pour faciliter une prompte justice aux citoyens [3];

5° Quant à la perception de l'impôt, qu'il plaise à Sa Majesté en charger les municipalités, qui feront passer les deniers du fisc aux assemblées, lesquelles les verseront dans le Trésor royal par la voie des messageries [4];

6° Qu'on supprime les abbayes et les communautés d'hommes non mendiants, et que leurs revenus servent de soulagement au peuple, qui est écrasé par les impôts;

7° Que les États de la province de Normandie lui soient rendus et que les membres de ces mêmes États soient de droit membres des assemblées intermédiaires provinciales, dans lesquels États et assemblées les députés du tiers état seront au moins en nombre égal aux députés des deux autres ordres réunis [5];

8° Que l'ancien ordre soit rétabli pour les églises paroissiales et les maisons presbytérales, c'est-à-dire que les décimateurs seuls soient tenus de leurs constructions et de leur entretien;

9° Quant à ce qui concerne la commune en particulier, elle observe que le sol est ingrat; qu'il faut acheter les engrais et qu'ils sont fort éloignés [6]. Que les chemins sont fort impraticables et que

---

[1] Impositions pour 1789 : taille, 2,672 livres; acc., 1,753 l. 9 s.; cap., 1,728 l. 15 s.; corvée, 887 l. 9 s. 5 d.; vingt., 1,304 l. 18 s. 7 d.; terr., 117 livres; bât., 39 livres. Au total, 8,502 livres 11 s. 5 d. *Privilégiés :* le curé, Me Lalouche, le seigneur George-Jacque-Robert Deperonnet de la Sablonnière, et plusieurs nobles non possédants fiefs, Philippe-Clair-Jacques Hue, sr de la Morissière, le chevalier Gautier (cap., 8 livres) et le sieur Gautier de la Peirelle (cap., 3 livres). *Supplément des privilégiés :* 464 l. 8 s. 7 d.

[2] Les art. 2 et 3 sont la reproduction presque littérale des art. 3 et 2 du cahier de Gavray-village.

[3] Cf. le cahier de Gavray-village, art. 5 et 6.

[4] Cf. le cahier de Gavray-village, Art. 4.

[5] Cf. les art. 7, 8 et 9 de Gavray-village, fondus, et remaniés.

[6] *Mém. stat.* 1698, p. 56. « Terroir de labour de tous blés, plant, prairie et landages. » — La paroisse renfermait 5 fiefs nobles : ceux de Mesnilaubert, Saint-Jean et la Cour Marcey, réunis entre les mains de Gabriel Levallois,

s'il existait une grande route facile de Coutances à Gavray et de Saint-Lô à Granville, et une demi-route de Cérences à Brique-ville (la route de Coutances à Gavray est de trois lieues; celle de Saint-Lô à Granville entre Lengronne et Bréhal, deux lieues, et la demi-route, une lieue), cela procurerait à la commune et à plus de deux cents autres paroisses la facilité des engrais et l'exportation de leurs denrées, ce qui, par conséquent, ferait augmenter la valeur des fonds et mettrait les contribuables à même de payer avec plus de facilité leurs contributions excessives; et que, d'ailleurs, cette commune est possédée et exploitée par plusieurs seigneurs et gentilshommes qui ne payent aucun impôt; qu'elle relève de quatre seigneurs et abbayes; qu'elle leur paye quantité de rentes foncières et seigneuriales, sur lesquelles on ne fait aucune diminution de droits royaux.

Cette paroisse contient cinq cents arpents en terre labourable; le surplus en landes, côteaux et broussailles[1].

Tous les impôts réunis se montent annuellement à huit mille cinq cents quelques livres. Cette somme est excessive, qui, assurément, ne pourrait être payée sans que quantité des habitants com-

roturier, demeurant à N. D. de Cenilly, et député de cette paroisse à l'assemblée préliminaire, le fief de Quesnay, au seigneur, et un fief de l'abbaye de Hambye.

Biens ecclésiastiques: I. Fonds: 1° la cure, bâtiments, jardins, 2 vergées 10 p. de terre (louée en l'an III 26 l. 10 s., vraie valeur 100 livres); 2° l'abbaye de Hambye, 40 vergées de terre en plusieurs petites portions, louées en tout 298 livres; 3° les décimateurs, grange dîme et terre d'aumône 5 vergées, affermées 20 livres. II. Rentes: 1° l'abbaye de Hambye, beaucoup de rentes seigneuriales sur son fief, estimées par les officiers municipaux, à défaut de déclarations, environ 800 livres (d'après les Journaux de Hambye, de 1781, ces redevances consistaient plus précisément en 116 demeaux 1/2 de froment, mesure de Coutances, 13 autres demeaux, mesure de Gavray, 10 poules, 2 chapons, 10 pains, 98 œufs et 2 l. 7 s. 7 d., le tout dû à la baillie de l'abbaye par 9 fieffataires; il était dû, d'autre part, 4 demeaux de froment aux obits et pitances (Arch. Manche, H 4331); 2° la Bloutière, 16 de-

meaux de froment ancienne mesure de Gavray. III. Dîmes. La cure forme une prébende du chapitre de Coutances; le chanoine écolâtre a les 4/5 des dîmes, et le titulaire de la chapelle Saint-Laurent des Aulneaux au diocèse d'Avranches, paroisse de Saint-Georges de Bouillé, a le 5° restant. En 1790, le chanoine déclare sa part être louée 3,150 livres; celle du chapelain est louée 440 livres seulement. Ils payent ensemble une pension congrue au curé et au vicaire. (Déclarations, n°s 19 et 35, fol. 67, 118.)

Le domaine a dans la paroisse des rentes, consistant en 13 demeaux de froment, de 27 pots chopine, et plusieurs redevances en argent, montant le tout à 59 l. 14 s. 4 d.; et il a affermé un corps de ferme de 30 vergées confisqué sur des protestants au dernier siècle, par 112 livres, et 45 livres.

(1) Superficie de la commune actuelle: 1,208 hectares. — L'arrêt du Conseil, autorisant une imposition de 1,028 livres sur la paroisse de Lengronne, pour la reconstruction du presbytère, est en date du 19 février 1782. (Arch. Calvados, C 1325.)

mercent dans des pays étrangers pour subvenir à leurs besoins et
apporter de l'argent dans le pays. Cette commune vient de payer
une somme considérable pour la reconstruction de leur presbytère
et supporte aujourd'hui un procès pour la reconstruction de la tour
de leur église qui est tombée. Elle espère que tout cela sera pris
en considération.

Au surplus, les habitants composant le tiers dans ladite paroisse se feront toujours un devoir d'être les fidèles sujets du Roi
patriote.

Le présent arrêté double, l'un pour être déposé au greffe de
la municipalité et l'autre remis aux sieurs députés, ce que tous les
habitants ont signé après lecture avec le syndic.

De ladite assemblée, ce 1er mars 1789.

> J.-F. GAUTIER, A. BRETEL, Jullien DRIAC, DUPORT, H. CLÉ-
> MENT, P.-P. BRIX, A. LEFEBVRE, LE BOULANGER, L.
> BOUREY, Ouën LEBOULANGER, R. GAUTIER, P. LERVI-
> GNAUX, Jean LESIEUR, N. LEFEVRE, G.-F. ROSEY, LECHE-
> VALLIER, L. COCQUIÈRE, LEBOULENGER, Louis DRIEU,
> J. FINE, Jacques HAMBYE, Joseph LE BRUN, ROSEY,
> A. ROSEY, J. LELIÈVRE, A. LESOUËF, G. LEMAÎTRE, Mi-
> chel PERRÉE, G. BRETEL, J. HENRY, HUE, J.-L. DRIEU,
> P. LEMAISTRE, A. GUIDON, Bernard AUMONT, Louis
> CLERAUX, F. LEVÉE, *syndic*, P. FÂTOU.

LONGUEVILLE [1].

1. PROCÈS-VERBAL D'ASSEMBLÉE.
(Le procès-verbal authentique n'a pu être retrouvé.)

Date de l'assemblée : 1er mars? — Nombre de feux : 117 [2]. — Députés :
Dominique DE LA BRUYÈRE, *laboureur* (4 jours, 12 l., Acc.); * Barthélemy
CAMBERNON, *laboureur* (4 jours, 12 l. et 19 jours, 74 l., Acc.).

[1] Arrondissement de Coutances, canton de Bréhal.
[2] Population lors du dénombrement
de 1793 : 526 habitants (N. 20, M. 2,
D. 10). — Population actuelle : 394 habitants.

2. Cahier de doléances.

(Ms. Greffe du Tribunal de première instance de Coutances, pièce n° 346.
Original signé. Inédit.)

Cahier des plaintes, doléances et remontrances faites par le tiers état de la paroisse de Longueville, suivant les ordres à nous adressés par MM. les officiers du bailliage de Coutances, pour obéir aux ordres de Sa Majesté; lesquelles sont :

1° Qu'il désire les États généraux;

2° Que la noblesse et le clergé soient également imposés que le tiers état suivant leurs fonds et revenus, attendu que le seigneur a un quart à peu près de la paroisse et le clergé le onzième du revenu[1];

3° Que les impositions accessoires, capitation, la prestation en argent représentative de la corvée, avec le principal de la taille ne fassent qu'un seul et même impôt, afin de diminuer les frais d'assiette et de répartition[2];

4° Que les impôts territoriales (sic) soient réunis au vingtième,

[1] Le seigneur du lieu en 1789 était Paul Bernard de Mary, chevalier de Saint-Louis, qui possédait le seul fief laïque de la paroisse. Terres, cens, rentes, n. est. Moulin à eau et à blé, affermé 200 livres. — Biens ecclésiastiques : 1° la cure, maison presbytérale, pressoir, jardin à herbes 4 perches, aumônes 21 vergées (loué en l'an III 62 l. 10 s., valeur réelle 100 livres. Rentes : 1° la cure, 5 demeaux de froment mesure de Coutances, 4 poules, 20 œufs et 2 deniers; 2° le chapitre de Coutances, pour sa prévôté, 10 boisseaux de froment, et autres menues rentes, estimées en tout 75 l. 8 s. 10 d.; 3° l'hôtel-Dieu de Coutances, 100 pots de froment sur divers particuliers; 4° la Luzerne, 2 demeaux de froment mesure de Saint-Pair; 5° le Mont-Saint-Michel, pour sa baronnie de Saint-Pair, 24 demeaux de froment et 3 livres d'argent. III. Dîmes. Le chapitre de Coutances possède les 2/3 des grosses dîmes, le curé a le 1/3 restant, et toutes les menues, avec des novales. (Pouillé, fol. 8 v°.) Déclare en 1790 son tiers valoir 600 livres, ses aumônes

150 livres, les menues 690. Au total 1440 livres, sur lesquelles il paie un vicaire, et doit 16 livres à la baronnie de Saint-Pair (Déclaration n° 155, fol. 31). — La part du chapitre, avec la grange décimale et les rentes de la prévôté, est affermée de son côté pour 1.050 livres, 10 boisseaux de froment, l'entretien des couvertures et vitres du chœur, et à l. 10 s. de pot-de-vin; au total, 1,125 l. 8 s. 11 d. (Déclarations, fol. 83.)

[2] Impositions pour 1789 : taille, 687 livres; acc., 450 l. 16 s.; cap., 444 l. 10 s.; corvée, 224 l. 17 s.; vingt., 584 l. 17 s. 5 d.; terr., 51 livres; bât., 17 livres. Au total, 2,460 l. 5 d.

Lignes : 105, dont 25 exploitants. — Privilégiés : le curé, M° Guérard, présent à Coutances, un ecclésiastique sans bénéfice, Jean-Charles Rabasse; et pour la noblesse, Paul Bernard de Mary, seigneur de Longueville et Bréville (cap. 72 livres); le sieur Anne Jeanne Maximilien de Mary (cap. 15 livres) et la dame veuve du sieur de Mary (cap. 8 livres), non possédants fiefs. Supplément des privilégiés : 91 l. 13 s. 4 d.

I. 26

aux fins de diminuer les frais d'assiette desdits rôles d'impôts *territoriales* (*sic*)[1];

5° Qu'on demande à Sa Majesté la suppression du quart bouillon et laisser le sel libre, [qu'] Elle ne retire que trente sols par demeau et n'en touche à peine dix par l'administration qu'il lui en coûte. Il n'est pas difficile de justifier un avantage et un produit à Sa Majesté; que tout individu fût enrôlé dès l'âge de douze ans jusqu'au dernier âge, et paye une livre par tête à un bureau établi *ad hoc*;

6° Qu'il soit discuté á l'Assemblée sur le droit de colombier; et que ceux où il se trouvera établi, il soit ordonné qu'ils soient bouchés ou grillés pendant la semence et récolte, afin que leurs terres ne soient point *dessumensés* (*sic*) ni leurs récoltes battues sur leurs terres;

7° Que les chasses soient défendues à toutes personnes, depuis le 1er mai jusqu'au 1er novembre.

Toutes lesquelles plaintes et remontrances ont été arrêtées et signées par les comparants ledit jour et an.

Jacques Lechartier, J. Basnier, René Daguerre, Jean Riquier, Jean de la Rue, J. Droué, Michel Soleil, Breton, Jean fils Adam, Antoine Lebailly, M. Daguenet, J. Breton, J. Longueville, J. Breton, N. Longueville, L. Gordon, de la Bruyère, Cambernon.

[1] « L'imposition territoriale a été établie dans cette généralité successivement par les arrêts du Conseil des 18 décembre 1779 et 4 avril 1782, et a été prorogée par arrêt du Conseil du 20 avril 1785, pour six années à commencer du 1er octobre 1785. Elle se lève sur tous les propriétaires possédant fonds, ecclésiastiques, nobles, privilégiés et non privilégiés, exempts et non exempts de cette généralité. Le montant de cette imposition est de 150,000 livres par an; 100,000 sont destinées à la continuation des travaux entrepris pour le redressement du canal de la rivière d'Orne, et au paiement des indemnités dues à ceux qui ont perdu du terrain dans l'alignement de ces ouvrages, et 50,000 livres au payement des terrains pris pour l'ouverture et la confection des grandes routes de cette généralité. » (*Procès-verbal de l'assemblée provinciale*, dans Hippeau, *op. cit.*, V, 327.) La part de l'élection de Coutances, non compris les frais de recouvrement, était de 13,984 livres; la paroisse de Longueville payait seulement 51 livres.

LORBEHAYE [1].

1. PROCÈS-VERBAL D'ASSEMBLÉE.
(Le procès-verbal authentique n'a pu être retrouvé.)

Date de l'assemblée : 1er mars. — Nombre de feux : 72 [2]. — Président de l'assemblée : Sébastien LEMONNIER, *syndic*. — Comparants : 13. — Députés : Sébastien LEMONNIER, *laboureur* (3 jours, 9 l., Acc.); Luc-Antoine LECOCQ, *laboureur* (3 jours, 9 l., Acc.).

2. CAHIER DE DOLÉANCES.
(Ms. *Greffe du Tribunal de première instance de Coutances, pièce n° 415.* Original signé. *Inédit* [3].)

Cahier des doléances, plaintes et remontrances du tiers état de la paroisse de Lorbehaye.

Du dimanche premier jour de mars, l'an 1789, à l'issue des vêpres.

Les habitants en général de la paroisse de Lorbehaye, dépendante de la généralité de Caen, élection de Coutances, vicomté de Gavray, assemblés au son de la cloche, hors le lieu saint, à la place accoutumée à faire tous les actes publics, lesdits habitants présents par les sieurs Etienne Gibauts, François Jean fils JEAN, Richard Hervy, Guillaume Cornu, Gilles Lehodey, Sébastien Le Bret, marin, Michel François Hamel, Jean-Jacques-François Le Cocq, Louis Houdin, marin, Jean-François Hervy, Jean-Baptiste Montigny, François Montigny, Jean-Baptiste Huard, tous âgés de 25 ans et plus et compris dans les rôles des impositions de ladite paroisse, lesquels pour se conformer aux ordres de Sa Majesté portés par ses lettres données à Versailles, le 24 janvier dernier, pour la convocation et tenue des États généraux de ce royaume, et satisfaire aux dispositions du règlement y annexé, ainsi qu'à l'ordonnance de Monsieur le bailli de Cotentin rendue par M. son lieutenant général, dont lecture leur aurait été donnée dimanche dernier au prône de la messe paroissiale, par Monsieur le curé dudit lieu, et réitérée à l'issue de la messe paroissiale le

---

[1] Ancienne paroisse, réunie à Montaigu-les-Bois, arrondissement de Coutances, canton de Gavray.

[2] Population en 1793 : 260 habitants (N. 7, M. 2, D. 8).

[3] Le cahier est la reproduction textuelle, sauf l'insertion de quelques détails locaux, de celui de la Haye-Comtesse. Nous n'en donnons au texte que les parties originales.

même jour, et affichée devant la principale porte de l'église, et
dont lecture leur a encore été donnée ce jourd'huy, prennent la
liberté de représenter à Sa Majesté, puisqu'elle veut bien leur permettre de lui adresser leurs vœux et leurs réclamations, leurs doléances, plaintes et remontrances :

Premièrement, que comme ils espèrent que des arrêtés de l'assemblée des Etats généraux, il en résultera le plus grand bien...[1];

4° Que les habitants des paroisses devraient être quittes envers
MM. les curés au moyen de la dîme qu'ils leurs payent, que cependant on voit qu'ils exigent en outre que leurs paroissiens leur
fassent des presbytères, qui leur coûtent des sommes immenses,
ce qui met fort souvent de pauvres paroissiens dans la dernière
misère. Ce que lesdits habitants prouvent par la somme de
3,221 livres, qu'ils sont tout présentement obligés de payer pour
le presbytère de leur paroisse; qu'il serait juste par conséquent
que Sa Majesté rendrait un édit qui porterait que MM. les curés et
bénéficiers se logeraient à leurs propres dépens, et qu'à commencer comme de ce jour, les paroissiens ne seraient plus tenus
à aucune réparation des presbytères[2];

5° Qu'il serait du bien-être public, que tous les chemins vicinaux...[3];

8° Que le seigneur de cette paroisse possède à peu près la moitié du terrain, qu'en outre lesdits paroissiens lui payent à peu près

[1] Les articles 1 à 3 sont la reproduction textuelle des mêmes articles du
cahier de la Haye-Comtesse. — Impositions de Lorbehaye pour 1789; taille,
720 livres; acc., 472 l. 10 s.; cap.,
465 l. 16 s.; corvée, 239 l. 2 s. 8 d.;
vingt., 417 l. 13 s. 5 d.; terr., 37 liv.;
bât., 12 livres. Au total 2,364 l. 1 s.
10 d.
Lignes : 66. — *Privilégiés:* le curé
Mᵉ Calmel, et le seigneur de Montaigu,
pour son fief. *Supplément des privilégiés* : 757 l. 11 s. 8 d.
[2] Cf. textuellement, sauf la mention
de la contribution locale précitée, l'article 4 du cahier de la Haye-Comtesse. L'arrêt du Conseil, en date du
20 juillet 1784, qui autorise les paroissiens de Lorbehaye à s'imposer extraordinairement pour la démolition et
reconstruction du presbytère, porte sur
un chiffre de 3,720 livres; il est probable que dans cette somme il faut
comprendre autre chose que les frais de

répartition et de collecte. (Arch. Calvados, C 1325.)
Le seul décimateur de la paroisse
était le curé. En 1790 il déclare sa
dîme valoir année commune 800 livres.
Il a 3 vergées en plant de pommiers,
5 de pré, 10 livres d'obits; le tout
vaut 990 livres, sans aucune charge.
(*Déclaration n° 149,* fol. 39.)
Il n'y a, d'après les officiers municipaux, aucun autre bien ecclésiastique
dans la paroisse.
Rentes non déclarées : 1° l'abbaye
d'Hambye, 2 dem. 1/2 de froment, 1/2
poulé, 15 sous, sur deux particuliers;
plus 2 dem. de froment pour les obits
et pitances, et deux autres dem. mesure de Gavray, 36 sous, 2 pains et
2 gélines, en trois parties de rentes
contestées (Arch. Manche, H 4331);
2° le prieuré de la Bloutière, 1 l. 10 s.
[3] Les articles 5 à 7 sont la reproduction littérale des mêmes articles du
cahier de la Haye-Comtesse.

deux demeaux de différents blés par vergée, de rentes seigneuriales ;
qu'en outre les seigneurs exigent des droits de banalité considérables, ce qui les écrase. Pourquoi ils supplieraient Sa Majesté de
supprimer tous droits de banalité, ainsi que toutes corvées[1].

Le présent cahier cinq pages la présente comprise a été fait et
signé double par lesdits habitants de Lorbehaye ci-dessus de-
nommés, et signé et paraphé par Sébastien Lemonnier, syndic de
la municipalité dudit lieu ; et dont le double du présent a été déposé au greffe de ladite municipalité et le présent fait pour être
mis aux mains des députés, pour le présenter à l'assemblée du
bailliage de Coutances, cedit jour et an.

*Avant que de signer le présent, les habitants de cette paroisse
nous ont représenté que notre paroisse contenant environ douze
cents vergées de terre[2], dont le quart est en côteau pierreux presque
inculte, sont limitrophes des bois de Fleury, à l'abbaye de La
Bloutière et peu éloignés de la forêt de Gavray, ce qui occasionne
des incursions de la bête sauvage, qui cause un dommage considérable aux récoltes.

M. HAMEL, E. GIBAUTS, F. JEAN, M. JEAN, Jules LEHODEY,
Jean CORNU, Guillaume CORNU, J.-B. MONTIGNY, Luc
LECOCQ, F. MONTIGNY, S. LEBRET, Louis HOUDIN,
H. HUARD, F. HERVEY, GILBERT greffier, LEMONNIER.

LE LOREUR[3].

1. PROCÈS-VERBAL D'ASSEMBLÉE.

(Le procès-verbal authentique n'a pu être retrouvé.)

Date de l'assemblée : (s. d.). — Nombre de feux : 47[4]. — Députés :
Antoine-Nicolas TANQUEREY, laboureur (4 jours, 12 l., Acc.) ; Pierre GRANDIN,
laboureur (4 jours, 12 l., Acc.).

---

[1] Cf. pour le fond, sauf les détails
locaux, l'article 8 du cahier de la Haye-
Comtesse. Il n'y avait à Lorbehaye
qu'un seul fief, qui dépendait de la baronnie de la Colombe et appartenait aux
seigneurs de Montaigu. La paroisse
suivait la banalité des moulins du seigneur de Montaigu.

[2] Superficie de la commune actuelle (avec Montaigu) : 665 hectares.
Le Mém. stat. l'apprécie ainsi : « Terroir

en labour de tout blé, plant et prairies ;
bois taillis et landages».

En 1784, dans l'État des biens du
prieuré de la Bloutière, le produit du
bois de Fleury est estimé à 600 livres
année commune. (Arch. nat., G⁹, 70.)

[3] Arrondissement de Coutances, canton de Bréhal.

[4] Population en 1793 : 228 habitants (N. 7 ; M. 2, D. 6). Population
actuelle : 256 habitants.

2. CAHIER DE DOLÉANGES.

(Ms. *Greffe du Tribunal de première instance de Coutances*, pièce n° 412.
Original signé. *Inédit*.)

Les habitants de cette paroisse du Loreur, assemblés comme dit est au procès-verbal de ce jour, désirent que lors de la tenue des États généraux, il soit représenté par eux à Sa Majesté, que malgré la sagesse des lois anciennes concernant la répartition des tailles et autres impositions tenant nature d'icelles, il se glisse chaque année sur ce point des abus auxquels il est comme impossible d'obvenir, et desquels il résulte dans la répartition des impôts une inégalité révoltante pour tout homme qui veut s'en tenir aux premiers principes de l'équité; que lesdits habitants lesquels sont et seront toujours disposés à faire tous les sacrifices qui dépendront d'eux pour payer les impôts que le bien de l'État exigera; [désireraient] seulement que Sa Majesté établît sur ce point une forme d'administration qui pût écarter les abus qui, comme nécessairement, ont eu lieu sous les anciennes formes; que les municipalités, de la manière dont il avait plu à Sa Majesté de les organiser, semblaient avoir le précieux avantage d'écarter du moins la plupart des abus dont lesdits habitants auraient pouvoir se plaindre aujourd'hui, mais qu'iceux habitants confessent que leurs vues sont trop bornées en genre d'administration pour pouvoir prononcer, si les municipalités sont la meilleure forme qui puisse exister, ou s'il ne serait point possible d'en établir quelque autre qui tendrait encore plus efficacement à une juste répartition des impôts.

Lesdits habitants mettent leurs intérêts aux pieds de Sa Majesté, persuadés qu'ils sont qu'elle trouvera dans sa sagesse et dans les lumières de ceux qui l'approchent des moyens pour établir entre les contribuables l'égalité la plus parfaite possible.

2° Lesdits habitants demandent encore qu'il soit représenté pour eux à Sa Majesté lors de la tenue des États généraux qu'ils se réunissent à tous ses bons et fidèles sujets, pour supplier Sa Majesté que les différents impôts qu'il lui plaira imposer à ses sujets soient portés aussi bien par les terres appartenant aux ecclésiastiques et aux nobles que par celles appartenant aux personnes du tiers état[1].

---

[1] Impositions du Loreur pour 1789 : taille, 464 livres; acc., 804 l. 10 s.; cap., 300 l. 4 s.; corvée, 154 l. 2 s. 1 d.; vingt., 402 l. 12 s.; terr., 29 livres; bât., 10 livres. Au total 1,663 l. 12 s. 1 d. — Lignes : 67, dont 17 jouissants. — *Privilégiés* : le curé M° Jean-François Follain, présent à Coutances; l'abbaye

3° Qu'il soit aussi par eux représenté à Sa Majesté que la paroisse est surchargée de rentes seigneuriales, payables tant en argent qu'en grain, à trois seigneurs différents, deux laïques et un ecclésiastique[1]; que ces rentes, pour la plus grande partie, sont dues par des personnes peu aisées qui se trouvent en grand nombre dans ladite paroisse; que ces rentes sont payées sans aucune diminution au profit des redevables; qu'iceux habitants désireraient que Sa Majesté fût suppliée que toutes ces rentes au prorata de leur valeur portassent leur part des impositions aussi bien que les terres; lesdits habitants seraient d'autant mieux fondés à désirer que Sa Majesté soit suppliée d'ordonner que lesdites rentes seigneuriales portent leur part des impositions, qu'iceux habitants savent qu'il y a moins de quinze ans que, lors du payement de chacune desdites rentes, on diminuait quelque chose; et qu'aujourd'hui, iceux habitants n'en savent pas la raison, on ne diminue rien; dans le cas où Sa Majesté voudrait bien avoir égard sur ce point à la prière d'iceux habitants, chaque redevable payerait la somme à laquelle il aurait été imposé dans la répartition, il lui en serait tenu compte par le receveur desdites rentes lors du payement d'icelles, et le tout vertirait au bien commun des paroissiens.

4° Lesdits habitants désirent encore qu'il soit représenté pour eux à Sa Majesté qu'ils payent, comme tous les fidèles sujets de Sa Majesté, leur cotisation pour l'entretien des grandes routes, et que cependant ils [n'] en tirent que peu d'avantages desdites grandes routes, parce que les chemins vicinaux qui conduisent auxdites grandes routes sont impraticables pour eux les trois quarts de l'année, quelquefois l'année entière si le haut de l'été n'est pas très sec; que cependant ce n'est qu'à l'aide de grandes routes qu'ils peuvent se procurer la graisse de mer si nécessaire pour fertiliser leurs terres et les mettre en état de produire des grains de bonne qualité; que cette graisse se prend à Granville et à Bricqueville; qu'iceux habitants désireraient donc que Sa Majesté fût suppliée

---

du Mont-Saint-Michel pour son fief; et pour la noblesse le prince de Monaco, et Luc-François Leboucher de Valléfleurs, seigneur du Loreur, Gastigny et la Beslière. *Supplément des privilégiés :* 111 l. 3 s. 4 d.

[1] La paroisse comptait 4 fiefs nobles : le fief du Poirier, qui appartenait aux religieux du Mont-Saint-Michel; celui des Ressources, extension de la baronnie de Bréhal, au prince de Monaco; les deux fiefs de Gastigny et de

la Beslière, qui étaient réunis dans la main de Fr. Leboucher de Valléfleurs, seigneur de la paroisse, membre de l'assemblée d'élection et du bureau intermédiaire.

Rentes féodales : 1° le Mont Saint-Michel, 30 ruches de froment, 22 d'avoine, 24 livres de menues rentes, est., au total, 150 livres; 2° le trésor, 4 l. 10 s. en deux parties; 3° le seigneur (*mémoire*); 4° le prince de Monaco (*mémoire*).

pour eux, que les chemins qui conduisent depuis l'église de cette dite paroisse du Loreur jusqu'au village du Repas [1], et depuis la susdite église jusqu'audit lieu de Bricqueville fussent mis en bonne et due réparation; désirent encore lesdits habitants, qu'il soit représenté pour eux à Sa Majesté que leur dite paroisse est bordée immédiatement par un bois taillis d'une étendue assez considérable, qu'elle est avoisinée par plusieurs autres bois taillis aussi d'une étendue considérable; que ces bois servent de repaire à plusieurs bêtes et animaux sauvages, tels que lapins, biches, sangliers et loups qui, chaque année du plus au moins, portent le dégât dans les terres qui sont bordées et avoisinées par ces différents bois; qu'en ce cas lesdits habitants désireraient donc que, pour le bien commun, Sa Majesté fût suppliée que ces différents bois fussent détruits, sauf à être fait par le public un dédommagement tel que Sa Majesté jugerait convenable de l'ordonner aux différents propriétaires de ces bois.

6° Désireraient encore lesdits habitants que lors de la tenue des États généraux, Sa Majesté soit suppliée pour eux que les presbytères soient dans la suite totalement à la charge des bénéficiers tant pour les grosses que pour les menues réparations [2]. Et n'ont lesdits habitants rien de plus à ajouter à leur présent cahier, si ce n'est les vœux qu'ils forment et formeront sans cesse dans toute la sincérité de leur âme pour la prospérité de Sa Majesté, celle de son auguste épouse, des princes et des princesses de son sang, le bonheur de ses bons et fidèles sujets et l'accomplissement de ses volontés bienfaisantes.

Lecture faite, ils ont signé.

Ph. Lair, Tanqueray, Tanqueray, L. Clément, A. Grandin,

---

[1] Le Repos ou Le Repas, hameau de la commune de Saint-Sauveur-la-Pommeraye, sur la grande route de Villedieu à Granville, à peu près à moitié chemin de ces deux localités. Ce hameau devait à cette circonstance d'avoir été choisi depuis des années comme point de démarcation des lots d'adjudication de travaux sur cette route. (Voir le tableau des travaux exécutés sur les routes de la généralité, côté K, à la suite du *Compte rendu de la Commission intermédiaire*.)

[2] Le seul bénéficier de la paroisse à la fin du xviii° siècle était le curé; les religieux du Mont Saint-Michel, gros décimateurs, lui avaient abandonné, dès 1682, les deux tiers des grosses dîmes qui leur appartenaient, avec les aumônes, pour le remplir de sa portion congrue. Déclare en 1790 sa dîme donner 1,000 gerbes de tout blé (300 de seigle, 200 d'orge, 400 d'avoine, 100 de froment), 40 boisseaux de sarrasin et des menues, le tout faisant 1,500 livres, année commune. (*Déclar. n° 26, f° 36*). — La cure, maison presbytérale, jardins à pommiers, 7 vergées; terres labourables, 10 vergées 1/2; pré, 1 vergée 1/2, avec 2 pièces en Hudimesnil, est louée en l'an 11, 26 livres; valeur réelle de 1790, 60 livres. (*État des biens nat., Coutances*, Arch. Manche, Q⁴⁻¹ 6.)

P. Grandin, P. Martin, A. Cauquerel, Jacques
Bousse, G. Clément, J,-C. Loizel, Joseph Allix,
Blondel, P. Grandin, Clément Alix.

LE LOREY.[1]

---

1. Procès-verbal d'assemblée.

(Le procès-verbal authentique n'a pu être retrouvé.)

Date de l'assemblée : 3 mars. — Nombre de feux : 202[2]. — Députés :
* Nicolas-Charles Durandière[3], *laboureur* (2 jours, 6 l. et 19 jours, 76 l.,
Acc.); Bon-Jean-François Burnel de la Bremondière, *laboureur* (2 jours, 6 l.,
Acc.); Charles Le Montchoix Le Taillis, *laboureur* (2 jours. 6 l., Acc.).

2. Cahier de doléances.[4]

(Ms. *Greffe du Tribunal de première instance de Coutances*, pièce n° 445.
Original signé. *Inédit.*)

Cahier de doléances, plaintes et remontrances
de la paroisse du Lorey.

Du troisième jour de mars 1789, en conséquence des ordres
du Roy, se sont assemblés les habitants en général de la paroisse
du Lorey, pour procéder à la rédaction de leur cahier de plaintes
et doléances, qui sera remis aux députés, pour le représenter à
l'assemblée générale du grand bailliage de Cotentin qui se tiendra
à Coutances, le seize du présent mois, auxquels dits députés lesdits
paroissiens donnent pouvoir de demander :

1° Le rétablissement des États en la province...[5] :

---

[1] Arrondissement de Coutances, canton de Saint-Sauveur-Lendelin.

[2] Population en 1793 : 1,550 habitants (N. 48, M. 8, D. 33). — Population actuelle : 674 habitants.

[3] A l'appel des paroisses, dans le procès-verbal de l'Assemblée préliminaire, les députés de la paroisse sont portés comme *n'ayant pas comparu*. — Au rôle de taxes, ils sont portés plus précisément comme n'ayant comparu que le 3 mars après midi.

[4] Le cahier est en majeure partie la reproduction textuelle du cahier de Cerisy; nous n'en donnons, par suite, que les parties originales.

[5] Les articles 1 à 11 sont la reproduction textuelle des articles 1 à 11 du cahier de Cerisy. — *Impositions pour* 1789 : taille, 3453 livres; acc., 2,266 livres; cap., 2,234 l. 2 s.; corvée, 1,146 l. 17 s. 5 d.; vingt., 2,424 l. 12 s. 5 d.; terr., 117 livres; bât., 39 livres. Au total, 11,682 l. 11 s. 10 d.

Lignes : 298, dont 39 jouissants. — *Privilégiés* : le curé m° de Couvains, re-

12° Que les droits de déports, dont le nom est odieux et l'usage abusif, qui ne sont fondés sur aucune loi ni titre, et qui ne se sont conservés que dans la province, soient abolis pour toujours;

13° Que tous les ecclésiastiques sans distinction, dont les bénéfices exigent la présence, soient assujettis à la résidence au moins neuf mois de l'année, à peine de perdre les fruits de leurs bénéfices pendant leur absence, lesquels seront appliqués au soulagement des pauvres;

14° Que comme il est de droit que tout bénéficier soit assujetti aux réparations de son bénéfice, et que les dîmes sont plus que suffisantes pour acquitter cette charge, il soit ordonné que tous les curés ou possesseurs des dîmes soient tenus à l'entretien et construction de la maison presbytérale, sans que les paroissiens puissent être appelés en contribution[1];

15° Que les curés ou leurs vicaires ne pourront prendre dans les bourgs et campagnes aucun droit pour l'administration des sacrements et autres cérémonies de l'église, ce qui est un véritable impôt d'autant plus injuste que le paroissien paye également soit au curé ou à un étranger;

16° Qu'il soit fait, pour régler les droits de contrôle, un tarif moins onéreux que celui qui existe à présent, et que ce tarif soit clair et précis sans qu'aucun contrôleur puisse lui donner d'interprétation à sa fantaisie;

17° Et enfin tout ce qui sera proposé à l'assemblée des États

présenté à Coutances par le curé de Carantilly, et le seigneur Jean Fraslin, écuyer. *Supplément des privilégiés* : 275 l. 3 s.

[1] Les habitants du Lorey venaient précisément d'être appelés à contribuer à la reconstruction de leur presbytère. Le procès-verbal des réparations à effectuer, en date du 6 juin 1782, porte sur une somme de 5,276 l. 6 s. 3 d. (Arch. Calvados, C. 1341.) En 1790, les officiers municipaux, dans leur inventaire, observent que «la maison presbytérale est construite tout en neuf depuis 18 mois», et que depuis 8 ans le curé n'ayant pas voulu imposer un surcroît de charge à ses paroissiens, s'est logé à ses frais «en attendant que la nouvelle bâtisse fut finie». (Arch. Manche Q^{4-1} 13.)

Les dîmes de la paroisse appartenaient presque pour le tout au curé. Il avait, d'après le *Pouillé* (fol. 14, v°), les 7/8 des grosses dîmes et toutes les me-

nues; 1/8 des grosses seulement appartenait au titulaire de la chapelle de Belval. Déclare en 1790 sa dîme donner, année commune, 6,800 gerbes de froment, 1,100 d'avoine, 200 de seigle, 9,300 d'orge, 450 boisseaux de sarrasin, 300 gerbes de lin, 100 de bois jean, 15 de pois, 16 de vesce, 210 fagots et 15 tonneaux de cidre. Il a 8 vergées de terres d'aumônes en nature d'herbage, louées 45 livres. Au total 10,264 l. 10 s. 5 d. (*Déclar.* n° 83, f° 49.)

Il n'y a d'autre possédant-fonds ecclésiastique, avec le curé, que le Trésor, 10 vergées de terre labourables, en deux portions, louées 76 livres. *Rentes*: le Trésor, 62 boisseaux, 1 demeau et 1/4 de boisseau de froment, 8 poules, 4 pains, 10 œufs et 258 l. 6 s. 3 d. en argent, sur lesquels sont assises diverses charges. (*État des biens nationaux*, Coutances, Arch. Manche Q^{4-1} 13.)

généraux pour le bien général y soit délibéré et définitivement arrêté à la pluralité des voix sans distinction d'ordre[1];

18° On désire la destruction des garennes, volières, colombiers qui détruisent la semence et la récolte du pauvre cultivateur;

19° Il serait à désirer que l'on prît les moyens convenables de n'envoyer aucun argent en cour de Rome[2];

20° Il serait à désirer la diminution de beaucoup de pensions.

21° On désire une grande réforme dans la gabelle;

22° On désire la réforme de l'article du règlement qui porte qu'un cheval vendu peut être rendu dans trente jours, et qu'il n'y eût que neuf jours comme pour les autres animaux[3].

Le présent cahier ainsi rédigé et signé après lecture, ce dit jour et an que dessus.

L. BURNEL, BURNEL, J. LECHEVALLIER, J. VIGOT, J. GIRARD, O. VIGOT, P. HARDEL, N. LEMONCHOIS, J. HARDEL, J.-R. BURNEL, F. LIMOUSIN, P. SAVERY, ECAPLAIN, J. LENEVEU, R. FOUCHARD, J. HINARD, D. COCQUEREL, DUSAUSSEY, P. OSOUF, LAVIEILLE, G. GIRARD, G. LELIMOUSIN, LEGOURBIN, *illisible,* G. HELEINE, LEMOL, LEGRAND, M. FOUCHARD, J. FAUVEL, D. LEMONCHOIS, Q. LEMONCHOIS, LAVIEILLE, P. LECHEAUX, G. FOUCHARD, Alexis VIGOT, J. LECOUSTAUX, F.-J. COCQUEREL.

MARIGNY[4].

1. PROCÈS-VERBAL D'ASSEMBLÉE.
(Le procès-verbal authentique n'a pu être retrouvé.)

Date de l'assemblée : 26 février. — Nombre de feux : 296[5]. — Députés : Jean-Baptiste BECQUET, *laboureur* (3 jours, 9 l., Acc.); Jean-Baptiste LECLUSE, *laboureur* (2 jours, 6 l., Acc.); Jacques-Louis-François POTIGNY, *laboureur* (3 jours, 9 l., Acc.).

---

[1] Les articles 12 à 17 reproduisent respectivement, dans un ordre un peu changé, les articles 14, 13, 15, 17 et 88 du cahier de Cerisy.

[2] Cf. le cahier d'Annoville, art. 14 et la note *suprà*, p. 137.

[3] Cf. le cahier de Camprond, art. 6 et la note *suprà*, p. 247.

[4] Arrondissement de Saint-Lô, canton de Marigny.

[5] Mouv. 1787 : N. 34, M. 11, D. 20. — Population actuelle : 1,307 hab.

2. CAHIER DE DOLÉANCES.

(Ms. *Greffe du Tribunal de première instance de Coutances*, pièce n° 416.
Original signé. *Inédit* [1].)

L'assemblée du tiers état, assemblé et formé en la manière prescrite par le règlement étant à la suite des lettres de convocation expédiées par Sa Majesté pour la tenue des États libres et généraux du royaume, procédant à la rédaction de ses cahiers de remontrances, plaintes et doléances, a arrêté ce qui suit :

1° Ladite assemblée donne pouvoir aux députés qui seront élus par la voie de scrutin, etc. [2] ;

12° et dernier. Enfin qu'on prenne les mesures les plus propres à rétablir les bonnes mœurs, l'amour de la patrie, le respect pour la religion, le soulagement des pauvres, la réforme des monastères, et les abus résultant de la multiplicité des bénéfices, de la médiocrité de ceux à charge d'âmes, de la non-résidence des principaux bénéficiers, et autres objets qu'il serait trop long de détailler [3].

[1] Le cahier est en grande partie la reproduction textuelle du cahier de Cametour. Nous n'en donnons que les parties originales.

[2] Les articles 1 à 11 sont la reproduction littérale des articles 1 à 11 du cahier de Cametour.
Impositions pour 1789 : taille, 3,496 livres; acc., 2,294 l. 2 s.; cap., 2,262 livres; corvée, 1,161 l. 3 s.; vingt, 2,134 livres; terr., 194 livres; bât., 65 livres. Au total, 11,607 l. 2 d.
Lignes : 315, dont plusieurs dérogeants. — *Privilégiés* : le curé m° Diguet, le chapelain de la chapelle Saint-Léger et le sieur Jacques Philippe Hérouard, régent de l'école, prêtre sans bénéfice; pour la noblesse M. de Guer, propriétaire du marquisat de Marigny, seigneur de Hauteville-le-Guichard, et pour le tiers état, 1 receveur et 1 commis en second des aides, et 1 contrôleur du domaine et contrôle des actes. *Supplément des privilégiés* : 486 l. 10 s. 3 d.

[3] Cf. le cahier de Cametour, art. 13.
Biens ecclésiastiques en Marigny.
Biens fonds : 1° la cure; maison presbytérale, pressoir, jardin 1 vergée 1/2, pas de terre (n. est.); 2° l'abbaye d'Aunay, grange-dîme, autour 1 vergée 1/2 de terre plantée en jeunes ormes (n.

est.) ; 3° les missionnaires de Coutances, terre dite *l'hôtel Acher*, 2 corps de ferme, prés, terres labourables plantées, 35 vergées, le tout affermé par bail de mai 1788 pour 1,200 livres, 6 chapons, 6 gélinottes grasses et 6 jours de charroi à Saint-Michel; terre dite *l'hôtel Renouf*, bâtiments, prés, terres labourables plantées, 26 vergées, affermée par bail de 1785 pour 850 livres et 6 chapons gras à Saint-Michel; 4° la chapelle Saint-Léger, sise en ladite paroisse, appartenant à Monsieur, frère du Roi, commandeur de l'ordre de Saint-Lazare, 6 pièces de terre, affermées par bail de 1785 pour 400 livres et 6 chapons. — II. *Rentes* : 1° les religieux d'Aunay, sur le petit fief dit *la Sieurie d'Aunay*, de 80 vergées, 93 boisseaux 1/3 de froment, 1 chapon, 1 poule, 1 l. 2 s. en argent et le treizième; 2° les missionnaires de Coutances, 43 livres de rentes foncières, et 5 boisseaux de froment. — III. *Dîmes* : Les gros décimateurs sont les religieux d'Aunay, patrons présentateurs, qui perçoivent toutes les dîmes et laissent seulement au curé un quart pour sa portion congrue. Pas de *déclaration* du curé en 1790. La part de dîmes de l'abbaye est aff. à Thomas Osmond, de St-Sauveur

Et pour porter le présent cahier à l'Assemblée particulière du bailliage de Coutances, l'assemblée a nommé les personnes de Jacques-Louis-François Potigny, Jean-Baptiste Béquet et Jean-Baptiste Lecluse, auxquels ils donnent tous pouvoirs à ce nécessaires.

Fait et arrêté dans la chapelle Saint-Nicolas, en l'église dudit Marigny, au son de la cloche, ce 26 février 1789. Lecture faite à l'Assemblée soussignée. Un mot rayé nul dans l'autre part. Le présent fait double.

BÉQUET, J. DAIREAUX, J. RENDU, P. GARDIE, J.-Fr. HEUGUET, Jean-Baptiste *illisible*, S. HEROUARD, J, MENANT, HE-ROUARD, J. LEROUXEL, J. LEROUXEL, Jean GARDIE, LEPELLEY, CAPPELAY, Jacques MENANT, LETOUZÉ, Gille LECAST, CRIQUET, BEQUET, P. BÉQUET, Ph. LE CHE-VALLIER, P. PILON, P. HEROUARD, C. LEFEBVRE, Jean ACHER, M. GIVET, M. LERENDU, Pierre GOSSELIN, J. MORIN, Toussaint POTIGNY, CAPEY, Léonor CHA-RETTE, P. GOSSET, J. LECLUZE, LANGE, TERRIE, Pierre DEQUIER, LECANU, B. MOUËN, LECLUZE.

MAUPERTUIS [1].

1. PROCÈS-VERBAL D'ASSEMBLÉE.
(Le procès-verbal authentique n'a pu être retrouvé.)

Date de l'assemblée : (?). — Nombre de feux : 90 [2]. — Députés : François DE LA FOSSE, *laboureur* (4 jours, 12 l., Acc.); Charles VOISIN, *laboureur* (4 jours, 12 l., Acc.).

de Bonfossé, pour 2,200 livres et 1,200 livres de pot-de-vin. (*Déclar. des fermiers*, Saint-Lô, f° 46.)

D'après l'*Inventaire* dressé le 4 avril 1792, les biens de la chapelle Saint-Léger en Marigny se composaient en tout d'une chapelle, maison manable, jardin de 31 vergées, 20 perches de terre en labour, pré et bois taillis, affermés, et de plusieurs petites rentes en diverses paroisses, montant à 5 boiss. 1/3 de fr., mesure de 13 pots 1/2, es-timé le tout, en capital, 5,825 livres. (Arch. Manche, Q²⁻¹ 15.)

L'ensemble des biens-fonds ecclésiastiques de Marigny a été soumissionné en 1790 par la municipalité de Saint-Lô pour une somme de 50,206 l. 12 s. (Arch. nat., Q² 97.)

[1] Arrondissement de Saint-Lô, canton de Percy.
[2] Population en 1793 : inconnue. Mouvement : N. 16, M. 8, D. 5. — Population actuelle: 75 habitants.

2. Cahier de doléances.

(La paroisse n'a pas rédigé de cahier propre, ses habitants ont signé
le cahier commun de la Haye-Bellefond.) [1].

MESNIL-AMAND [2].

1. Procès-verbal d'assemblée.
(Le procès-verbal authentique n'a pu être retrouvé.)

Date de l'assemblée : 22 février. — Nombre de feux : 93 [3]. — Députés :
M. Jacques-Antoine-Robert PIEL DE LA FÉRONNIÈRE, *conseiller élu en l'élection
de Coutances* (4 jours, 12 l.); Charles TROUSSEL, *conseiller au bailliage de
Cérences* (4 jours, 12 l.).

2. Cahier de doléances.
(Ms. *Greffe du Tribunal de première instance de Coutances, pièce n° 425.
Original signé. Inédit.*)

Le Roy, en convoquant les États généraux, ayant bien voulu
permettre à ses sujets de lui faire leurs très humbles remontrances
et doléances, les paroissiens de Mesnil-Amand ont l'honneur de
supplier Sa Majesté :

1° D'ordonner qu'à l'avenir les États généraux se tiendront périodiquement et qu'il n'y ait aucuns impôts d'établis sans leur consentement ;

2° Qu'aux États généraux, les députés du tiers état soient en
nombre égal à ceux du clergé et de la noblesse, que les voix se
compteront par tête et non par ordre, puisque si on comptait par
ordre il ne servirait de rien au tiers état que ses députés fussent
aussi nombreux que ceux des deux autres ordres ; au contraire cela
le constituerait dans une dépense inutile ;

3° D'accorder des États particuliers à la province de Normandie, où le tiers état aura aussi autant de députés que les deux
autres ordres et où les voix se compteront également par tête ;

4° D'accorder un abonnement à la province ;

5° D'ordonner que tous les impôts seront réunis en un seul,

---

[1] Voir le cahier de la Haye-Bellefond, *supra*, p. 353.

[2] Arrondissement de Coutances,
canton de Gavray.

[3] Population au dénombrement de
1798 : 568 habitants (N. 13, M. 8,
D. 5). — Population actuelle : 330 habitants.

qui sera supporté par tous les ordres également, à proportion de leurs facultés[1] ;

6° De supprimer les receveurs généraux et particuliers des finances, parce que la province fera passer directement au Trésor royal ses impôts, et que les messageries seront chargées par leurs baux de les porter ;

7° Que le clergé et la noblesse, qui depuis environ trente ans n'ont contribué en rien à la corvée, quoiqu'ils en aient également profité que le tiers état, soient au moins tenus de payer ce qui reste dû d'indemnité aux propriétaires des fonds pris pour les grandes routes[2] ;

8° Que les grandes routes soient faites de manière que ceux qui payent pour cet objet puissent en profiter, en observant que la paroisse du Mesnil-Amand située au centre des villes de Coutances, Saint-Lô, Avranches, Granville et Vire, n'a aucune route pour y accéder[3] ;

9° Que les curés et décimateurs soient chargés de l'entretien, réparation et reconstruction de leurs presbytères et autres bâtiments, sans qu'à l'avenir les habitants en soient susceptibles[4] ;

[1] Impositions pour 1789 : taille, 961 livres; acc., 630 l. 12 s.; cap., 621 l. 15 s.; corvée, 308 l. 4 s. 3 d.; vingt., 1,077 livres; terr., 92 livres; bât., 22 livres. Au total, 3,752 l. 9 s. 3 d.
Lignes : 246, dont 209 propriétaires et 37 jouissants. — *Privilégiés :* le curé m° Helye, présent à Coutances, M. Leforestier de Sards, propriétaire du fief de la Fretardière, et le seigneur de Mesnilvilleman pour extension de son fief. *Supplément des privilégiés :* 40 l. 10 s.

[2] Le montant des indemnités restées dues aux propriétaires des fonds pris pour les grandes routes était considérable, en 1789, dans la généralité. D'après le procès-verbal de l'assemblée provinciale, l'arriéré connu ne s'élevait pas, en 1787, à moins de 257,441 l. 6 s. 10 d. Il y avait des indemnités qui étaient encore dues depuis l'année 1779. La somme de 50,000 livres réservée à cet effet dans l'imposition territoriale se trouvait donc engagée jusqu'à l'année 1791. Encore les états des indemnités dues pour les travaux de l'année 1787 n'étaient-ils pas complètement dressés. (Hippeau, *Gouvernement,* V, 328.)

[3] Sur le défaut de moyens de communication dans toute cette région, et sur le projet de rendre la rivière de Sienne navigable, v. la note sous l'article 20 de Gavray, *suprà,* p. 318.

[4] *Pouillé, f° 25°.* «Mesnil-Amand. Patron et collateur le chanoine prébendé de Gavray en l'église cathédrale de Bayeux, lequel comme gros décimateur paye au curé une portion congrue. *Cette cure tombe pas en déport.* Le curé ne possède aucune aumône.» En 1790, le curé n'a point fait de déclaration; le chapitre de Coutances déclare une terre d'aumône, affermée au curé pour 80 livres; et l'abbaye Blanche une rente foncière de 70 livres sur le prébendé, pour fieffe des dîmes des traits de Valpain et Dame-Philippe. (Arch. Calvados, C 6783.) — Le presbytère de Mesnil-Amand avait été restauré en 1765 et avait coûté 2,840 livres aux habitants. (*Arrêt du Conseil,* 10 septembre 1765, Arch. Calvados, C 1323.) Mais le curé adjudicataire avait employé des matériaux de mauvaise qualité, une instance était encore pendante entre lui et ses paroissiens. (*Procès-verbal de l'assemblée d'élection, Coutances,* s. du 30 oct. 1788.)

10° De former des arrondissements pour l'administration de la justice, dont le chef-lieu ne sera pas éloigné de plus de trois lieues de la paroisse la plus éloignée, et qu'ils ne soient point obligés comme ils le sont d'essuyer trois degrés de juridiction ;

11° D'ordonner l'abolition de la mendicité, parce que on prendra sur le clergé le sixième de leur revenu comme étant le vrai patrimoine des pauvres ;

12° D'ordonner la vente des biens domaniaux pour acquitter les dettes de l'État [1] ;

13° D'ordonner également la vente des biens appartenant aux communautés ecclésiastiques qui n'ont point de religieux ou qui n'ont point le nombre de religieux prescrit par les règlements, et des bâtiments en faire des hôpitaux pour les paroisses voisines ;

14° Qu'il plaise au Roy réduire toutes les pensions et n'en accorder qu'à ceux qui en ont absolument besoin, l'honneur de servir la patrie étant une récompense assez flatteuse pour des Français ;

15° Que toutes les places et charges, tant dans l'État ecclésiastique, que la robe, l'épée et la marine soient données au mérite, sans qu'on fasse la distinction odieuse de noble et roturier, puisqu'ils sont tous sujets du même prince et enfants de la même patrie ;

16° D'ordonner que dans toutes les paroisses on établira des vicaires s'il n'y en a pas ;

17° L'établissement dans toutes les paroisses de maîtres et maîtresses d'école pour instruire la jeunesse ;

18° Que leurs gages seront payés par l'état ecclésiastique, leurs revenus étant mieux appliqués à de pareils établissements qu'à nourrir une troupe de moines qui croupissent dans l'oisiveté et la fainéantise ;

19° Supprimer les maîtrises des eaux et forêts, et attribuer la connaissance des affaires qui étaient de leur compétence aux juges ordinaires ;

20° Comme la paroisse est située sur le bord de la forêt de Gavray, les habitants demandent qu'il leur soit permis de tirer sur les bêtes fauves qui dévastent leurs blés, observant qu'ils sont obligés de les garder nuit et jour depuis qu'ils sont en herbes jusqu'à ce que le sarrazin soit récolté [2] ;

---

[1] *Rentes du domaine* à Mesnil-Amand : 8 boisseaux de froment à 27 pots, mesure de Gavray et 18 d'avoine à 27 pots. (Arch. Manche, A 201.)

[2] Cf. Mesnilbonnant, art. 9 ; Mes-nilgarnier. art. 6. Le *Mém. Stat.* confirme en quelque sorte officiellement le fait : «Du nombre de ces paroisses il y en a quelques-unes, voisines de la forêt de Gavray et des bois de Beslou, dans les-

21° Enfin qu'il plaise au Roy rendre uniforme dans tout le royaume les poids et mesures.

Fait et arrêté double, le vingt-deux février mil sept cent quatre-vingt-neuf.

HÉBERT, *illisible*, G. AUVRAY, J. TOUSTAIN, G. LEVAVASSEUR, Thomas LEFRANC, P. AUVRAY, Gilles AUVRAY, J. BRIENS, J.-R. MARTIN, H. RAPHAËL, H. BRIENS, Henri AUVRAY, J. SOREL, PIEL DE LA FERRONNIÈRE.

MESNIL-AUBERT [1].

---

1. PROCÈS-VERBAL D'ASSEMBLÉE.
(Le procès-verbal authentique n'a pu être retrouvé.)

Date de l'assemblée : 1er mars. — Nombre de feux : 90 [2]. — Députés : Pierre-Charles-François-Raphaël LECLERC, *laboureur* (4 jours, 12 l.); Jacques-François GRENTE, *laboureur* (4 jours, 12 l.).

2. CAHIER DE DOLÉANCES.

(Ms. Greffe du Tribunal de première instance de Coutances, pièce n° 348. Original signé. Inédit.)

Du premier jour du mois de mars 1789, issue de la messe paroissiale de la paroisse du Mesnil-Aubert, dans l'enceinte dudit lieu, place ordinaire à tous actes publics :

En conséquence des lettres de Sa Majesté données à Versailles le 24 janvier dernier, pour la convocation et tenue des États généraux de ce royaume et satisfaire aux dispositions du règlement y annexé, ainsi qu'à l'ordonnance de M. le bailli de Cotentin rendue par M. son lieutenant général au bailliage de Coutances, dont lecture a été faite au prône de la messe parois-

---

quelles il y a une quantité de cerfs et de biches, qui fait tous les ans des désordres considérables dans les moissons, et ces désordres sont estimés au delà du montant de la taille. Dans ces paroisses, les paysans, outre la perte qu'ils en souffrent, sont en nécessité de veiller et de coucher jour et nuit dans leurs champs pour les garder, exposés aux injures du temps; et malgré toutes ces attentions, ils ne peuvent se garantir de la perte de la plupart de leurs grains» (p. 8).

[1] Arrondissement de Coutances, canton de Bréhal.

[2] Population en 1793 : 486 habitants (N. 11, M. 1, D. 8). — Population actuelle : 430 habitants.

siale dudit lieu, par le vicaire de ce lieu le dimanche 22 février dernier, et affiché à la grande porte de l'église dudit lieu ledit jour, se sont assemblés les communs habitants de ladite paroisse du Mesnil-Aubert formant le tiers état dudit lieu, lesquels après avoir repris lecture desdites lettres, règlement et ordonnance, réfléchi sur tout le contenu en iceux, ont fait et arrêté et signé leur présent cahier de doléances, plaintes et remontrances, qu'ils croient nécessaires pour leurs paroisses et le bien général de tout le royaume, à quoi ils ont procédé comme il suit :

1° Ladite paroisse du Mesnil-Aubert, d'une petite grandeur et située à deux lieues et demie de Coutances, dans un fonds arrière-soleil[1], a tous ses chemins de traverses très mauvais et difficiles à réparer, manque de pierres; les grandes routes de Coutances à Gavray et de Coutances à Cérences qui la traversent dans les deux extrémités n'étant point faites rendent l'exportation des denrées les plus difficiles, même impossible dans des temps; les chariages des engrais de mer, qui sont éloignés de trois grandes lieues, ne sont pas plus faciles, même impossibles dans certaines années pluvieuses, par la petitesse des chemins et leur mauvais état, ce qui rend la culture de ladite paroisse fort coûteuse et diminue beaucoup le produit du fonds qui, quoique cela, est la plupart fort mauvais ;

2° Ladite paroisse maculée excessivement d'impôts[2] est d'ailleurs

---

[1] Superficie de la commune actuelle au cadastre: 396 hectares. — *Mém. stat.*, p. 56: «Terroir en labour de tous blés, plant, prairies et beaucoup de landage.»

Sur les deux routes dont parle le le texte, voir la note sous le cahier de Gavray, art. 20, *suprà*, p. 318. — Le procès-verbal de l'assemblée d'élection donne, au sujet de la déviation par Cérences, quelques détails intéressants : «Les municipalités de Cérences et de Chanteloup sollicitent une route neuve de Coutances à Avranches, par le bourg de Cérences. Un administrateur dont la province conserve un souvenir honorable (M. de Brou) avait accueilli la demande de leurs communautés en 1784, et par son ordonnance du 24 novembre de la même année il avait fait dresser par les ingénieurs de la généralité le plan et les devis de cette route. Les mêmes communautés présentèrent une nouvelle requête à M. de la Millière, intendant des ponts et chaussées, au mois de mai 1785. Ces municipalités assurent que cette requête a été envoyée à l'assemblée provinciale; elle n'est point parvenue à votre bureau intermédiaire.» (Arch. Calvados, C 7700.)

[2] Impositions pour 1789 : taille, 1,048 livres; acc., 487 l. 16 s.; cap., 678 l. 1 s.; corvée, 348 l. 1 s. 7 d.; vingt., 753 l. 3 s. 5 d.; terr., 66 livres; bât., 18 livres. Au total, 3,598 l. 19 s. 1 d. *Privilégiés* : le curé m° Denis Clerault, le seigneur Charles Lemaître d'Annoville (cap. noble 18 livres), la dame veuve du sieur Lengronne (cap., 12 livres) et la demoiselle du Mesnil-Aubert (cap. 30 livres). *Supplément des privilégiés* : 234 l. 7 s. 10 d.

Biens des privilégiés : I. *Biens-fonds.* 1° la cure, maison presbytérale, jardin 1/2 vergée, terres et pré, 6 vergées en plusieurs parties; bois taillis, 2 vergées (valeur déclarée par le curé, 34 livres); 2° le chanoine écolâtre de Coutances, grange décimale, avec 2 pièces de labour, nommées *les Grands*

chargée envers le domaine, M. Le Maître d'Anoville, seigneur et patron dudit lieu, et le Trésor, au moins de quatre cents demeaux de froment, de douze pots chaque; en outre les mêmes, rentes en argent, avec les corvées, ainsi que cent cinquante demeaux d'avoine dus à l'abbé de Hambye.

Cette paroisse est faite valoir, pour au moins la moitié, par les nobles et fermiers, et les propriétaires de ces fermiers sont nobles ou privilégiés et demeurent hors de la paroisse; et ce moyen ne la décharge en rien de la taille de propriété ni d'autres charges personnelles; outre toutes les charges; le petit nombre de propriétaires résidants et faisant valoir sont le plus grand nombre redevables à cause de leurs fonds en de considérables rentes foncières appartenant à des étrangers.

Une considérable partie des dîmes appartiennent aux chanoines de Coutances; et ces biens étant consommés dans un autre lieu que la paroisse, les pauvres qui y sont en très grand nombre n'en reçoivent point le même soulagement[1];

3° Supplie et sollicite que toutes les différentes impositions soient jointes et remises en une seule et même, sous la dénomination qu'il plairait à Sa Majesté, et supportées par tous les sujets du Roy, tant ecclésiastiques que nobles et roturiers sans exception, dans la proportion juste et équitable de la fortune d'un chacun; et comme cette proportion a été difficile à trouver tant dans les paroisses à cause des différences qu'on pourrait avoir, que de paroisse à paroisse et d'élection à élection ainsi de suite; [on demanderait] la dîme royale prise sur toutes les productions de la terre, qui se réglerait pour celles qui ne seraient point en cultures

Baux et le *Champ Maître d'école*, 11 vergées 1/2 le tout, loué avec les dîmes; 3° le seigneur, terres (n. est.). — II. *Rentes.* 1° le domaine, 3 demeaux 1/2 de froment, mesure ancienne de Gavray, de 13 pots chopine, et 7 l. 6 s. d'une part; 38 boisseaux 1/2, 1/4 de froment à 27 pots, 2 poules et 1 l. 16 s. 6 d. d'autre part; droit de treizième sur un fief de 100 vergées; évalué le tout, produit commun, 303 l. 11 s. 11 d.; 2° la cure, 96 boisseaux de froment; 3° le trésor, 63 livres pour fondations; 4° l'abbaye de Hambye, 150 demeaux d'avoine; 5° le seigneur et patron, rentes, corvées, casualités (n. est.). III. *Dîmes* (*infra*).

[1] Les dîmes de la paroisse étaient partagées; le curé jouissait du tiers des grosses dîmes et de toutes les menues; les deux autres tiers des grosses dîmes appartenaient au chanoine scholastique de Coutances (*Pouillé*, f° 6 v°). — Déclare en 1790 le curé son tiers donner 1,300 à 1,400 gerbes de toute espèce de blé, et être loué 600 livres; les menues donnent 340 livres année commune; les novales, 26 livres; les brebis, 50 livres «qu'on ne paye plus». Il a six vergées de terre labourable et deux de bois taillis, qui font 34 livres de rente. Au total 1,100 livres, sur lesquelles il paye un vicaire. (*Déclar.*, n° 84, f° 35.) — Déclare de son côté le chanoine écolâtre que ses deux tiers sont affermés avec les deux pièces de terre, pour 1,216 livres et 4 chapons. (*Déclar.*, n° 19, f° 17.)

27.

décimables, sur le prix que payerait le meilleur fonds voisin qui y serait; cette perception ne pourrait faire crier à l'injustice, et serait la plus légale;

4° Comme ceux qui ont leurs biens en rentes ainsi que ceux qui l'ont en maisons dans les bourgs et villes tarifées, ils seraient tenus de faire aux débiteurs des rentes une retenue équivalente et réglée, et les propriétaires desdites maisons seraient imposés, par un rôle, à une imposition proportionnelle à ce qui serait payé dans les campagnes;

5° Que le commerce serait assujetti à une redevance et impôt relatif et équivalent au commerce de chacun, dont il n'y aurait qu'une répartition pour l'étendue d'une élection;

6° Que les contributions de chaque paroisse pour la confection des grandes routes fussent employées de préférence à celles qui sont journellement nécessaires à chacune, que même que celles qui ont l'avantage d'avoir les leurs faites fussent obligées d'aider à celles qui n'ont point cet avantage de leurs contributions jusqu'à la confection;

7° Que l'entretien et réparations des chemins vicinaux et de traverses de chaque paroisse fussent à la charge commune d'icelle, dans la proportion relative à la possession que chacun y aurait;

8° Que tous les impôts fussent portés et rendus au Trésor royal par les moyens les moins dispendieux, et les plus à la décharge de l'État;

9° Qu'on ne fût point contraint pour les affaires concernant les eaux et forêts, et pour celles concernant le bureau des finances, d'aller plaider devant un autre juge que le juge royal de l'endroit, qui en connaîtrait également que de toutes autres affaires, auquel il serait donné un pouvoir pour juger définitivement jusqu'à une somme considérable, ce qui serait un soulagement général pour tous les sujets du royaume;

10° Que les constructions et entretiens des presbytères et des églises soient à l'avenir à la charge des bénéficiers et gros décimateurs[1];

---

[1] Le presbytère de Mesnil-Aubert venait d'entraîner en quelques années e grosses dépenses pour la communauté. Il avait été reconstruit vers 1779; à cette date, nous voyons les habitants se plaindre que le curé, déclaré adjudicataire, emploie des matériaux de mauvaise qualité, et que la construction n'offre aucune garantie de solidité. (*Lettre du 12 juillet 1779*, Arch. Calvados, C 1342.) La réclamation n'était pas sans fondement, car huit ans après, à la date du 9 octobre 1787, la communauté est obligée de s'imposer à nouveau extraordinairement pour une somme de 3,493 l. 18 s. 6 d., destinée aux réparations du presbytère. (Arch. Calvados, C 1326.)

11° Que le nombre infini des traitants soit anéanti ou au moins considérablement diminué.

Cedit jour et an que dessus.

Pierre VAUBERT, J. LEMERCIER, J. TRESFONT, M. MORIN, G. CASTEL, B. EUDE, J, GRENTE, J. JOURDAN, R. LECLERC, JOURDAN, Jean HUBERT, (*illisible*), B. LETAROUILLY, Jacques MAUVIEL, Louis HARDY, J.-F. MAUVIEL, P. GUILLON, Jean MAUVIEL, Jean BLONDEL.

MESNIL-BONNANT[1].

1. PROCÈS-VERBAL D'ASSEMBLÉE.
(Le procès-verbal authentique n'a pu être retrouvé.)

Date de l'assemblée : 1er mars. — Nombre de feux : 85 [2]. — Président de l'assemblée : Laurent LEFEBVRE, *syndic de la municipalité.* — Comparants : 15 (énumérés dans le cahier). — Députés : "M° François-Antoine LEFÈVRE, *avocat* (4 jours, 12 l., Acc. et 19 jours, 74 l., Acc.); Louis-Georges-François GOSSE, *laboureur* (3 jours, 9 l., Acc.).

2. CAHIER DE DOLÉANCES.
(Ms. Greffe du Tribunal de première instance de Coutances, pièce n° 417.
Original signé. *Inédit*[3].)

Cahier des doléances, plaintes et remontrances du tiers état de la paroisse du Mesnilbonnant.

Du dimanche premier jour de mars, l'an 1789, à l'issue des vêpres,

Les habitants en général de la paroisse du Mesnil-Bonnant, dépendante de la généralité de Caen, élection de Coutances, vicomté de Gavray, assemblés au son de la cloche, hors le lieu saint, à la place accoutumée à faire tous actes publics, et suivant les billets de convocation envoyés aux principaux propriétaires, le vingt-cinq février dernier, lesdits habitants présents par Louis-George-Fran-

---

[1] Arrondissement de Coutances, canton de Gavray.

[2] Population en 1793 : 430 habitants (N. 13, M. 2, D. 3). — Population actuelle : 201 habitants.

[3] Le cahier reproduit, mais toujours avec quelques différences, et des remaniements qui ne permettent pas de renvoyer purement et simplement au texte édité plus haut, le cahier de la Haye-Comtesse. Les paroisses étaient contiguës et de la même seigneurie.

çois Gosse, François Lefebvre, Nicolas Lebargy, François-Antoine Lefebvre, avocat, Jacques Foubert, Denis Blouet, Antoine Allix, Jean Soynier, Guillaume Lemonnier, Joseph Foubert, Guillaume Boisnel, Jacques Marie, Jacques Doucet, Pierre Soynier, Jacques Legoubin,

Tous âgés de vingt-cinq ans et plus, et compris dans les rôles des impositions de ladite paroisse, lesquels pour se conformer aux ordres de Sa Majesté, portés par les lettres données à Versailles le 24 janvier dernier, pour la convocation et tenue des États généraux de ce royaume et satisfaire aux dispositions du règlement y annexé, ainsi qu'à l'ordonnance de M. le bailli de Cotentin, rendue par M. son lieutenant général, dont lecture leur aurait été donnée dimanche dernier, au prône de la messe paroissiale, par M. le curé dudit lieu, et réitérée à l'issue de la messe paroissiale, le même jour, et affichée devant la principale porte de l'église, et dont lecture leur a encore été donnée ce jourd'hui, prennent la liberté de représenter à Sa Majesté, puisqu'elle veut bien leur permettre de lui adresser leurs vœux et leurs réclamations, leurs doléances, plaintes et remontrances :

1° Que la plus grande faveur que Sa Majesté puisse accorder à ses sujets et pour le bien-être de l'État, est l'assemblée des États généraux qu'elle vient de convoquer; que comme ils espèrent que des arrêtés de cette auguste et solennelle Assemblée, il en résulte le plus grand bien pour Sa Majesté, pour l'état général du royaume, et pour tous ses sujets, ils supplient Sa Majesté de convoquer l'Assemblée des États généraux de dix ans en dix ans, et toutes fois que les besoins de l'État l'exigeront ;

2° Qu'il serait du bien-être de l'État et du peuple en général, que les impôts fussent répartis sur tous les sujets de Sa Majesté, également et sans distinction, eu égard à leurs facultés et revenus, et sans avoir égard à leurs conditions, qualités, dignités et privilèges [1]. A ce moyen on ne verrait plus tant de pauvres misérables écrasés sous le poids des impôts;

[1] Impositions pour 1789 : taille, 709 livres; acc., 465 l. 5 s.; cap., 458 l. 14 s.; corvée, 235 l. 9 s. 7 d.; vingt., 243 l. 19 s. 7 d.; terr., 23 livres; bât., 6 livres. Au total 2,159 l. 10 s. 2 d. *Privilégiés :* le curé m° Havard, représenté à Coutances par le curé de la Balcine. Aucun noble n'est assigné dans la paroisse, *Supplément des privilégiés :* 62 l. 15 s. 11 d.

Biens des privilégiés : 1° la cure, maison presbytérale, jardins, terres d'aumônes, 35 verg. 28 p. (estimée par le curé 250 livres); 2° le demaine, 3 pièces de terre appelées «les fieffes du Coudray», 78 vergées, partie labourable et partie en bruyères incultes; 24 pièces de terre appelées «les fieffes du Roi», ensemble 132 vergées, partie labourable et partie inculte, le tout appartenant au duc d'Orléans à titre d'apanage et affermé à plusieurs habitants

3° Qu'il serait du bien-être public que tous les tribunaux d'exception fussent supprimés, que toutes les affaires qui y sont portées, quant au contentieux, fussent portées aux juridictions ordinaires des lieux d'où dépendent les parties ;

4° Qu'il serait nécessaire qu'il y aurait une réforme dans l'administration de la justice; qu'à cet effet, il n'y eût plus que deux degrés de juridiction, des bailliages et des parlements; que pour ce, il fût établi des bailliages dans toutes les villes et dans les bourgs d'une certaine importance et spécialement dans le bourg de Gavray, en donnant à chaque juridiction un certain arrondissement proportionné à l'importance de chaque bourg ou ville; et qu'autant que la finance pourrait le permettre, les charges ne seraient plus vénales; mais que les places de juge et conseillers pour former les mêmes juridictions, après le décès de ceux qui les occupent actuellement, seraient occupées par des personnes qui se seraient le plus distinguées dans lesdites juridictions par leur science et leur probité, et qui auraient suivi le barreau pour le moins pendant quinze ans;

5° Que les habitants des paroisses devraient être quittes envers MM. les curés au moyen de la dîme qu'ils leur payent; que cependant on voit, avec douleur, que MM. les curés exigent en outre que leurs paroissiens leur fassent des presbytères quelquefois plus beaux que des châteaux, qui coûtent des sommes immenses, ce qui met fort souvent de pauvres paroissiens dans la dernière misère, pendant que MM. les curés et bénéficiers sont dans l'opulence; qu'il serait par conséquent juste que Sa Majesté rendrait un édit qui porterait que MM. les curés et bénéficiers se logeraient à leurs propres dépens, et qu'à commencer comme de ce jour les paroissiens ne seraient plus tenus à aucune réparation des presbytères[1];

6° Qu'il serait du bien-être public que tous les chemins vicinaux

pour des prix non indiqués. Une partie de la forêt de Gavray, que les officiers municipaux évaluent à 2,000 vergées, fait partie de cette paroisse.

Les officiers municipaux n'ont pas relevé les rentes. Il est dû au domaine, d'après les contrôleurs des XXes, 412 livres (Arch. Calv., C 7519) et à l'abbaye d'Hambye, 16 demeaux de froment mesure de Cérences, et 1 livre d'argent. (Arch. Manche, H 4331.)

[1] La cure du Mesnilbonnant était sous le patronage et à la présentation de l'abbaye de Hambye; mais le curé avait toutes les dîmes, et devait seulement fournir à l'abbaye 12 livres de cire à la Chandeleur. (État des bénéfices, Coutances, f° 10 v°.) Déclare en 1790 le curé sa dîme produire, grosses et menues, 148 demeaux de tout blé mesure de Gavray, 2 tonneaux de cidre, le tout valant 550 livres. Il a 35 vergées de terres d'aumônes, valant 250 livres. Au total 800 livres. (Déclar., n° 109, f° 41.)

Nous n'avons trouvé aucune trace de reconstruction du presbytère dans les dernières années du xviii° siècle; les officiers municipaux déclarent en 1790 qu'il est « en passable état ».

et publics de chaque paroisse ne fussent plus à la charge des propriétaires des fonds bordants, mais bien à la charge de chaque paroisse ;

7° Lesdits habitants, après avoir fait leurs observations qu'ils croient utiles pour le bien général de l'État, se prosternent aux pieds de Sa Majesté, pour le prier de vouloir bien avoir égard à leur très humble supplique personnelle et particulière, et leur permettre d'observer que le terrain de la petite paroisse de Mesnil-Bonnant est un terrain vain et léger, qui ne produit pour la plupart que du bois Jean, des genêts et de la bruyère [1], qui ne peut produire du blé que par la grande quantité d'engrais qu'il faudrait y mettre, et surtout par les engrais de mer, que lesdits habitants ne peuvent se procurer, en étant éloignés de plus de quatre lieues et ne pouvant y accéder que par de petites voies impraticables pour les charrettes ; qu'il serait par conséquent de la plus grande utilité pour lesdits habitants et pour tous ceux des paroisses des environs, qu'il y eût une route faite au travers la forêt de Gavray jusqu'au bourg de Gavray, et de là à aller rendre à Bricqueville-sur-la-Mer ; à ce moyen ils pourraient se procurer des engrais, et faire produire leur peu de fonds [2] ;

8° Que quoiqu'il y ait plus de trente ans que lesdits habitants payent pour la confection des grandes routes, il n'y en a cependant aucune qui leur soit utile, en étant éloignés de plus de trois lieues ; qu'il serait par conséquent juste qu'il y eût une route faite du bourg de Gavray à Coutances, Avranches et Villedieu ;

9° Que la paroisse du Mesnil-Bonnant étant bordante sur toute sa longueur la forêt de Gavray, les bêtes sauvages, surtout les cerfs, les biches et sangliers qui sont en grande quantité dans ladite forêt, causent un si grand dommage aux blés et prairies desdits habitants, qu'ils ne recueillent quelquefois pas la dîme des blés et foins qu'ils devraient récolter, que lesdits habitants sont obligés de

---

[1] Superficie de la commune actuelle : 239 hectares. *Le Mém. stat*, p. 50 : « Mesnilbonnant. Le Roi est seigneur à cause de son domaine de Coutances. Terroir en labour de froment, seigle, plant et prairies. » Sur les routes demandées, v. le cahier de Gavray, art. 20, *supra* p. 318.

[2] L'assemblée d'élection de Coutances avait dès l'année précédente estimé que la route de Coutances à Gavray, que demande le cahier, était en effet celle à laquelle il convenait d'accorder la préférence parmi toutes celles en projet. « Cette route ne présente pas moins d'avantages pour le commerce et l'agriculture ; un grand nombre de paroisses en profiteraient pour l'exportation de leurs denrées et pour fertiliser leurs terres qui ne produisent que du sarrasin, du seigle, de l'avoine et un peu de froment et d'orge, vu l'impossibilité de se procurer des engrais. Elle faciliterait l'accès du marché de Gavray, qui est considérable, et où l'on pourrait établir des manufactures ; le blanchissage y est excellent. » (*Procès-verbal de l'assemblée d'élection, Coutances*, n. pag.)

coucher pendant tous les étés dehors et jusqu'à ce qu'ils soient récoltés pour en empêcher les dégâts, indépendamment de quoi les bêtes sauvages, plus actives qu'eux, leur causent une grande perte. Que si quelque chose pouvait les en dédommager, c'était les droits de pâturage qu'ils ont dans ladite forêt, dont ils ont toujours joui depuis plus de quatre cents ans, mais aujourd'hui que MM. les commissaires nommés par Sa Majesté pour la réformation des eaux et forêts de la généralité de Caen ont rendu une ordonnance, le 5 janvier 1788, par laquelle ils ont suspendu tous les droits d'usage et pâturages dans les forêts de la généralité de Caen, dont la forêt de Gavray fait partie, sous prétexte de repeuplements, quoiqu'il y ait beaucoup d'endroits dans la forêt de Gavray où il n'en est pas besoin, lesdits habitants ont été réduits à vendre la plupart de leurs bestiaux, qui les faisaient vivre en partie, et par là réduits à une grande misère. Que par conséquent le moyen d'adoucir leurs maux serait de leur permettre de jouir de leurs droits dans ladite forêt, comme par le passé, de leur permettre en même temps de tuer les bêtes sauvages;

10° Que lesdits habitants sont tous très pauvres, et si peu fortunés qu'ils sont presque tous obligés de sortir de leur paroisse pour aller quêter du pain, pour la plupart dans le pays du Cotentin, qu'ils ne vivent et font subsister leur famille qu'au moyen qu'ils portent quelques tamis et quelques chaudrons, pour la plupart sur leur dos, de porte en porte[1], qu'ils couchent continuellement sur la paille, et qu'ils vivent des charités des habitants du Cotentin, sans quoi ils ne pourraient subsister ; qu'enfin lesdits habitants ont été de tout temps si peu fortunés qu'il ne s'est jamais trouvé dans leur paroisse aucune personne en place pour prendre leur défense et représenter leurs misères, de sorte qu'ils ont toujours été opprimés et surchargés d'impôts, qui les ont toujours réduits dans une extrême indigence, qui a encore augmenté par la suspension de leurs droits dans ladite forêt de Gavray, et qui va encore augmenter par la dépense qu'ils vont être obligés de faire pour réparer la couverture de la nef de leur église, qui est en très

[1] *Mém. stat*, p. 9. «Les habitants de ces paroisses fabriquent depuis temps immémorial des tissus de crin. Ce sont particulièrement les femmes qui sont occupées de cette petite industrie; elles en font des tamis que les hommes vont vendre assez loin, avec quelques ustensiles de cuivre et de quincaillerie qu'ils achètent à Villedieu et qu'ils transportent dans les foires et les maisons... Les particuliers qui font ce commerce (on les appelle *sassiers*) partent tous les ans à la fin de février ou au commencement de mars pour aller de bourg en bourg, de ville en ville, comme dans la Picardie, l'Artois et autres; plusieurs vont même en Hollande, et ils rapportent chez eux de quoy faire subsiste leurs familles, et payer les contributions.»

mauvais état, ce qui les a mis et met dans une espèce de langueur mortelle ; mais réveillés en quelque sorte par la convocation des États généraux, ils viennent se présenter à cette auguste Assemblée et demander à Sa Majesté qu'elle veuille bien regarder d'un œil favorable leurs faibles représentations.

Le présent cahier contenant huit pages, la présente comprise, a été fait et signé double par les habitants du Mesnil-Bonnant, ci-dessus dénommés, et signé et paraphé par Laurent Lefebvre, syndic de la municipalité dudit lieu, et dont le double du présent, déposé au greffe de ladite municipalité, et le présent fait pour être mis aux mains des députés pour les présenter à l'assemblée du bailliage à Coutances, cedit jour et an.

L.-G. Gosse, A. Lefebvre, J. Foubert, D. Blouet, F. Lefebvre, Antoine Allix, J. Soynier, J. Foubert, G. Boisnel, Marie fils, P. Soinier, G. Lemonnier, J. Doucet, N. Lebargy, *greffier*, J. Legoubin, *syndic*.

MESNILDREY [1].

(La paroisse n'a pas comparu [2].)

Nombre de feux : 69 [3].

MESNIL-GARNIER [4].

1. Procès-verbal d'assemblée.
(Le procès-verbal authentique n'a pu être retrouvé.)

Date de l'assemblée : 1ᵉʳ mars. — Nombre de feux : 198 [5]. — Députés : Jean Briens, *laboureur* (4 jours, 12 l.) ; Guillaume-Toussaint Danin, *laboureur* (4 jours, 12 l.).

---

[1] Arrondissement d'Avranches, canton de la Haye-Pesnel.
[2] Rôle des taxes : «Les députés n'ont point comparu».
[3] Population actuelle : 261 habitants.

[4] Arrondissement de Coutances, canton de Gavray.
[5] Population déclarée en 1790 : 829 communiants; au dénombrement de 1793, 731 habitants (N. 40, M. 9, D. 29). — Population actuelle : 511.

2. Cahier de doléances.

(Ms. Greffe du Tribunal de première instance de Coutances, pièce n° 349.
Original signé. Inédit.).

*Cahier des doléances, plaintes et remontrances de la commune
du tiers état de la paroisse du Mesnil-Garnier.*

Rédigé conformément aux lettres du Roy du 24 janvier
dernier, à l'article 31 du règlement de Sa Majesté y annexé,
de l'ordonnance de M. le lieutenant général du bailliage de Coutances du 13 de ce mois, et de la délibération de ce jour des
habitants imposés composant le général de ladite paroisse de
Mesnil-Garnier, tous naturalisés et âgés de vingt-cinq ans, compris
dans les rôles des impositions, habitants de cette paroisse.

Les vœux de la commune sont la gloire du Roy et la prospérité
du royaume.

En conséquence, ils supplient Sa Majesté d'ordonner :

1° Que les deux premiers ordres de l'État payent les impôts
concurremment avec l'ordre du tiers, de manière qu'il n'existe plus
de privilèges préliminaires (*sic*), et sans que cela diminue en rien les
honneurs dus aux ecclésiastiques et aux nobles[1] ;

2° Qu'on simplifie les impôts, qu'on les réduise à un impôt
unique, si cela est possible, que cet impôt doit être réparti sur les
fonds, le commerce et l'industrie, de manière que chaque Français
paye relativement à ses facultés, et dans une juste proportion ;

[1] Impositions pour 1789, taille,
1,807 livres; acc., 1,185 l. 15 s.; cap.,
1,269 l. 2 s.; corvée, 600 l. 16 s. 7 d.;
vingt., 1,251 l. 8 s. 2 d.; terr., 110 livres;
bât., 32 livres. Au total 6,157 l. 11 s. 10 d.
(le chiffre de 6,266 livres donné au
cahier comprend les frais de perception).
Lignes : 120, dont 16 exploitants.
— Privilégiés : le curé, m° Houet, les
RR. FF. prêcheurs dominicains de
Mesnilgarnier, représentés à Coutances
par l'abbé Fatuin, suivant acte capitulaire du 28 février; le sieur Poilvilain, comte de Cresnay, seigneur de
Courcy. *Supplément des privilégiés :*
249 l. 19 s.
Biens des privilégiés : I. *Ecclésiastiques :* 1° la cure, maison presbytérale,
jardin, plants, prés, terres labourables,
25 vergées environ (n. est.); rentes,
12 l. 10 s. en argent, et 60 livres sur
le clergé de France, pour indemnité de
la dîme des brebis. Le curé est seul
décimateur, à la réserve d'un petit trait
qui appartient aux religieuses de Saint-
Désir de Lisieux. Déclare en 1790 son
bénéfice valoir, compris les aumônes,
4,000 livres (*Déclar.*, n° 166, f° 39);
2° Jacobins de Mesnilgarnier, maison
conventuelle, église, jardin, 4 v. 18 p.;
ferme de la Baligotière, 12 v., jardins,
étangs, prés (n. est.); extension de la
ferme du Tanu (n. est.). II. *Laïcs :*
1° le marquis de Mesnilgarnier, terres
et château n. est.; rentes seigneuriales,
2,400 livres ; 2° le domaine (*infrà*
p. 428, note 2).
Déclaration omise, sans doute à
cause de sa modicité : l'abbaye de
Hambye, 1 poule, 1 pain et 2 l. 5 s.,
plus 6 demeaux de froment aux obits
et pitances.(Arch. Manche, H 4331.)

Pour parvenir à ce but désirable, la commune pense qu'il n'y a qu'à calculer la dépense annuelle nécessaire pour acquitter la dette nationale et la dépense nécessaire pour fournir à tous les besoins, pour soutenir la majesté du trône et la gloire de l'État, et y proportionner l'impôt;

3° Qu'il plaise à la justice du Roy de supprimer les fermes générales, les régies, les aides, les gabelles, les contrôles, les receveurs généraux des tailles, et d'ordonner que les deniers du fisc seront remis par les municipalités aux assemblées intermédiaires provinciales, qui les feront parvenir au Trésor royal, sans autres frais que ceux des messagers, lesquels seront réglés par Sa Majesté;

4° Qu'il soit érigé des tribunaux d'arrondissement, de proche en proche, conformément à l'édit du huit mai mil sept cent quatre-vingt-huit[1], afin que les citoyens ne soient plus obligés d'aller au loin chercher la justice à grands frais;

5° Qu'il plaise à Sa Majesté supprimer tous les tribunaux d'exception;

6° Quant à ce qui concerne particulièrement la commune, elle supplie Sa Majesté d'avoir égard que la paroisse du Mesnil-Garnier ne contient que deux mille neuf cent dix-sept vergées[2]; que partie de cette contenance fait partie des domaines de Sa Majesté engagés à Son Altesse Monseigneur le duc d'Orléans; que l'autre partie sont bien communaux.

Pour raison de laquelle partie, ont payé au seigneur comte de Cresnay, marquis de Mesnilgarnier, 2,400 livres de rentes seigneuriales; que tous les autres impôts réunis se montent tous les ans à la somme de six mille deux cent soixante-six livres, que le sol est ingrat et que cette somme est excessive, vu l'éloignement et la difficulté de se procurer des engrais; que les bêtes fauves de la

(1) *Ordonnance sur l'administration de la justice*, mai 1788, préambule et article 60. (Isambert, XXVIII, 536, n° 2466.)

(2) Cette contenance, qui équivaut à 625 hectares environ, ne correspond guère à la superficie de la commune actuelle, 923 hectares; il est probable que les délibérants n'ont compté que le sol cultivé, laissant de côté la forêt. — Les possessions du domaine à Mesnilgarnier étaient considérables. Le Roi, qui était seigneur de la paroisse, avait en biens-fonds, d'après l'inventaire détaillé donné par les officiers municipaux en 1790, 220 vergées de terres labourables, prés ou friches, affermés en 8 portions pour une somme totale de 635 livres, plus une centaine de livres de pots-de-vin; en plus, 1,400 vergées de terres incultes dans la forêt de Gavray. En rentes, 6 livres d'argent, et des redevances en nature évaluées pour le produit commun à 456 l. 5 s. En l'an iii, le domaine du ci-devant duc d'Orléans à Mesnilgarnier, Mesnilhue, Mesnilbonnant, Mesnilvilleman, 500 vergées de terre en bruyères, terres labourables et prés (le bois non compris) est déclaré loué à plusieurs particuliers pour une somme totale de 4,555 livres. (Arch. Manche, Q⁴⁻¹ 2.)

forêt de Gavray, sortant sur la commune, font un tort considérable sur les blés qu'un chacun peut faire, et procure[nt] aux habitants des peines pour y garder nuits et jours, que les cultivateurs ne récoltent pas de blés pour nourrir la tierce partie des habitants de la commune [1].

Au surplus, la commune se fera toujours gloire d'être fidèle à son Roy.

Le présent cahier, fait et arrêté ce 1er mars 1789, ce que lesdits habitants et nous, syndic président, avons signé sur les deux doubles, l'un pour rester au secrétariat de la municipalité de cette paroisse, et l'autre a été porté à l'assemblée préliminaire qui se tiendra le 2 mars prochain à Coutances.

> LEHODEY, BRIENS, G. LE MOYNE, P. MALBAUT, A. LEMONNYER, M. ADDES, LEMOYNE, MAUGER, A. ADDES, BRIENS, G. DURONNEUR, J. ADDES, J. FOUCHER, P. LEVAVASSEUR, J. LUCE, G. DANIN, Baptiste LE BRET, J. TOUGOURD, L. DANIN, J. LEHODEY, *syndic.*

MESNILHERMAN [2].

1. PROCÈS-VERBAL D'ASSEMBLÉE.

(Ms. *Greffe du Tribunal de première instance de Coutances, pièce n° 350.* Original signé. *Inédit.*)

Analyse : (formule générale du modèle imprimé). — Date de l'assemblée : 1er mars. — *Président :* Jean-Léonard DUVAL, *laboureur,* syndic. — Comparants (19) : Jean-Gabriel DE MARCAMBYE, Jean LENOIR, Jean AUBEL, Pierre DUPONT, Michel SEBERT, André SEBERT, Pierre SEBERT, Pierre PUISNÉ, Gabriel FONTAINE, Jacques BENEDIC, Exupère QUENIER, Pierre SEBERT fils, Louis-Michel HÉLISSENT, Nicolas LAFOSSE, Pierre LENOIR, Pierre LE COUSTÉ, Pierre LE PELEY, Jean HERMAN, Michel HERMAN. — Nombre de feux : 30 [3]. — Députés : Jean-Gabriel DE MARCAMBYE, *laboureur,* Michel SEBERT, *laboureur* [4].

[1] *Mém. stat,* p. 47. «Mesnilgarnier. Baronnie érigée en marquisat l'an 1650. Le marché, qui est peu de chose, tous les jeudis; une foire à la Saint-Jean. Les habitants sont la plupart chaudronniers et sassiers. Terroir mauvais, labour de seigle, orge et méteil, très peu de froment. Quelque plant et peu de prairie. Bois défriché; 30 vergées de bois planté à la main.»

[2] Arrondissement de Saint-Lô, canton de Canisy.

[3] À l'*État général,* 40 feux. Mouvement en 1787 : N. 8, M. 2, D. 4. — Population actuelle : 146 habitants.

[4] Les professions des députés, qui ne sont pas portées au procès-verbal, sont fournies par le procès-verbal de l'assemblée préliminaire du tiers état du bailliage particulier. — Taxe des

— Mention de représentation du cahier et de remise aux députés. — Mention de dépôt du duplicata «aux Archives de cette communauté». — Signatures (18) : J. Lenoir, G. Fontaine, P. Lepelley, P. Puiney, Nico. Lafosse, J. Herman, P. Lenoir, M. Hersent, J. Guenier, P. Lecousté, P. Sébert, M. Sébert, G. de Marcambye, J. Aubel, M. Herman, P. Dupont, A. Sébert, J.-L. Duval, *syndic*.

2. Cahier de doléances.
(Le cahier de doléances n'a pu être retrouvé.)

MESNILHUE [1].

1. Procès-verbal d'assemblée.
(Le procès-verbal authentique n'a pu être retrouvé.)

Date de l'assemblée : (?). — Nombre de feux : 82 [2]. — Députés : Me Thomas Lefèvre, *avocat*, Com. Réd. (14 j. 42 l. et 19 j. 74 l., Acc.). — Me Jullien-René Morin, *laboureur* (4 j. 12 l., Acc.).

2. Cahier de doléances.
(Le cahier de doléances n'a pu être retrouvé.)

MESNIL-OPAC [3].

1. Procès-verbal d'assemblée.
(Le procès-verbal authentique n'a pu être retrouvé.)

Date de l'assemblée : 1er mars. — Nombre de feux : 77 [4]. — Président : François Lemeray, *syndic de la communauté*. — Députés : Me Léonard Havin, *avocat* [5], Com. Réd. (14 j. 42 l. et 19 j. 74 l., Acc.); Léonard Gervaise, *laboureur* (4 j. 12 l., Acc.).

députés : 4 j. 12 l. Les deux députés *acceptants*.
[1] Arrondissement de Coutances, canton de Gavray.
[2] Population en 1793 : 495 habitants (N. 8, M. 2, D. 5). — Population actuelle : 175 habitants.
[3] Arrondissement de Saint-Lô, canton de Tessy.

[4] Mouv. 1787 : N. 9, M. 2, D. 7. — Population actuelle : 322 habitants.
[5] Léonard Havin, avocat au be de Torigny, était domicilé à Mesnil-Opac et syndic en 1788. Membre de l'assemblée d'élection de Saint-Lô en 1788, il fut ensuite administrateur du district de Saint-Lô, député de la Manche à la Convention, et aux Anciens en l'an IV.

2. Cahier de doléances.

(Ms. *Greffe du Tribunal de première instance de Coutances*, pièce n° 350. Original signé. *Inédit*[1].)

La communauté du Mesnilopac, considérant que le Roi, informé des malheurs qui affligent la France depuis nombre d'années a cherché tous les moyens d'assurer son bonheur, en portant la réforme sur toutes les parties de l'administration...[2].

Tous ces différents objets, pris en considération par la communauté, la déterminent à donner par le présent cahier, plein pouvoir aux députés qui seront choisis dans l'assemblée générale qui se tiendra en la ville de Coutances le 16 de ce mois, de demander aux États généraux :

1° Que la constitution de la France.....[3]

La communauté donne au surplus pouvoir aux députés, de suivre la voix de leur conscience dans tout ce qui sera proposé sur une infinité d'autres abus, s'en rapportant à leur lumière et à leur honneur de voter au surplus ce qu'ils croiront le plus utile et avantageux pour la félicité publique.

Le présent, fait et arrêté double le 1er mars 1789, par les soussignés, habitants de cette communauté, en sept pages, le présent compris, cotés et paraphés par François Lemeray, syndic de la dite communauté et souscrit dudit syndic et habitants après lecture et remis aux sieurs Havin, avocat, et Gervaise, choisis pour députés, par délibération de ce jour, ainsi qu'un double de ladite

[1] Le cahier est presque textuellement la reproduction du cahier de Beaucoudray; nous n'en donnons par suite que les parties originales.

[2] Le préambule est la reproduction textuelle du préambule du cahier de Beaucoudray.

[3] Les art. 1 à 15 sont la reproduction textuelle des art. 1 à 15 du cahier de Beaucoudray.

Impositions pour 1789 : taille, 985 livres; acc., 670 l. 2 s.; cap., 637 l. 15 s.; corvée, 330 l. 9 s. 5 d.; vingt., 894 l. 17 s.; terr., 76 livres; bât., 25 livres. Au total, 3,619 l. 3 s. 5 d.

Lignes : 84. — Jouissants : 8. — *Privilégiés* : le curé, mᵉ Augustin Barbe; le prince de Monaco, seigneur, pour extension de terres; la dame Marie-Anne Lebrey, veuve de messire Besnard, seigneur des fiefs de Bricqueville, Beslou, de celui de Herelo en Cauville et du Manoir en Mesnilrault; le sr Banville (cap. nob. 21 l. 4 s.), et le sr Bricqueville l'aîné (19 l. 4 s.), non possédants-fiefs. *Supplément des privilégiés* : 128 l. 12 s. 6 d.

Biens des privilégiés : la cure, jardin, 30 verg. de terre, bois taillis (est. 130 livres). Le curé est seul décimateur. Bénéfice évalué par la chambre ecclésiastique, vraie valeur, 1,397 l. 10 s. (*Pouillé*, f° 27 v°.) Aucun autre bien ecclésiastique. Biens des nobles non est.

La grange du curé doit 50 razières d'avoine à l'abbaye de Saint-Lô, payables à la Saint-Michel. (*Registre du revenu de la mense conventuelle de l'abbaye de Saint-Lô*, f° 87.)

délibération. L'autre double du présent et de ladite délibération réunis dans les archives.

> Georges FEUILLET, G. VIBERT, (*illisible*), RIBOUEY, G. FONTAINE, MÉNARD, J. VIMOND, R. MARIE, P. AUBRET, G. AUNAY, HAVIN, GERVAISE, F. LEMERAY, *syndic*.

MESNILRAULT [1].

1. PROCÈS-VERBAL D'ASSEMBLÉE.
(Le procès-verbal authentique n'a pu être retrouvé.)

Date de l'assemblée : 1er mars. — Nombre de feux : 102 [2]. — Députés : Pierre CLÉMENT, *laboureur* (4 j. 12 l. Acc.); Jean-Baptiste LEPRÊTRE, *laboureur* (4 j. 12 l. Acc.).

2. CAHIER DE DOLÉANCES.
(Ms. *Greffe du Tribunal de première instance de Coutances, pièce n° 351. Original signé. Inédit* [3].)

Cahier des plaintes et doléances de la communauté des habitants du Mesnilrault.

La communauté considérant . . . . . [4]

1° Demander aux États généraux . . . . . [5]

2° De demander qu'une partie des impôts perçus jusqu'à ce jour soient en partie supprimés et remplacés par des contributions arrêtées aux États généraux, dont nul fonds pas même les domaniaux, et nul individu des trois ordres ne soient exempts [6].

3° Demander que partie d'un grand nombre d'employés qui sont à charge à l'État, soient réformés, qui coûtent considérable-

---

[1] Arrondissement de Saint-Lô, canton de Tessy-sur-Vire.

[2] Mouvement de la population en 1787 : N. 6, M. 2, D. 11. — Population actuelle : 301 habitants.

[3] Le cahier est en grande partie la reproduction textuelle du cahier de Fervaches. Nous n'en reproduisons que les parties originales.

[4] Le préambule est *textuellement* la reproduction du préambule du cahier de Fervaches.

[5] Cf. cahier de Fervaches, art. 1er (*textuel*).

[6] Il s'agit évidemment des employés des fermes. Le vœu présenté par les suppliants est commun dans les cahiers. La suppression de cette multitude d'employés *inutiles* avait été suggérée d'ailleurs par les nombreux mémoires répandus dans les campagnes. (Voir le *Projet d'un cahier général*, § Administration des finances, art. 20 et 23, reproduit dans HIPPEAU, *Élections*, p. 391.)

ment au Roi, et qui ruinent les peuples par leurs procédures journalières et même inutiles aux fermiers généraux [1];

4° De consentir à l'aliénation des domaines, etc. . . . [2];

Arrêté par la communauté de la dite paroisse, ce 1er mars 1789.

MARIN Jules, P. DOSSEVILLE, P. BRIÈRE, R. JULLIEN, L. LENOIR, P. LEREBOURG, H. LEPRÊTRE, (illisible), R. CARPENTIER, J. HUAULT, J.-Q. JAMES, L. CENSINDE, J. LEFEUVRE, P. CLÉMENT, B. LEPRÊTRE.

MESNILROGUES [3].

1. PROCÈS-VERBAL D'ASSEMBLÉE.

(Le procès-verbal authentique n'a pu être retrouvé.)

Date de l'assemblée : (?) — Nombre de feux : 149 [4]. — Députés : Me Gabriel-Olivier CAUVRY, avocat (4 j. 12 l., Acc.); Henry-Marin VIBERT, laboureur (4 j. 12 l., Acc.).

[1] Cf. Cahier de Fervaches, art. 5. Le présent cahier, en changeant un mot dans le texte, a considérablement modifié le sens : il demande qu'une partie seulement des impôts existants, et non pas tous les impôts perçus jusqu'à ce jour, soient supprimés.

Impositions pour 1789 : taille, 1,053 livres; acc., 716 l. 8 s.; cap., 681 l. 13 s.; corvée, 354 l. 1 s. 5 d.; vingt., 783 l. 1 s. 10 d.; terr., 67 livres; bât., 22 livres. Au total, 3,677 l. 4 s. 3 d.

Lignes : 111. Exploitants : 8. — *Privilégiés* : le curé me Pierre Le Canelier, présent à Coutances, la dame Marie-Anne Lebrey, veuve de M. Besnard, sr de Bricqueville, seigneur pour le fief du Manoir en Mesnilrault; le sr de Lombrie (cap. nob., 43 l. 4 s.). *Supplément des privilégiés :* . . .

Biens des privilégiés : la cure, bâtiments, 18 à 20 verg. de terre (non est.). Le curé est seul décimateur. Dit sa dîme donner 20 boisseaux de froment, 29 de seigle, 10 d'avoine, 50 de mouture, 3 de pois, 25 de sarrasin, 2 tonneaux de cidre, 10 livres de menues, 20 livres d'obits. Au total, 421 l. 13 s. Estimé par la chambre, vraie valeur, 892 livres: (*Pouillé*, f° 28 r°.) — Aucun autre bien ecclésiastique, qu'une petite maison d'école «dans un des coins du cimetière», dotée d'un petit jardin potager de deux perches et de 60 livres de rente sur le clergé de France par un bienfaiteur, «établissement des plus utiles» suivant l'observation des officiers municipaux dans l'*État des biens* de 1790. Biens des nobles non estimés.

Au 12 septembre 1790, les biens du bénéfice-cure de Mesnilrault, faisant 13 vergées 10 perches, sont adjugés à la municipalité de Saint-Lô, sur une soumission de 2780 livres. (Arch. nat., Q² 97.)

[2] Cf. cahier de Fervaches, art. 6 (*textuel*).

[3] Arrondissement de Coutances, canton de Gavray.

[4] Population en 1793 : 664 habitants (N. 24, M. 1, D. 18). — Population actuelle : 327 habitants.

I. 28

2. Cahier de doléances.

(Ms. *Greffe du Tribunal de première instance de Coutances, pièce n° 413.*)
Original signé. *Inédit.*)

Le général du Mesnil Rogues ne s'occupera point, quant à présent, à faire connaître le peu de valeur de ses possessions, et l'excès des impôts dont il est surchargé, la preuve de ces deux vérités lui sera en tout temps facile à faire. Quant à présent :

1° Les ordonnances du Roi ayant pour but l'assemblée des États généraux et de trouver les moyens les plus propres pour acquitter les dettes de l'État, on peut assurer que les plus sûrs moyens sont de faire contribuer la noblesse à proportion de leurs revenus [1]; il est des seigneurs qui ne payent point la moitié de la valeur des vingtièmes de leurs rentes actives ;

2° Qui refusent de déduire à leurs vassaux aucune diminution de vingtièmes, de sorte que ces derniers sont les seuls à supporter cette espèce d'imposition. La juste contribution est réellement due par la noblesse, qu'il semble que ce serait prendre sur sa gloire de l'en dispenser ;

3° En passant de la noblesse au haut clergé, on y trouve des ressources ni moins grandes ni moins étendues, on voit que toutes leurs richesses ont leur origine dans la religion, l'ambition ou l'aveuglement des peuples des premiers siècles ; les prélats, les évêques représentant les premiers apôtres, successeurs de leurs titres, ils doivent l'être de leurs vertus ; arrivés à ce degré de perfection, de bienfaisance et de sainteté, loin qu'il leur en coûte pour contribuer aux dettes de l'État à proportion de leurs revenus on en verra quantité s'en dépouiller presque entièrement pour la cause commune [2].

[1] Impositions pour 1789 : taille, 1,132 livres; acc., 742 l. 17 s.; cap., 732 l. 8 s.; corvée, 382 l. 12 s. 4 d.; vingt., 593 l. 11 s. 3 d.; terr., 55 livres; bât., 18 livres. Au total, 3,655 l. 16 s. 11 d.
Lignes : 195, dont 137 propriétaires et 58 jouissants. — *Privilégiés :* le curé m° Charles-Jacques Le Terrier, présent à Coutances, et le seigneur, comte de Brigues, seigneur aussi de Beauchamp. *Supplément des privilégiés :* 268 l. 18 s.
Biens des privilégiés : 1° la cure, bâtiments, jardin, 16 à 20 vergées de terre d'aumônes (estim. 150 l.); 2° le

comte de Brigues, 116 vergées de terre, 1,800 livres de rentes seigneuriales, d'après un inventaire de l'an III. (Arch. Manche, Q⁴¹ 12.)
[2] Nous retrouvons presque textuellement ce développement dans un factum très répandu à ce moment dans la province : «Le clergé du premier ordre représente les apôtres, mais les apôtres avaient tout quitté pour suivre Jésus-Christ... Ces biens immenses, monuments éternels de la superstition, des préjugés et de la piété mal dirigée de nos ancêtres, paient annuellement à l'État, sous le nom humiliant de don gratuit, une somme modique qui n'est

4° Une chose à réprimer dans la conjoncture présente est l'obligation dans laquelle les paroissiens sont de faire les grosses réparations aux presbytères ; les curés et décimateurs des paroisses ne sont-ils pas assez facultueux (*sic*) pour satisfaire à cette espèce de dépense ? On dit des curés, lorsqu'ils sont décimateurs des paroisses, ils ont des revenus assez honnêtes pour faire face non seulement aux réparations locatives, mais même à toutes autres réparations quelconques ; s'ils ne sont pas décimateurs en intégrité[1], les décimateurs y contribueront ou les feront entièrement. Cet acte de justice n'opérera à coup sûr les vacances d'aucune cure.

Il est bien intéressant que l'on diminue ou même retranche les droits de cette foule de bureaux par où les deniers parviennent au trésor royal en se diminuant ; il ne l'est pas moins que les juridictions extraordinaires soient supprimées, et la compétence réunie aux juridictions ordinaires, en pourvoyant à une juste indemnité envers les propriétaires des offices des dites juridictions extraordinaires. L'arrondissement des juridictions, sans les multiplier, peut encore opposer une faculté pour le plaideur ; rien n'est plus juste que de diminuer les impôts dès que les dettes seront acquittées, de conserver les privilèges de la province et de ne faire aucune levée d'impôts que du consentement des États généraux.

Tous ces changements sont utiles, propres à subvenir à la classe des citoyens qui, depuis plus d'un siècle, gémit sous le fardeau. Telle est la voix de la communauté du Mesnil-Rogues, qui a arrêté le présent double à la pluralité des voix, pour un des doubles être remis au syndic de la communauté chargé de le représenter au besoin. L'autre être remis aux députés, pour être représenté à l'assemblée du grand bailliage et inséré en tout ou partie dans le cahier général.

*Avant de souscrire le présent, les dits habitants ont représenté que les fonds de la paroisse du Mesnil-Rogues sont de moindre valeur qu'aucun fonds voisin, éloignés de villes de près de six lieues de Coutances, de quatre de Granville. Le sol de la dite paroisse

pas, en proportion de ce que paie le Tiers État, ce que sont 7 à 100.» (*Considérations du Tiers État de la province de Normandie sur la forme des futurs États Généraux*, reproduit dans HIPPEAU, *Élections*, 318.)

[1] Le curé de Mesnilrogues n'était pas décimateur *en intégrité*; il n'avait que le tiers des dîmes de la paroisse et les menues, avec la jouissance de 4 acres de terre aumônée. Le gros décimateur était l'hôtel-Dieu de Coutances, qui percevait les deux tiers des grosses dîmes. (*Pouillé*, f° 20 r°.) Déclare en 1790 le curé son tiers donner 260 gerbes de seigle, 50 de mouture, 350 d'avoine, le tout affermé 252 l. 10 s. 3 d. Les menues et vertes donnent 460 livres, la dîme d'un bois taillis 10 livres, les aumônes 150 livres. Au total 878 l. 10 s. 3 d., sur lesquels il paie un vicaire. (*Déclar. n° 44, f° 37*.)

28.

est tellement ingrat, qu'en outre qu'il est extrêmement difficile à
faire valoir par la quantité de côteaux, c'est qu'il ne produit que
du seigle, sarrasin et avoine, et encore il ne peut en fournir pour
la nourriture de ses habitants pendant trois mois de l'année, écrasés d'impôts et de rentes seigneuriales[1]. Ces vérités sont affligeantes
pour les habitants de la dite paroisse, qui ont toujours payé pour
la confection des grandes routes sans avoir aucun chemin commode
dans leur paroisse.

> G. LE BRETON, J.-F. LE BRETON, Pierre LEBALLAIS, François
> CAIQUEVEL, Jean CAIQUEVEL, P. NÉEL, J. HARDY, Tho-
> mas BELES, Pierre OLIVIER, J. DE LA HAYE, Thomas
> BEDOIN, Ollivier BEDOUIN, Jean HEBERT, Pierre BOIS,
> Pierre CANTELOU, Jean FOUCARD, L. COQUEVEL, Jean
> CAUVRY, M. VIBERT, CAUVRY, avocat.

MESNILVILLEMAN [2].

---

1. PROCÈS-VERBAL D'ASSEMBLÉE.

(Le procès-verbal authentique n'a pu être retrouvé.)

Date de l'assemblée : 1ᵉʳ mars. — Nombre de feux : 40 [3]. — Députés :
*Mᵉ François-Robert LEPIGEON DE LAUNAY, seigneur et patron de ladite paroisse
et président honoraire en l'élection de Coutances [4] (3 j. 9 l. et 17 j. 62 l., Ref.);
Pierre-Michel DESFONTAINES (4 j. 9 l., Ref.).

2. CAHIER DE DOLÉANCES.

(Ms. *Greffe du Tribunal de première instance de Coutances*, pièce n° 421.
Original signé. *Inédit.*)

*Cahier des doléances, plaintes et remontrances des paroissiens et
habitants de la paroisse du Mesnil-Villeman, assemblés au
son de la cloche à l'issue et partie de la grande messe pa-*

---

[1] *Mém. Stat.*, p. 50 : «Mesnilrogues.
Terrain de labour à tous blés; plant,
peu de prairie.»

[2] Arrondissement de Coutances,
anton de Gavray.

[3] Population en 1793 : 638 habitants (N. 20, M. 10, D. 17). Population actuelle (avec Dragueville réuni) :
550 habitants.

[4] Fr. Robert Lepigeon de Launay, né
à Avranches, président de l'élection, père
de Lepigeon de Boisval, était de condition
noble, bien qu'il ait participé comme
roturier à toutes les assemblées du tiers
état. Poursuivi, en 1793, comme fédéraliste, il fut transféré à Paris et guillotiné le 3 thermidor an II. (SABOT, *Tribunal révolutionnaire*, p. 219.)

*roissiale dudit lieu, après les annonces faites au prône de la
messe et à l'issue de la messe dudit lieu, dimanche dernier,
rédigé conformément aux lettres du roi, du 24 janvier dernier,
à l'article 31 du règlement de Sa Majesté y annexé, de l'ordonnance de M. le lieutenant-général de Coutances, du 13 février dernier, et de la délibération de ce jour des habitants
imposés composant le général de ladite paroisse, tous âgés
de 25 ans.*

Les habitants de ladite paroisse prennent la liberté de représenter à Sa Majesté et à nos seigneurs les États du royaume :

Lesdits habitants ont considéré que le meilleur des monarques,
qui n'est occupé que du bonheur de ses sujets, veut bien écouter
leurs doléances, même il daigne écouter les conseils des plus
pauvres et des moindres de ses sujets, et dans cette persuasion
qu'ils ont l'honneur de remontrer à votre Majesté que l'État a besoin d'être renouvelé dans tous ses ordres, dans toutes ses parties.

Votre Majesté est suppliée de donner une attention particulière
à faire fleurir la religion et les mœurs, bases inébranlables de son
trône, avec cette charité, cette douceur, qui est le caractère destiné de notre religion comme celui de Votre Majesté. Nous renfer-
mant dans ce qui regarde l'état du laboureur dans lequel nous
sommes nés, nous supplions Votre Majesté d'abolir entièrement
jusqu'au nom de taille et de servitude, et que tous les laboureurs
soient admis à tous les emplois civils et militaires, où leurs talents
et leur travail leur apporteront; que les impôts soient supportés
par tous les ordres de l'État avec égalité [1], notamment l'impôt territorial en nature ou argent, et que la capitation qui serait imposée
au marc la livre dudit impôt ou du prix des baux ou adjudications
d'une imposition en nature; que l'industrie ne soit imposée que
sur les artisans ou ceux qui font quelque commerce: que les revenus ecclésiastiques soient chargés des constructions, entretien et
réparation des églises, presbytères et hôpitaux; que les portions
congrues soient portées au moins à quinze cents livres, et celle des
vicaires à proportion; que les adjudications de tous travaux publics
soient passées devant les juges des lieux; qu'il soit érigé des tribunaux d'arrondissement de proche en proche; que les citoyens ne

[1] Impositions pour 1789 : taille,
1,202 livres; acc., 788 l. 16 s.; cap.,
777 l. 14 s.; corvée, 395 l. 6 s.; vingt.,
803 l. 8 s. 10 d.; terr., 60 livres; bât.,
20 livres. Au total, 4,047 l. 4 s. 10 d.

Lignes : 47, dont 11 exploitants. ——
Privilégiés: le curé, m² Addes, et Jean
Dumesnil, écuyer, non possédant fief.
Supplément des privilégiés : 182 l. 15 s.
8 d.

soient pas obligés d'aller au loin chercher la justice à grands frais;
que dans l'administration de la justice, les formes soient abrégées
et simplifiées; que tous procès soient sommairement jugés à l'audience ou sur mémoires à la Chambre du conseil, et que les jugements soient rendus sur le texte de la loi; qu'il plaise à la justice
du Roi de supprimer les fermes générales, les régies des aides, les
gabelles, les contrôles, les receveurs généraux des tailles, et d'ordonner que les deniers seront réunis par les municipalités aux
assemblées intermédiaires provinciales, qui les feront parvenir au
trésor royal, sans autres frais que ceux des messagers, lesquels
frais seront réglés par Sa Majesté.

Qu'il plaise à Sa Majesté de supprimer tous les tribunaux d'exception. Quant à ce qui concerne particulièrement la paroisse, ils
supplient Sa Majesté d'avoir égard que les pauvres indigents de la
paroisse, qui sont en grand nombre, ne peuvent recevoir que très
peu de soulagement du sieur curé, qui n'a que le tiers des dîmes
de la dite paroisse, qui n'a qu'une très petite étendue [1], les sieurs
religieux de l'abbaye de Belle-Étoile, éloignée de la dite paroisse
de quinze lieues, étant propriétaires des deux tiers [2], et auxquels il
est dû quantité de rentes dans ladite paroisse, et ne font aucune
espèce de charité aux pauvres, et ne chargent pas leurs fermiers
de les faire.

Fait et arrêté le 1er mars 1789.

Ch. DESVAGES, M. DESFONTAINES, P. YVON, (illisible), Jaq.
ADDE, Henry YVON, ROMMY, ROMMY, Jean LABBERAYE,

[1] Superficie de la commune actuelle (avec Dragueville réuni) : 1,071 hectares. Le *Mém. Stat.*, p. 46, dit: «Mesnilvilleman, mauvais terroir, peu de plant et de prairie.»

[2] La cure de Mesnilvilleman était sous le patronage alternatif du seigneur temporel et de l'abbaye de Belle-Étoile (Bella-Stella, d'après le *Neustria Pia*, p. 910, de l'ordre des Prémontrés, au diocèse de Bayeux, dans la commune actuelle de Cerisy-Belle-Étoile, département de l'Orne). L'abbaye, qui avait eu anciennement toutes les dîmes, grosses et menues de la paroisse, avait cédé, au XVIIIe siècle, au curé, pour sa portion congrue, le tiers des grosses dîmes avec la moitié des sarrasins et des verdages. (*Pouillé*, f° 19 r°.) Déclare, en 1790,

le curé sa dîme valoir, avec 6 vergées de terre labourable et 5 de jardin à pommiers, 3,500 livres en bloc, sur lesquelles il paie un vicaire. (*Déclar. n° 107*, fol. 40.)

D'après l'inventaire des officiers municipaux, les biens de l'abbaye dans la paroisse consistent en deux pièces en labour, nommées *les Moyneries*, 5 verg. de terre environ, avec une mesure en ruine (non est.). Il leur est dû, par plusieurs particuliers, «des rentes en froment, au nombre de 500 demeaux environ, et quelques menues rentes en argent.» (Arch. Manche, Q[bis] 13.)

Déclaration omise : l'abbaye de Hambye, 14 demeaux de froment, 3 pains, 3 gélines et 30 œufs. (*Rentes de Hambye*, Arch. Manche, H 4331.)

P. Yvon, G. Leteurtrais, P. Prevel, Letendre,
Charles Grain, C. Pastey, Ad. Yvon, J. Tourchal,
H. Moncel, C. Boudier, H. Joret.

MONTABOT[1].

1. Procès-verbal d'assemblée.
(Le procès-verbal authentique n'a pu être retrouvé.)

Date de l'assemblée : 1er mars. — Nombre de feux : 147 [2]. — Députés :
*Guillaume Lemasurier, *laboureur* (6 j. 18 l. et 19 j. 74 l., Acc.); Étienne
Lebouvier, *laboureur* (4 j. 12 l., Acc.).

2. Cahier de doléances.
(Ms. *Greffe du Tribunal de première instance de Coutances, pièce n° 424.*
Original signé. *Inédit* [3].)

La communauté de Montabot, considérant que le Roi informé
des malheurs qui affligent la France depuis nombre d'années, a
cherché tous les moyens d'assurer son bonheur, en portant la réforme sur toutes les parties de l'administration . . . [4].

Tous ces différents objets pris en considération par la communauté, la déterminent à donner par le présent cahier pleins pouvoirs aux députés, qui seront choisis dans l'assemblée générale
qui se tiendra en la ville de Coutances le seize de ce mois, de
demander aux Etats généraux :

1° Que la constitution de la France soit établie, etc. [5] . . .;

[1] Arrondissement de Saint-Lô, canton de Percy.

[2] Mouv. 1787 : N. 26, M. 8, D. 14.
— Population actuelle : 541 habitants.

[3] Le cahier est en grande partie la
reproduction textuelle du cahier de
Beaucoudray : nous n'en donnons par
suite que les parties originales.

[4] Le préambule est textuellement la
reproduction du préambule du cahier
de Beaucoudray. Le rédacteur a seulement ajouté en marge du texte des ru-
briques en indiquant le contenu : «1.
Autorité du roi et des sujets non déterminée. — 2. Privilèges des deux premiers ordres. — 3. Impôts. — 3. Impôts non répartis avec justice. — 4.
Lois non claires. — 5. Routes. — 6.

Droits du souverain. — 7. Privilèges.
— 8. Suppression d'impôts. — 9. Tribunaux. — 10. Établissements. — 11.
Assemblées. »

[5] Les art. 1 à 6 sont la reproduction intégrale des art. 1 à 6 du cahier
de Beaucoudray. *Impositions pour 1789 :*
taille, 2,201 l. 10 s.; acc., 1,497 l. 13 s.;
cap., 1,425 l. 3 s.; corvée, 738 l. 15 s.
7 d.; vingt., 1,059 l. 19 s. 3 d.; terr.,
92 livres; bât., 31 livres. Au total,
7,046 l. 1 s. 1 d.

Lignes : 166. Exploitants : 25. —
Seigneur : le prince de Monaco. —
Le seul privilégié domicilié est le curé
m° Lemonnier, représenté à Coutances
par le curé de Villebaudon, *Supplément
des privilégiés :* 175 l. 18 s. 3 d.

7° D'approfondir avec la plus mûre réflexion la dette nationale et son origine, afin d'en prévenir l'accroissement et d'y proportionner les sacrifices de la nation;

8° De demander que tous les impôts perçus jusqu'à ce jour sur les propriétés, possessions, facultés, commerce et consommations soient entièrement supprimés et remplacés par des contributions arrêtées aux États, dont nul fonds, pas même les domaniaux, et nul individu des trois ordres ne soient exempts, et que l'on préfère celles d'une perception plus simple et moins coûteuse, et celles qui sont susceptibles d'une répartition plus proportionnelle aux propriétés et facultés de chaque province et de chaque individu, et qui peuvent le moins gêner le commerce et l'agriculture;

9° D'insister pour que la proportion que chaque province et chaque généralité doit supporter dans l'impôt, soit déterminée aux États généraux d'après les propriétés de chaque canton et ses ressources, et que les assemblées provinciales, de département et municipales, soient tenues de suivre la même proportion dans la répartition de l'impôt sur les départements, communautés et individus;

11° D'insister que la milice soit supprimée, etc... [1];

12° D'insister aux États généraux pour que tous les tribunaux actuellement existants, etc. [2]. . .;

16° De demander que les dîmes insolites soient abolies, et de fixer des lois pour établir la perception des dîmes solites, et que les curés et bénéficiers soient chargés de l'entretien et reconstruction de tous les bâtiments servant à leur usage [3];

17° Demander la suppression des jurés-priseurs-vendeurs, ou du moins n'y rester dans le lieu de leur arrondissement [4];

[1] L'art. 11 est la reproduction textuelle de l'art. 16 du cahier de Beaucoudray. La paroisse tire à la milice avec Beaucoudray. Voir *suprà*, p. 150, note 1.

[2] Les art. 12 à 15 sont la reproduction textuelle des art. 11 à 15 du cahier de Beaucoudray, sauf que, à l'art. 15, le présent cahier admet l'extension déjà admise par le cahier du Chefresne, art. 14, de l'aliénation des biens des communautés supprimées, aux «autres qui pourront l'être.»

[3] L'art. 16 est la reproduction textuelle de l'art. 16 du Chefresne. La cure de Montabot était sous le patronage de l'abbaye de Fontenay, au diocèse de Bayeux; mais le curé avait cependant toutes les dîmes. Dit sa dîme fournir 15 demeaux de froment, 800 gerbes de seigle, 1,500 d'avoine, 5 tonneaux de cidre. Il y a 28 vergées de terre d'aumônes. Au total, vraie valeur, 1,205 l. 15 s., sur lesquels il paie un vicaire. (*Pouillé*, f° 29 v°.) — Aucun autre bien ecclésiastique : le trésor jouit d'une rente de 3 demeaux de froment. Au 31 août 1790, les biens du bénéfice-cure de Montabot sont adjugés à la municipalité de Saint-Lô, sur une soumission de 5,500 livres. (Arch. nat., Q², 97.)

[4] Ce vœu n'existe point dans le cahier-type de Mesnil-Opac, ni dans celui de Beaucoudray. La communauté du Chefresne avait, dans son art. 17, exprimé au contraire un vœu analogue.

18° De solliciter qu'il soit ouvert des routes, etc. [1]. . .

La communauté donne au surplus pleins pouvoirs aux dits députés de suivre le vœu de leur conscience dans tout ce qui sera proposé sur une infinité d'autres abus, s'en rapportant à leurs lumières et honneur, et de voter au surplus ce qu'ils croiront le plus utile et avantageux pour la félicité publique. Fait et arrêté le 1er de mars 1789, les présents soussignés faisant fort pour les absents, à l'issue et sortie de la grande messe paroissiale de ladite communauté.

Ont signé : GENDRIN, J. CORTIL, J. CRESPIN, P. LEBOUVIER, Fr. LE BOUVIER, F. OZENNE, F. GAUTIER, GENDRIN, J.-F. LEMONNIER, G.-G. GRENTE, J. LEBOUVIER, M. JEAN, J. LOHER, J. COKARD, N. LOHIER, A.-J. GENDRIN, LE-NOBLE, F. LOHIER, E. LEBOURSIER, J. BOSSARD, J.-B. LEVALLOIS, J.-B. RICHER, G. LEMASURIER, *député* ; E LE BOUVIER, *député*, G. BLONDEL, *officier public*.

MONTAIGU-LES-BOIS [2].

1. PROCÈS-VERBAL D'ASSEMBLÉE.
(Le procès-verbal authentique n'a pu être retrouvé.)

Date de l'assemblée : 1er mars. — Nombre de feux : 75 [3]. — Députés : Jean-Baptiste TIERCELIN, *laboureur* (3 j. 9 l., Acc.) ; Charles LE JAMETEL, *laboureur* (3 j. 9 l., Acc.).

2. CAHIER DE DOLÉANCES.
(Ms. *Greffe du Tribunal de première instance de Coutances, pièce n° 419. Original signé. Inédit.*)

Mémoire ou cahier que la paroisse de Montaigu a l'honneur de présenter, par ses députés, à l'Assemblée tenue à Coutances demain 2 mars ; suivant et au désir du règlement de Sa Majesté et de l'ordonnance de M. le lieutenant général de Cotentin.

La petite paroisse de Montaigu-des-Bois, arrondissement de Gavray, gémissant sous le poids des impôts et des charges dont

---

[1] L'art. 18 est la reproduction textuelle de l'art. 15 de Beaucoudray.

[2] Arrondissement de Coutances, canton de Gavray.

[3] Population en 1793 : 386 habitants (N. 9, M. 2, D. 3). — Population actuelle (avec l'Orbehaye réuni) : 435 habitants.

elle est grevée, n'ayant aucune personne en état de la défendre et
de représenter sa pauvreté et sa misère, saisit avec joie le moment
de l'amour de son prince pour ses sujets, donne à chaque paroisse
la liberté de former un cahier de plaintes et de doléances pour être
présenté aux assemblées que Sa Majesté a réglées afin que la connaissance de l'état de chaque paroisse parvienne jusqu'à son trône
par les assemblées graduelles pour établir un ordre fixe et permanent dans toutes les parties de l'administration, la prospérité
générale du royaume et l'avantage de tous ses sujets.

La paroisse est située partie sur une hauteur et quelques vallons,
l'autre partie est de bois Jean, la terre légère et argileuse, et la
moindre partie en vignons ou bruyère avec de l'argile blanche [1].
Elle ne peut produire que du blé noir, du seigle et de l'avoine,
les autres semences n'y rapportent rien ; la dite paroisse produisant peu de pommes, puisque le curé qui est décimateur [2] est souvent obligé d'acheter sa provision. Son élévation fait qu'il y a peu
de prairies, excepté celle des seigneurs où les habitants sont obligés d'acheter du foin tous les ans ; dans la moindre sécheresse,
ils n'ont ni paille ni grain et sont obligés d'acheter tout le blé qui
leur est nécessaire et volontiers dans tous les temps. Il n'y a aucun
commerce ni industrie, il leur est très difficile d'améliorer leur
fonds, n'ayant aucune sortie commode pour aller aux engrais de
mer, la route de Villedieu à Coutances étant impraticable, hiver et
été, qui est la seule par laquelle ils puissent aller à Avranches et
Bricqueville pour avoir les dits engrais de mer, et notamment de
cette dernière, qui est au moins trois lieues plus proche que la
première; par cette mauvaise route, il ne leur est pas possible de
faire de l'argent des denrées qu'ils pourraient vendre.

2° Ladite paroisse ne contient que treize cent quarante vergées
de terre [3], et est considérablement chargée en rentes seigneuriales,

---

[1] *Mém. stat.*, p. 49. «Montaigu.
Terroir labourable en froment, orge,
plant et prairie. Bois de haute futaie.»

[2] Le curé récolte en effet, d'après
le *Pouillé*, toutes les dîmes, grosses et
menues, à la fin du XVIIIe siècle. Il a
45 vergées de terre d'aumônes (33 en
terre labourable et 2 jardins à pommiers). Dit sa dîme donner 70 demeaux
de seigle, mesure de Gavray, 40 d'orge,
70 de sarrasin, 40 d'avoine, 20 gerbes
de lin, «pas de froment, un tonneau
de cidre quelquefois, dans les bonnes

années». Déclare en 1790 son bénéfice
valoir, tout compris, 1,500 livres, sans
charges. (*Déclar.* n° 150, fol. 39.)

[3] Un peu plus de 273 hectares.
Superficie de la commune actuelle (avec
Lorbehaye réuni) : 665 hectares. —
La seigneurie de la paroisse appartenait
depuis le XVIIe siècle aux Poilvilain,
comtes de Cresnay. Au 13 pluviôse
an II, Thomas Mariette, fermier, déclare ténir de l'émigré Poilvilain un
corps de ferme nommé *la Grande ferme*,
350 vergées de terre, dont 180 en
labour, 73 en pré, le reste en herbage,

corvées et autres charges, tant en froment qu'avoine, brebis, porcs, chapons, poules, gélines, œufs et argent, toutes ces rentes valent année commune trois mille livres; ils payent le froment à l'apprécie royale.

3° Ce qui a réduit la paroisse dans la misère, ce sont des arrêts qui ont duré pendant seize années. Au levé d'iceux, les vassaux en grande partie ont été forcés de les payer, avec des frais considérables, frais faits par des sergents, et qui devaient l'être par le prévôt de la dite seigneurie, ils les ont payés, dis-je, aux dépens de leur plus nécessaire et en vendant la majeure partie de leur fonds par de nouveaux arrêts. Ces infortunés habitants vont encore se trouver en arrière de cinq années qui vont échoir au jour Saint-Michel 1789 (c'est là le coup fatal qui va forcer la majeure partie desdits habitants d'abandonner ce qui leur reste de fonds et d'aller chercher un autre asile).

4° Il y a beaucoup de fonds qui payent plus de rentes qu'ils ne valent, les particuliers n'en sont même pas fermiers; en outre les charges ci-dessus, il est encore dû à la chapelle du seigneur et à l'église [1].

5° Cette paroisse paye, tant en principal, accessoire, et capitation, que dixièmes et chemins, la somme de 3,436 livres [2], laquelle somme, jointe à celle de 3,000 livres de rentes seigneuriales, se monte à la somme de 6,436 liv. 3 s., somme exorbitante, rapport à ses charges et à ses mauvais fonds, et relativement aux autres paroisses, ce qui se peut prouver par la présente supposition. Tels qui, dans cette paroisse, payent vingt écus ne payeraient pas vingt livres dans quantité d'autres paroisses peu éloignées, avec une fortune plus considérable et moins de charges.

bois et pâture, donnant 730 boisseaux de grain, 5,000 bottes de foin, adjugé au 14 mars 1793 pour un prix non spécifié. La terre de *la Rousselière*, appartenant au même Poilvilain, est louée à la même époque à F. Le Villain pour le prix de 400 livres.

[1] Biens ecclésiastiques de la paroisse : 1° la cure, bâtiments, jardin légumier 1 vergée et demie, plants à pommiers, 5 pièces de terre labourable, de contenance de 33 vergées (n. est.); 2° la chapelle Notre-Dame, dans la cour du seigneur, rentes n. est.; 3° le trésor de l'église, un pré de 3 vergées, 2 petites pièces de 1 vergée et demie, 200 livres de rentes en plusieurs parties. (*État*

des biens nationaux, *Coutances* (Arch. Manche Q[4.1] 12).

Rentes omises : 4° l'abbaye de Blanchelande, 2 l. 10 s, en argent; 5° le prieuré-cure de la Bloutière, 12 sols.

[2] Impositions pour 1789 : taille, 1,070 livres; acc., 702 livres 3 sols; cap., 692 livres 6 sols; corvée, 363 livres 19 sols 9 deniers; vingt., 544 l. 5 s. 7 d.; terr. 47 livres; bât., 16 livres. Au total 3,435 l. 8 s. 9 d.

Lignes : 78, dont 15 exploitants. — *Privilégié* : le curé, m° Dufossey, représenté à Coutances par le curé de Sourdeval. Aucun noble n'est assigné dans la paroisse. *Supplément des privilégiés* : 76 l. 4 d.

6° Il faut observer que le seigneur possède plus du tiers de la paroisse, et que tous ses fonds loués ne payent que cent quelques livres du principal de la taille, et qu'il en fait valoir une grande partie par lui-même sans rien payer ce qu'il a droit de faire, ce qui surcharge encore la paroisse.

Ces faits sont exposés dans la plus grande sincérité, elle réclame la justice du ministère public; s'il en est qui mérite du soulagement et de la diminution, c'est cette paroisse, vu ses charges et sa misère.

7° Ses vœux qui sont sans doute conformes à ceux de toute la province, sont qu'il n'y ait qu'un seul impôt dans chaque paroisse;

8° Que les juridictions ne soient pas si multipliées, qu'on établisse des présidiaux et bailliages dans certains arrondissements;

9° Que les sergents ne soient pas si multipliés dans les paroisses, parce qu'ils sont souvent la cause de mauvais procès, qu'on établisse dans chaque paroisse une assemblée municipale en forme de consulat, qui jugerait gratuitement les petites questions et différends qui s'élèvent souvent dans les paroisses, où chaque particulier exposerait lui-même sa cause, et que les seules matières graves et de droit fussent portées aux bailliages et présidiaux, qui jugeraient définitivement jusqu'à la concurrence de telle somme, sur quoi le Ministère formerait un règlement. Cela affaiblirait la passion que l'on a de procéder, et causerait plus de tranquillité parmi le peuple.

Tels sont les vœux de la paroisse; elle supplie qu'on ait égard à ces représentations dans la déplorable position où elle se trouve.

Le présent cahier rédigé en notre présence et du consentement de tous les soussignés.

M. LECLERC, Ch. LEJAMETEL, Jean MANSARD, G. LOUISE, J.-B. TIERCELIN, G. DEGUELLE, L. GROUD, P. LELOUP, M. DELORBEHAYE, Charles LEROUBY, G. LESIEUR, DUPREY, Charles GOUD, C. ROMY, Charles BAUDRY, G. GUÉRIN, P. LESIEUR, M. LEJAMETEL.

MONTCARVILLE [1].

---

1. Procès-verbal d'assemblée.
(Le procès-verbal authentique n'a pu être retrouvé.)

Date de l'assemblée : 1ᵉʳ mars. — Nombre de feux : 80 [2]. — Députés : Jean Le François, *laboureur* (4 j. 12 l., Ref.); Antoine Ybert, *laboureur* (3 j. 9 l., Acc.).

2. Cahier de doléances.
(Ms. *Greffe du Tribunal de première instance de Coutances, pièce n° 408.*
Original signé. *Inédit.*)

Observations et doléances des habitants taillables de la paroisse de Montcarville.

Les députés des habitants taillables de la paroisse de Montcarville, nommés par la délibération jointe au présent, pour répondre aux désirs et aux vues bienfaisantes du Roi, représentent sous le bon plaisir de Sa Majesté :

1° *Dîmes royales.* — Que dans la répartition des impôts qui subsistent aujourd'hui sous tant de dénominations, il se commet quantité d'abus qui en rendent le fardeau trop pesant pour la plus grande partie des citoyens à cause de l'inégalité de cette même répartition ; et que si au lieu de tout ou partie de ces impôts, il se percevait une dîme royale, il y aurait une exacte égalité entre tous individus, et entre les paroisses. Il ne faudrait pour cela ni rôles ni collecteurs, mais seulement des fermiers ; le clergé, la noblesse, et le tiers état qui est la partie la plus faible et qui supporte presque tout, payeraient à proportion de leurs biens [3].

2° *Presbytères.* — Que si l'entretien des chœurs et nefs des églises, des cimetières et des presbytères étaient à la charge des dîmes [4], les habitants des paroisses ne seraient pas obligés de

---

[1] Ancienne paroisse réunie à Gouville, arrondissement de Coutances, canton de Saint-Malo-de-la-Lande.

[2] Population déclarée en 1790 : 408 communiants.; au recensement de de 1793 : 408 habitants (N. 10, M. 0, D. 7).

[3] Impositions pour 1789 : taille, 1,110 livres; acc., 728 livres 8 sols; cap., 718 livres 3 sols; corvée, 368 livres 13 sols 5 deniers; vingt., 318 l. 3 s.; terr., 28 livres; bât., 9 livres. Au total 3,278 livres 7 sols 5 deniers. — *Privilégiés* : le curé m° Jean-Louis-René Jores, représenté à Coutances, par le curé de Brix. Aucun noble n'y fut assigné. *Supplément des privilégiés* : 164 livres.

[4] Le seul décimateur de la paroisse était le curé, qui percevait toutes les

payer des sommes considérables, qui jointes à leurs impositions, mettent la plus grande partie hors d'état de nourrir leurs familles, de cultiver et ensemencer leurs terres.

3° *Sables endommageants.* — *Lapins et pigeons.* — Que la paroisse de Montcarville est redevable de plus de trois cents boisseaux de froment envers les seigneurs [1]; souffre un tort considérable par les sables de la mer, que le vent transporte et amoncelle sur les terres voisines qu'ils rendent incultes et de nulle valeur; qu'en outre, les mielles, d'une grandeur considérable, sont remplies de lapins qui dévastent les récoltes dans les campagnes labourables; et qu'il y a dans cette paroisse et les limitrophes quantité de volières très peuplées de pigeons, qui mangent la semence des terres nouvellement labourées, et les grains lorsqu'ils sont excrus; qu'il serait juste de faire supprimer ou boucher ces volières qui existent sans droit, ainsi que d'enjoindre aux seigneurs de faire murailler leurs prétendues garennes, en justifiant au préalable de leurs titres de propriété.

J. Le François, A. Ybert.

---

dîmes, grosses et menues. Déclare en 1790 sa dîme donner 1,500 gerbes de froment, 3,700 d'orge, 200 de seigle, 400 d'avoine, 46 boisseaux de sarrasin, 7 de poix, 5 de vesce, 150 g. de boisjean, 1 tonneau de cidre, lin, chanvre et agneaux. Il a 11 vergées d'aumônes, donnant 88 livres. Au total 2,338 livres.

Aucun autre bien ecclésiastique que la cure (louée en l'an III, 55 livres, valeur 50 livres). — *Rentes :* 1° la cure, 51 livres 10 sols en argent par plusieurs particuliers, et 1 demeau de froment; 2° Jacobins de Coutances, 12 l. 10 s., 2 poules, 20 œufs de rente foncière; 3° le chapelain du Sépulcre, 1 l. 5 s. de rente foncière; 4° domaine du roi, 2 boisseaux de froment et 14 l. 10 s. en plusieurs parties.

[1] La paroisse renfermait 2 fiefs nobles, le fief de Montcarville et le fief Grouchy, relevant de la seigneurie de Gratot. Tous deux en 1789 sont entre les mains de Guillaume-François Douessey, qui comparaît à Coutances comme seigneur et patron de Gratot, Brainville, Montcarville, Tessy en partie et Nicorps. Le seigneur a dans la paroisse plusieurs moulins, affermés anciennement 200 livres. (*État des fiefs*, fol. 5.)

Le *Mém. stat.* dit de cette paroisse et de celle de Gouville à laquelle elle est réunie : «Paroisses maritimes, dont le terroir en campagne est propre pour les menus blés et pour l'orge... plus d'orge que de froment... orge et lentilles... peu de prairie, point de plant... terroir médiocre, qui se couvre de sable dès que le vent y pousse» (p. 27, p. 31).

MONTCHATON [1].

1. Procès-verbal d'assemblée.
(Le procès-verbal authentique n'a pu être retrouvé.)

Date de l'assemblée : 1er mars. — Nombre de feux : 151 [2]. — Députés : *Gilles Guillemin, *laboureur* (4 jours, 12 l. et 18 jours, 71 l., Acc.); Jacques-François-Augustin-Guillaume Carrouge, *laboureur* (3 jours, 9 l., Ref.).

2. Cahier de doléances.
(Ms. Greffe du Tribunal de première instance de Coutances, pièce n° 363.
Original signé. Inédit.)

C'est le cahier des humbles demandes, avis et doléances que forment les paroissiens et habitants du tiers état en général de la paroisse de Montchaton, convoquée ainsi qu'il est contenu en l'acte de délibération ci-annexé, pour être ledit cahier mis aux mains des deux députés par eux choisis et délégués, savoir : les sieurs Gilles Guillemin, Jacques-François-Augustin-Guillaume Carrouge, pour comparoir et représenter iceux paroissiens en l'Assemblée des trois États du bailliage du Cotentin et autres Assemblées du tiers état dudit bailliage, et être ledit cahier porté et présenté auxdites Assemblées, délibéré, soutenu, et appuyé en tant que besoin par lesdits députés selon leur honneur et conscience, pourquoi lesdits paroissiens leur donnent tous pouvoirs d'aviser et délibérer dans lesdites Assemblées.

1° *Avis par tête ou par ordre.* — Pourront délibérer et consentir lesdits députés, en l'Assemblée du tiers état du bailliage, que les députés des trois états, si c'est l'avis et le bon plaisir des deux autres ordres, se forment en un seul corps d'Assemblée, et donnent leurs voix par tête à la pluralité générale, soit pour nommer conjointement des députés aux états généraux, soit pour ne former qu'un seul cahier de trois ordres.

2° *Grâces rendues au Roi.* — Désirent lesdits commettants qu'il soit d'abord adressé à Sa Majesté de la part de ses fidèles sujets le juste hommage qu'ils lui doivent de leurs respect, amour, et vénération, pleins de reconnaissance envers la bonté de sadite

---

[1] Arrondissement de Coutances, canton de Montmartin.
[2] Population au dénombrement de 1793 : 874 habitants (N. 27, M. 6, D. 19). — Population actuelle : 510 habitants.

Majesté qui vient d'accorder à ses peuples un témoignage à jamais éclatant de ses sentiments paternels, en convoquant auprès de lui les trois États généraux de son royaume, pour y délibérer comme un père avec ses enfants sur les meilleurs moyens de procurer le bien-être de ses sujets et la prospérité de l'État.

3° *Réformes avant les impôts.* — Afin que les États généraux assemblés soient moins exposés à voir leurs délibérations troublées, ralenties ou arrêtées par aucunes intrigues et Sa Majesté frustrée de ses bonnes intentions, demandent expressément lesdits commettants que leurs députés aux États généraux ne puissent entrer en délibération sur les impôts, avant que les objets de la police et du gouvernement intérieur relatif au bien-être des peuples, et sur lesquels il est demandé des réformes, ne soient discutés, arrêtés et fixés par l'avis et le consentement des trois États.

4° *Tolérance des non-catholiques.* — Soit Sa Majesté remerciée et félicitée de ce que par son édit de novembre de 1787 [1] elle aurait admis ceux de ses sujets qui ne professent point la religion nationale catholique romaine, et autres étrangers résidant en France qui seraient dans le même cas, à jouir sous la protection de Sa Majesté des avantages de la société, de l'ordre civil, et des lois du royaume, ne pouvant résulter de cette tolérance, qui assurera les sujets et attirera les étrangers, qu'un accroissement d'industrie, de population, et de force dans le royaume. Et parce que d'après les lumières répandues aujourd'hui dans l'Europe, il n'est plus à craindre que des dissensions théologiques troublent désormais la tranquillité de l'État, s'il est demandé dans les États quelque règlement additionnel et ampliatif au susdit édit de 1787, n'empêchent lesdits commettants que par leurs députés il ne soit à ce sujet délibéré et consenti à ce qu'ils aviseront de plus convenable pour le bien de l'État.

[1] *Édit concernant ceux qui ne font point profession de la religion catholique. Versailles, mai 1787.* (Isambert, XXVIII, 472, n° 2415.) — Les cahiers de la région de Cotentin ont toujours été empreints d'un assez large esprit de tolérance religieuse. Voici ce que disait, en 1614, le cahier des trois ordres du bailliage, arrêté en la convention de Saint-Lô : « Que nul ne soit persécuté pour la religion, et que les athéistes, libertins, anabaptistes et autres semblables moqueurs de Dieu soient punis. Qu'il soit permis de s'assembler pour ouïr la prédication de la parole de Dieu en lieu public qui sera destiné et ordonné par le magistrat, afin que toutes calomnies cessent, et même qu'aucuns des magistrats soient ordonnés pour y assister, et rendre témoignage de ce qui s'y fait, tant pour l'instruction du peuple ou la crainte de Dieu, qu'en l'obéissance du roi ». (Arch. Manche, série B n. cl.)

5° *Assemblées municipales et de département.* — Soit pareillement remerciée Sa Majesté de la bienveillance paternelle qu'elle a manifestée envers son peuple et du bienfait inappréciable qu'elle lui a accordé dans l'établissement des Assemblées particulières et générales des différents cantons de son royaume, pour y faire discuter leurs intérêts par des représentants éclairés et les faire parvenir à Sa Majesté. Soit en conséquence suppliée Sa Majesté de conserver et maintenir les Assemblées municipales des paroisses et corporations et les Assemblées de département en chaque élection, en la forme et pour les mêmes objets et avec les mêmes attributions et pouvoirs qu'elles ont été créées, et qu'il soit enjoint aux particuliers d'obtempérer avec exactitude à tous les ordres qu'elles adresseront ou feront publier sur les objets de leur attribution et pour le nom de Sa Majesté, à peine par les contrevenants d'amendes convenables, qui seront ordonnées par Sa Majesté.

6° *États de la province.* — Et quant aux Assemblées de généralité appelées du nom d'Assemblées provinciales, telles que celles de Rouen, Caen et Alençon; comme ces sortes d'Assemblées pourraient altérer ou rompre cette unité précieuse à tous les sujets normands qui n'a jamais fait de tous les cantons de la Normandie qu'une seule et même province inséparablement unie dans tous les temps, sous un seul chef qui est Sa Majesté, sous un seul tribunal suprême, sous une seule loi, soit suppliée Sa Majesté de retirer lesdites Assemblées de généralité en sa province de Normandie, et de rendre à cette fidèle et loyale province, jalouse de son gouvernement, ses anciens États provinciaux tels qu'ils existaient autrefois, sous la haute direction desquels se régiraient les Assemblées de département et les Assemblées municipales, ainsi qu'elles étaient ci-devant régies par les Assemblées de généralité.

7° *Suppression des intendants et subdélégués.* — Soit en conséquence exposé à Sa Majesté qu'au moyen des Assemblées municipales et Assemblées de département, et de l'activité qu'elles prendront, conduites et dirigées, sous l'autorité du Roi par les États de la province, le ministère des intendants, leurs subdélégués et autres subalternes dans les généralités deviendra surabondant et en double emploi; que la suppression de ces officiers sera en décharge de l'État; que d'ailleurs leurs procédés en partie civile, en partie militaire, tiennent souvent de l'arbitraire, et ont rarement mérité ou obtenu la confiance des sujets du Roi.

8° *Enregistrement aux cours ou par les États généraux nécessaire*

I. 29

auxdites ordonnances. — Le Souverain ne pouvant embrasser sans conseil toutes la partie et saisir tous les détails de la monarchie, le conseil des Cours souveraines soumis aux États généraux, la délibération et l'enregistrement libre des lois, qui en est le sceau, est celui de tous les conseils du Roy le plus digne de la confiance; il est le plus intègre, le plus inattaquable à l'intérêt ou à la crainte, le plus près à la fois du Roi et de son peuple, il est donc le plus capable de concilier aux lois la majesté et la force qu'elles acquièrent par l'approbation et le concours de toute la monarchie. Les Rois et la nation ont été dans tous les temps pénétrés de cette vérité.

Soit donc humblement suppliée Sa Majesté de prononcer dans les États généraux, à l'exemple des rois ses augustes prédécesseurs, qu'aucune loi émanée du trône ne pourra être exécutée avant qu'elle ait été acceptée et faite librement, enregistrée par ses cours de parlement ou bien par ses Etats généraux, suivant l'option de Sa Majesté.

9° *États généraux pour suppléer au refus d'enregistrer.* — Protestent néanmoins en tant que besoin lesdits commettants, que par la délibération et l'enregistrement libre des Cours toujours soumises à Sa Majesté et aux États généraux, nécessaire à la sanction des lois, ils n'entendent que l'autorité royale toujours suprême et indépendante puisse souffrir aucune altération, parce que dans le cas où Sa Majesté voudrait insister sur l'acceptation d'un édit ou ordonnance et qu'elle serait persuadée que ses Cours, par erreur ou autrement, ne voudraient point entrer dans ses vues, Sa Majesté aurait alors la voie de convoquer les États généraux de son royaume, avec lesquels elle pourrait délibérer souverainement au milieu de son peuple, qui ne peut être trompé sur ses intérêts ni balancer sur l'amour et le respect dû à Sa Majesté.

10° *La pluralité des Cours entraînerait la minorité desdites Cours.* — Et même s'il est trouvé convenable, il pourrait être statué en l'Assemblée des États généraux pour le bien et la célérité du service, que lors d'une loi enregistrée en la plupart des Cours de Parlement, par une majorité du nombre desdites Cours de Parlement et par une majorité du nombre desdites Cours, décidée au moins par deux Cours, en ce cas la loi en question serait, si le Roi l'exigeait, enregistrée de droit dans les autres Cours formant la minorité dudit nombre des Cours, lesquelles seraient alors tenues nonobstant leurs remontrances d'enregistrer sur les lettres de jussion à elles adressées par le Roi, qui leur notifieraient la majorité du nombre des autres Cours de Parlements ayant enregistré; n'étant pas probable qu'une loi enregistrée et admise dans la plupart des contrées de la France fût inadmissible dans le surplus des provinces.

11° *Lettres de cachet.* — La liberté individuelle des citoyens français étant de la première importance dans l'État, les différentes atteintes qui ont été portées contre cette liberté sacrée par l'abus trop facile des lettres de cachet[1] et des coups d'autorité ne peuvent que jeter dans les esprits la consternation, la crainte et le découragement, et iraient même jusqu'à éteindre l'industrie et le caractère national. Soit suppliée Sa Majesté de consentir à un règlement avisé par les États généraux, pour qu'à l'avenir la liberté des citoyens soit à l'abri des surprises faites à la religion du Roi et des violences exercées en conséquence, et que tout citoyen arrêté et détenu par ordre suprême ait dans le plus bref délai possible les moyens les plus équitables et les plus infaillibles de recouvrer sa liberté, et même d'obtenir s'il y a lieu tel dédommagement qu'il appartiendra contre les auteurs de sa détention, et que le règlement à intervenir ait lieu dès l'instant pour toutes les personnes qui sont actuellement détenues par voie extraordinaire.

12° *Réforme dans l'administration de la justice.* — S'en rapportent les commettants à ce qui sera avisé et réglé dans les États généraux pour la réformation désirée dans l'administration de la justice, dans la marche et les formes de procédures, les honoraires de ceux qui en remplissent les charges tant au civil qu'au criminel.

13° *Suppression des tribunaux particuliers.* — Supplient Sa Majesté d'accorder la suppression de plusieurs juridictions à charge aux peuples (moyennant bien entendu le remboursement des offices supprimés). C'est à savoir : la suppression des tribunaux des trésoriers de France, des eaux et forêts, des élections, du grand Conseil. Que les Cours des aides soient réunies et ajoutées comme une nouvelle chambre aux Cours de Parlement, sous le nom de la chambre des aides[2], et qu'en conséquence il soit dressé tel règlement qu'il appartiendra par le renvoi de la compétence aux juges ordinaires, et que pour le regard des eaux et forêts il soit dressé un règlement particulier sur cette matière.

[1] V. la note sous La Bloutières, ch. I, *suprà*, p. 171.
[2] La Cour des comptes, aides et finances de Normandie, supprimée en 1771 en même temps que le Parlement, avait été rétablie par un édit de septembre 1773. (Arch. Calvados, C 63.)

1 4° *Règlement sur les appels oppressifs.* —— La matière des appels
aux Cours souveraines, en ce qui touche le peuple, a occasionné
des opinions opposées; augmenter la compétence en ressort des
sièges inférieurs jusqu'à des sommes assez considérables, démembrer les Cours pour les rapprocher des justiciables, ou enfin laisser subsister la licence abusive des appels ont chacun des inconvénients graves qu'il serait à souhaiter qu'on pût éviter par
un juste milieu.

Les commettants estiment qu'en laissant subsister la compétence
des sièges inférieurs en dernier ressort jusqu'aux sommes ordinaires, que sans démembrer les Cours de Parlement pour les rapprocher des justiciables [1], et que pour éviter la licence abusive des
appels, il serait à propos qu'il n'y eût qu'un appel de permis à un
siège supérieur après une condamnation reçue dans un bailliage
ou autres juridictions quelconques. Et pour éviter les contestations
auxquelles les personnes fortunées sont exposées journellement, il
conviendrait d'établir que toute personne qui voudrait avoir recours
et interjeter un appel serait d'abord tenue de se munir de l'avis et
du conseil de deux des meilleurs avocats du siège où la sentence
aurait été rendue, pour décider s'il devrait y avoir lieu à l'appel. De
l'aperçu proposé en cet article il serait fait un règlement explicatif.

1 5° *Estimation des causes.* —— Quant à la fixation des causes au-
dessus ou dessous d'une somme quelconque, comme il est d'usage
pour les causes présidiales, soit fait un règlement simple qui puisse
écarter les altercations et les procédures.

1 6° *Conservation du Parlement de Normandie.* —— Quels que soient
les moyens proposés pour la réforme dans l'administration de la
justice, lesdits commettants estiment que le Parlement de Normandie ne doit être distrait ni démembré.

1 7° *Menues contestations.* —— Il s'élève fréquemment parmi le
peuple des contestations assez vives pour de très minces objets,
dont la poursuite dans les sièges royaux excède de beaucoup le
principal; de simples arbitres et d'anciens laboureurs seraient
bien suffisants pour trancher ces contestations, et les députés des
Assemblées municipales seraient propres à cet effet dans chaque

[1] Allusion évidente à la tentative de
suppression du Parlement de Rouen et
de création d'un Conseil supérieur en
Basse-Normandie, en septembre 1771.

(V. Pezet, *La Justice en Basse-Normandie avant* 1790, p. 217-251; et les
textes réunis par Hippeau, *Gouvernement de Normandie,* V, p. 1-204.)

paroisse. Le greffier serait tenu de porter les assignations sur papier commun, qu'il délivrerait à personne ou à domicile, présence de deux témoins. Les parties comparaîtraient devant l'Assemblée, et ils seraient ouïs et leur serait rendu jugement dont le greffier tiendrait registre; et ce seulement pour les affaires au-dessous de cinquante livres, lesquels jugements sur ces mêmes affaires ne seraient sujets à l'appel au siège royal que selon la manière dont il a été dit ci-dessus pour les autres appels; et cet objet, s'il était adopté comme étant beaucoup utile au public, serait éclairci par un règlement exprès.

18° *Suppression des sergents.* — Les sergenteries de Normandie sont maintenant d'un médiocre revenu pour les possesseurs, et les commis à ces sergenteries sont la plupart des gens sans éducation ni connaissance, mais subtils et adroits sur l'art de profiter, qui tirent leurs revenus des disputes et des contestations qui s'élèvent autour d'eux [1]. Répandus dans les campagnes, ils conseillent le peuple, et rarement ils portent à la paix. Étant sous la main du paysan, ils sont commandés dans la première chaleur de la dispute, et exploitent à l'instant.

Les frais prennent naissance, nul ne veut les payer, et tel procès a ruiné deux familles, qui n'a dépendu que d'un exploit trop promptement signifié. L'on ne parle pas des vexations et concussions qu'ils savent opérer sans témoins contre des gens simples. De pareils abus n'auraient pas lieu de la part des huissiers royaux, qui ont subi un examen, qui exercent des offices réglés, qui demeurent

[1] Le règlement pour l'administration de la justice dans la province de Normandie, du 18 juin 1769, avait confirmé, dans son titre XIII, les propriétaires des sergenteries nobles dans tous les droits et privilèges à eux appartenants, en leur laissant la faculté de faire exercer par des commis approuvés les fonctions de leur office. Les hauts justiciers de la création de 1702 avaient également reçu pouvoir d'instituer des sergents pour le service de leurs hautes justices, dans les paroisses qui se trouvaient en dehors du ressort des sergenteries nobles.

Les commis ainsi institués n'étaient tenus de justifier devant les juges royaux que de leur bonne vie et mœurs, et de prêter le serment; ce qui ne les empêchait pas d'avoir privilège pour l'exécution de tous actes de juridiction ordinaire dans l'étendue de leur sergenterie, à l'exclusion de tous huissiers royaux, même ceux du Châtelet de Paris, pour lesquels des conditions de capacité beaucoup plus sérieuses étaient exigées. Ils pouvaient même, suivant la jurisprudence du Parlement, empêcher qu'aucun huissier royal vînt résider sur le territoire de la sergenterie (*arrêt Foucault de Mantilly,* dans la Tournerie, *Fiefs,* 182).

Pour le nombre des sergenteries dans le ressort en 1789, v. *suprà,* p. 179. — L'ignorance et les abus des sergents nobles sont unanimement dénoncés dans les auteurs juridiques de la fin du xviii° siècle. (V. Houard, *Dictionnaire analytique,* v° Fief, II, 405.)

sous les yeux de leurs juges et sont jaloux de leur estime, qui enfin s'ils étaient plus employés en exerçant un état plus aisé, acquerraient plus de considération et seraient plus attentifs à la mériter. Les commettants souhaiteraient donc qu'il fût pris des arrangements pour que les commis aux sergenteries fussent supprimés, qu'il ne restât que les huissiers royaux, et qu'il leur fût enjoint de résider dans le lieu ou siège de leur juridiction. Les sergenteries ne seraient pas pour cela anéanties, et leurs possesseurs n'en jouiraient pas moins des droits et prérogatives qui y sont attachés.

19° *Mendicité des enfants.* — L'abus de la mendicité étant un fléau dans les campagnes, les commettants s'imaginent que la mendicité prématurée et abusive des grandes personnes provient en partie de la mendicité des enfants, qui prennent le pli de cette vie oisive et vagabonde. Étant devenus grands ils ne remplissent vigoureusement aucun état et ne songent qu'aux moyens de reprendre le plus tôt possible un état dont ils n'ont pas oublié la mollesse et la fainéantise trop aisée. Il serait donc à souhaiter que, dans chaque paroisse, il y eût des fonds à la discrétion de l'Assemblée municipale, pour être employés à subvenir aux pauvres enfants abandonnés, aux bâtards, à ceux enfin à qui leurs parents ne peuvent procurer la subsistance; le tout ou partie de cette subsistance serait employé selon la prudence de l'Assemblée, qui passerait par adjudication au rabais entre les paroissiens ou autre personne voisine et connue l'éducation de tel ou tel enfant à condition de le nourrir, vêtir, entretenir et instruire, et faire travailler de la manière convenue, le tout sous les yeux et l'inspection de l'Assemblée qui, même sans adjudication, pourrait faire tels marchés qu'elle croirait le plus convenables avec les parents de l'enfant ou autres qu'elle aviserait bien, sur lequel sujet il serait fait un règlement convenable [1].

20° *Portions congrues.* — Qu'il soit proposé pour le bien des pauvres et l'utilité des paroisses une augmentation à un taux raisonnable des portions congrues des curés non décimateurs et des honoraires de leurs vicaires, même que dans les grandes paroisses, il soit accordé auxdits curés les honoraires de deux vicaires, le tout à prendre par lesdits curés sur les décimateurs de leurs paroisses [2].

[1] On consultera utilement sur cette question de la mendicité un travail documenté de M. F. Mourlot : *La question de la mendicité en Normandie à la fin de l'ancien régime,* dans Bulletin de Société historique et philologique, 1902, p. 372 à 417.

[2] Le curé de Montchaton n'avait

21° *Patronage remis aux seigneurs.* — Que pour l'utilité et la meilleure administration desdites paroisses, il soit proposé semblablement de rendre aux seigneurs honoraires possédant la glèbe des patronages la nomination au bénéfice-cure, qui est possédé sans fruit par les abbayes, chapitres, prieurés et autres bénéficiers quelconques, excepté celles qui appartiennent aux évêques, archevêques, dans leur diocèse seulement, et si on le juge ainsi, aux commandeurs de Malte [1]. Cette loi ne produirait aucun dommage dans les revenus desdits bénéficiers, et les cures seraient pourvues par les seigneurs naturels ayant la connaissance des lieux; elles

que le tiers des grosses dîmes de la paroisse, avec toutes les menues et quelques novales. Les deux autres tiers des grosses dîmes appartenaient à l'abbaye de Lessay (*Pouillé*, f° 7 r°). Déclare en 1790 le curé son tiers donner 400 boisseaux de tout blé, 300 de pailles, valant 1,200 livres. Il a 40 livres de la demi-dîme des brebis, 22 livres de novales, 420 livres de bois-jean et 400 livres de pommes; 12 à 15 vergées de terre d'aumône, louées 140 livres. Au total, 2,342 livres, sur lesquelles il paye un vicaire. (*Déclar.* n° 60, f° 23.)

Nous n'avons pas la déclaration de l'abbaye pour 1790. En 1710, lors de la formation des lots, les deux tiers des dîmes de Montchaton, attribués au tiers lots, avaient été estimés 450 livres de revenu. (Arch. Manche, H.4637.) A la fin du siècle, la valeur devait en avoir considérablement augmenté, puisque le dernier bail que nous ayons retrouvé, en date du 16 avril 1776, était déjà consenti pour 1,500 livres, plus 20 livres de réparations, 12 boisseaux d'orge, 6 poulardes grasses, 450 livres de pot-de-vin en entrant, 450 livres les années suivantes. (Arch. nat., S 3303.)

Par arrêt du Parlement de Rouen du 17 octobre 1781, l'abbaye de Lessay s'était fait décharger de toutes aumônes dans les paroisses où elle possédait des dîmes, moyennant une redevance annuelle de 1,214 boisseaux d'orge, mesure de 24 pots, dont 314 étaient attribués à Sainte-Opportune-de-Lessay, siège de l'abbaye, et le reste réparti entre les paroisses. La part de Montchaton, dans cette distribution, avait été fixée à 12 boisseaux seulement. (Texte imprimé de l'arrêt, Arch. Calvados, C 1046.).

[1] Cet article doit être considéré, comme presque tout le cahier d'ailleurs, comme d'ordre purement général. La cure de Montchaton, qui avait été autrefois de patronage ecclésiastique, appartenant à l'abbaye de Lessay, était en effet depuis le XVII° siècle de patronage laïque, et à la présentation du seigneur du lieu. La chapelle Saint-Gilles, sise dans la paroisse, était toutefois de patronage ecclésiastique, appartenant au chapitre de la collégiale de Cléry, au diocèse de Chartres.

Biens ecclésiastiques à Montchaton : — I. *Biens-fonds :* 1° la cure, maison presbytérale, jardin 1 vergée 1/2; terres labourables, 10 vergées 1/2, partie affermée, partie occupée par le titulaire (louée en l'an 11 106 livres, valeur 100 livres); 2° l'abbaye de Lessay, grange décimale, et cour (non estimées); 3° la chapelle Saint-Gilles, 14 vergées de terre, dont 9 en labour, 5 en herbage (non estimées). — II. *Rentes :* 1° la cure, 68 l. 5 s. pour fondations, 22 livres sur le gros décimateur; 2° le trésor, 46 boisseaux 1/2 de froment en plusieurs parties, et 261 livres en argent; 3° la chapelle Saint-Gilles, 15 quartiers de froment, mesure de Cérences; 4° l'hôtel-Dieu de Coutances, 3 demeaux de froment et 8 livres; 5° les Jacobins, 42 boisseaux 7 pots 1/3 de froment; 6° les pauvres honteux, 25 livres; 8° l'hôpital, 1 boisseau de froment; 9° le petit collège de la cathédrale, 1 boisseau de froment, 1/2 pain, 1 poule 1/2; 10° l'abbaye de la Luzerne, 6 boisseaux de froment. (Arch. Manche, Q⁴⁻¹ 13.)

se trouveraient communément remplies par des sujets du canton qui auraient mérité le choix des seigneurs et l'estime des habitants, elles seraient par conséquent mieux desservies, au lieu que dans l'ordre actuel les sujets ne sont présentés aux cures que par de grands bénéficiers non résidant sur les lieux, entre les mains desquels les patronages sont accumulés, qui placent des étrangers en chaque lieu, sans connaissance de leurs talents et le plus souvent induits par les manœuvres et les intrigues. Quels ministres peut-on attendre de ces choix si hasardés, pour des places qui sont peut-être des plus importantes de la société ?

2 2° *Résidence des évêques et archevêques.* — Qu'il soit encore proposé, pour le bien des diocèses, qu'il soit enjoint aux évêques et archevêques de résider en leurs diocèses; qu'ils ne puissent s'en absenter que par la permission du Roi, laquelle ils seront tenus de notifier dans le premier mois de leur absence à l'Assemblée des États provinciaux ou à leurs Commissions intermédiaires, ainsi que les motifs sur quoi a été obtenue ladite permission, pour, en cas d'abus, être réclamé par lesdits États ou leur Commission intermédiaire; et à défaut par lesdits évêques et archevêques de se conformer à la loi ci-dessus, ils pourront par lesdits États ou Commissions être saisis en leur temporel jusqu'à la moitié d'icelui, dont le revenu en ce cas sera appliqué par ordre desdits États à contribuer aux charges les plus onéreuses de leurs diocèses.

2 3° *Droits des boissons.* — Représenteront néanmoins lesdits commettants que la perception de l'impôt sur les boissons est d'une forme vicieuse qui la rend très inexacte; elle est abandonnée à l'inspection de commis mal soudoyés qui tantôt sont vigilants et tantôt ne le sont pas, ouvrent ou ferment les yeux selon que les fait mouvoir leur intérêt, la faveur ou toute autre impression; de là naît la facilité de la fraude et le mauvais produit de l'impôt. Ce déficit engage nécessairement à le tenir plus cher; dès lors le bénéfice des frandes, leur multiplicité, et un plus grand déficit s'élève en même temps. Il arrive que dans la sécurité qui naît de l'inadvertance ordinaire des employés, des ordres leur sont donnés, ils essuient des inspections, ils marchent pendant quelque temps, ils sévissent, et des pères de famille sont ruinés, leurs femmes et leurs enfants sont privés de subsistances. Le supplice est cent fois au-dessus du délit, cependant l'homme du peuple n'est point détourné par ces exemples, l'intérêt certain l'emporte sur la crainte, la ruine de son voisin lui paraît comme l'effet de la foudre tombée par hasard.

Les commettants proposeraient-ils un moyen d'arrêter toute fraude, de faciliter la diminution de l'impôt en augmentant son produit, s'ils faisaient observer qu'autrefois on louait par adjudication au plus offrant le droit des boissons de chaque paroisse, pour un an, à un adjudicataire qui donnait caution. Un tel homme intéressé au produit de son bail, dont il ne s'est pas chargé sans connaître le fort et le faible de la paroisse, ne doit laisser échapper aucune occasion de percevoir le droit établi ; nul ne pourra l'éluder parce qu'il [est] sur les lieux et pour lui-même, et ainsi l'impôt pourrait être modéré, les amendes seraient réduites au double du droit.

C'est ainsi que le droit de dîmes, sans parler de quantité d'autres droits appartenant aux particuliers, est perçu de la manière la plus exacte : le fermier ou propriétaire est sur les lieux, il veille sur son bien avec une attention à laquelle rien ne peut échapper, et les frais à cet égard sont insensibles. L'opinion publique combattrait elle-même au profit de l'impôt le fermier lésé par ses concitoyens, et ses voisins le poursuivraient comme voleur. La fraude ne pourrait éviter le vernis de la friponnerie ; il n'en faudrait pas davantage pour l'extirper du milieu d'un peuple dont le sentiment de la probité et de l'honneur est une des premières bases de la morale.

Ce seraient les Assemblées municipales de chaque paroisse qui seraient chargées de faire ces adjudications annuelles à une certaine époque, et en cas de négligence ou de dol de leur part elles seraient tenues de faire don au Roi d'une année entière estimée sur l'année commune des trois années précédentes, en faisant par elles percevoir à leur profit ou perte l'impôt exigible. Il est certain que ces Assemblées ne seraient nullement grevées d'une pareille charge dans leur paroisse, et que la perception se ferait de leur part avec autant d'exactitude que de facilité ; pourquoi d'ailleurs ces Assemblées seraient-elles estimées et constituées en hauteur et en dignité, si on craignait de les affecter d'aucun emploi utile ? On pourrait connaître par le relevé des bureaux ce que chaque paroisse fournit communément pour le droit total des boissons, et, d'après cette base connue, on pourrait essayer dans quelques paroisses ce que produirait la reprise de cet ancien régime, auquel on adapterait les règlements convenables.

Les adjudications étant faites, comme elles n'exigeraient point d'avances, il serait permis à toutes personnes assurées de les enlever à l'adjudicataire pendant un délai de quinze jours, en augmentant l'adjudication de trois sols par livre, sauf à l'adjudicataire et à ses cautions de prendre la préférence.

24° *Simplification des aides et autres droits.* — Que les droits d'aides et autres soient réduits sur chaque objet à un seul impôt, et déchargés de cette quantité de deniers additionnels qui mettent la connaissance de ses droits et de leurs étendues au-dessus de la portée de presque tous les contribuables.

25° *Modération des contrôles.* — Que les droits de contrôles pour les actes soient modérés; les contrats, les obligations, les sentences des juges sont des objets de première nécessité dans toute société, ils ne doivent donc pas être comme muselés par un impôt excessif, tel que si c'était sur des objet de luxe. Reconnaissent au surplus que l'enregistrement ou contrôle est utile à la société[1].

26° *Affaires au décès des pauvres.* — On voit trop souvent dans les familles pauvres qu'à la mort d'un père de famille, le peu de deniers par lui laissé est arraché à la subsistance de la veuve et des enfants désolés pour les frais d'inventaire, d'élection de tuteur, de contrôle, et autres frais, précautions de la loi qui se tournent contre ces malheureux en la plus cruelle vexation exercée dans les instants les plus critiques et les plus dignes de compassion[2]. Les commettants désirent à cet égard, qu'en cas de mort d'un père de famille laissant des enfants mineurs, s'il payait au Roi sur le rôle des impositions moins qu'une somme de trente livres, les Assemblées municipales des paroisses soient autorisées et même obligées de nommer à chaque occasion deux de leurs membres pour aller dresser l'inventaire des meubles et principales écritures dans la maison du défunt, les serrer et mettre les scellés avec le sceau de l'Assemblée sur les huis ou sur les fermants, ainsi qu'il sera trouvé juste par les députés à cet effet, lesquels remettront l'acte de leur inventaire, signé des parents et autres personnes présentes,

---

[1] Beaucoup de cahiers sont d'un tout autre avis au sujet de l'utilité du contrôle dans la province (la Lande-d'Airou, 2ᵉ cahier, art. 8 à 17, *suprà*, p. 391-394). Le cahier du tiers des États généraux de 1615 demandait formellement «que le contrôle des titres n'ait lieu *au pays de Normandie* à l'avenir, ains soit aboli, sans qu'il soit requis et nécessaire pour acquérir hypothèque» (art. 325, dans Mayer, *États généraux*, p. 355).

[2] Sous une forme plus réservée, Houard ne pense guère autrement : «Il est de prudence, dit-il, de recourir aux sergents et aux notaires, mais il y a des circonstances où il est bien difficile de recourir à leur ministère; ce sont celles où il reste à peine dans une maison de quoi faire subsister pendant quelques mois une famille nombreuse... Les juges, dans ce cas, font remise de leurs droits, les greffiers quelquefois les imitent; mais il y a peu d'exemples que les notaires ou sergents aient exercé cette charité. Une loi pour ces cas très fréquents parmi le peuple serait essentielle; on pourrait déterminer une somme au-dessous de laquelle les tutelles seraient gratuites, ainsi que les inventaires.» (Houard, *Dict. anal.*, v° Tutelle, I, 424.)

au greffe de l'Assemblée, le tout sans frais. Pourra également l'Assemblée faire faire devant elle, par les parents convoqués à cet effet, la nomination du tuteur, et lui faire prêter serment, recevoir la renonciation sans frais de la veuve ou de tous autres héritiers du défunt, et recevoir leur serment dû en tutelle, occasion dont il serait dressé acte déposé au greffe de l'Assemblée; lesquels actes seraient conservés après la révolution de l'année avec les registres ordinaires des paroisses. Pourraient toutefois la veuve, les parents ou autres personnes, faire faire à leurs requêtes les diligences et les formalités requises par les officiers royaux ordinaires, ordonner que les renonciations ou autres actes de cette espèce soient faits en justice, parce qu'alors le tout serait à leurs frais, et non aux frais des mineurs ou de la veuve.

27° *Anciennes fieffes du domaine.* — Au sujet des domaines du Roi, il est important que, pour éviter à l'avenir les procès ruineux qu'on a vu trop souvent s'élever, la jurisprudence qui doit régler les jugements de tous les tribunaux soit amplement et soigneusement déterminée et fixée, pour qu'il ne reste sur cette nature aucune incertitude. Les commettants s'en rapportent aux États généraux s'ils le trouvent convenable, de confirmer et déclarer hors de toute atteinte la propriété patrimoniale et incommutable des possesseurs de fieffes faites avant l'époque des États de Blois, lesquels auraient pour l'avenir interdit de faire de semblables fieffes [1].

28° *Sur le projet d'aliéner les domaines.* — Quant à l'aliénation qui sera peut-être proposée des domaines, les commettants ne s'opposent pas qu'elle soit résolue, s'il est trouvé que ce soit le bien de l'État, et que ce soit l'avis unanime du Roy, de son Conseil, des princes, pairs, et grands officiers de la Couronne et des États généraux, à la pluralité au moins des deux tiers des votants, pourvu que les plus grandes précautions soient prises à ce que d'un côté les acquéreurs soient à l'abri de la moindre inquiétude à l'avenir, et que leur propriété leur soit garantie sur la foi publique de la

---

[1] La situation des anciennes fieffes du domaine, aliénées antérieurement à la proclamation du principe d'inaliénabilité par l'ordonnance de Moulins, préoccupait à ce moment toutes les juridictions de la province. Ces anciennes concessions avaient toujours été réservées par le Parlement de Rouen quand il enregistrait des *Édits de réunion.* (HOUARD, *Dict. anal.*, v° Domaine, I 552.) Mais un arrêt du Conseil, du 24 janvier 1781 (ISAMBERT, XXVI, 412, n° 1430), ayant prescrit la recherche de tous les domaines du roi autrefois aliénés, l'inspecteur général du domaine, pour faire des exemples, avait poursuivi plusieurs fieffataires anciens de la province, pour les obliger à déguerpir ou à payer un supplément de finance. L'inquiétude était très grande parmi les nombreux possesseurs de domaines de la province. (V. *Consultation sur les*

manière la plus absolue et la plus complète, sans quoi ils n'oseraient hasarder leurs deniers ou du moins porter les objets à toute leur valeur; et que d'un autre côté les objets proposés [à] aliéner le soient à leur vraie valeur, sans dol et sans fraude; pourquoi même après la dernière adjudication finale, les acquéreurs seraient obligés de subir un an ou plus de temps de clameur, pendant lequel il serait permis à toute personne de les rembourser de leurs frais, mises, et loyaux coûts, en offrant le quart en sus de l'adjudication, sauf aux adjudicataires de prendre la préférence, auquel cas les clamants ne pourraient encore enchérir que d'un quart du dernier prix total, et toujours sauf la préférence due à l'adjudicataire. Et ce temps de clameur passé, les adjudicataires deviendraient par le seul fait et sans autre ministère propriétaires à jamais incommutables de leurs adjudications.

29° *Emploi des deniers.* — Pour les deniers provenant desdites aliénations, soit remontré qu'ils ne doivent point être employés au rachat des capitaux aliénés, et qu'il ne serait ni utile ni glorieux pour la France d'avoir recours à une semblable ressource; mais que ces deniers venant de la vente des propriétés de l'État doivent être employés à des entreprises utiles à tout le royaume.

30° *Éducation publique.* — Qu'enfin il soit proposé de prendre en considération sérieuse la partie de l'éducation publique dans les villes et dans les campagnes, et que des règlements soient faits sur la police, le choix et l'activité de l'instruction dans les universités et dans les collèges.

31° *Constructions et réparations publiques.* — Lesdits commettants exposent que lorsqu'il s'agit de constructions ou réparations à des églises, presbytères et dépendances [1] ou autres objets pu-

---

domaines autrefois aliénés en Normandie, par M. de la Foy, avocat au Parlement de Rouen, Rouen, 1784, in-16.)

[1] Sur les réparations de presbytère, voir la note sous Annoville-Tourneville, art. 4, *suprà*, p. 135. — La question des *dépendances* des presbytères soulevait dans la pratique des difficultés incessantes. La législation presbytérale nouvelle ne parlait expressément que d'un «logement convenable» que les paroissiens devaient fournir à leur curé. (*Edit d'avril 1675*, art. 22, ISAMBERT, XX, 249.) L'obligation devait-elle s'étendre aux granges, gre-

niers, écuries, étables, pressoirs et autres bâtiments nécessaires pour la conservation des dîmes et autres besoins de la cure? La jurisprudence s'était montrée très indécise. Routier, qui est naturellement fort affirmatif, rapporte bien plusieurs arrêts conformes du Parlement, du commencement du XVIIe siècle (ROUTIER, *Pratiq. bénéf.*, p. 221); mais Houard peut également argumenter d'un certain nombre d'arrêts divergents. Son meilleur argument paraît être une circulaire de M. d'Ormesson, qui est très catégorique et restreint à la seule cons-

blics, les frais que l'on est obligé de faire pour parvenir auxdites
réparations deviennent si considérables et si onéreux, qu'il serait à
désirer que les Assemblées municipales constateraient elles-mêmes
lesdites réparations, qu'elles feraient ensuite passer par adjudication ; toute personne intéressée dûment convoquée par un de ses
membres, et qu'elle saurait les décimateurs qui seraient tenus de
payer les sommes nécessaires sans autre autorité supérieure [1].

3 2° *Emploi des deniers publics*. — Lesdits commettants exposent
qu'ils ont la disgrâce de voir certains abus dans l'application des
deniers publics destinés à la confection et entretien des grandes
routes et autres ouvrages utiles au public, et que l'on distrait journellement partie de ces deniers pour les employer à des ouvrages
qui ne sont absolument que pour la commodité de quelques particuliers, et toujours nuisibles et dommageables à leurs voisins,
pendant que l'on néglige des ouvrages très utiles, pour ne pas
dire absolument nécessaires au public, par exemple le pont de la
Roque [2], contenant onze arches, situé aux paroisse de Heugue-

truction «d'une maison habitable et
d'un four» l'obligation nécessaire des
paroisses ; les édifices d'exploitation rurale doivent être, d'après cette circulaire, pour la construction comme pour
la réparation, à la charge des décimateurs qui en profitent. (Houard, *Dict.
anal.*, v° Logement de curé, III,
284.)

Sur la question très embarassante,
et qui en 1789 soulevait encore de
nombreux litiges, voir en sens contraire
les éditions successives de Furet, *Matières bénéficiales*; Rousseau de la Combe,
*Recueil de jurisprudence canonique et
bénéficiale*, v° Curé, S réparations,
p. 191; et Flaust, *Explication de la
coutume*, titre de patronage d'église,
chapitre I, S 9, t. II, p. 602. La circulaire de M. d'Ormesson est parfaitement connue et invoquée par les rédacteurs des cahiers de la région. (Voir
cahier du Vicel, au bailliage de Valognes,
art. 7 dans Hippeau, II, p. 436.)

[1] La correspondance de l'intendant
porte des traces, à la date du 27 janvier
1783, de contestations qui s'étaient élevées entre les habitants de Montchaton
et l'adjudicataire des travaux de reconstruction du presbytère. (Arch. Calvados,
C 1340.)

[2] Cf. les cahiers de Hauteville,

art. 30; de Heugueville; de Quettreville; de Regnéville, art. 6; d'Urville,
art. 6. — Le procès-verbal de l'assemblée départementale de Coutances
renferme un long rapport du Bureau
des travaux publics qui donne des détails typiques sur l'état du pont de la
Roque et fait ressortir d'une façon particulièrement saisissante l'importance
capitale de cet ouvrage d'art pour toute
la région.

«Le pont situé sur la rivière de
Sienne jusqu'à son embouchure, appelé
le pont de la Roque, est le seul débouché de toutes les paroisses qui sont au-
delà sur le bord de la côte; c'est par
lui seul qu'elles communiquent à la
ville de Coutances, à laquelle elles fournissent un grand nombre de provisions
de toutes espèces et principalement des
légumes dont il se fait un grand commerce avec la paroisse de Lingreville;
c'est lui qui vivifie un grand nombre
de familles de pêcheurs des paroisses de
Grimouville, de Regnéville et Montmartin, en leur procurant la facilité
d'apporter leur poisson à Coutances, et
d'y en trouver un débit avantageux; il
est très intéressant pour le havre de
Regnéville où il se fait un commerce
qui augmente de jour en jour et peut
devenir très florissant. Outre ces avan-

ville et Monchaton, sur la rivière de la Sienne, où se fait sentir journellement le flux et reflux de la mer. On présume que les Assemblées de Coutances, qui connaissent l'utilité et la nécessité de ce pont, tant pour l'enlèvement des engrais que l'on y prend

tages particuliers, il en offre un bien plus général et plus précieux, c'est celui qu'il procure à l'agriculture; le pont de la Rocque est entouré de grèves au milieu desquelles passe la rivière de Sienne, sur laquelle il est construit; c'est sur ces grèves que la majeure partie des laboureurs de l'élection de Coutances viennent chercher les trésors qui enrichissent nos campagnes.

« La route que le Gouvernement a fait ouvrir jusqu'à ce pont... procure à nos cultivateurs la facilité de transporter aisément les tangues..., mais ces facilités deviendraient inutiles si le pont de la Rocque ne subsistait pas. En effet, la partie de grève qui se trouve à la droite de ce pont étant beaucoup moins considérable que celle qui est à la gauche, de l'autre côté de la rivière, ne serait point suffisante pour fournir à 300 ou 400 charrettes et un plus grand nombre de chevaux qui se trouvent journellement pendant trois mois de l'année pour enlever dans ces grèves la tangue que la mer y dépose. Dès que la rivière serait trop grosse pour qu'on pût la passer à gué, un grand nombre de laboureurs seraient forcés de s'en retourner sans avoir trouvé de tangue, ou seraient obligés d'en emporter de mauvaise qualité, avec le chagrin d'en avoir vu d'excellente à peu de distance d'eux et de n'avoir pu l'accéder. D'autres plus imprudents tenteraient de passer la rivière et y pourraient périr avec leurs harnais; c'est un malheur qui est arrivé l'année dernière et que l'on aurait la douleur de voir infailliblement se renouveler...

« Nous sommes cependant menacés de la ruine prochaine de ce pont, si votre vigilance n'y apporte un prompt remède. Exposé à la violence de la mer, qui monta en cet endroit avec la plus grande rapidité, il est dégarni en partie des pierres de taille qui servaient de revestissement (sic) et faisaient la force des piles de ses onze arches; quatre d'entre elles sont dans le plus

mauvais état; les noyaux sont déjà attaqués, et leur rupture entraînera nécessairement sa ruine totale. Une des ailes de ce pont, contre laquelle était appuyée la route qui y conduit, est entièrement démolie par la mer, qui ne tarderait pas à couper la chaussée; ses voûtes sont également très endommagées et presque percées à jour en quelques endroits, par la quantité immense de charrettes qui y passent annuellement, et, par le défaut d'entretien de son pavé; elles seraient peut être totalement rompues sans la vigilance active de M. Caron, ingénieur de notre département, qui a ordonné cette année qu'on le rechargeât en caillotitis...

« Il y avait de vingt ans que le Gouvernement avait senti et reconnu la nécessité de ce pont; on y fit alors quelques ouvrages pour l'entretenir; on en a projeté d'autres depuis ce temps, nous ignorons les raisons qui en ont éloigné l'exécution. Nous ne pensons cependant pas qu'il faille une somme énorme pour cette réparation; quelques arches sont encore bonnes, d'autres ne manquent que par quelques pierres de taille qu'il serait aisé d'y replacer, trois ou quatre seulement sont dans un danger de ruine éminent (sic), mais il serait peut être possible qu'elles subsistassent si les noyaux se trouvaient bons; les voûtes paraissent encore en état de subsister en y rétablissant un pavé qui les consoliderait». (Rapport du Bureau des travaux publics, séance du 30 octobre 1788. Arch. Calvados, C 7700.)

Conformément aux conclusions du Bureau, l'assemblée de département avait décidé ce même jour, dans l'article 9 de ses arrêtés : « Que la réparation du pont de la Rocque sur la rivière de Sienne sera également demandée, pour être accordée le plus promptement possible, vu sa très grande utilité et sa nécessité indispensable pour le bien public, et qu'il en sera levé incessamment un plan et devis estimatif par l'ingénieur du département». (Ibidem.)

tousles jours et le charroyage (sic) de la pierre nécessaire à l'entretien
de la grande route dudit pont à Coutances, que pour le transport
des marchandises que l'on débarque au havre de Régneville pour
les porter à Coutances, Saint-Lô et autres lieux, vu qu'il est cependant le seul et unique passage pour lesdites villes et pour plus
de cent paroisses, s'occuperont de cet objet important. Ce pont
menace ruine et est sur le point de manquer, ayant été considérablement endommagé par les glaces poussées avec violence par
la mer l'hiver dernier.

33° *Sur les impôts.* — Lesdits commettants estiment enfin qu'il
convient de délibérer et d'arrêter lors de l'Assemblée des États
généraux le montant des subventions et des impôts, d'après la
connaissance que l'on aura acquise des nécessités actuelles de
l'État pour la libération de ses dettes et des impôts qui doivent
satisfaire aux charges annuelles; pourquoi l'on examinera avec
grand soin toutes les ressources dont l'État est susceptible, et tous
les moyens les plus propres de soulager le tiers état dans le grand
nombre d'impôts dont il est seul surchargé[1].

Ainsi il doit revenir de grandes sommes annuelles au moyen
des réformes qui seront proposées sur les différentes parties de
l'administration, sur la forme et la perception des impôts, sur la
régie des revenus des dépenses et des entreprises publiques, sur
le grand nombre et les gages exorbitants des grands officiers et
des subalternes, dont la plupart sont traités pour toute l'année et
ne servent qu'un quart à la ville, à la Cour et à la maison du Roi,
sur la suppression absolue de toutes les charges sans fonctions,
ou qui ont des fonctions inutiles ou superflues, sur la simplification ou réunion de plusieurs en une seule, sur le règlement à faire
concernant l'obtention abusive des pensions et des gratifications,
dont la profusion a été portée à des excès scandaleux; pourquoi il
doit être réglé à l'avenir que toutes pensions sur les caisses royales
seront soumises à être vérifiées et entérinées dans les Cours départementales ou par les États généraux, suivant que Sa Majesté

[1] Impositions pour 1789 : taille,
1,440 livres; acc., 945 livres; cap.,
932 l. 14 s.; corvée, 477 l. 12 s. 2 d.;
vingt., 1,220 l. 2 s. 5 d.; terr., 108 livres; bât., 36 livres. Au total, 5,158 l.
8 s. 7 d.

Lignes : 173, dont 40 exploitants.
—*Privilégiés* : le curé M° Toussaint Louis
Duperouzel, le titulaire de la chapelle
Saint-Gilles, abbé Garnier; et pour la
noblesse Thomas-Louis-Antoine Desmarets de Montchaton, lieutenant général
du bailliage, seigneur et patron de la
paroisse, Louis-Antoine Le Trésor de
Baclet, possédant le fief de la Luzerne,
et Georges-Louis Desmarets, s' de Bavent (cap. nobl., 120 livres). *Supplément
des privilégiés* : 68 l. 18 s. 1 d.

le jugera plus convenable, même que les gardes desdites caisses ne pourront remplir les ordres de gratification qui leur seront portés si lesdits ordres ne sont vérifiés et enregistrés en Cour de Parlement ou par les États généraux; que les ministres secrétaires d'État, caissiers, et tous autres administrateurs et dispensateurs des deniers du roi seront tenus à la première interpellation des États généraux de comparaître pour y rendre compte de leur administration et de l'emploi de leurs deniers, pour être leur conduite louée ou blâmée, même être poursuivis extraordinairement à la requête desdits États, s'il est trouvé qu'il y ait malversation de la part desdits officiers.

Après l'article des réformes susdites et l'examen fait des sommes qui résulteront annuellement des droits des douanes, aides, tailles et autres droits de cette nature, les États fixeront la somme qui sera à fournir par toutes les parties du royaume.

Cette somme sera divisée en deux portions, à imposer l'une sur les villes et l'autre sur les campagnes, et cet impôt tiendra lieu des tailles et de toutes les suites y attachées, des vingtièmes, capitations, décimes, don gratuit, subventions, corvée des chemins et de tous autres impôts qui seront à ce moyen réunis en un seul et même impôt payable par tous les sujets du Roi de quelque qualité qu'ils soient, ecclésiastiques, nobles et roturiers, propriétaires ou fermiers, sans exemption. L'impôt sera partagé et réparti par l'avis des trois États sur chacune des provinces, selon que chacune en pourra supporter.

Les États provinciaux ou les Assemblées provinciales de chaque province répartiront leurs quotes-parts sur chaque élection ou département de ladite province, tant pour les villes que pour les campagnes.

Les Assemblées d'élection ou de département répartiront ensuite leur quotité sur chacune des paroisses de leurs ressorts.

Enfin les Assemblées municipales de chaque paroisse seront tenues de répartir la somme à elles commandée sur tous les fonds et sur tous les autres revenus quelconques de leurs paroisses, sans exception ni distinction quelconque de la part de qui que soit.

Sera cette répartition faite tous les ans sur le prix des baux pour les fonds ou revenus tenus à fermes, à moins que l'Assemblée ne jugeât qu'il y eût fraude ou erreur apparente sur le prix des baux, auquel cas elle se réglerait comme si le fond n'était pas loué, mais exploité par le propriétaire; et pour les fonds tenus par les propriétaires et non loués, ils seront imposés à l'arbitrage de l'Assemblée sur la valeur commune dont ils seraient susceptibles en location, s'ils étaient à louer suivant les valeurs ordinaires, ainsi qu'il apparaîtra le plus équitablement à ladite Assemblée. Du reste les derniers règlements faits au sujet des Assemblées municipales et des impositions par elles faites seront exécutés.

La collection des deniers dans les paroisses se fera à tour de rôle par les habitants du tiers état, sous les yeux de l'Assemblée municipale, auxquels collecteurs il doit être adjugé un sol pour livre des deniers de leurs recettes, tant pour indemnité de pertes inévitables que pour frais d'assiette et de collection, qui est la plus difficile en ce premier degré. Remontrant lesdits commettants que les deniers de recette octroyés aux receveurs des élections et généralités sont exorbitants et bien au delà de leurs peines, et qu'ainsi ils doivent être réduits, savoir : les receveurs des élections à   pour livre et les receveurs de la généralité ou receveurs généraux à   pour livre[1], ce qui sera bien suffisant.

CONCLUSION.

Après examen et lecture dernièrement faite du présent cahier, il a été arrêté et signé par les susdits ainsi et dans la vue qu'il est dit ci-dessus, au lieu des Assemblées publiques de la paroisse de Montchaton, ce dimanche premier jour de mars 1789.

Aug. CARROUGE, Guillaume AMELINE, P. GAUTIER, Léon LEREVÉREND, G. OLIVIER, J. LELOUP, Pierre GUILBERT, G. DELAMARRE, L. LEVIEUX, J. RAULINNE, N. FOUCHARD,

[1] Les chiffres sont restés en blanc dans le manuscrit. D'après les rapports faits à la Commission intermédiaire, les collecteurs avaient en 1788, sur le principal de la taille et les accessoires, 6 deniers par livre; ils avaient 4 deniers pour livre pour la capitation taillable et la corvée, 3 deniers seulement pour les vingtièmes, l'imposition territoriale, les bâtiments de justice, déduction faite de toutes décharges, modérations, non-valeurs et remises faites par le roi. Ils percevaient en sus 40 sols dans chaque paroisse, pour droit de quittance.

Les receveurs particuliers avaient 3 deniers pour livre dans les mêmes conditions sur la taille et les accessoires, 3 deniers sur la capitation taillable, a deniers sur les vingtièmes, 3 deniers sur la corvée, l'imposition territoriale et les bâtiments de justice.

Les prélèvements des receveurs généraux étaient les mêmes que ceux des receveurs particuliers, et calculés dans les mêmes conditions.

En totalisant, on voit que les frais de perception ajoutaient 12 deniers pour livre au principal de la taille et aux accessoires, 10 deniers à la capitation, 7 deniers aux vingtièmes, 10 deniers aux autres impositions. Ainsi que l'observe Necker, «les écrivains et le public s'étaient généralement livrés sur l'étendue des frais qu'entraînait le recouvrement des impositions, à des idées exagérées.» (*Administration des finances*, chap. III, I, p. 47.)

IMPRIMERIE NATIONALE.

L. Ameline, F. Levieux, J. Hébert, J.-F. Fouchard,
J. Delamarre, Philippe Delamarre, François Marie,
J. Gautier, René Paisnel, H. Delamarre, Louis Le-
mière.

MONTCUIT [1].

1. Procès-verbal d'assemblée.
(Le procès-verbal authentique n'a pu être retrouvé.)

Date de l'assemblée 1ᵉʳ mars. — Nombre de feux : 70 [2]. — Députés :
Jacques Moulins, *laboureur* (3 jours, 9 l., Acc.); Jacques Hardel, *laboureur*
(3 jours, 9 l., Acc.).

2. Cahier de doléances.
(Ms. *Greffe du Tribunal de première instance de Coutances, pièce n° 406.*
Original signé. Inédit.)

Cahier de l'état actuel de la paroisse de Montcuit, du 1ᵉʳ mars 1789, à Montcuit.

Nous paroissiens taillables de ladite paroisse de Montcuit supplions humblement :

1° L'état de notre paroisse dans l'état présent est réduit dans
une misère générale et particulière occasionnée par la sécheresse et
les *tats* ou *mans* [3], dont nous avons essuyé une triste récolte pendant l'année 1785, dont elle fut tellement détruite qu'il ne resta
rien du tout, et celle présente a recommencé cette année dernière
1788, tellement que l'état présent de notre petite communauté est
réduit dans la misère, et pour surcroît les maladies contagieuses
depuis un an, dont plusieurs familles ont été attaquées, les pertes
de bestiaux considérables, par incendie arrivé le 27 au 28 juillet

---

[1] Arrondissement de Coutances, canton de Saint-Sauveur-Lendelin.

[2] Population en 1793 : 983 habitants (N. 5, M. 2, D. 13). — Population actuelle : 366 habitants.

[3] Cf. le cahier de Saint-Aubin-des-
Préaux, art. 1. La correspondance de
l'intendance donne de très curieux renseignements sur les ravages que causait
aux récoltes du Cotentin l'invasion des
mans, qui paraît remonter à l'année

1767 environ. Une ordonnance de l'intendant de Caen, de l'année 1780,
prescrivait que les vers des hannetons
ou mans seraient ramassés et portés au
syndic de la paroisse. Les hannetons
devaient également être ramassés dans
la saison, et une gratification particulière, ou une modération sur la capitation, serait accordée à ceux qui en auraient ramassé une certaine quantité.
(Arch. Manche, G 472.)

dernier, quatorze linges de maisons et tous les effets qui y étaient renfermés; la perte est évaluée à plus de 5,000 livres[1];

2° La paroisse de Montcuit est un terrain pierreux, sec et élevé en mauvais fonds sujet à la sécheresse, aux tats ou mans, qui ne produit que peu de blé;

3°. Il y a un tiers du terrain de ladite paroisse de Montcuit possédé par des propriétaires de la paroisse de Mesnilbûs, Cambernon, qui ne payent aucune imposition dans ladite paroisse de Montcuit. Le peu de terrain qui reste aux paroissiens étant en mauvais fonds, dont il y a peu de labour, les paroissiens étant presque tous ouvriers, artisans sans aveu, sans commerce;

4° L'état où nous sommes chargés d'impositions de plusieurs et différentes espèces[2], cause que tous les habitants sont toujours chargés et à tour de rôle, à cause de la petitesse de ladite paroisse. Il faut des collecteurs de la taille et acccessoires, capitation, il faut des collecteurs des vingtièmes;

5° Il faut des députés à répartir l'impôt territorial. Il faut des députés pour les bâtiments de la justice, des députés pour l'Assemblée municipale, un syndic municipal; toutes les répartitures (sic) qu'il faut faire au marc la livre de tant d'espèces, dont les collecteurs

---

[1] Voir une demande de secours adressée par le curé et les habitants de Montcuit à l'assemblée provinciale, en faveur des malheureux ruinés par l'incendie du 27 juillet, en date d'août 1788. Un état joint à la requête donne par maison l'estimation des pertes de chacun, et le total est arrêté à 5,010 l. 3 s. (Arch. Calvados, C 7758.) — On n'a pas conservé malheureusement le chiffre des secours accordés, non plus que celui des remises faites, dans la paroisse et dans l'élection de Coutances en général, pour pertes de bestiaux ou autres calamités pendant l'année 1788. Nous savons seulement que le 4 juin 1788, Fremin de Beaumont écrivait, au nom du bureau de Coutances, à la Commission intermédiaire, qu'il était «accablé de requêtes pour pertes de bestiaux, nombreuses familles, aveugles, etc; mais que le bureau ne croyait pas devoir les adresser avant de savoir quels fonds lui seront accordés». (Ibid., C 7759.)

[2] Impositions pour 1789 : taille, 682 livres; acc., 447 l. 10 s.; cap., 441 l. 5 s.; corvée, 232 l. 9 s. 10 d.;

vingt., 469 l. 4 s.; terr., 40 livres, bât., 13 livres. Au total : 2,325 l. 18 s. 10 d. Privilégiés : le curé, M° Buccaille, présent à Coutances, le seigneur Fr.-Claude-Fernand de la Conté, écuyer (cap. nobl., 70 livres). Supplément des privilégiés : 79 l. 2 s. 1 d.

Biens des privilégiés. — 1. Biens fonds : la cure, manoir presbytéral, jardin 1 verg., terres lab. 10 verg., en partie affermée pour 75 plus chapons (loué le tout en l'an III, 105 livres). Aucun autre bien ecclésiastique. Biens du seigneur non est.; 2 moulins à eau et à blé, loués 150 livres. — II. Rentes : 1° le chapitre, 4 boisseaux de froment; 2° les Jacobins, 4 boisseaux de froment, 1 pain et 1 poule; 3° le séminaire, 18 boisseaux de froment. — III. Dîmes : Patron le seigneur du lieu; le curé est seul décimateur, avec 15 vergées de terre d'aumônes. (Pouillé, f° 15 v°.) Déclare en 1790 sa dîme donner 70 boisseaux de froment, 130 d'orge, 6 de seigle, 10 d'avoine, 90 de sarrasin, 70 gerbes de lin, et 4 tonneaux de cidre. Au total : 1,675 livres, sans charges. (Déclar. n° 55, f° 53.)

30.

ne peuvent répartir par eux-mêmes; les assesseurs (*sic*) de telles impositions exigent des droits qui sont trop forts à payer aux collecteurs.

Dans l'état présent où se trouve notre petite communauté chargée d'impôt, nous supplions humblement Sa Majesté d'avoir pitié de notre misère.

> N. Lamy, P. Fremond, V. Lamy, J. Lamy, J. Guesnon, J. Moulins, S. Rouelle, Sébastien Letourneur, Ch. Yon, L. Moulin, P. Vilquin, Hardel, F. Yon.

MONTHUCHON [1].

---

1. Procès-verbal d'assemblée.

(Le procès-verbal authentique n'a pu être retrouvé.)

Date de l'assemblée : 1er mars. — Nombre de feux : 151 [2]. — Députés : François Danlos, *boulanger* (3 jours, 9 l., Acc.); Toussaint Lecoullant, *laboureur* (3 jours, 9 l., Acc.).

2. Cahier de doléances.

(Ms. *Greffe du Tribunal de première instance de Coutances*, pièce n° 354. Original signé. *Inédit.*)

Doléances, plaintes et remontrances des habitants de la paroisse, village et communauté de Monthuchon.

Remontre ladite paroisse et communauté aujourd'hui assemblée au lieu ordinaire, issue de la grande messe paroissiale, au son de la cloche, après l'annonce faite dimanche dernier au prône de ladite paroisse, affiche pareillement faite en conséquence de l'ordonnance de Monseigneur le bailli du Cotentin, ou de Monsieur son lieutenant général du bailliage et siège présidial de Cotentin, séant à Coutances, du 13 février dernier, en exécution des Lettres de Sa Majesté du 24 janvier dernier et du Règleglement y annexé, dont du tout lecture a été faite de haute et intelligible voix :

1° Que l'agriculture étant principalement le nerf et le soutien de l'Etat, il est intéressant à Sa Majesté et à ses sujets de l'encou-

---

[1] Arrondissement de Coutances, canton de Saint-Sauveur-Lendelin.
[2] Population au dénombrement de 1793 : 702 habitants (N. 16, M. 3, D. 14). — Population actuelle : 439 habitants.

rager, et de ne pas surcharger d'impôts et de corvées les membres
du tiers état, destiné plus particulièrement à l'agriculture, ce qui
porte le découragement chez le cultivateur, et le met hors d'état
de faire les dépens nécessaires et indispensables pour fertiliser les
terrains et en tirer tout le produit possible. Ce qui est une perte
évidente pour l'État ;

2° Demande ladite communauté que tous les engrais de mer,
comme sable, tangue, qu'elle est dans l'usage et la possession immémoriale d'aller chercher à grand frais au pont de la Roque et
aux autres endroits circonvoisins de la mer, soient libres[1]; et
qu'elle puisse ainsi que toutes les paroisses circonvoisines prendre
et enlever lesdits engrais, sable et tangue, sans payer aucun droit
à qui que ce soit, et sans aucune opposition ;

[1] La liberté de l'enlèvement des tangues préoccupe un assez grand nombre de cahiers, qui se plaignent, comme celui-ci, qu'on empêche les habitants de les recueillir, ou qu'on ne leur permette de le faire que moyennant une redevance.

Les habitants avaient affaire à deux adversaires, contre lesquels ils étaient en droit très inégalement armés. Les seigneurs de fiefs d'abord, dont les possessions bordaient le littoral, prétendaient, en se prévalant des dispositions de la Coutume sur le varech, avoir le droit de recueillir exclusivement les produits de mer à l'endroit de leurs fiefs, et de ne les laisser enlever par les étrangers que moyennant redevance. Le seigneur de Montchaton, en particulier, avait affermé pour 900 livres par an le droit de prendre de la tangue dans la Sienne, au pont de la Roque. Ces prétentions pouvaient être fondées historiquement. Au moyen âge, l'enlèvement des tangues n'était pas complètement libre; on trouve plus d'une fois dans les chartes des donations, des ventes de terres seigneuriales *cum tangua*, avec les droits perçus sur la tangue; on trouve aussi des concessions de tangues accordées par les seigneurs à leurs vassaux, moyennant des redevances de nature féodale. (L. DELISLE, *Ancien usage de la tangue*, dans Annuaire de la Manche, 1851, t. XXIII, 624.) Mais depuis le XVIIe siècle l'autorité royale, sur les réclamations des États de la province, était intervenue pour défendre aux seigneurs de fiefs d'exiger aucun tribut de cette nature (*Cahiers de 1610, art. 30; de 1617, art. 20; de 1658, art. 63*, dans DE BEAUREPAIRE, *Cahiers*, I, 16, 758; III, 161) et l'Ordonnance de la marine, d'août 1681, avait sans restriction proclamé l'usage public des produits de cette nature (l. IV, tit. II, art. 4). La jurisprudence était de ce côté assez solidement assise pour que les habitants n'eussent pas grand chose à redouter des prétentions des seigneurs riverains. (BASNAGE, *sur art. 601*; FLAUST, *Cout. expl.*, II, 537.)

Leur situation était beaucoup moins sûre vis-à-vis des engagistes ou des fermiers du domaine. Le principe dont la royauté s'était armée contre les prétentions des seigneurs, c'était l'attribution générale des rivages de la mer à la mer. Mais le principe une fois reconnu, si le domaine était aliéné ou affermé, les ayants-cause du roi pouvaient bien ne pas être obligés de souffrir l'enlèvement de la tangue; ils étaient naturellement tentés d'en tirer des redevances ou de l'affermer à leur tour. C'est ce qui s'était produit au XVIIIe siècle pour les tangues de la rivière de Sienne. (Arch. Manche, A 237). Aussi certains cahiers, comme celui de Caillebot, demandent-ils que «Sa Majesté veuille bien déroger à toutes commissions accordées à cet égard, comme surprises à la religion de nos souverains.» (Caillebot-la-Salle, 4, *suprà*, p. 229. Cf. Coutances, art. 53, *suprà*, p. 96; Gratot, art. 15, p. 329; Tiers de Coutances, art. 5, 3°, p. 675.)

3° Que tous les privilèges et exemptions pécuniaires soient abolis; que toutes les charges de l'Etat soient supportées indistinctement par tous les individus, à raison de leurs possessions;

4° Que les impositions arbitraires soient anéanties; que toutes les charges qui affectent les fonds soient réduites en un seul impôt, ce qui simplifiera la perception, et diminuera considérablement la dépense;

5° Qu'il soit déterminé aux États généraux la somme que chaque province doit payer annuellement à Sa Majesté, pour être ensuite répartie par élections et ensuite par ville, village et paroisse[1];

6° Qu'après que la somme qui devra être payée à Sa Majesté par chaque province sera irrévocablement déterminée et fixée, il soit arrêté que la contribution de chaque province, ville et bourg, village ou paroisse, sera acquittée aux dépens des fruits sur le champ, par une dîme qui sera perçue avant les autres dîmes, dîmes ecclésiastiques ou inféodées, sauf à faire contribuer par une autre manière ceux des sujets qui n'auraient aucuns fonds, mais qui auraient tout leur revenu en rente, papier ou argent, comme les capitalistes;

7° Que l'ordre ancien soit ramené; et qu'à cet effet il soit décidé et arrêté que les reconstructions, réparations et entretien des églises et presbytères en circonstances et dépendances soient à la charge de bénéficiers et dîmes ecclésiastiques[2];

[1] Impositions de Monthuchon pour 1789 : taille, 2,295 livres, acc., 1,506 livres; cap., 1,484 l. 17 s.; corvée, 761 l. 10 s. 10 d.; vingt., 1,437 l. 11 s. 11 d.; terr., 121 livres; bât., 40 livres. Au total : 7,645 l. 19 s. 9 d.
Lignes : 171, dont 132 propriétaires et 39 jouissants. — *Privilégiés* : le curé, M° Boismontier, Danjon, Fr. Nicolas Desbarres, prêtre habitué sans bénéfice, et Fr. Lemonnier, sous-diacre; le seigneur Jacques-Henri-Sébastien Michel, non résidant, pour la dot de sa femme (cap. noble, 20 livres). *Supplément des privilégiés* : 256 l. 13 s. 10 d.
[2] *Pouillé, fol. 3 r°*, «Monthuchon. Patron, l'évêque de Coutances. Le curé perçoit le tiers des grosses dîmes, quelques novales; toutes les menues, et possède plus de 40 verg. de terre en aumône. Le chapitre de Coutances possède les 2 autres tiers des grosses dîmes.» Déclare en 1790 le curé son aumône louée 380 livres, qui avec son tiers des

grosses, les menues et novales, font en bloc 2,380 livres. (*Déclar. n° 23, f° 10.*) La dîme du chapitre est déclarée de son côté affermée pour 2,115 l. 5 s., 20 boisseaux de froment et quelques prestations, au total, 2,342 l. 18 s. 9 d. (*Ibid.*, f° 82.)
Autres biens ecclésiastiques. — I. *Biens-fonds* : 1° la cure, maison presbytérale, jardin 1 verg. 1/2, terres d'aumône 38 verg. (loué en l'an III 820 livres, valeur 300 livres); 2° le chapitre de Coutances, grange décimale et terre dite *des buttes*, affermée avec les dîmes; 3° la chapelle Saint-Éloi en la cathédrale, terre lab. nommée *le Bois joly*, 12 verg., affermée 120 livres, 1 boisseau de sarrasin et les impositions. — II. *Rentes* : 1° la cure, 3 livres sur le chapitre; 2° le trésor, 13 boisseaux 1/2 et 1 demeau de froment, 1 rais d'avoine et 245 l. 3 s. d'argent, en un grand nombre de petites rentes; 3° le chapitre, 7 boisseaux 1/2 de froment;

8° Que toutes les charges qui accordent des privilèges soient supprimées, ainsi que tous les sièges d'exception ;

9° Que les degrés de juridiction soient diminués ; qu'à cet effet les juridictions qui sont dans les bourgs et villages soient supprimées ; qu'il soit fait des arrondissements, et qu'il soit donné une compétence plus considérable aux principaux sièges, et surtout aux présidiaux ;

10° Qu'il y ait une réforme dans l'administration de la justice, afin qu'on puisse l'obtenir plus promptement et qu'on ne soit pas obligé de l'acheter en payant des droits exorbitants ;

11° Que le citoyen ne soit point exposé à être privé de sa liberté et à être emprisonné, sous le prétexte souvent faux qu'il va à la chasse et qu'il a tué un lièvre, de sorte que sur la dénonciation secrète d'un homme qui a du crédit, il vient un ordre, sur lequel il est constitué prisonnier. Souvent il ne connaît ni son dénonciateur ni le sujet de sa captivité ; ce qui est le comble de l'injustice et de la vexation ;

12° Que les traitants et leurs suppôts soient supprimés, ou au moins que la régie dans toutes les parties soit simplifiée, de manière que le nombre de ceux qui sont préposés pour la perception des impôts et qui, en outre les exactions qu'ils font sur les particuliers, absorbent en frais de régie la plus considérable partie du produit, soit diminué ;

13° Qu'il soit dressé un nouveau tarif de contrôle de tous les actes, qui contienne clairement chaque droit, sans qu'il puisse être susceptible d'aucune interprétation ; et que en cas de contestation ce serait le juge du lieu qui la décide sommairement et sans frais ;

14° Qu'il soit accordé des États généraux, lesquels seront tenus de s'assembler au moins de cinq ans en cinq ans.

Le présent cahier fait et arrêté et signé double, ce jourd'hui 1er mars 1789, après lecture faire.

L. Rachinel, H. Lecaudey, J. Tesson, P. Tesson, L. Tesson, M. Danlos, Jacques Danlos, Julien Le Cast, J. Danlos, Charles Pierre, F. Danlos, G. Livois, (*illisible*), G. Bois, T. Lecoullant, D. Amourette, H. Amourette, T. Basset, L. Tesson, Jacques Lecaudey, F. Lecoullant, François Lecoq, G. Lecaudey, F. Danlos, Pierre

4° les Jacobins, 3 boisseaux de froment ; 5° (décl. omise) les vicaires du grand autel, 20 s. 3 d. de rentes foncières, en 7 parties.

LECOULLANT, P. LECAUDEY, N. RAULINNE, PHILIPPE,
F. LEFRANÇOIS, M. TESSON, J. DANLOS, P. DESBARRES,
P. LESCAUDEY, Guillaume LEFRANÇOIS, D. TESSON.

MONTMARTIN [1].

1. PROCÈS-VERBAL D'ASSEMBLÉE.
(Le procès-verbal authentique n'a pu être retrouvé.)

Date de l'assemblée : 1ᵉʳ mars. — Nombre de feux : 104 [2]. — Députés :
Pierre CRÉANCES, *laboureur* (absent); Philippe PIMOR, *avocat et notaire* (4 jours,
12 l., Ref.)

2. CAHIER DE DOLÉANCES.

(Ms. *Greffe du Tribunal de première instance de Coutances, pièce n° 365.*
Original signé. *Inédit.*)

Cahier de plaintes, remonstrances et doléances fait et présenté à
l'Assemblée du bailliage de Cotentin, séant à Coutances, par
nous Philippe Pimor, avocat, et Pierre Créance, députés par
les habitants et possédant fonds de la paroisse de Montmartin,
le 2 mars 1789.

En conséquence de la lettre du roi du 24 janvier même année et
son règlement y annexé pour l'assemblée des États généraux au
27 avril prochain, et de l'ordonnance de M. le bailly de Cotentin
rendue par M. Desmarets de Montchaton, son lieutenant général,
le 13 février dernier, dont du tout lecture a été faite tant au
prône de la messe paroissiale qu'à l'issue de ladite messe et ensuite
affichée à la grand' porte de l'église, le 22 février même mois.
Les habitants et possédants fonds en ladite paroisse, en satisfaisant
et obéissant aux ordres du roi, ont délibéré, rédigé et arrêté ce
qui suit :

1° Supplient le roi que la répartition des impôts soit également
et sans distinction faite sur tous les biens et fonds immeubles des
propriétaires, privilégiés et non privilégiés, exempts et non
exempts, de la qualité et condition qu'ils soient [3];

---

[1] Arrondissement de Coutances, canton de Montmartin.

[2] Population en 1793 : 694 habitants (N. 12, M. 1, D. 21). — Population actuelle : 1,027 habitants.

[3] Impositions pour 1789 : taille, 825 livres; acc., 541 l. 8 s.; cap., 533 l. 13 s.; corvée, 271 l. 7 s.; vingt., 987 l. 11 s. 7 d.; terr., 81 livres; bât., 27 livres. Au total, 3,237 l. 1 s. 7 d.

2° Supplient également Sa Majesté d'accorder à la province de Normandie ses États provinciaux, pour les rendre en quelque sorte égaux ou semblables à d'autres provinces moins étendues qui ont l'avantage de jouir de ce privilège;

3° De restreindre, autant que faire se pourra, la multiplication inutile des impôts, de simplifier le nombre infini de tant de receveurs dont la réforme procurerait au roi une somme beaucoup plus considérable; cette sage économie serait un bien qu'on ne peut définir pour les sujets de Sa Majesté;

4° Que la reconstruction, bâtiment à neuf et entretien de maisons et bâtiments curiaux soient à la charge de MM. les curés ou autres bénéficiers en la paroisse, sans que les possédants fonds en soient inquiétés [1];

5° Que l'entretien des routes et chemins qui ne sont point encore passés au compte de Sa Majesté ne soit point à la charge des propriétaires bordiers, mais à celle de la communauté en particulier, qui prendra soin de les entretenir puisqu'elle participe à l'avantage que ces routes ou chemins procurent. Cette demande est si sensible et d'autant plus juste qu'on voit des pauvres malheureux qui réduits à la dernière misère sont obligés d'abandonner leurs fonds pour faciliter au public un passage qui ordinairement ou malicieusement ne se trouve pas suffisamment réparé;

6° Pour assurer à chaque bénéficier et chaque communauté un

Lignes : 114, dont 23 exploitants. — *Privilégiés :* le curé, M° Jean-Baptiste Durand, présent à Coutances; 2 nobles possédants fiefs, Nicolas-Charles-Ant. Leconte, écuyer, seigneur d'Ymouville et Montmartin, et la dame veuve et enfants mineurs du s° Ferrand, seigneur. Deux non possédants fiefs, Pierre Goueslard, s° de Vaucelles, cap° de canonniers de la C° de Muneville, et Fr. Goueslard, écuyer, lieut° de canonniers; et pour le tiers état, 1 garde des traites et gabelles, exempt pour 2,590 livres, imposé à la capitation pour 41 l. 4 s. 1 d. *Supplément des privilégiés :* 61 l. 16 s. 9 d.

[1] Le presbytère de Montmartin venait d'être reconstruit aux frais des habitants. (*Correspondance à la date du 16 sept.* 1778, Arch. Calvados C 1340.) Les dîmes de la paroisse étaient partagées. L'abbaye de Savigny, qui avait le patronage de la paroisse, percevait deux gerbes des grosses dîmes; le curé

avait la troisième gerbe, les menues, et une rente de 160 livres pour les novales anciennes. Déclare en 1790 les grosses dîmes être affermées en bloc 1,400 livres, sur lesquelles sa part est de 466 l. 13 s. 4 d. Il a des menues 8 à 900 livres, 29 vergées de terre d'aumônes, affermées 174 livres, et 46 livres de fondations. Au total, avec sa rente, 1,761 l. 13 s. 4 d., sur lesquels il paye un vicaire. (*Déclar. n°* 57, f° 21.) — La part de l'abbaye est comprise, avec les dîmes de Hautteville-sur-Mer et Quettreville, dans un bail général de 2,000 livres; elle était déclarée séparément, en 1739; pour 360 livres seulement. (*Recettes de Savigny,* Arch. Manche, H. n. cl., Savigny, l. 28.)

Rentes omises : 1° l'abbaye Blanche, 3 boisseaux de froment; 2° l'abbaye de Saint-Lô, 3 livres de rentes foncières; 3° le trésor, 2 boisseaux de froment, mesure de Coutances.

droit fixe sur les dîmes insolites, tels que sont les trèfles ou trémaines, luzernes, dont l'usage (qui est seulement pour la nourriture
des bestiaux absolument nécessaires à la culture et amélioration
des terres) est devenu indispensable dans certains cantons, comme
dans la paroisse de Montmartin et les paroisses limitrophes, où la
nature des fonds étant pierreux et arides empêche d'avoir des terres
en herbages ni en prairies[1],

Supplie la communauté de Montmartin MM. les députés aux
États généraux de demander au Roy un règlement en forme [de] loi
qui assure à chacun de ses sujets son droit durable et permanent
afin d'éviter tous procès ruineux à ses sujets;

[7°] Quant aux règles d'une administration juste et permanente,
ne pouvant les faire elle-même, elle en remet le soin particulier aux

---

[1] La question des dîmes de tremaines, trèfles, luzernes, sainfoins, est
une de celles qui préoccupent le plus,
dans les dernières années du XVIII° siècle
la jurisprudence de la province.

Ces espèces de *verdages* y avaient été
longtemps inconnues : au XVII° siècle,
Forget, énumérant les vertes dîmes reconnues dans la province, n'entend encore par là que «pois, febves, chiques,
et toutes sortes de légumes, raves, oi-
gnons, naveaux, saffran, et autres pareils, ayant leur excroissance dans les
jardins», tous objets de peu d'importance, qu'il n'avait pas paru utile d'assujettir à la dîme, et qui ne payaient
qu'en vertu d'usages particuliers.

Mais depuis le milieu du XVIII° siècle
environ, l'introduction des prairies artificielles et l'adoption de procédés de
rotation jusque-là inconnus étaient en
train de modifier profondément le régime séculaire des cultures. A. Young
a été frappé, à son passage en Cotentin, de la facilité avec laquelle s'y était
répandue la culture de la luzerne.
(*Voyage en France*, II, 161.) Ses observations sont confirmées par tous les cahiers de la région côtière (Annoville,
Hautteville, Montmartin, Regnéville,
Urville-sur-mer) où cette culture s'était
en effet d'autant plus naturellement im-
plantée que ces paroisses manquent de
prairies naturelles. Mais cette révolution
avait fort alarmé les décimateurs, qui
demandaient devant toutes les juridictions l'assujettissement à la dîme des
cultures de tremaines.

En 1789, la jurisprudence n'était
pas encore bien assise à cet égard. Les
juridictions locales de Cotentin, qui de
près jugeaient mieux la nécessité des
nouvelles cultures, s'étaient efforcées,
pour en favoriser la diffusion, de les
affranchir des réclamations des décimateurs. (*Sentence du bailliage de Carentan,
aff. curé de Carentan, 7 juin 1769;
sentence du bailliage de Coutances, aff.
curé de Soulles, 8 août 1775.*) Mais ces
sentences étaient communément cassées
au Parlement.

La Cour tâtonnait; elle avait tantôt
considéré les sainfoins comme dîmes solites et ordinaires (*arrêt du 9 juillet
1675*), tantôt déclaré non décimables
les sainfoins coupés en vert, décimables
ceux qui seraient parvenus à maturité
(*arrêt du 29 mai 1727*). Plus tard elle
avait essayé de faire prévaloir une distinction entre les verdages coupés pour
les bestiaux destinés à être vendus, et
ceux réservés aux animaux de l'exploitation, les premiers seuls devant la
dîme (*arrêt du 16 juillet 1749*). En
réalité toutes ces affaires étaient jugées
en fait, et elle n'était pas arrivée à dégager une solution de principe ferme.
Seul le *Règlement de la cour du 5 mai
1784* introduisait dans cette jurisprudence confuse quelque unité; mais le
Conseil d'État avait, comme on sait,
suspendu l'exécution de ce règlement,
et la question en 1789 restait toujours
aussi incertaine; de tous côtés des procès
étaient pendants devant les juridictions.

personnages éclairés, justes et sages, qui seront choisis pour l'assemblée des États généraux, intimement persuadés que ces intérêts ne peuvent mieux être confiés qu'à leur zèle patriotique et désintéressé, que la cause commune du tiers état, classe la plus pauvre et cependant lésée, deviendra la leur en particulier.

Fait et arrêté d'une voix unanime par tous les habitants et possédants fonds de la paroisse de Montmartin, toutes les règles dûment observées, lesquels ont signé sur le présent qui sera mis aux mains de M. le bailli de Cotentin ou M. son lieutenant général audit lieu, et le duplicata sera déposé aux archives du greffier de cette communauté, le 1er mars 1789.

> N. Lengronne, J.-G. Ménard, P. Craunnier, P. Lecauvet Bouchard, D. Lefrançois, J. Chauvin, J. Lecoeuret J. Pannier, Ch. Simon, Ch. Chauvin, N. Ybert, Philippe Tassey, Pierre Danlos, Ch. Capelin, Sauvin, J. Legallois, J. Robillard, G. Vallée, Thomas Bouchard, Jacq. Du Boscq, Pimor.

MOYON [1].

1. Procès-verbal d'assemblée.
(Le procès-verbal authentique n'a pu être retrouvé.)

Date de l'assemblée : 1er mars. — Nombre de feux : 207 [2]. — Députés : Abel-Jean Gautier, *laboureur* (4 jours, 12 l., Acc.); Charles-François Le Saulnier, *laboureur* (4 jours, 12 l., Acc.); Jean Houel, *laboureur* (4 jours, 12 l., Acc.).

2. Cahier de doléances.
(Ms. *Greffe du Tribunal de première instance de Coutances*, pièce n° 381. Original signé. *Inédit* [3].)

Cahier de doléances de la communauté de Moyon.

Considérant que le Roy, informé des malheurs qui affligent la France depuis nombre d'années, a cherché tous les moyens d'assu-

---

[1] Arrondissement de Saint-Lô, canton de Tessy.
[2] Mouv. 1787 : N. 46, M. 7, D. 36. — Population actuelle : 1,103 hab.

[3] Le cahier est en grande partie la reproduction *textuelle* du cahier de Beaucoudray; nous n'en reproduisons par suite que les parties originales.

ser son bonheur en portant la réforme sur toutes les parties de l'administration, etc... [1].

Tous ces objets en général et chacun en particulier présentent de grands intérêts à discuter, beaucoup d'abus à réformer et de nouveautés à établir, qui rencontreront (avec) une infinité d'obstacles tous ces divers objets pris en considération par la communauté, la déterminent à donner par le présent cahier plein pouvoir aux députés qui seront choisis dans l'assemblée générale qui se tiendra en la ville de Coutances le 16 de ce mois, de demander aux États généraux :

1° Que la constitution de la France soit établie, etc. [2] ;

16° De demander que la milice soit supprimée et qu'il soit formé des fonds pour l'achat d'hommes pour compléter ou former les régiments provinciaux ; et dans le cas où cette proposition rencontrera des obstacles qu'il n'y eût d'exemption pour les valets et domestiques d'autres individus des différents ordres de la noblesse et du clergé et de la classe de privilégiés que pour ceux au service de l'État [3] ;

De remontrer que les taillables de ladite paroisse sont chargés en des sommes considérables pour le payement des rentes seigneu-

[1] Le préambule est textuellement copié sur le préambule du cahier de Beaucoudray.

[2] Les articles 1 à 15 sont la reproduction textuelle des articles 1 à 15 de Beaucoudray. La copie toutefois paraît avoir été exécutée avec beaucoup de négligence, car on y relève des inexactitudes et des variantes qui ne laissent aucun sens raisonnable : par exemple, à l'article 1er cette demande, à propos de la réforme de la constitution, que le patriotisme forme désormais la base fondamentale de la *Normandie*, au lieu de la monarchie, etc.

Impositions pour 1789 : taille, 2,294 livres ; acc., 2,036 l. 17 s. ; cap., 1,038 l. 3 s. ; corvée, 1,004 l. 17 s. 2 d. ; vingt., 2,277 livres ; territ., 193 livres ; bâtiments, 64 livres. Au total, 9,807 l. 17 s. 2 d.

Lignes : 271. — *Privilégiés :* le curé Me Richard Pavin, présent à Coutances ; J.-P. Anne Letellier, propriétaire du fief de Cens, les sieurs Mauger de la

Maugerie (cap. nob. 1 l. 4 s.), Gohier de la Héronnière (12 livres), de Cussy (7 l. 4 s.), la dame veuve du sieur Mauger de la Persillière (24 livres) et la dame veuve et héritiers du sieur Boudier de Neuville (65 l. 45 s.), nobles non possédants fiefs ; et pour le tiers état, la dame veuve et héritiers du sieur Levallois, exempts de taille, et imposés d'office pour 48 livres. *Supplément des privilégiés :* 917 l. 14 s. 4 d.

[3] Cf. cahier de Beaucoudray, art. 16. Le présent cahier a ajouté, pour le cas où le vœu présenté rencontrerait des obstacles, un vœu en faveur de la suppression des exemptions en faveur des domestiques des privilégiés.

La paroisse de Moyon a tiré à la milice en 1788 avec celle de Mesnilopac. Il y avait 89 garçons sujets au tirage ; 3 sont fuyards, 45 exempts, 23 réformés ; 18 seulement ont tiré, pour fournir 2 miliciens. (Arch. Calvados, C 1916.)

riales dues à M. le prince de Monaco[1], sur lesquelles ledit seigneur
n'en fait aucunes déductions, depuis plusieurs années, au contraire
exige qu'ils lui soient payés en la nouvelle mesure, ce qui est une
aggravation considérable, et qui oblige le laboureur et paysan à
vendre leur propre substance ; pourquoy demanderaient qu'ils en puissent être quittes en payant à l'ancienne mesure, ou bien se puissent
racheter desdites rentes, en payant sur le pied du denier vingt-cinq ;

17° Que les curés et bénéficiers soient tenus et susceptibles de
l'entretien et reconstruction de leurs maisons[2].

La communauté donne au surplus pouvoir auxdits députés de
suivre le vœu de leur conscience dans tout ce qui sera proposé sur
une infinité d'autres abus, s'en rapportant à leur lumière et à leur
honneur de voter au surplus ce qu'ils croiront le plus utile et avantageux pour la félicité publique.

Le présent cahier ainsi fait et arrêté **double** par les soussignés à

[1] Cet article ne peut être mieux éclairci que par les détails d'une adresse que l'année suivante adressèrent à l'Assemblée nationale les habitants des paroisses de Beaucoudray, Moyon, Tessy, Villebaudon, Mesnilopac, Mesnilherman, élection de Saint-Lô, généralité de Caen, dépendants de la baronnie de Moyon, appartenant à M. le prince de Monaco : «Les habitants, y est-il dit, ont longtemps payé les rentes en froment et avoine à raison de 8 mettants le quartier, chaque mettant composé de 12 pots 1 chopine. La cupidité des agents du prince a entrepris de doubler cette mesure. Le Parlement de Normandie, par arrêt de l'année 1751, a consacré les principes vexatoires du conseil du prince Monaco, et le même tribunal a affranchi sans titres et sans droit les rentes qui lui sont dues de la retenue du dixième, par un autre arrêt de 1768... Les vassaux du prince ne travaillent que pour lui et sont des esclaves. Un particulier jouit à Moyon d'une terre qui produit année commune 1,200 livres ; il paye annuellement au prince 800 livres, 56 livres de capitation noble, 80 livres de dixièmes, une part pour taille de propriété portée à 116 livres ; son revenu ne lui produit ainsi que 148 livres. Un petit fief, contenant 280 verges, situé à Moyon, nommé le fief de la Brandière, de valeur de 770 livres,

paie annuellement pour rentes seigneuriales 700 livres ; il ne reste donc aux possesseurs desdits fonds que 70 livres pour la culture, les frais et réparations de maisons... Ce sort est commun aux 10,000 habitants au moins qui composent ladite baronnie, 10,000 citoyens qui sont réduits à la plus grande misère.» (Adresse en date du 17 février 1790, Arch. nat., D xiv, 5, 148.)

[2] Cf. le cahier de Beaucoudray, art. 18. La paroisse de Moyon venait de s'imposer de la somme 5,750 livres pour des travaux de cette nature. (Arrêt du Conseil, 19 février 1782, Arch. Calvados, C 1325.)

Les dîmes de Moyon étaient partagées. L'abbaye de Troarn, au diocèse de Bayeux, qui avait le patronage, percevait toutes les grosses dîmes (est. 4,500 livres). Les menues et les novales avaient été, avec les aumônes, cédées au curé pour sa portion congrue (est. vraie valeur, 664 l. 7 s. 6 d. (Pouillé, f° 27 v°).

Biens ecclésiastiques : 1° la cure, maison, jardin, 3 à 4 vergées de terre (aff. 50 l.) ; 2° la Chapelle de Beaucoudray, 16 vergées de terre en 3 pièces, aff. 91 livres. — Aucune rente déclarée. En 1766, l'État des biens de la Luzerne indique une rente de 15 quartiers et demi de froment sur la seigneurie de Moyon, estimée 150 livres. (Ms. Avranches, 205, pièce 5.)

l'issue de la grande messe paroissiale de la paroisse de Moyon, ce dimanche 1er mars 1789.

G. Saulnier, J. Houel, Duval, Gautier, F. Gauttier, G. Jamblin, Jean Fouchet, Laurent Bolant, C. Jamblin, Ch. Montigny, J.-F. Lesaulnier, L. Ladvoue, Ch. Gautier, G. Desvage, P. Desvages, Conte, B. Ladvoue, Lesaulnier, B. Lesaulnier.

MUNEVILLE-PRÈS-LA-MER [1].

1. Procès-verbal d'assemblée.
(Le procès-verbal authentique n'a pu être retrouvé.)

Date de l'assemblée : 1er mars. — Président : F. Boisset, *huissier.* — Nombre de feux : 120 [2]. — Députés : *le sieur Pierre Jourdain, *laboureur* (6 jours, 18 l., et 19 jours, 74 l., Acc.); Aimé-Charles Binet, *laboureur* (4 jours, 12 l., Acc.).

2. Cahier de doléances.
(Ms. *Greffe du Tribunal de première instance de Coutances*, pièce n° 43. Original signé. *Inédit.*)

Du premier jours de mars, l'an 1789, après les publications de la lettre du Roy et du règlement de Sa Majesté pour la convocation des États généraux, ainsi que de l'ordonnance de M. le lieutenant général concernant l'assemblée des trois États du bailliage de Coutances,

Se sont, en présence de Me François Boisset, huissier, au son de la cloche, assemblés au lieu ordinaire des délibérations, tous les habitants du tiers état de la paroisse et communauté de Muneville-près-la-Mer, ayant les qualités prescrites par les règlements de Sa Majesté pour sister aux délibérations, à l'effet de procéder à la rédaction du cahier des plaintes, doléances et remontrances que ladite communauté entend faire à Sa Majesté, et présenter les moyens de pouvoir subvenir aux besoins de l'État, ainsi qu'à tout ce qui peut intéresser la prospérité du royaume et celle de tous et chacun les sujets de Sa Majesté. Lesquels remplis de respect et d'amour pour Sa Majesté, et reconnaissants des vues satisfaisantes qu'il annonce

[1] Arrondissement de Coutances, canton de Bréhal.
[2] Population au dénombrement de 1793 : 790 habitants (N. 17, M. 9, D. 6). — Population actuelle : 477 habitants.

pour le bonheur de son peuple, ont d'un commun accord et d'une voix unanime jugé qu'il serait à propos de faire aux États généraux les observations suivantes :

1° Il est essentiel que le clergé et la noblesse contribuent à l'imposition qui se lève pour les chemins ainsi que pour les casernements[1];

2° Pour qu'il y eût une exacte justice observée il faudrait qu'on établît l'impôt territorial, ce qui mettrait l'égalité tant entre les individus de chaque paroisse, et ce qui obligerait les deux premiers ordres à payer comme le tiers état. Bien entendu que les rentes affectées sur les fonds porteront au prorata partie de la contribution;

3° Il serait à désirer au lieu de dîmes qu'on accorderait tant ès sieur curé et vicaire que tous autres décimateurs, qu'il serait prélevé au pied la perche les pensions de ces messieurs, ainsi que pour les pauvres, suivant la quantité de chaque paroisse, étant notoire que les gros décimateurs n'aident point au curé à les soulager[2];

[1] Il s'agit de la prestation en argent représentative de la corvée, et de celle dite des bâtiments. — Impositions de Muneville pour 1789 : taille, 2,078 livres; acc., 1,363 l. 13 s.; cap., 1,344 l. 9 s.; corvée, 690 l. 3 s. 7 d.; vingt., 970 l. 1 s. 7 d.; terr., 95 livres; bât., 32 livres. Au total, 6,562 l. 5 s. 7 d.
Lignes : 181. — Privilégiés : le curé Mᵉ Jacques Lemonnier, présent à Coutances, et deux nobles possédant fiefs, Jean-Baptiste Lecourtois, seigneur, possédant le fief du Greslain, et Charles-Antoine Leforestier de Mobecq (cap. noble 288 livres), possédant le fief de Muneville et ceux de Say et des Loges en Quettreville, tous deux présents à Coutances. Supplément des privilégiés : 120 l. 12 s. 2 d.
Biens-fonds des privilégiés. Ecclésiastiques : 1° la cure, maison presbytérale, jardin potager de 50 perches, aucunes rentes ni terres d'aumônes (louée en l'an III, 270 livres, valuur 100 livres); 2° le Trésor, rentes en froment et en argent, 200 livres grevées de fondations; 3° le décimateur, la grange décimale sans aucun terrain; 4° l'abbaye d'Hambye (décl. omise), 8 demeaux de froment. — Nobles : 1° J.-B. Lecourtois, seigneur, ferme

dite la Vicquerie, bât., 128 vergées, dont 97 lab., donnant 346 ruches de tout grain, louée en 1791, 1150 livres; ferme dite de Cahorel, bât., 135 vergées, dont 80 lab., donnant 338 boisseaux de tout grain, louée, en 1792, 1,000 livres; 2° Leforestier de Mobecq, terres non estimées.
[2] Les gros décimateurs de la paroisse étaient l'abbaye de Sainte-Marie de Grestain, au diocèse de Lisieux, qui avait le patronage pro parte, et prélevait au XVIIIᵉ siècle les deux tiers des grosses dîmes sur un fief lui appartenant, et le chapitre de Coutances, qui recueillait de même les dîmes sur deux prébendes qu'il possédait dans la paroisse. Le curé n'avait que le quart des grosses dîmes, et la totalité des menues et verdages. Déclare en 1790 que sa dîme est louée en partie pour 1,800 livres, 4 chapons gras, 12 livres de sucre, et 100 gerbes de bois-jean, avec un pot-de-vin de 600 livres, et en partie exploitée par lui, pour un produit moyen de 1,500 livres. Au total, 3,406 l. 13 s. 4 d. sur lesquels il paie la moitié d'un vicaire. (Déclar. n° 148, f° 32.) — Les portions des prébendés sont déclarées, d'autre part, être affermées pour 350 livres et 325 livres. (Déclar. nᵒˢ 75 et 63 fᵒˢ 73, 70).

4° Il serait juste que les paroisses fussent déchargées de l'entretien et réparations des presbytères et qu'elles fussent à la charge des curés;

5° On désirerait pouvoir s'affranchir de toute sorte de servitude vis-à-vis des seigneurs, comme banalités et autres corvées, ainsi que de toutes rentes seigneuriales, en les amortissant au denier vingt-cinq, pour lequel amortissement on aurait (lesquels les observations suivantes) le temps de vingt années, et pour à l'égard du seigneur ecclésiastique, que l'amortissement des rentes qui leur seront faites, que ces messieurs seraient obligés d'en faire le remplacement sur le Roy ainsi que toutes espèces de rentes dues aux mainmortes [1];

6° Qu'il serait à désirer que tous les juges fussent choisis parmi l'ordre des avocats, que les juges fussent pensionnés par le public, qu'ils résidassent en corps au centre de chaque province, qu'ils formassent entre eux des comités ou chambres, dont chacun connaîtrait exclusivement aux autres de certaines espèces d'affaires. Les juges seraient tenus d'exposer dans leur arrêt les articles de la loi qui auraient déterminé leurs jugements; si sur l'avis de quatre avocats ils étaient réputés avoir transgressé la loi, la partie condamnée pourrait les citer devant le grand tribunal de l'État. Là s'ils étaient convaincus d'ignorance, ils seraient destitués de leur charge comme incapables de la remplir; si par contraire il était reconnu qu'ils eussent prévariqué en connaissance de cause, ils seraient punis pour avoir profané la sainteté des lois, insulté à la majesté du Roy et à la dignité de la nation.

Toutes les affaires seraient instruites par écrit, dans les villes et bourgs voisins de la résidence des plaideurs, et l'instruction serait envoyée à la décision des chambres supérieures de la province; les

---

[1] La paroisse renfermait 4 terres nobles : deux prébendes du chapitre de Coutances, appelées le château Pair et le fief du Taru, et deux fiefs laïques, ceux de Muneville et du Grestain.

En 1789, la prébende du château Pair appartient à Jacques Dudouit, chanoine, et est déclarée consister en une part des dîmes sur la sieurie, affermée 325 livres, et des rentes seigneuriales de 40 boisseaux de froment, mesure de Cérences, 3 b. 1/2 de seigle, 50 livres en argent et droit de treizième, estimé le tout 450 livres. Au total 775 livres.

La prébende de Muneville appartient à Louis Desmarets, chanoine; elle consiste également en une part des dîmes affermée 350 livres, et des rentes seigneuriales de 119 boisseaux de froment mesure de Cérences, valant 829 l. 2. s., 4 boisseaux de seigle, 9 chapons, 42 poules 1/4, 215 œufs, 27 pains, 4 l. 9 s. en argent, 40 livres de treizièmes. Au total, 1,289 l. 10 s. 4.

Le fief du Grestain et celui de Muneville appartiennent respectivement à MM. Jean-Baptiste Lecourtois et Charles-Antoine Leforestier, seigneurs en partie. Rentes et casualités non estimées. Il n'y a, d'après la municipalité, aucun four ni moulin dans la paroisse. Rentes du domaine : 1 l. 6 s.

matières provisoires seraient décidées par un certain nombre d'avocats qui s'assembleraient à ce sujet, sauf l'appel à la cour provinciale ; les frais de justice seraient réduits à peu de chose.

Pour obvier à la multitude des procès que cette réduction pourrait occasionner, la partie qui serait mal fondée dans ses prétentions serait condamnée à une amende applicable aux pauvres de
l'endroit de sa résidence, ou de celle des juges si le victorieux était
étranger.

Toutes les charges que le nouvel arrangement rendrait inutiles
seraient remboursées non sur le pied de la finance, mais tout ce
qu'elles valent actuellement, et ce qu'elles ont coûté à ceux qui en
sont pourvus depuis dix ans ;

7° Il serait avantageux que dans chaque province il se tînt des
états qui s'assembleraient chaque année dans chaque généralité
successivement, auxquels le tiers état serait égal aux deux autres
ordres, sans qu'il y eût prépondérance en cas de partage, laquelle
serait décidée par le Roy ; desquels états provinciaux il y en aurait
une commission dans chaque élection ;

8° Il serait avantageux au public que toutes les entraves dont il
est obéré pour se procurer du sel pour ses provisions soient supprimées et qu'il soit marchand comme toute autre denrée [1] ; que
tous les impôts en soient supprimés, ainsi que les déports après le
décès des curés ;

9° Enfin, pour parvenir à acquitter la dette publique, il est à
désirer que partie des pensions accordées par Sa Majesté et ses
prédécesseurs soit réduite.

Tels sont les vœux et observations des habitants de la communauté de Muneville-près-la-Mer. Le présent cahier fait et rédigé
ce dit jour et an, 1er mars 1789.

    P. JOURDAIN, M. BINET, J. BLANCHARD, Al. MAHÉ, J. LESNEUF,
      Justin MAHÉ, F.-G. JOURDAN, G.-Fr., LE BAS, F. LE-
      BRETON, DELISLE, PILLEVESSE, FOUCARD, J. LEBAS, J.-J.
      JOUIN, Nicolas LESCUYER, Jacque SEVALLE, Jean ALLAIN,
      BOISSET.

---

[1] Cf. la note de Bricqueville-la-
Blouette, *suprà*, p. 225. — La paroisse de Muneville avait justement,
l'année précédente, remis à l'assemblée
de département, conjointement avec
quelques autres paroisses, un mémoire
dans lequel elle demandait que le terme
de 80 jours, accordé par la loi aux saulniers, et devenu insuffisant pour fournir
aux besoins du pays, fût augmenté, et
qu'il leur fût permis de bouillir jusqu'à
150 jours par an. (*Rapport du bureau
de bien public*, séance du 30 octobre
1788, Arch. Calvados, C 7700.)
    Contrà : le cahier de Carentan ville,
art. 14, *infrà*, p. 717.

NICORPS [1].

1. Procès-verbal d'assemblée.

(Le procès-verbal authentique n'a pu être retrouvé.)

Date de l'assemblée : 1er mars. — Nombre de feux : 101 [2]. — Députés : *Me Jullien-Jean-Victor Le Bastard de l'Isle, avocat, demeurant à Coutances (3 jours, 9 l., et 17 jours, 68 l., Ref. [3]); Me Pierre-Jullien Chapel, avocat, demeurant à Coutances (2 jours, 6 l., Ref.).

2. Cahier de doléances.

(Ms. Greffe du Tribunal de première instance de Coutances, pièce n° 385. Original signé. Inédit.)

Cahier de doléances et souhaits de la paroisse de Nicorps.

1° La paroisse demande pour toutes impositions dans les campagnes l'impôt territorial réparti par les membres de la municipalité dans la plus rigoureuse impartialité [4];

2° L'entretien des chemins à charge commune, et spécialement que le grand chemin de Coutances à Hambye, qui traverse la paroisse dans toute sa longueur, soit porté sur l'état des chemins royaux, attendu l'impossibilité où sont les malheureux bordiers de ce chemin, de pouvoir le raccommoder, ce qui le rend impraticable et très dangereux [5];

[1] Arrondissement de Coutances, canton de Coutances.

[2] Population en 1793 : 518 habitants (N. 15, M. 5, D. 17). — Population actuelle : 288 habitants.

[3] «L'honneur de représenter ses concitoyens ne s'achète jamais.» (Rôle de taxes.) Le Bastard de l'Isle fut officier municipal de Coutances en juin 1790, membre du district en 1791; juge-suppléant aux élections de 1791, il fut destitué par Lecarpentier en 1793, et réintégré en l'an III. — P.-J. Chapel, fut notable de la ville en janvier 1790, juge titulaire du tribunal de district la même année, officier municipal en l'an III, et juge de paix de la ville de Coutances en l'an IV.

[4] Impositions pour 1789 : taille, 1,367 livres; acc., 897 livres; cap., 884 l. 9 s.; corvée, 447 l. 14 s. 5 d.; vingt., 1,218 l. 13 s. 10 d.; terr., 108 li-

vres; bât., 84 livres. Au total, 4,558 l. 17 s. 5 d. Privilégiés : le curé, Me Guillaume Mauriol, présent à Coutances, le seigneur, Danfrey, possédant les fiefs de la Mare, de l'Isle et Le Vilié, et deux nobles non possédants fief, Jean-Charles-Claude de Glamorgan, écuyer (c. n. 2 l.) et J. Villebaudon (c. n. 21 l.). Supplément des privilégiés : 288 l. 18 s. 7 d.

[5] La municipalité de Nicorps avait, l'année précédente, conjointement avec les municipalités de Ouville, Saint-Martin-de-Cenilly, Hambye et Percy, présenté une requête à l'assemblée de département, pour obtenir le classement du chemin en question, et un prolongement de ce chemin dans la direction de Viré, soit par Percy, soit par le Guislain et le bourg de Tessy. Ce chemin, ainsi que le fait observer le Bureau intermédiaire «aurait vivifié toute la région, par la facilité qu'au-

3° L'entretien des presbytères, et qu'ils ne soient plus comme par le passé à la charge des paroisses; mais que chaque curé dans sa paroisse soit astreint et obligé d'entretenir le tout, bien et dûment; et également que l'entretien soit à la charge des décimateurs[1];

4° Que les décimateurs soient tenus chaque année fournir une somme pour les pauvres entre les mains du curé, et ce dans la proportion de la quotité de dîme qu'ils prélèvent sur la paroisse; également la suppression des déports;

5° La suppression du règlement du parlement de Normandie du 17 août 1751 concernant les plantations, notamment les articles cinq et six, comme impraticables dans le pays de bocage, où les fonds ne sont séparés l'un de l'autre que par des chemins très étroits et qui n'ont pour la plupart que deux pieds de largeur[2];

raient alors les habitants de se procurer le débit de leur bois qu'ils ont en grande quantité, et par l'avantage inappréciable en ce pays de se procurer facilement des engrais de mer, qui changeraient bientôt la nature du sol plus que médiocre et doubleraient les productions». Le Bureau avait cependant cru devoir donner la préférence à la route de Coutances à Gavray qui intéresserait un plus grand nombre de paroisses; mais il avait accordé pour la réparation du chemin un atelier de charité, et une somme de 2,100 livres, à condition que les paroisses contribuassent de leur côté dans la proportion fixée par les règlements. (*Rapport du Bureau 30 octobre 1788*.) Voir le cahier de Mesnil-Bonhant, art. 7, *suprà*, p. 424.

[1] La cure de Nicorps était sous le patronage et à la nomination de l'évêque et du chapitre alternativement; mais les grosses dîmes se partageaient entre le curé et le chapitre seulement. Le curé avait en outre, d'après le *Pouillé*, toutes les menues, 11 l. 10 s. par le chapitre pour les anciennes novales, et 10 à 12 vergées de terres d'aumône. Déclaré en 1790 sa dîme donner 1,500 g. de froment, 3,000 d'orge, 120 boisseaux de sarrazin, 100 g. de lin, 300 de bois-jean, et pour les pommes, de 10 à 15, 20 quelquefois 25 tonneaux de cidre. Au total 1,800 livres sans charges. (*Déclar.*, n° 103, f° 7.)

La part du chapitre est déclarée affermée, par bail de 1788, pour

20 boisseaux de froment, 1,277 livres en argent et autres charges, au total 1,355 l. 14 s. 6 d. (*Décl.* n° 79, f° 82.)

I. *Biens ecclésiastiques* : 1° la cure, maison presbytérale, jardin, cour, plant, terres labourables, 12 vergées; bois, taillis, 2 vergées, estimée 600 livres (louée en l'an III, 300 livres); 2° le chapitre de Coutances, grange décimale avec 1 perche de terre affermée avec la dîme, 1,362 l. 2 s. 10 d., pot-de-vin compris; 3° le séminaire de Coutances : 1 moulin à 2 tournants, nommé le moulin Visquet, bât., jardin (n. est.); 4° les religieuses hospitalières de Coutances, terres non spécifiées.

II. *Rentes* : 1° le trésor, 9 boisseaux 1/4 de froment, et 10 demeaux; et 79 l. 19 s. en argent en beaucoup de petites rentes et fondations; 2° le chapitre de Coutances, 26 boisseaux 1/2 de froment; 3° l'Hôtel-Dieu, 9 boisseaux de froment, 21 rais d'avoine, 7 livres d'argent, 5 pains, 5 poules et 21 œufs; 4° la commune de Saint-Pierre-de-Coutances, 8 livres en trois parties; 5° l'abbaye de Hambye, 12 demeaux de froment; 6° l'abbaye de la Luzerne, 14 boisseaux de froment et 1 chapon; 7° le Mont Saint-Michel, 29 ruches 1/2 de froment.

Il est dû au domaine : 11 l. 5 s. 6 d. en plusieurs petites rentes.

[2] *Arrêt du Parlement portant règlement sur les plantations*, 17 août 1751, «Art. 5. Nul ne pourra planter aucuns poiriers ou pommiers qu'à sept pieds de distance du fonds; et en cas que les

6° Une loi qui enjoigne expressément à tous les propriétaires de n'abattre aucun arbre de haute futaie sans être tenu incontinent d'en planter de jeunes à la place, attendu le manque absolu de bois de construction et de chauffage dans lequel se trouverait sous peu d'années la province si l'on ne remédiait pas promptement à cet abus;

7° La suppression des maîtrises des arts et métiers, comme contraires à la liberté, qui est le caractère essentiel du commerce et de l'industrie;

8° La suppression de tous les petits sièges résséants dans les bourgs et les paroisses, attendu les exactions et les injustices sans nombre qui s'y commettent faute de surveillants éclairés pour leur en imposer;

9° Un code de lois civiles, plus simple, plus précis, moins sujet à interprétation et qui obvie à cette multitude de procès souvent indispensables, qui désolent personnellement les campagnes : la suppression des procureurs, l'abolition des lettres patentes de 1769[1]; la réduction de ces officiers, dans le cas où il ne serait pas possible de les supprimer entièrement, au plus petit nombre nécessaire, avec des droits beaucoup moins considérables;

10° La suppression absolue des employés pour les aides, ou au moins (si l'État est obligé de les laisser subsister) l'abolition de ces lois rigoureuses qui *infâment* (*sic*) un citoyen souvent très utile à sa famille et à la patrie, faute de pouvoir payer l'amende exorbitante contre lui prononcée en cas de contravention;

11° Les États provinciaux seuls dans le cas d'affermer l'état de la province, calculer ses facultés et ses charges, de proportionner ces derniers à ses ressources, et de porter au pied du trône des résultats sûrs dictés par leur amour pour leur prince et tendant à sa félicité;

12° La suppression des jurés priseurs-vendeurs, ou du moins des salaires moins considérables et plus proportionnés à leur travail;

13° Quant aux besoins pressants de l'État, on ne trouve point

branches s'extendent sur le terrain voisin, le propriétaire desdits arbres sera contraint en outre d'en couper l'extrémité des branches, en tant qu'elles s'extendent sur le terrain voisin. — ART. 6. Les arbres de haute-futaye ne pourront être plantés à pied dans les terres non closes, qu'à sept pieds de distance du fonds voisin, lequel pourra pareillement contraindre le propriétaire desdits arbres de les élaguer ou ébrancher jusqu'à la hauteur de 15 pieds; et en outre de faire couper la partie des branches qui s'étendrait sur son terrain.» (*Recueil des Édits*, VIII. p. 490.)

[1] *Lettres-Patentes portant règlement pour l'administration de la justice dans la province de Normandie, 18 juin 1769.* (Recueil des Édits, IX, p. 1212.) Cf. la note sous Coutances, art. 35, *suprà*, p. 94.

de moyen plus efficace pour y subvenir que de s'adresser pendant quelques années aux riches abbayes du royaume qui ne savent où remplacer leurs immenses revenus.

J.-B.-G.-H. LELOUP, F. MONTAIGNE, A. BROTHELANDE, P. LENEVEU, J. LENEVEU, J. LEVAVASSEUR, H. JAMETOT, J. VALLÉE, Pierre BARBANCHON, Jean GOSSELIN, Jean VALLÉE, Jean COURTOISE, Pierre DUQUESNEY, Jullien TARDIF, Jacques LEVAVASSEUR, Pierre ORANGE, Jacque BURNEL, Charles CLAIREAUX, Jacques JEAN, Z. RIHOUET, CHAPEL.

Ne varietur : LE BASTARD DE LISLE.

NOTRE-DAME-DE-CENILLY[1].

1-2. PROCÈS-VERBAL D'ASSEMBLÉE ET CAHIER DE DOLÉANCES RÉUNIS.

(Ms. *Greffe du Tribunal de première instance de Coutances, pièce n° 367. Original signé. Inédit.*)

Du 1er mars, l'an 1789, à l'issue des vêpres de la paroisse de Notre-Dame-de-Cenilly, au lieu accoutumé à faire tous actes publics,

En conséquence des annonces faites au prône des messes paroissiales dimanche dernier et ce jourd'hui, se sont assemblés au son de la cloche Me *Gabriel Le Vallois, seigneur du Bouillon, Lengronne [et autres lieux]. Nous paroissiens, habitants et possédants fonds de la paroisse, nés français, âgés de vingt-cinq ans et plus, compris dans les rôles des impositions ; lesquels pour obéir aux ordres de Sa Majesté, portées par ses lettres données à Versailles, le 24 janvier dernier, pour la tenue et convocation des États généraux dans l'étendue de son royaume, et satisfaire aux dispositions du règlement annexé, ainsi qu'à l'ordonnance de M. le bailli de Cotentin, rendue par M. son lieutenant général, dont ils ont une parfaite connaissance, tant par la lecture qu'ils en ont présentement prise que par celle qui leur en a été donnée

---

[1] Arrondissement de Coutances, canton de Cerisy-la-Salle. — Le présent procès-verbal n'indique pas le nombre de feux. A l'état général, la paroisse est portée pour 390 feux. Population en 1793 : 1,966 habitants (N. 77, M. 17, D. 39). — Population actuelle : 1,363 habitants.

au prône des messes paroissiales, dimanche dernier et cejourd'hui, et par les publications et affiches qui en ont été faites issues desdites messes, au lieu accoutumé, sont unanimement convenus qu'il leur incombe d'abord de s'occuper de la rédaction de leur cahier de remontrances, plaintes et doléances, à quoi procédant ils ont, après avoir entre eux mûrement délibéré et conféré, arrêté à la pluralité des voix de demander [1] :

1° Le rétablissement des États de la province, etc... [2] ;

6° Que la justice et les lois soient réformées dans les abus sans nombre qui s'y sont glissés, que les justiciables soient assurés d'une

---

[1] Le cahier de doléances est en grande partie la reproduction textuelle du cahier de Cerisy-la-Salle. Nous n'en donnons par suite que les passages originaux.

[2] Les articles 1 à 5 sont littéralement les articles 1 à 5 du cahier de Cerisy.

Impositions pour 1789 : taille, 4,888 livres; acc., 3,207 l. 12 s.; cap., 3,162 l. 12 s.; corvée, 1,617 l. 10 s. 7 d.; vingt., 4,276 l. 5 s.; terr., 362 livres; bât., 121 livres. Au total, 17,635 l. 5 s. 7 d.

Lignes : 451. — *Privilégiés* : le curé Pierre-Fr. Dutertre, comparant à Coutances, et ses deux vicaires; Lepainteur de Normesnil, écuyer, seigneur de Chaufremont et de Breuilly, et de J.-Fr. Gédéon Richier, seigneur de Cerisy, pour extension des terres. Six nobles non possédants fiefs : Nic.-Fr. de Tournebut, écuyer, L.-Thomas David, s^r de la Monterie, et les quatre frères Duquesne, qui ne payent ensemble qu'une capitation noble de 2 livres; un privilégié du tiers état, le sieur Levallois du Bouillon, ancien conseiller au conseil supérieur de Bayeux, avec une capitation de 81 livres. *Supplément des privilégiés* : 146 l. 19 s. 7 d.

Biens des privilégiés : *Ecclésiastiques.* I. *Biens-fonds* : 1° la cure, maison presbytérale, jardin, 1 v. 1/2; pension de 1,100 livres; 2° l'abbaye d'Aunay, un tènement d'héritage nommé la vieille abbaye, maison manable, jardins, prairies et terres labourables, 70 vergées en 15 parties, aff. 220 livres; un autre tènement, nommé la grange Morin, bâtiments, labour et pré, 26 vergées, aff. 140 livres. — II. *Rentes* : 1° le trésor, 16 demeaux de froment à 6 pots,

un cent de paille d'orge la veille de Noël, 3 livres pour le pain à chanter, 6 pots de froment, le tout dû par les décimateurs; 2° la cure de Pontbrocard, une rente de 1/83° sur 4 vergées de terre louées. 74 l. 2 s.; 3° l'abbaye d'Hambye (*décl. omise*), 8 demeaux de froment, mesure de Cenilly, de 6 pots; et 16 autres demeaux et 5 sois en contesté. — III. *Dîmes* : à l'abbaye d'Aunay en totalité, affermées 5,000 livres et pot-de-vin.

Laïcs. I. *Biens-fonds* : 1° le seigneur Lepainteur de Normesnil, ferme de Breuilly, bât., 250 vergées de terre, dont 180 lab., donnant 677 boisseaux de tout grain (louée en l'an III 2,360 livres, valeur de 1790 1,650 livres); terre de Chaufremont, bât., 300 vergées de terre, dont 240 lab., donnant 580 boisseaux de tout grain, louée, par bail de 1788, 1,310 liv.; le moulin Dodin, loué, en 1788, 480 livres; 2° J.-Fr. Gédéon Richier, terres de l'hôtel Gautier, bât., 67 vergées, dont 52 lab., donnant 124 boisseaux de grain; ferme la Bachellerie, bât., 50 vergées donnant 135 boisseaux de grain; ferme la Viardière, bât., 66 vergées donnant 169 boisseaux de grain (le tout loué en l'an III 750 livres). — II. *Rentes* : La paroisse renferme 11 fiefs, relevant du marquisat de Marigny. Il est dû en 1785 au marquisat, pour la baronnie de Say, 6 boisseaux d'avoine, 6 gélines, 5 chapons, 4 pigeons blancs, et 11 s. 6 d. Les rentes seigneuriales et treizièmes des fiefs inférieurs, qui étaient beaucoup plus considérables, ne sont pas déclarés.

Domaine du roi : pour la vicomté de Coutances : 11 l. 17 s. 6 d. en argent.

(Arch. Manche, A 201.)

prompte justice dans tous les tribunaux sans essuyer des retards très préjudiciables à leur fortune et sans être obligés de s'épuiser en frais pour solliciter des audiences ou un rapport, qu'ils sont souvent plusieurs années sans pouvoir obtenir, vu le grand nombre des affaires dont les différents tribunaux sont surchargés et le peu d'expédition; que les lois criminelles soient pareillement réformées et que les prisonniers soient jugés dans les temps limités, sans les laisser languir espérer en prison faute de jugement[1].

7° Que les taxes des juges soient modérées, etc.., [2];

11° Que la rétribution des curés à portion congrue soit augmentée à raison de leurs besoins, de l'importance de leur état et de leurs fonctions et de leur utilité, qu'elle soit par conséquent au moins portée à douze cents livres et celle des vicaires à six cents livres; et comme cette somme serait souvent insuffisante, eu égard à l'étendue des paroisses et aux besoins des pauvres, que dans tous les cas les curés aient le droit d'opter la moitié des dîmes pour leur tenir lieu de leur pension et de celles de leurs vicaires. A ce moyen ils ne pourront prendre dans les campagnes et bourgs aucun droit pour l'administration des sacrements et autres cérémonies de l'église, ce qui est un véritable impôt, d'autant plus injuste que le paroissien paye également la dîme, soit que le produit appartienne au curé, soit qu'il soit à un étranger[3];

12° Que tous les ecclésiastiques sans distinction, dont les bénéfices exigent la présence, soient assujettis à la résidence, etc...[4];

14° Que comme il est de droit que tout bénéficier soit assujetti aux réparations de son bénéfice, et que les dîmes sont plus que suffisantes pour acquitter cette charge, il soit ordonné que tous les curés et possesseurs de dîmes soient tenus à l'entretien et construction de la maison presbytérale, sans que les paroissiens puissent être appelés à contribution[5];

[1] Cf. l'article 6 de Cerisy (remanié).

[2] Les articles 7 à 10 sont littéralement les articles 7 à 10 du cahier de Cerisy.

[3] Cf. les articles 12 et 16 du cahier de Cerisy (considérablement développés).

La cure de Notre-Dame de Cenilly était à portion congrue. L'abbaye d'Aunay, qui avait le patronage et toutes les dîmes grosses et menues, avait été condamnée, par arrêt du Parlement de Rouen du 19 août 1721, «à payer annuellement au curé 1,100 livres de pension pour lui et deux vicaires, entretenir son presbytère de grosses et

menues réparations, et acquitter tous les impôts du bénéfice». (Pouillé, f° 10 v°.) Le curé n'a point fait de déclaration en 1790. (Déclar., f° 44.)

[4] Les articles 12 et 13 sont, respectivement la reproduction littérale des articles 13 et 14 du cahier de Cerisy.

[5] Les paroissiens avaient dû, il y avait déjà quelques années, en 1772, s'imposer extraordinairement de 2,960 livres pour la réparation des greniers du presbytère. (Arrêt du Conseil, 7 mars 1772, Arch. Calvados, C 1824.)

15° Que tout ce qui sera proposé à l'assemblée des États pour le bien général du royaume, soit délibéré et arrêté à la pluralité des voix sans distinction d'ordres[1].

De suite lesdits habitants conférant ensemble sur le choix des députés qu'ils sont obligés de nommer en conformité desdites lettres du Roy et règlement y annexé, ont à haute et intelligible voix et à la pluralité des suffrages élu et nommé les sieurs *Gabriel Levallois, seigneur du Bouillon, Lengronne et autres lieux, Nicolas-François Pézeril, Marie-Philippe-Paul Le Brun et Gilles Gaillard[8], qui ont accepté ladite commission, auxquels ils donnent plein pouvoir et autorité de représenter ladite communauté dans tout ce qui concerne lesdites lettres et ordonnances, de proposer, remontrer, aviser ou consentir tout ce qui peut concerner les besoins de l'État, la réforme des abus, l'établissement d'un ordre fixe et durable dans toutes les parties de l'administration.

Et ont lesdits députés accepté ladite commission et promis s'en acquitter fidèlement, s'obligeant en plus outre de se présenter à l'assemblée particulière et préliminaire qui se tiendra demain deux de ce mois en la ville de Coutances, d'y porter et représenter le cahier de plaintes et doléances de ladite communauté ci-joint.

Et pour mettre lesdits députés à portée de remplir le but de leur mission et de pouvoir représenter lesdits délibérants dans toutes les opérations prescrites par les lettres et ordonnances sus-

---

L'hostilité dont le cahier fait preuve à l'égard des bénéficiers non résidant ne doit pas surprendre. Les habitants de Cenilly avaient toujours été en contestation avec l'abbaye d'Aunay, patronne et gros décimateur de la paroisse. Dès le xiv° siècle, les plaintes des décimables de l'abbaye, de ceux de Roncey, du Guislain, de Soulles aussi bien que de Cenilly, étaient si vives que l'autorité royale avait dû imposer une transaction, par laquelle les religieux se reconnaissaient tenus à réparer les églises, fournir un quartier de froment pour le pain des messes, et «de la paille pour mettre dans l'église le jour de Noël». (Acte du chartrier de Notre-Dame de Cenilly, 28° juillet 1395, rapporté par Renault, op. cit., p. 301.) Au xviii° siècle, les procès nécessités par le mauvais vouloir des religieux avaient été continuels: procès entre le curé et l'abbaye en 1717 pour le titre de curé primitif et la perception des menues et vertes dîmes,

procès en 1721 entre les mêmes pour la portion congrue, procès en 1750 avec les habitants pour obtenir des aumônes pour les pauvres, en 1766 pour la dîme de tremaine. (V. Houard, Dict. anal., v° Dixme 1, 105.) Les pièces de procédure produites à cette date mènent à cette constatation stupéfiante que l'abbaye, qui tirait de la paroisse plus de 6,000 livres de rentes, ne donnait que 7 livres par an pour l'aumône des pauvres.

[1] Le présent procès-verbal ne mentionne pas les professions des députés. D'après le procès-verbal de l'assemblée préliminaire et le rôle des taxes, nous relevons les professions suivantes des députés : Gabriel Levallois, seigneur du Bouillon (4 jours, 12 l., et 19 jours. 74 l., Ref.); M° Nicolas Pezeril, avocat (4 jours, 12 l., Ref.); Marie-Philippe-Jean Lebrun, laboureur (4 jours, 12 l., Acc.); Gilles Gaillard, laboureur (4 jours, 12 l., Acc.).

datées, lesdits habitants ont arrêté, rédigé et signé le présent double, un desquels a été présentement déposé dans les archives de ladite communauté pour y avoir recours au besoin; ce dit jour et an après lecture faite.

> Le Vallois, Le Brun, Lefranc, G. Gaillard, L. Gaillard, M. Macé, Lefranc, J.-B. Lefranc, P. Lepage, J.-B. Lefranc, Leconte, J.-B. Savary, G. Quesnel, J. Leuilly, J. Guillon, P. Nicolle, Charles Guillon, Le Jolliot, L. Larsonneur, J.-B. Gaillard, G.-F. Leconte, G. Leuilly, G. Ernault, J.-F. Savary, Benoist.

ORBEVILLE [1].

1. Procès-verbal d'assemblée.
(Le procès-verbal authentique n'a pu être retrouvé.)

Date de l'assemblée : 27 février. — Nombre de feux : 29 [2]. — Députés : M° *Alexandre-Victor-Adrien Blouet Duranville, *conseiller* au bailliage de Coutances, demeurant à Coutances (3 jours, 9 l., et 11 jours, 68 l., Acc.); Michel Doucet, *laboureur* (4 jours. 12 l.).

2. Cahier de doléances.
(Ms. *Greffe du Tribunal de première instance de Coutances, pièce n° 429. Original signé. Inédit.*)

Cahier des représentations
de la communauté d'Orbeville-en-Saint-Denis-le-Gast [3],
élection de Coutances.

Remontrent les habitants de cette communauté que la petite

[1] Hameau réuni à Saint-Denis-le-Gast, arrondissement de Coutances, canton de Gavray.

[2] Population au dénombrement de 1793 : 164 habitants. Mouvement compris avec celui de Saint-Denis-le-Gast.

[3] « Saint-Denis-le-Gast et Orbeville forment deux municipalités dans la même paroisse; nous n'avons pu remonter à l'origine de leur division; nous voyons seulement qu'Orbeville a toujours payé le sixième de toutes les impositions pour les charges communes de la paroisse, et Saint-Denis-le-Gast les cinq autres sixièmes. Cette proportion existe à peu près dans leur contribution aux vingtièmes. Les délibérations de leurs assemblées municipales nous assurent que tous les habitants sont contents de l'état actuel; la paix est le fruit de cet arrangement équitable, et la crainte de les troubler doit être mise dans la balance lorsque vous pèserez les dangers et l'utilité d'une forme nouvelle». (*Procès-verbal de l'assemblée départementale de Coutances,*

étendue de leur terrain, chargée de redevances considérables [1], les
mettent hors d'état d'offrir une augmentation d'impôt, il serait
même d'équité d'alléger leur fardeau, ce qu'il serait aisé de faire
sans diminuer les finances de Sa Majesté et même les augmentant
considérablement.

Pour y remédier ils demandent qu'il plaise au Roy :

1° De supprimer tous les privilèges et toutes les exemptions
pécuniaires, et que tous les ordres dans une juste proportion partagent le fardeau des impôts ;

2° Que la confection et entretien des grandes routes soient à la
charge des trois États du royaume, à proportion et au marc la
livre des revenus ;

3° Que le nombre infini des traitants soit anéanti, ou au moins
considérablement diminué ;

4° Que cette généralité forme dorénavant une province, régie
par les citoyens mêmes ; que dans cette nouvelle forme de gouvernement Sa Majesté trouverait le double terme qu'elle se propose,
le soulagement de ses peuples et la justice dans la répartition ;

5° Que les États soient composés de membres librement élus
dans les trois ordres, dans la même proportion que ceux des États
généraux ;

6° Que le Roy et les États généraux daignent prendre en considération que le pays du quart-bouillon ne jouit pas des mêmes
avantages sur le prix du sel blanc qu'il jouissait quand on s'est déterminé à lui faire supporter une plus forte contribution dans les
impôts qu'au pays des gabelles, qu'il s'en faut bien que l'augmentation du sel des gabelles soit en proportion de celle survenue
au sel de quart-bouillon ;

7° Que l'administration de la justice et des finances soit simplifiée ;

8° Que les reconstructions et entretiens des presbytères soient
à l'avenir à la charge des bénéficiers [2] ;

Rapport des procureurs-syndics, Arch.
Calvados, C 7700.)

[1] La section d'Orbeville avait un
rôle particulier d'impositions. En 1789,
taille 476 livres, acc. 312 l. 7 s., cap.
307 l. 19 s., corvée 158 l. 1 s. 10 d.,
vingt. 392 l. 16 s. 3 d,, terr. 34 livres,
bât. 11 livres. Au total 1,792 l. 4 s.
1 d.

Lignes : 29. — Aucun privilégié
n'est assigné dans la section. Il y a
cependant deux fiefs nobles, fief Saint-

Denis et fief Chouquet, extensions de
terres sises en Saint-Denis-le-Gast. Il
est dû au premier 460 demeaux de
froment et 11 rais d'avoine mesure
de Gavray, au second 400 livres de
rentes. Le domaine du roi possède un
pré nommé le pré le Roy, d'une vergée
environ, affermé 18 livres. *Supplément
des privilégiés :* 159 l. 2 s. 1 d.

[2] La communauté d'Orbeville ne
constituait pas une paroisse ecclésiastique ; elle appartenait pour le spirituel

9° Que Sa Majesté daigne faire des règlements pour préserver les cultivateurs de l'incommodité du gibier des seigneurs et du ravage des bêtes fauves dans le voisinage de ses forêts.

Le présent cahier fait et arrêté et signé double après lecture faite, ce 27 février 1789, et remis un des doubles aux sieurs députés. En la première page deux mots rayés nuls.

P. POLTERRIE, G. BRETONNIÈRE, André ROUELLE, Pierre AUBERT, JEAN LEMOYNE, F. GUISLE, (*illisible*), M. ROUELLE, J. QUESNEL, Nicolas HEDOUIN, J. LHULLIER, Hervey GUISLARD, M. DOUCET, A. BLOÜET-DURANVILLE.

ORVAL[1].

1. PROCÈS-VERBAL D'ASSEMBLÉE.
(Le procès-verbal authentique n'a pu être retrouvé.)

Date de l'assemblée : 1ᵉʳ mars. — Nombre de feux : 260[2]. — Députés: *Guillaume LEMUET DES BOUILLONS, *laboureur* (4 jours, 12 l. et 17 jours, 68 l., Acc.); Antoine-Nicolas DELAMARE, *laboureur* (3 jours, 9 l., Acc.); Gilles-Quesnel DE MONDREVILLE, *laboureur* (2 jours, 6 l., Acc.).

2. CAHIER DE DOLÉANCES.
(Ms. *Greffe du Tribunal de première instance de Coutances, pièce n° 366.* Original signé. *Inédit.*)

Cahier de doléances, plaintes et remontrances, rédigé par les habitants de la paroisse d'Orval pour être remis par leurs députés à l'Assemblée du tiers état qui sera tenue en la ville de Coutances, le 2 mars 1789.

Le dimanche premier jour de mars, l'an 1789, pour se conformer aux ordres de Sa Majesté, qui pour subvenir aux besoins

---

à la paroisse de Saint-Denis-le-Gast, dont elle partageait par suite les dépenses relatives au culte. En 1772, cette paroisse avait été imposée extraordinairement d'une somme de 3,525 livres pour la reconstruction du presbytère et de la nef de l'église. (*Arrêt du 17 mars 1772*, Arch. Calvados, C 1324.)

D'après les officiers municipaux «il n'y a sur le territoire de cette munici-palité aucuns biens-fonds dépendants des curés, leur établissement étant sur le territoire de Saint-Denis-le-Gast, et il n'y a point d'autre bien ecclésiastique que les dîmes.» Voir cahier de Saint-Denis-le-Gast, art. 8 et la note, *infra*, p. 547.

(1) Arrondissement de Coutances, canton de Montmartin.

(2) Population en 1793 : 1,330 ha-

de l'État et réformer les anciens abus qui auraient su s'introduire dans l'administration publique et surtout dans la répartition des impôts et charges nationales, les habitants de la paroisse d'Orval au lieu et en la manière accoutumée se sont assemblés pour rédiger leur cahier de doléances et plaintes, et faire leurs très humbles remontrances; pourquoi après avoir sérieusement réfléchi sur les différents points sur lesquels Sa Majesté, toujours animée de l'affection qu'en tout temps elle a témoignée à ses peuples, a bien voulu, dans l'occurrence présente, permettre de déclarer leur façon de penser, ont d'un commun accord cru pouvoir représenter :

1° Premièrement, que jusqu'ici tout le poids des impositions ayant tombé sur la partie de son peuple connue sous le nom de tiers état, ils ne voient point d'autre moyen plus propre à décharger cette partie la plus nombreuse de l'État, qu'en établissant sur les fonds une imposition déjà proposée une infinité de fois sous le nom d'impôt territorial, différant de celui actuellement existant, en ce que cet impôt affecté sur le nombre des vergées, serait le premier et principal impôt, et ne différerait, pour la quantité respective des fonds, que rapport et eu égard à leur qualité respective[1];

2° Secondement, que chaque particulier étant obligé, lorsqu'il est troublé dans la libre et légitime jouissance de ses biens, d'avoir recours aux tribunaux en dernier ressort actuellement existants, pour se procurer la paix que Sa Majesté a tant à cœur de voir régner parmi ses peuples, se trouve fréquemment épuisé par les dépenses considérables qu'il est obligé de faire pour la poursuite de ses justes prétentions dans les lieux fort éloignés de son domicile, que fort souvent même par ces causes un grand nombre, rapport à leur pauvreté, sont obligés d'abandonner la poursuite de la

bitants (N. 34, M. 13, D. 34). — Population actuelle : 900 habitants.

[1] Impositions pour 1789 : taille 3,132 livres; acc., 2,055 l. 7 s.; cap., 2,026 l.9 s.; corvée, 1,033 l. 18 s. 10 d.; vingt., 2,190 l. 4 s. 3 d.; terr., 198 livres; bât., 66 livres. Au total 10,701 l. 19 s. 1 d.

Privilégiés : le curé, M° Louis-Antoine Goueslard, présent à Coutances, et le titulaire de la chapelle Sainte-Honorine en Orval, représenté par le curé d'Hyenville. Dans l'ordre de la noblesse, Nicolas-Charles-Antoine Lecomte, écuyer, s' d'Imouville, possédant le fief d'Imouville en Orval et celui de Montmartin en Montmartin (cap. nob.

6 livres), et 4 non-possédants fiefs : Maximien Lecomte d'Imouville écuyer, Pierre Goueslard écuyer, Gilles Goueslard écuyer, et J.-François Lecomte chevalier, ancien capitaine du régiment du Maine, chevalier de Saint-Louis. *Supplément des privilégiés :* 309 l. 15 s. 8 d.

(La terre d'Ymouville ayant appartenu à l'émigré Lecomte, 68 verg. dont 60 en labour, donnant 263 boisseaux de tout grain, est déclarée, en l'an III, être louée par bail de 1791, pour 1,810 livres; la maison et le jardin sont loués à part 275 livres, valeur de 1790 200 livres.)

légitimité de leurs droits, et en même temps leur fortune ; il serait d'un avantage inconcevable que ces tribunaux fussent plus multipliés, leurs droits moins considérables, ce qui procurerait tout à la fois le double avantage, premièrement de pouvoir et à moins de frais soutenir ses droits, secondement d'obtenir plus promptement des arrêts, qu'actuellement l'on sollicite inutilement pendant plusieurs années ;

3° Troisièmement, que depuis l'établissement des assemblées provinciales, s'étant aperçus que de leurs opérations il s'ensuivait une grande économie dans les dispositions des entreprises et entretien des ouvrages publics, et par une suite nécessaire une diminution dans l'impôt destiné à ces fins, ou une augmentation considérable dans les entreprises sans augmentation d'impôt, demandent : premièrement, que ce nouvel établissement soit continué et affermi par l'autorité et la protection de Sa Majesté ; secondement, que par une suite de ce premier établissement, pour ôter à chaque particulier les occasions de haine et de vengeance qui proviennent de la répartition des tailles et autres impôts faite chaque année par quelques particuliers de chaque paroisse, qui souvent, par pauvreté ou crainte de déplaire à des protecteurs, ou à des personnes dont ils ont quelques secours à attendre, n'osent toucher aux anciens rôles, et, par là, continuent l'injustice des répartitions déjà établies, répartitions dont le fardeau accable le plus ordinairement les pauvres, il soit donné aux assemblées municipales la consistance dont elles ont besoin, et qu'elles soient seules chargées de cette répartition ; qu'en cas de contestation de la part des particuliers sur la justice dans la répartition des impositions, lesdits particuliers soient tenus de faire, en temps déterminé, leurs représentations et plaintes à ladite assemblée municipale, et si ladite assemblée trouve bon et juste sa répartition et juge ne devoir aucun égard aux plaintes qu'elle aura reçues, les plaignants soient tenus se pourvoir par devant le bureau intermédiaire dont ils ressortiront pour, après que ledit bureau aura pris les connaissances relatives aux plaintes, y recevoir un jugement en dernier ressort, sans qu'aucun autre tribunal puisse, sous quelques prétextes que ce soit, prendre connaissance de ces affaires, à moins que dans des cas particuliers dont Sa Majesté jugerait nécessaire de porter la connaissance aux tribunaux civils ;

4° Quatrièmement, que vu le besoin pressant de l'État et la décadence des finances, vu aussi non seulement l'inutilité d'une grande quantité de maisons religieuses, mais même le mal qui en résulte pour bien des particuliers par les défauts de payement de leurs fournitures, à cause des dépenses excessives de ces maisons, dépenses qui excèdent fort souvent de beaucoup leurs revenus annuels quoique très considérables [1], il soit statué et arrêté que tous les religieux des maisons, et surtout de celles qui sont établies dans les campagnes, qui n'en n'auront pas ordinairement vingt, soient transférés dans les maisons de leur ordre les plus considérables, que leurs biens se consistant en terres de quelques espèces qu'elles soient, leurs fiefs même avec patronage, leurs rentes seigneuriales ou autres de toute espèce et nature, soient incontinent vendus au bénéfice de l'État, les deniers provenant desdites ventes employés à en acquitter les dettes et charges; et qu'à l'égard de leurs biens, consistant en dîmes ecclésiastiques, ils soient transférés aux communautés principales de l'ordre, si l'on juge leurs revenus trop modiques par l'honnête entretien du nombre de religieux qu'elles contiendront [2]. Mais si ces maisons possédaient déjà un revenu suf-

[1] Le cahier a vraisomblablement en vue l'abbaye de Lessay, qui possédait des biens considérables dans la paroisse, et dont la situation en 1789 était fort embarrassée. Les 9,000 livres de revenu que l'Almanach royal lui reconnaît, les 80,000 livres qu'elle possédait en réalité, n'avaient pu suffir aux prodigalités de ses derniers commandataires. Voir Renault : Essai historique sur l'abbaye de Lessay, dans Annuaire de la Manche, XXIII (1851), p. 585.

[2] L'hostilité dont font preuve les paroissiens d'Orval à l'égard des maisons religieuses s'explique facilement par les circonstances locales; peu de paroisses, croyons-nous, étaient aussi grevées de possessions ecclésiastiques. I. Biens fonds. 1° la cure, maison presbytérale, 2 jardins légumiers, prairie, terres lab. 4 verg. (louée en l'an III 60 livres, valeur de 1790 100 livres); 2° l'abbaye de Lessay, grange décimale, vieux colombier, pièces de terres 4 à 5 verg., affermées 43 l. 10 s.; 3° la chapelle Sainte-Honorine dite d'Ymouville, petit presbytère, 4 pièces de terre (n. est.); 4° l'Hôtel-Dieu de Coutances, ferme dite la nouvelle Brannière, bât., terres, louée par bail de 1785, pot-de-vin compris, 1,597 livres; 5° l'évêque de Coutances, moulin dit de la Roqua, bât., jardin potager terres 6 verg., aff. pour 1,155 livres, 100 boisseaux de froment et 200 d'orge; 6° (Décl.

omise) le chapitre de Coutances, prédit du Mesnil-Saint-Jean, baillé en emphytéose pour 150 livres. (Déclar. n° 79, f° 81.)

II. Rentes. 1° la cure 8 livres; 2° le trésor 13 livres, et des fondations non évaluées; 3° l'abbaye de Lessay, pour son fief, rentes seigneuriales de 78 b. de froment mesure de Coutances, 234 livres en argent, 8 chapons maigres, 18 poules, 2 journées de charrue, 1 livre de poivre, 2 pigeons, l'entretien des cordes de 3 cloches; 4° le chapitre de Coutances, 18 boisseaux de froment et 41 l. 10 s. en argent; 5° l'Hôtel-Dieu de Coutances, rentes en blé, orge, avoine et argent, estimées en bloc 2,100 livres; 6° les dames hospitalières de Coutances, 28 boisseaux de froment, 2 chapons gras et 18 livres en argent; 7° les petits vicaires du chapitre, 31 boisseaux de froment, 1 poule et 1 l. 19 s.; 8° le séminaire de Coutances, 25 livres; 9° les Jacobins, 5 demeaux de fr. et 140 livres en argent; 10° l'abbaye de la Luzerne, 12 l. 10 s.; 11° la chapelle d'Ymouville, 12 boisseaux de fr., 10 d'orge, et 112 livres en argent. (État des biens nat., Coutances.) Rentes omises : 12° l'abbaye de Hambye, 17 demeaux de froment, mesure de Coutances, et 10 livres en argent, le tout contredit; 13° les vicaires du grand autel, 8 boisseaux de froment et 12 livres de rente foncière; 14° le

fisant et proportionné aux dépenses qu'elles seraient obligées de faire, elles seraient elles-mêmes dépouillées de leurs revenus consistant en terres, fiefs, rentes et autres de cette nature, et indemnisées par le rapport des dîmes ecclésiastiques ayant appartenu aux communautés qui leur auraient été réunies de la confiscation de leurs revenus autres que les dîmes ecclésiastiques ; les principales maisons se trouvant pourvues d'un revenu suffisant, pour lors les dîmes ecclésiastiques pourraient être employées d'une manière avantageuse, soit pour des établissements où la jeunesse recevrait une éducation gratuite, tant dans les campagnes que dans les villes, soit à renter les hôpitaux trop pauvres, soit à en établir dans quelques campagnes dans lesquels seraient reçus les pauvres des campagnes qui, ne pouvant être admis dans les hôpitaux des villes, soit à cause du peu de revenu desdits hôpitaux, soit à cause de l'éloignement des pauvres, sont continuellement exposés à périr, les charités qu'ils reçoivent ne pouvant les mettre à portée de se procurer les secours, même indispensables, soit enfin en entrant dans les biens de la couronne et étant administrés au profit de l'Etat et de la religion[1]. [Que] toutes les communautés

chapelain du Sépulcre, 18 boisseaux de froment et 1. l. 19 s.; 15° le chapelain de la Conception, 2 livres de rente foncière; 16° le petit collège, 1 l. 15 s. (*Déclar.* n° 99, f° 101; n° 27, f° 107; n° 33, f° 113.)

III. *Dîmes.* La paroisse était sous le patronage de l'abbaye de Lessay, qui percevait les 4/5 des grosses dîmes, la moitié des lins et des chanvres, 2 portions des pommes et des lins, la moitié des agneaux et les 3/4 des laines. Déclare en 1790 le curé sa part donner 600 gerbes de froment, 500 de hâtiveau, 100 de seigle, 1,600 d'orge, 200 de pois, vesce et avoine, 300 de lin, 400 de chanvre, 100 boisseaux de sarrasin, 24 tonneaux de cidre et 2,000 de jonc marin; au total, avec les aumônes, 3,351 livres. (*Déclar.* n° 164, f° 5.)

L'abbaye n'a pas fait de déclaration pour sa part, qui devait se monter à un chiffre fort élevé. En 1710, suivant les *Lois,* le revenu total en Orval, domaine fieffé et non fieffé, rentes et dîmes, était estimé 1,520 livres. (Arch. Manche, H 4637.) La valeur en avait notablement augmenté à la fin du siècle, puisque le dernier bail que

nous avons retrouvé, en date du 29 juin 1776, est consenti, pour 9 années, moyennant un prix annuel de 3,700 livres, 25 boisseaux d'orge aux pauvres de la paroisse, 150 gerbes à différents dignitaires, 6 livres au chantre, 4 poulardes grasses et 1 tonneau de chaux en septembre (Arch. nat., S 3303?.) Les paroissiens d'Orval avaient été souvent en contestations avec l'abbaye. Par arrêt du 19 août 1718, elle avait été condamnée à verser annuellement sur les dîmes 25 boisseaux d'orge aux pauvres de la paroisse.

[1] Cf. Dangy, art. 12, *supra,* p. 295. — Les états de Normandie de 1614 s'étaient exprimés déjà de façon analogue : «Anciennement Dieu visitant son peuple par la maladie de la lèpre, la charité des gens de bien avait aumosné, tant en terre que autres revenus, grans biens pour nourrir et assister les malades; laquelle maladie ayant cessé, les revenus demeurent entre les mains de particuliers qui en abusent. Vostre Majesté est supplié d'ordonner que lesdiz revenuz, après les fondations et services et services rempliz, soient convertiz à l'entretien d'un pré-

soient inviolablement cloîtrées, et par ce moyen ceux qui les ont
choisies pour leur partage moins exposés à des dépenses inutiles, et
plus à portée de s'acquitter de leurs obligations;

5° Cinquièmement, Sa Majesté ayant jugé à propos de donner
à ses peuples connaissance des affaires de l'État, et les ayant pour
ainsi dire rendus leurs propres juges, tant sur la manière de percevoir les impôts que sur leur quantité nécessaire, et paraissant
avoir envie que dorénavant son peuple lui-même donnât son consentement et approbation par l'établissement et perception de nouveaux impôts s'il était nécessaire, étant impossible que chaque
français donnât par lui-même son consentement et approbation,
croient et pensent que dans ce cas il serait à propos et convenable
d'établir un tribunal composé des trois états de la nation, dont
chaque membre serait, pour un temps fixé et limité ou même révo-
cable à volonté, choisi par les assemblées de chaque province
convoquées à cette fin, et dont il recevrait le droit et le pouvoir
d'accepter ou de refuser les propositions de nouveaux impôts, suivant les besoins de l'État, et de les faire créer sur les choses qui
procureraient au peuple le moins de dommage;

6° Sixièmement, le déficit des finances étant en partie occasionné par la multiplicité des personnes préposées au recouvrement des deniers publics et la grandeur de leurs droits, il serait
à propos que chaque collecteur, ou un député de chaque assemblée municipale fût chargé, dans un temps fixe et limité, de porter
lui-même les deniers de sa recette et de les verser dans les mains
d'un receveur général; que dans chaque province un ou deux receveurs suffiraient pour le recouvrement de tous les impôts; que
par là l'État se trouverait soulagé, que les frais de perception
seraient moins forts pour lui, et l'obligation où seraient les paroisses de porter leurs impositions au bureau général de la recette
infiniment moins coûteuse pour elles, quand mêmes elles seraient
obligées d'indemniser le collecteur des frais de ses voyages, ce
qu'il est aisé de prouver en considérant que chaque receveur
retient en ses mains une somme exorbitante des impositions, ce
qui fait qu'au moins il se perd pour le Roi un tiers des impositions annuelles; que de plus il serait possible que plusieurs pa-

cepteur pour l'instruction de la jeunesse et aulmosnez aux pauvres veuves
et orphelins où lesdites léproseries sont
situées.» (Arch. Manche, B. n. cl.)
    Rentes du domaine à Orval : 370
boisseaux de froment mesure d'Orval

de 13 pots et demi, qui donnent 282
boisseaux mesure de Coutances, 5 livres
de poivre et 67 l. 7 s. 6 d. pour fieffes.
Les jurés du domaine percevaient de
leur côté 96 boisseaux de froment,
2 pains, 2 poules et 4 l. 6 s. 10 d.

roisses se réunissent pour ne députer qu'une seule personne pour verser leurs impositions dans la caisse générale de la province, ce qui procurerait en même temps la double épargne : première-ment, des sommes prélevées par les receveurs particuliers, secon-dement, de la plus grande partie des frais que seraient obligés de faire les collecteurs pour leurs voyages;

7° Septièmement, enfin, ne croyant pas devoir entrer dans une infinité de détails dont seraient susceptibles les articles con-tenus au présent cahier, ni parler d'une infinité d'autres sujets dignes néanmoins de l'attention de la province, nous dits habi-tants de la paroisse d'Orval, soussignés, nous en rapportons à ceux qui seront chargés de soutenir à l'assemblée des États géné-raux l'intérêt du tiers état, nous confions en leurs lumières et prudence, et sommes intimement persuadés qu'ils feront leur possi-ble pour concilier en même temps nos intérêts avec ceux de l'État. Ce que nous avons signé ledit jour et an que dessus après lecture faite.

DELAMARE, Gilles QUESNEL, LEMÜET DES BOUILLONS, G. COU-LOMB, CABARET, N. YON, Jean SAVARY, G. GRAVEREND, Louis OLIVIER, Isaac-François COULOMB, Charles HÉ-ROUT, M. MESNAGE, N. LEMPERIÈRE, Charles CABARET, G. BONTÉ, Jean-Baptiste LELOUP, LEMUET, Jean LE-ROUX, Louis YON, L. CARROUGE, Louis SEVESTRE, Jac-ques LERIVEREND, G. LEMPERIÉRE, L. COULOMB, Gilles LE FRANÇOIS, E. BARBEY, Antoine NEEL, T. GUENON, Pierre LERIVEREND, J. LELOUP, Jacques COULOMB, *syndic*, J.-B. VEROND, *greffier*.

OUVILLE[1].

---

1. PROCÈS-VERBAL D'ASSEMBLÉE.
(Le procès-verbal authentique n'a pu être retrouvé.)

Date de l'assemblée : 26 février. — Nombre de feux : 173[2]. — Députés : *Pierre-Augustin LHERMITTE, *conseiller au bailliage de Coutances* (3 jours, 9 l. et 19 jours, 74 l., Acc.); Félix-Marie-Élisabeth-Jacques ETIEMBLE, *laboureur* (4 jours, 12 l.),

[1] Arrondissement de Coutances, can-ton de Cerisy-la-Salle.
[2] Population au dénombrement de 1793 : 824 habitants (N. 30, M. 4, D. 24). — Population actuelle : 694 ha-bitants.

I. 32.

2. Cahier de doléances.

(Ms. *Greffe du Tribunal de première instance de Coutances*, pièce n° 376.
Original signé. *Inédit.*)

Les très humbles et très respectueuses doléances, plaintes et remontrances que les fidèles sujets du Roy composant le tiers état de la paroisse d'Ouville, composée de cent soixante et treize feux, une de celles du bailliage du Cotentin, sont dressées conformément au désir du seigneur Roy, et en exécution du règlement arrêté par Sa Majesté en son Conseil le 24 janvier 1789, et de l'ordonnance de M. le bailli de Cotentin rendue en conséquence, ce jourd'huy 26 février 1789, en l'église paroissiale dudit Ouville,

Sont à ce qu'il plaise au Roy remédier au plus tôt aux abus et désordres qui se sont introduits dans son royaume, à l'aggravation de ses sujets; en conséquence :

1° Qu'il lui plaira rendre à la province de Normandie ses États particuliers, auxquels États particuliers le tiers état sera représenté par des députés en nombre égal à celui du clergé et de la noblesse;

2° Que la perception des impôts sera simplifiée; en conséquence, il plaira à Sa Majesté établir une subvention territoriale représentative de la taille et suite, ainsi que des vingtièmes et sols pour livres, auxquels les biens-fonds de son royaume sont assujettis;

3° Qu'aucuns fonds, même ceux composant le domaine de Sa Majesté, et tous autres possédés par les ecclésiastiques, communautés séculières et régulières, nobles ou privilégiés [ne] soient exempts de ladite subvention [1];

4° Que les propriétaires de fonds maculés de rentes, soit seigneuriales, foncières, hypothèques, viagères, seront autorisés à faire sur icelles à leurs éveauliers(?) la déduction des vingtièmes et sols pour livres vis-à-vis de tout éveaulier desdites ventes, à moins que les fonds ne leur aient été concédés en exemption desdites charges [2];

---

[1] Impositions pour 1789 : taille 1,541 livres, acc. 1,011 l. 5 s., cap. 997 livres, corvée 506 l. 10 s. 2 d., vingt. 1,623 l. 12 s., terr. 143 livres, bât. 48 livres. Au total 5,870 l. 7 s. 2 d. *Privilégiés* : le curé-archiprêtre M° Fauvel, présent à Coutances, P.-Michel d'Annoville-et-Villiers, possédant le fief des Rohiers-d'Ouville, et Ant.-Ch.-Julien Poupinel, seigneur de Quettreville, pour extension de fief. *Supplément des privilégiés* : 452 l. 19 s. 3 d.

[2] Biens des privilégiés : 1. *Biens-fonds.* 1° la cure, bât., 15 verg. de terre

5° Que personne, de quelque qualité qu'il soit, ne serait exempt de la contribution aux impositions qui se payent pour la confection des chemins et autres, contenues sous la dénomination de corvées, soit ecclésiastiques, nobles et privilégiés;

6° Que pour rendre les grandes routes profitables aux paroisses situées dans l'intérieur des terres, le Roy sera supplié de permettre que le tiers des sommes auxquelles elles seront imposées à raison desdites corvées soit employé aux chemins de communication desdites paroisses aux grandes routes, lieux de foires et marchés, la majeure partie des paroisses, et notamment celles des suppliants, n'ayant jusqu'à présent retiré aucun avantage des sommes immenses dont elles ont contribué pour les chemins;

7° Que les receveurs particuliers des finances seront supprimés, leurs fonctions exercées par les hôtels de ville, auxquels le Roy accordera le tiers des droits attribués à ces offices. Que le Roy sera également supplié de supprimer les receveurs généraux des finances, et d'ordonner que les hôtels de ville verseront directement au Trésor royal les deniers de la perception et recouvrement desquels ils seront chargés;

8° Que le Roy sera supplié de supprimer les droits d'aides et autres établis sur les boissons;

9° Que le sel sera rendu marchand;

10° Que dorénavant la reconstruction des presbytères, entretien d'iceux de grosses réparations, ainsi que tous les autres, seront à la charge des gros décimateurs [1];

d'aumônes (louée en l'an III en 2 parties 180 livres et 220 livres, valeur de 1790 50 livres et 40 livres); 2° Ant.-Ch.-Jul. Poupinel, 2 corps de ferme, bât., 220 verg. de terre dont 160 en lab., donnant 591 boisseaux de grain, loués 1,650 livres et 12 poulardes; les landes d'Ouville, 400 verg. de terre (n. est.); 3° J. Malo de Beaumont, moulin à eau et à blé dit de Montcuit (n. est.; il était affermé anciennement 200 livres). — II. Rentes. 1° la cure, 3 l. 10 s.; 2° l'abbaye de Hambye, sur son franc-fief, rentes seigneuriales de 36 demeaux et 2 quartiers de froment, 5 pains, 5 gélines et 50 œufs, en plusieurs portions; 3° les prêtres de Saint-Merri, 5 l. 10 s.; 4° la chapelle Saint-Jean de la Fresnaye, 2 boisseaux de froment; 5° le domaine du roi, 11 l. 10 s.; 6° le seigneur Ant. Poupinel, 125 livres et 4 chapons gras, en rentes féodales;

7° Michel d'Annoville seigneur, rentes seigneuriales pour le fief d'Ouville, n. est. (État des biens nationaux; Coutances, Arch. Manche, Q⁴⁻¹ 12).

Rente omise: 8° les vicaires du grand autel, 4 boisseaux et demi de froment. (Déclar. n° 91, f° 101.) — D'après le Journal des rentes du marquisat de Marigny, les hommes et tenants de Mesnilaubert et d'Ouville doivent, pour accensement de coutume, 12 deniers par an par personne, et ceux ayant harnais doivent, à la Saint-Michel, 2 boisseaux d'avoine par harnais. (Ms. cit., f° 118.)

[1] La paroisse avait dû s'imposer extraordinairement, vers 1781, d'une somme de 2,020 livres pour la reconstruction du presbytère. (Correspondance de l'intendant, Arch. Calvados, C 1342.)

Le gros décimateur était l'évêque de Coutances, patron, qui percevait toutes les dîmes, grosses et menues. Le curé

11° Que lesdits gros décimateurs seront également tenus de fournir toutes les choses nécessaires au service divin en livres, linges, ornements, vases sacrés;

12° Que le tiers des grosses dîmes sera prélevé et affecté au soulagement des pauvres, infirmes, orphelins, enfants trouvés et à leur instruction;

13° Qu'à l'égard des tremaines, luzernes, sainfoin et autres semailles destinées à la nourriture des bestiaux, dont lesdits habitants de la paroisse d'Ouville n'ont jamais payé dîmes, seront à toujours pour toutes les autres paroisses exemptes de la dîme;

14° Que les grosses dîmes seront assujetties à l'impôt de la subvention territoriale ainsi qu'aux impositions relatives aux chemins de corvées;

15° Que les pailles provenues des dîmes ne pourront être vendues hors paroisse qu'après avertissement donné aux paroissiens de s'en pourvoir;

16° Que le prix desdites pailles, à l'égard des paroissiens seulement, sera fixé et déterminé au sixième de la valeur du grain qu'elles ont produit, parce que tous ceux qui prendront des pailles de dîmes n'auront vendu ni ne pourront vendre par la suite aucune paille, soit de leur cru, soit de celles qu'ils auront pris à la grange de dîmes;

17° Que pour obvier aux frais ruineux des procédures, il plaira à Sa Majesté supprimer les offices de procureurs, leurs fonctions pouvant être exercées par les jeunes gens qui se destinent au barreau et travaillent pour s'en rendre capables dans les cabinets des avocats;

18° Que nul avocat ne pourra postuler qu'après avoir, pendant quatre ans, suivi le barreau à compter de son admission au serment d'avocat, ou qu'il ne soit justifié [lors de] leur admission au serment d'avocat [qu']ils ont travaillé depuis l'âge de dix-huit ans, six années dans les cabinets des avocats postulants;

19° Que le Roy sera supplié d'ordonner que les sergenteries ne soient exercées que par des huissiers royaux capables et de pro-

---

n'avait qu'un petit trait de novales, sur le fief de Hambye, et une rente de 30 boisseaux de froment, 30 d'orge et 300 gerbes de paille, sur la part de l'évêque. Déclare en 1790 ses novales donner 300 gerbes de froment, 300 d'orge, 5 de seigle, 20 boisseaux de sarrasin, 6 tonneaux de cidre. Il a 15 vergées d'aumônes, estimées 150 livres. Au total, avec sa pension, 1,634 l. 15 s. 6 d. (*Déclar.* n° 117, f° 47.) Il est ar chiprêtre, d'après le *Pouillé*, et exempt de visite et de déport.

Les dîmes de l'évêque sont déclarées louées en 1790, 3,200 livres. (*Déclar.* n° 73, f° 55.)

bité reconnue ; il plaira à Sa Majesté fixer la valeur de chaque sergenterie [1] ;

20° Que les huissiers royaux seront tenus de se domicilier dans
l'arrondissement qui leur sera déterminé ;

21° Qu'auxdits huissiers royaux appartiendront les prises et
ventes dans leur arrondissement ;

22° Que nul ne sera reçu huissier qu'il n'ait travaillé dans les
cabinets des avocats postulants pendant au moins six ans, et avant
l'âge de vingt-sept ;

23° Que les offices de notaires et tabellions seront désunis ; et
qu'aucun notaire ne pourra exercer deux offices, ainsi que tous
autres officiers ;

24° Que l'on ne pourra être admis aux charges de judicatures
qu'après avoir suivi les audiences pendant six années, et examen
sur les devoirs de l'État, coutume et ordonnances ;

25° Que les tribunaux d'exception seront supprimés et leur
attribution réunie aux tribunaux ordinaires ;

26° Que les vassaux auront la liberté de moudre tout grain où
bon leur semblera, sans être tenus de suivre la banalité, sans préjudice des droits des seigneurs pour toutes autres sujétions dues
par leurs vassaux à raison desdits moulins, non plus que de la
préférence de moutte due auxdits vassaux toutes les fois qu'ils
iront moudre au moulin banal de leur seigneurie [2] ;

27° Que pour prévenir les procès qui naissent trop malheureusement entre les sujets du Roy pour de modiques intérêts et à l'occasion d'injures et de rixes, le Roy sera supplié d'établir dans
chaque paroisse un tribunal de conciliation, qui serait composé du
curé de la paroisse et de quatre des principaux paroissiens qui
seraient élus tous les deux ans ; que les parties ne pourraient se
pourvoir devant les tribunaux ordinaires pour ces sortes de contes-

[1] Cf. le cahier de Montchaton,
art. 18 et la note, suprà, p. 453, et,
pour le nombre des sergenteries, la
note sous la Bloutière, art. 7, suprà,
p. 179.

[2] La paroisse était sujette à la banalité du moulin de Montcuit, qui
appartenait en 1789, à titre de fief, au
seigneur comte de Beaumont.

A l'égard de la banalité des moulins,
il importe d'observer qu'en Normandie
servitude de banalité est essentiellement attachée à la résidence ; elle est
due par les vassaux de la seigneurie,
non seulement pour les fruits excrus sur
les terres du fief, mais aussi pour les
denrées qu'ils peuvent acheter au dehors
pour leur consommation ; de même
qu'en sens inverse le vassal qui va résider en dehors de la banalité n'est pas
tenu de payer le droit de moute pour
les grains qu'il exporte du fief. (Arrêts
des 17 juillet 1665, 13 juillet 1509.
Dans la Tournerie : Fiefs, 135.)

tations qu'après règlement à eux donné par les personnes ainsi
choisies.

J. Eudes, P. Lengronne, M. Neel, N. Delalande, G. Paris,
Jean Leconte, J. Lecomte, P. Eudes, P. Pignet, Jean
Bertel, J. Neel, C. Lerond, G. Lair, J. Lerond, P.
Duboscq, J. Esnoux, P. Eudes, J. Lengronne, D.
Hedouïn, M. Legoubin, J. Lengronne, J. Bisson, L.
Lecordier, Étiemble, J. Doublet, Eudes, B. Adde, P.
Lair, Bellay.

Ne varietur : Lhermitte.

PERCY [1].

1. Procès-verbal d'assemblée.
(Le procès-verbal authentique n'a pu être retrouvé.)

Date de l'assemblée : 1ᵉʳ mars. — Nombre de feux : 610 [2]. — Députés :
Mᵉˢ Bernardin-Joseph Dufau, *notaire* (4 jours, 12 l., Ref.); *Bernardin-Joseph
Blouet, *avocat* (4 jours, 12 l., et 19 jours, 74 l., Acc.); Jean-Pierre Dufour,
laboureur (4 jours, 12 l., Acc.); *Gabriel-Pierre-Marcellin Guénier, *laboureur*
(4 jours, 12 l., et 19 jours, 74 l., Acc.); Jacques-Pierre Mauger, *laboureur*
(4 jours, 12 l., Acc.); Thomas-Charles Varin, *laboureur* (4 jours, 12 l., Acc.);
Jean Cossard, *laboureur* (4 jours, 12 l., Acc.).

2. Cahier de doléances.
(Ms. *Greffe du Tribunal de première instance de Coutances*, pièce n° 878.
Original signé. *Inédit.*)

*Cahier des plaintes, doléances et remontrances que font les habi-
tants en général de la paroisse de Percy, en conséquence des
lettres et règlement du roi, du 24 janvier dernier, et d'ordonnance de M. le lieutenant général du bailliage de Coutances,
du 13 février de la présente année.*

Les habitants de ladite paroisse de Percy ont l'honneur de remontrer
1° Que ladite paroisse, de tout temps regardée comme une

---

[1] Arrondissement de Saint-Lô, canon de Percy.

[2] Population actuelle (avec Saint-
Froguère réuni) : 2,571 habitants.

des plus étendues des environs[1], contient une très grande quantité
de bois taillis de haute futaie, bruyères, rochers, marais et landages, dont on ne peut tirer aucun parti, et en outre une infinité
de mauvais fonds, qui, quoique labourables en quelques endroits,
indemnisent à peine, par les récoltes qu'ils produisent, les laboureurs des dépenses immenses qu'ils sont obligés de faire pour leur
culture; que tous les terrains bordiers et peu éloignés de ces bois
sont exposés aux ravages des animaux sauvages, qui en pillent et
endommagent considérablement les récoltes.

Lesdits habitants avouent cependant qu'il se trouve en cette
paroisse quelques contrées de terrain d'une qualité médiocre, qui
au moyen des engrais de mer, de ceux des villes et la chaux seraient
d'un certain rapport. Mais si l'on considère que cette paroisse est
éloignée de sept lieues de la mer, sept des fours à chaux[2], six lieues
de Coutances, sept d'Avranches, cinq de Saint-Lô et cinq de Vire;
si l'on considère également que les chemins qui conduisent à ces
différents endroits sont impraticables, on verra que les habitants
de cette paroisse sont par là privés de tous les engrais, qui sont
l'âme de la fécondité et que, réduits à engraisser leurs terres de
leur propres productions, ils ne peuvent jamais les porter au degré
de fertilité dont elles pourraient être susceptibles;

2° Que depuis l'époque où on a commencé à ouvrir des routes
nouvelles, cette paroisse a toujours eu la douleur de contribuer à
la prestation des impôts levés pour leur confection, sans avoir eu
l'avantage de pouvoir s'en servir.

Cependant, il en serait une qui présenterait, non seulement à
cette paroisse, mais à tout le pays limitrophe, un avantage de la
plus grande considération, ce serait celle qu'on pourrait pratiquer
de Saint-Lô à Villedieu[3].

[1] Superficie de la commune actuelle
(avec l'ancienne paroisse de Saint-Fra-
guère réunie) : 3,705 hectares. «Terroir en labour de tous blés, plant,
prairie, bois taillis et landage.»

[2] Cf. les cahiers de la Colombe,
art. 12, suprà, p. 279, et Hyenville,
note 4, suprà, p. 386.

[3] Un mémoire signé de plus de
trente municipalités de l'élection avait
été remis l'année précédente à l'assemblée départementale de Saint-Lô, pour
demander l'exécution de cette route;
mais il s'était élevé presque aussitôt de
graves divergences sur la direction à
lui donner pour le passage de la rivière

de Vire (voir cahier de Saint-Romphaire, infra, p. 595). — L'assemblée
avait pris un arrêté déclarant «que les
premiers deniers libres seraient employés à la confection de la route de
Saint-Lô au pont de Candol, dont l'accès
est infiniment dangereux; qu'une fois
la route parvenue à ce point, on repor-
tera la totalité des deniers à finir la
route de Saint-Lô à Thorigny, de Thorigny à Vire jusqu'à son entière perfection, après quoi les deniers seront appliqués de nouveau à la route désignée
jusqu'à Mesnilherman». Le bourg de
Percy pouvait donc attendre longtemps
encore. (Rapport du Bureau des travaux

C'est une route qui conduit de Saint-Lô à Granville, à Avranches et dans la Bretagne; de là résulterait le plus grand avantage pour l'acheminement des troupes; de là la facilité de l'exportation des denrées et bois dans les villes de Saint-Lô, Granville et Avranches, lesquels bois seraient d'une grande conséquence pour l'approvisionnement desdites villes et pour les salines des ports de Genets et autres lieux; de là l'importation des engrais de ces ports et villes et de la chaux qui se fabrique aux environs, qui par leurs sels facilitent beaucoup le mécanisme de la germination et portent l'abondance.

Ce serait par cette voie qu'on verrait fleurir le commerce, qui a toujours langui dans cette contrée par la difficulté du transport des marchandises; la capitale en ressentirait elle-même l'heureux effet, par l'abondance de volailles, beurres et autres marchandises qui auraient alors une libre circulation.

Le moyen d'y parvenir serait de destiner à la confection de cette route les deniers levés dans les environs, et même ceux levés dans d'autres endroits où les routes sont actuellement finies à l'aide de la contribution de ladite paroisse de Percy, et desquelles elle n'a jamais ressenti le moindre avantage;

3° Que la multiplicité des impôts entraîne nécessairement celle des collecteurs qui, par la nécessité où ils se trouvent réduits d'employer les voies de rigueurs pour le recouvrement, sont souvent eux-mêmes victimes des poursuites exercées contre les contribuables, vu leur insolvabilité souvent mise à son comble par les frais accablants, que n'ont pu éviter ces malheureux déjà surchargés par le poids énorme des charges publiques[1].

Lesdits habitants pensent qu'il serait possible de remédier à ces maux en substituant à tous les différents impôts, soit une dîme royale, soit tout autre impôt unique qu'il plairait à Sa Majesté de fixer, et qui serait partagé dans une juste proportion entre les trois

---

publics, séance du 18 octobre, Arch. Calvados, C 7712.)

[1] Impositions pour 1789 : taille, 8,704 livres; acc., 5,711 l. 16 s.; cap., 5,631 l. 12 s.; corvée, 2,892 l. 18 s. 2 d.; vingt., 4,965 l. 8 s.; terr., 466 livres; bât., 156 livres. Au total : 3,018 l. 4 s. 2 d. — *Privilégiés* : les trois curés, Mes Quetit *pro 1^a*, Allain *pro 2^a*, Chapdeleine *pro 3^a*, et le chapelain de Mesnilcéron, abbé Nécl. Nobles possédant fiefs : les s^{rs} L. P. Dubreuil, propriétaire du fief de Montfiquet; de Hauteville, écuyer, propriétaire du fief de Sienne, et noble dame Suzanne Letellier, v^e de M. de Lesnault, propriétaire des fiefs de la Varablière et de Saint-Martin (cap. nob., 30 livres). Non possédants fiefs : Pierre-Louis de Mélan, écuyer (c. n., 3 livres), Camprond de Moyan (c. n., 30 livres) et la dame v^e et enfants du s^r de Bricqueville-des-Isles (c. n., 48 livres). Un privilégié du tiers état : Jean-Jacques-Fr. Larizot, commis buraliste, taxé d'office pour 12 livres. *Supplément des privilégiés* : 952 l. 3 d.

ordres de l'État. Le dernier et sans contredit le plus misérable a été jusqu'ici seul chargé du fardeau, mais les deux autres ordres semblent aujourd'hui s'assujettir eux-mêmes à une contribution proportionnellement à leurs revenus[1]. Cette époque de leur patriotisme et générosité sera pour le Trésor royal une source très abondante et pour le malheureux roturier la décharge d'une partie du poids énorme sous lequel il gémit depuis si longtemps;

[1]. Les biens des privilégiés à Percy paraissent avoir été considérable.

A. *Ecclésiastiques.* — I. *Biens fonds.* 1° la cure (n. est.); 2° l'abbaye de Fontenay, prés et terres en labour, 24 à 25 vergées louées par bail général 360 livres; 3° la chapelle Sainte-Apolline de Mesnilceron, 60 vergées de terre aff. 150 livres (avec 450 livres de dîmes et 180 livres de fondations); 4° l'abbaye de Hambye, extension de ferme, 73 vergées et un bois taillis de 90 vergées (n. est.).

II. *Rentes.* 1° l'abbaye de Fontenay, sur son fief, 84 demeaux de froment, 72 d'avoine, 22 l. 7 s. en argent, 23 pains, 23 poules et gélines et 250 œufs (est. le tout en 1748, 2068 l.); 2° la chapelle de Mesnilceron, 99 demeaux de froment en rentes foncières seigneuriales, et 25 livres en argent.

Rentes omises : 3° l'abbaye de la Luzerne, pour rachat d'un trait de dîme, 30 livres; 4° l'abbaye de Hambye, 6 livres sur les dîmes de Fontenay, 22 demeaux d'avoine mesure de Villedieu, 10 pains, 10 gélines, 60 œufs et 14 sous, en 3 rentes, pour les obits et pitances. En plus 36 sous, 1 géline de rentes foncières contestées, en quatre parties, par le prince de Monaco; 5° l'abbaye Blanche, sur son fief, 20 demeaux de froment; 6° le prieuré de la Bloutière, 2 demeaux de froment, 1 pain, 1 géline et 2 l. 1 s. 8 d. en argent.

III. *Dîmes.* La paroisse de Percy était partagée en trois portions curiales et une portion commune, desservies, en 1789, par trois curés. Le curé de la première percevait la moitié des menues dîmes et le tiers des grosses sur sa portion, les deux autres tiers et la moitié des menues appartenant à l'ab-

baye de Fontenay (sauf sur quelques petits traits où exerçaient des décimateurs étrangers). L'abbaye possédait la totalité des dîmes sur les deux autres portions, et payait aux curés des portions congrues (*Pouillé*, fol. 26, r°).

Pas de déclaration générale en 1790. D'après diverses *déclarations de fermiers*, les dîmes de l'abbaye de Fontenay (traits dits de la Basse-Cour, de Montfiquet, de Mesnilceron, de Mesnilhalaine, de Quesnay, du cimetière et de la cure) et la réserve de la dîme des pommes sont affermées, en dix parties, pour un prix total de 4,370 livres, avec 240 livres de contre-lettres, et 1,220 livres de pot-de-vin. — Le petit trait de Saint-Martin, à l'abbaye de la Luzerne est loué 36 livres, celui de la chapelle de Mesnilceron 855 livres, celui du prieur de la Couperie 54 livres. Au total, pour les gros décimateurs seulement, 5,395 livres de revenu annuel. (*Déclar. des fermiers*, Saint-Lô, f°° 23 à 31.)

Les curés n'ont pas voulu faire de déclaration. Au *Pouillé*, la première portion, qui avait seule part aux dîmes, était estimé valoir 1,342 l. 12 s. pour les dîmes seulement, sans aumônes; les dîmes étant tournoyantes sur trois années, sur les traits de l'abbaye de Fontenay, on ne doit pas, en 1789, estimer la part du curé à moins de 1,800 à 2,000 livres par an.

B. *Laïcs.* — Biens pour la plupart inconnus. En l'an III, les *Etats des biens nationaux* mentionnent le bois de Sienne (n. est.) appartenant à l'émigré Poillevilain, et des rentes féodales foncières s'élevant à 2,400 livres du à l'émigré Godefroy. (Arch. Manch : Q 4—1, 15.)

Domaine du roi : 5 livres se tenen

4° Lesdits habitants ont l'honneur d'observer qu'en outre le lourd fardeau des impositions de tout genre, qu'ils ont à supporter, ils sont encore assujettis à l'entretien de deux presbytères[1], à la réédification urgente et prochaine de la tour et nef de leur église paroissiale, qui les constituera dans une dépense très considérable; que plus de deux cents pauvres, tant honteux que mendiants, recourent journellement pour subsister aux charités publiques de la paroisse, ce qui augmente encore les charges de ladite communauté; que l'achat des denrées de première nécessité que la plus grande partie desdits habitants est obligée de faire pour la subsistance de leurs familles, ne pouvant en récolter suffisamment, vu l'ingratitude et stérilité de leurs terrains, épuise (*sic*) tout le numéraire qu'ils peuvent se procurer par leurs sueurs et leurs travaux, les met sans ressources, et les plonge dans la plus grande détresse.

[2] Lesdits habitants estiment de plus que pour prévenir l'erreur qui pourrait se commettre dans la nomination des députés aux États généraux, en les prenant tous peut-être dans un même canton, d'où il résulterait un péril évident pour les autres; pourquoi ils demandent que le bailliage de Coutances soit divisé en huit parties, de chacune desquelles il en sera choisi un pour le tiers état[3];

5° Quant aux abus qui peuvent se commettre dans la perception des impôts et dans tout autre cas, lesdits habitants s'en rapportent pour y remédier, ainsi que pour pourvoir aux besoins de l'État, aux lumières supérieures des dignes députés qui vont être nommés aux États généraux. Protestant lesdits habitants de ne cesser d'adresser leurs vœux au ciel pour la conservation des jours précieux de Sa Majesté et de toute la famille royale.

---

[1] D'après les *États des biens nationaux*, le curé de la première portion n'a point de presbytère et ne possède que ses dîmes, sans aucun bien-fonds. — La deuxième portion a un presbytère, cour, jardin potager d'une vergée, et une portion congrue de 700 livres. — La troisième portion a également un presbytère, un petit jardin d'une demi-vergée, sa pension de 700 livres, et en plus une maison dans le bourg louée 80 livres. — Quant à l'état matériel de ces édifices, «le presbytère du sieur curé de la seconde portion est en très mauvais état et menace

d'une ruine prochaine... La tour de l'église de Percy est en très mauvais état, et menace une ruine prochaine, s'il n'y est fait en peu des réparations». (Arch. Manche, Q⁴⁻¹, 15.)

[2] Addition en marge, d'une même écriture.

[3] La difficulté d'assurer la répartition entre les divers bailliages des huit sièges de députés, que l'état annexé au règlement du 24 janvier accordait au bailliage de Cotentin, paraît avoir préoccupé tout particulièrement les esprits. Voir le cahier du bailliage d'Avranches, art. 1ᵉʳ, *infrà*, p. 692.

Fait et arrêté à Percy, ce 1ᵉʳ mars 1789.

N. NICOLLE, *Mᵉ en chirurgie*, J. MAUGER, BLOUËT, *avocat*, A.-P. MAUGER, J. COSSARD, L.-M. BOURDON, CAUVIN, LEMAISTRE, GUENIER, P.-G. LEMAÎTRE, GENDRIN, L. COSSARD, C. LEMAISTRE, DUFAU, GODARD, G. VILLAIN, L. MITON, Ch. VARIN, F. LEMAISTRE, J. SOISMIER, J. BERNY, G. BOURDON, GUENIER, BLOUËT, VILLAIN, C. LEVILAIN, *syndic*, BLOUËT, CANUET.

PIROU[1].

1. PROCÈS-VERBAL D'ASSEMBLÉE.
(Le procès-verbal authentique n'a pu être retrouvé.)

Date de l'assemblée : 1ᵉʳ mars ? — Nombre de feux : 200[2]. — Députés : *Mᵉ Jean-Alexandre JOLY, *avocat* (6 jours, 18 l. et 19 jours, 74 l., Acc.); *Mᵉ Pierre LEMOIGNE, *notaire* (4 jours, 12 l., Acc.).

2. CAHIER DE DOLÉANCES.
(La paroisse n'a pas rédigé de cahier.)

PONTBROCARD[3].

(La paroisse, ayant délibéré avec Dangy, n'a eu ni procès-verbal, ni cahier propre[4].)

Nombre de feux : 10[5]. — La paroisse n'a pas eu députation.

---

[1] Arrondissement de Coutances, canton de Lessay.

[2] Population en 1793 : 1,553 habitants (N. 35, M. 12, D. 25). — Population actuelle : 1,248 habitants.

[3] Ancienne paroisse, réunie à Dangy,

arrondissement de Saint-Lô, canton de Canisy.

[4] *Procès-verbal de l'assemblée préliminaire de Coutances*, s. du 5 mars, *infrà*, p. 651.

[5] Mouvement de la population en 1787, N. 0, M. 1, D. 2.

PONTFLAMBARD[1].

1. PROCÈS-VERBAL D'ASSEMBLÉE.
(Le procès-verbal authentique n'a pu être retrouvé.)

Date de l'assemblée : 1ᵉʳ mars. — Nombre de feux : 10[2]. — Députés : Jean DE LA MARE, *laboureur* (3 jours, 9 l., Acc.); Jean-Baptiste ENCOIGNARD, *laboureur* (3 jours, 9 l., Acc.).

2. CAHIER DE DOLÉANCES.
(Ms. *Greffe du Tribunal de première instance de Coutances, pièce n° 390.* Pièce non signée. *Inédit.*)

Cahier des plaintes, doléances de la Chapelle du Pontflambard.

Sa Majesté demandant les plaintes et doléances de son peuple, pour établir un ordre fixe et durable dans son royaume, elle nous permettra de lui représenter ce qui suit, savoir :

1° Que le *menu peuple* est misérable, et qu'il ne pourrait fournir à tout l'impôt qu'on lève sur lui, s'il ne suait sang et eau, et ne se privait encore du nécessaire dans son habillement et dans sa nourriture. Le moindre revers de fortune qu'il éprouve, soit par une maladie dans laquelle il manque souvent des secours nécessaires, soit par une mauvaise récolte ou quelqu'autre perte, soit par un grand nombre d'enfants[3], le met à la mendicité et hors d'état de se soutenir;

2° Que la multiplicité des impôts des paroisses de nos campagnes[4], sans fournir davantage à Sa Majesté, coûte beaucoup plus

---

[1] Ancienne paroisse, réunie à Lengronne, arrondissement de Coutances, canton de Gavray.

[2] Population déclarée en 1790 : 132 communiants; en 1793 : 145 habitants (N. 3, M. 1, D. 4).

[3] Mouvement de la population en 1787 à Pontflambard : naissances, zéro; mariages, un; décès, deux. (Arch. nat., D ιv *bis*, 43.)

[4] Impositions pour 1789 : taille, 300 livres; acc., 196 l. 17 s.; cap., 194 l. 2 s.; corvée, 99 l. 12 s. 9 d.; vingt., 171 l. 5 s. 5 d.; terr., 17 livres; bât., 6 livres. Au total, 924 l. 16 s. 5 d. Lignes 36. — *Privilégiés* : le curé Mᵉ Jullien Duval, présent à Coutances (fait valoir ses dîmes et 6 vergées de terre); le seigneur (ne fait pas valoir); et Fr. Guischard, vicomte de Gavray, privilégié du tiers état, pour extension de son fief de la Chapelle. *Supplément des privilégiés* : 44 l. 6 s. 3 d. — Hors tenants de Gavray-village, pour 19 vergées et demie, et 63 l. 10 s. de revenu; de Lengronne, pour 34 vergées et demie et 168 l. 10 s. de revenu.

Biens des privilégiés. — I. *Fonds.* 1° la cure, maison presbytérale, jardin; terres labourables 23 vergées (n. est.), 2° les Messieurs prêtres de Saint-Denis-le-Gast, 2 pièces de terre 6 vergées, affermées 36 livres; 3° le seigneur vicomte Guischard, 1 corps de ferme

au peuple que s'ils étaient réduits en un seul, tant à cause des différents receveurs qu'elle engraisse, que des différents frais de rôles et de répartition qu'elle exige; outre cet inconvénient onéreux, [on en] enregistre un autre qui n'est pas moins à charge au peuple. Point de rôles, point d'impôts embarrassant un pauvre particulier, qui le plus souvent ne sachant *ni lire, ni écrire*, ne sait au juste, ni ce qu'il doit, ni ce qu'il a payé, un *méchant collecteur* pourrait lui en imposer;

3° Que la perception de *sel*, de *tabac* et de *liqueurs* coûte trop, qu'il serait inconcevable qu'elle coûtât ce qu'elle [coûte] au peuple et qu'elle ne produise aussi peu à Sa Majesté, si on ne savait que les aides et la gabelle sont pleins d'une infinité de receveurs et de contrôleurs, qui sont autant de sangsues de l'état du peuple;

4° Qu'en outre les impôts que nous payons à Sa Majesté, il en est un dans chaque de nos paroisses au sujet des entretiens des églises et du presbytère qui nous coûtent beaucoup;

5° Que la manière de rendre la justice au peuple est trop dispendieuse et trop longue;

6° Que nos vœux et nos désirs sont que les terres ecclésiastiques et des nobles ne soient pas plus exemptes d'impôts que [celles] du tiers état.

Voilà nos vœux que nous avons l'honneur d'offrir à Sa Majesté, et de plus maintenant nous sommes obligés de faire un nouveau presbytère, tandis que nous sommes tous pauvres, et presque tous incapables de fournir la dépense qui se monte à 4,262 livres, non y compris les frais [1], en conséquence nous prions Sa Majesté de nous secourir dans cette circonstance.

(Le cahier n'est pas signé.)

---

160 vergées (aff. en 1791, 970 livres) et une terre nommée l'*Hôtel Bourial*, 20 vergées (aff. en 1793, 150 livres). — II. *Rentes*. 1° le trésor, 13 l. 1 s. 6 d., et 42 livres de fondations; 2° abbaye de Hambye, 2 chapons maigres par le curé, 48 demeaux de froment et des menues rentes par divers particuliers; 3° le domaine, 6 livres; 4° le seigneur, rentes (n. est.). — III. Dîmes (*infrà*).

[1] «La maison presbytérale est de 40 pieds de long sur 20 de large extérieurement, et dans un état de vétusté ruineux, qui la fit condamner le 10 sep-

tembre 1787 à être reconstruite en neuf. L'adjudication fut passée au bureau intermédiaire dudit Coutances, le 3 décembre 1788 au bénéfice du sieur Larue, architecte, par 4,270 livres, avec l'estimation des débris de l'ancien presbytère... Le curé actuel, obligé d'abandonner son ancien presbytère et réduit à l'impossibilité de trouver dans ladite paroisse où pouvoir se loger, pas même une mauvaise cuisine et une chambre pendant la prétendue reconstruction, fit bâtir de ses deniers et à ses frais une espèce de petite maison

QUESNAY [1].

1. Procès-verbal d'assemblée.
(Le procès-verbal authentique n'a pu être retrouvé.)

Date de l'assemblée : 1er mars ? — Nombre de feux : 40 [2]. — Députés : Charles Le Rayer, *laboureur* (3 jours, 9 l., Acc.); Jean Simonne, *laboureur* (3 jours, 9 l., Acc.).

2. Cahier de doléances.
(Le cahier de doléances n'a pu être retrouvé.)

QUETTREVILLE [3].

1. Procès-verbal d'assemblée.
(Le procès-verbal authentique n'a pu être retrouvé.)

Date de l'assemblée : 1er mars. — Nombre de feux : 330 [4]. — Députés : *Pierre-François Ferrey, *laboureur* (4 jours, 12 l. et 18 jours, 71 l., Acc.); Adrien Desbouillons, *laboureur* (4 jours, 12 l., Acc.); Pierre Encoignard, *laboureur* (4 jours, 12 l., Acc.); Charles-Louis Germain, *laboureur* (4 jours, 12 l., Acc.).

2. Cahier de doléances.
(Ms. *Greffe du Tribunal de première instance de Coutances, pièce n° 388. Original signé. Inédit.*)

Les habitants de la paroisse de Quettreville, profitant de la permission que le Roy veut bien avoir la bonté de leur accorder

de 20 pieds de long sur 16 de large extérieurement, où il se loge actuellement bien petitement.» (*État dressé par les officiers municipaux, 7 novembre 1790*; Arch. Manche, Q⁴⁻¹13.)

La cure de Pontflambard était sous le patronage de l'abbaye de Hambye; mais le curé était seul décimateur. Déclare, en 1790, sa dîme donner 1,000 à 1,200 gerbes de tout blé, faisant 120 boisseaux, mesure de Gavray, un demi tonneau de cidre, 20 boisseaux de sarrasin, le tout valant 700 livres. Il a 12 vergées de terre d'aumône, va-

lant 72 livres. Au total, 772 livres avec quelques charges. (*Déclar.* n° 20, f° 43.)

[1] Ancienne paroisse, réunie à Contrières, arrondissement de Coutances, canton de Montmartin.

[2] Population au dénombrement de 1793 : 227 habitants (N. 6, M. 2, D. 2).

[3] Arrondissement de Coutances, canton de Montmartin.

[4] Population en 1793 : 2,007 habitants (N. 60, M. 6, D. 31). — Population actuelle : 1,233 habitants.

dans ses lettres données à Versailles le 24 janvier 1789, de lui adresser et aux États généraux nos doléances, plaintes et remontrances, se sont assemblés pour en rédiger le cahier, auquel ils ont vacqué ainsi qu'il suit :

La paroisse de Quettreville est possédée pour un quart, à peu près, par des seigneurs, nobles et autres privilégiés [1], le surplus par un grand nombre d'habitants petits propriétaires, qui en examinant leurs héritages et les rentes seigneuriales, foncières, tant en argent que froment, chapons, autres menues rentes, et les rentes constituées qu'ils payent aux seigneurs, aux communautés et autres créanciers, n'en sont véritablement que les fermiers, ce qui fait qu'il y a quantité de pauvres, et que non compris les vieillards et les infirmes il se trouve les mercredis de chaque semaine,

[1] La paroisse de Quettreville renfermait huit terres nobles, pour la plupart possédées, en 1789, par des privilégiés. Les fiefs de Quettreville et de la Persillière appartenaient à Ant.-Ch.-Julien Poupinel, officier de dragons au régiment de la reine, seigneur et patron de la paroisse ; ceux de Say, des Loges et de Montauban, dépendants du marquisat de Marigny, à Ch.-Antoine Leforestier, écuyer, seigneur de Muneville. Le fief dit de l'abbaye Blanche appartenait à cette maison, et ceux de Sainte-Marguerite et de la Digue étaient aux mains de roturiers.

Biens des privilégiés. Ecclésiastiques. I. *Biens fonds*. 1° la cure première portion, bâtiments, jardin, terres d'aumônes, 6 à 7 vergées de pré, 5 vergées 1/2 de labour (louée en l'an III 310 livres, valeur 50 livres) ; 2° la cure deuxième portion, bât., jardin, 2 pièces lab. 6 vergées, pré 1 vergée 1/2 (n. est.) ; 3° l'abbaye de Savigny, terre dite la *Moinerie* et grange décimale, en tout 4 vergées 1/2 (n. est.) ; 4° la chapelle Saint-Laurent en Quettreville, 2 pièces de terre, 17 vergées, pré et labour ; 5° l'école des garçons, maison, 10 perches de jardin à pommiers ; 6° l'école des filles, maison, 5 à 6 perches de jardin (n. est.). — II. *Rentes*. 1° la cure, 5 boisseaux de froment, mesure de Cérences de 24 pots pour lui et les pauvres, en rentes foncières ; 2° l'abbaye Blanche, sur son fief dit de *Caumont*, rentes seigneuriales de 49 demeaux et demi de froment rouge et 12 sous en

argent, treizièmes (n. est.) ; 3° l'abbaye de Hambye, 12 boisseaux de froment (31 demeaux et 2 l. 10 s. d'après les *Revenus de Hambye*) ; 4° l'école des garçons, 12 pots de froment, 50 livres en argent et 1 poule ; 5° l'école des filles, 30 livres ; 6° la chapelle de la Conception en la cathédrale, plusieurs parties de rentes en froment non évaluées dans l'inventaire de la municipalité, déclarées par le titulaire consister en 11 boisseaux de froment, mesure de Cérences. (*Déclar.* n° 27, f° 109.)

Rente omise : 7° le petit collège, 10 livres de rente hypothèque, et 4 boisseaux de froment, valant 20 l. 18 s. d. (*Déclar.* n° 33, f° 113.)

Laïcs. 1° Ch.-J. Poupinel, corps de ferme nommé le *Manoir*, bât., 500 vergées de terre, dont 400 lab., donnant 1,010 boisseaux de tout grain, le reste en pré et jannière (loué en l'an III 5,260 livres, valeur 4,570) ; ferme dite la *Persillière*, bât., terres 54 vergées (loué en plusieurs portions 1,159 l. 35 s., valeur 564 livres) ; herbages dits des *hériaux* (loués 3,250 livres, valeur 900 livres) ; 2 autres herbages (loués 2,740 livres, valeur 400 livres) ; les moulins de Quettreville (loués 4,040 livres, valeur 3,000 livres) ; rentes foncières, 12 boisseaux de froment ; rentes seigneuriales et casualités (n. est.) ; 2° Leforestier de Muneville, terres et rentes inconnues ; moulins de Say, avec banalité, affermés 625 livres ; 3° le domaine, 1 l. 4 s. 8 d. (Arch. Manche, Q^{4-1} 12, et Q^{4-1} 6.)

issue du catéchisme, plus de soixante ou soixante-dix enfants à l'aumône du curé, qui ne jouit que d'un sixième des grosses et partie des menues dîmes de la paroisse; le surplus appartient aux religieux de Savigny, ordre de Cîteaux, diocèse d'Avranches, et à l'abbaye des chanoines réguliers de Saint-Lô, qui n'ont jamais donné la moindre chose aux pauvres de cette paroisse, ni fait aucun bien [1].

Il n'y a dans cette paroisse nul commerce qui puisse en augmenter le revenu, chacun est occupé du labourage, dont il retire à peine de quoi payer les rentes et charges dont les héritages sont maculés, à l'exception de quelques-uns qui prennent le parti de la mer.

La rivière de Sienne la partage du midi au nord, sans aucun passage praticable, ce qui prive les habitants de la partie de l'orient des engrais qui se prennent à la mer pour la fertilité de leurs héritages; il y a un vieux reste de pont en pierre dangereux, dont le rétablissement est des plus nécessaires aux paroissiens pour leurs héritages et pour l'office divin, et au curé pour l'administration des sacrements.

Elle est chargée d'impositions de tout genre plus qu'aucune paroisse de l'élection, eu égard à son étendue et à la nature du fonds [2]. Ces impositions montent annuellement à près de quinze

---

[1] La cure de Quettreville était, en 1789, partagée en deux portions. Sur la première, qui était sous le patronage du seigneur, le curé ne percevait en effet que 1/6° des grosses dîmes et la moitié des menues, le surplus appartenant à l'abbaye de Savigny. Sur la seconde, l'abbaye de Saint-Lô avait le patronage et percevait toutes les grosses dîmes, ne laissant au curé, avec les menues et quelques novales, qu'une pension de 72 boisseaux de froment mesure de Cérences. (Pouillé, f° 5, r°.) Déclare en 1790 le curé pro 1ª, son 1/6° de dîmes donner, avec 13 vergées de terre d'aumône et les rentes, 1,200 livres, sur lesquels il paye un vicaire. Le curé pro 2ª se fait 400 livres des menues, 544 l. 15 s. de sa pension; au total, 944 l. 15 s. sans charges. (Déclar. n°ˢ 157, 158, f° 24.) La part de l'abbaye de Savigny, à la même date, est comprise, avec les dîmes de Montmartin et de Hauteville, dans un bail général de 2,000 livres.

— Celle de l'abbaye de Saint-Lô est estimée, en 1770, équivaloir une pension congrue de 300 livres. (Arch. Manche, H n. cl., Savigny, l. 28; Saint-Lô, reg. 17, f° 29.)
[2] Impositions pour 1789 : taille, 4,479 livres; acc., 2,939 l. 5 s.; cap., 2,897 l. 19 s.; corvée, 1,488 l. 12 s. 9 d.; vingt., 2,584 l. 6 s. 10 d.; terr., 219 livres; bât., 73 livres. Au total, 14,681 l. 7 s. 3 d.
Privilégiés : le curé pro 1ª Romain Couvert, le curé pro 2ª J. Besnard, le titulaire de la chapelle Saint-Laurent, abbé Hulot, et Claude Mesnage, prêtre sans bénéfice; et pour la noblesse, deux possédants fiefs, Ant.-Ch.-Julien-Jean Poupinel, écuyer, propriétaire des fiefs de Quettreville et de la Persillière (cap. nob. 150 livres) et Ch.-Ant.-Alex. Leforestier, écuyer, seigneur de Muneville, propriétaire des fiefs de Say et des Loges (cap. noble, 50 livres). Supplément des privilégiés : 1,169 l. 5 s.

mille livres, sur lesquelles les habitants n'ont jamais pu avoir de
diminution, et si quelquefois il y a eu quelque modération dans
l'élection, les paroisses protégées par ceux qui ont accès auprès
de Monsieur l'intendant lors du département des tailles, en ont
profité; d'où il résulte que ces paroisses ne payent presque rien,
telles sont Montmartin, Hyenville, Quesney, Hérenguerville
et autres. On n'a jamais eu égard, lors des départements, aux
sommes considérables dont la paroisse de Quettreville a été
chargée pour les réparations de l'église fracassée par le tonnerre,
refonte des cloches, réparations de presbytère, nourriture d'enfants trouvés[1], et autres charges publiques de cette paroisse, plus
malheureuse que celles du bord de la mer, qui jouissent des
avantages des salines, de la pêche du poisson, des engrais qui fer-
tilisent leurs terres, les rendent propres aux légumes dont ils tirent
profit.

Les habitants de Quettreville attendent le moment où le Roi
et les États généraux, en faisant supporter au clergé et à la noblesse partie des impositions dont le tiers état et surtout le menu
peuple est accablé, le rendront plus heureux, et lui feront adresser leurs vœux au ciel pour la conservation de la personne
sacrée de Sa Majesté.

Ch. BASNEL, PAIN, Adrien DES BOUILLONS, J.-F. PANNIER,
PHILIPPE, J.-B. BOUCHARD, P. HARDY, Thomas DES-
PONE, Isaac LECHEVALLIER, Julien VADET, J. TALVAT,
G. COLLET, C.-F. MÉNARD, Michel CLÉRAUX, Pierre DE
LA COUR, N. DELACOUR, Jean SEBIRE, P. ENCOIGNARD,
J.-B. HARDY, C. GERMAIN, P.-F. FERREY, P. LEPERCHOIS,
Bernard SÉBIRE, N.-J. HAMEL, L. MAHÉ, Jean MARIE,
P. HARDY, (illisible), Jean LEROY, Pierre DE LA HAYE,
MAHÉ, Jean-Baptiste CLÉRAUX, DE LA COUR, Philippe
HAMEL, Ch. SÉBIRE, P. SÉBIRE, DESBOUILLONS, Ch.
COUSIN, André CHEVALLIER, Gille DELISLE, J. LEMERRE,
P. PHILIPPE, BAME, P. LEHUREL, P.-F. MAHÉ,

---

[1] Toutes les charges dont se plaint
la paroisse n'étaient que trop réelles.
Nous trouvons un arrêt du Conseil, en
date du 16 juin 1770, qui autorise la
paroisse à s'imposer extraordinairement
de 4,900 livres «pour la reconstruction
de la nef, clocher et beffroi de l'église,
fracassés par le tonnerre». Quelques
années plus tard, le 12 juillet 1785,
la paroisse doit fournir 358 l. 17 s. 4 d.

pour nourriture d'un enfant trouvé.
Enfin, par deux reprises, le 3 février
1784 et le 9 octobre 1787, des arrêts
du Conseil interviennent pour autoriser
deux emprunts de 2,840 l. 17 s. 6. d.
pour frais de réparation du presbytère,
et de 865 l. 10 s. pour le presbytère et
frais de procédure à l'occasion de ces
travaux. (Arch. Calvados, C 1324
1325, 1326.)

P.-S. Herel, Guillaume Delisle, Desbouillons, P. Fauvel, J.-F. Mahé, Germain Paumier, Richard Sevalle, *syndic*.

✚ QUETTREVILLE

(SECTION DE MONTCEAUX).

(Ms. *Greffe du Tribunal de première instance de Coutances, pièce n° 388* bis. Original signé, *Inédit* [1].)

A Messieurs les représentants le tiers État, de présent à Coutances.

Supplient humblement les habitants et possédant fonds d'une partie et portion de la paroisse de Quettreville, cette partie nommée *Monceaux* contenant quarante-cinq feux, et qui est séparée de l'autre partie de paroisse par la rivière de Sienne.

Et vous remontrent qu'il aurait été présenté le mois de mars dernier 1788, au bureau intermédiaire du département de Coutances, une requête tant par les habitants de ladite portion de Monceaux, que plusieurs autres paroisses, aux fins d'obtenir la réparation de l'ancien pont de Quettreville, sur ladite rivière, qui est rompu et en débris, et qui serait le vrai passage desdits suppliants pour accéder à leur paroisse [2].

---

[1] Ce cahier d'une portion de paroisse non régulièrement convoquée, et sans députation propre, n'est par *régulier*. Nous croyons utile de le faire connaître cependant, à cause des détails économiques intéressants qu'il renferme.

[2] Le procès-verbal de l'Assemblée départementale de Coutances d'octobre 1788 renferme un assez long rapport du Bureau des travaux publics, qui nous fait connaître d'une façon précise l'objet des requêtes successivement présentées cette année là pour le pont de Quettreville, et permet de mettre au point certaines allégations contenues dans le cahier, qui ne sont pas, semble-t-il, tout à fait exactes.

«Le pont de Quettreville est situé sur la rivière de Sienne, dans la paroisse de Quettreville, à deux lieues environ de la ville de Coutances; il servait de communication à une partie de cette paroisse située sur l'autre bord de la rivière de Sienne et autres paroisses voisines. Cette partie, qui est à peu près le huitième de celle de Quettreville, se nomme *Monceaux*. Cet ancien pont était composé de plusieurs arches dont il ne subsiste plus qu'une seule; les autres sont entièrement détruites.

«Au mois de mars dernier, les habitants de dix-huit paroisses, tant voisines qu'éloignées de ce pont, savoir celle de Quettreville, y compris la partie de Monceaux, celles de Trelly, Saint-Louet-sur-Sienne, Mesnil-Aubert, Lengronne, Quesnay, Contrières, Pont-flambard, Saint-André-du-Valjouais, Grimesnil, Guéhébert, Roncey, Saint-Denis-le-Gast, Hambye, le Guislain, Notre-Dame-de-Cenilly, Cerisy et Caillehot-la-Salle, eurent l'honneur d'adresser à votre bureau intermédiaire une requête pour en solliciter le réta-

On faisait voir par cette requête, que ce pont est d'autant plus nécessaire, qu'en outre la commodité pour la communication de ces deux portions de ladite paroisse, ç'aurait été aussi un passage fort utile pour aller aux engrais de mer; et comme ce point est situé proche la grande route de Coutances à Granville dans laquelle il

blissement. Ils vous exposaient que ce pont étant rétabli procurerait la circulation du commerce et serait de la plus grande utilité à toutes ces paroisses, auxquelles il donnerait la facilité d'aller chercher des engrais à la mer pour fertiliser leurs terres, en leur évitant des circuits considérables, par des chemins étroits et impraticables...

«Les motifs de cette requête, appuyés du vœu d'un aussi grand nombre de paroisses, nous avaient frappés; mais quel a été notre étonnement en voyant que presque toutes les paroisses ont fait des délibérations postérieures, par lesquelles elles déclarent formellement que ce pont ne leur est d'aucune utilité, et refusent de coopérer, ni directement, ni indirectement, à sa reconstruction ou à sa réparation; la paroisse de Quettreville même atteste qu'il n'est utile qu'à la partie de cette paroisse nommée Monceaux, et à MM. les curés pour y exercer leur ministère, et refuse de contribuer à sa reconstruction. La paroisse seule de Saint-Louet-sur-Sienne reconnaît la grande utilité de ce pont pour sa communauté, et consent par sa délibération à telle forme d'imposition qu'il vous plaira ordonner suivant les forces de sa communauté, pour la reconstruction de ce pont. — Ces délibérations si contraires au contenu de la requête nous font présumer que les signatures qui sont au pied d'icelle ont été mendiées, données par complaisance ou sans réflexion. Vous en jugerez ainsi, Messieurs, quand vous saurez que, dans plusieurs paroisses, il ne s'est trouvé qu'une ou deux personnes qui aient consenti à la signer.

«Les habitants de la paroisse de Quettreville en tant que de la partie nommée Monceaux, instruits sans doute du refus de ces paroisses, vous ont adressé une nouvelle requête en leur nom; ils vous rappellent les motifs qu'ils avaient employés dans la première requête pour

vous démontrer la nécessité de rétablir cette communication...

«Nous ignorons qui a fait bâtir ce pont ancien; il ne paraît pas avoir été bâti sur une grande route; mais plusieurs chemins y aboutissent, qui traversent presque en ligne droite une grande partie des paroisses qui avaient signé la première requête vous annonçant son utilité; son utilité n'est reconnue aujourd'hui que par une seule paroisse et par une portion de celle de Quettreville, à laquelle il paraît le plus utile et même d'une importance indispensable.

«Nous pensons donc, Messieurs, que quoique ce pont ne paraisse pas devoir être à la charge de votre département; il est cependant de votre justice, de votre bienfaisance et même de votre humanité, de procurer à cette faible portion de la paroisse de Quettreville un passage sûr, au moyen duquel elle puisse communiquer avec le reste de sa paroisse; mais nous croyons en même temps qu'il suffit que les chevaux et les personnes à pied puissent passer commodément; pour cet effet il serait facile d'y construire un pont en bois solide; il coûterait infiniment moins qu'en pierre et procurerait aux habitants de Monceaux les avantages dont il paraît nécessaire de les faire jouir.» (*Rapport du bureau des travaux publics*, séance du 30 octobre 1788, Arch. Calvados, G 7700.)

Les conclusions de ce rapport avaient été adoptées par l'Assemblée départementale, qui avait décidé, dans son arrêté du même jour, art. 8 : «Que la reconstruction de l'ancien pont de Quettreville sera aussi demandée sur les fonds des ponts et chaussées, vu son utilité; mais que cette reconstruction sera faite en bois, pour procurer seulement un passage commode à pied et à cheval; duquel pont il sera fait devis estimatif par l'ingénieur du département.» (*Ibid.*)

33.

débouche du côté de la mer, et dans un chemin tendant au bourg de Montmartin et au port de Régneville, et dans un autre chemin allant aux salines de Bricqueville ; et de l'autre côté ce pont débouche dans deux qui partent immédiatement du bout de ce pont l'un desdits chemins tendant aux landes aux morts à Saint-Denis-le-Gast, à Hambie, à Tessy et à Torigny, à Gavray et Villedieu, et l'autre chemin va tendre par quantité de paroisses, par Saint-Denis-le-Vêtu, Guéhébert, Roncey, Cenilly, Cerisy et lesquels chemins sont d'ailleurs nivelés par leur nature et presque sans ruisseaux.

Ce pont rétabli aurait procuré la circulation du commerce dans tout le canton, et aux habitants des paroisses en deçà de la rivière la faculté d'approvisionner des productions de leur cru les villes de Coutances et de Granville, ce qui aurait fait un profit considérable non seulement pour toutes les paroisses qui s'étaient réunies à faire cette demande, mais encore pour quantité d'autres qui en auraient profité des deux côtés, les unes pour aller aux engrais de mer, et les autres pour communiquer aux foires et marchés en deçà de la rivière.

Les fins de cette requête n'ont pas eu lieu ; il est cependant intéressant, et même de toute nécessité, pour les suppliants habitants de la portion nommée *Monceaux* en la paroisse de Quettreville, d'avoir un passage de communication pour aller à leur paroisse, tant pour les assemblées de la municipalité, qu'autres affaires en général, qui concerneraient la communauté.

La dure nécessité a contraint les suppliants de présenter, le mois d'août dernier 1788, une seconde requête au même bureau intermédiaire à Coutances, aux fins d'obtenir les secours et moyens pour avoir un passage de communication pour pouvoir accéder à leur paroisse.

Cette requête n'a pas été répondue.

Cependant il est impossible, surtout pendant l'hiver, les eaux étant alors fort grandes, de pouvoir passer, et il se trouve cependant assez souvent des habitants dans cette portion de Monceaux, qui étant élus par les paroissiens de l'autre côté de la rivière pour faire les gestions et collectes de cette paroisse, et ne pouvant passer, on leur fait souffrir des frais, ce qui est encore arrivé aux trésoriers de l'année 1787.

De plus, et ce qui est encore plus important, on ne peut aussi, lorsque les eaux sont débordées, communiquer à l'église, ni les sieurs curés aller dans cette partie administrer les sacrements ; on ne peut non plus porter les enfants pour être baptisés, non plus que les corps pour être inhumés, on ne peut envoyer la jeunesse à l'instruction. Il est arrivé le quatre novembre 1787, qu'il est né un fils pour un habitant de la portion de Monceaux; la rivière de Sienne étant débordée, ne pouvant passer pour aller à Quettreville, on fut d'une paroisse à l'autre pour trouver les moyens de faire recevoir le baptême à cet enfant, ce qu'on ne peut obtenir qu'au moyen d'une permission du curé de Quettreville. Ce particulier se voyant refuser, fut obligé de passer plusieurs débordements de la rivière, ayant l'eau presqu'à la ceinture, et dans une saison dure et rigoureuse, s'exposant au détriment de sa santé et au péril de sa vie, pour obtenir une permission du curé de Quettreville pour faire baptiser son enfant à une autre paroisse[1].

Enfin cette portion de Monceaux, qui est dominée et soumise par la paroisse de Quettreville est tout à fait enclavée.

Quand la rivière de Sienne est débordée, ces habitants sont forcés d'aller par des chemins très écartés, pour se rendre par un autre pont nommé le pont de Hyenville, éloigné d'au moins une lieue et demie de l'ancien, et dont les issues sont impraticables, surtout dans l'hiver. Ces habitants sont obligés de traverser quatre paroisses pour arriver à leur église, pendant que ledit ancien pont est proche de ladite église.

Il y a des saisons que la rivière de Sienne n'est qu'à un certain degré de grandeur, et que ses habitants la passent au moyen d'échelles et de planches, et dans la sécheresse de l'été ils la passent quelquefois par les dehors du pont, par-dessus des pierres, mais ces passages sont souvent périssables, c'est un malheur trop

[1] Les arguments invoqués au texte étaient déjà exposés dans les deux requêtes présentées en mars et août 1788 par les habitants de Monceaux :

«Les habitants de la portion de Quettreville au delà dudit pont vous représentent que la ruine de ce pont les prive de pouvoir aller à leur paroisse pour y recevoir les sacrements et assister à l'office divin; que les collecteurs ne peuvent remplir leurs fonctions sans être obligés de faire un grand circuit pour passer la rivière au pont d'Hyenville, éloigné de plus d'une demi-lieue de celui de Quettreville, ce qui leur occasionne une perte de temps considérable, précieux; qu'enfin lorsque la rivière n'est pas trop forte, ils la passent sur des échelles posées sur les débris de ce pont, mais que ce passage est des plus dangereux, vérité trop prouvée de quantité de personnes qui y ont péri...

— Ils ajoutent que leurs enfants sont souvent exposés à ne pas recevoir le baptême, par l'imposibilité où ils se trouvent, lorsque les eaux sont grandes, de passer la rivière sans s'exposer au plus grand danger pour aller chercher chez MM. les curés la permission de les faire baptiser dans une paroisse voisine, et ils vous supplient de leur procurer cette communication, parce qu'au cas où vous ne pourriez la leur accorder, ils vous demandent à être séparés de la communauté de la paroisse de Quettreville et avoir leur administration particulière, tant pour ce qui concernerait la municipalité que pour les rôles et impositions.» (*Procès-verbal de l'ass. de départ. de Coutances*, loc. cit.)

prouvé par la quantité de gens qui y périssent de temps en temps.

Plusieurs de cette portion de Monceaux y ont péri, un collecteur même, en revenant d'aider à ramasser les deniers de la taille, fut noyé en repassant pour revenir chez lui, et plusieurs autres de la paroisse même, l'un en passant pour venir à une portion de pré qu'il avait en deçà de la rivière, un autre en revenant du marché de Gavray.

Plusieurs étrangers y ont également péri, l'un en revenant des salines de Bricqueville chercher sa provision de sel, un autre en revenant de la foire Sainte-Anne qui se tient audit Quettreville, un autre en voulant passer audit Quettreville où il avait à faire.

Enfin il n'y a encore que deux ans qu'il y périt un homme de Trelly, paroisse voisine. Au reste, il n'y aurait qu'à vouloir ouvrir les yeux sur les registres de Quettreville pour voir la liste de ces infortunés.

Voilà les dangers où les habitants de la portion de Monceaux sont exposés.

Il est donc le plus important pour ces suppliants d'avoir un passage sûr, mais n'étant pas en état d'en faire seuls les frais,

Ils ont l'honneur de vous donner la présente à ce qu'il vous plaise, Messieurs, les favoriser dans leurs demandes et faciliter les moyens et secours pour en obtenir les fins.

Et si enfin la chose ne pouvait se faire, ils demanderaient à faire un corps séparé de la communauté de Quettreville, qui aurait son administration particulière, tant pour ce qui concerne la municipalité que pour ses rôles et impositions.

Cet établissement est dans bien des paroisses. A Saint-Denis-le-Gast, une portion appelée Orbeville est distincte et séparée de l'autre partie de paroisse; la même chose est aussi à Gavray pour le bourg et village[1].

Vous demanderaient aussi les suppliants de leur faciliter les moyens d'avoir une chapelle succursale pour avoir la messe fêtes et dimanches, et un ministre pour y faire les fonctions conformes à la religion[2], et vous ferez justice, et les suppliants ne cesseront

---

[1] Les sections de paroisse d'Orbeville en Saint-Denis-le-Gast et de Gavray-village, ayant des rôles d'impositions distincts, ont été convoquées séparément en 1789, et ont rédigé un cahier de doléances propre (voir *suprà*, p. 321 et p. 489).

[2] Ce qui donne quelque piquant à l'humble vœu des paroissiens de Monceaux, c'est que tandis qu'ils sont obligés de s'exposer à tous les dangers qu'ils nous énumèrent pour aller chercher de l'autre côté de la rivière les secours de leur religion, dans le chef-lieu de paroisse il y a en ce moment deux curés pour une seule cure, plus

d'adresser leurs vœux au ciel pour la conservation de vos personnes. Nous vous supplions, Messieurs, que ces doléances soient employées ou jointes au cahier.

Présenté le 7 de mars 1789.

> G. CLÉRAULT *prêtre*, Pierre CLÉRAULT, Jacques CLAIRAUX, Michel ALLIN, J. LOISON, Jean CLÉREAUX, Pierre-Michel LECAPLAIN, Robert CLÉRAUT, Jean DELARUE, B. DURET, T. DURET, Denis LEPETIT, J. LEFRANÇOIS, F.-D. GERMAIN, Yves GERMAIN, L. GODEFROY, Gille LEPEU, Victor LEPEUT, Jean YON, Denis YON, Pierre YON, Jean SURBLED, A. MAUVIEL, A. MAUVIEL, Jean LEPEUT, Pierre LEPEUT, Jq.-Anth. DUREY, G. BEAUGENDRE, Robert CLÉRAULT, P. JAMET.

REGNÉVILLE [1].

1. PROCÈS-VERBAL D'ASSEMBLÉE.

(Le procès-verbal authentique n'a pu être retrouvé.)

Date de l'assemblée : 1ᵉʳ mars. — Nombre de feux : 50 [2]. — Députés : *Jacques-Nicolas LECLERC, *laboureur* (5 jours, 15 l., Ref.; et 18 jours, 71 l., Acc.); Julien OLLIVIER, *laboureur* (4 jours, 12 l., Ref.).

2. CAHIER DE DOLÉANCES.

(Ms. *Greffe du Tribunal de première instance de Coutances*, pièce nº 459. Original signé. *Inédit* [3].)

Cahier de doléances ou état de plaintes, remontrances, fait et présenté à l'Assemblée du bailliage et siège présidial de Cotentin, séant à Coutances par les députés et habitants et possédant fonds de la communauté de la paroisse de Regnéville, le 2 mars 1789 [4].

Vertu de la lettre du Roy donnée à Versaille, le 24 janvier 1789, et son règlement y annexé concernant l'assemblée des

---

un prieur et un chapelain sans charge d'âmes. L'organisation du culte n'était pas moins embrouillée sous l'ancien régime que l'administration civile.

(1) Arrondissement de Coutances, canton de Montmartin.

(2) Population en 1793 : 383 habitants (N. 8, M. 2, D. 7). — Popula-

tion actuelle (avec Grimouville et Urville réunis) : 1,527 habitants.

(3) Le cahier est en grande partie la reproduction textuelle du cahier de Montmartin, *suprà*, p. 472. Nous n'en donnons que les passages originaux.

(4) Cette date est incontestablement mensongère. Le 2 mars 1789, à l'appel

États généraux pour le 27 avril prochain, de l'ordonnance de
M. le bailly de Cotentin, rendue par-devant M° Desmarets de
Montchaton son lieutenant général, le 13 février 1789, dont
du tout lecture a été faite tant au prône de la messe paroissiale
qu'à l'issue de ladite messe et ensuite affiché à la grande porte de
l'église le 22 février 1789.

Les habitants et possédant fonds de ladite paroisse de *Renesville* (*sic*) parfaitement soumis aux ordres de Sa Majesté, et remplis du désir sincère de contribuer aux besoins de l'État, à la tranquillité et prospérité du royaume et voir enfin la fin des maux qui
les accablent par la surcharge des impôts, ont délibéré et arrêté
ce qui suit :

1° Que la répartition des impôts. . . [1];

3° De restreindre, autant que faire se pourra, la multiplication inutile des impôts, aux fins de simplifier le nombre infini de
tant de receveurs, dont la réforme causerait au Roy une somme
infiniment plus considérable, et donner à ceux qui se trouveraient
dans la classe de réformer une pension viagère et proportionnée
aux services qu'ils auraient rendus à l'État. Cette sage économie
serait de la dernière ressource pour les sujets de Sa Majesté [2];

4° Que la reconstruction et entretien des maisons et bâtiments
curiaux, etc. . . [3];

---

de leur paroisse à l'assemblée préliminaire du tiers état du bailliage de Coutances, les députés de Regnéville ont
répondu que leurs commettants ne leur
avaient remis aucun cahier. Le cahier,
dans sa forme actuelle, a dû être rédigé
plus tard, et remis lors de la seconde
réunion, le 16 mars. On n'aura, pour
donner le change, antidaté.

[1] Les articles 1 et 2 sont la reproduction presque littérale des mêmes articles du cahier de Montmartin.

Impositions pour 1789 : taille, 498
livres ; acc., 322 l. 16 s. ; cap., 322 l.
4 s. ; corvée, 175 l. 7 s. 3 d. ; vingt.,
356 l. ; terr., 30 livres ; bât., 10 livres.
Au total 1,718 l. 7 s. 3 d. — *Privilégiés* : le curé, M° Jacques-François
Blondel, un ecclésiastique sans bénéfice, Charles Labude et la dame patronne, Marie-Jeanne-Louise de Col-
lardin, veuve de M. le marquis de
Pienne. Privilégiés du tiers état : 1 receveur des traites, 1 contrôleur-visi-
teur, le personnel d'une brigade des
traites et gabelles (brigadier, sous-bri-

gadier, 4 gardes) et d'une biscayenne
(1 pilote et 4 garde-matelots). *Supplément des privilégiés* : 44 l. 6 s. 6 d.

[2] Cf. le cahier de Montmartin,
art. 3 (*sérieusement remanié*).

[3] Les articles 4 et 5 sont la reproduction presque littérale des mêmes
articles du cahier de Montmartin.

Le seul décimateur de Régneville
était le curé, qui percevait toutes les
dîmes. (*Pouillé, f° 5 v°.*) Déclare en 1790
sa dîme donner 12 boisseaux de froment, 130 d'orge, 10 de hâtiveau,
10 d'avoine, 10 de lentilles et orge
mondé, 2 de pois. Il y a 7 à 8 vergées
de terre d'aumônes en luzerne (louées
en l'an III, 210 livres, valeur 100 livres). Au total, avec les verdages,
31 livres de fondations, 2 jardins légumiers, année commune 1,600 livres
(*Déclar. n° 111, f° 22*).

Aucun autre bien ecclésiastique, que
3 vergées de terre appartenant au trésor (n. est.). — *Rentes* : 1° le trésor
50 l. 14 s., avec diverses charges ; 2° les
Jacobins, 12 boisseaux de froment ;

6° De remettre sous les yeux de Sa Majesté la ruine prochaine du pont de la Roque, qui depuis longtemps annonçait si visiblement sa chute qu'on a fait dans les dernières années, tant par des requêtes que des lettres particulières, des représentations tendant à veiller incessamment à une urgente réparation dont il était et est encore présentement très susceptible. Jusqu'ici on a été privé des avantages qu'on espérait par la vigilance qu'on devait y apporter audit pont, qui pendant la dernière gelée vient par le fracas des glaces, de souffrir de plus grands dommages, qu'on craint que la marée de mars ne le détruise totalement, triste événement qui causera aux sujets de Sa Majesté la plus grande perte, par la privation de leur débouché pour leurs marchés de Coutances, Saint-Lô, Périers et Carentan et autres. D'ailleurs toutes les paroisses du Bocage, sept lieues éloignées de Coutances, qui sont obligées de venir audit pont de la Roque chercher des tangues, sont obligées aujourd'hui de passer avec leurs charrettes au travers de la rivière, dont il y en a eu plusieurs qui ont perdu la vie; il est donc indispensablement nécessaire d'y apporter un prompt remède [1];

7° Que pour assurer à chaque bénéficier et chaque communauté son droit de propriété fixe sur les dîmes insolites, tels que sont les trèfles ou trémaines et luzernes, dont l'usage seulement pour la nourriture des bestiaux, absolument nécessaires à la culture et amélioration des terres, est devenu indispensable dans certains cantons comme dans la paroisse de *Renesville* et autres et ses limitrophes, où l'ingratitude (*sic*) des fonds ne permet point d'avoir des terres d'herbages ni prairies [2], supplie la communauté de *Renesville* ces messieurs députés aux États généraux de demander au Roy un règlement en forme de loi, qui assure à chacun de ses sujets son droit durable et permanent et tarisse la source de tant de procès ruineux par leur trop longue durée.

3° l'abbaye de Hambye, 8 boisseaux de froment, 1 pain, 1 géline; 4° le domaine du roi, 30 livres.

[1] Cf. le cahier de Montchaton, art. 32, et la note *supra*, p. 461.

[2] Cf. le cahier de Montmartin, art. 6 (*considérablement développé*).

Mém. stat. 1727, p. 29. «Regnéville, Terroir en campagne, à orge et lentille, mais qui se couvre de sable dès que le vent y pousse. Il y a un petit havre à Regnéville, où il y a un bureau des traites.» En 1764, le nouveau rédacteur ajoute : «Ce petit havre est interdit... Ces paroisses n'ont aucune prairie ; elles n'ont aussi en la plus grande partie aucun bois pour leur chauffe, elles sont réduites à se chauffer de certains bois piquants appelés bois-jean; et d'autres paroisses sont dans la dure nécessité de se chauffer de fiente de bœuf et de vache qu'ils font sécher pendant l'été, pour s'en servir pendant l'hiver ; d'autres paroisses enfin, coupent des gazons de terre chargés de bruyère, qu'ils font sécher et brûler ensuite.»

Tant qu'aux règles d'une administration juste fixe et permanente, la communauté de Renesville connaît trop la faiblesse de ses lumières pour vouloir entreprendre d'en prescrire, elle en réserve le soin particulier aux personnages justes, sages et éclairés, et dignes de la confiance, qui seront choisis pour l'assemblée des États généraux, persuadée qu'elle est que ses intérêts ne peuvent mieux être confiés qu'à leur zèle patriotique et désintéressé, que la cause commune du tiers état, classe la plus pauvre et cependant la plus lésée, deviendra la leur en particulier.

Fait et arrêté d'une voix unanime par tous les habitants et possédant fonds de la communauté de Renesville, toutes les règles dûment observées, ce qu'ils ont signé après lecture faite. Ce premier de mars 1789.

J. OLLIVIER, VINCENT, J.-N. LECLERC, J.-St PAIR, Odo LECLERC, Jean ELARD, Vincent ÉNOL, *syndic.*

RONCEY [1].

---

1. PROCÈS-VERBAL D'ASSEMBLÉE.
(Le procès-verbal authentique n'a pu être retrouvé.)

Date de l'assemblée : 1er mars. — Nombre de feux : 190 [2]. — Députés : François-Casimir LE BRUN, *avocat* (4 jours, 12 l., Réf.); *Jean-Baptiste HAMELIN, *chirurgien-laboureur* (6 jours, 18 l. et 18 jours, 71 l., Acc.).

2. CAHIER DE DOLÉANCES.
(Ms. *Greffe du Tribunal de première instance de Coutances, pièce n° 423. Original signé. Inédit.*)

Cahier des remontrances, plaintes et doléances, fait par les habitants de la paroisse de Roncey pour être présenté par leurs députés à l'Assemblée préliminaire qui sera tenue à Coutances, le 2 mars 1789.

Sous le règne de Charles Sept, les principales villes et les campagnes des environs, qui étaient encore en son pouvoir, s'étaient

[1] Arrondissement de Coutances, canton de Cerisy-la-Salle.
[2] Population au dénombrement de

1793 : 1,122 habitants (N. 28, M. 8, D. 11). — Population actuelle : 884 habitants.

chargées de fournir à la subsistance des troupes qu'on y mettait en quartier.

Le peuple, toujours affecté du mal présent, sans considérer l'avenir, préféra une taille en argent, pour le payement de ces troupes; telle est l'origine de la taille.

Le clergé en était exempt par des privilèges qui lui avaient été accordés dans le temps qu'il était pauvre.

La noblesse et ceux qui possédaient des fiefs faisaient le service militaire à leurs frais; ces derniers étaient obligés en outre de fournir un certain nombre de gens d'armes selon la qualité de leurs fiefs.

Mais à présent que le clergé est fort riche, que les possesseurs de fiefs ne fournissent plus d'hommes d'armes, et que la noblesse est payée quand elle sert l'État, pourquoi seraient-ils exempts de payer leur quote-part de cet impôt?

Mais, comme il est hors de doute que la taille est mal répartie, et qu'elle le sera toujours, puisqu'il n'y a point de règles certaines, d'après lesquelles on puisse faire cette répartition, et qu'il ne peut y en avoir, puisqu'on ne peut connaître l'opulence et la misère secrète des familles, l'impôt territorial doit être préféré, car avec le temps et un travail assidu, on peut parvenir à connaître la valeur des fonds; une fois connue, la répartition sera facile à faire, une fois faite ce sera pour toujours, car les changements qui pourraient arriver ne dérangeront point l'ordre établi.

Nous désirons donc que l'impôt territorial ait lieu, et que personne n'en soit exempt[1].

Les impôts sur le sel et le tabac doivent être supprimés, parce que le pauvre paye autant que le riche.

L'impôt sur les boissons doit l'être également, puisque les riches n'en payent rien ou presque rien.

[1] *Impositions pour 1789* : taille, 2,845 livres; acc., 1,867 livres; cap., 1,840 l. 14 s.; corvée, 946 l. 5 s.; vingt., 1,763 l., 14 s.; terr., 153 livres; bât., 51 livres. Au total 9,466 l. 13 s. *Privilégiés* : le curé, M° Gilles Hamelin, un ecclésiastique sans bénéfice, le s° F. Promerane Legoubin, et le seigneur Bon Chrétien, marquis de Bricqueville, seigneur aussi de Neuville-au-Plain en Saint-Sauveur-le-Vicomte, chevalier de Saint-Louis, de la Société de Cincinnatus, et chef d'escadre des armées navales, tous présents à l'assemblée de Coutances. *Supplément des privilégiés* : 7531. 4 s. 1 d.

Lignes : 244, dont 4 exploitants. — Hors tenants : les sieurs Jourdan frères, Lavaugerie, chirurgien, Asselin, peintre, bourgeois de Coutances, qui ont bénéficié d'ordonnances de décharge pour les six derniers mois de 1789, pour respectivement 22 l. 18 s. 11 d., 21 l. 18 s. 8 d., 22 l. 18 s. et 27 l. 10 s. (Arch. Manche, C 487.)

Mais si ces impôts sont joints au territorial, alors le riche payera plus que le pauvre, comme cela doit être.

Ce serait un bien que le commerce fût libre dans l'intérieur du royaume, et que les commis et gardes fussent consignés sur les frontières et côtes maritimes.

Ce serait un bien que les charges et offices de magistrature ne fussent point vénales, et qu'il y eût des appointements fixes et suffisants pour chaque office, de sorte que la justice fût rendue sans frais.

Il serait également bien qu'il n'y eût de juridictions royales que dans les villes.

Il serait à souhaiter que les justices féodales fussent supprimées parce qu'elles sont inutiles, à charge aux seigneurs et aux vassaux; ces derniers reconnaîtraient leurs tenures et leurs rentes chez les notaires du lieu, mais si les seigneurs s'arrangeaient entre eux pour la sûreté de leurs fiefs, ce serait encore mieux.

Il est intéressant pour le public que les charges de payeurs des rentes soient supprimées, et que les assemblées provinciales soient chargées de payer les arrérages des rentes dues par l'État à ceux qui sont domiciliés dans leur arrondissement.

Pour rembourser les charges et offices supprimés, et acquitter les dettes de l'État, nous croyons que le meilleur moyen, le plus prompt et le moins à charge, serait de créer une certaine quantité de papier-monnaie, sous la garantie des États généraux, par exemple pour la moitié de la dette nationale, la somme des intérêts qu'on ne payerait plus et qui augmenterait tous les ans, servirait à acquitter le surplus de cette dette, ensuite on retirerait annuellement une certaine quantité de ce papier jusqu'à ce qu'il eût entièrement disparu.

En demandant que les gros décimateurs soient chargés de l'entretien de leurs presbytères[1] et que les fonds superflus du trésor

---

[1] *État dressé par les officiers municipaux, au 13 novembre 1790.* «Les décimateurs de cette paroisse sont le sᵣ curé, les MM. du chapitre de l'église cathédrale de Coutances, et le sᵣ abbé de l'abbaye de Mortain, lesquels sont ou étaient sujets à l'entretien du chœur, lequel est actuellement en mauvais état. la charpente est soutenue par des appuis.» Chacun des décimateurs, d'après le *Pouillé*, perçoit un tiers des grosses dîmes; le curé, avec sa tierce gerbe, a la totalité des menues, et les aumônes. Dit en 1790 sa dîme donner 1,200 ger-

bes de froment, 1,800 d'orge, 734 d'avoine, 150 de sarrasin, 3 tonneaux de cidre, 1,000 bottes de lin, le tout estimé 3,000 livres, sur lesquelles il paye 1 vicaire et 1,000 livres de pension à son résignant. (*Déclar.* n° 124, f° 44.)

L'*État* ne donne pas les rentes. La chapelle de Maupertus en Roncey percevait dans la paroisse 10 boisseaux de froment appréciés 83 l. 17 s. 6 d., et l'abbaye de Hambye, d'après ses derniers *Journaux*, recueillait 26 demeaux de froment, mesure de 9 pots, 4 poules,

des églises soient employés aux réparations et nouvelles constructions des nefs, nous ne croyons pas faire une demande déplacée.

Au surplus, lesdits habitants font des vœux pour que les abus soient réformés, qu'il y ait un nouveau code de lois, et que les impôts soient plus justement répartis; et assemblés au lieu où ils ont coutume de faire leurs délibérations, ils ont fait et signé le présent fait double après lecture.

Ce 1er mars 1789.

P. LETOUSEY, LEBRUN, *avocat*, ALEXANDRE, HAMELIN, R. GOU-
TIÈRE, F. LEBRUN, J. FOUNAUD, V. LEBRUN, J. LENOIR,
J. LEGRAVERAND, P. LE BRUN, Alexis GOUTIÈRE,
GUILLOT, C. LEROSEY, LECONTE, G. LOYSEL, L. LE
BRUN, J. BOSQUET, H. LEGRAVEREND, P. GUILLOT,
Ph. EDE, J. QUINETTE, POUTREL, G.-F. LE BRUN,
J. CAPELLE, Gille CAPPELLE, QUINETTE, J.-B. QUINETTE,
J. DURAND, J. LECONTE.

SAULTECHEVREUIL[1].

1. PROCÈS-VERBAL D'ASSEMBLÉE.

(Ms. Archives communales de Saultechevreuil, registre de délibérations,
de 1786 à l'an II, à la date du 25 février 1789.)

Analyse (Formule du modèle général imprimé). — Date de l'assemblée : 25 février. — Président de l'assemblée : ONFROY, *avocat*. — Délibérants : ENGERAND DES LANDES, *avocat;* J.-L. GILBERT, HUARD DES FONTAINES, J. ENGERAN, Et. BATAILLE, G. GOUPIL, J. TETREL, P. LEMOINE, Nicolas LENOIR. — Nombre de feux : 200 [2]. — Mention de rédaction et de remise du cahier de doléances. — Députés : *Me Jullion-Léonard GILBERT, *avocat* (6 jours, 18 l., et 19 jours, 74 l., Ref.[3]); Me Jacques-Engerand DESLANDES, *avocat* (6 jours, 18 l. et 19 jours, 74 l., Ref[4]). — Ont signé : (*mêmes signatures que le cahier*).

---

4 pains et 40 œufs sur 3 fieffataires; en plus 19 s. pour des obits et pitances. (*Rentes de Hambye*, Arch. Manche, H 4331.)

[1] Arrondissement d'Avranches, canton de Villedieu.

[2] Population au dénombrement de 1793 : inconnue. Mouvement de 1787 : N. 32, M. 7, D. 17. — Population actuelle (avec Saint-Pierre-du-Tronchet réuni) : 523 habitants.

[3-4] «Refusé, et a fait don à la patrie.»

2. CAHIER DE DOLÉANCES.

(Mss. 1° *Greffe du Tribunal de première instance de Coutances*, pièce n° 362. Original signé. — 2° Archives communales de Saultechevreuil. Registre de délibérations, à la date du 25 février 1789. Signé. — Ed. Jos. GRENTE et Oscar HAVARD, dans *Villedieu-les-Poêles, sa commanderie, sa bourgeoisie, ses métiers*, in-12, t. II, p. 17.)

Cahier de doléances de la paroisse de Sault-Chevreuil,
arrêté au lieu ordinaire des délibérations, le 25 février 1789.

Remontrent les habitants de ladite paroisse, qu'ils partagent l'excès des charges et impositions portées par le tiers état, et qu'ils sont même plus surchargés que la plupart des autres sujets.

Ils en tirent un motif plus pressant de solliciter notamment :

1° Le rétablissement des États particuliers de la province;

2° Que les États généraux du royaume soient assemblés à époques fixes et périodiques, et que le tiers état ait l'égalité des suffrages comme l'égalité du nombre de ses députés, vis-à-vis de ceux de l'état ecclésiastique et de la noblesse réunis, dans les assemblées desdits États généraux et provinciaux;

3° Que la noblesse et le clergé n'aient aucune exemption d'impôt quelconque, et qu'ils y contribuent avec le tiers état, dans la proportion des fortunes de tous, tant pour les impôts subsistants que pour ceux qui pourront être consentis par la nation [1]; et que la simplicité de ces impôts suive l'uniformité de la contribution, qui sera réglée par les administrateurs qui seront choisis par la province ;

4° Que par une conséquence de ce dernier article, et dans tous les cas possibles, l'impôt sur le sel et sur les denrées de première nécessité, ruinant autant le peuple que les grands, soient à jamais supprimés;

5° Que la liberté individuelle des citoyens soit assurée, et que tous les crimes et délits soient soumis aux tribunaux ordinaires; de même que dans les matières civiles il n'y ait aucun privilège d'évocation et autres, tendant à faire distraire les affaires du ressort de la province; et qu'enfin il n'y ait que deux degrés de juridiction;

6° Que le tirage des milices de terre soit supprimé, ou rendu moins onéreux [2];

---

[1] Impositions pour 1789 : taille, 1,405 l.; acc., 922 l.; cap., 909 l.; corvée, 466 l. 13 l.; vingt., 899 l. 13 s. 10 d.; terr., 83 livres; bât., 28 livres. Au total, 4,691 l. 6 s. 10 d. — Lignes : 192. — *Privilégiés :* le curé m° Poutey.

Aucun noble. Pour le tiers état, la dame v° Harivel, directrice de la poste aux lettres. *Supplément des privilégiés :* 198 l. 12 s.

[2] La paroisse de Saultechevreuil était rattachée pour le recrutement des

7° Que les priseurs-vendeurs soient également supprimés ;

8° Que les propriétaires dont les fonds ont été perdus par l'emplacement des grandes routes ou autres ouvrages publics, soient indemnisés, soit que leurs pertes aient précédé, soit qu'elles aient suivi l'année mil sept cent soixante-six, à laquelle les indemnités ont commencé [1] ;

Remontrant lesdits habitants qu'il en ont essuyé de l'espèce avant et après ladite époque, dont une partie seulement a été remboursée ;

9° Que les députés aux États généraux ne soient baillis ni procureurs fiscaux des seigneurs, du clergé et de la noblesse, ni financiers, ni receveurs, ni agents des uns et des autres [2] ;

10° Observation spéciale est faite que ladite paroisse de Sault-Chevreuil a souffert de grandes pertes par l'emplacement des grandes routes neuves de Granville, Vire et Avranches; qu'elle est chargée de rentes seigneuriales, de droits de banalités, et autres fort onéreux [3], et qu'elle souffre depuis longtemps du séjour et des exploitations que le maître des postes de Villedieu a dans leur paroisse, laquelle est d'ailleurs située dans le canton le plus stérile de la province [4].

troupes provinciales à la subdélégation de Granville. Elle tirait en général avec les paroisses de Bourey, la Haye-Pesnel, le Loreur et Mesnilamand. En 1788, ces paroisses réunies avaient présenté 96 inscrits; 46 avaient été déclarés exempts, 44 écartés pour infirmités ou défaut de taille; 6 seulement avaient tiré, pour fournir 1 seul milicien. En cinq années, d'après les derniers *Etats*, la paroisse de Saultechevreuil avait ainsi fourni 3 miliciens. (Arch. Calvados, 1916, 1925.)

[1] Les indemnités accordées pour l'ouverture des routes nouvelles devaient être assurées dans l'élection de Caen par l'affectation annuelle d'une somme de 50,000 livres sur le fonds de l'imposition territoriale établie en 1774. Mais les indemnités dues annuellement dépassaient de beaucoup ce chiffre, et il s'était accumulé un arriéré énorme. Lorsqu'à la fin de 1787, l'Assemblée provinciale prit en main la gestion de ce fonds, l'arriéré connu, pour la généralité de Caen, s'élevait à 257,371 l. 6 s. 10 d. La part de l'élection de Vire, suivant des états dressés jusqu'en 1786 seule-

ment, était de 45,162 l. 2 s. 2 d., et la mise au jour des états en retard ne la porta pas à moins de 77,213 l. 3 s. La commission intermédiaire, malgré les plus grandes économies, n'était encore arrivée à payer sur ce chiffre, en 1787 et 1788, que 16,342 l. 12 s. 4 d. (*Compte rendu*, p. 240, et tableau N annexé.)

[2] Cf. le *Prenez-y-garde*, 8 des exclusions (dans Hippeau, *Élections*, p. 310).

[3] *Mém. stat.*, p. 49. «Saultechevreuil. Terrain de labour de seigle, avoine et sarrasin; peu de froment et prairie.»

Le moulin banal de Saultechevreuil appartenait à l'abbaye de Saint-Désir-de-Lisieux; il est déclaré affermé au sieur Goupil, par bail du 9 avril 1779, pour 300 livres de rente foncière et seigneuriale perpétuelle. (Arch. nat. Q¹ 651).

[4] Sur le privilège des maîtres de poste, cf. les cahiers de Coutances, art. 52, Saint-Pierre de Coutances, art. 22, *supra*, p. 95, 108, et le cahier de Tourlaville (Valognes), art. 1er

Fait, arrêté et signé double ledit jour 25 février 1789, après lecture, le présent étant remis auxdits sieurs députés.

ONFROY, *avocat*, ENGERRAN DES LANDES, *avocat*, GILBERT, HUARD DES FONTAINES, J.-T. ENGERRAN, Étienne BATAILLE, P. LEMOINE, G. GOUPIL, (*illisible*), TETREL, Jacques JENNEMY, J. TÉTREL, Louis TÉTREL, Nicolas LENOIR.

SAUSSEY[1].

---

1. PROCÈS-VERBAL D'ASSEMBLÉE.
(Le procès-verbal authentique n'a pu être retrouvé.)

Date de l'assemblée : 1er mars. — Nombre de feux : 163 [2]. — Députés : Jacques LAURENS, *laboureur* (3 jours, 9 l.); François CABARET, *laboureur* (3 jours, 9 l.).

(Hippeau II, 507). — «Les maîtres de postes, expliquent les procureurs-syndics du département de Saint-Lô, sont exempts de toute taille de propriété; ils peuvent même faire valoir 100 arpents (250 vergées) de fermages, sans payer de taille d'exploitation... La taxe des garde-étalons doit être, aux termes des règlements, de 30 livres du principal au-dessous de leur vraie cote, et accessoires diminués dans la même proportion; mais ils sont de plus exempts de contribuer à la corvée, jusqu'à concurrence de 140 livres du principal de leur cote... Parmi les personnes taxées d'office, vous n'apercevrez en général que des particuliers riches, qui soit à raison de leurs grandes propriétés, soit par rapport à des fermages considérables, soit enfin parce qu'ils réunissent de grandes propriétés à des fermages importants, sollicitent d'avoir un étalon (ou la poste des lettres) pour s'exempter de payer la taille dont ils sont contribuables.» (*Procès-verbal de l'assemblée départementale de Saint-Lô*, Arch. Calvados, C 7712.)

Une requête et demande en décharge présentée par le maître de poste de Villedieu, sieur Vauquelin, le 27 décembre 1783, permet d'apprécier à peu près quelle pouvait être l'importance du privilège. Il déclare faire valoir, outre ses acquêts, les dîmes de Fleury, louées 3,500 livres, un trait de Lisieux, 400 livres, les dîmes de la Bloutière, 1,300 livres, la ferme de la Dairie, 1,000 livres, celle de Lamberdière, 400 livres. Au total pour 6,000 livres de biens affermés. L'exploitation dépasse notablement son privilège, mais il fait remarquer que les dîmes ne doivent pas être comprises comme terre d'exploitation, et que, par long usage, la tolérance de 100 arpents a toujours été portée à Villedieu à 50 arpents en sus. Il lui est accordé en effet, pour cette fois, 150 livres de décharge. (Arch. Calvados, C 4477.)

La directrice des postes de Villedieu en 1789 était une dame veuve Harivel, qui est portée au *Supplément des privilégiés* pour 10 s. seulement de taille.

[1] Arrondissement de Coutances, canton de Coutances.

[2] Population en 1793 : 884 habitants (N. 23, M. 5, D. 36). — Population actuelle : 597 habitants.

2. Cahier de doléances.

(Ms. *Greffe du Tribunal de première instance de Coutances*, pièce n° 420.
Original signé. *Inédit*[1].)

Cahier des plaintes, doléances et remontrances des paroissiens taillables composant le tiers état de la paroisse de Saussey, rédigé par ordre de Sa Majesté et par ordonnance de M. le bailli de Cotentin.

1° Remontrent les habitants de ladite paroisse de Saussey, qu'ils désirent que tous les impôts soient réduits en une seule masse, etc... [2];

2° Que la répartition en soit faite proportionnellement, etc.;

3° Que les biens des ecclésiastiques rentés, chapitres, communautés, cures et autres, qui possèdent des terres, dîmes et rentes, soient imposés, chacun dans les lieux et communautés où ils sont situés, comme les autres habitants desdites paroisses ou communautés [3];

4° Que les biens des nobles et privilégiés soient pareillement imposés dans les paroisses, communautés où ils sont situés;

---

[1] Le cahier est en grande partie la reproduction textuelle du cahier de Contrières (*supra*, p. 280). Nous n'en donnons que les parties originales.

[2] Les articles 1 et 2 sont la reproduction littérale de l'article 1er de Contrières.

Impositions pour 1789 : taille, 1127 livres; acc., 739 l. 10 s.; cap., 729 l. 3 s.; corvée, 369 l. 6 s. 9 d.; vingt., 1,484 l. 16 s. 7 d.; terr., 127 livres; bât., 42 l. Au total 4,618 l. 15 s. 4 d.

Lignes : 176. Jouissants : 15. — *Privilégiés :* le curé m° Louis-Antoine Langoineur, et un ecclésiastique sans bénéfice, Toussaint Leguedois; pour la noblesse, trois possédants fiefs, René-Joseph-Robert de Brébœuf, écuyer, commandant de l'Isle Marie-Galante, propriétaire des fiefs de Maupertuis et la Lande à Roncey; Guillaume-Antoine-Pierre de la Haye, chevalier, seigneur et patron de Senoville, Saussey et du fief du Mesnil Saint-Jean en Saint-Pierre de Coutances (c. n. 25 livres); et Jean-François-Louis de Mary, propriétaire du fief des Traits en Saussey (c. n. 3 livres); Pierre de la Haye de Senoville cadet, écuyer, non possédant fief (c. n. 30 li-

vres). *Supplément des privilégiés :* 281 l. 17 s. 8 d.

[3] Cf. l'article 2 du cahier de Contrières.

Biens ecclésiastiques à Saussey. I. *Biens-fonds :* 1° la cure, maison presbytérale, jardin, terres, 7 à 8 vergées (louée en l'an III 525 livres; valeur 200 livres); 2° l'hôtel-Dieu, 2 à 3 verg. de mauvaise jeannière (est. 15 l.). — II. *Rentes :* 1° le trésor, 14 boisseaux de froment, 2 livres de cire et 78 l. 8 s. 2 d. en argent; 2° l'hôtel-Dieu, 13 boisseaux de froment et 11 l. 10 s.; 3° les Jacobins, 12 boisseaux 1/2 de fr. et 33 livres; 4° la chapelle Saint-Joseph en Saint-Nicolas de Coutances, 17 boisseaux de fr. et 56 livres; 5° la chapelle Saint-Honorine-en-Orval, 12 boisseaux 1/2 de fr. et 12 d'orge; 6° la chapelle Toussaint en la cathédrale, les grosses dîmes sur le fief de la Réauté, affermées 240 livres; 7° le trésor d'Orval, 4 livres; 8° le trésor de Saint-Nicolas de Coutances, 9 l. 10 s.; 9° le trésor de Saint-Pierre de Coutances, 21 l. 19 s.; 10° l'école de Saint-Pierre de Coutances, 5 livres. III. *Dîmes.* (V. *infrà*, p. 531, n. 2.)

IMPRIMERIE NATIONALE.

5° Que la perception des impôts soit passée par adjudication au rabais, et que le prix de l'adjudication soit réparti au marc la livre sur tous les contribuables ;

6° Que la répartition en soit faite par tous les habitants de chaque paroisse ou communauté, chacun à leur tour et rang, par un nombre proportionné à la population de chaque paroisse ou communauté;

7° Que la proportion des impôts sur les paroisses soit scrupuleusement observée, justice et équité négligées depuis un temps immémorial [1] ;

8° Que le laboureur soit traité de façon à l'encourager à donner à l'agriculture toute l'étendue, les soins et l'administration que demande un art si précieux, dont l'abondance et la stérilité se font sentir et rejaillissent jusqu'au trône; les laboureurs sont ceux qui de tous les temps ont été surchargés des fardeaux des impôts, quoique exposés à des pertes considérables et sujets à de grands entretiens d'ustensiles de labourages, aux chartiages des engrais et de l'État, au payement des rentes seigneuriales, sur lesquelles les seigneurs n'en font aucunes déductions depuis plusieurs années; au contraire ils se font payer par leurs vassaux un dixième de leurs rentes pour le service de prévôté, ce qui est une aggravation considérable, au lieu que le paysan est obligé d'en faire diminution sur le peu qui lui est dû, ce qui oblige le laboureur et paysan à vendre leur propre substance, et à le réduire à ne manger que du pain d'orge, et souvent sec, pour subvenir au payement des impôts [2] ;

[1] Les articles 4 à 7 sont une reproduction libre des articles 3 à 5 du cahier de Contrières.

[2] Cf. le cahier de Contrières, article 6. *suprà*, p. 282.

En droit féodal normand, le prévôt est l'officier de la seigneurie chargé de faire les exploits nécessaires à la juridiction, c'est-à-dire « de publier les plaids et gages-plèges, d'exécuter pour le seigneur les saisies-arrêts, de faire tous commandements, assignations à sa requête, pour le service du fief, quelquefois même (la prévôté est dite en ce cas receveuse) de recevoir les rentes du fief et d'en faire les deniers bons au seigneur » (La Tournerie, *Fiefs*, 193.)

Le service de prévôté était dû personnellement par les vassaux, et d'après art. 165 de la Coutume, tous ceux qui possédaient des maisons habitables dans la seigneurie (les *masuriers*) étaient tenus de comparaître en un plaids annuel, pour faire élection de celui d'entre eux qui le remplirait pendant l'année. En Basse-Normandie même, dans les bailliages de Caen et de Cotentin, l'obligation était plus rigoureuse, en ce sens que, d'après une jurisprudence constante, elle s'étendait aux vassaux qui ne possédaient que des terres labourables, et que les vassaux d'une même seigneurie y étaient déclarés garants et responsables entre eux des deniers reçus ou à recevoir par le prévôt élu. (*Arrêt du 22 décembre 1571*, pour la seigneurie de Hudimesnil, rapporté par Bérault, *sur art.* 185; arrêts des 22 avril 1679, 1er mars 1681, dans Basnage, I, 277.)

L'usage reconnaissait au vassal désigné

9° Que les réparations et entretiens des presbytères ne soient plus à la charge des paroisses; n'est-ce pas une aggravation que d'obliger des paroissiens à entretenir le logement des curés, pendant que ce sont eux qui possèdent les plus beaux biens et le plus clair des paroisses? que les entretiens des églises, ornements, vases sacrés et autres, soient à la charge des décimateurs [1]; qu'il soit avisé à pourvoir aux droits excessifs qui se lèvent dans plusieurs marchés au profit des hôpitaux; les pauvres des paroisses des campagnes ne peuvent se faire recevoir dans lesdits hôpitaux, ce qui fait qu'ils ne profitent en rien de cette charge [2];

la faculté de s'exonérer du service personnel, en payant au seigneur le dixième des rentes exigibles et non contredites. (*Arrêt du 29 janvier 1672, pour la paroisse de Pirou, dans* BÉRAULT, *ibid*, I, 276.) Dans la pratique, un certain nombre de seigneurs avaient pris l'habitude de mettre en adjudication le service de prévôté, ou de le faire remplir par un homme à gages, aux frais de leurs vassaux; la jurisprudence avait, dans ce cas, fixé à un dixième en sus des rentes seigneuriales la redevance supplémentaire que les seigneurs pouvaient leur demander. (*Arrêt de règlement rendu pour la paroisse d'Hugueville en Cotentin, 27 janvier 1622, dans* BÉRAULT, *ibid.*, I, 276, et *Placités*, art. 29.) Ce dernier cas est évidemment celui que vise le cahier de Saussey.

[1] Cf. le cahier de Contrières, article 7, *suprà*, p. 282.

Pouillé, fol. 2 v°. «Saussey. Patronage alternatif: le seigneur du lieu et l'abbaye de Sainte-Barbe-en-Auge, réunie au collège des Jésuites de Caen. Le curé possède la totalité des dîmes, à l'exception d'un petit trait de grosses dîmes, appartenant au chapelain de Tous-les-Saints en la cathédrale de Coutances. A environ 9 ou 10 vergées de terre en aumône.» Déclare en 1790 le curé sa dîme, répartie en six traits dont la plupart sont loués, et quelques-uns fait-valoir, donner année commune 7 à 800 gerbes de tout blé, 60 boisseaux de sarrasin, 12 à 13 tonneaux de cidre. Au total 3661 l. 19 s. 8 d. Les aumônes donnent 127 livres. Au total 3786 l. 19 s. 8 d., sur lesquels il paie un vicaire. (*Déclar. n° 68,* f° 6.)

La dîme du Trait de la Réauté, ap-partenant au chapelain de Tous-les-Saints est déclarée affermée pour 240 livres, 2 chapons gras et 2 boisseaux de sarrasin. (*Déclar. n° 91,* f° 104.)

[3] Il s'agit du droit de *havage*. Ce droit avait été originairement un prélèvement au profit de l'exécuteur des hautes œuvres, sur les grains apportés dans les marchés de certaines villes. Turgot, qui le considérait comme nuisible au commerce, avait cru, par arrêt du Conseil du 3 juin 1775, le supprimer dans tout le royaume. Mais cette réforme avait été sans effet dans la généralité de Caen, parce que antérieurement, par arrêt du Conseil du 21 juin 1721, le produit du havage y avait été attribué aux hôpitaux. (*Lettre de M. Esmangard, à la date du 20 mars 1776.* Arch. Calvados, C 2492.)

Sur le marché de Coutances, le droit de havage consistait en «une pinte faisant la 4e partie du pot d'Arques, qui se percevait en essence sur chaque boisseau de blé, de la contenance de 18 pots». Dans les bailliages voisins, à Avranches, à Carentan, à Saint-Lô, il consistait plus généralement en 1/16° de boisseau, à prendre sur une somme composée 5, 6, 7 ou même 8 boisseaux de grain ce qui le faisait varier entre 1/96° et 1/80° du grain mis en vente. Malgré sa modicité, ce droit était d'un produit assez important pour les hôpitaux, en général fort mal dotés dans la région. A Avranches, en 1784, il produisait 2,916 livres; à Coutances, en 1775, il donnait 600 boisseaux de grain mesure de 18 pots, qui étaient consommés en nature; à Saint-Lô, d'après l'intendant, il fournissait à peu près le 1/3 du grain consommé par l'hôpital général. Lorsque

10° Que les priseurs-vendeurs soient supprimés . . . [1];

12° Que les sommes que Sa Majesté paye aux différents officiers des élections et autres leurs soient ôtées, et versées dans les coffres du [trésor] royal, au soulagement de l'Etat;

13° Que les tailles d'exploitation qui se trouveront jointes aux lignes des particuliers . . . [2];

14° Se plaignent que les seigneurs ont plusieurs colombiers, et entre autres plusieurs gentilshommes et autres ont aussi quantité de colombiers et volières et fournissent une multitude de pigeons qui désemencent les labours et la récolte, même avant qu'elle soit en maturité [3];

15° Demandent que la réparation des chemins soit à la charge des ecclésiastiques et des nobles comme des paysans [4];

16° Que les gabelles et les aides, leurs commis, sont un mal général et causent des torts et dommages inappréciables dans le royaume;

17° Qu'il ne soit établi qu'un seul bureau dans chaque province, où les collecteurs des paroisses soient obligés d'y porter les deniers;

Nous supplions Sa Majesté, qui veut bien nous permettre de porter aujourd'hui nos plaintes au pied du trône, d'exaucer nos vœux, et les seigneurs qui seront chargés de nos intérêts de prendre la défense d'un peuple fidèle et depuis si longtemps accablé.

Fait et rédigé par nous, paroissiens taillables composant le tiers état de la paroisse de Saussey et mis aux mains des députés élus, pour être porté à l'assemblée du bailliage de Coutances, le 2 mars 1789, et avons signé lecture faite.

J. Laurens, Jean Ravasse, Jean Jouno, Fr. Cabaret, P. Basset, B. Leroux, Pelerin, Jean Herout, P. Gonfroy,

---

l'Assemblée constituante eut supprimé le havage, la plupart des hôpitaux se trouvèrent fort dépourvus; dans une adresse à l'Assemblée, en date du 19 mars 1790, les administrateurs de celui de Coutances se demandent comment ils feront subsister désormais les 200 pauvres qu'ils entretenaient. (Arch. nat., D xiv, l. 48.)

[1] Les articles 10 et 11 sont la reproduction textuelle des articles 9 et 10 du cahier de Contrières.

[2] L'article 13 est la reproduction de l'article 12 du cahier de Contrières.

[3] Cf. l'article 19 du cahier de Contrières.

[4] Cf. textuellement l'article 13 du cahier de Contrières. Les communautés d'Orval et de Saussey avaient demandé en 1788 le classement du chemin de Coutances à Gérances, et du *pont Huet* sur la rivière de Malfiance. (Arch. Calv., C 7700.)

F. Delacour, Alexandre Lhuillier, C. Pelerin, F. Jounot, Pellerin, M. Leniobey, Jean Lhuillier, Nicolas Jouno, Jean Jounot.

Ne varietur. J. Laurens.

SAVIGNY[1].

1. Procès-verbal d'assemblée.
(Le procès-verbal authentique n'a pu être retrouvé.)

Date de l'assemblée : 1er avril. — Nombre de feux : 154[2]. — Députés : *M* Thomas Savary, *avocat,* Com. Réd. (13 jours, 39 l., et 17 jours, 68 l., Acc.). Jean-Baptiste Sadot, *laboureur* (5 jours, 15 l., et 18 jours, 70 l., Acc.).

2. Cahier de doléances.
(Ms. *Greffe du Tribunal de première instance de Coutances, pièce n° 369.* Original signé. *Inédit.*)

Très humbles et très respectueuses représentations, doléances et suppliques, que font au Roi ses très fidèles et soumis sujets les habitants et communauté de la paroisse de Savigny.

1° Qu'il demeure préalablement arrêté que les États généraux, etc...[3] ;

50° Les curés, dans l'ordre du clergé, étant les personnes les

[1] Arrondissement de Coutances, canton de Cerisy-la-Salle.

[2] Population en 1793 : 902 habitants (N. 23, M. 7. D. 14). — Population actuelle : 550 habitants.

[3] Le cahier est presque intégralement la reproduction du cahier de Bricqueville-la-Blouette. Les 77 premiers articles de Bricqueville sont reproduits textuellement, sauf une légère modification à l'article 50. Les articles 78 à 108 n'ont pas été reproduits ; à leur place le présent cahier offre quatre articles plus ou moins originaux, qui paraissent inspirés en grande partie du cahier de Cerisy-la-Salle. Nous ne donnons que les passages originaux.

Impositions de Savigny pour 1789 : taille, 1,822 livres; acc. 1195 l. 15 s.; cap., 1,178 l. 16 s.; corvée, 605 l. 2 s. 9 d.; vingt., 1,548 l. 5 s.; terr., 142 livres; bât., 47 livres. Au total 6566 l. 8 s. 9 d.

Lignes : 197, dont 24 occupants. — *Privilégiés :* le prieur-curé, m* Bourdais, présent à Coutances, le seigneur Guillaume-Remy-Claude Kadot, comte de Sébeville, capitaine au régiment de Bourbons-dragons (c. n., 122 livres), et un non-possédant fief, Aimable-Julien Gurlin, écuyer, sieur du Manoir (c. n., 2 livres). *Supplément des privilégiés :* 453 l. 16 s, 7 d.

D'après l'état des biens nationaux de l'an III, les biens de P. Nic. Marguerite de Rochefort, dans la commune de Savigny, se composent de la ferme de la Daubrairie, 84 verg., louée 900 livres, d'un bois de haute futaie, 5 verg. (n. est), de plusieurs parties de rentes montant à 16 boiss. de blé et 200 livres en argent. (Arch. Manche, Q$^{4-1}$15.)

plus utiles, et supportant le plus les fatigues et exposés à des dépenses inévitables à raison de leur état, le taux actuel des portions congrues n'est point à beaucoup près suffisant pour les mettre en état d'y faire face; il serait du plus grand intérêt de porter leurs portions congrues à 600, et d'abolir les déports si préjudiciables en Normandie [1];

78° Que les droits de grève, péage, passage et autres de cette nature, contraires au bien général et à la libre circulation, soient abolis, sauf à pourvoir à l'indemnité des possesseurs desdits droits, s'il y a lieu [2];

79° Que les curés ou leurs vicaires ne pourront prendre dans les bourgs et campagnes aucuns droits pour l'administration des sacrements et autres cérémonies de l'église, ce qui est un véritable impôt, d'autant plus injuste que les dîmes qu'ils perçoivent ne sont destinées que pour les mettre à portée de s'acquitter de ces sortes de fonctions [3];

80° Enfin que tout ce qui sera proposé à l'assemblée des États généraux pour le bien général y soit délibéré et définitivement arrêté à la pluralité des voix sans distinction d'ordre [4].

Le présent fait, signé et arrêté après lecture faite, ce 1er mars 1789, et signé par nous délibérant.

J. Vautier, Ch. Savary, J.-B. Sadot, Mahé, L. Lefranc, C. Legraverend, Delalande, Erjon, Dubosq, G. Perier, P. Picame, A. Laloë, L. Piquet, Lemarquier, J. Lebrun, (illisible), Jacques Le Roy, J. Turgis, Pierre Perier, J.-Q. Perier, J. Picame, F. Quesney, Louis Savary, A. Hedouin, G. Lejolivet, J.-B. Le-

---

[1] Cf. le cahier de Bricqueville, art. 50; le présent cahier abaisse à 600 livres la somme demandée pour les portions congrues.

[2] Cf. le cahier de Cerisy-la-Salle, art. 3, suprà, p. 256.

[3] Cf. le cahier de Cerisy-la-Salle, art. 16. La paroisse de Savigny était sous le patronage de l'abbaye de Sainte-Barbe-en-Auge, diocèse de Lisieux, qui la faisait desservir par un prieur-curé, lequel percevait toutes les dîmes, et n'était pas sujet au déport. (Pouillé, f° 12 v°.) Déclare en 1790 que les dîmes grosses et menues (de 3 à 4,000 gerbes de tout blé) sont affermées 2650 livres en bloc, et 1,000 de pot-de-vin. Il a des

aumônes considérables, 110 vergées de terre, estimées 700 livres. Au total, avec les réserves de dîmes qu'il fait valoir, et ses obits, 4436 l. 4 s. 2 d. (Déclar. n° 43, f° 48.)

Autres biens ecclésiastiques: 1° les religieuses hospitalières de Coutances, ferme dite des Champs Vimont, bât., 107 verg. de terre, dont 71 en labour, donnant 161 boisseaux de tout grain (n. est.); 2° le petit collège de Coutances, une terre affermée 550 livres; et une rente hypoth. de 11 livres. (Déclar. n° 33, f° 113.)

Domaine du roi : 37 demeaux 1/2 de fr., estimés 229 l. 12 s. 9 d.

[4] Cf. le cahier de Cerisy-la-Salle, art. 18, suprà, p. 260.

LIÈVRE, B. LEMIÈRE, A. DUCLOS, B. LEMARQUIER, F.
QUENTIN, Gille VILDIEU, R. LEMARQUIER, G. QUENTIN,
S. SAVARY, QUENTIN, SAVARY, *avocat.*

SOULLES[1].

1. PROCÈS-VERBAL D'ASSEMBLÉE.
(Le procès-verbal authentique n'a pu être retrouvé.)

Date de l'assemblée : 1er mars. — Nombre de feux : 196 [2]. — Députés :
*Mr Marie-Joseph HOUSSIN, *conseiller du roi en l'élection de Saint-Lô* (6 jours,
18 l., Réf., et 19 jours, 74 l., Acc.); Charles LE BAILLY, *laboureur* (4 jours,
12 l., Acc.).

2. CAHIER DE DOLÉANCES.
(Ms. *Greffe du Tribunal de première instance de Coutances, pièce n° 387.*
Original signé. *Inédit* [3].)

Du premier jour de mars 1789, en conséquence des ordres du
roy, se sont assemblés les habitants en général de la paroisse de
Soulles, pour procéder à la rédaction du cahier de leurs plaintes,
doléances et demandes, qui doit être remis aux députés qu'ils
nommeront pour les représenter. Lesdits paroissiens, après avoir
mûrement délibéré entre eux, sont unanimement convenus de
demander :

1° Le rétablissement des états de la province, etc.... [4];

6° Que la justice et les lois soient réformées dans les abus sans
nombre qui s'y sont glissés; que les justiciables soient assurés d'une
prompte justice dans tous les tribunaux sans essuyer des retards
préjudiciables à leur fortune et sans être obligés de s'épuiser en
frais pour solliciter des audiences ou un rapport qu'ils sont souvent
plusieurs années sans pouvoir obtenir, vu le nombre des affaires
et le peu d'expédition; que les lois criminelles soient également
réformées, et que les prisonniers soient jugés dans des temps
limités, sans les laisser languir et périr en prison, faute de jugement [5];

[1] Arrondissement de Saint-Lô, canton de Canisy.

[2] Mouv. 1787 : N. 27, M. 7, D. 30.
— Population actuelle : 744 habitants.

[3] Le cahier est d'un type mixte, reproduisant en partie textuellement les
articles du cahier-type de Cerisy, en partie ceux du cahier de Caillebot-la-Salle,
avec d'ailleurs de nombreux remaniements et des additions d'articles originaux. Nous ne reproduisons que les parties originales.

[4] Les articles 1 à 5 sont la reproduction textuelle des articles 1 à 5 du
cahier de Cerisy.

[5] Cf. l'article 6 du cahier de Cerisy.

7° Que dans tous les cas, les tribunaux qui occasionnent un troisième degré de juridiction soient supprimés; que les arrondissements des justices soient arrangés de la manière plus avantageuse aux intérêts des justiciables; on pourrait suivre l'arrondissement fait pour les élections;

8° Que les taxes des juges soient modérées, etc... [1];

10° Que toutes les juridictions d'exception qui déplacent les justiciables de leur territoire, telles que le bureau des finances, maîtrise des eaux et forêts, et autres, soient supprimées, du moins à la partie contentieuse, ainsi que toutes lettres d'attribution [2];

11° Que toutes les attributions accordées à M. le commissaire départi soient renvoyées aux juges ordinaires, et que tout ce qui regarde l'imposition et la répartition de l'impôt soit du ressort des États provinciaux [3].

12° Que la rétribution des curés à portions congrues soit augmentée à raison de leurs besoins, de leurs charges, de l'importance de leurs fonctions et de leur utilité; qu'elles soient par conséquent portées au moins à douze cents livres et celle des vicaires à six cents livres [4]; et comme cette somme serait souvent

---

[1] Les articles 8 et 9 sont la reproduction textuelle des articles 7 et 8 du cahier de Cerisy.

Impositions pour 1789 : taille, 2,150 livres; acc., 1,462 l. 13 s.; cap., 139 l. 15 s.; corvée, 721 l. 13 s. 4 d.; vingt., 2,071 l. 10 s. 5 d.; terr., 177 livres; bât., 51 livres. Au total, 8,233 l. 1 s. 9 d. — Lignes : 245. Jouissants : 25. — *Privilégiés :* le curé, m° Germain Le Rouvillois, présent à Coutances, le seigneur Pierre-François de Cussy, chevalier, marquis de Vouilly, seigneur du fief d'Outre-Soulles (c. n., 18 livres); Michel-Armand de Godefroy de Soulles, pensionné du roi (c. n., 6 l.); Thomas Osmond, maître de poste à la Fosse, taxe d'office, pour exploitation excédant son privilège, à 25 livres; et le s² Houssin Dumanoir, conseiller en l'élection de Saint-Lô, exempt de taille, au titre de postillon de M. le duc d'Orléans (c., 7 l. 4 s.) *Supplément des privilégiés :* 514 l. 10 s. 9 d.

[2] Cf. l'article 9 du cahier de Cerisy. Le bureau des finances de Caen, fermé le 30 mai par l'intendant de Launay, en application de l'*Édit de mai 1788*, avait été rouvert dès le 16 octobre. (Arch. Calvados, C 6241.)

[3] Cf. textuellement l'article 10 du cahier de Cerisy.

[4] La cure de la paroisse était à pension congrue; l'évêque patron percevait toutes les grosses dîmes. Le curé n'avait, outre les menues et les novales, qu'une pension de 40 demeaux de froment, 20 de seigle et 20 d'orge. Le tout estimé par la Chambre, vraie valeur, 480 livres. (*Pouillé, f° 13 v°.*)

Pas de déclaration en 1790. Par bail du 1er mai 1789, toutes les dîmes sont affermées à Pierre Le Canuet, laboureur, pour le prix de 1,100 livres en argent, 6 chapons gras et 1,200 livres de pain fin, estimées 60 livres. (*Déclar. des fermiers,* Saint-Lô, f° 63.)

D'après l'*État des biens nationaux,* de l'an III, le sieur Guérin dit *d'Agon,* possédait dans la paroisse un pré et plusieurs vergées de terre, loués 300 livres et plusieurs parties de rentes foncières, montant à 137 livres 2 sous, 2 chapons et 2 poules. (Arch. Manche, Q⁴⁻¹ 15.)

La paroisse de Soulles devait à la libéralité de son dernier curé, malgré les faibles ressources dont il disposait, d'être dotée en 1789 d'une maison d'école. (*Lettres patentes sollicitées par M. Lerou-*

insuffisante, eu égard à l'étendue de la paroisse, aux besoins des pauvres, dans tous cas, ils auront droit de plus à la moitié des dîmes, pour leur tenir lieu de leur pension et de leur vicaire ; à ce moyen ils ne pourront prendre dans les campagnes et bourgs aucun droit pour l'administration des sacrements et autres cérémonies de l'Église, ce qui est un véritable impôt, d'autant plus injuste que le paroissien paye également la même dîme, soit qu'elle appartienne au curé ou à un étranger ;

13° Que tous les ecclésiastiques sans distinction. . . . [1].

16° Que tout ce qui sera proposé à l'assemblée des États généraux pour le bien général, y soit délibéré et arrêté définitivement à la pluralité des voix sans distinction d'ordre [2].

Le présent cahier signé et arrêté double, dont un restera déposé au greffe de la municipalité et l'autre remis aux députés qui vont être nommés.

F. Houssin, P. Harel, J. Houssin, F. Symon, J.-P. Lesouef, Ant. Avoine, C. Bailly, P. Lesouef, Pigart, P. Oblin, F. Levallois, Le Bailly, J. Lerebourg, J.-F. Le Boucher, Le Chartier, P. Picame, J.-B. Lepainteur, J. Levallois, J. Hullin, J. Houssin, N. Poupinel, J. Le Souef, Houssin, *député*, A. Le Painteur, Picastel.

SOURDEVAL-LES-BOIS [3].

1. Procès-verbal d'assemblée.

(Le procès-verbal authentique n'a pu être retrouvé.)

Date de l'assemblée : 1ᵉʳ mars. — Nombre de feux : 83 [4]. — Députés : (*Les députés de Sourdeval n'ont pas comparu* [5].)

---

villois, curé, pour homologation du don fait à la paroisse d'un terrain destiné à la construction d'une maison d'école, du 13 octobre 1786, Arch. Calvados, C 1350.)

[1] Les articles 13, 14 et 15 sont la reproduction textuelle des articles 13-15 du cahier de Cerisy.

[2] Cf. l'article 18 du cahier de Cerisy.

[3] Arrondissement de Coutances, canton de Gavray.

[4] Population en 1793 : 309 habitants (N. 11, M. 2, D. 5). — Population actuelle (avec la Haye-Comtesse réunie) : 350 habitants.

[5] Procès-verbal et rôle de taxes.

2. Cahier de doléances.

(Ms. *Greffe du Tribunal de première instance de Coutances*, pièce n° 383.
Original signé. *Inédit*.)

Plaintes, doléance et remontrance que fait la paroisse de Sourde-
val-les-Bois à l'Assemblée des trois États du bailliage de
Coutances, pour être portée au pied du trône lors de la teneur
(sic) des États généraux, conformément aux ordres du Roi et à
l'ordonnance de M. le lieutenant général dudit bailliage.

La paroisse contient en totalité mil vingt vergées de terres[1], le
sol en est mauvais et ne produit qu'à force de travail. Elle est de
toutes parts entourée de montagnes, son nom seul annonce sa position. Il faudrait des engrais de mer pour la rendre fertile et on
ne peut s'en procurer qu'à très grands frais, les chemins étant impraticables; il faut sur une seule voiture presque tous les harnais
de la paroisse.

Le général de cette paroisse est pauvre, et le plus à l'aise n'a pas
trois cents livres de revenu annuel; le plus grand nombre des habitants est surchargé de rentes foncières et seigneuriales, et peut
à peine fournir à sa famille le *physique de la vie*.

Aucun trafic ni commerce dans cette paroisse; il y a plus de
pauvres et de mendiants qu'il n'y a de gens dans la médiocrité.

Le corps de cette paroisse est de deux cents communians; il y
a quelques années que cette communauté fut forcée de reconstruire
la tour de l'église et de faire des réparations à la nef[2]. Cet objet de
dépenses monte à trois livres quinze sols par vergée de terre. Elle
est encore sur le point de supporter une plus forte charge : le

[1] Soit 255 acres, et en mesure mé-
trique, 206 H°, 95. La commune actuelle, qui a absorbé la petite paroisse
de la Haye-Comtesse, est cadastrée pour
525 hectares.
Mém. stat. 1698, p. 58 : «Terroir
partie en froment et partie en petits
blés, plant et prairie.»
[2] La reconstruction dont se plaignent les paroissiens de Sourdeval remontait déjà assez loin. L'arrêt du
Conseil qui les autorise à s'imposer
extraordinairement d'une somme de
2,995 livres «pour la reconstruction de
la nef, du clocher et d'une chapelle de
l'église», est en date du 24 avril 1753.
(Arch. Calvados, C 1321.)

Dans l'inventaire de 1790, les officiers municipaux écrivent : «Le presby-
bytère est en très mauvais état. Le sieur
Katio, mort sur la fin de 84, n'a pas
laissé dans sa succession de quoy faire
face aux réparations; les héritiers ont
renoncé; le curé actuel a fait assigner
le général de la paroisse à remplir cette
obligation en qualité de caution du dernier titulaire. Le devis estimatif de réparations s'est fait légalement, et sur
des soutiens de la part de la paroisse,
l'instance est pendante au bailliage de
Coutances depuis 1785. Le presbytère
est en souffrance depuis cette époque».
(*État des biens nationaux, Coutances*,
Arch. Manche Q4,1 13.)

presbytère est dans le plus mauvais état, l'insolvabilité du dernier curé mort la rend responsable de toutes espèces de réparations à faire, qui montent à trois mille cent trente-deux livres, suivant le devis estimatif fait juridiquement au mois de septembre 1785, sans y comprendre encore les frais et coûts du procès-verbal, et sans parler de plus de vingt-cinq louis, que le général a avancés pour soutenir la contestation qui existe entre lui et le sieur curé actuel, au sujet des mêmes réparations.

1° Il serait à désirer que chaque bénéficier fût chargé de toutes reconstructions et réparations à faire au presbytère et dépendances, sans pouvoir inquiéter en aucune manière les généraux de paroisse [1].

2° On supplie le Roi de ne mettre qu'un seul impôt, dont personne ne soit exempt, et qu'il soit réparti par la municipalité de chaque paroisse [2].

3° On met sous les yeux du Prince que les petites juridictions sont trop multipliées, que les droits de juge, de notaire, de contrôle et de priseur-vendeur sont exorbitants et ruinent le peuple;

4° Le vœu de la paroisse serait que la justice fût rendue *gratis*, qu'on supprime toutes les juridictions, excepté les bailliages, où seraient portées les affaires de considération et les matières de fonds. Quant aux affaires triviales et de peu de conséquence, tels sont les dommages, les querelles, les petites dettes et autres de cette espèce, chaque communauté aurait des juges; le seigneur, le curé et quatre des principaux paroissiens composeraient ce tribunal, les parties intéressées viendraient en personne plaider leur cause, et les contestations seraient vidées sans le ministère d'aucun officier de justice. On demande surtout la suppression des sergents et instrumentaires, dont le nombre, infiniment trop multiplié, donne chaque jour occasion aux procédés et aux chicanes; des huissiers royaux, résidant dans les villes où siégeraient les bail-

---

[1] La cure de Sourdeval était de patronage laïque, et le curé seul décimateur (*Pouillé, fol. 19 v°*). Déclare, en 1790, sa dîme donner 3 demeaux de froment, mesure de Gavray, 40 de seigle, autant d'orge et de sarrasin, 70 d'avoine, 3 tonneaux de cidre, lin, brebis et agneaux. Au total, avec 5 vergées de terre d'aumône, de 1,000 à 1,200 livres, sans charges. (*Déclar.* n° 144, f° 143.)

Aucun autre bien ecclésiastique que la cure (louée en l'an III, 805 livres, valeur 200 livres). *Rentes :* L'abbaye de Hambye, 2 livres sur 2 particuliers.

[2] Impositions pour 1789 : taille, 650 livres; acc., 426 l. 10 s.; cap., 420 l. 11 s.; corvée, 275 l. 17 s. 6 d.; vingt., 416 l. 18 s.; terr., 22 livres; bât., 7 livres. Au total, 2,178 l. 16 s. 6 d.

Lignes : 88. — Jouissants : 24. — Le seul privilégié résidant est le curé, m° Russel, comparant à Coutances. Aucun noble. *Supplément des privilégiés :* 84 l. 4 s. 8 d.

liages, seraient seuls suffisants. Fait et arrêté à l'assemblée du général de cette paroisse, au lieu ordinaire des délibérations. Ce 1ᵉʳ mars 1789.

P. Laurence, F. Laurence, F. Renouf, P. Fremin, G.-B. Laurence, P. Leconte, F.-B. Renouf, Louis Lepesant, Ch. Lechevrel, *greffier*.

SAINT-ANDRÉ-DU-VALJOUAIS[1].

1. Procès-verbal d'assemblée.
(Le procès-verbal authentique n'a pu être retrouvé.)

Date de l'assemblée : 1ᵉʳ mars (?). — Nombre de feux : 24 [2]. — Députés : Charles Anquetil, *laboureur* (3 jours, 9 l., Acc.); Thomas Le Balnois, *laboureur* (3 jours, 9 l., Acc.).

2. Cahier de doléances.
(Ms. *Greffe du Tribunal de première instance de Coutances*, pièce n° 421. Original signé. *Inédit*[3].)

La paroisse de Saint-André-du-Valjouais, assemblée par ordonnance de M. le bailli de Cotentin, pour faire un cahier des plaintes, doléances et demandes, pour être mis sous les yeux de Sa Majesté aux États généraux, prend la liberté de lui représenter :

1° Que le peuple est misérable, et qu'il ne pourrait fournir à tous les impôts qu'il est obligé de payer[4], s'il ne se privait du nécessaire et ne s'imposait les privations les plus dures. Le moindre revers qu'il éprouve, soit une maladie dans laquelle il manque souvent des secours nécessaires, soit une mauvaise récolte, soit quelque perte, le met à la mendicité et hors d'état de pouvoir se soutenir;

[1] Ancienne paroisse réunie à Gavray, arrondissement de Coutances, canton de Gavray.

[2] Population déclarée en 1790 : 112 communiants; au recensement de 1793 : 117 habitants (N. 5, M. 1, D. 5).

[3] Le cahier est en grande partie la reproduction presque textuelle de celui de Pontfilambart. Tous les articles en ont subi, comme on peut voir, quelque remaniement de forme.

[4] Impositions pour 1789 : taille, 287 livres; acc., 188 l. 7 s.; cap. 185 l. 13 s.; corvée, 95 l. 6 s. 2 d.; vingt., 1631 l. 9 s. 3 d.; terr., 16 livres; bât., 5 livres. Au total, 940 l. 16 s. 5 d. *Privilégiés* : le curé, Mᵉ Charles-Jacques Caillet, représenté à Coutances par le curé de Mesnilgarnier. Aucun noble n'est assigné dans la paroisse; mais la dame veuve et héritiers du sieur de Bérouville payent une cap. noble de 42 livres.

2° Que la multiplicité des impôts des paroisses de campagnes, sans fournir davantage à Sa Majesté, coûte beaucoup plus au peuple que s'ils étaient réduits en un seul, tant à cause des différents receveurs, que de tous les frais accessoires;

· 3° Que les droits des fermes de sel, de tabac et des aides sont exorbitants; qu'il serait inconcevable qu'ils coûtassent tant au peuple et rendissent si peu au Roy, [si] on ne savait pas que ces fermes sont pleines d'une infinité de receveurs, de contrôleurs et de commis, qui absorbent presque tout le produit, et qui sont autant de sangsues de l'État et du peuple;

4° Qu'en outre tous les impôts que payent les sujets au Roy, il en est encore un dans chaque paroisse et qui est considérable : celui de l'entretien des églises et des presbytères;

5° Que la manière de rendre la justice au peuple est trop longue et dispendieuse; en conséquence la paroisse de Saint–André-du-Valjouais se réunit donc à toutes les autres pour supplier Sa Majesté :

1° De réduire tous les impôts en un seul, d'en rendre susceptibles les terres et dîmes des bénéficiers, ainsi que celles des nobles, de supprimer les receveurs des finances, et d'établir une manière de perception moins onéreuse au peuple et à l'État;

2° De supprimer également tous les commis des aides, gabelles, tant supérieurs que subalternes, de décharger le peuple des réparations des presbytères, et d'en rendre ses décimateurs seuls susceptibles[1];

3° De réformer la mendicité, de créer des hospices tant aux dépens des gros décimateurs que de communautés non complètes

Privilégié du tiers état, le seigneur, J.-Fr. Guischard, vicomte de Gavray. Supplément des privilégiés : 65 l. 9 s. 6 d. Lignes: 41. Hors-tenants: de Gavray, pour 2 vergées; de Gavray-village, pour 23 vergées. Biens des privilégiés : 1° la cure, maison presbytérale, 1 vergée de pré, 1 1/2 de plant, 12 de terres en labour (n. est.); 2° l'abbaye d'Ardenne, 9 acres de terre aumônée (n. est.); 3° le mont Saint-Michel, 2 pièces de terre, aff. 16 l. 16 s.; 4° le seigneur J.-Fr. Guischard, manoir de Saint-André, 2 fermes contenant ensemble 327 vergées, louées en diverses portions, par baux de 1789, pour une somme totale de 1654 livres.

Rentes omises : L'abbaye de Hambye, 25 demeaux de fr., en deux parties de rentes foncières. (*Rentes de Hambye,* Arch. Manche H 4331.)

[1] La paroisse était sous le patronage de l'abbaye d'Ardenne, au diocèse de Bayeux, mais toutes les dîmes étaient laissées au curé. Déclare, en 1790, que la dîme de sa paroisse «qui est très petite», vaut en bloc 4 à 500 livres. Au *Pouillé, fol. 21 v°*) il détaille plus précisément que le produit commun est de 100 gerbes de froment, 100 de seigle, 200 d'orge, 200 d'avoine, 20 demeaux de sarrasin, 1 tonneau de cidre. Il a 14 vergées de terre d'aumônes, 5 livres d'obits, aucunes rentes. (*Déclar. n° 36, f° 38.*)

en religieux, où il y en a même fort peu, et qui possèdent cependant des biens considérables;

4° Enfin de supprimer toutes les juridictions d'exception, fort onéreuses au peuple à tous égards, tant par leur éloignement que les frais excessifs qu'elles occasionnent, de réunir leur compétence aux autres sièges, de faire des arrondissements pour que les juges soient à portée des peuples, et qu'ils puissent obtenir la justice sans frais et sans déplacement.

La paroisse de Saint-André-du-Valjouais adhère au surplus à ce que les autres plus éclairées qu'elle solliciteront de la bonté du Roy, pour le bonheur et le soulagement du peuple; elle réunit ses vœux aux leurs pour la conservation de la personne sacrée du Roy.

Ont signé : P. Saint-André, Ch. Anquetil, D. Duchesne, Jean Blouet, Th. Le Balnois, Pierre Blouet, J. Grou, P. Duclos, Le Tenneur, Pierre Frément, G. Quesnel.

SAINT-AUBIN-DES-PRÉAUX [1].

1. Procès-verbal d'assemblée.

(Le procès-verbal est joint au cahier.)

Date de l'assemblée : 1er mars. — Nombre de feux : 87 [2]. — Députés : *René-Claude Goud, *laboureur* (4 jours, 12 l. et 19 jours, 74 l., Acc.); Bertrand-Patrice Guérard, *laboureur* (4 jours, 12 l., Acc.).

2. Cahier de doléances.

(Ms. *Greffe du Tribunal de première instance de Coutances, pièce n° 426.* Original signé. *Inédit.*)

Du dimanche 1er mars 1789, à l'issue et sortie de la messe paroissiale de Saint-Aubin-des-Préaux, au pied de la croix dudit lieu, ordinaire aux délibérations, se sont assemblés au son de la cloche, tous les paroissiens en général soussignés, faisant forts les présents pour les absents, convoqués par l'annonce au prône et de la publication du syndic de l'assemblée municipale et les affiches de dimanche dernier; lesquels pour satisfaire aux ordres du Roi, suivant le mandement du 24 janvier dernier, et suivant l'ordonnance de M° Desmarests, lieutenant du

(1) Arrondissement d'Avranches, canton de Granville.

(2) Mouv. 1787 : N. 13, M. 2, D. 17. — Population actuelle : 408 habitants.

bailliage civil et criminel de Coutances, en date du 13 février dernier, portant ordre de faire et rédiger les cahiers de plaintes, doléances et remontrances pour l'assemblée des trois États, ont rédigé leur cahier ainsi qu'il suit :

1° Nous soussignés comme ci-dessus, remontrons que notre paroisse est petite[1], qu'un tiers est en bois, tant de haute futaie que taillis, appartenant à M. l'abbé du Mont Saint-Michel et le seigneur du Pont-Roger; qu'un autre tiers est dépouillé et possédé par des nobles qui ne payent que peu de capitation, et peu de vingtième; que l'autre tiers est possédé par des bourgeois de villes et quelques paroissiens; que notre terre est aquatique et très mauvaise[2], *surtout celle des paroissiens. Les chemins sont impraticables. Le *man* ou *thard*, depuis quinze ans, coupe nos blés et nous réduit à la misère* ;

2° Que M. l'abbé du Mont Saint-Michel et autres seigneurs[3] absorbent presque tout le revenu de la paroisse par les rentes immenses qu'ils ont sur les paroissiens ;

3° Tous les impôts réunis en un seul[4]. Le grand nombre de rôles coûtent beaucoup de frais, et celui des receveurs absorbe les biens de l'État;

4° Nous remontrons que les rentes des abbayes pourraient suffire pour les besoins de l'État, et en conséquence nous désirerions la suppression des abbayes et communautés, tant d'hommes que

[1] Superficie de la commune actuelle : 824 hectares. Le *Mém. stat.*, p. 40, porte : «Saint-Aubin-des-Préaux. Terroir médiocre; partie en labour, quelques prairies et beaucoup de landages. Bois de Préaux, en la paroisse, et de Praël, en Saint-Aubin et Saint-Jean.»

[2] Il y avait d'abord «étant autrefois des landages, qui ont été défrichés» Ce passage a été raturé. — Sur les ravages des *mans*, voir *suprà*, Montcuit, p. 466.

[3] L'abbaye du Mont-Saint-Michel avait la seigneurie de la paroisse, avec les fiefs de la Meilleraye et de Crau, extensions de sa baronnie de Saint-Pair. La sieurie de Pontroger, sise en Saint-Jean-des-Champs, et le fief de Lézeaux, en Saint-Pair, avaient aussi des extensions dans la paroisse. Biens du Mont-Saint-Michel. I. *Biens-fonds* : 12 vergées en jardin et prairies, 5 vergées en labour, 2 bois, 1 étang, 1 moulin (n. est.; sauf le moulin de Cair, déclaré loué 660 livres). — II.

Rentes : 271 ruches de froment, 43 d'avoine, et 61 livres de menues rentes. Au total, dans la paroisse, avec les dîmes, 4,100 livres de revenus. (Arch. Calvados, C 6953.)

Biens des laïcs, inconnus. — Le domaine de Saint-Sauveur-Lendelin perçoit 78 boiss. de fr., mesure de 20 pots, 69 boiss. 13 pots d'avoine, et 50 l. 1 s. 6 d. en argent, avec des faisances (est. le tout, produit commun, 618 l. 11 s. 9 d.).

[4] Impositions pour 1789 : taille, 902 livres; acc., 591 l. 18 s.; cap. 583 l. 12 s.; corvée, 308 l. 4 s. 4 d.; vingt., 644 l. 9 s. 10 d.; terr., 57 livres; bât., 19 livres. Au total, 3,106 l. 4 s. 2 d.

Lignes : 91. Il y a 17 *jouissants*, dont les côtes sont les plus élevées.

Privilégiés : le curé, m° F' Lépaulx, les religieux du Mont-Saint-Michel, et le sieur de Pérotine, fils du sieur de la Sablonnière (c. n. 12 l.). *Supplément des privilégiés* : 263 l. 6 s.

de filles, comme inutiles à la Société, et ne rendant aucun service à l'État, étant même à charge par leurs rentes ridicules et minutieuses, et cependant très à charge à tous les débiteurs ;

5° Nous remontrons qu'il ne devrait point y avoir de déports ; que les curés devraient prendre leurs presbytères et basses-cours et églises dans l'état où ils les trouvent ; qu'une partie des dîmes des paroisses, dont jouissent les communautés des deux sexes et les chanoines[1], devraient être employées, partie à la réparation desdites maisons presbytérales et églises, partie à la nourriture des anciens prêtres, qui auraient vieilli dans le ministère, partie à entretenir des maîtres d'école dans les paroisses, et le soulagement des pauvres ;

6° Nous demandons que toutes les dîmes soient réglées, pour éviter toutes sortes de procès ;

7° Nous demandons que toutes les volières de pigeons, extraordinairement multipliées et faisant beaucoup de tort, soient détruites celles qui ne doivent pas subsister, et fermées dans les temps de la semence et de la récolte. On demande un règlement à ce sujet ;

8° Nous avons nommé pour députés les sieurs *René-Claude Goud*, syndic de l'assemblée municipale, et *Bertrand-Patrice Guénard*, tous deux laboureurs, âgés de vingt-cinq ans, nés français, pris et demeurant en cette paroisse. Le tout conformément aux ordonnances et réglements, lesquels ont accepté ladite députation. Ce dit jour et an que dessus.

Huit mots rayés nuls à la page ci-contre.

P. Delepault, Michel Dumoncel, D. Dumoncel, F. Duret,

---

[1] Les dîmes de la paroisse étaient partagées. L'abbaye du Mont-Saint-Michel, seigneur et patron, avait la plus grande partie des dîmes, deux tiers sur deux portions ; le curé avait le tiers sur ces mêmes portions et le sixième sur le reste, avec 4 acres de terre aumônée. Déclare en 1790 sa dîme donner 12 boisseaux de fr. à 26 pots, 18 de seigle, 15 d'orge, 12 d'avoine, 17 de sarrasin, 7 tonneaux de cidre. Il a 20 livres de novales, 150 livres de ses aumônes. Au total, 777 l. 15 s. sur lesquels il paye 20 sols au prieur de Saint-Pair, et 25 sols au Trésor.

Les deux traits du Bois et du Hamel, appartenant à l'abbaye, sont affermés respectivement 500 et 650 livres.

Les décimateurs et les paroissiens de Saint-Aubin-des-Préaux venaient d'être obligés de contribuer pour une somme assez forte aux réparations de leur église. Par devis en date du 7 février 1788, les frais leur incombant avaient été arrêtés à 4,961 livres pour les réparations de l'église, à 947 livres pour celles de la tour. (Arch. Calvados, G 6939.)

La paroisse de Saint-Aubin possédait depuis plusieurs années une maison d'école. Nous trouvons, à la date du mois de janvier 1786, une demande faite par les paroissiens «pour passer adjudication de la construction d'une petite école au bout du cimetière, dans un terrain vague appartenant à l'église.» (Arch. Calvados, G 1342.)

J. Le Baste, Louis Yver, B. Malenfant, Patrice Yver, Jacques Deguelle, J. Dumoncel, Alexandre Legaudey, (*illisible*), Ét. Herembourg, Étienne Leterreux.

SAINT-DENIS-LE-GAST [1].

1. Procès-verbal d'assemblée.

(Le procès-verbal authentique n'a pu être retrouvé.)

Date de l'assemblée : 1er mars. — Nombre de feux : 302 [2]. — Députés : *Me* Louis Gourgon-Leneneu, *avocat* (3 jours, 9 l., et 19 jours, 74 l., Acc.); Louis Lefranc, *laboureur* (3 jours, 9 l., Acc.); Pierre Eudes, *laboureur* (3 jours, 9 l., Acc.); Guillaume Benastre, *laboureur* (3 jours, 9 l., Acc. [3]).

2. Cahier de doléances.

(Ms. *Greffe du Tribunal de première instance de Coutances*, pièce n° 430. Original signé. *Inédit.*)

Cahier des doléances, plaintes et remontrances de la communauté de la paroisse de Saint-Denis-le-Gast fait en conformité de la lettre du Roi, du 24 janvier dernier.

Remontrant les habitants : 1° Que le sol de leur paroisse est de mauvaise qualité [4] et qu'ils ne peuvent le rendre meilleur par la culture, ne pouvant aller chercher des engrais de ville ni de mer, à cause des mauvais chemins qui ne sont que de petites routes impraticables;

2° Que les bêtes sauvages et féroces de la forêt de Gavray leur causent des dommages considérables dans leurs moissons, leur paroisse étant bordée par cette forêt sur une demi-lieue au moins;

3° Qu'ils sont surchargés d'impôts de toutes espèces : taille, taillon, capitation, vingtième, territorial, et prestation en argent pour la corvée [5];

---

[1] Arrondissement de Coutances, canton de Gavray.

[2] Population en 1793 : 1,656 habitants (N. 48, M. 17, D. 32.). — Population actuelle (avec Orbeville réuni): 1,076 habitants.

[3] «Accepté par N. Nicolle, son héritier».

[4] *Mém. stat. p. 57* : «Terroir de tous blés, plant et prairie; bois de haute futaye diminué.»

[5] Impositions pour 1789 : taille, 3,434 livres; acc., 2,253 l. 10 s. ; cap., 2,221 l. 16 s.; corvée, 1,139 l. 3 s. 5 d.; vingt., 2,141 l. 9 s. 7 d.; terr., 197 l.; bât., 63 livres. Au total, 11,449 l. 9 s. 5 d. *Privilégiés* : le curé, Me Charles Carabœuf; le prieur-curé, Jean Pignet,

i.   35

4° Qu'ils ont payé, pour la confection et entretien des grandes routes, près de quarante mille livres, quoiqu'ils soient éloignés de la plus proche de quatre lieues, et qu'aucune ne peut leur servir n'ayant que de petits chemins en mauvais état pour y communiquer, et qui sont éloignés de quatre lieues de la ville la plus voisine qui est Coutances, sans que l'administration se soit encore occupée de faire faire une grande route pour aller à cette ville et à la mer, ce qui leur serait de la plus grande utilité et à quantité de paroisses circonvoisines ;

5° Ils demandent que les États généraux soient réunis dans cette province, composés moitié des deux premiers ordres et moitié du tiers état, et chargés de l'administration des finances ;

6° Qu'il n'y ait plus, sous le bon plaisir du Roy, qu'un seul impôt qui sera payé par tous les individus, ecclésiastiques, nobles et ceux composant le tiers état, sans aucune exception ni réclamation de privilèges, relativement à leurs revenus et facultés ;

7° Qu'il n'y ait plus à l'avenir d'élections ou de nominations de collecteurs pour le service de collecte de deniers de l'impôt, et que le service de la collecte soit passé par adjudication au rabais, dont le prix sera imposé [1]. Enfin la contribution d'impôt donnée par chaque communauté ; de là plus de quinze à vingt personnes pour les grandes communautés ne désempareront plus de leurs travaux et fonctions, et une infinité de procédés ruineux de moins, qui se faisaient pour les élections et nominations de collecteurs sous le prétexte d'être avancés de leur tour et rang, et d'obliger leurs consorts à les accompagner dans le procès de la collecte, ou de leur payer des prix exorbitants pour son exécution ;

8° Que les communautés soient déchargées des réédifications et entretien des édifices ecclésiastiques quelconques [2], des églises en inté-

---

religieux de l'hôtel-Dieu de Coutances, et le titulaire de la chapelle Notre-Dame de Bonsecours, Jacques-Jean-Baptiste Gélin ; pour la noblesse, J.-H. Levaillant, marquis de Saint-Denis-le-Gast, le sieur de Breuilly (c. n. 9 l.), et pour le tiers état, le sieur Deschamps, fabricant de papier, taxé d'office (c. 21 l.). *Supplément des privilégiés* : 471 l. 16 s. 2 d.

[1] Le système préconisé au texte est en réalité celui qui était appliqué dans les pays d'États ; les collectes y étaient le plus souvent adjugées *à la moins dite*, à celui qui offrait de s'en charger au plus bas prix, système que Necker estime moins défectueux que celui des

pays d'élection. (*Admin. des finances*, I, chap. VIII, p. 147.)

[2] La question des dépenses cultuelles se posait dans cette paroisse sous une forme exceptionnelle. Il y avait à Saint-Denis-le-Gast une petite colonie de vingt familles protestantes ; c'était même, d'après l'assemblée de Coutances, la seule paroisse du département où un si grand nombre de familles vécussent « dans l'erreur ». L'application de l'Édit de novembre 1787 avait entraîné localement des difficultés assez graves. Conformément à l'Édit, les protestants devaient avoir un cimetière particulier ; mais aucun propriétaire n'avait voulu vendre

grité et des maisons presbytérales, en divisant comme autrefois les revenus ecclésiastiques en quatre parties égales, une pour le Roi et le subside de l'État, l'autre pour chaque titulaire de bénéfice, l'autre pour les pauvres, et l'autre pour leurs logements et réédification et entretien des églises; ou autrement en donnant des pensions à chaque bénéficier sur les revenus des bénéfices, n'excédant pas mille livres pour chaque curé dans les plus grandes paroisses, et cinq cents livres pour le vicaire, à la charge de payer l'un et l'autre la contribution à l'impôt en proportion. Il y a longtemps que le peuple fait ces vœux et gémit sous le poids des vexations de la part des bénéficiers et de leurs héritiers pour l'obliger réciproquement à faire chacun leurs contributions dans la réédification et réparations des églises et presbytères[1], et il y a peut-être autant de procès que de communautés pendants dans chaque bailliage, pour raison de la réédification et entretien desdits édifices ecclésiastiques, ce qui opère journellement des divisions et des procès entre les habitants de chaque communauté; de là une infinité de procès ruineux de moins pour les communautés et la tranquillité et l'union entre les pasteurs et leurs paroissiens;

9° Demandent la suppression de tous les tribunaux d'exception et que les juges des lieux aient la connaissance et compétence de toutes les matières sans exception; qu'il soit fait des arrondissements et que les justiciables les plus éloignés de leurs juges ne le soient tout au plus que de la distance de trois lieues, et qu'ils

de fonds pour être destiné à cet usage, et l'assemblée paroissiale n'offrait qu'un terrain marécageux, que les eaux envahissaient chaque année. L'assemblée départementale était saisie dans les derniers mois de 1788 de plaintes à ce sujet, auxquelles il n'avait pas encore été donné de suites. (*Procès verbal de l'assemblée d'élection, Coutances*, s. du 27 oct. 1788. Arch. Calvados, C 7700.)

[1] La communauté de Saint-Denis-le-Gast avait dû s'imposer, quelques années plus tôt, d'une somme de 3,525 livres, pour la réédification du presbytère. (*Arrêt du Conseil du 7 mars 1772*, Arch. Calvados, C 1324.)

La cure était, en 1789, partagée en deux portions, dont le patronage appartenait respectivement au seigneur et à l'hôtel-Dieu de Coutances. Le curé de la première portion percevait toutes les dîmes, celui de la deuxième n'avait que le tiers des grosses dîmes et les menues,

les deux autres tiers appartenant à l'hôtel-Dieu. Déclare, en 1790, le curé *pro 1ᵃ* sa moitié de toutes les dîmes valoir, sans les pailles, décimes déduits, 4,800 livres; les pailles, 1,000 livres; la dîme des moutons, 40 livres. Il a 5 ou 6 vergées de terre, qui font 40 livres. Au total, 5,910 livres, sur lesquelles il paye un vicaire. Il n'y a pas de déclaration pour la deuxième portion, le curé étant décédé. (*Déclar. n° 113*, fᵒ 42.)

L'*État de 1790* a disparu. D'après les derniers *Journaux de Hambye*, l'abbaye recueillait dans la paroisse 18 demeaux de froment, dont 2 ancienne mesure de Gavray, 3 chapons, 2 poules, 2 pains et 29 l. 13 s. sur une dizaine de particuliers; elle avait d'autre part 1 quartier de froment, 12 demeaux d'avoine, 10 poules, 10 pains, 60 œufs et 6 l. 14 s. pour ses obits et pitances. (Arch. Manche, H 4331.)

35.

n'éprouvent plus que deux degrés de juridiction, en érigeant dans chaque arrondissement des tribunaux de bailliages. Et demandent en même temps l'abréviation des instructions des procès tant civils que criminels, à l'effet que tout procès pour matières sommaires fût jugé dans toutes cours et juridictions dans l'espace de trois mois du jour de l'introduction, et pour les affaires réelles et de conséquence dans l'espace d'un an, le tout sous la peine de péremption, et que les bailliages où il y a présidial jugent en dernier ressort et sans appel jusqu'à la concurrence de dix mille livres de toutes matières personnelles et réelles, sans que les justiciables puissent se soustraire à cette compétence sous prétexte de demande en intérêts au-dessus de ladite somme, à moins que la demande ne fût l'unique objet du [procès];

10° Demandent la suppression de tous les employés dans les fermes ou régie de gabelles et des aides, et que le sel soit vénal dans les foires et marchés de cette province comme le blé et autres denrées, et le commerce libre des boissons;

11° Qu'il soit fait un règlement fixe concernant la perception des dîmes solites et insolites, afin qu'elle ne soit plus faite au caprice et au gré des décimateurs, au préjudice des cultivateurs; de là une infinité de procès de moins;

12° Demandent la suppression des [fuies] et colombiers, les pigeons faisant un tort considérable aux cultivateurs;

13° Que les hôpitaux des villes deviennent communs avec les campagnes qui les entretiennent et que les paroisses n'y aient de privilèges qu'à raison de leur contribution;

14° Demandent enfin la suppression des procureurs comme étant inutiles pour l'instruction des procès, quoique les plus coûteux et les plus à charge, ainsi que la suppression des priseurs-vendeurs.

Le présent fait double et signé, après lecture faite, par les habitants de ladite communauté.

J. FRICAN, Pierre LECONTE, G. BANIER, NIOBEY, A. PROVOST, J. DRIEU, Nicolas JOURDAN, LEFRANC, J.-F. LEHUBY, J. LECONTE, Ch. PIGNET, F. LEMOINE, P. ROUSSEL, Joseph LEMERREY, Isaïe LETENNEUR, J.-F. LE BOUTEILLER, J. COTTREL, Pierre TOTAIN, Jean-Thomas GAUTIER, LENEVEU, Jean NICOLLE, J.-B. LECONTE, P. LEFLAMAN, COTTREL, MARIETTE, P. LE ROSAY, J. LAIR, Noël CROCQ, P. EUDES, LENEVEU, Jean LERAULT, Jean LEFRANC, J.-F. LECONTE, LENEVEU, *syndic municipal.*

SAINT-DENIS-LE-VÊTU [1].

1. Procès-verbal d'assemblée.

(Le procès-verbal authentique n'a pu être retrouvé.)

Date de l'assemblée : 1er mars. — Nombre de feux : 250 [2]. — Députés : Jean-Jacques Guenon, *laboureur* (4 jours, 12 l., Acc.); René Delarue, *laboureur* (4 jours, 12 l., Acc.); Antoine-Jacques-Joseph Osmond, *laboureur* (4 jours, 12 l., Acc.).

2. Cahier de doléances.

(Ms. *Greffe du Tribunal de première instance de Coutances, pièce n° 428.* Original signé. *Inédit.*)

Doléances, plaintes et remontrances de la paroisse de Saint-Denis-le-Vêtu, élection département de Coutances.

Elle prend la liberté de représenter à Sa Majesté, d'après les ordres qu'elle a reçus, que les impôts qu'elle supporte sont excessifs et au-dessus de ses forces [3]; sa contribution à la taille a toujours été augmentée, parce qu'elle n'a pas eu l'avantage d'être protégée par les personnes auxquelles la répartition de la masse relative à la généralité était confiée; ses vingtièmes ont accru considérablement par l'opération forcée et arbitraire des vérificateurs [4]; depuis l'établissement de l'impôt pour les chemins, elle a toujours payé, sans avoir jamais bénéficié d'une seule grande route qui pût lui faciliter l'exportation de ses denrées et l'importation des engrais, surtout celui de mer, propre à fertiliser les terres; l'impôt territorial, celui pour la réparation des bâtiments de justice, port de Granville,

[1] Arrondissement de Coutances, canton de Cerisy-la-Salle.

[2] Population en 1793 : 1,329 habitants (N. 35, M. 14, D. 33). — Population actuelle : 1,021 habitants.

[3] Impositions pour 1789 : taille, 3,751 livres; acc., 2344 livres; cap., 2,311 l. 3 s.; corvée, 1,180 l. 14 s. 5 d.; vingt., 2,547 l. 1 s.; terr., 222 livres; bât., 74 livres. Au total 12,435 l. 18 s. 5 d.

Privilégiés : le curé me Jacques-Jean-Michel Fauchon, présent à Coutances, et deux nobles non possédants fief : Paul-François-Henry-Nicolas Le Comte, chevalier, ancien capitaine commandant des grenadiers du régiment du Maine, et Marie-Michel-Nicolas de Guillebert, sr du Boisroger. *Supplément des privilégiés* : 129 l. 4 s.

[4] L'inventaire de la direction des vingtièmes, arrêté le 10 octobre 1788 pour la commission intermédiaire, ne signale qu'une vérification assez ancienne des vingtièmes dans la paroisse de Saint-Denis-le-Vêtu : *État de vérification arrêté et signé devant M. de la Porte, le 10 juin 1765.* — La minute courante des rôles est la même depuis 1766. (Arch. Calvados, C 8158.)

rivière de Caen, enfin tous ceux auxquels elle contribue directement ou indirectement, montant à une somme exorbitante relativement à son sol et à son étendue. Cette paroisse est traversée de
chemins vicinaux à la charge seule des habitants, dont la plupart
sont hors d'état de les entretenir; et cependant presque chaque
année grevée par des courses coûteuses et onéreuses des officiers
du bureau des finances.

Elle est assujettie à la milice[1], et le tirage qui se renouvelle
chaque année, et qui se fait hors de son enceinte, l'oblige à des
dépenses considérables et lui fait perdre plusieurs jours du travail
de ses habitants, lorsque l'on pourrait le faire sur les lieux. Ses
pauvres, en grand nombre, sont à la charge de cette paroisse. Le
curé, dont le revenu est très modique, ne peut leur subvenir, et le
produit des dîmes, reparti entre Mgr l'évêque et le chapitre de Coutances, est absolument perdu pour eux, sans aucune espèce de
secours[2].

Elle demande aussi la suppression des déports que Mgrs les
évêques se sont attribués sans aucun titre et qui les privent de leur

[1] La paroisse de Saint-Denis-le-Vêtu
avait, en 1788, tiré à la milice avec
Roncey; les deux paroisses avaient présenté 55 garçons, sur lesquels 34 avaient
été déclarés exempts, 8 réformés; 13
seulement avaient tiré, pour fournir
1 milicien. (Arch. Calvados, C 1916.)

[2] Les décimateurs de Saint-Denis, à
la fin du XVIIIe s., sont l'évêque de Coutances, comme abbé de Blanchelande,
et le chapitre. L'évêque prélève les 2/3
des grosses dîmes, et le chapitre le tiers
restant. Le curé n'a qu'une pension,
payée pour 430 livres par l'abbaye de
Blanchelande et pour 200 livres par le
chapitre, les menues dîmes, et 6 vergées
de terre d'aumône. En 1790, la part
de dîmes de l'abbaye est déclarée affermée 2,000 livres, plus 13 boisseaux
d'orge pour les pauvres; celle du chapitre l'est pour 2,100 livres et 32 boisseaux de froment avec pot-de-vin, au altot
2270 l. 14 s. 4 d. Le curé, outre sa
pension, se fait 500 livres des menues
dîmes, 50 livres des aumônes; au total
1180 livres, sur lesquels il paie un vicaire. (Déclar. nos 73 et 124, fos 44, 60,
83.)
Autres biens ecclésiastiques. I. Biens-
fonds : 1° la cure, manoir presbytéral,
jardin, terres d'aumônes, 6 vergées

(est. 50 livres); 2° l'abbaye de Blanchelande, grange décimale (aff. avec les
dîmes). II. Rentes : 1° l'abbaye de Blanchelande, sur un fief de 140 vergées,
6 boisseaux de froment mesure de Cérences, 2 demeaux, 18 pots et 7 livres
en argent (est. au total 67 livres); 2°
l'abbaye de Hambye, sur son fief déclaré
d'étendue inconnue, 22 boisseaux 1/2
de froment mesure de Coutances, 16 boisseaux et 2 demeaux mesure de Cérences,
4 demi-poules, 4 demi-pains, 10 s. en
argent (est. au total 290 l. 9 s. 6 d.);
3° l'abbé de Cottebrune, 24 boisseaux de
froment (est. 144 livres); 4° l'hôtel-
Dieu de Coutances, 113 l. 5 s. en argent de rentes foncières; 5° les Jacobins,
20 livres; 6° le clergé d'Ouville, 54 l.
10 s. 6 d.; 7° le prieur de Guéhébert,
6 l. 10 s.; 8° le clergé de Saint Nicolas,
18 l. 7 s. 10 d.
Par une ordonnance de l'intendant,
en date du 16 juin 1723, l'abbaye de
Blanchelande avait été déchargée de
l'aumône publique qui se faisait à sa
porte, moyennant le payement annuel de
700 boisseaux d'orge, dont 350 à répartir entre les paroisses où l'abbaye
possédait des dîmes, et 350 attribués à
l'hôpital de Saint-Sauveur-le-Vicomte.
(Arch. Calvados, C 1046.)

pasteur, et que cela leur éviterait tous les procès que tous les adjudicateurs (*sic*) ne cessent de leur faire.

Le sel est encore un objet de la dernière conséquence, par le prix excessif où il est porté. Autrefois il ne coûtait que vingt sols la ruche, et aujourd'hui [il est] à trois livres dix[1], et le fermier a bien soin qu'il n'y en ait qu'une certaine quantité, pour le tenir toujours au plus haut prix ; il lui faut, par conséquent, un nombre prodigieux de commis qu'il serait à désirer que l'on rendît à la culture des terres.

L'entretien et la réparation du presbytère et de l'église de cette paroisse sont aussi une de ses charges, pour laquelle elle est forcée de recourir à des contributions sur ses habitants ; il serait bien plus juste qu'elle fût celle des décimateurs.

Cette communauté, pleine d'une respectueuse confiance dans la bienfaisance paternelle de Sa Majesté, et dans la droiture des vues de son vertueux et infatigable ministre, ose espérer l'adoucissement de son sort, en modérant et simplifiant les impôts, réformant les abus, réduisant les privilèges, en rendant la contribution commune et justement répartie, en faisant supporter également aux trois ordres la prestation de la corvée, en imposant à la charge des décimateurs la confection et entretien des églises et presbytères, en faisant surveiller surtout les agents du fisc qui, dans toutes les parties, aggravent le sort de ses sujets, en simplifiant la procédure, en supprimant différents corps de justice qui sont à charge, et qui peuvent être remplacés par les juges du lieu, et enfin en établissant des États provinciaux avec leur commission intermédiaire qui, plus à portée des contribuables, puissent plus justement opérer la répartition et plus facilement leur procurer le redressement de leurs maux.

Sa reconnaissance et ses vœux sont les plus vifs pour la prospérité du règne de Sa Majesté. Ce que lesdits habitants ont signé et remis aux mains de leurs députés, pour être présenté à l'assemblée du tiers état, le 2 du présent mois, à Coutances.

Arrêté ce 1er mars 1789.

Jacques Osmond, J. Guenon, R. Delarue, J. Delarue, Leroux, G. Fauchon, N. Vimien, François Boudier, F. Delarue, And. Fauchon, A. Delarue, J. Fauchon, R. Delarue, Jacques Fauchon, Antoine Osmond,

[1] Cf. le cahier de Guéhébert, art. 5, *suprà*, p. 334.

Pierre Almy, P. Joret, P. Roger, Charles-Noël Fauchon.

SAINT-JEAN-DES-CHAMPS[1].

1. Procès-verbal d'assemblée.

(Ms. *Greffe du Tribunal de première instance de Coutances, pièce n° 432, à la suite du Cahier de doléances.* — Original signé.)

Analyse : (formule générale du modèle supprimé). — Date de l'assemblée : 1er mars. — Président : le sieur Pierre Allain Herpinière. — Comparants non mentionnés. — Nombre de feux : 150 [2]. — Mention de représentation du cahier et de remise aux députés. — Députés : Jean-François Herembourg-Maisonneuve, *laboureur* [3], Jean-François Lebachelier-Lesnoyers, *laboureur*. — Duplicata déposé aux archives du secrétariat de la communauté. — Signataires (24) : G. Macé, Pierre Lemuey, Patrice Letourneur, M. Hamelin, Lebachelier, Herembourg, J. Herpin, J. Clément, Jean Herpin, P. Laforest, Jean Fontaine, Lemonnier, P. Rabotin, N. Lefèvre, P. Allain, J.-R. Allain, Jean Lemuey, J. Macé, J. Halbot, J.-J. Fontaine, Pierre Lemuey, J.-B. Duchesne, Jean Fontaine, J.-B. Danin.

2. Cahier de doléances.

(Ms. *Greffe du Tribunal de première instance de Coutances, pièce n° 432.* Original signé. *Inédit.*)

État ou cahier des doléances et remontrances du tiers état du second ordre de la paroisse et communauté de Saint-Jean-des-Champs, ressortissant du bailliage de Cotentin, séant à Coutances, contenant ce qui suit :

Premièrement. — Remontrent à Sa Majesté lesdits paroissiens, que les grandes routes ont été faites aux frais communs du tiers état seulement, et qu'il est seul chargé de leur entretien; qu'il est juste qu'il en profite, ce qui ne peut être, les routes d'adresse [de traverse?] ne se faisant pas, ce qui le prive des engrais de mer essentiels à la culture;

Secondement. — Remontrent lesdits paroissiens qu'il est aggravant pour eux d'être obligés de consommer trois jours de

---

[1] Arrondissement d'Avranches, canton de la Haye-Pesnel.

[2] Mouv. 1787 : N. 32, M, 12, D. 20. — Population actuelle : 650 habitants.

[3] Les professions des députés, non portées au procès-verbal de la paroisse, sont fournies par le procès-verbal de l'assemblée préliminaire. — Taxe des députés : 4 jours, 12 l. Tous deux acceptants.

leur temps, qui les arrachent à leurs travaux, pour se procurer un demeau de sel qui est une chose de première nécessité [1]; qu'il est également rigoureux d'être obligé de payer trente-un sols neuf deniers pour voiturer un tonneau de cidre, sur le prix duquel ils diminuent à l'acheteur la quatrième partie de sa vraie valeur, pour les droits et la ferme;

Troisièmement. — Que la multitude des rôles pour les différents impôts coûtent beaucoup aux laboureurs, et détournent un grand nombre d'individus des travaux de leurs cultures; un seul rôle pour tout impôt serait bien désirable;

Quatrièmement. — Que la paroisse est chargée de rentes seigneuriales envers l'abbaye du Mont-Saint-Michel, l'abbaye de la Luzerne, au président de Saint-Pierre, au seigneur de Saint-Léger, au seigneur de Bricqueville, au domaine, à l'hôpital d'Avranches et Granville et autres, et que nul de ces seigneurs ne leur diminuent les deniers royaux [2].

Que l'abbaye du Mont-Saint-Michel, qui possède au moins les deux tiers de ladite paroisse, ne paye rien à la décharge du laboureur, qu'une légère taille fondée sur des baux affaiblis par des pots-de-vin considérables, ou dénaturés par des contre-lettres; qu'elle s'arroge le droit de faire faire les apprécis à la juridiction de Granville, et qu'il est notoire que dans tous les marchés qui sont députés à cette appréciation, les grains et autres choses appréciables sont toujours à plus haut prix que dans les autres marchés, aussi fait-elle payer les grains jusqu'à quinze ou vingt sols par demeau plus

[1] La paroisse dépendait du grenier à sel de Granville.

[2] La paroisse de Saint-Jean-des-Champs renfermait quatre terres nobles : le fief de Préaux, avec la seigneurie du lieu, qui s'étendait sur la majeure partie de la paroisse, et appartenait à l'abbaye du Mont-Saint-Michel; et trois extensions : du fief de la Luzerne, à l'abbaye de ce nom, de la sieurie de Pontroger en Saint-Aubin-des-Préaux, et du fief de Saint-Léger, appartenant à M. de Labroise, seigneur de Saint-Léger et Saint-Ursin.

Rentes. I. Ecclésiastiques : 1° le Mont-Saint-Michel, 755 ruches de froment, 101 ruches d'avoine, et 86 livres en menues rentes, estimé le tout 2,550 livres. En plus, diverses rentes contestées,

pour une valeur de 2,000 livres. Avec ses dîmes, l'abbaye tirait de la paroisse un revenu net de 4,200 livres (Arch. Calvados, G 6953); 2° l'abbaye de la Luzerne, 1 quartier de froment et 8 demeaux en rentes foncières, mesure de Saint-Pair, et 60 sols en argent (Arch. Manche, H 8365); 3° le prieuré-cure d'Hocquigny, 9 sols à Saint-Michel, et 1 géline à Noël; 4° le chapitre d'Avranches, 58 livres en argent sur le fief dit d'Asnière; 5° l'hôpital d'Avranches, hôpital de Granville, rentes inconnues.

II. Laïcs : 1° le domaine du roi, pour Saint-Sauveur-Lendelin, 248 boisseaux 12 pots 1/2 d'avoine, mesure de 20 pots (estimé produit commun 509 l. 13 s. 7 d.); 2° les seigneurs, rentes inconnues.

qu'à l'apprécis royal [1]. On ne peut passer sous silence, que dans la sécheresse extrême qui arriva en l'année mil sept cent quatre-vingt-cinq, que Sa Majesté touchée de compassion pour le laboureur qui voyait ses bestiaux périr par la faim permit le pâturage même dans ses forêts [2], les gardes du Mont-Saint-Michel arrêtaient ceux

---

[1] L'abbaye du Mont-Saint-Michel possédait dans la paroisse, en dehors de ses rentes seigneuriales, une terre s'étendant aussi en Saint-Planchers, qui est déclarée en 1790 louée 850 livres, avec un pot-de-vin de 6 deniers pour livre.

Les cahiers de plusieurs paroisses dépendantes du Mont-Saint-Michel pour sa baronnie de Saint-Pair se plaignent, comme celui-ci, que les religieux leur fassent payer leurs rentes seigneuriales à l'apprécis de leur juridiction de Granville (Saint-Planchers, 4; Saint-Léger, 2). C'était là certainement une habitude illégitime; les rentes dues aux seigneurs, même aux hauts justiciers,

devaient se payer «sur le prix des appréciations faites au bailli royal du siège dans les enclaves duquel les fiefs sont situés,» (*Placités*, art. 14. Cf. la Tournerie, *Fiefs*, p. 156.) Les rentes dues par les paroisses plaignantes auraient dû régulièrement, qu'il y eût ou non marché et juridiction seigneuriale à Granville, être payées à l'apprécis de Coutances.

L'affirmation produite par les habitants de Saint-Jean-des-Champs est en tout cas parfaitement exacte; les apprécis des grains étaient sensiblement plus élevés à Granville qu'au siège du bailliage royal. Voici quelques cours comparés que nous relevons :

Au 1er janvier 1788 :

			À COUTANCES.		À GRANVILLE.	
Blé froment, moyenne qualité.....	le boisseau de 18 pots.. (ce qui met le pot mesure d'Arques à....		3 l. 18 s.		la ruche de 25 pots... sure d'Arques à....	6 l.
			4 s. 4 d.			4 s. 9 d. 6/10
Seigle..............	le boisseau............. le pot.............		2 l. 14 s. 3 s.		le demeau............. le pot.............	1 l. 7 s. 6 d. 3 s.
Orge..............	le boisseau............. le pot.............		2 l. 5 s. 2 s. 6 d.		le demeau............. le pot.............	1 l. 19 s. 2 s. 5 d.
Avoine..............	le boisseau............. le pot.............		1 l. 18 s. 2 s. 1 d.		la ruche............. le pot.............	2 l. 10 s. 2 s.
Pain { 1re qualité... 2e qualité... 3e qualité... fine fleur....	la livre............. idem............. idem............. idem.............		3 s. 1 s. 9 d. 1 s. 6 d.		la livre............. idem............. idem............. idem.............	2 s. 3 d. 1 s. 11 d. 1 s. 9 d. 2 s. 4 d.

(Arch. Calvados, C 2750-2751, *par extrait*.)

[2] *Arrêt du Conseil du Roi, concernant la rareté des fourrages et les moyens de pourvoir à la conservation des bestiaux, du 17 mai 1785.* — Le préambule déclare que «Sur le compte qui a été rendu au roi des maux que l'aridité de la saison et la rareté du fourrage occasionnent ou font craindre en différentes parties de son royaume,... Sa Majesté s'est occupée de tous les moyens d'adoucir cette calamité passagère et d'obvier aux suites fâcheuses qui pourraient en résulter au préjudice de l'agriculture», et l'article 1er décide en conséquence que «Sa Majesté a permis et permet aux habitants des campagnes d'envoyer et conduire dans les

bois de ses domaines, ainsi que dans ceux des communautés séculières, les chevaux et les bêtes à corne seulement, et de les y faire pâturer jusqu'au 1er octobre prochain, à la réserve toutefois des taillis dont les recrues ne sont pas encore défensables». (Arch. Calvados, C 101.)

A cet arrêt est jointe une *Instruction sur les moyens de suppléer à la disette des fourrages et d'augmenter la subsistance des bestiaux, publiée par ordre du roi.* A Paris, de l'Imprimerie royale, 1785, 16 pages in-4°.

Pour l'explication de la conduite incriminée des religieux du Mont-Saint-Michel

que la misère forçait de mener dans leurs bois, et ne les rendaient qu'après qu'on leur avait payé l'amende ;

Qu'à la vérité les autres seigneurs se règlent sur l'apprécis royal pour le prix des grains, mais la rejettent pour ce qui concerne les poules, les œufs, les chapons, etc., et les font payer au prix qu'ils veulent [1]; qu'ils ne diminuent les deniers royaux sur aucunes redevances. Remontrent de plus que tous ces seigneurs ont chacun leur colombier et volière, en sorte que la communauté de Saint-Jean-des-Champs [compte] autour d'elle huit colombiers, assis tant sur ladite paroisse que sur celles qui la joignent; que ces colombiers fournissent une quantité prodigieuse de pigeons; que ces colombiers n'étant fermés en aucunes saisons, ils ruinent et déprèdent tous les labours ;

Que ces mêmes seigneurs permettent ou ordonnent à leurs domestiques de chasser avec nombre de chiens en toutes saisons, ce qui leur cause une douleur extrême et un tort considérable, dont ils ne peuvent que gémir en secret.

Ajoutent à ces représentations, que sur des rapports faux et calomnieux, des vindicatifs font passer à l'œil du seigneur pour braconniers ceux qu'il leur plaît, et que le parti que prend ledit seigneur est de dénoncer au gouverneur de la province, qui sur-le-champ donne ses ordres à la maréchaussée d'emprisonner un bon laboureur pour trois mois, sans être ouï, et qui n'est coupable que de ce qu'il a un fusil chez lui. Son travail demeure interrompu; ce n'est pas assez, on lui fait encore payer une amende, et par ce moyen vexatoire et despotique, un laboureur ne peut avoir chez lui un fusil pour détruire l'oiseau qui déprède ses semences, un chien fou qui dévore son troupeau ou un voleur qui force sa maison ;

CINQUIÈMEMENT. — Que les réparations et reconstructions des presbytères écrasent le laboureur, par les frais immenses qu'on est

---

en cette occasion, v, la note sous le cahier de Saint-Planchers, art. 15, *infrà*, p. 590. Les bois dont il s'agit sont ceux de Praël et Préaux, situés en Saint-Planchers et Saint-Jean-des-Préaux, et qui appartenaient pour partie seulement à l'abbaye du Mont-Saint-Michel, pour partie à celle de la Luzerne. Nous ignorons leur contenance totale en 1789; une partie seulement était en coupe réglée, et donnait un produit annuel de 1,500 à 2,000 livres. (*Revenus du Mont-Saint-Michel*, Arch. Calvados, C 6953.)

[1] C'était là encore certainement un usage irrégulier. L'article 14 des *Placités*, qui détermine le mode d'évaluation des rentes seigneuriales, ne fait aucune distinction; et plusieurs arrêts avaient expressément spécifié que les rentes en volailles, œufs, oiseaux, etc., devaient, comme celles en grains, s'acquitter suivant les apprécis dressés en chaque siège par les baillis royaux. (*Arrêts des 17 mai 1743, 12 juillet 1745*, dans PESNELLE, *Cout. expl.*, p. 41, n. 1. Cf. LA TOURNERIE : *Fiefs*, p. 156.)

obligé de faire pour constater ces réparations ou reconstructions; qu'il serait juste de charger absolument le dernier titulaire de cette dépense, même d'autoriser la communauté à dresser procès-verbal tous les dix ans au moins des réparations à faire, et obliger le titulaire à déposer une somme correspondante audit procès-verbal [1];

Sixièmement. — Que les déports sont visiblement un abus, *primo* parce qu'ils mettent le troupeau sans pasteur; *secundo* parce qu'ils déprèdent les fonds du presbytère; *tertio* parce que l'avidité du fermier ne présente au laboureur que des sujets de contestation; *quarto* enfin, parce que les évêques n'en ont pas besoin, et qu'ils peuvent en abuser au scandale de la religion. On en a vu qui ayant la nomination d'un bénéfice l'a conféré à un curé placé, et mis à sa place celui qui devait occuper le bénéfice du titulaire mort; à ce moyen au lieu d'un déport il s'en est procuré deux;

Septièmement. — Représentent encore et supplient Sa Majesté, que les individus qui sont maculés de rentes hypothèques [soient] considérés dans les impôts qu'il plaira à Sa Majesté imposer, comme ceux qui sont maculés de rentes foncières;

Huitièmement. — On ne peut s'empêcher de mettre sous les yeux de Sa Majesté, qu'au marché de Granville on exige un droit de coutume qui monte ordinairement à quatre sols par charge de cheval, et qu'on est obligé d'exposer ses grains aux périls de tous les mauvais temps, sans halles ni couvertures [2].

On supplie encore Sa Majesté d'observer que la mesure de

---

[1] La commmunauté de Saint-Jean-des-Champs venait de s'imposer extraordinairement de la somme de 2,100 livres, pour la reconstruction de son presbytère. (*Arrêt du Conseil, 19 février* 1782. Arch. Calvados, C 1325.) Les dîmes de la paroisse appartenaient pour la plus grosse part aux religieux du Mont-Saint-Michel, seigneurs et patrons; le curé n'avait que la tierce gerbe des grosses et les menues, avec 7 ou 8 vergées de terre d'aumônes. Déclare son tiers donner 3,300 gerbes de tout blé, savoir : 800 d'orge, 800 de froment, 600 à 700 de mouture, 1,000 d'avoine, avec 60 boisseaux de sarrasin, 8 à 9 tonneaux de cidre. Au total, vraie valeur 1,251 l. 10 s., sur lesquels il paye un vicaire. (*Pouillé*, f° 10 v°.)

Les dîmes de l'abbaye sont affermées en deux parties, dites le *grand* et le *petit trait*, pour respectivement 1,003 livres et 645 livres. Au total, valeur déclarée, 1,650 livres. (Arch. Calvados, C 6953.)

[2] Cf. Saint-Planchers, art. 11. — Dumoulin, *Géographie descriptive*, v° Granville, p. 137 : « Il n'y a dans cette ville qu'une place publique, ou grand carrefour, qui sert de marché pour le poisson. Il se tient tous les samedis, aux environs de ce moulin, un grand marché au blé et pour la viande... L'on prétend que ce marché devrait être franc, et l'on ne peut savoir sur quel fondement l'on y exige le droit de coutume sur le blé, et les langues de bœuf en entier, qui sont partagées par moitié entre le fermier du gouverneur et le fermier du droit de coutume. Le premier fermier y exige

Granville, qui est le marché des suppliants, est absolument dénaturée; elle n'était dans son principe que de vingt-cinq pots ou deux demeaux de Saint-Pair, et maintenant elle va jusqu'à vingt-huit et trente pots, inconvénient qui fait porter les apprécis au delà de ce qu'elles doivent aller, et qui ne vient que de ce que les officiers de police sont armateurs et ne méprisent pas les grandes mesures; le moyen d'arrêter cette injustice est de déterminer les mesures pour le marché, d'obliger tout le monde à y mesurer leurs grains, et de mettre à contravention pour le plus comme pour le moins;

NEUVIÈMEMENT. — Remontrent encore que les procès sont éternels; que celui qui n'a pas assez de facultés pour faire payer une contestation, ou de lumières pour résister aux chicanes qu'on lui fait, est obligé d'abandonner ses droits les plus légitimes; les tribunaux ont grand besoin d'être réformés;

DIXIÈMEMENT. — Désire le tiers état qu'il plaise à Sa Majesté n'admettre aux charges publiques que des personnes jugées capables au concours et aux mérites tant pour la science que pour les mœurs;

ONZIÈMEMENT. — Les tutelles, inventaires, prix et ventes, sont absolument vexatoires, et souvent la succession des pupilles n'y peut suffire. Il serait à souhaiter que les parents délibérants seraient autorisés à faire cet inventaire *gratis*, et que l'instrumentaire le plus proche serait admis à en faire la vente;

DOUZIÈMEMENT. — Remontre encore le laboureur, que la mer, la capitale et le commerce rendent les domestiques et gens de

aussi les ris de veau et un droit d'étalage, quoique les halles soient très mal entretenues. Le droit de coutume, qui se perçoit sur ce marché, appartient au gouverneur.»

Le chiffre indiqué au texte pour le droit de coutume est juste le double de celui qui se levait communément dans les marchés de la province. On payait en 1789 d'après le tarif commun :

	DROIT PRINCIPAL.	1 O D. POUR LIVRE.	TOTAL.
Par chaque cheval, âne et mulet.....	16 d.	8 d.	2 s.
Par chaque bœuf ou vache..........	10 d.	5 d.	1 s. 3 d.
Pour 3 moutons.................	6 d.	3 d.	9 d.
La charretée de blé..............	3 s. 4 d.	1 s. 8 d.	5 s.
La charge de cheval..............	16 d.	10 d.	2 s.

(*Droits de coutume qui se perçoivent dans la province de Normandie, en conséquence de la déclaration du roi du 12 mars 1752, y compris les 10 sols pour livre sur les articles de 6 deniers et au-dessus, conformément à l'Édit du roi d'août 1781. Impr. placard in-4°.*

Arch. Manche A 3361.)

Les cahiers de la région demandent souvent que les perceptions soient ramenées uniformément aux prix du tarif de 1752. (Cahiers de Nacqueville, 8; de Cherbourg, 53, dans HIPPEAU, *Cahiers*, II, p. 404, 447.)

bras très rares, et conséquemment très chers, ce qui prive le laboureur de bien des secours. On remédierait à cet inconvénient en distribuant des quartiers à l'infanterie à portée de le soulager; les troupes n'en seraient que plus vigoureuses, et le laboureur plus soulagé;

Treizièmement. — Supplie le tiers état, que la noblesse, le clergé et décimateurs payent, par proportion comme le tiers état, les impositions qu'il plaira à Sa Majesté nous envoyer pour le soulagement de ses misères, lesdites impositions étant très excessives et les fonds de très mauvaises natures [1];

Quatorzièmement. — Que dans ladite paroisse il y a au moins un septième du terrain en bois, bruyère et landes, de très peu de valeur;

Quinzièmement. — Plaise à Sa Majesté regarder en pitié un peuple dont elle est chérie, que les cris qu'il pousse vers elle du fond de sa misère parviennent jusqu'à son trône, méritent sa compassion, et obligent des sujets soumis à redoubler leurs prières et leurs vœux pour la conservation d'un si bon monarque.

Fait et arrêté double, le dimanche premier jour de mars 1789, après lecture faite.

G. Magé, J. Duchesne, M. Hamelin, J. Herpin, P. Laforest, P. Rabotin, J.-R. Allain, Talbot, Pierre Lemuey, T. Clement, *illisible*, N. Lefèvre, Lemonnyer,

---

[1] *Mém. Stat.*, p. 41 : «Terroir médiocre. Labour d'orge et d'avoine, et peu de froment; plant et prairie; bois de haute-futaie et taillis.»
Impositions pour 1789 : taille, 1,857 livres; acc., 1,218 l. 12 s.; cap., 1,201 l. 10 s.; corvée, 617 l. 2 s.; vingt, 2,072 l. 14 s. 7 d.; terr. 177 livres; bât., 59 livres. Au total, 7,202 l. 16 s. 7 d. *Privilégiés* : le curé, M° Jean-Louis Boissel; le seigneur Fr. Claude-Marie, vicomte de Bricqueville, major en second du régiment Vexin, et un noble non possédant fief, Louis-René Potier Duparc. *Supplément des privilégiés* : 312 l. 2 s. 3 d.
Le tableau assez sombre que les paroissiens de Saint-Jean-des-Champs tracent de leur misère paraît confirmé par une lettre du curé au directeur des Economats, en date du 9 juillet 1789 :

«Cette paroisse, écrit-il, l'une des plus considérables de la dépendance de la baronnie de Saint-Pair, fourmille de pauvres, et a autant de nécessiteux qu'elle a presque d'habitants. Le Mont-Saint-Michel enlève annuellement plus de 12,000 livres de revenu de cette paroisse, qui ne reçoit de l'économat qu'un faible secours de 60 livres chaque année, sans qu'il y ait une seule personne dans le canton à qui on puisse s'adresser pour avoir le moindre soulagement, autre que le curé, qui ne peut suffire au soulagement des malheureux.» Il termine en demandant une remise de rentes féodales pour un malheureux père de famille chargé de 11 enfants, âgé de 77 ans, affligé de paralysie et accablé de dettes, parce que depuis dix ans le *tard* ou *man* «dévore toutes les récoltes.» (Arch. Calvados, C 6948.)

Jean-S. Fontaine, Jean Lemuey, P.-P. Fontaine, Jean Fontaine, Patrice Letourneur, J.-B. Danin, P. de la Cour, Juinier, J. Macé, Jean Herpin, P. Allain.

SAINT-LÉGER[1].

1. Procès-verbal d'assemblée.

(Le procès-verbal authentique n'a pu être retrouvé.)

Date de l'assemblée : 1ᵉʳ mars. — Nombre de feux : 37 [2]. — Députés : Nicolas-Jean Le Coupé, *laboureur* (4 jours, 12 l., Acc.); François-Hyacinthe Couard, *laboureur* (4 jours, 12 l., Acc.).

2. Cahier de doléances.

(Ms. *Greffe du Tribunal de première instance de Coutances, pièce n° 422. Original signé. Inédit.*)

Cahier de la paroisse de Saint-Léger, fait en exécution des lettres du Roi, du 24 novembre (sic) 1789.

1° Les paroissiens se plaignent d'être trop chargés d'impositions, parce qu'ils sont tous de pauvres gens, qui sont en arrière de trois années qu'ils doivent à un allouant qui n'est plus en état d'avancer [3];

2° Que ladite paroisse est de mauvaise nature de fonds [4], et doit

---

[1] Arrondissement d'Avranches, canton de la Haye-Pesnel.

[2] Mouv. 1787, N. 7, M. 1, D. 4. — Population actuelle : 114 habitants.

[3] Impositions pour 1789 : taille, 477 livres; acc., 313 livres; cap., 308 l. 12 s.; corvée, 158 l. 8 s. 5 d.; vingt., 216 l. 16 s. 10 d.; terr., 69 livres; bât., 6 livres. Au total, 1,498 l. 17 s. 3 d. *Privilégiés* : le curé Mᵉ Jean-Alexandre de Péronne, représenté à Coutances par le curé de Saint-Jean-des-Champs, et le seigneur, M. Delabroise de Saint-Léger, possédant les fiefs de Mesnildrey et de la Mouche. *Supplément des privilégiés* : 48 l. 3 s. 1 d.

Lignes : 50. Hors-tenants de Saint-Aubin-des-Préaux, Saint-Ursin et la Beslière, pour un total de 72 verg. 1/2.

[4] *Mém. stat., p. 43.* « Terroir de moyenne valeur pour le labour, plant et prairie. » Il n'y a dans la paroisse qu'un seul fief laïc, dit de Saint-Léger ou de la Mouche, qui appartient au seigneur de Mesnildrey. L'abbaye du Mont-Saint-Michel possède une extension du fief Gastigny, pour sa baronnie de Saint-Pair, et l'abbaye de la Luzerne un petit fief nommé Noël.

Rentes seigneuriales : 1° le Mont-Saint-Michel, 118 ruches de froment, 9 d'avoine, et 7 livres en menues rentes. Au total 450 livres. En plus, le droit de moute (non estimé) et 7 livres en contredit; 2° la Luzerne sur son fief, 2 demeaux de froment, mesure de Saint-Pair, 1 géline, et 119 s. 8 d. en rentes foncières sur plusieurs redevables; 3° le seigneur de Saint-Léger, rentes inconnues.

près de sa valeur en rente seigneuriale, relevante de la mense abbatiale du Mont-Saint-Michel, et du seigneur de Saint-Léger, et de l'abbaye de la Luzerne; qu'on fait payer les rentes en froment suivant l'apprécis qui se fait à Granville, ou plutôt le receveur donne un si bref délai, qu'on est obligé de la payer au prix qu'il le fixe lui-même. Qu'ils ont des pigeons et des lapins qui ruinent les blés;

3° Que ladite paroisse est enclavée de tous côtés de très mauvais chemins, qui tirent tout lieu de communiquer aux grands chemins pour avoir des engrais à la mer et sortir leur peu de denrées;

4° Que les impositions sont trop coûteuses à répartir en six cotes, qu'il serait nécessaire que la taille, taillon et capitation ne seraient qu'une seule cote, et les vingtièmes, et corvées des chemins et imposition territoriale ne seraient qu'une autre cote;

5° Que les maisons habitables des curés sont des frais immenses dans les paroisses, qu'ils devraient être à la charge des bénéficiers, comme le surplus des maisons presbytérales [1];

6° Remontre que pour tirer tout lieu de procès entre les curés et les paroissiens, pour des dîmes insolites, ils devraient être réduits au même taux, et le surplus revertir au bien de l'Etat.

Ce qui a été arrêté dans l'assemblée, ce 1er mars 1789. Ce que lesdits paroissiens ont signé.

> E. Delaroque, M. Adde, P. Larchevesque, Pierre Godard, C. Ruel, Jean le Franc, Pierre Hermanger, Dominique Couard, Pierre Mare, P. Boëtard, Patrice Guérard, N.-J. Lecoupé.

[1] Les dîmes de la paroisse étaient partagées. L'abbé du Mont-Saint-Michel avait deux parts des dîmes sur son fief; le curé, l'autre tiers et la dîme entière des fiefs Noël et de la Mouche. Déclare le curé sa dîme donner 8 boisseaux de froment mesure de Granville, 10 de seigle, autant d'avoine, 4 d'orge, 15 de sarrasin, 1 tonneau de cidre, lin, brebis, agneaux. Il a 3 ou 4 verg. de terre d'aumônes. Au total, pour la Chambre, vraie valeur, 523 l. 10 s. (*Pouillé*, f° 10 r°.)

Le trait de Gastigny, qui appartient au Mont-Saint-Michel, est affermé de son côté 650 livres. (Arch. Calvados, C 6953.)

Autres biens ecclésiastiques : 1° la cure, 4 vergées d'aumône (non estimée); 2° l'abbaye de Luzerne, deux pièces en labour, affermées respectivement 18 et 24 livres. (Arch. nat., Q² 97.)

SAINT-LOUET-SUR-SIENNE[1].

1. Procès-verbal d'assemblée.

(Le procès-verbal authentique n'a pu être retrouvé.)

Date de l'assemblée : 25 février. — Nombre de feux : 30[2]. — Députés : *Jean-Jacques-Alexandre Sonnard-Duhamel, *laboureur* (5 jours, 15 l., et 9 jours, 74 l., Acc.); Jean-Paul Mesnage-Delaplanche, *laboureur* (4 jours, 12 l., Acc.).

2. Cahier de doléances.

(Ms. *Greffe du Tribunal de première instance de Coutances, pièce n° 411.*
Original signé. *Inédit.*)

Du 25 février 1789.

Se sont assemblés les habitants et possédants fonds de la paroisse de Saint-Louet-sur-Sienne, en conséquence des ordres de Sa Majesté dont lecture a été faite, aux fins de rédiger leur cahier de plaintes et remontrances, lesquels après avoir mûrement réfléchi entre eux à cet égard, ont l'honneur de vous remontrer :

1° Que leur petite paroisse, qui n'est, à proprement parler, qu'une fieffe relevante du grand pénitencier de la cathédrale de Coutances[3], lequel y possède une terre qui en fait la meilleure

[1] Ancienne paroisse réunie à Trelly, arrondissement de Coutances, canton de Montmartin-sur-Mer.

[2] Population déclarée en 1790 : 144 communiants; au recensement de 1793 : 160 habitants (N. 6, M. 2, D. 5).

[3] *Mém. sat.*, 1698, p. 25 : «Il n'y a, à Saint-Louet, que 500 vergées de terre environ, qui donnent 200 boisseaux de froment au pénitencier. Terrain propre pour labour de tous blés, plant et prairie.»

La cure de Saint-Louet formait une prébende de la cathédrale de Coutances, attachée à la dignité de grand pénitencier. Le chanoine prébendé, à la fois seigneur du lieu, patron et curé primitif, nommait à la cure, percevait les dîmes et possédait le seul fief noble de la paroisse.

D'après les déclarations de 1790, la prébende consiste en :

I. *Biens-fonds :* 1° un manoir seigneurial, avec jardin, colombier, fruitier, 1 vergée de pré, loué 212 livres;

2° une ferme, bâtiments, terres en plant, herbage, labour et bois taillis, 15 articles : au total 85 verg. de terre, affermées 948 livres.

II. *Rentes :* 192 boisseaux 1/6° de froment, mesure de Coutances de 18 pots (194, comme dans le cahier, dans l'inventaire des officiers municipaux); 953 poules, 460 œufs, 7 chapons et 24 livres quelques sols en argent, apprécié le tout 1,078 l. 13 s. 6 d.

III. *Dîmes :* La dîme est abandonnée au curé pour sa pension, avec 2 vergées de terre d'aumône. Elle donne 300 gerbes de froment, 700 d'orge, 40 de seigle, 7 boisseaux de hâtiveau, 3 de pois, 10 de sarrasin, estimé le tout par le curé 850 livres. Au total, avec l'aumône, 850 livres. Le curé est exempt de la visite de l'archidiacre et du déport. (*Pouillé*, f° 60°, *Déclarations n°* 82 et 138, f° 37 et 65.)

À la date du 31 juin 1791, la prébende de Saint-Louet fut adjugée à Char-

I.

IMPRIMERIE NATIONALE

partie, doit audit seigneur chanoine cent quatre-vingt-quatorze boisseaux de froment, mesure de Coutances, avec beaucoup de menues rentes, sur lesquelles on ne diminue aucuns droits royaux, et en outre, quantité d'autres rentes foncières, dues tant au trésor de l'Église qu'à différents particuliers;

2° Que depuis bien des années, ils payent pour les chemins des sommes considérables, sans pouvoir profiter des grandes routes, étant enclavées entre la rivière de Sienne et celle de Vanne, position qui, depuis la destruction du pont de Quettreville [1], leur interdit non seulement les engrais de mer, sans lesquels leurs terres n'ont presque aucune valeur, mais encore tout genre de commerce, et même le transport qu'ils pourraient faire du peu de production de leurs terres, tels que bois et cidre, pour les approvisionnements de Coutances et Granville;

3° Que la situation basse de leur paroisse sur ladite rivière de Sienne leur cause tous les ans de grands dommages, par le débordement des eaux qui submergent et enlèvent la meilleure partie des productions de leurs terres et occasionnent même fort souvent la perte de leurs bestiaux.

Ces pertes l'année dernière, avec les maladies qui ont régné, et qui y régnent encore, ont fait tort à ladite paroisse de plus de cent pistoles [2], objet considérable pour une communauté aussi malheureuse, qui de fait certain ne peut subvenir d'elle-même (le seigneur payé de ses rentes) à la nourriture de la moitié de ses habitants.

D'après leurs plaintes et doléances, lesdits paroissiens vous représentent que la multiplicité des impositions actuelles leur causent des frais considérables [3], ce qui leur ferait désirer, opter et préférer un seul impôt, réparti également sur les trois ordres du

---

les Lecoq et autres acquéreurs, pour un total de 64,100 livres, dont 38,600 pour les terres, et 25,500 pour les rentes, divisées en trois lots; et auxquelles les acquéreurs renoncèrent peu après. (Arch. Manche, Q² 1.)

Autres biens ecclésiastiques. — 1° Le trésor, 10 demeaux de fr. mesure de Gérences, et 27 l. 14 s. 6 d. en argent; 2° le petit collège de Coutances, 3 boisseaux de fr. 1 pain, 1 poule et 2 l. 10 s. (Arch. Manche, Q⁴⁻¹, 13.)

[1]. Cf. le cahier de Quettreville, section de Monceaux, supra, p. 514 et la note. — La paroisse de Saint-Louët-sur-Sienne était la seule, ainsi que le fait observer le rapporteur du Bureau des travaux publics à l'assemblée de Cou-

tances, qui eût persisté l'année précédente, avec la section de Monceaux, à réclamer la réparation du pont de Quettreville, et qui eût pris à ce sujet une délibération régulière et consenti des engagements positifs pour cette reconstruction. (Procès-verbal de l'assemblée départementale de Coutances, 30 octobre 1788, Arch. Calvados, C 7700.)

[2]. Une épidémie de fièvre putride avait ravagé en 1788 la paroisse, comme du reste une partie de l'élection; il y avait eu à la fois jusqu'à 50 malades, et un secours avait été accordé pour de la quinine et pour le bouillon des pauvres. (Arch. Calvados, C 938.)

[3]. Impositions pour 1789 : taille, 284 l.; acc., 186 l. 7 s.; cap., 183 l.

royaume, lequel impôt procurerait à l'État une augmentation de revenu, tant par l'adjonction de la contribution des deux premiers ordres, que par la suppression des frais de perception, laquelle peut et doit se faire gratuitement par les principaux des paroissiens, qui en verseraient les deniers à la recette générale de chaque province, trop heureux lesdits principaux paroissiens de pouvoir ainsi procurer le bien de l'État et la diminution des impôts de leurs paroisses.

Observent encore lesdits habitants que la subvention territoriale, équitablement répartie par le concours des assemblées municipales, remplirait ce but à la satisfaction de tous les sujets de Sa Majesté.

Au surplus, pour ce qui regarde la réforme des abus qui se commettent tant pour les réparations et reconstructions des maisons presbytérales que pour la multiplicité coûtageuse (sic) des juridictions et autres chefs, lesdits paroissiens s'en reportent entièrement à la confiance qu'ils ont en leurs députés.

Lesdits paroissiens, assemblés à la convocation du syndic, ont rédigé et certifié le présent véritable dans tout son contenu; ce qu'ils ont signé double après lecture faite; en trois rôles, celui-ci compris.

De Champrepus, Briard, J.-B.-G. Brix, A.-L. Brix, Jacques Drieu, L.-J. Mesnage, J.-P. Cordom, J. Loison, N. Mesnage, François Hersent, L. Lemesnage, Piet, Sonnard-Duhamel, *député*, J.-L. Mesnage, *syndic*, Mesnage, *député*, André Riquier.

SAINT-MALO-DE-LA-LANDE [1].

1. Procès-verbal d'assemblée.

(Le procès-verbal authentique n'a pu être retrouvé.)

Date de l'assemblée : 1er mars. — Nombre de feux : 82 [2]. — Députés : Nicolas Jehenne, *ancien capitaine marchand, négociant pour Saint-Domingue*

15 s.; corvée, 94 l. 6 s. 5 d.; vingt., 288 l. 15 s.; terr., 26 livres; bât., 9 livres. Au total, 1,612 l. 3 s. 5 d. Lignes : 48. Occupants : 24. — Privilégiés : le curé Mᵉ Lechevallier, et le chanoine pénitencier, J.-Joseph-Aimable Bonté, seigneur et patron de la paroisse.

Supplément des privilégiés : 71 l. 3 s. 1 d.

[1] Arrondissement de Coutances, canton de Saint-Malo-de-la-Lande.
[2] Population en 1793 : 444 habitants (N. 8, M. 4, D. 9). — Population actuelle : 322 habitants.

36

(4 jours, 12 l., Acc.) [1]; Julien HERPIN, *laboureur, syndic de la municipalité* (4 jours, 12 l., Acc.).

2. CAHIER DE DOLÉANCES.

(Ms. *Greffe du Tribunal de première instance de Coutances, pièce n° 427. Original signé. Inédit.*)

Cahier des doléances de la paroisse de Saint-Malo-de-la-Lande, rédigé ce dimanche premier mars 1789, pour être présenté à l'Assemblée générale du tiers état, qui se tiendra le 2 mars suivant, devant M. Desmarets, lieutenant général de M. le bailli de Cotentin.

Les habitants de cedit lieu de Saint-Malo-de-la-Lande, en partie soussignés, les autres ayant déclaré ne savoir signer, et représentés par les sieurs Nicolas Jehenne, ancien capitaine marchand naviguant pour Saint-Domingue *isle de la Mérique* (sic), et Julien Herpin, laboureur et syndic de la municipalité, se rapportant pour la rédaction du cahier des doléances, plaintes et remontrances à l'Assemblée générale, se bornent à représenter les objets suivants, qui leur sont particuliers, ou communs avec quelques paroisses de la côte :

ARTICLE 1er. Le premier, et qui leur est particulier, c'est que leur fonds n'étant que des landes en parties défrichées leur coûte plus de frais de culture que le produit de la récolte; et dans les années de sécheresse, ils sont forcés de chercher leur subsistance au dehors, et ne la trouvent qu'à la mer, commerce qui détruit toutes leurs jeunesses et les plonge successivement dans une indigence continuelle [2].

ART. 2. Le second objet est qu'ils supplient de représenter aux États généraux de simplifier le plus qu'il sera possible la perception de tous les impôts [3], et particulièrement de diminuer les frais de contraintes pour faire payer les reliquats de toutes les charges

---

[1] Au procès-verbal de l'assemblée préliminaire, ce député est indiqué comme ayant la profession de *laboureur.*

[2] *Mém. stat.,* p. 31 : «Saint-Malo. Terroir médiocre, la plus grande partie en campagne; peu de plant, peu de prairies. Il y a les landes de Saint-Malo.»

[3] Impositions pour 1789 : taille, 831 livres; acc., 545 l. 6 s.; cap., 537 l. 13 s.; corvée, 282 l. 12 s. 10 d.; vingt.,

414 l. 3 s.; terr., 35 livres; bât., 11 livres. Au total, 2,656 l. 14 s. 10 d. — *Privilégiés :* le curé Me Benoît Lepaysant, et le seigneur Charles-Hervé-Valentin-François Desbordes de Folligny, capitaine de vaisseaux du roi, seigneur et patron de Saint-Malo-de-la-Lande, le Hommécl, Linverville, Grimouville, la Champagne, Crux, Semilly, la Halle et Contrières (c. n. 132 l.). *Supplément des privilégiés :* 165 l. 16 s. 9 d.

auxquelles ils sont soumis, et de les réduire s'il est possible aux frais seigneuriaux (?); ces frais de contraintes étant une surcharge qui tombe le plus souvent sur les plus indigents, qui les mettent hors d'état de payer les quotes-parts les années suivantes, et tombent à pure perte pour les collecteurs.

ART. 3. Le troisième objet est que, puisque la fin principale de Sa Majesté dans la convocation des États généraux est de rendre justice à tous et à un chacun de ses sujets, de proportionner les impôts à leurs facultés et moyens de subsister, enfin de réformer tous les abus, les requérants osent soutenir qu'il en règne un très grand sur les bords de la mer, très contraire à l'agriculture, c'est que quelques paroisses se sont arrogé, sans aucun titre primitif [1],

---

[1] Le droit exclusif de varech était, quoiqu'en dise cet article, fondé sur des textes législatifs, à la vérité de date assez récente. Le droit ancien ne connaissait point ici de privilèges. La coutume a bien un titre *De varech et choses gaives*, où elle traite «des choses que l'eau jette à terre par tourmente et fortune de mer», qu'elle réserve en principe aux hauts justiciers; mais elle ne dit rien, ainsi que l'observe Houard (v° Varech, IV. 431) de l'herbe marine, d'où le droit de varech a tiré son nom. Cependant, comme il l'observe, «l'usage de cette herbe est très important, par rapport à l'amélioration des terres de Normandie situées sur le bord de la mer». La coupe du varech et le droit à cette coupe ont été, semble-t-il, réglementés pour la première fois d'une manière uniforme par l'Ordonnance de la marine, d'août 1681 (liv. 4, tit. X. *De la coupe du varech ou vraicq, sar ou gouësmon*, dans ISAMBERT, XIX, n° 981, p. 355). A la fin du xviii° siècle, elle avait fait l'objet d'un assez grand nombre de déclarations royales subséquentes, dont les plus importantes pour la Normandie sont celles des 30 mai 1731 et 30 octobre 1772 (ISAMBERT, XIX 357, n° 420, et XXII 547, n° 1034) et d'un *arrêt de Règlement* du Parlement de Normandie, en date du 10 mars 1769 (Recueil des Édits, VIII, p. 1193) dont la conciliation avec la législation générale est loin d'être toujours aisée.

Le principe de la réglementation, posé par l'Ordonnance de 1681, et universellement reproduit dans les autres textes, est une distinction essentielle entre le varech jeté à la côte et le varech de rocher, entre le droit de ramasser le varech et celui de le couper. Le varech de rocher est, pour des raisons de conservation, protégé contre les coupes exagérées, et le droit de le recueillir, très étroitement réglementé quant aux époques et au mode même de cueillette, est exclusivement attribué (art. 4) aux habitants des paroisses situées sur le rivage, dites *paroisses bordantes*. Toutes les paroisses non bordantes en sont exclues, et défense est même faite (art. 3), sous peine d'amende et confiscation des chevaux et harnais, aux habitants riverains de vendre leur récolte ou de la porter sur d'autres territoires. Le varech détaché par le flot et jeté à la côte est au contraire considéré comme *res nullius*, et l'article 5 permet à toutes personnes de le prendre en tous temps et de le transporter où bon leur semblera.

Sur cette distinction essentielle, il y avait eu des variations dans la réglementation. L'arrêt de règlement de 1769 et les déclarations royales avaient beaucoup tempéré à certains égards les rigueurs de l'Ordonnance de la marine. Le Parlement avait étendu l'autorisation de recueillir le varech sur les grèves à la récolte faite sur les îles et rochers déserts en pleine mer. La Déclaration de 1772, plus libérale encore, avait permis à tous particuliers habitant les paroisses non bordantes d'arracher eux-mêmes et de récolter le varech de rocher «au cas où les habitants des paroisses bordantes ne voudraient pas s'en servir pour faire de la soude dans les temps indiqués», en se conformant seu-

le droit de profiter seules du meilleur engrais de la mer. Celui du varaiq (*sic*) est exclusivement aux paroisses bordantes, lesquelles supportent toutes les mêmes charges particulières aux habitants des côtes de la mer; de plus, les chemins de ces paroisses plaignantes sont coupés par le grand nombre des voitures des paroisses éloignées, qui vont chercher les petites graisses que jette et dépose l'eau de la mer, lesquelles réparations et entretiens de chemins sont de la plus grande dépense, proportionnées aux facultés des habitants des paroisses voisines, de ce petit nombre de paroisses indûment et injustement privilégiées, et autorisées par abus à profiter seules de l'engrais du varech, dont elles pourraient se passer, étant bien plus à portée et ayant bien moins de frais à faire pour charrier les autres engrais. Si ce privilège contraire à la justice, contraire au bien et au droit public, d'aller exclusivement arracher le varech [1] sur des rochers situés dans la mer et qui ne découvrent que dans les marées, contre toute espérance subsisterait encore, ce ne pourrait être que par une concession de Sa Majesté, aidée des conseils des États généraux, en vertu d'une redevance proportionnée à cet avantage particulier, ou bien par une répartition modérée des impôts sur les autres paroisses, lesquelles supportant toutes les mêmes charges en sont injustement privées.

---

lement aux époques fixées par les règlements. Dans l'usage toutefois, les paroisses bordantes se réservaient les trois premiers jours de récolte. (Cahiers de le Vicel, 9; de Saint-Sauveur-le-Vicomte, dans Hippeau, *Cahiers*, II, 437, 59.) Malgré cet adoucissement de la réglementation, les paroisses non bordantes se plaignaient fort du privilège accordé aux paroisses bordantes; et leurs réclamations ne semblent pas sans fondement, si l'on considère qu'un certain nombre d'entre elles, quoique non immédiatement riveraines, étaient assujetties pourtant à la garde-côte et aux autres charges, aussi bien que les paroisses bordantes. (Cahier de Brainville, 11, *supra*, p. 186; de la Haye-du-Puits, 8, *infra*, p. 741.)

[1] La faculté d'*arracher* le varech était de date toute récente dans la législation. L'ordonnance de 1681 (art. 3) et la déclaration du Roi du 30 mai 1731 (tit. II, art. 4) ne permettaient que de *couper* le varech avec couteaux et faucilles; et l'arrêt de règlement du Parlement de Normandie du 10 mars 1769 (Recueil des Édits IX, 1123)

avait fait encore itérative défense à toutes personnes «d'arracher, en quelque temps et sous quelque prétexte que ce soit, le varech ou autres herbes marines, avec la main ou râteaux ou autres instruments qui puissent le déraciner, à peine de 300 livres d'amende pour la première fois; et de punition corporelle en cas de récidive». — Mais, par déclaration datée de Fontainebleau du 30 octobre 1772 (Isambert, n° 1034, XXII, p. 547), le Roi avait, — «après enquête, sur les lieux, de plusieurs naturalistes et physiciens choisis par l'Académie des sciences de Paris, et rapport du sieur Tillet, concluant à ce que la plante de varech ne se reproduit qu'après que la racine en pourrissant s'est détachée du rocher», — décidé (art. 2) qu'à l'avenir «lesdites herbes pourraient être arrachées, avec la main, ou autres instruments, nonobstant ce qui est ordonné par l'article 6 du titre II de notre déclaration de 1731». — Cette décision récente avait soulevé dès le premier jour de très vives protestations, sur lesquelles nous trouverons des détails plus circonstanciés dans les ca-

ART. 4. Le quatrième objet est que lesdits paroissiens doivent tant à MM. de Folligny leurs seigneurs, au chapitre d'Avranches, au domaine du Roi et à l'église, autant de rentes [1] que la valeur des fonds qu'ils possèdent; et supplient d'abolir la banalité des moulins ou d'astreindre les meuniers à des lois strictes et tranquilles pour les *banoniers* (*sic*)[2], qui se trouvent déjà trop lésés du seizième qu'ils sont obligés de payer. Ensemble ils demandent que les seigneurs de Normandie imitent l'exemple du Roy, qui a permis de détruire les lapins sur tous ses domaines [3].

hiers des paroisses du bailliage de Valognes.

[1] La paroisse renfermait quatre fiefs : trois laïcs, celui du roi, dont le vicomte de Coutances était sénéchal, et ceux de Saint-Malo et Contrières, appartenant au seigneur; et une extension du fief de la Vallière, en Boisroger, appartenant au chapitre d'Avranches, qui occupait plus du tiers de la paroisse.

I. *Rentes.* 1° Le domaine : 30 boisseaux 1/2 de froment, 10 rais d'avoine, 11 pots et pinte et 5 demeaux de froment, sur plusieurs particuliers;

2° Le chapitre d'Avranches sur son fief: 91 boisseaux 1/2 de froment mesure d'Aubigny, de 12 pots au boisseau, 23 l. 18 s. 6 d.; 7 pains, 7 poules, 30 œufs, 2 chapons, en une quantité de menues rentes, le tout estimé en 1749 à 240 livres. Droit de treizième non évalué;

3° Le seigneur, pour les fiefs Saint-Malo et Contrières, rentes et treizièmes, n. est. 3 moulins, dont 2 à blé et 1 à foulon;

4° Il est dû au trésor de l'église 13 boisseaux de froment et 15 livres de rente foncière.

II. *Dîmes.* — Le curé percevait toutes les grosses et menues dîmes de la paroisse, sauf sur le fief de la Vallière où il n'avait que le tiers, les deux tiers étant au chapitre d'Avranches. Il avait par extension les grosses dîmes sur les terres de la paroisse de Blainville dépendant du seigneur de Saint-Malo. (*Pouillé f° 2.*) Déclare en 1790 sa dîme en Saint-Malo donner année commune 1,300 livres; il a 50 livres de deux pièces d'aumône, et 450 livres de sa part des dîmes en Brainville. Au total 1,800 livres, sur lesquels il paye un vicaire. Décimes 116 l. 5 s. (*Déclar. n° 106,* f° 21.) La part de dîmes du chapitre est déclarée louée 430 livres.

[2] *Banonniers*, vassaux assujettis à la banalité. On disait plutôt banniers. (HOUARD, *Dict. anal.*, v° Banalité.) — Le seizième boisseau était le taux normal auquel, en l'absence de toute autre quotité établie par titre, la jurisprudence avait uniformément fixé le droit de *moute* dû aux meuniers pour les grains assujettis à la banalité. (*Arrêt du 20 mai 1669*, rapporté par HOUARD : *ibid.*, v° Meunier.)

[3] Voir *arrêt du Conseil pour la destruction des lapins dans l'étendue des capitaineries royales, daté de Versailles le 21 janvier 1776.* (ISAMBERT, XXIII, p. 298, n° 350.) — Cet arrêt ne faisait en principe qu'ordonner l'application plus stricte des dispositions de l'article 11 du titre XXX de l'ordonnance des eaux et forêts d'août 1669 (ISAMBERT, XVIII, p. 296). Mais les articles 2 et suivants lui donnaient une portée efficace, en autorisant les habitants des villages, paroisses et communautés, situés dans l'étendue des capitaineries, qui éprouvaient des dégâts dans leur récolte par les lapins des forêts royales, à demander, sur requête de leur syndic et certificat délivré par l'intendant de la généralité, la permission, *qui ne pouvait leur être refusée* (art. 4), de procéder eux-mêmes, avec nombre suffisant de batteurs et ouvriers, au renversement des terriers et à la destruction des lapins. — Cette disposition très utile ne s'appliquait toutefois qu'aux forêts de domaine royal. Bien que les prescriptions de l'ordonnance des eaux et forêts s'adressassent aussi impérativement aux bois des seigneurs particuliers, Houard reconnaît qu'on fait ils avaient su tourner la loi; ils se contentaient de faire chasser et fureter par leur garde, faisant au besoin afficher

Le présent après lecture faite à haute et intelligible voix, fait duplicata après avoir été signé, sera remis au greffier de la municipalité pour être déposé dans les archives, ce dit jour et an que dessus.

> M. MANET, P. GUILLEMIN, MARIE, L. COURONNE, F. HODEY, Charles LEPELEY, Louis SALMON, THÉZARD, G.-J. LORITTE, Clair LERIVONNÉ, Louis SALMON, Guillaume LEBRETON, Louis LECAPLAIN, Pierre RAOULT, Gille HERPIN, F. JEHENNE, Mâlo LEPELEY, Mâlo SALMON, Charles-Jérôme TANQUEREY, G.-F. LEVIONNAIS, J. LE RENDU, C. VALLÉE, J. HERPIN, N. JEHENNE.

Ne varietur, HUREL, *syndic*.

SAINTE-MARGUERITE [1]

1. PROCÈS-VERBAL D'ASSEMBLÉE.
(Le procès-verbal authentique n'a pu être retrouvé.)

Date de l'assemblé : 5 mars. — Nombre de feux : 50 [2] — (Les députés n'ont pas comparu.) [3].

2. CAHIER DE DOLÉANCES.
(Ms. *Greffe du Tribunal de première instance de Coutances*, pièce n° 458. Original signé. *Inédit.*).

Cahier de doléance, plainte et remontrance, que font les habitants, en général, de la paroisse de Sainte-Marguerite.

Du jeudi cinquième jour de mars 1789 en la chambre de l'assemblée municipale, se sont assemblés les habitants en général comme dit est par la convocation du [syndic] en charge, porteur des ordres du Roi, laquelle a été lue et affichée le dimanche premier jour de mars 1789, laquelle ordonnance et permet

---

des permissions à leurs vassaux de chasser le lapin, mais sans leur permettre d'avoir pour cela d'armes ni de furet. (HOUARD, *Dict. anal.*, v° Lapin, III, p. 86.) Ici encore nous voyons quelle distance il y avait de l'état de droit à l'état de fait : et combien de doléances des cahiers, qui paraissent sans objet quand

on ne consulte que la législation, peuvent être en fait justifiées.

[1] Ancienne paroisse réunie à Bricqueville-sur-Mer, arrondissement de Coutances, canton de Bréhal.

[2] Population en 1793 : 258 habitants (N. 8, M. 2, D. 4).

[3] Procès-verbal et rôle des taxes.

Sa Majesté qu'il lui soit fait les plaintes et remontrances dont le général est accablé :

1° Demandons à n'avoir qu'une imposition [1], pour épargner des frais de répartition de plusieurs rôles;

2° Que la noblesse et le clergé payent comme le tiers état, au terme de leurs revenus, tels que les évêchés et abbayes qui possèdent une grande partie du revenu de la province [2];

3° Demandons que les colombiers soient *arasés* (*sic*), entendu que le pigeon désumence (*sic*) en partie les fonds, et mange en partie la récolte;

4° De plus, demandons encore que le sel soit commun, et nous tirer sous la tyrannie des commis; le sel étant taxé à un prix considérable met la plus grande partie des familles hors d'état d'en avoir, ensuite les commis leur font des procès, pour n'avoir pas levé provision, et ensuite les réduisent à la dernière des misères;

5° Que les basses juridictions soient interdites [3], lesquelles mangent le pauvre monde en leur tenant des affaires dans leur siège pendant des quinze et vingt années. En suppliant très humblement Sa Majesté de vouloir bien nous accorder nos demandes, le général ne cessera d'adresser leurs vœux à l'Éternel pour la conservation des jours précieux de Sa Grandeur.

Ce dit jour et an que dessus.

G.-F. Guillot, P. Guillot, J.-P. Delalande, C. Crépinel, B. Cotentin, Vigor Fouché, J.-P. Legentil, J. Cos-

[1] Impositions pour 1789 : taille, 380 livres; acc., 249 l. 7 s.; cap., 245 l. 17 s.; corvée, 126 l. 4 s. 2 d.; vingt., 307 l. 17 s. 10 d.; terr., 13 livres; bât., 4 livres. Au total 1,226 l. 5 s. 2 d. Le seul privilégié de la paroisse est le curé, M^e Le Buffe, représenté à Coutances par le curé de Bricqueville. Aucun noble. *Supplément des privilégiés :* 56 l. 14 s.

[2] La paroisse de Sainte-Marguerite ne paraît pas avoir d'intérêt particulier à ce vœu. Il n'y a d'autre bien ecclésiastique que la cure (maison presbytérale, 7 verg. 1/2 de terre, est. 70 l.) et deux petits champs de 30 perches chacun, appartenant au trésor (loués en l'an III 27 l. 10 s., valeur 100 l.). Il y a deux petits fiefs nobles, celui de Sainte-Marguerite et celui de Beaumanoir, avec extension sur Bricqueville; mais ils sont entre les mains d'un roturier, Anne-Charles Dubois, sieur de Ruault, premier avocat du roi au bailliage et siège présidial de Coutances.

Le curé est seul décimateur. Déclare sa dîme donner 12 boisseaux de froment mesure de Granville, 10 de seigle, 60 de hâtiveau, 20 de lentilles, pois et avoines, 12 de sarrasin. Au total année commune, avec les aumônes, 1,400 livres, sans charges. (*Déclar.* n° 162, f° 28.)

Rentes : le curé, 12 s. 6 d. pour fondations; le trésor, 1 demeau de froment.

[3] La paroisse de Sainte-Marguerite dépendait pour partie de la moyenne justice de Saint-Pair, pour partie de la vicomté de Gavray. Voir la note sous le cahier de Saint-Pair, *infrà*, p. 581, n. 1.

TENTIN, A. COSTENTIN, J. COTENTIN, DESBOUILLONS,
P. FOUCHARD, Gabriel LEBER, HEBERT, *syndic.*

SAINT-MARTIN-DE-BONFOSSÉ[1].

1. PROCÈS-VERBAL D'ASSEMBLÉE.

(Le procès-verbal authentique n'a pu être retrouvé.)

Date de l'assemblée : 25 février. — Nombre de feux : 173[2]. — Députés :
*M. Louis-Alexandre-Félix COURTIN DE LA BRÉAUDIÈRE, *conseiller du roi en l'élection de Saint-Lô.* Comm. Réd. (14 jours, 42 l., et 19 jours, 74 l., Acc.); *M. Michel-Joseph COURTIN DE LA GERVAISIÈRE, *conseiller en l'élection de Saint-Lô* (6 jours, 18 l., et 19 jours, 74 l., Acc.).

2. CAHIER DE DOLÉANCES.

(Ms. *Greffe du Tribunal de première instance de Coutances,* pièce n° 431. Original signé. *Inédit.*)

Cahier des plaintes et doléances des habitants de la paroisse de Saint-Martin-de-Bonfossé, arrêté dans l'Assemblée du 25 février 1789.

La communauté des habitants de Saint-Martin-de-Bonfossé, considérant que dans la circonstance, où tous les ordres de l'État sont appelés pour opérer la régénération de la constitution, l'unique moyen de retirer de ce grand ouvrage tous les avantages que la nation en général et chaque citoyen en particulier sont en droit d'en attendre, est de concourir autant qu'il dépend d'elle à éclairer le monarque et les représentants de la nation, et de donner à ceux-ci des pouvoirs suffisants pour demander ou consentir tout ce qui peut tendre à assurer la prospérité publique.

A par le présent donné aux députés qui seront choisis par la voie du scrutin plein et absolu pouvoir :

1° Demander qu'avant tout, la constitution soit irrévocablement fixée;

2° Que la dette nationale soit approfondie;

3° Que tout privilège pécuniaire soit entièrement supprimé;

4° Que tout impôt distinctif des ordres, tel que la taille personnelle, celle de propriété, et toutes autres, soient également

---

[1] Arrondissement de Saint-Lô, canton de Canisy.

[2] Mouv. 1787 : N. 20, M. 2, D. 21.
— Population actuelle : 693 habitants.

supprimées et remplacées par des contributions nationales, dont nul fonds, pas même domanial, et nul individu des trois ordres ne soient exempts[1];

5° Que tous les autres impôts, sous quelques dénominations qu'ils se perçoivent, soit sur les consommations ou sur les objets de commerce, soient également abrogés, et remplacés, si les besoins de l'État l'exigent, par d'autres contributions nationales, les plus facilement susceptibles d'être également réparties sur tous les individus, et dont la perception n'entrave ni la liberté individuelle, ni celle de l'agriculture, ni celle du commerce;

6° Que la milice soit supprimée[2];

7° Que les eaux et forêts, grenier à sel, et traites, soient supprimés;

8° Que les bureaux des finances, les vicomtés, les hautes justices, la juridiction accordée aux intendants, soient supprimés et remis aux bailliages royaux;

9° Que les tribunaux soient épurés, que leur arrondissement soit déterminé, les cours souveraines rapprochées de leurs justiciables, la procédure civile simplifiée, le code criminel réformé, la liberté individuelle assurée;

10° Que tous arrêtés qui excluent les membres du tiers état des premières charges de la magistrature et des emplois militaires, ce qui prive l'État de quantité de sujets utiles, et étouffe l'émulation, source des grands talents, soient anéantis;

11° Que toutes dîmes insolites telles qu'elles puissent être, à l'exception uniquement des dîmes de froment, seigle, orge, avoine, soient supprimées[3];

---

[1] Impositions pour 1789 : taille, 1,471 livres; acc., 1,000 l. 13 s; cap., 952 l. 5 s.; corvée, 493 l. 9 s. 7 d.; vingt., 1,553 l. 1 s. 10 d.; terr., 149 livres; bât., 50 livres. Au total 5,669 l. 5 s. 9 d. *Privilégiés* : le curé M° Claude-Augustin le Planois; son vicaire M° Blaise Martin, et la dame V° Bernard des Andelles. *Supplément des privilégiés* : 207 l. 15 s. 2 d. Lignes : 158; occupants : 29; 3 exempts, 1 insolvable; hors-tenants de Quibou pour 7 l. 10 s. (Arch. Manche, C 513.)

[2] La paroisse de Saint-Martin-de-Bonfossé tirait à la milice avec d'autres paroisses, généralement avec Dangy, Ponthrocard et Saint-Sauveur de Bonfossé. En 1788 ces paroisses réunies

avaient présenté au tirage 52 garçons; 33 avaient déclarés exempts, 11 réformés; 9 seulement avaient tiré, pour fournir 1 milicien. (Arch. Calvados, C 1916.)

[3] «Dîme solite, suivant Routier, est celle qui se lève le plus communément dans tous les lieux, comme le blé, orge, avoine, et autres fruits de cette nature, qui sont la principale récolte ou le principal revenu d'une paroisse.» (ROUTIER, *Prat. bénéf.*, 53.) La plupart des jurisconsultes civils, Basnage, Pesnelle, Flaust, restreignent également aux *quatre grains* (froment, seigle, orge et avoine) la dîme solite; mais les auteurs de droit canon, comme Rousseau de la Combe, et quelques civilistes même comme Houard, soutiennent que le caractère so-

12° Que le clergé soit tenu d'acquitter toutes ses dettes dans l'espace de trois ans, et que pour y parvenir il aura la liberté d'aliéner tous ses droits honorifiques, qui semblent incompatibles avec ses fonctions; et que tout débiteur envers lui en rentes foncières ou seigneuriales aura la liberté de les amortir à raison du denier 25 entre les mains du trésorier des États provinciaux [1];

13° Que tous les évêques, abbés commendataires et autres bénéficiers, seront tenus de résider dans le lieu de leur bénéfice, s'ils n'ont quelques charges ou emploi à la cour, auquel cas ils

lite de la dîme est avant tout une question de fait, et que « dès qu'un canton, comme dit Houard, produit abondamment une espèce de grains, et que celle-ci y est l'objet de la principale culture, la dîme levée sur ce grain est solite.» (HOUARD, *Dict. anal.*, v° Dîme, 1 504.) L'absence d'une terminologie rigoureuse et uniformément admise est certainement ce qui a le plus embrouillé dans notre province la matière par elle-même déjà si compliquée des dîmes.

[1] L'évêque de Coutances possédait dans la paroisse de Saint-Martin-de-Bonfossé un domaine considérable.

I. *Biens-fonds* : la terre de Bonfossé, affermée par bail du 8 avril 1788 au sieur Osmond pour neuf années et pour un prix de 10,600 livres et 24 poulardes, se compose de 5 articles : 1° la ferme de Bonfossé proprement dite, 250 vergées en 16 morceaux, dont 36 arpents de bois taillis, sous-baillée 818 et 306 livres (estimée, en 1790, 15,720 livres et 6,700 livres); 2° la Montpinçonnière, 209 vergées en 22 pièces, dont 34 verg. détachées de la ferme de Bonfossé, sous-baillée 918 livres (est. 18,920 livres); 3° la ferme de la Chouquais, 75 à 80 vergées, sous-baillée 300 livres (estimée 5,090 livres); 4° la ferme de la Motte, 325 vergées, dont partie en Saint-Ébremond, faite valoir par le sieur Osmond (estimée 35,400 livres); 5° la ferme de Cotteville, 235 vergées, sous-baillée en deux parties 800 et 185 livres, et faite valoir pour le surplus (estimée 33,300 livres). Le tout, faisant 1,100 vergées, est estimé le 22 novembre 1790 pour la soumission à 115,130 livres de capital. (Arch. Manche, Q² 97.)

II. *Moulins* : 1° Le moulin de Bonfossé, à un seul tournant, avec jardin,

bâtiment en mauvais état, estimé en 1790 à 1,200 livres; 2° le moulin de la Motte, en Saint-Ébremond, à un seul tournant, avec un étang de 16 vergées et quelques terres, estimé 5,000 livres. *Bois* de la Motte, 220 vergées, estimé 20,000 livres.

III. *Rentes* : Sur le fief Saint-Martin, redevances fixes de 48 boisseaux 1/2 et 56 demeaux 1/3 de froment, 61 boisseaux et 27 demeaux d'avoine, 27 pains, 29 poules, 23 chapons, 305 œufs, 103 l. 17 s. 6 d. en argent, 48 mançois, un chapel de roses, 1 paire d'éperons, des corvées de foin et service de moulin, non usitées de mémoire d'homme. En plus, pour nouvelles fieffes, 230 demeaux d'avoine et 60 l. 7 s. 6 d. en argent. Casualités, droit de treizièmes sur 46 héritages, d'un produit commun de 50 à 60 livres. (*État des biens nationaux, Saint-Lô,* Arch. Manche, Q⁴⁻¹ 13 et Q⁴⁻¹ 15.)

L'*État* ne relève expressément aucun autre bien ecclésiastique. D'après les *Déclarations,* la cure avait 6 vergées de terre d'aumônes, donnant 30 livres de revenu ; le chapelain de Sainte-Agathe en la cathédrale possédait dans les paroisses de Soulles, Saint-Martin et Saint-Sauveur de Bonfossé, différents fiefs nommés Sevestre, Corbet, la Rifflanderie et Landeric, sur lesquels il percevait des treizièmes et casualités et plusieurs parties de rentes seigneuriales s'élevant à 20 boisseaux de froment, 3 d'avoine, 10 l. 13 s. en argent, 2 pains, 8 gélines et 20 œufs, apprécié le tout 116 l. 7 s. 1 d.; le chapelain du Sépulcre percevait de son côté 8 livres, 2 pains, 1 poule et 1 chapon de rente foncière; et le trésor de l'église 90 livres de fondations et obits. (*Déclarat.* n°⁵ 90, f° 106; 91, f° 107.)

seront tenus de se faire remplacer par des sujets capables, qui jouiront d'une moitié au moins du produit de leurs revenus;

14° Que tous déports et droits d'annates soient irrévocablement supprimés;

15° Que tous gros décimateurs soient tenus de réparer et construire à neuf les presbytères, sans y appeler en aucune manière les paroissiens[1];

16° Que tout gros décimateur versera au moins un quart de ses revenus dans chaque paroisse où il perçoit la dîme, pour y établir un bureau de charité, et tarir à ce moyen la source de la mendicité.

Déclare ladite communauté [que] si elle ne donne pas plus d'étendue à ses demandes, c'est que ses députés devant se réunir à ceux des autres paroisses du bailliage et ceux de la ville de Coutances, il résultera de cette réunion une discussion sage et approfondie de tous les griefs dont la nation est en droit de demander le redressement.

Donne au surplus ladite communauté auxdits sieurs députés plein et absolu pouvoir de proposer, remontrer, aviser et consentir tout ce qui peut concerner les besoins de l'État, la réforme des abus, l'établissement d'un ordre fixe et durable dans toutes les parties de l'administration, la prospérité du royaume et le bien de tous et de chacun des citoyens.

Fait et signé ledit jour et an que dessus, et signé après lecture faite.

Ont signé : Jean Née, d'Osmond, J. Anselin, P. Biard, P. Vieillard, M.-F. Osmond, P. Compel, P. Groualle, J. Dubosq, J.-P. Dubosq, A. Rouelle, J. Guernet, Jean Le Souef, J.-B. Huet, J. Guernet, N. Lefevre, J. Douchin, J.-L. Vieillard, J. Eude, Joseph Le Chevallier, P. Blanchet, J.-B. Hamel, R. Leplatois, J.-B. Hullin, J. Chapelle, P. Osmond, M. Rouelle,

---

[1] Les dîmes de la paroisse étaient partagées. Le curé avait le tiers seulement des grosses dîmes, avec des novales considérables et 10 à 12 verg. d'aumônes. Les deux autres tiers appartenaient l'un au trésor de l'église, l'autre à l'abbaye d'Aunay. Déclare le curé sa dîme fournir 49 boisseaux de froment mesure de Saint-Lô à 22 pots, 12 de méteil, 87 de mouture, 50 d'avoine, 4 tonneaux de cidre, lin, chanvre, brebis et agneaux. Il a 30 livres d'obits, 10 vergées de terre en aumônes. Au total en 1728, vraie valeur, 734 livres 8 sous. (*Pouillé*, fol. 23 r°.)

Déclaration de 1790 non retrouvée pour la cure. Le tiers de dîmes de l'abbaye, comprenant les grosses et menues, pois, vesces, sarrasins, etc., était affermé en 1790, à Thomas Osmond pour 700 et 900 livres de pot-de-vin. — Le tiers de la fabrique était affermé, du 6 juillet 1788, pour 766 livres. (*Déclarat. des fermiers*, Saint-Lô, f° 40.)

H. Hamel, P. Cauvin, M. Groualle, Douchin, P. Dou-
chin, Louis Blondel, M. Blanchet, Pierre Douchin,
M. Hamel, Conneray, F.-J. Menidré, *greffier*, Courtin,
Courtin de la Bréaudière.

SAINT-MARTIN-DE-CENILLY [1].

1. Procès-verbal d'assemblée.

(Le procès-verbal authentique n'a pu être retrouvé.)

Date de l'assemblée : 1er mars. — Nombre de feux : 113 [2]. — Députés :
*Jean-François Lebrun, *laboureur* (6 jours, 18 l., Acc.); Guillaume Dubuisson,
laboureur (4 jours, 12 l., Acc.).

2. Cahier de doléances.

(Ms. *Greffe du Tribunal de première instance de Coutances*, pièce n° 434.
Original signé. *Inédit* [3].)

*Cahier des doléances, plaintes et remontrances de la paroisse
de Saint-Martin-de-Cenilly.*

Du premier jour de mars 1789, en conséquence des ordres
du Roy, se sont assemblés les habitants en général de la paroisse de Saint-Martin-de-Cenilly pour procéder à la rédaction
de leur cahier des plaintes et doléances, qui sera remis aux députés pour les représenter à l'assemblée générale du grand bailliage de Cotentin qui se tiendra à Coutances le 16 du présent
mois, auxquels dits députés leurs paroissiens donnent pouvoir de
demander :

1° L'établissement des États en la province, etc., [4];

18° Qu'il n'existe qu'un seul et unique impôt; qu'en consé-

---

[1] Arrondissement de Coutances,
canton de Cerisy-la-Salle.

[2] Population en 1793 : 645 habitants (N. 16, M. 3, D. 4). — Population actuelle : 443 habitants.

[3] Le cahier est en très grande partie la reproduction textuelle du cahier
de Cerisy-la-Salle. Nous n'en donnons
que les passages originaux.

[4] Les articles 1 à 17 sont la reproduction littérale des articles 1 à 17 du
cahier de Cerisy. Impositions pour 1789 :
taille, 1,530 livres; acc., 1,004 livres;
cap., 989 l. 18 s.; corvée, 513 l. 9 s.
7 d.; vingt., 1,123 l. 8 s. 7 d.; terr.,
95 livres; bât., 12 livres. Au total,
5,487 l. 16 s. 2 d.

Lignes : 131. — *Privilégiés* : le curé
Me Louis Jouan, et le seigneur Léonor-
Charles Duprey, propriétaire des fiefs de
Mesnilaumont et Villiers (c. n. 301.);
et pour le tiers état un commis à la revente des traites et gabelles. *Supplément
des privilégiés* : 68 l. 9 s. 10 d.

quence la cour des aides soit supprimée, et l'État n'aura plus à soudoyer une multitude de commis haïs et détestés de tout le monde, et à ce moyen chaque particulier sera libre de vendre et disposer de sa boisson et le peuple se verra déchargé avec la plus grande joie du fardeau le plus onéreux qu'il ait à supporter [1] ;

19° Que toutes les communautés religieuses d'hommes tels que Bénédictins, Bernardins, etc., qui ne sont d'aucune utilité pour l'État, soient supprimées sans délai, et que leurs biens et revenus soient régis et administrés de manière à servir aux besoins de l'État [2] ;

20° Et enfin que tout ce qui sera proposé à l'assemblée des États généraux pour le bien général y soit délibéré et définitivement arrêté à la pluralité des voix, sans distinction d'ordres [3].

Le présent cahier fait et signé double par tous ceux des paroissiens qui savent signer. Un desquels doubles resté aux mains du greffier de la municipalité de la communauté, et le présent mis aux mains de Jean-François Le Brun et de Guillaume Dubuisson, députés, pour le déposer à l'assemblée préliminaire, conjointement avec les autres députés qui vont être ci-après nommés aux termes de l'ordre du Roy. Le présent contenant deux feuillets.

F. Dubuisson, N. Quesnel, G. Deshogues, T. Macquerel, P. Lhermitte, S. Lesouef, François Deshogues, Joachim Le Monnier, L. Heude, (illisible), Lemonnier, J.-B. Deshogues, L. Singer, Louis Dubuisson, M. Macquerel, J. Cauvet, Alexandre Blanchet, Guillaume Fauvel, Brun, G. Dubuisson.

[1] Cf. l'article 1er de l'addition du cahier de Cerisy, suprà, p. 260.

[2] Cf. l'article 2 de l'addition du cahier de Cerisy. Le vœu du cahier vise manifestement les patrons et gros décimateurs de la paroisse, religieux de l'abbaye d'Aunay, qui étaient des Bénédictins de la réforme de Cîteaux, dits aussi Bernardins. Ils percevaient, d'après le Pouillé, toutes les dîmes grosses et menues, et ne payaient au curé qu'une portion congrue. Déclare en 1790 le curé n'avoir avec sa pension de 750 livres et celle de son vicaire 350 livres, que 120 l. 13 s. d'obits, et la jouissance de 1/2 vergée de terre. (Déclar. n° 133, fol. 47.)

Il n'y a, d'après les officiers municipaux, d'autre bien ecclésiastique dans la paroisse, avec la cure, que la grange-dîme, sans terres, appartenant à l'abbaye d'Aunay (n. est.).

[3] Cf. l'article 18 du cahier primitif de Cerisy, suprà, p. 260.

SAINT-MARTIN-LE-VIEUX[1].

1. Procès-verbal d'assemblée.
(Le procès-verbal authentique n'a pu être retrouvé.)

Date de l'assemblée : 1ᵉʳ mars. — Nombre de feux : 15[2]. — Députés : Mᵉ Pierre-Marie Rabasse, *chirurgien* (2 jours, 6 liv., Acc.); Louis-André Le Fouquerand, *laboureur* (2 jours, 6 l., Acc.).

2. Cahier de doléances.
(Ms. *Greffe du Tribunal de première instance de Coutances, pièce n° 435.* Original signé. *Inédit.*)

Doléances, plaintes et remontrances de la paroisse
ae Saint-Martin-le-Vieux, diocèse de Coutances,
doyenné de Saint-Pair.

Cette paroisse maritime extrêmement petite dans son territoire, puisqu'elle n'est habitée que par quatorze particuliers y possédant fonds, est, relativement à son étendue, grevée d'une multiplicité d'impôts exorbitants[3], qui réduisent presque tous ses malheureux habitants à une affreuse indigence. Car outre que chacun d'eux n'y est propriétaire que de très peu de terrain, la majeure partie d'icelui étant possédé par des particuliers des paroisses circonvoisines, il est encore obligé de se constituer en des frais et en travail considérable pour faire fructifier son sol, qui étant élevé et très aride, ne produirait rien ou presque rien, si tous les ans il n'était engraissé de nouveau. Voilà cependant l'unique ressource de tous et chacun de ces habitants, n'y ayant dans l'endroit aucune espèce de commerce.

Cette paroisse, toute petite qu'elle est, est encore coupée par

---

[1] Ancienne paroisse, réunie à Bréhal. Arrondissement de Coutances, canton de Bréhal.

[2] Population déclarée en 1790 : 162 communiants; au recensement de 1793, 177 habitants. — Mouvement de la population en 1787 : naissances, 6 (2 garçons, 4 filles); mariages, 2; décès, 1. (Arch. Calvados, G 170.)

[3] Impositions pour 1789 : taille, 241 livres; acc., 158 l. 3 s.; cap., 155 l. 18 s.; corvée, 80 l. 9 d.; vingt., 153 l. 19 s. 10 d.; terr., 14 livres; bât., 5 livres.

Au total, 799 l. 1 s. 7 d. *Privilégiés :* le curé mᵉ Joachim-André Thuillet, le seigneur André Potier, propriétaire du fief Saint-Martin pour la vᵉ du sʳ Gautier de Saint-Martin, son épouse (c. n. 18 livres, exempt pour 60 verg. qu'il fait valoir), et pour le tiers état, 1 brigadier, 1 sous-brigadier et 4 gardes des traites et quart-bouillon. *Supplément des privilégiés :* 48 l. 16 s. 8 d.

Lignes : 67. Hors-tenants : 11, de Coudeville, de Bréville et de Bréhal, pour un total de 118 vergées de terre.

un grand nombre de chemins vicinaux et publics, qui à raison de ce qu'ils sont très exploités par les habitants de paroisses limitrophes pour l'enlèvement des engrais de mer, obligent les bordiers à des réparations très coûteuses, par la rareté de la pierre ou moellon nécessaire à leur entretien.

Cette communauté ne peut trop marquer son amertume du genre de violence qui tous les ans y ôte aux infortunés vieillards leur unique soutien, et des bras à l'agriculture, dans les jeunes gens qu'on lève par la voie du sort, ou pour servir en qualité de canonniers gardes-côtes, ou pour être embarqués sur les vaisseaux de Sa Majesté. Car cette paroisse, comme celles des environs sur la côte, ne se trouve déjà que trop dépeuplée par le grand nombre de jeunes gens que leur goût naturel fait librement prendre le parti de la marine, sans y forcer contre leur inclination ceux qui ne paraissent pas nés pour être destinés à cet état. Et il est de remarque constante, que de tous ceux levés par le sort pour la marine et qui ont été embarqués par force, il n'en est presque pas revenu, tandis que les paroisses du Bocage beaucoup plus peuplées que celles de la Côte, fournissent ou librement ou forcément infiniment moins d'hommes pour le service du Roy[1].

Cette paroisse se plaint encore des corvées qu'elle est obligée de faire souvent.

Elle se plaint de la lenteur, pour ne rien dire de plus, avec laquelle la justice est rendue, par la multiplicité des formalités peu nécessaires qui entraînent des dépens excessifs, dans des procès que des intérêts nécessitent quelquefois.

Et pour borner aux représentations, elle a enfin l'honneur de remontrer qu'un marais d'une certaine étendue, lequel lui est commun avec les paroisses de Longueville, Donville, Bréville et Coudeville[2], n'est, dans l'état où il est que de très médiocre utilité

---

[1] Cf. le cahier de la Bloutière, art. 6, *suprà*, p. 176. Le service de la garde-côte était effectivement beaucoup plus lourd que celui de la milice de terre, parce que les tirages se faisaient sur une population déjà réduite par le service de l'inscription maritime. Tandis que pour les troupes provinciales, la proportion des hommes tombés au sort varie, d'après les derniers *états de tirage*, de 1/11 à 1/6 des garçons qui ont tiré, pour les gardes-côtes, au contraire, la proportion ne descend jamais au-dessous du 1/4, et en 1788 elle monte, à la suite de l'institution nouvelle des

canonniers auxiliaires, à la moitié des garçons ayant tiré, ce qui fait le quart des inscrits. (Arch. Calvados, C 1862 et C. 1916.)

La paroisse de Saint-Martin appartenait à la division de Granville, compagnie de Longueville. En 1788, elle avait présenté au tirage 5 garçons et hommes veufs non classés; un volontaire s'étant offert, il n'avait pas été procédé au tirage. (*Ibid.*)

[2] Le marais qui s'étend entre les quatre paroisses citées avait été concédé aux habitants par l'abbé du Mont-Saint-Michel, leur seigneur, au milieu du

I. 37

pour ces paroisses, par rapport aux eaux de la mer qui le couvrent en majeure partie dans les grandes marées, y stagnent, et, par la corruption que bientôt elles éprouvent, répandent dans les environs des exhalaisons funestes, qui y occasionnent tous les ans des maladies de fièvres longues et souvent mortelles; outre qu'elles en rendent impossible toute espèce de culture. Ce marais serait cependant, au moyen d'une digue facile à établir pour en défendre l'entrée à la mer, d'un grand avantage aux habitants de ces paroisses y ayant droit, si à leur désir et selon leurs vœux, il se trouvait partagé entre eux en proportion des propriétés de chacun. Alors par la culture dont il serait susceptible et l'amélioration qu'on y pourrait faire, étant intermédiaire entre ces paroisses et le rivage de la mer, il leur deviendrait non seulement d'un grand secours et pour la production du blé et pour le pâturage des bestiaux nécessaires à l'agriculture, vu qu'ils n'ont d'ailleurs que fort peu de terrains qui y soient propres; mais il les préserverait encore de cette cause de maladies fréquentes, qui en en moissonnant un grand nombre, laissent ceux qui n'en périssent pas dans des langueurs de souvent plusieurs années.

Le peu de terrain possédé par les habitants de cette paroisse est encore grevé de beaucoup de rentes seigneuriales et foncières, au point que les propriétaires en plus grand nombre ne sont guère que fermiers du terrain qu'ils ont dans leurs mains[1]. A joindre

xiiiᵉ siècle; les termes de la concession sont intéressants parce qu'il y est expressément fait mention de la *tangue* : «Concedimus hominibus de Longavilla, Donvilla, Coudevilla et Brevilla, in perpetuum *tangam*, sabulum, juncum et harundinam et totum pasnagium quæ sunt inter falesiam de Donvilla et marescum de Brehal.» (Charte de 1258, rapportée par LE HÉRICHER : *Avranchin monumental*, I, 511.)

[1] La petite paroisse de Saint-Martin comptait 4 fiefs nobles : le fief Saint-Martin, qui appartenait en 1789 au seigneur André Potier, et trois extensions de fiefs de paroisses voisines : fief de Villers en Bréville, appartenant à Paul-Bernard de Mary, seigneur de Longueville et Bréville; fief de Chanteloup, appartenant à P. Duprey, conseiller du roi, seigneur de Chanteloup; et fief de Loiselière-en-Saint-Pair, appartenant au Mont-Saint-Michel.

Possessions des privilégiés. Ecclésiastiques. I. *Biens-fonds*, 1° la cure; maison presbytérale, jardin potager, terres labourables, 8 verg, 3/4 (louée en l'an III 50 livres, valeur 100 livres); 2° le trésor, 6 verg; terre lab., aff. 63 livres; 3° le Mont-Saint-Michel, 1 verg, terre lab., aff. 14 livres; une autre portion, avec extension sur Coudeville, aff. 54 livres; 4° le curé de Chanteloup, 6 verg. terr. lab., aff. 63 livres.

II. *Rentes*; 1° la cure, 24 l. 2 s. 8 d. d'obits; 2° l'abbaye de la Luzerne, 10 demeaux de fr. de rentes foncières; 3° le Mont-Saint-Michel «quantité de rentes foncières et seigneuriales de différente nature, et le treizième sur grande partie de terrains, desquels la quantité et la nature sont absolument inconnus à la municipalité»; 4° l'abbaye de Hambye (décl. omise), 7 demeaux de froment mesure de Coutances, et 16 demeaux mesure de Cérences, en trois parties de rentes contredites, déclaré le tout en 1741 pour 450 livres.

qu'une partie de la paroisse voisine du marais susdit se trouve souvent submergée par la mer, ce qui lui cause un dommage considérable et ôte absolument au malheureux cultivateur tout le fruit de ses sueurs, et à sa famille désolée l'aliment qu'elle en attendait.

Justice pour les riches, compassion pour les pauvres, sont les vœux ardents de la communauté de la paroisse de Saint-Martin-le-Vieux.

Fait pour être présenté à l'assemblée du bailliage de Cotentin devant se tenir à Coutances, le 2 mars 1789.

THUILLET C. d. S. M., L. FOUQUERANT, Pierre SU, Jacques FAUNY, DUREY, POTIER, J. LEMOINE, François GUYOT, RABASSE.

SAINT-PAIR[1].

1. PROCÈS-VERBAL D'ASSEMBLÉE.
(Le procès-verbal authentique n'a pu être retrouvé.)

Date de l'assemblée : 25 février. — Nombre de feux : 280 [2]. — Députés : *M* Joseph-Bertrand-Agathe LANGHER, *avocat, ancien haut justicier de Villedieu* (6 jours, 18 l. et 19 jours 74 l., Ref.); Laurent ALLAIN, *laboureur* (4 jours, 12 l., Ref.); Pierre DAUPHIN, *laboureur* (4 jours, 12 l., Ref.).

2. CAHIER DE DOLÉANCES.
(Ms. *Greffe du Tribunal de première instance de Coutances*, pièce n° 437. Original signé. *Inédit.*)

Remontrances des habitants de Saint-Pair.

Les habitants composant le tiers état de la communauté de Saint-Pair, élection de Coutances, font, en conséquence de la permission du Roy, les représentations ci-après :

III. *Dîmes.* Le curé est seul décimateur, au moyen d'une rente de 205 livres qu'il paye à l'abbaye de Hambye pour rachat de sa part. Déclare en 1790 sa dîme valoir en bloc 2,200 livres; il a 50 livres des aumônes, 27 l. 18 s. 4 d. d'obits. Au total 2,278 l. 4 d. (*Déclar. n° 107, f° 32.*)

Biens des seigneurs laïcs, terres, rentes et treizièmes, n. est. — En l'an III les biens de l'émigré Potier sont déclarés consister en biens fonds, 42 vergées all. 336 livres, et rentes foncières montant à 128 livres. Il n'est plus naturellement question de rentes seigneuriales.

[1] Arrondissement d'Avranches, canton de Granville.

[2] Population en 1787, mouvement : N. 45, M. 15, D. 37. — Population actuelle : 1,425 habitants.

37.

La majeure partie des biens du royaume est possédée par le clergé et la noblesse, fait si notoire qu'il serait inutile de s'arrêter pour le prouver.

Le clergé et la noblesse ne payent pas ensemble la moitié des impôts que le tiers état paye seul; le clergé et la noblesse ne payent point de taille, taillon, corvées, et ne contribuent point au logement des troupes; les commis des fermes, dont le nombre est considérable, jouissent également des exemptions [1].

La capitation que la noblesse paye n'est rien en comparaison de celle du tiers état, en outre les autres impôts. Ceux d'entre les nobles qui ont des places dans le militaire ou autrement ne la payent que sur les appointements de leurs emplois, et par un abus qui s'est pratiqué, mettent leurs biens à couvert de toute contribution à la capitation.

Le clergé qui possède des biens considérables ne contribue en rien à la capitation, parce qu'il paye le don gratuit qui est peu de choses en comparaison des impositions du tiers état.

Les impositions dont ces deux corps ont pu jusqu'à présent s'exempter, et à leur exemple les commis des fermes, sont rejetées sur le tiers état, qui paye la majeure partie des impositions, quoi qu'il n'ait que de petites possessions en les comparant à celles du clergé et de la noblesse, lesquelles passent même chaque jour du tiers état à la noblesse.

Si un membre du tiers état devient facultueux (sic), et en état de supporter une certaine contribution aux impôts, ses biens en sont bientôt à couvert.

S'il n'a que des filles, des nobles les épousent; s'il a des garçons, il achète une charge qui l'exempte, ainsi que sa postérité, d'impôts, il augmente le nombre des nobles et ses biens deviennent exempts de la contribution que le tiers état supporte.

Dans la Normandie, le nombre des anoblis s'est tellement multiplié depuis un certain nombre d'années, que s'il ne s'effectue pas une réforme en cette partie, il ne restera dans le tiers état que

[1] Impositions pour 1789 : taille, 1,845 livres; acc., 1,216 l. 15 s.; cap., 1,193 l. 14 s.; corvée, 612 l. 2 s. 5 d.; vingt., 1,004 l. 11 s; terr., 86 livres; bât., 29 livres. Au total, 5,984 l. 2 s. 5 d. — Lignes : 293. *Privilégiés* : le curé m°: Nicolas Samson, représenté à Coutances par le curé de Saint-Planchers, les religieux du Mont Saint-Michel, pour leur baronnie, et Charles-Marie-Lucas de Saint-Pair, propriétaire du fief de Lezeaux, seigneur en partie de Saint-Pair et Saint-Aubin des Préaux; et pour le tiers état, 1 sous-brigadier et 8 gardes des traites et quart-bouillon, avec une autre brigade à Kairon. *Supplément des privilégiés* : 428 l. 13 s. 4 d.

Domaine du roi, pour Saint-Sauveur-Lendelin : 44 boisseaux de froment mesure de 20 pots, 10 livres en argent, 3 livres de menues rentes; en tout, produit commun, 231 l. 15 s. 6 d.

les disgraciés de la fortune, auxquels il sera impossible de supporter la masse d'impôts de toute espèce dont il est chargé.

Quiconque a un peu de fortune, et par conséquent est en état de payer un impôt, pour s'en mettre à couvert achète une charge qui le tire du tiers état, le fait passer en la classe des nobles et des exempts; souvent, c'est un vieillard, dont les enfants vendent aussitôt qu'il est mort l'office à un autre, qui à son tour acquiert les mêmes exemptions. Et ces gens, sans avoir servi l'État, sans avoir fait de sacrifices, puisqu'ils trouvent dans la vente de l'office le prix qu'il avait coûté, deviennent nobles et exempts d'impôts; on peut [les] dire inutiles à l'État, puisqu'ils ne contribuent plus à supporter les charges. On peut donc dire que le tiers est le support de l'État et le corps le plus utile au royaume.

Le grand nombre d'exempts et privilégiés fait les malheurs du tiers état, et rend la perception des impôts difficile, et il n'y a qu'un seul remède à y apporter, c'est de faire contribuer au payement des impôts tous les sujets du royaume, sans aucune distinction d'état ou de condition, soit du clergé, de la noblesse ou du tiers.

Ce point d'équité effectué, il ne s'agirait plus que de la répartition, qui suivant la justice, doit se faire eu égard aux possessions de chaque particulier; l'opération en est facile à faire.

Pour faire une juste répartition des impôts, il n'y a qu'à imposer dans chaque communauté les contribuables à raison des possessions qu'ils y ont, car si on les imposait pour toutes leurs possessions aux lieux des domiciles, on ne pourrait avoir connaissance exacte des possessions qui seraient en différents lieux, en différentes provinces et peut-être d'un bout à l'autre du royaume.

Les habitants de Saint-Pair font encore une observation : leur paroisse, dont le sol est très mauvais, est accablée de rentes seigneuriales, qu'elle paye à l'abbaye du Mont Saint-Michel[1]; les

---

[1] Mém. stat. 1698, p. 41 : «Saint-Pair. Baronnie qui a de grandes et belles dépendances, sénéchal de moyenne juridiction, mais de grande étendue. Territoire en grande partie en campagne, comme d'une paroisse maritime; labour, orge et lentilles, peu de plant et de prairies; mare de Bouillon.»

La baronnie de Saint-Pair, l'une des quatre grandes baronnies du Mont-Saint-Michel, s'étendait sur la paroisse entière, et en totalité ou partie sur un grand nombre de paroisses du bailliage : Granville, Anctoville, Longueville, Bréville, Bricqueville-sur-Mer, Coudeville, Saint-Martin-le-Vieil, Saint-Aubin-des-Préaux, Saint-Léger, Saint-Ursin, le Mesnildrey en totalité, et la Beslière, Chantelou, Donville, Hocquigny, le Lorour, Sainte-Marguerite, Saint-Planchers, Saint-Jean-des-Champs, Saint-Sauveur-la-Pommeraye, pour partie seulement, appartenaient à sa juridiction. Dans toutes ces paroisses, l'abbaye avait basse et moyenne justice, droit de jauge, poids et mesurage, cens, rentes, trei-

habitants ne pouvant y vivre sont dans la nécessité de prendre le dur et ingrat métier de la navigation. Dès qu'un garçon a atteint l'âge de douze ans, il prend le parti de la mer, souvent il y périt. Pendant la dernière guerre, plus de cent de ses habitants ont perdu la vie au service. Mêmes pertes avaient arrivé dans chacune des deux précédentes guerres.

Cette paroisse trouvait ci-devant une ressource, dont elle est privée depuis peu. Il y venait de différents côtés des jeunes gens; depuis la levée qu'on a faite, l'année dernière, de canonniers auxiliaires de marine[1], en outre la levée ordinaire de canonniers de

zièmes et autres casualités, avec des biens-fonds et des dîmes considérables. (Arch. Calvados, C 6219 et 6074.)

En 1790, la baronnie, qui était comprise dans la part de la mense abbatiale, alors en économats, consistait, d'après les *Déclarations*, en un manoir seigneurial, une grande ferme, 3 maisons d'habitation avec 36 vergées de jardins et enclos, 239 de terres labourables, 2 bois de réserve, 1 étang, 5 moulins, le tout affermé pour 6,061 livres, pots-de-vin non compris. Il était dû par les vassaux, dans les trois verges du Dézert, de Saint-Pair, de Coudeville et le fief d'Éloupefour, 5,239 ruches 5 godets de froment; 555 ruches 4 godets 1/2 d'avoine, 20 ruches 4 godets 3/4 de mouture; 2 ruches d'orge, 133 chapons, 613 gélines, 217 œufs, 2 livres de poivre, 318 pains 1/2, 1 quarteron de harengs frais, 2 coqs, 2 douzaines de pigeons, 1 videcoq, et 893 l. 13 s. 6 d. en argent. Au total, à l'apprécis, 1,536 l. 1 s. 11 d. de menues rentes, et pour l'ensemble des rentes, 17,000 livres environ. Le greffe était affermé 200 livres, les prévôtés de Coudeville et de Saint-Pair 100 livres. L'abbaye se faisait de la vente du bois, année commune, 1,500 à 2,000 livres, et du produit des treizièmes, depuis 1,500 jusqu'à 2,500 livres. En tout, non compris ces dernières *casualités*, il est déclaré pour la baronnie 37,538 l. 10 s. de revenu fixe, 37,690 l. 10 s. en comptant quelques rentes et pensions hors le corps de la baronnie. En plus, en contredit, 2,155 l. 16 s. de rentes diverses. (Arch. Calvados, C 6953.)

Dans la paroisse de Saint-Pair même, l'abbaye possédait : I. *Biens-fonds* : une maison d'habitation, concédée au curé; un ancien auditoire, loué 40 livres; la ferme dite de *Loiselière*, bâtiments, prés, terres labourables, affermée en deux portions 850 et 250 livres; un grand nombre de petites parcelles, louées à une dizaine de particuliers. En tout, 917 vergées de terre, affermées 2,077 livres. — II. *Rentes* : 981 ruches de froment, 127 d'avoine, et 218 livres de menues rentes, apprécié le tout 2,293 livres de revenu annuel; plus, en contredit, 142 ruches 7 godets de froment, 11 ruches 2 godets d'avoine, et 20 l. 15 s. 11 d. de menues rentes. — III. *Dîmes* : quatre traits dits de *Kairou*, de *Catteville*, d'*Angomesnil* et de *Crecey*, affermés pour un total de 2,530 livres. En tout, dans la paroisse, 6,900 livres de revenu réel, et 460 livres de revenu contesté. (*Ibidem*.)

[1] *Ordonnance portant création de neuf divisions de canonniers-matelots, Versailles, 1er janvier 1788.* (ISAMBERT, XXIX, 124, n° 2165). — L'adjonction de la levée des canonniers auxiliaires à celle de la garde-côte avait sensiblement accru la charge des paroisses côtières. Pour la généralité de Caen, le chiffre de la levée, qui était en 1787 de 420 hommes, était passé en 1788, avec la première levée de canonniers auxiliaires, à 651, dont 307 canonniers auxiliaires; la proportion des jeunes gens pris au sort avait parallèlement passé du quart à près de la moitié des garçons ayant tiré, ce qui faisait presque le quart des inscrits (2,886 inscrits en 1788, 1,574 exempts et infirmes, 1,312 sujets au tirage, 651 pris au sort. Arch. Calvados, C 1862). La paroisse de Saint-Pair appartenait

la côte, il n'y en vient plus. Cette levée de canonniers de marine est préjudiciable à la paroisse, mais elle est en outre nuisible au commerce de la marine et au service de la marine royale, parce que ces jeunes gens au bout d'un an ou de deux, se trouvaient engagés par ceux du lieu, et prenaient également que eux le parti de la mer, augmentaient le nombre des matelots, devenaient utiles au commerce et servaient sur les vaisseaux de Sa Majesté lorsqu'ils en recevaient les ordres.

Les habitants de Saint-Pair, qui mettent leur confiance dans les lumières et dans les sentiments patriotiques des personnes qui représenteront la nation aux États généraux, espèrent qu'on aura égard à leurs doléances.

Le présent arrêté en délibération et souscrit double après lecture, ce 25 février 1789.

LARCHER DE LA MARGUENÉE, Jean ALLAIN, P. DAUPHIN, Joseph GARDIN, Jacques RICHARD, J. BEAUMONT, H. DUCHESNE, Jacques BOUTMER, Joseph BEUST, Louis PIEL, Jullien TOUZÉ, V. LEFEBVRE, Laurent ALLAIN, Thomas DERVIÉ, L. CHEVALIER, Louis SOREL, François GARNIER, L. TOLLIER, François BRY, Jean ROSCE, Julien-Jean-Baptiste COQUET, Henry BEUST, Michel BLOUET, illisible, C. RABOT, Thomas COQUET.

SAINT-PLANCHERS [1].

1-2. PROCÈS-VERBAL D'ASSEMBLÉE ET CAHIER DE DOLÉANCES RÉUNIS.

(Ms. Greffe du Tribunal de première instance de Coutances, pièce n° 438. Original signé. Inédit.)

Aujourd'hui, 1er mars 1789, en l'assemblée convoquée au son de la cloche en la manière accoutumée, sont comparus dans le cimetière de ce lieu, par devant nous Thomas Le Bachelier, syndic,

à la division de Granville, compagnie de Saint-Jean-des-Champs. Nous n'avons pas retrouvé le Rôle de tirage de 1788. — Un mémoire particulier sur la dépopulation des paroisses voisines de Granville, causée par l'institution des canonniers, avait été remis en 1788 à l'assemblée départementale de Coutances, par MM. du Parc et Leboucher de Valléfleurs. (Arch. Calvados, C 7700.)

[1] Arrondissement d'Avranches, canton de Granville.

et Magloire David, greffier; J. Duchesne; N. Franquet, F. Tetrel;
M. Letourneur, F. Cotentin, J. Duchesne, H. Le Bachelier, P. Avril,
N. Jouanne, C. Guiffard, N. Lainé, L. Lebrun, E. Avril, N. Gil-
bert, J. Nicolle, J. Avril, L. Pinsonnet, J. Saint-Planchers.

Tous nés Français, âgés de vingt-cinq ans, compris dans les
rôles des impositions de cette paroisse, composée de deux cent
soixante feux[1], lesquels pour obéir aux ordres de Sa Majesté, portés par ses lettres données à Versailles, le 24 janvier dernier,
pour la convocation et tenue des États généraux du royaume, et
satisfaire aux dispositions du règlement y annexé, ainsi qu'à l'ordonnance de M. le bailli de Cotentin, rendue par M. son lieutenant, etc., nous ont déclaré qu'ils allaient d'abord s'occuper de la
rédaction de leur cahier de doléances, plaintes et remontrances;
et en effet y ayant vaqué, ils nous ont représenté ledit cahier qui
a été signé par ceux desdits habitants qui savent signer et par
nous, après l'avoir coté, par première et dernière page, et paraphé
ne varietur au bas d'icelles.

Et de suite, lesdits habitants, après avoir mûrement délibéré
sur le choix des députés qu'ils sont tenus de nommer, etc., la pluralité des suffrages s'est réunie en faveur des sieurs *Melchior Le-*
tourneur, Charles Guiffard, François Tetrel[2], qui ont accepté ladite
commission et promis de s'en acquitter fidèlement.

Ladite nomination des députés ainsi faite, lesdits habitants ont,
en notre présence, remis auxdits sieurs *Melchior Letourneur,*
Charles Guiffard, François Tetrel, leurs députés, le cahier afin de
le porter à l'assemblée qui se tiendra le 2 du présent mois, devant
M. le lieutenant général, et leur ont donné tous pouvoirs requis et
nécessaires, etc. . . . .

Et de leur part, lesdits députés se sont présentement chargés
du cahier des doléances de ladite paroisse et ont promis de le porter à ladite assemblée, etc., et avons signé, avec ceux desdits habitants qui savent signer, et avec lesdits députés, notre présent
procès-verbal ainsi que le *duplicata* que nous avons présentement
remis auxdits députés pour constater leurs pouvoirs; et le présent
sera déposé aux archives du secrétariat de cette communauté ledit
jour et an.

---

[1] Population en 1787, mouvement:
N, 43, M, 3, D. 29. — Population
actuelle: 820 habitants.

[2] Le procès-verbal de l'assemblée
préliminaire leur donne à tous les trois
la profession de *laboureur.* Taxe :
4 jours 12 l. *Tous les députés ont*
accepté.

État des doléances et remontrances du tiers état du second ordre de la communauté et paroisse de Saint-Planchers, ressort du bailliage du Cotentin, séant à Coutances, contenant ce qui suit :

PREMIÈREMENT. — Remontrent et supplient les paroissiens en général de ladite paroisse Sa Majesté de prendre en considération que les grandes routes ont été faites dans ladite paroisse, étant éloignée cette dite grande route est à l'extrémité de cette paroisse, qui s'étend en longueur, et encore obligé à porter les paroisses voisines pour arriver à cette dite grande route[1]. De plus, un chemin de charité qui a été commencé il y a environ six ans, un sixième dudit chemin est demeuré imparfait, ce qui occasionne un grand dommage à ladite paroisse.

DEUXIÈMEMENT. — Remontrent qu'il est à charge pour eux d'être obligés de consommer trois jours de leur temps, qui les prive de leurs travaux, pour se procurer un demeau de sel, qui est une chose de la première nécessité; qu'il est également aggravant d'être obligé de payer 3 l. s. 9 d. pour voiturer un tonneau de cidre, sur le prix duquel il diminue à l'acheteur la quatrième partie de la vraie valeur pour les droits de la ferme.

TROISIÈMEMENT. — Que la multitude des rôles pour les différents impôts font une charge pour le laboureur, qui l'écrase, et que chaque rôle distrait autant d'individus de leur travail; un seul impôt serait bien désirable.

QUATRIÈMEMENT. — Que la paroisse est chargée de rentes seigneuriales dépendant de la baronnie de Saint-Pair, appartenant à l'abbé du Mont Saint-Michel, lieu où est le château de recettes dudit abbé, ainsi que rentes foncières[2]; de plus, à l'abbaye de la

[1] Il s'agit de la route de Paris à Granville, par Vire et Villedieu, qui venait d'être achevée dans cette partie (*Compte rendu*, tableaux K et L.) Un atelier de charité avait été établi en 1783 dans la paroisse de Saint-Jean-des-Champs, pour exécuter un bout de chemin rattachant cette paroisse à la grande route; gratifié d'une somme de 500 livres en 1788, il n'eut pas lieu, faute de fonds suffisants; en 1789, et les fonds furent reportés à l'atelier du Guislain (*ibid.*, tableau G.)

[2] La paroisse de Saint-Planchers était presque pour le tout une « terre de Saint-Michel ». L'abbaye avait la seigneurie de la paroisse, le patronage et la nomination à la cure, les dîmes et les rentes de presque toute la paroisse, à cause de sa baronnie de Saint-Pair. Il n'y avait en dehors d'elle qu'une extension de fief de l'abbaye de la Luzerne, et deux autres extensions du fief de Villiers en Coudeville, appartenant à la dame de Bussy, et du fief de Pontroger, en Saint-Jean-des-Champs.

D'après la *Déclaration de 1790*, les biens du Mont-Saint-Michel dans la pa-

Luzerne, aux domaines Villiers, Pontroger, situés dans les paroisses Coudeville et Saint-Jean-des-Champs, lesquelles rentes emportent au moins les deux tiers du revenu de la paroisse, n'ayant de leur part aucun secours pour la nourriture des pauvres de cette paroisse, ne payent qu'une légère taille à la décharge du tiers état, égard à leurs terrains, et par leurs baux reconnus, affaiblis par des pots-de-vins considérables [1]; et enflent les droits

roisse se composaient de : I. *Terres :* une maison d'habitation avec clos de 12 vergées, un corps de ferme nommé la *Croute Rosselin,* bâtiment, clos de 12 vergées, 34 vergées de labour (affermée 480 livres); des extensions considérables de la ferme de *Loiselière* sise en Saint-Pair (affermée 850 et 250 livres); II. *Moulins :* le moulin de la Vesquerie (affermé 350 livres); le moulin Fauqueil (affermé 132 livres); le moulin Varin (affermé 530 livres); un pressoir banal (non estimé); III. *Rentes :* 1,183 ruches de froment, 79 d'avoine, et 309 livres de menues rentes (apprécié le tout, 4,190 livres); en plus, en contredit, 189 ruches de froment, 4 ruches 4 godets d'avoine, et 10 l. 11 s. 2 d. de menues rentes; IV. *Dîmes :* deux traits dits de la *Grange-de-la-Table* et de *Philbecq* (affermés 2,500 livres et 1,650 livres). Au total, dans la paroisse, 10,200 livres de revenu certain, et 590 livres de revenu contesté. (Arch. Calvados, C 6953.)

Les biens de l'abbaye de la Luzerne consistaient en un bois taillis, appartenant au premier lot, affermé aux religieux pour 400 livres; un moulin fieffé pour 12 demeaux de froment; et en rentes seigneuriales, sur son fief, de 20 demeaux de froment mesure de Saint-Pair, 60 sous et 1 livre de cire, dus par deux tenanciers. (Arch. Manche, H 8365, 8367; Arch. nat., S 3303⁴.)

Biens des seigneurs laïcs connus en partie seulement. D'après les *Déclarations de fermiers* en l'an III, le sieur de Pontroger avait dans la paroisse une extension de ferme, estimée 240 livres; l'émigré Desilles, la ferme le Comte et différentes terres, affermées, en 1788, 235 livres. (*Déclarat. Avranches,* nᵒˢ 45 et suiv.). — *Rentes seigneuriales inconnues.* Le domaine du roi, pour Saint-Sauveur-Lendelin, perçoit 25 boisseaux et 4 pots de froment, mesure de 20 pots,

et 48 boisseaux 16 pots d'avoine (estimé le tout 236 l. 3 s. 4 d.). — L'abbaye de Hambye, pour ses obits et pitances, recueille 8 demeaux de froment, même mesure.

[1] Il convient en effet de tenir un compte tout particulier dans l'évaluation des fermages de 1789, spécialement lorsqu'il s'agit de biens ecclésiastiques, du *pot-de-vin,* prestation à l'origine modique et volontaire, mais devenue par l'usage obligatoire, et souvent considérable, et qui par cela même qu'elle n'est pas généralement portée au bail, en modifie sensiblement en fait les conditions écrites. La plupart des abbayes de la région s'en servaient couramment en 1789, comme le dit le cahier, ainsi que des contre-lettres sous seing-privé, pour dissimuler le véritable prix des baux, terres ou de leurs dîmes. Elles avaient pourtant à cet égard adopté des habitudes, en quelque sorte des règles privées, différentes, que révèlent de la façon la plus curieuse les *Déclarations* de leurs fermiers en 1790.

Dans la région de Coutances, par exemple, nous voyons que les baux de la Bloulière et ceux du prieuré d'Hocquigny sont généralement déclarés *sincères.* Il n'a rien été payé «outre le prix du bail» (*Déclarat.* le Gentil, Jean Faucher, à la Bloulière; Denis Vauquelin, à Fleury; Doublet, à la Haye-Pesnel); ou si par exception un pot-de-vin a été versé, il est expressément porté au bail (*Déclarat.* Guill. Jardin, à la Bloulière; le Mardelé, à Fleury). Au contraire, les baux de la Luzerne, qui s'enflent toujours de séries de prestations accessoires, de livres de sucre, de cire, de faisances, de charrois, comportent sans exception des pots-de-vin considérables, «tant à M. l'abbé qu'à ses domestiques», et des contre-lettres par acte sous-seing privé

de leurs apprécis, qui est notoire aux termes de leurs apprécis royales et autres effets dus auxdits seigneurs occasionnés par des blotries de différentes paroisses, qui apportent des grains au marché de Grandville et non corrigés par la police, ce qui occasionne du tort considérable aux vassaux de ladite baronnie, desquelles rentes ils ne font aucunes déductions des droits royaux.

CINQUIÈMEMENT. — Remontrent aussi que tous les seigneurs ont chacun leur colombier et volière, en sorte que la communauté de cette paroisse est au centre de six tours, tant de cette paroisse que paroisses voisines, qui fournissent une quantité prodigieuse de pigeons qui ne sont enfermés en aucune saison de l'année, ce qui fait un tort considérable au laboureur.

SIXIÈMEMENT. — Remontrent de plus que les mêmes seigneurs permettent ou ordonnent à leurs gens de chasser avec un nombre de chiens, dans toutes saisons de l'année, ce qui cause un tort considérable.

SEPTIÈMEMENT. — Ajoutent à ces représentations que sur des rapports faux, calomnieux, vindicatifs, on fait passer un laboureur pour *braconner* aux yeux de son seigneur; que le parti que [prend] ledit seigneur et gentilhomme et autres personnes, c'est de s'adresser au gouverneur de la province, qui, sur-le-champ, donne ses ordres à la maréchaussée d'emprisonner un bon laboureur pour trois mois, qui n'a tiré un coup de fusil; son travail demeure

qui peuvent aller jusqu'à 150 livres par an pour un bail de 350 livres (*Déclarat. Marguerite Lorey*, à la Luzerne; *Fauvel*, à Hocquigny; *Provost*, à Saint-Ursin) et même des cadeaux peu ordinaires, comme une fourrure de loir, « dont il n'est pas donné de reçu ». (*Déclarat. Tesnière*, à la Luzerne.) Le pot-de-vin, qui est ainsi une fois payé, se lient dans cette abbaye au quart, plus souvent au tiers du prix annuel; il est du tiers également ou à peu près pour l'abbaye Blanche, pour celle de Thorigny; mais il monte à moitié chez les Jacobins de Mesnilgarnier, où nous voyons Jacques Prével payer, en 1788, 30 livres de pot-de-vin pour une location de 70 livres; il s'enfle hors de toute proportion à Contrières, où en 1784, pour bail du trait de dîmes de la Réauté, le sieur Fauchon a payé aux dames du prieuré blanc de Mortain, 400 livres de

pot-de-vin, non portées au bail, pour un prix principal de 450 livres. L'abbaye du Mont-Saint-Michel, que vise le cahier, avait en 1789, à cet égard, une coutume constante, utile à noter. Tous les baux de dîmes ou de fonds de terre sont régulièrement passés avec « un pot-de-vin de 6 sols par livre au delà du prix principal ». (*Déclarat. Jean Frémont, Fr. Bry*, à Saint-Pair; *Darel, Hébert*, de Saint-Planchers; *Lefevre, Jardin*, etc., à Saint-Nicolas-de-Granville). Cela fait près du tiers du prix d'une année en sus, et cela modifie singulièrement le prix réel des baux du Mont Saint-Michel, d'autant que pour cette abbaye les locations ne sont généralement faites que pour six ans, alors qu'elles sont de neuf années par exemple à la Luzerne. (*Déclarations des fermiers, Avranches*, Arch. Manche, Q4-11.)

interrompu, c'est peu de chose, mais on lui fait encore payer une amende vexatoire, despotique. Un laboureur ne peut avoir un fusil chez lui pour détruire l'oiseau qui déprède ses blés, un chien enragé qui dévore son troupeau, ou un voleur qui force sa maison.

HUITIÈMEMENT. — Que les réparations ou reconstructions de presbytères écrasent le laboureur par des frais immenses qu'il faut faire pour parvenir à faire les réparations ou constructions. Il serait juste de charger absolument le dernier titulaire desdites réparations et reconstructions et même d'en dresser procès-verbal, et même que les paroissiens seraient autorisés à faire dresser un procès-verbal, de dix ans en dix ans, des réparations pendant la vie du titulaire subsistant, même de l'obliger à déposer une somme correspondante au procès-verbal qui en sera dressé[1].

NEUVIÈMEMENT. — Que les déports sont un abus effrayant. Premièrement, parce qu'ils mettent le troupeau sans pasteur; deuxièmement, parce que l'avidité du fermier ne présente au laboureur que des sujets de contestation; quatrièmement, enfin, parce que les évêques en abusent en scandale de la religion. Il est de notoriété que, lorsque l'évêque a la nomination d'un bénéfice, il le confère à un curé placé et mette à sa place celui qui devait occuper le bénéfice du dernier titulaire. A ce moyen, au lieu d'un déport il y en a deux; l'assemblée a tiré le rideau sur le reste par charité.

DIXIÈMEMENT. — Représentent encore et supplient Sa Majesté, que les individus maculés de rentes hypothèques soient considérés dans l'impôt comme les rentes foncières.

ONZIÈMEMENT. — On ne peut s'empêcher de mettre sous les yeux de Sa Majesté, que, au marché de Granville, on paye un droit de coutume qui va à quatre sols par charge de cheval pour le

---

[1] Cf. le cahier de Saint-Jean-des-Champs, art. 5 supra, p. 555. La paroisse de Saint-Planchers venait tout récemment d'être obligée de s'imposer extraordinairement de la somme de 5,100 livres, pour les travaux de reconstruction du presbytère (Arrêt du Conseil, 19 février 1782, Arch. Calvados, C 1325.) Les dîmes de la paroisse étaient partagées. Le curé n'avait qu'un tiers des grosses dîmes et toutes les menues, avec environ 2 ou 3 vergées de terre en aumône. L'abbaye du Mont-Saint-Michel possédait le reste, et le curé lui faisait même une rente de 20 sous et 3 quartiers de froment pour d'anciennes novales. Bénéfice estimé, vraie valeur, 1,717 livres. (Pouillé, fol. 11 r°.)

blé, qu'on expose ses grains au péril de tous les mauvais temps sans halles ni couverture [1].

Douzièmement. — Remontrent encore que les procès sont éternels, et que celui qui n'a pas assez de facultés pour faire juger la question ou de lumière pour résister à la chicane qu'on lui fait, est obligé d'abandonner ses droits les plus légitimes. La justice a grand besoin d'être réformée pour l'intérêt du tiers état [2].

Treizièmement. — Désire le tiers état, qu'il plaise à Sa Majesté bien aimée de n'admettre aux charges publiques que des personnes jugées capables au concours et au mérite, tant pour les sciences que pour les mœurs.

Quatorzièmement. — Les tutelles et inventaires, cet article est absolument vexatoire et consomme les biens des pupilles. Quant à l'article des inventaires, prisées et ventes, pour des formalités inutiles, puisque l'estimation du priseur-vendeur ne fait pas loi dans la vente et ne sert qu'à consommer la succession des mineurs par le prix immense que fait payer le priseur-vendeur aujourd'hui. Il y a six ans, au moins, on était libre de prendre tel instrumentaire qu'on jugeait à propos [3]; c'était bien moins aggravant et coûtait plus de la moitié moins; cela coûterait bien moins en rétablissant les huissiers dans leur premières fonctions, qui ferait un grand avantage pour le public; aussi on remédierait à cet inconvénient, en autorisant l'inventaire fait par les parents au terme de l'article du règlement des tutelles trente-sept.

Quinzièmement. — Il y a trois ans qu'il plut à Sa Majesté de

[1]. Cf. le cahier de Saint-Jean-des-Champs, art. 8, supra, p. 556.

[2] Cf. Saint-Jean-des-Champs, art. 9, supra, p. 557. — La paroisse relevait de la haute justice de Saint-Pair, appartenant au Mont-Saint-Michel. Le siège de la juridiction, originairement au bourg de ce nom, avait été récemment transporté dans le faubourg de Granville, où l'abbé avait loué une petite chambre, servant d'auditoire «pour la commodité des officiers». L'ancienne cohue tombait en ruines. (Mémoire, daté de janvier 1789. Arch. Calv. C. 6219.)

[3] Au commencement de 1783, en effet, les nouveaux offices de priseurs-vendeurs établis en 1771 n'étaient pas encore levés dans la plupart des bailliages, et les fonctions étaient remplies provisoirement par les huissiers et sergents des juridictions, qui n'étaient autorisés à percevoir à ce titre que la moitié des droits établis. (Lettres patentes portant règlement pour la perception des droits des priseurs-vendeurs dans les différents bailliages royaux, 2 janvier 1783, Isambert, XXVII, 141, n° 1600.) — La fin de l'article vise le règlement fait par la Cour du Parlement de Normandie, sur le fait de l'élection des tuteurs aux enfants mineurs, etc., 7 mars 1763, dont l'article 37 est

permettre de mettre les bestiaux à pâturer, même dans ses forêts et dans toutes les autres, vu la grande disette où on se trouvait dans cette année par la sécheresse [1]. La dureté des moines du Mont Saint-Michel et de la Luzerne s'y refuse; et quelqu'un par grande nécessité qu'ils voyaient périr leurs bestiaux, ils furent en conduire quelqu'un dans leur bois, ils ordonnèrent à leurs gardes de les saisir, les emmener et faire coûter des frais particuliers à qui ils appartenaient. Voilà où se porte la dureté des moines et où se borne leurs charités pour les pauvres, c'était cependant leurs voisins et leurs rentiers.

SEIZIÈMEMENT. — Dans cette paroisse, il y a environ le tiers de marins [2]. Dans la dernière guerre, il en est mort au service de Sa

ainsi conçu : «Les juges ne doivent s'ingérer de faire inventaire des biens des mineurs, s'ils n'y sont requis; mais doivent lesdits inventaires être faits, par le sergent qui en sera requis, en la présence du tuteur actionnaire et du tuteur consulaire, ou autre qui sera nommé pour cet effet par les paroisses,» PESNELLE, *Cout. expl.* p. 657; HOUARD, *Dict. anal.*, v° Tutelle, III, 423.)

(1) Cf. la note sous Saint-Jean-des-Champs, art. 4, *supra* p. 554. — Il semble bien que l'allégation des cahiers soit ici volontairement inexacte. L'*Arrêt du Conseil du 17 mai*, concernant la rareté des fourrages, qu'on trouvera cité sous ce texte, avait bien accordé aux habitants des campagnes la faculté de conduire et de faire pâturer leurs bestiaux dans les bois du roi et des communautés régulières et séculières; mais cette permission, justifiée par la sécheresse exceptionnelle de l'été de cette année, avait été limitée au 1er octobre 1785; et même, les pluies étant survenues et l'état des récoltes paraissant devoir procurer des ressources suffisantes pour l'alimentation du bétail, un nouvel arrêt du 29 juillet avait ramené la limite au 15 août seulement. (Arch. Calvados, C 101.) Le texte du cahier montre que les paysans, non sans quelque malice, feignaient d'ignorer cette nouvelle disposition, et qu'ils affectaient de considérer la faculté exceptionnelle qui leur avait été accordée en 1785 comme une autorisation générale, dont ils pouvaient

user chaque année. Le second arrêt précité nous apprend d'ailleurs qu'il y avait eu dès 1785 de graves abus, que les paysans avaient, malgré la défense de la loi, conduit les troupeaux dans les recrues non encore défensables. De là étaient nées maintes contestations suivies de procès-verbaux et de saisies de bétail. Le roi, en tout cas, avait ordonné de surseoir à toutes poursuites, et «donnant pleine et entière mainlevée des saisies et confiscations, si aucunes ont été faites», avait déclaré décharger «par grâce, et sans tirer pour l'avenir à aucune conséquence, de l'effet des procès-verbaux dressés depuis le 17 mai jusqu'à ce jour et des condamnations qui auraient pu être encourues». (*Arrêt du Conseil d'État du roi, qui limite au 15 août 1785 la permission portée par celui du 17 mai précédent de conduire et faire pâturer les bestiaux dans les bois du roi et des communautés séculières et régulières,* 29 juillet 1785. Arch. Calvados, C 101.)

(2) Cf. les cahiers de Saint-Nicolas-de-Granville, Saint-Martin-de-Bréhal, *supra* p. 128. — Le département de Granville était, à la fin du XVIIIe siècle, d'après le *Rapport* déjà cité de Gourdon de Léglisière, «le plus fort du royaume pour les matelots». On comptait 800 inscrits dans la seule ville de Granville; et des paroisses environnantes, Donville, Coudeville, Saint-Pair, Saint-Planchers, Longueville, etc., fournissaient presque à elles seules les 2,500 à 3,000 marins que prenait chaque année l'armement

Majesté au moins les deux tiers. Partie de ces marins ont laissé des familles nombreuses sans aucun soutien.

Remontre finalement le laboureur, que toute la noblesse et le clergé et tous décimateurs payent, par proportion comme le tiers état, les impositions qu'il plaira à Sa Majesté faire imposer [1].

Sa Majesté regarde en pitié un peuple dont elle est chérie. Que les cris qu'ils poussent vers elle, du fond de leurs misères, parviennent jusqu'à son trône et méritent sa compassion, et l'obligent à redoubler ses prières et ses vœux pour la conservation d'un si bon Monarque!

Le présent signé double, après lecture, ledit jour et an que dessus.

J. Duchesne, Thomas Duchesne, Ch. Guiffard, H. Le Bachelier, N. Laisné, J.-D.-E. Pinsonnet, Desplanches, N. Gilbert, T. Avril, N. Jouenne, P. Lebachellier, *syndic;* Laurent Le Brun, J. Avril, Étienne Avril, Jean Roquerie, Fr. Cotentin, J. Nicolle, N. Franquet, F. Tetrel, M. David, *greffier;* M. Le Tourneur.

---

de Terre-Neuve. (Voir Appendice A, *infrà* p....) — La mortalité sur les bâtiments était, même en temps de paix, considérable; un *État des personnes qui sont mortes en mer sur les navires de Granville* ne donne pas, pour 1787, moins de 56 noms, et il faudrait y joindre ceux qui sont revenus malades et sont morts dans leurs foyers. Le curé de Saint-Jean-des-Champs, dans la paroisse duquel il n'y a pas moins de 20 décès en 1787 pour un chiffre de 150 feux, a joint à cet égard, dans la colonne des *Observations*, une note sanglante : «*Matelots maltraités en mer; mal nourris; même affamés faute d'embarquer suffisante quantité de provisions. Ont péri à Saint-Jean-des-Champs à leur retour; et les héritiers desdits matelots n'ont pu, pour secourir les pauvres malheureux, arracher, même après leur mort, à MM. les armateurs de Granville l'engagement et le revenant bon de ces malheureux. Signé : Boessel, curé de Saint-Jean-des-Champs.»* (Arch. Calvados, G 170.)

[1] Impositions pour 1789 : taille, 2,935 livres; acc., 1,926 livres, cap., 1,898 l. 19 s.; corvée, 973 l. 10 s. 1 d.; vingt., 1,435 l. 5 s.; terr., 123 l. 4 s.; bât., 41 livres. Au total, 9,332 l. 18 s. 1 d. — *Privilégiés:* le curé, m° Patrice Avril, et un noble non possédant fief. Claude Bon de la Motte, seigneur honoraire de Saint-Planchers, garde du corps de Monsieur (c. n. 4 l.). — *Supplément des privilégiés* : 114 l. 16 s. 2 d.

Dans le *Rôle des taxes d'office de l'élection de Coutances pour 1789*, le fermier général de la mense abbatiale de l'abbaye du Mont Saint-Michel est taxé à 800 livres, «pour la faisance-valoir du gage-pleige de la baronnie de Saint-Pair, rentes seigneuriales et treizièmes dans la mouvance des fiefs en dépendants, sans préjudice de la somme à laquelle il sera cotisé dans le rôle de la paroisse de Bretteville-sur-Odon, à raison des bénéfices qu'il est présumé faire sur les objets qu'il a sous-affermés» (Arch. Calvados, G 4468.)

SAINT-ROMPHAIRE [1].

1. Procès-verbal d'assemblée.

(Le procès-verbal authentique n'a pu être retrouvé.)

Date de l'assemblée : 1ᵉʳ mars. — Nombre de feux : (?) [2]. Députés : Me Gilles-Pierre Surget, *chirurgien* (4 jours, 12 l., Acc.); Pierre Eudeline, *laboureur* (4 jours, 12 l., Acc.); Jean Thomine, *laboureur* (4 jours, 12 l., et 19 jours, 74 l., Acc.).

2. Cahier de doléances.

(Ms. *Greffe du Tribunal de première instance de Coutances, pièce n° 436*. Original signé. *Inédit*.)

Mémoire d'observations pour la paroisse de Saint-Romphaire, à présenter au bailliage secondaire de Gavray [3].

DOLÉANCES.

Les habitants de cette paroisse observent qu'ils sont chargés suivant différents rôles, pour imposition royale, de la somme de 8,624 liv. 1 s. 6 d., objet trop considérable eu égard à la médiocrité de leur sol et son peu d'étendue [4]; ils éprouvent

[1]. Arrondissement de Saint-Lô, canton de Canisy.

[2]. Mouvement en 1787 : N. 20, M. 9, D. 19. — Population actuelle : 633 habitants.

[3]. Le siège royal de vicomté de Gavray n'a pas formé ressort de bailliage secondaire pour la convocation : le cahier a dû être porté à Coutances. Mais les délibérants avaient été probablement induits en erreur par ce fait que Gavray avait effectivement formé, l'année précédente, pour les élections aux assemblées de département, un arrondissement particulier.

[4]. Superficie de la commune actuelle : 997 hectares. — Impositions pour 1789 : taille, 2,368 livres ; acc., 1,611 livres; cap., 1,532 l. 17 s.; corvée, 795 l. 15 s. 7 d.; vingt., 2,006 l. 19 s.; terr. 174 livres; bât., 58 livres. Au total, 8,546 l. 11 s. 7 d.

Lignes : 232. Occupants : 31. — Privilégiés : le curé Alexandre Mathieu, le seigneur et patron Jean-Antoine-Fr. Olivier de Léonor de Rampan, propriétaire des fiefs de Bricqueville, Mesnilceron et Bricquebouille en Colomby, capitaine de cavalerie et chevalier de Saint-Louis (cap. n. de la veuve : 14 l. 8 s.), les sieurs Duquesne de Grandval (c. n. 7 l. 4 s.) et chevalier Duquesne (c. n. 12 l.), non possédants fiefs; et pour le tiers état, Pierre Eudeline, garde-étalon, taxé d'office à 96 l. s. *Supplément des privilégiés* : 537 l. 3 s. 11 d.

État de 1790 non retrouvé. D'après le *Pouillé*, les dîmes étaient partagées; deux tiers étaient pour l'abbaye de Hambye, le curé avait le tiers restant et les menues. Il avait en outre 30 à 33 vergées de terre d'aumônes, et le tout était estimé, vraie valeur, à 1,244 l. 12 s. (*Pouillé*, f° 27 v°.)

En 1792, les biens nationaux dans la paroisse se composent de : 1° la cure, terres et bâtiment, six portions faisant 60 à 80 vergées, et donnant 340 bois-

la plus grande difficulté pour se procurer les engrais qui leur sont nécessaires et sans lesquels il leur deviendrait impossible de payer pareille taxe; ils pensent l'avoir assez démontré par différents états et mémoires remis au bureau intermédiaire de Saint-Lô, et notamment par celui du 16 mai 1788, mais ils craignent que ces pièces ne se trouvent [oubliées?]; ils veulent rappeler ici le précis.

1° Route de communication.

Le terrain de cette paroisse se trouve, ainsi que beaucoup d'autres, enfermé dans un demi cercle que forme la rivière de Condé-sur-Vire qui les borne.

Pour parvenir à ces ponts, vis-à-vis le bourg de Tessy jusqu'à celui de Gourfaleur (d'un de ces ponts à l'autre il y a quatre lieues); pour parvenir à ces ponts et gagner le grand chemin, ceux de traverse sont de la plus grande difficulté et du plus grand danger: les habitants des deux rives de cette rivière, pour se communiquer leurs denrées respectives, sont nécessités de se servir de planches jetées au hasard, qui les exposent au danger le plus imminent; telle est la position des paroisses de Gourfaleur, la Mancelière, du Mesnil-Rault, de Trois-Gots, de Saint-Romphaire, Mesnil-Opac, etc. On cherche cependant à supprimer par son dépérissement le pont de Gourfaleur. Toutes ces paroisses sont forcées d'accueillir le grand chemin de Tessy à Saint-Lô.

Pour le transport de leurs denrées et de la chaux, seul engrais dont ils se servent pour ainsi dire pour la culture de leurs terres, le pont de Gourfaleur, seul qui leur soit propre pour se rendre dans cette ville, dont la nécessité a de tous temps été reconnue, touche à son anéantissement et expose les habitants de ces paroisses au danger le plus évident; il est dans l'état le plus critique, les éperons sont minés, les routes entr'ouvertes et percées de trous si considérables, qu'eu égard à la nécessité du passage, on y a jeté des racines d'arbres et des pierres comme l'on a pu.

En vain on a sollicité et demandé la réédification de ce pont, distant de trois quarts de lieue de celui de Candol, dont les habitants voisins ont aussi demandé le rétablissement [1].

seaux de produit net, estimée 7,500 livres; 2° chapitre de Coutances, un clos de 8 vergées, estimé 500 livres. Le tout soumissionné par la municipalité de Saint-Lô, au prix de 6,000 livres. (Arch. nat., Q² 97.)

[1] *Lettre de l'intendant de Caen, Esmangard, du 2 août 1777* : «Le procureur du roy de votre ville, M^r, m'a fait des représentations sur l'état de dégradation où se trouve (*sic*) les ponts de Gourfaleur et de Candol, tous deux

Le rétablissement de ces deux ponts fut également jugé nécessaire par l'ingénieur en chef de la généralité, appelé pour en constater le délabrement; mais du plan levé déterminèrent (par des raisons ignorées qu'on ne cherche point à connaître) la décision qu'il serait construit un pont tenant à peu près le milieu de ces deux dernières, avec une route pour arriver à Saint-Lô, laquelle, à la hauteur de Saint-Romphaire, se diviserait en deux branches, l'une conduirait à Tessy et l'autre à Villedieu. Décision sans exécution. Il est aisé d'en deviner la raison; on pense devoir la rapporter ici.

Au mois de septembre 1788, M. de Montaure, président [de] l'assemblée d'arrondissement de Tessy, et propriétaire de plusieurs terres sur la route de Villedieu, fit dresser un plan de route de ce bourg à Saint-Lô, et en conséquence fit signer un mémoire par différentes personnes, chez lesquelles il le colporta, même sans leur lire; il le présenta lui-même au bureau de l'assemblée de Saint-Lô. La majeure partie de ces particuliers, instruite successivement que les signatures préjudiciaient à leurs intérêts, réclamèrent contre, par une requête présentée le dix-neuf octobre suivant à MM. les Députés du bureau de Saint-Lô, tendante ladite requête au rétablissement du pont de Gourfaleur; observant, qu'à défaut d'argent pour y parvenir, ils demandaient le résultat de la décision de l'ingénieur rapportée ci-devant.

Cette réclamation devenait d'autant plus importante, que les habitants des paroisses de la Mancelière, Mesnil-Rault, Trois-Gots, etc., déjà distantes d'une lieue pour joindre le grand chemin qui va de Gourfaleur à Saint-Lô, s'éloigneraient encore de plus de trois quarts de lieue pour joindre la nouvelle route projetée par M de Montaure, qui deviendrait unique pour gagner Saint-Lô; et que d'ailleurs, si cette route avait lieu, le pont de Gandol fût rétabli, il nécessiterait un nouveau pont à une demi-lieue de lui,

situés sur des chemins de communication intéressants pour notre élection. Comme ils ne font point partie de la grande route, les fonds destinés aux ponts et chaussées ne peuvent être employés à la dépense qu'il sera nécessaire de faire pour les mettre en bon état, et dans le moment actuel il n'en est pas d'autre pour y pourvoir..... La dépense ne peut incomber qu'aux paroisses..... Pour que cette charge leur soit moins onéreuse, je me porterais volontiers à venir à leur secours, soit en leur accordant un moins imposé, soit par d'autres moyens qui pourraient être à ma disposition. Vous me ferez plaisir de vous occuper de cet objet, etc.» (Arch. Manche, C 601.)

Cette première tentative n'ayant eu aucune suite, la dégradation des ouvrages en question s'était accentuée depuis, 1777. Dans un *État des moulins et ponts de l'élection de Saint-Lô*, dressé le 15 juillet 1780, tous deux sont dits être «en totale ruine». (Arch. Calvados, C 3041.)

sur la route de Villedieu, à l'endroit vulgairement nommé le Ponthain, ruisseau dont elle est traversée, lequel fait tourner un moulin, passage très difficile d'ailleurs dans les eaux hautes et que les gués de pied ne passent qu'à l'aide d'une planche.

Les habitants de Saint-Romphaire observent particulièrement que pour gagner le pont de Hain, ils se trouveraient forcés de traverser des endroits marécageux, absolument impraticables à cheval et en voiture.

2° *Reconstruction du pont de Gourfaleur ou au moins un pont entre le susdit et le pont de Candol.*

Malgré les observations des paroisses ci-dessus détaillées et les réclamations des autres, l'assemblée d'élection arrêta que la route de Saint-Lô au pont de Candol serait faite, le pont de ce nom rétabli, et que cette route serait conduite à la hauteur de la Croix-à-la-Main [1], sur la paroisse de Mesnil-Hermand, mettant en délibéré si l'embranchement pour Tessy et Villedieu aurait lieu.

On se gardera bien de vouloir insinuer ici que les membres qui composent l'assemblée de Saint-Lô aient mis de la particularité dans leurs décisions; on ne peut s'empêcher de faire remarquer, cependant, que l'égoïsme leur a conduit la plume et motivé le mémoire de M. de Montaure, puisque ce seigneur de différents lieux est propriétaire de plusieurs terres adjacentes à la route par lui proposée; plusieurs autres personnes, dont on tait les noms par décence, susceptibles aussi du même intérêt que M. de Montaure, ont également que lui fait de vives sollicitations et, par leur crédit, ont captivé l'arrêté de messieurs de l'assemblée de Saint-Lô [2].

---

[1] La Croix-à-la-Main, hameau de la commune de Saint-Sauveur-de-Bonfossé.

[2] Il est naturellement assez malaisé de juger aujourd'hui de la valeur des insinuations contenues au cahier. Le rapport du Bureau des travaux publics du département de Saint-Lô nous apprend que trente municipalités avaient signé le mémoire de M. de Montaure, et que ce mémoire était accompagné d'une carte «par laquelle il était démontré qu'en faisant passer la route demandée par le pont de Candol les bourgs de Saint-Samson, la Croix-à-la-Main, Villebaudon, Percy et Villedieu, on suivait la direction la plus avantageuse et on traversait au centre 60 lieues carrées de ce pays, qui n'avait jamais joui de la commodité des chemins neufs». Ce dernier argument paraît avoir fait tout particulièrement impression sur l'assemblée, qui avait arrêté le même jour : Art. 2. «Que les mémoires présentés par les différentes municipalités pour demander l'exécution de la route de Saint-Lô en Bretagne, et le plan qui y est joint seraient, avec l'expédition du présent, envoyés à la commission intermédiaire provinciale, et qu'il serait sollicité d'ordonner que ladite route sera établie par le pont de Candol prolongé

38.

3° *Suppression de la gabelle et quart-bouillon.*

La paroisse de Saint-Romphaire, distante de sept lieues de toutes salines [1], est assujettie au quart-bouillon, le sel dont elle s'approvisionne lui coûte très cher, l'éloignement et les mauvais chemins restreignent souvent ses habitants à acheter peu ou point de cette denrée, quoique de nécessité, d'où il résulte qu'ils se trouvent souvent exposés à des procès de la part des suppôts de la ferme générale. Toutes ces circonstances déterminent le vœu des paroissiens, de devenir libres de s'approvisionner où, comme et quand il leur plaira.

4° [*Suppression de banalités*].

Il est un droit banal, dans cette paroisse, lequel est extrêmement à charge à ses habitants :

Il est relatif au moulin nommé de la Chevallerie; soit que l'eau y manque dans l'été par sécheresse, ou dans l'hiver à cause des glaces, ou qu'il se trouve noyé par des crues d'eau, on n'est pas moins obligé d'y porter et laisser séjourner en dépôt pendant vingt-quatre heures les grains destinés à faire farine, avant de les transporter dans une autre usine pour pouvoir s'en procurer; on court à ce moyen le danger de les retirer dénaturés ou, si les besoins sont urgents et qu'on manque aux formalités pour procurer du pain assez tôt à sa famille, on s'expose à une amende perçue et exigée avec la dernière dureté.

5° *Arrondissement de bailliages.*

Les malheureux habitants de cette paroisse de Saint-Romphaire observent encore que, quoique éloignés de six lieues du bourg de Gavray, ils sont néanmoins obligés d'y aller discuter leurs intérêts lorsqu'il leur survient quelques différends. Il serait plus naturel qu'ils fussent compris dans l'arrondissement du bail-

jusqu'au Mesnilherman, pour être ensuite statué sur la plus grande utilité ou de prolonger directement la même route sur Villedieu, ou de préférer l'embranchement à faire depuis le Mesnilherman jusqu'à Tessy. (*Assemblée départementale de Saint-Lô, séance du 18 octobre 1788,* Arch. Calvados, C 7712.)

[1] La paroisse de Saint-Romphaire était rattachée aux salines de Bricqueville-sur-Mer; pour la juridiction de quart-bouillon elle était du grenier de Saint-Lô. (*Arrêt du Conseil portant règlement pour le ressort des juridictions des traites et quart-bouillon, 5 juillet 1746,* dans Recueil des gabelles, II, 398.)

liage de Saint-Lô, dont les plus éloignés ne sont distants que de deux lieues, et la majeure partie d'une. Il résulte de cet éloignement que l'habitant le plus aisé opprime le plus pauvre, nécessité d'abandonner des prétentions quoique justes, pour se soustraire aux frais qne lui occasionnerait un déplacement [1].

6° *États provinciaux tels que ceux du Dauphiné.*
Egalité dans la perception de l'impôt et simplification de sa perception.

Puisque la bonté personnelle de notre Roy nous admet aujourd'hui la liberté de lui faire parvenir nos vœux, nous le supplions très humblement de nous accorder sa voix pour :
Le retour périodique des États généraux;
L'égalité de répartition d'impôt entre nous et les deux premiers ordres de l'Etat [2]* avec radiation des fermes, tailles, taillons, vingtièmes, etc. Conséquemment l'établissement d'un nouvel impôt, et suppression des justices connaissant de ces parties *.

7° *Réforme dans l'administration de la justice, avec l'établissement d'un tribunal supérieur, composé des trois ordres, dans une des villes la plus commode de la Basse-Normandie.*

La suppression de l'autorité législative des parlements qui, sous le masque de protecteurs du peuple, n'ont cessé de l'opprimer;
Un compte à rendre à la nation par les ministres, qui souvent abusent de l'autorité de leur maître pour couvrir leurs déprédations;
La difficulté dans l'obtention des lettres de cachet, pour éviter les abus injustes que motive la facilité de se les procurer;
La liberté de la presse pour pouvoir dénoncer directement les malversations ultérieures qui pourraient avoir lieu;
La réforme des codes civil et criminel;
Enfin l'établissement de cette province en pays d'État tel que le Dauphiné, etc.

8° *Vœu du tiers pour occuper les différents grades, dont les autres ordres semblent seuls avoir pris possession.*

Pour dernier vœu, enfin, nous désirons le retrait de l'édit qui ferme le passage à différents grades, tant dans le militaire, que

---

[1] Voir le cahier de Gavray, art. 12 et la note *supra*, p. 315.

[2] Addition en interligne, d'une autre écriture.

dans la magistrature et le clergé. Il est avilissant pour le tiers qui, susceptible des mêmes sentiments que ces ordres, ne respire que l'occasion de prouver qu'il est digne de cette faveur, en soit privé.

Nous tenons à assurer Sa Majesté que nous ne cesserons de voter pour la conservation de ses jours, et que nous serons toujours prêts à former un rempart pour sa personne sacrée et la gloire de son trône contre ses ennemis et ceux de l'État.

Fait et arrêté double par le tiers état de la paroisse de Saint-Romphaire, assemblé en la manière accoutumée et lieu ordinaire, suivant et conformément à l'acte de notification et la sommation que nous en avons reçue le 20 février, par le ministère de Nicolas-Athanase Douet, huissier en l'élection de Coutances, en présence du syndic de la municipalité; nommé pour le représenter demain, 2 mars, à l'assemblée qui se tiendra à Coutances, devant M. le lieutenant général du bailliage, les sieurs Jean Thomine, Gilles-Pierre Surget de la Vallerie et Pierre Eudelinne, lesquels après lecture ont signé.

> Surget de la Vallerie, Pierre Eudelinne, Thominne, N. Dupont, A. Vandœuvre, Lenourry, E. Hamel, M. Legoupil, L.-L. Briard, Jean Simon, Denis Guillet, Pierre Baudre, Charles Laignel, Ch. Chouquoin, J. Ernouf, E. Lemière.

SAINT-SAUVEUR-DE-BONFOSSÉ[1].

1. Procès-verbal d'assemblée.

(Le procès-verbal authentique n'a pu être retrouvé.)

Date de l'assemblée : 1er mars (?). — Nombre de feux : 27[2]. — Députés : François Fleuret, *laboureur* (3 jours, 9 l., Acc.); Thomas Blanchet, *laboureur* (2 jours, 6 l., Acc.).

---

[1] Ancienne paroisse réunie à Saint-Martin-de-Bonfossé, arrondissement de Saint-Lô, canton de Canisy.

[2] Population en 1787, mouvement : N. 2, M. 4, D. 1. — Population actuelle : 126 habitants.

2. Cahier de doléances.

(Ms. Greffe du Tribunal de première instance de Coutances, pièce n° 456.
Original signé. Inédit.)

*Cahier des plaintes et doléances des habitants de la paroisse de
Saint-Sauveur-de-Bonfossé, arrêté dans l'Assemblée de ce jour
huit mars 1789* [1].

La communauté des habitants de Saint-Sauveur-de-Bonfossé,
considérant que dans la circonstance où tous les ordres de l'État
sont appelés pour opérer la régénération de la constitution,
l'unique moyen de retirer de ce grand ouvrage tous les avantages
que la nation en général et chaque citoyen en particulier sont en
droit d'en attendre, est de concourir, autant qu'il dépend d'elle,
à éclairer le monarque et les représentants de la nation, et de
donner à ceux-ci des pouvoirs suffisants pour demander ou consentir tout ce qui peut tendre à assurer la prospérité publique.

A par le présent donné aux députés qui ont été choisis par la
voie du scrutin plein absolu pouvoir :

1° De demander qu'avant tout la constitution... [2].

Déclare ladite communauté que, si elle ne donne pas plus

[1] Le cahier n'a pas été présenté en
temps utile à l'assemblée préliminaire.
A l'appel du procès-verbal, le 2 mars,
les députés déclarent que leurs commettants ne leur ont remis aucun cahier
de doléances. Le présent cahier, daté du
8 mars, n'a été déposé à l'Assemblée que
dans la seconde réunion, le 14 mars.

[2] Le cahier, dans ses seize articles,
est la reproduction littérale du cahier
de Saint-Martin de-Bonfossé.
Sur l'article 16, il convient d'observer que la paroisse de Saint-Sauveur
avait dû s'imposer à la date du 3 avril
1770, d'une somme de 314 livres pour
réparations faites au presbytère. (Arch.
Calvados, C 1324.)
Impositions pour 1789 : taille,
178 l. 10 s.; acc., 121 l. 9 s.; cap.,
115 l. 10 s.; corvée, 59 l. 18 s.; vingt.,
246 l. 14 s. 7 d.; terr., 21 livres; bât.,
7 l. 15 s. Au total, 750 l. 6 s. 7 d.
Lignes : 38, dont 1 jouissant. — *Seuls
privilégiés* : le curé mᵉ Vincent Dubosq,
et l'abbaye d'Aunay, pour ses rentes.
Un noble dérogeant, imposé à la taille
pour 1 l. 6 s. 8 d. *Supplément des pri-*

vilégiés : 9 l. 3 s. (L'abbaye d'Aunay a
obtenu décharge pour 27 l. 10 s. 8 d.
Arch. Manche, C 487.)
Bien des privilégiés : 1° la cure,
maison presbytérale, 18 vergées de
terre d'aumônes, moitié en pré (estimée
en 1790 2,600 livres). Le curé est seul
décimateur et jouit en plus d'un trait
de dîme en Dangy, sur le fief Harouf
(aff. en 1788, 600 livres et deux billets
sous seing de 1,200 et 900 l.). — Aucun autre bien ecclésiastique. — *Rentes :*
1° le trésor, 3 demeaux de fr. mesure de Villedieu, par la cure; 2° l'abbaye d'Aunay, rentes seigneuriales de
18 boisseaux et demi de fr., 3 mettants
d'avoine et 2 s. 6 d. en argent. (Arch.
Manche, Q⁴·¹13.)
(Le *Journal de la sieurie de Bonfossé*
donne pour les rentes d'Aunay des
chiffres légèrement différents : 10 demeaux et 4 carsonniers de froment
mesure de Cérences, 2 boisseaux 14 demeaux 1 carsonnier 1/3 mesure de Coutances, et 6 s. 10 d. en argent et 1 géline,
en six parties de rentes. (Arch. Manche,
H 12.)

d'étendue à ses demandes, c'est que ses députés devront se réunir à ceux des autres paroisses du bailliage et à ceux de la ville de Coutances; il résultera de cette réunion une discussion sage et approfondie de tous ses griefs dont la nation est en droit de demander le redressement.

Donne au surplus ladite communauté auxdits sieurs députés plein et absolu pouvoir de proposer, remontrer, aviser et consentir tout ce qui peut concerner les besoins de l'État, la réforme des abus, l'établissement d'un ordre fixe et durable dans toutes les parties de l'administration, la prospérité du royaume et le bien de tous et chacun des citoyens.

Fait et arrêté cedit jour et an que dessus et signé après lecture faite.

L. Hamay, N. Pellerin, J.-F. Lerenard, G. Lepelley, Gosset, (*illisible*), F. Fleuret, T. Blanchet, P. Porée, G. Fleuret, J. Porée.

SAINT-URSIN [1].

1. Procès-verbal d'assemblée.
(Le procès-verbal authentique n'a pu être retrouvé.)

Date de l'assemblée : 1ᵉʳ mars. — Nombre de feux : 80 [2]. — Députés : François Malenfant, *laboureur* (3 jours, 9 l., Acc.); Jean Herenbourg, *laboureur* (3 jours, 9 l., Acc.).

2. Cahier de doléances.
(Ms. *Greffe du Tribunal de première instance de Coutances*, pièce n° 433. Original signé. Inédit.)

État ou cahier des doléances et remontrances du tiers état de second ordre de la paroisse et communauté de Saint-Ursin, ressortissant du bailliage du Cotentin, séant à Coutances, contenant ce qu'il suit [3] :

1° Remontrent à Sa Majesté lesdits paroissiens que les grandes routes ont été faites aux frais communs du tiers état seulement et

---

[1] Arrondissement d'Avranches, canton de la Haye-Pesnel.

[2] Population en 1787 : 425 habitants. La paroisse présente cette année un mouvement d'accroissement remarquable : 17 naissances (8 garçons,

9 filles) contre 5 décès seulement (3 hommes, 2 femmes). Arch. Calvados, C 170. — Population actuelle : 194 habitants.

[3] Le cahier est en grande partie la reproduction textuelle du cahier de

qu'il est seul chargé de leur entretien, et que la noblesse, les communautés ne payent rien; demandent qu'ils payent leur part des impositions[1].

2° Remontrent lesdits paroissiens qu'il est aggravant pour eux . . . [2].

12° Supplie le tiers état que la noblesse, le clergé et décimateurs payent par proportion, comme le tiers état, les impositions qu'il plaira à Sa Majesté pour le soulagement de ses misères.

13° Que dans ladite paroisse il y a au moins un tiers du terrain en bois, vallons, terres incultes, appartenant et dépendant du seigneur de la paroisse, de l'abbaye de la Luzerne et du seigneur de Bricqueville, lesquels ne servent qu'à réfugier toutes sortes de bêtes sauvages, qui font un tort considérable sur les récoltes[3].

Saint-Jean-des-Champs; nous n'en donnons ici que les parties originales.

[1] Cf. pour partie l'article 1er du cahier de Saint-Jean-des-Champs, légèrement remanié, *suprà*, p. 552.

Impositions pour 1789 : taille, 1,017 livres; acc., 667 l. 7 s.; cap., 658 livres; corvée, 337 l. 15 s. 7 d.; vingt., 565 l. 8 s.; terr., 50 livres; bât., 16 livres. Au total, 3,311 l. 10 s. 7 d. — *Privilégiés* : le curé m° Guischard, les abbayes de la Luzerne et du Mont-Saint-Michel pour terres et rentes, et le seigneur M. de Labroise, propriétaire du fief de la Sanguinière, seigneur aussi de Mesnildrey et Saint-Léger. *Supplément des privilégiés* : 105 l. 10 s. 6 d.

[2] Les articles 2 à 11 sont la reproduction textuelle des articles 2 à 11 du cahier de Saint-Jean-des-Champs.

[3] *Mém. stat.*, p. 40 : « Saint-Ursin, terroir en labour de seigle, sarrasin et avoine, plant, prairie. »

Il n'y avait dans la paroisse qu'un seul fief, appartenant au seigneur, et des extensions de la baronnie de Saint-Pair au Mont-Saint-Michel, et du fief du seigneur de Bricqueville. L'abbaye de la Luzerne avait en outre des fermes, qui occupaient la moitié de la paroisse. D'après les déclarations des fermiers en 1790, elle possédait : la terre *du Guerrier*, bâtiments, terres en labour, et 49 vergées de prairie, affermée par bail

de 1787 pour 500 livres, 13 livres de sucre, 2 chapons gras et 125 livres de pot-de-vin; la ferme *des Granges*, louée de même 600 livres, 2 chapons, 12 livres de sucre et 145 livres de pot-de-vin; et un pré nommé le *pré Denotte*, affermé 30 livres et 5 livres de sucre. Le Mont-Saint-Michel avait une petite terre, 9 vergées en trois portions, affermée 75 l., et 6 d. par livre de pot-de-vin. — Biens des nobles inconnus. (*Déclar. des fermiers, Avranches*, n°s 39, 42, 43 et 45.)

Rentes : 1° Le Mont Saint-Michel, sur son fief, 271 ruches de froment, et 29 livres de menues rentes; plus, en contredit, 9 ruches 7 godets, et 7 l. 4 s. 10 d. de menues rentes. Le tout à l'apprécis, 796 livres, et 40 livres pour les rentes contestées. L'abbaye déclare en tout, dans la paroisse, un revenu réel de 1,100 livres. (Arch. Calvados, C 6953.)

2° La Luzerne : — pour le premier lot, rentes seigneuriales de 2 quartiers de froment, mesure de la Haye-Pesnel, 1/2 quartier d'avoine, et 5 l. 10 s., sur le fief de la Locherie, d'une étendue de 50 vergées; 5 demeaux de froment dite mesure, 7 l. 5 s. en argent, sur l'aînesse Sanguin, d'une étendue de 40 vergées; rentes foncières de 3 l. 10 s. sur deux particuliers. — Pour le second et le troisième lot, rentes foncières de 3 demeaux de froment mesure de Saint-Pair,

14° Plaise à Sa Majesté regarder en pitié un peuple dont il est chéri; que les cris qu'il pousse vers elle, du fond de sa misère, parviennent jusqu'à son trône, méritent sa compassion et obligent des sujets soumis à redoubler leur prière et leurs vœux pour la conservation d'un si bon monarque[1].

Le présent cahier des doléances et remontrances fait et arrêté par nous, paroissiens de Saint-Ursin soussignés, cedit jour 1er mars 1789, après lecture faite.

L. HOULLIER, Jean COQUET, Jacque DOUCIN, G. FONTAINE, S. REGNAULT, Jean MIETTE, Jean LEHOULLIER, J. LEBOUR, GOUIN, F. HOULLIER, F. LEBRETON, Jean HEREMBOURG, J. MALENFANT, Jean LETOURNEUR, P. LEBRETON, F. CHENU, CH. GOUIN, Jean LETOURNEUR, Charles LEMAINS, B. LETOURNEUR, *syndic municipal*, J. BIDELLE.

TESSY [2].

---

1. PROCÈS-VERBAL D'ASSEMBLÉE.

(Le procès-verbal authentique n'a pu être retrouvé.)

Date de l'assemblée : 1er mars. — Nombre de feux : 310[3]. — Députés : *le sieur Jacques-François-Christophe PINEL DE LA MILLERIE, *seigneur de Chevry* (4 jours, 12 l., et 19 jours 74 l., Acc.); Guillaume GODARD, *laboureur* (4 jours, 12 l., Acc.); Étienne LEMUTRECY, *laboureur* (4 jours, 12 l., Acc.); Jean HERVIEU, *laboureur* (4 jours, 12 l., Acc.).

et de 57 l. 8 s. 6 d., en plusieurs parties. (Arch. Manche, H 8365, 8367.)

Les dîmes appartenaient pour partie aux abbayes. L'abbaye du Mont Saint-Michel les recueillait sur deux traits dits de la *Berquerie* et *Raoul-Fossé* (affermés 200 livres), l'abbaye de la Luzerne avait les grosses dîmes sur son fief (non estimées). Le curé n'avait qu'un petit trait des grosses et la toalité des menues; même, sur les terres de la Luzerne, il ne levait que la dîme des animaux. Déclare son trait donner

100 livres, et un veau par an sur les terres de la Luzerne. Avec sa portion congrue, 750 livres, 12 livres d'obits, au total, vraie valeur, 900 livres. (*Pouillé, f° 9 r°.*)

[1] Cf. presque textuellement l'article 5 du cahier de Saint-Jean-des-Champs.

[2] Arrondissement de Saint-Lô, canton de Tessy.

[3] Population en 1787, mouvement : N. 25, M. 3, D 22. — Population actuelle: 1,352 habitants.

2. CAHIER DE DOLÉANCES.

(Ms. *Greffe du Tribunal de première instance de Coutances, pièce n° 446.*
Original signé. *Inédit* [1].)

La communauté de Tessy, considérant que le Roy, sans cesse
occupé du bonheur de ses sujets [2], a cherché tous les moyens de
l'effectuer; des obstacles sans nombre se sont opposés aux opérations de son Conseil; l'envie de remplir ses vues l'a porté à convoquer les États généraux du royaume; il espère trouver dans les
représentations des députés des différents ordres les moyens d'améliorer l'état de ses finances et de porter une réforme générale dans
toutes les parties de l'administration. Plein de confiance dans les
avis et remontrances de ses sujets il n'a pas hésité pour opérer un
si grand ouvrage à appeler au pied de son trône des députés des
différentes classes, il invite encore les différents ordres et communautés à lui faire passer leurs remontrances.

L'opération que le monarque entreprend, et à laquelle chaque
sujet doit contribuer, est tout à la fois importante par les différents
objets qu'elle doit embrasser et délicate à conduire à sa perfection.
Les finances présentes, le déficit à remplir et que l'on annonce ne
pouvoir l'être sans une augmentation d'impôts, cette espèce de
réforme ne peut être mise en usage sans de grandes difficultés; les
impôts sont extrêmement multipliés et chacun, en particulier,
porté au plus haut degré; les uns portent sur des propriétés, des
exploitations et les facultés des sujets, et les autres sur le commerce et les consommations. Les deux premiers ordres ne contribuent aucunement à quelques-uns des premiers et que faiblement
à quelques autres. La majeure partie et la plus aisée du troisième
ordre, pourvue de charges et d'emplois qui lui donnent des privilèges, ou à l'abri desquels elle n'est que trop dans l'usage de s'en
arroger qui semblent ne pas leur appartenir, ne contribue également qu'à une partie des mêmes impositions; leur poids retombe
sur la partie la moins riche du même ordre. Que l'on joigne à ces
premières réflexions la manière inégale avec laquelle ces impôts
sont répartis de province à province, d'élection à élection, sur des
communautés et des particuliers. La seconde espèce d'impositions
levée d'une manière aussi arbitraire sur différentes parties du
royaume pèse encore plus particulièrement sur la même partie

---

[1] Le cahier est en très grande partie
la reproduction textuelle du cahier de
Beaucoudray; nous n'en donnons par
suite que les parties originales.

[2] Le préambule reproduit, avec des
développements considérables, les idées
des préambules de Beaucoudray et de
Gerisy.

du troisième ordre, dont elle gêne absolument le commerce et l'anéantit pour ainsi dire dans plusieurs parties, puisque les deux autres ordres et les privilégiés qui font partie du troisième en sont exempts d'une partie. Si l'impôt que supporte le commerce d'agriculture et des facultés d'une classe indigente, si l'arbitraire qui règne dans sa répartition achèvent d'en anéantir les ressources, cette diversité d'impôts, dont il est susceptible et perçue par une foule d'agents qui l'obsèdent sans cesse, ne lui est pas moins à charge, si elle ose élever la voix pour écarter l'arbitraire et l'abusion (*sic*) des lois obscures. En matière d'impôt, des formes qu'elle ignore, la compétence de divers tribunaux et une jurisprudence sujette aux plus grandes variations, la dégoûtent bientôt. Quelqu'un réussit-il à se faire rendre justice, les déplacements et faux frais qu'entraînent la distance des tribunaux et l'instruction d'une procédure surpassent souvent l'avantage d'avoir eu une décision favorable, et encore a-t-il toujours le déplaisir d'avoir épuisé les ressources de sa partie.

Si les impôts augmentent et que l'on ne suivit dans leur répartition que les principes existants, le contribuable se trouverait hors d'état d'y pouvoir faire face; il serait assez naturel que les deux premiers ordres, qui ont toutes les ressources possibles dans des places importantes, des bénéfices d'un grand revenu, des établissements de toutes espèces et des propriétés immenses, contribuent au payement des impôts, ainsi que quantité de personnes du troisième ordre, qui jusqu'ici se sont trouvées exemptes. L'on pourrait d'ailleurs, en réduisant la multitude d'impôts de différentes espèces, diminuer le nombre d'agents qui sont chargés de leur perception, rendre la prestation de l'impôt plus facile et le recouvrement moins coûteux.

La *dîmation* [1] des biens et revenus de différentes maisons de religieux supprimées pourraient présenter des ressources. Il serait possible en représentant l'impôt d'une manière plus égale, en y faisant contribuer tous les ordres, et diminuant les frais de recouvrement, en aliénant quelques biens, de parvenir à combler la dette nationale, sans aggraver le sort d'une partie du tiers état.

Si on ne juge des opérations des députés des différents ordres aux États généraux que par l'attachement que le clergé et la no-

---

[1] *Sic.* Nous croyons qu'il convient de corriger le texte et de lire *aliénation*. Tout ce préambule, souvent obscur et embarrassé, est en effet une reproduction libre de celui de Beaucoudray, copié par un scribe ignorant, et le cahier de Beaucoudray demande, dans des termes assez voisins, l'*aliénation* des biens des maisons religieuses (art. 14, *supra*, p. 150).

blesse ont montré jusqu'ici pour leurs privilèges et immunités
et que partie du tiers état annonce jusqu'ici à la conservation et
augmentation de différentes exemptions, il serait douteux si l'on
parviendrait à pouvoir combler le déficit, réformer l'arbitraire
de l'impôt, prévenir toutes espèces d'abus et avoir des lois fixes,
claires et précises; mais on doit espérer que les premiers ordres
doivent convenir que les causes de l'origine de leurs privilèges
n'existent plus.

Les privilégiés du troisième ordre doivent avoir la même sincérité; d'ailleurs il est question de faire face à une dette commune
et qui ne s'est peut-être accrue que par l'étendue et la multitude
des pensions dont le clergé et la noblesse, et des pourvus de
charges dans la magistrature et les finances ont été seuls l'objet; ils
ne doivent pas se refuser au payement d'une contribution dans
l'impôt, qui doive servir à l'acquit d'une dette de l'espèce. Le
déficit une fois comblé, les différents ordres auraient la satisfaction de voir baisser la somme de l'impôt, ou d'y trouver des ressources pour des établissements utiles, tels que grandes routes
dans différents lieux où il n'a pas encore été possible d'en ouvrir,
dépôts de mendicité dans des villes, bourgs et campagnes, où il
n'existe pas d'hôpitaux; l'on pourait également y trouver des fonds
suffisants pour effectuer le remboursement de toutes charges
et le moyen de pouvoir parvenir à les conférer uniquement au
mérite.

Le moyen le plus simple d'obtenir l'unanimité aux États généraux, est d'y opiner par tête; mais comme l'ouvrage serait encore
imparfait si on n'assurait à l'avenir les bornes de l'autorité du
souverain et les droits des sujets, et si on n'assurait des moyens
de mettre à exécution des arrêtés de cette assemblée, si on n'établissait entre le monarque et son peuple une correspondance par
le retour périodique des États généraux et par la conservation des
assemblées provinciales, de département et municipales, telles
qu'elles ont été établies par l'édit de formation du mois de juillet 1787 [1].

Si l'administration des finances, la levée des impôts et l'administration de la justice dans cette partie ont présenté des abus et
sont sujets à la plus grande réforme, l'administration de la justice, dans les autres parties, n'est pas moins sujette aux plus
grands abus; des formes dans l'instruction, une compétence attri-

[1] *Règlement sur la formation et la
composition des assemblées qui auront
lieu dans la généralité de Caen, en vertu*
*de l'édit portant création des assemblées
provinciales, 15 juillet 1787.* (Arch.
Calvados C 7714.)

buée à chaque tribunal, qui ne sont connues que des personnes qui fréquentent le barreau, et un district assigné à chaque juridiction plus souvent d'après la possession des circonstances et les droits de quelque seigneur, obligent des juges d'aller chercher au loin la justice dans des cas où ils ont des tribunaux à leur proximité.

Toutes ces considérations et l'envie de correspondre aux vues du Roy, déterminent la communauté à donner par le présent cahier plein pouvoir aux députés qui seront choisis dans l'assemblée qui se tiendra en la ville de Coutances, le 16 de ce mois,

1° De demander aux États généraux que la constitution de la France soit établie sur des principes fixes et durables, de manière que le patriotisme fasse la base fondamentale de la monarchie;

2° Qu'ils insistent fortement pour que les assemblées provinciales, de département et municipales existent telles qu'elles ont été formées d'après l'édit du mois de juillet 1787;

3° Qu'ils insistent également pour que les États généraux reviennent périodiquement, qu'on y opine par tête; pour que les convocations nécessaires pour la nomination de leurs membres se fassent par département à l'avenir, et que le nombre en soit déterminé par la population de chaque département;

4° Que, d'accord avec le souverain et les représentants de la nation . . . [1];

9° De faire leur effort pour que la répartition des impôts sur chaque département soit confiée aux assemblées provinciales, et sur les communautés à celles des départements, et ainsi des assemblées municipales sur chaque individu des communautés et de leurs facultés qui y sont domiciliés, et que la proportion que chaque province et chaque généralité doit supporter dans l'impôt soit déterminée aux États d'après la propriété [2];

[1] Les articles 4 à 8 sont la reproduction littérale des articles 4 à 8 du cahier de Beaucoudray. — La plupart de ces articles, établissement de la Constitution, vœu en faveur des assemblées principales, convocation des États généraux par *départements*, etc., sont d'ailleurs inspirés presque directement des vœux émis l'année précédente par l'assemblée départementale de Saint-Lô. (Voyez *Procès-verbal de l'assemblée du département de Saint-Lô*, séance du 20 octobre, § États provinciaux, art. 1er à 9, et § États généraux, art. 1 et 2.)

[2] Impositions pour 1789 : taille, 3,845 l. 10 s.; acc., 2,616 l. 2 s.; cap., 2,489 l. 8 s.; corvée, 1,290 l. 2 s. 3 d.; vingt., 2,355 l. 6 s. 5 d.; terr., 199 l. 3 s.; bât., 66 l. Au total, 12,761 l. 11 s. 8 d.

Lignes: 324, dont 35 occupants. — *Privilégiés* : le curé mᵉ Jean-François Badin, le seigneur, prince de Monaco; Guillaume Douessey, conseiller en la Grand Chambre du Parlement de Normandie, propriétaire des fiefs de Finel et de Bonnefond, et deux nobles non possédant fief, Jean-Baptiste de Chantepie d'Orville, ancien officier d'infanterie (c. n., 18 l.), et Cl. Chantepie de Ferrière (c. n., 42 l.); et pour le tiers

10° Pour que l'on confie aux mêmes assemblées le droit de déterminer, chacune dans sa province, département et communauté, par les voies d'adjudication au rabais, les gages et salaires des personnes préposées au recouvrement de l'impôt, et qui en deviendront un accessoire;

11° D'insister aux Etats généraux pour que tous tribunaux actuellement existants... [1];

12° D'insister également pour que les bâtiments servant au logement des curés soient entièrement à leur charge, tant pour la reconstruction que pour l'entretien [2];

13° De faire leur effort pour qu'il soit fait une réformation de la justice... [3];

La communauté donne au surplus pouvoirs auxdits députés de suivre le vœu de leur conscience dans tout ce qui sera proposé sur la réforme d'une infinité d'abus, s'en rapportant à leurs lumières et à leur honneur de voter au surplus ce qu'ils croiront de plus utile et avantageux pour la félicité publique.

Arrêté à l'issue de la grande messe paroissiale, le dimanche 1er mars 1789, par les soussignés, et souscrit lecture faite.

PINEL DE LA MILLERIE, J. LEMUTRECY, E. LOUIS, Guill. GODON, J. POUCHIN, J. HERVIEU, POUCHIN, J. HÉBERT, GODARD, G. BENEHARD, M. LADVOUÉ, H. BERNARD, Robert ROYER, N. DAVID, Alexandre JAMARD, Louis TRICARD,

état, Gohier de Bassecour (c., 2 l. 8 s.), Gohier de Haute Épine, ancien garde du corps (c., 11 l. 8 s.); Fr. Adde, directeur de la poste aux lettres, taxé d'office à 27 l. 10 s., et Jean Godard et son fils, commis buralistes, taxés d'office à 130 l. *Supplément des privilégiés :* 468 l. 1 s. 1 d.

[1] L'article 11 est la reproduction du même article de Beaucoudray.

[2] Le curé de Tessy n'était pas décimateur. Les dîmes, grosses et menues, appartenaient au chapitre pour les deux tiers, pour l'autre tiers à l'abbaye de la Luzerne. A la fin du xviii° siècle, par transaction, il jouit, au lieu de portion congrue, d'un tiers des dîmes d'un petit canton de la paroisse, qui donne année commune 500 livres. Il a quelques novales, emplacement d'une vergée, 30 l. d'obits. Au total, vraie valeur, 834 livres. (*Pouillé*, fol. 27 v°.)

Déclaration de 1790 non retrouvée pour la cure. — Les deux tiers de dîmes appartenant au chapitre sont déclarés affermés, par bail du 9 mars 1789, pour 1,860 livres et sol pour livre, 10 boisseaux de froment mesure de Coutances, les réparations, et 5 sols pour livre de pot-de-vin. — Le tiers de la Luzerne est affermé de même, depuis 1787, pour 400 livres, l'entretien du chœur, et 528 livres de pot-de-vin. (*Déclarat. des fermiers*, Saint-Lô, fol. 35.)

Rentes inconnues. Il est déclaré seulement deux rentes foncières de 10 demeaux de froment, de 1 mettant 1/4 et 1 boisseau de froment, dus à la chapelle de Beaucoudray. (*Ibid.*, fol. 30.)

[3] Le cahier contient encore 4 articles (13 à 16) qui sont la reproduction pure et simple des mêmes articles du cahier de Beaucoudray.

J. Delaville, J.-B. Jamard, Jacque Ladvoué, J. Crouin,
M. Denis, Hervieu, P. Mauger, J. Pelle, J. Hervieu,
M. Voisin.

TOURVILLE [1].

1. Procès-verbal d'assemblée.
(Le procès-verbal authentique n'a pu être retrouvé.)

Date de l'assemblée : 26 février. — Nombre de feux : 178 [2]. — Députés :
* M. Jean Baptiste-Alexandre, conseiller d'honneur au bailliage de Coutances
(3 jours, 9 l., Ref. et 17 jours 63 l., Acc.); le sieur Anne-Hylarion Viard, capitaine de navire (3 jours, 9 l., Acc.).

2. Cahier de doléances.
(Ms. Greffe du Tribunal de première instance de Coutances, pièce n° 344.
Original signé. Inédit.)

Doléance des habitants de la paroisse de Tourville,
sous le bailliage de Coutances.

Pour connaître quels peuvent être les *revenus* des biens fonds
qui sont situés dans la paroisse de Tourville et combien sont justes
les doléances des habitants de cet endroit, il suffit d'avoir sous les
yeux le prix exact des grosses et menues *dîmes* de cette paroisse.

Par bail du mois de juillet 1787, passé devant les notaires
du Grippon, les dîmes de la paroisse de Tourville ont été affermées par MM. les abbés ou religieux de l'abbaye de La Luzerne
aux sieurs Deslandes, Séverin et Jean Edine, par le prix et somme
de *trois mille cinq cents livres* par chacun an; auparavant le dernier
bail, elles n'avaient jamais passé trois mille livres et c'était bien
leur juste valeur [3].

[1] Arrondissement de Coutances, canton de Saint-Malo-de-la-Lande.
[2] Population actuelle : 632 habitants. Le cahier nous apprend lui-même
un peu plus bas que le nombre des habitants en 1789 était de 803, non
compris les enfants au-dessous de
8 ans.
Mouvement en 1787 : N. 12, M. 8,
D. 5.
[3] La cure de Tourville (archid. et

doy. de chrétienté) était sous le patronage de l'abbaye de la Luzerne, qui y
percevait, d'après le Pouillé, toutes les
dîmes grosses et menues, et ne servait
au curé qu'une portion congrue.
À la date du 10 novembre 1790,
les sieurs Michel Séverin et Jean Edine
font déclaration au district «qu'ils tiennent à ferme de M. l'abbé de la Luzerne, par bail passé le 14 juillet 1787
pour neuf années consécutives, qui ont

Comme on paye dans cette paroisse la dîme à l'*onzième*[1], on doit conclure que, de ce qu'elle est affermée trois mille cinq cents livres, le prix total de la production des fonds de cette paroisse doit être bonne année, mauvaise année, de la somme de *trente-huit mille cinq cents livres*, mais pour ... au plus fort, on va le faire monter à *quarante mille livres*, c'est-à-dire quinze cents livres plus que sa valeur. Sur cette somme de quarante mille livres, le cultivateur a bien des avances, des dépenses et des choses à payer :

1° Il faut qu'il paye au décimateur le prix de sa dîme qui est trois mil cinq cents livres, ci. . . . . 3,5oo ₶

2° Il faut qu'il ensemence tous les ans ses terres; le moins qu'il puisse lui en coûter pour cet objet est le cinquième de la production de la totalité de la paroisse[2], lequel cinquième monte à la somme de huit mille livres, ci. . . . . 8,ooo ₶

---

commencé à la Saint-Jean 1787 pour finir à la Saint-Jean 1796, toutes les dîmes de la paroisse de Tourville, avec une grange servant à entasser les dîmes et un colombier y attenant, le tout à charge de payer au curé de Tourville 35 boisseaux d'orge, 5 de froment, 2oo gerbes de paille de fromentail, et au sieur abbé de la Luzerne 3,5oo livres par an; outre lequel prix ils ont donné de pot-de-vin, tant à M. l'abbé qu'à ses domestiques, une somme de 3,ooo livres, dont il ne leur fut point donné de reçu.» (*Déclar. des fermiers, Coutances*, Arch. Manche Q⁴·ᴶ 6.)

L'adjudication des dîmes de Tourville avait été poussée en 1787 au-delà du prix habituel. En 1766, d'après l'État des revenus et charges de l'abbaye, «le fief noble de Tourville et celui de Grimonville, avec les dîmes de la paroisse de Tourville», ne sont affermés ensemble, par bail devant notaire, que 1,9oo livres en tout. (*Revenus de la Luzerne, fol.* 1 v°.)

[1] Les dîmes ne se payaient point universellement à la même quotité, ou comme dit Forget «d'une même force et façon». La seule règle à cet égard, ainsi que le reconnaissent les ordonnances royales (Blois, 56; Melun, 29) était l'usage et coutume des lieux, qui pouvait on le conçoit varier sensiblement d'un bailliage à l'autre, même d'une paroisse à l'autre.

En Normandie, le Règlement général de 1666 n'avait posé aucune règle uniforme. La quotité la plus généralement reçue, d'après Houard, était la *neuvième* gerbe, pour les dîmes de droit sur les gros fruits. (HOUARD, *Dict. anal.*, v° Dixme I, 537). Mais en Cotentin la proportion paraît avoir été le plus souvent inférieure. Dans le bailliage d'Avranches, par exemple, un arrêt de règlement du 17 août 1739, rendu pour la paroisse de Tirepied, avait fixé à l'onzième boisseau la quotité qui devait se payer sur toutes les dîmes, grosses et menues, même les verdages. Et Pesnelle nous apprend que cette quotité tendait à se généraliser, partout où les décimateurs ne pouvaient faire la preuve d'un usage contraire. (PESNELLE, *Cout. expl.*, p. 7.) Sur les difficultés particulières qu'entraînaient pour la dîme les *nombres rompus*, v. HOUARD, *loc. cit.*, p. 537.

[2] Les chiffres du cahier sont certainement exagérés. A. Young estime à un dixième seulement de la récolte les frais de semence, à un huitième ceux de culture et de main-d'œuvre, dans la région normande. On ensemence, d'après lui, une acre (o ʰᵃ, 8171) avec 5 boisseaux de froment de 4o livres chaque, et on en retire 5o boisseaux, en mesure moderne 16 hectol. 17 l. à l'hectare. (A. YOUNG, *Voyage en France*, t. II, p. 54 et suiv.)

I.

3° Pour labourer la terre et la faire produire, il faut nécessairement que le cultivateur ait des charrues, des charrettes, des ban-
neaux, des herses et quantité d'autres instruments oratoires (sic),
il faut en outre qu'il paye la ferrure de ses chevaux; le prix principal et entretien de tous les objets ne peut monter tous les ans à
moins du sixième des productions de la paroisse. Ce qui compose la
somme de six mille six cent soixante-six livres trente sols quatre deniers, à déduire sur lesdits quarante mille livres, ci

$$6,666^{tt} \, 13 \, s. \, 4 \, d.$$

(On ne fera point entrer en dépenses la nourriture des animaux, vu que le cultivateur en est ordinairement récompensé par
les gains qu'ils lui procurent, lorsqu'il en fait la vente.)

4° Les paroissiens de Tourville sont sujets à entretien de la nef
de leur église, à celui de la tour, de la charpente des cloches, à la
fonte d'icelles, aux fournitures nécessaires dans ladite église à la
réparation des murs et porte de leur cimetière et au payement du
custos; ils sont de plus obligés de payer à leur curé les droits qui
lui sont dus pour leur baptême, mariage et sépulture; en outre ils
sont exposés à avoir des contestations et des procès qui coûtent
toujours considérablement au général, vu qu'il n'est jamais ménagé
par toutes les parties prenantes, auxquelles il est obligé d'avoir recours, qui exigent de lui tous les droits qui lui appartiennent. Tous
ces objets, il est vrai, sont incertains et varient, mais indépendamment de leur incertitude et de leur variation, on ne peut
bonne année, mauvaise année, les porter à moins de six cents li-
vres, ci. . . . . 600^{tt}

5° Il en est dû dans la paroisse de Tourville, aux seigneurs le
droit de verte moute et de verte cuitte (sic); pour chacun de ces
droits, les habitants sont obligés quand ils vont moudre au moulin
banal du seigneur, de payer le vingtième de leur blé, et quand ils
vont cuire à son four aussi le vingtième de leur farine, ils ne peuvent, sous quelque prétexte que ce soit, se dispenser de suivre la
banalité; quand ils ne demeurent point dans la paroisse, ou qu'ils
n'ont point de fermiers pour la verte moutte et la verte cuitte, les
deux vingtièmes de leur récolte, ce qui comporte le dixième de la
totalité.

De ce qu'on vient d'observer il paraîtrait qu'on devrait déduire sur les quarante mille livres qui sont le total des productions
de la paroisse le dixième de cette somme; mais comme il y a des
habitants qui ont bien moins de blé qu'ils n'en consomment, qu'il
y en a d'autres qui en ont bien plus qu'il ne leur en faut et qui
leur en vendent ou au marché, et qu'on se fait un devoir d'être

vrai, on ne fera monter cette déduction qu'à la somme de deux mille livres[1], ci 2,000ᵗᵗ

6° Il y a dans la paroisse de Tourville *sept fiefs*, dont relèvent les fonds des habitants[2]; ils doivent aux différents seigneurs de ces fiefs payer tous les ans les *rentes* qu'ils doivent en argent; ils sont également obligés de payer les rentes qu'ils leur doivent tant en froment, avoines, qu'œufs, volailles, pain et autrement. En appréciant le tout à raison de l'apprécis des cinq dernières années qui viennent de passer, il se trouve qu'ils doivent annuellement la somme de *deux mille cinq cent soixante-neuf livres un sol*, sans parler des *treizièmes*, qui sont souvent considérables par les mutations fréquentes qui se font dans cette paroisse[3]; de plus ils doivent tous les ans curer les biefs et écluses du moulin, aller chercher les pièces de ce même moulin où le seigneur les achète, et les porter audit moulin; ils sont sujets à rendre aveux et déclaration aux plaids desdits seigneurs et à la comparance; ils doivent aussi le service de *prévôté*. Tous les objets sont onéreux et, bonne année, mauvaise année, on ne peut les apprécier moins de trois cents livres. Ce qui compose en tout la somme de deux mil huit cent quarante trois livres, onze sols, sept deniers . . . . : 2,843ᵗᵗ 11 s. 7 d.

---

[1] Il y avait dans la paroisse deux moulins, appelés le *Grand moulin*, et le *moulin Duval*, qui appartenaient tous deux au seigneur, et qui étaient affermés anciennement pour 150 livres et 60 livres. (*État des fiefs*, folio 6.)

[2] Des sept fiefs de Tourville, trois appartenaient à des ecclésiastiques : le fief dit de Lessay à l'abbaye de ce nom, le fief de la Luzerne et le petit fief Tourville à celle de la Luzerne. Les fiefs laïques étaient le grand fief de Tourville, auquel était attachée la seigneurie, et qui avait pour propriétaire en 1789 Alex.-Constantin Saffray, écuyer, demeurant à Saint-Nicolas-de-Coutances; le fief de Guéhebert, au marquis de Gratot; le franc-fief Duval, et la fiefferie du même nom.

Rentes seigneuriales : 1° L'abbaye de la Luzerne, sur les fiefs de la Luzerne et Tourville, redevances en diverses mesures se montant au total à 15 boisseaux de froment mesure de Coutances, 118 livres en argent, 4 pains, 7 poules, 20 œufs et 1 chapon deux tiers; droit de treizièmes, le tout affermé en 1787 pour 500 livres chacun an.

2° L'abbaye de Lessay, sur son fief, 89 boisseaux de froment, 5 pains, 6 poules, 50 œufs et 27 l. 18 s. en argent; droit de treizièmes, le tout affermé pour 450 livres. (*État des biens nationaux*, Coutances.) — Les déclarations anciennes du revenu temporel de l'abbaye donnent des chiffres un peu supérieurs : 115 boisseaux de froment, 9 l. 3 s. 4 d. en argent, 6 gélines et 50 œufs, sur 28 tenanciers. (Arch. Manche, H 5416.)

Rentes seigneuriales des terres laïques non déclarées. Rentes du domaine : 2 boisseaux d'orge et 3 livres en argent, appréciés produit commun 13 livres.

[3] Sur le droit de treizièmes, voir la note sous le cahier de Gavray, art. 4, *supra*, p. 314, n 1. La charge du treizième montait évidemment fort haut. A Bréville, par exemple, en 1788, M. de Mary de Longueville ayant fait retrait de la seigneurie du lieu, nous voyons le fermier général de l'abbaye du Mont Saint-Michel et le seigneur de Chanteloup lui réclamer le treizième sur un contrat de 245,000 livres. Par sentence du bailliage de Coutances, en date du 5 décembre, la part du dernier est arrêtée à 4,266 l. 13 s. 4 d. (Arch. Calvados, C 6940.)

39.

7° Il est dû tous les ans par les habitants de ladite paroisse à MM. du chapitre, aux révérends pères prêcheurs, à l'hôtel-Dieu de Coutances, et à autres différents particuliers étrangers, la somme de trois mille sept cent quatre-vingt-trois livres dix-neuf sols, neuf deniers, pour rentes foncières, tant en argent que froment, sans comprendre les rentes hypothèques dont ils sont grevés [1], ci . . . . 3,783 ₶ 19 s. 9 d.

8° La paroisse de Tourville est fort étroite; mais elle est d'une longueur extrême [2]; les habitants ont le malheur que le chemin qui conduit de Coutances à la mer parcourt toute cette paroisse; c'est par ce chemin, qui a au moins une lieue de longueur, où passent toutes les voitures qui vont au hâvre d'Agon porter les bois et les denrées qui sont nécessaires pour la construction et l'approvision (sic) des navires, c'est par ce chemin où passent toutes les voitures des paroisses circonvoisines de Coutances qui vont chercher le sable de mer ou la plise ou varech; l'entretien quoique imparfaitement fait de ce chemin, est néanmoins d'un prix très considérable pour les propriétaires des fonds de cette paroisse. Ils ont un marais labourable et fertile, mais pour être assuré des récoltes qu'il produit et qu'elles ne soient pas ravagées par les flots de la mer, ils sont sujets à entretien d'une digue qui a au moins le tiers d'une lieue de longueur; la réparation et l'entretien de ces deux objets ne peut être appréciée à moins de six cents livres [3], ci . . . . 600 ₶

Il serait à souhaiter pour la ville de Coutances et paroisses circonvoisines, que le bout de chaussée qui vient d'être fait par un atelier de charité sur cette route sous les terres de MM. Quesnel et Bonté fût continué jusqu'au hâvre d'Agon; le commerce et la culture y gagneraient beaucoup.

9° La paroisse de Tourville paye au Roi pour taille, accessoires, capitation, corvée pour les chemins, impôt territorial, entretien

---

[1] L'inventaire de 1790 relève celles de ces rentes qui sont dues aux établissements ecclésiastiques : 1° la cathédrale ou le chapitre de Coutances, 10 boisseaux deux tiers de froment, 1 poule et 10 œufs; 2° les Dominicains (Pères prêcheurs) de Coutances, 8 boisseaux de froment; 3° l'hôtel-Dieu de Coutances, 6 boisseaux de froment et 18 sols en argent; 4° le collège d'Harcourt, 1 boisseau et demi de froment; 5° le trésor de Saint-Nicolas-de-Coutances, 3 livres. (Arch. Manche Q⁴⁻¹ 12.)

[2] Superficie de la commune actuelle : 903 hectares. Mém. stat., p. 27 :

«Tourville. Terroir propre pour l'orge et lentilles, partie en campagne du côté de la mer, et partie en froment, du côté de la terre; plant et prairies.»

[3] Nous avons une Ordonnance de l'intendant «prescrivant aux propriétaires de fonds, sujets aux réparations de la digue côtière de la paroisse de Tourville, de s'imposer par un rôle qui sera rendu exécutoire par M. de Mombrière, pour la somme de 275 livres dues à Robiquet, qui a fait les réparations suivant marché conclu le 28 juin 1787». (Arch. Calv., C 4125.) Le marais de Tourville a été rendu à cette

des bâtiments de justice, vingtièmes et quatre sols pour livres du premier vingtième, la somme de six mil neuf cent soixante-trois livres dix-huit sols quatre deniers [1], ci . . . . . . 6,963 ʰ 18 s. 4 d.

10° Les tailles, capitations, vingtièmes, etc., sont des impôts bien onéreux et bien à charge; il est d'autres objets qui ne le sont pas moins, tels sont les droits de contrôle, centième denier, droits d'insinuation, papier marqué et parchemin, traites, honoraires et salaires dus à MM. les juges, greffiers, avocats, procureurs des différentes juridictions, notaires, huissiers, sergents, recors. Le laboureur plus que tout autre est sujet à ressentir la pesanteur de ces différents objets; s'il fait un contrat; s'il donne une quittance ou une procuration, s'il fait des partages ou tous autres actes, il est presque toujours obligé de les passer devant notaire, par la raison qu'il ne sait ni lire ni écrire; il est plus que tout autre sujet aux procès personnels et réels, par la raison qu'il n'est point éclairé, et qu'il sent peu les dangers des contestations, par la raison aussi qu'il est faible et sans crédit et qu'on appréhende moins de l'attaquer. Tous ces objets, on ne craint pas de le dire, coûtent tous les ans à la paroisse de Tourville, bonne année, mauvaise année, au moins deux mille livres, ci . . . . 2,000 ʰ

11° Il y a dans la paroisse de Tourville deux grandes volières et deux colombiers considérables, dont les pigeons dévastent les semences et les récoltes des cultivateurs [2]; il en est de même des lapins, des blaireaux et renards. S'il était permis aux laboureurs d'avoir dans leurs maisons des fusils pour détruire les animaux malfaisants ils en feraient usage, mais la crainte qu'ils ont qu'on ne leur inflige la prison, qui est la punition ordinaire pour un laboureur qui a le malheur d'être trouvé saisi, par les cavaliers de maréchaussée, d'un fusil, fait qu'ils n'osent avoir d'armes et que leurs récoltes se trouvent souvent dévastées. Il existe encore un autre objet non moins intéressant; un malheureux n'a point d'argent pour acheter du sel pour saler sa soupe; la mer qui est com-

commune à la fin du xix° siècle, par arrêt de la Cour de Caen. (REGNAULT : *La langue dans le département de la Manche*, dans *Assoc. normande*, XLIII, 1877, p. 349.)

[1] Ce chiffre comprend les frais de perception; les chiffres bruts des rôles pour 1789 sont : taille, 2,060 livres; acc., 1,351 l. 17 s.; cap., 1,332 l. 16 s.; corvée, 684 l. 3 s. 9 d.; vingt., 1,292 l. 18 s. 10 d.; terr., 118 livres; bât., 39 livres. Au total, 6,878 l. 11 s. 7 d.

Privilégiés : le curé Mᵉ Jacques Ripante, le seigneur Alexandre-Constantin de Saffray, écuyer, seigneur des fiefs de Tourville, d'Anseray et Cartret en Saint-Nicolas-de-Coutances, sieur de Gourbeville; et pour le tiers état, un garde des traites et gabelles, taxé d'office pour 2,590 livres à 41 l. 4 s. 1 d. *Supplément des privilégiés :* 265 l. 2 d.

[2] L'un des colombiers était attenant à la grange décimale, et appartenait à l'abbaye de la Luzerne; il est compris

mune à tout le monde et dont l'eau paraîtrait lui devoir procurer une ressource, il n'ose en user et en aller chercher, par la crainte qu'il a d'être rencontré par la multitude d'employés qui gardent les côtes. On sait que le sel est très cher, et qu'il n'est pas possible de pouvoir s'en passer; calcul fait de ce qu'il en coûte tous les ans aux habitants de Tourville pour se procurer cette denrée de première nécessité, on ne le fait monter qu'à la somme de deux mille livres, vu qu'il y a des malheureux qui ne peuvent prendre la portion qui leur est accordée par la loi, ci.................... 2,000 tt

12° Le laboureur ne peut cultiver sa terre sans avoir des maisons pour se loger, sa femme et ses enfants; il lui faut également des granges et des étables pour loger les récoltes que son fonds produit, rentrer les bestiaux qui servent à la culture. La construction de ces maisons et l'entretien sont des objets très importants e très coûteux; il y a dans la paroisse de Tourville *197 feux*, qui chacun ont leur maison, granges et étables plus ou moins considérables. Calcul fait de l'entretien et constructions à neuf de ces maisons, granges et étables, on ne peut le faire monter annuellement à moins de la somme de deux mille neuf cent cinquante-cinq livres, à raison de quinze francs par feu[1], ci....... 2,955 tt

13° Du nombre des fonds qui composent la totalité de la paroisse de Tourville il y en a pour sept mille cinquante livres de loués à différents particuliers, lesquels appartiennent à des étrangers, ci............................... 7,050 tt

14° Les pressoirs sont fort rares sur les bords de la côte; ordinairement il n'y en a que deux ou trois dans chaque paroisse où les habitants puissent brasser leur cidre; il leur est défendu, sous peine de grosse amende et confiscation de leur voiture, de trans-

---

dans le bail général de 1787; l'autre appartenait au seigneur.

[1] Cette somme de 15 francs pour l'entretien de tous les bâtiments d'une exploitation peut paraître modique; mais c'est que ces bâtiments sont — le cahier ne le dit pas parce que tel est l'usage constant du pays en 1789, — uniformément construits en terre. Ce genre de constructions, fort économique, avait piqué au plus haut point la curiosité de A. Young, lors de son passage en Cotentin en 1789. «On y construit, écrit-il, en terre d'excellentes habitations, de belles granges, et même des maisons à trois étages, et d'autres bâtiments considérables. Cette terre (la plus convenable à cet usage est une

glaise riche et noire) est pétrie avec de la paille; après l'avoir étendue sur le terrain en couche séparée d'environ 4 pouces, on la coupe en carrés de 9 pouces, que l'on prend sur une pelle, pour les donner au maçon qui fait le mur; à chaque couche de 3 pieds, on laisse, comme en Irlande, sécher le mur, afin de pouvoir le continuer. Sa largeur est d'environ 2 pieds; on fait dépasser d'un pouce au plus, pour couper ras, couche par couche. Si on badigeonnait, comme en Angleterre, ces murs feraient aussi bon effet que nos murs en lattes et plâtre, et dureraient davantage. Dans les belles maisons, les encadrements des portes et fenêtres sont en pierre.» (Young, *Voyage en France*, I, 145.)

porter leur cidre de ces pressoirs dans leurs maisons, à moins qu'ils ne soient porteurs d'un billet qui coûte *1 sol 3 deniers.* Ce droit à la vérité n'est pas cher, mais il devient onéreux au cultivateur dont le temps est très précieux, vu qu'il est obligé de l'aller chercher souvent à une lieue ou deux de son domicile. Il est une autre gêne encore plus considérable pour les habitants de la paroisse; c'est le service de canonnier garde-côte. On sait que pour cultiver la terre il faut des bras; souvent dans cet endroit et en temps de guerre on en manque, puisque la plupart des hommes sont employés sur mer soit au service du Roy ou à celui du marchand; il serait à désirer que le peu d'hommes qui restent dans cet endroit ne fût point distrait de la culture, et fût exempt du service canonnier garde-côte[1]. Il serait aussi à souhaiter que le curé de cette paroisse, qui a l'âme belle et compatissante, fût à portée de faire autant d'aumônes qu'il le désirerait aux pauvres de sa paroisse, mais malheureusement pour eux il n'a qu'une pension congrue, quelques aumônes qui sont chargées de quantité de rentes et redevances; il a en outre les droits de mariage et sépulture. Les paroissiens quoique peu fortunés ne regrettent pas de payer à ce charitable et respectable pasteur tous les droits; mais ils regrettent que MM. les décimateurs, qui perçoivent exactement et sans aucune peine trois mille cinq cents livres dans cette paroisse, ne soient pas obligés de les décharger de cette prestation, ainsi que de l'entretien de la nef, de la tour, la fonte des cloches, des murs du cimetière, et ornements de leur paroisse.

Total du produit des récoltes des biens fonds de ladite paroisse: quarante mille livres, ci. 40,000 #

Total des charges dont est grevé le produit: quarante-huit mille neuf cent soixante trois livres trois sols, ci. . . . . 48,963 # 3 s.

Du concert qu'on vient de faire et qui est dans la plus exacte vérité, il résulte que les charges excèdent le revenu de la somme de huit mille neuf cent soixante-trois livres trois sols, mais il est encore trois articles très essentiels et très intéressants dont on a point encore parlé, c'est la nourriture, l'entretien et les frais des maladies des habitants de cette paroisse, dont le nombre est de *huit cent trois personnes* non compris les enfants au-dessous de huit

[1] Il ne paraît pas que la charge de la garde-côte ait été localement si lourde. La paroisse de Tourville, qui était exempte de la levée des soldats provinciaux, appartenait, pour le service des canonniers, à la division de Muneville, compagnie de Montchaton. En 1787, 16 garçons ou hommes mariés seulement étaient soumis au tirage, pour fournir 1 garde-côte; le sort était tombé sur Robert Sevry. (Arch. Calvados, C 1961.)

ans[1]. On ne fera point l'évaluation de cette nourriture, de cet entretien et de ces frais pour maladie, c'est aux habitants à se procurer par leur industrie et par leur travail tout ce qui est nécessaire pour faire face à ces trois objets, et c'est ce dont ils s'acquittent très exactement, les hommes en exposant leur vie sur mer pour gagner la subsistance de leur famille, et les femmes en travaillant à la terre.

C'est dans la *pêche de la morue* que les hommes trouvent ce que la terre ne peut leur fournir. Ci-devant, le commerce était excellent, mais malheureusement, aujourd'hui, il est totalement tombé; tel matelot qui avait les années précédentes dix louis d'avance, dont il laissait une partie dans sa famille pour la faire subsister et payer le prix des locations et des redevances; on ne veut lui donner aujourd'hui que soixante livres[2]; cette somme n'est pas suffisante pour lui fournir ce qui lui est nécessaire pour ses gréements. S'il est quelque chose d'intéressant dans le gouvernement, c'est de ne rien négliger pour donner de l'activité au commerce de la morue : c'est le commerce qui fournit au Roy quantité d'excellents matelots; s'il continue à tomber, on verra en même temps la marine royale considérablement diminuer, ou si le souverain veut qu'il en soit autrement, et qu'elle soit toujours la même, il en coûtera beaucoup à l'État pour élever des matelots et pour les entretenir, et encore ne vaudront-ils pas ceux qui auront été élevés dans le commerce de la morue. Cet objet est digne de l'attention du Roy bienfaisant qui nous gouverne.

Il est encore plusieurs autres objets qui méritent aussi sa protection, c'est de procurer aux habitants de Tourville la faculté d'amortir aux seigneurs les banalités et servitudes de toute espèce qu'ils peuvent leur devoir, moyennant une somme fixe et déterminée qu'ils payeraient à leur seigneur pour chaque objet. C'est que la grande route qui conduit de Coutances au hâvre d'Agon,

[1] Au dénombrement de 1793, la population est déclarée être en tout de 1,020 habitants (N. 28. M. 6, D. 10).

La population déclarée par le curé en 1790 est de 1,019 habitants.

[2] Le *Dictionnaire de commerce* de Savary donne, d'après des mémoires locaux certainement, des chiffres plus précis sur le salaire des matelots dans le dernier tiers du XVIII° siècle. Les pêcheurs qui vont aux grandes pêches, comme celles des morues, harengs et maquereaux, sont engagés, dit-il, à 15 livres ou florins par mois pour la première fois, avec la nourriture franche pendant le voyage. On augmente les gages à proportion des campagnes que le matelot a déjà faites, en sorte qu'il peut atteindre 15 à 20 livres; les harponneurs pour la pêche à la baleine atteignent 25, 28 et 30 livres. Outre les gages, l'équipage a sur chaque barrique ou tonneau de lard 25 à 30 sols de droits; on leur verse en outre une avance avant le voyage, et au retour une part proportionnelle du produit des pêches. (V° Pesche, éd. 1762, t. IV, col. 141.)

et qui passe sur toute la longueur de cette paroisse, soit entretenue
tant par les habitants de cette paroisse que par ceux des autres
paroisses qui s'en servent et en font usage, et que chacune de ces
paroisses conjointement avec celle de Tourville soit fixée tous les
ans au payement d'une somme déterminée pour l'entretien de cette
route, qu'on rendrait semblable à celle qui vient d'être arrangée
sur les fonds de MM. Quesnel et Bonté par un atelier de charité [1].
C'est que la justice soit débarrassée par une loi nouvelle de toutes
les formes qui la rendent lente et difficile, et qu'elle soit moins
coûteuse au cultivateur; et que pour les affaires, le Roy soit supplié
de faire un règlement qui fixe modérément les droits de toutes les
parties prenantes, et qu'il soit décidé dans cette loi que les dépens
seront toujours la peine du téméraire plaideur, mais qu'il n'en sera
pas de même des intérêts d'indue vexation, qui seront toujours
prononcés solidairement, tant sur la partie que sur les avocats,
procureurs et huissiers qui auront mal à propos prêté leur ministère à l'injustice et à la vexation; que de ces intérêts il en sera dû
seulement une moitié par la partie, et l'autre par les avocats, procureurs et huissiers. C'est que le nombre des volières et des colombiers soit diminué, et qu'il soit pour cela payé par les vassaux une
somme aux seigneurs, qui lui vaudra l'amortissement pour son
droit; c'est que l'honnête laboureur puisse avoir sans crainte dans
sa maison un fusil pour tirer sur les renards, blaireaux, lapins et
autres bêtes malfaisantes qui dévastent ses récoltes. C'est que le
malheureux puisse sans crainte et sans danger aller prendre de l'eau
à la mer pour saler sa soupe. C'est que le laboureur, dans la paroisse où il habite, puisse aller pressoirer (*sic*) ses pommes dans
un pressoir étranger et apporter son cidre dans sa maison sans être
muni d'un billet. C'est que les habitants de la paroisse de Tour-

[1] La somme accordée par le roi pour les ateliers de charité s'était élevée en 1788, pour la généralité de Caen, à 40,000 livres. La même somme, ou plus exactement, déduction faite de quelques affectations spéciales, une somme de 38,800 livres, était prévue pour l'année 1789. Sur ce total, l'Assemblée provinciale, chargée de la répartition entre les divers départements, avait attribué à celui de Coutances, au marc la livre du principal de sa taille, un crédit de 4,946 livres seulement. Six ateliers étaient prévus pour cette année : ceux de Coutances à Lessay, de Folligny à la grande route de Falaise à Granville, de Saint-Jean-des-Champs, de Cambernon, du Guillain, et de Cérences à Bréhal. (*Compte rendu de la Commission intermédiaire*, p. 42, et tableau annexe K.)

Une somme de 1,500 livres avait été accordée, sur les fonds de la généralité, pour l'établissement d'un atelier de charité sur la partie de la route de Coutances à Tourville qui traversait les propriétés en question. Le compte rendu de la Commission intermédiaire fait connaître qu'à la date du 1ᵉʳ juin 1790, l'ouvrage était exécuté, et les travaux payés. (*Compte rendu*, tableau H à l'appendice.)

ville soient déchargés de contribuer au service de canonnier garde-côte, vu le grand nombre de matelots qu'il y a dans cette paroisse. C'est que les habitants, au moyen de la dîme qu'ils payent aux sieurs décimateurs, soient déchargés des droits de mariages, baptêmes et sépultures, ainsi que de l'entretien de la tour, cloches, murs du cimetière; et que pour récompenser le sieur curé dudit entretien et de la perte de ses droits de baptêmes, mariages et sépultures, les sieurs décimateurs soient tenus de lui céder une partie des dîmes de la paroisse [1]. C'est que les biens réels et fonciers de MM. les ecclésiastiques, nobles et privilégiés soient assujettis, comme ceux des autres individus du royaume, au payement de la taille et suites, corvée, dixième, vingtième et généralement à tous autres impôts quelconques; c'est qu'au lieu des tailles, corvées, vingtièmes, etc., on ne connaisse dans la campagne que deux espèces d'impôts, l'un *réel* qui sera payé par une *dîme* que le Roy fixera et percevra sur tous les fruits que la terre produira, et qui sera passée par adjudication au plus offrant et dernier enchérisseur devant les juges ordinaires du siège, et l'autre *industriel*, dont seront exempts les cultivateurs qui se borneront seulement à vendre les fruits que leurs terres auront produits et les bestiaux qui seront utiles au faire-valoir et à la consommation de leurs denrées. C'est que le Roy soit supplié d'accorder très difficilement des lettres de cachet, des pensions, des lettres de noblesse, et de faire rentrer dans la classe du tiers état ceux qui, sans droit ni qualité, prennent le titre de noble et d'écuyer. C'est qu'enfin tous les membres du tiers état puissent entrer dans tous les tribunaux sans exception, lorsqu'ils s'en seront rendus dignes par leurs grands talents, leur mérite distingué et leurs vertus éminentes, soient admis

[1] *Pouillé*, folio 4 r°. «Tourville, patron l'abbaye de la Luzerne, au diocèse d'Avranches. Ladite abbaye paye au curé une portion congrue. Le curé perçoit en outre, à cause de la chapelle Saint-Germain annexée à son bénéfice, 36 boisseaux de froment et 8 l. 10 s. de rentes foncières; il a 6 pièces de terre, dont la valeur est au moins de 200 livres par an. Doit sur lesdites terres 2 boisseaux et demi de froment de rente seigneuriale à la sieurie de la Luzerne, et entretenir la lampe de l'église d'Hyenville. Un vicaire. Pension pour sa cure, 300 livres; pour sa chapelle, 72. Fondations, 114. Au total, 496 l. 10 s.»

En 1790, le curé déclare que son revenu consiste en : pension congrue, 700 livres, une rente de 35 boisseaux d'orge, 5 de froment et 200 de frumentail, pour et à la place des novales, valant 127 l. 10 s. Il a 48 vergées d'aumônes (estimées par lui 576 livres, par les officiers municipaux 700 livres). Au total, 1,403 l. 10 s., sur lesquels il paye des rentes de 23 boisseaux de froment, 9 rais 3 carsonniers d'avoine, 3 pains, 30 œufs et 1 l. 10 s. au trésor. La chapelle Saint-Germain-des-Jonquets lui vaut de son côté, 39 boisseaux de froment, 24 l. 10 s. et 14 l. 10 s. de rentes de fieffes. Au total, 236 l. 8 s. 9 d. (*Déclar.*, n° 96, folios 18 et 19.)

comme les nobles à tous les offices et fonctions ecclésiastiques civiles et militaires [1], et qu'à cet effet Sa Majesté soit suppliée de lever les exclusions humiliantes qui dégradent l'homme, éteignent l'émulation, étouffent le génie, et détruisent le germe du patriotisme et des grandes vertus. Fait et arrêté dans la nef de l'église paroissiale dudit lieu, le 26 février 1789, signé double après lecture faite.

N. Lehouyvet, A^{ne}-H^{on} Viard, Fleury, Legagneur, P. Leroux, Ch. Jourdan, Robert Le Roux, Guillaume, B. Bon, N. Fauvel, P. Séverie, J. Séverie, N. Rainsie, Pesnel, G. Piton, J. Dudouy, N. François, Monchaton, Nogué, N. Dudouit, J.-B.-F. Guillemin, Robiquet, P.-H. Tourneur, Noël Lebon, Jean Edinne, M. Lemonnier, P.-F. Le Roux, *syndic*, J. Agnès, Dudouyt, C. Jacquet, J.-F. Lelièvre, Jean Dudouyt, Pierre Potignet, J. Monchaton, Julien Pellerin, J.-M. Dudouyt, J. Madelene, J. Robiquet, Michel Le Maître, Jacques Le Caplain, F. Durand, J. Lerendu, J. Alexandre, Bouteiller.

TRELLY [2].

1. Procès-verbal d'assemblée.

(Le procès-verbal authentique n'a pu être retrouvé.)

Date de l'assemblée : 1er mars. — Nombre de feux : 199 [3]. Président : Charles Maurouard, *syndic*. — Députés : * Michel-Antoine Prodhomme, *laboureur* (4 jours, 42 l., Ref., 19 jours, 74 l., Acc.); Jean-Baptiste Boudier, *laboureur* (4 jours, 12 l., Ref.).

2. Cahier de doléances.

(Ms. *Greffe du Tribunal de première instance de Coutances, pièce n° 489.* Original signé. *Inédit* [4].)

Du premier jour de mars 1789, issue de la messe parois-

[1] Voir le cahier de Coutances, art. 51, *suprà*, p. 96; cahier de Dangy, art. 26, *suprà*, p. 299.

[2] Arrondissement de Coutances, canton de Montmartin-sur-Mer.

[3] Population en 1793 : 1,181 habitants (N. 23, M. 2, D. 2). — Population

actuelle (avec Saint-Louët-sur-Sienne réuni) : 803 habitants.

[4] Le cahier est en grande partie inspiré du cahier de Mesnil-Aubert, avec des modifications tenant aux conditions locales. Nous ne reproduisons que les passages modifiés.

siale de la paroisse de Trelly, dans e cimetière dudit lieu, place ordinaire à tous actes publics,

En conséquence des lettres de Sa Majesté données à Versailles le 24 janvier dernier, pour la convocation et tenue des États généraux de ce royaume, et satisfaire aux dispositions du règlement y annexé, ainsi qu'à l'ordonnance de M. le bailly de Cotentin, rendue par M. son lieutenant général du bailliage de Coutances, dont lecture a été faite au prône de la messe paroissiale dudit lieu par M. le vicaire, le dimanche 22 février dernier et affiche pareillement faite à la grande porte de l'église dudit lieu, ledit jour,

Se sont assemblés les communs habitants de ladite paroisse de Trelly, formant le tiers état dudit lieu, lesquels après avoir repris lecture desdites lettres, règlement et ordonnance, réfléchi sur tout le contenu en iceux, ont fait, arrêté et signé leur présent cahier de doléances, plaintes et remontrances, qu'ils croient nécessaires, pour leur paroisse et le bien général de tout le royaume, à quoi ils ont procédé comme il suit :

1° Ladite paroisse de Trelly, d'une médiocre grandeur[1], est située à deux grandes lieues de Coutances, dans un fonds arrière-soleil; a tous ses chemins de traverse très mauvais et difficiles à réparer, manque de pierres; les grandes routes de Coutances à Cérences qui la traversent dans les deux extrémités, n'étant point faites, rendent l'exportation des denrées des plus difficiles, même impossible dans des temps; le charroyage (sic) des engrais de mer, qui sont éloignés de trois grandes lieues, ne sont pas plus faciles, même impossibles dans certaines années pluvieuses, par la petitesse des chemins et leur mauvais état; ce qui rend la culture de ladite paroisse fort coûteuse et diminue de beaucoup le produit du fonds qui quoique cela, est très médiocre.[2]

2° Ladite paroisse, chargée excessivement d'impôts, est d'ailleurs maculée envers la dame patronne dudit lieu, et trois prébendés de la cathédrale de Coutances, à au moins treize cents demeaux de froment de douze pots chaque, à bien trois cents d'avoine et une quantité de poules, oies, œufs et menues rentes en argent, avec les corvées[3].

---

[1] Superficie de la commune actuelle (avec Saint-Louet réuni) : 1,075 hectares. Le *Mém. stat.*, p. 25 dit seulement : «Trelly. Terroir bon pour le labour de froment, orge, plant et prairies.»

[2] Cf. le cahier de Mesnilaubert, art. 2, *supra*, 418.

[3] La paroisse renfermait 5 terres nobles : le fief laïque de Trelly, appartenant en 1789 à la dame Marie Letellier, veuve du s' Louis Bérenger, sei-

Cette paroisse est faite valoir, pour au moins la moitié, par des nobles et fermiers, et les propriétaires de ces fermiers sont nobles ou privilégiés et demeurant hors la paroisse, à ce moyen [ils] ne la

gneur et patron; trois prébendes du chapitre, dites respectivement la Grande prébende ou Caësel, la prébende de Champagne, et celle de Saint-Jean; et la sieurie de Beauquesne, appartenant à la commune du chapitre de Coutances.

Les inventaires de 1790 nous donnent le relevé très complet des terres et rentes seigneuriales :

1° *Grande prébende* (titulaire le s^r Gondouin) : Moulin dit de Caësel, tournant moulant, avec un petit moulin à sarrasin, 2 jardins légumiers, étang 1 vergée, afferme à Thomas Olivier, par bail de 1789, 300 livres et 150 livres de pot-de-vin. — Banalité, corvée de charriage des meules et bois du moulin entre deux soleils, corvée de curage du bief, une fois pendant la vie de chaque seigneur seulement. — Rentes seigneuriales : 494 demeaux et 5 pots de froment mesure de Cérences, 176 demeaux 7 pots d'avoine dite mesure, 46 poules, chapons et mançois, 477 œufs et demi. Au total, à l'apprécis, 2,448 l. 2 s. — Corvée, treizième, prévôté estimés à part 321 l. 7 s. 8 d;

2° *Sieurie de Champagne* (titulaire l'abbé Fontaine) : Rentes seigneuriales de 167 demeaux 11 pots de froment, mesure de Cérences, 13 poules et 9 oies, 140 œufs et 4 l. 9 s. 9 d. Au total, à l'apprécis, 703 l. 15 s. 3 d. — Casualités estimées 50 livres année commune;

3° *Sieurie de Saint-Jean* (titulaire l'abbé Leloup) : Rentes seigneuriales de 109 demeaux de froment, mesure de Cérences, 13 poules, 130 œufs, 2 oies deux tiers, 15 mançois et 16 sols en argent. Au total, à l'apprécis, 494 l. 16 s. — Casualités estimées 75 livres année commune;

4° *Sieurie de Beauquesne*, à la commune du chapitre, aussi nommée le Closet, 36 perches affermées 8 livres. — Rentes seigneuriales de 39 demeaux et 3 pots de froment, mesure de Cérences, 181 l. 12 s. en argent. Au total, 341 l. 2 s. 5 d.;

5° *Fief de Trelly*, à la dame de Bérenger : Maison, terres 180 vergées, dont 157 en labour, donnant 865 bois-

seaux de tout blé et 1,800 bottes de foin. Moulin de Trelly (non estimé). — Rentes seigneuriales de 265 demeaux de froment et 22 demeaux 9 pots d'avoine, 12 poules et demi, 2 gélines, 1 chapon, 12 œufs, 2 oies un tiers, 15 mançois. Au total, à l'apprécis, 1,178 l. 12 s. 2 d. — La déclaration du chapitre ajoute, pour droit de *treizième* réservé, et casualités, 60 livres année commune. (*Déclar. n° 79, fol. 81.*)

6° *Domaine du Roi* : 62 boisseaux de froment à 24 pots et 3 sols; produit commun 315 livres.

Total des rentes seigneuriales, à l'apprécis : 5,925 l. 15 s. 12 d.

Il convient d'y ajouter des rentes foncières assez considérables, dues presque toutes à des établissements ecclésiastiques étrangers à la paroisse.

1° la cure, 92 l. 1 s. en diverses parties; 2° le trésor, 74 demeaux de froment à 24 pots, mesure de Cérences, 39 l. 6 s. en argent et gélines (apprécié le tout 341 l. 9 s. 4 d.); 3° l'hôtel-Dieu de Coutances, grange décimale, estimée 300 livres, rentes de 25 demeaux et 6 pots chopine de froment, 6 l. 18 s., 1 poule, 10 œufs et 1 pain (apprécié 117 l. 4 s. 11 d.); 4° l'abbaye de Hambye, 8 demeaux de froment (apprécié 32 l. 12 s. 4 d.); 5° le trésor de Lengronne, 1 l. 18 s.; 6° le trésor de Muneville, 22 demeaux de froment (apprécié 92 l. 6 s. 8 d.); 7° le trésor de Roncey, 60 livres; 8° le trésor de Gavray, 4 livres; 9° le clergé de Trelly, 492 livres; 10° le clergé de Saint-Nicolas-de-Coutances, 7 l. 10 s.; 11° le clergé de Saint-Pierre-de-Coutances, 10 l. 3 s.; 12° le clergé de Saint-Denis-le-Vêtu, 27 l. 15 s.; 13° les petits vicaires de Coutances, 8 demeaux de froment, la moitié d'un chapon (afferm. 33 l. 3 s. 4 d.); 14° Mr de Saint-Ébremont, 1 l. 17 s.; 15° Mr de Huissant en Saint-Denis-le-Vêtu, 2 demeaux 3 pots de froment (apprécié 9 l. 3 s. 9 d.).

Total des rentes foncières ecclésiastiques, à l'apprécis : 889 l. 14 s.

déchargent en rien de la taille de propriété ni d'autres charges personnelles; outre toutes les charges, le petit nombre de propriétaires résidant et faisant valoir sont encore, pour le plus grand nombre, redevables, à cause de leurs fonds, en de considérables rentes foncières appartenant à des étrangers.

· Une considérable partie des dîmes appartiennent au chapitre de Coutances et à l'hôtel-Dieu dudit lieu [1]; et ces biens étant consommés dans un autre lieu que la paroisse, les pauvres, qui y sont en très grand nombre, n'en reçoivent point le même soulagement.

3° Supplient et sollicitent que toutes les différentes impositions [2] soient jointes et réunies... [3];

10° Que le droit de déport en usage dans cette province fût supprimé, avantage dont les pauvres ressentiraient les bons effets, en mettant MM. les curés à portée, dès la première année de leurs bénéfices, de faire les charités que leurs curés demandent d'eux [4];

11° Que toutes les abbayes et communautés non mendiantes, qui n'ont point charge d'âmes, fussent supprimées et les biens convertis en l'acquit des charges et dettes de l'État, et les religieux actuels auraient chacun une pension qui s'éteindrait à leur mort;

12° Que les réparations et entretien des presbytères fussent à la charge de chaque paroisse.

Ce dit jour et an.

PRODHOME, J. BOUDIER, LECHEVALLIER, J. MONCOQ, R. LETA-
ROUILLY, BOUDIER, P. MESNAGE, R. GUILLON, Jean LE-

---

[1] *Pouillé*, folio 6 r°. «Trelly. Patron, le seigneur du lieu. Le curé possède le quart des grosses dîmes et toutes les menues, une bonne portion de novales et 3 ou 4 vergées de terre en aumône. Le chapitre de Coutances et l'hôtel-Dieu possèdent les trois autres quarts.» — Déclare en 1790 le curé sa dîme affermée par 3,000 livres en bloc; il a maison presbytérale, jardin de 39 perches, 1 vergée 30 perches de terre, estimées 100 livres; une rente de 4 demeaux de froment en Mesnil-Aubert. Au total, 3,043 l. 18 s. 4 d., sur lesquels il paye 220 livres de décimes. — La dîme du chapitre est affermée par 2,000 livres, 50 boisseaux de froment, mesure de Coutances; les réparations locatives des deux tiers du chœur, et sol pour livre en sus. — Celle de l'hôtel-Dieu est affermée par 911 livres et 4 livres de sucre, avec le sol pour livre.

Au total plus de 6,000 livres pour les dîmes, par baux authentiques. (*Déclar.*, n°° 153 et 67, folios 35 et 43.)

[2] Impositions pour 1789 : taille, 2,860 livres; acc., 1,876 l. 16 s.; cap., 1,849 l. 8 s.; corvée, 950 l. 17 s. 8 d.; vingt., 2,041 l. 14 s. 10 d.; terr., 189 livres; bât., 63 livres. Au total, 9,820 l. 16 s. 6 d. *Privilégiés* : le curé, Mᵉ Joseph Tanquerey, noble dame Marie-Suzanne-Renée-Scolastique Letellier, veuve de M. Louis-Charles-Fr. de Bérenger, dame et patronne (c. n. 108 livres), et Jean-Baptiste-Fr. Boudier, sᵣ de la Valiesmerie, non possédant fief (c. n. 50 livres). *Supplément des privilégiés* : 564 l. 6 s. 1 d.

[3] Les articles 3 à 9 sont la reproduction littérale des mêmes articles du cahier de Mesnil-Aubert.

[4] Cf. le cahier de Mesnil-Aubert. Art. 10 (*remanié*).

seur, L. Boudier, P. Boudier, J. Lehodey, Faubert, Le Comte, Louis Dudouït, Jean Bregeault, André Rouxel, Th. Lehodey, B. Dudouït, Michel Lediacre, Louis Le Roux, B. Lechevallier, F. Lemercier.

Nous Charles Maurouard, syndic, préposé au recouvrement des vingtièmes et suite de la paroisse de Trelly pour la présente année, président de l'assemblée de ce jour, avons coté et paraphé le présent contenant deux rôles.

Le présent compris, ce premier jour de mars 1789.

Maurouard, *syndic.*

TROISGOTS [1].

1. Procès-verbal d'assemblée.

(Le procès-verbal authentique n'a pu être retrouvé.)

Date de l'assemblée : 1er mars. — Nombre de feux : 108 [2]. — Députés : * Pierre-Jacques Gautier, *laboureur* (4 jours, 12 l., et 19 jours, 74 l., Acc.); Jean Beaufils, *laboureur* (3 jours, 9 l. Acc.).

2. Cahier de doléances.

(Ms. *Greffe du Tribunal de première instance de Coutances, pièce n° 454. Original signé. Inédit.*)

Cahier des plaintes et doléances de la communauté des habitants de la paroisse de Troisgots [3].

La communauté considérant . . . [4]

En conséquence ladite communauté donne pour le présent cahier plein et absolu pouvoir aux députés, qui seront choisis par la voix du scrutin dans l'assemblée qui se tiendra à Coutances :

1° De demander aux États généraux . . . [5],

---

(1) Arrondissement de Saint-Lô, canton de Tessy-sur-Vire.

(2) Mouvement en 1787 : N. 14, M. 3, D. 17. — Population actuelle : 486 habitants.

(3) Le cahier est presque textuellement la reproduction des six premiers articles du cahier de Fervaches; nous n'en donnons que la partie originale.

(4) Le préambule est textuellement copié sur celui de Fervaches.

(5) Les six articles du cahier sont textuellement la reproduction des six premiers articles du cahier de Fervaches.

Impositions pour 1789 : taille, 1686 l. 10 s.; acc., 1,147 l. 6 s. 6 d.; cap., 1,091 l. 16 s.; corvée, 572 l. 15 s.; vingt., 1,130 l. 2 s. 10 d.; terr.,

Donne au surplus pouvoir aux députés, leur enjoint d'insister fortement pour que désormais il ne puisse être attenté à la liberté individuelle des citoyens, et demande la liberté de la presse; et sur la réforme de tous les autres abus quels qu'ils soient, ladite communauté s'en rapporte aux lumières et à l'honneur desdits députés de voter ce qu'ils croiront le plus utile pour la félicité.

Arrêté par ladite communauté de la paroisse, ce premier jour de mars 1789.

P.-G. GAUTIER, J. VALLÉE, J. MONCOCQ, G. DE LA FOSSE, Jullien VALLÉE, Louis HERMAN, D. MARIE, Frs. JULLIEN, J.-B. GOULLET, (*illisible*), A. MONCOCQ, R. MARIE, D. MONCOCQ, BEAUFILS, Y. AUMOND, P. AUMOND, D. MONCOCQ, N. HERMAN, M. GOULT, J.-F. LESAULNIER, P. LEMERCÈRE, Ch. HERMANT, TH. DELAFOSSE.

URVILLE-PRÈS-LA-MER [1].

1. PROCÈS-VERBAL D'ASSEMBLÉE.
(Le procès-verbal authentique n'a pu être retrouvé.)

Date de l'assemblée : 1er mars. — Nombre de feux : 73 [2]. — Députés : Jacques-Samson LENEPVEU, *laboureur* (3 jours, 9 l. Acc.); Jean-Baptiste SIMON, *laboureur* (3 jours, 9 l. Acc.).

105 livres; bât., 35 livres. Au total, 5,818 l. 10 s. 4 d.

Lignes : 123; occupants, 13. — *Privilégiés :* le curé Me François Blin; noble dame Marie-Gabrielle Potier-Novion, comtesse de Brassac, demeurant à Paris, possédant la seigneurie du lieu; et pour le tiers état, 2 miliciens: Jullien Vallée, fils Jullien, et Jacques Vallée, fils Sylvestre. *Supplément des privilégiés :* 181 l. 21 s. 7 d.

Biens des privilégiés : 1° la cure, maison presbytérale, 67 vergées de terre labourable, 15 de jardin, 5 et demi de pré, rapportant 744 l. 4 s. de revenu net. Le curé jouit par lui-même, et est seul décimateur (est. vraie valeur,

1,491 l. 5 s., sur lesquels il paye un vicaire); 2° la chapelle-sur-Vire, annexée à la cure, 9 vergées 1/2 de terre; aff. 60 livres et 48 livres de contre-lettre; 3° le trésor, 3 l. 10 s., par la cure. — Terres et rentes des seigneurs, n. est. Rentes du domaine : 1 l. 5 s.

Au 20 avril 1791, les biens ecclésiastiques de Troisgots sont adjugés à la municipalité de Saint-Lô, sur deux soumissions de 16,369 l. 9 s. 4 d., et 2,284 l. 10 s. 4 d. (Arch. nat., Q² 97.)

[1] Arrondissement de Coutances, canton de Montmartin (ancienne paroisse, réunie à Regnéville).

[2] Population déclarée en 1790 : 518 habitants. (N. 11, M. 3, D. 9.)

2. Cahier de doléances.

(Ms. *Greffe du Tribunal de première instance de Coutances, pièce n° 440.*
Original signé. Inédit.)

Cahier fait, rédigé et présenté à l'Assemblée du bailliage et siège présidial de Cotentin, séant à Coutances, par Jacques-Samson Lenepveu et Jean-Baptiste Simon, députés par les habitants et possédants fonds de la communauté d'Urville, le deux de mars 1789.

Vertu de la lettre du Roy donnée à Versailles, le 24 janvier 1789, et son règlement y annexé, concernant l'assemblée des États généraux pour le 27 avril prochain, et de l'ordonnance de M. le bailli de Cotentin rendue par devant M. Desmarest de Monchaton, son lieutenant général, le 13 février dernier mois; dont du tout lecture a été faite tant au prône de la messe paroissiale qu'à l'issue de ladite messe, et ensuite affiché à la grande porte de l'église, le 22 février dernier.

Les habitants et possédants fonds de ladite communauté, parfaitement soumis aux ordres de Sa Majesté, remplis du désir sincère de contribuer aux besoins de l'État, à la tranquillité et prospérité du royaume et voir enfin la fin des maux qui les accablent par la surcharge des impôts, ont délibéré, rédigé et arrêté ce qui suit :

1° Que la répartition des impôts soit également et sans distinction faite sur tous les biens et fonds de propriétaires, privilégiés et non privilégiés, exempts ou non exempts [1];

2° De supplier Sa Majesté d'accorder à la province de Normandie des États, et ce à l'exemple de plusieurs provinces qui, quoique moins étendues, ont cependant sur elle l'avantage de jouir de ce privilège;

3° De restreindre autant que faire se pourra la multiplication inutile des impôts, aux fins de simplifier le nombre infini de tant de receveurs dont la réforme procurerait au Roy une somme infiniment plus considérable, et par conséquent déchargerait l'État; et donner à ceux qui se trouveraient dans la classe de réformer une pension viagère et proportionnée aux services qu'ils auraient

---

[1] *Impositions pour 1789 :* taille, 553 livres : acc.. 362 l. 18 s.; cap., 357 l. 15 s.; corvée, 183 l. 12 s. 2 d.; vingt., 438 l. 15 s. 10 d.; terr., 71 livres; bât., 23 l. 11 s. 1 d. Au total, 1,990 l. 18 s. 1 d.
Lignes : 85, dont 12 jouissants. —

Seuls privilégiés : le curé M° Chasse, le chanoine-prébendé d'Urville Ch.-F. Luc de Baudré, possédant la seigneurie de la paroisse, et Charles-Céleste Danlos, prêtre domicilié sans bénéfice.
Supplément des privilégiés : 72 l. 7 s. 3 d.

IMPRIMERIE NATIONALE.

rendus à l'État. Cette sage économie serait de la dernière ressource pour la prospérité du royaume;

4° Que la reconstruction et entretien des maisons et bâtiments curiaux soient à la charge de MM. les bénéficiaires [1];

5° Que l'entretien des routes et chemins qui ne sont point encore portés sur les états ne soient point à la charge des propriétaires bordiers, mais à celle de chaque communauté en particulier, qui prendrait soin de les entretenir puisqu'elle participe à l'avantage que ces routes et chemins procurent; cette demande est d'autant plus juste qu'on voit des pauvres malheureux qui par leur extrême indigence étant hors d'état de les entretenir, sont obligés d'abandonner leurs fonds pour faciliter au public le passage;

6° De remettre sous les yeux de Sa Majesté la ruine prochaine du pont de la Roque, qui depuis longtemps annonçait si visible-

---

[1] Le bénéfice d'Urville formait une prébende du chapitre de Coutances, unie en 1789 à l'archidiaconé de Beauptois. Le chanoine prébendé avait la seigneurie du lieu, nommait à la cure et percevait toutes les dîmes, en donnant seulement une pension au curé et au vicaire. (*Pouillé*, f° 7 v°.)

D'après les inventaires de 1790, la prébende se compose de : 1° *Biens fonds*, une maison manable, volière, cour, 3 verg. 1/2 de jardin et plant, 5 de prairie, 7 1/2 de terre labourable, au total 15 verg. 1/2 ; — 2° *Rentes seigneuriales* : 235 boisseaux de froment, 11 d'avoine, 40 pains, 40 poules, 400 œufs, 6 chapons de cour, 2 livres d'argent. «Tous les fonds de la paroisse, suivant l'observation des officiers municipaux, relèvent de ladite seigneurie, et par conséquent sont susceptibles de treizièmes lors de leur mutation, tous étant également sujets alternativement à la prévôté du ci-devant seigneur prébendé. Il est fourni en plus par différents particuliers de la paroisse 17 fourches pour faire le foin de la prairie seigneuriale, porter le foin au grenier et balayer ledit grenier.» 3° *Dîmes*. Le chanoine prébendé est seul décimateur, perçoit l'intégrité des grosses, menues et vertes dîmes». — Le tout est affermé, terres, rentes et dîmes, par bail général, au sieur Richard Leloup de Coutances, par 3,800 livres, quittes et exempts, francs deniers venants. (*État des biens nationaux*, Coutances. Arch. Manche, Q^A-1 18.)

Aucune autre seigneurie laïque ou ecclésiastique. La cure se compose de : maison presbytérale, jardin, 32 vergées de terre d'aumônes dont 6 en plants à pommiers, le reste en labour et luzerne, estimés à raison de la bonté du sol, à 800 livres. Le curé prétend à la dîme des menues, qui donnent 7 tonneaux de cidre, du lin, pois, fèves, sarrasin, et bois jean, pour 1,000 livres année commune. Au total, 1,942 l. 13 s., sur lesquels il doit de menues rentes. La cure ne tombe pas en déport. (*Déclar*. n° 148, f° 28.)

Rentes : 1° la cure, 22 l. 2 s. en argent et 2 poulets, de fondations; 119 l. 11 s. pour un vicaire; 2° le trésor, 7 l. 5 s. par le curé et 31 l. 19 s. 9 d. par des particuliers; 3° l'abbaye Blanche de Mortain, 9 boisseaux de fr.; 4° les dames religieuses de Mortain, 2 boisseaux de fr.; 5° le chapitre de Coutances, 56 l. 8 s.; 6° la chapelle Sainte-Marthe en la cathédrale, 36 livres; 7° le trésor de Saint-Pierre de Coutances, 8 l. 10 s.; 8° l'Hôtel-Dieu de Coutances, 8 boisseaux de fr.; 9° les Jacobins, un boisseau 1/3; 10° le trésor de Gratot, 3 l. 5 s.; 11° le trésor de Regnéville, 3 livres. (*État des biens nationaux*, Coutances, loc. cit.)

En 1792, les biens nationaux de la paroisse d'Urville sont adjugés en bloc, 66,000 livres; l'acquéreur déclare renoncer, sans réduction de prix, au droit de treizièmes. (Arch. Manche, Q² 1.)

ment sa chute, qu'on a dans les dernières années tant par des requêtes que par des lettres particulières, fait des représentations tendant à veiller incessamment à une urgente réparation, dont il était alors très susceptible jusqu'à cette époque. On a été privé de l'avantage qu'on attendait de la vigilance qu'on devait apporter à ce pont, qui pendant la dernière gelée, vient par le fracas des glaces de souffrir de si grands dommages qu'on craint que la marée de mars prochain ne le détruise totalement, triste événement qui causera à une grande partie des sujets de Sa Majesté la plus grande perte, par la privation de leur débouché pour leurs marchés de Coutances, Saint-Lô, Périers, Carentan et autres, ainsi que la privation de ne pouvoir plus se procurer, à la faveur de ce pont, des engrais de mer nécessaires pour l'amélioration des terres, non seulement les terres voisines, mais même éloignées de plus de sept lieues. Il est donc indispensablement nécessaire d'y apporter un prompt remède[1];

7° Que pour assurer à chaque bénéficiaire et à chaque communauté son droit fixe sur les dîmes insolites, tels que sont les trèfles ou luzernes et tremaines, dont l'usage seulement pour la nourriture des bestiaux absolument nécessaires à la culture et amélioration est devenu indispensable dans certains cantons, comme dans la paroisse d'Urville et ses limitrophes et autres lieux, dont l'ingratitude des fonds ne permet point de se procurer des prairies ni terres d'herbages[2], supplie très humblement les messieurs députés aux États généraux, de demander au Roy un règlement en forme de loi, qui assure à chacun de ses sujets son droit durable et permanent dans ses petites possessions et tarir la source de tant de procès ruineux par leur trop longue durée ;

8° Tant qu'aux règles d'une administration juste, fixe, et permanente, la communauté d'Urville connaît trop la faiblesse de ses lumières pour vouloir entreprendre d'en prescrire ; elle en réserve le soin particulier aux personnages justes, sages et éclairés et dignes de la confiance publique, qui mériteront d'être choisis pour l'assemblée des États généraux, persuadée qu'elle est que ses intérêts ne peuvent mieux être confiés qu'à leur zèle patriotique et désintéressé, que la cause commune du tiers état, la classe la moins

---

[1] Cf. le cahier de Montchaton, art. 32, supra, p. 461.

[2] Mém. stat., p. 28 : « Urville. Le terroir en partie employé en orge et lentilles, peu de plant et de prairie. Les habitants, outre le labour, font de la chaux, par la commodité qu'ils ont de la pierre de Montchaton, qui est là meilleure. » Pour la question des dîmes de luzernes et de trèfles, et de tremaine, voir cahier de Montmartin, art. 6, supra, p. 474.

fortunée et cependant la plus lésée, deviendra la leur en particulier.

Fait, rédigé et arrêté d'une voix unanime par tous les habitants
et possédants fonds de la communauté d'Urville, toutes les règles
de la lettre, du règlement de Sa Majesté, ainsi que de l'ordonnance
rendu, par devant M. Desmarets de Montchaton, lieutenant général, duement observées, ce qu'ils ont signé après lecture faite,
ce 1er mars 1789.

> G.-Elie Hue, Jacques Landriot, Jacques Simon, F. Hue,
> G. Caremel, Gilles Caresmel, Dupoirier, Jean-Bat.
> Leriverend, P. Loisel, Jean Hérout, Jean Hersent,
> N. Blanchet, J.-B. Biard, A. Leclerc, Jean Le Roux,
> Jean-D. Leroux, Jean Leroux, Julien Cousin, *syndic
> de cette paroisse*, Michel Hérout, Nicolas Hérout,
> Jean Cousin, F. Leclerc, Lenepveu, Jean-Baptiste
> Simon, *greffier*, Jean-Baptiste Leloup, N. Douchin.

VER[1].

1. Procès-verbal d'assemblée.
(Le procès-verbal authentique n'a pu être retrouvé.)

Date de l'assemblée : 1er mars. — Nombre de feux : 200[2]. — Députés :
Jean-François Briens, *laboureur* (4 jours, 12 l.); Nicolas Leonor-les-Jardins,
teinturier (4 jours, 12 l.).

2. Cahier de doléances.
(Ms. *Greffe du Tribunal de première instance de Coutances*, pièce n° 441.
Original signé. *Inédit.*)

Aujourd'hui 1er mars 1789, suivant la délibération du général
de la paroisse de Ver, de l'ordonnance de Messieurs du bailliage
de Coutances, ont délibéré :

Premièrement. — Il demande le rétablissement des États généraux;

---

[1] Arrondissement de Coutances, canton de Gavray.

[2] Population en 1793 : 1,031 habitants (N. 36, M. 10, D. 25). — Population actuelle : 713 habitants.
La paroisse de Ver venait d'être ra- vagée par une maladie épidémique. A la date du 28 mars 1765, le curé écrit qu'il y a eu dans la paroisse 46 décès par les fièvres; il y a encore 12 malades et 83 convalescents. (Arch. Calvados, C 940.)

SECONDEMENT. — Le tiers état aura aux États moitié des voix dé-
libératives;

TROISIÈMEMENT. — La noblesse et l'état ecclésiastique payeron
dans la proportion de leurs possessions les droits et impôts comme
le tiers état, pour soulager le malheureux et l'artisan du tiers
état, épuisé par le travail et la maladie, et qui paye au-dessus de
ses forces [1];

QUATRIÈMEMENT. — Que les seigneurs fassent diminution des
vingtièmes sur leur rente seigneuriale [2];

CINQUIÈMEMENT. — Que la taille, dixième et suite, ne fassent
qu'un seul impôt, et assise sur les fonds suivant le produit et la
vraie valeur; et que les contribuables portent chacun leur dû tous
les mois chez un receveur préposé pour cet effet;

SIXIÈMEMENT. — Demande la suppression des procureurs, pour
abréger et diminuer les frais de la justice; demande aussi un arrondissement de tribunaux, pour qu'un chacun peut plaider par
devant son juge le plus proche pour taille et affaire;

ART. 7. — Que les chemins qui sont extrêmement pratiqués
par le public pour procurer les engrais de mer doivent être en-

---

[1] *Impositions de Verpour* 1789 : taille
1,929 livres; acc., 1,265 l. 16 s.; cap.
1,248 l. 13 s.; corvée, 641 l. 11 s. 7 d.
vingt., 1,829 l. 17 s.; terr., 160 livres;
bât., 54 livres. Au total, 7,128 l. 17 s. 7 d.
Lignes : 201. Jouissants non spécifiés.
— *Privilégiés* : le curé M° Nicolle, le
seigneur, Henry Leforestier, comte de
Mobecq, baron de Ver, Gouville et
Valencé, seigneur de Claids et d'Osse-
ville en Carentan (c. n. 151 livres);
et trois nobles non possédant fiefs :
Michel-François De Marcouil Durandière et Michel-Jean De Marceuil, frères
(c. n. 7 livres); Louis-Fr.-Félix de l'Isle,
écuyer (c. n. 28 l. 10 s.); et pour le
tiers état, la dame veuve et héritière
du sieur Yon, maître des comptes
(c. 100 livres). *Supplément des privilégiés* : 424 l. 15 s. 5 d.
[2] La paroisse renfermait 4 terres
nobles : fiefs de Ver et du Grand et
Petit Valencé, au seigneur; fief de Béziers; une extension du domaine du
roi, et une autre de la prébende de

Gavray, pour le chapitre de Bayeux.
Rentes du domaine : 85 boisseaux
de froment à 27 pots, 135 de seigle à
24 pots, 6 d'avoine à 27 pots, 6 pains,
1 poule et 5 l. 12 s. — Biens et rentes
des seigneurs non est. D'après les déclarations de l'an 11, les terres de l'émigré Marceuil se composent de : un moulin, dit *de Ver*, loué 1,060 livres, valeur
260 livres; un corps de ferme, appelé
le Vandeuvre, bât., 95 vergées de terre,
dont 81 labourables donnant 441 boisseaux (n. est.); celles de l'émigré Desisles, d'un corps de ferme nommé la
Grande Bouillonnière, bât., 160 vergées, dont 140 labourables donnant
650 boisseaux de tout grain. Le tout
non estimé. (Arch. Manche, Q⁴⁻¹ 6.)
À l'*État* de 1778 figurent pour la
paroisse 4 moulins : le moulin de Valencé et les deux moulins de la Vallée,
appartenant au seigneur, d'un revenu
annuel affermé de 525 livres, et le
moulin de Ver, fieffé pour 350 livres.
(Arch. Calvados, C 3058.)

tretenus par le public. En fait de contestation envoyer par devant son juge du lieu;

Art. 8. — Que les aides et les gabelles soient totalement supprimées;

art. 9. — Que les curés se logent comme ils aviseront bien, pour éviter la ruine d'une paroisse et une longue chicane qui s'ensuit [1];

Art. 10. — Donner pouvoir aux députés municipaux d'arranger bien des petites contestations qui s'élèvent dans les paroisses, et qui deviennent à de grands procès qui sont la ruine de bien des familles, comme des *grosissements* (*sic*) des fossés, des *abroutis* (*sic*) de fossés et plantis et abatis de bois, et dommages faits par des bestiaux sur les terres du voisin [2].

Le présent, fait double et arrêté par la communauté à la pluralité des voix, pour être remis au syndic de la communauté; et l'autre pour être remis aux députés pour représenter à l'assemblée du grand bailliage, être inscrit en tout ou partie dans le cahier général. Ce qu'ils ont signé, après lecture faite.

J.-F. Léger, N. Lecailletel, J.-F. Gorge, Legallet, J Avoine, Anthoine Flepel, Jean-Jacques Capelle,

[1] Le curé de Ver était à portion congrue; le patronage appartenait au chanoine prébendé de Gavray, en la cathédrale de Bayeux. «Ledit chanoine perçoit toutes les dîmes, à la réserve de 3 petits traits, appartenant l'un à la chapelle Notre-Dame du Bois, et de Sainte-Marguerite, l'autre à la chapelle de la Madeleine en la cathédrale de Coutances, le 3° à la chapelle Saint-Gatien, sise en la paroisse de Menil-Amant. Ce bénéfice ne tombe point en déport.» (*Pouillé*, f° 20 r°). Déclare le curé en 1790 n'avoir, avec sa portion congrue, que 4 vergées de terre, en maison, cour et jardin (n. est.), le tout sans charges. (*Déclar.* n° 128, f° 36.)

Le trait du chapelain de Madeleine est affermé à la même date 250 livres. (*Déclar.* n° 151, f° 116.)

Autres biens ecclésiastiques : la chapelle de Valencé, entretenant de maisons. 15 à 18 vergées de terre, 2/3 des dîmes du trait de Valencé (louée en 1749, 800 livres); — la chapelle Sainte-Marguerite (n. est.).

Rentes : 1° l'abbaye de la Luzerne, 12 demeaux de froment mesure de Gavray, en rentes foncières (décl. omise en 1790); 2° les vicaires du grand autel, 7 boisseaux et demi de froment mesure de Coutances, estimés 35 l. 8 s. 9 d. (*Déclar.* n° 79, f° 101.)

[2] C. Pr., art. 3. «Sera donnée (la citation) devant le juge (de paix) de la situation de l'objet litigieux, lorsqu'il s'agira : 1° des actions pour *dommages aux champs*, fruits et récoltes; 2° des déplacements de bornes, des *usurpations de terres, arbres, haies, fossés*, et autres clôtures, commis dans l'année sur les cours d'eau, etc. ...» Les contestations énumérées par notre cahier ont formé, comme on voit, le domaine par excellence, de la compétence des juges de paix.

N. Briens, J. Deshayes, Lambert, F. Lenoir, F. Omoin, L. Blanchard, L. Élie, F. Varin, L. Quinette, L. Coüillard, J.-F. Legocq, Michel Briens, P. Le Gallet.

VILLEBAUDON [1].

1. Procès-verbal d'assemblée.

(Le procès-verbal authentique n'a pu être retrouvé.)

Date de l'assemblée : 1er mars. — Nombres de feux : 80 [2]. — Députés : Louis Havel, *laboureur* (3 jours, 9 l., Acc.); Jacques Sebert, *laboureur* (3 jours, 9 l., Acc.).

2. Cahier de doléances.

(Ms. *Greffe du Tribunal de première instance de Coutances*, pièce n° 44s. Original signé. *Inédit.*)

Cahier de la paroisse de Villebaudon pour être présenté à l'Assemblée préliminaire de Coutances, par Jacques Sebert et Louis Harel.

1° Ont estimé devoir représenter que pour soulager l'État et le peuple déjà chargé d'impôt, il serait avantageux de défricher et amilliorer (*sic*) tout ou partie des terres vagues, bruyères et landages, qui sont sans culture et comme abandonnés dans la province et les circonvoisines.

2° Et comme les bois sont presque épuisés et deviennent de plus en plus rares, de planter partie desdites terres vagues en bois et d'obliger même les plus notables propriétaires à faire des plantations sur leurs propres fonds, spécialement sur ceux qui sont sans culture [3].

---

[1] Arrondissement de Saint-Lô, canton de Percy.

[2] Mouv. 1787 : N. 5, M. 3, D. 4. — Population actuelle : 450 habitants.

[3] Un siècle plus tôt, Foucault se plaignait déjà du déboisement du Cotentin; «il n'y a plus tant de bois de haute futaye qu'il y en avait il y a 25 ou 30 ans. On ne voit presque plus de châtaigniers, dont les anciens se servaient pour leurs grands édifices..... Les fagots ont enchéri de moitié du prix qu'ils valaient il y a 12 ou 15 ans, pour la diminution des arbres qu'on y a abattus». (*Mém. stat.* 1698, p. 1.) On peut suivre en quelque sorte, dans les mémoires des intendants, les progrès de la déforestation. Le dernier mémoire, celui de 1767, affirme qu'il n'y a même plus de bois taillis. «Presque tous les fagots qui se consomment proviennent des haies et fossés qui enclosent les pièces de terre; on ne vend point de bûches, ni de bois à brûler à la corde

3° Que les anciennes routes publiques allant de province en province, et des villes où sont les sièges des présidiaux et des bailliages royaux, ainsi que les ponts qui sont sur les rivières qui se déchargent immédiatement à la mer, devraient être sur le compte de chaque province, et non sur le compte des bordiers desdites routes et desdits ponts, tous lesquels particuliers sont déjà grevés par la confection et entretien des chaussées nouvelles;

4° Que les paroisses et communautés les plus éloignées des rivages de la mer et des autres lieux où se prennent les engrais pour la culture des terres, et des villes où se vendent les diverses denrées, doivent être regardées par le ministère comme mériter plus de considération, d'indulgence et de faveur tant pour la répartition des impôts que pour les services et corvées [1];

5° Que comme il est de droit que tout bénéficier soit assujetti aux réparations de son bénéfice, et que les dîmes sont plus que suffisantes pour acquitter cette charge, il soit ordonné que tous les curés ou possesseurs des dîmes soient tenus à l'entretien et construction de la maison presbytérale, sans que les paroissiens puissent être appelés en contribution [2];

Qu'il leur paraît avantageux pour l'État de simplifier la perception des deniers royaux, et de diminuer les gages des receveurs généraux et particuliers; et qu'il soit établi dans chaque paroisse un receveur particulier pour tous les deniers royaux à percevoir, et ce par bannie au rabais, lequel serait tenu de donner à la communauté bonne et suffisante caution;

6° Qu'il leur paraît aussi très utile au public que les pièces de

ni à charretée; chacun en prend sur ses terres; ceux des villes en achètent, comme ils peuvent, à la campagne. (*Mém. stat.*, 1767, p. 13.)

[1] *Impositions pour 1789 :* taille, 853 livres; acc., 580 l. 5 s.; cap., 552 l. 4 s.; corvée, 286 l. 9 s. 2 d.; vingt., 710 l. 5 s. 3 d., terr., 71 livres; bât., 20 livres. Au total 3,073 l. 3 s. 5 d. *Privilégiés :* le curé M° Donville, Lebert, prêtre, maître d'école; le prince de Monaco, seigneur, et le sieur Radulphe de la Jugannière, noble, non possédant fief (c. n. 31 l. 16 s.). *Supplément des privilégiés :* 110 l. 11 s. 4 d.

[2] Les paroissiens de Villebaudon venaient d'être appelés, à quelques années de distance, à contribuer pour la somme de 460 livres à la refonte de leurs cloches, et pour une somme non spécifiée à des réparations à l'église et

au mur du cimetière. (*Arrêts des 21 mars 1752, 18 janvier 1787,* Arch. Calvados C 1321 et 1350.)

Les dîmes de la paroisse étaient partagées. Le curé avait le tiers des grosses dîmes, les menues et les novales; les deux autres tiers appartenant à l'abbaye de Hambye. (*Pouillé,* f° 27 r°.) En 1790, les dîmes sont affermées en bloc, 2,200 livres, 6 chapons et 4 métánts d'avoine. Le curé a, avec sa part, la jouissance du manoir presbytéral, avec basse-cour, un colombier bâti à neuf il y a 10 ans, 2 pièces en labour et plant de 14 à 15 vergées (n. est.)

Seul bien ecclésiastique : l'école, bâtiment, jardin potager, cour; tenue *gratuitement* par le sieur Lebert, prêtre. — En mauvais état; elle est dotée d'une rente de 189 livres. (*État des biens nationaux,* Coutances.)

6 liards [1] et de deux sols soient réduites à la même valeur, vu les contestations, querelles et procès qui naissent tous les jours dans les payements qui se font de cette sorte de monnaie;

7° Désire également l'exécution de l'ordonnance de Sa Majesté du mois de mars dernier [2] concernant l'administration de la justice, spécialement pour supprimer quelq es degrés de juridiction trop multipliés dans des contestations tr souvent de peu de conséquence qui causent la ruine des citoyens;

8° Désire également que pendant que l'État n'a pas un besoin pressant d'un nombre considérable de soldats miliciens, au lieu de faire des tirages dans chaque élection tous les ans comme il se pratique depuis certain temps, le tirage devienne alternatif entre les différentes élections, ce qui opérerait une épargne considérable dans l'État [3].

BRIAULT, *syndic*, BRIAUL, *greffier.*

[1] L'existence simultanée dans la circulation de pièces de 6 liards et de pièces de 2 sous, d'apparence semblable et de valeur assez différente (la pièce de 6 liards, de 132 au marc d'argent de 8 onces, valait 1 s. 6 d., ou les 3/4 seulement de la pièce de 2 sous) était une cause de confusions et de fraudes, contre lesquelles la législation paraît avoir été impuissante. (*Arrêt du conseil portant défense de délivrer les pièces de 6 liards en sacs, et réglant la quotité qui pourra en être donnée en payement,* 21 *janvier* 1781, ISAMBERT, XXVI, 417, n° 1435; *Arrêt de la cour des monnaies qui fait défense de refuser les pièces de 2 sous non effacées,* 28 *avril* 1781, Ibid., XXVII, 15, n° 1491; *Arrêt qui ordonne qu'il sera informé contre les auteurs des faux bruits d'une refonte prochaine des pièces de 2 sous, ou d'une diminution de la valeur d'icelles,* 15 *février* 1781, Ibid., XXVI, 421, n° 1447.) — Un vœu analogue à celui de notre cahier a passé dans le cahier du tiers état de Bayeux, où l'on voit plus nettement ce que demandaient les communautés : «Que pour éviter aux difficultés toujours renaissantes au sujet des pièces de 24 deniers non suffisamment marquées, toutes pièces de 18 deniers soient portées comme elles à 24.» (*Tiers de Bayeux, ch. VI,* dans HIPPEAU, *Cahiers,* II, 160. Cf. aussi *Tiers Falaise,*

chap. IV, *art.* 12, Ibid., II, 182.)

[2] Il faut vraisemblablement lire *mai dernier,* le texte visé ne pouvant être que l'*Ordonnance sur l'administration de la justice, donnée à Versailles, mai* 1788, qui d'ailleurs n'avait été appliquée que quelques mois, par suite de l'opposition des parlementaires. (ISAMBERT, XXVIII, 584, n° 2466.)

[3] Cf. le cahier de la Bloutière, art. 6, *suprà,* p. 177. — L'assemblée de département de Coutances avait émis dans un but analogue le vœu «que le département soit chargé de faire tirer à la milice de terre et de mer..... et d'envoyer sur les lieux des membres de l'assemblée et du bureau intermédiaire, pour éviter aux paroisses des frais très dispendieux et une perte de temps considérable.» (Arch. Calvados, C. 7,700.)

La paroisse de Villebaudon appartenait à l'élection de Saint-Lô, et elle avait tiré en 1788 à la milice avec celles de Beaucoudray, le Chefresne, Chevry, Fervaches, le Guislain, Maupertuis et Montabot. Les paroisses réunies avaient présenté 156 garçons inscrits; 1 était fuyard, 1 infirme; 144 furent déclarés exempts, 4 trop petits; 6 seulement tirèrent pour fournir 1 milicien. (*Relevé des procès-verbaux de tirage. Troupes provinciales,* 1788. Arch. Calvados C 1916.)

VILLEDIEU[1].

1. Procès-verbal d'assemblée.

(Le procès-verbal authentique n'a pu être retrouvé.)

Date de l'assemblée : 26 février. — Président : M° Pierre Pollinière, bailli haut justicier. — Nombre de feux : 800 [2]. — Députés : M° Gabriel Lemonnier des Roches, avocat (4 jours, 12 l., Ref.); *M° Pierre Pollinière, bailli haut justicier (6 jours, 18 l., et 19 jours, 74 l., Ref.[3]); M° Pierre-Antoine Lemonnier de la Hague, avocat (4 jours, 12 l., Ref.); *M° André-François Laurence, avocat (6 jours, 18 l., et 19 jours, 74 l., Ref.[4]); M° François Havard, docteur-médecin (4 jours, 12 l., Ref.); M° Jean-Baptiste Mauriet, chirurgien (absent pour cause de maladie); *M° Clément-Auguste-Malo Lemonnier-Dugage, avocat fiscal (6 jours, 18 l., et 19 jours, 74 l., Ref.); le sieur Joseph Pistel, marchand (4 jours, 18 l., Ref. [5]).

2. Cahier de doléances.

(Ms. Greffe du Tribunal de première instance de Coutances, pièce n° 348. — Original signé. — Éd. Jos. Grente et Oscard Havard, dans Villedieu-les-Poéles, sa commanderie, sa bourgeoisie, ses métiers. Paris, 1898-1900, in-12, t. II, p. 11.)

Cahier de doléances présenté à MM. les députés du tiers état du bailliage de Coutances aux États généraux par tous les habitants et communauté du bourg de Villedieu-les-Poéles.

Messieurs,

Choisis par vos concitoyens pour recueillir nos doléances et les porter au pied du trône, soyez auparavant les organes de notre reconnaissance profonde. Le Roi nous accorde des États généraux.

La sollicitude de son cœur paternel veut connaitre la source des misères de son peuple pour les faire cesser. Oui, notre amour pour un si bon monarque surpasse le sentiment de nos maux.

[1] Arrondissement d'Avranches, canton de Villedieu.

[2] Population en 1787, mouvement; N. 100, M. 27, D. 68. — Population actuelle : 3,263 habitants.

[3] «A refusé sous la condition expresse que sa taxe sera versée à la caisse patriotique.» (Rôles des taxes.)

[4] «A refusé sous la condition expresse que sa taxe sera versée à la caisse patriotique.» Laurence (André-François), né à Villedieu, le 17 décembre 1764. Avocat, il fut membre du Conseil géné-

ral du département aux élections de 1791, député de la Manche à la Convention, et vota pour la mort avec sursis. Arrêté après le 31 mai, détenu pendant 14 mois, il rentra à la Convention le 18 brumaire an III, fut élu en l'an IV député au Conseil des Cinq-Cents, et siégea jusqu'à l'an VII. Mort à Nogarey (Isère), le 23 juillet 1823. (Guiffrey : Conventionnels, 35, 102, 145; Kuscinski, Corps législatif, 44, 601, 111, 373.)

[5] «Refusé et fait don patriotique.»

Villedieu, sous le ressort du bailliage de Coutances, élection de Vire, relevant de l'ordre de Malte [1], est situé au centre de huit bailliages; neuf routes royales le traversent, c'est un des lieux les plus passagers de la France [2].

Ce bourg, dénué de richesses, et n'ayant que 45 acres de territoire [3], est considérable par son commerce, le seul de son espèce en France, et par sa population.

La fortune de ses habitants, au nombre de plus de sept cents familles, consiste uniquement dans le produit d'une manufacture de toutes sortes d'ouvrages de cuivre, tant en ustensiles de cuisine, qu'ouvrages d'ornements de fonte, et ceux employés au

[1] Villedieu-les-Poêles, ou plus exactement, comme on disait alors, Villedieu-lès-Saultchevreuil, était un membre dépendant de la commanderie de Villedieu-lès-Bailleul, au bailliage de Falaise (aujourd'hui dép.¹ de l'Orne, arr¹ d'Argentan, c⁰⁰ de Trun), l'une quatre grandes commanderies que l'Ordre de Malte possédait en Basse-Normandie. Les chevaliers avaient la seigneurie du lieu, haute et basse justice, halle, four et moulin banaux, droit de jaugeage et mesurage, le patronage et la présentation à la cure, ainsi qu'à cinq cures voisines, et juridiction, cens et rentes sur un certain nombre de de paroisses à l'entour.

La commanderie, d'après de Masseville, valait vers 1722, 2,000 écus de rente. A la fin du XVIII° siècle, les revenus sont déclarés, affermés pour un total de 3,410 livres, dans lequel les moulins banaux entrent pour 1,200 livres, les deux fours pour 500 livres, les droits de halle et coûtume pour 620 livres, le droit de havage pour 620 livres également, la sergenterie et le droit de mesurage pour 150 livres. Le reste est produit par le droit de greffe, 40 livres; les rentes et cens à Villedieu, 150 livres seulement; ceux de la vicomté de Valognes et de Razenville, pour 350 livres en bloc. (Journal des rentes ou papier terrier de la Commanderie de Villedieu, année 1782, Arch. comm. de Villedieu, GG 39.) Le dernier commandeur, en 1789, était Fr.-Marie-Jean-Baptiste de Boniface de Belliart, reçu chevalier en 1740, nommé commandeur de Villedieu en 1774.

On consultera utilement sur cette localité : J. GRENTE et Oscar HAVARD, Villedieu-lès-Poêles, sa commanderie, sa bourgeoisie, ses métiers, Paris, 1896-1900, in-8° ; et LECHAUDEY D'ANISY : Documents historiques touchant les templiers en Normandie, dans Mém. Soc. Ant. de Normandie, XIV, 371.

[2] Le cahier de Villedieu ne fait que résumer, dans ce passage, les moyens exposés avec plus de détails dans un Mémoire que la municipalité avait adressé à l'intendant, le 27 septembre 1771, pour demander l'établissement d'un bailliage royal :

« Villedieu, disait ce mémoire, est un lieu de passage, et le point central de neuf routes grandes et royales, qui s'y réunissent et le traversent; peu de villes ont cette position. » Le mémoire énumère les neuf routes, qui sont celles de la Haute-Normandie, par Caen; de Bretagne, par Avranches; de Paris, par Vire; de Granville; de Mortain et Domfront; du Maine; du Cotentin, par Coutances; du Cotentin, par Saint-Lô; du Bessin, par Torigny. » (Arch. Calvados, C 6217.)

[3] Environ 36 hect. 77; la commune actuelle, qui a englobé la majeure partie de l'ancienne paroisse de Saint-Pierre du Tronchet, n'occupe encore qu'une superficie de 82 hectares. La population était estimée, en 1785, à 3,000 communiants. (Arch. nat., MM 89.) Même en y joignant les annexes de Sainte-Cécile et Saint-Pierre du Tronchet, il n'est pas possible, croyons-nous, de justifier le chiffre que fait valoir une pétition de la fin de l'année 1789, de 7,000 habitants. (Arch. nat., D IV bis, 10, 230.)

doublage des vaisseaux, et autres fournitures à l'usage de la marine.

Cette manufacture, dont le principal débouché est la Bretagne, le Poitou, l'Aunis, etc., éprouve des altérations relatives aux malheurs de ces provinces. La disette des blés noirs, pour la consommation desquels il se fabrique une grande quantité de poêles, un léger bruit de guerre, la guerre elle-même l'affaiblit, la suspend où l'anéantit. De là presque toutes ces familles tombent dans une misère d'autant plus déplorable, que leur industrie ayant l'influence la plus immédiate sur le sort des autres habitants, ceux-ci deviennent hors d'état de les secourir.

Cette branche de commerce éprouve d'ailleurs de grandes entraves, par les droits perçus à l'entrée du royaume sur les cuivres bruts et en planches, que l'on est forcé de tirer de l'étranger, faute de mines et de gros martinets en France [1].

Mais ce qui cause le plus de découragement, et nuit davantage à l'agrandissement et à la prospérité de la fabrique, ce sont les droits écrasants exigés par les traites à l'entrée de la Bretagne.

Aujourd'hui même, le prix exorbitant du charbon, dont il est

---

[1] Un mémoire remis en 1788 par la paroisse au bureau intermédiaire du département de Vire donne sur l'industrie de Villedieu des détails d'une précision intéressante : « Villedieu est un bourg important, à cause de ses manufactures de poêlerie, dinanderie et fonderie, dont les produits sont exportés dans la Bretagne, le Poitou, l'Anjou et même en Angleterre. Récemment, elles ont fourni à la marine et aux vaisseaux de Sa Majesté une partie des ouvrages de cuivre et d'étain qui leur étaient nécessaires. Malheureusement les bourgeois n'arrivent pas, par ce travail pénible, à acquérir de grandes richesses. La jalousie héréditaire des collecteurs d'impôts a été une cause de nombreuses émigrations». (Arch. Calvados, C 6508.)

Nous avons, pour apprécier l'importance économique de cette industrie, et le mode de travail, une enquête des plus curieuses, qui toutefois retarde d'une dizaine d'années, puisqu'elle date du moment où Turgot faisait procéder à des recherches en vue de la suppression des corporations : « Villedieu. *Poêliers et dinandiers* : 80 maîtres ou chefs, sans statuts, sans règlements ni conventions, sans revenus, sans charges ni dettes. C'est la profession dominante du lieu, qui fait subsister plus de 400 pauvres journaliers et leurs familles. Le plus riche maître n'a pas 1,000 livres de fonds en commerce, et les moindres 2 à 300 livres. Leur commerce se fait en Bretagne; 30 ou 40 livres de métal en font tout le fonds. *Boutonniers* : 25 boucliers et boutonniers, 3 fondeurs, 4 boulangers, 5 maréchaux (peu de fortune, l'un à la poste aux lettres, l'autre aux chevaux); 3 marchands d'étoffe (peu de fortune, excepté un qui est changeur); 4 quincailliers, 4 serruriers, pauvres; 3 bonnetiers, pauvres, excepté un qui est un peu à son aise; 3 ferronniers ou marchands de fer, pauvres; 3 cordonniers, pauvres; 25 bouchers, dont aucun ne réside à Villedieu; ils sont tous des paroisses circonvoisines, et n'ont presque rien pour la plupart.» (Arch. Calvados, C 2803.)

Une communication intéressante sur la poêlerie et dinanderie de Villedieu avait été faite en 1761 à l'Académie des sciences par Duhamel du Monceau (passage cité dans Harvard, *op. cit.*, I, 283 sq.).

consumé une quantité prodigieuse, fait un tort considérable aux fabricants ; les travaux en sont interrompus.

Les charbonniers adjudicataires des ventes des forêts voisines, abusant de la nécessité absolue qu'en ont les manufacturiers, ont doublé tout à coup le prix de cette denrée[1].

Il est d'autant plus pressant de favoriser le commerce de Villedieu, et de le dégager de tant d'entraves, que sa cessation entraînerait la non-valeur des forêts royales qui l'avoisinent, que cette branche de commerce passerait vraisemblablement à l'étranger.

Mais ce qu'il y aurait de plus affligeant encore, ce serait d'avoir une foule d'ouvriers réduits à la mendicité, d'autant plus malheureux que, courbés dès l'enfance sous un travail pénible et monotone, ils sont absolument inaptes à toute autre espèce d'ouvrages[2].

Aussi, lorsque par quelques-unes des causes que nous avons montrées les travaux ont été suspendus, on a vu ces ouvriers, leurs femmes et leurs enfants, sortir des boutiques, pâles, désespérés, implorant la pitié stérile d'infortunés presque aussi misérables qu'eux.

Cette peinture n'est que trop fidèle ; c'est la triste vérité qui l'a tracée.

Mais éloignons ces douloureuses images ; nous n'avons plus à craindre de semblables calamités sous le meilleur des princes, secondé par le plus grand des ministres.

Les moyens de prévenir ces malheurs, d'encourager l'industrie

---

[1] *Lettre de l'intendant Cordier de Launay aux commissaires du bureau du commerce à Paris, sur l'état des forges et manufactures de fers de la généralité de Caen :* « Il y a à Villedieu-les-Poêles des fonderies de cuivre. Les fourneaux s'alimentent avec du charbon de bois. On ne se sert point de charbon de terre. Le charbon est tiré de la forest de Saint-Sever et du bois de Beslou, appartenant au roy. Cette espèce de marchandise a éprouvé une augmentation, comme les bois qui deviennent rares dans ce canton. » (Arch. nat., F. 12.682.)

[2] Un ancien bailli de Villedieu, de la Fosse, s'exprime déjà en termes presque identiques dans le règlement qu'il fit pour les poêliers de ce bourg en 1498 : « Par leur mestier, dit-il, il est étrange que les gens qui en ouvrent ne sauraient vivre d'autre mestier, et qu'il est si gesneux que si eux ouvroient tout le jour, seraient défunts et morts. » (*Statuts de la corporation des poêliers,* confirmation de Charles VII, aux Arch. municipales de Villedieu.) — D'après le Mémoire présenté en 1781 à l'Académie des Sciences par Duhamel de Monceau, le maître ouvrier était payé à Villedieu, 220 sols par chaque fonte de cuivre jaune, ce qui fait environ 40 sols pour chaque cent pesant de cuivre fondu en table. Les ouvriers qui ont fait mouvoir les soufflets, ceux qui arrangent les moules, ceux qui coulent le métal, etc., gagnent 2 s. 6 d. par heure de travail. Les administrateurs de l'hôpital, dans un compte de 1784, estiment entre 15 sols et 18 sols la journée de l'ouvrier fondeur. (HARVARD, *op. cit.,* p. 283, 251, etc.)

et de concentrer dans le royaume cette branche de commerce seraient :

1° D'abolir tous droits imposés à l'entrée du royaume sur les cuivres bruts, planches et fonds de cuivre imparfaits[1];

2° De supprimer les traites à l'entrée de la Bretagne sur les poêles et autres marchandises en cuivre ouvré[2];

3° De rejeter ces mêmes droits sur les poêles, chaudrons et autres marchandises en cuivre ouvré qui entreraient en France;

4° D'accorder aux manufacturiers et fabricants de Villedieu la préférence sur les ventes de bois des forêts voisines propres à faire du charbon, au moyen d'une faible enchère, ou bien de faire taxer le charbon par le juge des lieux;

5° Les habitants de Villedieu remontrent que, si le gouvernement exécute son utile projet des arrondissements de juridictions, désirés avec tant d'ardeur, Villedieu est le siège naturel d'un bailliage. Sa position au centre de cinquante paroisses grandes et très peuplées dont on formerait son ressort, les plus éloignées desquelles n'étant qu'à deux lieues et demie, trois lieues, son éloignement des bailliages qui l'environnent est de six à sept lieues. Les neuf grandes routes qui viennent y aboutir, tout sollicite cette érection.

Alors la police de Villedieu régissant également ses faubourgs préviendrait mille abus qui s'y commettent impunément, à cause de l'éloignement des juges d'où ces écarts ressortissent[3].

---

[1] Les droits d'entrée et de sortie du royaume pour l'étranger avaient été entièrement remaniés, comme on sait, par le Traité de commerce de 1786 avec l'Angleterre. Pour les cuivres, le droit d'entrée sur le métal brut, en rosette ou en mitraille, fixé jusque-là dans la province à 3 livres, était passé à 5 l. 16 s.; le droit sur le cuivre ouvré, en planches battues, ou en quincaillerie, qui était de 12 l. 10 s., d'après le dernier tarif général du 19 décembre 1784, avait été remplacé, pour les marchandises venant d'Angleterre par un droit uniforme de 10 p. 100 ad valorem. L'assemblée provinciale de Haute-Normandie avait dénoncé dès 1787 les dangers de cette politique imprévoyante qui surtaxait les matières premières, tout en dégrevant à l'entrée les objets fabriqués. (Procès-verbal de l'assemblée de Haute-Normandie, dans HIPPEAU, Gouvernement, V, 252.)

[2] Un récent arrêt du Conseil, en date du 19 décembre 1784, avait exempté en principe (art. 3) de tous droits à la circulation intérieure les cuivres bruts ou en planches; mais un droit de sortie subsistait, pour les marchandises passant des cinq grosses fermes dans les provinces réputées étrangères, sur les objets fabriqués (chaudrons, chandeliers, landiers, etc.), qui faisaient précisément l'industrie de Villedieu, et qu'on désignait du nom générique de batterie de cuivre. Il était de 2 livres par quintal de cuivre ouvré. Cette quincaillerie payait en outre, suivant les provinces, les tarifs locaux d'entrée que l'arrêt de 1784 avait expressément déclaré laisser subsister. (Recueil des traites, v° Cuivre, I, 406.)

[3] Le mémoire remis en 1774 par la municipalité de Villedieu développe d'une façon complète la situation singulière du bourg, qui est ici à peine

Alors le cultivateur n'irait plus chercher une justice ruineuse si loin de ses foyers, il viendrait apporter à Villedieu ses denrées, suivrait son procès et s'en retournerait le même jour.

La finance des officiers à créer dans ce nouveau bailliage serait plus que suffisante pour le remboursement et indemnité des offices à supprimer;

6° Le seigneur commandant a un jaugeur des poids et mesures que les habitants de Villedieu payent suivant le règlement; un autre jaugeur-réformateur royal vient percevoir encore un droit. Ce double emploi est onéreux[1];

7° Les priseurs-vendeurs nouvellement remis en charge sont plus vexatifs (sic) encore, ils enlèvent souvent à de malheureux mineurs qu'ils laissent sans pain, le produit de la petite succession d'un père qu'on enterre à la charité.

indiquée. «Villedieu, y est-il dit, est à l'extrémité de trois bailliages royaux, et si précisément qu'un canton de ce lieu, sis sous la paroisse de Sainte-Cécile, connu sous le nom de faubourg de Sainte-Cécile, dépend du bailliage de Vire; qu'un autre canton, connu sous le nom de faubourg du Pont-de-Pierre, quoique sis sous la même paroisse de Saultechevreuil, dépend en partie du bailliage de Coutances sous la vicomté de Gavray, et l'autre canton connu sous le nom de faubourg de Pontchignon, sis sur la même paroisse de Saultechevreuil, dépend du siège royal de Coutances. L'extrémité du bailliage d'Avranches est à la distance d'un jet de pierre de Villedieu. La partie seule de Villedieu placée à l'intérieur dépend d'une haute justice de l'ordre de Malte. Ainsi, dans ce lieu, une rue dépend d'un bailliage, une autre rue dépend d'un autre bailliage.» (Mémoire à l'intendant, 27 sept. 1771, Arch. Calvados, C 6217.)

La haute justice du lieu, qui ne comprenait que le bourg même, ne s'étendait, ainsi que le remarque le subdélégué de Vire, que sur 14 acres de terre. «Il y a, écrit-il en 1788, un auditoire et une mauvaise prison, d'où les prisonniers s'échappent continuellement. On a bien réclamé pour en obtenir une assurée, sans pouvoir l'obtenir; elle serait cependant bien nécessaire, parce que Villedieu est un lieu de passage des troupes et des gens de mer. M. Polinière

est bailly, il demeure à Villedieu; M. André de la Ligotière, procureur fiscal, il demeure aussi à Villedieu. Les appels ressortissent au bailliage de Coutances.» (État des hautes justices situées sous l'étendue de l'élection de Vire, arrêté le 16 juillet 1788, Arch. Calvados, C 6077.)

Le bourg de Villedieu a renouvelé, sans succès d'ailleurs, au commencement de 1790, ses instances en vue d'obtenir un district et le siège d'un tribunal. Le mémoire qu'il remit alors et qui reproduit la plus grande partie des arguments du précédent, est accompagné de très nombreuses pétitions des paroisses voisines. (Arch. nat., D iv bis, 10, 250.)

[1] Les chevaliers de Saint-Jean, ayant la haute justice du lieu, avaient droit d'établir un jaugeur-visiteur des mesures, poids et jauges de leur seigneurie (Cont. réf., art. 23). Mais depuis le xvie siècle, la royauté avait établi dans tous les bailliages de la province des jaugeurs-réformateurs royaux ayant droit de visite dans les hautes justices, et droit de marquer à nouveau les étalons estampillés par l'officier du haut justicier. (Arrêt du 1er septembre 1724, dans Houard, Dict. anal., v° Jaugeur.) L'office de jaugeur-mesureur de la commanderie n'est affermé à la fin du xviiie siècle, avec la sergenterie, que pour 150 livres par an. (Harvard, op. cit., p. 226.)

Voilà, Messieurs, notre état; faites qu'on y apporte remède et qu'on y ait égard dans la répartition des impôts.

Demandez que le bailliage de Coutances soit distribué en huit arrondissements; que dans chacun d'eux il soit pris un député du Tiers aux États généraux, afin que, suivant l'esprit du règlement de Sa Majesté, toutes les parties de ce vaste bailliage soient également défendues et protégées [1].

Mais devons-nous, Messieurs, nous contenter d'indiquer nos besoins particuliers et borner nos doléances à ce qui ne nous intéresse que de fort près? Non sans doute : tous les citoyens sont frères, et les âmes vraiment patriotiques doivent étendre leurs affections et manifester leurs vœux sur tout ce qui peut influer sur le bonheur général.

D'ailleurs le Roy veut entendre les réclamations des communes, les réformes universellement sollicitées ne peuvent qu'être bonnes à exécuter, et la voix du peuple ne trompera point son souverain. Les habitants et communautés de Villedieu, en adhérant au vœu unanime de la nation, supplient Sa Majesté :

1° D'ordonner que suivant l'esprit de l'arrêt du Conseil [2] qui accorde au tiers état autant de députés qu'aux deux autres ordres du clergé et de la noblesse réunis, toutes les délibérations aux prochains États généraux y soient arrêtées en commun, les trois ordres assemblés, et que les suffrages y soient comptés par tête et non par ordre;

2° Que dans le cas d'une division de l'assemblée des États généraux par commissaires, par bureaux ou de toute autre manière, la même règle existe soit dans la formation, soit dans la manière d'opiner;

3° De rendre à la Normandie ses États provinciaux, leur siège serait à Caen, comme au centre de la province [3];

---

[1] Cf. le cahier de Tessy, art. 3; suprà, p. 606.

[2] *Résultat du Conseil touchant les États Généraux*, Versailles, 27 décembre 1788. (DUVERGIER, I, 15.)

[3] Les députés de l'Assemblée du département de Vire, auquel appartenait le bourg de Villedieu, venaient de faire parvenir au duc d'Harcourt, le même vœu pour que le siège des futurs États provinciaux fût établi à Caen. «La situation de cette ville au centre de la province, écrivaient-ils, est un motif parlant; les députés de l'extré-

mité de la province, outre qu'ils auront moins de dépenses à faire dans un moins long voyage, y seront moins séparés de leurs affaires, et cet intérêt particulier sera au profit de l'intérêt public, etc... » (*Lettre des députés du département de Vire*, 18 janvier 1789, dans HIPPEAU, *Élections*, p. 20.)

Cf. une délibération semblable des procureurs-syndics du département de Coutances, en date du 13 janvier 1789, et adressée par eux à l'assemblée provinciale. (Arch. Calvados, C 7703.)

4° De répartir également les impôts, sans distinction quelconque, sur les trois ordres de l'État [1];

5° De répartir ces mêmes impôts sur les diverses provinces du royaume, respectivement à leur territoire, leur commerce et leur population;

6° D'abolir toute espèce de droits sur le commerce, de province à province;

7° De supprimer les priseurs-vendeurs;

8° De simplifier les impôts, en ôter l'arbitraire et en économiser les frais de perception; les aides et gabelles reculées aux frontières du royaume, et la diminution du produit de ces fermes, répartie sur les propriétés foncières, l'exploitation et l'industrie, faciliteraient le commerce intérieur, préviendraient les fraudes et les procès et rendraient des milliers d'employés et de commis à l'agriculture et aux arts;

9° D'arrêter le numéraire en France, en imposant de gros droits sur les marchandises ouvrées qui entrent dans le royaume, ce qui en ferait prospérer les manufactures.

Plus de prévention en cour de Rome, plus de résignations, renvoyant aux évêques et archevêques d'accorder les grâces et dispenses;

[1] *Impositions de Villedieu pour 1789:* taille, 2,497 livres; acc., 1,639 livres; cap., 1,589 livres; corvée, 875 l. 19 s. 10 d.; vingt., 1,836 l. 17 s. 10 d.; terr., 190 livres; bât., 63 livres. Au total : 8,637 l. 17 s. 8 d. Lignes : 142, dont 95 propriétaire et 47 occupants. — *Privilégiés :* le curé M° Hébert, M. Charles-Fr.-Nicole Mougeot, prêtre sans bénéfice; pour la noblesse, la dame d'Aigneaux, M. de Boniface, chevalier commandeur de Villedieu; et pour le tiers état, 1 receveur des traites et 1 commis à la revente du quart-bouillon, 1 capitaine, 1 lieutenant, et 4 gardes des traites et quart-bouillon. *Supplément des privilégiés :* 231 l. 19 s. Les biens de l'ordre de Malte ne payaient aucune imposition, pas même les décimes du clergé. Notre cahier est d'un mutisme regrettable sur la situation qui était faite aux tenanciers de la seigneurie. Le cahier de Valcanville, au bailliage de Valognes, l'autre commanderie de Cotentin, que nous publierons plus loin, est également muet. Nous n'avons par suite aucune confir-

mation, de notre côté, à apporter au vœu très inattendu des habitants de la commanderie de Villedieu-lès-Bailleul, qui demandent dans leur cahier « le rétablissement en leur force et vertu des droits et privilèges, dignités et libertés anciens de l'Ordre, confirmés par les papes et les rois. » (*Cahier de Villedieu-lès-Bailleul*, 8 mars 1789, art. 1er; dans DUVAL : *La Commanderie de Villedieu-lès-Bailleul*, Argentan 1903, in-8°, p. 51.) Il est à noter cependant que, alors que tant de cahiers se plaignent amèrement de leurs seigneurs ecclésiastiques, le présent cahier n'a pas un mot de blâme à l'égard des chevaliers de Saint-Jean, ses seigneurs et patrons. A rapprocher que le dernier commandeur et seigneur de Villedieu-les-Poêles, a demandé très vivement en 1789, dans l'Assemblée de son ordre, que les biens de Malte contribuassent comme tous les autres aux charges communes du royaume. (*Registre des chapitres provinciaux du grand prieuré de France*, Arch. nat., MM 53, délibération du 12 novembre 1789.)

IMPRIMERIE NATIONALE.

10° D'établir une commission pour rectifier la procédure civile, à l'instar de la Commission que le Roy vient de nommer pour la réforme de la procédure criminelle [1];

11° De former des arrondissements de juridiction;

12° De ne jamais établir d'impôts sur les objets de première nécessité;

13° D'établir des greniers publics de grains dans un arrondissement donné, pour prévenir les hausses subites qu'ils éprouvent quelquefois, soit par des compagnies qui les exportent d'un canton dans un autre, et après avoir spéculé la famine, en faisant enlever les grains qu'ils emmagasinent, les vendent à un prix excessif, soit par des désastres tels que celui du 13 juillet dernier [2] ou de l'hiver rigoureux que nous venons d'essuyer;

14° D'établir des hospices de charité [3], des écoles publiques dont les fonds seraient trouvés dans les établissements que la piété institua pour les besoins des malheureux;

15° Enfin, d'admettre le tiers état aux bénéfices, emplois civils et militaires, sans aucune entrave au mérite.

Ainsi, Messieurs, la contribution de tous les ordres, les encouragements donnés au commerce et manufactures, la simplification.

---

[1] *Lettres patentes qui nomment différents magistrats à l'effet de s'occuper des moyens d'abréger les longueurs et diminuer les frais des procédures criminelles,* 6 janvier 1789. (ISAMBERT, XXVIII, 633, n° 2537.)

[2] Le 13 juillet 1788, un orage épouvantable, accompagné de grêle, avait ravagé les moissons dans la plus grande partie de la généralité de Caen. Sur la demande de la Commission intermédiaire de l'assemblée provinciale, les bureaux des départements dressèrent, en vue de la distribution des secours accordés par le roi, le tableau des pertes subies par paroisses dans chaque élection. (Arch. Galvados, C 7757.) Nous n'avons malheureusement pas retrouvé ces états pour l'élection de Coutances, ni pour celle de Vire, à laquelle appartenait le bourg de Villedieu.

[3] Il y avait à Villedieu un hôpital, fondé en 1717 par Jean Gastey, simple ouvrier en cuivre enrichi qui avait doté son bourg natal de plusieurs institutions charitables. Confirmé par lettres patentes d'août 1785, cet hôpital possédait, d'après le compte rendu en 1784 par les administrateurs à la Commission des réguliers, quatre arpents de mauvaise prairie, un petit potager, valant le tout 161 l. 10 s.; deux rentes de 130 l. 4 s. et 244 l. 10 s. sur le produit du droit des boissons qui entraient à Villedieu (20 s. par tonneau de cidre, valant année commune 450 livres), et 200 livres de rentes hypothèques assignées en 1772 sur les biens du prieuré conventuel de la Bloutière. Au total, un revenu effectif de 704 l. 14 s., alors que les charges (nourriture des pauvres, entretien des bâtiments, personnel) montent à 801 l. 4 s. Les administrateurs déclarent qu'il leur est impossible de vivre avec de si faibles ressources, et demandent qu'on leur concède une partie des biens de l'abbaye de Hambye et du prieuré conventuel de La Bloutière, qui sont vides de religieux. (Arch. nat., G⁹. 670, pièce 15.)
Dans une nouvelle requête, en date du 3 juin 1787, le produit commun est estimé de même de 7 à 800 livres. (Arch. Galvados, C 6833.)

des impôts et de leur perception, les réformes qui vont s'opérer, les abus en tous genres réprimés et prévenus, vont ouvrir des ressources pécuniaires pour remplir la dette de la nation. Animé par l'amour du bien public, chaque ordre offrira des dons, fera des sacrifices et se disputera de générosité pour rétablir l'harmonie dans toutes les parties de l'administration. La France aura une constitution durable et tous les citoyens béniront à l'envi le Ministre patriote, vertueux et éclairé et le Monarque bienfaisant qui les feront jouir du bonheur dont luit déjà l'aurore.

> ANDRÉ, LE MONNIER, DELAHAGRÉE, LE MONNYER, LAURENCE, *avocat*, BOUDET, MAUVIEL, POLINIÈRE [1], P. PITEL, GUILLON, LE MONNIER DU GAGE, PITEL, HAVARD, J. GAUTIER, Dr LECHOÎNE, P. DANJOU, J.-A. ENGUERRAND, DOLLEY, B. LOYER, M. DUPARC, BESNOUFF, LE MAUVIEL, Jean LOYER, P. GAUTIER, J. HUARD, Pierre GAUTIER, B. LEVALLOIS, JAMARD, J.-F. GAUTIER, T. ORLEER, AUTIN, MANNOURY, Jean HOUEL, P.-J.-B. HAVARD, DANJOU, J.-F. NOUVEL, Antoine FOUBERT, BRIENS, BÉATRIX, M. DUPARC, Julien VILLAIN, J. LETIMONNIER, BLANCHET, Gilles VILLAIN, G. BRIENS, Louis VIMONT, MARQUET, Denis VILLAIN, LEMOYNE, R. VILLAIN, Étienne VIMOND, N. JEAN, G.-J. ENGERRAND, Pierre RICHARD, J. AUBERT, J.-B. GAUTIER, Guillaume BAUDER, ENGERRAND, Ch. LOYER, BÉATRIX.

Le présent clos, arrêté et signé en notre présence et celle de notre greffier, et de nous coté et paraphé depuis une et première jusques et compris quatre et dernière. A Villedieu, en l'auditoire, ce 26 de février 1789.

Et remis auxdits sieurs députés.

> POLLINIÈRE, ELLIE.

---

[1] Pierre Polinière, bailli de la haute justice ; Lemonier Dugage, qui figure également parmi les signataires, était procureur fiscal de la seigneurie. (*Assise du lundi 20 avril 1789, dans le Registre plumitif du bailliage de Coutances, du 11 février 1788 au 3 février 1791, au Greffe de Coutances.*)

ASSEMBLÉE PRÉLIMINAIRE DU TIERS ÉTAT.

1. PROCÈS-VERBAL D'ASSEMBLÉE.

(Ms. Archives nationales, B^a 35, l. 70. Copie collationnée à la minute, signée du greffier, délivrée le 14 mars 1789. *Inédit*[1].)

Copie du procès-verbal de l'Assemblée préliminaire du tiers état du bailliage principal de Coutances, tenue devant M. Desmarets de Montchaton, lieutenant général civil audit siège, les 2 et 3 mars 1789, et par continuation le 14 du même mois.

Du lundi 2 mars 1789, deux heures après midi, en la grande salle de l'auditoire du bailliage et siège présidial de Coutances, devant nous Thomas-Louis-Antoine Desmarets, chevalier, seigneur de Montchaton, Bavent, Faux, la Motte, le Chastel, la Giffardière, et autres lieux, conseiller du Roi, lieutenant général civil auxdits sièges, en présence de M. Le Brun, procureur du Roi aux mêmes sièges, assisté de Me Pierre-Thomas Blondel, notre greffier ordinaire,

En exécution des ordres de Sa Majesté du 24 janvier dernier, et conformément au Règlement y annexé, nous aurions par notre ordonnance du 13 février aussi dernier[2], ordonné qu'à la diligence du procureur du Roi, les officiers municipaux des villes

---

[1] Cf. la transcription, Arch. nat., B III 53, p. 31. Cette copie est le seul exemplaire qui nous soit parvenu du procès-verbal de l'Assemblée préliminaire. Elle a été envoyée à la Chancellerie par le lieutenant-général de Coutances, dès le 16 mars, ainsi qu'en témoignage la lettre suivante, conservée dans la même liasse : «J'ai l'honneur, Monseigneur, de vous adresser le procès-verbal de l'Assemblée préliminaire de mon bailliage, qui n'a été close que samedi dernier. Les opérations se sont régulièrement accomplies, et j'ai eu la satisfaction de constater qu'il y a régné le bon ordre et l'esprit de patriotisme.» Le 1er avril, sur la demande de la Chancellerie, le lieutenant-général envoyait d'autre part un *État des paroisses du Bailliage, avec le nombre des feux qu'elles contiennent et celui de leurs députés*, en un tableau sur trois colonnes,

qui est conservé dans la même liasse. (Arch. nat., B^a 35, l. 70. *Coutances, Tiers état.*)

[2] Deux ordonnances successives ont été rendues pour le bailliage principal de Coutances : 1° *Ordonnance du grand bailli de Cotentin, du 13 février 1789. A Coutances, de l'imprimerie de G. Joubert, 1789*, 8 p. in-4° (exemplaire authentiqué, portant la signature manuscrite du lieutenant général, et des ratures manuscrites à l'article 64 au Greffe de Coutances, pièce n° 3) ; 2° *Ordonnance de M. Desmarets de Montchaton, du 18 février 1789. A Coutances, de l'imprimerie de G. Joubert, 1789*, 6 p. in-4° (*ibid.*, pièce non cotée). Les ordonnances sont l'une et l'autre conformes aux modèles généraux envoyés de Versailles (reproduits dans Archives parlementaires, t. I, p. 619 et 622).

et les syndics des paroisses de notre ressort seraient sommés de faire lire, publier aux prônes de leurs paroisses et à la porte de l'église, après la messe, le premier dimanche qui suivrait la notification, tant la Lettre du Roi, que son Règlement et notre ordonnance, et qu'au jour le plus prochain, ou au plus tard huit jours après lesdites publications, tous les habitants du tiers état desdites villes et paroisses de campagnes, nés Français ou naturalisés, âgés de vingt-cinq ans, domiciliés et compris aux rôles des impositions, seraient tenus de s'assembler au lieu accoutumé, à l'effet par eux d'y procéder d'abord à la rédaction du cahier des plaintes, doléances et remontrances que lesdites villes et paroisses entendraient faire à Sa Majesté, et présenter les moyens de pourvoir et subvenir aux besoins de l'État, ainsi qu'à tout ce qui pourrait intéresser la prospérité du Roi et de tous et de chacun les sujets de Sa Majesté, procéder à haute voix à la nomination des députés dans le nombre déterminé par ledit Règlement, lesquels seraient choisis entre les plus notables habitants, qui seraient chargés de porter ledit cahier à cette Assemblée préliminaire, que nous aurions marquée à ce jour. Lesquelles Lettre, Règlement et ordonnance auraient été notifiés aux officiers municipaux desdites villes, et aux syndics desdites paroisses, à ce qu'il n'en n'ignorassent et eussent à s'y conformer, avec déclaration que l'Assemblée générale des trois États de ce bailliage se tiendrait le 16 de ce mois; lesdites notifications faites par le ministère de Le Roux, Le Gallais, Hédouin, Guillemette, Voisin, Douet, Deschamps, Rabasse, Le Cordier, Laville, Lagnel, Le Barbier et Boissel, huissiers ruraux, les 18, 19, 20, 21 et 22 février dernier[1]. En conséquence desquelles notifications, lesdites villes et paroisses situées dans l'étendue de notre ressort se seraient assemblées, et auraient nommé des députés, lesquels se seraient rendus aujourd'hui en ladite salle de notre auditoire, et appel fait d'iceux, sont comparus :

Pour la ville de Coutances : M° Pierre-Joseph-Marie Bonté, docteur médecin; M° Pierre-Louis-Alexandre Drogy, avocat; M° Jacques de la Lande-Mesnildrey, M° Denis Tesson, avocats; les sieurs Jacques-Philippe Charette, orfèvre, et M° Jean-François Lepigeon, président en l'élection.

[1] Le Greffe de Coutances conserve une liasse de ces notifications faites aux paroisses du ressort de Coutances. (*Ibid.*, pièces non numérotées.) Elles sont uniformément rédigées sur le modèle de *Notification à faire aux maires, échevins, syndics, consuls et autres représentants des villes, bourgs et communautés* (reproduit dans Archives parlementaires, t. I, p. 626).

Pour la paroisse Saint-Pierre de la ville de Coutances : M. Louis-Marie Duhamel, lieutenant général de police de cette ville; le sieur Eléonord-François Lelong.

Pour la paroisse Saint-Nicolas de la ville de Coutances : Mᵉ Pierre Quesnel, conseiller du Roi au bailliage de ce lieu; le sieur François Bonnet Desroques, laboureur; les sieurs Jacques-Guillaume Le Foullon, laboureur, Michel Le Loup La Mondière, laboureur.

Pour la ville de Grandville : MM. Jean-Nicolas Le Sauvage, lieutenant général de l'amirauté; Denis-François La Mengonet père, négociant, ancien prieur-consul; François-Jacques-Antoine Le Boucher, échevin; Jean-Hugon de la Cour, membre de l'Assemblée provinciale du département de Coutances; Nicolas-Joseph-Hugon de la Noë, ancien lieutenant de maire; Jacques-François-Clément Desmaisons, négociant, ancien prieur-consul; Pierre-Nicolas Perrée, négociant, maire; et Jean Perrée-Duhamel.

Pour Saint-Nicolas de Grandville : les sieurs Jean-François-Louis-René Picquelin de Greenville, Maurice Boisnard, Louis Bougourd, Jacques Épron, Pierre Épron les Vallées, Jean Bulot, Nicolas Jouvin, et François Herpin, laboureurs.

Pour le bourg de Gavray : M. Guischard, vicomte; Mᵉ Jean-Richard Letanneur, avocat; Jean-Michel Le Cervoisier, avocat; Charles-François-Alexis Le Maître de la Mortière, avocat.

Pour le village de Gavray : les sieurs Jean-Michel Guidon, laboureur, et Jacques-François Daniel, laboureur.

Pour le bourg de Villedieu : Mᵉ Gabriel Lemonnier des Roches, avocat; Mᵉ Pierre Pollinière, bailli haut-justicier; Mᵉ Pierre-Antoine Lemonnier de la Hague, avocat; Mᵉ André-François Laurence, avocat; Mᵉ François Havard, docteur médecin; Mᵉ Jean-Baptiste Mauviel, chirurgien, absent pour cause de maladie; Mᵉ Clément-Auguste-Malo Lemonnier-Dugage, avocat-fiscal; et le sieur Joseph Pistel, marchand.

Pour Anctoville : Pierre Deshayes, lequel nous a déclaré que Jean Lamort, autre député de cette paroisse, n'a pu comparaître étant malade.

Pour Annoville-Tourneville : André Billard et Jean-Philippe Harasse, laboureurs.

Pour Beaucoudray : Léonard Papillon et Louis Le Roy, laboureurs.

Pour Belval : Jacques-Joachim de la Lande et Charles Legraverend, laboureurs.

Pour Blainville : Mᵉ Pierre-François Lecouvey, conseiller du

Roi au bailliage de ce lieu; Pierre-François Tanquerey, Guillaume Chardot et Guillaume-François Bucaille, laboureurs.

Pour Bourey : Pierre Guillebert et François Lechevallier, laboureurs.

Pour Brainville : Jullien Letourmy et Jean-Zacharie Thézard, laboureurs.

Pour Bréhal : Paul-François Gratien Lemonnier, Jacques-Thomas Lemonnier et François Lemonnier, laboureurs.

Pour Bréville : Jean Binet et M⁰ Charles-Laurent Couillard-Vicomterie, docteur médecin.

Pour Bricqueville-la-Blouette : M⁰ Charles Lescaudey, avocat au Parlement de Paris, conseiller substitut au bailliage de ce lieu, et M⁰ Philippe Herpin, avocat.

Pour Bricqueville-près-la-Mer : Pierre Boutot; M⁰ Jean-Baptiste Hastey, chirurgien; Jullien Alaterre, et Jacques Guérin, laboureurs.

Pour Cambernon : M⁰ Jean-Léonard Varin de Franqueville, conseiller du Roi au bailliage de ce lieu et procureur du Roi de la maréchaussée; Pierre Colette, syndic, et Louis Laisney, laboureurs.

Pour Camprond : Jean-Clément et Charles Letourmy, laboureurs.

Pour Cametour : Gilles-François Osouf, Bon-François Blanchard, Pierre Le Chevallier, laboureurs.

Pour Carantilly : Jean Chardin, Jacques Ribouey, Jean Guillote et Guillaume Blanchard, laboureurs.

Pour Cérences, paroisse mixte avec le bailliage de Saint-Sauveur-Lendelin séant à Périers et audit Cérences, il n'a point comparu devant nous de députés pour cette paroisse, qui dépose ses registres de baptêmes, mariages et mortuaires au greffe de notre bailliage, celle même paroisse ayant dû être assignée à comparaître par ses députés à l'Assemblée préliminaire du tiers état du bailliage de Cérences, et cela pour éviter deux nominations de députés, et épargner les frais de déplacement.

Pour Caillebot-la-Salle : Bon-Pierre Levionnois, Louis Eudes, Guillaume Lelièvre, Pierre Bidel, laboureurs.

Pour Champrepus, les députés n'ont point comparu [1].

Pour Chanteloup : M⁰ Pierre Duprey, seigneur de ladite paroisse et conseiller du Roi, lieutenant ancien civil et criminel au bailliage de ce lieu, et Pierre Toupet, laboureur et syndic.

[1] Les députés de Champrepus ont comparu plus tard, dans la séance du 3 mars au soir, et le défaut prononcé contre eux a été rabattu (*infrà*, p. 657).

Pour Chevry : Jacques Cahours et François Addes, laboureurs.

Pour Contrières : Jean-François Guiard et François Vastel, laboureurs.

Pour Coudeville : M° Jacques de la Cour, chirurgien, et André-François Rabasse, laboureur.

Pour Courcy : Charles Le Crosnier, François-Marie La Fontaine et François Savary, laboureurs.

Pour Cerisy-Caillebot : M° Pierre-Joseph Planchon, notaire ; Jean-François Marie, laboureur ; Joseph Rouelle, Pierre Affichard et Augustin Doublet, laboureurs.

Pour Dangy : Thomas-Antoine Le Comte, Gilles-Laurent Duchesne, laboureurs.

Pour Donville : Jacques Hubert, Guillaume Cambernon et Jean Helaine, laboureurs.

Pour Dracqueville, les députés n'ont point comparu [1].

Pour Fervaches : Charles Lemarié et François Osmond, laboureurs.

Pour Fleury : Guillaume Hamel, Michel Chauvet, laboureurs.

Pour Gouville : M° Antoine Boivin, notaire, et le sieur Jean Laisney, laboureur et marchand.

Pour Gratot : M° Michel-Aimé Dufouc de Maisoncel, seigneur de Maisoncel, présentateur à l'hospice ou maison-Dieu de la ville de Mortain, et avocat au Parlement, et M° Charles-François Herpin de la Moricerie, avocat.

Pour Grimesnil : Michel Le Chevallier, laboureur, et François Cordier, journalier.

Pour Grimouville : Jean Vauvert les Jardins, architecte, et Louis Esnol, laboureur.

Pour Guéhébert : Pierre David et Jean-Baptiste Joret, laboureurs.

Pour Hambie : M° Antoine-David-Roger Le Tullier, procureur du Roi en l'élection de cette ville ; M° Roger-André Baudry, avocat et notaire ; François-Jean-Antoine Lefranc-Bouillonnière, huissier priseur-vendeur ; Joachim Baudry, Jacques-Antoine Callipet, Antoine Alliet, Antoine-David-Tison Bourdière, laboureurs.

Pour Hauteville-près-la-Mer : M° Charles-Nicolas Bonté de la Martinière, conseiller au bailliage de ce lieu, et François Tiphaine, laboureur.

---

[1] Les députés de Dragueville se sont présentés dans la séance du 3 mars au soir, et le défaut prononcé contre eux a été rabattu (*infra*, p. 657).

Pour Hérenguerville, les députés n'ont point comparu [1].

Pour Heugueville : M° Robert-Jacques Closel, conseiller au bailliage de ce lieu, et Vincent-Jacques Dubreuil.

Pour Hyenville : François Belin et Valentin de la Mare, laboureurs.

Pour Hocquigny : Louis-Jean-Baptiste Dupont et Pierre Pinot, laboureurs.

Pour Hudimesnil : Philippe-Antoine Estorey, André-Jacques Pimor et Luc-Pierre Ernouf, laboureurs.

Pour La Baleine : Philippe Dupont et François Le Bargy, laboureurs.

Pour la Beslière : Joseph-André Hubert et Étienne Gallouet, laboureurs.

Pour la Bloutière : Jullien Lenoir et Gilles Boisnée, laboureurs.

Pour la Colombe : Louis-Marie Lebourg et Charles Lepesant le Manoir, laboureurs.

Pour Lengronne : Michel-Ambroise Huë et Nicolas-Jean Lefevre, laboureurs.

Pour la Haye-Bellefond : M° Pierre Etur, avocat, et Pierre Voisin, laboureur [2].

Pour la Haye-Comtesse : Guillaume Lefranc et Denis Quesnel, laboureurs.

Pour la Lande-d'Airou : M° Jean-François Chauvel, notaire; Joachim de l'Épine et Charles-François Morin, laboureurs.

Pour le Chefresne : Jean-Alexandre Le Brun, François-Louis Larigot, laboureurs.

Pour le Guislain : M° Henri Houssin de Saint-Laurent, et Bon-Philippe Houssin les Carrières, laboureur.

Pour le Loreur : Antoine-Nicolas Tanquerey, laboureur, et Pierre Grandin, laboureur,

Pour le Lorey, les députés n'ont point comparu [3].

Pour Longueville : Dominique de la Bruyère et Barthélemy Cambernon, laboureurs.

Pour Lorbehaye : Sébastien Lemonnier et Luc-Antoine Lecocq, laboureurs.

---

[1] Bien que les députés d'Hérenguerville aient fait défaut, et que le défaut n'ait pas été rabattu, la paroisse avait tenu son assemblée régulière et rédigé un cahier de doléances; les deux pièces nous ont été conservées. (Voir Introduction, p. 28.)

[2] La paroisse de la Haye Bellefond n'a fait qu'un cahier commun avec celle de Maupertuis (*suprà*, p. 353).

[3] Les députés du Lorey se sont présentés à l'assemblée dans la séance du 3 mars au soir, et le défaut prononcé contre eux a été rabattu (*infrà*, p. 657).

Pour Marigny : Jean-Baptiste Becquet, Jean-Baptiste Lécluse et Jacques-Louis-François Potigny, laboureurs.

Pour Maupertuis : François de la Fosse et Charles Voisin, laboureurs.

Pour Mesnilrogues : M⁰ Gabriel-Olivier Cauvry, avocat, et Henry-Marin Vibert, laboureur.

Pour Mesnilamant : M⁰ Jacques-Antoine-Robert Piel de la Feronnière, conseiller élu en l'élection de cette ville, et M⁰ Charles Troussel, conseiller au bailliage de Cérences.

Pour Mesnilaubert : Pierre-Charles-François-Raphaël Leclerc et Jacques-François Grente, laboureurs.

Pour Mesnilopac : M⁰ Léonard Havin, avocat, et Léonard Gervaise, laboureur.

Pour Mesnilbonnant : M⁰ François-Antoine Lefèvre, avocat, et Louis-Georges-François Gosse, laboureur.

Pour le Mesnildrey, les députés n'ont point comparu [1].

Pour le Mesnilgarnier : Jean Briens et Guillaume-Toussaint Danin, laboureurs.

Pour Mesnilherman : Jean-Gabriel de Marcambie et Michel Sebert, laboureurs.

Pour Mesnilhue : M⁰ Thomas Lefèvre, avocat, et M⁰ Jullien-René Morin, laboureurs.

Pour Mesnilraoult : Pierre Clément et Jean-Baptiste Leprêtre, laboureurs.

Pour le Mesnilvilleman : M⁰ François-Robert Lepigeon de Launay, seigneur et patron de ladite paroisse et président honoraire en l'élection de cette ville, et Pierre-Michel Desfontaines.

Pour Montabot : Guillaume Lemasurier et Etienne Lebouvier, laboureurs.

Pour Monthuchon : François Danlos, boulanger, et Toussaint Lecoullant, laboureur.

Pour Montaigu : Jean-Baptiste Tiercelin et Charles le Jametel, laboureurs.

Pour Montcarville : Jean Le François et Antoine Ybert, laboureurs.

Pour Montchaton : Gilles Guillemin et Jacques-François-Augustin-Guillaume Carrouge, laboureurs.

Pour Montcuit : Jacques Moulins et Jacques Hardel, laboureurs.

[1] Bien que ses députés aient fait défaut à l'assemblée préliminaire, la paroisse de Mesnildrey avait rédigé un cahier de doléances, qui nous a été conservé. (Voir Introduction, *suprà*, p. 28.)

Pour Montmartin : M° Philippe Pimor, avocat et notaire, et Pierre Créances, laboureur.

Pour Moyon : Abel-Jean Gautier, Charles-François Le Saulnier et Jean Houel, laboureurs.

Pour Muneville-près-la-Mer : le sieur Pierre Jourdain et Aimé-Charles Binet, laboureurs.

Pour Nicorps : M° Jullien-Jean-Victor Le Bastard de l'Isle, avocat, et M° Pierre-Jullien Chapel, avocat.

Pour Notre-Dame de Cenilly : M. Gabriel Levallois, seigneur du Bouillon; M° Nicolas-François Pezeril, avocat; Marie-Philippe-Jean Le Brun et Gilles Gaillard, laboureurs.

Pour Orval : Guillaume Lemuet des Bouillons, Antoine-Nicolas Delamare, Gilles Quesnel de Mondreville, laboureurs.

Pour Ouville : M. Pierre-Augustin Lhermite, conseiller au bailliage de ce lieu, et Félix-Marie-Élisabeth-Jacques Étiemble, laboureurs.

Pour Percy : M°° Bernardin-Joseph Dufour, notaire; Bernardin-Joseph Blouet, avocat; Jean-Pierre Dufour, Gabriel-Pierre-Marcellin Guenier, Jacques-Pierre Mauger, Thomas-Charles Varin, et Jean Cossard, laboureurs.

Pour Pirou : M° Jean-Alexandre Joly, avocat, et M° Pierre Lemoigne, notaire.

Pour le Pontflambart : Jean de la Mare et Jean-Baptiste Encoignard, laboureurs.

Pour le Pontbrocard, il n'a point comparu de députés, ayant été déclaré que cette paroisse est dans l'usage de délibérer avec la paroisse de Dangy.

Pour Quesnay : Charles Le Royer et Jean Simonne, laboureurs.

Pour Quettreville : Pierre-François Ferrey, Adrien Desbouillons, Pierre Encoignard et Charles-Louis Germain, laboureurs.

Pour Regnéville : Jacques Nicolle Leclerc et Jullien Ollivier, laboureurs.

Pour Roncey : M°° François-Casimir le Brun, avocat, et Jean-Baptiste Hamelin, chirurgien.

Pour Saussey : Jacques Laurens et François Cabaret, laboureurs.

Pour Savigny : M° Thomas Savary, et Jean-Baptiste Sadot, laboureurs.

Pour Saultechevreuil : M° Jullien-Léonard Gilbert, avocat, et M° Jacques Engerand Deslandes, avocat.

Pour Soulles : M°° Marie-Joseph Houssin, conseiller du Roi en l'élection de Saint-Lô, et Charles le Bailly, laboureur.

Les députés de Sourdeval n'ont point comparu [1].

Pour Saint-André-du-Valjouais : Charles Anquetil et Thomas Le Balnois, laboureurs.

Pour Saint-Aubin-des-Préaux : René-Claude Gond et Bertrand-Patrice Guérard, laboureurs.

Pour Saint-Denis-le-Gast : M° Louis Gourgon Leneveu, avocat; Louis Lefranc, Pierre Eudes et Guillaume Benastre, laboureurs.

Pour le canton d'Orbeville en Saint-Denis-le-Gast : M° Alexandre-Victor-Adrien Blouet de Ranville, conseiller au bailliage de ce lieu, et Michel Doucet, laboureur.

Pour Saint-Denis-le-Vertu : Jean-Jacques Guenon, René Delarue, Antoine-Jacques-Joseph Osmond, laboureur.

Pour Saint-Jean-des-Champs : Jean-François Le Bachellier et Jean-François Herembourg, laboureurs.

Pour Saint-Léger : Nicolas-Jean Le Coupé et François-Hyacinthe Couard, laboureurs.

Pour Saint-Louet-sur-Sienne : Jean-Jacques-Alexandre Sonnard Duhamel et Jean-Paul Mesnage-Delaplanche, laboureurs.

Pour Saint-Malo-de-la-Lande : Nicolas Jehenne et Jullien Herpin, laboureurs.

Les députés de Sainte-Marguerite n'ont point comparu [2].

Pour Saint-Martin-de-Bonfossé : M° Louis-Alexandre-Félix Courtin de la Bréaudière, conseiller du Roi en l'élection de Saint-Lô, et M° Michel-Joseph Courtin de la Gervaisière, conseiller en l'élection dudit Saint-Lô.

Pour Saint-Martin-de-Cenilly : Jean-François Le Brun et Guillaume Dubuisson, laboureurs.

Pour Saint-Martin-le-Vieux : M° Pierre-Marie-Rabasse, chirurgien, et Louis-André Le Fouquerand, laboureur.

Pour Saint-Paër : M° Joseph-Bertrand-Agathe Larcher, avocat, ancien haut-justicier de Villedieu; Laurent Allain et Pierre Dauphin, laboureurs.

Pour Saint-Planchers : Charles Guiffard, François Tetrel et Melchior Letourneur, laboureurs.

Pour Saint-Romphaire : M° Gilles-Pierre Surget, chirurgien; Pierre Eudeline et Jean Thomine, laboureurs.

---

[1] Bien que ses députés aient fait défaut à l'assemblée préliminaire, la paroisse de Sourdeval avait rédigé un cahier, qui nous a été conservé. (Voir Introduction, *suprà* p. 28.)

[2] Bien que ses députés aient fait défaut à l'assemblée préliminaire, la paroisse de Sainte-Marguerite avait rédigé un cahier, qui nous a été conservé. (Voir Introduction, *suprà*, p. 28.)

Pour Saint-Sauveur-de-Bonfossé, François Fleuret et Thomas Blanchet, laboureurs.

Pour Saint-Ursin : François Malenfant et Jean Herembourg, laboureurs.

Pour Tessy : le sieur Jacques-François-Christophe Pinel de la Millerie, seigneur de Chevry; Guillaume Godard, Étienne Lemutrecy et Jean Hervieu, laboureurs.

Pour Tourville : M. Jean-Baptiste-Alexandre, conseiller d'honneur au bailliage de ce lieu; le sieur Anne-Hylarion Viard, capitaine de navire.

Pour Trelly : le sieur Michel-Antoine Prodhomme, laboureur, et Jean-Baptiste Boudier, laboureur.

Pour Troisgots : Pierre-Jacques Gautier et Jean Beaufils, laboureurs.

Pour Urville : Jacques-Samson Leneveu et Jean-Baptiste Simon, laboureurs.

Pour Ver : Jean-François Briens, laboureur, et Nicolas Léonor les Jardins, teinturier.

Pour Villebaudon : Louis Havel et Jacques Sebert, laboureurs.

Et après l'appel, nous avons donné acte aux comparants de leur comparution, prononcé défaut contre les non-comparants, et de suite avons procédé à la vérification des pouvoirs des députés présents, lesquels nous ont déposé leurs cahiers de plaintes et de doléances sur le bureau, excepté cependant les députés des paroisses d'Anctoville, de Gouville, de Grimouville, de Pirou, de Regnéville et Saint-Sauveur-de-Bonfossé[1], lesquels nous ont déclaré que leurs communautés ne les ont chargés d'aucuns cahiers de plaintes et doléances, s'en rapportant entièrement à ce qui sera demandé, réclamé ou accordé pour l'avantage de tous les sujets de Sa Majesté, la gloire et la prospérité de son royaume, par les députés de leur ordre qui seront élus pour sister aux États généraux et y présenter le cahier de ce bailliage.

Et vu qu'il est sept heures du soir, nous avons renvoyé la continuation de l'Assemblée à demain huit heures du matin. Tous lesdits sieurs députés avertis et priés de s'y représenter, ce qu'ils ont promis faire, et avons signé le présent avec le procureur du Roi et

____

[1] Les paroisses de Regnéville et Saint-Sauveur-de-Bonfossé ont rédigé postérieurement, mais sans doute avant le 14 mars, des cahiers de doléances, qui nous ont été conservés. (Voir Introduction, supra, p. 29.)

notre greffier; *duement la minute signée* Desmarest, lieutenant général, Le Brun *et* Blondel, *avec paraphes.*

Du mardi troisième jour du mois de mars 1789, huit heures du matin, devant Nous conseiller du Roi, lieutenant général susdit, assisté comme dit est, présence du procureur du Roi de ce siège,

En conséquence de notre renvoi du jour d'hier, se sont rassemblés les députés susnommés, en présence desquels nous avons, ce requérant le procureur du Roi, fait faire par notre greffier lecture à haute et intelligible voix de la Lettre du Roi, donnée à Versailles le 24 janvier dernier, et du Règlement y annexé, fait et arrêté par Sa Majesté en son Conseil tenu à Versailles le même jour, concernant la convocation et l'Assemblée des États généraux de son royaume, ensemble de notre ordonnance du 13 du mois dernier, et ce fait nous avons représenté à l'assemblée, que le Roi sans cesse occupé du bonheur de son peuple, veut rétablir dans toutes les parties de l'administration un ordre constant et invariable, qui puisse à jamais assurer le bonheur de ses sujets; que c'est pour cet effet que Sa Majesté convoque les États généraux de son royaume, qu'il veut que tous les ordres y comparaissent par leurs députés, qui seront les organes de leurs vœux, de leurs plaintes et de leurs réclamations;

Que pour parvenir à la nomination de ceux du tiers état, le plus nombreux de tous, le Roi a ordonné des assemblées élémentaires et préliminaires;

Que la lecture qui vient d'être donnée à l'Assemblée de la Lettre de convocation et du Règlement de Sa Majesté a dû lui faire connaître les motifs de celle-ci; qu'elle a pour objet la réduction au quart des députés qui la composent, et que cette réduction a pour but d'éviter la confusion que pourrait faire naître la multitude réunie en un même lieu;

Que ce quart d'entre eux, à la réduction duquel ils vont procéder, portera à l'Assemblée générale les cahiers de plaintes et doléances des bourgs, villes et paroisses de ce bailliage, après qu'ils auront été réunis en un seul;

Que le Règlement accorde aux députés la liberté de concourir tous ensemble à la formation de cet unique cahier; mais que nous regardons comme très difficile qu'un grand nombre de personnes puissent s'occuper en même temps d'un même sujet; que nous pensons donc, qu'il serait plus avantageux que l'Assemblée nommât des commissaires en nombre suffisant pour travailler à la rédaction de cet important ouvrage;

Que ces commissaires ainsi nommés s'y livreraient, sans doute, avec le zèle que leur inspirerait l'ambition de mériter sa confiance et d'être utiles à leur patrie;

Après quoi, tous les députés composant la présente Assemblée nous ont déclaré d'une voix unanime, qu'il leur paraît essentiel et même absolument nécessaire de prendre le parti que nous leur proposons, de nommer des commissaires pour réduire en un seul tous les cahiers qu'ils nous auraient présentés et remis le jour d'hier. Sur laquelle déclaration faisant droit, ouï le procureur du Roi, nous avons à l'instant requis l'Assemblée de délibérer sur le nombre de commissaires qu'elle jugerait à propos de nommer. Et après avoir pris l'opinion des députés, la pluralité des voix s'est réunie pour la nomination d'onze commissaires seulement. Et de suite l'Assemblée nous ayant représenté que, pour faciliter le choix de ce nombre de commissaires, elle pensait qu'il serait à propos de la diviser en cinq bureaux composés chacun des paroisses de leur district, savoir : le district de la ville de Coutances, celui de la ville de Grandville, et ceux des bourgs de Gavray, de Villedieu et de Tessy[1]; que cette méthode obvierait à la confusion et aux embarras qui naîtraient nécessairement d'une nomination tumultueuse, et procurerait à chaque bureau l'avantage de pouvoir délibérer avec plus de réflexion et de choisir avec plus de conscience les personnes les plus en état de travailler à la réduction de tous ses cahiers en un seul. Sur quoi, ouï de nouveau le procureur du Roi, nous avons suivant le vœu de l'Assemblée, distribué tous les députés en cinq bureaux composés des districts ci-dessus, et les avons envoyés incontinent dans des salles séparées, après avoir pris d'eux le serment de procéder fidèlement et en leur âme et conscience à la nomination de dix commissaires, à raison de chacun deux, lesquels dix commissaires ont été autorisés par ladite Assemblée, d'un consentement unanime, à se réunir pour choisir entre tous les

[1] Cette division du bailliage pour les opérations électorales en plusieurs districts régionaux paraît bien inspirée de celle qui avait été inaugurée en 1787 pour les élections aux assemblées d'élection ou de département. Il faut observer toutefois que les circonscriptions furent dans les deux cas sensiblement différentes. Pour la formation des assemblées de département, l'élection de Coutances avait été divisée en cinq districts : Coutances, Granville, Gavray, Marigny et Montmartin. Dans la présente répartition, les trois premiers districts seulement se retrouvent, à raison du ressort différent du bailliage et de l'élection. Les deux districts de Villedieu et de Tessy, dont il est ci-dessus question au texte, ont dû être formés presque exclusivement de paroisses des élections de Saint-Lô et de Vire.

députés en général celui qu'ils jugeront le plus capable pour compléter le nombre des commissaires ci-dessus arrêté.

Et tous lesdits bureaux s'étant formés dans lesdites salles, nous nous y sommes rendus successivement, accompagné du procureur du Roi et assisté de notre greffier, et il y a été en notre présence procédé à haute et intelligible voix à la nomination des commissaires rédacteurs, au nombre de dix, savoir : M⁰ˢ Bonté, docteur en médecine de l'Université de Montpellier, de l'Académie des sciences, arts et belles-lettres de Rouen, adjoint de la Société royale de médecine de Paris, médecin des hôpitaux de cette ville et conseiller-médecin du Roi au bailliage et siège présidial de ce lieu; Dufouc de Maisoncel, seigneur de Maisoncel, patron présentateur à l'hospice ou maison-Dieu de Mortain et avocat au Parlement; Jean Perrée-Duhamel, négociant; Jean-Charles-Laurent Le Couillard-Vicomterie, docteur en médecine ; M⁰ Louis-Thomas Savary, avocat; le sieur Michel-Antoine Prodhomme, laboureur ; M⁰ Antoine-David-Roger le Tullier, conseiller du Roi et procureur en l'élection de cette ville ; M⁰ Thomas Lefevre, avocat en Parlement; M⁰ Louis-Alexandre-Félix Courtin de la Bréaudière, conseiller du Roi en l'élection de Saint-Lô, et M⁰ Léonard Havin, avocat. Et vu qu'il est près d'une heure, nous nous sommes retiré et nous avons renvoyé la continuation des délibérations de la présente Assemblée à deux heures et demie, en cette salle, ce qu'ils ont promis, et avons signé avec le procureur du Roi et notre greffier. *Signé à la minute :* Desmarest, lieutenant général, Le Brun *et* Blondel, *avec paraphes.*

Dudit jour 3 mars 1789, deux heures et demie de relevée, devant nous conseiller du Roi, lieutenant général susdit, assisté comme dit est, présence du procureur du Roi, en la salle de l'auditoire du bailliage de ce lieu,

Sont comparus les députés susdénommés, auxquels nous avons exposé qu'après avoir procédé ce matin à la nomination des commissaires qu'ils ont choisis pour la rédaction de leurs cahiers en un seul, ils ont à procéder maintenant à la réduction du quart d'entre eux, conformément à l'article xxxiii du Règlement de Sa Majesté; que ce quart sera seul chargé de porter leur cahier à l'Assemblée générale des trois états de ce bailliage; que ce même quart formera le nombre des électeurs pour concourir avec ceux des bailliages secondaires ressortissant du nôtre, à la nomination des députés qui seront élus pour porter le cahier général de tous lesdits bailliages, aux Etats généraux qui se tiendront à Versailles le 27 avril prochain; qu'ils doivent donc sentir l'importance de la réduction qu'ils vont faire; qu'ayant eu la douce satisfaction d'être le témoin de l'ordre et de l'harmonie qui règnent au milieu d'eux et du zèle patriotique dont ils sont animés, nous avons lieu d'espérer qu'ils seront dégagés de tous préjugés et de toute prévention pour ne songer qu'au bonheur public, à la gloire et à la prospérité de la nation; qu'en conséquence ils vont s'occuper avec fidélité du choix de ceux qu'ils croiront les plus dignes par leur intégrité, leur sagesse et leurs talents, de mériter leur confiance. A quoi les députés nous ont répondu par acclamation, qu'ils vont procéder à la réduction avec le zèle et l'impartialité que leur inspire le désir de répondre aux vues bienfaisantes de Sa Majesté pour son peuple et de lui donner des preuves de leur amour et de leur attachement; et que pour faciliter ladite réduction au quart d'entre eux ils nous demandent la liberté de se réunir par bureaux et districts, ainsi et de la même manière qu'ils ont été distribués ce matin, pour y procéder chacun dans leur bureau à la réduction cu quart des députés tant présents qu'absents, qui doivent les o mposer. Ouï sur ce le procureur du Roi, nous avons obtempéré au vœu général de l'Assemblée. Et au moment qu'elle était prête de se partager pour se rendre dans lesdites salles aux fins d'y délibérer sur ladite réduction, sont comparus :

Denis Lehodey et Jacques-François Allain, *laboureurs*, députés de la paroisse de Champrepus;

Louis Le Brun, Jullien Guedras, *laboureurs*, députés de la paroisse de Dragueville;

Nicolas Charles Durandière, Bon-Jean-François Bumel de la Bremondière et Charles le Montchois Letaillis, *laboureurs*, députés de la paroisse du Lorey,

Lesquels nous ont représenté qu'ils n'avaient pu se rendre à l'Assemblée du jour d'hier, vu que les cahiers de plaintes et doléances des habitants de leurs paroisses leur avaient été remis trop tard pour les apporter à ladite Assemblée[1], qu'ils nous supplient de rabattre le défaut que nous aurions prononcé contre eux, et de recevoir leurs cahiers de plaintes et doléances qu'ils déposent sur notre bureau. Ouï sur ce le procureur du Roi, vérification par nous faite des pouvoirs des députés desdites paroisses de Champrepus, Dracqueville et du Lorey et iceux trouvés en règle, nous leur avons, en rabattant le défaut contre eux prononcé, accordé

[1] Le cahier de Champrepus est daté, sur l'original manuscrit, du 1er mars 1789; ceux de Dragueville et du Lorey le sont respectivement des 2 et 3 mars. (Voir le texte de ces cahiers, *suprà*, p. 261, 305 et 409.)

acte de leur présence ; et après avoir joint leur cahiers à ceux des autres paroisses, nous avons enjoint auxdits députés de se réunir aux bureaux dans les districts desquels ils se trouvent compris, et ce après leur avoir donné connaissance des arrêtés de l'Assemblée, auxquels ils ont consenti.

Ensuite, chaque bureau s'étant formé chacun dans sa salle, nous nous y sommes transporté accompagné du procureur du Roi et assisté de notre greffier ; et en notre présence il a été procédé à haute voix à la réduction au quart des députés tant présents qu'absents dans lesdits bureaux, et dont le nombre s'est trouvé monter à 320, lequel a été réduit à 80 députés, qui ont été choisis à la pluralité des voix ainsi qu'il suit :

M. Bonté, médecin ; Me Drogy, avocat ; M. Duhamel, lieutenant général de police en cette ville ; M. Quesnel, conseiller d'honneur au bailliage et siège présidial de ce lieu ; le sieur Le Crosnier, laboureur ; M. Varin de Franqueville, conseiller du Roi aux mêmes sièges et procureur du Roi en la maréchaussée ; Me Joly, avocat, et Boivin, notaire ; M. Alexandre, conseiller d'honneur auxdits sièges ; Me Lecaudey, avocat en Parlement, conseiller substitut au bailliage de ce lieu ; M. Bonté de la Martinière, conseiller auxdits sièges ; le sieur Dubréuil, laboureur ; les sieurs Leclerc Deslandes et Guillemin, laboureurs ; M. Lecouvey de l'Épinerie, conseiller auxdits sièges ; M. Dufouc de Maisoncelle, avocat en Parlement ; Me Le Bastard de Lisle, avocat ; le sieur Lemuet des Bouillons, laboureur ; M. Lhermitte, conseiller en ce siège ; les sieurs Duhamel-Perrée, négociant, et Hugon de la Noë, ancien lieutenant de navire ; Picquelin de Gréenville ; Jean Butot, laboureur ; M. Le Couillard-Vicomterie, médecin ; Me Larcher de la Marquerie, avocat ; le sieur Barthélemy Cambernon, laboureur ; Me Jean-Baptiste Hastey, chirurgien ; le sieur Paul-François-Gratien Lemonnier-Duparc ; M. Duprey, seigneur et patron de Chanteloup, conseiller, lieutenant ancien civil et criminel au bailliage de ce lieu ; les sieurs Pierre-François Ferrey, Jourdan, Gond la Chesnaye, Jacques-Thomas Lemonnier de l'Orgerie, Dupont la Neslière, laboureurs, et le sieur Hubert ; M. Guischard vicomte de Gavray ; Mes Jacques-Michel-Jean Le Cervoisier, avocat ; Jean-Richard Letenneur, avocat ; M. Levallois, seigneur du Bouillon ; les sieurs Jean-Michel Guidon, Jean-Baptiste Sarot, laboureurs ; Me Louis-Thomas Savary, avocat ; le sieur Bon-Pierre Levionnois ; le sieur Jean-Jacques-Alexandre Sonnard-Duhamel, laboureur ; le sieur Michel-Antoine Prodhomme, laboureur ; les sieurs François Vastel, Nicolas-Charles de la Durandière ; Me Jean-Baptiste Hamelin, chirurgien ; le sieur Jean-François Le Brun Mahérie,

François Lechevallier dit *Bourey*, Jacques-André Pimor, laboureurs; M. Pollinière, avocat haut-justicier de Villedieu; Mes Laurence et Étur, avocats; M. Houssin de Saint-Laurent, ci-devant élu en l'élection de Saint-Lô; M. Letullier, procureur du Roi en l'élection de ce lieu; Mes Baudry, avocat et notaire, Gilbert et Engerrand, avocats; M. Lepigeon, président honoraire en l'élection de cette ville; M° Lefevre-Dubuisson, avocat; M. Blouet-Duranville, conseiller au bailliage de ce lieu; Mes Leneveu et Lefevre Rahérie, avocats; M. Chauvet, notaire; M. Lemonnier-Dugage, avocat fiscal; M. Louis-Alexandre-Félix Courtin, sieur de la Bréaudière, conseiller du Roi en l'élection de Saint-Lô; M° Havin, avocat; les sieurs Jacques-François-Christophe Pinel de La Millerie, seigneur de Chévry, Pierre-Jacques Gautier, Jean-Thomine Gabriel, Pierre-Marcellin Guernier du Ronceray, laboureurs; M. Michel-Joseph Courtin, sieur de la Gervaisière, conseiller du Roi en l'élection de Saint-Lô; le sieur Léonard Papillon des Coutures, laboureur; M° Bernardin-Joseph Blouet, avocat; le sieur Guillaume Lemasurier, laboureur; M. Marin-Joseph Houssin, sieur de la Bissonnière, conseiller en l'élection de Saint-Lô; les sieurs Jean-François-Marie et Thomas-Antoine Le Comte, laboureurs, et M° Joseph-Pierre Planchon, notaire.

Ensuite se sont réunis dans la salle de l'Assemblée générale tous les députés des bureaux, lesquels après avoir entendu la lecture que nous leur avons fait donner par notre greffier des noms des dix commissaires rédacteurs choisis par les bureaux, ont généralement applaudi audit choix, et les ont priés de procéder, ainsi qu'il avait été arrêté, à la nomination de l'onzième commissaire; pour quoi lesdits commissaires se sont retirés dans une des salles de notre auditoire, où après avoir conféré entre eux, et iceux rentrés dans cette salle, ils ont déclaré qu'ils ont cru se conformer au vœu général de l'Assemblée en choisissant M° Drogy, avocat, pour onzième commissaire; lequel choix a été généralement approuvé. Ensuite nous avons fait donner lecture des noms de tous lesdits députés choisis par les différents bureaux, formant le quart auquel l'Assemblée s'est réduite, auquel quart a été donné par le surplus de l'Assemblée pouvoir d'examiner le cahier qui sera rédigé et arrêté par MM. les commissaires rédacteurs, et de faire pour le bien commun toutes et telles observations qu'ils aviseront bon être, déclarant unanimement s'en rapporter en tout à la prudence et à la décision tant desdits sieurs commissaires-rédacteurs que des sieurs députés électeurs ci-dessus nommés, lesquels ont accepté ladite commission. Et ont tous lesdits députés en général signé les

42.

actes contenant leurs pouvoirs, agrément et consentement; lesquels actes ont été déposés sur notre bureau et par nous mis aux mains de notre greffier pour être par lui déposés en notre greffe, avec le présent notre procès-verbal. Et ce fait, avons remis entre les mains des sieurs commissaires-rédacteurs tous les cahiers des plaintes et doléances des villes, bourgs, paroisses et communautés de notre bailliage, en exhortant lesdits sieurs commissaires à s'occuper le plus promptement possible de l'examen d'iceux et de leur réduction en un seul, aux fins d'en donner lecture aux députés électeurs chargés par l'Assemblée de l'examiner. A quoi il nous a été représenté par lesdits sieurs commissaires, que désirant répondre à la confiance qui leur a été donnée par l'Assemblée, ils allaient s'occuper sans interruption de ce travail; mais que l'examen du grand nombre de cahiers que nous leur remettons exigeant nécessairement beaucoup de temps pour le faire avec exactitude, ils ne prévoyaient point pouvoir le terminer avant le onze ou le douze de ce mois; pourquoi ils nous suppliaient de renvoyer l'Assemblée des députés électeurs au quatorze de ce mois, jour auquel ils comptaient être en état de soumettre leur ouvrage à leur révision; ouï sur ce le procureur du Roi, nous avons fixé ladite assemblée au 14 de ce mois dix heures du matin, auquel jour avons averti et sommé, en tant que besoin, tous lesdits députés électeurs de se trouver dans la présente salle de notre auditoire, aux fins d'entendre la lecture du cahier qui y sera représenté par lesdits sieurs commissaires rédacteurs, et y faire par lesdits députés toutes et telles observations qu'ils jugeront convenables, aux termes de leurs pouvoirs. Et avons clos et arrêté le présent procès-verbal lesdits jour et an que dessus, et l'avons signé avec le procureur du Roi et notre greffier.

Signé à la minute : Desmarest, lieutenant général, Le Brun et Blondel, *avec paraphes.*

Du samedi quatorzième jour de mars 1789, en la salle d'audience du bailliage de Coutances, devant nous conseiller du Roi, lieutenant général susdit, présence et assisté comme dit est,

En conséquence de notre ordonnance du 3 de ce mois, par laquelle nous aurions remis l'Assemblée à ce jour, aux fins par les députés du tiers état de s'y rendre pour entendre la lecture du cahier général de plaintes et doléances des villes, bourgs, paroisses et communautés de ce bailliage, formé par les sieurs commissaires choisis à cet effet, sont comparus lesdits députés, desquels, appel fait, se sont trouvés absents les sieurs Hugon La Noë, Picquelin de

Greenville, Butot, Cambernon, Lemonnier-Duparc, Ferrey, Gond la Chesnaye, Dupont, Hubert, Mes Guischard et Levallois, les sieurs Charles et Le Chevallier, Me Baudry, notaire, les sieurs Pinel de la Millerie, Marie Thomine et Me Planchon, notaire, ces deux derniers étant malades, ainsi qu'il nous l'a été déclaré. Auxquels députés présents a été donné par le sieur Bonté, médecin, un des sieurs commissaires-rédacteurs, lecture à haute et intelligible voix dudit cahier de plaintes et doléances; et après l'avoir entendue, et avoir fait leurs observations, ils ont ratifié unanimement le travail desdits sieurs commissaires, et ont arrêté et signé ledit cahier; lequel nous avons remis, du consentement de l'Assemblée, entre les mains du sieur Drogy, avocat, un des députés et commissaires-rédacteurs, pour être porté à l'Assemblée générale des trois États de ce bailliage, fixée au 16 de ce mois; et avons clos le présent cesdits jour et an et l'avons signé avec le procureur du Roi et notre greffier.

Signé à la minute : Desmarets, lieutenant général, Le Brun *et* Blondel, *avec paraphes.*

La présente copie collationnée à la minute étant au greffe du bailliage de Coutances par moi greffier audit siège soussigné, ce 14 mars 1789.

(Signature :) BLONDEL.

———

1 *bis.* PIÈCES ANNEXES AU PROCÈS-VERBAL DE L'ASSEMBLÉE PRÉLIMINAIRE
DU TIERS ÉTAT.

PROCÈS-VERBAL DE DÉLIBÉRATION ET D'ÉLECTION
DU BUREAU DU DISTRICT DE VILLEDIEU.

(Ms. *Greffe du tribunal de première instance de Coutances,* pièce n° 52.
Original *signé. Inédit* [1].)

Le mardi trois mars 1789,
Les députés des paroisses composant le district de Villedieu

---

[1] Ce procès-verbal, avec l'état des députés qui le suit, est le seul qui nous soit parvenu des cinq bureaux délibérants entre lesquels s'était partagée, ainsi qu'il est porté au procès-verbal, l'assemblée préliminaire. Nous avons cru intéressant de donner cette pièce, qui nous fait connaître les procédés plus ou moins réguliers auxquels avaient recours, dans leurs opérations intérieures, les assemblées de bailliages. On remarquera qu'ici le souci d'assurer la représentation régionale a été poussé jusqu'à subdiviser le district lui-même en petits

énoncés en l'autre part, procédant à la nomination de deux commissaires à l'effet de rédiger le cahier des doléances, plaintes et rémontrances du bailliage de Coutances; conjointement avec les commissaires qui seront choisis par les autres districts, ont à haute voix et à la pluralité des suffrages pris par tête nommé : MM. Le Tullier procureur du Roi en l'élection de Coutances et Lefèvre-Dubuisson, avocat. Et de suite, procédant à la réduction au quart de tous les députés des paroisses, les suffrages pris comme dessus, la pluralité s'est réunie en faveur de MM. Polinière, avocat; Laurence, avocat; Estur, avocat; Houssin de Saint-Laurent, ci-devant élu en l'élection de Saint-Lô; Le Tullier, procureur du Roi; Baudry, avocat et notaire; Gilbert, avocat; Engerran, avocat; Le Pigeon de Launay, président honoraire en l'élection de Coutances; Lefèvre-Dubuisson, avocat; Blouet, conseiller au présidial de ce lieu; Leneleveu, avocat; Lefebvre-Rahérie, avocat et Chauvel, notaire, et Le Monnier-Dugage, avocat fiscal de Villedieu, auxquels les sieurs députés formant le quart a été donné pouvoir d'examiner le cahier qui sera arrêté par MM. les commissaires-rédacteurs, et de faire pour le bien commun telles observations qu'ils aviseront bien, déclarant unanimement s'en rapporter en tout à la prudence et à la décision tant desdits sieurs députés électeurs ci-dessus qui ont accepté ladite commission, que des sieurs députés électeurs des autres districts. Fait et arrêté en l'auditoire de l'élection de Coutances et signé après lecture.

POLINIÈRE, *avocat*, LAURENCE, *avocat*, Gabriel LEMONNIER, *avocat*, LEMONNIER, F. HAVARD, LEMONNIER DU GAGE, PITEL, Denis LEHODEY, DELAFOSSE, Ch. VOISIN, D. QUESNEL, LEFRANC, B. P. HOUSSIN, HOUSSIN DE SAINT-LAURENT, G. VOISIN, D. QUESNEL, LEFRANC, ETUR, J.-G. GOUFIN, BAUDRY, LE TULLIER, J. LENOIR, LEFRANC, J. CALLIPEL, BAUDRY, TISON, G. BAISNÉR, Ph. DUPONT, F. LEBARGY, G. HAMEL, M. CHAUVET, Ch. LEJAMETEL, J.-B. TIERCELIN, P. BONNET, Ch. TROUSSEL,

groupements de paroisses de même importance numérique, auxquels il a été attribué uniformément une représentation égale de deux députés. Il ne paraît pas d'ailleurs que la subdivision du bailliage en plusieurs districts ait eu à Coutances d'autre but que les opérations électorales, et nous ne croyons pas que dans ce bailliage, les groupements irréguliers ainsi formés aient eu occasion de rédiger des cahiers de doléances, intermédiaires entre le cahier de la paroisse et celui de l'assemblée préliminaire, ainsi qu'il est arrivé par exemple dans le bailliage de Rouen. (V. *Cahier de la sergenterie de Pont-Saint-Pierre*, Archives Seine-Inférieure, série B, liasse *Cahiers de Rouen*, n. cl.)

DE FERRONNIÈRE, LEFEBVRE-RAHERIE, *avocat*, VIBERT, CAUVRY, *avocat*, ENGERRAN, *avocat*, M. DES FONTAINES, LE PIGEON, LENEVEU, J.-M. VIBERT, MORIN, F. EUDES, LEFRANC, LEFEBVRE DUBUISSON, G. BÉNASTRE, BLOUET-DURANVILLE, A. DOUCET, P. ALLAIN, BRIENS, G. DANIN, LEHODEY, LECOCQ, LEMONNIER, F.-G. GOSSE, CHAUVEL, Ch.-F. MORIN, J. LEBRUN, Julien GUEDRAS.

État des députés nommés pour se trouver à l'Assemblée du 16 de ce mois.

		DÉPUTÉS.
MM. Polinière, avocat...... Laurence, avocat......	Villedieu.................	8
Estur, avocat............ Houssin de Saint-Laurent, ci-devant avocat...... *Élus de l'élection de Saint-Lô*............	La Haie-Comtesse......... 2 Maupertuis............. 2 Le Guislain............. 2 La Haie-Bellefond........ 2	8
Le Tullier, procureur du Roi de l'élection de Coutances............ Baudry, avocat et notaire.	Hambye............... 7 La Baleine pour un de ses députés............ 1	8
Gilbert, avocat......... Engerrand, avocat......	La Bloutière........... Montaigu............. Fleury............... Saultchevreuil.........	8
Lepigeon, président honoraire de l'élection de Coutances......... Le Fèvre-Dubuisson, avocat............	Mesnilvillemant......... 2 Mesnilamant........... 2 Mesnil-Rogues.......... 2 Mesnil-Hue........... 2	8
Blouet Duranville, conseiller au présidial de Coutances......... Leneveu, avocat......	Saint-Denis-le-Gast........ 4 Orbeville............. 2 Champrepus........... 2	8
Le Fèvre Raherie, avocat.	Mesnil Garnier........... 2 Lorbehaie............. 2 Mesnilbonant........... 2 La Baleine, pour le député restant............. 1	7
Chauvel, entrepreneur..	La Lande d'Airou........ 3	3

Le Monnier-Dugage, nom-
mé pour le quart des { Dragueville.............. 2 } 4
députés absents au nom- { Sourdeval............... 2 }
bre de quatre.......

TOTAL........ 62

MM. Lefranc, Le Monnier-Dugage, Le Cervoisier de Gavray,
F.-Ant. Piel de la Ferronnière.

2. Cahier de doléances.

(Ms. *Greffe du Tribunal de première instance de Coutances, pièce n° 342.*
Original signé. *Inédit*[1].)

*Doléances, plaintes et remontrances respectueuses du tiers état
du bailliage de Coutances.*

La nation française touche enfin à cette heureuse époque qui va
fixer sa constitution. Les lois changées, altérées, oubliées par les
vicissitudes qui sont l'effet de la variété des temps, des mœurs et
des circonstances, nécessitaient une réforme. La masse de l'impôt
augmentée toujours par des besoins toujours renaissants, et appe-
santie par l'inégalité de sa répartition, était onéreuse à l'État[2]; il
n'oubliait ses maux que dans l'espoir de les voir bientôt finir sous
le règne d'un Roi chéri et bienfaisant, qui montre à l'Europe étonnée
qu'on peut allier la puissance avec la liberté des peuples; dans sa
sollicitude, il appelle un ministre éclairé, il concerte avec lui tous
les moyens capables de faire leur bonheur, il les rassemble aujour-
d'hui pour les y faire concourir. Tous les ordres vont déposer aux
pieds du trône leurs doléances. Les députés du bailliage de Coutances sont chargés d'y porter celles qui vont être consignées dans
les articles suivants.

[1] Un double exemplaire existe aux
mêmes Archives du greffe de Coutances,
pièce n° 341. Original, *signé des commissaires seulement.*

[2] Tout ce préambule reproduit presque textuellement certaines phrases du
préambule des cahiers du type Beaucoudray (*suprà,* p. 144) qu'on retrouve
d'ailleurs dans le discours de M. de
Montchaton à l'assemblée générale. Le

texte du cahier est, pour le reste, en
général, une combinaison des cahiers
des villes de Coutances et de Granville;
les commissaires se sont contentés d'y
intercaler, principalement pour les réformes judiciaires, quelques articles du
long cahier de Bricqueville-la-Blouette, et
pour l'article des *Doléances locales,* ils ont
fait quelques emprunts aux cahiers de
Villedieu, Belval, Hauteville-sur-Mer, etc.

CONSTITUTION.

Art. 1er. 1° Le tiers état, dans le choix de ses députés, se conformera à l'exemple donné par les deux autres ordres ;

2° Le cahier du tiers état sera présenté de la même manière que ceux du clergé et de la noblesse [1] ;

3° Les députés demanderont qu'à l'avenir le nombre des représentants du tiers état aux États généraux ne puisse jamais être moindre que celui des représentants des deux autres ordres réunis [2] ;

4° Le retour périodique des États généraux sera fixé à des époques invariables ; on pourra délibérer par ordre, mais toutes les fois qu'il n'y aura unanimité d'avis des trois ordres, ils se réuniront pour délibérer par tête [3] ;

5° Les dettes et dépenses légitimes de la nation peuvent seules faire la base des impôts qui seront accordés par les États généraux, et la durée de l'impôt ne pourra jamais excéder le terme fixé pour leur retour ; nul emprunt ne sera fait sans leur consentement ;

6° Il doit être rendu, chaque année, un compte public des dettes, recettes et dépenses, pour régler la diminution de l'impôt en raison de l'extinction des dettes et de la réduction des dépenses ;

7° Les États généraux conduisent à la formation d'États provinciaux dont Sa Majesté a pressenti tous les avantages. Ils étaient l'ancien régime de cette province, c'est un titre de plus pour en solliciter le rétablissement [4] ;

[1] Cf. le cahier de Coutances, art. 1er, suprà, p. 90 (reproduction textuelle).

[2] Cf. le cahier de Granville, art. 1er.
— L'assemblée de département de Coutances avait exprimé déjà le vœu que « l'ordre du clergé et celui de la noblesse combinés ensemble aient un nombre de représentants égal à celui des députés du tiers état. » (Procès-verbal de l'assemblée départementale de Coutances, séance du 29 octobre 1788, vœux, § États généraux, art. 3.)

[3] Cf. les cahiers de Coutances, art. 3, et Granville, art. 2 (emprunts textuels).
— L'assemblée de département avait arrêté de même : « Les voix se prendront par tête et non par ordre, conformément à ce qui a été prescrit par l'édit de création des assemblées provinciales. » (Ibidem, art. 12.)

[4] Les articles 7 à 10 reproduisent essentiellement les termes d'une Adresse des officiers municipaux de la ville de Granville, en faveur du rétablissement des États provinciaux, transcrite sur le registre des délibérations de l'hôtel de ville, à la date du 17 octobre 1788. (Exemplaire envoyé à l'intendant, Arch. Calv. C. 6354.) Une délibération analogue des officiers municipaux de Coutances, en date du 7 novembre 1788 a été imprimée et répandue dans province. (Arch. Calv. C 6358.) Voir le cahier de Coutances, art. 5, suprà, p. 90.

L'assemblée de département de Coutances de 1788 avait arrêté au sujet des États provinciaux tout un plan d'organisation, dont l'influence sur les vœux des cahiers apparaît manifeste :

1° « Que Sa Majesté ayant manifesté que son intention est de rendre à toutes les provinces de son royaume leurs anciens privilèges, elle sera suppliée d'ac-

8° Au précieux avantage de régénérer les provinces, les États particuliers joindront celui de faciliter la suppression des bureaux des intendances, et de former aisément et promptement un conseil national, qui accorderait provisoirement des subsides dans les besoins pressants et inattendus de l'État ;

9° Leur formation et leur régime, conformément à ceux des États généraux, en écartant toute prépondérance de voix, concilieraient les vues sages et bienfaisantes du Roi avec l'intérêt des peuples, dont le vœu général sera sans doute qu'ils soient tenus au milieu des provinces ;

10° Une de leurs principales attributions sera de répartir la part qui sera fixée pour chaque province par les États généraux dans le total des impositions, que toutes celles du royaume doivent supporter en raison de leurs forces respectives et sans acception de privilèges ;

11° La défense, la sûreté et la splendeur de l'État, l'utilité et commodité publiques nécessitent l'impôt. Il doit donc être supporté par tous les ordres sans exception ni privilège. C'est un des principaux articles sur lesquels les députés doivent insister ;

Le tiers état voit la noblesse, sans la jalouser, occuper par préférence les grades militaires, mais il ne peut voir, sans y être sensible, une nouvelle ordonnance[1] qui l'en exclut, et qui, détruisant l'émulation, devient nuisible à l'État ; les députés doivent en solliciter vivement la révocation ;

13° On ne peut assez promptement s'occuper de l'interprétation de l'édit de novembre 1787, au sujet des biens des non-catholiques fugitifs[2].

corder à la Normandie le rétablissement de ses États provinciaux ;

« 2° Que la Haute et la Basse Normandie formant une province trop considérable en étendue et en population, et payant en impositions versées au Trésor royal une somme qui excède les revenus de plusieurs souverains de l'Europe, Sa Majesté sera suppliée de les diviser, et de leur accorder à chacune leurs États provinciaux... ;

« 3° Le roi sera supplié d'accorder aux États le droit de répartir les impôts que les besoins du royaume nécessiteront, et qui auront été consentis par les États généraux ;

« 4° La Commission intermédiaire sera toujours en activité, et elle sera chargée de tous les arrêtés pris par les

États ; elle fera la répartition, l'assiette et la perception des impôts ; elle veillera aux travaux publics ordonnés par les États et à leur entretien, enfin à tout ce qui intéresse le bien général de la province, par l'entremise des bureaux intermédiaires de chaque département. » (*Ibidem*, *séance du 29 octobre 1788*, Arch. Calvados, C 7700.)

[1] *Règlement portant que nul ne pourra être proposé à des sous-lieutenances, s'il n'a fait preuve de quatre générations de noblesse*, du 22 mai 1781 (texte dans ISAMBERT, XXVII, n° 1500, p. 29). Cf. le cahier de Coutances, art. 51.

[2] *Édit concernant ceux qui ne font pas profession de la religion catholique*, Versailles, novembre 1788 (texte dans ISAMBERT, XXVIII, n° 2415, p. 472).

IMPOSITIONS.

Art. 2. 1° La multiplicité des impositions, dont la perception est immense dans ses détails, en augmente considérablement le fardeau; celles qui portent sur les propriétés pourraient être réduites à une seule, soit en argent, soit sur les fruits[1], la plus simple, la plus facile à percevoir, la moins onéreuse et la plus propre à faire régner l'égalité; celles des villes porteraient spécialement sur des objets de luxe, sur les marchandises provenantes de l'étranger et les denrées de consommation, dont on excepterait celles de première nécessité; un timbre très-modéré sur les obligations, billets à ordre, billets au porteur, et lettres de change et autres de cette espèce, et plus fort sur les brevets de grâce, ferait contribuer les capitalistes aux impositions personnelles, qui, pour le surplus, seraient réparties le moins arbitrairement possible;

2° L'intérêt public exige que le recouvrement de toutes ces impositions dans chaque ville, bourg et paroisse, ainsi que la recette générale et les recettes particulières, de chaque district, soient passées par adjudication au rabais à personnes solvables, et avec bonne et solide caution;

3° Il exige encore que le payement des rentes et autres charges du Roy et de l'État se fasse, dans les différents districts des créanciers par les receveurs adjudicataires;

4° Les privilèges du clergé cessant, ses rentes créées pour l'État doivent en devenir une charge; ce sera, dans les biens mêmes de cet ordre, qui ont commencé par être des propriétés de l'État, qu'on trouvera des ressources pour les payer. Deux moyens pourraient être employés : l'un serait de mettre successivement en économat plusieurs abbayes[2]; l'autre, de profiter de la mense d'abbayes où il n'y a plus de conventualité, et de celle d'abbayes d'ordres contemplatifs, dans lesquelles il n'existe qu'un petit nombre de religieux, en les réunissant à d'autres maisons, en nombre proportionné à leurs revenus;

5° Les dettes actuelles et le déficit de l'État sont en partie l'effet de la masse énorme des pensions trop prodiguées. Le Roy

---

Cf. le cahier de Montchaton, art. 4, *suprà*, p. 448.

(1) Cf. le cahier de Coutances, art. 8. *Contrà*: Granville, art. 5; *suprà*, p. 120.

(2) Cf. le cahier d'Annoville-Tourne-ville, art. 5, *suprà*, p. 146. L'unique abbaye d'hommes du bailliage, celle d'Hambye, n'avait plus, comme dit le cahier, de conventualité; le dernier religieux était mort en 1771, et l'abbé commendataire, M. de la Prune-Montbrun, avait seulement chargé quelques prêtres séculiers d'acquitter les fondations. (Voir le cahier de Hambye, *suprà*, p. 344.)

sera supplié d'en examiner les causes, pour réduire celles qui seraient excessives et supprimer celles qui seraient surprises sous un prétexte frivole, et de fixer à cette distinction une somme modérée ;

6° Il existe un grand nombre d'emplois inutiles à la Cour, dans les provinces et dans les villes, dont les appointements sont une surcharge pour l'État. Le Roi sera également supplié de les restreindre ;

7° Les aliénations et les échanges marqués au coin de l'inégalité, qui ont été faits des biens des domaines et qui mériteraient une attentive revision, en ont diminué le produit [1] ; une régie très coûteuse absorbe le peu qui en reste ; leur inféodation, si l'on excepte celle des forêts, pourrait seule en restituer le revenu ;

8° Les préposés des fermes générales et de la régie mettent beaucoup d'entraves au commerce, et gênent extrêmement la liberté des citoyens dans la perception de droits qui enrichissent aux dépens du peuple les agents du fisc ; tels sont les droits de gabelle, quart-bouillon et aides ; tels sont encore ceux qui se lèvent pour la marque des cuirs, viandes et métaux [2]. Le vœu général sollicite les États généraux de s'occuper d'un objet aussi important et d'anéantir ces droits, s'il est possible, en les remplaçant par d'autres moins onéreux ; ceux qui se perçoivent de province à province ne le sont pas moins, et doivent être supprimés ;

9° Depuis longtemps les droits de contrôle et insinuation, si excessifs et si arbitrairement interprétés, excitent une réclamation générale. Les députés seront chargés de solliciter vivement qu'ils soient réduits par un nouveau tarif clair et précis, que les droits sur les contrats de mariage et sur les lots et partages soient si modérés qu'ils puissent déterminer à les passer devant notaire, et que la compétence de ces droits comme de tous ceux qui se perçoivent pour les procédures, soit attribuée aux juges ordinaires [3] ;

10° Les droits du sceau qui sont perçus dans les chancelleries de Normandie sont exorbitants ; ils ont été aliénés à vil prix au bénéfice des secrétaires du Roi près les deux Cours souveraines de cette province [4]. La révocation de cette concession sera demandée,

---

[1] Cf. le cahier de Granville, art. 9.

[2] Cf. le cahier de Coutances, art. 14 (reproduction presque textuelle).

[3] Cf. le cahier de Coutances, art. 19 et 20 (passages textuellement reproduits).

[4] Il s'agit des droits perçus pour l'expédition en chancellerie des lettres royales accordant le bénéfice de certains moyens de droit prévus par la loi (lettres de légitimation, lettres de naturalité, bénéfice d'inventaires, etc.). Il y avait auprès du Parlement de Normandie une chancellerie, et une autre auprès de la Cour des Comptes. Celle de la Cour des Aides avait été réunie à celle du Par-

ou du moins une réduction considérable sur ces droits ; les autres, connus, sous le nom de droits de greffe, ne méritent pas moins l'attention des États généraux ; les inconvénient des visa de MM. les commissaires départis, faciles à établir, demandent qu'on en soit dispensé.

ADMINISTRATION.

ART. 3. 1° Les comptes que les villes rendent par état au vrai aux bureaux des finances, et par apurement aux chambres des comptes, coûtent des sommes considérables ; cette dépense doit leur être épargnée, en ne les obligeant qu'à les rendre aux maires et échevins et aux députés des corps assemblés. Il serait également d'une bonne administration de rendre aux villes l'élection de leurs maires et échevins et autres administrateurs, cela serait d'autant plus juste qu'il se paye encore des droits pour le remboursement des offices municipaux qui avaient été supprimés (1) ;

2° On observera qu'il n'est pas juste qu'une seule classe de citoyens soit sacrifiée à la défense publique. La milice de l'intérieur des terres et celle des paroisses gardes-côtes (2) pourrait être remplacée par une prestation en argent, dont le produit serait consacré à fournir des défenseurs volontaires à l'État, et qui serait supportée par tous les ordres ;

3° La destination des deniers levés dans un canton pour les

---

lement en juillet 1704. (HOUARD, *Dict. Anal.*, v° Chancellerie, I, 222.)

(1) Cf. l'addition au cahier de Hauteville-sur-Mer, § 1, et la note sur ce texte, *suprà*, p. 352, et pour l'élection des officiers municipaux, le cahier de Saint-Pierre de Coutances, art. 6, *suprà*, p. 104.

(2) L'élection de Coutances ne fournissait en 1788 à la milice qu'un contingent de 37 hommes (29 pour Coutances et 8 seulement pour la subdélégation de Granville), sur un chiffre de 1,853 inscrits (1,461 pour Coutances, 294 pour Granville). (Arch. Calvados, C 1916.) La garde-côte prélevait un contingent plus élevé de 80 hommes sur les paroisses maritimes. (Arch. Calvados, C 1861.) Ce n'était pas beaucoup, semble-t-il, pour une population qui était, nous l'avons vu, évaluée à la même époque à 87,308 habitants. Les paroisses appartenant à l'élection de Saint-Lô ne contribuaient qu'à la milice de terre. En 1788, elles avaient fourni en tout 17 miliciens. (Arch. Calvados, C 1921.)

L'assemblée du département de Coutances avait émis, à la fin de l'année précédente, un double vœu analogue à celui du cahier :

Art. 16. «Que l'on exempte les paroisses garde-côtes du tirage des canonniers auxiliaires de la marine, qui produirait bientôt la dépopulation générale de ces paroisses, et détruirait conséquemment la source des matelots ; et que si on persiste à faire tirer ces paroisses pour des canonniers, on y réunisse quelques paroisses garde-côtes pour y contribuer.

Art. 17. «Que le département soit chargé de faire tirer à la milice de terre et de mer (si par malheur elle avait lieu), et d'envoyer sur les lieux des membres de l'assemblée et du bureau intermédiaire, pour éviter aux paroisses des frais très dispendieux et une perte de temps considérable.» (*Procès-verbal de l'assemblée d'élection, Coutances séance du 28 octobre*, Arch. Calvados, C 7700.)

ouvrages publics qui le concernent devrait être respectée, sans être sous aucun prétexte détournée pour être employée dans un autre; les octrois qui se lèvent dans les villes ne devraient être également supportés que par leurs propres consommations;

4° La division des biens communaux est utile à l'État en général; elle ne l'est pas moins en particulier aux paroisses où ils sont situés : de grands avantages naîtraient du partage, qui en serait fait sous la condition d'en cultiver en bois une portion déterminée, lorsque la nature du sol le permettrait. La disette du bois exige cette attention et celle de s'occuper sérieusement du repeuplement des forêts, de favoriser et encourager les plantations, et même d'ordonner qu'il en serait fait de nouvelles;

5° Les chemins vicinaux de communication essentielle devraient être à la charge de chaque communauté;

6° En rappelant la destination des dîmes, il sera demandé que la reconstruction, réparation et entretien des églises et presbytères en totalité soient à leur charge, et qu'une portion d'icelles soit dans chaque paroisse appliquée au soulagement des pauvres;

7° Les portions congrues doivent être augmentées en proportion de la population et de l'étendue des paroisses; raisons qui, dans toutes les paroisses, doivent déterminer le nombre des vicaires;

8° Le droit [de] déport, comme contraire à la charité et à l'intérêt des pasteurs et des fidèles, doit être anéanti [1];

9° La conservation du numéraire dans l'État nécessite la suppression des droits d'annates, de ceux pour dispenses, obtention de bénéfices, et autres de cette nature;

10° L'édification des peuples demande que les bénéficiers soient sujets à résider dans le lieu de leur bénéfice; la dépense de leurs revenus dans les provinces y répandrait l'abondance, qui favoriserait le payement de l'impôt [2].

RÉFORMES DANS LA JUSTICE.

ART. 4. 1° Dans une monarchie, la puissance du Souverain s'exerce par les lois, le sujet y doit jouir de la liberté qu'elles lui assurent; il ne doit en être privé ni par des lettres de cachet qui,

---

[1] Cf. le cahier de Coutances, art. 47 (reproduction textuelle).

[2] Le *Rôle d'assignation des ecclésiastiques* fait apparaître les bénéficiers non résidents du bailliage. D'abord,

l'abbé commendataire de Hambye, M. de la Princ-Montbrun, qui habite à Paris. C'est à Paris aussi qu'habite l'abbesse de Notre-Dame-des-Anges, Mme Houël de la Roche-Bernard. Le prieur de la Blou-

le plus souvent, sont le fruit de surprises faites au Roy, ni par des
ordres des gouverneurs des provinces, sous prétexte de port d'armes
et de braconnage [1];

2° La privation des propriétés ne doit être aussi qu'une suite
de l'application des lois. Si le bien public demande quelque sacrifice, une juste indemnité doit être payée avant que l'on puisse
prendre le terrain [2];

3° Une juste défense contre les malfaiteurs, et le besoin de
protéger ses troupeaux, ses moissons, contre les animaux nuisibles,
exigent qu'il soit permis à chaque père de famille d'avoir une
arme à feu dans sa maison;

4° Les inconvénients résultant de la liberté de la presse
n'ont eu d'autre cause que la tolérance accordée aux auteurs qui,
sous le voile de l'anonyme, se sont cru tout permis. Leur nom et
celui de l'imprimeur exigé à la tête de leurs ouvrages, remédierait
aux abus, et donnerait à chaque citoyen le droit d'être utile à la
patrie;

5° Le pouvoir important de faire exécuter les lois ne devrait
point être le prix de la finance d'offices dont la création est due
aux besoins de l'État. Un libre choix parmi les personnes dont les
talents et la probité seraient reconnus, devrait appeler les magistrats dans le sanctuaire de la justice;

6° En attendant l'heureuse époque où le rétablissement des finances pourra permettre d'opérer ce changement précieux, on
devrait prendre de sages précautions pour rendre les études dans
les Universités plus utiles [3], et l'instruction que ceux qui se destinent
au barreau et à la magistrature y recevraient plus conforme aux
lois nationales; la suite du barreau, l'obligation d'exercer les fonctions d'avocat pendant quelques années, un sérieux examen suivant

---

tière réside, bien malgré lui, comme
nous savons; également le prieur-curé
de Hocquigny. Les non-résidents ne
seraient donc pas bien nombreux; mais
il ne faut pas oublier que les dîmes et
les revenus ecclésiastiques de la majeure
partie des paroisses sont aux mains de
réguliers étrangers au bailliage, religieux de Montebourg, Savigny, Montmorel, du Mont-Saint-Michel, etc.,
dont les abbés ne résident pas pour la
plupart dans le pays.

[1] Cf. le cahier de Coutances, art. 39;
le cahier de Granville, art. 40.

[2] Cf. le cahier de Coutances, art. 40.
— L'assemblée du département de Coutances avait demandé expressément :

Art. 3. « Qu'il fût inséré dans les nouvelles adjudications de grandes routes
que les adjudicataires ne pourront inquiéter les propriétaires voisins des chemins par lesquels ils font passer leurs
voitures pour aller aux carrières pour la
réparation desdits chemins» — et
Art. 4 : « Qu'il fût ajouté à l'article 3
de l'arrêt du Conseil du 7 septembre
1755 que le prix de la pierre entrera
dans le dédommagement accordé aux
propriétaires du fonds où on trouvera
de nouvelles carrières,» (Procès-verbal de l'assemblée de Coutances, séance
du 20 octobre 1788, Arch. Calvados
C 7700.)

[3] Cf. le cahier de Coutances, art. 16.

les anciennes ordonnances, enfin l'obligation de donner son opinion à haute voix [1], seraient autant de moyens qui concourraient,
pour n'admettre que ceux qui seraient vraiment dignes de décider
de la vie et de la fortune de leurs concitoyens ;

7° La simplification des procédures civiles et criminelles,
l'abréviation des procès, l'accélération des jugements, et la commodité des justiciables doivent être pris en considération [2] ;

8° L'existence des Parlements est nécessaire pour l'enregistrement des lois concernant la justice ; celle du Parlement de Normandie l'est sous un autre égard, celui de maintenir l'unité de la
jurisprudence. La commodité publique demanderait qu'il fût placé
au centre de la province ;

9° Des arrondissements et la suppression des tribunaux d'exception rapprocheraient les justiciables des tribunaux, et préviendraient les inconvénients qui résultent du mélange du territoire
des juridictions dans les mêmes paroisses ;

10° La décision en dernier ressort dans les bailliages des affaires
de peu d'importance épargnerait les frais que les appels occasionnent pour des intérêts légers ;

11° Dans toutes autres affaires, la ressource de l'appel doit être
conservée, mais réduite à un seul degré ;

12° L'augmentation de la compétence des présidiaux [3] obvierait
à la dépense considérable qu'entraîne la poursuite des procès dans
les Parlements ;

13° L'estimation des causes en première justance réglerait le
tribunal d'appel, et un bureau de législation auprès du chancelier
déciderait sans frais des compétences qui, en prolongeant les
procès, occasionnent des frais inutiles à leur décision ;

14° Des inspecteurs envoyés de temps en temps pour recevoir
les doléances [des] justiciables feraient régner le bon ordre établi
par les lois ;

15° Des conciliateurs choisis dans des cantonnements, et devant lesquels les parties seraient obligées de comparaître avant
de procéder en justice, étoufferaient beaucoup de procès dans leur
origine ;

16° La prohibition de se pourvoir par opposition ou par appel

[1] Cf. le cahier de Coutances, art. 18.
[2] Cf. le cahier de Coutances, art. 19.
[3] Cf. le cahier de Coutances, art. 22.
— Le siège présidial de Coutances
connaissait, par appel, des sentences
des bailliages d'Avranches, Saint-
Lô, Carentan, Valognes, Saint-Sauveur-le-Vicomte séant à Périers et
à Gérences, jusqu'à concurrence de
2,000 livres en dernier ressort, et
au delà à charge d'appel au Parlement. (Lettre de M. de Mombrière à
l'intendant, 8 juillet 1788, Arch. Calvados, C 6077.)

contre les sentences et jugements rendus par défaut, faute de fonder procureur ou avocat, de fournir défense et de plaider sans l'avis de deux anciens avocats du tribunal où la requête serait présentée et de celui où l'appel serait porté, opposerait une barrière à la chicane des plaideurs ou des mauvais débiteurs ;

17° Les arrêts de surséance qui sont accordés au Conseil du Roi empêchent l'effet des lois, favorisent le dérangement et la dissipation, et occasionnent souvent le désastre de la fortune d'honnêtes créanciers. Le bien public réclame fortement contre cet abus ;

18° Les évocations, committimus, attributions de juridiction et lettres de garde gardienne ne produisent pas un moindre mal ; la charte normande y apportait un obstacle, son exécution le ferait cesser [1] ;

19° Les droits fixés par les lettres patentes de 1769 [2] pour la province de Normandie sont susceptibles d'une revision et d'une réduction estimée nécessaire, surtout ceux accordés pour les actes de tutelle, et ceux des procureurs. La suppression désirée de ces officiers contribuerait à simplifier l'ordre judiciaire ;

20° La loi fiscale qui a dispensé les notaires, les procureurs et les greffiers, dans les significations judiciaires, de se conformer pour le nombre de syllabes à ce qui leur était précédemment prescrit, laisse une liberté arbitraire de multiplier les rôles au grand désavantage du public, et doit être abrogée [3] ;

21° L'exécution peu respectée des anciennes ordonnances qui défendaient aux greffiers d'allonger la délivrance des arrêts, jugements et sentences par l'insertion en parchemin des plaidoyers, par les qualités des juges et l'extrait des écritures et autres pièces produites, doit être recommandée [4] ;

22° La concurrence toujours utile s'oppose à la réunion de plusieurs offices de notaires sur une seule tête, et exige leur division au moins en deux études séparées dans les villes [5] ;

23° Les inventaires, dont la confection est attribuée aux notaires, tendent à la conservation des intérêts des mineurs, des absents et autres, mais les frais considérables qu'ils occasionnent dans les successions des pauvres en absorbent la valeur ; une exception dans ce cas serait nécessaire ; des certificats de pauvreté donnés par les curés et les notables des paroisses devraient les en dispenser ;

[1] Cf. les cahiers de Granville, art. 27 ; Coutances, art. 23.
[2] Cf. le cahier de Bricqueville-la-Blouette, art. 36, *supra*, p. 204.
[3] Cf. le cahier de Coutances, art. 31.
[4] Cf. le cahier de Coutances, art. 34 (reproduction textuelle).
[5] Cf. le cahier de Coutances, art. 32.

IMPRIMERIE NATIONALE.

2 4° L'édit des hypothèques [1] produisant beaucoup plus d'inconvénients que d'avantages, doit être supprimé, ou du moins, s'il subsiste, les oppositions devraient, comme les actions mobilières, avoir la durée de trente années;

2 5° Les maîtrises d'arts et métiers, dont on a même étendu les entraves dans les campagnes en y assujettissant ceux qui habitent les banlieues des villes, en excluent l'industrie, sont une charge pour les habitants des campagnes, gênent la liberté du commerce; le vœu général en réclame l'anéantissement, sauf le remboursement graduel et modéré par ceux qui exerceraient dans la suite les mêmes arts et métiers [2];

2 6° Les droits attribués aux priseurs-vendeurs sont exorbitants et ruineux; leurs fonctions exclusives sont très à charge au public, leur suppression serait nécessaire [3], l'aliénation de leurs offices ayant été faite à très vil prix, au désavantage de l'Etat;

2 7° Les justes raisons qui ont déterminé la suppression des fonctions de jaugeurs [4] devraient porter à celle des réformateurs des poids et mesures;

2 8° Les rentes viagères sont un moyen d'éluder les lois prohibitives de l'usure, et de tirer de l'argent un intérêt exorbitant; une loi qui fixerait le taux de ces rentes, et qui permettrait de faire produire un intérêt déterminé à l'argent en aliénant le capital à terme fixe, ferait disparaître l'usure, opérerait la circulation des espèces, vivifierait le commerce et l'agriculture, et faciliterait les contrats commutatifs.

OBJETS PARTICULIERS.

ART. 5. L'agriculture, source féconde et la plus assurée des richesses de l'État, mérite l'attention spéciale du Gouvernement; il ne doit négliger aucun des moyens propres à encourager le cultivateur :

1° Les pailles des dîmes qu'il paye devraient être rendues à leur destination naturelle d'engraisser les terres; elles sont portées, surtout par les fermiers des dîmes, à un prix arbitraire indéterminé, et qu'ils ne fixent que lorsqu'ils voient la rigueur de la saison en rendre le besoin plus pressant; une loi salutaire devrait autoriser les juges des lieux à en déterminer le prix [5];

---

[1] Cf. le cahier de Bricqueville-la-Blouette, art. 45; le cahier de Coutances, art. 26.

[2] Cf. le cahier de Coutances, art. 38; Saint-Nicolas-de-Coutances, art. 18, *supra*, p. 101.

[3] Cf. le cahier de Coutances, art. 33 (presque textuellement).

[4] Cf. la note sur le cahier de Villedieu, art. 6, *supra*, p. 639.

[5] Cf. le cahier de Belval, art. 9 et la note, *supra*, p. 154.

2° Des contestations sans fin au sujet des dîmes insolites, la tranquillité du laboureur continuellement troublée, sollicitent une loi attendue depuis longtemps, qui rétablirait la paix entre les décimateurs et les décimables ;

3° Malgré la réclamation des paroisses de la majeure partie du bailliage, malgré la prohibition expresse faites par le Roy Louis XIII en 1617 [1], faisant droit aux représentations des États, un impôt se lève sur les tangues ; il arrête les progrès de l'agriculture, et nuit à la fertilité de ces contrées ;

4° A cette fertilité s'opposent encore les obstacles mis par les agents des fermes à l'enlèvement du sable empreint de sel marin préparé par les saulniers ;

5° Le voisinage de la mer offre au petit peuple de quelques paroisses un moyen de subsistance qu'il trouverait dans la pêche du lançon [2] et dans celle des autres poissons à l'embouchure des rivières, avantage dont il est souvent privé par l'exercice de droits qui semblent contraires à l'ordonnance ;

6° Les préparations préliminaires des diverses semences fréquemment endommagées dans ce pays par la nielle et les insectes, rendent le transport de l'eau de mer indispensable pour les exécuter, et en font désirer la liberté ;

7° Les colombiers font un tort considérable à l'agriculture, les banalités sont absolument gênantes et sont une source de procès ; la démolition des uns et la suppression des autres seront, d'après le vœu général, proposées au moyen d'une indemnité.

ART. 6 ET DERNIER. Le commerce fait fleurir les États, toutes ses branches doivent être favorisées. Elles se répandent non seulement sur les villes, mais sur les habitants des campagnes, et tout le royaume en ressent les effets :

1° L'arrêt du Conseil de 1784, qui admet des étrangers dans

---

[1] Cf. le cahier de Coutances, art. 53. Les États provinciaux de Normandie, réunis à Rouen, en novembre 1617, s'étaient exprimés ainsi, dans l'art. 20 de leur cahier. «Encor que l'usage de la mer soit commun, et qu'aux lieux voisins d'icelle chacun ayt eu liberté de tout temps de lever de la tangue, qui n'est autre chose que du sable propre pour engresser et enfumer les terres, néantmoins depuis peu, quelques-ungs, de leur authorité privée, s'efforcent, soubz prétexte de leurs fiefs, d'empes-cher cette commodité au peuple, autrement qu'en payant certaine somme, rendant ce que Nature à fait commun à tous particulier tributaire à eulx : nous demandons qu'à l'advenir, telles exactions soyent défendues, et qu'il soit permis à ung chacun de prendre de ladicte tangue pour son usage, sans pour ce payer aucun tribut.» (DE BEAUREPAIRE : Cahiers des États de Normandie, 3ᵉ série, t. Iᵉʳ, p. 160.)

[2] Cf. le cahier de Hautteville-sur-Mer, art. 27, supra, p. 350.

43.

les colonies françaises, nuit à la prospérité de l'État et aux progrès
de la marine de France, qui doit suivre à cet égard l'exemple des
nations voisines [1];

2° La pêche de la morue forme un nombre considérable de
matelots pour le service de la marine royale.

L'admission des morues et des huiles de pêche étrangère, permise par les lettres patentes accordées à Bayonne, prive l'État de
cet avantage, en détruisant la pêche nationale [2];

3° La province de Normandie est assujettie à des droits sur le
poisson frais et salé, cet impôt pèse sur la classe la plus pauvre du
peuple et devrait être aboli [3];

4° La conservation du matelot, espèce d'hommes si précieuse à
l'État, tient à des visites exactement faites des bâtiments marchands, et à l'instruction des pilotes [4] qui devrait être constatée

---

[1] Cf. le cahier de Granville, art. 15.
— Ce que le cahier ne dit pas, mais ce
qu'il n'est que juste de faire connaître,
c'est que la liberté commerciale, établie
en 1784, avait déjà été, en 1789, sensiblement restreinte, et que le Gouvernement royal avait essayé, par l'établissement de *primes à l'exportation*, de
contrebalancer les inconvénients que
pouvait subir momentanément, du fait
de l'ouverture des colonies, le commerce
de la place de Granville. (*Arrêt du Conseil
d'État qui porte à 8 livres le droit de
5 livres par quintal, établi par l'arrêt du
25 septembre 1785 sur la morue sèche
de pêche étrangère importée aux îles du
Vent et Sous le Vent, et à 12 livres la
prime de 10 livres accordés par quintal
de morue sèche de pêche française, importée aux mêmes îles, 11 février 1787.*
— *Arrêt du Conseil d'État qui accorde
une prime de 5 livres par quintal de morue
sèche de pêche française importée dans
les échelles du Levant, 11 février 1787.*
Arch. Calvados, C 108.)

[2] Cf. le cahier de Granville, art. 16.
— Les privilèges accordés à Bayonne,
par les *Lettres patentes du 4 juillet 1784*,
consistaient essentiellement en ce que
les poissons secs et salés et l'huile de
pêche étrangère ne payaient pas à Bayonne de droit d'entrée; la perception
était portée à la sortie de Bayonne, sur
la rive droite de la Nive. L'article 4
affranchissait même de toute perception
la morue sèche et salée portée dans la
partie du pays de Labour située entre

la Nive et l'Adour, jusqu'à concurrence
de la consommation du pays, «voulant
et entendant que le poisson sec et salé,
les huiles de poisson et autres produits
de pêche, dont le commerce se fait par le
port de Saint-Esprit, passent librement
de ladite partie de la terre de Labour
dans les provinces voisines, sans payer
aucuns autres ni plus forts droits que
ceux auxquels les marchandises nationales seraient soumises.» (*Recueil des
Traités*, t. IV, p. 342.)

Dans les autres ports du royaume, la
morue de pêche étrangère payait des
droits d'entrée qui étaient : pour la
morue verte venant de l'étranger, de
12 livres par quintal, 15 livres sur les
côtes de Poitou et de Picardie; pour la
morue sèche, dite *merluche*, de 4 l. 10 s.
par cent. (*Recueil des Traités*, t. IV,
p. 358.)

[3] Cf. le cahier de Granville, art. 17.
— Au droit de *consommation* dont il est
parlé dans cet article, il faut joindre, en
1789, pour la morue de pêche normande destinée à la province, un droit
d'entrée de 12 sous «pour cent en nombre, compte marchand» (c'est-à-dire
132 pour 100) et le droit de *sol pour
livre* dû aux vendeurs de poisson dans les
villes de la côte. (Moreau de Beaumont,
*Mémoire concernant les impositions et
droits en Europe*, Paris, 1788, in-4°,
t. III, p. 38.)

[4] *Contra* le cahier de Granville, art. 18.
supra, p. 124. — Le *Règlement concernant
la réception des pilotes lamaneurs*, en date

par des examens sévères faits par le professeur d'hydrographie le
plus voisin, dont ils seront tenus de recevoir les leçons;

5° Une manufacture établie depuis un temps immémorial à
Villedieu présente une branche de commerce très étendue. Les
cuivres bruts payent de grands droits; l'admission des cuivres tra-
vaillés venant de l'étranger met ce bourg dans le cas de ne pouvoir soutenir la concurrence. On la lui rendrait favorable en faisant
supporter à ces derniers une partie des droits exigés sur le cuivre
brut [1].

Enfin les députés aux États généraux ne pourront jamais s'écarter
des maximes essentielles et fondamentales de la monarchie.

Tel est le cahier de doléances dont les députés commissaires du
bailliage de Coutances ont fait la réduction; ils ont senti tout le prix
de vos suffrages et la difficulté de les mériter : rassembler en effet
vos vœux, réunir vos représentations, recueillir vos opinions, n'oublier aucun objet de vos remontrances; cette tâche a présenté un
travail pénible et des difficultés fréquentes; ils se sont étudiés à les
vaincre, mais malgré leur attention et leur application, ils ont dû
laisser échapper des observations auxquelles il vous appartient de
suppléer. Ils recevront avec plaisir toutes les additions, corrections
et modifications qui seront jugées convenables, bien persuadés
qu'elles auront pour principe la vue du bien public, le patriotisme,
et l'intérêt national réveillé et excité par le zèle d'un ministre
digne du choix que la nation interrogée par son Roi aurait fait
avec lui.

Le présent fait par les commissaires soussignés, pour être pré-

---

du 10 mars 1784, alors en vigueur, disposait seulement dans son article 3,
qu'«aucuns officiers mariniers, matelots
et autres gens de mer ne pourraient à
l'avenir être admis à faire les fonctions
de pilotes lamaneurs ou locmans, qu'ils
ne soient âgés de 35 ans, qu'ils n'aient
fait deux campagnes de trois mois au
moins chacune, sur les vaisseaux de Sa
Majesté, après avoir été examinés en
leur présence et celle de deux échevins
ou principaux armateurs par deux anciens lamaneurs et deux anciens maîtres
de navire, nommés d'office par lesdits
officiers de l'amirauté»; et art. 4,«qu'ils
seront examinés sur la connaissance et
expérience qu'ils doivent avoir des ma-

nœuvres et fabriques des vaisseaux; ensemble des cours des marées, bancs,
courans, écueils et autres empêchemens
qui peuvent rendre difficiles l'entrée et
la sortie des rivières, ports et hâvres
de leur établissement.» (Arch. Calvados,
C 96.) — Il n'existait pas dans le
quartier de Granville d'*école d'hydrographie;* le cahier de Gratot, art. 12,
demande «que, sur les côtes, le maître
d'école sache un peu de géographie et
d'hydrographie, afin que les écoliers qui
peuvent devenir matelots soient à portée
de se rendre utiles au commerce et à
la marine royale» (*suprà*, p. 328).

[1] Cf. le cahier de Villedieu, *suprà*,
p. 638.

senté lors de l'Assemblée des députés au bailliage, qui sera tenue
le 14 mars 1789.

> D.-M. Bonté, Drogy, J. Lefèvre-Dubuisson, Havin,
> Savary, Couillard, Perrée, J. Perrée, Courtin de
> le Bréaudière, Le Tullier, Dufouc de Maisoncelle,
> Prodhomme.

L'an 1789, le samedi quatorzième jour de mars, en l'Assemblée des députés du tiers état du bailliage de Coutances, tenue
dans la salle d'audience dudit bailliage, en conséquence de l'ordonnance rendue le 3 de ce mois par M. Desmaretz de Montchaton,
lieutenant général civil, élu président à la présente assemblée,
en présence de M. Le Brun, procureur du roi, à onze heures du
matin, lecture faite du cahier ci-dessus, à haute et intelligible voix,
les observations entendues, et les voix cueillies, il a été approuvé
et arrêté d'une voix unanime, double et signé :

> D.-M. Bonté, Drogy, Duhamel, C. Lecrosnier, Quesnel,
> Varin de Francqueville, Joly, Lescaudey, Boivin,
> J. Alexandre, Bonté, conseiller, Dubreuil, G. Guil-
> lemin, Leclerc, Lecouvey, Dufouc de Maisoncelle,
> Lemüet Des Bouillons, Le Bastard-Delisle,
> J. Perrée, Lhermitte, Couillard, Larcher, Duprey,
> J.-B. Hastey, F. Jourdan, Lemonnyer de Longerie,
> Le Cervoisier, Guidon, Savary, avocat, Letenneur,
> J.-B. Sarot, Sonnard, L. Levionnois, Prodhomme, Du-
> hamel, F. Vastel, Hamelin, Brun, Laurence, avocat,
> Polinière, Pimor, Estur, avocat, Engerran des Landes,
> avocat, Houssin, Gilbert, avocat, Le Tullier, Le
> Pigeon, Bloüet Duranville, Lefebvre du Buisson,
> F. Lefebvre-Rahérie, avocat, L. Mercier, Chauvet,
> Lemonnier du Gage, Havin, Courtin de la Bréaudière,
> P. Gautier, Guernier, Courtin, L. Papillon, Bloüet,
> G. Lemasurier, Leconte, Houssin.

II

BAILLIAGE SECONDAIRE D'AVRANCHES.

Le bailliage secondaire d'Avranches, démembrement fort ancien du bailliage de Cotentin, comprenait, en 1789, 97 communautés de paroisses, 99 selon le calcul de quelques auteurs, qui comptent comme unités distinctes les paroisses de la ville d'Avranches [1]. On y trouvait, d'après les chiffres officiels de la Convocation, 10,921 feux [2], et les *États de population*, dressés en avril 1785, lui attribuent un chiffre total de 60,398 habitants, avec un mouvement annuel de 2,323 naissances (1,183 garçons, 1,140 filles), de 468 mariages, et de 1,739 décès [3]. Les Rôles d'assignation des ordres privilégiés y font ressortir, en outre des réguliers, un chiffre de 121 ecclésiastiques possédant bénéfices, dont 100 curés, 7 prieurs-curés, 8 chapelains, et de 42 ecclésiastiques sans bénéfices. La noblesse compte 92 gentilshommes, dont 76 possédant fiefs, et 16 non possédant fiefs [4].

Administrativement, le ressort du bailliage était compris tout entier dans la généralité de Caen, et dans l'élection qui portait le même nom. Les paroisses appartenaient au domaine d'Avranches pour les droits du roi, au bureau des finances de Caen, à la maîtrise des eaux et forêts de Mortain; il y avait amirauté, grenier à sel et juridiction des traites et quart-bouillon à Avranches [5]. Les 100 paroisses de l'élection, qui correspondait presque identiquement au bailliage (elle comprenait seulement en plus le bourg de Sartilly, rattaché pour la convocation au petit bailliage de Gérences), payaient, pour 1789, 560,911 l. 16 s. 5 d. d'impositions directes (taille, 137,807 l. 10 s.; acc., 88,726 l. 13 s. 9 d.; capit., 108,127 l. 5 d., corvée, 46,707 l.

---

[1] Le procès-verbal de l'Assemblée préliminaire, que nous publions plus loin, ne contient point l'appel des paroisses; nous n'avons point conservé non plus d'*État* officiel des paroisses convoquées. La liste de paroisses que nous donnons au texte est établie d'après les rôles d'assignation, par paroisses, des membres du clergé et de la noblesse; elle se trouve d'ailleurs conforme à un «État des paroisses du domaine d'Avranches payant les droits de fouage et de monnayage à raison de 1 sou par feu», qui donne, pour la fin du XVIII° siècle, non comprises les villes d'Avranches et de Pontorson, 96 paroisses et 7,048 feux. (Arch. Manche, A. 2.)

[2] Arch. Nat., Ba 58, i. 144.

[3] Arch. Nat., Div *bis* 47, pièce 4. Les chiffres pour l'*élection* en 1787 sont 2,348 naissances, 473 mariages, et 1,793 décès. (Arch. Calvados, C. 151.)

[4] *Rôle de MM. les bénéficiers du bailliage d'Avranches assignés à comparaître à l'assemblée des trois ordres du bailliage de Coutances, fixée au lundy 16 mars 1789,* greffe Coutances, pièce n° 19. — *Rôle des nobles possédant fiefs,* etc.... *Ibid.,* pièce n° 31.

[5] *Arrêt du Conseil portant règlement pour le ressort des différentes juridictions des traites et quart-bouillon, 5 juillet 1746,* et tableaux annexes. (Recueil des gabelles, II, 393.)

2 s. 1 d.; vingt., 135,209 l. 19 s. 3 d.; territorial, 10,360 livres; bâtiments de justice, 3,453 l. 6 s. 8 d. [1].

Au point de vue ecclésiastique, toutes les paroisses appartenaient au diocèse d'Avranches. L'évêché jouissait, d'après les déclarations, d'un revenu de 18,937 l. 16 s. 8 d., et payait 3,000 livres de décimes [2]. Il y avait à Avranches un séminaire, un chapitre cathédral de 6 dignités, avec 25 chanoines et 40 ecclésiastiques attachés (revenu commun déclaré : 20,356 l. 14 s. 5 d. [3], et 10,000 livres pour les prébendes). Trois abbayes d'hommes : le Mont-Saint-Michel, de l'ordre de Saint-Benoît (revenu, 35,761 livres; décimes, 3,000 livres [4]); la Lucerne, de l'ordre des Prémontrés (revenu, 15,745 l. 1 s. 10 d.; décimes, 1,200 livres [5]); et Montmorel, de l'ordre des Chanoines réguliers de Saint-Augustin (revenu, 11,051 l. 19 s. 9 d.; décimes, 1,030 livres [6]). Une abbaye de femmes, les Bénédictines d'Avranches, à laquelle était réuni le prieuré royal de Notre-Dame-de-Moutons (revenu, 15,771 livres [7]), 7 prieurés-cures. 8 chapellenies, et 3 hôpitaux dotés, à Avranches, Pontorson et Saint-James [8]. En plus, une communauté de moines mendiants Capucins, à Avranches, et une charité à Pontorson. — La plupart de ces établissement étaient déserts; le Mont-Saint-Michel, à ce moment en économat, n'avait que 6 religieux; l'abbaye de Montmorel, celle de la Lucerne, n'en comptaient respectivement que 3 et 5; il y avait 17 religieuses et 8 sœurs converses au prieuré royal de Moutons. Pour l'ensemble du bailliage les États de mouvement de la population de 1787 accusent seulement 3 professions (2 d'hommes, 1 de femme), contre 12 décès en religion [9].

Le personnel judiciaire du bailliage comprenait, en 1789, le lieutenant général Jean-Victor Tesnière de Brémesnil, écuyer, conseiller du roi, maire

[1] Arch. Calvados, C. 4468, C. 8272, 8162, 8188, 8198. Le chiffre total des vingtièmes comprend : biens-fonds : 133,524 l. 16 s. 9 d.; industrie : 350 l. 18 s.; offices et droits, 1,368 l. 8 s. (Ibid., C. 5967.) Le Rôle de supplément des privilégiés pour les six derniers mois de 1789 a donné pour l'élection d'Avranches une somme de 15,560 l. 8 d. (Arch. Manche, C. 237.)

[2] Ces chiffres, ainsi que la plupart de ceux qui suivent, sont ceux des déclarations de 1790; ils sont notablement supérieurs à ceux de l'Almanach royal, qui donne seulement pour l'évêché, 20,000 livres; pour le Mont-Saint-Michel, 30,000; la Lucerne, 5,000; Montmorel, 8,000, etc.

[3] Compte des revenus de la commune du chapitre de l'église cathédrale d'Avranches, 1785. (Arch. Manche, G. n. cl.)

[4] Déclaration de 1790 non retrouvée. Le chiffre donné ci-dessus est celui de l'État général des bénéfices du diocèse d'Avranches, en 1726. (Ms. Bibl. Avranches, n° 201, fol. 30.)

[5] État et déclaration des revenus temporels et charges de l'abbaye Sainte-Trinité de la Luzerne, 1766. (Ms. Bibl. Avranches, 205b.)

[6] Inventaire des biens de l'abbaye de Montmorel, du lundi 13 mai 1790. (Ms. Bibl. Avranches, 205b.)

[7] État que l'abbaye de Moutons, ordre de Saint-Benoît, adresse à son Éminence le cardinal de Luynes, 28 janvier 1778. (Arch. nat. S. 7477.)

[8] L'hôpital d'Avranches jouissait en 1789, d'un revenu de 19,885 l. 7 s. 8 d., avec lequel les administrateurs déclarent qu'ils nourrissent plus de 400 pauvres; celui de Pontorson ne déclarait, en 1778, qu'un revenu de 1,217 l. 14 s. 6 d., pour des dépenses évaluées à 2,450 livres, année commune. (Arch. Calvados, C. 616, 617.)

[9] Arch. nat.. Div bis, 44.

de la ville d'Avranches, le lieutenant particulier et criminel, Abraham Dubois, et 4 conseillers. M° Navet était procureur du roi, M° Provost avocat du roi ; le greffier Burdelot a été en même temps greffier de l'assemblée préliminaire.

I. Assemblées primaires.

VILLE D'AVRANCHES [1].

(Paroisses de Notre-Dame-des-Champs, Saint-Gervais et Saint-Saturnin.)

---

1. Procès-verbal d'assemblée.

(Le procès-verbal authentique n'a pu être retrouvé.)

Date de l'assemblée : 26 février [2]. — Nombre de feux : 900 [3]. — Députés : *Jean-Victor Tesnière de Bremesnil, *lieutenant général civil et criminel et maire de la ville d'Avranches* (19 jours, 74 l., Acc.); *Morin Laîné, *avocat, syndic du collège des avocats* (19 jours, 74 l., Acc.); *Provot, *conseiller du Roi et son avocat au bailliage* (19 jours, 74 l., Acc.); *Guerin, *médecin* (19 jours, 74 l., Acc.); *Philippe de Cantilly, *conseiller assesseur* (19 jours, 74 l., Acc.), *Pinot l'aîné, *avocat* (19 jours, 74 l., Acc.); *Lesplus-Dupré, *marchand* (19 jours, 74 l., Acc.); *Ferrey de Montitier, *lieutenant en l'élection et subdélégué* (mort à Coutances, 19 jours, 74 l., Acc. par la dame veuve); *Boissel-Duduisson, *conseiller du Roi* (19 jours, 74 l., Acc.); *Louiche, *avocat* (19 jours, 74 l., Acc.); *Navet, *procureur du Roi au bailliage* (19 jours, 74 l., Acc.); *Boessel-Duvivier, *avocat* (19 jours, 74 l., Acc.); *Abraham Dubois, *conseiller du Roi, lieutenant particulier criminel du bailliage d'Avranches* (19 jours, 74 l., Acc.); *De la Huppe de l'Arturière, *président en l'élection d'Avranches* (14 jours, 54 l., Acc.); *Ponée, *procureur* (19 jours, 74 l., Acc.).

2. Cahier de doléances.

(Le cahier de doléances n'a pu être retrouvé.)

---

[1] Arrondissement d'Avranches, canton d'Avranches.

[2] Lettre du subdélégué F. de Montitier à l'intendant de Caen, du 7 mars. «M°, le 26 février dernier, les 5 et 6 de ce mois, les habitants des villes et campagnes de cette élection se sont réunis à Avranches pour procéder à la nomination des députés électeurs qui doivent se rendre à Coutances... L'harmonie, la concorde et la liberté des suffrages ont passablement régné dans les différentes assemblées, et il a été nommé 54 députés, et 10 commissaires pour la refonte des cahiers de doléances...

J'ai cru, malgré les instances qui m'ont été faites, pouvoir refuser de coopérer à ce travail... Jeudi prochain tous les électeurs s'assembleront en cette ville, pour prendre communication du cahier de doléances, etc...» (Arch. Calvados C 6348.)

[3] Paroisses de Notre-Dame-des-Champs, 800 feux; Saint-Gervais, 50; Saint-Saturnin, 50. L'Etat de population d'avril 1785 donne un chiffre total de 3,536 habitants (N. 136, M. 38, D. 109). (Arch. Nat., Div bis, 44, et Div bis, 47.) Population actuelle : 7,384 habitants.

PAROISSES RURALES.

(Les procès-verbaux et les cahiers des assemblées paroissiales du bailliage d'Avranches ont entièrement disparu [1]. Nous ne pouvons que donner la liste de ces assemblées, avec les quelques renseignements qui nous sont parvenus indirectement sur chacune d'elles.)

ANGEY .... 40 feux. Député : LEMONNIER-DE-LA-CRESNAYE, *laboureur* (17 jours, 80 l., Acc.).

ARDEVON.................. 47

ARGOUGES................ 230

AUCEY 120   Députés : *PIVERT, *laboureur ;* *COUDRAY, *laboureur* (21 jours, 80 l., Acc.).

[1] La disparition de cette série de cahiers est des plus regrettables. Il paraît bien qu'en 1789 la collection complète avait été régulièrement déposée au Greffe. Le 12 avril 1789, le subdélégué d'Avranches, écrivant à l'intendant pour lui faire part de l'impossibilité où il se trouve de lui faire passer des exemplaires imprimés des procès-verbaux et cahiers de la région, parce que personne n'en a requis l'impression, ajoutait en effet : «Si cependant vous exigez, Mgr, les cahiers particuliers du bailliage d'Avranches, je vous supplierais de me donner des ordres pour que le greffier de ce siège, *qui les a en dépôt,* me les communiquât sous mon récépissé, etc...» (Arch. Calvados, C 6348.)

Que sont devenus les cahiers ainsi déposés au Greffe? Nous n'avons pu les retrouver aux Archives de la Manche, qui n'ont d'ailleurs recueilli qu'une part assez restreinte des papiers de l'ancien bailliage. Les recherches que nous avons faites au Greffe du Tribunal civil d'Avranches sont demeurées d'autre part infructueuses. Ce dépôt a conservé la majeure partie de ses anciens papiers judiciaires; mais il a été, en 1899, dévasté par l'incendie, et dans ce sinistre de nombreux papiers anciens ont péri dans les combles. Il n'est que trop vraisemblable de penser que les cahiers de doléances de 1789 ont disparu de cette façon. Nous avions cru pourtant un instant que les cahiers avaient pu se trouver portés, ainsi qu'il est arrivé quelquefois, dans les papiers privés du dernier lieutenant général du bailliage, Tesnière de Brémesnil, qui était aussi en 1789 maire de la ville d'Avranches. La descendance directe de cet officier de justice s'est trouvée éteinte en 1811 dans la personne de Jean-Victor Césaire de Brémesnil, baron de Brémesnil, membre du Corps législatif, et un lot considérable de papiers a été versé par les héritiers aux Archives du Calvados. (Série F, 495-502, 607-610.) Ces papiers contiennent effectivement de nombreuses pièces relatives au bailliage d'Avranches, mais aucune qui se rapporte aux assemblées de 1789. La famille de Lancesseur, qui conserve dans ses archives, à Vains, le reste des papiers, d'ordre plus particulièrement privé, des Brémesnil, a bien voulu faire savoir qu'il ne s'y trouvait non plus aucun des cahiers de doléances de 1789.

(Nous devons ces derniers renseignements à M. Loisel, professeur d'histoire au collège d'Avranches, membre du Comité départemental de la Manche, qui a bien voulu se livrer sur place à des recherches pour lesquelles nous lui sommes particulièrement reconnaissant.)

BACILLY . . . .   —

Député : *LE MAISTRE-DAIRERIE,
laboureur (19 jours, 74 l.,
Acc.).

BEAUVOIR . . . .   42 feux.

BOIS-YVON   55

BOUCEY   66

BOUILLON   86

BOURGUENOLLES   88

BRAFFAIS   81

CARNET   245

CAROLLES   75

CÉAUX   158

CENDRES [1] . . . .   —

LA CHAISE-BEAUDOUIN   143

LES CHAMBRES   15

CHAMPCEY   90

CHAMPCERVON   94

LES CHAMPEAUX   72

LA CHAPELLE-HAMELIN [2]   42

Député : *LE SENECAL, *laboureur*
(20 jours, 77 l., Acc.).

CHAVOYE   39

CHÉRENCÉ-LE-HÉRON   97

CORMERoy   12

COURTILS   125

Députés : *COUPARD, *laboureur et
marchand saulnier* (20 jours,
77 l., Acc.); *Jean BOUFFARÉ,
marchand saulnier (20 jours,
77 l., Acc.).

LA CROIX-EN-AVRANCHIN   80

CROLLON   70

CUREY   37

[1] Ancienne paroisse, réunie à Pontorson. Arrondissement d'Avranches, canton de Pontorson, 50 habitants.

[2] Aujourd'hui Hamelin. Arrondissement d'Avranches, canton de Saint-James, 210 habitants.

DRAGEY .... 100 feux. Député : *GOBEL, *laboureur* (19 jours, 74 l., Acc.).

DUCEY 106   Député : *SAUVÉ, *négociant et syndic* (19 jours, 74 l., Acc.).

GENEST 91   Députés : *Eudes DESMARAIS, *laboureur* (19 jours, 74 l., Acc.); *Bienvenu LAÎNÉ, *marchand saulnier* (19 jours, 74 l., Acc.).

LA GOHANNIÈRE 53

LA GODEFROY............. —

LE GRIPPON [1] 14   Député : *DELONGRAIS DE LA SAUNERIE, *laboureur* (19 jours, 74 l., Acc.).

LES GRÉZILLES [2] .... —

HUYNES 62

JUILLEY 110

LES LOGES-MARCHIS........ 238   Député : *Zirbec DUPLESSIS, *laboureur* (21 jours, 80 l., Acc.).

LE LUOT 77

LA LUZERNE 106   Député : *MOUTIER, *laboureur*.

MACEY................. 108

MARCEY 95

LE MESNIL-ADELÉE......... 80

MOIDREY................ 42

LE MONT-SAINT-MICHEL...... —

MONTANEL.............. 70   Député : *COSSON, *laboureur* (absent).

MONTJOYE.............. 35

MONTVIRON 100   Député : *TURGOT DE PONTOURY, *laboureur* (19 jours, 74 l., Acc.).

LA MOUCHE............. 80

NOTRE-DAME-DE-CRESNAY..... 91

NOTRE-DAME-DE-LIVOYE...... 68

NOIRPALU 29

[1] Ancienne paroisse, réunie à les Chambres. Arrondissement d'Avranches, canton de la Haye-Pesnel.

[2] Ancienne paroisse; réunie à Pontorson. Arrondissement d'Avranches, canton de Pontorson.

L'Olif............... 130 feux.
LES PAS................ 144
PLOMB................ 117
POILLEY............ 110
PONTAUBAULT............ 62
PONTORSON.............. 260

PONTS................. 120
PRÉCEY............... 80
LA ROCHELLE............ 150
RONTHON.............. 65
ROUFFIGNY............. 75
SACEY................ 280

SERVON............... 78

SUBLIGNY............. 91
SAINT-AUBIN-DE-TERREGATTE.... 411

SAINT-BRICE-DE-LANDELLES..... 131

SAINT-BRICE-PRÈS-AVRANCHES.. 42
SAINTE-EUGIENNE........... 30
SAINT-GEORGES-DE-LIVOYE..... 68
SAINT-JAMES............. 390

SAINT-JEAN-DE-LA-HAIZE...... 120
SAINT-JEAN-DU-CORAIL....... 20

Député : *DELONGRAYE DES VAUX, *laboureur* (19 jours, 74 l., Ref.).

Député : Masselin FOULERIE, *laboureur* (14 jours, 54 l., Acc.).

Députés : *BURDELOT, *vicomte et maire de Pontorson* (parti le 1er avant le serment, 19 jours, 74 l., Acc.); *Morin DETOUCHE, *avocat* (20 jours, 77 l., Acc.); *SERET, *notaire* (20 jours, 77 l., Acc.).

Député : *HALLARS fils, *laboureur* (21 jours, 80 l., Acc.).

Député : *Le chevalier LAMBERT, *laboureur* (20 jours, 77 l., Acc.).

Député : *THÉAULT DES ORGERIES, *laboureur et licencié ès lois* (20 jours, 77 l., Acc.).

Député : *ROUPNEL, *laboureur* (20 jours, 77 l., Acc.).

Députés : *LE HUREY, *médecin* (15 jours, 58 l., Acc.); *PINEL, *avocat* (20 jours, 77 l., Acc.); *LOYSEL, *avocat* (20 jours, 77 l., Acc.); *LAIR, *procureur du Roi* (absent); *LE ROULLIER, *marchand* (18 jours, 69 l., Acc.).

SAINT-JEAN-LE-THOMAS........ 48 feus. Députés : Le Chevalier, *labou-*
                                         reur (12 jours, 64 l., Acc.).

SAINT-LAURENT-DE-TERREGATE .. 250

SAINT-LOUP............... 93

SAINT-MARTIN-DE-LANDELLES ... 310

SAINT-MARTIN-DES-CHAMPS..... 83

SAINT-MICHEL-DES-LOUPS...... 60

SAINT-NICOLAS-DES-BOIS....... 52   Député : *Gilbert, *marchand*
                                     (19 jours, 74 l., Acc.).

SAINT-OUEN-DE-CELLAND(1)..... 88

SAINT-OVIN.............. 35

SAINTE-PIENCE............ 92

SAINT-PIERRE-DE-CRESNAY(2).... 91

SAINT-PIERRE-LANGERS........ 104   Député : Letourneur.

SAINT-QUENTIN 220

SAINT-SENIER-DE-BEUVRON 160

SAINT-SENIER-PRÈS-AVRANCHES .. 124

TANIS.................. 65

TIREPIED................ 222   Député : *Boursin, *laboureur et*
                                 géomètre (15 jours, 58 l., Acc.).

LA TRINITÉ.............. 100   Député : Tetrel, *licencié ès-lois*
                                 (19 jours, 74 l., Acc.).

VAINS................. 193   Députés : *Le Bignais, *marchand*
                               saulnier (19 jours, 74 l., Acc.);
                               *Lempereur, *marchand sau-*
                               nier (18 jours, 69 l., Acc.).

LE VAL-SAINT-PAIR........ 142   Député : *Legard-La Fosse, *la-*
                                 boureur et marchand (19 jours,
                                 74 l., Acc.).

VERGONCEY 86

VERNIX................. 50   Député : Le Thimonnier des Au-
                              nais, *avocat* (absent à l'as-
                              semblée préliminaire).

VESSEY................ 172

VILLIERS............... 60

(1) Aujourd'hui le Petit-Celland.   (2) Réuni à Notre-Dame de Cresnay.
Arrondissement d'Avranches, canton de   Arrondissement d'Avranches, canton de
Brécey, 371 habitants.   Brécey, 697 habitants.

II. Assemblée préliminaire du tiers État du bailliage.

1. Procès-verbal d'assemblée.

(Ms. *Greffe du Tribunal de première instance de Coutances, pièce n° 7. Original signé. Inédit.*)

Députation du tiers état du bailliage d'Avranches.

Aujourd'hui 5 mars l'an 1789, à Avranches, dans l'église des RR. PP. Capucins, lieu choisi comme plus vaste et plus commode. Devant nous Jean Victor Tesnière de Breménil, écuyer, conseiller du Roy, lieutenant général civil et criminel du bailliage et maire de la ville d'Avranches[1], assisté de M° Burdelot[2], greffier dudit siège.

En conséquence de la lettre du Roi donnée à Versailles le 24 janvier dernier, du Règlement y annexé et de notre ordonnance du lundi 16 février suivant, concernant la convocation des États généraux du royaume, etc.

(Rappel des notifications faites aux syndics des municipalités; mention de comparution des députés, etc. Le procès-verbal ne donne point l'appel nominatif des députés des paroisses. Aucun défaut n'est expressément mentionné.)

Lesquels comparants par les soussignés composant le tiers état de ce bailliage nous ont apparu de leurs pouvoirs et nominations, dont vérification faite par nous, les avons jugés valables et suffisants, et leur en avons accordé acte, ainsi que de la remise qu'ils nous en ont faite et de celle des cahiers dont ils étaient porteurs.

---

[1] **Tesnière de Breménil** (Jean-Victor), lieutenant général et maire d'Avranches, était depuis 1787 membre de l'assemblée provinciale de Basse-Normandie, pour l'ordre du tiers état; il était l'auteur d'un mémoire remis à cette assemblée sur l'état des prisons d'Avranches. (*Rapport de la commission intermédiaire*, reproduit dans Hippeau, t. V, p. 553.) Il fut choisi à Coutances pour commissaire-rédacteur du cahier de l'ordre du tiers état, et fut élu en 1790 membre du Conseil général du département.

(Pluquet, *Bibliographie de la Manche*, p. 380.)

[2] **Burdelot** (Jacques-Michel). Il importe de ne pas le confondre avec Burdelot (Louis), vicomte de Pontorson, qui fut député du bailliage aux États généraux. Celui-ci fut électeur, receveur du district d'Avranches, et, en septembre 1791, choisi pour 5° suppléant de la Manche à l'Assemblée législative. Il n'a pas siégé. (Kuscinski : *Les députés à la Législative*, p. 73.)

Ce fait, lecture a été donnée en pleine assemblée des cahiers tant des municipalités des campagnes que de celle de cette ville; et pour en opérer avec plus de méthode et de précision la refonte et réduction en un seul; et vu surtout que les affaires du plus grand nombre des délibérants nécessitent leur retour chez eux et y rendent leur présence indispensable, il a été arrêté qu'il serait établi une commission à la nomination de laquelle ayant été procédé, elle s'est trouvée composée de messieurs de Bréménil, président; Provost, avocat du Roy; Morin, avocat[1]; Burdelot, vicomte de Pontorson[2], le chevalier Lambert; Loysel, avocat[3], Théault des Orgeries[4]; Abraham Dubois, lieutenant particulier criminel; Giroult[5], avocat; Delongraye de la Saunerie, et Le Chevalier, qui ont accepté, promis et juré de s'acquitter fidèlement de ladite commission.

Ensuite lesdits délibérants soussignés, au nombre de deux cent dix-sept, pour opérer la députation du quart d'entre eux prescrite par le règlement, après avoir mûrement délibéré sur le choix qu'ils en doivent faire, et les voix ayant été par nous recueillies en la manière accoutumée, la pluralité des suffrages s'est réunie en faveur de nous, lieutenant général et maire, et de messieurs

[1] Morin l'aîné, avocat et syndic du collège des avocats d'Avranches, était depuis 1787 membre de l'assemblée d'élection ou de département d'Avranches. Nous avons de lui une lettre en date du 31 décembre 1788, au Garde des Sceaux, accompagnant l'envoi qu'il fait du *Mémoire des avocats du bailliage d'Avranches, sur les prochains États généraux*, (Arch. Nat. Ba 35, l. 70.) Il fut également commissaire-rédacteur du cahier du bailliage principal.

[2] Burdelot (Louis), né à Avranches, le 23 juin 1751, avocat au Parlement, avait acquis, le 31 octobre 1771, l'office de vicomte de Pontorson, auquel la mairie était réunie. (Arch. nat. V¹, 457) Il était aussi, depuis 1787, membre de l'assemblée provinciale de Basse-Normandie. Député du bailliage secondaire à Coutances, il fut choisi pour député du tiers état aux États généraux, venant le second par ordre de nomination. (Voir Brette : *Les Constituants*, p. 99, 207.)

[3] Loisel (Gilbert-Jean-François), de Saint-James, avocat; il fut élu membre du Conseil général du département aux élections de 1790, président du tribunal criminel de la Manche en 1791 et 1792, et député au Corps législatif (Conseil des Anciens) en l'an iv. Devenu substitut du commissaire gouvernemental près le tribunal civil du département, de l'an iv à l'an vii, il fut nommé juge titulaire au tribunal d'arrondissement en l'an viii. (V. Kuscinski : *Les députés au Corps législatif*, p. 64, 108, 376.)

[4] Théault des Orgeries, de Saint-Aubin de Terregate, était membre de la commission intermédiaire du département d'Avranches.

[5] Giroult (Étienne), de Villedieu, avocat, né à Chérencé-le-Héron en 1756. Il fut membre du directoire du district d'Avranches; élu en 1790 député de la Manche à l'Assemblée législative, il vota avec la minorité; dénoncé comme contre-révolutionnaire, il chercha à se cacher dans le département; poursuivi et découvert dans le clocher de l'église conventuelle de Mesnilgarnier, il se précipita lui-même dans le vide, le 18 septembre 1794. (Voir Kuscinski : *Les députés à la Législative*, p. 72, 136.)

Provost, avocat du Roy, Morin Lainé, avocat et syndic du collège;
Philippe de Cantilly, conseiller du Roy, assesseur audit bailliage;
Guérin, docteur médecin; Sauvé, négociant[1]; Lesplus Dupré,
marchand; Le Gard-Lafosse, laboureur et marchand; Masselin
Foulerie, laboureur; Pinot Lainé, avocat; Delongraye Desvaux,
laboureur; Burdelot, vicomte et maire de Pontorson; Ferrey de
Montitier, lieutenant d'élection et subdélégué; Morin de Louche,
avocat; le chevalier Lambert, laboureur; Seret, notaire à Pontorson; Jallais fils, laboureur; Pivert, laboureur; Coupard, laboureur et marchand saunier; Coudray, laboureur; Jean Bouffaré,
marchand saunier; Cosson, laboureur; Lehurey, docteur médecin; Pinel, avocat[2]; Loysel, avocat; Loir, procureur du Roy à
Saint-James; Le Roullier, marchand; Le Senechal, laboureur;
Zirbec Duplessis, laboureur; Roupnel, laboureur; Theault des
Orgeries, laboureur; Roupnel, laboureur; Boëssel Dubuisson,
conseiller du Roy au bailliage; Louiche, avocat; Navet, procureur
du Roy au bailliage; Giroult, avocat; Boëssel Duvivier, avocat;
Chevalier, notaire; Abraham Dubois, conseiller du Roy, lieutenant
particulier criminel au bailliage; Delahuppe de Larturière, président d'élection; Gilbert, marchand; Porée, procureur; Le Thimonnier des Aunays, avocat; Tetrel, licencié ès lois; Boursin,
géomètre et laboureur; Turgot du Pontoury, laboureur; Le Biguais, marchand saunier; Delongraye de la Saunerie, laboureur;
Le Maître Daviere, laboureur; Lechevalier, laboureur; Eude des
Marais, marchand saunier; Bienvenu Lainé, marchand saunier;
Lemonnier de la Chesnaye, laboureur; Moutier, laboureur; Gohet,
laboureur, et Lamperiere, marchand saunier; et pour adjoints
et remplacer ceux des ci-dessus dénommés qui, par empêchement,
maladie ou mort, ne pourraient se trouver à ladite assemblée, messieurs Motet, avocat; Hardy des Alleurs, maître apothicaire; Gaudin du Bourg, laboureur; Depincey, laboureur, et François Bouffaré, marchand saunier.

---

[1] SAUVÉ (Gervais), né le 14 septembre 1735, à Ducey. Négociant,
maire de Ducey aux élections de 1790,
il fut successivement député de la Manche à l'Assemblée législative, à la Convention, au Corps législatif (Conseil
des Anciens) de l'an IV à l'an VI. (Voir KUS-
CINSKI : Les députés à la Législative,
p. 72; GUIFFREY : Les Conventionnels,
p. 151; KUSCINSKI : Les députés au Corps
législatif, p. 35, 119, 145, 387.)

[2] PINEL (Pierre-Louis), né à Saint-

James, le 8 novembre 1761, mort à
Avranches, le 30 novembre 1838. Il
fut administrateur du district d'Avranches, député à la Convention nationale,
au Corps législatif (Conseil des Cinq
cents) en l'an IV, maire d'Avranches en
l'an VIII, conseiller général de la Manche
et représentant du département à la
Chambre des Cent-jours. (Voir GUIFFREY :
Les Conventionnels, p. 35, 113, 145;
KUSCINSKI : Les députés au Corps législatif, p. 64, 113, 382.)

IMPRIMERIE NATIONALE.

Auxquels députés lesdits délibérants ont donné plein pouvoir d'arrêter et signer le cahier général de plaintes, demandes et doléances tel et en l'état qu'il aura été rédigé par lesdits sieurs commissaires et qu'il sera par eux représenté auxdits sieurs députés le vendredi 13 de ce mois, jour indiqué pour cet effet; voulant et entendant que ledit cahier ait la même force et valeur que s'il était signé de tous lesdits sieurs députés; à s'en saisir alors, après avoir été de nous, lieutenant général, coté par première et dernière page et paraphé *ne varietur* au bas d'icelles, pour être par eux porté à l'assemblée des trois ordres qui se tiendra à Coutances le lundi 16 de ce mois, et leur ont lesdits délibérants donné tous pouvoirs requis et nécessaires à l'effet de les représenter en ladite assemblée pour toutes les opérations prescrites et qui y seront traitées; comme aussi de donner pouvoirs généraux et suffisants de proposer, remontrer, aviser et consentir tout ce qui peut concerner les besoins de l'État, la réforme des abus, etc.

(Serment des députés en la formule ordinaire; remise du cahier de doléances, pour le porter à l'assemblée de Coutances, le lundi 16 mars.)

Desquelles nominations de commissaires et députés, remise des cahiers des municipalités, pouvoirs et déclarations, nous avons à tous les susdits comparants donné cet acte et avons signé avec eux, lesdits sieurs commissaires et députés avec nous, avons présentement remis auxdits sieurs députés, pour constater les pouvoirs dont ils sont revêtus. Et le double du présent sera déposé aux archives du greffe de notre bailliage, lesdits jour et an que dessus.

LETOURNEUR, *député de Saint-Pierre-Langers*, LESPLUT, SAUVÉ, LEGARD LAFOSSE, MASSELIN, GUÉRIN, *marchand*, GAMOBIEHE, C. SAUVÉ, HARDY DES ALLAIRE, DUVAL, MASSÉ, F. LE GARD, MASSUIN, A. LAISNÉ, PROVOT, *avocat du Roy*, Philippe DE CANTILLY, *conseiller du Roy*, Louis HUARD, J.-G. FRIGAN, J. BOURSIN, J.-L. TURGOT, Charles LE ROY, B. JOUÉ, Ch. COUDRAY, Nicolas PIVERT, DUBUQUET, SALMON, DEPINÉ VILLAIN, Pierre BLIN, LE MONNIER, J.-R. TURGOT, L. LEMAÎTRE, LEVAVASSEUR, Julien HERVÉ, L. BROHIER, Vincent PIVERT, Pierre CHAPEL, Simon MAILLARD, VERDIL, MOREL, F.-C. HOUARD, P. CHAPEL, CHAUVIN, GUILLE, BOUVET, LEHIDEUX, J.-B. LEGHAMOIS, LOIR, VASSAL, F. BESNARD, N. TANQUERAY, DEMEUVE, J. CHAUVIN, J. TANQUERAY, J. TURGOT, Ch. JAMAULT, A. ANQUETIL,

Morel, *adjoint*, J. Bouffaré, Fortin, J. Gautier, Porée, A. Jardin, Jacquet, Nicolas Leroy, Bouffaré, F. Coupard, François Legendre, F. Faguais, L. Levoix, Dolin, Gohet, J. Connucouint de Montitier, *lieutenant et subdélégué*, J. Muret, Le Provost, J. Morel, Montier, Guérin, Becherel, Eudes des Marais, G. Gautier, Degrenne, J. Vivier, Tetrel, J. Mahier, de Broize, (*illisible*), G.-A.-G. Bagot, Huard Loir Hamel, H. Langlois, R. Gautier, H. Lesenechal, Louis Saulf, Le Dru, Pallain, Delongraye Saunerie, Ch. Richard, Zirbec Duplessis, Delongraye Desvaux, Portais, Dargomy, François Menier, A. Leprovost, Buérendet, Boudent, F. Chesnay, F. Briens, Barenton, Jouanne, Moutier, Lange, Jean Colin, Gallet, Capon, F. Sauvaget, Guiot, Gautier, Vigot, Guérin, Navet, Darué, Jesbert, Guillaume Lechevel, Burdelot, Navet, P. Deroy, Sauvage, Sorel, Pinel, Julien Melay, J.-R. Martin, Letellier, Bisson, J. Boudet, Pinel de Boisseval, *avocat*, G. Roulier, Ph. m. R. Soulâtre, Loisel, Roger Lechevalier, G.-N. Chrétienne, G. Gemeaux, Esbard, D.-M. Jacquint, Gaudin, Perronault, Le Brun, Laruppe Delarturière, J. Besnard, J. Rougnet, F. Fillastre, Jean Demonte, Jamin, C.-A. Moissé, Dauthet, François Langlois, (*illisible*), François Pays, G. Marie, Théault des Orgeries, Desgranges, Lesenechal, Delaroche, Chevallier, G. Chevallier, A. Millet, Jean Deffeux, Boissel Dubuisson, *conseiller du Roy*, Duguey, L. Besnard, L.-C. Morin, J.-B. Roussel, Boëssel Duvivier, *avocat*, F. Fortin, Angot, J. Pasturel, J.-G. Blondel, Pépin, Josseaume, Georges Gillebert, Durand, Jean Tinel, (*illisible*), Pierre Launay, Barbier, le chevalier Lambert, Isaac Royer, Noel Tiffaine, Pigeon, Goubé, Perron, P. L'Écrivain, Louis Le Roy, D. Jouault, J. Le Biguais, P.-Jacques Lamperière, Lethimonnier, R. Dupont, Nicolle, Bernier, Pic, Piquot, Louiche, *avocat*, Jean Gillot, Burdelot, *greffier du bailliage*, Tesnière de Brémenil.

2. Cahier de doléances.

(Ms. *Greffe du Tribunal de première instance de Coutances*, pièce n° 70.
Original signé. *Inédit.*)

*Doléances, plaintes et remontrances arrêtées par les députés du tiers
état du bailliage d'Avranches, pour être proposées à l'assemblée générale
des trois états du bailliage principal de Coutances.*

Les maux de l'État sont à leur comble; il souffre dans tous ses
membres; c'est du sein des États généraux que doit sortir une
source féconde et vivifiante, seule capable de réparer ses forces;
en eux résident toutes les espérances du Monarque comme celles
de la Nation.

Tous les préjugés, tous les intérêts particuliers doivent s'éva-
nouir devant un aussi grand objet.

L'assemblée, cédant uniquement à l'impulsion du zèle le plus
pur, pour la gloire du trône, la félicité du Monarque et la prospérité de la Nation; animée d'ailleurs du plus grand désir de voir
régner entre les trois ordres cette harmonie sans laquelle les
lumières et les bonnes intentions deviendraient *inutiles* (expression
de l'arrêt du Conseil du 5 octobre dernier [1]) a arrêté de proposer
les articles suivants :

Art. 1er. Qu'à raison de l'étendue du bailliage d'Avranches,
du nombre de ses députés, de l'importance de sa ville, des
frais qu'occasionne le déplacement des électeurs des trois ordres,
de l'embarras que leur affluence doit causer dans la ville de Coutances, et des incommodités qui en sont la suite nécessaire, il

[1] *Arrêt du Conseil d'État, portant
convocation de l'assemblée des Notables,
pour le 3 novembre 1788, à l'effet de
délibérer sur la convocation des États généraux,* du 5 octobre 1788 (dans Isambert, t. XXVIII; n° 2519, p. 618). «Le
roi, y est-il dit, attend avec confiance
des États généraux de son royaume la
régénération du bonheur public, et
l'affermissement de la puissance de l'empire français. L'on doit donc être persuadé que son unique désir est de préparer à l'avance les voies qui peuvent
conduire à *cette harmonie sans laquelle
toutes les lumières et toutes les bonnes*
volontés deviennent inutiles.» Ce passage
caractéristique avait déjà été relevé et
cité dans le Mémoire présenté au roi
par les avocats du bailliage d'Avranche.
sur les prochains États généraux. «Votre
Majesté a déclaré elle-même qu'elle
voulait procurer à la Nation la tenue
d'États la plus régulière; que son désir
était de préparer les voies à *cette harmonie, sans laquelle toutes les lumières
et toutes les bonnes intentions deviennent
inutiles.*» (*Mémoire*, en date du 16 décembre 1788, impr., 18 pages in-16,
Avranches, de l'imprimerie de F. Le
Court, Arch. nat. Ba 35, l. 70, *Avranches.*)

lui soit accordé à l'avenir une députation directe aux États généraux [1] ;

ART. 2. Que les trois ordres se réunissent pour délibérer en commun aux États généraux, et que les suffrages y soient comptés par tête, puisque autrement l'égalité du nombre des représentants accordée au tiers état deviendrait illusoire et l'inertie des États généraux presque infaillible [2] ;

ART. 3. Que ce point réglé et convenu, les députés du bailliage aux États généraux emploieront d'abord tous les efforts de leur zèle pour concourir à fixer invariablement ces principes d'une bonne constitution qui consolide et rende inébranlables les fondements de la monarchie, et qui en même temps assure au peuple français la dignité d'un peuple libre ; qui ne permette aucun abus de pouvoir ; qui devienne la sauvegarde de la liberté individuelle et de la propriété de tous les citoyens ; qu'en conséquence, l'usage des lettres de cachet soit entièrement aboli ; que tout emprisonnement arbitraire et particulièrement ceux ordonnés par les gouverneurs ou commandants des provinces, sous prétexte de port d'armes, soient déclarés attentatoires à la liberté des citoyens ; qu'il soit per-

[1] Les officiers municipaux d'Avranches avaient, à la date du 24 février 1789, adressé au Garde des Sceaux une pétition dont l'article 2 du cahier n'est que le résumé : «Le silence du règlement, sur l'ordre qui doit être suivi dans la nomination des huit députés du Tiers aux États généraux pour le bailliage de Cotentin donne, écrivaient-ils, des inquiétudes aux habitants du bailliage d'Avranches. En n'assignant point à chaque élection le nombre de députés qui lui convient, il serait possible que la même élection fournit elle seule tous les 8 députés, celle de Coutances par exemple ; et cette lésion des intérêts particuliers n'est sûrement pas dans l'intention du législateur.» Ils finissaient en demandant qu'il fût déterminé que le bailliage de Coutances élirait 2 députés, celui de Valognes 2 également, et chaque élection moindre un député. La réponse du Garde des Sceaux avait été naturellement défavorable : «Cet aménagement, est-il écrit sur la minute, est absolument impossible, parce qu'il est contraire aux principes de la convocation, qui veulent que les députations de chaque bailliage

soient choisies dans son assemblée générale, et non qu'elles se fassent partiellement dans les bailliages secondaires qui y concourent, autrement ce serait donner à ces bailliages une sorte de députation directe.» (Arch. Nat. Ba 35, l. 70. Avranches.) C'est évidemment à la suite de ce refus qu'a été rédigé l'article 2 présent, demandant qu'à l'avenir une députation directe soit assurée au bailliage. Il n'est pas sans intérêt d'observer que dans le bailliage d'Avranches, contrairement à ce qui s'est passé à peu près partout ailleurs, les députés du Tiers envoyés à l'assemblée de Coutances ont tous accepté le payement de la taxe de voyage et de séjour. (Rôle des taxes, Ms. Greffe Coutances, pièce n° 339.)

[2] Cf. un Mémoire des officiers municipaux d'Avranches, du 15 octobre 1788, en faveur du rétablissement des États provinciaux de Normandie (reproduit dans HIPPEAU, t. V, p. 435). Une lettre du maire de Bréménil, en date du 7 janvier 1789 (Arch. Nat. Ba 35, l. 70), atteste que ce mémoire a été alors envoyé à la chancellerie ; il ne se retrouve point cependant dans le carton.

mis aux habitants des campagnes payant au-dessus de dix livres
d'impositions d'avoir un fusil pour leur défense et celle de leurs
propriétés, tant qu'ils ne seront pas convaincus d'en avoir abusé;
qu'aucun domicilié ne puisse, pour quelque cause que ce soit,
être constitué prisonnier qu'il ne soit remis dans les vingt-quatre
heures à ses juges naturels; que nul ne puisse être jugé par commission ni hors le ressort de la justice ordinaire; qu'enfin la liberté de la presse soit autorisée, sous la responsabilité tant des
auteurs que des imprimeurs.

Art. 4. Qu'il ne puisse être établi aucun impôt ni fait aucun
emprunt, qu'ils n'aient été librement consentis par la nation assemblée et légalement représentée; qu'il ne puisse de même être porté
aucune loi que du consentement de la nation; que le retour périodique des États généraux à époque fixe devienne loi de l'État;
que pour assurer son exécution aucuns impôts ne soient consentis
que jusqu'à l'époque fixée pour leur retour, après laquelle ils cesseront de plein droit; et que les ministres soient tenus de rendre
compte de leur administration et de l'emploi des deniers publics
aux États généraux.

Art. 5. Que les États provinciaux de la Normandie soient rétablis, que leur organisation soit conforme à celle des États généraux et que le lieu de leurs séances soit irrévocablement déterminé
au centre de la province [1].

Art. 6. Que les députés aux États généraux examineront avec
une scrupuleuse attention les comptes des finances, qu'ils mesure-
ront l'étendue du déficit et en approfondiront les causes; mais
qu'ils ne consentiront aucuns impôts, que la constitution ci-dessus
énoncée n'ait été sanctionnée, et qu'après avoir proposé la réduction des dépenses qui leur en paraîtront susceptibles.

Art. 7. L'assemblée, considérant que la plupart des impôts
actuellement existants n'ont pas été légalement établis, que leur
multiplicité et leur combinaison ne présentent qu'un système oppres-
seur dont toutes les parties manquent de liaison entre elles,
qu'une grande partie de leur produit se dissipe en frais de régie
et qu'une *réforme* partielle ne serait pas suffisante; a arrêté de
proposer qu'ils soient tous supprimés et remplacés par d'autres
impôts qui seront jugés moins onéreux et auxquels tous les ordres

---

[1] Cf. le *Mémoire des avocats du bail-
liage d'Avranches*, précité, article 8   (reproduit par extrait dans HIPPEAU:
Élections, p. 229).

de l'État seront tenus de contribuer dans une égale proportion sur les mêmes rôles, ensuite qu'il n'existe plus aucun privilège ni exemption pécuniaire [1].

Art. 8. Si cependant il était jugé nécessaire de conserver ou de recréer aucuns des anciens impôts, en ce cas, l'assemblée recommande particulièrement à ses députés d'insister à la suppression de la taille personnelle et surtout à celles des traites de l'intérieur du royaume, dont les effets si pernicieux au commerce excitent, depuis des siècles, la réclamation générale.

Art. 9. Le vœu de l'assemblée ne peut être contraire au vœu général du royaume pour la suppression de la gabelle; cependant elle représente que de cette suppression résulterait une perte considérable pour le pays avranchin en général et pour les propriétaires de salines en particulier, en ce que le sel blanc qui y est fabriqué à grands frais ne pourrait soutenir la concurrence du sel gris de Bretagne que la nature seule produit; et comme cette fabrication est le seul commerce du pays, qu'elle procure la consommation de ses denrées et augmente la valeur de ses fonds, l'anéantissement lui en serait infiniment préjudiciable; en même temps que les propriétaires des salines se trouveraient dépouillés de la plus précieuse portion de leur fortune [2].

[1] Impositions de l'élection d'Avranches : taille, 147,807 l. 10 s.; access., 88, 726 l. 13 s. 9 d.; cap., 108,127 l. 5 d.; corvée, 46,707 l. 9 s. 1 d.; vingtièmes, 135,209 l. 19 s. 6 d.; territorial, 10,360 l.; bâtiments, 3,453 l. 5 s. 8 d, Au total, 560,911 l. 16 s. 5 d. *Privilégiés* : capitation des nobles, 6,539 l. 16 s.; des officiers de judicature, 3,829 l. 16 s.; des exempts et employés des fermes, 150 l. 8 s. *Supplément des privilégiés* : 15,560 l. 9 d.

[2] Sur la fabrication du *sel blanc* et le privilège de *quart-bouillon*, voir les cahiers de Bréville, *suprà* p. 193, et Bricqueville-sur-Mer, *suprà* p. 223-225.

L'élection d'Avranches était de tout le Cotentin celle où la fabrication du sel était le plus développée. D'après un *état* dressé en 1777, il n'y avait pas moins, sur la côte, de 225 salines, établies dans les paroisses du Val-Saint-Pair, Céaux, Marcé, Vains, Genêts et Courtils. Chaque saline produisait en moyenne 600 ruches, et on calculait qu'année moyenne la production de

l'Avranchin montait à 130,000 ruches.

Un mémoire de 1788 sur les salines donne des détails intéressants pour l'appréciation de l'importance de cette industrie. Le sel vaut alors, prix moyen, 6 livres la ruche de 50 livres; c'est par suite un mouvement d'argent de 780,000 livres que procure cette industrie dans la région.

Le profit réel est loin d'ailleurs d'être aussi considérable. La dépense annuelle d'une saline qui produit 600 ruches de sel est évaluée à 1,268 livres, ainsi décomptées :

3,000 fagots...............	700 liv.
75 journées de harnais à 3 l. 16 s.	288
100 journées de travail de 8 hommes, à 15 s. par jour.....	225
Entretien des plombs, chaudières...............	60
Au total........	1,268

Le produit annuel de la saline, au prix moyen de 6 livres la ruche, montant à 3,600 livres, le revenu net, déduction faite des frais, s'établit à 2,234 li-

Pourquoi l'assemblée recommande à ses députés de demander pour eux une indemnité, et pour l'élection d'Avranches une diminution d'impôts proportionnée à celle que ses revenus et son commerce en souffriraient. Le sort des propriétaires des salines se trouverait encore empiré s'il en était construit de nouvelles; pour les garantir de cet autre dommage, l'assemblée charge ses députés d'en solliciter la prohibition.

ART. 10. L'énormité des droits de contrôle étant cause que les actes les plus importants des familles, tels que les contrats de mariage et les partages entre cohéritiers ne se passent presque plus que sous signatures privées, la modération en sera demandée par les députés aux États généraux, qui solliciteront en même temps un tarif clair et précis, dont l'interprétation ne puisse être ni captieuse ni arbitraire, avec l'attribution de toutes les contestations qui en pourront naître aux juges ordinaires.

ART. 11. Le droit de franc-fief sortant de la classe des impôts qui doivent être communs à tous les ordres et nuisant au commerce des fiefs, les députés en demanderont la suppression, comme d'un impôt injurieux au tiers état et dont la cause n'existe plus.

ART. 12. L'assemblée a de plus arrêté de demander que la perception de la part contributive de la province aux impôts qui seront consentis par les États généraux soit entièrement subordonnée à l'administration de ses États particuliers; qu'ils soient autorisés à établir la forme de régie et de répartition qui leur paraîtra le plus convenable, et à commettre telles personnes qu'ils aviseront bien pour en faire le recouvrement, qui seront uniquement à leurs ordres comme à leurs gages; et qu'à cet effet ils soient autorisés à rembourser toutes les charges de finances de leur ressort;

vres par saline. Mais il faut retrancher encore les droits de la ferme, consistant en :

Quart bouillon, ...	900 l.
Parisis.............	225 l.
Sol parisis	56 l. 5 s.
Droit de 8 d. pour livre.	29 l. 10 s. 3 d.
Droit de 8 s. pour livre du total..........	502 l. 6 s.
Droit de quittance....	1 l. 1 s. 3 d.
AU TOTAL......	1,718 l. 2 s. 6 d.

Le revenu réel qui reste au propriétaire se trouve ainsi ramené à 621 l. 2 s. 6 d. seulement par chaque saline. (*Mémoire des propriétaires de salines d'Avranches,* 1788, Arch. Calvados, C. 5997.)

En chiffres ronds, on ne se trompera guère en évaluant le bénéfice annuel des propriétaires de salines de l'Avranchin, en 1789, à 150,000 livres environ. Le vœu du cahier du tiers état d'Avranches n'est donc pas exempt de générosité. Le cahier du tiers état de Cotentin a reproduit ce vœu en faveur de l'abolition des salines, et accueilli favorablement le principe d'une juste indemnité à accorder dans ce cas, par une réduction des impositions, aux pays de quart-bouillon. (HIPPEAU, *Cahiers,* II, 17.)

Art. 13. Que la masse énorme des pensions ne pouvant s'accorder ni avec les besoins de l'État, ni avec l'épuisement des peuples, il plaise à Sa Majesté de n'en accorder à l'avenir que pour des services dont l'importance ne soit point équivoque, et de leur fixer un temps qui ne puisse jamais être excédé ;

Art. 14. Réfléchissant sur les moyens d'acquitter les dettes de l'État, l'assemblée propose comme le plus avantageux celui de l'aliénation des domaines de la couronne et principalement des objets détachés qui produisent le moins de revenu et qui coûtent le plus en frais de régie[1] ; mais à condition que la vente s'en fasse publiquement, à l'enchère, devant les juges ordinaires, sur les lieux de la situation, et que le prix en soit aussitôt employé au remboursement des dettes les plus onéreuses. Outre l'avantage de la libération, il en résulterait encore un autre ; en ce que ces biens étant rendus au commerce, ils deviendraient sujets à tous les droits de mutation.

Art. 15. Le vœu de l'assemblée est que les reconstructions et les réparations des presbytères cessent d'être à la charge des paroissiens, et que les curés ou les décimateurs y soient assujettis dorénavant ; qu'à cet effet ils soient obligés de verser chaque année une portion des fruits de leur bénéfice dans une caisse qui sera établie au chef-lieu du diocèse, à l'exception des curés des villes dont les bénéfices suffisent à peine à leur subsistance[2].

[1] Le domaine du roi dans le bailliage d'Avranches se composait en effet de nombreux objets détachés, de nature particulièrement hétéroclite. D'après le dernier bail on voit figurer à côté de 789 boisseaux 1/3 de froment, mesure d'Avranches, de 1,063 rais 1/2 d'avoine et 367 l. 16 s. 1 d. en argent, une foule de menues redevances : 37 chapons 1/2, 260 gélines 1/4, 2 éperons dorés, 2 oies, 66 pains, 619 œufs 1/2, 1 livre de poivre, 495 anguilles. Le droit de fouage et monnéage, à raison de 1 sol par feu, donnait 352 l. 8 s. ; la coutume de la foire Saint-André et les marchés d'Avranches, 120 livres ; les forfaitures, 233 l. 10 s. ; le poids-le-roi, 6 livres ; le droit de pêche dans la rivière de Sée, 40 livres. (*État général des revenus du roy dans les vicomtés d'Avranches, Saint-James et Pontorson, tels qu'en jouit la dame veuve Ozenne, suivant le bail qui en a été passé à feu son mari devant les* notaires *de Paris, le 21 avril 1773,* Arch. Manche, A 3.)

[2] Les paroisses de l'Avranchin avaient été, comme toutes celles de Basse-Normandie, grevées de sommes considérables dans les dernières années, à la suite de la nouvelle jurisprudence du Parlement sur les réparations presbytérales. Dans les papiers de l'Intendance de Caen, nous n'avons pas relevé, pour une quarantaine d'années, de 1755 à 1789, moins de 50 arrêts du conseil autorisant des communautés du bailliage d'Avranches à s'imposer extraordinairement, pour réparations ou constructions de presbytères. Les sommes, qui varient en général d'un millier de francs à 3,000 livres, s'élèvent dans quelques cas jusqu'à 7, 8 et 9,000 livres et au-delà. (Saint-Gervais d'Avranches, 20 mai 1767, 9,000 livres ; Villechien, 12 juillet 1768, 4,000 livres ; Géaux, 7 février 1769, 7,750 livres ; Bacilly, 17

Art. 16. L'administration de la justice intéresse trop essentiellement le bonheur de la nation; pour que l'assemblée ne fixe pas
son attention sur la réformation qu'exigent le code civil et criminel, mais elle ne croit point qu'un ouvrage aussi important et
digne d'une aussi profonde méditation puisse être exécuté pendant
la durée de l'assemblée nationale, c'est ce qui détermine à demander simplement qu'il soit fait choix de commissaires dans les diverses
provinces du royaume, qui seront chargés de ce travail et qui s'en-
gageront de le tenir prêt pour la seconde tenue des États généraux. Cependant elle ne peut s'empêcher de demander dès à
présent :

1° Que le ressort des juridictions soit changé, que leurs arrondissements soient rectifiés, et les plaideurs rapprochés de leurs
juges[1];

2° Que les maîtrises des eaux et forêts et les bureaux des
finances soient supprimés, et leurs fonctions réunies aux tribunaux
ordinaires;

3° Que les mêmes peines soient infligées aux mêmes délits,
sans distinction d'ordre ni de personnes;

4° Qu'il soit avisé aux moyens de parvenir à l'extinction de la
vénalité des offices de magistrature; que dans cette vue il soit fait
un fonds chaque année pour rembourser au moins une partie des
charges qui viendront à vaquer; qu'aux charges remboursées il soit

---

avril 1770, 7,600 livres; Ardevon, 17
mai 1770, 9,500 livres, etc. Arch. du
Calvados, C 1321-1326 et C 1329-
1330.)

Ces sommes sont considérables surtout par rapport à la valeur des bénéfices, qui étaient en général très peu
importants dans la région. Dans l'État
des bénéfices du diocèse dressé en 1773,
les bénéfices estimés d'un revenu supérieur à 1,000 livres sont exceptionnels;
on en compte une dizaine à peine, et
presque tous sont entre les mains de
réguliers (cures de Sartilly, de Dragey,
de Huynes, de Servan, à la collation du
Mont-Saint-Michel; de Précey, de Saint-
Aubin et Saint-Laurent de Terregatte,
à l'abbaye de Montmorel; de Champeaux
à celle de la Lucerne. Les trois cures de
la ville d'Avranches ne sont portées qu'à
un chiffre très bas : 700 livres pour
Notre-Dame-des-Champs; 600 pour
Saint-Gervais; 350 pour Saint-Saturnin,
et elles appartiennent toutes au chapitre
cathédral. Les cures les plus opulentes

paraissent avoir été celles de Carnet,
2,700 livres; de Barenton, 3,500 livres;
de Saint-Senier-sous-Avranches, 2,000 l.,
dont le revenu reste, comme on voit,
bien inférieur à celui des grosses paroisses de l'évêché de Coutances. (État
des bénéfices, Avranches, f° 55 sq.)

[1] Le bailliage d'Avranches était peut-
être celui des ressorts secondaires de
Cotentin où le besoin d'un remaniement
des circonscriptions se faisait le moins
impérieusement sentir. Il n'y avait,
d'après les renseignements authentiques
fournis en 1788 à l'intendance par le
subdélégué, aucune haute justice dans
le ressort; les seules juridictions inférieures étaient les deux vicomtés royales
de Pontorson et de Saint-James, démembrées en 1626 du siège d'Avranches, et qui n'ayant pas été comprises
dans l'Édit de suppression d'avril 1749,
avaient encore, en 1789, leurs officiers
particuliers. (Lettre du subdélégué de
Montilier, 15 juin 1788, Arch. Calvados, C 6074.)

pourvu par élection. en la forme ancienne qui avait lieu avant l'introduction de la vénalité, et que personne ne soit reçu dans les charges qui resteront dans le commerce, qu'il ne soit d'une probité et d'une habileté reconnues;

5° Que les bailliages composés au moins de sept juges, jugent en dernier ressort jusqu'à la concurrence de 300 livres de principal en toutes matières, tant de civil et de police que de petit criminel; que les affaires de police, de commerce et du petit criminel soient comprises dans l'attribution des présidiaux [1].

Art. 17. Le titre d'homme étant le premier de tous les titres, et l'État devant trouver aussi bons les services qui lui sont rendus par un ordre que par l'autre; il s'ensuit que la morale et la politique, s'accordent à proscrire l'abus qui exclut les membres du tiers état des parlementaires, ainsi que des bénéfices ecclésiastiques du premier ordre et de tous les emplois militaires. Cet abus injurieux au tiers état peut d'autant moins se soutenir, qu'il n'a pris naissance que dans les temps modernes. L'assemblée charge expressément les députés de demander qu'il soit réformé et que toutes distinctions avilissantes soient à jamais effacées.

Art. 18. Afin d'étouffer le germe de discussions tant présentes que futures et de couper le mal dans sa racine, Sa Majesté est suppliée de n'accorder à l'avenir la noblesse héréditaire que pour cause de la plus grande importance et de supprimer, dès la prochaine vacance, sinon les charges qui la confèrent, du moins les anoblissements qui leur sont attribués.

Art. 19. L'assemblée désire que la manière de former les régiments provinciaux soit changée; que les miliciens ne soient plus désignés par le sort; et qu'il soit permis aux communautés d'enrôler un homme de bonne volonté dont elles répondront [2].

---

[1] Le siège royal d'Avranches ne comportait, en 1789, que 5 offices de juges : un lieutenant général et 4 conseillers. Il y avait en outre un procureur du roi, 2 avocats du roi, 9 notaires royaux, 6 procureurs, 2 procureurs à l'élection, 3 greffiers, et 21 huissiers attachés aux diverses juridictions du ressort. (*Ibidem.*)

[2] La charge de la milice était-elle si lourde que le prétend le cahier? Les chiffres des tirages semblent bien prouver le contraire. En 1788, les inscrits pour les régiments provinciaux, dans la subdélégation d'Avranches, avaient été au nombre de 971. Sur ce chiffre il y avait eu 32 fuyards; des 939 présents, 386 avaient été déclarés exempts; 492 écartés pour incapacité physique; 61 hommes seulement avaient pris part au tirage et 9 étaient tombés au sort. C'est peu, semble-t-il, sur une population de plus de 60,000 âmes. (Arch. Calvados, C 1916.)

Il est vrai que la garde-côte prélevait de son côté un effectif plus considérable. Les paroisses bordantes du bailliage d'Avranches fournissaient deux

Art. 20. Enfin l'assemblée charge ses députés de réclamer l'exécution des ordonnances et règlements sur le fait des chasses, des garennes et des colombiers dont les pigeons, fléaux de nos campagnes, désolent et ruinent les cultivateurs; d'employer tous les moyens que la prudence indique auprès des intéressés pour les porter à consentir à la destruction des colombiers, au moyen du payement d'une indemnité proportionnée à la valeur du revenu qu'ils seront estimés produire. Que si leurs propositions ne peuvent être acceptées, ils emploieront tous les efforts de leur zèle pour obtenir du Roy et de la nation un règlement qui ordonne la réclusion des pigeons au temps des semailles et de la récolte de toutes espèces de grains[1].

Art. 21. Les commettants s'abstiennent d'insérer dans ce cahier plusieurs autres objets de détail qui tiennent aux intérêts locaux de la province, parce qu'ils seront plus utilement confiés à la sollicitude des États provinciaux, dont le rétablissement est nécessairement lié à la constitution générale du royaume.

Art. 22. Sur ces objets et tous autres à discuter aux États généraux les commettants s'en rapportent à la prudence de leurs représentants, et ils en chargent leur âme et conscience.

Le présent cahier fait double et arrêté par nous, députés du tiers état du bailliage d'Avranches, dûment autorisés à cet effet, par la délibération prise par tous les députés dudit bailliage le

capitaineries entières, Avranches et Pontorson, à 4 compagnies de 50 hommes chacune; et en outre une compagnie, celle de Sartilly, pour la capitainerie de Granville. C'était, pour les 48 paroisses soumises à la garde-côte un effectif de 450 hommes qu'il fallait maintenir au complet. Le service étant de 3 années seulement, on demandait au tirage annuel environ 160 hommes. La dernière levée avait été de 158 hommes, dont un peu plus de moitié pour les canonniers-auxiliaires. (Arch. Calvados, C 1862.)

[1] Le Parlement de Paris avait rendu en 1777 pour son ressort un arrêt de règlement de ce genre, autorisant les officiers de bailliages et sénéchaussées à prendre eux-mêmes localement les mesures utiles pour la fermeture des colombiers (Arrêt du 11 juillet 1777, Isambert, XXV, 56). Il n'est pas sans intérêt peut-être d'observer que le cahier qui énumère la plupart des servitudes féodales, chasse, garennes, colombier, corvées, ne parle point des banalités de moulins. L'omission n'est pas sans raison. L'Avranchin, comme d'ailleurs aussi le littoral du bailliage de Coutances depuis Granville, est le pays par excellence des moulins à vent. Or, d'après les maximes constantes du droit normand, le moulin à vent, qui n'est ni fixe ni permanent, n'est point sujet à la banalité; «l'air et le vent, comme dit Basnage, ne sont ni nobles ni roturiers», ils ne sont point dans la dépendance des fiefs, et chacun peut bâtir moulin à vent même sur une roture. (Basnage, Commentaire, sur art. 210, I, p. 297, 302; La Tournerie, Traité des fiefs, p. 137.) Les paysans de l'Avranchin se trouvaient affranchis par là d'une des plus lourdes sujétions du régime féodal.

5 de ce mois, et par nous signé ainsi que par M. de Bréménil, lieutenant général dudit siège et de lui coté par première et dernière page et paraphé *ne varietur* au bas d'icelles, un desdits doubles déposé au greffe dudit bailliage et l'autre resté aux mains de nous dits députés, pour le porter à l'assemblée des trois Etats fixée à Coutances au 16 de ce mois. Dont acte en l'auditoire royal dudit bailliage d'Avranches, ce jourd'hui 13 mars 1789.

(Une ligne et quatre mots rayés comme nuls.)

PROVOST, *avocat du Roy*, MORIN l'aîné, *syndic des avocats*, GUÉRIN, *DM*, Philippe de CANTILLY, SAUVÉE, LESPLUS, DELONGRAYE SAUNERIE, LE GARD LAFOSSE, MASSELIN, Louis HUARD, *avocat*, DELONGRAYE DESVAUX, PINOT, *avocat*, BURDELOT, *vicomte de Pontorson*, le chevalier LAMBERT, CHEVALLIER, DE MONTITIER, *lieutenant et subdélégué de l'élection*, BOURSIN, C. JALLAIS, Nicolas PIVERT, Georges GILLEBERT, LOISEL, *avocat*, A.-L. LEMONNIER, Ch. COUDRAY, LEHUREY, *D. M.*, PINEL DE BOISSEVAL, *avocat*, J. COSSON, N. LOIR, DUVIVIER, *avocat*, G. ROULIER, LE SENECHAL, ZIRBEC DUPLESSIS, J. ROUPNEL, PORÉE, J. THEAULT DES ORGERIES, *avocat*, LEBRÉE, NAVET, *procureur du Roy*, BOÏSSEL DUBUISSON, LA HUPPE LARTURIÈRE, ANGOT, *procureur du Roy*, L. LEMAÎTRE, LECHEVALIER, DE MOUTIER, GOHET, SERET, MORIN, *avocat*, BURDELOT, *greffier*, TESNIÈRE DE BREMENIL, *lieutenant général et maire*.

III

BAILLIAGE SECONDAIRE DE CARENTAN.

Le bailliage secondaire de Carentan, qui comprenait pour la convocation 49 communautés de paroisses, comptait d'après les états annexés au procès-verbal de l'assemblée préliminaire, un chiffre total de 5,913 feux [1]. Les états de population dressés en avril 1785 lui donnent 23,378 habitants [2], avec un mouvement annuel de 903 naissances (479 garçons, 424 filles), de 254 mariages et 699 décès [3]. Les rôles des ordres privilégiés y font apparaître 53 ecclésiastiques possédant bénéfices, dont 45 curés, 5 prieurs-curés, 3 chapelains, et 2 ecclésiastiques sans bénéfices seulement. La noblesse compte 46 gentilshommes, dont 32 possédant fiefs, et 14 non possédant fiefs [4].

Le ressort du bailliage était entièrement compris dans la généralité de Caen et formait la majeure partie de l'élection de Carentan. Les paroisses ressortissaient au bureau des finances de Caen à la maîtrise des eaux et forêts de Valognes, à l'amirauté de Carentan. Il y avait pour les droits du roi un bureau de domaine et contrôle à la Haye-du-Puits et à Carentan, et bureau des aides, juridiction des traites et quart-bouillon dans cette dernière ville. L'élection, notablement plus étendue que le bailliage, puisqu'elle comprenait 89 paroisses, payait, pour 1789, 634,036 l. 10 s. 11 d. d'impôts directs (taille, 151,179 l. 4 s.; accessoires, 99,207 l. 18 s. 9 d.; capitation, 107,788 l. 5 s. 4 d.; corvée, 50,211 l. 16 s. 10 d.; vingtièmes, 203,295 l. 6 s; territorial, 16,768 l.; bâtiments, 5,586 livres) [5].

Au point de vue ecclésiastique, les paroisses, sauf une enclave peu considérable du diocèse de Bayeux [6], appartenaient toutes au diocèse de Coutances.

---

[1] Arch. nat., Ba 35, l. 70. Cet *État de feux* a été dressé, nous apprend le lieutenant général, à l'aide des procès-verbaux mêmes des assemblées primaires. Quelques paroisses seulement ayant négligé d'insérer dans leur procès-verbal le nombre de leurs feux, la liste a été complétée plus tard, à l'aide d'une note envoyée par le lieutenant général le 25 avril, et dont les chiffres ont été relevés, ainsi qu'il le fait savoir «sur les listes déposées au greffe de l'élection, d'après lesquelles se fait le travail de la répartition». (*Lettre du lieutenant général de Carentan au G. d. S., du 25 avril,* lbidem.)

[2] Arch. nat., Ba 58, l. 144.

[3] Arch. nat., D iv *bis* 44, pièce 4. Les chiffres pour l'élection, en 1787, sont de 1,572 naissances, 434 mariages, 1,312 décès. (Arch. Calvados, C 169.)

[4] *Rôle de MM. les Bénéficiers du bailliage de Carentan, assignés à comparaitre,* etc.... Ms. Greffe de Coutances, pièce n° 10. — *Rôle des nobles possédant fiefs,* etc...., *Ibid.,* pièce n° 32.

[5] Arch. Calvados, C 4468, 8162, 8188, 8188, 8272. Le chiffre des vingtièmes se décompose ainsi : biens-fonds, 200,506 l. 14 s. 3 d.; industrie, 359 l. 3 s.; offices et droits, 2,403 l. 15 s. 3 d. (*Ibid.,* C 5967.) *Supplément des privilégiés :* 6,800 l. 13 s. 5 d.

[6] Les cinq paroisses de Sainte-Mère-

Il n'y avait dans le ressort qu'une seule abbaye d'hommes, celle de Blanchelande, de l'ordre des Prémontrés (revenu déclaré : 74,388 livres pour l'abbé; décimes : 1,500 l.[1]); et deux communautés de femmes, d'Augustines à Carentan (revenu déclaré 14,676 l. 5 s. 8 d.) et de Bénédictines à Varenguebec. L'abbaye n'avait que 5 religieux, et le mouvement total de la population monastique n'accuse pour l'année 1785 qu'une seule profession de femme contre 3 décès en religion [2].

Le personnel du bailliage comprenait au moment de la convocation le lieutenant général, Sébastien-René Lavalley de la Hogue, le lieutenant particulier Hervieu de Pontlouis, le procureur du roi, Me de la Huberderie, l'avocat du roi, Me Dumesnil-Deplanques, et 4 conseillers. Le greffe était vacant; les procès-verbaux ont été signés par le commis-greffier assermenté, Augustin-Benoist Langlois, qui a assisté le lieutenant général dans toutes les opérations de la convocation.

I. ASSEMBLÉES PRIMAIRES.

ANGOVILLE-SUR-AY [3].

1. PROCÈS-VERBAL D'ASSEMBLÉE.

(Le procès-verbal authentique n'a pu être retrouvé.)

Date de l'assemblée : 1er mars. — Nombre de feux : 115 [4]. — Députés : Jacques VILLARD; Louis SAMSON.

2. CAHIER DE DOLÉANCES.

(Le cahier de doléances n'a pu être retrouvé.)

Église, Sainte-Marie-du-Mont, Vierville, Neufville et Chef-du-Pont, toutes du bailliage de Carentan, avaient été cédées à l'évêché de Bayeux, ainsi que celle de Lieusaint (bailliage de Valognes) par un ancien évêque de Coutances, en échange de la ville de Saint-Lô, qui était auparavant du diocèse de Bayeux. (BOURGUEVILLE : Recherches et antiquités de la province de Neustrie, p. 59.)

[1] Déclaration de 1790. (Arch. Manche, Q^1 1.) — L'Almanach royal lui donne seulement un revenu de 5,000 livres. Taxe en cours de Rome : 200 florins.

[2] Arch. nat., D iv bis, 44, pièce 4.

[3] Arrondissement de Coutances, canton de Lessay.

[4] Mouv. en 1787: N.16, M.9.D.10. Population actuelle : 486 habitants

APPEVILLE[1].

1. Procès-verbal d'assemblée.
(Le procès-verbal authentique n'a pu être retrouvé.)

Date de l'assemblée : 1er mars. — Nombre de feux : 120 [2]. — Députés : Hyacinthe-Léonard DE SAINT-JULIEN ; Jean GRUCHY.

2. Cahier de doléances.
(Le cahier de doléances n'a pu être retrouvé.)

AUVILLE-SUR-LE-VEY[3].

1. Procès-verbal d'assemblée.
(Le procès-verbal authentique n'a pu être retrouvé.)

Date de l'assemblée : 1er mars. — Nombre de feux : 29 [4]. — Députés : * Antoine-Julien ANSOT, *marchand herbageur* (18 j. 70 l., Acc.) ; Cézard LE HARIVEL.

2. Cahier de doléances.
(Le cahier de doléances n'a pu être retrouvé.)

AUVERS[5].

1. Procès-verbal d'assemblée.
(Le procès-verbal authentique n'a pu être retrouvé.)

Date de l'assemblée : 1er mars. — Nombre de feux : 200 [6]. — Députés : Antoine-Armand LE DRIEU ; Thomas BACHELAY.

2. Cahier de doléances.
(Le cahier de doléances n'a pu être retrouvé.)

---

[1] Arrondissement de Coutances, canton de la Haye-du-Puits.

[2] L'appel des paroisses porte 180 feux (N. 19, M. 5, D. 5). — Population actuelle : 468 habitants.

[3] Ancienne paroisse, réunie à Beuzeville-sur-le-Vey, aujourd'hui les Veys, arr. de Saint-Lô, cant. de Carentan.

[4] Mouvement en 1787 : N. 8, M. 2, D. 7. — Population actuelle de la commune les Veys : 550 habitants.

[5] Arrondissement de Saint-Lô, canton de Carentan.

[6] Mouvement en 1787 : N 39, M. 11, D. 28. — Population actuelle : 887 habitants.

AUXAIS [1].

1. Procès-verbal d'assemblée.
(Le procès-verbal authentique n'a pu être retrouvé.)

Date de l'assemblée : 1er mars. — Nombre de feux : 96 [2]. — Députés : Jean-François Castel; Louis Roquelin.

2. Cahier de doléances.
(Le cahier de doléances n'a pu être retrouvé.)

BARNEVILLE-SUR-MER [3].

1. Procès-verbal d'assemblée.
(Le procès-verbal authentique n'a pu être retrouvé.)

Date de l'assemblée : 1er mars. — Nombre de feux : 180 [4]. — Députés : *Nicolas-François Hellet (19 j. 74 l., Acc.); Nicolas Le Chevalier.

2. Cahier de doléances.
(Le cahier de doléances n'a pu être retrouvé.)

BAUPTE [5].

1. Procès-verbal d'assemblée.
(Le procès-verbal authentique n'a pu être retrouvé.)

Date de l'assemblée : 1er mars. — Nombre de feux : 49 [6]. — Députés : *François-Sébastien-Jean Lavalley de la Hogue, *ancien lieutenant général du bailliage de Carentan* (19 j. 74 l., Acc.); Martin Jeanne.

2. Cahier de doléances.
(Le cahier de doléances n'a pu être retrouvé.)

[1] Arrondissement de Saint-Lô, canton de Carentan.
[2] Mouv. 1787 : N. 12, M. 6, D. 6. — Population actuelle : 295 habitants.
[3] Arrondissement de Valognes, canton de Barneville.
[4] Mouv. 1787 : N. 19, M. 12, D. 18. — Population actuelle : 854 habitants.
[5] Arrondissement de Coutances, canton de Périers.
[6] Mouv. 1787 : N. 19, M. 1, D. 8. — Population actuelle : 289 habitants

BEUZEVILLE-EN-BAUPTOIS[1].

1. Procès-verbal d'assemblée.
(Le procès-verbal authentique n'a pu être retrouvé.)

Date de l'assemblée : 1er mars. — Nombre de feux : 61 [2]. — Députés : Jean-Baptiste Adam; Jacques Jacquelinne.

2. Cahier de doléances.
(Le cahier de doléances n'a pu être retrouvé.)

BEUZEVILLE-SUR-LE-VEY[3].

1. Procès-verbal d'assemblée.
(Le procès-verbal authentique n'a pu être retrouvé.)

Date de l'assemblée : 1er mars. — Nombre de feux : 109 [4]. — Députés : * Pierre-Paul Patin, marchand herbageur (18 j. 70 l., Acc.); Jacques-Marin-Louis Gosselin.

2. Cahier de doléances.
(Le cahier de doléances n'a pu être retrouvé.)

BLOSVILLE[5].

1. Procès-verbal d'assemblée.
(Le procès-verbal authentique n'a pu être retrouvé.)

Date de l'assemblée : 1er mars. — Nombre de feux : 66 [6]. — Députés : Robert Loquet ; Antoine Lamarre.

2. Cahier de doléances.
(Le cahier de doléances n'a pu être retrouvé.)

BOLLEVILLE[1].

1. Procès-verbal d'assemblée.
(Le procès-verbal authentique n'a pu être retrouvé.)

Date de l'assemblée : 1er mars. — Nombre de feux : 99[2]. — Députés : Pierre Lamarre; Bon-Nicolas Lallemant.

2. Cahier de doléances.
(Le cahier de doléances n'a pu être retrouvé.)

BOUTTEVILLE[3].

1. Procès-verbal d'assemblée.
(Le procès-verbal authentique n'a pu être retrouvé.)

Date de l'assemblée : 1er mars. — Nombre de feux : 39[4]. — Députés : Bernardin Badet; Thomas-Joseph-Alexandre Leloup.

2. Cahier de doléances.
(Le cahier de doléances n'a pu être retrouvé.)

BRETTEVILLE-SUR-AY[5].

1. Procès-verbal d'assemblée.
(Le procès-verbal authentique n'a pu être retrouvé.)

Date de l'assemblée : 1er mars. — Nombre de feux : 114[6]. — Députés : * Charles-Alexandre Horot (19 j. 74 l., Acc.); Nicolas-Siméon Tirel.

2. Cahier de doléances.
(Le cahier de doléances n'a pu être retrouvé.)

---

[1] Arrondissement de Coutances, canton de la Haye-du-Puits.
[2] Mouv. 1787 : N. 15, M. 3, D. 7. — Population actuelle : 353 habitants.
[3] Arrondissement de Valognes, canton de Sainte-Mère-Église.

[4] Mouv. 1787 : N. 3, M. 1, D. 3. — Population actuelle : 134 habitants.
[5] Arrondissement de Coutances, canton de Lessay.
[6] Mouv. 1787 : N. 16, M. 2, D. 10. — Population actuelle : 451 habitants.

BRÉVANDS [1].

---

1. Procès-verbal d'assemblée.

(Le procès-verbal authentique n'a pu être retrouvé.)

Date de l'assemblée : 1er mars. — Nombre de feux : 75 [2]. — Députés : Guillaume Bucaille ; Jacques Igier.

2. Cahier de doléances.

(Le cahier de doléances n'a pu être retrouvé.)

BRUCHEVILLE [3].

---

1. Procès-verbal d'assemblée.

(Le procès-verbal authentique n'a pu être retrouvé.)

Date de l'assemblée : 1er mars. — Nombre de feux : 80 [4]. — Députés : Antoine Corbin ; Jean-Baptiste Cornefroy.

2. Cahier de doléances.

(La cahier de doléances n'a pu être retrouvé.)

---

[1] Arrondissement de Saint-Lô, canton de Carentan.

[2] Mouvement 1787 : N. 15, M. 4, D. 2. — Population actuelle : 418 habitants.

[3] Arrondissement de Valognes, canton de Sainte-Mère-Église.

[4] Mouvement en 1787 : N. 8, M. 2, D. 4. — Population actuelle : 261 habitants.

VILLE DE CARENTAN.

1. Procès-verbal d'assemblée.

(Ms. *Archives de la Manche, série B., liasse Cahiers de doléances Carentan* [1]. Original signé. *Inédit.*)

Procès-verbal d'assemblée des habitants du tiers état de la ville de Carentan.

Aujourd'hui dimanche, premier jour de mars l'an 1789, en l'assemblée convoquée tant par annonces aux prônes des messes paroissiales de cette ville dimanche dernier et cejourd'hui qu'au son de la caisse, et en la manière accoutumée,

Sont comparus, en une des salles de l'hôpital de cette ville, indiquée pour cette dite assemblée, devant Nous, Sébastien-René Lavalley, conseiller du roy, lieutenant-général civil et criminel au bailliage de Carentan, assisté de Augustin-Benoist Langlois, commis en notre greffe.

Me Jean-Thomas Desplanques-Dumesnil [2], maire.

M. Hervieu de Pontlouis [3], lieutenant particulier au bailliage.

Me Henry-Antoine-Baptiste Morel, avocat, premier échevin.

Me Pierre-Michel Durand de la Borderie, deuxième échevin.

M. Claude-Yves-Thomas Lereculley de la Huberderie, avocat, conseiller de ville.

M. Bon-François Ernouf, procureur du Roy au siège de l'élection.

M. Roch-François-Léonard Aubray, médecin.

Me Jean Belin, avocat.

[1] Un autre exemplaire manuscrit (extrait seulement) est conservé aux Archives nationales, B³ 35 1. 70, et reproduit dans la transcription Camus, B III, 54, p. 9 à 14. Une copie moderne est aux archives municipales de Carentan.

[2] J. Th. Desplanques du Mesnil était membre de l'assemblée provinciale de Basse-Normandie, pour l'ordre du tiers état, et membre de l'assemblée d'élection et du bureau intermédiaire du département de Carentan. Il fut successivement commissaire-rédacteur du cahier du bailliage secondaire de Carentan et du cahier du bailliage de Cotentin, et député de l'ordre du tiers aux États généraux. Par la suite, membre du district de Carentan, il fut député au Corps législatif (Conseil des Cinq-Cents) en l'an VI.

[3] Hervieu de Pontlouis était également depuis 1787 membre de l'assemblée provinciale de Basse-Normandie. Il fut par la suite administrateur élu de l'hospice de Carentan, et membre du Conseil général du département en l'an VIII.

M. Gabriel Mesnage, apothicaire.

M. Joseph Gutin, entreposeur de tabacs.

M. Jacques-François-Alexandre Lainé, apothicaire.

M. Louis-François Pacarin, procureur au bailliage.

Mᵉ Charles-François-Louis Caillemer [1], avocat.

Mᵉ Xavier-Guillaume Guidon, avocat.

Mᵉ Georges-Adrien-Henri Hamon, avocat.

M. François De la Rue, contrôleur des actes.

Mᵉ Jean-Gabriel Aubry, avocat.

M. Henri-Robert-Joseph Lesage de Neuville [2], chirurgien.

Mᵉ François-Pierre Martin, procureur au bailliage.

Mᵉ Pierre Giffard, procureur au bailliage.

Mᵉ Hyacinthe-Louis Blanche [3], procureur au bailliage.

Mᵉ Robert Caillemer [4], avocat.

Mᵉ Jean-Baptiste Foucher, substitut.

Mᵉ Denis-Louis-Bernard Vallée de Précourt, avocat.

M. Thomas Poisson, marchand herbageur.

Pierre-Charles Boyhon, sergent.

Pierre Simon, marchand grainier.

André Toulorge, marchand grainier.

Louis-Vincent Langlois, sellier.

Jean Maugen, marchand.

Charles Tiebot, boulanger.

Jean Voidie, boulanger.

Jean Bernard, maçon.

Michel Hervieu, herbageur.

Jean Martin.

Étienne Simon.

François Renouf.

Jean Le Cardronnel.

Anatole Hervieu.

Mᵉ Michel Lambert, receveur des consignations.

Thomas Cocaigne.

Abraham Burnouf.

---

[1] Ch.-F.-L. Caillemer, avocat, bailli de la haute justice de Coigny (1757-1843). Membre élu depuis 1788 de l'assemblée d'élection et du bureau intermédiaire du département de Carentan, il fut successivement, en 1789, commissaire-rédacteur du cahier de l'assemblée du bailliage secondaire, et de celui du bailliage principal et par la suite, procureur-syndic du district de Carentan, membre titulaire du tribunal de cassation pour la Manche en 1790, réélu en 1792, membre du département en l'an iv, président du département, député aux Anciens aux élections de l'an vii, au Tribunat en nivôse an ix, commissaire de la marine à Toulon, sous l'Empire, lieutenant général de police de Reims en 1815, et revint en 1830 finir ses jours dans le département comme juge de paix du canton de Tessy. (Voir

Notice biographique, dans *Annuaire de la Manche*, 1877, p. 41.)

[2] Lesage de Neuville, chirurgien, était membre de l'assemblée du département de Carentan depuis 1787.

[3] H.-L. Blanche, procureur au bailliage, fut en 1790 receveur du district de Carentan, en l'an vi juré de la Manche près la Haute cour de justice. (Voir *Notice biographique*, dans Sarot : *Étude sur la chouannerie dans la Manche*, 1877, in-8°, p. 35.)

[4] Robert-Michel Caillemer, avocat, qui ne doit pas être confondu avec le précédent, fut juge de paix en 1790 du canton de Carentan. Accusé de fédéralisme, il fut incarcéré le 30 octobre 1793, et envoyé à Paris. Libéré au 9 thermidor, il fut rétabli dans son siège par Legot, en ventôse an iii. (Sarot, *Tribunaux révolutionnaires*, p. 322.)

Jean-René Le Riche.
Jacques Canivet.
Nicolas Vicquelin.
Pierre Nicole.
Jacques Le Forestier D.
Gilles Haize.
Charles Le Magnen [1].
Pierre Patrix D.
Jacques Le Petit.
Jean-Antoine Desplanques.
Jean Lallemant.
Nicolas Foulon.
Jean Bredonchel.
François Onfroy.
Jean du Roché.
Pierre Degueulle D.
Jean de Lanzec D.
Charles Adam.
Toussaint Boudet,
Nicolas Hamelin.
Jean-Baptiste Dieudonné.
François Onfroy, père.
François Langlois D.
Michel Mauger.
Victor Le Maréchal.
Louis Duval.
Louis Le Boulanger.
Jacques Touzard.
Jean Perotte.
Antoine Gascouin.
Jean Catheaugrue.
Jacques Bredonchel.

Pierre Ciron.
Philippe Palla.
M. Jean-Louis de La Porte,
    licencié ès lois.
Jean Le Bourgeois.
Jacques Letournel.
Michel Le Maréchal.
Jean Yver, avocat [2].
Jacques Angot.
Antoine Vicquelin.
Jacques Richard.
Louis Levesque.
François Sebire.
Pierre Denocq D.
Jacques Marie.
Pierre Pavie.
M⁰ Jean-Jacques-Antoine Faulin.
Jacques Poidevin.
M⁰ Jean-Charles Durand.
M. Charles-Claude Aubraye.
Jacques Le Tanneur.
Alexis-Michel Champel.
Pierre Onfroy.
Nicolas Levilly.
Jean Blondel.
Louis-François Mallet.
François Laisné.
Charles Suzanne.
Jacques Poignavant.
Jean Le Rozier.
Cyprien Le Tanneur.

Tous nés français, âgés de plus de vingt-cinq ans, compris dans les rôles des impositions, habitants de cette ville, composée

---

[1] Le Magnen ou Le Maignen (Charles-François-René-Marie), écuyer, syndic depuis 1788 du bureau intermédiaire du département de Carentan. Il fut maire de Carentan, membre du Conseil général de la Manche en 1790, député aux Cinq-Cents aux élections de l'an IV.

[2] Jean-Joseph Yver Delabuchelerie, avocat (1754-1801). Il fut en 1790 administrateur du district de Coutances, et en 1791 député suppléant de la Manche à l'Assemblée législative. Il siégea seulement à partir du 25 mai 1792, par suite de la démission de Duval (Jean-François), démissionnaire le 2 avril. Élu haut-juré en l'an IV pour le département de la Manche, et en germinal en VIII, juge au tribunal

de   feux [1]; lesquels pour obéir aux ordres de Sa Majesté portés par ses lettres données à Versailles, le 24 janvier 1789, pour la convocation et tenue des États généraux de ce royaume et satisfaire aux dispositions, etc.

(Rappel de la notification faite aux membres de la municipalité; lecture et publication faite au prône de la messe de paroisse le 22 février, etc. Mention de rédaction et représentation du cahier de doléances, «qui a été signé par ceux desdits habitants qui savent signer, et par nous après l'avoir coté par première et dernière page et paraphé *ne varietur* au bas d'icelles».)

Nomination de députés : la pluralité des suffrages s'est réunie en faveur de :

MM. *Jean-Thomas Desplanques – Dumesnil, maire en cette ville; *Auguste-Maurice Hervieu de Pont-Louis, conseiller du Roy, lieutenant particulier assesseur criminel au bailliage de ce lieu; *Claude-Yve-Thomas Lereculley de la Huberderie; et *Charles-François-Louis Caillemer [2], avocat au bailliage de cedit lieu, qui ont accepté ladite commission et promis de s'en acquitter fidèlement.

(Remise du cahier de doléances, pouvoirs généraux donnés aux députés qui s'engagent à porter le cahier à l'assemblée préliminaire fixée au 5 mars, etc.)

Desquelles nomination de députés, remise de cahier, pouvoirs et déclarations, Nous avons à tous les susdits comparants donné acte, et avons signé avec ceux desdits habitants qui savent signer et avec lesdits députés, notre présent procès-verbal, ainsi que le duplicata que nous avons présentement remis auxdits députés pour constater leurs pouvoirs; et le présent sera déposé aux archives de cette communauté, ledit jour et an.

Hervieu de Pont-Louis, Le Reculley de la Huberderie, Dumesnil - Desplanques, Caillemer, Aubry, avocat,

d'appel. (Kuscinski : *Les députés à l'assemblée législative*, p. 117.)

[1] Le procès-verbal ne donne pas le nombre de feux, qui est resté en blanc. Une note manuscrite, envoyée sous le titre de *Liste complémentaire des feux*, par le lieutenant général, porte la population de la ville de Carentan à 348 feux «sans y comprendre les Essarts». Dans la lettre d'envoi au Garde des sceaux, qui est en date du 25 avril 1789, le lieutenant général nous apprend qu'«il a fait en général cette estimation de feux sur les listes du greffe de l'élection pour la répartition». (Arch. nat., Ba 35, l. 70.) — Les *États de population* dressés en avril 1785 donnent à la ville de Carentan un chiffre de 2,366 habitants. (Arch. nat., D IV *bis* 47, pièce 7.) Mouvement en 1787 : naissances, 91 (49 garçons, 42 filles); mariages, 23; décès, 106. En plus, communauté des Augustines, 1 profession de femme, 2 décès. (Arch. Calvados, C 169.) — Population actuelle : 3,966 habitants.

[2] Taxe des députés de Carentan : 19 jours, 74 livres. *Tous acceptants.*

Morel, Hamon, Pacarin, Martin, Guidon, Vallée-
Précourt, Marvie, Aubray D. M., R. Caillemer,
avocat; Ernouf, Lesage de Neville, Durand, Gutin,
Laisney, Foucher, Bayron, Duval, Mesnage, Giffard,
J. Le Petit, Branche, Tiebot, Champel, J. Bredon-
chel, F. Renouf, Pierre Onfroy, J. Poidevin, Hivert
Jaque Marie, F. Onfroi, Charles Lemagnen, J. Faul-
lain, P. Simon, J. Catheaugrue, C. Aubray, Coupeney,
Palla, Langet, Belin, Hervieu, J.-B. Dieudonné,
Victor Maréchal, Desplanques, Lambert, Jean Le
Cardonnel, Viccelin, L. Boudet, Ciprien Letanneur,
Langlois, Bon Berot, Delaporte, J. Letournel, Jean
Perrotte, J.-F. Lalmand, N. Levilly, Richard, J. Bre-
donchel, J. Canivet, N. Hamelin, Abraham Burnon,
Foulon, Mauger, François Laisney, S. Gascoin, Jean
Le Rosier, A. Toulorge, J.-F. Blondel, J. Durocher,
Pavie, Mallet, J. Tougon, E. Simon, N. Maugé,
J. Letenneur, P. Ciron, *Langlois, Lavalley.*

---

2. Cahier de doléances.

(Ms. *Archives de la Manche, même liasse.* — Original signé. *Inédit*[1].
Éd. Hippeau, *op. cit.*, t. II, p. 101.)

Cahier du tiers état de la ville de Carentan.

L'assemblée des citoyens du tiers état de la ville de Carentan,
réunie aux termes des Lettres de convocation données à Versailles,
le 24 janvier dernier, pour conférer tant des remontrances,
plaintes et doléances, que des moyens et avis qu'elle a à proposer,
en l'assemblée générale des États de la nation, et pour élire,
choisir et nommer ses représentants,

Donne par le présent acte aux personnes qui seront choisies
par la voie du scrutin, en l'assemblée du bailliage principal de
Coutances, ses pouvoirs généraux pour la représenter aux États,
y proposer, remontrer, aviser et consentir tout ce qui peut concerner les besoins de l'État, la réforme des abus, l'établissement
d'un ordre fixe dans toutes les parties du gouvernement, la pros-

[1] Une copie est conservée aux Archives communales de Carentan. Cette
copie est moderne et paraît avoir
été faite sur l'original des Archives.
vers 1889. (*Suprà*, Introduction,
p. 39.)

périté générale du royaume, et le bonheur tant commun que particulier de tous les citoyens.

L'opinion et le désir de l'assemblée est que [les] délibérations soient prises aux États généraux par les trois ordres réunis, et que les suffrages soient comptés par tête. Elle donne mandat spécial à ses députés de proposer et requérir que cette forme soit suivie, elle les charge spécialement d'employer tous leurs efforts pour la faire adopter, en développant les principes qui la rendent plus constitutionnelle et les grands avantages qu'on en doit retirer.

Conformément à ces maximes, l'assemblée autorise ses députés à demander :

1° Que le retour périodique des États devienne le régime permanent de l'administration du royaume, que l'intervalle de leurs assemblées successives soit fixé, et spécialement que l'époque de la seconde tenue qui devra suivre prochainement les États de 1789 soit déterminée ;

2° Que toutes les impositions actuelles, comme taille, taillon, corvée, capitation noble et roturière, vingtième et autres, présentement imposées sur les terres et les personnes, quelque dénomination qu'elles aient, soient et demeurent supprimées, éteintes et anéanties à perpétuité[1] ; qu'il soit ordonné que jamais on ne pourra établir de taxe personnelle ou arbitraire, et qu'il soit créé pour les remplacer une seule et unique imposition, nommée subvention territoriale, ou autrement, assise généralement sur toutes les terres du royaume, de quelque nature qu'elles soient, et payée par les propriétaires sans distinction, ecclésiastiques, nobles, non nobles, ou du domaine royal ; laquelle sera payée

---

[1] Impositions de Carentan pour 1789 : taille, 5,747 livres ; acc., 3,771 l. 5 s. 7 d. ; cap., 3,718 l. 5 s. 7 d. ; corvée, 1,908 l. 7 s. 7 d. ; vingt., 8,718 l. 3 s. (dont, pour les offices, 2,403 l. 15 s. 3 d. ; pour l'industrie, 359 l. 3 s.) ; terr., 847 livres ; bât., 282 livres. Au total : 25,072 l. 3 s. 9 d.

Privilégiés : Ecclésiastiques : le curé m° Salin, 2 vicaires et 4 habitués ; le s' Bernardin Villette, titulaire de la chapelle Sainte-Anne. — Nobles : la v° et enfants du s' d'Auxais des Ormeaux (c. n. 97 l. 6 s.), le s' Lefevre de Noirpalu (c. n. 53 l. 3 s. 10 d.) ; le s' Charles-Michel-Augustin d'Auxais d'Auverville (c. n. 147 l. 6 s.), la v° et héritiers du s' de Cussy (c. n. 19 l. 6 s. 5 d.). — Tiers état : exempts, le s' Lemasson, maître de la poste aux chevaux (c. 18 l. 3 s. 6 d.) ; la v° du s' Durand de la Borderie, officier commensal (c. 22 l. 5 s.) ; la dame v° du s' Desplanques du Granier, officier chez la reine (c. n. 22 l. 5 s.) ; taxés d'office : les officiers de judicature et assimilés (c. 3,287 l. 16 s.) ; le s' Charles Boutreuil, garde-étalon (c. 60 l.) ; pour les traites et gabelles, 1 receveur (c. 11 l. 5 s. 11 d.) ; pour les aides, 1 directeur, 1 receveur principal, 1 sous-receveur, 1 commis aux exercices (ensemble, c. 74 l. 6 s. 9 d.) ; pour le contrôle, 1 contrôleur des actes (c. 20 l. 5 s.). — *Supplément des privilégiés* : 565 l. 6 s.

dans le lieu de la situation des fonds, ainsi que les dixièmes quelconques qui seront imposés également; et qu'il ne pourra être fait aucun abonnement particulier d'impôt, parce que cependant les rentes foncières non exemptes et les rentes hypothèques seront réductibles d'un dixième au profit du débiteur;

3° Demande aussi que le non noble soit déchargé à l'avenir de la collecte des deniers royaux, à tour de rôle, suivant l'usage ancien; et que les paroisses soient autorisées à nommer un receveur choisi par les trois ordres de chaque paroisse, qui fera la recette de la subvention, pendant tout le temps qu'ils auront confiance en lui, lequel sera en leurs gages, de la gestion duquel chaque paroisse sera garante, et la municipalité tenue de veiller à ce qu'il paye régulièrement le receveur des impositions dans les temps marqués;

4° Demande aussi qu'il soit statué que les États provinciaux ou assemblées provinciales soient établis dans les provinces du royaume, et que tous les membres soient élus par leurs pairs, le clergé pour un quart, la noblesse pour un autre quart et le tiers état pour la moitié. Et qu'à l'avenir les députés soient nommés par les bailliages comme dans la forme actuelle[1];

5° Demande aussi ledit tiers état que le Roi veuille bien rétablir les États provinciaux de Normandie, dont les séances seront fixées à Caen comme étant au centre de la province, mais seulement pour régler les affaires générales de la province[2], demandant que pour régler les affaires particulières de chaque généralité, comme les finances, voiries ou autres choses qui en concernent une seule, lesdits États soient divisés en trois Chambres, celle de Rouen, celle de Caen et celle d'Alençon, et que les membres qui sisteront au nom de la généralité qui les aura nommés soient les seuls qui puissent régler et administrer ce qui la concerne, sans

---

[1] Cet article et le suivant sont très visiblement inspirés d'un mémoire rédigé à la fin de 1788 par l'assemblée du département de Carentan : *Projet pour la convocation des États généraux du royaume, conformément aux intentions du Roi, manifestées dans les arrêts des 5 juillet et 8 août dernier*, Impr. s. l. n. d., 4 p. in-f°. (Arch. Calvados, C 8351, reproduit dans HIPPEAU : *Élections*, p. 337.) La division de l'assemblée provinciale en trois bureaux ou chambres, correspondant aux généralités de la province, est une des idées

les plus caractéristiques de ce projet (art. 13 et 14).

[2] Cf. le cahier de Villedieu, art. 8 et la note, *suprà* p. 640.

L'assemblée départementale de Coutances avait arrêté de même : «Les États provinciaux de Basse-Normandie établiront une commission *au centre de la province*, composée de 12 députés des 3 ordres, dans la proportion ci-dessus établie, et choisis dans les 9 départements parmi les députés des États.» (*Procès-verbal, séance du 29 octobre 1788, art. 14*, Arch. Calvados, C 7700.)

qu'aucuns deniers payés par une généralité puissent être employés dans les autres que celle qui les aura payés;

6° Demande aussi qu'il ne puisse être fait à l'avenir aucun emprunt de deniers, à moins que les États généraux ne les aient octroyés;

7° Demande aussi qu'il soit avisé aux moyens de rendre la perception des impositions plus facile et moins dispendieuse; qu'il soit rendu tous les ans, par le contrôleur général, le compte des finances; lequel sera ensuite examiné par des commissaires pris dans la Chambre des comptes, les conseillers d'État et les membres des États provinciaux, s'ils ont lieu, ou des assemblées provinciales si elles subsistent; lequel compte une fois approuvé sera rendu public;

8° Qu'en cas de malversation de la part d'aucuns desdits ministres, ils soient dénoncés à la justice et poursuivis suivant la rigueur des lois; et jugés par la Grand'Chambre du Parlement de Paris, concurremment avec deux membres de chacune des grandes Chambres des autres Parlements, pour ensuite le procès et le jugement être rendus publics;

9° Demande aussi que les États généraux fixent conjointement avec le Roi la portion d'impôt que chaque province ou généralité payera, laquelle sera répartie par l'assemblée provinciale de chaque généralité sur les arrondissements, en proportion de leur étendue ou richesse, et l'assemblée de chaque département d'arrondissement fera la répartition de la portion que chaque paroisse devra payer, et la municipalité de chaque paroisse répartira sur chaque propriétaire la partie qu'il devra porter relativement à la valeur des fonds, sans égard à la qualité du propriétaire, tout privilège étant supprimé;

10° Demande aussi la suppression de toutes les cours et juridictions d'exception, sans qu'on en conserve aucunes, ainsi que celle des hautes justices, et que la connaissance des matières dont connaissaient toutes ces juridictions, soit attribuée aux bailliages et par appel aux cours supérieures.

Demande aussi la suppression de la vénalité de tous les offices indistinctement, et surtout ceux de finances, de receveurs généraux et particuliers.

Demande aussi l'arrondissement des bailliages, et qu'il y soit établi un nombre de juges suffisant pour y faire le service facilement.

Demande aussi que les cours qui jugeront en dernier ressort soient multipliées et placées à la portée des justiciables.

Demande aussi que la justice soit rendue gratuitement au peuple, et que les juges ne puissent prendre aucunes épices.

Demande aussi qu'il soit ordonné une réformation des Codes civil et criminel actuellement existants.

Demande que pour les mêmes délits, on inflige les mêmes peines sans distinction d'ordre ni d'état;

11° Demande aussi la suppression de tous les péages par terre et par eau dans l'intérieur du royaume [1]; que les droits de halle, de marché, de banalité et autres droits particuliers payés par le public soient également supprimés, comme contraires à la liberté du commerce et à la liberté individuelle, en dédommageant d'une manière convenable les propriétaires soit par le public, soit par les particuliers qui se trouvent assujettis au droit qui sera supprimé, après justification de titres reconnus valables; et que les titres qui seront reconnus non valables, soit parce que l'objet de la concession aura cessé, ou que ce soit par raison d'erreur ou d'abus, soient supprimés sans dédommagement;

12° Demande aussi la suppression des droits sur les cuirs, comme renchérissant considérablement une denrée de première nécessité;

13° Demande aussi la suppression de la loterie royale, comme étant une des raisons de l'appauvrissement du peuple, qui y risque jusqu'à son nécessaire [2];

14° Demande aussi que la gabelle soit supprimée, et le commerce du sel rendu libre. En conséquence l'on imposera les marais salants en raison du produit qu'ils font au propriétaire, et (qu')il sera perçu un droit quelconque par quintal, qui sera payé à l'extraction du marais salant; après quoi il sera libre de le transporter et vendre dans toute l'étendue du royaume. Et pour en favoriser la consommation, on prohibera strictement l'introduction des sels étrangers, et les salaisons étrangères faites avec d'autres sels que le sel gris de France.

Demande aussi qu'en cas que la gabelle soit supprimée, que les sels blancs bouillis soient prohibés, comme consommant une quantité prodigieuse de bois dont la cherté excessive est si nuisible au peuple [3];

[1] Cf. la note sous le cahier de l'assemblée préliminaire de Carentan, art. 12, *infrà* p. 768.

[2] L'assemblée provinciale de Basse-Normandie, dans sa session de 1787, avait arrêté que «son premier vœu serait la suppression de la loterie, mais que Sa Majesté serait suppliée, tant que la loterie subsistera, d'attacher les bureaux qui deviendront vacants au bénéfice de l'hôpital de Caen.» (HIPPEAU, *Gouvernement*, V. 359.)

[3] *Contrà :* le cahier du tiers état de l'assemblée préliminaire de Carentan,

15° Demande aussi que les droits de contrôle des actes soient modérés, et qu'il soit fait un nouveau tarif si clairement énoncé et si précis qu'il ne puisse être sujet à aucune interprétation, de façon que tout homme soit en état de connaître ce qu'il doit payer pour un acte qu'il a fait ou qu'il veut faire.

Demande aussi que le droit de centième denier des successions collatérales soit supprimé comme injuste et onéreux, et pour y suppléer qu'il soit ordonné que tous les contrats de mariage, à l'avenir, seront passés devant notaire, parce que le plus fort droit ne passera pas douze livres pour le contrat le plus haut estimé;

16° Demande aussi que la régie des aides soit supprimée, et que pour les remplacer il sera fait un abonnement entre le Roi et la province, qui les imposera sur les villes et bourgs de la manière qu'elle les arrêtera.

Demande aussi que les fermes générales soient supprimées, et qu'il soit établi une régie générale pour les remplacer, comme étant aussi utile et aussi avantageux au public, que la ferme lui est nuisible.

Demande aussi que toutes les douanes de l'intérieur du royaume soient renvoyées aux frontières, et que les droits en soient fixés, par un tarif clairement énoncé, et qu'il ne soit sujet à aucune interprétation.

Demande aussi la suppression de tout droit de transit.

Demande aussi la suppression du droit du don gratuit, et autres petits droits qui gênent le commerce;

17° Demande aussi qu'il y ait une entière liberté de commerce et d'industrie, par tout le royaume, et que toutes les maîtrises soient supprimées; qu'il soit libre à chaque individu d'exercer la

art. 15 (infrà, p. 769). — Le bailliage de Carentan se trouvait, en 1789, très curieusement partagé, dans la question de la Gabelle.

La côte Est, vers la Haye-du-Puits, fabriquait le sel blanc par ébullition, et possédait, à Saint-Germain-sur-Ay et Sainte-Opportune-de-Lessay, des salines (8 à Sainte-Opportune, 3 à Lessay) qui fournissaient, en 1776, environ 8,300 ruches de sel par an; à Carentan, au contraire, on usait de sel gris obtenu par évaporation dans les marais salants. Il y avait, comme on voit dans les cahiers, opposition absolue d'intérêts entre ces deux situations. Dès l'année précédente, l'antagonisme s'était fait jour dans l'assemblée de département; plu-

sieurs paroisses avaient protesté contre l'emploi du sel bouilli qui, disaient-elles, était mal cuit, se chargeait d'humidité et conservait une grande quantité de mucosité acrimoniale, tandis que de leur côté les paroisses de salines demandaient à obtenir une augmentation des jours de bouillage, comme sur la côte de l'Avranchin. (Voir Mémoire concernant les salines de l'élection de Carentan 1768, Arch. Calvados, C 6607; et Mémoire des habitants d'Isigny, qui se plaignent du préjudice apporté à leur commerce par la déclaration du 21 mai 1768, qui réduit à 80 jours le temps destiné à la fabrication du sel dans les salines de Basse-Normandie. — Ibid., C 8314.)

profession ou métier qu'il lui conviendra, sans rien payer, mais seulement tenu de se faire registrer à la police de son domicile qui l'enregistrera *gratis*, sans qu'elle puisse fixer le nombre des personnes dans chaque profession ou métier [1];

18° Demande aussi que le Roi ne vende point la noblesse à prix d'argent, et que les offices de secrétaire du Roi soient supprimés.

Demande aussi qu'il soit fait une recherche exacte de la noblesse, parce que beaucoup de particuliers usurpent ce titre honorable, et qu'après la revision ceux qui seront trouvés nobles seront registrés dans un registre destiné à cet usage, et mis à demeure au greffe du bailliage de leur domicile, pour y avoir recours au besoin; et que chaque noble y soit désigné sous les titres et qualités qu'il y possède, sans qu'il puisse en prendre d'autres que ceux qu'il a effectivement;

19° Demande aussi qu'il soit permis à la noblesse d'exercer toutes professions, faire valoir les biens d'autrui, et participer sans dérogeance à tous les moyens honnêtes d'enrichissement;

20° Demande aussi qu'il y ait une entière liberté de la presse, et l'abolition des lettres de cachet;

21° Demande aussi la réduction des pensions sur le trésor royal, et que la somme en soit fixe, que le Seigneur Roi sera supplié de permettre qu'aucune pension et gratification sur un bon ne soit consentie et payée sans avoir été visée par un comité nommé *ad hoc*, afin de prévenir les surprises qui pourraient avoir été faites à la bonté de Sa Majesté [2];

22° Demande aussi que l'on avise aux moyens d'empêcher les banqueroutes frauduleuses, et la suppression de toutes lettres et arrêts de surséance;

23° Demande aussi que les États généraux, conjointement avec le Roi, établissent une éducation nationale, sous l'inspection des magistrats, qui la régleront d'après le plan adopté;

24° Demande aussi la suppression du tirage de la milice et de la garde-côtes, comme extrêmement onéreux au peuple, et décourageant l'agriculture [3];

[1] Il n'y avait pas de maîtrises à Carentan ni dans aucune ville du bailliage.

[2] Cf. le *Projet de cahier général*, Administration des finances, art. 7 : «Que l'on fixe toutes les pensions à une somme de douze millions par an au plus, qu'elles ne pourront excéder jusqu'à ce que l'état des finances du royaume soit rétabli et les dettes entièrement acquittées.» (Hippeau, *Élections*, p. 388.)

[3] L'élection de Carentan, qui comptait annuellement un peu moins de 2,000 inscrits (1,921 en 1787, 1,987 en 1788), n'avait fourni en 1788 à la

25° Demande que l'on abolisse dans tout le royaume la main-mortable ou la servitude tant personnelle que par suite, comme excessivement injustes;

26° Demande que les domaines de la couronne soient aliénés en entier, excepté ceux que le Roi habite ou qui lui sont nécessaires pour ses plaisirs et ceux qui forment l'apanage des princes; en conséquence qu'ils seront vendus et aliénés à perpétuité en faveur des acquéreurs, et que les deniers qui en proviendront seront employés à payer les dettes de l'État, laquelle vente sera faite par adjudication, où toutes personnes pourront concourir[1];

27° Demande aussi la suppression du droit de franc-fief;

28° Demande que l'on adoucisse la discipline du soldat français, et qu'on le délivre de la punition du coup de plat de sabre[2].

Demande aussi qu'on anéantisse cette fatale décision qui vient d'être donnée, que le soldat ne pourra espérer être fait lieutenant, ni concourir aux grades supérieurs et aux récompenses militaires, quelque belles actions qu'il fasse, et quelque bonne conduite qu'il

milice que 20 hommes, chiffre égal à celui de l'année précédente. La ville de Carentan avait présenté pour sa part, 190 inscrits, dont 2 avaient été portés fuyards, 124 exempts, 41 écartés comme infirmes ou trop petits; 23 seulement avaient tiré, pour fournir 1 milicien. (Arch. Calvados, C 1916.) Cf. *État général et nominatif des hommes de la taille de 5 pieds 3 pouces et au-dessus, échus au sort dans les tirages qui ont été exécutés dans l'élection de Carentan les années 1783-1787, lesquels doivent servir en qualité de soldats miliciens.* (Arch. Manche, C 816.)

[1] Le domaine du roi dans le bailliage de Carentan était en 1789 engagé au duc d'Orléans, comme la presque totalité du domaine en Cotentin. D'après le *Journal des rentes*, il donnait, produit commun 11,512 l. 18 s. 11 d. 2/3, non compris le domaine affermé. (Arch. Manche, A 71.)

[2] Allusion aux réformes disciplinaires introduites, sous le ministère du comte de Saint-Germain, par le Règlement, d'ailleurs rapporté depuis, du 25 mars 1776. (ISAMBERT, XXIII, n° 423, p. 451.) On s'est souvent mépris, semble-t-il, sur les raisons qui avaient fait essayer de la discipline des coups de plat de sabre; l'art. 20 du titre VI de l'Ordonnance est à cet égard

curieux à consulter : «L'intention de Sa Majesté est que les fautes légères qui, jusqu'à présent, ont été punies par la prison, le soient dorénavant par des coups de plat de sabre. Si ce dernier châtiment, le plus efficace par la promptitude, et d'autant plus militaire que les nations les plus célèbres et chez lesquelles l'honneur est le plus en recommandation en employaient rarement d'autres, est redouté du soldat français, il sera un moyen d'autant plus sûr à employer pour le succès de la discipline; les fautes plus graves seront punies par le piquet devant le corps-de-garde, ou en faisant porter au coupable, pendant un temps limité, devant le même corps-de-garde, un nombre plus considérable de fusils. Veut Sa Majesté que la prison ne soit ordonnée que pour les fautes très graves et qui ne paraîtraient pas suffisamment punies par les châtiments qui viennent d'être indiqués, ou qui seraient de nature à mettre le coupable au conseil de guerre.» (*Ibid.*, p. 477.)

La «fatale décision» à laquelle il est fait allusion au second paragraphe est, sans aucun doute, la *Déclaration du 22 mai 1781*, disposant que «nul ne pourrait être proposé à des sous-lieutenances, s'il n'a fait preuve de quatre générations de noblesse». (*Ibid.*, t. XXVII, p. 29.)

ait. C'est ôter toute émulation à des hommes qui en sont si susceptibles, et qu'il importe tantà l'État de conserver.

Demande au contraire que le tiers état puisse prétendre aux
honneurs et grades militaires, ainsi qu'à posséder les charges de la
haute magistrature;

29° Demande aussi que le sort des prisonniers soit adouci, en
rendant les prisons plus saines, en les *airant* davantage, leur
donnant plus d'espace dans les appartements, et une grande cour
qui soit exposée au soleil, où ils auront la liberté de se promener
tous les jours depuis le lever du soleil jusqu'à son coucher; que
tous les cachots sous terre ou qui sont humides soient proscrits à
jamais, détruits et comblés à la promulgation de l'ordonnance qui
sera rendue à la séparation des États généraux; que les cachots
noirs soient proscrits dans toute l'étendue de la *dénomination (sic)*
française, tant pour le militaire que pour le civil, et pour les accusés
au criminel; qu'il soit ordonné qu'il sera construit des cachots dans
toutes les prisons, qui auront deux pieds d'élévation au-dessus du
rez-de-chaussée, et recevront l'air et la lumière par une fenêtre
grillée qui aura au moins deux pieds de largeur et quatre pieds
de hauteur d'ouverture libre, avec un volet fermant à la volonté
du prisonnier; qu'il y aura une couchette pour chaque prisonnier,
avec une paillasse et une couverture assez épaisse pour le garantir
du froid; que les prisonniers auront deux livres de pain par jour
au lieu de une livre et demie, qui est reconnue insuffisante, enfin
qu'il sera pris tous les moyens possibles d'alléger la dureté de la
captivité des infortunés prisonniers;

30° Demande aussi le tiers état la liberté de tirer les pigeons,
les lapins, les bêtes fauves et autres bêtes malfaisantes qui se
trouveront dans son fonds;

31° Demande aussi qu'il soit ordonné que les landes, bruyères,
communes et marais, soient partagés entre les différents propriétaires de chaque paroisse où ils sont assis;

Demande aussi qu'on procure les moyens nécessaires pour le
rétablissement et la conservation des forêts et bois, et invite tous
les propriétaires à faire des plantations [1];

---

[1] A. Young, qui avait passé à Carentan en 1788, donne dans ses notes quelques renseignements intéressants: «À Carentan, a-t-il noté, les marais salants se
louent 40 livres la vergée de 40 perches
de 24 pieds (environ 180 francs l'hectare), quelquefois 60 livres (270 fr. 30
l'hectare); les terres arables se louent
45 ou 60 livres (202 fr. 70 l'hectare),
en moyenne de 30 à 40 livres
(157 fr. 60 l'hectare). Une ferme des
environs payée 10,000 livres se loue
communément 400 livres; le prix commun est de 700 livres l'acre (1,892 fr.
l'hectare). (YOUNG, *Voyage en France*,
II, 57.)

32° Demande aussi qu'il soit pris les moyens les plus efficaces pour arrêter les suites funestes du jeu;

Demande aussi que l'on prenne tous les moyens possibles pour réformer les mœurs; qu'il soit aussi permis de prêter à intérêt à terme fixe, au denier vingt, comme un moyen puissant d'anéantir l'usure forcée et diminuer également le goût trop dominant des fonds perdus, objet intéressant qui doit être pris en considération dans la circonstance présente;

33° Demande que lorsqu'un créancier en billet aura obtenu sentence de condamnation, l'intérêt du capital soit exigible du jour de l'assignation [1], ce qui aura lieu également pour toutes les dettes mobilières;

34° Demande qu'il n'y ait dans tout le royaume qu'un même poids, aune et mesure;

35° Demande la suppression des dîmes de substitution, et de toutes les espèces de dîmes insolites;

36° Demande aussi que l'on supprime quelques monastères, abbayes en commende, prieurés ou autres bénéfices ecclésiastiques, en nombre suffisant dans chaque bailliage ou sénéchaussée du royaume. Et qu'il y soit établi des hôpitaux ou des hospices, dans lesquels on mettra tous les enfants trouvés, les orphelins, les incurables, les vieillards, les journaliers, et autres pauvres artisans, demeurés malades et sans secours, les pauvres infirmes et incapables de gagner leur vie, les aveugles et les filles et veuves grosses, qui y seront reçues, soignées et accouchées, et ne seront renvoyées qu'après leur entier rétablissement, lesquels établissements seront dirigés par les officiers du bailliage dans le ressort duquel ils seront situés, conjointement avec l'évêque du diocèse, les curés des paroisses où ils seront situés, et par les officiers municipaux de la ville dans l'arrondissement de laquelle ils seront situés [2];

[1] Il y avait primitivement dans le manuscrit *signification;* le mot a été barré et surchargé en *assignation.*

[2] La ville de Carentan possédait, en 1789, deux établissements hospitaliers. L'*hôpital général,* fondé en 1662, et auquel était réuni depuis 1769 un hôtel-dieu de fondation fort ancienne, qui était administré par une commission de civils et de prêtres séculiers; la communauté des *religieuses Augustines,* établie en 1635, desservait de son côté un petit établissement où étaient reçues quelques pauvres femmes.

Déclarations de 1790 non retrouvées. En 1775, les biens de l'hôpital général sont déclarés consister en : maison, 6 à 7 vergées de terre de l'ancien hôtel-dieu, une ancienne maladrerie, les biens confisqués des anciens prêches de Sainte-Mère-Église, Geffosse, Acqueville et Beaumont, valant le tout 1,099 livres de revenu; en rentes foncières pour 1,341 l. 6 s.; dans le produit du droit d'entrée des boissons et du havage, donnant 600 livres année commune. Au total, 2,881 l. 18 s. 4 d., qui sont grevés de charges pour 821 livres, et ne

37° Demande que sur les côtes de France et sur les bords des rivières qui fournissent des matelots à la marine royale, il soit supprimé un nombre suffisant d'abbayes, prieurés et monastères, situés à la distance convenable, pour les convertir en hospices, où l'on recevra les matelots invalides, les femmes et les enfants de matelots partis pour le service de la marine royale, et de ceux qui y sont morts, et leurs père et mère demeurés pauvres, l'expérience faisant voir que la principale peine du matelot, en partant pour le service, est la certitude de laisser sa famille dans la misère;

38° Supprimer les annates en Cour de Rome; que les évêques soient rétablis dans leurs anciens droits d'accorder les dispenses nécessaires dans leur diocèse;

39° Demande que les curés à portion congrue soient portées à 1,500 livres de pension annuelle, afin que les curés jouissant de plus d'aisance puissent faire plus de bien aux pauvres de leur paroisse; et que le tiers des dîmes ecclésiastiques dans chaque paroisse où elles appartiennent à d'autres qu'aux curés, soit en partie, soit en totalité, reste et demeure affecté chaque année pour les pauvres de la paroisse; qu'il sera versé annuellement dans un coffre-fort fermant à quatre clefs, déposé dans la sacristie, et que le curé, le syndic municipal et deux principaux paroissiens nommés à cet effet auront chacun une clef, et que la paroisse assemblée ordonne de la distribution dans les temps et de la manière qu'ils le jugeront plus avantageux aux pauvres [1];

40° Demande qu'à la mort des réguliers qui possèdent des cures, leur cote morte après leur décès appartienne en entier aux pauvres de leur paroisse, sans que les maisons dont ils sortent

---

laissent pour l'entretien et la nourriture des pauvres que la modique somme de 2,060 l. 3 s. 4 d. (Arch. Calvados, C. 765 et 1046.)

Pour les revenus de la communauté des Augustines, voir note sous l'art. 44, *infrà*, p. 725.

[1] La cure de Carentan, autrefois partagée en deux portions, était réunie en une seule en 1789.

Déclaration de 1790 non retrouvée. Le curé avait toutes les dîmes du bénéfice, qui était un des plus considérables du diocèse; l'abbesse de Saint-Léger de Préaux, au diocèse de Lisieux, décimatrice pour les deux tiers, lui en avait fait l'abandon dès la fin du

xvii° siècle. Estimée, vers 1754, par la chambre, vraie valeur, 1,819 l. 5 s. (*Pouillé, fol. 39.*)

Les réparations de l'église, une des plus considérables du diocèse, incombaient aux habitants. Ils avaient dû s'imposer en 1771 d'une somme de 34,600 livres pour les réparations de la nef (*arrêt du Conseil, 27 août 1771*, Arch. Calvados, C 1314), et tout récemment, après procès contre leur curé, ils avaient été condamnés par arrêt du Parlement du 1er mai 1779 aux réparations du chœur et chancel, qui de droit commun n'incombaient pas aux communautés. (*Correspondance, 14 août 1780*, Arch. Calvados, C 1338.)

puissent les réclamer[1]; qu'après leur mort, le syndic municipal et deux personnes de la municipalité feront mettre les scellés sur leurs meubles, lesquels seront levés en la présence du procureur du Roi qui y assistera *gratis*. Et le répertoire et inventaire seront faits par l'officier public et après la vente des meubles, le montant de la cote morte sera distribué aux pauvres;

41° Demande que le gouvernement prenne tous les moyens possibles pour favoriser la multiplication des chevaux de toute espèce, afin de se passer des secours de l'étranger pour le service des troupes; qu'il soit fait un fonds dans chaque province pour l'achat des beaux individus de race étrangère, pour se procurer de superbes étalons propres à perfectionner les races;

Qu'on prenne également en considération la nécessité et l'avantage de multiplier les moutons de belles races étrangères, et d'améliorer celles qui existent dans le royaume, afin de perfectionner leurs laines sans être obligé de recourir à l'étranger pour s'en procurer et fournir nos belles manufactures[2];

42° Demande qu'il soit établi dans les principales villes de chaque province des cours gratuits d'arts et métiers;

43° Demande que les communautés soient affranchies de l'obli-

---

[1] La *cote-morte*, c'est-à-dire le pécule laissé par un curé régulier, était sans difficulté reconnue en droit appartenir aux pauvres de la paroisse qu'il avait desservie de son vivant; mais la jurisprudence du Parlement de Rouen décidait que c'était à la maison en laquelle il avait fait profession qu'il appartenait d'en faire la distribution aux pauvres. Comme il n'y avait point d'inventaire, on conçoit aisément que l'opinion publique ait soupçonné les communautés de ne laisser aux pauvres que ce qu'elles voulaient bien. (Voir *arrêt du 6 juin 1740*, dans HOUARD, *Dict. anal.*, v° Cote morte.)

[2] A. Young a vu, sans les admirer beaucoup, les moutons qu'on élevait en 1789 dans la région de Carentan. «Ce sont partout, a-t-il noté, des moutons de la race d'Harcourt, à jambes et face ousses, sur les collines comme dans les iches herbages. Ces herbages pourraient donner d'aussi longue laine que le Lincoln. Longueur : 4 p. 20 à 22 en suint, 40 s. lavées.» (*Voyage en France*, II, 234.) L'assemblée provinciale de Basse-Normandie avait elle-même proclamé la

nécessité, pour améliorer la race, de faire venir des pays étrangers des béliers des plus belles espèces. (*Rapport*, dans HIPPEAU, *Gouvernement*, V, 338.) Young ne dit pas un mot de l'élevage des chevaux, déjà fort important dans la région de Carentan. En faut-il accuser la rapidité de son voyage? Il fit en une journée le voyage d'Isigny à Valognes, et à son passage à Carentan il se trouva, dit-il, si mal par suite de rhumes négligés, qu'il eut peur de tomber malade. «Je m'en ressentais dans tous les membres, j'étais accablé d'une pesanteur générale. Je me couchai de bonne heure et une dose de poudre d'antimoine provoqua chez moi une transpiration qui me soulagea assez pour reprendre le voyage.» (*Ibid.*, II, p. 14.)

Il y avait, en 1789, 11 dépôts de remonte dans la généralité de Caen, dont 2 seulement ceux de Carentan et de Saint-Lô, dans la partie du Cotentin. Il s'y trouvait, d'après un *État* dressé le 28 février 1789, 725 chevaux, et le personnel comprenait 34 bas officiers et 244 cavaliers. (Arch. Calvados, C. 2021.)

gation d'un visa pour leurs affaires contentieuses, en prenant l'avis de trois avocats du siège où l'affaire sera proposée;

44° Demande que l'émission des derniers vœux pour les ordres religieux soient fixée, pour les hommes comme pour les filles, à trente et un ans; que tout sujet qui se retirerait dans un couvent et qui serait d'espèce à entrer dans les ordres sacrés, fût admis à les obtenir, comme à l'ordinaire, même la prêtrise, sans pourtant faire ces derniers vœux qu'à l'âge ci-dessus, afin de pouvoir en quitter si sa vocation venait à changer[1];

45° L'assemblée déclare que sur tous les autres objets non exprimés ci-dessus, qui pourraient être proposés et discutés aux États, tant pour l'intérêt de la nation en corps, que pour le bonheur personnel de chacun de ses membres, elle s'en rapporte à ce que ses députés estimeront à leur âme et conscience, devoir être statué et décidé pour le plus grand bien commun.

L'assemblée déclare enfin qu'en consentant à un régime commun d'administration qui sera délibéré par les États, elle n'a d'autre intention que celle de lier les intérêts de la province à ceux du reste du royaume, et de faciliter la régénération générale par l'uniformité des principes et de gouvernement; mais qu'elle réserve formellement tous les droits particuliers de la province, dans le cas où, par quelque raison que ce soit, les États généraux se trouveraient hors d'état de remplir les vues qui la déterminent.

Et pour porter le présent cahier de ses remontrances, plaintes et doléances à l'assemblée préliminaire desdits députés des paroisses et communautés de ce bailliage, marquée au 5 de ce mois par Monsieur le lieutenant général, la présente assemblée a ordonné qu'il sera remis à Messieurs les députés qui vont être nommés.

Et qui délibéreront conjointement avec lesdits sieurs députés des paroisses et réduiront ensemble leurs cahiers en un seul, et ensuite procéderont à la nomination du quart d'entre eux pour porter le cahier de ce bailliage à l'assemblée des trois états du bailliage de Coutances, conformément aux Lettres de convocation et

[1] La ville de Carentan était le siège d'une communauté de religieuses Augustines, fondée en 1636, par une dame d'Auxais. En novembre 1790, lors de l'inventaire dressé par les officiers municipaux, la communauté comptait 29 religieuses et 5 sœurs converses. Elle possédait en biens-fonds, maisons, jardins, terres dites de *Lailleria*, de l'*Éauparttie*, du *petit Hamel*, et de *Damtot*, un revenu de 9,767 livres, auxquelles s'ajoutaient 1,351 l. 5 s. en rentes foncières, 1,648 l. 10 s. en rentes constituées, et 1,370 livres de rentes viagères appartenant à plusieurs membres de la communauté. Au total, 14,676 l. 15 s. 8 d. de revenus, avec des charges estimées seulement à 761 l. 10 s. (Arch. Manche, H. n. cl., *Religieuses de Carentan, liasse* 1.)

à l'article 38 du Règlement du 24 janvier dernier. Ce qui a été signé par lesdits sieurs délibérants, après lecture.

LE RECULLEY DE LA HUBERDERIE, HERVIEU DE PONT-LOUIS, CAILLEMER, DUMESNIL-DESPLANQUES, AUBRY, *avocat,* HAMON, MOREL, PACARIN, MARTIN, VALLÉEPRÉCOURT, ÉNOUF, LESAGE DE NEVILLE, GUIDON, AUBRAY, *médecin,* MARVIE, R. CAILLEMER, *avocat,* DURAND, J. PETIT, FOUCHER, LAISNÉ, GUTIN, MESNAGER, GIFFARD, BRUNET, J. POIDEVIN, J. BREDONCHEL, CHAMPEL, TIÉBOT, F. RENOU, J. FAULLAIN, P. SIMON, HIVERT, BOULANGER, Jaque MARIE, F. ONFROI, Charles LEMAGNEN, HERVIEU, J. CATHEAUGRUE, BELIN, Victor MARÉCHAL, J. ANGET, C. PALLA, C. AUBRAY, J.-B. DIEUDONNÉ, Jean LE CARDONNEL, VICCELIN, Ciprien LETANNEUR, HERVIEU, DESPLANQUES, J. MARÉCHAL, DELAPORTE, LAMBERT, C. BOUDET, BOURON, N. LEVILLY, Bon BEROT, LANGLOIS, J. LETOURNEL, MAUGER, J.-F. LALMAND, Jean PERROTTE, J. CANIVET, J. BREDONCHEL, A. TOULORGE, J.-F. BLONDEL, N. HAMELIN, RICHARD, Abraham BURNOUF, FOULON, J. DUROCHER, François LAISNEY, GASCOIN, PAVIE, Jean LE ROSIER, J. TOUGON, (*illisible*), E. SIMON, MALLET, P. LETENNEUR, DUVAL, P. CIRON, N. MAUGÉ, *LANGLOIS, LAVALLEY.*

CARQUEBUT[1].

1. PROCÈS-VERBAL D'ASSEMBLÉE.

(Le procès-verbal authentique n'a pu être retrouvé.)

Date de l'assemblée : 1ᵉʳ mars. — Nombre de feux : 110[2]. — Députés : Jean-Léon BOUREY ; Hervé MANGON.

2. CAHIER DE DOLÉANCES.

(Le cahier de doléances n'a pu être retrouvé.)

[1] Arrondissement de Valognes, canton de Sainte-Mère-Église.

[2] Mouv. 1787 : N. 18, M. 3, D. 8. — Population actuelle : 457 habitants.

CATZ[1].

X

---

1. Procès-verbal d'assemblée.

(Le procès-verbal authentique n'a pu être retrouvé.)

Date de l'assemblée : 1ᵉʳ mars. — Nombre de feux : 34 [2]. — Députés Jean-Baptiste SEELLE DE MONDEZERT, *marchand herbageur* (19 j., 74 l.) Augustin POIGNAVANT.

2. Cahier de doléances.

(Le cahier de doléances n'a pu être retrouvé.)

CAUQUIGNY[3].

---

1. Procès-verbal d'assemblée.

(Ms. *Archives de la Manche, série B, liasse Cahiers de doléances, Valognes.* Original signé. *Inédit.*)

Analyse : (Formule générale du modèle imprimé). — Date de l'assemblée : 8 mars. — Comparants (8) : Jean-Guillaume FRANCHOMME, Jean-François LEBLANC, Pierre-Martin VIAUX, Jean VIAUX, François FLEAUX, François LE BLANC, Guillaume LE LION, Bernardin FRANCHOMME. — Nombre de feux : 9. — Députés : Bernardin FRANCHOMME, Jean-François LE BLANC[4]. — Mention de rédaction et de remise du cahier. — Signatures (5) : FRANCHOMME, P.-Marin VIAUX, Jean-François LEBLANC, F. FLEAUX, Bernardin FRANCHOMME.

---

[1] Arrondissement de Saint-Lô, canton de Carentan.

[2] Mouv. en 1787 : N. 4, M. 1, D 2. — Population actuelle : 121 habitants.

[3] Ancienne paroisse, réunie à Amfréville, arrondissement de Valognes, canton de Sainte-Mère-Église. — Population en 1790 : 42 habitants. Mouvement en 1787 : naissance, 1 fille; mariages, néant; décès, néant. (Arch. Calvados, C 169.)

[4] Les députés ont fait défaut à l'assemblée préliminaire de Carentan (voir Procès-verbal, *infrà*, p. 762). Ils ont comparu à celle de Valognes. Dans l'ordre du clergé, au contraire, le curé de Cauquigny, qui fut présent à Coutances, a comparu pour le bailliage de Carentan et a été déclaré défaillant pour Valognes. La paroisse était mixte et avait été convoquée simultanément à l'un et à l'autre siège.

2. Cahier de doléances.

(Ms. *Archives de la Manche*, série *B*, même liasse. Original
signé. Ed. Hippeau. *Cahiers*, II, p. ..)

*Très humbles et très respectueuses représentations et doléances
que présentent les habitants de la paroisse de Cauquigny.*

Le monarque françois veut le bonheur de son peuple; sa bonté
paternelle, manifestée dans chaque expression de la loi qui nous
rassemble, lui fait désirer le concours de ses sujets, pour l'effectuer d'une manière permanente et durable. On ne peut mieux le
seconder qu'en lui montrant les abus qu'il cherche à réformer;
c'est ce qui fait désirer aux habitants de Cauquigny qu'il soit représenté et demandé aux États généraux :

1° Que de cinq ans en cinq ans, les États généraux aient lieu
pour fixer et déterminer les différents points qui intéressent le
monarque et la nation;

2° Qu'aux prochains États généraux les droits de la nation soient
stablement arrêtés, de manière qu'à l'avenir aucun impôt, aucun
emprunt n'arrivent sans son consentement exprès et libre;

3° Qu'avant d'accorder aucune augmentation d'impôt, le déficit
et vraie différence de la recette et dépense soient parfaitement reconnus par la nation asemblée;

4° Que les États de la province de Normandie lui soient rendus, et qu'elle ait le droit de les convoquer toutes les fois que les
circonstances l'exigeront. Le motif qui les interrompit n'existe heureusement plus sous l'auguste chef qui nous gouverne;

5° Que les impôts soient simplifiés et réduits, s'il est possible,
en un seul; que la répartition en soit faite d'une manière proportionnelle aux possessions, propriétés et facultés des trois ordres
sans distinction [1];

6° Que jusqu'au nom des aides et gabelles soit aboli pour jamais, et que les impôts qui en sortent soient confondus avec l'impôt général;

7° Que les impositions parviennent et soient versées directement
au trésor royal, sans passer par mille canaux détournés qui en
absorbent la majeure partie;

[1] Impositions de Cauquigny pour 1789 : tailles, 282 livres; acc.. 285 l. 1 s. 2 d.; cap., 182 l. 9 s. 1 d.; corvée, 70 l. 8 s. 2 d.; vingt., 536 l. 9 s. 5 d.; terr., 31 livres; bât., 10 livres. Au total, 1,297 l. 8 s. *Seul privilégié*, le curé m° Hervé-Antoine Lenfant, présent à Coutances. Aucun noble. *Supplément des privilégiés* : 13 l. 16 s. 6 d.

8° Que les tribunaux qualifiés de chambres souveraines et de bureau des finances soient abrogés, l'incommodité et les inconvénients qui en résultent sont assez frappants pour en déterminer leur anéantissement;

9° Que le prétendu droit de déport exigé par les évêques soit apprécié; bientôt les racines mal appuyées en seront radicalement détruites, car le cœur paternel de notre souverain se déclare le protecteur des malheureux; et cette institution, l'ouvrage trop dangereux du premier des ordres de l'État, lui est diamétralement opposée;

10° Que la reconstruction, entretien et réparation des presbytères, de même que celle des églises, soient à la charge des décimateurs[1];

11° Qu'aux dépens des menses conventionnelles (sic) dont les abbés se sont emparés[2], et des riches abbayes qui existent dans cette province, qui à proprement parler ruinent les cultivateurs qui payent tous les impositions dont elles sont exemptes sans prétexte, il soit érigé des écoles dans toutes les paroisses pour l'un et l'autre sexe, ainsi que d'autres hospices de charité;

12° Que les colombiers et garennes soient détruits, les motifs cruels qui les produisirent doivent disparaître parmi nous. On sait combien ils sont préjudiciables à l'agriculture dont ils dévorent les productions. Il existe encore diverses redevances qu'on appelle seigneuriales et féodales, qui devraient disparaître aux yeux de tout citoyen français, qui de droit est affranchi de tout ce qui ressent la servitude;

13° Qu'il soit pourvu d'une manière efficace au repeuplement des forêts, que les espèces d'anarrements de bois qui subsistent

---

[1] Le curé de Cauquigny était seul décimateur de sa paroisse. En 1754, les dîmes étaient louées 500 livres. (Arch. Calvados, G 4384.)

Déclaration de 1790 non retrouvée. A la date du 14 novembre 1790, les officiers municipaux déclarent que «le curé a eu mainlevée des paroissiens de Cauquigny de percevoir 1,035 livres pour les réparations à faire au presbytère et bâtiments en dépendant. L'église de ladite paroisse est en assez bon état, et le sieur curé, comme gros décimateur, était chargé des réparations ordinaires». (État des biens nationaux, Carentan. Arch. Manche, Q¹ 8.)

[2] Le cahier veut parler sans doute des abbayes voisines de Blanchelande et de Montebourg, dont l'évêque de Coutances, abbé commendataire, percevait tous les revenus, n'y ayant plus de conventualité. Voir infrà, cahier de la Haye-du-Puits, art. 4, p. 737.

Il n'y a de bien ecclésiastique dans la paroisse que la cure, maison manable, basse-cour, jardin potager de 15 perches, 4 parcelles de terres d'aumônes, non affermées, d'une contenance totale de 4 vergées 1/2, et pour les obits deux champs de terre en campagne, d'une contenance de 2 vergées 15 perches, affermés 48 livres par an. (État des biens nationaux, Carentan. Arch. Manche, Q⁴·¹ 8.)

encore soient défendus, parce qu'ils emportent le prix au delà de l'ordinaire, et que l'exportation par eau en soit défendue;

14° Que le commerce soit régénéré et vérifié par un régime nouveau;

15° Que les formes longues et tortueuses dans l'administration de la justice civile et criminelle soient rectifiées et simplifiées;

16° Que la liberté du citoyen soit à l'abri des coups d'autorité que lui portent trop souvent ou les lettres de cachet ou les mandats meurtriers des gouverneurs des provinces;

17° Que la paroisse a reçu sur les tailles une augmentation de soixante et dix livres du premier brevet[1], ce qui fait une somme très considérable pour une aussi petite paroisse que celle de Cauquigny, quoique cependant il n'y eût pas d'augmentation dans la généralité, et que la susdite paroisse ne possède aucun marais ni communs; et qu'elle fût déjà surchargée.

FRANCHOMME, P. Marin VIAUX, Jean-François LEBLANC, F. FLAUST, Bernardin FRANCHOMME.

CHEF-DU-PONT[2].

1. PROCÈS-VERBAL D'ASSEMBLÉE.

(Le procès-verbal authentique n'a pu être retrouvé.)

Date de l'assemblée : 1er mars. — Nombre de feux : 74[3]. — Députés : George DE LA GARDE; Jacques DUCHEMIN.

2. CAHIER DE DOLÉANCES.

(Le cahier de doléances n'a pu être retrouvé.)

---

[1] La paroisse payait, en 1788, 212 livres seulement pour le principal de la taille; le brevet avait été porté à 282 livres pour 1789, soit une augmentation de 70 livres du principal seul, et de 140 livres environ avec les accessoires. (Archives Calvados, C 4468.)

[2] Arrondissement de Valognes, canton de Sainte-Mère-Eglise.

[3] Mouv. en 1787 : N. 7, M. 1, D. 4. — Population actuelle : 355 habitants.

COIGNY [1].

1. Procès-verbal d'assemblée.
(Le procès-verbal authentique n'a pu être retrouvé.)

Date de l'assemblée : 1er mars. — Nombre de feux : 80 [2]. — Députés : Jacques Corbin; Henry Philippe.

2. Cahier de doléances.
(Le cahier de doléances n'a pu être retrouvé.)

CRETTEVILLE [1].

1. Procès-verbal d'assemblée.
(Ms. *Archives communales de Cretteville.* Registre des délibérations pour l'année 1789 [3].)

Le dimanche 22 février 1789, à l'issue et sortie de la grande messe, se sont assemblés tous les habitants, à la convocation du syndic municipal, au son de la cloche, en la manière et lieu ordinaire, et suivant la lecture des Lettres du Roi données à Versailles, le 24 janvier 1789, pour la convocation et tenue des États généraux du royaume, du Règlement y joint et de l'ordonnance de M. le bailly de Cotentin, rendue en conséquence par Monsieur son lieutenant à Carentan, à nous adressées le 20 du présent, faites au prône par M. le curé et ensuite lues par nous et attachées à la principale porte de l'église; et comme la majeure partie des habitants n'y était point, nous avons remis et renvoyé l'assemblée au dimanche prochain suivant, les présents avertis et chargés de faire savoir aux absents de se trouver, en conséquence, dimanche prochain, pour obéir aux ordres de Sa Majesté, portées par ses Lettres données à Versailles le 24 janvier dernier pour la convocation et tenue des États généraux, dont lec-

[1] Arrondissement de Coutances, canton de la Haye-du-Puits.
[2] Mouvement en 1787 : N. 9, M. 5, D. 8. — Population actuelle : 332 habitants.

[3] Le procès-verbal, à cause du renvoi de l'assemblée, se présente dans cette paroisse sous une forme double un peu singulière. Pour cette raison, nous le donnons *in extenso.*

ture et publication leur a été faite aujourd'hui 22 février 1789, lesquels ont signé,

PONTIS, DAUXAIS.

Et aujourd'hui 1er mars 1789, en l'assemblée convoquée au son de la cloche au lieu et manière accoutumée, sont comparus, en conséquence du renvoi du 22 février dernier, en l'auditoire de ce lieu, par devant nous C. Pontis, syndic municipal, les sieurs J. Bricquebec, J. Esline, Etienne Pierre, J. Canuel, Bernard Mesnage, R. Pierre, Henry Pontis, G. Villette, Laurent Asseline, Jean Le Riche, Thomas Le Ruée, J. Lebœuf, tous nés Français, âgés de 25 ans et plus, compris dans les rôles des impositions, habitants de cette communauté composée de quatre-vingt-seize feux[1], lesquels pour obéir aux ordres de Sa Majesté, portés par ses Lettres données à Versailles, le 24 janvier 1789, pour la convocation et tenue des États généraux de ce royaume, et satisfaire aux dispositions du Règlement y annexé, ainsi qu'à l'ordonnance de M. le Bailly de Cotentin, rendue par M. de la Valley, son lieutenant général à Carentan, dont ils nous ont déclaré avoir une parfaite connaissance tant par la lecture qui leur en fut faite dimanche dernier, 22 février, au prône de la messe de la paroisse, par M. le curé, que par la lecture qui leur en fut faite après par le syndic municipal et affiches faites le même jour à l'issue de ladite messe au-devant de la porte principale de l'église, nous ont déclaré qu'ils se sont occupés à la rédaction de leur cahier de doléances, plaintes et remontrances, et en fait ils nous ont représenté ledit cahier, qui a été signé par ceux des habitants qui savent signer et par nous après l'avoir coté par première et dernière page et paraphé, *ne varietur*, au bas d'icelles.

Et de suite les habitants, après avoir mûrement délibéré sur le choix des deux députés qu'ils sont tenus de nommer en conformité desdites Lettres du Roi et Règlement y annexé, les voix ayant été par nous recueillies en la manière accoutumée, la pluralité des suffrages s'est réunie en faveur des sieurs *C. Pontis*[2] et *Jean Bricquebec*, qui ont accepté ladite commission et promis s'en acquitter fidèlement.

Ladite nomination des députés ainsi faite, lesdits habitants ont en notre présence remis auxdits sieurs *Jean Bricquebec* et *Charles*

---

[1] Mouvement en 1787 : N. 18, M. 6, D. 5. — Population actuelle : 485 habitants.

[2] D'après le rôle des taxes :

*Charles Pontis, marchand herbageur (17 jours, 66 l., Acc.); *Jean Bricquebecq, marchand herbageur (17 jours, 66 l., Acc.).

Pontis, leurs députés, le cahier afin de le porter à l'assemblée qui se tiendra à Carentan le jeudi 5 du présent mois, devant M. le lieutenant général de Carentan, et leur ont donné tout pouvoir requis et nécessaire à l'effet de les représenter en ladite assemblée pour toutes les opérations prescrites par l'ordonnance susdite de M. le lieutenant général comme aussi de donner pouvoirs généraux et suffisants de proposer, remontrer, aviser et consentir tout ce qui peut concerner les besoins de l'État, la réforme des abus, l'établissement d'un ordre fixe et durable dans toutes les parties de l'administration, la prospérité générale du Roi et le bien de tous et d'un chacun des sujets de Sa Majesté; et de leur part, lesdits députés [se] sont présentement chargés du cahier des doléances de ladite communauté et ont promis de le porter à ladite assemblée et de se conformer à tout ce qui est prescrit et ordonné par lesdites Lettres du Roi, le Règlement y annexé et ordonnances susdatées, Desquelles nomination de députés, remise de cahier, pouvoir et déclaration nous avons à tous les susdits comparants donné acte, et avons signé avec ceux desdits habitants qui savent signer et avec lesdits députés notre présent procès-verbal, ainsi que le duplicata que nous avons présentement remis auxdits députés, et le présent sera déposé aux archives de cette communauté, cedit jour et an que dessus.

C. PONTIS, J. ESLINE, J. BRICQUEBEC, E. PIERRE, (*illisible*), B. MESNAGE.

---

2. CAHIER DE DOLÉANCES.
(Le cahier de doléances n'a pu être retrouvé.)

ÉCOQUENAUVILLE [1].

1. PROCÈS-VERBAL D'ASSEMBLÉE.
(Le procès-verbal authentique n'a pu être retrouvé.)

Date de l'assemblée : 1er mars. — Nombre de feux : 41 [2]. — Députés : *Jean-Gabriel LE MASSON, marchand herbageur* (16 jours, 62 l., Acc.); Bernardin LÉFANT.

[1] Arrondissement de Valognes, canton de Sainte-Mère-Église.

[2] Mouv. en 1787 : N. 5, M. o, D. 2. — Population actuelle : 125 habitants.

2. Cahier de doléances.
(Le cahier de doléances n'a pu être retrouvé.)

FOUCARVILLE [1].

---

1. Procès-verbal d'assemblée.
(Le procès-verbal authentique n'a pu être retrouvé.)

Date de l'assemblée : 1er mars. — Nombre de feux : 59 [2]. — Députés : Louis Le Sieur ; Joseph La Gouche.

2. Cahier de doléances.
(Le cahier de doléances n'a pu être retrouvé.)

LA HAYE-DU-PUITS [3].

---

1. Procès-verbal d'assemblée.
(Le procès-verbal authentique n'a pu être retrouvé.)

Date de l'assemblée : 1er mars. — Nombre de feux : 123 [4]. — Députés : *Charles-Louis-François Regnault de Bretel, avocat (19 jours, 74 l., Acc.) [5]; Jean-François Duchesne ; Jean Brison.

2. Cahier de doléances.
(Ms. *Arch. Nat.*, D[iv] bis, *10, 281.* — Original signé. *Inédit* [6].)

Cahier de doléances, plaintes et remontrances des habitants et communauté de la Haye-du-Puits, pour être remis aux mains des

[1] Arrondissement de Valognes, canton de Sainte-Mère-Église.
[2] Mouv. en 1787 : N. 6, M. 4, D. 4. Population actuelle : 227 habitants.
[3] Arrondissement de Coutances, canton de la Haye-du-Puits.
[4] Population non déclarée en 1790. Mouvement en 1787 : naissances, 18 (8 garçons, 10 filles); mariages, 9; décès, 21. Population actuelle : 1,420 habitants.

[5] «Accepté à valoir sur son imposition patriotique.» (*Rôle des taxes.*)
[6] Cette pièce est le double original, qui avait été conservé, ainsi qu'il est marqué in *fine*, dans les archives de la paroisse. Elle a été envoyée, en 1790, au Comité de constitution, à l'appui d'une demande que les habitants du bourg et du canton faisaient pour obtenir l'établissement d'un district à Périers.

sieurs Regnault de Bretel[1], Jean-François Duchêne et Jean Bri-
son, députés nommés par le général de la paroisse assemblé dans
la juridiction à l'effet de ladite nomination et des pouvoirs à eux
remis par ledit général, pour être ledit cahier présenté par
iceux députés au bailliage de Carentan, le 5 courant.

Ce bourg, autrefois florissant, quoique éloigné de six à sept
lieues des villes voisines, et qui avait deux marchés la semaine, est
retombé depuis très longtemps, avec toutes les paroisses de son
arrondissement, dans un état de langueur et de misère dont on
peut assigner différentes causes, les unes communes à toute la
presqu'île du Cotentin, et les autres locales et particulières.

1° L'excès et la multiplicité des impositions, et l'avidité des
hommes du fisc, qui ont si beau jeu dans de petits endroits écartés
et vis-à-vis d'hommes ignorants et indéfendus;

2° Le mauvais état des chemins qui sont *périssables* six mois
de l'année, tant aux approches de ce bourg que dans 60 ou 80 paroisses à la ronde. Nous enjoignons expressément à nos députés
de se réunir aux députés des autres communes pour solliciter
des routes de communication, tant aux marchés des villes et bourgs
voisins, que pour l'accession des engrais de la mer, et notamment
de ceux de Saint-Germain d'Ay, dont les sables sont d'une excellente qualité et les mêmes qui servent à approvisionner ses sa-

Elle est accompagnée dans le carton,
de la lettre d'envoi suivante, datée de
décembre 1790, et signée de Regnault
de Bretel.

«Sages législateurs,

«Je vous conjure de prendre lecture
des pièces ci-jointes; l'une a dû vous
être présentée il y a bientôt six mois,
et l'autre n'est qu'une instruction in-
forme pour nos communes. J'ose vous
en adresser une troisième, qui ne date
pas de l'ère de la liberté, mais qui en
annonçait la naissance.

«Tout cela, Messieurs, n'est qu'un
rabâchage bien indigne de vous être
présenté, si vous n'étiez que de beaux
esprits, mais l'ombre de Franklin respire autour de vous, et le salut de 40
à 50,000 hommes ne peut vous être indifférent.

«Toutes nos communes attendent de
vous leur régénération. Elles vous envoient deux députés, elles se prosternent à vos pieds, elles invoquent votre

justice. Elles ne la réclameront pas en
vain. Ne nous auriez-vous délivrés de
l'oppression des sous-ordres que pour
nous mettre sous le joug des cités?

«J'ai l'honneur d'être, avec un profond respect, sages législateurs, votre
très humble et très obéissant serviteur,

«REGNAULT DE BRETEL,

«Propriétaire cultivateur,
électeur du département de la Manche.»

(Arch. Nat., D[IV] bis 10, 231.)

[1] REGNAULT DE BRETEL (Charles-
Louis-François), né à la Haye-du-Puits,
le 9 mai 1742, avocat (taille: 94 livres),
fut membre du Conseil général du département aux élections de 1790 et
1791, juge de paix élu du canton de la
Haye-du-Puits en 1792, député de la
Manche à la Convention, et en l'an IV
au Conseil des Anciens, mort en 1818
(PLUQUET, *Bibliogr. de la Manche*, 310;
GUIFFREY, *Conventionnels*, 116, 145;
KUSCINSKI, *Corps législatif*, 64, 104,
385.)

lines. Nous payons tous depuis quarante ans pour tous les chemins des élections voisines et de la généralité, sans que l'on ait
encore daigné s'occuper des nôtres. Ils solliciteront notamment la
partie de la grande route arrêtée de Cherbourg à Saint-Malo, qui
reste encore à faire entre Saint-Sauveur-le-Vicomte et Coutances
par la Haye-du-Puits et Lessay et cinq lieues au plus[1], tant pour
achever la route arrêtée et commencée de Prétôt à la Haye-du-
Puits, qu'un chemin de traverse de 18 à 20 pieds de largeur de
ce même chemin de Prétôt au havre de Saint-Germain, par
Lithaire, rue du Bocage et le clocher d'Angoville ou environs. Ces
deux routes seules, avec quelques réparations dans quelques autres,
reporteraient en peu d'années la vie et l'aisance dans soixante communautés;

3° L'interdiction jetée sur le port de Saint-Germain par un
arrêt du Conseil, vers 1720, pour ouvrir à sa place le port de
Cartrai, qui est obstrué aujourd'hui par un banc de sable.
L'abandon de ce havre situé au centre du Cotentin, et auquel il
faudra bien qu'on revienne en cas de guerre, a privé trente communautés des avantages du commerce et n'a pas peu contribué à
la ruine du pays, dénué depuis ce temps de toute espèce d'industrie, de métiers et de manufactures, etc. Saint-Germain était
ville à marché dès le xiie siècle, et n'est plus aujourd'hui qu'un misérable hameau. Son port était encore très fréquenté lors du siège
de la Rochelle, et il fut déjà interdit vers ce temps-là même par
les intrigues d'un sieur de Cotentin, maître des requêtes, sous prétexte qu'il était trop facile d'y frauder les droits du Roy[2]. Son vrai
crime était d'avoir porté des approvisionnements aux Rochellois

---

[1] Il s'agit de la grande route royale
de Cherbourg à Saint-Malo, par Bricquebec, la Haye-du-Puits, Périers,
Coutances, Granville, Avranches, Pontorson et Dol, dont le premier rapport
fait à l'assemblée provinciale, en décembre 1787, dit qu'elle est « ouverte
au moins en partie, de manière à pouvoir être bientôt rendue praticable».
(HIPPEAU, *Gouvernement*, t. V, 334.)
En réalité cette route n'était encore
faite que par tronçons; la partie de
Cherbourg à Bricquebec, dans l'élection de Valognes, celle de Périers à
Coutances et celle du ruisseau du Thar
à Avranches, dans les élections de Coutances et d'Avranches étaient à peu
près terminées en 1789. Mais c'était
moins de moitié de la longueur totale;

et, dans l'élection de Carentan en particulier, aucun travail n'avait été même
commencé. Deux adjudications d'ouvrages neufs, de 1,731 et de 1,577
toises respectivement, passées pour
30,000 et 34,750 livres, avaient été
résiliées, faute de fonds, par la Commission intermédiaire à son entrée en
fonctions. (*Tableau des travaux exécutés
sur les routes de la généralité de Caen,
en conséquence des adjudications passées
en 1784,* coté K à la suite du *Compte
rendu.*)

[2] Cf. le cahier de Montgardon
(bailliage de Valognes), art. 5, dans
HIPPEAU, *Cahiers*, II, 443. Nous réservons pour ce texte les explications
relatives à la fermeture du port de
Saint-Germain.

protégés par les seigneurs du canton, presque tous protestants. Ce maître des requêtes fit alors substituer au havre celui de Coutainville ou d'Agon, dont il était seigneur, et il est bon de remarquer qu'il s'abonna avec la ferme pour y vendre exclusivement des rafraîchissements aux matelots.

La révocation de l'édit de Nantes acheva ensuite l'émigration de toutes les familles protestantes, dont il restait encore un nombre considérable qui faisaient un grand commerce; tous les seigneurs protestants quittèrent également le pays. Émigration d'autant plus funeste que nos ennemis s'enrichirent de nos pertes. Cette plaie saigne encore et saignera longtemps;

4° La non-résidence de nos abbés commendataires et riches bénéficiaires, et l'absence de nos seigneurs et de presque tous nos propriétaires. Cette cause de dépérissement ne frappera peut-être pas au premier coup d'œil; mais que l'on daigne y réfléchir, s'il sort 400,000 ou 500,000 livres par an de 25 à 30 paroisses pour les abbés commendataires de Lessay, de Blanchelande, de Saint-Sauveur-le-Vicomte et autres gens de mainmorte [1]; pour M. le duc d'Orléans, engagiste du domaine, pour les seigneurs duc de Coigny, marquis de la Salle, d'Ourville, de Pierrepont, de Laulne et une infinité d'autres propriétaires nobles et roturiers, combien à la longue cette sortie continuelle de numéraire, jointe à celui des

---

[1] De ces trois abbayes, une seule, celle de Blanchelande, située en la paroisse de Neufmesnil, appartenait au bailliage de Carentan. Elle était de l'ordre des Prémontrés et avait en 1789 pour abbé commendataire l'évêque même de Coutances, M. de Talaru de Chalmazel. L'Almanach royal lui attribue 5,000 livres de revenus, mais d'après la déclaration de l'évêque en 1790, elle ne lui valait pas moins de 24,388 livres. (*Déclar.* n° 67, f° 58.)

L'abbaye bénédictine de Lessay appartenait au bailliage de Périers; elle avait pour abbé commendataire en 1789 l'archevêque de Besançon, M. de Durfort; l'Almanach lui donne 9,000 livres de revenus, avec une taxe de 600 florins; mais, en 1725, elle était déclarée valoir 25,000 livres pour l'abbé, 6,000 aux religieux (Arch. Calv. C.1496) et M. Renault, qui lui a consacré une étude particulière, ne l'estime pas en 1789 à moins de 80,000 livres, dont 50,000 pour l'abbé. (*Essai historique sur l'abbaye de Lessay*, dans Annuaire de la Manche, XXIII, 613.)

L'abbaye de Saint-Sauveur-le-Vicomte, située dans la ville et le bailliage de ce nom, était encore une abbaye bénédictine, et avait pour commendataire l'évêque de Béziers, M. de Nicolaï; elle est portée pour 7,090 livres de revenus, et 250 florins de taxe.

Cette dernière abbaye n'avait plus de religieux; le dernier moine était mort vers le milieu du siècle, et cinq prêtres séculiers, avec le titre d'habitués, célébraient l'office et acquittaient les fondations. Les deux autres abbayes étaient encore habitées, mais par un nombre bien réduit de moines; il y avait à Blanchelande 4 religieux gouvernés par un prieur; à Lessay, «cinq ou six religieux peu réguliers, sous la conduite d'un prieur, formaient toute la population de la maison». (DE GERVILLE, *Recherches sur les abbayes du département de la Manche*, dans Mém. Antiq. Normandie, II, 71.)

IMPRIMERIE NATIONALE.

impositions, ne doit-elle pas appauvrir et la culture et la population?

Aussi ne voit-on de toutes parts ici que fermes et hameaux en ruine et terres dégradées. Les deux tiers du sol y sont en friche, et notre population qui n'est presque composée que de malheureux, n'est pas à la moitié de ce qu'elle redeviendrait en vingt ans sous une administration prévoyante et paternelle, qui redonnerait au commerce, aux arts, à la pêche, à l'agriculture, à l'instruction publique, les encouragements qui leur sont dus.

Il faudrait surtout ne donner les commendes, prieurés et chapelles qu'à des abbés qui y résideraient; il faudrait engager par tous les moyens possibles les propriétaires à faire valoir leurs domaines et possessions, ou du moins à les veiller par eux-mêmes.

La confection des chemins, l'ouverture du port de Saint-Germain, l'égalité, la simplicité des répartitions territoriales, l'adoucissement ou la substitution de quelques autres impositions indirectes, des bureaux de conciliation et de charité, au moins dans les chefs-lieux, des collèges et des maisons d'éducation avec des maîtres de toutes espèces dans les abbayes et prieurés qui nous avoisinent, opéreraient à coup sûr cette heureuse révolution;

5° Nous avons à nous plaindre doublement des frais et des longueurs interminables des procédures, puisque nous passons deux fois par les mains de la justice avant d'arriver à Rouen. La haute justice de la Haye-du-Puits, composée d'un arrondissement assez considérable,[1] serait sans doute un avantage pour les vassaux du marquisat, si elle relevait nuement de la Cour comme celles du duché de Coigny et du comté de Créances, attendu l'éloignement du bailliage royal de Carentan, et l'épargne des frais de contrôle.

Les États généraux et le seigneur Roy seront instamment priés

---

[1] La haute justice du marquisat de la Haye-du-Puits, appartenant en 1789 au marquis de La Salle, s'étendait sur les huit paroisses de la Haye-du-Puits, Angoville-sur-Ay, Bolleville, Bretteville-sur-Ay, Montgardon, Saint-Côme-du-Mont, Saint-Germain-sur-Ay et Saint-Symphorien, mais en partie seulement, car toutes ces paroisses étaient *mixtes* et relevaient pour partie du siège royal de Carentan.

Le personnel judiciaire de la haute justice comprenait, en 1788, le bailli, m° Lemoigne, avocat, demeurant à Périers; le procureur fiscal Lepetit; et le greffier Picard. Il y avait six avocats et trois sergents attachés à la juridiction; la seigneurie possédait une salle d'audience, une chambre de conseil, un greffe et une prison en assez bon état. (*État des hautes justices situées sous l'étendue de l'élection de Carentan, arrêté le 16 juillet 1788*, Arch. Calvados, C 6077.)

Sur la haute justice du duché de Coigny, également enclavée dans le ressort du bailliage de Carentan, voir la note sous le cahier de l'assemblée préliminaire du tiers état, art. 22, *infrà*, p. 770. — La haute justice de Créances était au contraire située sous le ressort du bailliage de Périers.

de faire franchir au justiciable le second degré de juridiction aussi coûteux qu'inutile, et qui consomme la ruine des malheureux plaideurs. Nous désirons, avec toute la nation, la réforme et la refonte de nos lois civiles et criminelles, dont les abus deviennent de jour en jour plus sensibles. Nous demandons également la réunion d'une multitude de tribunaux d'attribution et d'exception aux tribunaux ordinaires, *avec de nouveaux arrondissements*[1], ainsi que la réduction de ce tas incroyable d'officiers subalternes, plus nombreux aujourd'hui que les sauterelles d'Égypte, et qui vont rongeant le peu que le fisc nous laisse ;

6° Il est un autre abus qui, quoique consacré par le temps, demande la plus prompte et la plus radicale réforme : la reconstruction des églises et des presbytères à la charge des paroisses. Nous avons été particulièrement les victimes de cet abus. Il nous en a coûté pour la reconstruction de notre nef et de notre presbytère, compris les visites et le parfait jugé, plus de 20,000 livres qui font vingt et quelques années de notre taille[2].

Il paraîtra toujours étrange que le clergé, si favorisé d'ailleurs, et qui possède au moins 400 millions de revenu, si riche par conséquent en comparaison des deux autres ordres et surtout du tiers, soit encore logé à leurs dépens.

Les gros décimateurs ne seraient pas bien à plaindre, en vérité, s'ils aidaient pour les deux tiers à toutes les reconstructions des églises et des manoirs curiaux ; les autres décimateurs devraient être assujettis à l'autre tiers. On peut d'ailleurs distraire pour cette charge si accablante pour la commune les déports et les annates. Nos évêques et nos archidiacres n'en seraient pas plus pauvres et les papes, princes souverains de la meilleure partie de l'Italie, devraient être honteux de vivre de nos aumônes, tandis qu'ils laissent de si belles terres en friche* et qu'ils ont tant de bras inutiles pour les cultiver*[3];

---

[1] Addition d'une autre encre dans le manuscrit.

[2] *Arrêt du Conseil, du 29 octobre 1761*, autorisant la paroisse de la Haye-du-Puits à s'imposer extraordinairement de 9,650 livres pour la reconstruction de la nef et clocher de l'église. (Arch. Calvados, C 1322.) — Un autre arrêt, en date du 7 mai 1776, autorise une dépense de 4,400 livres pour le presbytère. (*Ibid.*, C 1326.) La série des arrêts est incomplète pour plusieurs des années suivantes, sans quoi il est à

penser que le chiffre de 20,000 livres porté au texte pourrait être facilement justifié.

Dans l'état des biens nationaux dressé par la municipalité, il est observé, à la date du 28 octobre 1790, que «les maisons presbytérales et le chœur de l'église sont en bon état et bâtis à neuf par le curé, il y a dix ans, lequel n'a reçu aucun argent de son prédécesseur». (Arch. Manche, Q¹·¹ 9.)

[3] Addition d'une autre encre dans le manuscrit.

47.

7° Ce pays est d'autant plus digne de commisération qu'il paye
1 sol et 5 liards pour livre du seul premier brevet de la taille, où
d'autres cantons plus protégés n'en payent que la moitié ; qu'il a
été vérifié dans la plus grande rigueur pour les vingtièmes[1], et que
travaillé en tous sens depuis nombre de générations par les gens de
chicane et de finances, il paye encore en essence, en blé, en
avoine, etc., les trois quarts de ces rentes seigneuriales, accensées
dans d'autres pays en argent il y a trois ou quatre siècles. Ces
redevances dues à nos anciennes baronnies, au domaine, aux
abbayes et autres gens de main-morte, dont nous sommes enve-
loppés, forment le tiers de la valeur des fonds.

Ce bourg n'a qu'une petite extension resserrée entre les paroisses de Montgardon, d'Angoville, de Mobec, de Saint-Symphorien
et Lithaire[2] : les bois taillis, déserts, herbages du marquisat forment la majeure partie de son territoire, et bornent absolument
d'un côté les masures de la bourgade, dont les locataires n'ont conséquemment ni propriété ni ressources. Les trois quarts d'entre
eux, comme les domiciliés des bourgs voisins, ne sont que de
pauvres étrangers qui, dans l'espérance de mendier plus commodément les jours de marché et d'envoyer leurs enfants piller pour
leur chauffe, surlouent des espèces de huttes, et perpétuent chez
nous la misère et l'esprit de rapine et de mendicité. Toutes les paroisses voisines fourmillent généralement de pauvres ; quelques-
unes de ces paroisses, telles que Lithaire et Varenguebec, aujour-
d'hui changées en désert, ont porté le nom de ville et bourg sous
le règne de leurs anciens barons. Le régime fiscal qui leur a
succédé a tout appauvri. Nous avions encore il y a quelques années

[1] Impositions pour 1789 : taille,
972 livres; acc., 637 l. 4 s.; capit.,
628 l. 4 s. 7 d.; corvée, 322 l. 16 s.
9 d.; vingt., 3,066 l. 9 s. 5 d.; terr.,
261 livres; bât., 87 livres. Au total,
5,974 l. 12 s. *Privilégiés* : le curé,
m° Pierre-André Fautras; les s^rs Yon
de Launay (c. n., 32 l. 18 s.), de
Hastingue (c. n., 6 l. 7 d.), et de la
Carpénterie (c. n., 18 l. 9 s. 3 d.),
dont aucun n'est assigné dans la paroisse; et pour le tiers état, 1 commis
à la revente subordonnée des traites
et gabelles (c., 3 l. 7 s. 4 d.), 1 receveur et 1 commis en second des aides
(c., 3 l. 7 s. 1 d.; et 3 l. 2 s. 11 d.),
1 contrôleur des actes (c., 2 l. 4 s. 8 d.).
Supplément des privilégiés : 145 l. 17 s.
D'après l'*État des biens nationaux du*

district, en l'an III, les biens de l'émigré Marie-Louis Caillebot, marquis de
La Salle, dans la commune de la Haye-
du-Puits, se composent de pièces de
terres nommées les Faix, les Dézerts,
les Planquettes, les Dairies, d'un ci-
devant gage-pleige, de moulins à eau et
à vent, bois en coupe réglée, halles avec
droit de pesage et mesurage; en outre,
une ferme dite la *Heunorie*, maison de
maître et maisons dans le bourg, le
tout non estimé. (Arch. Manche, Q^it
15.)

[2] *Pouillé, f°* non *coté*. «La Haye-du-
Puits. Cette paroisse contient environ
1,000 toises de longueur et 400 de
largeur. En 1728, il y avait 122 feux
dans le bourg et 22 dans le village;
480 communiants.»

des tanneries florissantes, et la marque des cuirs les a fait disparaître. Nous avions quelques bouchers riches, que des droits exorbitants ont successivement ruinés, et les commis font payer encore
aujourd'hui dans ce bourg, *(1) ainsi qu'à Périers*, sous le nom de
droits réservés, sur toutes espèces de viandes et de boissons, une
contribution qu'ils n'osent exiger dans nombre de bourgs voisins,
tels que Lessay, Prétôt, Pont-l'Abbé, Sainte-Mère-Église et
autres, sujets à tous les droits des aides et résidence des commis;
8° Nous sommes assujettis à toute la rigueur de la garde-côte (2),
et nous n'avons cependant aucun droit aux coupes réglées du varech
de rocher qui paraissent en avoir été le dédommagement à l'origine. Ce varech est un engrais supérieur à tous les engrais connus.
Nous croyons qu'il y a une espèce d'injustice à n'accorder ce dédommagement qu'aux paroisses qui bordent la mer; elles auront
toujours l'avantage d'aller au varech dix à douze fois par jour contre
nous une, avantage qu'elles ont encore doublement pour les autres
engrais tels que le sable et la *plize* (3);

---

(1) Addition en interligne dans le
manuscrit, et d'une autre écriture.

(2) Le bourg de la Haye-du-Puits
était le chef-lieu d'une division de
garde-côtes à l'effectif de 200 hommes,
dont les quatre compagnies étaient placées respectivement à Bolleville, Bretteville, Denneville et Mobecq. En 1788,
la levée des canonniers garde-côtes avait
pris dans ce canton 33 hommes. (Arch.
Calvados, C 1862.)

(3) L'emploi du varech comme amendement a excité souvent, chez les écrivains locaux, un enthousiasme extraordinaire. (Voir Le Héricher : *Les mielles
et les dunes de la Manche*, dans *Annuaire
de la Manche*, t. XXXVII, 1865, p. 78.)
Nous avons dit, sous le cahier de Saint-
Malo-de-la-Lande, article 3, comment
le droit aux coupes du varech du rocher
avait été exclusivement réservé aux paroisses bordantes. (*Déclaration du roi
qui permet à tous riverains des côtes
maritimes de cueillir, ramasser et arracher le varech*, 30 octobre 1772, dans
Isambert, XXII, n° 1034, p. 547).
Cette déclaration avait définitivement
arrêté les détails d'une réglementation
qui avait considérablement varié.
D'après l'Ordonnance de la marine, les
coupes du varech étaient laissées à la
détermination des habitants; l'assemblée

paroissiale devait se réunir le 1er dimanche de janvier pour fixer les jours
où devait commencer et finir la coupe
des plantes; il était défendu seulement
de couper le varech de nuit ou hors
des temps réglés, de le cueillir ailleurs
que dans l'étendue des paroisses, et de
le porter en d'autres territoires. (*Ordonnance d'août 1681*, liv. IV, tit. 10,
art. 1, 2, 3, dans Isambert, XIX,
n° 981, p. 355). Mais, par la suite, la
réglementation avait été beaucoup plus
sévère. En 1731, «le roi étant informé
que les herbes de mer conservent le frai
du poisson, qui s'amasse autour de ces
herbes, que les poissons qui y éclosent
y trouvent un abri et une pâture assurée, qu'ils s'y fortifient et y séjournent
pendant l'été et une partie de l'au-
tomne», une *Déclaration royale du
30 mai 1731* (dans Isambert, XXI,
n° 420, p. 357) avait limité, sur les
côtes de Normandie et de Picardie,
l'époque des coupes du varech, défendu
de les faire pendant le temps du frai,
défendu d'arracher le varech à la main
et avec râteaux ou autres instruments
pouvant le déraciner, défendu enfin de
le convertir en soude sur toutes les
côtes autres que celles de l'amirauté de
Cherbourg. Puis, en 1772, la législation
avait brusquement changé. Des assu-

9° On se plaint encore amèrement des droits exorbitants de toutes espèces que payent des mineurs à qui toute protection est due. La vente des meubles est absorbée par les frais, gens de justice de tout état, vacations de parents, vacation de notaire, répertoire et inventaires, vacations de priseurs-vendeurs, de crues sur doubles droits, droits de scellés, doubles et triples droits de contrôle, 4 deniers pour livre et rames de papier timbré. On se plaint surtout unanimement de la nouvelle forme des prises et ventes et de la rapacité de leurs instruments; on dirait en voyant cette foule d'officiers du fisc et de la loi qui passent tour à tour dans toutes les successions, d'un tas de loups et vautours qui se disputent les malheureux restes d'un cadavre. Ces concussions sont intolérables et nous devons les dénoncer à la nation. Nous n'y voyons d'autre remède que des bureaux de conciliation et de charité bien organisés dans toutes les municipalités;

10° Les vexations du régime féodal viennent encore se mêler aux vexations du fisc et de la loi. Les droits de garenne entre autres et de colombier, de pêches et de chasses exclusives, pèsent à la fois sur l'homme et les propriétés. Il suffit de les dénoncer à la noblesse, et la générosité presque toujours compagne de la force en tempérera l'abus.

* [1] Nos députés ne doivent pas désespérer de nos ressources,

---

rances nouvelles avaient été données au roi, d'où il résultait que les herbes appelées varech n'étaient point nécessaires au frai du poisson, que leur arrachement ne pourrait nullement nuire à la conservation des alevins; et comme de leur côté les verriers se plaignaient de manquer de soude, on avait rétabli partout la liberté de l'Ordonnance de la marine, permis à tous les riverains en général de haute et basse Normandie de recueillir librement le varech pendant les mois de janvier et mars, aux fabricants de soude de faire de même du 1er juillet au 1er octobre, à tous enfin de le couper ou arracher avec les mains ou tous instruments, nonobstant les défenses de la déclaration de 1731. (*Déclaration du 30 octobre 1772, art. 1, 2, 3, loc. cit.*) Tel était l'état du droit en 1789, sur lequel nous croyons nécessaire d'insister, parce que la dissertation de Houard (*Dict. anal.*, v° Varech) pourrait conduire, sur ce point, à des idées inexactes.

Il s'appuie exclusivement, en effet, sur un Arrêt de règlement du Parlement de Normandie, du 10 mars 1769; mais cet arrêt avait été expressément cassé par Arrêt du Conseil; et, en Basse-Normandie au moins, c'était la Déclaration royale de 1772 qui était exclusivement en vigueur, ayant été régulièrement enregistrée, pendant la vacance du Parlement de Normandie, par le Parlement de Paris et publiée au Conseil supérieur de Bayeux. Les doléances de nos cahiers ne peuvent d'ailleurs laisser aucunement douter, que ce fût le régime de liberté qui était pratiqué en 1789, puisque unanimement ils demandent le retour à une réglementation répressive.

(1) Toute la partie du cahier qui suit est, dans l'original, d'une autre écriture et paraît avoir été ajoutée en séance. On remarquera, à cet égard, que la division en articles, qui régnait dans toute la première partie, disparaît ici; et que les propositions se suivent, le plus souvent, sans ordre logique.

puisqu'on a fait depuis près de trois siècles tout ce qu'il fallait pour nous ruiner et que l'on n'a pu en venir à bout.

Nous sommes persuadés que nos*[1] représentants*, fiers de reparaître auprès du trône après 175 ans d'oubli, vont s'occuper sérieusement de nos malheurs, qu'ils ne sonderont pas les plaies de l'Etat à demi, qu'aucune illusion, aucune crainte ne les empêchera de seconder un bon Roy et un bon ministre.

Nous osons espérer que les deux premiers ordres, touchés de la détresse et de l'épuisement absolu du troisième, feront pour la patrie tous les sacrifices qu'elle est en droit d'exiger de ces enfants privilégiés. Leur propre intérêt nous le garantit d'avance.

C'est aux grands propriétaires de soulager leurs fermiers et leurs vassaux du poids énorme de tant d'impositions. Ils auront bientôt doublé leurs revenus en débarrassant l'agriculture de toutes les entraves qui l'ont enfin réduite à son état actuel de dégradation, et les possesseurs des dîmes doivent aller au devant de l'entier appauvrissement de ceux qui les payent.

Ce n'est que de l'union des trois ordres, ce n'est que de la protection la plus décidée pour l'agriculture et pour l'industrie des campagnes, qu'on doit attendre de voir renaître ces jours de prospérité, dont le règne de Louis XII a laissé un si doux souvenir.

Des intrus ont prétendu qu'en comparant les valeurs de ce temps-là avec celles du nôtre, le diocèse de Coutances payait autant qu'aujourd'hui; et cependant les anciens impôts, que Louis XII modéra encore, ne furent point augmentés de son temps. Il n'en mit aucun de nouveaux, et il n'usa qu'avec la discrétion la plus marquée des ressources que l'usage des règnes précédents semblait autoriser. Les guerres civiles, l'expulsion des protestants, le règne des traitants, et toutes les méprises d'un gouvernement arbitraire et versatile ont apparemment desséché le sol et ses productions.

Encore une guerre désastreuse, un ou deux ministres déprédateurs, et ce pays redeviendra ce qu'il fut après le ravage des barbares qui l'ont conquis. Quelques sauvages cachés dans les huttes ou sous des ruines attesteront qu'il y eut des hommes. Le mal est à son comble, et nous devons croire que les députés de la noblesse et du clergé, renonçant à des privilèges qui leur sont nuisibles comme à nous, concourront de tout leur pouvoir avec les nôtres à demander un abonnement fixé pour trente ans au moins de tous les impôts territoriaux de ce bailliage sous quelque dénomination qu'ils soient perçus, et dans lesquels les aides, les prises et ventes

---

[1] Le texte primitif du manuscrit portait *nos députés.*

et quelques autres subsides trop dispendieux par les frais de régie et de pillage seraient refondus.

Il n'y aurait qu'une seule imposition, qu'une seule perception territoriale sur tous les biens-fonds indistinctement, privilégiés ou non privilégiés, domaniaux, nobles, ecclésiastiques et roturiers, rentes seigneuriales et foncières, et même sur les dîmes, qu'on devrait bien aussi assurer en argent.

Chaque municipalité n'aurait qu'un registre, et serait tenue de verser le recouvrement de ses fonds à l'élection voisine, ou dans le chef-lieu de chaque présidial, d'où ils passeraient sans diminution au Trésor royal.

Nous croyons cependant que la subvention territoriale cesserait d'être un bien si elle passait le tiers ou tout au plus la moitié de la totalité des impositions de ce bailliage. Il serait encore bien à désirer que le cinquième en restât dans les différents districts pour y être employé à la confection des chemins, des ponts et des canaux nécessaires, et de toutes les autres grandes *avances* territoriales qui, une fois faites, redonneraient tout à coup tant d'activité au commerce de l'agriculture.

Une capitation proportionnelle aux facultés et aux logements dans les villes et les gros bourgs, une banque nationale, les postes, les messageries, les traites aux frontières, les octrois, les timbres, les cartes et les régies du contrôle, du tabac et du sel, avec les changements indispensables qu'exigent ces trois dernières inventions fiscales, rempliraient probablement l'autre moitié.

Il serait sûrement possible d'encourager en France et dans la Corse la culture du tabac, qu'on mettrait indifféremment en ferme ou en régie. Les grandes avances sont faites, magasins, commis, voitures, etc. Cette culture occuperait des milliers de familles, et épargnerait quelques millions au royaume.

On a paru considérer jusqu'ici le sel comme un objet de consommation pour l'homme et encore ne nous donne-t-on qu'au poids de l'or ce que la nature nous prodigue. Mais ledit sel est aussi essentiel à la plupart des animaux qu'à l'homme; c'est en outre un engrais puissant, et d'une activité qui dure plusieurs années. Pourquoi ne pas l'envisager sous ces rapports secondaires?

Trois millions seulement de quintaux de sel rapportent 62 millions à l'État[1] : aussi la substitution de cet impôt a toujours paru impraticable. Mais si le sel est inépuisable dans les marais salants,

---

[1] Ces chiffres sont ceux que donne Necker pour l'année 1784. (NECKER, *Administration des finances*, II, 19.)

si comme engrais il est aussi actif, aussi durable qu'on le suppose, s'il est aussi nécessaire à la santé des animaux qu'à celle de l'homme, pourquoi n'en pas décupler la consommation?

Les frais de régie, de transport et d'approvisionnement déduits, jusqu'à quel rabais peut-on porter le quintal de sel, de sorte que la ferme retrouve au moins 40 millions, en fournissant une quantité quatre à cinq fois au moins plus considérable aux consommateurs? Nous prions des hommes plus instruits que nous d'éclairer nos doutes à cet égard, et de voir si l'on peut tirer quelque parti de ces idées.

Nous ne pouvons rien perdre à un changement quelconque, puisque nous payons de mauvais sel de 16 à 17 livres le quintal, sans conter (sic) les frais de transport, et que notre prétendu privilège rend plus rare de jour en jour et renchérit excessivement nos bois de chauffage, dont les chaudières du pays de quart-bouillon consomment au moins pour* 100,000 écus*[1], année commune. Les sauniers prétendent qu'on peut substituer le charbon au bois. Ce serait un moindre mal. Mais encore faudrait-il encourager plus qu'on ne fait l'exploitation de nos mines de charbon qui méritent toute l'attention du gouvernement, car sous peu le bois manquera dans le Cotentin. Nos forêts ne sont déjà bientôt plus que de mauvais bois taillis, qui vont devenir incessamment des bruyères.

Nous attendons également, Messieurs, du zèle de vos députés, une réclamation unanime et suivie, pour l'instruction gratuite des citoyens de tous les ordres. On peut la proposer au corps religieux des deux sexes de la presqu'île. Ce sera leur indiquer le plus noble emploi de leur temps, de leurs richesses et de leurs talents. Nous avons à peine deux ou trois misérables maîtres de pension dans l'élection de Carentan et quelques chétifs maîtres d'école[2]. Il est

[1] Le manuscrit original portait primitivement 400,000 francs, qui ont été corrigés en 100,000 écus. — Sur le prix du quart-bouillon et la fabrication du sel blanc, voir les notes sous Bréville, art. 4, et Bricqueville-sur-Mer, art. 1er, suprà, p. 193 et 225.

[2] Sur l'état général de l'instruction publique en Cotentin en 1789, nous avons réservé nos explications pour le volume suivant (voir Gratot, art. 12, suprà, p. 329). — Quoi que dise le présent cahier, la région de Carentan paraît avoir été particulièrement favorisée sous l'ancien régime au

regard des établissements d'instruction. Dans un état des écoles du diocèse de Coutances, dressé à la fin du xviie siècle (Arch. Manche, D 41), nous n'avons déjà relevé pas moins d'une quinzaine d'écoles dans les paroisses du bailliage de Carentan (à Carentan, Auvers, Auville, Brevands, Catz, Cretteville, la Haye-du-Puits, Montmartin, Saint-André de Bohon, Saint-George de Bohon, Sainte-Marie-du-Mont, Sainte-Mère-Église, Vindefontaine). A Carentan, à la fin du xviiie siècle, grâce à une libéralité récente d'un ancien curé, l'école publique et gratuite de garçons

temps enfin de s'occuper d'un objet aussi essentiel, et qui demande lui seul un ministère et des académies. C'est le plus beau présent que la génération actuelle puisse faire à la génération future.

Le clergé, dont le patriotisme se réveille si honorablement, sera invité de consacrer une faible part de ses revenus à doter des maîtres et maîtresses d'école pour lecture, écriture, arithmétique et dessin, dans les bourgs et villages.

Nos curés, riches ou décimateurs [1], entreront à coup sûr dans ces vues de bienfaisance, et l'on doit croire qu'ils seconderont également les différents établissements de bureaux de conciliation et charité si désirés et si nécessaires dans toutes vos municipalités. Mais vous savez, Messieurs, que beaucoup de vos curés n'ont que

---

était assez importante, puisqu'elle comportait un personnel de trois frères enseignants et qu'elle jouissait, outre la maison d'habitation et une prairie de 25 acres, d'un revenu en rentes de 900 livres. (Arch. Manche, D 11.) A la Haye-du-Puits même, l'école *publique et gratuite* de garçons et de filles fondée en 1692 par «M. Noël, bachelier en théologie et professeur à Paris», possédait, d'après l'*État des biens nationaux de 1790*, «une maison à usage de salle, cuisine, salle, chambre dessus, un petit jardin potager, une cave et un fagotier», avec des fondations non évaluées. (Arch. Manche, Q⁴·19.)

La plupart de ces établissements étaient dus à des fondations pieuses; il est certain cependant que dès ce moment les municipalités contribuaient très sérieusement à leur entretien ou même aux dépenses de premier établissement. (Voir *Arrêt du Conseil du 7 mars 1776, autorisant la communauté des habitants de Sainte-Mère-Église à s'imposer extraordinairement de la somme de 2,225 livres pour la reconstruction de la maison d'école des garçons*, Arch. Calvados, C 1325.)

[1] La cure de la Haye-du-Puits était sous le patronage de l'abbaye de Lessay. L'abbaye avait un tiers des grosses dîmes et le curé les deux autres, avec toutes les menues.

Déclaration de 1790 non retrouvée. Au milieu du siècle, le curé doyen déclarait sa dîme donner 800 gerbes de froment à 6 boisseaux le cent, faisant 48 boisseaux à 24 pots; 1,200 gerbes d'orge à 7 boisseaux, faisant 84; 300 d'avoine à 8 boisseaux, faisant 24; 200 gerbes de pois, vesce; 24 boisseaux de sarrasin, 3 tonneaux de cidre «valant un chacun de 6 à 15 livres». Estimé le tout par la Chambre, vraie valeur, 781 l. 15 s. (*Pouillé*, folio non coté.) — Mais ce chiffre est certainement trop faible pour 1789, puisque par bail de 1775, encore en vigueur, le tiers des grosses dîmes de l'abbaye était alors loué à lui seul pour 350 livres, 250 boisseaux d'orge et 200 de paille d'orge. (Arch. nat., S 3303³, pièce 24.)

Dans l'*État des biens nationaux de 1790*, la cure est déclarée se composer «d'une maison presbytérale avec bâtiments d'exploitation, grange, pressoir, écurie, étable, un jardin potager, un petit circuit de terre dans lequel est le fournil et le lavoir du curé, le tout, après arpentage fait, de 76 perches 1/2 de continence. On ne lui connaît d'autres biens que ses fondations d'offices et obits». (Arch. Manche, Q⁴·19.)

Il n'y a, d'après le même *État*, aucun autre établissement ecclésiastique dans la paroisse que l'école de garçons. — Les *rentes ecclésiastiques* n'y sont pas portées. D'après les *Journaux* l'abbaye de Lessay possédait une rente de 12 boisseaux de froment, 12 d'avoine et 12 livres en argent sur la baronnie de la Haye, estimée en tout 50 livres; — l'abbaye de Blanchelande avait, sur 26 redevables, un chiffre total de rentes non indiqué. (Arch. Manche, H 1173, H 4637.)

des portions congrues. Cette inégalité si choquante et qui a des suites si funestes pour les pauvres de leur village mérite toute votre animadversion.

*(1)Nous avons en France plus de 10,000 cures qui donnent à peine le vêtement et la nourriture. Il est bien impossible qu'un curé vive avec 700 ou 800 livres qu'elles rapportent, et fasse l'aumône tandis que sans la plus sévère économie il se trouverait forcé de la demander pour lui-même.

Un revenu trop considérable serait sans doute un plus grand mal. Il vaut mieux qu'un curé tire sa considération de ses mœurs et de son ministère que de sa fortune. Mais il faut craindre de l'avilir aux yeux de ses paroissiens et de le mettre dans une sorte de dépendance de ceux à qui il doit imposer le respect. On voit avec douleur une multitude d'ecclésiastiques pieux, zélés, laborieux et vraiment utiles, réduits au plus rigoureux nécessaire, tandis que nos villes fourmillent d'hommes inutiles qui n'ont de leur état que l'habit qu'ils avilissent, qui usurpent à force d'hypocrisie et d'intrigues le patrimoine destiné au travail et à la vertu, et qui [le] consument dans une vie d'oisiveté, de mollesse, et quelquefois de scandale.

L'augmentation des portions congrues adoucira sans doute le sort d'une partie de ces hommes respectables qui, si près du pauvre, gémissaient de n'avoir que des regrets et de stériles consolations à lui donner. Vous devez, Messieurs, employer les moyens les plus efficaces pour améliorer sa situation. Le partage des landes et marais en commune rempliraient en partie cet objet si désiré, mais avant tout vous devez écarter les prétentions du fisc et solliciter une loi claire et décisive qui les abrège pour jamais.

Tous les esprits se sont portés déjà vers cet objet d'un bout du royaume à l'autre, et leurs lumières réunies ne vous laisseront que l'embarras du choix dans les moyens d'exécution.

Il ne sera peut-être pas si aisé d'opérer l'amélioration des terres domaniales. Si leur aliénation était cependant le seul moyen d'en tripler ou quadrupler le revenu, nous croyons qu'il n'y aurait pas à balancer. Il n'est pas douteux que les terres de la Couronne ne redevinssent d'un tout autre rapport sous les mains de la propriété particulière, et que les impôts qui proviendraient dans quelques années de ces fonds inféodés en exemption de demi, ne passassent le taux de leur ancien produit, surtout dans votre pres-

---

*(1) L'écriture du cahier original change de nouveau à cet endroit.

qu'île où les engrais de la mer une fois accessibles féconderaient jusqu'aux rochers.

Les subsides sont aujourd'hui le vrai domaine de l'État, et la loi de l'inaliénabilité, que quelques bons esprits croient moderne, s'éluderait d'elle-même si les capitaux des fonds domaniaux qu'on aliénerait, et les rentes annuelles de ceux qu'on inféoderait, vertissaient en totalité au remboursement et au dégagement de nos dettes.

Que vos députés soient chargés de la discussion de ces grands intérêts, et qu'ils puissent enfin tarir la source de tant d'abus cumulés. Il était temps qu'une administration paternelle nous rappelât à la chose publique. La moitié de la presqu'île n'était bientôt plus qu'un désert. L'habitude de souffrir étouffait le cri de l'oppression, et malgré l'aurore d'un beau jour qui luit enfin sur nous, nous doutons peut-être encore de ce que nous pourrons redevenir sous un gouvernement prospère.

Cependant les Athéniens situés sur une langue de terre bien moins fertile, entre deux mers et dans une position pareille à la nôtre, mais n'ayant que 84 lieues carrées de territoire coupé de rochers, de digues et de précipices, eurent un mouvement prodigieux et fondèrent la moitié des colonies de la Grèce.

Voyez ce que les Hollandais ont exécuté dans la fange de leurs marais, et ces Tancrèdes, dont les ombres respirent encore autour de vous[1], ont-ils laissé rien d'impossible ou d'incroyable à leurs descendants ?

Élevez des statues aux grands propriétaires qui défricheront de vastes domaines, aux hommes utiles qui creuseront des canaux et qui érigeront des monuments durables; tirez tout le parti possible de votre commerce et de votre agriculture, en honorant vos citoyens qui auront bien mérité de l'un et de l'autre ; redemandez aux peuples antiques ces institutions qui leur firent exécuter de si grandes choses avec si peu de moyens. Votre contrée est toujours fertile en hommes entreprenants et généreux. La nature a tout fait pour vous ; ne contrariez pas ses bienfaits.

Que ne devez-vous pas attendre de la perpétuité des États généraux, qui seule pouvait redonner à la France ce degré de splendeur

---

[1] Hautteville-la-Guichard, petite commune de l'arrondissement de Coutances, canton de Saint-Sauveur-Lendelin (anciennement paroisse du bailliage de Périers et élection de Coutances) est traditionnellement considérée comme le berceau de Tancrède de Hautteville, dont les fils, conquérants de la Sicile et de la Pouille, fondèrent, au xi° siècle, les principautés normandes qui devinrent, sous leurs descendants, le royaume des Deux-Siciles. Voir une notice, sans nom d'auteur, dans *Ann. de la Manche*, t. VII (1836, p. 110).

que des temps inquiets, difficiles, et que des ministres ineptes et avides n'ont pu obscurcir que pour un temps? Nous finirons, Messieurs, en vous présentant le vœu de différentes communautés, et nous sommes bien sûrs qu'il sera conforme au vôtre.

La nation assemblée donnera sûrement à Louis XVI et à son digne ministre les titres de restaurateurs de la patrie; tous les cœurs voleront vers eux et leurs noms s'associeront d'âge en âge et des statues consacreront les hommages de tout un peuple enchanté.

Si notre impuissance ne nous permet pas d'élever un monument digne d'eux et qui réponde à notre amour, nous vous prions au moins de faire poser leur buste en marbre dans la grande salle de votre auditoire. Ce faible tribut attestera du moins et perpétuera notre reconnaissance.

Inscription du buste du Roy :

«Tout citoyen est Roy sous un Roy citoyen».

Pour celui de Necker, ce vers de Virgile :

«Mens agitat molem et magno se corpore miscet».

Fait et rédigé en double, ce 1ᵉʳ mars 1789, dans le lieu ordinaire des délibérations de la paroisse, assemblée comme dit est, et remis auxdits députés élus, auxquels les pouvoirs et représentations, doléances et suppliques ont été accordés et demandés. Le tout au terme de l'ordonnance du Roy, cedit jour et an, double, lecture faite.

Jean Ducourt, Charles Le Trainne, A. Lamy, Fouquet, Panaudee, G. Touzard, Louis Eve, Jacques Brochard, Binet, Guillaume Lamy, Anthoine Bretel, J. Lengronne, Jean-François Duchesne, Jean Férey, Pierre Moglin, Ch. Raid, J. Tardif, Tardif, J. Brison, député, Regnault de Bretel, député.

HOUTTEVILLE[1].

1. Procès-verbal d'assemblée.
(Le procès-verbal authentique n'a pu être retrouvé.)

Date de l'assemblée : 1er mars. — Nombre de feux : 55 [2]. — Députés : Robert Alexandre, Jean-Baptiste Adam.

2. Cahier de doléances.
(Le cahier de doléances n'a pu être retrouvé.)

MÉAUTIS [3].

1. Procès-verbal d'assemblée.
(Le procès-verbal authentique n'a pu être retrouvé.)

Date de l'assemblée : 1er mars. — Nombre de feux : 160 [4]. — Députés : Guillaume Gislot, *laboureur* (18 jours, 70 l., Acc.); Jean Morel de la Rous-selière, *laboureur* (17 jours, 66 l., Acc.).

2. Cahier de doléances.
(Le cahier de doléances n'a pu être retrouvé.)

MOBECQ [5].

1. Procès-verbal d'assemblée.
(Le procès-verbal authentique n'a pu être retrouvé.)

Date de l'assemblée : 1er mars. — Nombre de feux : 100 [6]. — Députés : Pierre David, François Dolbet.

2. Cahier de doléances.
(Le cahier de doléances n'a pu être retrouvé.)

[1] Arrondissement de Coutances, canton de la Haye-du-Puits.

[2] Mouv. 1787 : N. 5, M. 2, D. 4. — Population actuelle : 169 habitants.

[3] Arrondissement de Saint-Lô, canton de Carentan.

[4] Mouv. 1787 : N. 26, M. 5, D. 9. — Population actuelle : 769 habitants.

[5] Arrondissement de Coutances, canton de la Haye-du-Puits.

[6] Mouv. 1787 : N. 22, M. 4, D. 14. — Population actuelle : 384 habitants.

LES MOITIERS[1].

1. PROCÈS-VERBAL D'ASSEMBLÉE.
(Le procès-verbal authentique n'a pu être retrouvé.)

Date de l'assemblée : 1ᵉʳ mars. — Nombre de feux : 160[2]. — Députés : Jaques ROUBLOT, Siméon LEADNOIS.

2. CAHIER DE DOLÉANCES.
(Le cahier de doléances n'a pu être retrouvé.)

MONTMARTIN-EN-GRAIGNES[3].

1. PROCÈS-VERBAL D'ASSEMBLÉE.
(Le procès-verbal authentique n'a pu être retrouvé.)

Date de l'assemblée : 1ᵉʳ mars. — Nombre de feux : 320[4]. — Députés : Robert LEFÈVRE; *Antoine LE PICARD, *marchand herbargeur* (78 jours, 70 l., Acc.); Thomas MARIE.

2. CAHIER DE DOLÉANCES.
(Le cahier de doléances n'a pu être retrouvé.)

NEUFMESNIL[5].

1. PROCÈS-VERBAL D'ASSEMBLÉE.
(Le procès-verbal authentique n'a pu être retrouvé.)

Date de l'assemblée : 1ᵉʳ mars. — Nombre de feux : 64[6]. — Députés : Jacques LE MAGNAN, Pierre CAUCHARD.

2. CAHIER DE DOLÉANCES.
(Le cahier de doléances n'a pu être retrouvé.)

---

[1] Les Moitiers-en-Beauptois, arr. de Valognes, canton de Saint-Sauveur-le-Vicomte.

[2] Mouv. 1787 : N. 32, M. 11, D. 26. — Population actuelle : 350 habitants.

[3] Arrondissement de Saint-Lô, canton de Saint-Jean-de-Daye.

[4] Mouv. 1787 : N. 38, M. 16, D. 43. — Population actuelle : 1,131 habitants.

[5] Arrondissement de Coutances, canton de la Haye-du-Puits.

[6] Mouv. 1787 : N. 13, M. 3, D. 7. — Population actuelle : 274 habitants.

PRETOT[1].

1. Procès-verbal d'assemblée.
(Le procès-verbal authentique n'a pu être retrouvé.)

Date de l'assemblée : 1er mars. — Nombre de feux : 200[2]. — Députés : Joseph Fortin; *Charles-François Pimparey, avocat (18 jours, 70 l., Acc.).

2. Cahier de doléances.
(Le cahier de doléances n'a pu être retrouvé.)

RAVENOVILLE [3].

1. Procès-verbal d'assemblée.
(Le procès-verbal authentique n'a pu être retrouvé.)

Date de l'assemblée : 1er mars. — Nombre de feux : 100[4]. — Députés : Charles Poisson, Charles Foliot.

2. Cahier de doléances.
(Le cahier de doléances n'a pu être retrouvé.)

SÉBEVILLE [6].

1. Procès-verbal d'assemblée.
(Le procès-verbal authentique n'a pu être retrouvé.)

Date de l'assemblée : 1er mars. — Nombre de feux : 24[6]. — Députés : Jean-Baptiste Colon, Bernardin-Blaise Le Piez.

2. Cahier de doléances.
(Le cahier de doléances n'a pu être retrouvé.)

---

[1] Arrondissement de Coutances, canton de la Haye-du-Puits.
[2] Mouv. 1787 : N. 23, M. 8, D. 15. — Population actuelle : 639 habitants.
[3] Arrondissement de Valognes, canton de Sainte-Mère-Église.

[4] Mouv. 1787 : N. 20, M. 2, D. 10. — Population actuelle : 510 habitants.
[5] Arrondissement de Valognes, canton de Sainte-Mère-Église.
[6] Mouv. 1787 : N. 2, M. 1, D. 0. — Population actuelle : 68 habitants.

SAINT-ANDRÉ-DE-BOHON [1].

1. Procès-verbal d'assemblée.
(Le procès-verbal authentique n'a pu être retrouvé.)

Date de l'assemblée : 1er mars. — Nombre de feux : 149 [2]. — Députés : Jean-Joseph-Yver DE LA BRUCHOLLERIE, *avocat général des comptes, aides et finances de Normandie*; Thomas-François QUENAULT DE LA GRONDIÈRE, *président au siège de l'élection de Carentan.*

2. Cahier de doléances.
(Le cahier de doléances n'a pu être retrouvé.)

SAINT-CÔME-DU-MONT [3].

1. Procès-verbal d'assemblée.
(Le procès-verbal authentique n'a pu être retrouvé.)

Date de l'assemblée : 1er mars. — Nombre de feux : 140 [4]. — Députés : *Pierre-Joseph DE LA FOSSE, *laboureur* (16 jours, 62 l., Acc.), *Étienne-François-Alix COURBEY, *marchand herbageur* (16 jours, 62 l., Acc.).

2. Cahier de doléances.
(Le cahier de doléances n'a pu être retrouvé.)

SAINT-ÉNY [5].

1. Procès-verbal d'assemblée.
(Ms. Archives communales de Saint-Ény, *Registre des délibérations de la paroisse,* année 1789.)

Analyse : (La formule diffère sensiblement du modèle général imprimé.) — Date de l'assemblée : 1er mars. — «Devant le syndic municipal à défaut d'officier public». — Les comparants ne sont pas désignés nominativement. —

---

[1] Arrondissement de Saint-Lô, canton de Carentan.
[2] Mouv. 1787 : N. 16, M. 7, D. 17. — Population actuelle : 575 habitants.
[3] Arrondissement de Saint-Lô, canton de Carentan.
[4] Mouv. 1787 : N. 16, M. 6, D. 17. — Population actuelle : 654 habitants.
[5] Aujourd'hui orthographié Sainteny, arrondissement de Saint-Lô, canton de Carentan.

I.

IMPRIMERIE NATIONALE.

Nombre de feux : 357 [1]. — Mention formelle de rédaction et remise d'un cahier aux députés. — Députés : *Victor Le Sage, *laboureur* (17 jours, 66 l.; Acc.); Charles Palla; *Jean-François Deméautis [2]; *laboureur* (18 jours, 70 l., Acc.); Daniel Rabé.

Signatures : C. Palla; V. Lesage; J. Deméautis; D. Rabé; J. Le Potier, *syndic*; L.-M. Lesage; Michel Aubraye; G. Deméautis; G. Vaultier; H. Caillemer; C. Lassailleur; B. Hérouard; L. Maiseray; J. Havet; Bourdon de la Basserie, *syndic municipal.*

2. Cahier de doléances.

(Le cahier de doléances n'a pu être retrouvé.)

SAINT-GEORGES-DE-BOHON [3].

1. Procès-verbal d'assemblée.

(Le procès-verbal authentique n'a pu être retrouvé.)

Date de l'assemblée : 1er mars. — Nombre de feux : 129 [4]. — Députés : Jacques-Louis Ferey; *Cézard-Antoine-Nicolas Boissel-Dombreval, *laboureur* (19 jours, 74 l.).

2. Cahier de doléances.

(Le cahier de doléances n'a pu être retrouvé.)

SAINT-GERMAIN-SUR-AY [5].

1. Procès-verbal d'assemblée.

(Le procès-verbal authentique n'a pu être retrouvé.)

Date de l'assemblée : 1er mars. — Nombre de feux : 164 [6]. — Députés : *Michel Ernouf, *laboureur* (18 jours, 70 l., Acc.); Denis Burée.

2. Cahier de doléances.

(Le cahier de doléances n'a pu être retrouvé.)

---

(1) Mouv. 1787 : N. 56, M. 16, D. 27.
— Population actuelle : 1,319 habitants.
(2) Le procès-verbal de l'assemblée préliminaire orthographie *do Méautis.*
(3) Arrondissement de Saint-Lô, canton de Carentan.

(4) Mouv. 1787 : N. 14, M. 5, D. 15.
— Population actuelle : 553 habitants.
(5) Arrondissement de Carentan, canton de la Haye-de-Puits.
(6) Mouv. 1787 : N. 14, M. 6, D. 26.
— Population actuelle : 588 habitants.

SAINT-GERMAIN-DE-VARREVILLE [1].

1. Procès-verbal d'assemblée.
(Le procès-verbal authentique n'a pu être retrouvé.)

Date de l'assemblée : 1er mars. — Nombre de feux : 60 [2]. — Députés :
Louis Corbin, Étienne Henry.

2. Cahier de doléances.
(Le cahier de doléances n'a pu être retrouvé.)

SAINT-HILAIRE-PETITVILLE. [3]

1. Procès-verbal d'assemblée.
(Le procès-verbal authentique n'a pu être retrouvé.)

Date de l'assemblée : 1er mars. — Nombre de feux : 60 [4]. — Députés :
Antoine Gancel, Pierre Legand.

2. Cahier de doléances.
(Le cahier de doléances n'a pu être retrouvé.)

SAINTE-MARIE-DU-MONT [5].

1. Procès-verbal d'assemblée.
(Le procès-verbal authentique n'a pu être retrouvé.)

Date de l'assemblée : 1er mars. — Nombre de feux : 260 [6]. — Députés :
Marin Lecaudey de Bellefontaine ; *Jean-Charles Cornavin de Chauvalon,
avocat (19 jours, 74 l. Ref.) ; *Jean-Louis Brohier, avocat (19 jours, 74 l. Ref.).

2. Cahier de doléances.
(Le cahier de doléances n'a pu être retrouvé.)

---

[1] Arrondissement de Valognes, canton de Sainte-Mère-Eglise.
[2] Mouv. 1787 : N. 8, M. 1, D. 6. — Population actuelle : 242 habitants.
[3] Arrondissement de Saint-Lô, canton de Carentan.
[4] Mouv. 1787 : N. 10, M. 3, D. 10. — Population actuelle : 468 habitants.
[5] Arrondissement de Valognes, canton de Sainte-Mère-Eglise.
[6] Mouv. 1787 : N. 45, M. 12, D. 34. — Population actuelle : 1,234 habitants.

SAINT-MARTIN-DE-VARREVILLE [1].

1. Procès-verbal d'assemblée.
(Le procès-verbal authentique n'a pu être retrouvé.)

Date de l'assemblée : 1er mars. — Nombre de feux : 78 [2]. — Députés : Jean Lesieur, Félix Laîné.

2. Cahier de doléances.
(Le cahier de doléances n'a pu être retrouvé.)

SAINTE-MÈRE-ÉGLISE [3].

1. Procès-verbal d'assemblée.
(Le procès-verbal authentique n'a pu être retrouvé.)

Date de l'assemblée : 1er mars. — Nombre de feux : 390 [4]. — Députés : Jean Mouchel du Hamel ; *George-Antoine du Four de la Hervere, notaire (19 jours, 74 l., Acc.); Jacques Fossey; Louis Malençon.

2. Cahier de doléances.
(Le cahier de doléances n'a pu être retrouvé.)

SAINT-PELLERIN-DE-CATZ [5].

1. Procès-verbal d'assemblée.
(Le procès-verbal authentique n'a pu être retrouvé.)

Date de l'assemblée : 1er mars. — Nombre de feux : 53 [6]. — Députés : Thomas-Charles Desplanques, Jean Groult.

2. Cahier de doléances.
(Le cahier de doléances n'a pu être retrouvé.)

---

[1] Arrondissement de Valognes, canton de Sainte-Mère-Église.
[2] Mouv. 1787 : N. 9, M. 5, D. 15. — Population actuelle : 297 habitants.
[3] Arrondissement de Valognes, canton de Sainte-Mère-Église.
[4] Mouv. 1787 : N. 38, M. 10, D. 27. — Population actuelle : 1,295 habitants.
[5] Arrondissement de Saint-Lô, canton de Carentan.
[6] Mouv. 1787 : N. 4, M. 4, D. 9. — Population actuelle : 394 habitants.

SAINT-SYMPHORIEN [1].

1. Procès-verbal d'assemblée.
(Le procès-verbal authentique n'a pu être retrouvé.)

Date de l'assemblée : 1er mars. — Nombre de feux : 75 [2]. — Députés : Pierre-Jacques-Guillaume Viollette du Féron, *laboureur* (17 jours, 66 l., Acc.); François Langrogne.

2. Cahier de doléances.
(Le cahier de doléances n'a pu être retrouvé.)

VARENGUEBEC [3].

1. Procès-verbal d'assemblée.
(Le procès-verbal authentique n'a pu être retrouvé.)

Date de l'assemblée : 1er mars. — Nombre de feux : 230 [4]. — Députés : Charles Le Chagnoine, Jean Queudeville, Léonard Caraby.

2. Cahier de doléances.
(Le cahier de doléances n'a pu être retrouvé.)

VIERVILLE [5].

1. Procès-verbal d'assemblée.
(Le procès-verbal authentique n'a pu être retrouvé.)

Date de l'assemblée : 1er mars. — Nombre de feux : 17 [6]. — Députés : Jean-Baptiste Le Gaux, Charles Levert.

2. Cahier de doléances.
(Le cahier de doléances n'a pu être retrouvé.)

---

[1] Arrondissement de Coutances, canton de la Haye-du-Puits.
[2] Mouv, 1787 : N. 13, M. 4, D. 13. — Population actuelle : 321 habitants.
[3] Arrondissement de Coutances, canton de la Haye-de-Puits.
[4] Mouv. 1787 : N. 39, M. 6, D. 35. — Population actuelle : 603 habitants.
[5] Arrondissement de Valognes, canton de Sainte-Mère-Église.
[6] Mouv. 1787 : N. 3, M. 0, D. 0. — Population actuelle : 97 habitants.

VINDEFONTAINE[1].

1. Procès-verbal d'assemblée.

(Le procès-verbal authentique n'a pu être retrouvé.)

Date de l'assemblée : 1ᵉʳ mars. — Nombre de feux : 210[2]. — Députés : Guillaume Cotel, Toussaint-René Le Danois, Jean-Jacques Le Danois.

2. Cahier de doléances.

(Le cahier de doléances n'a pu être retrouvé.)

II. Assemblée préliminaire du tiers état du bailliage.

1. Procès-verbal d'assemblée.

(Ms. *Archives de la Manche*, série B, liasse *Cahiers de doléances*, *Carentan*. Original signé de tous les membres présents[3]. — Éd. [F. Dolbet], dans *Annuaire du département de la Manche*. Saint-Lô, 1890, in-8°, p. 54-60.)

Procès-verbal d'assemblée des députés du tiers état des paroisses du bailliage de Carentan.

L'an 1789, le jeudi cinquième jour de mars, sur les huit heures du matin, à Carentan, en une des grandes salles de l'hôpital dudit lieu, devant nous Sébastien-René Lavalley, conseiller du Roi, lieutenant général civil et criminel au bailliage dudit Carentan, assisté d'Augustin-Benoist Langlois, commis en notre greffe, sont comparus MM. les députés du tiers état des paroisses de ce bailliage, pour satisfaire à la lettre et règlement de

---

(1) Arrondissement de Coutances, canton de la Haye-du-Puits.

(2) Mouvement de population en 1787 : N. 29, M. 4, D. 22. — Population actuelle : 469 habitants.

(3) D'autres exemplaires manuscrits existent :

1° Au greffe du tribunal de première instance de Coutances, pièce n° 87. Original signé;

2° Aux Archives nationales, Bᵃ 35, l. 70. (Deux pièces, dont l'une donne seulement la première séance et l'appel des paroisses, l'autre la fin du procès-verbal et la nomination des députés. Extrait collationné pour la dernière, et signé du greffier du bailliage);

3° Aux Archives nationales, Bᴵᴵᴵ/54, p. 15-33. Transcription des pièces précédentes.

Sa Majesté du 24 janvier dernier et à notre ordonnance du 17 février suivant, signifiée à leur paroisse, requête du procureur du Roi, les 20 et 21 dudit mois de février, avec assignation à comparaître ce jourd'hui devant nous, pour par eux nous représenter leur délibération de députation et cahiers de doléances, suivant qu'il est demandé, et ensuite pour nommer le quart d'entre eux pour se trouver à l'Assemblée des trois ordres, qui se tiendra en la ville de Coutances le 16 de ce mois, pour porter le cahier dudit bailliage, et avons procédé à l'appel de MM. les députés du tiers dans l'ordre qui suit, savoir :

MM.

VILLE DE CARENTAN. 1. Auguste-Maurice Hervieu de Pont-Louis, lieutenant particulier, assesseur criminel audit siège du bailliage de Carentan, présent.
2. Jean-Thomas Deplanques, sieur du Mesnil, maire, présent.
3. Claude-Yves-Thomas Le Reculley de la Huberderie, avocat, présent.
4. Charles-François-Louis Caillemer, avocat, bailli de Coigny, présent.

ANGOVILLE-SUR-AY 5. Jacques Villard, présent.
(115 feux). 6. Louis Samson, présent.

APPEVILLE 7. Hyacinthe-Léonard de Saint-Julien, présent.
(180 feux). 8. Jean Gruchy, présent.

AUVERS 9. Antoine-Armand Le Drieu, présent.
(200 feux). 10. Thomas Bachelay, présent.

AUVILLE-SUR-LE-VEY 11. Antoine-Julien Ansot, présent.
(29 feux). 12. Césard Le Harivel, présent.

AUXAIS 13. Jean-François Castel, présent.
(96 feux). 14. Louis Roquelin, présent.

BARNEVILLE 15. Nicolas-François Hellet, présent.
(180 feux). 16. Nicolas Le Chevalier, présent.

BEAUPTE 17. François-Sébastien-Jean Lavalley de la Hogue, ancien lieutenant général au bailliage de Carentan, présent.
(49 feux). 18. Martin Jeanne, présent.

BEUZEVILLE-EN-BEAUPTOIS 19. Jean-Baptiste Adam, présent.
(61 feux). 20. Jacques Jacquelinne, présent.

BEUZEVILLE-SUR-LE-VEY 21. Pierre-Paul Patin, présent.
(109 feux). 22. Jacques-Marin-Louis Gosselin, présent.

BLOSVILLE 23. Robert Loquet, présent.
(66 feux). 24. Antoine Le Landais, présent.

BOLLEVILLE   25. Pierre Lamarre, présent.
(99 feux).   26. Bon-Nicolas Lallement, présent.

[BOUT]TEVILLE   27. Bernardin Badet, présent.
(feux).   28. Thomas-Joseph-Alexandre Le Loup, présent.

BRETTEVILLE-SUR-AY   29. Charles-Alexandre Hotot, présent.
(114 feux).   30. Nicolas-Siméon Tirel, présent.

BREVANDS   31. Guillaume Bucaille, présent.
(75 feux).   32. Jacques Igier, présent.

BRUCHEVILLE   33. Antoine Corbin, présent.
(80 feux).   34. Jean-Baptiste Cornefroy, présent.

CARQUEBUT   35. Jean-Léonard Bourey, présent.
(100 feux).   36. Hervé Mangon, présent.

CATZ   37. Jean-Baptiste Selle de Mondezert, présent.
(34 feux).   38. Augustin Poignavant, présent.

CAUQUIGNY   39. [Bernardin Franchomme], défaut.
(12 feux).   40. [Jean-François Leblanc], défaut.

GUEF-DU-PONT   41. George de la Garde, présent.
(74 feux).   42. Jacques Duchemin, présent.

COIGNY   43. Jacques Corbin, présent.
(80 feux).   44. Henry Philippe, présent.

CRETTEVILLE   45. Charles Pontis, présent.
(96 feux).   46. Jean Bricquebecq, présent.

ÉCOQUENAUVILLE   47. Jean-Gabriel Le Mason, présent.
(41 feux).   48. Bernardin Léfant, présent.

FOUCARVILLE   49. Louis Le Sieur, présent.
(59 feux).   50. Joseph La Gouche, présent.

HOUTTEVILLE   51. Robert Allexandre, présent.
(55 feux).   52. Jean-Baptiste Adam, présent.

LA HAYE-DU-PUITS   53. Charles-Louis-François Regnault de Bretelle,
(123 feux).   présent.
                     54. Jean-François Duchesne, présent.
                     55. Jean Brison, présent.

LES MOITIERS   56. Jacques Roublot, présent.
(160 feux).   57. Siméon Ledanois, présent.

MEAUTIES   58. Guillaume Gislot, présent.
(160 feux).   59. Jean Morel de La Rousselière, présent.

MOBECQ   60. Pierre David, présent.
(100 feux).   61. François Dolbet, présent.

MONTMARTIN   62. Léonard-Bernardin Gaumain, présent.
(320 feux).   63. Robert Lefèvre, présent.
                     64. Antoine Le Picard, présent.
                     65. Thomas Marie, présent.

NEUFMESNIL (64 feux).	66. Jacques Le Magnan, présent. 67. Pierre Cauchard, présent.
PRETOT (200 feux).	68. Joseph Fortin, présent. 69. Charles-François Pimparey, présent.
RAVENOVILLE (100 feux).	70. Charles Poisson, présent. 71. Charles Foliot, présent.
SAINT-ANDRÉ-DE-BOUHON (149 feux).	72. Jean-Joseph-Yver de La Brucholierie, avocat général des comptes, aides et finances de Normandie, présent. 73. Thomas-François Quenault de La Grondière, président au siège de l'élection de Ca- rentan, présent.
SAINT-COSME-DU-MONT (140 feux).	74. Pierre-Joseph de La Fosse[1], présent. 75. Étienne-François-Alix Courboy, présent.
SAINTE-MARIE-DU-MONT (260 feux).	76. Marin Lecaudey de Bellefontaine, présent. 77. Jean-Charles Cornavin de Chauvalon[2], présent. 78. Jean-Louis Brohier, présent.
SAINTE-MÈRE-ÉGLISE (320 feux).	79. Jean Mouchel du Hamel, présent. 80. George-Antoine du Four de La Hervere, présent. 81. Jacques Fossey, présent. 82. Louis Malençon,
SAINT-ÉNY (367 feux).	83. Victor Lesage, présent. 84. Charles Palla, présent. 85. Jean de Méauties, présent. 86. Daniel Rabé, présent.
SAINT-GEORGE-DE-BOUHON (129 feux).	87. Jacques-Louis Ferey, présent. 88. Gézard-Antoine-Nicolas Boissel-Dombreval, présent.
St-GERMAIN-DE-VARREVILLE (69 feux).	89. Louis Corbin, présent. 90. Etienne Henry, présent.
SAINT-GERMAIN-SUR-AY (164 feux).	91. Michel Ernouf[3], présent. 92. Denis Burée, présent.
SAINT-HILAIRE (60 feux).	93. Antoine Gancel, présent. 94. Pierre Legaud, présent.
St-MARTIN-DE-VARREVILLE (78 feux).	95. Jean Lesieur, présent. 96. Félix Laîné, présent.
SAINT-PELLERIN (53 feux).	97. Thomas-Charles Desplanques, présent. 98. Jean Groult, présent.

[1] P.-J. DE LA FOSSE était depuis 1787 membre de l'assemblée de Carentan. Il fut rédacteur du cahier du bailliage, et plus tard membre du Conseil général du département aux élections de 1790.

[2] J.-C. CORNAVIN DE CHAUVALLON fut commissaire-rédacteur du cahier de bail-liage, membre du district de Carentan, membre du conseil général du département aux élections de 1791.

[3] M. ERNOUF fut commissaire-rédacteur du cahier du bailliage, et en 1790 maire de Saint-Germain-sur-Ay et membre du conseil général du département.

SAINT-SIMPHORIEN (75 feux).	99.	Pierre Viollette du Feron, présent.
	100.	François Langrogne, présent.
SEREVILLE (24 feux).	101.	Jean-Baptiste Colon, présent.
	102.	Bernardin-Blaise Le Piez, présent.
VARENGUEBECQ (230 feux).	103.	Charles Le Chagnoigne, présent.
	104.	Jean Queudeville, présent.
	105.	Léonard Caraby, présent.
VIERREVILLE (17 feux).	106.	Jean-Bernard Le Caux, présent.
	107.	Charles Levert, présent.
VINDEFONTAINE (210 feux).	108.	Guillaume Cotel, présent.
	109.	Toussaint-René Le Danois, présent.
	110.	Jean-Jacques Le Danois, présent.

Appel fait de tous les députés des paroisses de ce bailliage, en donnant défaut sur ceux de la paroisse de Cauquigny qui n'ont point comparu, avons accordé acte à tous les députés des autres paroisses ci-dessus dénommées de leur présence et du dépôt qu'ils nous ont fait de chacun leur délibération de nominations de députés pour cette Assemblée et de leurs cahiers de doléances, du nombre desquelles délibérations il s'en trouve plusieurs qui ne sont point conformes au modèle qui leur a été remis [1],* *après avoir été par nous vérifié, nonobstant quoi vu le défaut de temps pour une nouvelle assemblée avons desdits sieurs députés pris et reçu d'eux le serment de procéder fidèlement en notre présence par eux tous ou par commissaires qu'ils nommeront à la réunion en un seul cahier de tous les cahiers particuliers qu'ont apportés lesdits sieurs députés, ensuite à la nomination à haute voix du quart d'entre eux pour assister à l'Assemblée générale des trois États, qui se tiendra en la ville de Coutances le 16 de ce mois et les y présenter et y porter le cahier de notre bailliage; après serment par eux prêté**,* il nous ont déclaré qu'il n'est pas possible de procéder à la rédaction de leurs cahiers de doléances, plaintes et remontrances dans cette Assemblée et demandé qu'il soit nommé douze d'entre eux à qui seront remis tous lesdits cahiers desdites paroisses pour la rédaction d'un seul cahier, et qu'à cet effet l'Assemblée soit renvoyée.

(Nomination de commissaires-rédacteurs, au nombre de douze. La pluralité des suffrages s'est réunie en faveur de:)

MM. Lavalley de la Hogue, Dumesnil des Planques, Lereculley

[1] * Renvoi en marge, signé *Lavalley*, qui remplace dans le manuscrit deux lignes du texte biffées.

de la Huberderie, Caillemer, bailli de Coigny; Cornavin de Chauvallon, Joseph La Fosse, Le Sage, Pontis, Ernouf, Briquebecq, Gislot et Hotot, qui ont accepté ladite commission et promis de s'en acquitter fidèlement; et de leurs réquisitions avons renvoyé l'Assemblée à mardi prochain 10 du présent, où ils ont tous promis de se rendre aux fins de l'entière exécution de la lettre et règlement de Sa Majesté, dont du tout nous avons rédigé le présent ledit jour et an, ce que lesdits sieurs commissaires ont signé avec nous après lecture.

Joseph LA FOSSE, LAVALLEY DE LA HOGUE, J. BRICQUEBECQ, V., LE SAGE, LERECULLEY DE LA HUBERDERIE, DUMESNIL DESPLANQUES, C. PONTIS, CAILLEMER, L. HOTOT, ERNOUF, G. GISLOT, LANGLOIS, CORNAVIN CHAUVALON, LAVALLEY.

Et ce jour d'hui mardi, dixième jour de mars, audit an 1789, en ladite salle de l'hôpital de Carentan, devant nous Lavalley, juge susdit, assisté dudit Langlois, commis en notre greffe, en exécution de notre renvoi du 5 de ce mois, se sont de nouveau assemblés tous les sieurs députés des paroisses du bailliage de cedit lieu, à l'exception des sieurs Louis Corbin, Thomas-Joseph-Alexandre Le Loup, Charles Poisson et Charles Foliot, et ceux de la paroisse de Cauquigny, qui n'ont point encore comparu, sur lesquels nous avons prononcé défaut, etc.

(Représentation par les commissaires du cahier de doléances, lecture et signature du cahier.

Nomination des députés; la pluralité des suffrages s'est réunie en faveur de :)

MM. François-Sébastien-Jean Lavalley de la Hogue, ancien lieutenant général au bailliage de ce lieu; Auguste-Maurice Hervieu de Pont-Louis, lieutenant particulier audit bailliage; Jean-Thomas Desplanques du Mesnil, maire; Claude-Yves-Thomas Lereculley de la Huberderie, avocat; Charles-François-Louis Caillemer, avocat, bailli de Coigny; Jean-Louis Brohier, avocat; Charles-François Pimparey, avocat; Jean-Charles Cormenin de Chauvalon, avocat; Cézard-Antoine-Nicolas Boisselle Dombreval; Charles-Louis-François Regnault de Bretel; Michel Ernouf; Pierre-Joseph de la Fosse; Charles Pontis, Nicolas-François Hellet; Victor Le Sage; Charles-Alexandre Hotot; Jean-Baptiste Seel de Mondezert; Jean Bricquebecq; Jean-Gabriel Lemason; Étienne-Alix Courboy; Jean-François Morel de la Rousselière; Pierre-Jacques-Guillaume Viollette du Ferron; Guillaume Gislot, Antoine Le Picard; Pierre-Paul Patin; Antoine-Julien Ansot; George-Antoine Dufour de la Hervere et Jean-François de Méauties, tous marchands herbagers et laboureurs, qui ont accepté ladite commission et promis de s'en acquitter fidèlement.

(Remise aux députés susnommés du cahier général des doléances, pouvoirs généraux à eux donnés, pour le porter à l'assemblée générale de Coutances, le 16 mars prochain. Serment des députés, etc.)

Desquelles nomination de députés, remise de cahier, pouvoirs et déclarations nous avons à tous les susdits comparants donné acte, et avons signé avec eux tous lesdits députés notre présent procès-verbal, ainsi que le *duplicata* que nous avons présentement remis auxdits sieurs députés pour constater leurs pouvoirs, et le présent avec tous les cahiers de doléances sera déposé au greffe de ce bailliage. Cedit jour et an, après lecture.

DUMESNIL DESPLANQUES, HERVIEU DE PONT-LOUIS, CAILLEMER, LE REGULLEY DE LA HUBERDERIE, J. GRUCHY, J. VILLARD, L. SAMSON, J.-B. SAINT-JULLIEN, F. BACHELEY, A. DRIEU, G. LE HARIVEL, A.-J. ANSOT, L. ROGUELIN, J.-F. CASTEL, N.-F. HELLET, N. LE CHEVALLIER, Martin JEANNE, J.-B. ADAM, J. GOSSELIN, LAVALLEY DE LA HOGUE, A. LANDOIS, J. JACQUELLINE, P.-P. PATIN, P. LOQUET, B.-N. LALLEMAND, P. DE LA MARE, BADET, G. BUCAILLE, S. TIREL, J.-B. CORNEFROY, C.-L. HOTOT, BEUREY, J. IGIER, H. MANGON, J. POIGNAVANT, J.-B. SEELLE, G. GISLOT, G. DE LA GARDE, Jacques DUCHEMIN, G. PHILIPPE, J. CORBIN, C. PONTIS, J. BRICQUEBECQ, J.-J. LE MASSON, J. LA GOUCHE, B. LEFANT, L. LESIEUR, J.-B. ADAM, J. BRISON, REGNAULT DE BRETEL, L. LE DANOIS, J.-François DUCHÊNE, A. PICARD, Jacques ROUBLOT, J.-F. MOREL, F. DOLBET, J. DAVY, GAUMAIN, LEFÈVRE, LEMAIGNEN, PRINPAREY, T. MARIE, J. FORTIN, P. CAUCHARD, Yver DE LA BRUCHOLLERIE, QUENAULT LA GRONDIÈRE, E. ALLIX, Joseph LA FOSSE, DE BELLEFONTAINE, CORNAVIN DE CHAUVALON, BRÓHIER, J.-B. MOUCHEL, V. LESAGE, DUFOUR DE LA HERVERE, FOSSEY, L. MALENÇON, C. PALLA, D. RABÉ, J.-F. DEMBAUTIS, BOISSEL DOMBREVAL, FÉREY, Étienne HENRY, D. BURÉE, ERNOUF,

A. Gancel, P. Legaud, F. Laisney, J. Lesieur, J. Groult, Th.-C. Desplanques, F. Langronne, Violette, Lelong, J. Quedeville, Ch. Le Chanoine, B. Lepiez, G. Cottelle, J. Caraby, C. Levert, B. Le Caux, T.-René Le Danois, Jean Le Danois, *Langlois*, *Lavalley*.

_____

2. Cahier de doléances.

(Ms. *Archives de la Manche*, loc. cit. Original signé des députés[1].
Ed. Hippeau. *Op. cit.*, t. II, p. 22-31.)

Cahier de doléances, plaintes et remontrances arrêté par les députés du tiers état des communautés du bailliage de Carentan, assemblé à cet effet en vertu de l'ordonnance de M. le lieutenant général dudit bailliage du 17 février dernier, en la grande salle de l'hôpital dudit lieu, les 5 et 10 mars 1789, pour être remis au quart desdits députés qui doivent être choisis pour porter ledit cahier à l'Assemblée générale du bailliage principal du Cotentin, qui se tiendra en la ville de Coutances, le 16 dudit mois de mars, suivant l'ordonnance de M. le lieutenant général dudit bailliage du 13 février dernier, le tout au désir du Règlement de Sa Majesté du 24 janvier dernier.

1° Le tiers état du bailliage de Carentan charge ses députés de demander que MM. les députés aux Etats généraux fassent arrêter avant tout que les ordres seront réunis, délibèreront en commun et voteront par tête, parce que l'on ne doit s'occuper des subsides qu'après avoir donné à la nation une constitution qui assure les droits du prince et des sujets, de manière que la loi ne puisse être portée sans le consentement du peuple réuni en assemblées nationales et périodiques, et que les ministres, les tribunaux et tous les sujets du Roi ne puissent jamais la violer.

Si, contre toute attente, les ordres privilégiés se refusaient à

_____

[1] Un autre exemplaire existe au greffe du Tribunal de première instance de Coutances, pièce n° 75. *Original signé*. — Le cahier du tiers état du bailliage de Carentan n'est, pour un très grand nombre d'articles, que la reproduction plus ou moins littérale du cahier de la ville de Carentan. Le texte a cependant été souvent retouché, et le sens modifié par des corrections ou des additions nouvelles; l'ordre des articles surtout a été trop complètement bouleversé, pour qu'il soit possible de renvoyer en bloc de l'un à l'autre. Nous n'indiquons en note que les divergences les plus considérables.

délibérer par tête et voulaient délibérer par ordres, MM. les députés sont spécialement chargés de demander que, dans ce cas, les ordres privilégiés réunis n'aient qu'une voix, et le tiers état l'autre;

2° MM. les députés sont chargés d'approfondir la dette publique et de faire fixer la dépense; ils voudront bien ne point octroyer l'impôt que pour l'intervalle d'une assemblée d'États généraux à la suivante; ils apporteront tous leurs soins pour procurer au peuple l'égalité dans la répartition, l'uniformité et la simplicité dans la perception et la comptabilité, et l'abolition de tous privilèges pécuniaires;

3° Ils demanderont surtout que le retour périodique des États devienne le régime permanent de l'administration du royaume, et que leur convocation ait lieu comme tous les trois ans;

4° MM. les députés auront grand soin de demander qu'aucun emprunt de deniers publics ne puisse être fait sans le consentement des États généraux;

5° Que les États provinciaux [ou assemblées provinciales [1]] soient établies dans toutes les provinces du royaume, desquels les membres seront élus par leur ordre, un quart par le clergé, un autre quart par la noblesse et la moitié par le tiers état; ces députés seront nommés par les bailliages, suivant la forme actuelle, et délibéreront par tête;

6° MM. les députés seront spécialement chargés d'insister, à tout événement, sur le rétablissement des États de la province de Normandie, en demandant qu'ils soient organisés suivant le plan des assemblées provinciales, que les séances soient fixées à Caen, comme le centre de la province; que pour régler les affaires particulières de chaque généralité, comme les finances, voieries et autres choses qui en concernent une seule, lesdits États soient divisés en trois chambres : celle de Rouen, celle de Caen et celle d'Alençon; que les membres qui sisteront au nom de la généralité qui les aura nommés soient les seuls qui puissent régler et administrer ce qui la concerne.

Ils demanderont que les deniers payés dans une généralité ne soient jamais employés dans une autre;

7° En demandant la réduction des pensions sur le trésor royal, ils voteront pour que la somme en soit fixée, et que le seigneur Roi soit supplié de permettre qu'aucune pension ni gratification sur un bon ne soit consentie et payée sans avoir été visée par un

[1] Les mots *ou assemblées provinciales* ont été biffés sur les manuscrits.

comité *ad hoc*, afin de prévenir les surprises qui pourraient être faites à la bonté de Sa Majesté;

8° Ils seront chargés de demander que les impositions réelles et personnelles actuellement subsistantes, sous quelque dénomination qu'elles soient, demeurent supprimées pour être remplacées par une seule imposition, qui sera assise sur toutes les terres du royaume de quelque nature qu'elles soient, et payée par les propriétaires, ecclésiastiques, nobles, non nobles, sans distinction de personnes et sans en excepter le domaine royal ni toutes les dîmes quelconques, laquelle imposition sera payée dans le lieu de la situation des fonds [1].

Que les rentes foncières, hypothèque et viagères seront réduites d'un dixième au profit du débiteur, à moins que les contrats ne présentent des clauses contraires;

9° Le désir de l'assemblée est que les États généraux fixent conjointement avec le Roi, la portion d'impôt que chaque province ou généralité payera, laquelle sera répartie par l'assemblée provinciale sur chaque arrondissement en proportion de son étendue en richesse; et l'assemblée de ce département d'arrondissement fera la répartition que chaque paroisse devra payer. Ensuite, la municipalité de chaque paroisse répartira sur chaque propriétaire la partie qu'il devra porter relativement à la valeur des fonds, sans égard à la qualité des propriétaires, tous privilèges étant supprimés;

10° MM. les députés demanderont qu'il soit avisé aux moyens de rendre la perception des impôts moins dispendieuse; que le compte des finances soit rendu tous les ans par le contrôleur général, pour être examiné par des commissaires pris dans la chambre des comptes, les conseillers d'État et les membres des États provinciaux s'ils ont lieu, ou des assemblées provinciales si elles subsistent, lequel compte, après son apurement, sera rendu public;

11° Ils demanderont qu'aucune loi ne puisse être exécutée qu'elle n'ait préalablement été adressée aux États provinciaux ou assemblées provinciales, aux fins de sa vérification [2];

12° Ils demanderont pareillement la suppression de tous les

---

[1] Impositions de l'élection de Carentan pour 1789 : taille, 151,179 l. 4 s.; accessoires, 99,207 l. 8 s. 9 d.; capitation, 107,788 l. 5 s. d.; corvée, 56,211 l. 16 s. 10 d.; vingt. 203,295 s. 6 s.; terr. 17,436 l. 5 s.; bât. 5,526 livres. Au total 634,658 l. 15 s. 11 d. *Privilégiés* : 53 ecclésiastiques, 46 gentil-

hommes. — Capitation des nobles : 6,326 l. 13 s. 3 d.; des officiers de judicature, 3,187 l. 16 s; des exempts et privilégiés; 85 l. 12 s.; des employés, 657 l. 17 s. 8 d. *Rôle de supplément des privilégiés* : 6,800 l. 13 s. 5.

[2] Cet article n'a point son analogue dans le cahier de la ville.

péages par terre et par eau, dans l'étendue du royaume [1], des droits de halles, de marché, de banalité et autres droits particuliers payés par le public, comme contraires à la liberté du commerce et à la liberté individuelle, sous l'offre de dédommager d'une manière convenable les propriétaires, soit par le public, soit par les particuliers qui se trouvent assujettis au droit qui sera supprimé, après toutefois que les possesseurs de ces droits auront justifié de titres valables; car, dans le cas contraire, soit parce que l'objet de la cession aura cessé, soit parce que ces droits auront été perçus par erreur ou par abus, ils demeureront supprimés sans dédommagement;

13° MM. les députés demanderont que le non-noble soit déchargé à l'avenir de la collecte des deniers du royaume à tour de rôle, suivant l'usage ancien, et que les paroisses soient autorisées à nommer un receveur qui sera choisi par les trois ordres, lequel fera la recette des impositions tant que l'on aura confiance en lui, et sera aux gages de la paroisse et à sa garantie : chaque munici-

[1] Les renseignements fournis par la grande enquête des péages de 1777 permettent de préciser l'importance de ces droits dans l'élection de Carentan à la veille de la Révolution.

On y comptait seulement deux péages par terre : le *travers de Saint-Léonard*, «au pont entre Carentan et Saint-Hilaire, trois jours avant et trois jours après la Saint-Léonard, 6 novembre»; et le *travers de Saint-Cosme*, «pour la foire Saint-Cosme, au passage du pont Douve, entre Saint-Cosme et Carentan». Tous deux étaient au tarif général de la coutume de Normandie, réglé par les déclarations du roi des 12 mars 1752 et août 1781, et ils rapportaient, le premier 100 livres pour le duc d'Orléans engagiste, et le second 240 livres, dont 50 à 60 livres pour le quart du roi, les trois autres quarts étant partagés entre les seigneurs du fief de Mary en Saint-Cosme.

Les péages par eau étaient beaucoup nombreux. Il y avait trois bacs sur la Vire, à *Saint-Fromond*, au lieu dit la *Nef du Pas*, et au *Petit-Vey*, qui valaient respectivement, le premier 100 livres pour le duc d'Orléans, le dernier 400 livres pour le comte de La Luzerne et différents particuliers. Les deux bacs de *Brohon à Tribehou* et d'*Auxais à Marchésieux* appartenaient au duc d'Orléans et

au comte d'Auxais; le premier rapportait 92 livres en deux fermages, le second est dit «de produit nul». Le bac de *la Bastille*, sur la Douve, au marquis de Thieuville, était affermé 100 livres; celui de *la Fière*, sur le Merderet, à Sainte-Mère-Église, valait également 100 livres au baron de Juigné. Enfin le passage du *Grand-Vey* appartenait à trois particuliers, donnant un produit non porté au tableau. De longues observations sont jointes par le subdélégué, relativement à la gêne considérable que ces droits apportent au commerce, et aux rixes qu'elles occasionnent journellement avec les fermiers des seigneurs. (*État des péages, Carentan, 1er octobre 1788*, Arch. Calvados, C 3038.)

Nous n'avons pu trouver de renseignements d'ensemble sur l'importance des banalités. L'*État des péages* ne relève que les moulins établis sur les rivières navigables : il y a 5 moulins sur la Taute, d'un revenu de 3,950 livres, et 2 sur la Douve, l'un appartenant au marquis de Juigné, en chômage depuis plusieurs années, l'autre à M. de Nicolaï, abbé de Saint-Sauveur-le-Vicomte, affermé 1,200 livres. (*Ibid.*, C. 3037). Il faudrait y joindre évidemment de nombreux moulins sur les cours d'eau non navigables de l'élection.

palité tenue de veiller à ce que son receveur porte régulièrement
les deniers au dépôt du département, lesquels deniers seront
portés chez lui par chaque contribuable[1].

14° La suppression des droits sur les cuirs sera sollicitée, parce
qu'elle renchérit considérablement cette denrée de première nécessité.

15° Le vœu du tiers état est que la gabelle soit supprimée;
que le commerce de sel soit rendu libre; il attend de la justice de
Sa Majesté cette suppression avec d'autant plus de confiance qu'Elle
l'a promise[2].

16° MM. les députés sont chargés de demander la modération
des droits de contrôle; et surtout un tarif clair et précis, tel que
tout homme puisse être en état de juger la perception.

Ils demanderont la suppression du droit de centième denier des
successions collatérales comme injuste et onéreux; et, pour y suppléer, qu'il soit ordonné que tous les contrats de mariage, lots et
partages, à l'avenir, seront passés devant notaire, parce que le
contrat le plus haut estimé, quelques conditions qu'il renferme, ne
pourra jamais produire plus de douze livres de droits[3].

La suppression des droits de greffe, qui rendent les procédures
ruineuses, doit être aussi sollicitée.

Enfin il est essentiel que lorsqu'il s'élèvera quelque contestation
entre le contrôleur et le particulier, la connaissance en soit inter-
dite à l'intendant, pour être dévolue aux juges ordinaires; et afin
que le receveur n'entretienne point de contestations mal fondées,
qu'il soit ordonné qu'il ne pourra procéder sans l'avis de deux avocats du bailliage dans l'arrondissement duquel il sera établi.

17° Ils demanderont que les droits d'aides soient distraits des
fermes et qu'ils soient régis par les provinces; qu'au surplus tout
ce qui paraît être l'objet de ferme générale, soit mis en régie;
que toutes les douanes de l'intérieur du royaume soient renvoyées
aux frontières, et que les droits en soient fixés par un tarif assez
clairement énoncé pour n'être sujet à aucune interprétation captieuse; ils demanderont enfin la suppression du droit du don gratuit et autres de ce genre, qui gênent le commerce.

---

[1] Cf. le cahier de la ville, art. 3
(addition *in fine*).

[2] Cf. le cahier de la ville, art. 14.

[3] Le droit de 12 livres était celui
qui, en vertu du *Tarif d'août 1706*,
était uniformément perçu sur les contrats
de mariage «sans somme désignée ni estimation». Pour les contrats où les apports

étaient estimés, le droit était de 15 sols
pour un apport de 100 livres et au-dessous, de 1 l. 10 s. de 100 à 200 livres,
de 3 l. 10 s. de 1,000 à 1,500 livres, de
22 livres pour les contrats de 10,000 livres et au-dessus. Le droit était porté à
24 livres quand le bien d'aucun des con-
joints n'était ni évalué ni estimé. Il faut

I.

49

18° MM. les députés demanderont que les domaines de la couronne soient aliénés en entier, excepté ceux que le Roi habite ou qui lui sont nécessaires pour ses plaisirs, et ceux qui forment l'apanage des princes; que les deniers qui en proviendront soient employés à payer les dettes de l'État, laquelle vente sera faite par adjudication au profit de quiconque les portera au plus haut prix.

19° Ils demanderont encore la suppression du droit de franc-fief.

20° Ils solliciteront le partage des landes communes, bruyères et marais, entre les différents usagers et propriétaires des paroisses où ces marais sont assis, moyen unique de mettre ces terrains en valeur, et de donner aux usagers et propriétaires une pleine assurance contre les tentatives des concessionnaires, la possession immémoriale de ces paroisses devant leur valoir mieux que tous les titres possibles [1].

21° Ils demanderont la suppression de toutes les cours et juridictions d'exception, et que la connaissance des matières attribuées à toutes ces juridictions, le soit aux bailliages, et par appel aux cours supérieurs.

22° Ils demanderont aussi la suppression des hautes justices; et, pour éviter la réclamation que les seigneurs pourraient faire à cet égard, on leur proposera de choisir leur bailli sur trois sujets qui leur seront présentés par les officiers du bailliage dans les enclaves duquel se trouveront leurs hautes justices; chaque bailli sera conseiller-né au bailliage, il aura tous les émoluments des affaires de sa haute justice et sera néanmoins toujours présidé par M. le lieutenant général [2].

---

ajouter les 2 sols pour livre créés par *Déclaration du 18 septembre 1706*. (*Recueil des édits*, IV, 568, 588.)

[1] Cf. le cahier de la ville, art. 31. Le sens est complètement modifié par la substitution dans le présent texte du partage entre les *usagers*, à celui entre les *propriétaires* prévu seulement au cahier de la ville.

[2] *Contra* : la Haye-du-Puits, art. 5. — Le ressort du bailliage de Carentan renfermait un plus grand nombre de juridictions seigneuriales que les autres bailliages du Cotentin. D'après les États dressés en 1788, il y avait dans le ressort 5 hautes justices, dont l'une, celle de *Coigny*, ressortissait nuement au Parlement de Normandie, et dont les autres, celles de *la Haye-du-Puits*, de *Blosville*, de *Gyé*, de *Neuville-au-Plain*, venaient par appel au bailliage.

Leur arrondissement comprenait : 1° *Haute Justice de-Coigny*, 9 paroisses : Appeville, Beuzeville-en-Beauptois, Coigny, Cretteville, Hautteville, les Moitiers, Prétot, Varenguebec, Vindefontaine; 2° *la Haye du Puits*, 8 paroisses : la Haye-du-Puits, Angoville-sur-Ay, Bolleville, Bretteville-sur-Ay, Montgardon, Saint-Côme-du-Mont, Saint-Germain-sur-Ay, Saint-Symphorien; 3° *Gyé*, 4 paroisses : Carentan-ville, Barneville, Brévands, Saint-Georges-de-Bohon ; 4° *Blosville*, 4 paroisses : Brucheville, Boutteville, Blosville, Chef-du-Pont; 5° *Neuville-au-Plain*, la paroisse de ce nom seulement. La plupart de ces paroisses étaient d'ailleurs *mixtes*, et rele-

23° Ils demanderont pareillement la suppression de la vénalité de tous les offices indistinctement, et surtout de ceux des finances, comme receveurs généraux et particuliers.

Ils sont chargés de demander l'arrondissement des bailliages [1], qu'il y soit établi un nombre de juges suffisant pour y rendre la justice, sans que ces juges puissent, dans aucun cas, prendre des épices, et qu'on leur accorde le droit de juger en dernier ressort les procès civils jusqu'à concurrence de mille livres.

Ils demanderont par suite que les cours souveraines soient multipliées et placées à la portée des justiciables.

24° Enfin, la réformation des codes civil et criminel, désirée depuis si longtemps par tous les ordres, sera vivement sollicitée; et l'on insistera surtout pour obtenir* *que les accusés aient un défenseur* [2], et que le sort des prisonniers soit adouci en rendant les prisons plus saines, en supprimant tous les cachots, en procurant à ces malheureux une couchette, paillasse et couverture assez fortes pour les mettre à l'abri de l'extrême rigueur du froid, et en leur faisant fournir à chacun d'eux deux livres de pain, au lieu d'une livre et demie.

25° Ils demanderont qu'on avise aux moyens d'empêcher les

---

vaient pour partie des juridictions royales.

La situation de ces hautes justices était d'ailleurs très inégale en 1789. Seules, la haute justice du duché de Coigny et celle de la baronnie de la Haye-du-Puits fonctionnaient alors régulièrement et avaient un personnel judiciaire au complet (bailli, procureur fiscal, greffier et tabellion, avec 6 avocats et 2 sergents à la Haye-du-Puits, 12 avocats et 6 sergents à Coigny; encore les officiers de cette dernière justice résidaient-ils à Carentan, se contentant de venir une fois par semaine pour tenir leur audience). Mais les hautes justices de Gyé, de Blosville et de Neuville-au-Plain n'étaient plus, comme écrit le subdélégué, que des «êtres de raison»; il n'y avait ni officiers en titre ou commissionnés, ni greffier reçu au siège; il ne s'y était accompli aucun acte de juridiction depuis des années, et les bâtiments de l'auditoire et des prisons tombaient en ruine ou servaient, comme à Blosville, «à héberger les bestiaux et engranger les fourrages.» (*État des hautes justices situées sous l'élection*

de Carentan, arrêté le 18 juillet 1788, Arch. Calvados, C 6077.)

[1] Le ressort du bailliage de Carentan ne comptait pas moins de 19 paroisses *mixtes*, contestées ou mi-parties. Le personnel judiciaire comprenait, en 1788, le lieutenant général, un lieutenant particulier, un procureur du roi et 4 conseillers; l'office d'avocat du roi était vacant. Il y avait dans le ressort 5 charges de notaires royaux, à Carentan, la Haye-du-Puits, Beauple, Sainte-Marguerite et Sainte-Mère-Église, 2 de tabellions, qui étaient vacantes, à Barneville et Geffosse-et-Bessin, une charge de priseur-vendeur, 4 d'huissiers-audienciers et 9 de sergents royaux. A cette même date, 15 avocats et 6 procureurs étaient attachés à la juridiction. (*État des justices, juillet 1788*, Arch. Calvados C 6077.)

[2] Addition en interligne d'une autre encre, aussi bien dans l'original de Coutances que dans celui des Archives de la Manche; cette addition a très visiblement dû être faite en séance. L'ensemble de l'article est d'ailleurs inspiré des articles 10 et 26 de la ville.

49.

banqueroutes frauduleuses et qu'il ne soit accordé à l'avenir ni lettre de répit, ni arrêts de surséance ;

Que lorsque un créancier en billet aura obtenu une sentence de condamnation, l'intérêt du capital soit exigible du jour de la signification, ce qui aura lieu pour toutes dettes mobilières.

26° Ils demanderont que tout citoyen ne puisse être jugé par aucune commission, mais bien par ses juges ordinaires.

27° Ils demanderont la confirmation de la charte aux Normands; qu'en conséquence aucuns habitants de la province ne puissent être traduits en jugement hors de la province, nonobstant l'attribution du scel du Châtelet et tous autres privilèges ou lois contraires [1].

28° Ils demanderont que, dans la réduction des droits judiciaires, on n'omette pas surtout de réduire les droits de notaires et priseurs-vendeurs.

29° Ils demanderont pareillement que les communautés soient dispensées de faire viser leurs délibérations par les intendants; qu'elles soient seulement assujetties à prendre les avis de deux avocats de leur bailliage, lorsqu'il s'agira de procéder.

30° Il existe dans le royaume quantité de monastères, abbayes en commende, prieurés et autres bénéfices ecclésiastiques, qui ne sont plus habités ou dans lesquels on ne voit que quelques religieux [2] ; le bien général exige qu'ils soient supprimés et convertis.

[1] La première charte aux Normands, de mai 1314, ne pose formellement que le principe de l'indépendance de l'Échiquier à l'égard du Parlement de Paris, comme juridiction de dernier ressort. (Art. 13, *Causæ diffinitæ in scaccario Rothomagensi ad nostrum Parlamentum Parisius nullatenus deferantur*). C'est seulement l'Ordonnance de juillet 1315, dite quelquefois seconde charte aux Normands, art. 17 et 21, que l'on peut invoquer en faveur de l'idée d'un privilège de juridiction spécial à la province; l'article 21 est le plus net en ce sens : «Item. Que aucun ne soit trait par-devant aucun juge étrange, ne en lieu lointain, ... ne que soit tenu comparer, ne respondre neant plus qu'il estoit par devant.» (ISAMBERT, III, n° 476, p. 51; n° 497, p. 110, 111.)

[2] Cf. le cahier de la ville, art. 30. Le bailliage de Carentan ne comptait pour sa part qu'un assez petit nombre de maisons religieuses. La seule abbaye était celle de Blanchelande, de l'ordre des Prémontrés, sise en la paroisse de Neufmesnil. Il y avait, en plus un hôpital à Angoville-sur-le-Vey, deux communautés de femmes, une de Bénédictines à Varenguebec, une d'Augustines à Carentan, fondée en 1636. Ces maisons étaient, comme le dit notre article, fort peu habitées : il ne se trouvait à l'abbaye de Blanchelande, en 1789, qu'un prieur et quatre religieux; et les états de population dressés en 1785 ne nous indiquent pour cette année qu'un décès en religion à la communauté des Bénédictines de Varenguebec, deux à celle des Augustines de Carentan; une seule profession de femmes est notée chez les Bénédictines. (Arch. nat., D IV *bis*, 44.) Revenus déclarés en 1790 : 1° abbaye de Blanchelande, 24,388 livres pour l'abbé commendataire, qui est, en 1789, l'évêque de Coutances (Arch. Manche, Q4.1 1., f° 58); 2° Augustines de Carentan, 14,676 l. 15 s. 8 d., dont 9,767 livres de revenu foncier affermé (*ibid.*, H, *Religieuses de Carentan*, l. 1); 3° Bénédictines de Varenguebec : revenu

en hôpitaux ou hospices, qui seront l'asile des enfants trouvés, des orphelins, des incurables, des vieillards, des aveugles, des veuves et filles qui se trouveraient enceintes. MM. les députés sont chargés de présenter le vœu du tiers à cet égard; il est à croire que le clergé, convaincu lui-même de l'inutilité de ces maisons, et applaudissant à la destination proposée, n'entreprendra pas de combattre ce projet[1].

31° Il est juste aussi que l'entrée de ces hospices soit accordée aux matelots invalides, aux femmes et aux enfants des matelots employés au service de la marine royale et de ceux qui y perdront la vie.

32° Ils demanderont la suppression de toutes les dîmes de substitution et généralement de toutes dîmes insolites, et observeront qu'il serait bien à désirer pour la nation qu'il fût possible de convertir la prestation des dîmes ecclésiastiques en nature, en prestation en argent.

33° Ils demanderont que les curés et gros décimateurs dont le produit des dîmes excède 1,500 livres, soient non seulement chargés de l'entretien de leurs presbytères, mais encore de leur reconstruction[2].

---

total inconnu; nous savons seulement qu'elles possédaient, dans la paroisse de Varenguebec, 197 vergées de terre, estimées 2,500 livres de revenu. (Arch. Manche, Q[4.], 8.)

En 1787, le revenu total des biens ecclésiastiques de l'élection de Carentan était estimé, pour les xx[es], à 348,534 l. 18 s. (Arch. Calvados, C 6519.)

[1] Il n'y avait en 1789, dans le ressort de l'élection de Carentan d'autres établissements hospitaliers que les deux hôpitaux de Carentan dont nous avons déjà parlé (suprà, p. 722, note 2), et l'hôpital du bourg de Périers. Ce dernier était dans un état fort misérable : il n'avait, d'après les administrateurs, que 2 vergées de terre et 88 livres de rentes en grain. Avec le produit du droit de havage, et quelques autres perceptions, les administrateurs recueillaient à grand peine 2,167 l. 10 s. de revenus, et ils avaient 6,700 livres de dépenses. Les bâtiments tombaient en ruine, et l'établissement était naturellement fort endetté. Aussi le subdélégué écrivait-il, en 1788, que cet établissement « n'était pas de ceux que le Gouvernement avait

intérêt à conserver». (Arch. Calvados, C 765.)

Nous avons dit plus haut combien était précaire la situation de l'hôpital de Carentan lui-même, avec ses 2,060 livres de revenu net. En 1788, bien qu'il comptât 57 lits, il n'avait pu recevoir que 27 personnes. (État de situation des hôpitaux, 1788, Arch. Calvados, C 1044.)

[2] Cf. le cahier de la Haye-du-Puits, art. 6. De nombreuses paroisses du bailliage doivent avoir poussé à l'insertion de ce vœu, qui manque dans le cahier de la ville. De l'année 1770 seulement à l'année 1789, nous n'avons pas relevé moins d'une douzaine de paroisses du ressort de Carentan qui ont dû contribuer à la reconstruction de leurs presbytères, et pour des sommes relativement considérables (Saint-Germain-sur-Ay, 4,360 livres; Auville-sur-le-Vey, 4,000 livres; Hautteville, 1,700 livres; Saint-Symphorien, 3,450 livres; Bretteville-sur-Ay, 4,000 livres; la Haye-du-Puits, 4,400 livres; Montmartin, 7,450 livres; etc.). (Arch. Calvados, C 1321 à C 1326.)

34° Ils demanderont pareillement qu'à la mort des réguliers qui possèdent des cures, leur coté morte, après leur décès, appartienne en entier aux pauvres de leur paroisse, sans que les maisons dont ils sortent puissent les réclamer, parce qu'il sera prélevé sur icelles les réparations à la charge du bénéficier.

35° MM. les députés sont chargés de demander que le Roi ne vende point la noblesse à prix d'argent; que, par suite, les offices de secrétaires du Roi soient supprimés; qu'il soit fait une recherche exacte de la noblesse, et, qu'après cette révision, ceux qui seront trouvés nobles soient portés sur un registre destiné à cet usage, lequel sera déposé au greffe du bailliage pour y avoir recours au besoin, sur lequel registre chaque noble sera désigné sous les titres et qualités qu'il a droit de prendre;

36° Qu'il soit permis à la noblesse d'exercer toutes professions, faire valoir les biens d'autrui et participer sans dérogeance à tous les moyens honnêtes d'enrichissement.

37° Ils demanderont qu'on anéantisse cette fatale décision qui vient d'être donnée, que le soldat ne pourra espérer être fait lieutenant, ni concourir aux grades supérieurs et aux récompenses militaires, quelle que soit sa conduite et quelques belles actions qu'il fasse; c'est ôter toute émulation à des hommes qui en sont susceptibles, et qu'il importe tant à l'État de conserver; il faut demander que le tiers état puisse, au contraire, prétendre aux honneurs et grades militaires, ainsi qu'à posséder les charges de la haute magistrature.

38° Ils demanderont que les mêmes délits soient punis des mêmes peines sans distinction du rang des personnes.

39° Ils demanderont pareillement que l'on adoucisse la discipline du soldat français, et qu'on le délivre de la punition du coup de plat-de-sabre.

40° Ils solliciteront la suppression du tirage de la milice et de la garde-côte, comme extrêmement onéreux au peuple, et décourageant l'agriculture [1].

41° Ils sont de même chargés de demander la suppression de toutes les maîtrises, la liberté du commerce et de l'industrie;

42° De demander la liberté de la presse et l'abolition des lettres de cachet [2];

[1] On avait levé dans l'élection de Carentan pour la milice, en 1788, 20 hommes; pour la garde-côte, dans les paroisses du littoral 52 hommes, sur une population totale de 23,500 habitants. (Arch. Calvados, G 1916 et G 1862.)

[2] Cet article manque dans l'original de Coutances, dont le numérotage des articles devient par suite différent.

43° De demander la suppression de la mendicité [en général] des moines [1];

44° Demander que les États généraux, conjointement avec le Roi, établissent une éducation nationale sous l'inspection des magistrats, qui la règleront d'après le plan adopté.

45° Ils demanderont qu'on abolisse dans tout le royaume la mainmortable.

46° Ils demanderont que l'on prenne les moyens nécessaires pour le rétablissement et la conservation des forêts et des bois, et que l'on invite tous les propriétaires à faire des plantations.

47° Ils demanderont que l'on s'occupe surtout de la réforme des mœurs; qu'il soit permis de prêter à intérêt à un terme fixe, au dernier vingt, comme un moyen puissant d'anéantir l'usure forcée, et de diminuer également le goût trop dominant des fonds perdus, objet intéressant qui doit être pris en considération dans la circonstance présente, et ils demanderont en outre que les constitutions viagères ne puissent, à l'avenir, excéder le dernier dix [2].

48° Ils demanderont l'égalité des poids, aunes et mesures dans tout le royaume.

49° Ils observeront qu'il serait très intéressant [3] que les garennes et colombiers fussent supprimés, en considération du tort que les cultivateurs en éprouvent.

50° Ils demanderont la suppression de la régie des haras, et qu'elle soit confiée aux provinces [4].

51° Ils demanderont aussi la suppression de la loterie royale, comme étant une des raisons de l'appauvrissement du peuple, qui y risque jusqu'à son nécessaire.

52° L'utilité des chemins publics et vicinaux est généralement reconnue. L'on sait combien il est intéressant pour le commerce et l'agriculture qu'ils soient multipliés et que ceux existants soient rendus praticables; cet objet sera proposé comme très important [5].

(1) Les mots *en général* n'existent pas dans l'original de Coutances. Nous ne connaissons dans le bailliage de Carentan aucun établissement de religieux mendiants.

(2) Cf. le cahier de la ville, art. 52. Le dernier paragraphe relatif aux constitutions viagères est une addition.

(3) Ainsi corrigé à la lecture; le texte primitif portait : *Ils demanderont que*. Même correction dans le double original de Coutances.

(4) Cf. le cahier de la ville de Carentan, art. 41. Nous donnerons plus loin, sous le bailliage de Saint-Lô, les renseignements que nous avons pu réunir sur l'état des *haras* de la région en 1789.

(5) Le bailliage de Carentan était assez mal partagé, d'une manière générale, au point de vue de la voirie; la nature marécageuse du sol y avait fait ajourner la plupart des grands travaux de routes, plus avancés dans les autres régions du Cotentin. D'après le compte rendu de l'Assemblée intermédiaire de Basse-Normandie il n'y avait d'achevé, en 1789, que la grande route de Paris

Un autre objet non moins digne de l'attention des députés est la construction d'un pont sur la Vire, au passage du Petit-Vey, où la mer engloutit chaque année quantité de voyageurs de toutes les parties du royaume ; l'humanité, l'intérêt public et particulier sollicitent de concert ce travail, qui procurera une communication facile au port de Cherbourg, devenu l'un des principaux du royaume [1].

53° Certains particuliers possèdent, ou du moins exercent sur beaucoup de rivières, notamment en Basse-Normandie, des droits de pêcheries ; il est indispensable de solliciter la suppression de ces droits, comme infiniment nuisibles, tant par l'obstacle qu'ils apportent à la navigation, que par la submersion des terres des environs, qui en est toujours la suite [2].

à Cherbourg, entre les Veys et Valognes, et celle de Carentan à Coutances, entre Carentan et Périers ; la route commencée de Carentan à Portbail n'avait été conduite que jusqu'à Beaupte, et le chemin dit *des Bohons*, embranché sur la route de Périers, n'était exécuté qu'en partie. Il n'y avait par suite aucune communication praticable entre Carentan et la partie Est du bailliage ; il n'y en avait pas encore en 1790, quand la commission intermédiaire cessa ses fonctions, puisqu'elle n'avait fait adjuger en travaux neufs, dans le département qu'un tronçon de la route de Portbail, de 303 toises de longueur, pour la somme de 4,070 l. 15 s. (*Compte rendu*, à l'Appendice, tableau K et L.)

[1] Le Petit-Vey est la baie formée par la rivière de Vire à son embouchure ; cette baie découvrant à marée basse, on la traversait généralement pour aller à Carentan et éviter un détour de deux lieues de chemin. (Voir Cassini, *Carte de France*, feuille XXXVIII, n° 94.) « Ce passage, dit un mémoire contemporain est extrêmement dangereux, attendu qu'il faut prendre les heures de la basse marée, et que les bancs de sable qui sont dans la rivière changent souvent de situation et sont mouvants, de sorte que si l'on manquait l'heure de la marée et de prendre des guides du pays, l'on court risque de s'y perdre, ce qui arrive assez souvent.» (*Mémoire de M. Gourdon de Léglisière sur l'état présent des ports et côtes de la Haute et Basse*

Normandie, dans Hippeau, *Gouvernement*, IX, 69.)

Sur l'état de la baie au xviii° siècle, et sur le projet de pont qui était à l'étude depuis les premières années du xviii° siècle, voir J. Morière et G. Villers : *Étude sur l'origine, les transformations, les défrichements et la mise en culture de la baie des Veys*, dans Annuaire Association Normande, t. XXIV (1858), p. 490. — Le cahier du tiers état du bailliage de Bayeux a insisté également sur la nécessité qu'il y avait d'établir dans les Veys un passage moins dangereux. (Hippeau, *Cahiers*, II 160.)

[2] En Normandie, le droit de pêche dans les rivières non navigables (et même, d'après Houard, dans les rivières navigables s'il y avait possession immémoriale contre le roi) était considéré comme un droit seigneurial, appartenant exclusivement au seigneur riverain, qui avait la faculté (art. 210 de la Coutume réformée), s'il possédait les deux rives, d'y construire des barrages, d'y pêcher et d'y faire pêcher à l'exclusion de tout autre. De ce que ce droit était seigneurial, non domanial, la jurisprudence avait conclu que le seigneur en devait jouir dans sa seigneurie sans avoir besoin de produire de titres, et sans avoir à tenir compte des droits de propriété privée de ses vassaux, que ses pêcheurs par exemple devaient avoir la liberté et la facilité de tirer leurs filets sur les fonds des vassaux riverains, d'y circuler à leur guise, et que les vassaux, sous prétexte de

54° Enfin, MM. les députés sont chargés de demander qu'il soit permis à tout citoyen domicilié d'avoir chez lui une arme à feu et qu'il ne soit, pour le port d'armes, justiciable que des juges ordinaires;

55° De demander que l'émission des derniers vœux pour les ordres religieux soit fixée pour l'un et l'autre sexe, à 31 ans; que tout sujet qui se retirera dans un couvent et qui sera d'espérer à entrer dans les ordres sacrés, soit admis à les obtenir comme à l'ordinaire, même la prêtrise, sans pouvoir faire ses derniers vœux qu'à l'âge ci-dessus, afin de pouvoir en quitter si la vocation venait à changer.

56° Au surplus, le tiers état du bailliage de Carentan donne, par le présent, aux personnes qui seront choisies par la voie du scrutin, à l'assemblée du bailliage principal de Coutances, ses pouvoirs généraux pour le représenter aux États, y proposer, remontrer, aviser et consentir tout ce qui peut concerner les besoins de l'État, la réforme des abus, l'établissement d'un ordre fixe dans toutes les parties du gouvernement, la prospérité générale du royaume et le bonheur tant commun que particulier de tous les citoyens.

La clarté, la précision, la brièveté, ont semblé aux députés du tiers état du bailliage de Carentan, devoir être la base essentielle de

---

leur utilité ou commodité, ne pouvaient y apporter aucun obstacle soit par des plantations, soit par des fossés, ou des clôtures de quelque nature que ce fût. (*Arrêt du Parlement, du 22 mars 1720, dans* Houard, *Dictionnaire analytique,* v° Pêche, t. III, p. 458.)

Les droits de pêcherie se trouvaient particulièrement multipliés et gênants dans la partie basse de l'élection de Carentan. Dans la grande enquête sur les péages, entreprise en 1777 par l'intendance, nous voyons qu'il n'y avait pas moins, dans cette élection, de 16 pêcheries sur les rivières navigables de la Taute et de l'Ouve, appartenant au duc d'Orléans engagiste, au duc de Coigny, à M. d'Auxais ou à d'autres moindres seigneurs. Bien qu'elles fussent d'un produit peu considérable (le subdélégué évalue le fermage annuel à 322 livres pour la rivière d'Ouve, à 60 pour celle de la Taute), elles étaient fort incommodes au pays en ce qu'elles empêchaient la navigation. « La suppression de ces pêcheries, écrit le subdélégué, est fort à désirer, parce que, lorsqu'elles sont tendues et établies, elles réduisent le courant d'eau à environ 18 pieds, tandis que les rivières sont larges de 36 à 150 pieds. Pour les rendre plus fructueuses, depuis la mi-octobre jusqu'au mois de mars, on pique des bois dans la rivière, que l'on clayonne des deux côtés, ce qui arrête le cours des eaux et occasionne des submergements considérables, qui font murmurer les riverains.» (*État des péages, Carentan,* 1er *octobre* 1788, Arch. Calvados, C 3037.)

Nous avons retrouvé, dans les papiers du Comité des droits féodaux plusieurs adresses de propriétaires du Cotentin, où ils se plaignent vivement de la servitude de cette «garenne d'eau». (Voir particulièrement la *Pétition de Nicolas Cabaret, avocat à Gavray,* qui fut député à l'assemblée préliminaire de Coutances, contre le possesseur de la fieferme de Montchaton, dépendant du domaine, en la paroisse d'Orval. Cette pétition est en date du 27 août 1790. Arch. nat., D xiv 5, l. 48.)

leurs remontrances. En effet, ils n'ont pas prétendu donner un plan complet d'administration, mais seulement faire connaître leurs vues patriotiques sur les grands abus à réformer et sur quelques innovations nécessaires à établir; quel homme assez audacieux oserait montrer son tableau à côté de celui que présentera probablement aux États généraux le Restaurateur de la chose publique?

La modération et l'esprit de paix ont présidé à leurs travaux, et si quelques-unes de leurs observations paraissent trop fortes au clergé, c'est lui qui leur a donné cette hardiesse. La plupart de ses membres semblent disposés à faire tous les sacrifices raisonnables; ainsi pourrait-il leur en vouloir pour avoir anticipé sur ces bonnes intentions qu'il manifeste?

En conservant à la noblesse des prérogatives honorifiques, la justice et la raison lui défendent de trouver mauvais qu'on l'assimile pour les impôts au reste des citoyens.

Le tiers état réclame ses droits, qu'il ne dit pas que les deux autres ordres ont usurpé, mais dont il les a laissés jouir tranquillement par sa faute. Le clergé le protège par ses prières, les armes de la noblesse le défendent; pour ces bienfaits, il leur accorde de bon cœur la prééminence; et comme la justice et l'équité, qui présideront nécessairement à leurs délibérations, leur feront adopter les justes représentations du tiers, il leur offre d'avance l'hommage de son estime et de sa reconnaissance.

*Approuvé à la deuxième page quatre mots rayés nuls; à la huitième page les mots : *que les accusés aient un défenseur,* en interligne de bonne valeur; à la dixième page le mot « juste aussi », surchargé de bonne valeur; à la treizième page, un mot rayé nul, et les mots : « observeront qu'il serait très intéressant » en interligne de bonne valeur, et le mot : « fussent », surchargé, aussi de bonne valeur* [1].

Fait et arrêté en ladite salle de l'hôpital dudit Carentan, par tous les députés des paroisses relevant dudit bailliage de Carentan présents, après que lecture leur en a été donnée cejourd'hui 10 mars 1789.

L. Reculley de la Huberderie, Dumesnil-Desplanques, L. Sanson, J. Gruchy, N.-E. Hellet, Lavalley de la Hogue, J. Jacquelline, P. Loquet, P. de la Mare, B.

[1] Ce passage est emprunté à l'original du greffe de Coutances.

CORNEFROY, BEUREY, J.-B. SCELLE, J. URBIN, C. PONTIS, J.-G. LE MASSON, J.-B. ADAM, J.-François DUCHESNE, G. LEDANOIS, F. DOLBET, LEFEVRE, LEMAIGNENT, J. FORTIN, E. ALLIX, BROHIER, HERVIEU DE PONT-LOUIS, CAILLEMER, C. DRIEU, A.-J. ANSOT, J.-F. CASTEL, N. LE CHEVALLIER, J.-B. ADAM, B.-N. LALLEMAND, BUDET, C.-L. HOTOT, H. MAUGER, A. POIGNAVANT, H. PHILIPPE, L. LESIEUR, B. LEFANT, REGNAULD DE BRETEL, BRISON, J.-F. MOREL, G. DAVY, T. MARIE, PIMPAREY, QUENAULT LA GRONDIÈRE, LA FOSSE (Joseph), J.-B. MOUCHEL, J. VILLARD, H. DE SAINT-JULLIEN, F. BACHELEY, C. LE HARIVEL, L. ROGUELIN, Martin JEANNE, P.-P. PATIN, LE LANDOIS, P. TIREL, G. BUCAILLE, J. IGIER, Jacques DUCHEMIN, J. BRICQUEBECQ, J. LAGOUCHE, R. ALEXANDRE, A. LE PICARD, Jacques ROUBLOT, G. GISLOT, GAUMAIN, P. BUCHARD, Yver DE LA BRUCHOLLERIE «sans approbation des vues prématurées ou mal approfondies», DE BELLEFONTAINE, L. MALENÇON, FOSSEY, V. LESAGE, BOISSEL DOMBREVAL, P. ERNOUF, P. LEGRAND, M.-C. DESPLANQUES, F. LANGRONNE, J. CARABY, B. LE CAUX, T.-René LE DANOIS, LAVALLEY, DUFOUR DE LA HERVERE, J.-B. DEMEAUTIS, FEREY, BURÉE, P. LAISNÉ, J. LESIEUR B. LEPIEZ, Ch. LE CHANOINE, G. LEVERT, Jean LE DANOIS, LANGLOIS, G. PALLA, D. RABÉ, Étienne HENRY, J. GANCEL, J. GROULT, VIOLETTE, LELONG, J. QUIDEVILLE, H. COTTELLE, COURVIN DE CHAUVALLON.

IV

BAILLIAGE SECONDAIRE DE CÉRENCES[1].

Le bailliage de Cérences, le plus petit des ressort secondaires du Cotentin, ne comprenait pour la convocation que 11 paroisses. On y comptait, d'après les *États de feux* annexés aux procès-verbaux, 1,618 feux[2], et les *États de population* dressés en avril 1785 lui attribuent 4,888 habitants seulement[3], avec un mouvement annuel de 188 naissances (100 garçons, 88 filles), de 50 mariages et 181 décès[4]. Les *Rôles d'assignation* des ordres privilégiés, ne font apparaître comme ecclésiastiques possédants bénéfices que les 12 curés des paroisses[5]; il n'y a aucun ecclésiastique sans bénéfices, et la noblesse compte seulement 5 gentilshommes possédant fiefs, et 3 non possédant fiefs[6].

Administrativement, le ressort du bailliage était tout entier compris dans la généralité de Caen, et dans l'élection de Coutances, à l'exception de la seule paroisse de Sartilly, qui appartenait à l'élection d'Avranches. Les paroisses relevaient, pour la plus grande partie, du domaine de Saint-Sauveur-Lendelin, de la maîtrise des eaux et forêts de Mortain, du bureau des finances de Caen. Les impositions des paroisses pour 1789 s'élevaient à 58,073 livres (taille, 16,700 l. 2 s.; access., 11,358 l. 2 s. 6 d.; capit., 11,197 l. 11 s. 6 d.; corvée, 6,440 l. 10 s. 2 d.; vingt., 12,001 l. 16 s.; terr., 1,033 livres; bât., 342 livres)[7].

---

[1] L'existence de ce petit ressort autonome était, semble-t-il, assez souvent méconnue. On le confondait avec le bailliage de Saint-Sauveur-Lendelin, dont il n'était d'ailleurs qu'un démembrement. Les États officiels de 1789 ne l'ont pas toujours eux-mêmes distingué. (Voir Arch. nat., Ba 58, l. 144.)

D'après une correspondance du subdélégué de Granville, en date de 1788, la juridiction de Cérences avait même cessé en ces dernières années de fonctionner normalement. Le lieutenant général Brohon de La Hogue demeurait à Bréhal et ne remplissait plus les charges de son office. La juridiction manquait de greffe, d'auditoire, et n'avait qu'une prison en si mauvais état que les prisonniers s'évadaient couramment. Il y avait cependant encore, attachés nominalement au siège, 5 procureurs, 2 huissiers, 4 sergents et 4 avocats. (*Lettre du* subdélégué *Couraye-Duparc à l'intendant*, 24 *juillet* 1788, Arch. Calvados, C 6079.)

[2] Arch. nat., Ba 35, l. 70.

[3] Arch. nat., D IV bis, 47.

[4] Arch. nat., D IV bis, 44. Il faut observer toutefois que ces États ne comptent dans le bailliage que 9 paroisses : Cérences et Saint-Sauveur-la-Pommeraye n'y figurent pas.

[5] La cure de Lingreville était partagée en deux portions curiales, celles de Saint-Sauveur-la-Pommeraye et de Folligny étaient d'autre part desservies par des réguliers.

[6] *Rôle de MM. les ecclésiastiques bénéficiers*, Ms. Greffe Coutances, pièce n° 21. — *Rôle par noms, qualités, demeures, des nobles possédant fiefs*. (Ibid., pièce n° 33.)

[7] Arch. Calvados, C 4468, C 5967, C 8272, C 8188, C 8198. *Supplément des privilégiés . . .*

Au point de vue ecclésiastique, les paroisses appartenaient au diocèse de Coutances, sauf encore celle de Sartilly, qui était du diocèse d'Avranches. Il ne s'y trouvait aucune abbaye, aucun prieuré, aucune chapelle, aucune communauté de mendiants ni hôpital.

Le personnel du bailliage se composait en 1789 du lieutenant général Auguste-François Brohon de La Hogue, du procureur du roi Lefebure, de 2 conseillers-assesseurs et du greffier Deschamps [1].

I. ASSEMBLÉES PRIMAIRES.

BEAUCHAMPS [2].

1. PROCÈS-VERBAL D'ASSEMBLÉE.

(Le procès-verbal authentique n'a pu être retrouvé.)

Date de l'assemblée : 1er mars. — Nombre de feux : 115 [3]. — Députés : Thomas Néel, Jean-Baptiste Le Ballais.

2. CAHIER DE DOLÉANCES.

(Le cahier de doléances n'a pu être retrouvé.)

[1] *Rôle des officiers de judicature,* Arch. Calvados, C 4646. — Nous savons fort peu de chose touchant les détails de la convocation dans ce petit ressort. Les opérations s'y accomplirent comme on conçoit, avec beaucoup de tranquillité. Une lettre du lieutenant général Brohon, en date du 16 février, nous apprend que ce jour-là seulement les «paquets» relatifs à la convocation venaient de lui parvenir. Les assemblées primaires se tinrent uniformément le 1er mars, et à l'assemblée préliminaire, qui eut lieu le 2, toutes les paroisses assignées remirent régulièrement leurs cahiers de doléances. Tout fut terminé d'ailleurs en cette même journée, ainsi qu'en témoigne une dernière lettre du lieutenant général, en date du 10 mars, dans laquelle il se félicite de ce que «tout s'est passé dans son ressort avec le plus grand calme». (Arch. nat., Ba 35, l. 70.)

[2] Arrondissement d'Avranches, canton de la Haye-Pesnel.

[3] Mouvement en 1787 : N. 23, M. 6, D. 21. — Population actuelle : 505 habitants.

CÉRENCES[1].

1. Procès-verbal d'assemblée.
(Le procès-verbal authentique n'a pu être retrouvé[2].)

Date de l'assemblée : 1er mars. — Nombre de feux : 380[3]. — Députés : *Auguste-François Brohon, *lieutenant général civil et criminel du bailliage* (18 jours, 70 l., Acc.); *Lefebure, *procureur du roi* (18 jours, 70 l., Acc.); Pignard de Hautbosq; Jouenne; *Héot, *avocat* (18 jours, 70 l., Acc.).

2. Cahier de doléances.
(Le cahier de doléances n'a pu être retrouvé.)

ÉQUILLY[4].

1. Procès-verbal d'assemblée.
(Le procès-verbal authentique n'a pu être retrouvé.)

Date de l'assemblée : 1er mars. — Nombre de feux : 108[5]. — Députés : Pierre Letourneur, Thomas Letourneur.

2. Cahier de doléances.
(Le cahier de doléances n'a pu être retrouvé.)

FOLLIGNY[6].

1. Procès-verbal d'assemblée.
(Le procès-verbal authentique n'a pu être retrouvé.)

Date de l'assemblée : 1er mars. — Nombre de feux : 110[7]. — Députés : *Jean-François Soulatre-Lapavée, *laboureur* (19 jours, 74 l., Ref.)[8]; Germain Lavoley,

[1] Arrondissement de Coutances, canton de Bréhal.

[2] La paroisse était *mixte*, appartenant aux deux bailliages de Coutances et de Cérences, et a fait défaut à Coutances. (Appel du procès-verbal d'assemblée du tiers état du bailliage de Coutances, *suprà*, p. 647.) Elle a comparu à Cérences (*infrà*, p. 786).

[3] Population en 1793 : 2,207 habitants (N. 56, M. 12, D. 31). — Population actuelle : 1,698 habitants.

[4] Arrondissement de Coutances, canton de Bréhal.

[5] Population en 1793 : 574 habitants (N. 17, M. 2, D. 7). — Population actuelle : 309 habitants.

[6] Arrondissement d'Avranches, canton de la Haye-Pesnel.

[7] Mouvement en 1787 : N. 9, M. 6, D. 10. — Population actuelle : 569 habitants.

[8] «Refusé en faveur du don patriotique.» (*Rôle des taxes*.)

2. Cahier de doléances.

(Le cahier de doléances n'a pu être retrouvé.)

LA HAYE-PESNEL[1].

1. Procès-verbal d'assemblée.

(Ms. Archives communales de la Haye-Pesnel. Registre du Greffe de l'Assemblée municipale de la paroisse pour l'année 1789.)

Analyse (formule du modèle général imprimé). — Date de l'assemblée : 1er mars. — Président de l'assemblée : Thomas Neslet, *syndic municipal;* 32 comparants : «les personnes de Gilles Regnault, Pierre Lainé, le sieur Jacques Jouenne, le sieur Michel-Marie Garenne, Charles Lainé, Louis-Thomas Degournay, Pierre Lehodey, Nicolas Micoin, Thomas Pichard, Louis Plaisie, Guillaume Servain, Jacques Groult, François Gabriel, Louis-Bon Le Cappellain, Jean Fontaine, Nicolas Jeannot, Pierre Hermange, Jullien Groult, Jean Le Sage, François Bougon, François Vesval, Thomas Lainé, Pierre Anquetil, Nicolas Neslet fils Jean, Nicolas Neslet fils Nicolas, Jean Nicolas, Pierre Bunel, Joseph Groult, Thomas-Charles Nivard, Pierre de Samson, Jean-François Le Monnier, Jean Nicouin, Jacques Encoignard.» — Nombre de feux : 141[2]. — Mention formelle de représentation et de remise d'un cahier. — Députés : *Thomas Neslet La Commune, *laboureur* (19 jours, 74 l.); Louis-Bon Le Cappelain.

Signatures : (vingt-sept signatures, que le copiste n'a pu relever).

2. Cahier de doléances.

(Le cahier de doléances n'a pu être retrouvé.)

LINGREVILLE[3].

1. Procès-verbal d'assemblée.

(Le procès-verbal authentique n'a pu être retrouvé.)

Date de l'assemblée : 1er mars. — Nombre de feux : 180[4]. — Députés : Richard Huë, Jean-Baptiste Ltot, Nicolas Oüin.

2. Cahier de doléances.

(Le cahier de doléances n'a pu être retrouvé.)

---

[1] Arrondissement d'Avranches, canton de la Haye-Pesnel.

[2] Mouvement en 1787 : N. 18, M. 10, D. 24. — Population actuelle : 962 habitants.

[3] Arrondissement de Coutances, canton de Montmartin.

[4] Population en 1793 : 1,627 habitants (N. 58, M. 10, D. 43). — Population actuelle : 1,276 habitants.

LA MEURDRAQUIÈRE [1].

1. Procès-verbal d'assemblée.
(Le procès-verbal authentique n'a pu être retrouvé.)

Date de l'assemblée : 1er mars. — Nombre de feux : 115 [2]. — Députés :
Louis-Bernard Castel, Pierre-François de Bourey.

2. Cahier de doléances.
(Le cahier de doléances n'a pu être retrouvé.)

SAINT-SAUVEUR-LA-POMMERAYE [3].

1. Procès-verbal d'assemblée.
(Le procès-verbal authentique n'a pu être retrouvé.)

Date de l'assemblée : 1er mars. — Nombre de feux : 102 [4]. — Députés :
Charles Hubert, Jacques Clément.

2. Cahier de doléances.
(Le cahier de doléances n'a pu être retrouvé.)

SARTILLY [5].

1. Procès-verbal d'assemblée.
(Le procès-verbal authentique n'a pu être retrouvé.)

Date de l'assemblée : 1er mars. — Nombre de feux : 105 [6]. — Députés :
Jean Tanquerey; *Julien-Charles Le Breton, laboureur (19 jours, 74 l.,
Acc.).

2. Cahier de doléances.
(Le cahier de doléances n'a pu être retrouvé.)

---

[1] Arrondissement de Coutances, canton de Bréhal.

[2] Population en 1793 : 650 habitants (N. 14, M. 4, D 9). — Population actuelle : 379 habitants.

[3] Arrondissement de Coutances, canton de Bréhal.

[4] Population en 1793 : 532 habitants (N. 13, M. 2, D. 11). — Population actuelle : 476 habitants.

[5] Arrondissement d'Avranches, canton de Sartilly.

[6] Mouv. 1787 : N. 26, M. 5., D. 34. — Population actuelle : 1,160 habitants.

LE TANU [1].

1. Procès-verbal d'assemblée.

(Le procès-verbal authentique n'a pu être retrouvé.)

Date de l'assemblée : 1er mars. — Nombre de feux : 153 [2]. — Députés :
Guillaume Allain, François Frémond.

2. Cahier de doléances.

(Le cahier de doléances n'a pu être retrouvé.)

YQUELON [3].

1. Procès-verbal d'assemblée.

(Le procès-verbal authentique n'a pu être retrouvé.)

Date de l'assemblée : 1er mars. — Nombre de feux : 109 [4]. — Députés :
Nicolas Caignon, laboureur (19 jours, 74 l., Acc.); Louis de la Lande,
défaillant à l'assemblée préliminaire.

2. Cahier de doléances.

(Le cahier de doléances n'a pu être retrouvé.)

---

[1] Arrondissement d'Avranches, canton de la Haye-Pesnel.
[2] Mouvement en 1787 : N. 14, M. 4, D. 19. — Population actuelle : 474 habitants.

[3] Arrondissement d'Avranches, canton de Granville.
[4] Mouvement en 1787 : N. 18, M. 4, D. 8. — Population actuelle : 369 habitants.

IMPRIMERIE NATIONALE.

II. Assemblée préliminaire du tiers état.

1. Procès-verbal de l'assemblée du tiers état du bailliage de Cérences.

(Ms. *Archives du Greffe du Tribunal de première instance de Coutances*, pièce n° 5.
Expédition certifiée conforme, signée par le greffier du bailliage. — 4 p. f° *Inédit.*)

*Procès-verbal de l'Assemblée du tiers état du bailliage
de Cérences.*

Aujourd'hui deuxième jour de mars 1789;

Devant nous Auguste François Brohon[1], lieutenant général civil et criminel dudit bailliage, présent le procureur du Roi[2], assisté de Michel Deschamps, greffier ordinaire, dans l'auditoire dudit lieu.

En exécution des Lettre et Règlement de Sa Majesté du 24 janvier dernier, pour la convocation des États généraux du royaume, de notre ordonnance du mois de février dernier[3], et des assignations et notifications faites aux paroisses de notre ressort, se sont en conséquence rendus devant nous les députés desdites paroisses, ainsi qu'il suit :

1.° Pour le bourg et paroisse de *Cérences*, nous dit lieutenant général, et MM. Lefébure, procureur du Roy, Pignard du Hautboscq, Jouënne et Héot[4], avocat;

---

[1] Aug.-Fr. Brohon de la Hogue, né à Saint-Sauveur-Lendelin le 31 octobre 1760, avocat en Parlement, était pourvu depuis le 16 mai 1787 de la charge de lieutenant-général civil et criminel du bailliage de *Saint-Sauveur-Lendelin*, *séant à Cérences*. (Arch. nat., V¹, 531.) Il n'en remplissait d'ailleurs pas les fonctions, et demeurait à Bréhal, dont il était capitaine garde-côte. Il fut commissaire-rédacteur du cahier du tiers état du bailliage de Cotentin, et, par la suite, élu juge de paix du canton de Bréhal, maire de Cérences, membre du Conseil général du département aux élections de 1791, chef des quatre légions de garde nationale du district en 1792. Déféré au tribunal révolutionnaire comme fédéraliste, il s'évada, fut repris à Cerisy le 27 frimaire an II,

et transféré à Paris. Libéré après le 9 thermidor, il fut élu, en l'an V, député de la Manche au Corps législatif (Conseil des Cinq Cents), où il siégea jusqu'à l'an VII. (V. Sauot, *Tribunaux révolutionnaires*, p. 148.)

[2] Le procureur du Roi était, ainsi qu'il est dit d'ailleurs plus bas, Lefebure, qui était en même temps procureur près la vicomté de Gavray. Il fut élu membre du Conseil général du district aux élections de 1792.

[3] *Ordonnance de M. le lieutenant général du bailliage de Cérences, du 19 février 1789.* (Ms. Greffe de Coutances, pièce non cotée.)

[4] Pignard du Hautbosq, avoué près le tribunal de district de Coutances en 1792-1793, fut membre du Conseil général du district aux élections de

2° Pour *la Meurdraquière*, MM. Louis-Bernard Castel[1] et Pierre-François de Bourey;

3° Pour *Saint-Sauveur*, MM. Charles Hubert et Jacques Clément;

4° Pour *Folligny*, MM. Jean-François Soulatre-Lapavée et Germain Lavoley,

5° Pour *Équilly*, MM. Pierre et Thomas Letourneur;

6° Pour *Beauchamps*, MM. Thomas Néel et Jean-Baptiste Le Ballais;

7° Pour *la Haye-Paysnel*, MM. Thomas Neslet et Louis-Bon Le Cappellain;

8° Pour *Yquelon*, MM. Nicolas Faignon et Louis de la Lande, défaut ledit de la Lande;

9° Pour *Lingreville*, MM. Richard Hüe, Jean-Baptiste Liot, et Nicolas Ouïn;

10° Pour *Sartilly*, MM. Jean Tanquerey et Jullien-Charles Le Breton;

11° Pour *Le Tanu*, MM. Guillaume Allain et François Frémond;

Auxquels comparants avons accordé acte de leur comparution, prononcé défaut sur les absents; de suite procédant à la vérification des pouvoirs desdits députés, leur avons fait prêter, et prêté avec eux le serment au cas requis, de procéder fidèlement, tant à la réduction en un seul de tous les cahiers apportés par lesdits députés, qu'à la nomination du quart d'entre eux pour porter le cahier général à l'assemblée des trois états du bailliage de Cotentin. Et après ladite réduction faite, les suffrages se sont réunis en faveur de nous dit lieutenant général et de MM. Lefébure, procureur du Roy, Héot, avocat, Le Breton, Faignon, Neslet et Soulastre-Lapavée, lesquels ont accepté ladite commission et promis s'en acquitter fidèlement.

Pouvoir leur est donné par le présent, tant de remettre ledit cahier à l'assemblée générale, que de remontrer, et consentir tout ce qui peut concerner les besoins de l'Etat, la réforme des abus, l'établissement d'un ordre fixe et durable dans toutes les parties

---

1790. Jouenne Lapavée, fut élu membre du Conseil général du district de Coutances aux élections de 1791, directeur du district, membre du Conseil général du département aux élections de 1792, membre à nouveau du directoire de Coutances au remaniement de l'an 11. Héot, avocat près la vicomté de Gavray, fut élu juge titulaire du district aux élections de 1792, accusateur public près le tribunal criminel du département en l'an iv et en l'an vi.

(1) Castel fut élu, en 1790, commandant de la garde nationale de Cérences, et, aux élections de 1792, membre du Conseil général du district.

de l'administration, la prospérité générale du royaume, le bien de tous et de chacun les sujets de Sa Majesté.

Et du procès-verbal qui restera en notre greffe, copie collationnée a été donnée auxdits députés, avec le cahier du tiers état de ce bailliage, pour être porté à l'assemblée générale du 16 de ce mois, et avons signé avec tous le présent, cedit jour et après lecture :

G. Allain, F. Frémond, J.-B. Le Ballais, Th. Néel, F. Letourneur, Th. Letourneur, J. Clément, C. Hubert, H. Lecappellain, Th. Néelet, Soulatre-Lapavée, Lavoley, Nicolas Faignon, Castel, J.-B. Liot, R. Hue, N. Oüin, F. Bourey, F. Tanqueray, Le Breton, Pignard du Hautbosq, Lefebure Pr. d. R., Jouenne, Héot, avocat, A.-F. Brohon, lieutenant général, et Deschamps, greffier, avec paraphe.

La présente expédition, conforme au procès-verbal déposé au greffe, délivrée pour servir ce qu'il appartiendra, par nous greffier du bailliage de Cérences soussigné :

DESCHAMPS.

2. Cahier de doléances.

(Ms. Archives du Greffe du Tribunal de première instance de Coutances, liasse Cahiers de doléances, pièce n° 79. — Expédition conforme, délivrée et signée par le greffier du bailliage. 8 p. petit f°. Inédit.)

Cahier général des plaintes et doléances du tiers état du bailliage de Cérences, arrêté ce 2 mars 1789.

Un Roy qui veut tout le bien qu'il peut, et peut aussi tout le bien qu'il veut faire, demande que les vœux et représentations de ses sujets s'élèvent et parviennent jusqu'à son trône. Ce serait trahir la plus noble et la plus chère de ses intentions que de n'y pas procéder avec confiance et courage, et d'oublier un seul instant que c'est moins comme sujets que comme conseils et amis, que ce bon Roy nous rassemble autour de lui.

Assemblés donc pour un si digne et si salutaire objet, nous demandons et arrêtons sur notre âme et conscience qu'il doit être demandé ce qui suit :

1° Qu'il plaise à Sa Majesté prendre en considération l'importance de son duché de Normandie, la loyauté et les services de ses habitants, leur rendre leurs anciens États, et ne plus souffrir qu'il soit porté atteinte aux privilèges à eux accordés dans cette charte fameuse vulgairement appelée *la Chartre aux Normands*[1];

2° Que les États généraux soient renouvelés au moins tous les cinq ans, et que pendant l'intervalle qui s'écoulera d'une tenue à l'autre, il existe une commission intermédiaire dans chaque district[2], qui veille à l'exécution des résolutions également prises dans la grande assemblée;

3° Comme le but de ladite assemblée est le bien général de tous, le Roy est instamment supplié de veiller à ce que les suffrages se comptent par tête et non par ordre, et que suivant le nombre de députés donné, chaque arrondissement ou bailliage puisse avoir un représentant qu'il aura choisi[3];

4° Sa Majesté est suppliée de jeter les yeux sur les richesses immenses d'un ordre qui dans son origine était humble, pauvre et saint, sur le nombre prodigieux de communautés, et de considérer si en employant leur superflu au soulagement des indigents, il ne remplirait pas mieux par ce noble usage le but de leurs pieux fondateurs;

5° Sa Majesté est pareillement suppliée d'abolir à jamais les privilèges injustes, les distinctions humiliantes qui existent entre les enfants du même père, et en jetant les yeux sur l'histoire de ses prédécesseurs, de voir dans quel ordre ils ont trouvé plus de loyauté, plus d'amour, plus de ressources;

6° D'empêcher qu'il soit accordé désormais aucune distinction à ces nobles d'un jour, qui fiers d'un rang acheté et transfuges d'un ordre qui ne les regrette point, veulent s'envelopper et se confondre dans un autre qui ne les a reçus qu'à regret;

7° Les différents degrés de juridiction et le peu de certitude des limites de chaque siège[4] font supplier Sa Majesté de donner

---

[1] Cet article, comme un assez grand nombre d'autres du cahier du bailliage de Cérences, paraît inspiré des développements plus étendus contenus dans le *Projet d'un cahier général, fait par un gentilhomme de Normandie* (§ Droits de la nation, art. 3, dans HIPPEAU, *Élections*, p. 388).

[2] Cf. le même *Projet*, § Administration des finances, art. 17 et 18, et § Gouvernement des provinces, art. 5. (*Ibid.*, p. 391 et 394.)

[3] Cf. le même *Projet*, § Du choix des députés, art. 4. (*Ibid.*, p. 395.)

[4] Cf. le même *Projet*, § Administra-tion de la justice, art. 2, 3 et 4. Le bailliage de Cérences offrait un exemple typique du peu de certitude des limites des ressorts, et du mélange des juridictions dont se plaint le cahier. Le chef-lieu, le bourg de Cérences, était isolé au milieu du ressort de Coutances; l'agglomération principale, formée autour de la Haye-Pesnel, ne réunissait que sept paroisses groupées, et les autres, celles de Sartilly, d'Yquelon, de Lingreville étaient disséminées plus ou moins loin dans les juridictions de Coutances et d'Avranches.

La liste des paroisses elle-même était

dés arrondissements comme de trois lieues en trois lieues, l'intention du Roi, ainsi que le vœu de la raison étant de rapprocher le justiciable de son juge;

8° Sa Majesté est suppliée d'abolir tous les tribunaux d'exception, les droits des foires [1] qui sont la ruine du commerce, ceux de péages qui en sont la honte, et d'empêcher qu'à l'avenir l'infracteur d'un édit bursal, d'une loi de gabelle, d'un règlement de finance subisse les châtiments réservés aux scélérats;

9° Comme la liberté est le premier bien de l'homme et que celui qui y porte atteinte viole toutes les lois, Sa Majesté est spécialement suppliée d'empêcher qu'à l'avenir aucun citoyen soit tyranniquement et arbitrairement enlevé à ses foyers; qu'au contraire chacun soit jugé selon les lois du pays et par ses juges naturels;

10° Sa Majesté est suppliée d'obliger les curés des paroisses et les gros décimateurs à faire toutes les grosses et menues réparations de leurs bénéfices. Cet acte de justice n'opérera à coup sûr la vacance d'aucune cure [2];

---

loin d'être bien arrêtée. L'administration royale, dans ses *États*, attribue au ressort tantôt 11, tantôt seulement 9 paroisses. (Arch. nat., D iv *bis* 47.)

En juillet 1788, le subdélégué de Granville dressant le tableau de la juridiction, lui attribue 8 paroisses *pleines*: Équilly, Folligny, la Haye-Pesnel, Lingreville, la Meurdraquière, Sartilly, le Tanu, Yquelon; et 12 paroisses *mixtes*: Cérences, Annoville-Tourneville, Bacilly, Donville, Genêts, Saint-Jean-des-Champs, la Beslière, Hocquigny, le Loreur, Sainte-Marguerite, Saint-Planchers, Saint-Sauveur-la-Pommeraye, la plupart d'ailleurs ou contestées ou n'appartenant à la juridiction que pour une partie infime. La paroisse de Saint-Sauveur-la-Pommeraye est revendiquée ainsi par le bailliage de Saint-Sauveur-Lendelin, celle de Sartilly par celui d'Avranches (fief noble de Bréquigny), le bourg même de Cérences, à cause de fiefs relevant de la baronnie de Bréhal et de la châtellenie de Chanteloup, par le bailliage de Coutances. La juridiction de Cérences ne s'étend en Saint-Planchers que sur le village du Theil, au Loreur que sur le village Grandin, à Donville sur celui du Pont-au-Rat, à Saint-Jean-des-Champs sur une seule

maison. A Cérences même, la maison attenante à l'auditoire relève de la juridiction de Gavray. (*État des justices*, arrêté le 24 juillet 1788, Arch. Calvados, C 6077.)

La paroisse de Cérences fut, comme on sait, convoquée simultanément au siège de Coutances, où elle fit défaut (*suprà*, p. 256, 647).

[1] Cf. le même *Projet*, § Administration des finances, art. 23 (*ibid.*, p. 392). Il y avait, à la fin du XVIII° siècle, deux foires annuelles à Cérences, dites *la Saint-Georges*, 23 avril, et *la Saint-Martin*, 11 novembre. (Arch. nat., D iv *bis*, 51.).

[2] Les communautés du bailliage de Cérences avaient quelques raisons, semble-t-il, pour émettre ce vœu. Depuis une trentaine d'années, la majeure partie d'entre elles avaient eu à supporter des frais fort dispendieux pour la réparation de leurs presbytères. Nous avons relevé dans le fonds de l'Intendance, aux Archives de Caen, un assez grand nombre d'arrêts du Conseil du roi portant autorisation et approbation de délibérations prises par les municipalités des paroisses de ce petit bailliage pour des réparations à faire à leurs presbytères, et les autorisant à s'im-

11° Les revenus de l'État sont immenses, ses ressources infinies. Mais de tant de millions, combien de détournés des coffres d monarque, qui ne servent qu'à enrichir un tas de commis, de préposés et de régisseurs qui s'enrichissent des larmes et sueurs du pauvre peuple! Sa Majesté est donc instamment suppliée de simplifier cette machine si compliquée, ou plutôt de l'anéantir entièrement;

12° On se plaint des taxes excessives des procureurs et des perceptions arbitraires des contrôleurs; on demande en cas qu'ils subsistent que les droits des premiers soient diminués, et ceux des autres fixés d'une manière invariable;

13° Outre que toutes les paroisses de ce bailliage sont pauvres, chargées d'impôts, de rentes domaniales et seigneuriales, plusieurs situées sur le bord de la mer[1], malgré le nombre prodigieux de matelots qu'elles fournissent, sont encore assujetties à un tirage de matelots, dont sont exemptes les paroisses plus éloignées, qui ne fournissent aucuns de ces individus. On demande la réforme de cet abus, autant préjudiciable à ces malheureux qu'au service de Sa Majesté;

14° Les représentants du tiers état de ce bailliage persistent à tout ce que dessus, présumant que messieurs des deux autres

poser extraordinairement à cet effet : 24 avril 1753, la Haye-Pesnel, réparation du presbytère 780 livres. — 29 octobre 1761, le Tanu, presbytère, 2,950 livres. — 4 septembre 1781, Cérences, refonte et augmentation des cloches, 2,000 livres. — La paroisse la plus grevée paraît être Sartilly (élection d'Avranches), qui, autorisée à s'imposer de 5,000 livres le 20 février 1781 pour un presbytère, doit acquitter une autre dépense de 1,163 livres, le 1er février 1785, pour le clocher de l'église. (Arch. Calvados, C. 1321, 1322, 1325, 1326.)

[1] Une seule paroisse du bailliage, celle de Lingreville, était directement située sur le bord de la mer; mais la levée des canonniers-matelots s'opérait aussi dans celles de l'intérieur comprises dans le rayon de deux lieues déterminé par les règlements.

D'après un état dressé en 1788, à la suite de la réorganisation des capitaineries, les paroisses du bailliage de Cérences soumises uniquement à la garde-côte étaient au nombre de trois : Lingreville, qui appartenait à la division de Muneville, compagnie du même nom; Yquelon, de la division de Granville, compagnie de Coudeville; et Sartilly, de la même division et chef-lieu d'une compagnie. — Les paroisses d'Equilly, de Beauchamp et du Tanu n'étaient sujettes d'autre part qu'à la milice de terre, pour la subdélégation de Granville; tandis que les cinq paroisses de Cérences, Folligny, la Haye-Pesnel, la Meurdraquière et Saint-Sauveur-la-Pommeraye, fournissaient à la fois à la garde-côte et à la milice. (État des paroisses qui, quoique sujettes au service des troupes provinciales, peuvent l'être à celui des canonniers garde-côtes, 1788, Arch. Calvados, C. 1861.)

Les rôles paroissiaux de 1788 ont presque tous disparu. La charge de la milice devait être peu lourde, puisque les 30 paroisses de la subdélégation de Granville ne devaient fournir annuellement que 8 ou 9 miliciens. La garde-côte était plus onéreuse. En 1787, le bourg de Cérences avait fourni à lui seul 5 miliciens, tous volontaires. (Arch. Calvados, C 1862.)

ordres ne mettront aucun obstacle à de si justes représentations, et ne céderont ni en raison, ni en obéissance à ceux dont jusqu'ici ils se sont crus les supérieurs, et dont par une plus longue obstination ils ne deviendraient que les égaux;

15° Supplient enfin Sa Majesté lesdits représentants, de conserver auprès d'elle l'homme vraiment grand, qui en soutenant nos droits nous a sauvés de l'alternative de choisir entre la ruine ou la honte, et de n'appeler auprès d'elle que ceux que des talents reconnus, une probité éprouvée, enfin le vœu général de la nation nomment de droit à des postes si intéressants et si relevés.

Et le présent cahier, dont copie collationnée a été déposée au greffe, a été donné auxdits sieurs députés pour être porté à l'assemblée générale du 16 de ce mois, et avons signé avec tous le présent après lecture.

A.-F. Brohon, *lieutenant général*, G. Allain, F. Frémond, P. Letourneur, J.-B. Le Ballais, Th. Néel, Th. Letourneur, C. Hubert, L. Lecapellain, Th. Néelet, J. Clément, N. Faignon, Soulâtre-Lapavée, Lavoley, Catel, N. Ouïn, J. Bourey, R. Hüe, J.-B. Liot, Lefebure P. D. R., Pignard du Hautbosco, Tanqueray, Le Breton, Joüenne, Héot, *avocat*, et Deschamps, *greffier*.

La présente expédition conforme au cahier déposé au greffe, délivrée pour servir ce qu'il appartiendra par nous greffier du bailliage de Cérences soussigné :

DESCHAMPS.

APPENDICES

A. — COMMERCE DE GRANVILLE.

PÊCHE DES MORUES.

ÉTAT COMPARATIF DES PRODUITS BRUTS DE LA PÊCHE FAITE PAR LES NAVIRES ARMÉS À GRANVILLE ET DESTINÉS POUR LA CÔTE DE L'ISLE DE TERRENEUVE, DEPUIS 1783 JUSQUES ET Y COMPRIS 1789, AVEC LES DÉPENSES RÉALISÉES TANT À L'ARMEMENT QU'AU DÉSARMEMENT, ET LE RÉSULTAT DES BÉNÉFICES ET PERTES QUI EN SONT PROVENUS, SAVOIR :

| ANNÉES. | EXPÉDITIONS. NOMBRE DE | | | PRODUIT DES RETOURS. | | | PRODUIT BRUT de la pêche. | FRAIS GÉNÉRAUX D'ARMEMENT et désarmement | RÉSULTAT BÉNÉFICES et PERTES. |
	BÂTIMENTS.	TONNEAUX.	ÉQUIPAGES.	QUINTAUX de morue sèche (poids de marc.)	QUANTITÉ de morue verte (au cent juste.)	QUANTITÉ de barriques d'huile.			
1783.	27	4,227	1,767	60,324	4,113	504	1,954,368 l.	1,429,650	+ 524,716
1784.	37	5,781	2,450	80,968	6,200	682	2,087,771 l.	1,984,500	+ 108,271
1785.	44	6,767	2,879	89,352	6,189	897	2,126,189 l.	2,332,800	— 206,611
1786.	46	7,613	3,407	122,400	"	10,387	2,350,096 l.	2,665,900	— 305,804
1787.	46	7,745	3,000	75,142	25,464	1,049	1,934,108 l.	2,148,000	+ 213,892
1788.	46	6,665	2,830	84,978	78,584	1,000	1,795,736 l.	1,836,800	— 41,064
1789.	37	4,960	2,162	"	"	"	"	"	«Perte certaine par la médiocrité de la pêche et le bas prix de la vente à Marseille.»
TOTAUX.	288	43,708	18,495	"	"	14,472	12,348,266 l.	12,887,650	Bén. 687.987 Pert. 757.871

Aux classes du Roi, à Granville, le 24 février 1790. MAUDUIT [1].

[1] *Pièce originale ms.*, Archives du Calvados, C 8151. — Ce tableau est accompagné dans la liasse de la lettre d'envoi suivante, signée des officiers de la municipalité de Granville.

«Messieurs,

«La lettre du 23 janvier dernier, dont vous avez honoré nos prédécesseurs, nous prouve que vous avez daigné vous occuper du *Mémoire* qu'ils vous avoient adressé, et que vous avez bien voulu faire passer à MM. du Bureau intermédiaire, pour sur leur réponse y être fait droit. Depuis ce moment, nous avons attendu le résultat de votre décision.

Nous avons l'honneur de vous mettre sous les yeux le tableau des pertes effectives que notre commerce a faites depuis 1783 à 1789, qui se montent à 3 millions 39,075 l. 5 s., et qui ont frappé sur tous les négocians sans exception ; ces malheurs ont dérangé totalement les affaires des uns et diminué la fortune des autres, qui estoit pour ainsi dire toute *en numéraire*. Bien peu des habitans de cette ville ont des rentes actives, et ceux qui en possèdent ont transféré leur domicile dans les paroisses où ils ont des propriétés. Coutances au contraire est à l'abri des pertes maritimes, a des possessions et des rentes

Il résulte du tableau ci dessus, que depuis 1783 à 1788 inclusivement, la perte, suivant M. Mauduit, est de ..... 129,384 l. } 329,384 l. 5 s.

Perte de 1789 estimée. .... 200,000 l. }

Les frais d'armement jusques à l'année 1788 inclusivement montent à .... 12,387,650 l.

L'année 1789, où l'on a armé 37 navires, doit être estimée un peu moins que celle de 1784, où l'on arma le même nombre de navires, mais qui étaient plus grands; on la porte à .... 1,850,000 l.

14,237,650 l.

Les navires, estimés autant pour l'armement, donnent aussi. .... 14,237,650 l.

28,475,300 l.

Les assurances de cette somme à 5 1/2 p. % donnent .... 1,381,741 l. 5 s.

Un grand navire ne peut durer plus de 15 à 16 ans, surtout dans un port d'échouage; ceux qui ont été bâtis depuis la paix ont coûté fort cher, et le dépérissement en est d'autant plus considérable; en ne le fixant très modestement qu'à la moitié de la bâtisse, on trouvera que les 46 bâtiments armés en 1786, doivent coûter, [sur] .... 2,655,900 l. 1,327,950 l.

Perte du commerce de Granville depuis la paix. .... 3,039,075 l. 5 s.

Le commerce de la *morue verte* a perdu autant proportionnellement, et on ne continue cette branche de commerce ruineux, que par l'impossibilité de trouver à vendre les navires.

A Granville, à la maison de ville, ce 25 février 1790.

Charles Belin; Lemengnonnet, *maire*; F. Fouqueran; Gauthier Marcel, *L. d. G.*; Duval Mesquin; Regnaud.

neuf fois au moins plus que Granville; il s'y trouve un grand nombre de ci-devant privilégiés, sur lesquels on peut établir l'impôt, et à Granville nous n'en connaissons actuellement que six en état de payer, les autres sont presque sans fortune, les prêtres et les praticiens ont à peine de quoi vivre de leur état.

Il faudrait donc répartir la somme de 7,028 l. 5 s. 2 d., montant de votre mandement, sur 45 à 50 personnes un peu aisées, puisque le restant de la ville n'est composé que d'une quantité de marins, qui ne gagnent pas même pour l'entretien de leur famille; il serait difficile de les faire payer.

Nous avons l'honneur de vous tracer, MM. la triste situation de nos concitoyens, pour que vous allégiez le fardeau de leur imposition; c'est ce que nous osons attendre de vous, avec la confiance qu'inspire votre justice.

Nous sommes avec un très profond respect, Messieurs, vos très humbles et très obéissants serviteurs, les officiers municipaux de Granville.

Lemengnonnet, *maire*; Larcher de Catheville; Charles Belin; Gauthier-Marcel, *L. d. g.*; Duval Mesquin; Regnaud; F. Fouqueran.

Granville, ce 26 février 1790.

B. — Octroi de Granville.

Arrêt du conseil d'État du roi du 7 février 1786 [1].

TARIF DES DROITS À PERCEVOIR EN LA VILLE DE GRANVILLE, EN EXÉCUTION DE L'ARRÊT DE CE JOUR.

DROITS AUX ENTRÉES [2]

Boissons.

Par tonneau de *cidre* de 500 pots, deux livres, ci. . . . .   2 l.

Par barrique de *vin* de 120 pots consommée dans la ville, trois livres, ci. . . . .   3 l.

Par barrique de *vin* entrant par acquit-à-caution, consommée ou embarquée, deux livres, ci. . . . .   2 l.

Par barrique d'*eau-de-vie* entrant par acquit-à-caution, trois livres, ci.   3 l.

Par barrique d'*eau-de-vie* du pays, ou *poiré*, embarquée, trois livres, ci . . . .   3 l.

Sardines et harengs.

Par baril de *sardines*, vingt sols, ci. . . . .   20 s.

Par baril de *harengs*, dix sols, ci. . . . .   10 s.

Huile et savon.

Par baril d'*huile de rabette*, vingt sols, ci . . . .   20 s.

Par baril de *savon*, dix sols, ci. . . . .   10 s.

Résine.

Par quintal de *résine*, deux sols, ci. . . . .   2 s.

---

[1] Impr. A Caen, de l'Imprimerie de G. Leroy, 12 pages in-4°. (Arch. Calvados, C 1471.)

[2] En note dans l'original : *Tous les* droits énumérés dans le tarif sont sujets à un droit en sus de 5 s. pour livre pour Sa Majesté. Sur cette redevance, v. Houard, *Dict. analyt.*, v° octroi, III, 372.

DROITS À LA SORTIE.

Denrées exportées pour l'étranger [1].

Par *bœuf*, six livres, ci.. 6 l.

Par *agneau* et *mouton*, douze sols, ci......................... 12 s.

Par *chapon*, *dindon*, *oie*, huit sols, ci........................ 8 s.

Par *canard* et *poule*, trois sols, ci............................. 3 s.

Par *poulet* et *pigeon*, deux sols, ci............................ 2 s.

Par *cochon*, une livre dix sols, ci................................ 1 l. 10 s.

Par *livre de beurre et suif*, et par douzaine d'œufs, un sol, ci..... 1 s.

Par *lièvre*, cinq sols, ci... 5 s.

Par *lapin*, trois sols, ci... 3 s.

Par *bécasse et perdrix*, deux sols, ci........................... 2 s.

Par *couple de bécassines, alouettes et cailles*, deux sols, ci..... 2 s.

Par *couple de pluviers et autres oiseaux de mer*, deux sols, ci..... 2 s.

Par *paquet de choux à planter*, six deniers, ci................... 6 d.

Par *cent de choux en têtes*, sept sols, ci....................... 7 s.

Par *somme de fruits et légumes*, dix sols, ci.................... 10 s.

Par *muid d'eau-de-vie simple*, trois livres ci.................. 3 l.

Par *muid de cidre de 144 pots*, trois livres, ci................. 3 l.

Par *muid d'eau-de-vie double*, quatre livres dix sols, ci......... 4 l. 10 s.

Par *eau-de-vie triple*, ou *esprit-de-vin*, vin de *Bourgogne* et *Champagne*, six livres, ci.............................. 6 l.

Par *quintal de biscuits*, trois livres, ci........................ 3 l.

Par *pot de miel*, deux sols, ci................................... 2 s.

Par *livre de figues, raisins, prunes et pruneaux*, un sol, ci..... 1 s.

Fait et arrêté en Conseil d'État du roi, tenu à Versailles le 7 février 1786.

Signé HUGUES DE MONTARAY avec paraphe, et collationné.

[1] Il s'agit avant tout (l'énumération des articles compris au Tarif le prouve d'elle-même) des *Iles anglaises*, qui s'approvisionnaient traditionnellement sur le continent par Granville, pour les objets d'alimentation. Il ne faut pas oublier cependant que, dans l'*étranger*, il faut comprendre, en 1789, la province voisine de Bretagne, située en dehors des cinq grosses fermes, et traitée par suite à l'*instar de l'étranger*. Cf. la note sous Annoville, *suprà*, p. 136, n. 2.

C. — Principales mesures pour le blé usitées en 1789 dans le ressort du bailliage principal de Coutances [1]

PRINCIPAUX MARCHÉS.	NOM des PRINCIPALES MESURES [b].	CONTENANCE EN POTS D'ARQUES.	RAPPORT au BOISSEAU DE PARIS et pintes d'icelui.	VALEUR DE LA MESURE EN FROMENT au 1er juillet 1788.
Coutances	Boisseau.............	18 pots.	2 4/7	4 l. 6 s.
	Demeau.............	9 pots.	3 3/7	2 l. 8 s.
Granville........	Ruche	24 pots et pinte		6 l. 10 s.
	Demeau.............	12 pots chopine.		3 l. 5 s.
Saint-Pair, mesure rentière [c]...	Ruche..............	25 pots.		6 l. 15 s.
	Demeau.............	12 pots et pinte.		3 l. 8 s.
Gavray,.......	Demeau (ou boisseau actuel).	27 pots.		7 l. 2 s. 11 d.
	Boisseau ancien (ou demeau).	13 pots 1/2.		3 l. 11 s. 6 d.
La Haye-Pesnel, mesure rentière,	Ruche...............	13 pots.		3 l. 10 s.
Villedieu.......	Boisseau (ou ancien demeau),	16 pots, pinte, demion et demiard		4 l. 6 s. 8 d.
	Nouveau demeau	12 pots.		3 l. 5 s.
Moyon (et Hambye)	Boisseau ancien........	13 pots 1/2.		3 l. 10 s.
	Mettant.............	12 pots chopine.		3 l. 10 s.
Genilly.........	Demeau.............	6 pots.		1 l. 5 s.

Observations. — [a] Les cahiers se plaignent que la ruche de Saint-Pair est portée irrégulièrement à 28 et 30 pots. (Saint-Jean-des-Champs, art. 8, suprà, p. 557.)

[b] Si la mesure principale est extrêmement variable de nom et de contenance, l'échelle des mesures est au contraire sensiblement la même dans tous les marchés. L'unité fondamentale du système est partout le pot mesure d'Arques, qui contient la huitième partie du boisseau de Paris, soit 4 litres d'eau et qui pèse en froment 3 livres et demie. (Dumoulin, Géographie, p. 140.) Toutes les autres mesures s'y ramènent suivant une double échelle presque constante, dont voici le schéma :

MULTIPLES.				SOUS-MULTIPLES.
1er MARCHÉ DE COUTANCES.	2e MARCHÉ DE GRANVILLE.	3e MARCHÉ DE HAMBYE.		DANS TOUS LES MARCHÉS indifféremment.
le pot...... 1 pot	le pot........ 1 pot	le pot .... 1 pot		le pot........ 1 pot
le godet.... 2 pots	le godet...... 2 pots			la pinte...... 1/2 pot
le demeau... 9 pots	le demeau.... 12 pots			la chopine.... 1/4 pot
le boisseau... 18 pots		chopine		*le demion.... 1/8 pot
le quartier... 4 bois.	la ruche....... 24 pots	le mettant.... 12 pots chopine		*le demiard... 1/16 pot
ou 8 demeaux		et pinte	le quartier.... 8 met.	(Ces deux unités ne paraissent usitées qu'à Villedieu.)
ou 72 pots			ou 98 pots	

---

[1] Ce tableau est de composition factice. Nous n'avons pas rencontré dans les documents de l'époque de tableau d'ensemble satisfaisant, qui donnât sous une forme assez ramassée, les brefs renseignements qui peuvent être utiles à la lecture des cahiers. Nous nous sommes, par suite, résigné à composer ce tableau, dont au surplus toutes les indications sont tirées de pièces authentiques, que nous nous sommes borné à rapprocher et à résumer. Les valeurs de la mesure en froment sont prises sur les mercuriales au 1er juillet 1788. La colonne du Rapport au boisseau de Paris et pintes d'icelui est empruntée à un Tableau du rapport des mesures dans les principaux marchés de chaque subdélégation au setier de 12 boisseaux de Paris, dressé par l'intendance de Caen en conséquence d'une déclaration du roi du 16 mai 1766. (Arch. Calvados, C. 2767.)

Le tableau ne contient que les mesures du bailliage principal de Coutances. Nous donnerons dans le volume suivant un tableau semblable pour les bailliages secondaires dont nous publierons les cahiers.

D. — DEUX PIÈCES POUR SERVIR À L'ESTIMATION DES RENTES.

1° RENTES EN GRAINS.

UNE MERCURIALE DU MARCHÉ DE COUTANCES EN 1788 [1].

GÉNÉRALITÉ DE CAEN.	MOIS DE JUILLET 1788.
SUBDÉLÉGATION DE COUTANCES	1ʳᵉ QUINZAINE.
Marché de Coutances. PRIX DES GRAINS, PAIN ET FOURRAGES.	Le s' De La Mombrière, subdélégué.

NATURE DES GRAINS.	NOM DE LA MESURE LOCALE.	CE QUE PÈSE LA MESURE LOCALE.		PRIX DU DERNIER JOUR DE MARCHÉ DE LA QUINZAINE, À RAISON	
		Poids du lieu.	Poids de marc.	de la mesure locale.	des 12 boisseaux de Paris.
Froment, 2ᵉ ou moyenne qualité.....	Boisseau, 18 pots.	50 l.	"	4 l. 6 s.	20 l. 1 s. 4 d. [1]
Méteil [2]..........	"	"	"	"	"
Seigle............	Boisseau, 18 pots.	50 l.	"	2 l. 18 s.	13 l. 10 s. 8 d.
Orge............	Boisseau, 18 pots.	40 l.	"	2 l. 2 s.	9 l. 16 s.
Avoine, la boisseau comble..........	Boisseau, 24 pots.	30 l.	"	2 l. 10 s.	8 l. 15 s.

PAIN, suivant la dernière taxe de police du 14 juillet 1788.	1° De consommation ordinaire.		
	Qualités.	1ʳᵉ...................	2 s. 2 d. [3]
		2ᵉ...................	1 s. 11 d.
		3ᵉ...................	1 s. 8 d.
	2° De fine fleur...................		"

FOURRAGES, le quintal.	Foin...................	1 l. 8 s. [4]
	Paille...................	1 l. 6 s. 8 d.

[1] Au marché de Granville, le froment se mesure à la ruche de 24 pots et pinte. D'après le dernier état (16 mai 1788) les 12 boisseaux de Paris sont appréciés 19 l. 10 s. pour le froment; 11 l. 5 s. pour le seigle, 9 l. pour l'orge; 8 l. 5 s. pour l'avoine. (Arch. Calvados, C 2751.)
[2] Le méteil n'est pas coté non plus au marché de Granville.
[3] A Granville, à la même date, le pain est tarifé à :
1ʳᵉ qualité.............. 2 s. 4 d. | 3ᵉ qualité............. 1 s. 10 d.
2ᵉ qualité.............. 2 s. | Fine fleur............. 2 s. 5 d.
Les pains des redevances féodales sont plus souvent consolidés à un prix fixe, qui est généralement 2 sol. (Journal de Hambye, Arch. Manche, H 4001; Journal de Saint-Lô, Arch. nat., S 7488.)
[4] A Granville, au même état toujours :   Poids local.   Poids de marc.
Foin................................. 1 l. 14 s. 8 d.   1 l. 13 s. 4 d.
Paille................................ 16 s.   15 s. 4 d.
La ration de passage (20 livres de foin et 1 boisseau d'avoine) est tarifée à Coutances 2 l. 2 d., à Granville 1 l. 5 d.; la ration de garnison (18 livres de foin et 2/3 boisseau d'avoine) vaut à Coutances 14 s. 9 d., à Granville 15 s. 2 d. (Arch. Calvados, C 2750 et 2751.)

Certifié et envoyé le 17 juillet 1788, TANQUERRY.

[1] Formule imprimée, dont les blancs ont été remplis à la main (Arch. Calvados, C 2750.) Cet état, qui fait partie d'une liasse assez volumineuse de mercuriales du marché de Coutances, est le plus rapproché que nous ayons retrouvé de la date de rédaction des cahiers. L'état suivant, qui vient après une lacune considérable, est seulement de décembre 1789.

2° MENUES RENTES.

TABLEAUX ESTIMATIFS ORDONNÉS PAR L'ARTICLE 16 DU DÉCRET DU 3 MAI DERNIER CONCERNANT LES DROITS FÉODAUX RACHETABLES [1].

Premier tableau.

Corvée de charrue.	3 l.
Corvée de herse.	1 l.
Journée d'homme.	10 s.
Journée de cheval.	15 s.
Journée de bête de travail	12 s.
Journée de bête de somme. . . . . : . .	12 s.
Journée de bête de voiture	12 s.

Deuxième tableau.

Chapon gras.	1 l.	15 s.
Chapon maigre [2]		18 s.
Poule grasse ou *gélinotte*	1 l.	5 s.
Poule maigre ou *géline* [3]		12 s.

[1] *Pièce originale ms.*, Arch. nat. Q², 97. — Le *Décret général* des 3 = 9 mai 1790, *sur les principes, le mode et le taux du rachat des droits seigneuriaux déclarés rachetables par les articles 1er et 2 du titre III de la loi du 15 mars*, avait disposé :

ART. 16. «Chaque directoire de district formera un tableau estimatif du prix ordinaire des journées d'hommes, de chevaux, bêtes de travail, de somme et de voiture. Ce tableau estimatif sera formé sur le taux auquel lesdites journées ont accoutumé d'être estimées pour les corvées, et servira, pendant l'espace de dix ans, de taux pour l'estimation du produit annuel des corvées réelles, le tout sans déroger aux évaluations portées par les titres, les coutumes ou les règlements.»

ART. 15. «Il en sera de même pour les redevances en volailles, agneaux, cochons, beurre, fromage, cire et autres denrées, dans les lieux où leur prix est porté sur les registres des marchés. A

l'égard des lieux où il est d'usage de tenir registre du prix des ventes de ces sortes de denrées, les directoires des districts en formeront incessamment un tableau estimatif, sur le prix commun auquel ont coutume d'être évaluées ces sortes de denrées pour le payement des redevances foncières. Ce tableau estimatif servira pendant l'espace de dix années de terme pour l'estimation du produit des redevances dues en cette nature dans le ressort de chaque district; le tout sans déroger aux évaluations portées par les titres, coutumes ou règlements.» (DUVERGIER, *Collection des lois et décrets*, I, 163.)

[2] Au dernier *État des rentes* de l'abbaye de Hambye (1781), le chapon maigre est estimé *15 sols.* (Arch. Manche, H 4001.)

[3] Au même *État* la géline est comptée pour 20 s.; dans un état pour l'abbaye de Saint-Lô, au contraire, elle est portée à 15 s. seulement. (Arch. nat. S. 7483.)

I. 51

Une oie	1 l. 10 s.
Couple de canards	1 l.
Couple de poulets	10 s.
Brebis	3 l.
Agneau	1 l. 10 s.
Cochon de lait	1 l. 16 s.
OEufs, la douzaine (1)	4 s.
Livre de poivre (2)	2 l.
Livre de sucre	1 l.
Livre de laine	" " "
Livre de cire	1 l. 15 s.
Livre de beurre	9 s.
Un pot de lait	2 s. 6 d.
Un maucel	1 s. 6 d.

Collationné conforme au registre, GONFREY, *secrétaire.*

Reçu le 10 décembre.

(1) Même prix à l'*État* précité de Hambye; pour l'abbaye de Saint-Lô, l'œuf vaut *3 deniers.*

(2) Même prix encore aux *Journaux de Hambye* (1781): *une livre de poivre, 2 l.* (Arch. Manche, H 4332.)

TABLE DES MATIÈRES.

CAHIERS DE DOLÉANCES.

APPENDICES.

COLLECTION DE DOCUMENTS INÉDITS

SUR L'HISTOIRE ÉCONOMIQUE DE LA RÉVOLUTION FRANÇAISE

Volumes parus :

DÉPARTEMENT DU LOIRET. — *Cahiers de doléances du bailliage d'Orléans pour les États généraux de 1789*, publiés par Camille BLOCH. — Tome Iᵉʳ. Un vol. in-8 de xxxv-800 pages . . . . 7 fr. 50

DÉPARTEMENT DU LOIRET. — *Cahiers de doléances du bailliage d'Orléans pour les États généraux de 1789*, publiés par Camille BLOCH. — Tome II. Un vol. in-8 de 516 pages . . . . 7 fr. 50

Procès-verbaux des Comités d'agriculture et de commerce des Assemblées de la Révolution, publiés par F. GERBAUX et Ch. SCHMIDT. — Tome Iᵉʳ : *Assemblée constituante* (première partie). Un vol. in-8 de xxiv-775 pages . . . . 7 fr. 50

DÉPARTEMENT DE LA MARNE. — I. *Cahiers de doléances pour les États généraux de 1789*, publiés par G. LAURENT. — Tome Iᵉʳ : *Bailliage de Châlons-sur-Marne*. Un vol. in-8 de xxxiv-872 pages . . . . 7 fr. 50

Les Comités des droits féodaux et de législation et l'abolition du régime seigneurial (1789-1793). Documents publiés par Ph. SAGNAC et P. CARON. — Un vol. in-8 de xlviii-826 pages . . . . 7 fr. 50

DÉPARTEMENT DE LA MANCHE. — *Cahiers de doléances du bailliage de Cotentin (Coutances et secondaires) pour les États généraux de 1789*, publiés par E. BRIDREY. — Tome Iᵉʳ. Un vol. in-8 de 808 pages . . . . 7 fr. 50

Volumes sous presse :

DÉPARTEMENT DE LA CHARENTE. — *Cahiers de doléances de la sénéchaussée d'Angoulême et du siège royal de Cognac pour les États généraux de 1789*, publiés par P. BOISSONNADE.

Cahiers des bailliages des généralités de Metz et Nancy pour les États généraux de 1789. Première série : *Département de Meurthe-et-Moselle.* Tome Iᵉʳ : *Cahiers du bailliage de Vic*, publiés par Ch. ÉTIENNE.

DÉPARTEMENT DES BOUCHES-DU-RHÔNE. — *Cahiers de doléances de la sénéchaussée de Marseille pour les États généraux de 1789*, publiés par P. FOURNIER.

Procès-verbaux des Comités d'agriculture et de commerce des Assemblées de la Révolution, publiés par F. GERBAUX et Ch. SCHMIDT. — Tome II.

DÉPARTEMENT DE LA MARNE. — I. *Cahiers de doléances pour les États généraux de 1789*, publiés par G. LAURENT. — Tome II.

EN VENTE À LA LIBRAIRIE ERNEST LEROUX

28, RUE BONAPARTE, PARIS